***ACCESO GRATIS** a la Lectura en la Nube*

Para visualizar el libro electrónico en la nube de lectura envíe junto a su nombre y apellidos una fotografía del código de barras situado en la contraportada del libro y otra del ticket de compra a la dirección:

ebooktirant@tirant.com

En un máximo de 72 horas laborables le enviaremos el código de acceso con sus instrucciones.

TRATADO INTERNACIONAL SOBRE PROCEDIMIENTO CRIMINAL, TRANSNACIONAL Y DIGITAL

TRATADO INTERNACIONAL SOBRE PROCEDIMIENTO CRIMINAL, TRANSNACIONAL Y DIGITAL

Observatorio de Cibercrimen y evidencia
digital de la Universidad Austral
www.ocedic.com

DANIELA DUPUY
Dirección Académica

Coordinación, compilación y análisis de jurisprudencia (orden alfabético)

LawCedic: Emiliano Aguirre Vila. Candelaria Ambord. Mariana Rocío Andrade. Paola Breitenbruch. Sofia Ciampone. Francisco Canay. Sebastian Lujan. Federico Mastropiero. Agustina Palencia. Natalia Petrillo. Javier Vellido. Ana Zolezzi Mir

Colaboradores y asistencia al Proyecto de Investigación: (orden alfabético)

Paola Breitenbruch. Nicolas Diaz. Matías Fernandez Noguera. Catalina Neme. Natalia Pereira. Lourdes Petrecola. Juan Manuel Sarrabayrrouse. Diego Stratotis. Javier Vellido

Autores

José R. Agustina
Alejandra M. Alliaud
Hernán Blanco
Paola S. Breitenbruch
Rubén Alberto Chaia
Pablo Adrián Cistoldi
Mauricio Colucci Camusso
Joaquín Cullen Paunero
Ana Haydée Di Iorio
Daniela Dupuy
Iván Féliz
Maximiliano Hairabedian
Luis Lafont Nicuesa
Irma Llano Pereira
Matías Ocariz
Claudio Peguero
Natalia S. Pereyra
María Lourdes Petrecola
María Fernanda Rosales
Carlos Seisdedos
Diego Stratiotis
Elvira Tejada de la Fuente
Eloy Velasco Núñez
Cristos Velasco San Martín
Javier Ignacio Zaragoza Tejada

tirant lo blanch
Valencia, 2025

En caso de erratas y actualizaciones, la Editorial Tirant lo Blanch publicará la pertinente corrección en la página web www.tirant.com.

EDITA: TIRANT LO BLANCH
C/ Artes Gráficas, 14 - 46010 - Valencia
TELFS.: 96/361 00 48 - 50
FAX: 96/369 41 51
Email: tlb@tirant.com
www.tirant.com
Librería virtual: www.tirant.es
DEPÓSITO LEGAL: V-4433-2024
ISBN: 978-84-1095-134-1

Si tiene alguna queja o sugerencia, envíenos un mail a: *atencioncliente@tirant.com*. En caso de no ser atendida su sugerencia, por favor, lea en *www.tirant.net/index.php/empresa/politicas-de-empresa* nuestro procedimiento de quejas.

Responsabilidad Social Corporativa: http://www.tirant.net/Docs/RSCTirant.pdf

Índice

Presentación 11

A) INTRODUCCIÓN A LAS INVESTIGACIONES DIGITALES

Panóptico del fenómeno del cibercrimen 17
DANIELA DUPUY / ALEJANDRA M. ALLIAUD

Postmodernidad tecnológica, cibercrimen y derecho a la intimidad: desafíos en la prevención, investigación y prueba en la sociedad digital 51
JOSÉ R. AGUSTINA

B) MEDIDAS DE INVESTIGACIÓN MODERNAS

El ciberpatrullaje, regulación legal y sus límites 67
JAVIER IGNACIO ZARAGOZA TEJADA

Open Source Intelligence 109
CARLOS SEISDEDOS

Registro (estático y dinámico) de dispositivos de almacenamiento masivo de datos 239
ELOY VELASCO NÚÑEZ

Los límites para el análisis de información contenida en dispositivos de almacenamiento digital en las investigaciones penales. La aplicación de la "plain view doctrine". El "privilegio defensivo" y el "secreto profesional" 299
MATÍAS OCARIZ

Tecnovigilancias de personas, lugares y vehículos 351
MAXIMILIANO HAIRABEDIAN

Espionaje remoto de smarthpone y otros dispositivos electrónicos (Activación de cámaras y micrófonos) 411
DIEGO STRATIOTIS

Interceptación de las comunicaciones. Estado de situación con especial referencia a Argentina y España 453
RUBÉN ALBERTO CHAIA

El agente encubierto informático en España y en el ámbito comparado 521
LUIS LAFONT NICUESA

Prohibición de auto incriminación, derecho a la intimidad y apertura compulsiva de smartphones por métodos biométricos ... 587
HERNÁN BLANCO

Google sabe dónde estuviste (y lo va a contar): apuntes sobre Geofence y Proceso Penal ... 697
MAURICIO COLUCCI CAMUSSO

C) INFORMÁTICA FORENSE E INTELIGENCIA ARTIFICIAL

Prueba digital: de la cadena de custodia a la cadena de valor ... 753
PABLO ADRIÁN CISTOLDI / ANA HAYDÉE DI IORIO / MARÍA FERNANDA ROSALES

D) ADMISIBILIDAD Y TRATAMIENTO DE LA EVIDENCIA ELECTRÓNICA EN AUDIENCIAS PRELIMINARES Y JUICIOS ORALES

El examen y contraexamen como medio para introducir y controlar el tratamiento de la evidencia digital en el juicio oral ... 803
DANIELA DUPUY

E) LA COOPERACIÓN INTERNACIONAL

El fortalecimiento de la Cooperación transnacional frente a la Ciberdelincuencia; Nuevos instrumentos legales: El Segundo Protocolo Adicional a la Convención de Budapest del CoE y la Normativa e-evidence de la Unión Europea ... 885
ELVIRA TEJADA DE LA FUENTE

Acceso transfronterizo en investigaciones relacionadas con ciberdelitos. El entorno actual de la investigación y procedimientos bajo los tratados internacionales vigentes y la práctica de algunos países ... 971
CRISTOS VELASCO SAN MARTÍN

Desafíos de la cooperación internacional en materia de Ciberdelincuencia Un estudio sobre los Equipos Conjuntos de Investigación ... 1015
JOAQUÍN CULLEN PAUNERO

La innovación digital como hoja de ruta en República Dominicana ... 1059
IVÁN FÉLIZ / CLAUDIO PEGUERO

Análisis de la Incorporación de la Evidencia Digital como medio de prueba en el proceso penal Paraguayo ... 1077
IRMA LLANO PEREIRA

Impacto de las herramientas procesales disruptivas en la investigación penal. Su tratamiento en el ordenamiento jurídico latinoamericano 1111
Paola S. Breitenbruch / María Lourdes Petrecola / Natalia S. Pereyra

MINI BIO de los investigadores.......... 1163

Presentación

No hay duda que la 4ta. Revolución Industrial se ha desarrollado con el despliegue de tecnologías disruptivas, emergentes y exponenciales.

Actualmente, dichos recursos tecnológicos son utilizados por los delincuentes para cometer delitos; de lo que se deduce que el Estado debería contar con herramientas sofisticadas para contrarrestar el efecto nocivo que producen los autores, sin violentar los derechos fundamentales. Algunas de ellas son utilizadas en diferentes países de la región a la luz del principio de libertad probatoria; pues, en algunos casos, su uso no se encuentra previsto en las legislaciones procesales. Y si, excepcionalmente, estuvieran previstas, los operadores —jueces, fiscales, defensa pública y privada—, no están lo suficientemente capacitados para utilizarlas eficientemente en el marco de una investigación penal y sostener su trazabilidad y legitimidad en un juicio oral.

Asimismo, la transnacionalidad como un elemento común a este tipo de crímenes, obliga a los Estados a profundizar los mecanismos de Cooperación Internacional y, en ese sentido, es fundamental realizar un diagnóstico de las legislaciones de cada país de la región, para que dicha colaboración se vuelva efectiva y eficiente.

Por su parte, el sector privado juega un papel fundamental en las investigaciones digitales. En consecuencia, es vital profundizar la ayuda de Internet Services Provider-Estados; al mismo tiempo que es imprescindible analizar las ultimas reglamentaciones sobre acceso transfronterizo a evidencia digital que se encuentra alojada en otros países.

A los desafíos expuestos, debemos sumar la necesidad de actualizar los conocimientos sobre el debido tratamiento de la evidencia digital durante la investigación, y su demostración trazable en el juicio oral.

Frente a esta situación, a principios de 2024, OCEDIC implementó un Proyecto de Investigación, acompañados por TELECOM Argentina, devenido en el presente **Tratado sobre el Procedimiento Criminal, Transnacional y Digital,** cuyo objetivo es desarrollar una investigación sobre el análisis de cada una de las herramientas procesales de última generación, cuya utilización deviene fundamental para el desbaratamiento de organizaciones transnacionales complejas de Cibercrimen.

Para ello, expertos nacionales e internacionales, de indiscutible prestigio, como los Dres. José Agustina, Javier Zaragoza, Carlos Seisdedos, Eloy Velasco Núñez, Matías Ocariz, Maximiliano Hairabedian, Diego Striatotis,

Ruben Chaia, Luis Lafon Nicuesa, Hernán Blanco, y Mauricio Colucci, nos ilustran con los desafíos que representan las novedosas herramientas para investigar en entornos digitales. Asimismo, la obra se potenciará con trabajos de excelencia sobre la Informática forense; ciencia que, actualmente, auxilia a abogados y a jueces a identificar, preservar y analizar datos almacenados en medios magnéticos y transacciones electrónicas en un litigio judicial o extrajudicial, permitiendo diagnosticar los problemas derivados de la producción y valoración de la evidencia digital, y efectuar, al mismo tiempo, un tratamiento trazable y legítimo de la prueba electrónica durante la investigación y su presentación en juicio oral y ante jurados. En esta importante materia, y con lógico y brillante dominio de su campo de especialización, nos ofrecen una visión exhaustiva las Ingenieras en Informática Ana Haydeé Di Iorio y María Fernanda Rosales, junto al investigador de Info-Lab, Pablo Cistoldi. En esa línea, y en el contexto actual, donde la mayoría de las comunicaciones y actividades comerciales involucran redes digitales, es indispensable tener un enfoque multidisciplinario donde se combinen conocimientos informáticos con conocimientos legales. Esto es especialmente importante en una esfera en donde la prueba reviste vital importancia, pero las normas procesales y de fondo no han sido, en algunos países, lo adecuadamente actualizadas para contemplar desarrollos tecnológicos recientes de gran relevancia.

Y sumando a esta faceta tecnológica, imposible no profundizar en los conocimientos que se debe tener acerca de cómo impacta la Inteligencia Artificial en el ámbito de estudio. Para ello, quien mejor que Juan Corvalan, profesional implicado a gran nivel en este campo.

Seguidamente, yo misma me encargo de desarrollar un tema de vital importancia que viene luego de la investigación: la admisibilidad y el tratamiento de la evidencia electrónica en audiencias preliminares y juicios orales; el examen y contraexamen como medio para introducir y controlar el tratamiento de la evidencia digital en el juicio oral.

Por su parte, y teniendo en cuenta que la necesidad de profundizar los mecanismos de cooperación internacional atraviesa las investigaciones en entornos digitales, la inmejorable participación de prestigiosos expertos como Elvira Tejada de la Fuente y Cristos Velazco, ilustran, en el primer caso, sobre los nuevos instrumentos legales, como el Segundo Protocolo Adicional a la Convención de Budapest del CoE y la Normativa e-evidence de la Unión Europea, y, el acceso transfronterizo en investigaciones y los procedimientos bajo los tratados internacionales vigentes y la práctica de algunos países. Esta complejidad transnacional, impulsa a los diferentes países a formar Equipos Conjuntos de Investigación, brindando el joven abogado Joaquín Cullen Paunero, propuestas novedosas para su conformación internacional.

Lo expuesto, se fortalecerá con un profundo estudio del impacto de las herramientas procesales disruptivas en la investigación penal, en las legislaciones de diferentes países de Latinoamérica, desarrollado con excelencia por las jóvenes abogadas Paola Breitenbruch, María Lourdes Petrecola, y Natalia Pereyra, quienes desarrollaron un exhaustivo y novedoso cuadro comparativo que se accede a través de un código QR incluido en el capítulo.

Asimismo, colegas de indiscutible prestigio en la especialización de Cibercrimen, como Irma Llanos (Paraguay), Claudio Peguero e Ivan Feliz (República Dominicana), y Ricardo Elias Puelles (Perú), analizan sus legislaciones procesales, poniendo foco específicamente en las técnicas tecnológicas no convencionales y tradicionales.

Es de destacar, el excelente trabajo brindado en esta obra por los integrantes de LAWCEDIC, del OCEDIC.

Lawcedic consiste en una importante base de datos, soportada por un modelo de IA ofrecido y asistido por META, nutrida de la última jurisprudencia y doctrina internacional en la materia de Cibercrimen; la cual es seleccionada, analizada e incorporada por el excelente equipo que lo conforma, y que redunda en una herramienta de suma utilidad y de fácil acceso para los litigantes de Iberoamérica.

Esta área de OCEDIC, liderada por Javier Vellido y conformada por un gran equipo de abogados (Natalia Pereyra, Ana Zolezzi Mir, Calendaria Ambord, Paola Breitenbruch, Agustina Palencia, Mariana Rocío Andrade, Federico Mastropiero, Emiliano Aguirre Vile, Natalia Petrillo, Sofía Ciampone, Framcisca Canay y Sebastián Lujan), ha coordinado, compilado y analizado, la última jurisprudencia internacional en cada tema aquí investigado, poniéndola a inmediata disposición de cada uno de los expertos a los efectos de incorporar las últimas tendencias en sus respectivos trabajos.

Asimismo, mi profundo agradecimiento a quienes me han ayudado a través de su colaboración, gestión y asistencia, para que este proyecto sea posible en el tiempo y forma programada:

Espero que el **Tratado sobre el Procedimiento Criminal, Transnacional y Digital,** se convierta en una obra de constante consulta para todas las áreas internacionales y regionales que investigan y defienden crímenes que se cometen a través de la tecnología, y/o aquellos en los que se necesiten, indefectiblemente, recolectar evidencia digital.

Daniela Dupuy

A) INTRODUCCIÓN A LAS INVESTIGACIONES DIGITALES

Panóptico del fenómeno del cibercrimen

DANIELA DUPUY[1] / ALEJANDRA M. ALLIAUD[2]

---

1 La autora es Fiscal Coordinadora de la Unidad Especializada en Delitos y Contravenciones Informáticas del Ministerio Público Fiscal de la Ciudad Autónoma de Buenos Aires (UFEDyCI). Doctora en Derecho Penal y Procesal de la Facultad de Derecho de la Universidad de Sevilla, España. Master in Law otorgado por la Universidad de Palermo dictado en forma conjunta con YALE LAW SCHOOL (USA). Posgraduada en Ciberdelincuencia en la Universidad Internacional de Cataluña, España. Directora Académica del LLM (Máster) en Derecho con orientación internacional en Ciberdelincuencia de la Universidad Austral y de la Diplomatura Internacional en Ciberdelincuencia y tecnologías aplicadas a la investigación de la Universidad Austral —Argentina— y Abat Oliba —España—. Directora del Observatorio de Cibercrimen y Evidencia Digital en Investigaciones Criminales (OCEDIC), Universidad Austral. Profesora Adjunta de Derecho Penal y Procesal penal Universidad Austral. Directora de la Diplomatura de Ciberdelincuencia e investigaciones en entornos digitales del Instituto Superior de Seguridad Pública de la Ciudad Autónoma de Buenos Aires. Directora y autora de los libros CIBERCRIMEN I, II y III, Editorial BdeF. ArgentinaMadrid. 2016-20. Directora y autora del libro "ACOSOS EN LA RED A NIÑOS, NIÑAS Y ADOLESCENTES", Colección CIBERCRIMEN vol. 1, Ed. HAMMURABI 2020-21. Directora y autora del libro "ACOSOS EN LA RED A MUJERES", Colección CIBERCRIMEN vol. 2, Ed. HAMMURABI 2020-21. Capacitadora & Instructora invitada del American Bar Association (ABA ROLI Peru y Colombia) Capacitadora en Litigación Oral, título que le fue otorgado por el CEJA en el marco del Programa de Interamericano de Formación de Capacitadores para la Reforma Procesal Penal en Chile. Integrante del equipo en el Proyecto de Excelencia del Plan Andaluz de Investigación I+D+I, orientado a los Retos de la Sociedad, dirigido por la Junta de Andalucía, España. Participó como expositora y asistente en numerosas Jornadas y Talleres nacionales e internacionales, relacionadas con la Cibercriminalidad y la litigación oral, y como autora de muchos artículos en la materia.

2 La autora es Abogada (UBA), Especialista en Derecho Penal (UBA), Magister en Derecho en litigación oral (CWSL), Magister en Política Criminal (Salamanca) y doctoranda en ciencias jurídicas (UCA). Es Capacitadora en Litigación Oral, título que le fue otorgado por el CEJA en el marco del Programa de Interamericano de Formación de Capacitadores para la Reforma Procesal Penal en Chile. Es responsable del área de investigación del Observatorio de Cibercrimen y Evidencia Digital en Investigaciones Criminales (OCEDIC) de la Universidad Austral. Se desempeña laboralmente como Jueza Nacional en lo Criminal y Correccional. Fue Agente Fiscal en la Provincia de Buenos Aires. Es Profesora Adjunta interina en la carrera de grado de Derecho en la UBA y Profesora titular de posgrado en la UBA, la Universidad Austral y la UCA. Es capacitadora de jueces, fiscales y defen-

SUMARIO: 1. DE REVOLUCIONES Y CAMBIOS. 2. CAMBIOS EN EL DERECHO PENAL SUSTANTIVO. 3. CAMBIOS EN EL DERECHO PROCESAL PENAL. 4. CAMBIOS EN LAS GARANTÍAS CONSTITUCIONALES. 5. CAMBIOS EN LA POLÍTICA CRIMINAL. 6. DESAFÍOS.

1. DE REVOLUCIONES Y CAMBIOS

En los últimos 30 años se ha producido una verdadera revolución tecnológica internacional que sin dudas ha afectado al derecho penal sustantivo, al derecho procesal penal, a la conceptualización de categorías propias de las garantías constitucionales, a la política criminal y al modo de investigar los delitos.

Es imposible hoy en día referirse a delitos, aun a los tradicionales, y no pensar en que para lograr evidencia que sirva a su investigación sea necesario echar mano a un teléfono inteligente, a una computadora o a una nube almacenadora de información.

Y allí comienzan los desafíos con la recolección de evidencia, porque la evidencia digital, aun cuando se trate de la investigación de delitos tradicionales, implica la necesidad de contar con métodos diferenciados para su recolección, análisis y preservación. Tenemos que tener presente que lo que se busca no es un objeto físico sino un dato y por eso hay que repensar los conceptos de registro o allanamiento, secuestro o confiscación. Así como también otros relacionados con la posibilidad de acceder a esos datos de forma remota, el uso de agentes encubiertos digitales, el modo de conservación de esos datos, la demostración de su autenticidad, su tráfico e interceptación.

Esos métodos diferenciados han llevado a la reforma de una gran cantidad de legislaciones nacionales en la región como lo sucedido con el código procesal penal de El Salvador —que a partir del art. 259 A define a la evidencia digital, qué es la cadena de custodia, cómo debe incorporarse y producirse esa clase de evidencia, define también las reglas para el uso de agentes encubiertos digitales, entre otras cuestiones— o provinciales como la recientemente producida en la Pcia. de Salta, Argentina, con la

---

sores en diversos ámbitos de actuación (UNODC, CEJA, INECIP, UNIJUS, DGN, entre otros). Es autora de libro "Audiencias preliminares" de Ed. Didot, coautora del libro "Lecciones de Parte Especial" junto con Edmundo S. Hendler, y autora de diversos artículos relacionados a su especialidad.

Ley 8386[3]. En paralelo, han aparecido variados protocolos de actuación dirigidos a la fuerzas de seguridad y a los integrantes del Ministerio Publico Fiscal en un intento por asegurar un formato estandarizado de trabajo con la evidencia digital[4].

Del mismo modo, esa revolución tecnológica ha obligado a las distintas sociedades en diversos lugares del planeta a tipificar acciones relacionadas con el uso de la tecnología como por ejemplo el acercamiento con fines sexuales entre adultos y personas menores de edad, el uso de imágenes o videos explícitamente sexuales en forma coactiva, la difusión de imágenes intimas sin consentimiento, entre otros.

Y ese movimiento lejos de detenerse ha llegado a nuestros días. Un ejemplo de ello es que en los últimos meses se vino discutiendo en el legislativo nacional la sanción de la denominada "Ley Belén" que resulta del movimiento conocido como "ley Olimpia"[5] relacionada con la necesidad de definir legalmente a la violencia *on line*[6] y la prohibición de las conduc-

---

3 Con la que se modifican los artículos 309 y 316 e incorporan los artículos 309 bis, 309 ter, 309 *quater*, 309 *quinquies*, 309 *sexies*, y 72 bis al Código Procesal Penal referente a la investigación penal en el ámbito digital.

4 "PROTOCOLO PARA LA IDENTIFICACIÓN, RECOLECCIÓN, PRESERVACIÓN, PROCESAMIENTO Y PRESENTACIÓN DE EVIDENCIA DIGITAL" Fecha de sanción **17-04-2023**. Publicada en el Boletín Nacional del 19-Abr-2023. https://www.argentina.gob.ar/normativa/nacional/resoluci%C3%B3n-232-2023-382307. Tambien manuales: https://www.mseg.gba.gov.ar/areas/Vucetich/MANUALES%20DE%20MATERIAS%202022/MANUAL%20Cibercrimen%20y%20delitos%20inform%C3%A1ticos.pdf

5 La denominada "Ley Olimpia" es un movimiento que se ha expandido en Iberoamerica luego que en Puebla, México, Olimpia Coral sufriera la difusión no consentida de un video de contenido sexual lo que impulsó en distintos estados de ese país la tipificación de esas conductas, y rápidamente se replicó en diversos países.

6 Así aparece en el "Informe sobre las Herramientas para la Implementación de la Convención de Belém do Pará. Una alianza entre la Organización de los Estados Americanos y ONU Mujeres en el marco de la Iniciativa *Spotlight* en América Latina" consignado entre las recomendaciones en su pagina 106: "• Actualizar el marco jurídico nacional para incorporar una definición de la violencia de género en línea o facilitada por las nuevas tecnologías no restrictiva y acorde con los estándares internacionales de derechos humanos, considerando los distintos tipos de violencia digital y los mecanismos en que puede llevarse a cabo. • Reformar la legislación penal para tipificar de forma integral las formas más graves de violencia de género en línea, en particular la difusión en línea de material de naturaleza sexual o íntima sin consentimiento, el ciber hostigamiento, el ciberacoso y la reali-

tas denominadas "pornovenganza" o "revenge porn" siguiendo a lo que ya han hecho otros países de habla hispana. Finalmente, esas discusiones dieron lugar a la Ley recientemente sancionada Nro. 27.736[7].

Como se observa entonces, la realidad ha impactado fuertemente en la normativa. A tal punto que, desde el campo penal y a nivel comparado, se distinguen tres técnicas normativas[8]:

a) el recurso a leyes penales especiales ha sido usado por países como Francia, Gran Bretaña, Holanda, Estados Unidos, Chile o Venezuela, que elaboraron Leyes penales especiales, por ejemplo para abordar el fenómeno de la delincuencia ciber económica. Francia cuenta con una Ley relativa al fraude informático y Reino Unido promulgó en 1991 la *Computer Misuse Act.* Por su parte, Estados Unidos adoptó en 1994 el Acta Federal de Abuso Computacional (18 U.S.C. Sec. 1030), que modificó al Acta de Fraude y Abuso Computacional de 1986. Y en nuestra región, modelo de ello es la actual Ley chilena contra los delitos informáticos.

b) la tipificación de nuevas figuras delictivas en el Código Penal, fue la técnica empleada por Alemania, Austria, Italia, España y Portugal, y en América, por Argentina y México.

c) la elaboración de normas internacionales. Esto se dio en el ámbito de las Naciones Unidas se encuentra el Manual de las Naciones Unidas para

---

zación de amenazas directas de daño o violencia, incluyendo la sextorsión, considerando todos los elementos constitutivos de estas formas de violencia— Los tipos penales sobre violencia de género en línea contra las mujeres deben ser claros y precisos, cumplir con el principio de taxatividad y evitar la criminalización de la víctima. Además, se deberá asegurar que la pena refleje la gravedad del delito y el grado de responsabilidad del agente. • Asegurar que el marco normativo considere de forma integral las distintas conductas de ciberacoso y ciber hostigamiento, las cuales deben definirse claramente y sancionarse conforme a su gravedad, tomando en cuenta, por ejemplo, la reiteración de la conducta y su conexión con otras formas de violencia digital o de otra índole, los impactos en la vida de la víctima y su comisión en el marco de una relación íntima. Actualizar el marco jurídico nacional para incorporar una definición de la violencia de género en línea o facilitada por las nuevas tecnologías no restrictiva y acorde con los estándares internacionales de derechos humanos, considerando los distintos tipos de violencia digital y los mecanismos en que puede llevarse a cabo." https://lac.unwomen.org/sites/default/files/2022-11/MUESTRA%20Informe%20Violencia%20en%20linea%202.1%20%282%29_Aprobado%20%28Abril%202022%29_0.pdf

7 BO 23/10/2023.

8 Ver por todos: La ciberdelincuencia en el DERECHO ESPAÑOL Moisés Barrio Andrés, en https://revista.cortesgenerales.es/rcg/article/download/473/1175/

la Prevención y Control de Delitos Informáticos, de 1977. Y en el ámbito del Consejo de Europa, el Convenio sobre el Cibercrimen, aprobado en Budapest en 2001, al que luego nos referiremos.

Todas estas cuestiones lejos de ser triviales son las que vienen marcando la agenda de la política criminal en los últimos tiempos.

Pensemos que según Naciones Unidas más de un tercio de los jóvenes en 30 países han reportado haber sufrido ciberacoso al navegar por internet, donde además pueden tener contacto con discursos de odio y contenido violento. Sumado a ello, las plataformas digitales se han utilizado para la amenaza de explotación y abuso sexual en línea. Tal como se afirma, nunca ha sido tan fácil para los agresores sexuales de niñas y niños ponerse en contacto con sus posibles víctimas, compartir imágenes y animar a otros a cometer delitos[9].

Las niñas, niños y adolescentes también pueden correr peligro cuando las empresas de tecnología afectan su privacidad para recopilar datos con fines de marketing. Esta estrategia de mercadotecnia a través de las redes, las aplicaciones, el acceso a determinados sitios en el ciberespacio y un excesivo tiempo en pantalla pueden comprometer el desarrollo de la niñez y generar afectaciones a su derecho a la intimidad.

Así los delitos cometidos en entornos digitales y su carácter frecuentemente internacional, porque las redes atraviesan las soberanías, generaron que muchos países comenzaran a pensar en la necesidad de homogeneizar y estandarizar sus legislaciones para facilitar los procedimientos de cooperación internacional.

De allí entonces que no solo se dieran novedades y actualizaciones legislativas dentro de las fronteras, sino también esfuerzos internacionales para prevenir e investigar los delitos cometidos en entornos digitales, y de lo producido por esos delitos.

Obviamente cabe mencionar la Convención de Budapest o Convenio sobre la Ciberdelincuencia (en lo que sigue: CB) elaborado por el Consejo de Europa.

Debemos recordar que en ella existe una clasificación cuatripartita[10] entre: 1) Delitos contra la confidencialidad, integridad y disponibilidad de datos y sistemas informáticos: Acceso ilícito a sistemas informáticos. Inter-

---

9 https://www.un.org/es/global-issues/child-and-youth-safety-online

10 https://www.oas.org/juridico/english/cyb_pry_convenio.pdf

ceptación ilícita de datos informáticos. Interferencia en el funcionamiento de un sistema informático. Abuso de dispositivos que faciliten la comisión de delitos; 2) Delitos informáticos: Falsificación informática mediante la introducción, borrado o supresión de datos informáticos. Fraude informático mediante la introducción, alteración o borrado de datos informáticos, o la interferencia en sistemas informáticos; 3) Delitos relacionados con el contenido: Producción, oferta, difusión, adquisición de contenidos de material de abuso sexual infantil, por medio de un sistema informático o posesión de dichos contenidos en un sistema informático o medio de almacenamiento de datos, y 4) Delitos relacionados con infracciones de la propiedad intelectual y derechos afines.

Si bien nació como una propuesta para los países europeos, ciertamente comenzaron a adherir a él naciones extracomunitarias, entre ellas Estados Unidos y Argentina. Incluso, a la fecha, el pasado 16 de febrero de 2023, nuestro país firmó la adhesión al Segundo Protocolo Adicional del Convenio de Budapest de la Unión Europa sobre Ciberdelito[11].

Como se ha sostenido, muchos de los delitos a los que se hace mención en la CB continúan en aumento debido a: "– Disponibilidad económica de los usuarios para acceder a los equipos informáticos que posibilitan la captación y obtención de material de pornografía infantil. – Abundancia de material pornográfico infantil que circula por la red, que facilita la interrelación entre el enorme número de aficionados y permite un intercambio constante de las fotografías, videos, películas, producciones, etc. – Facilidad para descargar y compartir archivos con cero costos económicos, pues las técnicas de producción e introducción de dicho material en la red se ha multiplicado; comunicaciones y conversaciones interactivas por chat, por ejemplo, que permiten fácilmente poner a disposición videos y fotografías. – La ventaja de permanecer en el anonimato. Intercambiar material de pornografía infantil detrás de la pantalla fomenta altamente el intercambio, la facilitación y la distribución del material, pues se desconoce el origen de la transmisión de los datos. El usuario puede enmascararse en identidades ficticias o de imposible identificación y difundir contenidos a otro país, dificultando rastrear el origen desde donde se subió efectivamente el material pornográfico infantil. – La posibilidad de acceder con mayor facilidad a los niños menores de edad a través de Internet, pues hoy las redes sociales representan una herramienta de comunicación natural y

---

11 https://www.argentina.gob.ar/noticias/argentina-y-la-union-europea-unen-esfuerzos-para-combatir-el-ciberdelito

permanente para niños y adolescentes. - La existencia de manuales de ayuda a pedófilos que permiten ayudarse mutuamente tanto para acceder al material que no encuentran, como así también para intercambiar consejos y advertencias para permanecer en el anonimato y no ser descubiertos por la justicia"[12].

Pero la CB no solo contiene cuestiones propias de las figuras legales especiales, sino que además prevé el modo en el que las acciones constitutivas de esos delitos pueden ser detectadas e investigadas, en tanto hace mención a su investigación y sanción, promoviendo acciones de cooperación internacional.

Intenta garantizar así la CB el equilibrio entre la persecución que deviene de la acción penal pública y el respeto por los derechos humanos de las personas, resguardando la libertad de expresión, de opinión y de escoger el propio plan de vida individual.

Del mismo modo, y a nivel regional, contamos con la "Convención de *Belem Do Para*", que ha sido resaltada entre los considerandos del proyecto de Ley Olimpia (recientemente convertido en ley), toda vez que el estado argentino fue sido mencionado por la ONU y la OEA en su informe "Ciberviolencia y ciberacoso contra las mujeres y niñas en el marco de la Convención *Belém Do Pará*"[13].

En dicho proyecto de ley se había reseñado que en la "legislación argentina vigente la violencia de género en línea no se encuentra aún contemplada y se carece de previsiones para atender las diversas formas en las que esta violencia puede ser ejercida...". Que este mismo informe ha concluido que "persiste una trivialización y normalización de la violencia de género en línea por parte de los medios de comunicación, plataformas de internet, autoridades y, en general, al seno de las comunidades, las cuales aún consideran este tipo de agresiones como algo "incómodo" e irremediable que acontece cuando las mujeres utilizan las nuevas tecnologías. Esta normalización ha propiciado la invisibilización de este fenómeno, legitimándolo y reproduciendo un contexto de impunidad que

---

12 LA PORNOGRAFÍA INFANTIL Y LA TENENCIA RECIENTEMENTE LEGISLADA Daniela Dupuy en Cibercrimen y delitos informáticos: los nuevos tipos penales en la era de internet / compilado por Ricardo Antonio Parada; José Daniel Errecaborde. —1a ed.— Ciudad Autónoma de Buenos Aires: Erreius, 2018.

13 https://lac.unwomen.org/sites/default/files/2022-11/MUESTRA%20Informe%20Violencia%20en%20linea%202.1%20%282%29_Aprobado%20%28Abril%202022%29_0.pdf

silencia a las víctimas. En este contexto, es particularmente preocupante la narrativa estigmatizante que es constantemente construida en el discurso público y que culpa a mujeres, jóvenes y niñas por involucrarse en prácticas de sexting y por la distribución no consensuada de sus imágenes íntimas... Adicionalmente, se observa que argumentos sobre la libertad de expresión y la censura son comúnmente esbozados por perpetradores, plataformas de internet e, incluso, por algunas organizaciones de la sociedad civil, siendo persistente la falta de interpretaciones con una perspectiva de género y de derechos humanos sobre los daños que sufren las víctimas por actos de violencia digital[14].

La Ley Olimpia (27.736), sancionada el 10 de octubre de 2023, por la que se reforma la ley 26.485 de violencia contra la mujer avanza sobre la violencia digital su conceptualización, la alfabetización digital y, entre muchas otra cosas, sobre la posibilidad de ordenar por auto fundado a las empresas tecnológicas la supresión de contenidos que constituyan un ejercicio de la violencia digital o telemática[15].

---

14 https://www4.hcdn.gob.ar/dependencias/dsecretaria/Periodo2022/PDF2022/TP2022/2756-D-2022.pdf

15 "LEY OLIMPIA - MODIFICACIONES A LA LEY 26.485 - VIOLENCIA DIGITAL
Artículo 1°- Incorpórase como inciso h) del artículo 2° de la ley 26.485, el siguiente texto:
h) Los derechos y bienes digitales de las mujeres, así como su desenvolvimiento y permanencia en el espacio digital.
Artículo 2°- Modificase el inciso d) del artículo 3° de la ley 26.485, el cual queda redactado de la siguiente forma:
d) Que se respete su dignidad, reputación e identidad, incluso en los espacios digitales.
Artículo 3°- Modificase el artículo 4° de la ley 26.485, el cual queda redactado de la siguiente forma:
Artículo 4°- Definición. Se entiende por violencia contra las mujeres toda conducta, por acción u omisión, basada en razones de género, que, de manera directa o indirecta, tanto en el ámbito público como en el privado, en el espacio analógico digital, basada en una relación desigual de poder, afecte su vida, libertad, dignidad, integridad física, psicológica, sexual, económica o patrimonial, participación política, como así también su seguridad personal. Quedan comprendidas las perpetradas desde el Estado o por sus agentes.
Se considera violencia indirecta, a los efectos de la presente ley, toda conducta, acción, omisión, disposición, criterio o práctica discriminatoria que ponga a la mujer en desventaja con respecto al varón.
Artículo 4°- Incorpórase como inciso i) del artículo 6° de la ley 26.485, el siguiente texto:

i) Violencia digital o telemática: toda conducta, acción u omisión en contra de las mujeres basada en su género que sea cometida, instigada o agravada, en parte o en su totalidad, con la asistencia, utilización y/o apropiación de las tecnologías de la información y la comunicación, con el objeto de causar daños físicos, psicológicos, económicos, sexuales o morales tanto en el ámbito privado como en el público a ellas o su grupo familiar.
En especial conductas que atenten contra su integridad, dignidad, identidad, reputación, libertad, y contra el acceso, permanencia y desenvolvimiento en el espacio digital o que impliquen la obtención, reproducción y difusión, sin consentimiento de material digital real o editado, intimo o de desnudez, que se le atribuya a las mujeres, o la reproducción en el espacio digital de discursos de odio misóginos y patrones estereotipados sexistas o situaciones de acoso, amenaza, extorsión, control o espionaje de la actividad virtual, accesos no autorizados a dispositivos electrónicos o cuentas en línea, robo y difusión no consentida de datos personales en la medida en que no sean conductas permitidas por la ley 25.326 y/o la que en el futuro la reemplace, o acciones que atenten contra la integridad sexual de las mujeres a través de las tecnologías de la información y la comunicación, o cualquier ciberataque que pueda surgir a futuro y que afecte los derechos protegidos en la presente ley.
Artículo 5°- Modifícase el inciso o) del artículo 9° de la ley 26.485, el cual queda redactado de la siguiente forma:
o) Implementar un servicio multisoporte, telefónico y digital gratuito y accesible, en forma articulada con las provincias, a través de organismos gubernamentales pertinentes, destinada a dar contención, información y brindar asesoramiento sobre recursos existentes en materia de prevención de la violencia contra las mujeres y asistencia a quienes la padecen, incluida la modalidad de 'violencia contra las mujeres en el espacio público' conocida como 'acoso callejero'.
La información recabada por las denuncias efectuadas a este servicio debe ser recopilada y sistematizada por la autoridad de aplicación a fin de elaborar estadísticas confiables para la prevención y erradicación de las diversas modalidades de violencia contra las mujeres.
Artículo 6°- Modifícase el inciso f) del punto 3 del artículo 11 de la ley 26.485, el cual queda redactado de la siguiente forma:
f) Promover programas de alfabetización digital, buenas prácticas en el uso de las tecnologías de la información y la comunicación y de identificación de las violencias digitales, en las clases de educación sexual integral como en el resto de los contenidos en el ámbito educativo y en la formación docente.
Artículo 7°- Incorpórase como inciso g) del punto 3 del artículo 11 de la ley 26.485, el siguiente texto:
g) Las medidas anteriormente propuestas se promoverán en el ámbito del Consejo Federal de Educación. a) A la gratuidad de toda diligencia e instancia en el curso de las actuaciones judiciales, y al acceso a los recursos públicos disponibles para la producción de prueba, en particular para la realización de pericias informáticas y al patrocinio jurídico preferentemente especializado.

Artículo 8°- Modifícase el inciso a) del artículo 16 de la ley 26.485, el cual queda redactado de la siguiente forma:
a) A la gratuidad de toda diligencia e instancia en el curso de las actuaciones judiciales, y al acceso a los recursos públicos disponibles para la producción de prueba, en particular para la realización de pericias informáticas y al patrocinio jurídico preferentemente especializado.
Artículo 9°- Incorpórase como inciso l) del artículo 16 de la ley 26.485, el siguiente texto:
l) Al resguardo diligente y expeditivo de la evidencia en soportes digitales por cuerpos de investigación especializados u organismos públicos correspondientes.
Artículo 10.- Modifícase el apartado a.2. del artículo 26 de la ley 26.485, por el siguiente texto:
a.2. Ordenar al presunto agresor que cese en los actos de perturbación o intimidación que, directa o indirectamente, realice hacia la mujer, tanto en el espacio analógico como en el digital.
Artículo 11.- Incorpórase como apartado a.8. del artículo 26 de la ley 26.485, el siguiente texto:
a.8. Ordenar la prohibición de contacto del presunto agresor hacia la mujer que padece violencia por intermedio de cualquier tecnología de la información y la comunicación, aplicación de mensajería instantánea o canal de comunicación digital.
Artículo 12.- Incorpórase como apartado a.9. del artículo 26 de la ley 26.485, el siguiente texto:
a.9. Ordenar por auto fundado, a las empresas de plataformas digitales, redes sociales, o páginas electrónicas, de manera escrita o electrónica la supresión de contenidos que constituyan un ejercicio de la violencia digital o telemática definida en la presente ley, debiendo identificarse en la orden la URL específica del contenido cuya remoción se ordena. A los fines de notificación de la medida del presente inciso se podrá aplicar el artículo 122 de la ley 19.550.
La autoridad interviniente en el caso deberá solicitar a las empresas de plataformas digitales, redes sociales, o páginas electrónicas, el aseguramiento de los datos informáticos relativos al tráfico, a los abonados y contenido del material suprimido, que obren en su poder o estén bajo su control, para las acciones de fondo que correspondan, durante un plazo de noventa (90) días que podrá renovarse una única vez por idéntico plazo a pedido de la parte interesada. Se deberá ordenar mantener en secreto la ejecución de dicho procedimiento mientras dure la orden de aseguramiento.
La autoridad podrá, a requerimiento de parte y únicamente para la investigación de las acciones de fondo que correspondan, solicitar a las requeridas que revelen los datos informáticos de abonados que obren en su poder o estén bajo su control e igualmente los relativos al tráfico y al contenido del material suprimido mediante auto fundado de acuerdo a los mecanismos de cooperación interna y/o procedimientos previstos en el marco de las normas y tratados sobre cooperación internacional vigentes.

Como se observa, entonces, se trata de un fenómeno que excede los límites soberanos y las fronteras y que obliga a los organismos internacionales a actualizar su normativa y a crear aquella que aún no permite acoger a esos fenómenos.

De otro lado, pero también de esta perspectiva transfronteriza, se encuentran las empresas proveedoras de los servicios de internet, las titulares de las denominadas apps, o de diversas plataformas que permiten la comunicación de las personas en línea, que también son protagonistas de esta nueva realidad en la que dos personas distantes a miles de kilómetros en el mundo, que incluso pueden no conocerse son capaces de compartir información, almacenar información, y resultan las vías por las que pueden afectarse los diversos bienes jurídicos.

Sumado a lo anterior debemos remarcar la característica propia de esas redes sociales, aplicaciones de comunicación y juegos en línea porque en ellos son las personas usuarias las que "voluntariamente" hacen entrega de sus datos personales, en algunos casos de sus datos personalísimos para poder acceder al contenido o a la funcionalidad de esas plataformas. Aquí debemos resaltar que desde el año 2000 se encuentra vigente en nuestro país la ley de Protección de Datos Personales (Ley 25.326)[16].

Es importante tener presente que en palabras de la CDH-ONU los Estados están obligados a alentar "a las empresas de tecnología digital, incluidos los proveedores de servicios de internet y las plataformas digitales, a que consoliden o adopten medidas positivas, entre ellas políticas internas, para promover la igualdad de género en el diseño, la aplicación y la utilización de tecnologías digitales, con miras a eliminar la violencia contra las mujeres y las niñas, y a que se abstengan de presentar a las mujeres y las niñas como seres inferiores y de explotarlas como objeto sexual o bienes de consumo, empoderando así a las mujeres y las niñas como agentes clave y contribuyentes y beneficiarias del desarrollo sostenible"[17].

Por eso es que resulta importante remarcar que las autoridades internacionales o regionales deben focalizarse en tender puentes que permitan tener por cierto que las plataformas digitales apliquen de manera real los

---

Artículo 13.- Comuníquese al Poder Ejecutivo nacional.

16 https://servicios.infoleg.gob.ar/infolegInternet/anexos/60000-64999/64790/texact.htm

17 CDH-ONU, Acelerar los esfuerzos para eliminar la violencia contra las mujeres y las niñas: prevención de la violencia contra las mujeres y niñas en los contextos digitales (A/HRC/38/L.6), párr. 10 d).

términos y condiciones de uso, y en su caso evaluar cuáles son los resultados cuando ello no ocurre.

La readecuación en términos legales también abraza a los derechos de niñas, niños y adolescentes. Como ejemplo basta citar el Dto. 360/2023 por el que el PEN aprobó la reglamentación del Plan Federal de Capacitación sobre Derechos de Niños, Niñas y Adolescentes destinado a personal del Poder Ejecutivo, Legislativo y Judicial que formen parte del Sistema Integral de Promoción y Protección de los Derechos de las Niñas, Niños y Adolescentes en base a los contenidos mínimos que receptan la singularidad de cada uno de los territorios del país, a partir del Plan Federal de Capacitación sobre Derechos de Niñas, Niños y Adolescentes (Ley 27.709 más conocida como "Ley Lucio" en referencia al caso del niño Lucio Dupuy asesinado por su madre y la pareja de esa).

En igual sentido, de un tiempo a esta parte han comenzado a usarse las voces "sharenting" (que deriva de las palabras en inglés *sharing* —compartir— y *parenting* —criar) y "oversharing" que alude a los casos en los que una persona adulta comparte mediante fotos, videos o relatos diarios la vida de un niño, niña o adolescente, con las posibles repercusiones que esto pueda tener a futuro, como una forma de facilitar o generar violencia respecto de personas menores de edad.

Se ha sostenido en España que "un reciente análisis de la Universidad Oberta de Catalunya alertaba sobre los peligros del *sharenting*, citando otros estudios. Como el de la Universidad de Valencia que revela que el 72% del material incautado a agresores sexuales duales que han sido condenados (es decir, pedófilos que además abusan físicamente de los menores) eran imágenes no eróticas ni sexualizadas de niños total o parcialmente desnudos que provenían de fuentes comerciales o álbumes familiares. Fotografías normales, de escenas de la vida cotidiana. O el informe *EU Kids Online*, que revela que el 89% de las familias españolas comparte alrededor de una vez al mes contenidos de sus hijos en Facebook, Instagram o TikTok"[18].

Aquí lo que importa es que la huella digital queda en el ciberespacio y entonces esa forma de mostrarse, gratuita y fácil de usar, genera una imagen en cada sitio visitado, cada archivo cargado o descargado, cada foto o video publicado en las redes sociales, de modo que luego cualquier persona puede usar esa información que las personas postean voluntariamente, pero con fines delictivos.

---

[18] https://www.lanacion.com.ar/sociedad/sharenting-apenas-tienen-tres-anos-y-su-vida-esta-entera-esta-internet-somos-conscientes-de-los-nid05062023/

Esto es así, sin perjuicio que recientemente la justicia civil en nuestro país hizo aplicación concreta del denominado "derecho al olvido"[19]. Por olvido digital se entiende el derecho personalísimo a controlar los datos personales propios que permitan el desarrollo del proyecto vital, con base en la dignidad humana, con fundamento en el derecho a la autodeterminación informativa[20]. El caso que aquí hacemos referencia fue iniciado por la demanda de De Negri y por el que la Sala "H" de la Cámara Nacional de Apelaciones en lo Civil de la Capital Federal[21] se expidieron en favor de la "desindexación solicitada por la actora exclusivamente respecto de los eventuales enlaces que puedan exhibir videos o imágenes obtenidos hace veinte años o más que contengan escenas que pudo protagonizar la peticionaria cuyo contenido muestre peleas, agresiones verbales o físicas, insultos, discusiones en tono elevado, escenas de canto y/o baile de precaria calidad artística, así como también, posibles reportajes televisivos en los que la actora hubiera brindado información acerca de experiencias de su vida privada, sea de contenido sexual o de cuestiones relacionadas al consumo".

En sintonía con todo ello aparece también el dinero virtual de la mano de las criptomonedas. Muchas autoridades internacionales, como Interpol, han advertido sobre el modo en el que las organizaciones delictivas utilizan las criptomonedas (Bitcoin y Bitcoin Cash, entre otras), para el provecho de actos criminales[22].

---

19 El derecho al olvido tomó especial relevancia en 2014 en Europa a partir de que un abogado y calígrafo, Mario Costeja, exigiera a Google que borrara la indexación que vinculaba a su nombre con una deuda oportunamente saldada logrando un fallo favorable del Tribunal de Justicia de la Unión Europea. Sentencia del Tribunal de Justicia de la Unión Europea (Gran Sala) de 13 de mayo de 2014, Asunto C-131/12 "Google Spain, S.L., Google Inc. contra Agencia Española de Protección de Datos (AEPD), Mario Costeja González (Petición de decisión prejudicial planteada por la Audiencia Nacional)". Puede consultarse en: http://curia.europa.eu/juris/document/document.jsf?text=&docid=152065&pageIndex=0&doclang=ES&mode=lst&dir=&occ=first&part=1&cid=269153

20 Puede consultarse por todos: EL DERECHO AL OLVIDO ANTE LA CORTE SUPREMA [Buenos Aires, martes 15 de marzo de 2022] SUPLEMENTO ESPECIAL, en https://repositorio.uca.edu.ar/bitstream/123456789/15641/1/derecho-olvido-corte-suprema.pdf

21 https://abogados.com.ar/derecho-al-olvido-por-primera-vez-en-la-argentina-la-justicia-lo-aplico-en-una-demanda-contra-google/26706

22 https://www.interpol.int/es/Delitos/Delincuencia-financiera

Está claro que las criptomonedas son herramientas de uso legal en todos los países cuyo seguimiento, trazabilidad e incautación aún resulta difícil y esa es la razón por la que criminalidad organizada puede valerse de ella para el aprovechamiento del dinero proveniente del delito. Quienes se dedican a la actividad ilícita conocen de la escasa capacidad de coordinación en la investigación por parte de los diversos países y de las pocas herramientas con las que se cuenta no solo para el rastreo de ese dinero, sino para su incautación.

Ha sido noticia en 2020 que "*Chainalysis*, la empresa de inteligencia *blockchain* con sede en Nueva York, ha publicado su último análisis sobre el uso de criptomonedas para la compra de material de abuso sexual infantil (CSAM) en la darknet. En un informe compartido con *Cointelegraph* el 22 de abril, *Chainlaysis* indicó que había rastreado pagos de Bitcoin (BTC) por valor de poco menos de USD 930,000 a direcciones asociadas con proveedores de CSAM en 2019. Esto representa un aumento del 32% respecto a 2018, que a su vez había presentado un aumento del 212% respecto al año anterior"[23].

Nótese que esas mismas autoridades internacionales sostienen que sólo la base de datos de INTERPOL sobre explotación sexual de menores contiene más de 4,3 millones de imágenes y vídeos, y que ha sido gracias a esa base de datos que se ha logrado la identificar a más de 35,000 víctimas de todo el mundo. Además, dan cuenta en el informe "*Towards a Global Indicator on Unidentified Victims in Child Sexual Exploitation Material*" de 2018[24] de algunos datos que permiten poner en relieve la situación real:

- Cuanto más joven era la víctima, más grave era el abuso.
- El 84% de las imágenes contenía actividad sexual explícita.
- Más del 60% de las víctimas no identificadas eran prepuberes, inclusive bebés y niños pequeños.
- El 65% de las víctimas no identificadas eran niñas.
- En las imágenes de abusos graves era probable ver a niños, más que niñas.
- El 92% de los agresores visibles eran hombres

---

23 https://es.cointelegraph.com/news/over-900k-in-bitcoin-went-to-child-sexual-abuse-material-providers-in-2019-says-chainalysis

24 https://www.interpol.int/es/Delitos/Delitos-contra-menores/Base-de-Datos-Internacional-sobre-Explotacion-Sexual-de-Ninos

Con todo lo reseñado hasta aquí que se observa nos encontramos con cambios legislativos y coyunturales a nivel internacional, regional, y nacional que merecen estudiarse detenidamente.

2. CAMBIOS EN EL DERECHO PENAL SUSTANTIVO

Como ya se ha sostenido en el mundo moderno, el derecho penal y procesal penal, ante la constante evolución de las maniobras delictiva, mucho más complejas, realizadas con el actuar de verdaderas bandas criminales, cuyos miembros actuar al mismo tiempo y en forma conjunta desde lugares diversos del planeta ha debido adaptarse a esa nueva realidad.

Se habla así de nuevas formas de criminalidad. Es que "(L)a globalización y conectividad entre personas, países y organizaciones ha generado lógicas de mercado cada vez más complejas y diversificadas, lo que se ha traducido en nuevas formas de relacionamiento y productividad. Ello ha traído aparejado como es natural el surgimiento de nuevas formas de criminalidad coligadas con esas nuevas realidades, surgiendo mecanismos de criminalidad organizada transfronteriza, delitos informáticos, redes y cadenas de grupos criminales asociados para maximizar oportunidades, entre otros. Asimismo, las plataformas informáticas y nuevas tecnologías facilitan la comisión de delitos y al mismo tiempo son el medio a través del cual se desarrollan concertaciones y acuerdos entre grupos criminales situados en diversas partes del mundo"[25].

Todo ello se ha acrecentado y acelerado a partir del auge que las nuevas tecnologías han traído de la mano de la comunicación a través de plataformas (*TikTok, Discord, Youtube, Snapchat, Whatsapp, Telegram, Facebook, Instagram,* entre tantas otras) que no solo permiten el intercambio de palabras escritas y habladas, sino también de fotografías y videos, teniendo además la capacidad de permitir el ingreso de terceros en los propios ámbitos de intimidad.

Desde ese lugar advertimos que muchos de los conceptos propios de la teoría del delito tradicional no tienen la misma capacidad de explicar. Entre ellos la propia categoría de acción que estuvo pensada para el desarrollo de movimientos corpóreos en un mundo analógico y consecuente-

---

25 Rafael Blanco, Jaime Arellano, Alejandra Alliaud, Joanna Heskia, Jaime Retamal y Ángel Valencia; "Persecución Penal Efectiva y Estado de Derecho: Desafíos y Líneas de Acción para América Latina", Ceja, 2020, p. 4/5.

mente los relativos a la participación de las personas en el delito: autoría, autoría mediata, participación, instigación, entre otros. De la misma manera tampoco funcionan igual los adelantamientos de punibilidad como delitos autónomos y las tentativas, que tienen su razón de ser en los comienzos de ejecución.

Es parte del tratamiento de la dogmática penal hoy en día el delito informático o la criminalidad informática que puede ser entendida como todas las maniobras delictivas vinculadas al uso de las Tecnologías de Información y Comunicación. Está claro que cada nueva maniobra obliga a las legislaciones a crear nuevos tipos penales, a reinterpretar los existentes o a modificarlos en ese intento por adaptarse a nuevas formas comitivas de delitos[26].

A fines del siglo pasado la tendencia se radicalizó con los llamados "nuevos gestores de la moral colectiva"[27], que pugnan por criminalización, mayor intervencionismo y severidad del sistema punitivo y que, de algún modo, implica la sanción de nuevas conductas punibles o la reestructuración de delitos tradicionales como ciertas modalidades de estafa y daño, lavado de activos, terrorismo, narcotráfico y pornografía infantil, entre otros comportamientos criminales), que introducen la metodología técnica del cibercrimen a categorías dogmáticas como la conducta, el nexo de causalidad como base para la imputación objetiva y la determinación del riesgo jurídicamente desaprobado, al dominio del hecho en la autoría y a ciertas exigencias para los sujetos del delito[28].

La conducta humana a partir de la nueva realidad parece haber comenzado a estar compuesta por elementos mensurables como distancia, intensidad, velocidad, energía, y se caracteriza por su virtualidad. Es que la mayoría de esta clase de comportamientos son realizados en el ciberespacio por "cosas" o sistemas, es decir, ejecutados en una realidad virtual que solo tiene existencia en sistemas y redes de dispositivos informáticos. En sentido

---

26 Daniela Silva Dupuy (dir.), Mariana Kiefer (coord.) Cibercrimen II: nuevas conductas penales y contravencionales. Inteligencia artificial aplicada al derecho penal y procesal penal. Novedosos medios probatorios para recolectar evidencia digital. Cooperación internacional y victimología, Bde F, 2018.

27 Gimbernat Ordeig, Enrique, Los nuevos gestores de la moral colectiva, en El Mundo, Madrid, sábado 10 de julio de 2004, Tribuna

28 Durham, Cole, "The emerging structures of criminal information law: Tracing the contours of a new paradigm", en: Information, Technology, Crime: National legislation and international initiatives, Ius informationis, Vol. 6, Köln-Berlín-Bonn-München, Heymann, 1994, pp. 533-542.

material, dichos comportamientos digitales, aunque tienen origen físico en una acción-decisión humana (un clic en un teclado), producen resultados que no superan el mundo digital, pues se dan mediante el tratamiento, la manipulación y el almacenamiento de datos informáticos basados en el sistema binario que, aunque representan materia y ubicación, realmente son ondas de energía que forman bytes susceptibles de agruparse en archivos y que pueden ser leídos por software y "traducidos" por el sistema en signos comprensibles para los seres humanos. Así, en muchos casos, en las nuevas conductas típicas (interceptación de datos informáticos) los resultados lógicos no trascienden al mundo físico, aunque pueden impedir a los usuarios la disponibilidad posterior (acceso y funcionamiento normal) de los datos o los sistemas informáticos[29].

Agustina y Vargas Ovalle señalan algunas cuestiones que nos permiten repensar la necesidad de contar con estructuras propias en la teoría del delito en relación a los ciberdelitos[30]:

1. Qué implicaciones tiene en el binomio delito permanente versus delito instantáneo la disponibilidad de acceso *sine die* que proporciona Internet, por ejemplo, a los efectos de fijar el inicio el cómputo del plazo de prescripción en un delito de injurias cometido en el ciberespacio?

2. ¿Cómo se debería analizar la participación en el delito de los mirones o "by-standers" cuando se omiten deberes de socorro o de denuncia en delitos cometidos en el ciberespacio en los que concurre una cierta dependencia del bien jurídico respecto del omitente? ¿En qué situaciones las plataformas o los intermediarios (*Internet Service Providers*) pueden ostentar ciertas posiciones de garantía penalmente relevantes? ¿Cuál es el equivalente funcional en el ciberespacio de la posición de garante derivada de un dominio sobre el espacio en el que se comete un delito en el mundo físico?

3. ¿Qué significa consentir en el lenguaje de las redes sociales si, por ejemplo, en el perfil de Twitter del acusado se explicita que "RT + endorsement"? ¿Qué consecuencias tiene retuitear en los delitos contra el honor

---

29 El cibercrimen y sus efectos en la teoría de la tipicidad: de una realidad física a una realidad virtual, Ricardo Posada Maya, https://www.pensamientopenal.com.ar/system/files/doctrina89772.pdf

30 Agustina, Jose y Vargas Ovalle Maria Alejandra; "¿Es necesaria una dogmática especifica para los ciberdelitos? A propósito de la utilización de agentes encubiertos en la lucha contra la explotación sexual de menores en el ciberespacio, en García Cavero, Percy y Chinguel Rivera Alejandro —coord.— Derecho Penal y Persona, Ideas, Lima, 2019, pp. 615/616.

o de incitación al odio? Y en los delitos contra la intimidad, ¿caben formas distintas de "implied confidentiality" en el mundo digital en los que jueguen indicios de consentimiento presunto distintos a los que pueden darse en el mundo físico?

4. ¿Seguirá vigente y sin alteraciones el principio de impunidad de la mentira y la preeminencia del modelo de la estafa' en el escenario actual de posverdad, *fake news* y libertad de expresión que potencia Internet, o se irán abriendo nuevas formas delictivas?

5. ¿En qué consiste y cómo se modula (si es que debiera modularse) la exigencia de engaño bastante en las interacciones online, en las que los comportamientos compulsivos provocan una minoración de los estándares de autoprotección? ¿Es solo una cuestión de interpretación del tipo o requiere un análisis dogmático más profundo sobre el error y/o el consentimiento en la era actual?

6. Cómo afecta a las fases del *iter criminis* y a la teoría de concursos la sucesión /o alternancia de comportamientos offline y online, por ejemplo en los delitos de online grooming seguidos de abuso sexual virtual?

7. ¿Qué incidencia tiene en la teoría del bien jurídico la realidad virtual o aumentada? ¿Cómo se configura el equivalente funcional del contacto en el ciberespacio? ¿Debería corregirse la doctrina jurisprudencial de los delitos imposibles impunes por inexistencia de objeto, cuando la afectación a éste, aun siendo virtual, desencadene un cierto nivel de conmoción en la comunidad?

8. ¿Qué estructuras de imputación nuevas, en términos de autoría y participación, podrían darse cuando intervengan inteligencias artificiales?

9. Ante casos como el de los accidentes mortales causados por coches autopilotados se plantean a su vez muchos interrogantes. ¿Cómo incide en el análisis de la colisión de deberes y evaluación de daños del estado de necesidad o la legítima defensa, la información masiva (Big Data) o las reglas de conducta programadas por una inteligencia artificial? ¿Quién responde? ¿"El programador, quien supervisa una máquina o el mismo artefacto preprogramado", la empresa, quienes ocupan posiciones de garantía o responsabilidad especiales, o todos ellos?"

A criterio de los autores mencionados estos son algunos ejemplos que ponen de manifiesto la necesidad de repensar algunas categorías del delito en la era digital. La jurisprudencia y la doctrina no pueden discurrir sin introducir elementos novedosos importantes como los reseñados. Nótese que la acción digital se caracteriza porque representa la ejecución de instrucciones procesables por los sistemas informáticos, que no se da mediante una acción lineal sino claramente interactiva/reactiva que, mediante links asociados a páginas vinculadas a sitios web, permite buscar información (en distintos formatos: video, audio, texto, etcétera) según los intereses del usuario o realizar actividades que se pueden desplegar en distintos espacios de esta realidad, de manera indefinida e incluso automática. Así a diferencia de las conductas analógicas como causar la muerte, lesionar un cuerpo humano o dañar un objeto, las acciones digitales o ciberinteracciones son conductas deslocalizadas o desubicadas físicamente, pues el ciberespacio como realidad virtual es precisamente un ámbito de interacción lógica[31].

Coincidimos cuando se afirma[32] que la teoría del delito necesita que las categorías dogmáticas y las estructuras de imputación que maneja se adapten a la realidad delictiva de cada momento.

Y también, cuando se afirma que así como una teoría del delito anclada en el homicidio causado físico-naturalmente como paradigma requirió ciertas reformulaciones ante las nuevas formas de criminalidad en la empresa (en instituciones como la causalidad, el riesgo permitido o el error de prohibición), de modo que los criterios de imputación objetiva y la normativización de las categorías del delito ayudaron, en este sentido, a avanzar y dotar de instrumentos apropiados a los operadores jurídicos. Del mismo modo, algunas particularidades de los ciberdelitos reclaman un mejor desarrollo de algunas soluciones dogmáticas o jurisprudenciales a problemas clásicos. Los problemas jurídico-penales asociados a las nuevas técnicas de prevención y persecución del delito mediante sistemas de inteligencia artificial constituyen, pues, un ámbito novedoso en el que pueden darse algunas tensiones en las categorías dogmáticas y en las garantías procesales que conviene afrontar no solo desde el punto de vista legislativo, sino también desde las estructuras dogmáticas. En este contexto, la dogmática ha venido a superar el tradicional esquema tripartito consistente en distinguir entre

---

31 El cibercrimen y sus efectos en la teoría de la tipicidad: de una realidad física a una realidad virtual,
Ricardo Posada Maya, https://www.pensamientopenal.com.ar/system/files/doctrina89772.pdf

32 Ver por todos, Agustina, Jose y Vargas Ovalle Maria Alejandra; "¿Es necesaria una dogmática especifica para los ciberdelitos? A propósito de la utilización de agentes encubiertos en la lucha contra la explotación sexual de menores en el ciberespacio, en García Cavero, Percy y Chinguel Rivera Alejandro —coord.— Derecho Penal y Persona, Ideas, Lima, 2019, pp. 636/637.

delitos de lesión, delitos de peligro concreto y delitos de peligro abstracto, para dar paso a nuevos tipos, entre los que destacan los delitos de aptitud, delitos de acumulación, delitos de preparación y delitos sin bien jurídico[33].

3. CAMBIOS EN EL DERECHO PROCESAL PENAL

Una de las mayores repercusiones que los delitos informáticos encuentran en torno al derecho procesal penal van de la mano con la evidencia y la prueba, tanto con los modos de adquisición y preservación, como en lo atinente a la valoración.

Del mismo modo, la cuestión de la transnacionalidad de los delitos es otras de las afectaciones principales que en torno a los ciberdelitos merece ser pensada.

Desde lo probatorio, cierto es que desde los inicios de este siglo la cuestión probatoria (la producción, su razonamiento y valoración) ha formado parte de muchas de las investigaciones y publicaciones recientes[34]. Por lo que no aparece como un fenómeno exclusivo de lo concerniente a la prueba digital, pero no menos cierto resulta que la investigación de los ciberdelitos le ha sumado a esa preocupación algunos caracteres que merecen ser analizados aquí.

Conocido en que, en general, prima en las legislaciones recientes, de la mano de los procesos penales adversariales y acusatorios, el principio de libertad probatoria (seguramente será reiterado este concepto a lo largo de todo el tratado), que admite la posibilidad de incorporar prueba al proceso penal no solo de la mano de las categorizaciones clásicas como testimonial, documental, instrumental, material, etc.

Lo que ocurre con la prueba que hace a la investigación en casos de evidencia digital es que no puede ser tratada de la misma manera que los objetos, es decir, como si fuera evidencia material. En ese punto, se ha sostenido que "La evidencia digital tiene la característica de ser volátil y fácilmente manipulable, siendo vital considerar los siguientes principios (Sheetz, 2013) que permiten que sea válida en los tribunales de justicia:

---

33 Idem

34 Entre otras: Aboso, Gustavo Eduardo; EVIDENCIA DIGITAL en el Proceso Penal La investigación forense en el entorno digital y la validez de las garantías judiciales, B de F, 2023.

1. Admisible.- La evidencia debe poder ser utilizada en la corte.

2. Auténtica.- La evidencia debe ser real y relacionarse con el incidente de manera relevante

3. Completa.- La evidencia debe ser suficiente, demostrar una perspectiva integral del incidente y poder probar las acciones o inocencia del atacante.

4. Confiable.- La evidencia que se recolecta y posteriormente se analiza, no debe causar duda de su autenticidad y veracidad; en otras palabras, contar toda la historia.

5. Creíble.- La evidencia debe ser claramente entendible y convincente para un jurado"[35].

Es que como sostiene Gustavo Presman, la evidencia digital se caracteriza del siguiente modo:

• Está conformada por un conjunto de bits, la mínima expresión de almacenamiento que solo puede tener un valor binario: cero o uno. Esta característica es clave en el sentido de que todo registro digital puede ser duplicado y las copias que se realicen del mismo, si siguen las buenas prácticas, serán idénticas e indistinguibles del original.

• Es intangible. El disco rígido es el envase que soporta a los bits de información allí almacenada.

• La evidencia digital posee metadatos, esto es, el dato del dato; por ejemplo, la fecha de creación del documento.

• Permite almacenar grandes volúmenes de información en contenedores de dimensiones reducidas, como es un disco rígido, circunstancia que exige una correcta identificación para no perder evidencia valiosa[36].

Y a ello se le suma el desafío que tienen los operadores del sistema en punto a ser capaces de litigar e ingresar esa evidencia en el proceso para poder discutirla luego en el juicio[37].

---

35 Paúl A. Ochoa Arévalo, EL TRATAMIENTO DE LA EVIDENCIA DIGITAL, UNA GUÍA PARA SU ADQUISICIÓN Y/O RECOPILACIÓN, Revista Economía y Política, núm. 28, pp. 35-44, 2018, Universidad de Cuenca https://www.redalyc.org/journal/5711/571167817003/html/

36 Presman, Gustavo. D. (2018) La cadena de custodia en la evidencia digital. Cibercrimen II, dir. Dupuy, D., coord. Kiefer, M. B de F, Buenos Aires, p. 304 y ss

37 Dupuy, Daniela: Litigación y cibercrimen, en Revista Sistemas Judiciales # 24, CEJA, 2021, p. 42 y ss.

De otro lado que la delincuencia relacionada con este tipo de delitos resulte de carácter transnacional a cada uno de los estados de una misma nación a verificar las cuestiones propias de soberanía en países federales como la Argentina, en punto a determinar si cabe ejercer su soberanía y en segundo lugar cuál es la legislación aplicable al caso.

Es que a diferencia de lo que ocurre en el espacio físico, en el ciberespacio pueden desarrollarse conductas que al mismo tiempo afecten a muchas víctimas, que incluso víctimas y victimarios pueden encontrarse en diferentes lugares en el mundo. En paralelo, la anonimización de los agresores virtuales genera que cada uno de los agresores pueda adoptar diferentes perfiles e identidades, lo que dificulta obviamente su individualización y persecución penal.

Es que el ciberespacio se presenta, así como un territorio sin límites ni soberanías donde las acciones tienden a anonimizarse y la responsabilidad penal, en consecuencia, a diluirse entre perfiles, terminales de IPs y personajes virtuales, lo que le genera una sensaciónn de inexistencia de riesgo en el emprendimiento criminal.

Una clara verificación de esas condiciones ha sido la promulgación de la ley denominada "*Cloud Act*", una ley federal de Estados Unidos, promulgada el 23 de marzo de 2018. Esa ley permite el acceso por parte de las autoridades judiciales de un país determinado a datos alojados en extraña jurisdicción a través de la cooperación de la empresa proveedora de servicios en internet, y obviamente ha generado muchos problemas con fuertes reclamos de la Comunidad Económica Europea, entre otros[38].

Su puesta en vigencia no ha pasado desapercibida, y ha generado polémicas en todo el globo, desde miradas de derecho internacional y particularmente de derecho procesal penal[39].

Dupuy y Kiefer sostienen que una de las mayores polémicas ocurrió cuando entró en vigor el Reglamento del Parlamento Europeo y del Consejo Europeo relativo a la protección de las personas físicas en lo que respecta al tratamiento de datos personales y la Directiva del Parlamento Europeo y del Consejo Reglamento (UE) 2016/679 del Parlamento Eu-

---

38 Dupuy, Daniela, Kiefer Mariana. (2018). La Nueva Ley "Cloud Act: su impacto en investigaciones en entornos Digitales. En "Cibercrimen II, Nuevas conductas penales y contravencionales. Inteligencia Artificial aplicada al Derecho penal y procesal penal. Dir. Dupuy, D, coord. Kiefer, M. BdeF, Buenos Aires, p. 357 y ss

39 https://elpais.com/retina/2018/08/01/tendencias/1533121170_040578.html

ropeo y del Consejo, del 27 de abril de 2016, relativo a la protección de las personas físicas en lo que respecta al tratamiento de datos personales y a la libre circulación de estos datos y por el que se derogaba la Directiva 95/46/CE (Reglamento general de protección de datos) que en su artículo 48 mandaba: "Artículo 48: "Transferencias o comunicaciones no autorizadas por el Derecho de la Unión. Cualquier sentencia de un órgano jurisdiccional o decisión de una autoridad administrativa de un tercer país que exijan que un responsable o encargado del tratamiento transfiera o comunique datos personales únicamente será reconocida o ejecutable en cualquier modo si se basa en un acuerdo internacional, como un tratado de asistencia jurídica mutua, vigente entre el país tercero Europeo, relativa a la protección de las personas físicas en lo que respecta al tratamiento de datos personales por parte de las autoridades competentes para fines de prevención, investigación, detección o enjuiciamiento de infracciones penales o de ejecución de sanciones penales, y a la libre circulación de dichos datos. Desde el ámbito de la política internacional, en supuestos en los que un Estado accede a datos alojados en extraña jurisdicción, puede interpretarse por parte de algunos países y organismos internacionales, como violatorio a la Soberanía Nacional del Estado en el que los datos informáticos están alojados. Las complicaciones más frecuentes a las que se enfrentan los investigadores consisten en poder entender la inexistencia de fronteras físicas y la aceptación del desdibujado principio de territorialidad y soberanía de los Estados que surge en el marco de las investigaciones en entornos digitales. requirente y la Unión o un Estado miembro, sin perjuicio de otros motivos para la transferencia al amparo del presente capítulo".

Como ellas lo indican, la práctica demuestra que en este tipo de investigaciones, para lograr su eficiencia, se requiere inexorablemente acceder a información alojada físicamente en extraña jurisdicción y, sin esa información, se vuelve imposible continuar con la persecución penal. Y, además, esa información no solamente significa un dato fundamental para el avance de la investigación, sino que también, y en razón del carácter volátil de los datos necesarios, deviene fundamental contar con ella de manera inmediata. Hoy acudir a los mecanismos tradicionales de Cooperación Internacional —como el MLAT639— implicaría poner en riesgo el avance de la investigación, pues los tiempos que demandan su tramitación perjudican el éxito de aquella. En consecuencia, y ante la ineficacia de estos mecanismos tradicionales de Cooperación Internacional en materia penal, actualmente representa una costumbre internacional, obtener los datos mediante una comunicación directa de los investigadores de un Estado determinado con las empresas del sector privado ubicada en extraña jurisdicción[40].

Como se observa, el derecho procesal penal y los modos de obtener, recolectar, conservar la evidencia implican un nuevo mundo en los términos en los que lo conocíamos.

Hablar hoy en día de allanamientos remotos, agentes encubiertos digitales y demás cuestiones que parecen salidas de una obra de ciencia ficción es parte de las acciones laborales cotidianas de los operadores de justicia, las fuerzas de seguridad y los equipos de investigación en el marco de las investigaciones penales, y a ellas, los expertos investigadores se dedicarán, en los próximos capítulos de este Tratado.

4. CAMBIOS EN LAS GARANTÍAS CONSTITUCIONALES

Una de las principales garantías afectadas en el ámbito en el que nos desarrollamos resulta ser la intimidad. Tanto si nos enfrentamos a ciberdelincuencia relacionada con cuestiones vinculadas a la integridad sexual como aquella relacionada con lo económico.

Es que se trata del derecho a no dar a conocer ciertos aspectos de nuestra vida a los terceros, aquello que hace muchos años se individualizaba con la noción del "derecho de ser dejado a solas"[41]. Recordemos que no solo

---

40 Dupuy, Daniela, KIEFER, Mariana, Cibercrimen, II, Nuevas conductas penales y contravencionales. Inteligencia artificial aplicada al Derecho penal y procesal penal. Novedosos medios probatorios para recolectar evidencia digital. Cooperación Internacional y Victimología, Dir. Dupuy, Daniela, Ed. B de F, Buenos Aires, octubre 2018, pp. 357 y ss.

41 "En nuestra constitución nacional, el derecho a la intimidad está protegido en forma expresa por el artículo 19, 1° párrafo, el que establece que "las acciones privadas de los hombres que de ningún modo ofendan al orden y a la moral pública, ni perjudiquen a un tercero, están solo reservadas a Dios y exenta de la autoridad de los magistrados" También se otorga protección constitucional al derecho a la intimidad en el artículo 18 al asegurar la inviolabilidad del domicilio; los papeles privados y la correspondencia epistolar. La violación más flagrante del derecho a ser dejado a solas ("the rigth to be let alone"), consiste sin duda en la intromisión en el domicilio o habitación de una persona; de la apertura de sus bolsos, de sus papeles privados o correspondencia. Consideramos que esta norma hoy debe leerse a la luz de las nuevas tecnologías y debe abarcar las comunicaciones telefónicas; las escuchas o cámaras ocultas en lugares privados; los archivos de datos que sean personales; los datos sensibles de cada persona; los videos o filmaciones

se trata de una consecuencia necesaria del principio de intimidad, sino que deviene del principio de reserva, conforme lo señalado por la CSJN en "Bahamondez": "Respecto al marco constitucional de los derechos de la personalidad, los mismos se relacionan con la intimidad, la conciencia, el derecho a estar a solas, el derecho a disponer de su propio cuerpo. En rigor el art. 19 de la constitución nacional concede a todos los hombres una prerrogativa según la cual pueden disponer de sus actos, de su obrar, de su propio cuerpo, de sus propias vidas, de cuanto les es propio. Ha ordenado la convivencia humana sobre la base de atribuir al individuo una esfera de señorío sujeta a su voluntad; y esa facultad de obrar válidamente libre de impedimentos conlleva la de reaccionar u oponerse a todo propósito, posibilidad o tentativa por enervar los límites de esa prerrogativa. "(cons. 9)[42].

Y ello no solo implica a la persona física sino también a aquellos datos o información que hace a su vida privada, lejos de la mirada de las demás personas. De modo tal que queda comprendido allí el derecho a tomar decisiones propias del plan de vida, el derecho a proteger su integridad física, su integridad sexual, si integridad patrimonial.

Por ello resulta tan importante la legislación relacionada con la difusión de imágenes sexuales no consentidas. Está claro que en muchos casos si las propias personas no se tomasen fotografías esas imágenes no podrían ser subidas al ciberespacio, pero no es menos cierto que la decisión de fotografiarse o filmarse queda dentro de ese ámbito de intimidad justamente que tal garantía protege y en modo ninguno ello puede autorizar a su publicación.

De tal modo, la política pública debería tender a proteger a ese derecho y a no renunciar a él en su propio nombre.

Así, debe extremarse el cuidado en el análisis y puede servir de guía para ello determinar cuál es el carácter de la información que se ha difundido. En ese sentido, una de las pautas podría ser si se trata de información que resulte del interés público.

Claro que para eso es necesario determinar, previamente, qué dimensión posee el interés público y si es posible distinguir ambas esferas (lo pú-

---

familiares, etcétera". Justicia Constitucional y Derechos Humanos. Derecho a la intimidad y Autonomía Personal, Basterra, Marcela I, puede verse en https://marcelabasterra.com.ar/wp-content/uploads/2016/11/AP.-Justicia-Constitucional-Derecho-a-la-Intimidad-y-Principio-de-autonomi%CC%81a-personal.-Art.-Basterra-Libro-Colectivo-Risso.pdf

42 L.L 1993 —D,130 (1993)

blico y lo privado) cuando se trata, por ejemplo, de personalidades políticas, de mundo del espectáculo y demás. Afirmamos que cualquier persona sin distinción de su participación en la vida pública tiene un cierto ámbito de intimidad que no puede ser invadido con el pretexto de que se trata de una persona púbica. De allí que ni siquiera cuando la información es de figuras públicas se justifica difundir imágenes de naturaleza sexual sin su consentimiento. Y si ello se hace entonces resultará necesario demostrar que ello ha tenido como fin conocer un asunto de interés público.

Va de suyo que cuando se trata de niños y de niñas, no es posible hablar de ningún consentimiento, y resultaría dificultoso justificar en cualquiera de esos casos el interés público.

Tratándose de jóvenes adultos y de personas adultas, aun en los casos en los que as imágenes hayan sido tomadas con su consentimiento, también puede hablarse de invasión a la privacidad en aquellos casos en los que lo que se burla es la confidencialidad respecto de las o los destinatarios de esas imágenes si es que hubo consentimiento en su difusión.

5. CAMBIOS EN LA POLÍTICA CRIMINAL

Conocido es que no hay una definición unívoca acerca de que se entiende por política criminal, por lo que para referirnos a los cambios que ella pudo haber sufrido primero debemos adoptar algún punto de partida en ese sentido, porque la proliferación de acepciones ha generado confusión (Binder, 1997).

En la actualidad, mayoritariamente se sostiene que se trata de una doble cuestión en la que se juegan una visión teórica y una práctica. Así lo explican Arostegui Moreno (2020) y Roxin (2000) quien ha sostenido, parafraseando a Von Liszt, que: "El derecho penal es la infranqueable barrera de la política criminal, esta frase de Von Liszt pone de relieve una tensión que hoy está viva en nuestra ciencia. Ella opone a los métodos jurídicos en sentido estricto de ordenación y elaboración sistemático-conceptuales de los presupuestos del delito los principios del tratamiento adecuado de la conducta desviada que descansan en fundamentos empíricos. (...) en la política criminal incluye los métodos adecuados, en sentido social, para la lucha contra el delito, es decir, la llamada misión social del derecho penal (...)." (p. 31).

Entendemos que la política criminal implica al mismo tiempo las acciones concretas que desde el poder político se llevan adelante en relación al fenómeno criminal, así como también el saber teórico que motiva o deberían motivar —desde una mirada científica— esas acciones porque está basado en los hechos de la realidad. De allí que acordamos en un todo con la definición proporcionada por Rafecas: "Debe entenderse por política criminal el diseño de estrategias publicas dirigidas a lidiar con problemáticas sociales, económicas o políticas para las cuales se ve al sistema penal como un ámbito que coadyuve a su solución; se parte así de la idea que las prohibiciones penales y la imposición de castigos penales puede favorecer a la gestión de conflictos desde el Estado mediante el empleado de la herramienta del ejercicio del poder punitivo". *(p 43)*

Por ello es que es necesario que el sistema penal desarrolle una progresiva adaptación a las exigencias que plantea la sociedad de riesgo: progresiva anonimidad de los contactos sociales, lo que dificulta determinar el grado de responsabilidad de cada individuo, la aparición de nuevos riesgos afectantes a amplios colectivos, aparición de actividades generadoras de riesgos que se entrecruzan unas con otras por lo que el control del riesgo se entrecruza dejando posibles campos sin control determinado, la difusión de un exagerado sentimiento de inseguridad que se ve potenciado por la extensa cobertura mediática de los sucesos peligrosos o lesivos, por las dificultades con que tropieza el ciudadano medio para comprender el acelerado cambio tecnológico, y acompasar su vida cotidiana a él, y por la extendida percepción social de que la moderna sociedad tecnológica conlleva una notable transformación de las relaciones y valores sociales y una significativa reducción de la solidaridad colectiva.

Todas esas circunstancias son las que han permitido la aparición de reformas que atiendan a esas demandas de intervenciones socio estatales. En concreto se verifican esas adaptaciones a partir del aumento de la criminalización y la proliferación de nuevos bienes jurídicos de naturaleza colectiva, un mayor número de figuras delictivas ligadas a delitos de peligro o de lesión del bien jurídico, el adelantamiento de la intervención estatal diseñando delitos que podrían ser entendidos como adelantamientos punitivos, modificaciones en el sistema de imputación de responsabilidad y en el conjunto de garantías penales y procesales, entre las que se advierte un avance en el ámbito de los delitos contra bienes jurídicos colectivos.

En términos generales se advierte que la política criminal ha dirigido al derecho penal en dos formas diferentes: redactando cláusulas que complementen a los tipos existentes, con la finalidad de corregir las insuficiencias que su aplicación se han detectado, o bien estableciendo nuevos tipos penales. Ambos modelos, según se ha señalado, presentan puntos a favor y otros que desalientan su adopción. Las ventajas del primer sistema consisten en que la conexión con los tipos tradicionales permite delimitar mejor el bien jurídico protegido, y ello favorece la seguridad jurídica y posibilita efectuar una mejor delimitación del ámbito de la tipicidad. La ventaja del segundo modelo se afinca en que el diseño del tipo penal se ajusta a lo que la política criminal requiere para ese momento, porque es creado a medida.

También la política criminal opera en otros ámbitos, diseñando nuevos modelos normativos, como sucede con el régimen de responsabilidades de los proveedores de servicio de Internet en España que aparece regulado en los artículos 13 y siguientes de LSSI, estableciendo dicho artículo que "los prestadores de servicios de la sociedad de información están sujetos a la responsabilidad civil, penal y administrativa establecida con carácter general en el ordenamiento jurídico, sin perjuicio de lo dispuesto en esta ley"; describiendo en los artículos 14 a 17, la específica responsabilidad de los prestadores de servicio de intermediación, distinguiendo el tipo de servicio de que se trate —provisión de acceso, almacenamiento de datos, etc—.

Va de suyo que no es posible controlar la legalidad de los contenidos que albergan o transmiten, razón por la cual la norma general del régimen de responsabilidad previsto en la ley, establece la falta de responsabilidad por los contenidos siempre que cumplan dos condiciones: que no tenga conocimiento efectivo de que la actividad o la información almacenada es ilícita, o que lesiona bienes o derechos de un tercero susceptibles de la indemnización, y que cuando se tenga conocimiento, se actúe con diligencia para retirar los datos o hacer imposibles el acceso a ellos.

En nuestro país, previo a la Ley Olimpia, ya hubo pronunciamientos de la CSJN en los que tuvo ocasión de expedirse sobre la responsabilidad civil de los proveedores intermediarios de servicios informáticos en el caso donde se había promovido una acción de daños y perjuicios contra la empresa Google que luego se ampliara contra Yahoo de Argentina, en el entendimiento que la difusión de imágenes personales de la demandante en portales electrónicos vinculados al ejercicio de la prostitución y/o contenido erótico y/o pornográfico habría afectado sus derechos personalísimos.

Por ello requirió una medida cautelar tendiente al cese y la eliminación de los datos sensibles de las redes. En primera instancia se resolvió condenar civilmente a las demandadas al pago por los daños y perjuicios, ordenando a las empresas demandadas eliminar cualquier referencia a la actora en los portales denunciados. En segunda instancia se revocó parcialmente la condena civil impuesta al rechazar el reclamo contra la empresa Yahoo, pero admitiéndolo contra Google reduciendo en este caso la indemnización civil fijada en la instancia originaria. La CSJN[43]. rechazó el recurso federal y dejar sin efecto la sentencia. La postura mayoritaria de la Corte Suprema de Justicia de la Nación se inclinó por resguardar los derechos a la libertad de expresión y a la información, mencionando que esos derechos se aplican extensivamente a los contenidos que circulan por Internet, en función de lo previsto por el artículo 13 de La Convención Americana sobre Derechos Humanos, de acuerdo a la interpretación realizada por los organismos internacionales en materia de tutela de derechos fundamentales. En consecuencia, la responsabilidad de los proveedores intermediarios que servicio de informático está condicionada al conocimiento fehaciente de contenido puesto en circulación por un tercero y el deber que emerge de ese conocimiento de eliminar o restringir esa transmisión de datos mediante la aplicación de filtros especiales.

Debemos recordar que La Argentina ha suscrito varias convenciones internacionales, entre las que vale citar la CADH (Convención Americana de Derechos Humanos), el PIDCP (Pacto Internacional de Derechos Civiles y Políticos). La CADH manda en su art. 13 entre las condiciones de libertad de pensamiento y de expresión: 1. Toda persona tiene derecho a la libertad de pensamiento y de expresión. Este derecho comprende la libertad de buscar, recibir y difundir informaciones e ideas de toda índole, sin consideración de fronteras, ya sea oralmente por escrito o en forma impresa o artística o cualquier otro procedimiento de su elección. El PIDCP prevé, en similar forma, en el art. 19.2 que toda persona tiene derecho a la libertad de expresión; este derecho comprende la libertad de buscar, recibir y difundir informaciones e ideas de toda índole, sin consideración de fronteras, ya sea oralmente, por escrito o en forma impresa o artística, o por cualquier otro procedimiento de su elección.

De tal modo el acceso a la información pública es un derecho humano fundamental.

Desde el año 2003 la Asamblea General de la Organización de Estados Americanos (OEA) ha emitido resoluciones específicas. Tal el caso del "Estudio especial sobre el derecho de acceso a la información" de agosto de 2007 y la Res. AG/RES.2252 (XXXVI-O/06) de junio de 2006 sobre "Acceso a la información Pública. Fortalecimiento de la Democracia".

La Comisión Interamericana, en el año 2000, mediante los "Principios de Lima" ya había hecho hincapié en que "1. El acceso a la información

---

43 "Rodríguez M.B, c/Google s/ daños y perjuicios", del 28 de octubre de 2014.

como derecho humano. Toda persona tiene derecho a la libertad de buscar, recibir, acceder y difundir informaciones sin interferencias de las autoridades públicas, previa censura ni restricciones indirectas por el abuso de controles oficiales, y sin necesidad de expresar la causa que motive su ejercicio. El acceso a la información es un derecho de las personas y al mismo tiempo una exigencia de una sociedad democrática. Es un derecho tanto de quienes lo ejercen en forma activa como de quienes esperan recibir la información a través de los medios de comunicación y/ó de fuentes oficiales."

Para 2009, se había publicado el Informe Anual de la Comisión Interamericana de Derechos Humanos (2008) Vol. III, y allí, en el ap. 144, se especificaba cuál es la importancia del acceso a la información, con cita en el caso "Corte IDH. Caso de Claude Reyes y otros. Sentencia del 19 de septiembre de 2006, Serie C No. 151"[44].

6. DESAFÍOS

De todo lo expuesto podemos concluir que han sido los cambios tecnológicos y culturales los que han motorizado un repensar de la ciencia jurídica, no solo por las categorías de la teoría de delito sino en lo atinente al derecho procesal penal y a la evidencia y su discusión en los juicios.

---

44 "El derecho de acceso a la información es una herramienta crítica para la participación democrática, el control del funcionamiento del Estado y la gestión pública, y el control de la corrupción. En los sistemas democráticos, en los cuales la actuación del Estado se rige por los principios de publicidad y transparencia, el derecho de acceso a la información en poder del Estado es un requisito fundamental para garantizar la participación democrática, la transparencia y buena gestión pública, y el control del gobierno y de la gestión de las autoridades por la opinión pública, ya que habilita a la sociedad civil para ejercer un escrutinio a las acciones de las autoridades. El libre acceso a la información es un medio para que, en un sistema democrático representativo y participativo, la ciudadanía ejerza sus derechos políticos; en efecto, el pleno ejercicio del derecho de acceso a la información es necesario para evitar abusos de los funcionarios públicos, promover la rendición de cuentas y la transparencia en la gestión estatal, y permitir un debate público sólido e informado que asegure la garantía de recursos efectivos contra los abusos gubernamentales y prevenga la corrupción. Sólo a través del acceso a la información bajo control del Estado que sea de interés público es que los ciudadanos pueden cuestionar, indagar y considerar si se está dando cumplimiento adecuado a las funciones públicas." (Párrs. 86 y 87).

A repensar las categorías dogmáticas también nos ha obligado las reformas que cada vez más frecuentemente se realizar en relación a las normas que tipifican conductas y aquellas que nos mandan el cómo construir un proceso penal garantizador de los derechos humanos de las personas con una fuerte mirada en los derechos de quienes aparecen como víctimas de esos delitos.

Es mucho lo que aún queda por pensar y por ello es que esperamos que las páginas que siguen nos permitan seguir en ese camino.

Bibliografía

AAVV EL DERECHO AL OLVIDO ANTE LA CORTE SUPREMA [Buenos Aires, martes 15 de marzo de 2022] SUPLEMENTO ESPECIAL

Aboso, Gustavo Eduardo, Stalking y cyberstalking: el dominio de la víctima mediante terror psicológico como nueva expresión de atentado contra la libertad personal, elDial.com, 31/05/2016.

Aboso, Gustavo Eduardo, Técnicas de investigación y vigilancia electrónicas en el proceso penal y el derecho a la privacidad en la moderna sociedad de la información, elDial.com, 30/05/2017

Aboso, Gustavo Eduardo; El resguardo de la intimidad en la sociedad de la información y el delito de revenge porn (sexting o non-consensual pornography). Comentario a la primera sentencia del Tribunal Supremo, La Ley, 20/05/2020,8.

Aboso, Gustavo Eduardo; EVIDENCIA DIGITAL en el Proceso Penal La investigación forense en el entorno digital y la validez de las garantías judiciales, B de F, 2023.

Aboso, Gustavo Eduardo; Pornovenganza como modalidad de violencia de género y el deber positivo del estado de sancionar de manera adecuada los comportamientos que atentan contra la intimidad de la víctima —Comentario al fallo "Pioli" de la Cámara Tercera en lo Criminal y Correccional de La Rioja, El Dial.com, 30/6/2020.

Agustina, Jose y Vargas Ovalle Maria Alejandra; "¿Es necesaria una dogmática especifica para los ciberdelitos? A propósito de la utilización de agentes encubiertos en la lucha contra la explotación sexual de menores en el ciberespacio, en García Cavero, Percy y Chinguel Rivera Alejandro —coord.— Derecho Penal y Persona, Ideas, Lima, 2019, pp. 615/616.

Alonso, Silvina A.; Grooming y CDN: algunas reflexiones, DPyC 2014 (agosto), 185.

Alvarez, Javier Teodoro, Delitos sexuales: coerción sexual e Internet, Buenos Aires, D&D, 2018.

Ares, José Luis; Acoso sexual tecnológico de menores (grooming), elDial.com, 18/07/2017.

Arocena, Gustavo A. y Balcarce, Fabián I.; Child grooming: contacto tecnológico con un menor para fines sexuales, Doctrina Microjuris, 26/09/2016.

Beloff, Mary; Kierszenbaum, Mariano; Terragni, Martiniano y Freedman, Diego, Grooming: la captación sexual infantil por medios electrónicos, Temas de Derecho de Familia, Sucesiones y Bioética-Erreius, febrero 2018.

Blanco, Rafael; Arellano, Jaime; Alliaud, Alejandra; Heskia, Joanna; Retamal, Jaime y Valencia, Ánge; "Persecución Penal Efectiva y Estado de Derecho: Desafíos y Líneas de Acción para América Latina", Ceja, 2020.

Buompadre, Jorge Eduardo; Difusión de imágenes no consentidas de desnudez o videos de contenido sexual (Sexting secundario) y algunas conexiones con la violencia de género, El Dial Express, 5/11/2021

Buompadre, Jorge Eduardo, Sexting, pornovenganza, sextorsion... ¿o qué? (A propósito de un proyecto legislativo tendiente a castigar la difusión de imágenes no consentidas de desnudez o videos de contenido sexual), elDial.com, 27/03/2018.

Buompadre, Jorge Eduardo; ¿Acoso sexual a menores por vía digital o castigo de los malos pensamientos?, Revista de Derecho Penal, N° . 5, 06/06/2017.

Sueiro Carlos; Casos de criminalidad informática y prueba digital, Buenos Aires, Ad Hoc, 2017.

Cornejo, Abel; Delito de stalking o acoso persecutorio, Rubinzal On line, 5/8/2021.

Cherñavsky, Nora A., Falsos perfiles en internet y derecho, Temas de Derecho Penal y Procesal Penal-Erreius, mayo 2019.

Delle Donne, Carla Paola y Palazzi, Pablo A; Delincuencia online que afecta menores: el grooming tipificado como corrupción de menores agravada, RDP, 23/01/2014, 315.

Desimoni, Luis M.; Ciberdelito, pornovenganza y sextorsión mediatizadas, Microjuris.com, 13/08/2020.

Dupuy Daniela LA PORNOGRAFÍA INFANTIL Y LA TENENCIA RECIENTEMENTE LEGISLADA en Cibercrimen y delitos informáticos: los nuevos tipos penales en la era de internet / compilado por Ricardo Antonio Parada; José Daniel Errecaborde. —1ª ed.— Ciudad Autónoma de Buenos Aires: Erreius, 2018.

Dupuy, Daniela (Dir.) y Mariana Kiefer (coord.), Cibercrimen II: Nuevas conductas penales y contravencionales, Inteligencia artificial aplicada al derecho penal y procesal penal. Novedosos medios probatorios para recolectar evidencia digital. Cooperación internacional y victimología, Buenos Aires, B de F, 2018.

Dupuy, Daniela y Neme Catalina. (2020). Acosos en la red. Vol. I, Hammurabi, Buenos Aires

Dupuy, Daniela: Litigación y cibercrimen, en Revista Sistemas Judiciales # 24, CEJA, 2021, p. 42 y ss.

Durham, Cole, "The emerging structures of criminal information law: Tracing the contours of a new paradigm", en: Information, Technology, Crime: National legislation and international initiatives, Ius informationis, Vol. 6, Köln-Berlín-Bonn-München, Heymann, 1994, pp. 533-542.

Gimbernat Ordeig, Enrique, Los nuevos gestores de la moral colectiva, en El Mundo, Madrid, sábado 10 de julio de 2004, Tribuna

Gómez Maiorano, Ángeles Mariana y López Pazos, Inés Victoria; Ciberacoso: "Grooming". Un tipo penal necesario en nuestro sistema jurídico penal, Sup. Act. 09/09/2010, 1.

Llano, Gonzalo y Racca, Ignacio; "Child grooming": análisis crítico de un pecado moderno, DPyC 2014 (julio), 135.

Marcela I. Basterrra Justicia Constitucional y Derechos Humanos. Derecho a la intimidad y Autonomía Personal

Moisés Barrio Andrés, La ciberdelincuencia en el DERECHO ESPAÑOL en https://revista.cortesgenerales.es/rcg/article/download/473/1175/

Ochoa Arevalo Paúl A., EL TRATAMIENTO DE LA EVIDENCIA DIGITAL, UNA GUÍA PARA SU ADQUISICIÓN Y/O RECOPILACIÓN, Revista Economía y Política, núm. 28, pp. 35-44, 2018, Universidad de Cuenca https://www.redalyc.org/journal/5711/571167817003/html/

Palazzi, P. A. Los Delitos Informáticos en el Código Penal. Análisis de la ley 26.388. La Ley.

Palazzi, Pablo A. Difusión no autorizada de imágenes íntimas (revenge porn) Lejister.com, El Derecho, Tomo 266-837, 02/03/2016.

Posada Maya, Ricardo El cibercrimen y sus efectos en la teoría de la tipicidad: de una realidad física a una realidad virtual, https://www.pensamientopenal.com.ar/system/files/doctrina89772.pdf

Presman, Gustavo. D. (2018) La cadena de custodia en la evidencia digital. En Cibercrimen II, dir. Dupuy, D., coord. Kiefer, M. B de F, Buenos Aires.

Puccinelli, Oscar R.; El derecho al olvido digital (RTBF 2.0). La nueva cara de un derecho polémico. A propósito del caso "Denegri", Lejister.com; El Derecho, Tomo 289, 18/09/2020.

Riquert, Marcelo A.; El nuevo tipo penal de "cibergrooming" en Argentina, DPyC 2014 (febrero), 21.

Sáenz, Ricardo y Ruiz, Maximiliano; Hacia un nuevo modelo de investigación en materia de ciberdelincuencia, elDial.com, 05/12/2012.

Sain G. y Azzolin H., Delitos Informáticos (1ª Ed.). Buenos Aires: B de F. 2017.

Sain, G. (2018). Hacia una nueva ley de grooming. Política Argentina. http://www.politicargentina.com/notas/201803/25081-hacia-una-nueva-ley-de-grooming.html

Vaninetti, Hugo A.; Delitos contra la integridad sexual: nuevas figuras delictivas ("sexting", "revenge porn", "sextortion" y "stalking") La violencia digital y el proyecto de Ley Olimpia / Publicado en: Rubinzal online.

Postmodernidad tecnológica, cibercrimen y derecho a la intimidad: desafíos en la prevención, investigación y prueba en la sociedad digital

JOSÉ R. AGUSTINA
Universitat Abat Oliba CEU

1

El vertiginoso avance tecnológico desde finales del siglo XX ha supuesto un punto de inflexión en el desarrollo de la economía y la cultura, en los medios de comunicación, en la política y en la sociedad en general[1]. Con los cambios tecnológicos experimentados, se han alcanzado cotas de progreso inimaginables y, al mismo tiempo, se han generado, entre muchas otras cosas, nuevas oportunidades para el delito. Ciertamente, la tecnología no *determina* la sociedad, sino que la plasma. Pero tampoco la sociedad determina la innovación tecnológica: la utiliza[2]. Esa innovación, una vez alcanza dominio público, está disponible a todos, también para quienes deseen utilizar esos nuevos medios de forma ilícita en su provecho. La interacción entre tecnología y delito abre, de este modo, constantes mutaciones en las formas delictivas que se adaptan a las nuevas formas de relación social en una era digital que avanza inexorable a una velocidad exponencial.

En efecto, en las últimas décadas hemos asistido a un cambio de escenario criminológico. El uso cotidiano de la tecnología en las interacciones sociales por parte de millones de personas, la migración a Internet de la actividad publicitaria y comercial de la mayoría de empresas, la digitalización

---

1 Algunas de las ideas que siguen las he desarrollado, si bien desde otra óptica, en Agustina Sanllehí, La inmersión del derecho penal en la era de la" postmodernidad tecnológica": Retos en la adaptación del sistema jurídico-penal ante un cambio de paradigma." En *La cultura jurídica en la era digital*, pp. 219-249. Thomson Reuters Aranzadi, 2022. En ese texto traté de aplicar el concepto de 'postmodernidad tecnológica' al plano sustantivo, trazando un esbozo muy incipiente de una teoría de la legislación penal en la era tecnológica. En la presente contribución mi enfoque se orienta sobre todo al plano procesal.

2 Castells, *La era de la información* (Vol. 1), 2000 (2.ª ed.), p. 35.

del dinero y de las transacciones económicas, así como la proliferación de las redes sociales, entre otros síntomas de los tiempos actuales, han provocado que en la era digital el escenario en el que se producen los delitos se haya desplazado del ámbito físico, de carne y hueso, al ámbito digital, donde rigen reglas y patrones de comportamiento distintos. Ese "efecto desplazamiento" consagra el ciberespacio como un espacio de oportunidad delictiva[3] al que se han trasladado buena parte de los delitos.

Las ventajas que, sin duda alguna, proporciona la tecnología en la vida cotidiana de las personas se convierten, de este modo, en peligros y amenazas en manos de quienes se proponen atentar contra bienes jurídicos personales o patrimoniales disponibles en el ciberespacio. Las nuevas arquitecturas digitales, en tanto que nuevos espacios de interacción social, aumentan con su diseño la exposición de quienes emplean la tecnología a riesgos nuevos, incrementando las oportunidades criminales para los desaprensivos, circunstancia que debería tenerse más en cuenta desde el punto de vista de las estrategias de prevención. Los lugares, caminos y autopistas de las redes que conforman el ciberespacio son más peligrosas que muchas de las calles, plazas y centros comerciales de las ciudades del mundo físico[4]. Sin embargo, aun siendo conscientes de ello, no se han puesto los medios necesarios para aumentar el ciberpatrullaje policial, ni se ha concienciado a las grandes corporaciones de la importancia del diseño de esas arquitecturas digitales de las que sacan provecho los cibercriminales. En esta tesitura, el debate entre intimidad *versus* seguridad no ha hecho más que empezar[5].

Por todo lo que se acaba de referir, parece evidente que las características del ciberespacio, al promover el anonimato, constituyen un factor criminógeno de primer orden[6]. El ciberespacio (1) permite que las per-

---

3 Por todos, Miró, La oportunidad criminal en el ciberespacio, *Revista Electrónica de Ciencia Penal y Criminología* 7 (2011): 1-07.

4 Agustina, "La arquitectura digital de Internet como factor criminógeno: Estrategias de prevención frente a la delincuencia virtual", *International E-Journal of Criminal Sciences*, 2009, 3, pp. 1-31, en donde utilizo la dicotomía entre lugares que generan (*crime-generators*) o atraen delincuencia (*crime-attractors*) empleada por Eck (1997).

5 Sobre los retos que plantea la era digital, particularmente en relación a la intimidad y a las libertades civiles, véase Yar/Steinmetz, *Cybercrime and society*. Sage, 2019, pp. 235 y ss.

6 En su aplicación al ciberespacio, véase Katyal, Digital architecture as crime control. *Yale Law Journal*, 112, 2002, 2261.

sonas interaccionen en un "lugar oscuro" que, a pesar de la trazabilidad que generan las comunicaciones digitales, dificulta la identificación de la persona, que se esconde tras una IP determinada y obstaculiza su aprehensión, muchas veces, por hallarse físicamente más allá de las fronteras del propio país. El ciberespacio (2) contrae la dimensión espacial, acercando a personas que se hallan a miles de kilómetros de distancia y multiplicando las potenciales víctimas a las que pueden aproximarse desde grupos u organizaciones de cibercriminales hasta un simple acosador individual. Y (3) reduce también la dimensión temporal, pues en términos de escalabilidad el diseño y puesta en circulación de una campaña de *phishing* o *ransomware* puede llegar al unísono a miles de terminales y dispositivos electrónicos.

Las oportunidades para el delito se producen, pues, con ayuda de la tecnología. Ya sea porque esta facilita el encuentro entre ofensores y víctimas; o porque la anonimidad cibernética proporciona una sensación de no poder ser identificado; o simplemente porque dificulta la práctica de la prueba al hallarse el autor en un paraíso cibernético. Ante el nuevo panorama criminológico que se acaba de describir, el auge inconmensurable del cibercrimen ha desafiado no solo el sistema tradicional de detección y reacción frente al delito, sino también el tradicional catálogo de figuras de delito existentes, las medidas de investigación procesal disponibles, la preservación de evidencias y la práctica de la prueba[7]. En ese espacio nuevo, radicalmente distinto al mundo físico, ha mutado la forma de cometerse y padecer esos delitos que, hace apenas unas décadas, solo se podían perpetrar en una dimensión ligada a realidades corporales y a un concepto de delito que no estaba preparado para abarcar ciertas manifestaciones de los bienes jurídicos tal y como habían sido pensados hasta tiempos muy recientes. En realidad, el tránsito de la era analógica a la digital se proyecta en primera instancia a los derechos fundamentales, base sobre la que se configuran, de conformidad con el principio de *ultima ratio*, los bienes jurídicos penalmente protegidos[8]. El ciberdelito, en efecto, posee unas reglas

---

7 En los últimos años, más allá de las sucesivas reformas del Código penal para introducir nuevas figuras delictivas relacionadas con el uso de la tecnología (hacking, grooming, sexting, stalking, etc.), también se ha modificado la Ley de Enjuiciamiento Criminal. Así, en el ámbito procesal, mediante la Ley Orgánica 13/2015, de 5 de octubre, se introdujo en el art. 588 bis a) y ss. una serie de medidas de investigación tecnológica.

8 Sobre los derechos fundamentales y su digitalización, por todos, Barrio Andrés, Génesis y desarrollo de los derechos digitales. *Revista de las Cortes Generales,* (110) (2021), pp. 197-233.

distintas en su fenomenología, en sus efectos y en la forma de detectar, perseguir y probar mediante evidencias digitales su existencia y su misma autoría. Nos hemos adentrado así, en un espacio de tiempo relativamente breve, en la era del derecho penal digital, donde las categorías del delito se hayan *inmersas* en el contexto tecnológico.

La revolución tecnológica experimentada, en este sentido, no solo ha comportado profundos cambios económicos y culturales que han tenido importantes efectos criminológicos, sino que también se ha ido traduciendo en adaptaciones jurídicas al nuevo entorno social, en la medida en que el derecho sale al paso de dichos cambios para adaptarse a los mismos. Con frecuencia ese acoplamiento tiene lugar con un cierto retraso y no sin producir en ese lapso temporal ciertos desajustes en la aplicación de las normas a una realidad en parte nueva. Ante esta tesitura, el sistema de derecho penal debe proteger a las víctimas de una forma efectiva, expandiendo su ámbito de protección de forma que llegue a cubrir esa nueva dimensión, esa versión digitalizada del yo-físico y sus atributos, que se desdoblan y prolongan en espacios virtualizados o semi-virtualizados (porque, como veremos, en realidad lo virtual no *sustituye* a lo corporal sino que lo *complementa*, generándose una realidad híbrida corporal-virtual que cada vez irá a más). El sistema debe también, en este nuevo contexto, mejorar sus instrumentos de trabajo y, para ello, revisar la forma tradicional con que operaba. El juicio de subsunción y las reglas de valoración de la prueba requieren, en ese sentido, un enfoque ajustado a la nueva realidad.

2

Así las cosas, la era digital ha supuesto para el sistema de derecho penal distintos retos que, a efectos de un mejor análisis, pueden concretarse en cinco grandes áreas. Partiendo de la más concreta a la más general, serían los siguientes: (1) desde el punto de vista del derecho penal sustantivo, los ciberdelitos plantean una exigencia de adaptación de algunas figuras delictivas o, cuando menos, de algunos elementos de las mismas (esenciales o accidentales, como veremos), en orden a colmar ciertas lagunas de punibilidad o a cubrir el entero desvalor de aquellas conductas tradicionales que se cometen desde hace unos años también a través de las TIC; (2) desde una perspectiva jurídico-procesal penal, para la investigación y prueba de los ciberdelitos, se necesitan instrumentos y técnicas de intromisión en la esfera del investigado que desbordan los cauces tradicionales y que exige un respeto escrupuloso de las garantías del investigado; (3) desde el prisma de las reglas de valoración de la prueba, las evidencias digitales abren de forma creciente nuevas fuentes de información que se suman al acervo probatorio y que, sin duda, van a necesitar de reglas de interpretación novedosas para las que hacen falta ciertos conocimientos técnicos; (4) desde el punto de vista dogmático penal, los ciberdelitos generan algunas adaptaciones o controversias de singular importancia en categorías tradicionales de la teoría del delito, como son los conceptos de acción, bien jurídico, imputación objetiva, así como los criterios de autoría y participación. Finalmente, (5) desde una óptica político criminal, las nuevas reglas del ciberespacio y las dinámicas que se generan en el mismo ponen encima de la mesa una serie de dilemas y conflictos de intereses de difícil solución en el marco de las sempiternas tensiones libertad-seguridad, fricciones que empujan a un debate racional sobre cómo diseñar el espacio de relaciones sociales en esta era digital, en la que las libertades obtenidas parecen estar reñidas con la necesaria seguridad que esas mismas libertades han puesto en peligro.

Por lo que aquí interesa[9], me limitaré a apuntar algunas ideas, a mi juicio, importantes sobre un aspecto concreto de las garantías necesarias para la obtención de la prueba: el necesario respecto a la intimidad del investigado en entornos digitales. Pero antes de ello es necesario referirse al cambio de contexto.

3

Desde una perspectiva general, se ha afirmado que el Derecho penal moderno tiende a explicarse como el efecto de la industrialización y de la Ilustración[10]. Tras la posmodernidad, la globalización y, ahora, la intensificación de la era digital, los parámetros de valoración de los conceptos de delito y pena, así como del propio sistema, requieren ajustes importantes o, más bien, una reconceptualización. La sociedad de riesgos y la sociedad-red son, en este contexto, la antesala de un cambio de paradigma hacia una concepción ecléctica de delito, con efectos sinergéticos. A esa

---

9 He publicado un extenso trabajo sobre las implicaciones dogmáticas que traen consigo los ciberdelitos en Agustina, "Nuevos retos dogmáticos ante la cibercriminalidad. ¿Es necesaria una dogmática del ciberdelito ante un nuevo paradigma?", *Estudios penales y criminológicos*, vol. 41 (2021), pp. 705-777. En algunas partes de la presente contribución desarrollo ideas contenidas en dicha publicación.

10 Vormbaum, *Einführung in die moderne Strafrechtsgeschichte*, 2020, p. 18.

percepción aumentada del riesgo que diagnosticara Beck (1986)[11], se ha unido una progresiva intensificación digital. El delito se ha virtualizado en una sociedad transparente[12] y es, más que nunca, comunicación de sentido en un escenario nuevo, con reglas distintas y con efectos inmediatos[13]. El lenguaje del proceso penal y el lenguaje de la sociedad, como el lenguaje de la política criminal, deben converger en algún punto si el sistema no se concibe como una realidad autopoyética. Para todo ello, es esencial la teoría de medios[14] y entender que los "medios no sólo transmiten mensajes, sino que producen el efecto de moldear nuestro pensamiento, percepción, memoria y comunicación"[15]. Se debe comprender desde el sistema penal, también, que la tecnología está cambiando las reglas de la convivencia humana, llegando a afectar a los modelos de control social y la diferenciación entre medios normativos y cognitivos, así como el mismo concepto de libertad humana[16].

En este proceso aparentemente imparable de transformación digital, la tecnología no solo afecta, por tanto, a las formas de cometer/padecer

---

11 Vormbaum, *Risikogesellschaft. Auf dem Weg in eine andere Moderne*, Frankfurt, 1986. Una descripción resumida en Beck, "De la sociedad industrial a la sociedad del riesgo" (trad. Del Río Herrmann), en "Revista de Occidente", núm. 150, noviembre 1993, pp. 19 y ss.

12 Sobre el concepto de sociedad transparente, véase Han, *Psicopolítica*, 2014, *passim*.

13 Sobre la inmediatez y el carácter inmersivo de las experiencias sobre el delito a que conduce la sociedad digital, véase el interesantísimo enfoque Powell/Stratton/Cameron, *Digital Criminology, Crime and Justice in Digital Society*, New York/London, Routledge, 2018, p. 75 y ss.

14 Vesting, *Legal theory and the media of law*, Edward Elgar Publishing, 2018. Sobre la relevancia de la teoría de medios para comprender el derecho penal del presente, véase Cigüela Sola, "Esbozo de una epistemología medial para el Derecho penal", *InDret Penal* 4/2021.

15 Krämer, *Medium, Bote, Übertragung - Kleine Metaphysik der Medialität*, 2008, p. 14; ONG, (nota al pie 4), p. 81 ["Technologies are not mere exterior aids but also interior transformations of consciousness"].

16 Sobre la transformación de las formas de control en una "sociedad de la transparencia", véase Han (2014); sobre cómo ha evolucionado el ciberespacio e Internet, desde un espacio de anarquía a un espacio de control, donde el código es ley (*Code is Law*), véase Lessig (2006), *Code 2.0*, Basic Books. Lessig señalaba de forma profética cómo cuando observamos el camino por el que evoluciona el ciberespacio (¡en 2006!), vemos que mucha de esa "libertad" que estaba presente en el momento de fundarse ese ciberespacio idealizado será removida en el futuro: nos arrepentiremos entonces de las decisiones tomadas y trataremos de desandar el camino (p. 5).

delitos, sino a la cultura del control. Las intromisiones en la intimidad de las personas revisten nuevas formas e intensidades que eran impensables sin el desarrollo tecnológico de los últimos años. De forma muchas veces irreflexiva, las personas conectan a la red todo tipo de dispositivos domésticos, como termostatos, neveras, sistemas de seguridad integrados, televisores, cámaras, etc. Y no solo invitamos todos esos dispositivos a nuestro hogar, sino que incorporamos IoT a nuestra propia persona, en forma de *smartphones, smartwatches* y *fitness trackers.* Incluso, de forma voluntaria, llegamos a integrar e implantar esa tecnología que lo conecta todo en nuestra propia dimensión corporal (en forma de marcapasos o sensores de diversa índole)[17].

En esta sociedad de la vigilancia, surgen también nuevos modos no invasivos por parte de la misma sociedad civil de controlar los contenidos que acceden o fluyen por las autopistas de los distintos sistemas en red para evitar, por ejemplo, que se acceda o difunda pornografía infantil o se propague discurso de odio.

Es en esta encrucijada entre revolución tecnológica y sociedad líquida[18] donde emerge con fuerza el concepto central de "postmodernidad tecnológica" como expresión de un cambio de paradigma. En efecto, el impacto de la revolución tecnológica va más allá de las nuevas formas de relacionarse o de cometer delitos, en la medida en que el medio constituye un vector con un enorme poder de transformación antropológica, cultural y sociológica en relación con el delito y el control social del mismo. En síntesis, podría decirse que es necesario repensar la función del sistema penal y adaptarlo a una nueva forma de vivir en esta sociedad digital y postmoderna en la que nos hallamos.

Desde el punto vista de la sociología del derecho y la filosofía política, con la era digital se da paso a una nueva forma de relación entre el ciudadano y sus iguales, así como entre los súbditos y el poder establecido, estatal o corporativo[19]. La pretensión actual de una mayor participación ciudadana en las decisiones político-sociales que permite la tecnología se extiende al ámbito penal. La tecnología como medio de control social posee una intensidad todavía mayor cuando se proyecta en la prevención, detección

---

17 Yar/Steinmetz, *Cybercrime and society*, 2019, p. 255.

18 Bauman, *Modernidad líquida*, 2000, *passim.*

19 Powell/Stratton/Cameron, *Digital Criminology*, 2018, p. 54 y ss.; Zuboff, *La era del capitalismo de la vigilancia. La lucha por un futuro humano frente a las nuevas fronteras del poder* (trad. Albino Santos), Paidós, 2020, *passim.*

y persecución de las formas de desviación tipificadas formalmente como delito. La prevención de riesgos penales justifica una mayor intromisión y control. Y en este contexto, el nuevo Leviatán digital[20] domina los discursos narrativos en una vida social mucho más controlable e influenciable, más aún si cabe cuando existen intereses comunes y vasos comunicantes entre las grandes corporaciones y los poderes públicos.

En este contexto, se ha producido también un cambio en la forma de investigar y perseguir los delitos que, si bien no era novedosa en la cultura jurídica anglosajona, se ha convertido ahora en la tendencia dominante. Así, en esta era del *compliance*, los Estados han delegado en las empresas ciertos deberes de control, descentralizando funciones que hasta hace poco podían considerarse esenciales a los poderes públicos.

Hasta la eclosión digital y su ritmo exponencial tras el cambio de siglo, la evolución del derecho penal desde un punto de vista sociológico puede reconstruirse a través de distintas voces autorizadas. Nos hallamos, en efecto, en una era que es el efecto combinado de la implantación de una "cultura del control" (Garland, 2001) en una "sociedad del riesgo" (Beck, 1986) que desemboca en un Derecho penal en expansión (Silva Sánchez, 1999), a la que en las últimas dos décadas se ha sumado una revolución tecnológica que posee una intensidad e impacto en la vida cotidiana de las personas (a nivel individual y comunitario) que ha acelerado y aumentado los cambios sociales antecedentes. Con esta sobrecogedora transformación digital, el control se convierte en una realidad con tendencia a ser ilimitada y omnipresente, los riesgos se multiplican todavía más y el derecho penal se expande a esas nuevas formas delictivas y se enfrenta a una vuelta de tuerca más en el debilitamiento de las garantías de un proceso penal que, fruto de la digitalización del hecho criminal, se abre a nuevos desafíos[21].

En tal contexto sociológico, las coordenadas del derecho penal son distintas. Prima más que nunca el ansia por lograr una prevención y seguridad absolutas por parte de una ciudadanía cada vez más exigente y participativa, y que responde a un patrón de hombre-masa mediado por la tecnología. El *homo digitalis* actual, descrito como un ser acoplado a un

---

[20] Lassalle, *Ciberleviatán*. Ed. Arpa, Barcelona, 2019.

[21] Sobre el peso de las grandes corporaciones como parte de ese *Gran Otro* y la transformación del capitalismo en la era digital, véase, Zuboff, *La era del capitalismo de la vigilancia. La lucha por un futuro humano frente a las nuevas fronteras del poder* (trad. Albino Santos), Paidós, 2020, *passim*.

pantalla[22], es una versión evolucionada del *homo sentimentalis* que, además de moverse por emociones que nublan la razón ilustrada, ya no sabe esperar y busca respuestas inmediatas, punitivistas y radicales, de acuerdo con los esquemas maniqueístas propios de una cultura social que polariza y enfrenta a los extremos. En esta tesitura, los riesgos de perder la esencia o naturaleza originarias del Derecho penal son cada vez más intensos. Y el arsenal del Estado para dar cauce a esas demandas y aplacar esa sensación social de inseguridad en la ciudadanía, con tintes ahora de masa globalizante e impaciente, se ha visto reforzado a través de la captación masiva de información que permite el nuevo modelo que instaura la sociedad de la transparencia[23].

La digitalización acelerada que se ha descrito no es, obviamente, un proceso neutro que irrumpa en el vacío. Para comprender la evolución previa hasta el cambio de siglo, las obras de Silva y Garland que se acaban de citar son excepcionales en su género. Apenas existen aportaciones que, desde una sociología del derecho penal, aborden la evolución del sistema en su conjunto. Y estas dos aportaciones cumplen la función de interpretar los cambios sociales en clave político criminal, tendiendo ese puente explicativo entre devenir social y evolución del derecho.

Esos cambios socio-culturales han conducido a un ejercicio del *ius puniendi* en el que se legitima la utilización de formas de prevención, detección e investigación que dejan al ciudadano a merced del Estado y las corporaciones, a los que se ve sometido mediante, entre otras formas de control, los sistemas de *compliance*. Desde distintas posiciones, Díez Ripollés o Morales Prats, entre otros, se han referido al fin de ciclo del *modelo penal garantista*. Ya no se trata de desarrollar una estructura de intervención penal autolimitada, bajo los parámetros de un derecho penal *mínimo*, sino de construir un modelo penal de seguridad ciudadana[24]. Y, desde el punto de vista de las garantías del derecho penal clásico, nos encontramos en un proceso inexorable hacia una "nueva Edad Media"[25]. Toda esa situación se agrava, lógicamente, con los efectos de la transformación digital y su impacto en el derecho a la intimidad.

---

22 Cigüela Sola, "Esbozo de una epistemología medial…", pp. 176-179.

23 Sobre el concepto de "sociedad de la transparencia", en la que es el propio ciudadano el que se ve empujado a proporcionar sus datos para acceder al mundo digital, véase Han (2014) *Psicopolítica.* Herder, Barcelona.

24 Díez Ripollés, "El nuevo modelo penal de la seguridad ciudadana", RECPC 06-03 (2004).

25 Morales Prats, "La utopía garantista del Derecho Penal en la nueva Edad Media".

4

En el contexto descrito, es necesario más que nunca definir con precisión en el marco de la sociedad digital el contenido concreto de ese constructo que marcó el desarrollo del derecho a la intimidad, la denominada 'expectativa razonable de intimidad'. Desde el 'landmark case' que todavía hoy inspira gran parte de los desarrollos jurisprudenciales en la materia: *Katz v. United States*, 389 U.S. 347 (1967), la intimidad se erigido como la baza más útil para tratar de tumbar cualquier estrategia probatoria de signo acusatorio. El derecho del ciudadano a excluir la mirada de terceros no solo se protege mediante la definición de un 'derecho al entorno virtual', sino también limitando las medidas de investigación tecnológica de los poderes públicos.

Nos hallamos, como hemos visto, en un momento histórico en el que los principios y garantías tradicionales del Estado de derecho se han visto relativizadas. En la búsqueda del equilibrio entre el binomio libertad y seguridad, parece que esta última juega un rol que viene a fomentar el uso de tecnologías por parte del Estado y ello desde una perspectiva comunitarista que, de algún modo, viene a reformular el derecho a la intimidad de corte liberal. Desde esa lógica el derecho penal ya no se concibe principalmente como carta magna del delincuente y se preocupa abiertamente por legitimar excepciones a un derecho que no es absoluto y se percibe como un escudo inmerecido, cuando menos en algunos contextos.

Me viene a la cabeza, a este respecto, una afirmación de Amitai Etzioni en su obra "The Limits of Privacy" (1999): "Necesitamos tratar la privacidad como un derecho individual que tiene que ser puesto en una relación de contrapeso con otros intereses del bien común, o como un bien jurídico más entre otros, sin ningún tipo de privilegio a priori sobre ninguno de ellos"[26].

Como apunta Etzioni, el discurso de los defensores de la privacidad no solo ha incurrido en ciertos excesos retóricos, sino que se ha traducido en consecuencias significativas. Así, como resultado de ese estado de opinión, (i) se ha venido a retrasar durante años la puesta en práctica de ciertas intervenciones públicas necesarias mediante su impugnación ante la justicia, a pesar de que al final viniera a prevalecer una solución equilibrada; (ii) se

---

26 "We need to treat privacy as an individual right that is to be balanced with concerns for the common good-or as one good among others, without a priori privileging any of them", en ETZIONI, *The limits of privacy*, 1999, p. 4 y 218 (nota).

ha bloqueado la introducción de otras políticas públicas igualmente necesarias que entrañaban limitaciones en la privacidad de las personas; (iii) se ha producido un efecto de enfriamiento (chilling effect) en ciertas políticas públicas por miedo a las consecuencias del examen riguroso de ciertos colectivos —ya fuera por las posibles demandas judiciales, los efectos en la opinión pública o las repercusiones políticas que pudieran conllevar; y (iv) se ha conseguido evitar la implementación de nuevos aparatos e instrumentos tecnológicos que podrían haber supuesto una mejora tanto en la privacidad como en la sanidad pública (pp. 7-8).

Sin embargo, la cuestión a mi juicio no se halla en si estaría legitimada en abstracto una determinada intromisión en la esfera de privacidad, sino en definir los supuestos concretos en que sí lo estaría y, sobre todo, en la afectación mínima en el modo de llevar a cabo la intromisión.

A este respecto, el debate más importante no radicaría tanto en los presupuestos que habilitan al juez a autorizar una intromisión en esferas privadas, sino en el análisis de qué medidas concretas asegurarían la mínima afectación en el investigado y en si realmente se vulnera su expectativa razonable de intimidad o privacidad.

Baste, a los efectos de ilustrar lo que quiero señalar en esta contribución, con apuntar un caso particularmente ejemplificador en el que se plantea cómo el concepto de expectativa razonable de intimidad debe adaptarse a los cambios progresivos y la implantación de la tecnología en la vida cotidiana de las personas.

En su STS 329/2016, de 20 de abril, el Tribunal Supremo resuelve un caso innovador sobre el uso de prismáticos por parte de la policía en tareas de investigación. Curiosamente, hasta ese momento nuestro más Alto Tribunal no se había pronunciado sobre si los agentes de policía pueden utilizar binoculares o prismáticos para mejorar su capacidad visual en tareas de vigilancia de investigados cuando estos se adentran en un domicilio[27]. En la posterior STS 311/2021, de 13 de abril se cita este precedente, si bien para descartar su aplicabilidad al caso. No existiendo otros pronun-

---

[27] Para un breve comentario de esta sentencia, véanse Campaner Muñoz, "Inviolabilidad domiciliaria y uso de prismáticos como medida de investigación en el proceso penal: el Tribunal Supremo pone coto a la tácita omnisciencia del controlador estatal." Diario La Ley 8767.2 (2016); Herrero Giménez, "Intimidad (art. 18.2 CE), investigación policial y sus límites: la intromisión virtual: análisis de la STS núm. 329/2016 de 20 de abril de 2016." Estudios penales y criminológicos 37 (2017).

ciamientos los criterios interpretativos establecidos en la STS 329/2016 no pueden considerarse doctrina consolidada.

Como si se tratara de James Stewart en "La ventana indiscreta" (1954), los agentes de policía utilizaron unos prismáticos para observar en el edificio de en frente cómo los investigados llenaban una bolsa roja con droga, observación que les permitió practicar la detención y fundamentar la posterior condena.

Sin embargo, el Tribunal Supremo entendió, apoyándose en la ausencia de regulación expresa tras la reforma 13/2025, que el uso de prismáticos requiere autorización judicial previa, impidiendo que se pueda aplicar la 'plain view doctrine' en tanto que el uso de tecnología que aumenta la capacidad natural de visión rompe la expectativa razonable de intimidad de la persona. En palabras del mismo tribunal: "...la protección constitucional frente a la incursión en un domicilio debe abarcar, ahora más que nunca, tanto la entrada física del intruso como la intromisión virtual. La revolución tecnológica ofrece sofisticados instrumentos de intrusión que obligan a una interpretación funcional del art. 18.2 de la CE. La existencia de drones, cuya tripulación a distancia permite una ilimitada capacidad de intromisión en recintos domiciliarios abiertos es sólo uno de los múltiples ejemplos imaginables".

Este caso me permite concluir estas líneas proponiendo una reflexión crítica.

Hace algunos años, traduje un texto de Andrew von Hirsch en el que se aducía que lo relevante para saber si se vulnera esa expectativa razonable de intimidad de la persona afectada había que preguntarse si la intromisión era efectuada por un "observador inobservable"[28]. Ciertamente, la tecnología puede mejorar en cierto modo la capacidad visual de quien, sin adentrarse ilícitamente en un domicilio y sin remover ningún obstáculo, capta a simple vista "algo" que, con la ayuda de la tecnología, permite apreciar con claridad a los efectos de constituir una *notitia criminis.*

A mi juicio, la 'postmodernidad tecnológica' a la que me he referido en líneas anteriores debería propiciar una modulación de lo que debe considerarse un "observador inobservable" y un recorte significativo en las expectativas sociales de privacidad que genera un contexto social en el que

---

[28] Von Hirsch, "Cuestiones éticas en torno a la vigilancia en espacios públicos mediante cámaras de televisión", Indret (2007).

todo el mundo lleva consigo dispositivos electrónicos con altas capacidades.

Obviamente, las mejoras legales como la batería de medidas de investigación tecnológica introducidas en el ordenamiento español mediante la LO 13/2015 constituyen un paso adecuado. Proporcionan seguridad jurídica y refuerzan la línea garantista tan necesaria en esta era digital. Pero, junto a la mejora de los instrumentos legales, es crucial adaptar el concepto de expectativa razonable hacia una versión en la que esas "ventanas indiscretas" inevitables debería forzar al ciudadano a no exponerse a la mirada de terceros en el contexto actual. Y el radio de exposición a esas miradas ajenas es muy amplio, como en el caso analizado. Bastaría con que desde la ventana del domicilio afectado se vislumbren edificios que, sin necesidad de una aproximación física, permitan la visibilidad aumentada con ayuda de la tecnología.

Esa es la discusión iniciada en Estados Unidos en *California v. Ciraolo*, 476 U.S. 207 (1986), donde se afirmó que el uso de drones desde el espacio aéreo, respetando las medidas legales, no vulneraba la expectativa de intimidad del propietario que en su jardín trasero cultivaba marihuana. Ciertamente, los casos de 'visual enhancement devices' plantean no pocos problemas interpretativos en función del tipo de delito, el tipo de instrumento utilizado y la zona afectada por parte de la persona que sufre la intromisión, pero en todo caso señalan el camino hacia el que nos conduce la nueva realidad, un terreno en el que el debate no ha hecho más que empezar.

B) MEDIDAS DE INVESTIGACIÓN MODERNAS

El ciberpatrullaje, regulación legal y sus límites

JAVIER IGNACIO ZARAGOZA TEJADA
Fiscal. Letrado Coordinador del área penal del Tribunal Constitucional

SUMARIO: 1. INTRODUCCIÓN. EL PATRULLAJE Y LA INVESTIGACIÓN DE HECHOS DELICTIVOS REALIZADO EN EL MUNDO FÍSICO. UNA PERSPECTIVA GLOBAL. 1.1. España. 1.2. Argentina. 1.3. Italia. 1.4. Francia. 1.5. Uruguay. 1.6. Ámbito internacional. 2. EL CIBERPATRULLAJE Y LAS NUEVAS HERRAMIENTAS DE INVESTIGACIÓN TECNOLÓGICAS. 2.1. Definición y previsión legal. 2.2. Fuentes abiertas. 2.3. Herramientas de investigación. 3. CIBERPATRULLAJE Y COLISIÓN CON DERECHOS FUNDAMENTALES: LA EXPECTATIVA RAZONABLE DE PRIVACIDAD. 4. A MODO DE CONCLUSIÓN. Bibliografía.

1. INTRODUCCIÓN. EL PATRULLAJE Y LA INVESTIGACIÓN DE HECHOS DELICTIVOS REALIZADO EN EL MUNDO FÍSICO. UNA PERSPECTIVA GLOBAL

Resulta indiscutible que hoy en día los modernos Estados ostentan el monopolio en el uso de la fuerza dirigido a garantizar la efectividad y el cumplimiento de las normas. Esta obligación que aparece reflejada ampliamente en la doctrina alemana [famosa es al respecto la cita Klaus Roxin de *"die Pficht zur Strafverfolgung"* (el Estado no solo tiene el derecho, sino también el deber de persecución penal)] se basa en la idea de un paulatino abandono de la justicia privada —característica de épocas pretéritas— y el acogimiento de un principio de oficialidad consagrado en los Estados absolutistas del siglo XVII.

Georg Jellinek, en su obra *Allegmeine Staatslehre* (1920), alertaba de la desconfianza que generaba para el ciudadano la justicia privada (basada en un criterio o canon de venganza particular) rechazando su utilidad o conveniencia y reafirmando que el mantenimiento del orden público y el cumplimiento de las normas debe corresponder de forma exclusiva al Estado. Explicaba este autor dicha tesis afirmando que "el desarrollo y mantenimiento del orden jurídico también pertenecen en exclusiva al Estado. Esta actividad siempre ha sido propia del Estado, pero el carácter exclusivo de este objeto jurídico es producto de un largo desarrollo histórico. En las épocas primitivas existía una amplia autonomía y autojustificación de la familia, el clan y la tribu dentro del Estado. El derecho penal no pertenece originariamente al Estado, sino que se integra en él más tarde. Además, la autoayuda, en diversas formas sigue siendo una institución jurídica reconocida. Sin embargo, el desarrollo del Estado va acompañado en todas partes de un proceso de absorción de la formación jurídica independiente y de la protección jurídica en todas las asociaciones subordinadas a él, de modo que, en definitiva, el Estado es el único que aparece como fuente del desarrollo del derecho y es el único que tiene el control sobre los medios de coerción legal. Hoy en día, toda formación jurídica planificada, es decir, que no se realiza mediante la costumbre, o emana del propio Estado o es transferida o permitida por él, de modo que sin el reconocimiento por parte del Estado nadie tiene derecho para la formación jurídica. No obstante, el Estado ejerce esa formación jurídica, no solo mediante la delimitación de las esferas individuales, sino también mediante el ordenamiento jurídico de la propia organización y actividades, para las cuales la ley es medida y límite".

1.1. España

En España, la existencia de una prosecución penal de los hechos delictivos rogada o de oficio aparece desde muy temprano en nuestra legislación criminal. Así, la Compilación General de 16 de octubre de 1879 establecía en su art. 427 que "será obligación de todos los que forman la policía judicial, averiguar los delitos que se cometieren en su territorio o demarcación; practicar, según sus atribuciones, las diligencias necesarias para comprobarlos y descubrir a los delincuentes, y recoger, poniendo a disposición de la autoridad judicial, todos los efectos, instrumentos pruebas de delito, de cuya desaparición hubiere peligro", dicho artículo suponía, de hecho, una reproducción literal de lo ya contenido en el art. 192 de la Ley de Enjuiciamiento Criminal de 1872 que atribuía está obligación/deber a los miembros de la policía judicial, concepto que ambos códigos trasladaban (art. 426 del Código de 1879 y 191 del Código de 1872) a: (a) las autoridades administrativas encargadas de la seguridad pública, (b) los agentes o subordinados de las mismas; (c) los alcaldes, tenientes de alcalde y alcaldes de barrio; (d) los jefes, oficiales o individuos de la Guardia Civil; (e) los serenos, celadores y cualesquiera otras agentes municipales de policía urbana o rural; (f) los guardias particulares de montes, campos y sembrados, jurados o confirmados por la Administración; (g) los jefes de establecimientos penales y los alcaides de las cárceles; (g) los alguaciles y dependientes de los tribunales y juzgados.

El texto actualmente vigente (Ley de 1882, posteriormente modificada por Ley 38/2002, de 24 de octubre, y Ley 4/2015, de 27 de abril) sigue una redacción ciertamente similar señalando expresamente que:

> La Policía Judicial tiene por objeto y será obligación de todos los que la componen, averiguar los delitos públicos que se cometieren en su territorio o demarcación; practicar, según sus atribuciones, las diligencias necesarias para comprobarlos y descubrir a los delincuentes, y recoger todos los efectos, instrumentos o pruebas del delito de cuya desaparición hubiere peligro, poniéndolos a disposición de la autoridad judicial. Cuando las víctimas entren en contacto con la Policía Judicial, cumplirá con los deberes de información que prevé la legislación vigente. Asimismo, llevarán a cabo una valoración de las circunstancias particulares de las víctimas para determinar provisionalmente qué medidas de protección deben ser adoptadas para garantizarles una protección adecuada, sin perjuicio de la decisión final que corresponderá adoptar al Juez o Tribunal. Si el delito fuera de los que sólo pueden perseguirse a instancia de parte legítima, tendrán la misma obligación expresada en el párrafo anterior, si se les requiere al efecto. La ausencia de denuncia no impedirá la práctica de las primeras diligencias de prevención y aseguramiento de los delitos relativos a la propiedad intelectual e industrial.

Esta función de investigación y esclarecimiento del hecho delictivo (en cuyo ejercicio la Policía Judicial está sometido a una dependencia jerárquica de jueces y magistrados como bien se desprende del art. 126 CE[1] y del art. 117 CE[2] que, en otras palabras, atribuye la denominada función juris-

---

1 La policía judicial depende de los Jueces, de los Tribunales y del Ministerio Fiscal en sus funciones de averiguación del delito y descubrimiento y aseguramiento del delincuente, en los términos que la ley establezca.

2 1. La justicia emana del pueblo y se administra en nombre del Rey por Jueces y Magistrados integrantes del poder judicial, independientes, inamovibles, responsables y sometidos únicamente al imperio de la ley.
2. Los Jueces y Magistrados no podrán ser separados, suspendidos, trasladados ni jubilados, sino por alguna de las causas y con las garantías previstas en la ley.
3. El ejercicio de la potestad jurisdiccional en todo tipo de procesos, juzgando y haciendo ejecutar lo juzgado, corresponde exclusivamente a los Juzgados y Tribunales determinados por las leyes, según las normas de competencia y procedimiento que las mismas establezcan.
4. Los Juzgados y Tribunales no ejercerán más funciones que las señaladas en el apartado anterior y las que expresamente les sean atribuidas por ley en garantía de cualquier derecho.
5. El principio de unidad jurisdiccional es la base de la organización y funcionamiento de los Tribunales. La ley regulará el ejercicio de la jurisdicción militar en el ámbito estrictamente castrense y en los supuestos de estado de sitio, de acuerdo con los principios de la Constitución.
6. Se prohíben los Tribunales de excepción.

diccional y represora a los órganos judiciales) ha de compaginarse, no obstante, con otra importante función atribuida a los cuerpos policiales que no es otra que aquella dirigida a la seguridad ciudadana. Así se desprende de los art. 149.1.29 (que cataloga como competencia del Estado la Seguridad pública, sin perjuicio de la posibilidad de creación de policías por las Comunidades Autónomas en la forma que se establezca en los respectivos Estatutos en el marco de lo que disponga una ley orgánica) y 104 CE (Las Fuerzas y Cuerpos de seguridad, bajo la dependencia del Gobierno, tendrán como misión proteger el libre ejercicio de los derechos y libertades y garantizar la seguridad ciudadana. Una ley orgánica determinará las funciones, principios básicos de actuación y estatutos de las Fuerzas y Cuerpos de seguridad).

Podemos observar, en consecuencia, que en España los miembros de las Fuerzas y Cuerpos de Seguridad del Estado quedan investidos de unas funciones duales claramente interconectadas: por un lado, una función preventiva dirigida a garantizar el cumplimiento de las normas mediante una actuación de seguridad ciudadana (patrullaje, supervisión de determinadas zonas o áreas conflictivas, vigilancia de tráfico etc.) y, por otro lado, una función claramente represiva concretada en la reacción policial ante la efectiva realización de hechos delictivos. La diferencia entre una y otra función, aunque *a priori* parezca clara, no resulta en modo sencilla. Así, existen, por un lado, determinadas zonas de confluencia donde la reacción efectiva de los cuerpos policiales ante la comisión y ejecución de un hecho delictivo, aunque ya propiamente represiva, se enmarca perfectamente en las labores de seguridad ciudadana y supuestos en los que, por el contrario, las labores de seguridad ciudadana quedan configuradas como el punto inicial de una investigación penal claramente represiva[3].

---

[3] Esta última afirmación cobra más sentido si acudimos al tenor literal del art. 11.1 de la Ley Orgánica 2/1986 de Fuerzas y Cuerpos de Seguridad del Estado, que explicita:

"1. Las Fuerzas y Cuerpos de Seguridad del Estado tienen como misión proteger el libre ejercicio de los derechos y libertades y garantizar la seguridad ciudadana mediante el desempeño de las siguientes funciones:

a) Velar por el cumplimiento de las Leyes y disposiciones generales, ejecutando las órdenes que reciban de las Autoridades, en el ámbito de sus respectivas competencias.

b) Auxiliar y proteger a las personas y asegurar la conservación y custodia de los bienes que se encuentren en situación de peligro por cualquier causa.

c) Vigilar y proteger los edificios e instalaciones públicos que lo requieran.

d) Velar por la protección y seguridad de altas personalidades.

Como es fácil de imaginar, esta coincidencia de funciones se produce en múltiples ocasiones. Pensemos —a título meramente ejemplificativo— en aquellos casos en los que las fuerzas y cuerpos de seguridad del Estado realizan laborales de vigilancia de tráfico a fin de garantizar la observancia y el cumplimiento de la normativa sobre seguridad vial. Ciertamente, la realización de controles aleatorios de alcoholemia, el establecimiento de radares de velocidad o la misma detención de vehículos para comprobar la vigencia del carné de conducir, son actuaciones que no están dirigidas a la represión e investigación de un hecho delictivo, sino que, al contrario, quedan enmarcadas en el propio ejercicio de las funciones de seguridad ciudadana o del cumplimiento de determinadas obligaciones basadas en otro título normativo. Sin embargo, el resultado positivo en el control de alcoholemia, el exceso de la velocidad establecido, o la constatación de la inexistencia de licencia para conducir vehículos a motor o ciclomotor puede desembocar no solo en la comisión de infracciones administrativas, sino, también en importantes ilícitos penales (art. 379 y 384 CP) en los que la actuación policial, ejercida *ab initio* en el cumplimiento de unas funciones de prevención, queda configurada como el inicio de una investigación policial y judicial eminentemente represiva o sancionadora[4].

En consecuencia, podemos afirmar indubitadamente la existencia de situaciones en las que una actuación desarrollada por las Fuerzas y Cuerpos de Seguridad del Estado tiene su base legitimadora en una función preventiva distinta a la eminentemente represiva que, sin embargo, acaba concurriendo con esta última. En estos supuestos, los actos de prevención del delito pasan a formar parte también de la investigación penal y, por ende, pasar a ser configurados como actos eminentemente represivos. De

---

e) Mantener y restablecer, en su caso, el orden y la seguridad ciudadana.

f) Prevenir la comisión de actos delictivos.

g) Investigar los delitos para descubrir y detener a los presuntos culpables, asegurar los instrumentos, efectos y pruebas del delito, poniéndolos a disposición del Juez o Tribunal competente y elaborar los informes técnicos y periciales procedentes.

h) Captar, recibir y analizar cuantos datos tengan interés para el orden y la seguridad pública, y estudiar, planificar y ejecutar los métodos y técnicas de prevención de la delincuencia.

i) Colaborar con los servicios de protección civil en los casos de grave riesgo, catástrofe, o calamidad pública, en los términos que se establezcan en la legislación de protección civil."

4 De hecho, el atestado derivado de dichas actuaciones pasa en el futuro a configurar el material probatorio esencial de una futura sentencia condenatoria.

esta manera, la investigación del hecho delictivo queda inexorablemente vinculada al restablecimiento o mantenimiento de la seguridad pública y a la prevención de la comisión de nuevos ilícitos.

Véase a estos efectos el tenor literal del art. 4 del RD 769/1987, de 19 de junio, sobre regulación de la Policía Judicial que, al efecto, señala

> Todos los componentes de las Fuerzas y Cuerpos de Seguridad, cualesquiera que sean su naturaleza y dependencia, practicarán por su propia iniciativa y según sus respectivas atribuciones, las primeras diligencias de prevención y aseguramiento así que tengan noticia de la perpetración del hecho presuntamente delictivo, y la ocupación y custodia de los objetos que provinieren del delito o estuvieren relacionados con su ejecución, dando cuenta de todo ello en los términos legales a la Autoridad Judicial o Fiscal, directamente o a través de las Unidades Orgánicas de Policía Judicial.

Estas funciones de investigación y prevención del hecho delictivo atribuidas a las Fuerzas y Cuerpos de Seguridad aparecen también reflejadas en otras legislaciones de nuestro entorno.

1.2. Argentina

En el caso de Argentina, el amparo legal para la práctica de estas actuaciones de investigación se encuentra en los artículo 183 y 184.1, 2, 4, y 5 del Código Procesal Penal (CPP) de la Nación que señalan:

> Art. 183 CPP: "La policía o las fuerzas de seguridad deberán investigar, por iniciativa propia, en virtud de denuncia o por orden de autoridad competente, los delitos de acción pública, impedir que los hechos cometidos sean llevados a consecuencias ulteriores, individualizar a los culpables y reunir las pruebas para dar base a la acusación. Si el delito fuera de acción pública dependiente de instancia privada sólo deberá proceder cuando reciba la denuncia prevista por el artículo 6."
>
> Art. 184 CPP: "Los funcionarios de la policía o de las fuerzas de seguridad tendrán las siguientes atribuciones: 1º) Recibir denuncias. 2º) Cuidar que los rastros materiales que hubiere dejado el delito sean conservados y que el estado de las cosas no se modifique hasta que lo disponga la autoridad competente. (...) 4º) Si hubiera peligro de que cualquier demora comprometa el éxito de la investigación, hacer constar el estado de las personas, de las cosas y de los lugares, mediante inspecciones, planos, fotografías, exámenes técnicos y demás operaciones que aconseje la policía científica. 5º) Disponer con arreglo al artículo 230, los allanamientos del artículo 227, las requisas e inspecciones del artículo 230 bis y los secuestros del artículo 231, dando inmediato aviso al órgano judicial competente."

1.3. Italia

En la Republica italiana, la función de investigación de los hechos delictivos también se atribuye a la *Polizia giudiziaria* a quien corresponde tomar conocimiento de las infracciones, prevenir sus consecuencias ulteriores, buscar a los autores del hecho delictivo, adoptar las medidas necesarias para asegurar las fuentes de prueba y recaba todo lo necesario para la aplicación de la ley penal [art. 55 del *Codice di Procedura Penale (CPP)]*[5].

La legislación italiana desarrolla expresamente las potestades para esclarecer los hechos y asegurar las fuentes de prueba en el art. 347 CPP, el aseguramiento de las fuentes de prueba en el art. 348 CPP, la identificación del investigado en el art. 349 CPP, o las medidas dirigidas a impedir que el delito tenga consecuencias adicionales en el art. 370 CPP. Finalmente, el art. 59 CPP, al igual que la legislación española, declara la subordinación de la *polizia giudiziaria* a los *magistrati che dirigono gli uffici* y del *procuratore della Reppublica.*

1.4. Francia

La legislación francesa, por su parte, establece la obligación de la *Police judiciaire* de constatar las infracciones de la ley penal, reunir las pruebas y buscar a los autores. Una vez abierta la instrucción judicial de la causa, le corresponderá ejecutar las ordenes e instrucciones dadas al respecto por el órgano de instrucción (art. 14 del *Code de Procédure pénale)*[6]. Por su parte, el art. 16 establece quienes pueden ser considerados o tienen la calificación de *pólice judiciaire,* mientras que el art. 21.2[7] señala expresamente la obli-

---

5 "La polizia giudiziaria debe, anche di propia iniciativa, predere noticia del reati, impedire che vengano portati a conseguenze ulteriori, ricercarne gli autori, compiere gli atti necessari per assicurare le fonti di prova e raccgliere quant'altro possa servire per l'applicacione della legge penale. Svolge ogni indagine e attivitá disposta o delegata dall'autoritá guiudiziaria. Le funzioni indicate nei commi 1 e 2 sono svolte dagli ufficiali e dagli agenti di polizia giudiziaria"

6 Elle est chargée, suivant les distinctions établies au présent titre, de constater les infractions à la loi pénale, d'en rassembler les preuves et d'en rechercher les auteurs tant qu'une information n'est pas ouverte. Lorsqu'une information est ouverte, elle exécute les délégations des juridictions d'instruction et défère à leurs réquisitions.

7 Sans préjudice de l'obligation de rendre compte au maire qu'ils tiennent de l'article 21, les agents de police municipale rendent compte immédiatement à tout officier de police judiciaire de la police nationale ou de la gendarmerie na-

gación de todos los agentes de policía municipal de informar inmediatamente a cualquier oficial de policía judicial o de la gendarmería nacional territorialmente competente de todos los delitos, delitos o contravenciones de los que tengan conocimiento.

En relación con estos últimos, el art. 511.1 del *Code de la sécurite intérieure* les atribuye labores de prevención y vigilancia del buen orden, la tranquilidad, la seguridad y la salubridad públicas.

1.5. Uruguay

En la república oriental del Uruguay, la reciente Ley 19.696 del Sistema Nacional de Inteligencia del Estado define la inteligencia policial (art. 3) como la "actividad que comprende lo relativo a la obtención, procesamiento, análisis y distribución de información relativa a la prevención y eventual represión del delito común y el crimen organizado en su calidad de auxiliar de la Justicia, a través de la prevención y represión del delito". Sin embargo, el art. 7 numeral 1 de la citada ley establece la prohibición de que los organismos de inteligencia realicen labores de indagación e investigación policial al señalar el citado precepto que:

> "Ningún órgano de inteligencia tendrá facultades compulsivas y les estará especialmente prohibido: (a) realizar tareas represivas; cumplir, por si, funciones policiales o de investigación criminal, salvo que dicha actividad se encuentre dentro de sus cometidos legales específicos o mediante requerimiento judicial en el marco de una causa concreta".

Conviene además citar el art. 20 de la citada ley que consigna que:

> "Toda operación de búsqueda de información que deba realizar cualquier órgano componente del Sistema de Inteligencia Estratégica de Estado, involucrando procedimientos especiales que puedan afectar la libertad y privacidad de los ciudadanos, deberá ser autorizada por el Poder Judicial. A tales efectos, serán competentes los Juzgados Letrados de Primera Instancia en lo Penal Especializados en Crimen Organizado. Las actuaciones serán de carácter reservado. Las personas que tomen conocimiento de dichas actuaciones quedaran sujetas a lo dispuesto por los artículos 32 y 33 de esta ley. La reglamentación de esta ley establecerá específicamente los procedimientos especiales, así como las hipótesis en los que procederá su utilización. Se entiende por procedimientos especiales de obtención de información, los que permiten el

---

tionale territorialement compétent de tous crimes, délits ou contraventions dont ils ont connaissance. Ils adressent sans délai leurs rapports et procès-verbaux simultanément au maire et, par l'intermédiaire des officiers de police judiciaire mentionnés à l'alinéa précédent, au procureur de la République.

acceso a antecedentes relevantes contenidos en fuentes cerradas o que provienen de ellas, que aporten antecedentes necesarios al cumplimiento de la misión operativa específica de cada agencia de inteligencia, tales como los siguientes procedimientos: A) La intervención de las comunicaciones telefónicas, informáticas, radiales y de la correspondencia en cualquiera de sus formas. B) La intervención de sistemas y redes informáticos. C) La escucha y grabación electrónica incluyendo la audiovisual. D) La intervención de cualesquiera otros sistemas tecnológicos destinados a la transmisión, almacenamiento o procesamiento de comunicaciones o información".

1.6. Ámbito internacional

En los últimos años hemos asistido también a un paulatino proceso en el que la obligación de investigación y persecución de los delitos ha sido elevada casi a rango de derecho constitucional. Son famosas en este sentido las numerosas resoluciones del Tribunal Europeo de Derechos Humanos (TEDH) que, al amparo de las denominadas *obligaciones procesales positivas* derivadas del art. 2 y 3 CEDH, han venido exigiendo a los Estados miembros un deber de investigación exhaustiva y eficaz. El incumplimiento de dichas obligaciones se producirá cuando, según el Tribunal de Estrasburgo, la imposibilidad de concretar la existencia de una conducta delictiva (ya sea proveniente de los organismos estatales o de particulares) "se desprende en gran medida de la ausencia de una investigación profunda y efectiva por las autoridades nacionales tras la denuncia presentada por el demandante por malos tratos".

Con todo, "no se trata de que se practiquen todas y cada una de las diligencias solicitadas o imaginables, pero sí de que en un contexto aún de incertidumbre acerca de lo acaecido se practiquen aquellas que a priori se revelen susceptibles de despejar tales dudas fácticas. Si hay sospechas razonables [de delito] y modo aún de despejarlas no puede considerarse investigación oficial eficaz la que proceda al archivo de las actuaciones" (STC 34/2008, de 25 de febrero, FJ 8).

Ahora bien, este canon de investigación suficiente y eficaz no ha venido referido a cualquier categoría de delitos sino únicamente a delitos donde existe una especial dificultad en avanzar en la investigación y obtener medios de prueba. La concurrencia, o no, de las circunstancias que justifiquen esta mayor exhaustividad en la investigación debe analizarse caso por caso, admitiéndose, por ejemplo, la necesidad de un mayor rigor en la investigación en supuestos de delitos cometidos en el marco de la violencia de género (donde el miedo hacia las represalias por parte del otro cónyuge, la situación de violencia o coacción intrafamiliar, la dependencia económica/ emocional por parte de la víctima y el carácter especialmente íntimo donde son cometidos estos delitos justificarían que la investigación del juez deba ser especialmente diligente - SSTEDH *Opuz vs Turquía, Talpis vs Italia* entre otros), en delitos cometidos en el marco de organizaciones criminales dedicadas a la explotación sexual de mujeres (donde la víctima y sus familiares están sometidos a una fuerte situación de coacción por parte de la propia estructura criminal, lo que puede dificultar también el hallazgo de testimonios y de otras pruebas —STEDH del 7 de enero del 2020, *Rantsev vs Rusia y Chipre*; STEDH del 11 de octubre del 2012, *C.N and V vs France*), o en delitos cometidos por instituciones u organismos del Estado (donde la cualificación oficial de los denunciados es la que resulta necesario compensarse con firmeza judicial frente a la posible resistencia o demora en la aportación de medios de prueba).

Es en estos casos, en definitiva, cuando la opacidad o clandestinidad que rodea a la comisión del ilícito justifica que la exhaustividad de la investigación deba ser evaluada con mayor rigor toda vez que la actividad delictiva se habría producido en un especial escenario de vulnerabilidad e indefensión provocada por la "situación de aislamiento y de total ausencia de comunicación con el exterior, un tal contexto que exige un mayor esfuerzo, por parte de las autoridades internas, para determinar los hechos denunciados" (SSTEDH de 7 de octubre de 2014, *Etxebarria Caballero c. España*, § 47; 19 de enero de 2021, *González Etayo c. España*, § 60).

Muy relevante son, a estos efectos, los argumentos dados por la STEDH de 15 de junio de 2021, *Kurt c. Austria*, donde se hace un análisis de las obligaciones positivas (si bien, desde el punto de vista sustantivo y de las medidas preventivas relacionadas con fallecimientos acaecidos en el marco de la violencia de genero) derivadas de art. 2 CEDH bajo los siguientes parámetros:

> "157 El Tribunal ha sostenido que el artículo 2 consagra uno de los valores básicos de las sociedades democráticas que integran el Consejo de Europa (véase McCann y otros contra el Reino Unido, 27 de septiembre de 1995, § 147, Serie A nº 324). La primera oración del artículo 2 § 1 ordena al Estado no solo abstenerse de quitar la vida de manera intencional e ilegal, sino también a tomar las medidas adecuadas para salvaguardar la vida de quienes se encuentren dentro de su jurisdicción (ver Osman, citado anteriormente, § 115, y Calvelli y Ciglio contra Italia [GC], núm. 32967/96, § 48, TEDH 2002-I). Esta última obligación implica el deber primordial del Estado de garantizar el derecho a la vida mediante la adopción de disposiciones de derecho penal eficaces para disuadir la comisión de delitos contra la persona, respaldadas por mecanismos de aplicación de la ley para la prevención, represión y castigo de infracciones de dichas disposiciones. También se extiende, en determinadas circunstancias, a una obligación positiva de las autoridades de tomar medidas operativas preventivas para proteger a una persona cuya vida está en peligro por los actos

delictivos de otra persona (véase Osman, citado anteriormente, § 115; Kontrová c. Eslovaquia, núm. 7510/04, § 49, 31 de mayo de 2007; y Opuz, antes citado, § 128)".

159. La Corte advierte que el deber de tomar medidas preventivas operativas en virtud del artículo 2 es una obligación de medios, no de resultado. Así, en circunstancias en las que las autoridades competentes hayan tenido conocimiento de un riesgo real e inmediato para la vida que desencadene su deber de actuar, y hayan respondido al riesgo identificado tomando las medidas oportunas dentro de sus competencias para evitar que ese riesgo se materialice, el hecho El hecho de que, no obstante, tales medidas no logren el resultado deseado, no es en sí mismo capaz de justificar la constatación de una violación de la obligación operativa preventiva del Estado en virtud del artículo 2. Por otra parte, la Corte observa que, en este contexto, la apreciación de la naturaleza y el nivel del riesgo constituye una parte integral del deber de tomar medidas operativas preventivas cuando la presencia de un riesgo así lo requiera. Por lo tanto, un examen del cumplimiento por parte del Estado de este deber en virtud del artículo 2 debe comprender un análisis tanto de la idoneidad de la evaluación del riesgo realizada por las autoridades nacionales como, cuando se haya identificado o debería haberse identificado un riesgo relevante que desencadena el deber de actuar, la adecuación de las medidas preventivas adoptadas.

En este sentido, encontramos ejemplo de violación de obligaciones procesales positivas del art. 3 y 2 CEDH en supuestos de denuncias por torturas (STEDH de 8 de marzo de 2011, *Beristain Ukar c. España*, §§ 39, 41 y 42; STEDH de 28 de septiembre de 2010, *San Argimiro Isasa c.* España, § 65; y STEDH de 2 de noviembre de 2004, *Martínez Sala y otros c. España*, §§ 156 y 160), supuestos de archivo prematuro de investigaciones judiciales referidas a delitos de violencia de género (*Opuz vs Turquía, Talpis vs Italia* entre otros), supuestos de trata de seres humanos (STEDH del 7 de enero del 2020, *Rantsev vs Rusia y Chipre*; STEDH del 11 de octubre del 2012, *C.N and V vs France*), delitos cometidos en el marco de una violencia homofóbica (STEDH de 14 de enero de 2021, *Sabalic c. Crocia*), o delitos de abuso sexual sobre menores cometidos en un orfanato (STEDH de 2 de febrero de 2021, *X c. Bulgaria*).

Y también, como no, en determinados supuestos de delitos informáticos donde la importante STEDH de 11 de febrero de 2020, *Buturaga c. Rumanía*, ha extendido la obligación de los Estados de realizar una investigación exhaustiva y eficaz respetuosa con el art. 3 CEDH a supuestos de ciberacoso[8] o de delitos informáticos cometidos en el ámbito de la violencia de genero. Para la citada resolución:

---

8 Conviene resaltar que la citada resolución (&40) recoge la definición sobre ciberviolencia dada por el Grupo de Trabajo del Consejo de Europa sobre ciberacoso y otras formas de violencia en línea, especialmente contra mujeres y niños: "La

"actos como el seguimiento, el acceso o el almacenamiento ilícitos de la correspondencia de la pareja pueden ser tenidos en cuenta por las autoridades nacionales al investigar casos de violencia doméstica (véase el apartado 74 supra). Considera que tales alegaciones de violación de la correspondencia exigen que las autoridades realicen un examen en cuanto al fondo para aprehender de forma exhaustiva el fenómeno de la violencia doméstica en todas sus formas (...) las alegaciones de la demandante según las cuales su exmarido interceptó, consultó y guardó indebidamente sus comunicaciones electrónicas no fueron examinadas en cuanto al fondo por las autoridades nacionales. Éstas no adoptaron medidas procesales para recabar pruebas que hubieran permitido determinar la veracidad de los hechos o su calificación jurídica. El Tribunal de Justicia considera que las autoridades fueron, por tanto, excesivamente formalistas al descartar cualquier relación con los incidentes de violencia doméstica de los que ya les había informado la demandante y, por tanto, no tomaron en consideración las múltiples formas que puede adoptar la violencia doméstica" (&76-78)".

2. EL CIBERPATRULLAJE Y LAS NUEVAS HERRAMIENTAS DE INVESTIGACIÓN TECNOLÓGICAS

2.1. *Definición y previsión legal*

Resulta evidente que el adecuado cumplimiento del deber/ obligación de los Estados de perseguir y sancionar los hechos delictivos no puede efectuarse sin una adecuada labor de prevención policial. Esta labor de prevención puede constituir, *de facto* y como se ha señalado anteriormente, el punto inicial de una investigación penal claramente represiva, produciéndose, en consecuencia, una fusión o confluencia entre las funciones de prevención y represión atribuidas por la legislación a las fuerzas y cuerpos de seguridad del Estado.

Al igual que estas labores de prevención se han realizado tradicionalmente en el mundo físico/ mundo analógico, hoy en día las fuerzas y cuerpos de seguridad realizan dicha labor en internet. Es lo que se conoce comúnmente como *ciberpatrullaje,* concepto que aparece tratado magníficamente por MARTÍN RIOS, Pilar[9] para la cual consiste "en un conjunto

ciberviolencia es el uso de sistemas informáticos para causar, facilitar o amenazar con causar violencia contra las personas que tenga o pueda tener como resultado un daño o sufrimiento físico, sexual, psicológico o económico, y puede incluir la explotación de las circunstancias, características o vulnerabilidades de la persona".

9 Martín Ríos, Pilar "Empleo del big data y de inteligencia artificial en el ciberpatrullaje: de la tiranía del algoritmo y otras zonas oscuras". Revista de internet,

de técnicas que atienden a las finalidades de detectar actividad ilegal en la red y descubrir a los delincuentes, así como de prevenir la perpetración de delitos. No se limita al monitoreo de las redes, sino que también comprende la obtención y recolección de información, además del almacenamiento y análisis del contenido que existe en ellas. Se trata de actuaciones que se llevan a cabo cuando aún no existe la certeza de la comisión de delito alguno. No tienen lugar, en consecuencia, en el marco de un proceso penal, por lo que discurren al margen de cualquier control judicial". De hecho, la citada autora diferencia dicho concepto del propio concepto *ciberinvestigación* que quedaría circunscrito a "la labor de identificación de los responsables de un delito concreto, caracterizada por desenvolverse en un entorno virtual. Hablamos, pues, de intervenciones policiales realizadas en el curso de un proceso que se ha abierto para la investigación de ilícitos determinados, en el que los efectivos de las fuerzas y cuerpos de seguridad realizan —bajo los controles preceptivos— aquello que la autoridad judicial les encomienda. A pesar de que tanto en una como en otra se emplean técnicas muy similares, sus finalidades son distintas".

Coincidiendo plenamente con la citada autora, resulta evidente que el *ciberpatrullaje* queda configurado como la actividad policial de prevención de ilícitos desarrollado en internet, particularmente en fuentes abiertas, que resulta anterior, incluso, a la propia formación del proceso judicial (quedando por lo tanto fuera del control o tutela del órgano jurisdiccional). Se trataría, en definitiva, de vigilar, o controlar, la actividad desarrollada por los usuarios en fuentes que podríamos considerar plenamente accesibles para el usuario medio (chats accesibles al público, foros de carácter abierto, redes sociales, plataformas digitales etc.) a fin de evitar y prevenir la comisión de hechos delictivos.

Pues bien, el principal problema al que nos enfrentamos a la hora de analizar el *ciberpatrullaje* es la aparente ausencia de un soporte legal que justifique la práctica de estas actividades de prevención/ investigación por parte de las fuerzas policiales. Esto es porque, al igual que ocurre en el mundo físico, las exigencias derivadas del principio de legalidad obligan a que las medidas de prevención/ inicio de la investigación penal en la red tengan un soporte legal que reúna todas las características indispensables para ser cognoscibles y previsibles para los ciudadanos.

Este canon de "accesibilidad" o "previsibilidad" ha sido considerado por el TEDH requisito esencial para el cumplimiento del principio de legalidad

---

derecho y política. 2022.

dado que "implica que el Derecho interno debe usar términos suficientemente claros para indicar a todos de manera suficiente en qué circunstancias y bajo qué condiciones se habilita a los poderes públicos a tomar tales medidas" (STEDH de 30 de julio de 1998, *Caso Valenzuela,* con cita de las resoluciones dictadas en los casos *Malone, Kruslin y Huvig* (STEDH de 24 de abril de 1990), *Haldford* (STEDH de 25 de marzo de 1998) y *Kopp* (STEDH de 25 de marzo de 1998). Esto era afirmado, también, en la STEDH de 10 de marzo de 2009, *Bykov c. Rusia,* §78, donde se consignaba que "la ley debe utilizar términos lo suficientemente claros para que cualquiera comprenda en qué circunstancias, y bajo qué condiciones habilita a los poderes públicos a realizar dicho atentado secreto y virtualmente peligroso para el respeto de la vida privada y la correspondencia".

Por otro lado, la expresión "prevista por la ley" —que aparece expresamente contemplada en el art. 8.2 CEDH— exige tanta que la medida impugnada tenga alguna base en la legislación interna, como que dicha base sea accesible para el ciudadano. Esta accesibilidad ha de traducirse, precisamente, en que la norma que habilita la medida impugnada tenga la suficiente precisión como para permitir a la persona afectada, si es necesario con el consejo adecuado, regular su conducta, sin que ello pueda llevar, en modo alguno, a que "el investigado sea capaz de prever cuando las autoridades podrán interceptar sus comunicaciones para que puedan adaptar su conducta a ello" (SSTEDH de 24 de abril de 1990, *Kruslin c. Francia; Huving c. Francia*). En definitiva, la legislación debe ser tan clara como para dar a los ciudadanos una información adecuada sobre bajo que requisitos, y en qué circunstancias, se puede ejecutar una medida de investigación que pueda ser potencialmente peligrosa para el derecho a la vida privada y la correspondencia.

En relación con ello, y como ya se ha tenido la oportunidad de señalar anteriormente, al igual que ocurre en el mundo físico/ analógico donde el cumplimiento de los deberes de prevención se ejecuta en el marco del art. 11 LOFCSE y se cristalizan en actuaciones de vigilancia y seguridad ciudadana, control de fronteras y aduanas, patrullaje en la vía pública etc..., en el caso del *ciberpatrullaje,* el titulo legitimador del ejercicio de estas funciones de prevención en internet lo encontramos en una aplicación analógica de los mismos preceptos y, en consecuencia, en los ya mencionados art. 11 LOFCSE, 282 LECrim y art. 4 del RD 769/1987, de 19 de junio. De hecho, la existencia de la habilitación legal para la práctica de las diligencias de prevención aparecía ya remarcada en la STC 115/2013, de 23 de mayo, al señalar que:

> "En segundo término, los agentes policiales actuaron en el presente caso con el apoyo legal que les ofrecen el artículo 282 de la Ley de enjuiciamiento criminal, el artículo 11.1 de la Ley Orgánica 2/1986, de 13 de marzo, de fuerzas y cuerpos de seguridad, y el artículo 14 de la Ley Orgánica 1/1992, de 21 de febrero, sobre protección de la seguridad ciudadana, que conforman "una habilitación legal específica que faculta a la policía para recoger los efectos, instrumentos y pruebas del delito y ponerlos a disposición judicial y para practicar las diligencias necesarias para la averiguación del delito y el descubrimiento del delincuente" (SSTC 70/2002, FJ 10, y 173/2011, de 7 de noviembre, FJ 2). Entre estas diligencias se encuentra la de examinar o acceder al contenido de esos instrumentos o efectos, así como a los documentos o papeles que se le ocupen al detenido, realizando un primer análisis de los mismos, siempre que ello sea necesario de acuerdo con una estricta observancia de los requisitos dimanantes del principio de proporcionalidad (SSTC 70/2002, FJ 10, y 173/2011, FJ 2".

Recientemente se han abordado, no obstante, diversos intentos de regular jurídicamente el *ciberpatrullaje* y darle una base legal más específica. Entre ellos especial mención merece el anteproyecto de Código Procesal Penal de 2020 que en su artículo 514 contemplaba:

> Artículo 514. Búsqueda y obtención de datos a través de fuentes y canales abiertos. 1. Para averiguar los delitos o descubrir a los responsables de su comisión, la Policía Judicial, por sí o por orden del Ministerio Fiscal, podrá recabar todas aquellas informaciones relevantes para la investigación que se encuentren disponibles en fuentes abiertas de información, así como los datos relativos al investigado que sean accesibles a través de canales abiertos de comunicación. 2. En el caso de que la obtención de datos a partir de fuentes o canales abiertos se realice de forma sistemática y continuada con el objeto de crear un registro histórico de la actividad del investigado en el entorno digital, será necesaria autorización previa del Juez de Garantías.
>
> 3. Si en el curso de esta diligencia se pusiera de manifiesto la necesidad de acceder a canales cerrados de comunicación o de hacer uso de una identidad supuesta por parte de la policía, se estará a lo dispuesto sobre las investigaciones encubiertas reguladas en el titulo anterior.

A nivel internacional también encontramos, por otra parte, un cierto marco legal en el Convenio de Budapest donde se incluye una mención especifica a los datos e informaciones almacenados en una fuente abierta que, aún alojados en los servidores situados en un Estado pueden ser objeto de acceso por parte de las autoridades del otro Estado —denominémoslo *Estado investigador*— sin necesidad de previo requerimiento o autorización del primero. Nos referimos a lo establecido en el art. 32 que señala expresamente

> "Acceso transfronterizo a datos almacenados, con consentimiento o cuando sean accesibles al público. Una parte podrá, sin autorización de otra: (a) tener acceso a datos informáticos almacenados accesibles al público (fuente abierta) independientemente de la ubicación geográfica de los mismos o (b) tener acceso a datos informá-

ticos almacenados en otro Estado, o recibirlos, a través de un sistema informático situado en su territorio, si dicha Parte obtiene el consentimiento lícito y voluntario de la persona legalmente autorizada a revelárselos por medio de ese sistema informático".

Y también podemos encontrar en este mismo sentido la Decisión 2009/371/JAI por la que se crea la Oficina Europea de Policía Europea (EUROPOL) que establece en su art. 25 que:

> "Además de tratar datos procedentes de entidades privadas de conformidad con el ap.3 Europol podrá recabar directamente y tratar datos, incluidos los personales, procedentes de fuentes accesibles al público, tales como datos públicos y procedentes de medios de comunicación y de proveedores comerciales de información, con arreglo a lo dispuesto en la presente decisión en materia de protección de datos. Europol transmitirá toda la información pertinente a las unidades nacionales con arreglo al art. 17".

2.2. *Fuentes abiertas*

Como se ha señalado con anterioridad al abordar una definición de *ciberpatrullaje,* el criterio delimitador o esencial que justifica la practica de actuaciones de investigación/ prevención en internet —sin habilitación judicial— es el de canal o fuente abierta. Establecer una definición de lo que se entiende por fuente abierta no está tampoco exenta de polémica. El carácter poliédrico de la propia utilización de internet, la existencia de clasificaciones de seguridad más o menos sofisticadas para entrar a determinados canales o páginas web, la utilización por los usuarios de *nicks* o pseudonimos de fantasía nos enfrenta a una heterogeneidad de supuestos en los que las características del sitio web o canal ha de ser analizado caso por caso para determinar su carácter privado o público.

Una primera aproximación a dicha diferenciación se ha efectuado por el gobierno de la República Nacional de Argentina que, en un protocolo sobre "la prevención policial del delito con el uso de fuentes digitales abiertas" publicado el 26 de mayo del 2020, definía el canal abierto de comunicación como "los medios y plataformas de información y comunicación digital de carácter público, no sensible, y sin clasificación de seguridad, cuyo acceso no implique una vulneración del derecho a la intimidad de las personas, conforme a lo normado en la Ley de Protección de Datos Personales nº 25326 y sus normas reglamentarias".

Por su parte, la República Oriental del Uruguay, mediante la Ley 19696 "*Ley de Inteligencia*", también realiza una distinción entre fuentes abiertas y fuentes cerradas señalando su art. 3 H que por las primeras ha de entenderse "aquellas de las cuales se puede obtener un determinado informe, sin más restricción que la tarea que demanda su obtención", mientras que las segundas quedarían restringidas a "aquellas cuyo acceso es restringido y que para la obtención de la información es necesario el uso de medios y procedimientos especiales".

En España, aunque hasta la fecha no se ha dado una definición concreta de *fuente o canal abierto,* este concepto si se ha analizado a raíz de diversos pronunciamientos judiciales referidos a investigaciones desarrolladas en el ciberespacio. Sin querer detenerme excesivamente en aquellos, lo cierto es que el Tribunal Supremo ha considerado, por ejemplo, canal privado de comunicación la existencia de un foro privado de pornografía donde era necesaria la invitación previa de uno de los miembros para acceder (STS 767/2007 del 3 de octubre) o un perfil restringido de *Facebook* (STS 173/2018) y denegado esta condición —y, en consecuencia, atribuida la condición de canal abierto— a un foro público de sexo como *sexotabu. com*[10]. Recordemos en este momento los argumentos contenidos en la conocida STS 173/2018 que, al respecto, afirmaba que:

> "Qué labores del agente policial que actúa a través de la red deben inexorablemente quedar cubiertas por la autorización judicial; es decir, en qué momento se torna imprescindible la habilitación judicial para la de investigación policial con esa metodología es cuestión de perfiles complejos, hoy regulada en el art. 282 bis 6 LECrim (reforma 2015). (...) El derecho comparado muestra modalidades muy diversas de regulación. Doctrinalmente, se diferencia entre lo que se conoce como ciber patrulleo (el agente realiza exploraciones o indagaciones por canales abiertos de comunicación) y el estricto agente encubierto online que opera en canales cerrados. Solo en este segundo caso la legislación reformada en 2015 requiere autorización judicial, lo que no inexorablemente habría de proyectarse a casos como el ahora examinado en que no estamos ante una infiltración policial en la red, sino ante el uso por la policía del canal creado por quien ha sido detenido, valiéndose de su nickname".

---

10 Señala la sentencia en relación con las actuaciones de indagación en este espacio virtual que: "Efectivamente, lo cierto es que los agentes de la autoridad, cuando realizan las labores habituales de vigilancia para prevenir la delincuencia informática tuvieron noticia casual de la existencia de un posible delito de difusión de pornografía infantil. Realizaron las investigaciones oportunas y, sólo cuando tuvieron la convicción de estar efectivamente en presencia de hechos presuntamente delictivos, confeccionaron el oportuno atestado que remitieron a la Fiscalía de la Audiencia Provincial donde se instruyeron las pertinentes diligencias informativas y, acto seguido, tras la denuncia en el Juzgado de Instrucción, las Diligencias Previas. Tal método de proceder es absolutamente correcto y ninguna objeción puede merecer."

Al concepto de canal privado se refiere también la STS de 23 de febrero de 2021 entendiendo por tal "toda aquella página, foro, chat o servicio de internet de carácter restringido y para cuyo acceso es necesario un registro previo así como la obtención de permisos facilitados por el administrador del canal…"[11].>

Desde el punto de vista doctrinal, encontramos aproximaciones a dicho concepto como la realizada por Carou García[12] que señala como el canal

---

11 Puede citarse también La sentencia de la Audiencia Provincial de Baleares 93/2021, de 10 de marzo, que ante rastreos realizados en la *Dark Web* consignaba que los mismos eran encuadrados en "*una investigación desarrollada en el marco del ciberpatrullaje*" y que, por lo tanto, se "*estaba ante los denominados rastreos realizados por la Policía Nacional*" no precisándose del dictado de una resolución judicial.
También la STSJ de Islas Baleares que, en resolución de 26 de enero de 2013, ratificó la postura mantenida por la AP de Baleares (SAP 93/2021) considerando que la investigación desarrollada en la red TOR, a pesar de la utilización de un sistema de anonimización de la IP, debía ser considerado canal abierto a los efectos del art. 282bis. No obstante, dicha resolución si precisaba que, por el contrario, el acceso a un grupo privado de telegram sí constituía canal cerrado y, consecuentemente, precisaba de una resolución judicial para actuar como agente encubierto. Concretamente se señala:
"Tal y como explicaron los agentes actuantes el acceso al Grupo de mensajería TELEGRAM era restringido, precisaba autorización del administrador y en caso de que el usuario que accedía no compartiera archivos de contenido pedófilo sería expulsado del Grupo, lo que ahonda y confirma su carácter cerrado y su permanencia en el mismo precisaba que la fuerza actuante realizase actividades ilícitas, esto es, que compartiera archivos de contenido pedófilo. A diferencia de los supuestos transcritos y que analiza la doctrina del TS a propósito del ciber patrullaje, en el supuesto presente se producen aspectos que nos alejan de su aplicación; tales como: a) Si bien la fuerza actuante actuaba con Nick supuesto en una red abierta, aspecto que no merece reproche alguno, accedió a un Grupo cerrado de comunicación en el que sus usuarios intercambiaban archivos y no lo verificó por invitación de algún miembro del Grupo, sino que para su acceso necesitó recabar previamente dicha invitación; b) Los usuarios del Grupo aunque pudieran aceptar que entre los usuarios se pudieran "colar" comunicantes con intereses ajenos al Grupo e incluso que entre estos pudiera haber policías encubiertos, se hallaban confiados en que no serían identificables o que existía una elevada probabilidad de privacidad, toda vez que su IP no era visible; c) Los agentes actuantes una vez inmersos en un Grupo de mensajería y, por tanto, inmersos en un proceso de comunicación, acudieron a la entidad prestadora de servicios en Internet SKYPE para obtener la IP del investigado y otros datos como la dirección de correo electrónico con la que operaba y fecha de creación de su perfil.

12 Carou García, Sara: "El agente encubierto como instrumento de lucha contra la pornografía infantil en internet: El guardián al otro lado del espejo". Cuadernos

cerrado requiere de un requisito previo de aceptación por parte del interlocutor de cada una de las personas que van a formar parte de su grupo de contactos de confianza. De este modo, el interlocutor elimina el carácter público de determinados contenidos por él seleccionados, que únicamente son accesibles a determinadas personas; González García[13] que por un canal cerrado entiende "aquel en el que existe una expectativa fundada y razonable de confidencialidad respecto al conocimiento de las comunicaciones mantenidas", exigiéndose "una previa invitación para poder incorporarse al canal de comunicaciones" y Lafont Nicuesa[14] al señalar que "Por lo tanto, dos son los elementos que deben tenerse en cuenta. El canal cerrado no está abierto a todos, sino que el titular del mismo tiene un poder de selección y exclusión de sus interlocutores en el mismo y, sobre todo tiene una expectativa razonable de que su interlocutor en dicho canal es quien dice ser".

De los diferentes instrumentos y opiniones citados cabría extraer, por lo tanto, tres elementos, o criterios fundamentales, para establecer la diferenciación entre canal abierto y cerrado:

i) el carácter público de la comunicación digital;

ii) la no existencia de clasificación de seguridad; y

iii) que no se ponga en juego la intimidad de las personas.

Dejando para otro momento la posible afectación del derecho a la intimidad —piedra angular del concepto *canal o fuente privada* que será analizado posteriormente—, sobre la necesaria existencia de una clasificación de seguridad para considerar una fuente como abierta o cerrada ha existido una cierta polémica doctrinal. Esta discusión aparece recogida con brillantez por Koops, Bert-Jaap[15] que, al analizar la redacción del art. 32 del Convenio de Budapest señala que "[e]l hecho de que se combinen dos términos diferentes en el art. 32 —'accesibles al público' y 'fuente

---

de la Guardia Civil. Revista de seguridad pública núm. 56. 2018.

13 González García, Saul: "El agente encubierto informático a examen: un análisis de su regulación y de la validez de su actividad investigadora y probatoria en el proceso penal". La Ley: revista de derecho penal, procesal y penitenciario. Núm. 139. 2019.

14 Lafont Nicuesa, Luis: "El agente policial encubierto". Editorial Tirant lo Blanch. Valencia (2022).

15 "Investigaciones policiales en fuentes abiertas de internet: cuestiones de derecho procesal", Koops, Bert-Jaap. En "La investigación penal en el entorno digital". Marcos Salt y Jonathan Polansky. Editorial Hammurabi. Buenos Aires (2023).

abierta'— hace que la disposición sea aún más difícil de interpretar ya que los países pueden utilizar uno u otro termino con diferentes matices. El uso compuesto podría ser el producto de un compromiso entre las partes redactoras, donde algunas pudieron haber insistido en que en los datos debían estar abiertamente disponibles (por ejemplo, en la web, y sin ninguna restricción de acceso) mientras que otras pudieron haber creído que los datos semirrestringidos (por ejemplo, los sitios web para los cuales es necesario registrarse) en definitiva también se hallaban disponibles para el público y, por ende, pueden ser objeto de una búsqueda transfronteriza".

Ciertamente, y compartiendo la tesis mantenida por el citado autor, no parece que exista óbice para afirmar que el acceso a fuentes de carácter semirrestringido quede también incluido dentro del acceso a canales abierto dado, precisamente, la inexistencia de una expectativa razonable de privacidad respecto a los datos allí contenidos. Hoy en día, la mayoría de las plataformas digitales/ foros de comunicación/ páginas web/ redes sociales exigen para su acceso la cumplimentación de un modelo de registro o de alta. La catalogación —por la existencia de medidas de seguridad— de estos canales como canales cerrados conllevaría al absurdo de considerar que el *ciberpatrullaje* debería restringirse a una suerte de páginas web de dominio público en las que no se requiere registro, quedando, consecuentemente, al margen de dicha actividad las grandes plataformas informáticas donde interactúan miles de usuarios (*Facebook, Twitter* etc...). Esta consecuencia no sería del todo aceptable, no solo porque, precisamente, es en el ámbito de estas redes sociales/ foros/ plataformas digitales donde son cometidos un gran número de actividades delictivas, sino porque, a mayor abundamiento, la propia naturaleza de estos medios de comunicación conlleva que, en la mayor parte de los casos, los usuarios de estos no tengan una expectativa razonable de privacidad respecto a las interactuaciones realizadas en las mismas.

Por ello mismo, el requisito de la existencia de una clasificación de seguridad (elemento esencial para diferenciar un canal abierto de un canal cerrado) debe ser interpretado de una manera flexible, atendiendo al grado de seguridad exigido en cada caso. En definitiva, no deben recibir el mismo tratamiento supuestos en los que la formalización del alta consiste en introducir un nombre y una apellidos, que casos en los que la admisión en el grupo está condicionado, por ejemplo, a recibir una invitación por parte de otro miembro del grupo, a la presentación de una documentación autentica que acredite la verdadera identidad del nuevo miembro, o, en definitiva, a cualquier otra circunstancia que haga presuponer la existencia de medidas de seguridad más rigurosas que la mera cumplimentación de un formulario o modelo estereotipado.

2.3. Herramientas de investigación

El contenido del *ciberpatrullaje* se traduce en la mayoría de los casos en la inteligencia sobre fuentes abiertas (OSINT —*Open Source INTelligence)* basado en la utilización de técnicas de investigación dirigidas a recolectar y analizar la información que se encuentra disponible en internet de manera pública[16]. A su vez, las fuentes abiertas pueden ser clasificadas en seis categorías diferentes:

(a) Publicaciones en Internet, sitios web, blogs, redes sociales o foros creados por los propios internautas (TikTok, Facebook, X, blogspot etc...).

(b) Información obtenida de medios de comunicación (televisión, periódicos, revistas etc...)

(c) Datos gubernamentales, publicados de manera periódica por gobiernos, administraciones, empresas públicas.

(d) Publicaciones profesionales o académicas.

(e) Datos económicos y comerciales publicados por sectores de la industria y/o compañías comerciales

(f) Documentos de muy diversa índole distribuidos a través de canales de internet (literatura gris).

La recolección de datos que se realiza sobre plataformas de redes sociales se conoce como SOCMINT (*SOCial Media Intelligence)* y permite el uso de determinadas herramientas para la investigación de perfiles en redes sociales y la recopilación de información relativa a los mismos (fotos, videos, conversaciones, datos de inicio y cierre de sesión).

En este ámbito, podemos encontrar importantes herramientas de investigación como *Tweetbeaver* (que permite recolectar información sobre cualquier cuenta pública existente en la red social Twitter —actualmente X), *Omnisci* o *Tweetmaper* (que proporciona ubicaciones geográficas de diferen-

---

[16] La Organización del Tratado del Atlántico Norte (OTAN) tiene una definición específica para OSINT considerándola como "*Inteligencia derivada de información disponible públicamente, así como otra información no clasificada de distribución o acceso público limitado*"

tes publicaciones o tweets), *Osintgram* (permite obtener información sobre cualquier cuenta de Instagram con determinación de las direcciones IP a las que se ha efectuado una o varias conexiones o publicaciones), *SocialRecon* (dirigida a la identificación de perfiles online vinculando el nombre de usuario a un determinado correo electrónico), *Pimeyes* (buscador de rostros en línea que recorre internet para encontrar imágenes que contengan dicho rostro, constituye, en esencia, un buscador de imágenes), *Archive.orgDomainRegistrationData* (constituye una instrumenta para consultar un registro de dominio histórico a través de una URL), *ArchveToday* (captura la imagen de una pagina o sitio web, aunque la misma sea posteriormente eliminada), *ViewDNSReverseIP* (a través de una dirección IP permite la localización de servicios o dominios vinculados a aquella), *IPLocation* (a través de una IP permite la determinación de la empresa proveedora de servicios a los efectos de realizar un requerimiento para la identificación del usuario)[17].

Dentro de las redes P2P son también muy comunes los metabuscadores que permiten la localización de archivos de contenido ilícito a través del número *hash.* De hecho, la mayoría de la investigación penal de los delitos de elaboración y distribución de pornografía infantil se hacen, precisamente, a través de este tipo de herramientas entre las que encontramos *Gnuwatch, Hispalis, Quijote.* En relación con aquellos, nuestro Tribunal Supremo ha considerado que la obtención de los datos de las direcciones IP vinculadas a la subida, o descarga, de archivos ilícitos deben ser catalogados como "datos públicos" accesibles por cualquiera y susceptibles, por lo tanto, de ser ocupados por la autoridad policial.

Encontramos al respecto dos importantes resoluciones del Tribunal Supremo:

En primer lugar, de la STS 236/2008 del 9 de mayo (Ponente: Excmo. Sr. Don José Ramón Soriano Soriano) que señalaba:

> "a) los rastreos que realiza el equipo de delitos telemáticos de la Guardia Civil en Internet tienen por objeto desenmascarar la identidad críptica de los IPS (Internet protocols) que habían accedido a los "hash" que contenían pornografía infantil. El acceso a dicha información, calificada de ilegítima o irregular, puede efectuarla cual-

---

17 La mayoría de esta información se ha obtenido del magnífico trabajo publicado por Miquelarena, Agostina "La inteligencia de fuentes abiertas: una renovada caja de herramientas para la investigación digital. En "La investigación penal en el entorno digital". Marcos Salt y Jonathan Polansky. Editorial Hammurabi. Buenos Aires (2023).

quier usuario. No se precisa de autorización judicial para conseguir lo que es público y el propio usuario de la red es quien lo ha introducido en la misma. La huella de la entrada —como puntualiza con razón el Mº Fiscal— queda registrada siempre y ello lo sabe el usuario. b) entender que conforme a la legalidad antes citada (unas normas vigentes en el momento de los hechos y otras posteriores) se hacía preciso acudir a la autorización del juez instructor para desvelar la identidad de la terminal, teléfono o titular del contrato de un determinado IP, en salvaguarda del derecho a la intimidad personal (habeas data). La policía judicial a través de un oficio de 6 de noviembre de 2005, completado por un informe de 24 de octubre del mismo año del Grupo de delitos telemáticos de la Guardia Civil interesa la preceptiva autorización que obtuvo con el libramiento de mandamiento judicial dirigido a los operadores de Internet para identificar ciertas direcciones IP del ordenador al objeto de proseguir la investigación. Consecuentemente quien utiliza un programa P2P, en nuestro caso EMULE, asume que muchos de los datos se convierten en públicos para los usuarios de Internet, circunstancia que conocen o deben conocer los internautas, y tales datos conocidos por la policía, datos públicos en internet, no se hallaban protegidos por el art. 18-1° ni por el 18-3 CE. Por todo ello debe quedar patente que al verificar los rastreos la policía judicial estaba cumpliendo con su función de perseguir delitos y detener a los delincuentes que los cometen, siendo legítimos y regulares los rastreos efectuados, lo que trae como consecuencia la validez de los mismos y la de las diligencias policiales practicadas en ejecución del auto autorizando la identificación de los usuarios de IPs y el posterior de entrada y registro, determinando la nulidad de la sentencia que el Fiscal interesa."

En segundo lugar, la STS 292/2008 del 28 de mayo (Ponente: Excmo. Sr Don Diego Ramos Gancedo) que explicitaba:

"Ahora bien, cuando la comunicación a través de la Red se establece mediante un programa P2P, como en el EMULE o EDONKEY, al que puede acceder cualquier usuario de aquélla, el operador asume que muchos de los datos que incorpora a la red pasen a ser de público conocimiento para cualquier usuario de Internet, como, por ejemplo, el IP, es decir, la huella de la entrada al programa, que queda registrada siempre. Y fue este dato, el IP del acusado, el que obtuvo la Guardia Civil en su rastreo de programas de contenido pedófilo, dato que —conviene repetir y subrayar— era público al haberlo introducido en la Red el propio usuario —el acusado— al utilizar el programa P2P. Por ello, no se precisa autorización judicial para conocer lo que es público, y esos datos legítimamente obtenidos por la Guardia Civil en cumplimiento de su obligación de persecución del delito y detención de los delincuentes, no se encuentran protegidos por el art. 18.3 CE."

3. CIBERPATRULLAJE Y COLISIÓN CON DERECHOS FUNDAMENTALES: LA EXPECTATIVA RAZONABLE DE PRIVACIDAD

Ahora bien, el gran desafío a la que se enfrenta la actividad policial en la red (ya sea en el ejercicio de sus funciones preventivas ya sea en el desarrollo de sus funciones coercitivas y/o de persecución del hecho delictivo) es el necesario respeto a los derechos fundamentales de todos los ciudadanos y, particularmente, de los usuarios de internet.

Aunque en diferentes ocasiones se ha defendido una aplicación analógica de lo que ocurre en el mundo físico al mundo virtual[18] lo cierto es que dicha equiparación, llevada hasta el extremo, puede dar lugar a resultados indeseados. Abordar la cuestión de la privacidad desde un punto de vista similar al que se ha defendido tradicionalmente en el mundo real/ físico implica obviar aspectos y características fundamentales del nuevo mundo virtual, donde la acumulación de información y datos contenidas en fuentes y canales (aunque sean esencialmente de carácter abierto) pueden suponer una importante afectación de la privacidad de los usuarios al permitir elaborar perfiles o historiales de aquellos.

De hecho, en los últimos años observamos como no son pocos los autores que afirman que es necesario superar las equiparaciones que se realizan del mundo físico al mundo virtual en el sentido de considerar que los datos e informaciones obtenidas o recopiladas en canales abiertos de comunicación (a cuyo análisis se encuentran destinadas las herramientas OSINT y SOCMINT) no afectan al derecho a la intimidad de los titulares de dichos datos e informaciones. Para los citados autores, en definitiva, aún en estos canales abiertos o cerrados existiría una *expectativa razonable de*

---

[18] En este sentido, en el libro publicado por DUPUY, Daniela "Cibercrimen III: Inteligencia artificial aplicada al proceso penal. Editorial: B de F. Argentina. 2020. defendí que "de la misma manera que las actuaciones de investigación realizadas en el mundo real/ físico tienen su límite en el respeto a los derechos fundamentales del investigado, esta misma limitación ha de imponerse obligatoriamente a las medidas de investigación tecnológica realizadas en el ciberespacio. Por la misma razón que no existe duda de que las fuerzas y cuerpos de seguridad del estado no pueden, en el marco de una investigación realizada en el mundo físico, aperturar correspondencia privada, o acceder al interior de un domicilio, sin autorización judicial, este mismo axioma debe ser aplicado al mundo virtual si bien, claro está, teniendo en cuenta la novedosa naturaleza que los derechos fundamentales han adquirido desde su implementación en el ciberespacio".

privacidad de los usuarios toda vez que: (a) no son conocedores totalmente de toda la información que es publicada en los espacios virtuales, (b) dicha información no siempre resulta publicada o subida a la red por el propio titular o propietario de aquella; (c) existe una cierta dificultad de realizar una correcta gestión individual de la privacidad online; (d) el tratamiento conjunto de dicha información puede dar lugar a invasiones especialmente intensas en el contenido del derecho fundamental.

Pero ¿Qué entendemos por *expectativa razonable de privacidad*? La doctrina sobre la *expectativa razonable de privacidad* tiene su origen en la sentencia de la Corte Suprema de los EEUU del caso *Katz vs United States* (1967) y, particularmente, en el contenido del famoso voto concurrente formulado por el magistrado Harlan donde consignaba que

> "[c]omo afirma la opinión del Tribunal, "la Cuarta Enmienda protege a las personas, no a los lugares". La cuestión, sin embargo, es qué protección otorga a esas personas. Generalmente, como aquí, la respuesta a esa pregunta requiere referencia a un "lugar". Mi entendimiento de la regla que ha surgido de decisiones anteriores es que hay un doble requisito, en primer lugar, que una persona haya exhibido una expectativa real (subjetiva) de privacidad y, en segundo lugar, que la expectativa sea una que la sociedad esté dispuesta a reconocer como "razonable". Así, el hogar de un hombre es, a la mayoría de los efectos, un lugar en el que espera privacidad, pero los objetos, actividades o declaraciones que expone a la "vista" de extraños no están "protegidos", porque no ha mostrado intención de mantenerlos para sí mismo. Por otra parte, las conversaciones al aire libre no estarían protegidas contra las escuchas, ya que la expectativa de intimidad en esas circunstancias no sería razonable.
>
> El hecho crítico en este caso es que "[u]na persona que la ocupa, [una cabina telefónica] cierra la puerta tras de sí, y paga el peaje que le permite hacer una llamada tiene sin duda derecho a suponer" que su conversación no está siendo interceptada (...) El punto no es que la cabina sea "accesible al público" en otros momentos, ante en 389 U. S. 351, sino que es un lugar temporalmente privado cuyas expectativas momentáneas de sus ocupantes de estar libres de intrusión se reconocen como razonables".

Dicho concepto aparece desarrollado también en *Rakas vs Illinois* (1978) donde se explicitaba que la *expectación razonable de privacidad* "debe tener una fuente fuera de la Cuarta Enmienda, ya sea por referencia a conceptos de derecho de propiedad real o personal o a entendimientos reconocidos y permitidos por la sociedad".

Este concepto (*expectativa razonable de privacidad*), en definitiva, queda constituido como "un estándar normativo" [*Katz vs United States* (1967) —voto mayoritario—] referido "al grado de privacidad necesario para mantener una sociedad libre y abierta" y que aparece determinado "no necesariamente por el grado de privacidad esperado por el individuo o respetado por el Estado en una situación dada..."[*Katz vs United States* (1967) —voto concurrente magistrado Harlan—] sino por el establecido "desde la perspectiva independiente de la persona razonable e informada que se preocupa por las consecuencias a largo plazo de la acción gubernamental para la protección de la privacidad". En consecuencia, la *expectativa razonable de privacidad* "no depende de un derecho de propiedad sobre el lugar invadido, sino de si el área era una en la que había una expectativa razonable de estar libre de intrusión gubernamental" [*Mancusi vs Deforte* (1968)].

El TEDH ha acabado incorporando también este concepto a su jurisprudencia sobre el conjunto de derechos a la privacidad contemplado en el art. 8 CEDH pasando a quedar configurado como un criterio más en la ponderación de los derechos e intereses en conflicto. De esta manera, el TEDH señala que un criterio para tener a la hora de determinar cuándo nos encontramos ante manifestaciones de la vida privada protegibles frente a intromisiones ilegitimas es el de las expectativas razonables que la propia persona o cualquier otra en su lugar, en esa circunstancia, pueda tener de encontrarse a resguardo de la observación o del escrutinio ajeno. En este sentido puede citarse la STEDH de 28 de enero de 2003, *Peck vs United Kingdom,* que explicitaba:

> "Hay una serie de elementos pertinentes para determinar si la vida privada de una persona se ve afectada por las medidas efectuadas fuera del domicilio o de los locales privados de la persona. Dado que hay ocasiones en las que las personas, a sabiendas o intencionalmente, se involucran en actividades que son o pueden ser grabadas o reportadas de manera pública, las expectativas razonables de una persona en cuanto a la privacidad pueden ser un factor significativo, aunque no necesariamente concluyente. Una persona que camina por la calle será, inevitablemente, visible para cualquier miembro del público que también esté presente. El monitoreo por medios tecnológicos de la misma escena pública (por ejemplo, un guardia de seguridad que mira a través de un circuito cerrado de televisión) es de carácter similar. Sin embargo, pueden surgir consideraciones sobre la vida privada una vez que exista un registro sistemático o permanente de dicho material del dominio público".

Y también la doctrina del Tribunal Constitucional español que en la pionera STC 241/2012[19], de 17 de diciembre, referida al acceso a un siste-

---

[19] El concepto "expectativa razonable de privacidad" aparece también referenciado en la STC 92/2023, de 11 de septiembre, donde queda configurado como un criterio para determinar cuándo nos encontramos, o no, ante aspectos de la vida protegibles en virtud de art. 18 CE. Señala esta sentencia que "cuando se encuentra en un paraje inaccesible o en un lugar solitario debido a la hora del día, puede conducirse con plena espontaneidad en la confianza fundada de la ausencia de observadores. Por el contrario, no pueden abrigarse expectativas razonables al respecto cuando de forma intencional, o al menos de forma consciente, se parti-

ma de mensajería instantánea instalado en un ordenador de uso común, estableció lo siguiente:

> "Así, por una parte, la posibilidad de uso común del ordenador por todos los empleados permite considerar que la información archivada en el disco duro era accesible a todos los trabajadores, sin necesidad de clave de acceso alguna. Esta disposición organizativa de uso común permite afirmar su incompatibilidad con los usos personales y reconocer que, en este caso, la pretensión de secreto carece de cobertura constitucional, al faltar las condiciones necesarias de su preservación.
>
> Por otra parte, la prohibición expresa de instalar programas en el ordenador de uso común se conculca por la recurrente y otra trabajadora, quienes instalaron el programa de mensajería instantánea denominado "Trillian". Por tanto, no existiendo una situación de tolerancia a la instalación de programas y, por ende, al uso personal del ordenador, no podía existir una expectativa razonable de confidencialidad derivada de la utilización del programa instalado, que era de acceso totalmente abierto y además incurría en contravención de la orden empresarial".

En base a esta doctrina, existen numerosos casos donde los órganos judiciales (ya sean los integrantes de la organización jurisdiccional española, ya sean los integrantes de la organización jurisdiccional de otros Estados) han analizado en que supuestos, y bajo que circunstancias, existe, o no, una *expectativa razonable de privacidad.*

Así, siguiendo únicamente —y por razones prácticas— a las resoluciones dictadas por los órganos jurisdiccionales españoles y la Corte Suprema norteamericana, encontramos pronunciamientos donde se ha afirmado, por ejemplo, que una persona tiene una *expectativa razonable de privacidad* en su domicilio [*Payton v. New York*, 445 U.S. 573, 589-90 (1980)]; en el interior de un domicilio, aunque las cortinas y ventanas estuviesen abiertas, si existían dificultades físicas que impedían la observación de lo que se

---

cipa en actividades que por las circunstancias que las rodean, claramente pueden ser objeto de registro o de información pública". Aplicando dicha doctrina al supuesto de hecho planteado —colocación de cámaras por la policía para observar el interior de un garaje comunitario, el Tribunal Constitucional acaba afirmando Sin necesidad de entrar a dilucidar si ese garaje tiene la condición de domicilio a los efectos del art. 18.2 CE, pues el derecho a la inviolabilidad del domicilio no se invoca en el presente recurso de amparo, es notorio que, conforme al referido criterio de expectativa razonable de privacidad, ese espacio pertenece al ámbito de la intimidad protegida por el art. 18.1 CE, pues se trata de un lugar cerrado que es, además, una propiedad privada de acceso restringido (a los titulares de las plazas de aparcamiento y a terceros a los que aquellos permitan la entrada) y por tanto es patente que se trata de un lugar en el que el recurrente tenía una expectativa razonable de no ser escuchado u observado subrepticiamente por terceras personas.

desarrolla en el interior (STS 329/2016, de 20 de abril); en las conversaciones mantenidas dentro de una cabina telefónica cerrada [*Katz vs United States,* 389 U.S. (1987)]; en el contenido de recipientes opacos, [*United States vs. Ross,* 456 U.S. 798, 822-23 (1982)], en el interior de un ordenador o dispositivo de almacenamiento masivo de información [*Estados Unidos v. Barth,* 26 F. Supp. 2d 929, 936-37 (W.D. Tex. 1998)]; en lugares donde se desarrollan actividades profesionales (STEDH *López Ribalda c. España,* 17 de octubre de 2019); o en el interior de un garaje comunitario donde es colocada una cámara de seguridad por la policía (STC 92/2023, de 11 de septiembre).

Por el contrario, no existía esta *expectativa razonable de privacidad* en actividades desarrolladas en espacios abiertos [*Oliver v. Estados Unidos,* 466 U.S. 170, 177 (1984); STS 26 de febrero de 2014, STS 649/2019, de 20 de diciembre]; en la basura depositada en los alrededores de la propiedad [*California v. Greenwood,* 486 U.S. 35, 40-41 (1988)]; en la casa de una persona extraña en la que el individuo haya entrado sin la autorización del propietario con el fin de cometer un robo, [*Rakas v. Illinois,* 439 U.S. 128, 143 n. 12 (1978)]; en supuestos en que los agentes observaron la contraseña del dispositivo informático mientras la introducía el propio investigado [*Estados Unidos v. David,* 756 F. Supp. 1385 (D. Nev. 1991)], en la obtención de una dirección IP en una red p2p (STS 197/2021, de 4 de marzo), o en los datos existentes en el interior de un ordenador de uso profesional si existía previa advertencia por parte de la empresa propietaria de que se puede acceder a su contenido a fin de controlar el adecuado desarrollo de labores profesionales (STEDH *Barbulescu c. Rumanía,* 5 de septiembre de 2017).

En EEUU, no obstante, la aplicación de la cuarta enmienda —en la que se fundamenta la *expectativa razonable de privacidad* y en virtud de la cual no puede realizarse un registro u ocupación de información sin autorización judicial— ha sido fuertemente matizada por la jurisprudencia. Así, han surgido de la Corte Suprema y otros órganos judiciales determinadas excepciones que legitiman, bajo concretas circunstancias, intromisiones en la privacidad por parte de la policía en el desarrollo de actuaciones de prevención o de inicio de la investigación del hecho delictivo.

De esta manera ha sido desarrollada la *plain view exception* en virtud de la cual se legítima a los agentes policiales a ocupar objetos o documentos que puedan afectar a la privacidad del investigado, si estos son observados directamente por aquellos cuando están en legítima posición de observarlos[20], la *exigent circumstances exception* basada en la legitimidad de las evidencias o pruebas obtenidas en una situación de flagrancia (posible riesgo de comisión del hecho delictivo o de fuga del encausado)[21], o la *inventory-searches exception* fundamentada en la validez de los hallazgos producidos como consecuencia del registro de objetos encontrados en poder del encausado cuando la finalidad de aquel es inventariar dichos objetos y evitar posibles daños a agentes o a terceros[22].

Entre ellas debemos destacar —por ser realmente relevante para las investigaciones en el ciber espacio— la denominada *third part exception* en virtud de la cual resulta valida la aprehensión de datos, informaciones o evidencias, aun cuando puedan tener un contenido que objetivamente afecte

---

20 Esta doctrina, que aparece desarrollada ampliamente en *Harris vs United States*, es aplicada en *Collins vs Virginia* donde se explicitó que el oficial debe estar en el marco de un derecho legítimo a observar y, por lo tanto, a acceder al objeto incautado, de tal manera que si el agente policial viola alguna ley al acceder al lugar o a la situación donde se encuentra aquel, la excepción no es de aplicación. También en *Horton c. California* que clarificó que la ocupación del documento o información no tiene que ser causal, y que, en consecuencia, los agentes policiales pueden intencionalmente situarse en una posición en la que creen que podrán observar el crimen o encontrar la evidencia.
En los casos relacionados con ordenadores, las resoluciones han venido tradicionalmente entendiendo que el contenido de un archivo que se tenga que abrir para verlo no está a "simple vista" (*Estados Unidos v. Maxwell*, 45 M.J. 406, 422 (C.A.A.F. 1996). De hecho, esta es la tesis que resulta de la aplicación analógica de la doctrina establecida en *Estados Unidos v. Villarreal* (1992) donde se concluía que las etiquetas colocadas en unos contenedores no permiten ver el contenido de los mismos a simple vista por lo que "[Una] etiqueta colocada en un contenedor no constituye una invitación para registrarlo. Si el gobierno desea saber más de lo que revela la etiqueta abriendo el contenedor, por lo general deberá obtener una orden de registro"

21 Esta doctrina aparece enunciada en *United States vs McConney* y aplicada en diferentes casos como *Missouri c. McNeely* (2013) donde se afirmó que "A variety of circumstances may give rise to an exigency sufficient to justify a warrantless search, including law enforcement's need to provide emergency assistance to an occupant of a home… engage in "hot pursuit" of a fleeing suspect… or enter a burning building to put out a fire and investigate its cause".

22 Véase el caso *Robinson vs United States* (1973) referido a un registro corporal practicado en el marco de una detención por infracción de tráfico en la que son encontradas 14 cápsulas de heroína. Según el tribunal "en el caso de un arresto bajo custodia legal, un registro completo de la persona no solo es una excepción al requisito de orden judicial de la cuarta enmienda, sino que también es un registro razonable según esa enmienda".

a la privacidad, cuando dichos datos, informaciones o evidencias han sido compartidos voluntariamente por sus titulares. A través de esta excepción, los órganos jurisdiccionales norteamericanos han venido legitimando el acceso de las autoridades a los datos almacenados por un prestador de servicios —sin necesidad de resolución judicial— siempre que el tercero —ya sea de manera expresa ya sea de manera táctica— haya cedido voluntariamente dichos datos a aquel.

El origen de esta excepción la encontramos en la conocida sentencia del caso *Smith vs Maryland* (1979)[23] donde la Corte Suprema sostuvo que no existía una violación de la cuarta enmienda en un supuesto de utilización de un registrador de números marcados sin resolución judicial pues el listado de números de teléfono marcados por el investigado se encontraba irremediablemente almacenado por la propia compañía telefónica. Interesante es —por su importancia— resaltar los argumentos dados por la Corte Suprema a dicho supuesto al afirmar que:

> En primer lugar, dudamos que la gente en general tenga alguna expectativa real de privacidad en los números que marca. Todos los usuarios de teléfono se dan cuenta de que deben "transmitir" los números de teléfono a la compañía telefónica, ya que sus llamadas se completan a través del equipo de conmutación de la compañía telefónica. Además, todos los suscriptores se dan cuenta de que la compañía telefónica tiene medios para realizar registros permanentes de los números que marcan, ya que ven una lista de sus llamadas de larga distancia (de pago) en sus facturas mensuales. De hecho, las compañías telefónicas utilizan habitualmente bolígrafos registradores y dispositivos similares "con el fin de comprobar las operaciones de facturación, detectar fraudes y prevenir violaciones de la ley". Estados Unidos contra Nueva York Tel. Co., 434 EE. UU. en 434 EE. UU. 174-175. Los equipos electrónicos se utilizan no sólo para llevar registros de facturación de las llamadas de pago, sino también "para llevar un registro de todas las llamadas realizadas desde un teléfono sujeto a una estructura de tarifas especial". Hodge contra los Estados de las Montañas Tel. y tel. Co., 555 F.2d 254, 266 (CA9 1977) (opinión concurrente). Los registros de lápiz se emplean regularmente "para determinar si un teléfono residencial se está utilizando para realizar un negocio, para verificar si hay un dial defectuoso o para

---

23 Anterior es, sin embargo, el pronunciamiento del caso *Miller vs United States* (1976) donde el gobierno obtuvo información financiera (estado de cuentas bancarias) del investigado. La corte Suprema en este caso acabo considerando que la información requerida no tenía naturaleza privada ya que los cheques no eran "comunicaciones confidenciales" y los datos se habían cedido al banco. Escribiendo para la mayoría, el juez Lewis F. Powell afirmó que los "documentos citados no son "papeles privados" [de Miller]", sino parte de los registros comerciales del banco. De acuerdo con el caso *Hoffa contra Estados Unidos*, no se violaron los derechos de Miller cuando un tercero —su banco— transmitió al gobierno información que él le había confiado.

verificar si hay sobrefacturación". Nota: Las restricciones legales sobre el uso del Pen Register como herramienta de aplicación de la ley, 60 Cornell L. Rev. 1028, 1029 (1975) (notas a pie de página omitidas). Aunque la mayoría de las personas pueden ignorar las funciones esotéricas de un registro de lápiz, presumiblemente tienen cierta conciencia de un uso común: ayudar en la identificación de personas que realizan llamadas molestas u obscenas.

(...)

En Miller, por ejemplo, el Tribunal sostuvo que un depositante bancario no tiene "expectativas legítimas de privacidad" en la información financiera "transmitida voluntariamente a bancos y expuesta a sus empleados en el curso ordinario de los negocios". 425 Estados Unidos en 425 Estados Unidos 442. El Tribunal explicó: "El depositante corre el riesgo, al revelar sus asuntos a otro, de que esa persona transmita la información al Gobierno... Este Tribunal ha sostenido repetidamente que la Cuarta Enmienda no prohíbe la obtención de información revelada a un tercero, parte y transmitida por él a las autoridades gubernamentales, incluso si la información se revela bajo el supuesto de que se utilizará sólo para un propósito limitado y la confianza depositada en el tercero no será traicionada".(...) Debido a que el depositante "asumió el riesgo" de la divulgación, el Tribunal sostuvo que no sería razonable que esperara que sus registros financieros permanecieran privados.

Este análisis dicta que el peticionario no puede alegar ninguna expectativa legítima de privacidad en este caso. Cuando utilizó su teléfono, el peticionario transmitió voluntariamente información numérica a la compañía telefónica y "expuso" esa información a su equipo en el curso normal de sus negocios. Al hacerlo, el peticionario asumió el riesgo de que la empresa revelara a la policía los números que marcó. El equipo de conmutación que procesaba esos números no es más que la contraparte moderna del operador que, en el pasado, realizaba personalmente las llamadas del abonado. El peticionario admite que, si hubiera realizado sus llamadas a través de un operador, no podría alegar ninguna expectativa legítima de privacidad".

La excepción de terceros permite, en definitiva, acceder a la información que las personas comparten con otras partes sin necesidad de una orden judicial. Esto incluye información confidencial como registros financieros y datos de ubicación celular, pero sus argumentos son también plenamente extrapolables a los datos almacenados por los prestadores de servicio como consecuencia de las interacciones en el ciberespacio (direcciones IP, publicaciones en redes sociales, historial de navegación por internet, identificación de equipos informáticos etc....).

Pues bien, las consecuencias que la aplicación de dicha doctrina tendría para los denominados derechos digitales —teniendo en cuenta la gran información almacenada en internet—, generó una honda preocupación en los sectores judiciales y universitarios norteamericanos, lo que llevo a la aparición de ciertas posiciones jurisprudenciales y doctrinales disidentes que reclamaban un *overruling* o una matización de la citada doctrina. Buen ejemplo de dichas posturas lo encontramos en el conocido voto particular de la magistrada Sotomayor en el caso *Jones vs United States* 2012)[24] donde concluía "más fundamentalmente, puede ser necesario reconsiderar la premisa de que un individuo no tiene expectativas razonables de privacidad en la información revelada voluntariamente a terceros. Este enfoque no es adecuado para la era digital, en la que las personas revelan una gran cantidad de información sobre sí mismas a terceros en el curso de la realización de tareas mundanas". De hecho, la citada magistrada fue más allá razonando que la cuarta enmienda no concernía única y exclusivamente supuestos en que la intimidad era vulnerada traspasando la propiedad del afectado, sino que, por el contrario, también afectaba a lugares públicos siendo que, precisamente, nos encontramos "en una era donde la intrusión física no es necesaria para muchas formas de vigilancia".

Algo parecido a un *overruling* se produce, de hecho, en la sentencia de 2018 *Carpenter c. United States* que pone fin a la polémica contradicción entre la línea jurisprudencial iniciada por Smith *vs Maryland* y la anteriormente mencionada *States c. Jones* (2012) donde la corte había afirmado que el seguimiento a través de GPS constituía una violación de la cuarta enmienda al suponer una violación de la expectativa razonable de privacidad del geolocalizado. La sentencia de *Carpanter vs United States* es en gran medida histórica pues acaba señalando que la *Third-party* doctrine no puede ser extendida a la captación del histórico de celdas de localización de los teléfonos móviles dado precisamente los riesgos que la recolección sistemática de información durante dicho periodo de tiempo podía acarrear.

Aunque la citada sentencia remarca reiteradamente su aplicación exclusiva al caso planteado (localización a través de celdas telefónicas), las afirmaciones contenidas en la citada resolución tienen un enorme interés para las investigaciones desarrolladas en el ciber espacio. Así, considera la Corte Suprema que una persona no renuncia a toda protección de la cuarta enmienda por aventurarse en un espacio o lugar público considerando que "la expectativa de la sociedad ha sido que los agentes encar-

---

24 Dicho pronunciamiento viene referido a la instalación de un GPS en un vehículo durante 4 semanas. Frente a los argumentos dados por el gobierno de los Estados Unidos que orbitaban sobre la consideración de que: (a) el lugar donde se había colocado el GPS no había traspasado los límites de la propiedad del Sr. Jones y (b) las ubicaciones que el GPS marcó correspondían a la vía pública y, en consecuencia, eran visibles para todos los ciudadanos, la Corte Suprema señaló —con cita de los antecedentes *Katz vs United States y Karo vs United States*— que la vigilancia mediante satélite de manera prolongada constituía una intromisión física del Estado en la intimidad del individuo que permitía reconstruir sus hábitos y vida privada

gados de hacer cumplir la ley no monitorearan y catalogaran en secreto cada movimiento del automóvil de un individuo durante un periodo largo de tiempo", además, la calidad retrospectiva de los datos aquí brinda a la policía acceso a una categoría de información que de otra manera sería incognoscible... "con el acceso al CSLI, el gobierno puede ahora viajar en el tiempo para rastrear el paradero de una persona, sujeto únicamente a las políticas de retención de los operadores de servicio que mantienen registros durante cinco años".

Señala el citado pronunciamiento que:

> La localización de un teléfono móvil a lo largo de 127 días proporciona un registro exhaustivo del paradero de su titular. Al igual que con la información del GPS, los datos con marca de tiempo ofrecen una ventana íntima a la vida de una persona, revelando no sólo sus movimientos particulares, sino a través de ellos sus "asociaciones familiares, políticas, profesionales, religiosas y sexuales" Id. en 415 (opinión de Sotomayor J). Estos registros de localización "hold for many Americans the 'privacies of life'Riley, 573 US (...) Y al igual que la vigilancia por GPS, el rastreo por teléfono móvil es extraordinariamente fácil, barato y eficaz en comparación con las herramientas de investigación tradicionales (...) Un teléfono móvil sigue fielmente a su propietario más allá de las vías públicas y se adentra en residencias privadas, consultas médicas, sedes políticas y otros lugares potencialmente reveladores (...) Además, la calidad retrospectiva de los datos en este caso da a la policía acceso a una categoría de información que de otro modo sería desconocida. En el pasado, los intentos de reconstruir los movimientos de una persona se veían limitados por la escasez de registros y la fragilidad de la recolección. Con el acceso al CSLI, el Gobierno puede ahora viajar atrás en el tiempo para rastrear el paradero de una persona, sujeto únicamente a las políticas de retención de los operadores de telefonía móvil, que actualmente mantienen los registros durante un máximo de cinco años.

Los argumentos dados en *Carpenter* recuerdan, de hecho, a la denominada *Teoría del Mosaico* sostenida por la misma Corte Suprema en los casos *Riley c. California* (2014) o *Kyllo c. United States* (2001).

Kyllo c. United States se refiere a un supuesto de utilización, por agentes policiales, de un dispositivo de imagen térmica con la finalidad de escanear el interior de un domicilio a fin de constatar la existencia de lámparas de alta intensidad utilizadas para el cultivo de marihuana. La Corte Suprema acabó declarando la nulidad de la prueba por invasión de la intimidad domiciliaria considerando que la utilización de dicha tecnología —durante un periodo de tiempo— podría permitir discernir toda la actividad humana en el interior del hogar.

Señala el citado pronunciamiento:

> Creemos que la obtención por medio de la tecnología de mejora de los sentidos de cualquier información sobre el interior de la casa que de otro modo no podría

haberse obtenido sin una "intrusión física en un área constitucionalmente protegida", *Silverman,* 365 U. S., en 512, constituye una búsqueda al menos donde (como aquí) la tecnología en cuestión no es de uso público general. Esto asegura la preservación de ese grado de privacidad contra el gobierno que existía cuando se adoptó la Cuarta Enmienda. Sobre la base de este criterio, la información obtenida por la cámara termográfica en este caso fue el producto de una búsqueda

(...)

El Agema Thermovision 210 revelar podría, por ejemplo, a qué hora cada noche la señora de la casa toma su sauna y baño diarios, un detalle que muchos considerarían "íntimo"; Y un sistema mucho más sofisticado podría detectar nada más íntimo que el hecho de que alguien dejó una luz de armario encendida.

(...)

Cuando, como en este caso, el Gobierno utiliza un dispositivo que no es de uso público general, para explorar detalles de la casa que anteriormente habrían sido incognoscibles sin una intrusión física, la vigilancia es un "registro" y es presuntamente irrazonable sin una orden judicial"[25].

Riley vs California, por otra parte, se refiere a un supuesto de aprehensión —y examen— de un dispositivo telefónico con ocasión de una detención por infracción de tráfico. En este caso, la Corte Suprema de los Estados Unidos declaró la nulidad de la prueba obtenida con ocasión de dicho registro (en el que se habían hallado evidencias que permitieron conectar al Sr. Riley con un homicidio ocurrido tiempo antes) argumentando que la doctrina del caso *Robinson* no era aplicable a los dispositivos telefónicos y que, en consecuencia, era indispensable el dictado de una resolución judicial. Véase, en este caso, los acertados argumentos dados por la Corte Suprema al analizar el aspecto especialmente invasivo que tiene una investigación conjunta de todos los datos encontrados en este tipo de dispositivos:

"La capacidad de almacenamiento de los teléfonos celulares tiene varias consecuencias interrelacionadas para la privacidad. En primer lugar, un teléfono celular recopila en un solo lugar muchos tipos distintos de información (una dirección, una nota, una receta, un extracto bancario, un video) que revelan mucho más en combinación que cualquier registro aislado. En segundo lugar, la capacidad de un teléfono celular permite que incluso un solo tipo de información transmita mucho más de lo que antes era posible. La suma de la vida privada de un individuo puede recons-

---

25 Puede percibirse aquí el enorme parecido con los argumentos aportados por el magistrado Manuel Marchena (Presidente de la Sala de lo Penal del Tribunal Supremo) en la conocida STS 329/2016, de 20 de abril, en un supuesto en que se procedió a la utilización de prismáticos para observar el interior de una vivienda, y donde se acabó remarcando la violación del art. 18.2 CE toda vez que se recurre a un utensilio (...) que permite ampliar las imágenes y salvar la distancia entre el observante y el observado".

truirse a través de mil fotografías etiquetadas con fechas, lugares y descripciones; No se puede decir lo mismo de una o dos fotografías de seres queridos metidas en una cartera. En tercer lugar, los datos de un teléfono pueden remontarse a la compra del teléfono, o incluso antes. Una persona podía llevar en el bolsillo un trozo de papel que le recordaba que llamara al señor Jones; no llevaría un registro de todas sus comunicaciones con el Sr. Jones durante los últimos meses, como se mantendría rutinariamente en un teléfono".

Esta tesis sobre la posible vulneración de la *expectativa razonable de privacidad* con ocasión de vigilancias sistemáticas (que permiten recolectar variada y múltiple información sobre un investigado durante un periodo de tiempo —aplicándose, incluso, de manera retroactiva a datos pasados ya almacenados) está siendo poco a poco recogida por la jurisprudencia de los órganos jurisdiccionales españoles y europeos. En este sentido, hemos de recordar como la ya múltiplemente citada STC 173/2011 reseñaba la lesión especialmente intensa que se produce en el contenido de los derechos fundamentales con ocasión de análisis retrospectivo, conjunto y entrelazado de todos los datos almacenados en un dispositivo informático que se utiliza habitualmente para navegar por internet[26], argumentos que son reproducidos —también— en la Circular de la Fiscalía General del Estado 4/2019, sobre utilización de dispositivos técnicos de captación de la imagen, de seguimiento y de localización, que proclama un tratamiento

---

26 "...si no hay duda de que los datos personales relativos a una persona individualmente considerados, a que se ha hecho referencia anteriormente, están dentro del ámbito de la intimidad constitucionalmente protegido, menos aún pueda haberla de que el cúmulo de la información que se almacena por su titular en un ordenador personal, entre otros datos sobre su vida privada y profesional (en forma de documentos, carpetas, fotografías, vídeos, etc.) —por lo que sus funciones podrían equipararse a los de una agenda electrónica—, no sólo forma parte de este mismo ámbito, sino que además a través de su observación por los demás pueden descubrirse aspectos de la esfera más íntima del ser humano. Es evidente que cuando su titular navega por Internet, participa en foros de conversación o redes sociales, descarga archivos o documentos, realiza operaciones de comercio electrónico, forma parte de grupos de noticias, entre otras posibilidades, está revelando datos acerca de su personalidad, que pueden afectar al núcleo más profundo de su intimidad por referirse a ideologías, creencias religiosas, aficiones personales, información sobre la salud, orientaciones sexuales, etc. Quizás, estos datos que se reflejan en un ordenador personal puedan tacharse de irrelevantes o livianos si se consideran aisladamente, pero si se analizan en su conjunto, una vez convenientemente entremezclados, no cabe duda que configuran todos ellos un perfil altamente descriptivo de la personalidad de su titular, que es preciso proteger frente a la intromisión de terceros o de los poderes públicos, por cuanto atañen, en definitiva, a la misma peculiaridad o individualidad de la persona".

más estricto de los derechos e intereses en conflicto al acordar la prórroga de las medidas del art. 588 quinquies dada la afectación especialmente intensa de la privacidad que se puede producir como consecuencia de una mayor extensión de la medida de geolocalización[27]. Y también en la jurisprudencia del TEDH donde se ha afirmado que vulnera la privacidad, por ejemplo, el almacenamiento sistemático de fichas o tarjetas sobre la conducta profesional de una persona (SSTEDH de 16 de febrero de 2000, *Amann c. Suiza;* 4 de mayo de 2000, *Rotaru c. Suiza*) o el almacenamiento sistemático de datos por parte de las fuerzas policiales sobre individuos sospechosos de haber participado en hechos delictivos (STEDH de 2 de septiembre de 2010, *Uzun c. Alemania)*[28].

La doctrina señalada constituye la base axiológica de una premisa hoy en día comúnmente aceptada por Juzgados y Tribunales de que no podemos caer en la ingenuidad de vincular apodícticamente los conceptos lugar privado/ canal cerrado a la expectativa razonable de privacidad y lugar público/ canal abierto a la inexistencia de dicha expectativa. De hecho, así ha sido aceptado por la jurisprudencia de la Corte Suprema de EEUU que, desde el año 1967, desvincula ambos conceptos considerando que "la cuarta enmienda protege personas y no lugares. Lo que una persona expone a sabiendas al público, incluso en su propia casa u oficina, no es objeto de protección de la Cuarta Enmienda. Pero lo que busca como preservar como privado, incluso en un área accesible al público, puede estar prote-

---

[27] En este sentido, la STS 291/2021, de 7 de abril, señala que "La utilización de la locución "duración máxima" y el vocablo "excepcionalmente" es una llamada de atención a la importante afectación de la intimidad que estas medidas de geolocalización pueden traer consigo. Una duración prorrogada, de carácter máximo de 18 meses solo puede justificarse a la vista de la gravedad del hecho investigado y de la utilidad de la medida. Y por supuesto, solo es legítima a partir de una resolución judicial motivada que explique, a la vista de los principios de proporcionalidad, excepcionalidad y necesidad, la justificación del sacrificio del derecho a la intimidad".

[28] En el caso de Alemania puede citarse además la sentencia el Tribunal Constitucional (Bundesverfassungsgericht-BVerfG) que, en sentencia del 27 de febrero del 2008, acabó aseverando el nacimiento de un nuevo derecho fundamental derivado del libre desarrollo de la personalidad cuál era el derecho fundamental a la garantía de la confidencialidad e integridad de los grupos informáticos, cuya finalidad sería proteger la vida privada y personal de los sujetos de los derechos fundamentales contra el acceso por parte del Estado en el ámbito de las tecnologías de la información, en la medida en que el Estado posea acceso al sistema de tecnologías de la información en su conjunto y no solo a los acontecimientos de comunicaciones individuales o datos almacenados ".

gido constitucionalmente" [*Katz vs United States* (1967) —opinión mayoritaria del tribunal—].

De esta manera, resulta perfectamente posible que pueda aceptarse la violación del derecho a la intimidad en el conocimiento de datos/informaciones obtenidas en canales abiertos/ lugares públicos donde, bien por las circunstancias que concurrían, bien por las precauciones adoptadas para garantizar la clandestinidad, se haya vulnerado la expectativa razonable de privacidad del investigado. Ello puede ocurrir —también— a través de las denominadas "vigilancias sistemáticas" donde la mayor extensión —ya sea proyectándose a datos futuros, ya sea aplicándose retrospectivamente a datos almacenados— de la medida de investigación otorga a las autoridades el acceso a una información plural y heterogénea cuyo análisis conjunto permite entrar en las esferas de protección del derecho fundamental a la intimidad (art. 18.1 CE).

Así venía, de hecho, recogido en la anteriormente mencionada sentencia del caso *Carpenter* (2018) donde se afirmó que la expectativa razonable de privacidad de investigado alcanza, incluso, la confianza de que "los agentes encargados de hacer cumplir la ley no monitorearan y catalogaran en secreto cada movimiento (...) de un individuo durante un periodo largo de tiempo", y que, con el acceso a los datos recabados el gobierno, podría "viajar en el tiempo" para rastrear la actividad de una persona durante aquél.

Esta parece ser además la postura del legislador, el cual, en los últimos anteproyectos de Código Procesal Penal de 2020 y de 2012, ya seguía esta línea interpretativa al supeditar las vigilancias sistemáticas en un entorno físico al dictado de una resolución judicial. Así se infiere del art— 396 y 395 CPP que, entiende como vigilancia sistemática la realizada por funcionarios de policía cuando la misma se prolongue durante más de treinta y seis horas ininterrumpidamente o durante más de cinco días consecutivos o durante más de cinco días no consecutivos repartidos en el período de un mes, o del art. art. 514.2 CPP donde —aparentemente refiriéndose al *ciberpatrullaje*— se recoge que "[e]n el caso de que la obtención de datos a partir de fuentes o canales abiertos se realice de forma sistemática y continuada con el objeto de crear un registro histórico de la actividad del investigado en el entorno digital, será necesaria autorización previa del Juez de Garantías"[29].

---

29 Merece también la pena destacar el contenido del artículo 516 referido al "cruce automatizado o inteligente de datos" y cuyo tenor literal es "1. A instancia del

4. A MODO DE CONCLUSIÓN

Ciertamente la nueva realidad tecnológica y la multiplicidad de información alejada en redes sociales y en internet han modificado profundamente las concepciones tradicionales sobre los derechos fundamentales y su contenido. Resulta evidente que las actuaciones de *ciberpatrullaje* realizadas en la red supone la aprehensión virtual de datos e informaciones que no solamente aparecen referidas al periodo de observación durante el cual se desarrolla el seguimiento, sino que, también, se aplica retrospectivamente a información almacenada en el pasado y que sigue disponible en línea. El análisis conjunto de esta información —aunque provenga o se encuentre situada en canales públicos donde *prima facie* no existe una *expectativa razonable de privacidad*— puede permitir reconstruir en gran medida la vida, hábitos y costumbres de una persona lo que sobrepasa, de manera evidente, los contornos del derecho fundamental en cuestión.

Siguiendo a Koops, Bert-Jaap[30], puede afirmarse, en definitiva, que "Debido al potencial volumen de información personal y a la naturaleza cada vez más automatizada de las investigaciones de aquel tipo, tales operaciones infringen la intimidad de las personas incluso si solo se utilizan los datos que se encuentran disponibles públicamente. Hay que partir de la base de que, salvo en el caso de búsquedas puntuales y manuales por parte de los agentes policiales, las investigaciones de fuentes abiertas realizadas por las fuerzas de seguridad afectan al derecho a la intimidad y requieren

---

Ministerio Fiscal, el Juez de Garantías podrá autorizar la utilización de sistemas automatizados o inteligentes de tratamiento de datos para cruzar e interrelacionar la información disponible sobre la persona investigada con otros datos obrantes en otras bases de titularidad pública o privada, siempre que concurran los siguientes requisitos: a) que existan indicios basados en datos objetivos sobre la participación del investigado en los hechos objeto de investigación; b) que, en base a la naturaleza y características del hecho, resulte necesaria la práctica de la diligencia para esclarecer la responsabilidad del investigado en el mismo; y c) que el hecho investigado sea constitutivo de un delito castigado con una pena igual o superior a los tres años de prisión. 2. El acceso a las bases de datos con las que se realice el cruce o interrelación se regirá por lo dispuesto en el artículo anterior. 3. En todo caso, cuando la práctica de esta diligencia dé lugar al tratamiento de datos cuya cesión o uso esté sometido a autorización judicial, esta deberá recabarse con carácter previo a su realización".

30 Koops, Bert-Jaap. Investigaciones policiales en fuentes abiertas de internet: cuestiones de derecho procesal. En "La investigación penal en el entorno digital". Marcos Salt y Jonathan Polansky. Editorial Hammurabi. Buenos Aires (2023).

de una base legal lo suficientemente clara como para que los ciudadanos entienden lo que la policía está haciendo".

Sin embargo, no debemos caer en el absurdo de proceder a aceptar acríticamente una idea —ciertamente forzada— que lleve a supeditar la necesidad de resolución judicial para todas y cada una de las actuaciones de investigación o de prevención realizadas por las fuerzas policiales en internet. Resulta necesario analizar caso por caso, determinando no solo la calidad o cantidad de los datos recopilados de fuentes abiertas sino, también, el grado de incidencia que ello supone en el contenido del derecho fundamental

Al contrario de la tesis mantenida por BARJA DE QUIROGA[31], considero que la lesión/intromisión/ afectación del derecho fundamental si puede ser objeto de graduación. Esto, de hecho, ha venido siendo aplicado por la Tribunal Constitucional alemán que, mediante la denominada *teoría de los tres círculos o esferas (Rechtskreistheorie),* elaborada por el *Bundesverfassungsgerich* (BVG) ha considerado necesario hacer una ponderación entre el grado de afectación del derecho fundamental en cuestión, y el interés social en la persecución de la conducta, para determinar la aplicación o no de la regla de exclusión probatoria[32], y también, como no, por el propio Tribunal Constitucional español que diferencia el grado de incidencia en el contenido del derecho fundamental admitiendo diversos niveles de protección en función del mayor o menor carácter lesivo de la intromisión. Basta en este sentido citar dos recientes pronunciamientos como son la STC 97/2019, de 16 de julio, en la que se exceptúa la aplicación de la regla de exclusión probatoria asentada por el citado pronunciamiento a supuestos en los que se *afecta al núcleo axiológico más primordial de nuestro orden de derechos fundamentales*[33], o la STC 99/2021, de 10 de mayo, que, en

---

31 Barja de Quiroga, Jacobo; "La prueba ilegalmente obtenida por particulares, baches decepcionantes y avances esperanzadores". Editorial Tirant lo Blanch. Valencia (2024). P. 91: "no estoy de acuerdo en que la vulneración de derechos fundamentales sea graduable ni que exista una escala de importancia entre los derechos fundamentales. Esto es, unos derechos fundamentales de primera y otros de segunda".

32 Esta teoría evolucionó posteriormente hasta la denominada teoría de la ponderación (*Abwägungslehre*).

33 Continua el citado pronunciamiento señalando "Así ocurre, en particular, pero no de forma exclusiva, en los casos en los que existe una prohibición constitucional singular, como es la de la tortura o tratos inhumanos o degradantes, supuesto en el cual, aun cuando la vulneración del art. 15 CE carezca de relación de medio-

relación con la medida de investigación del art. 588 quater, llega a explicitar que la probable afectación de aspectos profundos de la intimidad harán necesario que el juez deba ser especialmente estricto”[34][35]. También puede citarse la reciente STS 529/2024, de 6 de junio, que, en relación con la medida del art. 588 quater b) LECrim, llega a afirmar que la geolocalización supone una afectación de un derecho fundamental que “no es de igual intensidad que si tratase de otra medida más intrusiva, como puede ser la interceptación de unas comunicaciones telemáticas, de manera que, aunque los principios de proporcionalidad, necesidad y excepcionalidad han

---

fin con el proceso, no puede admitirse la recepción probatoria de los materiales resultantes. Como ha señalado el Tribunal Europeo de Derechos Humanos, los elementos de cargo (ya sean confesiones o pruebas materiales) obtenidos por medio de actos de violencia o brutalidad u otras formas de trato que puedan calificarse como actos de tortura, no deben nunca servir para probar la culpabilidad de la víctima (STEDH de 11 de julio de 2006, *asunto Jalloh contra Alemania*, § 99, y, en el mismo sentido, SSTEDH de 17 de octubre de 2006, *asunto Göcmen c. Turquía*, § 74 y de 28 de junio de 2007, *asunto Harutyunyan c. Armenia*, § 63)”.

34 En el mismo sentido encontramos otros pronunciamientos del Tribunal Supremo español, para el cual uno de los limites en la aplicación del principio de no indagación es la posible afectación de aspectos axiológicos de los derechos fundamentales y los propios principios estructurales del proceso penal (véase STS 816/2021, de 4 de marzo y STS 456/2013), exigencias que también vemos, por otro lado, reproducidas en las posibilidades atribuidas a los Estados requeridos en los procesos de extradición de entrar a valorar las posibles lesiones de derechos fundamentales en el Estado requirente siempre que atentan contra el núcleo esencial del derecho fundamental o contra los propios ideales o valores de una sociedad democrática.

35 También el Tribunal Constitucional alemán *Bundesverfassungsgericht* que, en la conocida sentencia de 9 de noviembre del 2010 (*asunto Liechestein Global Trust Treuhad AG*), resolvió el recurso de inconstitucionalidad planteado y relativo a posible vulneración del derecho a la intimidad en la obtención de la prueba que había servido para enervar la presunción de inocencia del condenado bajo el argumento de que no existía ningún mandato constitucional que conllevara necesariamente la exclusión del acervo probatorio de toda prueba que hubiere sido obtenida ilegalmente y que, consecuentemente, debían ser los Juzgados y Tribunales los que, caso por caso, habían de resolver la problemática atendiendo al grado de afectación del derecho fundamental, la gravedad de la conducta delictiva cometida y el interés social en la persecución de la misma. Concretamente, en el caso planteado, el *BVerfG* entendía que la información que había sido objeto de intromisión reflejaba aspectos económicos (negocios y actividades financieras) pero no circunstancias personales y familiares del recurrente lo que impedía clasificar esta información como perteneciente al núcleo duro de la privacidad y excluirla, consecuentemente, del acervo probatorio del tribunal

de concurrir también, al tratarse de medidas de distinto nivel de exigencia, los presupuestos habilitantes para su adopción no pueden ser igualmente exigentes".

Admitir la tesis de que cualquier investigación realizada en el ciberespacio a través de fuentes abiertas —aún cuando exceda de una mera búsqueda puntual y manual (en los términos manejados por Koops)— supone una afectación de derechos fundamentales de tal entidad que hace indispensable el dictado de una resolución judicial (véase los términos manejados por el art. 514.2 CPP) —cuya omisión puede provocar la nulidad misma de la investigación— resulta, a todas luces, altamente desproporcionado.

Es necesario analizar caso por caso y determinar si los datos obtenidos del *ciberpatrullaje*, así como el resultado de su interacción e interrelación, son susceptibles, o no, de afectar tan profundamente a la privacidad del investigado que haga indispensable el dictado de una resolución judicial autorizante. No pueden ser considerados, en definitiva, igualmente invasivos —y, por lo tanto, recibir el mismo tratamiento— el resultado de una monitorización de todos los movimientos y actividades realizadas desde un determinado ordenador o sistema informático que, por ejemplo, la recolección/aprehensión de determinadas conversaciones o comentarios vertidos en redes sociales con los datos correspondientes al correo electrónico al que esté vinculado dicho perfil.

Ciertamente establecer una línea divisoria sobre cuando es necesario el dictado de una resolución judicial no es tarea fácil. Sin embargo, tampoco parece acertada una decisión legislativa dirigida a *cortar por lo sano* e imponer —en cualquier caso— aquella como necesaria dada la multiplicidad de casos y circunstancias que pueden acaecer y, sobre todo, dada la importante limitación que ello produciría en la legitima función de Estado de garantizar la seguridad ciudadana y asegurar la represión de los hechos delictivos.

Bibliografía

Barja de Quiroga, Jacobo; "*La prueba ilegalmente obtenida por particulares, baches decepcionantes y avances esperanzadores*". Editorial Tirant lo Blanch. Valencia (2024).

Carou García, Sara: "*El agente encubierto como instrumento de lucha contra la pornografía infantil en internet: El guardián al otro lado del espejo*". Cuadernos de la Guardia Civil. Revista de seguridad pública núm. 56. 2018.

González Cuéllar, Nicolas "*Garantías constitucionales de la persecución penal en el entorno digital*".

González García, Saul: "*El agente encubierto informático a examen: un análisis de su regulación y de la validez de su actividad investigadora y probatoria en el proceso penal*". La Ley: revista de derecho penal, procesal y penitenciario. Núm. 139. 2019.

Jellinek, George *Allegmeine Staatslehre* (1920)

Koops, Bert-Jaap. *Investigaciones policiales en fuentes abiertas de internet: cuestiones de derecho procesal.* En "La investigación penal en el entorno digital". Marcos Salt y Jonathan Polansky. Editorial Hammurabi. Buenos Aires (2023).

Lafont Nicuesa, Luis: "*El agente policial encubierto*". Editorial Tirant lo Blanch. Valencia (2022).

Martín Ríos, Pilar "*Empleo del big data y de inteligencia artificial en el ciberpatrullaje: de la tiranía del algoritmo y otras zonas oscuras*". Revista de internet, derecho y política. 2022.

Miquelarena, Agostina "*La inteligencia de fuentes abiertas: una renovada caja de herramientas para la investigación digital.* En "La investigación penal en el entorno digital". Marcos Salt y Jonathan Polansky. Editorial Hammurabi. Buenos Aires (2023).

Rodríguez Fernández, Ignacio "*La policía judicial como función de investigación y su ejercicio por funcionarios no pertenecientes a las fuerzas y cuerpos de seguridad. El caso de los agentes forestales*".

Tavora Serra, Manuel; "*Ciberpatrullaje en el medio virtual. Delimitando conceptos*". Ius et scientia. 2023.

Valverde Megías, Roberto: "*Cuestiones procesales relativas a la investigación de delitos en la red*". Curso: "*Redes sociales y delincuencia*". Curso de formación continua de fiscales. Centro de Estudios Jurídicos. 2015.

Open Source Intelligence

CARLOS SEISDEDOS

SUMARIO: 1. INTRODUCCIÓN. 1.1. OSINT para Investigaciones: Definición, Orígenes y Evolución. 1.1.1. Orígenes de OSINT. 1.1.2. Evolución y Rol en las Investigaciones. 1.1.3. Importancia de OSINT en el Ámbito de las Investigaciones. 1.2. Aplicaciones de OSINT en Investigaciones. 1.2.1. Rastreo y Análisis de Amenazas Digitales. 1.2.1.1. Cibercrimen y Amenazas Emergentes. 1.2.1.2. Desinformación y Manipulación Digital. 1.2.1.3. Técnicas de Rastreo y Análisis. 1.2.1.4. Impacto y Proactividad en la Ciberseguridad Global. 2. CARACTERÍSTICAS DEL INVESTIGADOR. 2.1. Personalidad y actitudes del ciberinvestigador. 2.1.1. Limitaciones y sesgos cognitivos. 2.1.1.1. Heuristicas, Sesgos y Falcias. 2.1.2. Sesgo cognitivo. 2.1.2.1. Sesgo del anclaje. 2.1.2.2. Sesgo del conocimiento adquirido. 2.1.2.3. Sesgo de confirmación. 2.1.2.4. Sesgo Dunning-Kruger. 2.1.2.5. Sesgo de creencia. 2.1.2.6. Sesgo de autocomplacencia. 2.1.2.7. Sesgo del efecto rebote. 2.1.2.8. Sesgo del pensamiento grupal. 2.1.2.9. Sesgo de negatividad. 2.1.2.10. Sesgo del declinismo (o de la nostalgia). 2.1.2.11. Sesgo de error fundamental de atribución (FAE). 2.1.2.12. Sesgo del efecto halo. 2.1.2.13. Sesgo de punto ciego. 2.1.2.14. Sesgo del optimismo. 2.1.2.15. Sesgo de pertenencia. 2.1.2.16. Sesgo de disponibilidad. 2.1.2.17. Tolerancia a la Frustración. 2.1.2.18. Perseverancia. 2.1.3. Conocimientos, Habilidades y Aptitudes del Analista. 2.1.3.1. Conocimientos. 2.1.3.2. Tecnologías de la Información (TI). 2.1.3.3. Amenazas y Tendencias en Ciberseguridad. 2.1.3.4. Legislación y Normativas. 2.1.3.5. Habilidades. 2.1.3.5.1. Análisis de Datos. 2.1.3.5.2. Comunicación. 2.1.3.5.3. Técnicas de Investigación. 2.1.3.6. Aptitudes. 2.1.3.6.1. Perseverancia. 2.1.3.6.2. Curiosidad Intelectual. 2.1.3.6.3. Tolerancia a la Frustración. 2.1.3.6.4. Recopilación de Información, Análisis de Información y Producción de Informes. 2.1.3.6.5. Conocimientos Específicos para el Analista de Inteligencia/Ciberinteligencia. 2.1.3.6.6. Redes Sociales y OSINT. 2.1.3.6.7. Análisis Estructurado y No Estructurado. 2.1.3.6.8. Tecnologías de la Información Relevantes. 2.1.3.6.9. Marco Legal y Regulaciones de Ciberseguridad. 2.1.3.6.10. Amenazas y Tendencias Actuales. 2.1.3.6.11. Funcionamiento de ChatGPT y otras Inteligencias Colaborativas. 2.2. Cómo y en qué es importante especializarse para ciberinvestigar a nivel profesional. 2.2.1. Profundización en áreas específicas. 2.2.2. Mejora de habilidades y competencias. 2.2.3. Mayor demanda laboral. 2.2.4. Resolver problemas complejos. 2.2.5. Mantenerse al día con las tendencias y tecnologías. 3. INTRODUCCIÓN A LA METODOLOGÍA DE CIBERINVESTIGACIÓN. 3.1. Visión General de la Investigación Aplicada. 3.2. Cómo Definir un Problema de Investigación: Proceso y Etapas. 3.2.1. Diseño de investigaciones. 3.2.1.1. Importancia del Diseño de Investigaciones en Ciberinvestigaciones. 3.2.2. Definición de Problemas de Investigación. 3.2.2.1. Principios fundamentales de la investigación. 3.2.2.2. Diferencias entre enfoques científicos y aplicados. 3.2.2.3. Importancia en el contexto de la ciberinvestigación. 3.2.3. Formulación de Hipótesis. 3.3. Diseño de Investigaciones. 3.3.1. Tipos de investigaciones (legal, policial, inteligencia, etc.). 3.3.2. Definición de Requerimientos de Información. 3.3.3. Desarrollo de Estrategias de Recopilación de Información en Investigación de Fuentes Abiertas. 3.3.3.1. Objetivo Claro y Definido. 3.3.3.2. Selección de Fuentes y Herramientas. 3.3.3.3. Consideraciones Éticas y Legales. 3.3.3.4. Planificación Logística. 3.3.3.5. Programa de Obtención, Estrategias para la Selección de Muestras Representativas y Técnicas de Muestreo. 3.3.3.5.1. Diseño de Programa de Obtención. 3.3.3.5.2. Estrategias para la Selección de Muestras Representativas. 3.3.3.5.3. Técnicas de Muestreo. 3.3.3.5.4. Consideraciones Adicionales. 3.3.3.6. Consideraciones Éticas y Legales en la Ciberinvestigación. 3.3.3.6.1. Discusión sobre la

Ética en la Investigación Digital. 3.3.3.6.2. Consentimiento Informado. 3.3.3.6.3. Protección de Datos Personales. 3.3.3.6.4. Responsabilidad y Transparencia. 3.3.4. Técnicas de Recolección de Datos. 3.3.4.1. Métodos Cualitativos en Investigación Digital. 3.3.4.2. Entrevistas y reuniones online. 3.3.4.3. Grupos Focales Virtuales. 3.3.4.4. Observación Participante en Entornos Digitales. 3.3.4.5. Adaptaciones al Ámbito Digital. 3.3.4.6. Recolección de Datos Cuantitativos. 3.3.4.7. Uso de Software Especializado para la Recolección Automatizada de Datos en Línea y OSINT. 3.3.4.8. Recolección de Datos Cuantitativos en Investigaciones OSINT. 3.3.4.9. Web Scraping y Minería de Datos. 3.3.4.10. Análisis de Redes Sociales. 3.3.4.11. Estadísticas de Uso y Tendencias en Internet. 3.3.4.12. Análisis Estadístico y Modelado de Datos. 3.3.4.13. Adaptaciones al Ámbito de Investigación OSINT. 3.3.4.14. Importancia en la Investigación OSINT:. 3.3.4.15. Recolección de Pruebas y Evidencias con Fines Judiciales. 3.4. Creación y Certificación de Documentos Digitales: Un Proceso Clave en la Seguridad y Validez de la Información. 3.4.1. Creación y Certificación de Documentos Digitales: Un Proceso Clave en la Seguridad y Validez de la Información. 3.4.2. Fases del Proceso de Certificación. 3.4.3. Verificación y No Repudio del Documento. 3.4.4. Importancia en la Transparencia y Confianza. 3.4.5. Aplicaciones en el Cibercrimen y Otras Áreas. 3.5. Análisis de Datos. 3.5.1. Taxonomia de las técnicas analísticas estructuradas. 3.5.2. Organización de las técnicas analísticas estructuradas. 3.5.3. Análisis de redes sociales (ARS). 3.5.4. Aplicación de la Teoría de Grafos. 3.5.5. Identificación de Personas Clave. 3.5.6. Aplicación de la Teoría del Juego. 3.5.7. Resaltado de Entidades Relevantes. 3.5.8. Mejora del Análisis. 3.6. Integración y Presentación de Resultados. 3.6.1. Estructura del Informe de Inteligencia. 3.6.2. Redacción de Conclusiones. 3.6.3. Formulación de Recomendaciones. 4. PREPARACIÓN DE ENTORNO DE TRABAJO Y CONTRAMEDIDAS. 4.1. Visión general. 4.2. Ingeniería Social: Riesgos, Amenazas y Modus Operandi. 4.2.1. Confianza. 4.2.2. Autoridad. 4.2.3. Urgencia. 4.2.4. Curiosidad. 4.2.5. Empatía. 4.2.6. Ignorancia o ingenuidad. 4.2.7. Reciprocidad. 4.2.8. Miedo. 4.2.9. Riesgos y Amenazas de la Ingeniería Social. 4.2.9.1. Divulgación de Información Confidencial. 4.2.9.2. Compromiso de Cuentas de Usuario. 4.2.9.3. Manipulación de Evidencia. 4.2.9.4. Exposición de Identidad. 4.2.9.5. Modus Operandi de la Ingeniería Social. 4.2.9.6. Phishing. 4.2.9.7. Pretexting. 4.2.9.8. Ingeniería Social en Redes Sociales. 4.2.9.9. Ingeniería Social Presencial. 4.2.10. Recomendaciones y Medidas Preventivas. 4.2.10.1. Concienciación y Capacitación. 4.2.10.2. Simulacros y Ejercicios Prácticos. 4.2.10.3. Políticas y Procedimientos Claros. 4.2.10.4. Verificación de Identidad. 4.2.10.5. Buenas Prácticas. 4.2.10.6. Confidencialidad en Redes Sociales. 4.2.10.7. Desconfianza Constructiva. 4.2.10.8. Reporte y Respuesta. 4.2.10.9. Evaluación y Mejora Continua. 4.3. Securización del Entorno de Trabajo. 4.3.1. Utilización de VPN (Red Privada Virtual). 4.3.2. Navegadores Seguros y Anónimos. 4.3.3. Tor Browser. 4.3.4. Brave. 4.3.5. Firefox con Extensiones de Privacidad. 4.3.6. Utilizar el Sistema de Doble Factor de Autenticación (2FA). 4.3.7. No Abrir Correos de Remitentes Desconocidos. 4.3.7.1. Utilizar Contraseñas Únicas para Cada Recurso. 4.3.7.2. Evitar la Geolocalización en Redes Sociales. 4.3.7.3. Revisar Permisos de Aplicaciones. 4.3.7.4. Desconfiar de Solicitudes de Amistad de Desconocidos. 4.3.7.5. Practica el Egosurfing. 4.3.7.6. Controlar las Etiquetas en Fotografías. 4.3.7.7. Separar la Vida Profesional y Personal. 4.3.7.8. VirtualBox. 4.3.7.9. VMware Workstation. 4.3.7.10. Parallels Desktop. 4.3.7.11. Otros Software de Máquinas Virtuales. 4.3.7.12. Buena Práctica. 4.3.7.12.1. Utilización de Software Original y Actualizado. 4.3.7.13. Buena Práctica. 4.3.7.13.1. Cifrado de Datos Sensibles. 4.3.7.14. Buena Práctica. 4.3.7.14.1. Refuerzo de la Seguridad de los Dispositivos. 4.3.7.15. Buena práctica. 4.3.7.16. Buena Práctica. 4.3.7.17. Buena Práctica. 5. Conclusiones.

1. INTRODUCCIÓN

Entendemos por Inteligencia de fuentes abiertas (OSINT, por sus siglas en inglés) como la práctica de recolectar y analizar información pública disponible de fuentes abiertas, como redes sociales, sitios web, bases de datos públicas, foros o medios de comunicación. Técnica basada en la obtención de datos e información de cualquier persona, empresa u organización que tenga presencia en Internet, directa o indirectamente, a partir de herramientas y habilidades adecuadas.

Nos referimos a "**directa o indirectamente**" como las formas en que una persona, empresa u organización puede tener presencia en Internet:

- **Directamente**: Se refiere a la información que una persona, empresa u organización publica de manera consciente y voluntaria en la red. Ejemplos incluyen:
  - Perfiles en redes sociales.
  - Sitios web oficiales.
  - Publicaciones en blogs o foros.
  - Documentos, informes o comunicados públicos.

En este caso, la presencia de la entidad en Internet es explícita y accesible porque ellos mismos han puesto esa información a disposición pública.

- **Indirectamente**: Se refiere a la información que no es publicada directamente por la persona, empresa u organización, pero que aún está disponible en Internet a través de terceros o de manera involuntaria. Ejemplos incluyen:
  - Comentarios o referencias hechas por otras personas en blogs, foros o redes sociales.
  - Menciones en noticias o artículos publicados por terceros.
  - Datos agregados por herramientas de análisis que monitorean actividad en la red (por ejemplo, datos de tráfico web o menciones en medios).
  - Información filtrada o recopilada por otras fuentes (como bases de datos públicas o listas de contactos).

En este caso, la presencia en Internet es más pasiva o incluso involuntaria, pero la información sobre la entidad aún puede ser accesible y útil para la práctica de OSINT.

Por lo tanto, la información obtenida mediante OSINT puede ser tanto aquella que la persona u organización ha puesto online por voluntad propia como aquella que aparece debido a la actividad de terceros o como resultado de la recopilación de datos a través de otras fuentes.

Por lo que OSINT no únicamente una actividad clave en la investigación de información en el ámbito de la ciberseguridad, sino también en el análisis empresarial, la monitorización de amenazas y la investigación de personas u organizaciones.

A partir de esta información pública, OSINT juega un papel esencial en la creación de ciberinteligencia.

La ciberinteligencia consiste en analizar, correlacionar y extraer insights (hallazgos o conclusiones valiosas) a partir de los datos recolectados por OSINT y otras fuentes[1], con el objetivo de identificar amenazas potenciales, patrones de comportamiento y riesgos que puedan afectar a una empresa, organización o gobierno. Estos datos pueden ser utilizados para prevenir ataques cibernéticos, mejorar la seguridad de la infraestructura digital, o anticiparse a actividades maliciosas en la red.

Por lo tanto, el proceso comienza con la recopilación de datos a través de OSINT y evoluciona hacia la ciberinteligencia mediante el análisis de esa información para obtener conocimiento estratégico y táctico. Esto permite a las organizaciones actuar proactivamente ante posibles amenazas, blindando sus sistemas y respondiendo de manera efectiva en el entorno digital.

Por desgracia, en muchas ocasiones hablamos de OSINT cuando, en realidad, nos estamos refiriendo a ciberinteligencia. Esta confusión se da

---

1 **Otras fuentes de información**: En el contexto de la ciberinteligencia, además de OSINT, existen otras formas de obtener información relevante. Estas pueden incluir:

• **HUMINT (Human Intelligence)**: Inteligencia obtenida a partir de interacciones humanas, como entrevistas o contactos con personas que tienen información relevante.

• **SIGINT (Signals Intelligence)**: Inteligencia obtenida a partir de señales electrónicas, como comunicaciones interceptadas o monitoreo de redes.

• **IMINT (Imagery Intelligence)**: Información obtenida a través de imágenes, como fotografías satelitales o drones.

• **OSINT**, junto con **otras fuentes de información**, son clave para el análisis de datos que permite extraer **insights**, que son esenciales para la **ciberinteligencia**, que ayuda a las organizaciones a anticipar y responder a amenazas, mejorar la seguridad y tomar decisiones estratégicas en el entorno digital.

porque la frontera entre ambas disciplinas es difusa, especialmente en el ámbito de la seguridad digital. OSINT, al centrarse en la recolección de información de fuentes abiertas, suele cubrir aspectos relacionados con el ciberespacio, como la monitorización de redes sociales, foros de discusión, sitios de noticias y otras plataformas accesibles públicamente, que también son objetivos clave en las actividades de ciberinteligencia.

También es común encontrar una confusión entre la verdadera naturaleza de OSINT y se confunde con el uso de herramientas automatizadas para extraer datos de fuentes públicas.

El malentendido surge cuando se asume que, por disponer de herramientas capaces de extraer datos de redes sociales, foros o sitios web, se está haciendo OSINT, pero nada más lejos de la realizad, las herramientas son solo una parte del proceso, importante, pero únicamente una parte, ya que la verdadera ciberinteligencia proviene de la capacidad del analista para dar sentido a los datos obtenidos, identificando patrones, relacionando información y extrayendo conclusiones que permitan una toma de decisiones informada.

OSINT no debe reducirse al uso mecánico de software o aplicaciones, sino que debe entenderse como un enfoque integral que combina técnicas de investigación, pensamiento crítico y herramientas tecnológicas, e ignorar ese punto puede llevar a obtener datos incompletos, irrelevantes o mal interpretados.

Al investigar posibles amenazas cibernéticas, es común que los analistas utilicen técnicas de OSINT para recopilar información sobre actores maliciosos, sus tácticas y sus intenciones a través de fuentes abiertas. Esta actividad, aunque encuadrada dentro de la definición de OSINT, es en esencia ciberinteligencia, ya que se enfoca en identificar y anticipar ciberamenazas. De hecho, muchas de las herramientas y procesos utilizados para realizar OSINT son indistinguibles de los empleados en las labores de ciberinteligencia.

Es por ello que, en la práctica, el término OSINT se emplea a menudo como sinónimo de ciberinteligencia, especialmente cuando se trata de investigaciones en entornos digitales.

Al reunir información pública sobre actividades y actores en el ciberespacio, los analistas están realizando tanto OSINT como ciberinteligencia. Esta superposición refuerza la idea de que ambas disciplinas están profundamente interrelacionadas y que, en muchos casos, cuando hablamos de OSINT, realmente nos estamos refiriendo a la recolección y análisis de inteligencia en el ámbito digital, es decir, ciberinteligencia.

Las labores de ciberinteligencia, dentro de las organizaciones, están encaminadas a defender, proteger y tratar de adelantarse a las ciberamenazas. Como se repite en casi todos los congresos de seguridad, esta nunca se consigue al 100%, por lo que en el ámbito ciber estaremos siempre bajo la misma premisa, **no existe la ciberseguridad total.**

Casi siempre que hablemos de ciberseguridad lo haremos de ciberinteligencia, ya que son un binomio inseparable, ya que hablamos de dos disciplinas complementarias para poder anticiparse a las amenazas y poder neutralizarlas, por lo que en el presente capítulo hablamos de ciberinvestigación y ciberinteligencia como términos homólogos.

La ciberinteligencia, además de ser esencial para la protección y defensa en el ciberespacio, también desempeña un papel crucial en la identificación y comprensión de las tácticas, técnicas y procedimientos (TTP) empleadas por actores maliciosos, ya sean individuos, grupos o entidades patrocinadas por estados. Este conocimiento detallado de las operaciones y estrategias de los adversarios permite a las organizaciones anticipar y contrarrestar de manera más efectiva posibles ciberataques.

Además, la ciberinteligencia no se limita únicamente a la esfera de la seguridad cibernética, sino que también tiene aplicaciones en áreas como la protección de la propiedad intelectual, la gestión de riesgos empresariales y la toma de decisiones estratégicas a nivel organizacional. Al analizar las tendencias y patrones de actividad en el ciberespacio, las organizaciones pueden obtener una visión más completa de su entorno digital y tomar medidas proactivas para mitigar riesgos y aprovechar oportunidades.

En este sentido, la ciberinteligencia también desempeña un papel importante en la prevención del fraude, el cumplimiento normativo y la gestión de crisis, al proporcionar información oportuna y relevante sobre posibles amenazas y vulnerabilidades. Asimismo, contribuye a fortalecer la resiliencia de las organizaciones al permitirles anticipar y responder de manera rápida y eficaz a incidentes de seguridad cibernética.

Es importante destacar que la ciberinteligencia no solo se basa en la recopilación de datos técnicos, como registros de actividad de red o indicadores de compromiso (IOC), sino que también incorpora fuentes de inteligencia abierta (OSINT), inteligencia humana (HUMINT) y análisis de amenazas estratégicas. Esta variedad de fuentes y métodos de recolección de información proporciona una perspectiva más completa y contextualizada de las amenazas en el ciberespacio.

La ciberinteligencia es una disciplina multifacética que abarca desde la recopilación y análisis de datos hasta la generación de inteligencia accionable para apoyar la toma de decisiones en el ámbito de la seguridad cibernética y más allá. Su enfoque integrado y proactivo permite a las organizaciones anticiparse a las amenazas, proteger sus activos digitales y mantenerse un paso adelante en un entorno digital en constante evolución y cada vez más adverso.

1.1. OSINT para Investigaciones: Definición, Orígenes y Evolución

Cuando hablamos de OSINT nos estamos refiriendo al hecho de que hay un decisor, que puede ser un fiscal, un policía, un superior, un directivo, o cualquier persona que tiene una incertidumbre sobre un tema en concreto, y necesita que nosotros mediante la utilización de las técnicas OSINT le proporcionemos inteligencia para que le ayudemos a reducir la incertidumbre que tiene sobre el problema en cuestión, si detiene al sospechoso, quien hay detrás de una IP, quien esta detrás de una cuenta de X, si interviene un teléfono si ese sospechoso, etc. y nosotros lo que vamos a hacer a partir de la interpretación de los datos vamos a generar inteligencia, el famoso ciclo de inteligencia que nos va a ayudar a transformar los datos obtenidos en inteligencia mediante la utilización del ciclo de la inteligencia.

OSINT ha evolucionado para convertirse en una herramienta indispensable en las investigaciones modernas, jugando un papel crucial en la identificación, prevención y mitigación de amenazas y en la lucha contra el cibercrimen. Como hemos comentado OSINT se refiere al proceso de recopilación, análisis y utilización de información disponible públicamente, proveniente de diversas fuentes accesibles como medios de comunicación, redes sociales, sitios web, bases de datos, y foros en línea que, después de su análisis nos deben generar inteligencia para que el 'consumidor de la inteligencia generada' tenga suficientes datos para que disminuya su incertidumbre y le ayude en la toma de decisiones.

Estas investigaciones basadas en fuentes abiertas se han consolidado como un pilar en la protección y seguridad, no solo para ciudadanos y empresas, sino también para agencias de seguridad, sectores militares y servicios de inteligencia.

1.1.1. Orígenes de OSINT

OSINT tiene sus raíces en las prácticas de recopilación de información durante la Primera Guerra Mundial, cuando las fuerzas militares comenzaron a utilizar información disponible públicamente, como periódicos y boletines, para obtener conocimientos sobre las actividades de sus adversarios. Sin embargo, fue durante la Guerra Fría que el concepto se consolidó, con agencias de inteligencia utilizando medios de comunicación y emisiones de radio para recolectar datos de interés.

Con la llegada de la era digital y la explosión de Internet, OSINT experimentó una transformación radical. Lo que antes requería una recolección manual y el análisis de documentos físicos, pasó a ser una actividad altamente automatizada y de alcance global. La proliferación de información en línea, desde redes sociales hasta foros especializados y bases de datos gubernamentales, ha permitido a los analistas acceder a volúmenes masivos de datos que antes eran imposibles de obtener. Este cambio ha dado lugar a una democratización de la inteligencia, permitiendo que tanto actores gubernamentales como privados utilicen OSINT para mejorar sus capacidades de investigación.

1.1.2. Evolución y Rol en las Investigaciones

A lo largo del tiempo, OSINT ha evolucionado de ser una mera técnica de recopilación pasiva a un elemento activo dentro de los procesos de investigación y análisis. En el ámbito de las investigaciones cibernéticas, la inteligencia de fuentes abiertas permite a los profesionales identificar patrones, rastrear actividades sospechosas, y correlacionar información entre diferentes plataformas para obtener un panorama más completo de la situación.

En investigaciones relacionadas con delitos cibernéticos, como el fraude, el ciberespionaje o el ciberterrorismo, el uso de OSINT es fundamental. Los analistas pueden monitorear redes sociales, foros clandestinos o mercados ilegales, obteniendo indicios sobre posibles amenazas o actores maliciosos. Esto es esencial no solo para la prevención de ataques, sino también para la identificación de las tácticas, técnicas y procedimientos (TTP) utilizados por los delincuentes.

1.1.3. Importancia de OSINT en el Ámbito de las Investigaciones

La importancia de OSINT en las investigaciones radica en su capacidad para ofrecer información actualizada, precisa y accesible, lo que facilita la toma de decisiones basada en datos. Algunas de las principales ventajas del uso de OSINT en investigaciones son:

- ✓ Accesibilidad: Al basarse en fuentes públicas, OSINT es más fácil de implementar y no requiere permisos especiales o acceso restringido, lo que la convierte en una herramienta versátil tanto para entidades gubernamentales como privadas.
- ✓ Enfoque preventivo: Permite detectar y anticipar amenazas a través de la monitorización constante de fuentes abiertas. Esto es clave en la prevención de delitos, como el seguimiento de conversaciones o publicaciones que puedan estar relacionadas con actividades ilegales o peligrosas.
- ✓ Costo-efectividad: Comparado con otras formas de inteligencia, OSINT es una de las opciones más económicas, ya que no requiere infraestructura avanzada ni operaciones encubiertas. Gran parte de los datos necesarios ya están disponibles de manera pública.
- ✓ Flexibilidad y adaptabilidad: OSINT se puede utilizar en diversas áreas de investigación, desde la seguridad cibernética hasta la inteligencia empresarial o la investigación criminal. Esto permite a los analistas personalizar sus enfoques y ajustarse a las necesidades específicas de cada caso.
- ✓ Correlación de datos: En el ámbito de las investigaciones, OSINT no solo ofrece datos aislados, sino que también permite correlacionar información proveniente de diferentes fuentes, proporcionando una visión más integral y contextualizada.

Sin entrar en profundizar en el **ciclo de inteligencia,** podemos decir que es un proceso metodológico que describe cómo se recoge, analiza y distribuye la información para convertirla en **inteligencia útil**. Este ciclo es esencial tanto en campos como la ciberseguridad, la inteligencia de fuentes abiertas (OSINT), y la ciberinteligencia, para tomar decisiones, tanto estratégicas como operativas. El ciclo de inteligencia consta de varias fases que se interrelacionan de manera cíclica, lo que permite que el proceso de generación de inteligencia sea continuo y dinámico.

Fases del Ciclo de Inteligencia

1. Planificación y Dirección:

   Esta es la fase inicial, donde se definen los objetivos y se determina qué tipo de información es necesaria. Aquí, los responsables de la toma de decisiones comunican sus necesidades a los analistas de inteligencia, quienes planifican cómo obtener esa información. Se establecen las prioridades y los métodos que se van a utilizar en las siguientes fases.

   La fase de planificación y dirección lo primero hay que tener presente es entender exactamente cuál es el objetivo de las necesidades del decisor por qué porque si no somos capaces de entender correctamente qué es lo que necesita podemos encontrarnos en el que hagamos un trabajo excepcional pero que no sea lo que el decisor esperaba por lo tanto es imprescindible siempre que sea posible mantener una reunión presencial en el cual nos explique cuáles son sus necesidades principalmente para entender correctamente la necesidad del decisor.

   En este punto, el decisor también debe plantearse la metodología y el sistema a utilizar para la obtención de información. Si el objetivo de la investigación es único y limitado, puede optarse por un sistema manual de recopilación. Sin embargo, si la investigación se va a llevar a cabo en plataformas como Telegram, donde se deben monitorizar cientos o miles de canales, es probable que la automatización de dichas tareas sea necesaria.

Por lo tanto, es esencial determinar si se dispone de herramientas para generar esa automatización o si es necesario crearlas. Lo mismo aplica al momento de decidir qué plataformas se van a investigar. Por ejemplo, si se desea analizar Telegram, el siguiente paso es evaluar si se cuenta con las herramientas adecuadas para investigar dicha plataforma y extraer los datos relevantes. En caso contrario, no se podrá avanzar a la fase de recolección sin haber diseñado o adquirido una herramienta o plataforma que permita realizar esas tareas en Telegram.

Un elemento imprescindible en la fase de dirección es determinar si la investigación u obtención de inteligencia será utilizada en un proceso judicial o si se realizará con el objetivo de generar inteligencia para otros fines no judiciales.

Esto implica que, si la inteligencia generada va a ser utilizada en un proceso judicial, será necesario establecer un proceso de trazabilidad de la metodología y los pasos seguidos durante la obtención de la información. Sin embargo, si el objetivo es simplemente obtener inteligencia sin un propósito judicial, no sería obligatoria dicha trazabilidad, aunque sigue siendo recomendable por razones de rigor y calidad.

Otro aspecto importante a considerar en la fase de dirección es definir si la investigación se llevará a cabo de manera activa o pasiva, con esto me refiero a labores pasivas cuando se utilizan identidades virtuales para infiltrarse en canales o foros como simples observadores, sin interactuar, en cambio, si las identidades virtuales van a ser utilizadas de manera activa, interactuando en foros o canales, será necesario contar con autorización judicial para emplear la figura del agente encubierto digital.

Otro elemento muy importante a considerar durante la fase de dirección y antes de iniciar las labores de recolección es el uso del Análisis de Redes Sociales (ARS) conocido en inglés como Social Network Analysis (SNA), técnica especialmente útil cuando se investiga a un gran número de objetivos, ya sean persona, teléfonos, etc, ya que permite reducir el grupo de sospechosos o actores de interés, enfocando los esfuerzos de manera más eficiente, dado que nuestros recursos suelen ser limitados, ya que el SNA permite recrear las relaciones dentro del ecosistema investigado, lo que facilita la identificación de comunidades o clústeres, que a su vez, ayuda a determinar quiénes son las figuras más relevantes dentro de esa red, proporcionándonos unas pistas sobre en quiénes enfocar la investigación. Por ejemplo, si se está analizando una comunidad de Telegram con 100 usuarios, y no se sabe inicialmente quiénes son los actores clave, el SNA puede ayudar a identificar a los tres, cuatro o cinco usuarios más importantes basándose en diferentes parámetros, como el número de comunicaciones, la frecuencia de interacción, el tipo de mensajes enviados, etc.

2. Recogida de Información:

   En esta fase se lleva a cabo la recopilación de información a partir de diversas fuentes, que pueden ser tanto abiertas como cerradas, dependiendo de los objetivos de la investigación.

   En esta fase también es fundamental tener en cuenta uno de los elementos clave decididos en la etapa de judicialización: si el objetivo de nuestra investigación es ser utilizada en un proceso judicial o está enfocada únicamente en la generación de inteligencia. Si la investigación está destinada a judicializarse, es imprescindible garantizar que toda la información recopilada cumpla con los requisitos necesarios para poder documentar la trazabilidad en etapas posteriores. Esto incluye mantener un registro detallado de las metodologías empleadas, las fuentes de información y los procedimientos de análisis, de manera que se pueda garantizar la validez legal y el cumplimiento de normativas en un eventual proceso judicial.

   Es fundamental que la información recolectada responda a las necesidades previamente definidas en la fase de planificación. Además, es importante que las herramientas y técnicas empleadas sean las adecuadas para cada tipo de fuente y entorno, asegurando la relevancia, precisión y actualidad de los datos obtenidos. En algunos casos, puede ser necesario personalizar herramientas o crear nuevos sistemas de recolección cuando las plataformas que se están investigando no cuentan con soluciones estándar. La automatización también juega un papel clave en investigaciones a gran escala, donde el volumen de datos puede ser masivo, y es necesario optimizar el proceso para manejarlo de manera eficaz.

   Esta podría considerarse una de las fases más emocionantes de todo el proceso de inteligencia, principalmente porque nos enfrentamos al desafío de decidir qué tipo de fuentes debemos analizar, siempre está supeditado a las indicaciones de la fase de dirección, pero, a medida que avanza la investigación, podemos encontrarnos con nuevas fuentes de información, lo que exige que nos adaptemos constantemente.

En esta fase de recolección, nos enfrentamos al reto de manejar diferentes tipologías de información. Muchos investigadores tienden a pensar, de manera equivocada, que el proceso de recolección se limita a realizar búsquedas por palabras clave mediante herramientas automatizadas. Sin embargo, este enfoque es mucho más amplio y aunque las búsquedas por palabras clave en función de publicaciones específicas pueden ser útiles, muchas de estas herramientas han quedado obsoletas teniendo presente que en la actualidad, más del 80% de la información que podemos encontrar en redes sociales y otras plataformas es multimedia. Si solo nos limitamos al análisis de texto y palabras clave, estaríamos perdiendo una cantidad significativa de datos valiosos. Por lo tanto, es esencial tener en cuenta que la verdadera importancia en la recolección de información radica en la capacidad de analizar otros tipos de archivos, como audios, imágenes, videos o metadatos entre otra tipología de inputs de información.

Para que una investigación sea exhaustiva y de calidad, debemos ser capaces de analizar múltiples formatos de información de manera paralela al análisis textual, debemos poder analizar cada archivo, audio, imagen o video, ya que puede contener elementos clave que podrían hacer la diferencia en el éxito de la investigación. Solo así podremos obtener un panorama completo y garantizar que nuestra investigación nos lleve a conclusiones sólidas y bien fundamentadas.

3. Procesamiento:

La siguiente fase del ciclo de inteligencia, es el procesamiento de la información el que es un paso fundamental ya que permite transformar los datos en brutos y la información en un formato procesable de cara a que en la siguiente fase el analista pueda realizar su correspondiente tarea. Este proceso implica varias actividades clave:

Clasificación de Datos: La información se agrupa según categorías relevantes, como fuentes, tipos de datos o temas. Esto incluye no solo datos textuales, sino también imágenes, videos y audios, que se clasifican según su contenido y relevancia.

Limpieza de Datos: Se identifican y eliminan errores o inconsistencias en los datos, como duplicados, información irrelevante o desactualizada. En este paso, también se pueden aplicar técnicas para detectar y corregir errores en el reconocimiento óptico de caracteres (OCR) y asegurar la calidad de la información extraída de documentos escaneados o texto incluido en imágenes.

Estandarización: Se aplican formatos uniformes a los datos, lo que incluye la normalización de textos, imágenes y otros formatos multimedia. Esto es esencial para que todos los datos sean comparables y mantengan una estructura accionable. Por ejemplo, las características extraídas de imágenes y videos, como el reconocimiento facial, se estandarizan para facilitar su correlación con otras fuentes de datos.

Estructuración: Se organiza la información en bases de datos o sistemas de gestión que permiten un acceso rápido y eficiente. Esto incluye la creación de estructuras adecuadas para almacenar no solo texto, sino también metadatos sobre imágenes, videos y audios, facilitando su búsqueda y recuperación.

Traducción de Textos: En el caso de datos multilingües, es necesario traducir textos a un idioma común para garantizar la comprensión y el análisis adecuado de la información. Este paso también puede incluir la transcripción de audios y videos para convertir el contenido hablado en texto utilizable para el análisis.

Análisis de Imágenes y Videos: Se aplican técnicas de análisis para extraer información de contenido visual. Esto puede incluir el reconocimiento facial para identificar individuos, así como la detección de patrones y objetos en imágenes y videos, lo que enriquece el contexto de la información recopilada.

Análisis de Audio: Los datos de audio se procesan para extraer información relevante, utilizando técnicas de reconocimiento de voz y análisis de sentimientos. Esto permite obtener transcripciones y determinar el tono o la intención detrás de las conversaciones grabadas.

Integración de Fuentes: La información proveniente de diversas fuentes se combina para crear una visión holística. Esto puede involucrar la correlación de datos de texto, imágenes, videos y audios para ofrecer un análisis más completo y contextual.

Este proceso de organización no solo mejora la calidad de los datos, sino que también optimiza los esfuerzos de análisis y permite a los analistas de inteligencia generar informes y recomendaciones más precisos y útiles. La capacidad de transformar datos complejos en información clara y manejable es fundamental para la eficacia del ciclo de inteligencia.

4. Análisis y Producción:

   En esta fase, los analistas examinan la información procesada para extraer conclusiones y generar inteligencia. Este proceso es fundamental, ya que convierte datos en insights significativos que pueden influir en la toma de decisiones estratégicas. Las actividades específicas en esta fase incluyen:

   Contextualización de la Información: Es crucial entender el contexto en el que se recopilaron los datos. Los analistas deben considerar factores como el entorno político, social y económico, así como las implicaciones culturales que puedan influir en la interpretación de los datos.

   Examen de Datos: Los analistas realizan un análisis exhaustivo de los datos procesados, utilizando técnicas estadísticas, modelos de análisis de datos y herramientas de visualización. Este examen permite identificar tendencias, anomalías y patrones que podrían no ser evidentes a simple vista.

   Pensamiento Crítico: Los analistas aplican habilidades de pensamiento crítico para evaluar la validez y relevancia de la información. Esto implica cuestionar suposiciones, considerar diferentes perspectivas y analizar la calidad de las fuentes de datos.

   Identificación de Patrones y Relaciones: A través del uso de métodos analíticos avanzados, como el análisis de redes y el aprendizaje automático, los analistas pueden descubrir relaciones complejas entre diferentes conjuntos de datos. Esto puede incluir la identificación de vínculos entre individuos, eventos y actividades, así como la detección de tendencias emergentes.

   Visualización de Datos: La presentación visual de los datos juega un papel clave en la fase de análisis. Gráficos, tablas y mapas pueden ayudar a comunicar hallazgos de manera efectiva, facilitando la comprensión de la información compleja y permitiendo a los tomadores de decisiones captar rápidamente los puntos clave.

   Validación de Resultados: Es importante que los analistas validen sus conclusiones, cruzando información con múltiples fuentes y métodos. Esto no solo refuerza la credibilidad de los hallazgos, sino que también ayuda a prevenir sesgos en el análisis.

Documentación y Archivo: Toda la información analizada y los informes generados deben ser documentados y archivados adecuadamente para futuras referencias. Esto permite construir una base de conocimientos que puede ser utilizada en análisis futuros y proporciona un registro de cómo se llegó a determinadas conclusiones.

Generación de Inteligencia: A partir de la información analizada, los analistas producen informes y documentos de inteligencia que sintetizan los hallazgos. Estos informes deben ser claros y accesibles, proporcionando no solo datos, sino también recomendaciones basadas en las conclusiones alcanzadas.

Es crucial no olvidar la importancia de almacenar toda la información utilizada durante la investigación en bases de datos. Esto es vital por varias razones:

Correlación Futuro de Datos: Almacenar información de investigaciones pasadas permite realizar correlaciones que pueden ayudar a identificar patrones y conexiones en futuras investigaciones.

Reutilización de Recursos: Una base de datos bien estructurada facilita la reutilización de información, ahorrando tiempo y recursos en análisis futuros.

Análisis Predictivo: El acceso a datos históricos permite desarrollar modelos predictivos, anticipando comportamientos futuros de los cibercriminales.

Los resultados de esta fase son fundamentales para proporcionar inteligencia valiosa que apoye decisiones informadas en diversas áreas, desde la seguridad y la defensa hasta el ámbito empresarial y gubernamental. La adecuada gestión y almacenamiento de la información es esencial para maximizar la efectividad de la inteligencia generada y asegurar que se pueda acceder a ella en el futuro, especialmente en un contexto donde los cibercriminales pueden reutilizar información, lo que podría ser clave para resolver investigaciones actuales.

5. Difusión:

La fase de Difusión es crucial en el ciclo de inteligencia, ya que implica la distribución de la inteligencia generada a los responsables de la toma de decisiones. Esta etapa asegura que la información procesada y analizada llegue a las personas adecuadas de manera efectiva. Las actividades clave en esta fase incluyen:

Identificación del Público Objetivo: Comprender quiénes son los destinatarios de la inteligencia es fundamental. Esto puede incluir a líderes de equipo, ejecutivos, analistas y otras partes interesadas. Conocer sus necesidades y prioridades ayuda a personalizar el contenido y el formato de la información.

Formatos de Presentación: La inteligencia se puede diseminar en diversos formatos, tales como:

- Informes Escritos: Documentos detallados que resumen hallazgos, análisis y recomendaciones.
- Gráficos y Tablas: Representaciones visuales que facilitan la comprensión rápida de datos complejos.
- Presentaciones: Diapositivas utilizadas en reuniones para comunicar hallazgos de manera interactiva.
- Resúmenes Ejecutivos: Documentos breves que destacan los puntos más importantes para una rápida revisión por parte de la alta dirección.

Claridad y Precisión: La información debe ser presentada de manera clara y precisa. Esto implica evitar jerga técnica innecesaria y asegurar que los términos utilizados sean comprensibles para todos los públicos. La claridad es esencial para que la inteligencia sea útil y aplicable.

Oportunidad: La difusión debe llevarse a cabo en el momento adecuado. La inteligencia generada debe ser entregada lo más pronto posible después de su análisis para que sea relevante y tenga un impacto en la toma de decisiones.

Documentación de la Difusión: Mantener un registro de qué información se ha distribuido, a quién y cuándo, es útil para futuras referencias y para evaluar el impacto de la inteligencia en las decisiones tomadas.

Revisión Continua: La difusión no es un proceso único, sino continuo. La inteligencia debe ser revisada y actualizada regularmente para reflejar nuevos datos y cambios en el contexto, asegurando que los responsables de la toma de decisiones siempre tengan acceso a la información más relevante.

La claridad, precisión y oportunidad en la entrega de esta información son fundamentales para que los líderes puedan actuar de manera informada y estratégica. Una difusión efectiva puede marcar la diferencia en la capacidad de una organización para responder a desafíos y aprovechar oportunidades.

6. Evaluación y Realimentación

La fase de Evaluación y Realimentación es un paso crucial que permite revisar y mejorar continuamente el ciclo de inteligencia. En esta etapa final, se evalúa la eficacia de la inteligencia generada y se asegura que haya cumplido con las necesidades y expectativas de los responsables de la toma de decisiones. Las actividades clave en esta fase incluyen:

Evaluación de la Relevancia: Los responsables evalúan si la inteligencia proporcionada fue útil y relevante en el contexto de las decisiones que se debieron tomar. Se analizan aspectos como la precisión de los datos, la claridad de los informes y la aplicabilidad de las recomendaciones.

Obtención de Retroalimentación: Es fundamental recoger retroalimentación de los usuarios finales y otras partes interesadas. Esta retroalimentación proporciona información valiosa sobre cómo mejorar el proceso de inteligencia y ajustar los enfoques en el futuro.

Ajuste de Objetivos: Con base en la evaluación y la retroalimentación recibida, los responsables pueden ajustar los objetivos y las prioridades de las futuras actividades de inteligencia. Esto asegura que el ciclo sea más relevante y alineado con las necesidades cambiantes de la organización.

Al revisar los resultados y ajustar los enfoques según la retroalimentación, las organizaciones pueden optimizar su capacidad para generar inteligencia útil y relevante. Este proceso cíclico no solo mejora la efectividad del ciclo de inteligencia, sino que también fortalece la toma de decisiones estratégicas en un entorno en constante cambio.

1.2. Aplicaciones de OSINT en Investigaciones

En la actualidad, OSINT se aplica en una variedad de campos, desde la seguridad nacional hasta el cumplimiento de la ley y la inteligencia empresarial. En el ámbito de las investigaciones cibernéticas, se utiliza para rastrear actores maliciosos, identificar infraestructuras comprometidas, y mapear la actividad de redes delictivas.

En las agencias policiales y servicios de inteligencia, OSINT juega un rol clave en la identificación de amenazas antes de que se conviertan en ataques, el monitoreo de organizaciones criminales y terroristas, y el seguimiento de actores en plataformas digitales. Además, permite recopilar evidencia clave para procesos judiciales y profundizar en el análisis de redes de influencia, ya sea a nivel local o internacional.

OSINT ha evolucionado desde su origen en los conflictos militares hasta convertirse en una herramienta de inteligencia crucial en la era digital, particularmente en el ámbito de las investigaciones. Su capacidad para proporcionar información accesible y actualizada, sumada a su bajo coste y flexibilidad, lo convierte en un recurso fundamental para agencias de seguridad, gobiernos y empresas. La creciente interconexión digital ha ampliado sus posibilidades, y hoy en día OSINT es esencial no solo para la investigación cibernética, sino para cualquier sector que dependa de información fiable para la toma de decisiones, por lo que OSINT se ha convertido en una herramienta imprescindible tanto para agencias policiales como para los sectores militares y servicio de inteligencia, que cada día se enfrentan a desafíos cada vez más complejos como.

1.2.1. Rastreo y Análisis de Amenazas Digitales

El rastreo y análisis de amenazas digitales es una parte esencial de la ciberinvestigación, que permite a los profesionales de ciberseguridad identificar, rastrear y neutralizar actividades delictivas en el entorno online. Esta capacidad es crucial para la prevención de diversos ciberdelitos, como el ciberespionaje, ciberterrorismo, fraude, y otros ataques cibernéticos que pueden tener consecuencias devastadoras tanto a nivel local como global. Sin embargo, este tipo de investigación no se limita solo a estas áreas, sino que también abarca amenazas emergentes como el cibercrimen organizado, la pedofilia en línea y la difusión de desinformación, entre otros.

1.2.1.1. Cibercrimen y Amenazas Emergentes

En el ámbito del cibercrimen, las técnicas OSINT y análisis permiten identificar patrones de comportamiento criminal, como la actividad de redes organizadas dedicadas al robo de información financiera, la extorsión mediante ataques de ransomware, o la explotación de vulnerabilidades en sistemas críticos. El seguimiento de estas amenazas es esencial para detener su expansión y mitigar el daño que pueden causar.

En cuanto a la pedofilia y la explotación infantil en línea, los analistas de ciberinteligencia desempeñan un papel vital al rastrear redes de intercambio de contenido ilegal. A través de la monitorización de foros clandestinos, redes de la dark web y plataformas de comunicación cifrada, los expertos pueden identificar a los cibercriminales para desmantelar estas redes. Este tipo de investigación requiere herramientas avanzadas y técnicas forenses para identificar la actividad ilegal y preservar las pruebas necesarias para llevar a los responsables ante la justicia.

1.2.1.2. Desinformación y Manipulación Digital

Otra amenaza crítica que el rastreo digital aborda es la desinformación. En un entorno cada vez más dependiente de la información en línea, la manipulación y difusión de noticias falsas, teorías conspirativas y propaganda maliciosa se ha convertido en un desafío importante para la seguridad pública y la estabilidad política. Las campañas de desinformación pueden tener objetivos diversos, desde influir en elecciones hasta desestabilizar a gobiernos y generar conflictos sociales.

Mediante el análisis de datos en redes sociales y otras plataformas de comunicación, los investigadores pueden identificar campañas de desinformación organizadas, rastrear su origen mediante OSINT, y mapear cómo se propagan a través de distintas redes. Este tipo de análisis permite a los gobiernos y organizaciones reaccionar de manera rápida y efectiva, desmintiendo información falsa y tomando medidas para limitar su impacto.

1.2.1.3. Técnicas de Rastreo y Análisis

Mediante técnicas avanzadas de ciberinteligencia como OSINT, los profesionales pueden rastrear el comportamiento de actores maliciosos a través de su huella digital, lo que incluye la identificación de patrones de comportamiento sospechoso. Estos patrones pueden involucrar el uso repetido de ciertas palabras clave en foros, la recurrencia de direcciones IP en ataques o la creación de perfiles falsos en redes sociales para facilitar actividades ilegales. Estos indicadores permiten a los expertos adelantarse a las amenazas antes de que se materialicen.

El seguimiento de comunicaciones en redes públicas y foros clandestinos o en mercados ilegales es otra herramienta clave. Al recolectar datos sobre transacciones sospechosas, intercambios de información entre ciberdelincuentes y otras comunicaciones relacionadas con actividades delictivas, los expertos pueden desmantelar redes criminales, identificar a los actores involucrados y prever posibles ataques futuros.

Además, el análisis de tácticas, técnicas y procedimientos (TTP) empleados por actores maliciosos proporciona una comprensión más profunda de las estrategias que estos utilizan. Con esta información, las organizaciones pueden mejorar sus defensas y predecir qué métodos serán empleados en el futuro, fortaleciendo así su capacidad de respuesta ante amenazas emergentes.

1.2.1.4. Impacto y Proactividad en la Ciberseguridad Global

El rastreo y análisis de amenazas digitales no solo mejora las estrategias de prevención, sino que también aporta un valor significativo para la protección de infraestructuras críticas y la gestión de crisis. Al anticipar ataques antes de que ocurran, las organizaciones pueden implementar medidas proactivas, reducir el impacto potencial de los incidentes y fortalecer su resiliencia en un mundo cada vez más interconectado. Este enfoque proactivo es vital para la ciberseguridad global, donde la capacidad de neutralizar amenazas antes de que se produzcan daños significativos puede marcar la diferencia entre un sistema comprometido y una infraestructura segura.

El rastreo y análisis de amenazas digitales son fundamentales no solo para combatir ciberdelitos tradicionales, sino también para abordar nuevas formas de amenazas como la desinformación y la explotación infantil en línea. El análisis continuo y proactivo de estas amenazas garantiza una respuesta rápida y eficaz, protegiendo tanto a las organizaciones como a los ciudadanos en un entorno digital cada vez más hostil.

2. CARACTERÍSTICAS DEL INVESTIGADOR

Como se podrá comprobar conforme se avance en el capítulo, podemos encontrar diversos tipos de inteligencia y de análisis, por lo que cada tipo de analista tiene una idiosincrasia diferente, haciendo que no exista una lista de características definidas y exclusivas para definir como debe ser un analista de inteligencia, aunque si existen una serie de características que todo analista ha de poseer.

El analista es la persona encargada de mediante procesos y metodologías definidas, tratar de reducir la incertidumbre que existía previamente a su intervención sobre una cuestión compleja poniéndola a disposición de un decisor para que pueda tomar decisiones con la menor incertidumbre posible.

Cualquier individuo puede contar a priori con habilidades innatas (abilities) para poder desarrollar tareas de análisis o adquirirlas mediante entrenamiento (skills), pudiendo formarse e instruirse en el conocimiento teórico relativo a la temática que deba analizar (knowledge) o sea necesario el uso de la inteligencia.

Estos tres conceptos son los denominados en el mundo anglosajón como KSA's (Knowledges, Abilities & Skills).

Las KSA's, o conocimientos, habilidades y aptitudes (en inglés, Knowledges, Abilities & Skills), son un conjunto de cualidades y capacidades que una persona debe poseer para desempeñar eficazmente un determinado trabajo, tarea o rol. A menudo se utilizan en procesos de reclutamiento, selección y evaluación del personal para determinar si un candidato es adecuado para una posición específica

Las características, cualidades y aptitudes clave para el analista de inteligencia, en este caso en cuanto a cómo son de necesarias para cada una de las tipologías del análisis de inteligencia (descriptivo, explicativo, interpretativo, estimativo).

Hemos mantenido el nombre en inglés de las KSA's, para que no haya lugar al equivoco, ya que en castellano abilities y skills son habilidades indistintamente (mientras que en ingles las primeras se refieren a habilidades innatas, y skills a habilidades adquiridas), tal y como comentábamos más arriba, mientras que knowledge se refiere a un tipo de conocimiento adquirido o ya conocido.

Veamos cada uno de estos componentes:

- Conocimientos (Knowledges): Se refieren a la comprensión y el dominio de conceptos, principios, teorías o información específica relacionada con una disciplina, campo o ámbito, conocimientos pueden ser adquiridos a través de la educación formal, la formación, la experiencia laboral o la autoinstrucción de forma autodidacta.
- Habilidades (Abilities): Son capacidades prácticas y destrezas que una persona desarrolla y aplica para llevar a cabo tareas específicas de manera efectiva y eficiente. Esto puede incluir habilidades técnicas, cognitivas, interpersonales o de cualquier otra índole, como

la capacidad para comunicarse efectivamente, resolver problemas, trabajar en equipo o utilizar herramientas y tecnologías específicas del ámbito a analizar.

- Aptitudes (Skills): Son competencias prácticas que una persona ha desarrollado a través de la práctica, la experiencia y la formación, y que se pueden aplicar de manera efectiva en situaciones laborales concretas. Las aptitudes suelen ser más específicas y prácticas que las habilidades, y pueden incluir habilidades técnicas, de gestión, de liderazgo o de cualquier otro tipo.

El analista ideal sería una suma de valores (actitudes), conocimientos (su especialidad concreta de análisis + conocimiento en técnicas de análisis), y competencias o habilidades (entrenables).

La figura del analista y en general la Comunidad de Inteligencia se encuentra en un estado de transición, desde un estadio donde la figura la figura central era un analista, con sus las capacidades y destrezas como único centro en la producción de inteligencia, a la actualidad, donde se pone en valor el trabajo y actividad en equipo. Dicha evolución ha sido provocada por, entre otros elementos:

- La necesidad de un aporte multidisciplinar a la creciente complejidad de los asuntos a tratar.
- La necesidad de poder procesar la información de forma ágil para poder elevarla al decisor para la toma de decisiones.

Dama mi experiencia, la principal cualidad ha de tener un analista de inteligencia, además de la perspicacia, curiosidad, etc, es la capacidad de tolerancia a la frustración, ya que la imagen externa que se tiene de un analista de inteligencia es aquella que ha sido creada en el imaginario colectivo en base a películas y novelas de espías, ya que es una imagen absolutamente alejada de la realidad, ya que en la realidad el analista trabaja con datos, muchos datos de múltiples fuentes, fuentes que ha de valorar, informes que redactar en los que se han invertido muchas horas y mucho esfuerzo donde el analista ha sido capaz de ver más allá de los datos y plasmarlo en un informe pero, informe que en múltiples ocasiones el decisor decide guardar en un cajón porque no lo ha considerado relevante o si lo ha considera relevante hay otros elementos que hace que decida dejarlo en un cajón por razones que se escapan al analista.

Paralelamente a la modernización y evolución de la inteligencia y el análisis en los últimos años, las características y aptitudes necesarias y buscadas en los analistas también ha ido evolucionado y adaptándose a los nuevos tiempos.

Lo primero que hay que destacar es que no es imprescindible tener un perfil académico específico. Partiendo de una base de conocimientos previa y según el ámbito en el que desarrolle su actividad, el analista deberá especializarse en la disciplina sobre la cual va a trabajar, formándose y enriqueciendo su conocimiento de manera continua. Con esta base, debería disponer:

- Como hemos comentado anteriormente, gran tolerancia a la frustración, ya que en múltiples ocasiones su trabajo no será valorado o tenido en cuenta por cuestiones ajenas a la calidad de su trabajo.
- Grandes dosis de curiosidad que le impulsen a ir más allá de las dificultades o retos que puedan aparecer en el camino.
- Rigor analítico y firme pensamiento crítico, no dejándose arrastrar por lo que dicen los demás o por los inputs que recibe del entorno.
- Ser capaz de afrontar la infoxicación (el exceso de información) a la que está expuesto y disponer de mecanismos que le permitan seleccionar la información relevante.
- Resiliencia, que le permite "reinventarse" con cada dificultad u obstáculo que se presente en el análisis o investigación.
- Conocimiento y dominio de las TIC.
- Desarrollar un pensamiento estratégico y una visión de futuro para identificar las oportunidades, así como posibles amenazas, asumiendo nuevos retos.
- Permanentemente actualizado de los requerimientos de conocimiento de la organización para poder ofrecer, la información pertinente en el momento justo al decisor.
- Ser capaz de trabajar de forma totalmente proactiva y autónoma.
- Reconocer los objetivos hacia el cual hay que dirigir los esfuerzos, ya que permite que los esfuerzos del analista se centren en las necesidades de información más importantes para alcanzar el objetivo.
- Ser capaz de formular una hipótesis, de acuerdo a los objetivos que se han planteado previamente y de la información de la que se dispone.
- Reconocer las dudas e incertidumbres, identificando los vacíos de información, es decir cuanta información y de qué tipo nos falta y detectando cuando una hipótesis es demasiado débil para que puedan sostenerse.

- Ser capaz de reunir la información de que se dispone, solicitar y buscar la que considere que falta y después pasar a su interpretación.
- Probar la hipótesis, ya que toda hipótesis se basa en una serie de premisas que se interrelacionan, por lo que es imprescindible conocer el grado de evidencia en el que se apoyan cada una de las premisas y si de su combinación resulta un modelo lógico.
- Formular conclusiones en un producto final han de ser redactadas teniendo en cuenta los objetivos que se perseguían al principio del proceso, las necesidades que se tienen y las restricciones que pueda tener o no el usuario final de dichas conclusiones.

2.1. Personalidad y actitudes del ciberinvestigador

La personalidad y las actitudes de un ciberinvestigador juegan un papel crucial en su desempeño y éxito en el campo de la ciberseguridad. Aunque las habilidades técnicas y el conocimiento son importantes, la manera en que un individuo aborda los desafíos, interactúa con los demás y gestiona situaciones estresantes puede marcar la diferencia en su efectividad como profesional de la ciberinvestigación.

Una de las características más valoradas en un ciberinvestigador es la perseverancia, dado que la investigación cibernética a menudo implica resolver problemas complejos y enfrentarse a adversidades, por lo que es fundamental que los investigadores mantengan una actitud de determinación y persistencia para superar los obstáculos que puedan surgir durante la investigación.

La curiosidad intelectual es otra cualidad esencial en un ciberinvestigador. La capacidad de cuestionar, explorar y descubrir nuevos enfoques y soluciones es fundamental para el éxito en un campo tan dinámico y en constante evolución como la ciberseguridad. La curiosidad impulsa a los investigadores a profundizar en los detalles, buscar nuevas tecnologías y técnicas, y mantenerse actualizados sobre las últimas tendencias y amenazas en el ciberespacio.

La capacidad para trabajar bajo presión es también una habilidad crítica para los ciberinvestigadores, ya que en ocasiones las investigaciones pueden ser urgentes y requerir respuestas rápidas, por lo que los investigadores deben ser capaces de mantener la calma y tomar decisiones informadas incluso en situaciones de alta presión.

La ética profesional es un aspecto fundamental de la personalidad de un ciberinvestigador. Los investigadores deben operar con integridad y responsabilidad, asegurándose de respetar la privacidad y los derechos de las personas involucradas en sus investigaciones. Esto implica seguir estándares éticos estrictos y actuar de manera ética en todas las interacciones y decisiones relacionadas con la ciberinvestigación.

La personalidad y las actitudes del ciberinvestigador son tan importantes como sus habilidades técnicas y conocimientos. La perseverancia, la curiosidad intelectual, la capacidad para trabajar bajo presión y la ética profesional son cualidades esenciales que contribuyen al éxito en el campo de la ciberseguridad y la investigación cibernética.

2.1.1. Limitaciones y sesgos cognitivos

Uno de los elementos más importantes es que el investigador o analista sea capaz de utilizar el pensamiento crítico a lo largo de todo el proceso implícito del producto de inteligencia, desde la definición del problema, la recolección de información, proceso de análisis hasta la difusión.

Por pensamiento crítico entendemos la capacidad del analista de organizar y evaluar la consistencia y veracidad de sus razonamientos respecto a un tema concreto, siendo consciente de como este razonamiento puede verse afectado por la heurística, los sesgos, y las falacias, teniendo en cuenta el impacto de estos elementos a la hora de emitir un juicio final sobre el tema objeto del razonamiento.

Otra forma de decirlo es que, el pensamiento crítico, seria aquella forma de pensar y razonar en la cual el analista es consciente de cuáles son los elementos internos y externos que afectan a su método de razonamiento, y los tiene en cuenta en cuanto a cómo afectan a su forma de actuar.

Las heurísticas, sesgos y falacias afectan a todos los individuos, y son inevitables ya que suceden a partir de la forma en la que funcionan nuestros cerebros.

Una buena forma de explicar cómo funciona nuestra mente es tomar prestado el modelo desarrollado por Daniel Kahneman y Amos Tversky, que, básicamente, consiste en separar nuestra mente en dos sistemas de pensamiento diferentes, el sistema 1, que sería el modo de pensamiento intuitivo, y el sistema 2, que sería el modo de pensamiento razonado.

El sistema 1 se encarga de todos aquellos aspectos que operan de manera rápida y automática, con poco o ningún esfuerzo, y sin sensación de control voluntario.

El sistema 2 se encarga de las actividades mentales más complejas, incluidos los cálculos, y todas aquellas tareas que necesitan de nuestro esfuerzo, elección y actuación.

Un ejemplo del sistema 1 serían esos momentos en los que vamos conduciendo camino a un destino frecuente en el que vamos pensado en algún tema, y una vez en el destino no somos conscientes de cómo hemos ido haciéndolo, y, aun así, somos capaces de conducir ' en piloto automático' sin problema y sin ser consciente de ello. El mismo ejemplo serviría para el sistema 2, si introducimos la variable de estarlo haciendo de noche por una carretera de montaña por la que no hemos conducido nunca.

Bien, pues estos dos sistemas o modelos de pensamiento, conviven simultáneamente en nuestro cerebro, con una característica que hace que nuestra mente cometa de vez en cuando errores, o demos por validas cosas que no lo son. Y esta característica es que, el sistema 2 es 'vago' por naturaleza, y si puede evitar actuar, lo evitara, y dejara que sea el sistema 1 el que se encargue inicialmente de todos los procesos mentales, hasta que al sistema 2 no le quede más remedio que intervenir si el sistema 1 se ve sobrepasado o incapacitado para una tarea concreta.

Esto es así por motivos fisiológicos, ya que el cerebro trata de ahorrar consumo de energía, así que minimiza el esfuerzo y optimiza la ejecución de las tareas mentales. El problema surge cuando el sistema 1 toma el control y aunque es totalmente valido para algunas funciones, a este sistema le afectan los sesgos y comete errores en determinadas circunstancias, no llevándose nada bien con la lógica y la estadística, así que tiende a "inventarse" los resultados o responder a lo que él quiere y no a lo que se le plantea.

Otro punto importante con respecto a nuestro "sistema dual" de pensamiento es que contamos con una cantidad de atención limitada, y esta se va 'gastando'. ¿Cuántas veces hemos oído en nuestra vida la frase "preste atención" o hemos visto señales o carteles que nos indican esta circunstancia? Pues existe un motivo: no somos capaces de prestar atención a todo lo que nos rodea, así que asignamos nuestra cuota de atención a determinadas tareas al sistema 2, y el resto las gestiona el sistema 1.

Un ejemplo clásico es el famoso experimento del gorila invisible[2], en el cual se pide a un individuo que visione un video, y proceda a contar cuantas veces se pasan un balón una serie de personas vestidas de una determinada manera. Mientras el individuo está contando pases, alguien dis-

---

2 https://www.youtube.com/watch?v=7HtoaJdHIck

frazado de gorila se pasea tranquilamente por el centro del plano, incluso deteniéndose, y la gran mayoría de individuos que fueron sometidos a este experimento, no fueron capaces de descubrir que había un gorila en mitad del video lo que obviamente es un evento fuera de lo común.

2.1.1.1. Heuristicas, Sesgos y Falcias

Hay que distinguir entre tres tipos de elementos que pueden afectar a la forma en la que razonamos o creemos que razonamos: las heurísticas, los sesgos, y las falacias:

Heurística: Se entiende por heurística aquellos atajos mentales que utilizamos, mediante los cuales obviamos o sustituimos pasos importantes en cuanto a nuestro razonamiento sobre una materia.

Ejemplo 1: Al decidir si comprar o no un producto, en lugar de investigar a fondo todas las especificaciones y comparar múltiples opciones, una persona puede utilizar la heurística de reconocimiento de marca, confiando en una marca conocida y comprando su producto sin más análisis detallado.

Ejemplo 2: Al encontrar una solución a un problema matemático, en lugar de seguir todos los pasos detallados para llegar a la solución, un estudiante puede usar una heurística basada en un patrón o una regla aprendida previamente, aplicándola directamente para obtener la respuesta sin realizar todos los cálculos intermedios.

Falacia: entendemos aquí por falacia el fallo cometido en la aplicación de una regla lógica importante, dándonos como resultado un error significativo.

Ejemplo 1: La falacia ad hominem ocurre cuando alguien ataca el carácter o las circunstancias personales del interlocutor en lugar de refutar su argumento. Por ejemplo, en un debate sobre el cambio climático, decir “No deberíamos escuchar a esta persona sobre el calentamiento global porque no es un científico” es una falacia, ya que el argumento debe evaluarse en función de su contenido y evidencia, no en función de quién lo presenta.

Ejemplo 2: La falacia de la apelación a la autoridad se produce cuando alguien argumenta que algo debe ser cierto simplemente porque una autoridad lo dijo, sin evaluar la evidencia por sí misma. Por ejemplo, afirmar “La Tierra debe ser plana porque un famoso influencer lo dijo” es una falacia, ya que la validez del argumento no se basa en quién lo dijo, sino en la evidencia científica disponible.

2.1.2. Sesgo cognitivo

Es una desviación sistemática de la norma o racionalidad en el juicio, lo que a menudo lleva a interpretaciones ilógicas, percepciones inexactas o decisiones irracionales. Los sesgos cognitivos son patrones de pensamiento que pueden influir en la manera en que las personas interpretan información y toman decisiones, a menudo de forma inconsciente. Estos sesgos pueden ser resultado de la forma en que el cerebro humano procesa y simplifica la información compleja, lo que a veces puede llevar a errores de juicio.

Explicaremos a continuación algunos de los sesgos cognitivos más habituales, de forma que se conozca en qué consisten y cuando se presentan, para que seamos conscientes de ellos a la hora de realizar un análisis de inteligencia u otra tarea cualquiera que implique el uso del razonamiento y sea de consecuencias importantes.

2.1.2.1. Sesgo del anclaje

Es un sesgo cognitivo en el cual las personas dependen demasiado de la primera información que reciben (el "ancla") al tomar decisiones. Una vez que se ha establecido este ancla, se ajustan ligeramente a partir de esa referencia inicial, incluso si la información adicional sugiere un valor muy diferente.

Ejemplo: Supongamos que estás negociando el precio de un coche usado. El vendedor menciona primero un precio de 20.000€. Aunque es posible que tengas en mente ofrecer solo 15.000€, el precio inicial de 20.000€ influye en tu percepción de lo que es un precio justo. Al final, podrías decidir ofrecer 18.000€, un precio significativamente más alto que tu oferta original planeada, debido a la influencia del precio inicial mencionado.

2.1.2.2. Sesgo del conocimiento adquirido

Este sesgo se refiere a la tendencia de una persona que entiende algo a asumir que es obvio para todos. Después de comprender un concepto o adquirir una habilidad, es fácil olvidar cuán complejo fue el proceso de aprendizaje y asumir que todos tienen el mismo nivel de comprensión. Esto se relaciona con el sesgo en retrospectiva, donde las personas creen que un evento era predecible después de que ha ocurrido.

Ejemplo: Imagina que has aprendido a programar en un nuevo lenguaje de programación. Al principio, te resultó muy difícil comprender los conceptos básicos y la sintaxis. Sin embargo, después de varios meses de práctica y estudio, te vuelves bastante competente en el uso de este lenguaje. Ahora, cuando alguien te pide ayuda para aprenderlo, tiendes a explicar los conceptos como si fueran obvios y sencillos, olvidando lo confuso que fue para ti al principio.

2.1.2.3. Sesgo de confirmación

Este sesgo se refiere a la tendencia de las personas a buscar, interpretar, favorecer y recordar información que confirme sus creencias o hipótesis preexistentes, mientras que prestan menos atención y desestiman información contradictoria. Es uno de los sesgos más importantes porque afecta significativamente nuestra percepción de la realidad y la toma de decisiones.

Ejemplo: Si alguien cree firmemente que una dieta específica es la mejor para perder peso, es probable que busque y se concentre en estudios y testimonios que respalden la eficacia de esa dieta, ignorando o minimizando los estudios que muestran resultados negativos o la eficacia de otras dietas. Esta persona podría unirse a grupos y foros en línea donde predominan opiniones similares, reforzando aún más su creencia sin considerar adecuadamente la evidencia contradictoria. Para mitigar el sesgo de confirmación, es útil adoptar una actitud de escepticismo hacia nuestras propias creencias, cuestionándolas y buscando activamente información que las refute, en lugar de simplemente buscar confirmación.

2.1.2.4. Sesgo Dunning-Kruger

Este sesgo se refiere a un fenómeno cognitivo donde las personas con menos conocimientos y habilidades tienden a sobrestimar sus capacidades, mientras que aquellas más competentes tienden a subestimarse. Las personas menos competentes no solo toman decisiones y llegan a conclusiones erróneas, sino que también son incapaces de reconocer su propia ineptitud. Por el contrario, las personas con un alto nivel de habilidad y conocimiento suelen ser más conscientes de las limitaciones de su comprensión, lo que puede llevar a una menor confianza en sí mismas.

Ejemplo: En un curso de matemáticas, los estudiantes que tienen un bajo rendimiento tienden a creer que entienden los conceptos mejor de lo que realmente lo hacen y que sus respuestas en los exámenes son correctas, incluso cuando no lo son. Estos estudiantes podrían sentirse muy confiados sobre su desempeño y sorprenderse al recibir una calificación baja. Por otro lado, los estudiantes más avanzados, que realmente comprenden los conceptos, son más conscientes de la complejidad del tema y, por lo tanto, pueden dudar de sus respuestas, subestimando su verdadero nivel de competencia.

2.1.2.5. Sesgo de creencia

Este sesgo ocurre cuando aceptamos más fácilmente una conclusión que concuerda con nuestras creencias preexistentes, racionalizando cualquier evidencia que la apoye y descartando la que la contradiga. Nuestras ideas se vuelven resistentes a la crítica y se refuerzan continuamente. Para mitigar este sesgo, es útil pensar en términos de probabilidades en lugar de certezas absolutas, y reflexionar sobre cómo y cuándo adquirimos nuestras creencias.

Ejemplo: Supongamos que alguien tiene la creencia firme de que el cambio climático no es causado por la actividad humana. Al leer un artículo que presenta datos científicos mostrando la influencia humana en el cambio climático, esta persona puede descartar el artículo como sesgado o incorrecto, y en su lugar, aceptar fácilmente una opinión que sugiere que el cambio climático es un fenómeno natural. Para contrarrestar este sesgo, esta persona debería preguntarse cuándo y cómo llegó a creer que el cambio climático no es causado por humanos, y considerar la posibilidad de que su creencia pueda no ser completamente correcta, asignándole una probabilidad en lugar de una certeza.

2.1.2.6. Sesgo de autocomplacencia

Este sesgo nos lleva a atribuir nuestros fracasos a factores externos y culpar a otros, mientras que nos atribuimos el mérito exclusivo de nuestros éxitos. Es fácil convencernos de que merecemos nuestros logros, mientras que culpamos a las circunstancias cuando las cosas no salen como deseamos. Esta tendencia está impulsada por nuestro deseo de proteger y exaltar nuestro ego. Fomentar la humildad puede ayudar a contrarrestar este sesgo y, al mismo tiempo, mejorar nuestra calidad humana.

Ejemplo: Un estudiante que obtiene una mala nota en un examen puede culpar al profesor por no haber explicado bien el material o al ruido en el aula, en lugar de reconocer que no estudió lo suficiente. Sin embargo, si obtiene una buena nota, se atribuye todo el mérito a su inteligencia y esfuerzo, ignorando otros factores como la ayuda de sus compañeros o la calidad de la enseñanza. Para mitigar este sesgo, es importante reflexionar sobre las verdaderas causas de nuestros éxitos y fracasos, y reconocer la contribución de factores externos en ambos casos.

2.1.2.7. Sesgo del efecto rebote

Este sesgo se manifiesta cuando nuestras creencias son cuestionadas, lo que provoca que nos reafirmemos aún más en ellas. Cuanto más se nos insiste en que estamos equivocados, más convencidos estamos de que tenemos razón.

Ejemplo: Si alguien está convencido de una teoría conspirativa y se le presentan hechos y pruebas que la refutan, en lugar de reconsiderar su posición, puede aferrarse aún más a su creencia. A pesar de la evidencia contraria, la insistencia en que está equivocado lo lleva a defender con más vehemencia su teoría, creyendo firmemente que está en lo correcto.

Para mitigar este sesgo, es útil abordar las conversaciones con empatía y apertura, evitando la confrontación directa. Esto puede facilitar una reflexión más calmada y racional sobre la información presentada.

2.1.2.8. Sesgo del pensamiento grupal

Este sesgo ocurre cuando la dinámica social de un grupo anula la búsqueda de los mejores resultados. Ser asertivo y contradecir al grupo puede resultar incómodo y perjudicial para la posición social o laboral de uno mismo, por lo que a menudo preferimos seguir la corriente o permanecer callados, incluso si no estamos de acuerdo con las opiniones predominantes. Esto es particularmente problemático cuando las voces más seguras, que pueden ser incorrectas, dominan la discusión (recordemos el sesgo del efecto Dunning-Kruger, donde los menos informados tienden a ser los más confiados).

Ejemplo: En una reunión de trabajo, el equipo debe decidir si lanzar un nuevo producto. La mayoría del equipo está entusiasmada y a favor del lanzamiento, pero uno de los miembros tiene serias dudas basadas en análisis de mercado que ha realizado. Sin embargo, este miembro decide no expresar sus preocupaciones debido a la presión del grupo y el entusiasmo general. Como resultado, el equipo decide lanzar el producto sin considerar los posibles riesgos, lo que finalmente conduce a pérdidas financieras. Este ejemplo ilustra cómo el sesgo del pensamiento grupal puede llevar a decisiones subóptimas y cómo la falta de un ambiente que fomente el pensamiento crítico y la expresión de opiniones divergentes puede ser perjudicial.

Para mitigar este sesgo, se pueden facilitar medios objetivos de evaluación y fomentar prácticas de pensamiento crítico como una actividad grupal. En lugar de contradecir abiertamente a los demás, se pueden utilizar métodos estructurados de discusión y análisis que permitan la expresión de diferentes puntos de vista de manera constructiva y respetuosa.

2.1.2.9. Sesgo de negatividad

Este sesgo ocurre cuando permitimos que las experiencias negativas influyan de manera desproporcionada en nuestro razonamiento. Evolutivamente, los seres humanos tienden a recordar más intensamente aquello que ha causado dolor o daño, como mecanismo para aprender a evitar futuros peligros. Este enfoque negativo puede afectar nuestras decisiones, haciendo que nos centremos más en los aspectos negativos de una situación que en los positivos.

Ejemplo: Imagina que un inversor está considerando invertir en una nueva empresa. Durante su análisis, encuentra una crítica negativa sobre la empresa en línea, aunque también hay numerosas críticas positivas y datos financieros sólidos que sugieren que la empresa tiene un buen potencial de crecimiento. Sin embargo, debido al sesgo de negatividad, el inversor se enfoca desproporcionadamente en la crítica negativa y decide no invertir, ignorando la evidencia abrumadoramente positiva.

Para mitigar este sesgo, se pueden utilizar herramientas como listas de pros y contras, y razonar en términos probabilísticos o asignando porcentajes a nuestras conclusiones sobre su veracidad o falsedad. Estos métodos pueden ayudarnos a evaluar las situaciones de manera más racional y menos emocional.

2.1.2.10. Sesgo del declinismo (o de la nostalgia)

Recordamos el pasado como mejor de lo que fue y esperamos que el futuro sea peor de lo que probablemente será. Este sesgo se ve influenciado por el ciclo de noticias de 24 horas y la continua exposición en redes sociales a eventos abiertamente negativos y violentos, ya que tendemos a enfocarnos en estos aspectos negativos.

Ejemplo: Una persona mayor que afirma que la juventud de hoy en día es mucho peor que la de su época, recordando su juventud como un tiempo sin problemas ni preocupaciones, a pesar de que en su juventud también hubo problemas sociales y económicos. Esta percepción negativa del presente y futuro puede llevarla a adoptar una visión pesimista sobre las nuevas generaciones y la dirección en la que va el mundo.

Para evitar este sesgo, en lugar de confiar en las impresiones nostálgicas de cómo "cualquier tiempo pasado fue mejor", es útil usar métricas empíricas actuales como la esperanza de vida, los niveles de crimen y violencia, y las estadísticas de prosperidad.

2.1.2.11. Sesgo de error fundamental de atribución (FAE)

Consiste en juzgar a los demás o una situación por su carácter o características, y no por su comportamiento. Sobreestimamos las explicaciones basadas en la personalidad para determinar el comportamiento de los demás, pero subestimamos el papel y poder de las situaciones temporales o transitorias en ese mismo comportamiento.

Ejemplo: Imaginemos que un conductor nos corta el paso en el tráfico. Inmediatamente, podríamos pensar que es una persona imprudente y egoísta (atribución personal), sin considerar que podría estar actuando así debido a una emergencia, como llevar a alguien al hospital (atribución situacional).

Este sesgo se manifiesta en situaciones como cuando ocurre un crimen y se pregunta a los vecinos sobre el perpetrador, y todos tienden a decir "pues era una persona cariñosa y normal". Aquí, se ignora la posibilidad de que circunstancias extremas o eventos particulares hayan influido en el comportamiento de esa persona.

2.1.2.12. Sesgo del efecto halo

Cuando estamos de acuerdo con una línea de pensamiento, ideología, persona, estamento, o nos sentimos atraídos o los admiramos de algún modo, nuestros juicios son influidos por esta circunstancia. Se producen juicios asociativos y automáticos (sistema 1), y debemos tenerlo en cuenta para ofrecer un razonamiento objetivo.

Ejemplo: Un ejemplo de esto ocurre cuando un jurado es influido en su juicio por el atractivo del acusado, ya sea físico o intelectual. Si el acusado es percibido como físicamente atractivo o bien hablado, los jurados pueden ser más propensos a emitir un veredicto favorable, ignorando o minimizando la evidencia en su contra.

Sesgo del efecto marco.

Permitimos estar indebidamente influenciados por el contexto. A todos nos gusta pensar que pensamos de forma independiente, pero la verdad es que todos nosotros estamos influenciados por la forma en la que recibimos los inputs, el marco de referencia, y las señales sutiles. Es por eso por lo que la industria publicitaria funciona tan bien como lo hace, pese a que tendamos a negar que nos afecta. Está demostrado que la forma en la que se redacta una pregunta influye en la respuesta.

Ejemplo: Un ejemplo de esto ocurre al redactar leyes y presentarlas para su aprobación. El modo en que se plantean a quienes las votan cambia radicalmente la percepción que tienen sobre lo que votarán, ya que muchos de ellos seguramente no las hayan leído previamente a la votación. Todos podemos ser manipulados, y solo cuando lo reconozcamos humildemente, podremos observar cómo lo hacen. Recordemos el experimento del gorila invisible.

2.1.2.13. Sesgo de punto ciego

Tendemos a creer que a los demás les afectan los sesgos, heurísticas y falacias sin que sean conscientes de ello, y que nosotros somos especiales e inmunes a ellas y a nosotros no nos afectan. Al igual que ocurre con el punto ciego del retrovisor de nuestro coche, este sesgo puede impedirnos ver cosas que pueden tener un papel crítico en las decisiones que tomamos. Es fundamental para el analista tener siempre presentes los sesgos en su día a día.

Ejemplo: Imaginemos a un equipo de trabajo que está desarrollando un proyecto importante. Uno de los miembros del equipo, Juan, cree firmemente que es capaz de evaluar objetivamente las ideas de los demás y que sus propias decisiones no están influenciadas por sesgos cognitivos. Sin embargo, durante una reunión de equipo, Juan rechaza una propuesta presentada por su colega María, sin considerar realmente su validez. Este sesgo de punto ciego le impide a Juan reconocer que su juicio podría estar sesgado por su percepción de María como una competencia directa. Como resultado, el equipo pierde la oportunidad de aprovechar una idea valiosa y mejorar el proyecto.

2.1.2.14. Sesgo del optimismo

Sobreestimamos la probabilidad de obtener resultados positivos. Puede haber beneficios para una actitud positiva, pero no es prudente permitir que tal actitud afecte adversamente nuestra capacidad para hacer juicios racionales (no se excluyen mutuamente). Un ejemplo de esto son los juegos de azar, donde tendemos a creer que existen más (o, mejor dicho, no consideramos las probabilidades reales, y aun sabiéndolo, las ignoramos) posibilidades de ganar que, de perder, y por ello apostamos. Si realizamos juicios de manera racional y realista, tendremos muchos más motivos para sentirnos positivos.

Ejemplo: Imaginemos a una persona llamada Laura que está planeando su lanzamiento como emprendedora. A pesar de tener poca experiencia en el campo y de no haber realizado un análisis exhaustivo del mercado, Laura está convencida de que su negocio será un éxito rotundo. Ignora las estadísticas de fracaso de nuevas empresas en su industria y se centra únicamente en su visión optimista del futuro. Este sesgo del optimismo puede llevar a Laura a tomar decisiones financieras arriesgadas y a subestimar los desafíos que enfrentará su negocio. Aunque una actitud positiva puede ser valiosa, es importante equilibrarla con un análisis objetivo de los riesgos y las posibilidades.

2.1.2.15. Sesgo de pertenencia

Este sesgo se refiere a la tendencia a favorecer injustamente a quienes pertenecen a nuestro grupo en comparación con aquellos que no pertenecen a él, a menudo ignorándolos o incluso castigándolos. Aunque podemos creer que somos justos e imparciales, en realidad tendemos a favorecer automáticamente a quienes son similares a nosotros o pertenecen a nuestros grupos. Este tribalismo puede haber evolucionado para fortalecer la cohesión social, pero en un mundo moderno y multicultural, puede tener efectos negativos, socavando la inclusión y la diversidad.

Ejemplo: Imaginemos una situación en la que un equipo de analistas está discutiendo sobre la estrategia a seguir en un proyecto importante. Durante la discusión, los miembros del equipo muestran un claro sesgo de pertenencia al favorecer las ideas y opiniones de aquellos que son parte de su mismo departamento o unidad organizativa, mientras ignoran o menosprecian las contribuciones de quienes provienen de otras áreas de la organización o de equipos externos. Este sesgo puede limitar la diversidad de perspectivas y conducir a decisiones subóptimas, ya que se priorizan las opiniones internas sobre las externas. Es crucial que los analistas reconozcan y mitiguen este sesgo para garantizar una toma de decisiones más equitativa y efectiva.

2.1.2.16. Sesgo de disponibilidad

El sesgo de disponibilidad se refiere a la tendencia a sobreestimar la probabilidad de un evento o la frecuencia de un fenómeno basándose en la facilidad con la que se puede recordar o recuperar ejemplos relevantes de la memoria. Los eventos más vívidos, recientes o emocionalmente impactantes tienden a ser más fácilmente recordados, lo que puede llevar a una percepción sesgada de su frecuencia o probabilidad real. Este sesgo puede influir en la toma de decisiones y en la evaluación de riesgos.

Ejemplo: Imagina que estás considerando invertir en el mercado de valores y has escuchado varias historias sobre personas que han ganado grandes sumas de dinero en poco tiempo. Debido al sesgo de disponibilidad, podrías sobreestimar la probabilidad de obtener grandes ganancias en el mercado de valores, ya que las historias de éxito que has escuchado están fácilmente disponibles en tu memoria. Sin embargo, es posible que estés ignorando los numerosos casos en los que las personas han perdido dinero en el mercado de valores, ya que esas historias no son tan vívidas o fáciles de recordar. Como resultado, podrías tomar decisiones de inversión basadas en una percepción distorsionada de las probabilidades reales de éxito en el mercado.

Es importante tener en cuenta que los sesgos mencionados son solo algunos ejemplos de una amplia variedad que pueden influir en el trabajo de un ciberinvestigador, por lo que reconocer la existencia de estos sesgos y estar alerta a cómo pueden afectar nuestro juicio y toma de decisiones es fundamental para llevar a cabo investigaciones objetivas y precisas.

La tolerancia a la frustración y la perseverancia son dos rasgos esenciales para cualquier profesional que trabaje en el campo de la ciberinvestigación o la ciberinteligencia. En un entorno caracterizado por la complejidad de los problemas y la constante incertidumbre, estas cualidades pueden determinar el éxito o el fracaso en la consecución de los objetivos. La ciberinvestigación y la ciberinteligencia suelen enfrentarse a desafíos difíciles y a situaciones donde los resultados no son inmediatos ni siempre predecibles. Por lo tanto, la capacidad de mantener la calma ante la adversidad, aprender de los errores y persistir en la búsqueda de soluciones es crucial para alcanzar resultados efectivos y significativos en este campo en constante evolución.

2.1.2.17. Tolerancia a la Frustración

La ciberinvestigación y la ciberinteligencia implican enfrentarse a obstáculos y desafíos constantes. Los investigadores pueden encontrarse con situaciones donde la información es escasa, las pistas son ambiguas o las técnicas de análisis no producen resultados inmediatos. En tales momentos, la capacidad de tolerar la frustración es crucial para mantener la calma, mantener la claridad mental y perseverar en la búsqueda de soluciones.

Imagina que un equipo de ciberinvestigadores está tratando de identificar a los responsables de un ataque informático sofisticado contra una empresa. A pesar de utilizar diversas herramientas de análisis forense digital y técnicas de investigación, el equipo encuentra muy poca evidencia para seguir adelante. Las pistas son escasas, y cada nueva línea de investigación parece llegar a un callejón sin salida.

En este escenario, la tolerancia a la frustración es crucial. Los investigadores deben resistir la tentación de rendirse ante la falta de progreso inmediato. En lugar de eso, necesitan mantener la calma, mantenerse enfocados en el objetivo y perseverar en su búsqueda de pistas, incluso cuando los avances son mínimos. Esto podría implicar volver a revisar meticulosamente los datos, explorar diferentes ángulos de investigación y/o colaborar estrechamente con otros analistas e investigadores.

2.1.2.18. Perseverancia

La perseverancia es la capacidad de seguir adelante a pesar de los contratiempos y las dificultades. En el campo de la ciberinvestigación, es común enfrentarse a problemas complejos que requieren tiempo y esfuerzo para resolver. Los investigadores deben estar dispuestos a enfrentarse a desafíos persistentes, seguir explorando nuevas líneas de investigación y no darse por vencidos fácilmente ante la adversidad.

Imagina que un equipo de ciberinvestigadores está trabajando en la identificación de un grupo de cibercriminales responsables de una serie de ataques contra una red empresarial. A pesar de meses de investigación intensiva, el equipo no ha logrado identificar al culpable principal. Se han encontrado con numerosos obstáculos, como la ocultación hábil de la identidad de los criminales y la complejidad de los métodos utilizados para llevar a cabo los ataques.

A pesar de estas dificultades, los investigadores perseveran en su búsqueda. Continúan examinando registros de actividad, analizando patrones de comportamiento y colaborando con otros expertos, y aunque encuentran frustraciones y contratiempos en el camino, el equipo se mantiene enfocado en su objetivo de identificar y detener a los responsables.

Estas cualidades no solo son importantes para superar los desafíos técnicos y analíticos de la ciberinvestigación, sino también para mantener la integridad y la ética profesional en todo momento. En un entorno donde la presión por obtener resultados puede ser alta, la tolerancia a la frustración y la perseverancia ayudan a los profesionales a mantenerse enfocados en su objetivo final: proteger los activos digitales, prevenir y detectar amenazas cibernéticas, y garantizar la seguridad en línea.

2.1.3. Conocimientos, Habilidades y Aptitudes del Analista

Antes de explorar específicamente los conocimientos y habilidades del analista de ciberinteligencia, es importante resaltar la notable similitud entre este rol, el analista de inteligencia y el ciberinvestigador.

Estas funciones comparten una serie de habilidades, conocimientos y responsabilidades fundamentales en sus respectivos ámbitos de trabajo. Aunque puedan tener enfoques ligeramente diferentes debido al entorno específico en el que operan, en última instancia, desempeñan roles esencialmente iguales en la recopilación, análisis y utilización de información para alcanzar objetivos estratégicos.

En el ámbito de la ciberinvestigación y la ciberinteligencia, los conocimientos, habilidades y aptitudes del analista desempeñan un papel fundamental en la efectividad y éxito de las operaciones. Estos tres elementos son esenciales para enfrentar los desafíos complejos y dinámicos del ciberespacio, donde la capacidad para comprender, analizar y utilizar la información de manera estratégica es crítica.

2.1.3.1. Conocimientos

Se refiere al conjunto de información, conceptos, principios y datos adquiridos a través del estudio, la experiencia o la formación. Los conocimientos pueden abarcar una amplia gama de áreas, desde el conocimiento teórico en disciplinas académicas hasta habilidades prácticas en diversos campos profesionales Disponer de conocimientos implica comprender y ser capaz de aplicar información relevante en diferentes contextos para resolver problemas, tomar decisiones y realizar tareas específicas de manera efectiva.

2.1.3.2. Tecnologías de la Información (TI)

Los analistas de inteligencia/ciberinteligencia necesitan comprender profundamente las tecnologías de la información, incluyendo redes, sistemas operativos, bases de datos, seguridad informática, criptografía y más. Este conocimiento les permite entender cómo funcionan los sistemas informáticos, identificar posibles vulnerabilidades y evaluar la seguridad de los sistemas.

2.1.3.3. Amenazas y Tendencias en Ciberseguridad

Es esencial que los analistas estén al tanto de las últimas amenazas y tendencias en ciberseguridad. Esto incluye comprender los diferentes tipos de malware, técnicas de ataque, vulnerabilidades de software, y las estrategias utilizadas por los ciberdelincuentes. Mantenerse actualizado en este campo les permite anticipar posibles amenazas y tomar medidas preventivas para proteger los sistemas.

2.1.3.4. Legislación y Normativas

Los analistas deben tener conocimientos sólidos sobre las leyes y regulaciones relacionadas con la ciberseguridad y la privacidad de datos. Esto incluye entender las leyes de protección de datos, regulaciones de ciberseguridad, estándares de cumplimiento y normativas específicas de la industria. Este conocimiento les permite garantizar el cumplimiento normativo en sus operaciones y proteger la información confidencial.

2.1.3.5. Habilidades

2.1.3.5.1. Análisis de Datos

Los analistas deben ser hábiles en el análisis de datos para interpretar y extraer conclusiones significativas de grandes conjuntos de información.

Esto implica habilidades en estadística, minería de datos, visualización de datos y uso de herramientas analíticas. El análisis de datos les permite identificar patrones, tendencias y relaciones que pueden ser cruciales para la generación de inteligencia.

2.1.3.5.2. Comunicación

La capacidad de comunicarse de manera efectiva es fundamental para los analistas, ya que deben ser capaces de transmitir hallazgos y recomendaciones de manera clara y concisa. Esto incluye habilidades en redacción de informes, presentación oral, comunicación interpersonal y trabajo en equipo. Una comunicación eficaz facilita la colaboración con otros profesionales y la toma de decisiones informadas.

2.1.3.5.3. Técnicas de Investigación

Los analistas deben poseer habilidades en técnicas de investigación, tanto tradicionales como digitales. Esto incluye habilidades en entrevistas, interrogatorios, búsqueda en bases de datos, investigación en redes sociales y uso de herramientas de inteligencia de fuentes abiertas (OSINT). Las técnicas de investigación les permiten recopilar información relevante de manera efectiva para sus análisis.

2.1.3.6. Aptitudes

2.1.3.6.1. Perseverancia

La capacidad de perseverar y mantenerse enfocado en objetivos a largo plazo es crucial para los analistas, especialmente en el ámbito de la ciberinvestigación donde los desafíos pueden ser complejos y persistentes. La capacidad de enfrentar obstáculos y seguir adelante es esencial para el éxito en este campo.

2.1.3.6.2. Curiosidad Intelectual

Los analistas deben tener una mente curiosa y un deseo de aprender y explorar nuevas áreas. La curiosidad intelectual les impulsa a buscar nuevas fuentes de información, explorar diferentes perspectivas y buscar soluciones creativas a los problemas.

2.1.3.6.3. Tolerancia a la Frustración

Es un elemento que hemos repetido en más de una ocasión, dado que el trabajo de los analistas puede implicar enfrentarse a situaciones difíciles y desafiantes, es importante que tengan una buena tolerancia a la frustración. La capacidad de mantener la calma y el enfoque bajo presión es fundamental para superar obstáculos y resolver problemas de manera efectiva.

Los conocimientos, habilidades y aptitudes del analista de inteligencia/ciberinteligencia son elementos fundamentales que les permiten realizar análisis efectivos, tomar decisiones informadas y enfrentar los desafíos en un entorno digital en constante evolución. Estos elementos pueden ser entrenados y desarrollados a lo largo del tiempo, permitiendo a los analistas mejorar y crecer en su campo profesional.

En conjunto, estos tres elementos —conocimientos, habilidades y aptitudes— son esenciales para el analista de inteligencia/ciberinteligencia, proporcionándole las herramientas necesarias para enfrentar los desafíos del día a día y cumplir con sus responsabilidades de manera efectiva. Es importante destacar que estos elementos son entrenables, lo que significa que los profesionales pueden desarrollar y mejorar estas capacidades a lo largo de su carrera mediante la formación, la práctica y la experiencia en el campo.

Los roles del analista en ciberinteligencia, el analista de inteligencia y el ciberinvestigador comparten un responsabilidad fundamental, la recopilación de datos de diversas fuentes, analizar la información recopilada y comunicar los hallazgos de manera efectiva para ayudar en la toma de decisiones estratégicas, y aunque podamos denominarlos de manera diferente según el contexto específico en el que operan, todos ellos están involucrados en el mismo proceso esencial de recolección, análisis y utilización de información para generar inteligencia significativa.

2.1.3.6.4. Recopilación de Información, Análisis de Información y Producción de Informes

Los analistas en ciberinteligencia, analistas de inteligencia y los ciberinvestigadores desempeñan roles críticos en la recopilación de datos, el análisis de información y la producción de informes. Su labor implica obtener información de diversas fuentes, ya sean digitales o físicas, y luego analizarla de manera sistemática para identificar patrones, tendencias y amenazas relevantes. Finalmente, comunican sus hallazgos de manera clara y concisa a los tomadores de decisiones y otros interesados a través de informes detallados.

2.1.3.6.5. Conocimientos Específicos para el Analista de Inteligencia/Ciberinteligencia

En el contexto actual, ciertos conocimientos específicos son especialmente relevantes para el analista de inteligencia/ciberinteligencia como conocimientos en:

2.1.3.6.6. Redes Sociales y OSINT

Con el aumento de la importancia de las redes sociales como fuente de información en la ciberinteligencia, es crucial que el analista esté familiarizado con las plataformas sociales más relevantes y las técnicas de investigación de fuentes abiertas (OSINT) para recopilar información valiosa.

2.1.3.6.7. Análisis Estructurado y No Estructurado

Además de comprender técnicas tradicionales de análisis de datos, el analista debe trabajar con datos estructurados y no estructurados, utilizando herramientas y metodologías adecuadas para cada tipo.

2.1.3.6.8. Tecnologías de la Información Relevantes

Se requiere un conocimiento general de las tecnologías de la información, con un enfoque especial en aquellas relevantes para la ciberinteligencia, como sistemas de detección de intrusiones, análisis forense digital y software de análisis de redes sociales.

2.1.3.6.9. Marco Legal y Regulaciones de Ciberseguridad

Entender las leyes y regulaciones relacionadas con la privacidad de datos y la ciberseguridad es esencial para garantizar el cumplimiento normativo y la protección de la información confidencial.

2.1.3.6.10. Amenazas y Tendencias Actuales

Estar al tanto de las últimas tendencias en ciberseguridad y amenazas emergentes proporciona al analista una visión más completa de los riesgos potenciales y las áreas de enfoque prioritario para la ciberinteligencia.

2.1.3.6.11. Funcionamiento de ChatGPT y otras Inteligencias Colaborativas

Conocer el funcionamiento de ChatGPT y otras IA similares, así como la habilidad de confeccionar prompts efectivos, es esencial para maximizar el uso de estas herramientas en el análisis de datos y la generación de inteligencia. Esto incluye entender cómo formular preguntas y comandos que permitan obtener respuestas útiles y precisas.

En resumen, los conocimientos del analista de inteligencia/ciberinteligencia deben abarcar una variedad de áreas para permitir un análisis efectivo y la obtención de información valiosa en el ciberespacio en constante evolución.

2.2. Cómo y en qué es importante especializarse para ciberinvestigar a nivel profesional

En un entorno digital en constante evolución, donde los ciberdelincuentes están cada vez más sofisticados y las organizaciones son objeto de ataques cada vez más frecuentes y complejos, la necesidad de profesionales altamente capacitados en ciberinvestigación es más apremiante que nunca.

La ciberinvestigación en el contexto actual se ha convertido en un componente esencial para la detección, prevención y respuesta eficaz ante las crecientes amenazas provenientes del ciberespacio, donde se deben combinar conocimientos técnicos, habilidades analíticas y una comprensión profunda de las tendencias y amenazas actuales en el ciberespacio.

Las nuevas tecnologías en el campo de la ciberseguridad avanzan a un ritmo acelerado, con el surgimiento constante de nuevas plataformas, herramientas y técnicas, por lo que es crucial para los profesionales especializarse para mantenerse al día con estos avances y ser capaces de enfrentar los desafíos emergentes.

La ciberinvestigación abarca una amplia gama de áreas, desde el análisis forense digital hasta la inteligencia de amenazas, y su importancia radica en su capacidad para recopilar, analizar y utilizar datos digitales para identificar y mitigar riesgos, descubrir intrusiones, y responder de manera efectiva a incidentes de seguridad.

En este contexto, la especialización en ciberinvestigación a nivel profesional se vuelve fundamental. Al profundizar en áreas específicas de la ciberseguridad, los profesionales pueden adquirir conocimientos más detallados y especializados, desarrollar habilidades avanzadas y mantenerse al día con las últimas tendencias y tecnologías en el campo.

En este módulo, exploraremos los fundamentos de la ciberinvestigación, desde la recopilación y análisis de información hasta la producción de informes y la importancia de la especialización en áreas clave de la ciberseguridad. Mediante un enfoque práctico y basado en casos reales, los participantes obtendrán las habilidades y competencias necesarias para sobresalir en este campo en constante evolución.

Especializarse en ciberinvestigación a nivel profesional es fundamental en el mundo cada vez más complejo de la seguridad cibernética. A continuación, se presentan algunas razones que destacan la importancia de esta especialización:

2.2.1. Profundización en áreas específicas

La ciberinvestigación abarca una extensa variedad de disciplinas, que van desde el análisis forense digital hasta la inteligencia de amenazas, pasando por otras múltiples disciplinas, por lo que los profesionales deben profundizar en áreas específicas de interés para adquirir un conocimiento más detallado y especializado. Este enfoque no solo mejora su competencia técnica en campos particulares, sino que también incrementa su capacidad para abordar desafíos complejos y dinámicos en el ámbito de la investigación.

2.2.2. Mejora de habilidades y competencias

La especialización permite a los investigadores desarrollar habilidades áreas específicas, que abarcaran desde el dominio de herramientas especializadas, la aplicación de técnicas de análisis avanzadas o la implementación de métodos de investigación específicos. Al profundizar en estos aspectos, los expertos pueden mejorar su capacidad para detectar, analizar y mitigar amenazas cibernéticas de manera más eficaz, contribuyendo significativamente a la seguridad y resiliencia de sistemas y redes digitales.

2.2.3. Mayor demanda laboral

Con el aumento de las amenazas cibernéticas, hay una creciente demanda de expertos altamente especializados en ciberinvestigación. Los profesionales que se especializan en áreas de alta demanda dentro de la ciberinvestigación, como el análisis forense digital, la inteligencia de amenazas o la inteligencia de fuentes abiertas (OSINT), tienen mayores oportunidades laborales y pueden avanzar en sus carreras más rápidamente. La especialización en ciberinvestigación no solo incrementa la empleabilidad, sino que también posiciona a los profesionales como valiosos activos para las organizaciones que buscan identificar, analizar y mitigar las sofisticadas tácticas empleadas por los ciberdelincuentes.

Cada vez más organizaciones están montando unidades de ciberinteligencia que requieren personal cualificado para enfrentar los desafíos de seguridad. Estas unidades necesitan especialistas que puedan manejar herramientas avanzadas, aplicar técnicas de análisis complejas y llevar a cabo investigaciones específicas para proteger la infraestructura digital y la información sensible de las organizaciones. En particular, los especialistas en OSINT son esenciales para recopilar y analizar información disponible públicamente, lo que puede ser crucial para prevenir ataques y entender el panorama general de las amenazas cibernéticas.

2.2.4. Resolver problemas complejos

La ciberinvestigación a menudo implica enfrentar y resolver problemas complejos y sofisticados. Al especializarse, los profesionales en este campo están mejor equipados para abordar estos desafíos con una mayor profundidad de conocimiento y experiencia. La especialización permite el desarrollo de habilidades avanzadas en el uso de herramientas específicas, técnicas de análisis detalladas y métodos de investigación precisos, lo que les capacita para ofrecer soluciones efectivas.

2.2.5. Mantenerse al día con las tendencias y tecnologías

La especialización permite a los profesionales mantenerse al día con las últimas tendencias y tecnologías en su campo de especialización. Esto es crucial en un ámbito en constante evolución, donde los cibercriminales están al día de nuevas amenazas y tecnologías, por lo que deben seguir de cerca los desarrollos más recientes, adaptando sus conocimientos y habilidades a los cambios aplicando las tecnologías más innovadoras en sus investigaciones.

La especialización a nivel profesional es fundamental para desarrollar conocimientos especializados, habilidades avanzadas y mantenerse al día con las últimas tendencias y tecnologías en el campo de la investigación, permitiéndoles mejorar sus oportunidades laborales en un campo en constante evolución. La especialización no solo facilita la resolución de problemas complejos y sofisticados, sino que también satisface la creciente demanda de expertos altamente calificados, especialmente en áreas críticas como el análisis forense digital, la inteligencia de amenazas y la inteligencia de fuentes abiertas (OSINT).

3. INTRODUCCIÓN A LA METODOLOGÍA DE CIBERINVESTIGACIÓN

La ciberinvestigación, en su constante evolución dentro del entorno digital, se enfrenta a una serie de desafíos y oportunidades que requieren una respuesta dinámica y proactiva. En este contexto, es esencial reconocer la importancia de mantener una perspectiva actualizada y contextualmente realista hacia nuevas visiones de mundo. Esto implica no solo comprender los avances tecnológicos y las tendencias emergentes en el ciberespacio, sino también integrar enfoques interdisciplinarios y metodologías científicas para abordar los problemas y desafíos complejos que surgen en este ámbito.

La investigación en ciberinvestigación desempeña un papel central en este proceso, ya que proporciona el marco necesario para explorar, comprender y resolver los problemas prácticos y teóricos que afectan a la seguridad, privacidad y protección de la información en línea. Al adoptar un enfoque científico y sistemático, los investigadores en ciberinvestigación pueden analizar de manera crítica las dinámicas del ciberespacio, identificar tendencias y patrones, y desarrollar soluciones innovadoras y efectivas para hacer frente a las amenazas cibernéticas.

Es importante destacar que una disciplina sin una sólida base de producción científica corre el riesgo de debilitarse y perder relevancia en un entorno tan dinámico como el ciberespacio. La investigación científica en ciberinvestigación no solo impulsa el avance y la innovación en el campo, sino que también contribuye a fortalecer la identidad y el perfil profesional de los investigadores en este ámbito. Además, promueve la adopción de una actitud crítica y reflexiva hacia la recepción de información, lo que resulta fundamental en un entorno donde la desinformación y las noticias falsas son una amenaza creciente.

La investigación en ciberinvestigación abarca una amplia gama de temas y áreas de interés, desde el análisis forense digital y la detección de amenazas hasta la protección de la privacidad y la ética en línea. A través de estudios empíricos, experimentos controlados y análisis de datos, los investigadores pueden generar conocimientos nuevos y significativos que contribuyan a mejorar la seguridad y la resiliencia del ciberespacio.

Además, la investigación en ciberinvestigación tiene importantes implicaciones prácticas y sociales. Por un lado, proporciona a las organizaciones y empresas herramientas y estrategias para proteger sus activos digitales y mitigar los riesgos de ciberataques. Por otro lado, ayuda a las autoridades y agencias de seguridad a combatir el cibercrimen y garantizar la integridad de la infraestructura crítica en línea.

Al hacer investigación en el campo de la ciberinvestigación, las personas profundizan su comprensión de la disciplina, ya que se ven obligadas a describir, interpretar y analizar fenómenos sociales y humanos en contextos reales del ciberespacio. Esta inmersión en la realidad del entorno digital no solo enriquece su conocimiento teórico, sino que también fortalece su capacidad para desarrollar intervenciones y proyectos innovadores y creativos, adaptados a las circunstancias y necesidades específicas que enfrentan en su práctica profesional.

La investigación en ciberinvestigación permite a los investigadores mejorar su práctica, innovar y desarrollarse con seguridad y profesionalismo. Al enfrentarse a desafíos reales y buscar soluciones a problemas concretos, los investigadores adquieren una perspectiva más completa de las complejidades del ciberespacio y desarrollan habilidades prácticas que son fundamentales para su desempeño profesional. Además, al contribuir al cuerpo de conocimientos en el campo de la ciberinvestigación, cada investigador aporta al avance y desarrollo de la disciplina, beneficiando tanto a la comunidad como a la institución para la cual trabaja.

La importancia del "por qué" y "para qué" de la investigación en ciberinvestigación es un tema que merece atención y reflexión continua. Cada estudio, cada proyecto de investigación, ofrece la oportunidad de profundizar en la comprensión de los desafíos y oportunidades en el ciberespacio, y de identificar nuevas vías para abordarlos de manera efectiva. En última instancia, es a través del diálogo y la colaboración entre investigadores, profesionales y comunidades que se puede avanzar hacia una ciberinvestigación más robusta y significativa, capaz de hacer frente a los retos del mundo digital en constante cambio.

3.1. Visión General de la Investigación Aplicada

La investigación en el ámbito de la ciberinvestigación es un campo amplio y multidisciplinario que se enfrenta a una variedad de desafíos y problemas en el entorno digital. Este campo se encuentra en constante evolución debido al rápido desarrollo de la tecnología, los cambios en el panorama de amenazas cibernéticas y la aparición de nuevas tendencias y prácticas en línea. Como resultado, la investigación en ciberinvestigación abarca una amplia gama de temas y áreas de interés, que van desde la seguridad informática y el análisis forense digital hasta la protección de la privacidad en línea y la lucha contra el cibercrimen.

Para comprender mejor la investigación en ciberinvestigación, es importante distinguir entre la investigación básica y aplicada en este campo. La investigación básica se centra en la búsqueda del conocimiento por sí mismo, sin necesariamente considerar su aplicación práctica inmediata. Por otro lado, la investigación aplicada tiene como objetivo principal la resolución de problemas concretos y la generación de soluciones prácticas y aplicables en el mundo real. En el contexto de la ciberinvestigación, la investigación aplicada se centra en abordar desafíos específicos relacionados con la seguridad, la privacidad y la criminalidad en línea.

Los investigadores aplicados en ciberinvestigación trabajan en estrecha colaboración con una variedad de actores, incluidos organismos encargados de hacer cumplir la ley, agencias gubernamentales, empresas privadas, organizaciones sin fines de lucro y la comunidad académica. Su objetivo es desarrollar herramientas, técnicas y políticas que fortalezcan la seguridad y la confianza en el ciberespacio y mitiguen las amenazas cibernéticas emergentes. Esto puede implicar actividades como la investigación de vulnerabilidades en sistemas informáticos, el análisis de incidentes de seguridad, la recopilación de inteligencia cibernética y la identificación de patrones de comportamiento malicioso en línea.

La investigación aplicada en ciberinvestigación abarca una amplia gama de áreas temáticas, que van desde el análisis forense digital y la detección de intrusiones hasta la protección de la infraestructura crítica y la prevención del fraude en línea. Los investigadores aplicados utilizan una variedad de enfoques metodológicos, incluyendo estudios de caso, análisis cuantitativos y cualitativos, simulaciones y modelado computacional, para abordar los complejos problemas que enfrentan en su trabajo diario.

Además de su contribución a la resolución de problemas prácticos, la investigación aplicada en ciberinvestigación también tiene un impacto significativo en el avance del conocimiento en el campo. Los hallazgos y las lecciones aprendidas de la investigación aplicada alimentan el desarrollo de nuevas teorías, marcos conceptuales y prácticas recomendadas que benefician tanto a la comunidad académica como a los profesionales del campo.

En resumen, la investigación aplicada en ciberinvestigación desempeña un papel fundamental en la identificación y mitigación de amenazas cibernéticas, la protección de datos sensibles y la promoción de un entorno digital seguro y confiable. Al combinar enfoques teóricos y prácticos, los investigadores pueden generar soluciones innovadoras y efectivas que fortalezcan la seguridad, la privacidad y la confianza en línea, contribuyendo así a un entorno digital más seguro y resiliente para todos.

Tipos de investigaciones aplicadas:

En el ámbito de la investigación y otras disciplinas afines, la investigación práctica aplicada abarca una variedad de enfoques y metodologías destinadas a comprender y abordar problemas específicos en contextos reales. Entre los tipos de investigación práctica aplicada más relevantes se encuentran:

1. Investigaciones prácticas enfocadas en diagnósticos: Estos estudios implican el uso de encuestas, entrevistas o cuestionarios para identificar necesidades o problemas en un sector o situación social particular. Los hallazgos de estos diagnósticos se utilizan para proponer soluciones concretas, como el desarrollo de políticas institucionales, la creación de documentos de acceso, la producción de materiales técnicos especializados y la documentación de buenas prácticas de intervención.
2. Estudios de casos: Esta metodología, popularizada por Sigmund Freud, se emplea para estudiar detalladamente los diversos factores que influyen en una situación dada de un problema social específico. Los estudios de caso pueden centrarse en individuos, familias, organizaciones o grupos sociales, proporcionando una comprensión profunda y detallada de sus circunstancias y dinámicas.
3. Prácticas como investigación aplicada: Estas experiencias de investigación se centran en la aplicación innovadora y creativa de intervenciones orientadoras para resolver o mejorar situaciones específicas. Los profesionales utilizan métodos y modelos de intervención para abordar problemas en grupos, individuos, instituciones o empresas, con el objetivo de generar cambios positivos y duraderos.
4. Investigación-acción: Este enfoque, acuñado por Kurt Lewin, implica que los profesionales busquen estudiar científicamente sus problemas para guiar, corregir y evaluar sus decisiones y acciones. La inves-

tigación-acción busca cambios prácticos y funcionales en la práctica, fomentando la reflexión sobre la teoría subyacente y promoviendo la mejora continua en la intervención educativa y pedagógica.

5. Investigación participativa: Esta estrategia combina la investigación con la práctica, involucrando a los participantes en la identificación de necesidades y la búsqueda de soluciones. La investigación participativa busca generar procesos de reflexión que conduzcan a una toma de conciencia y acción, permitiendo a las comunidades resolver sus propios problemas y fortalecer su capacidad de autogestión.
6. Investigación evaluativa: Este tipo de investigación aplica conocimientos científicos y evidencia objetiva para evaluar programas sociales y determinar su efectividad. La investigación evaluativa proporciona información útil para la toma de decisiones y el mejoramiento continuo de los programas, contribuyendo así al desarrollo de políticas y prácticas más eficaces.

Estos son solo algunos ejemplos de los tipos de investigación práctica aplicada que se utilizan en el campo de la investigación y disciplinas relacionadas. Cada uno de estos enfoques ofrece herramientas y perspectivas únicas para abordar problemas específicos y promover el cambio positivo en diversos contextos sociales y educativos.

Un problema de investigación es el punto de partida fundamental para cualquier estudio científico o de mercado. Se define como una pregunta o conjunto de preguntas que se plantean con el propósito de obtener información y comprensión sobre un tema específico. Su correcta delimitación es crucial para garantizar la efectividad y relevancia de la investigación.

Características de un Problema de Investigación:

1. Claro y Específico: Un problema de investigación debe estar bien definido y ser lo más preciso posible. Debe indicar con claridad qué información se busca obtener y cuáles son los objetivos de la investigación.
2. Relevante: Es fundamental que el problema de investigación esté relacionado con un objetivo o necesidad concreta de la empresa u organización. Debe abordar un desafío o una pregunta importante que tenga impacto en el ámbito de estudio.
3. Basado en Datos: El problema de investigación debe ser abordable mediante métodos de investigación que permitan recopilar datos relevantes y fiables. Esto garantiza que los resultados obtenidos sean sólidos y confiables.

4. Contextualizado: Es importante que el problema de investigación tenga en cuenta el contexto y las circunstancias actuales del mercado o la industria en cuestión. Esto permite que la investigación sea relevante y aplicable a la realidad específica en la que se desarrolla.

Importancia de Delimitar un Problema de Investigación:

La delimitación adecuada de un problema de investigación proporciona una serie de beneficios y ventajas que son fundamentales para la planificación y ejecución efectiva de la investigación. Algunas de estas razones incluyen:

- Enfoque y Claridad: Un problema de investigación bien definido establece un marco específico que ayuda a los investigadores a concentrarse en aspectos particulares del tema en cuestión, evitando la dispersión de esfuerzos y recursos.
- Orientación: Proporciona una dirección clara para la investigación, sirviendo como un mapa que guía la recopilación de datos y la toma de decisiones durante todo el proceso de investigación.
- Relevancia: Asegura que la investigación aborde cuestiones importantes y pertinentes para la organización o la comunidad, evitando la realización de estudios innecesarios o que carezcan de impacto.
- Eficiencia: Ayuda a evitar la recopilación de información excesiva o irrelevante, lo que ahorra tiempo y recursos. Los investigadores pueden enfocarse en obtener datos precisos y útiles.
- Diseño de Investigación Apropiado: Permite la elección de los métodos de investigación adecuados, garantizando que se utilicen herramientas y enfoques apropiados para responder a las preguntas planteadas.
- Comunicación Efectiva: Facilita la comunicación entre los miembros del equipo de investigación y con otras partes interesadas, asegurando que todos comprendan claramente el objetivo de la investigación.
- Evaluación de Resultados: Permite una evaluación más precisa de los resultados y conclusiones una vez que se completa la investigación, comparándolos con los objetivos originales para determinar si se han alcanzado.
- Toma de Decisiones Informada: Los resultados de una investigación bien delimitada proporcionan información específica y relevante que puede utilizarse para abordar problemas o aprovechar oportunidades, facilitando la toma de decisiones informadas.

Tipos de Problemas de Investigación:

Existen varios tipos de problemas de investigación que pueden abordarse dependiendo de los objetivos y el enfoque de la investigación. Algunos de los tipos más comunes incluyen:

- Descriptivos: Centrados en describir una situación, fenómeno o característica particular.
- Exploratorios: Buscan obtener una comprensión inicial y más profunda de un tema o problema.
- Explicativos o Causales: Buscan determinar las relaciones de causa y efecto entre variables.
- Comparativos: Implican comparar dos o más variables, grupos o situaciones.
- Predictivos: Se enfocan en predecir eventos futuros o tendencias.
- Evaluativos o de Evaluación: Buscan evaluar el impacto de una acción o intervención.
- Longitudinales: Implican el seguimiento de variables a lo largo del tiempo para identificar tendencias o cambios.
- Diseño de Producto o Desarrollo de Productos: Centrados en la creación o mejora de productos o servicios.
- Segmentación de Mercado: Buscan dividir el mercado en grupos más pequeños y homogéneos para comprender mejor las necesidades de cada segmento.

La correcta definición y delimitación de un problema de investigación es fundamental para el éxito de cualquier estudio científico o de mercado. Proporciona un marco claro y orientado que guía la investigación, garantizando su relevancia, eficacia y aplicabilidad en el ámbito específico en el que se desarrolla.

3.2. Cómo Definir un Problema de Investigación: Proceso y Etapas

El planteamiento de un problema de investigación es un proceso fundamental que implica varias etapas clave para garantizar su adecuada delimitación y enfoque. Diversos investigadores han propuesto metodologías o fórmulas que pueden facilitar este proceso. A continuación, se describen cinco etapas básicas para definir un problema de investigación:

1. Identificación del Problema:

El primer paso consiste en identificar el problema que se desea investigar. Esto puede surgir a partir de incógnitas o interrogantes que despierten el interés del investigador. Se recomienda explorar temas de conocimiento o interés personal, ya que esto facilita el proceso de investigación.

2. Delimitación Espacio-Geográfica:

   La delimitación del objeto en el espacio geográfico es necesaria para enfocar la investigación a cierto lugar o locación geográfica específica. Esto ayuda a considerar las condiciones y características particulares de dicho espacio, lo que puede influir en los resultados de la investigación.

3. Delimitación Espacio Temporal:

   La delimitación del tiempo establece el período temporal en el cual se llevará a cabo la investigación. Es importante definir el marco temporal para contextualizar adecuadamente el problema y comprender su evolución a lo largo del tiempo.

4. Definición e Investigación del Problema:

   Antes de formular el problema de investigación, es necesario realizar una revisión de los antecedentes del tema, las teorías existentes y las investigaciones previas relacionadas. Esto proporciona un contexto sólido para comprender el problema en profundidad y orientar la investigación de manera adecuada.

5. Formulación del Problema:

   Una vez completadas las etapas anteriores, se procede a formular el problema de investigación de manera clara y precisa. Esto implica expresar el problema en forma de pregunta o afirmación que refleje los objetivos de la investigación.

Al seguir este proceso y estas etapas, se logra una adecuada delimitación y definición del problema de investigación, lo que proporciona una base sólida para el desarrollo de la investigación y la obtención de resultados significativos.

3.2.1. Diseño de investigaciones

El diseño de investigaciones en el ámbito de la ciberinvestigación es un proceso fundamental que implica la planificación y estructuración de estudios para abordar fenómenos relacionados con el ámbito digital. Con el crecimiento exponencial de la tecnología y la expansión de la presencia digital en nuestras vidas, la ciberinvestigación se ha vuelto cada vez más relevante en diversos campos, como la seguridad informática, la criminología, el análisis de datos y la protección de la privacidad en línea.

La ciberinvestigación se enfoca en el estudio, análisis y comprensión de los fenómenos que ocurren en el ciberespacio, que abarca desde la exploración de la dark web hasta la identificación de amenazas cibernéticas y la prevención del cibercrimen. Este ámbito de investigación requiere un enfoque multidisciplinario que integre conocimientos de informática, ciencias forenses, derecho, psicología y sociología, entre otras disciplinas.

Etapas del Diseño de Investigaciones en Ciberinvestigaciones

1. Identificación del Problema:

   El proceso comienza con la identificación de un problema o fenómeno específico en el ámbito digital que se desea investigar. Puede tratarse de la propagación de malware, el robo de información confidencial, el grooming en línea, entre otros.

2. Revisión de la Literatura:

   Antes de diseñar la investigación, es crucial realizar una revisión exhaustiva de la literatura existente sobre el tema. Esto permite conocer el estado del arte, identificar vacíos en la investigación y establecer una base teórica sólida.

3. Definición de Objetivos:

   Una vez identificado el problema, se definen los objetivos de la investigación, que pueden incluir comprender el comportamiento delictivo en línea, desarrollar estrategias de prevención de ciberataques o evaluar la efectividad de herramientas de seguridad digital.

4. Selección de Metodología:

   La elección de la metodología de investigación depende de la naturaleza del problema y los objetivos planteados. En ciberinvestigaciones, se suelen utilizar métodos cuantitativos y cualitativos, así como técnicas específicas de análisis de datos digitales.

5. Recopilación de Datos:

   La recopilación de datos en ciberinvestigaciones puede involucrar la recolección de registros de actividad en línea, análisis de redes sociales, extracción de metadatos de archivos digitales o el uso de herramientas forenses para la investigación de incidentes cibernéticos.

6. Análisis de Datos:

   Una vez recopilados los datos, se procede al análisis para extraer patrones, tendencias o relaciones significativas. Esto puede implicar el uso de software especializado para el análisis forense digital o técnicas avanzadas de minería de datos.
7. Interpretación de Resultados:

   Los resultados del análisis se interpretan en función de los objetivos de la investigación y se comparan con la literatura existente. Esta etapa permite generar conclusiones y recomendaciones basadas en evidencia para abordar el problema investigado.
8. Difusión de Resultados:

   Finalmente, los hallazgos de la investigación se comunican a través de informes técnicos, artículos científicos, presentaciones en conferencias o capacitaciones especializadas. La difusión de resultados contribuye al avance del conocimiento en el campo de la ciberinvestigación y su aplicación práctica.

3.2.1.1. Importancia del Diseño de Investigaciones en Ciberinvestigaciones

El diseño adecuado de investigaciones en ciberinvestigaciones es fundamental para garantizar la validez y fiabilidad de los resultados obtenidos. Además, permite abordar problemas complejos en el ámbito digital de manera sistemática y estructurada, lo que facilita la toma de decisiones informadas y la implementación de medidas efectivas para mitigar riesgos y proteger la seguridad en línea. En un mundo cada vez más interconectado y digitalizado, el diseño de investigaciones en ciberinvestigaciones juega un papel crucial en la protección de individuos, organizaciones y la sociedad en su conjunto frente a las amenazas cibernéticas.

3.2.2. Definición de Problemas de Investigación

Exploración de los principios básicos de la investigación, diferencias entre enfoques científicos y aplicados.

La investigación es un proceso fundamental en la adquisición de conocimientos y la comprensión de fenómenos en una amplia gama de campos, incluida la ciberseguridad. En este punto del módulo, nos sumergiremos en los principios básicos de la investigación y examinaremos las diferencias entre los enfoques científicos y aplicados, proporcionando una base sólida para el resto del curso.

3.2.2.1. Principios fundamentales de la investigación

La investigación, en su esencia, es un proceso sistemático de indagación que busca responder preguntas, resolver problemas o descubrir nuevos conocimientos. Para llevar a cabo una investigación efectiva, es fundamental comprender y aplicar una serie de principios básicos:

1. Formulación de preguntas de investigación: Toda investigación comienza con una pregunta o un conjunto de preguntas que guían el proceso investigativo. Estas preguntas deben ser claras, específicas y pertinentes al tema de estudio.
2. Recolección y análisis de datos: La recopilación de datos es un paso crucial en el proceso de investigación. Los investigadores utilizan una variedad de métodos y técnicas para recopilar datos, que van desde encuestas y entrevistas hasta observaciones y análisis de documentos. Una vez recopilados los datos, se analizan para identificar patrones, tendencias y relaciones que ayuden a responder las preguntas de investigación.
3. Interpretación de resultados: La interpretación de los resultados de la investigación implica analizar los hallazgos y sacar conclusiones basadas en la evidencia recopilada. Los investigadores deben ser críticos en su análisis, considerando las limitaciones de los datos y evaluando la validez y fiabilidad de los resultados.
4. Validez y fiabilidad: Dos conceptos fundamentales en la investigación son la validez y la fiabilidad. La validez se refiere a la precisión y exactitud de los resultados, es decir, hasta qué punto los resultados reflejan la realidad. La fiabilidad, por otro lado, se refiere a la consistencia y estabilidad de los resultados a lo largo del tiempo y en diferentes contextos.

3.2.2.2. Diferencias entre enfoques científicos y aplicados

Los enfoques científicos y aplicados en la investigación difieren en sus objetivos, métodos y aplicaciones. A continuación, exploraremos estas diferencias en detalle:

1. Objetivos de la investigación:

Enfoque científico: El objetivo principal del enfoque científico es generar nuevo conocimiento y comprensión teórica sobre un fenómeno. Los investigadores científicos buscan descubrir patrones y leyes que rijan el mundo natural o social.

Enfoque aplicado: Por otro lado, el objetivo del enfoque aplicado es resolver problemas prácticos y aplicar conocimientos existentes para abordar necesidades específicas en la sociedad o en la industria. Los investigadores aplicados buscan desarrollar soluciones prácticas y aplicables a problemas del mundo real.

2. Métodos de investigación:

Enfoque científico: Los métodos utilizados en el enfoque científico suelen ser rigurosos y controlados, con un énfasis en la objetividad y la replicabilidad. Los investigadores científicos suelen emplear métodos cuantitativos y cualitativos para recopilar y analizar datos de manera sistemática.

Enfoque aplicado: Los métodos en el enfoque aplicado son más flexibles y orientados hacia la acción. Los investigadores aplicados pueden utilizar una variedad de métodos, desde estudios de caso y experimentos de campo hasta evaluaciones de programas y encuestas de opinión pública, según las necesidades específicas del problema que están abordando.

3. Aplicaciones prácticas:

Enfoque científico: Si bien el enfoque científico puede eventualmente tener aplicaciones prácticas, su principal objetivo es generar conocimiento teórico que pueda ser utilizado por otros investigadores o profesionales en el campo.

Enfoque aplicado: En contraste, el enfoque aplicado tiene un enfoque más inmediato en la resolución de problemas prácticos. Los resultados de la investigación aplicada suelen tener aplicaciones directas en la toma de decisiones y la práctica profesional.

3.2.2.3. Importancia en el contexto de la ciberinvestigación

En el campo de la ciberinvestigación, tanto los enfoques científicos como los aplicados desempeñan un papel crucial. Los investigadores científicos pueden contribuir al desarrollo de teorías y marcos conceptuales que ayuden a comprender mejor las amenazas cibernéticas y los comportamientos de los actores involucrados. Por otro lado, los investigadores aplicados pueden desarrollar herramientas y técnicas prácticas para proteger sistemas informáticos y redes contra ataques cibernéticos.

En resumen, la exploración de los principios básicos de la investigación y las diferencias entre enfoques científicos y aplicados proporciona una base sólida para la comprensión y aplicación de la investigación en el campo de la ciberseguridad. Al comprender estos conceptos fundamentales, los profesionales pueden diseñar y llevar a cabo investigaciones efectivas que contribuyan al avance del conocimiento y la práctica en este campo en constante evolución.

3.2.3. Formulación de Hipótesis

Desarrollar hipótesis de trabajo sólidas y fundamentadas es un paso crucial en el proceso de investigación en cualquier campo, incluida la ciberseguridad. Una hipótesis bien formulada proporciona una guía clara para la investigación, establece expectativas sobre los resultados esperados y permite a los investigadores probar y validar sus ideas. En esta sección, exploraremos detalladamente cómo desarrollar hipótesis de trabajo basadas en observaciones preliminares y teoría existente en el contexto de la ciberinvestigación.

Antes de formular una hipótesis, es importante realizar observaciones preliminares para identificar patrones, tendencias o problemas relevantes en el campo de estudio. Estas observaciones pueden surgir de la experiencia práctica, la revisión de la literatura existente, el análisis de datos previos o la interacción con expertos en el campo. Algunas técnicas para realizar observaciones preliminares incluyen:

1. Revisión de literatura: Examina estudios previos, informes técnicos, documentos gubernamentales y otros recursos relevantes para identificar temas emergentes, brechas en el conocimiento o problemas sin resolver en el campo de la ciberinvestigación.

2. Análisis de datos: Analiza datos disponibles, como registros de incidentes de seguridad, tendencias de ataques cibernéticos o estadísticas de vulnerabilidades, para identificar patrones o anomalías que puedan indicar áreas de interés para la investigación.

3. Entrevistas con expertos: Realiza entrevistas con profesionales de la ciberinvestigación, investigadores académicos o líderes de la industria para obtener perspectivas sobre los desafíos actuales, las tendencias emergentes y las áreas de investigación prioritarias en el campo.

4. Participación en comunidades de investigación: Únete a grupos de investigación, foros en línea o conferencias de ciberinvestigación para participar en discusiones y compartir ideas con otros investigadores en el campo.

Una vez que se han realizado observaciones preliminares, es hora de formular una hipótesis de trabajo que pueda ser probada y evaluada mediante investigación empírica. Una hipótesis efectiva debe ser clara, específica, verificable y relevante para el problema en cuestión. Aquí hay algunos pasos a seguir para desarrollar una hipótesis de trabajo sólida:

1. Identifica la relación entre variables: Comienza identificando las variables clave en tu investigación: la variable independiente (la que se manipula o cambia) y la variable dependiente (la que se mide o observa). Luego, considera cómo estas variables pueden estar relacionadas entre sí.

2. Formula una afirmación: Basándote en tus observaciones preliminares y en la relación entre variables identificadas, formula una afirmación clara y concisa sobre la relación esperada entre las variables. Esta afirmación puede ser una predicción sobre cómo un cambio en una variable afectará a la otra.

3. Sé específico y testable: Asegúrate de que tu hipótesis sea lo suficientemente específica como para ser probada mediante investigación empírica. Debe ser lo bastante clara para indicar cómo se medirán las variables y cómo se probará la relación entre ellas.

4. Revisa la literatura existente: Antes de finalizar tu hipótesis, revisa la literatura existente para asegurarte de que no se haya investigado previamente y para proporcionar un contexto teórico para tu hipótesis.

Ejemplos de hipótesis en ciberinvestigación:

Hipótesis 1: A mayor accesibilidad y disponibilidad de información en fuentes abiertas, mayor será la precisión y exhaustividad de los datos recopilados para análisis de inteligencia.

Hipótesis 2: La diversidad y cantidad de fuentes abiertas disponibles influyen en la capacidad de los investigadores para identificar y prever tendencias emergentes en seguridad cibernética.

Hipótesis 3: La eficacia de las técnicas de recolección de información en fuentes abiertas está relacionada con la capacidad del investigador para filtrar y validar la información obtenida.

Hipótesis 4: La utilización de herramientas avanzadas de análisis de datos en fuentes abiertas permite a los investigadores descubrir patrones y conexiones ocultas en grandes volúmenes de información.

Hipótesis 5: El análisis de redes sociales y comunidades en línea proporciona información valiosa sobre la estructura y dinámica de grupos involucrados en actividades cibernéticas ilícitas.

Hipótesis 6: La integración de datos de fuentes abiertas con inteligencia humana mejora la precisión y relevancia de los informes de inteligencia en ciberinvestigación.

Hipótesis 7: La seguridad y privacidad de la información recopilada en fuentes abiertas son vulnerables a ataques de manipulación y desinformación por parte de actores maliciosos.

Hipótesis 8: La colaboración y compartición de información entre investigadores y agencias gubernamentales en fuentes abiertas fortalece la capacidad de detección y prevención de amenazas cibernéticas.

Hipótesis 9: La aplicación de técnicas de minería de texto y análisis semántico en fuentes abiertas mejora la identificación de palabras clave y temas relevantes para la seguridad cibernética.

Hipótesis 10: La capacidad de adaptación y actualización continua de las estrategias de recolección de información en fuentes abiertas es crucial para mantener la relevancia y eficacia en un entorno de amenazas en constante evolución.

En el ámbito de la ciberinvestigación, el desarrollo de hipótesis de trabajo sólidas y fundamentadas es un paso crucial en el proceso de investigación. Una hipótesis bien formulada proporciona una guía clara para la investigación, establece expectativas sobre los resultados esperados y permite a los investigadores probar y validar sus ideas en un entorno altamente dinámico y complejo. En esta sección, exploraremos detalladamente cómo desarrollar hipótesis de trabajo basadas en observaciones preliminares y teoría existente en el contexto de la ciberinvestigación.

Antes de formular una hipótesis, es esencial realizar observaciones preliminares para identificar patrones, tendencias o problemas relevantes en el campo de estudio. Estas observaciones pueden surgir de diversas fuentes, como la experiencia práctica, la revisión de la literatura existente, el análisis de datos previos o la interacción con expertos en el campo. La combinación de estas técnicas proporciona una visión integral del panorama actual de la ciberinvestigación y ayuda a identificar áreas de investigación prioritarias.

Una vez recopiladas las observaciones preliminares, se procede a formular la hipótesis de trabajo. Esta etapa implica identificar la relación entre las variables relevantes en la investigación y formular una afirmación clara y concisa sobre la relación esperada entre ellas. Para ello, se siguen varios pasos: primero, se identifican las variables clave en la investigación, como la variable independiente (aquella que se manipula o cambia) y la variable dependiente (aquella que se mide o observa); luego, se formula una afirmación sobre la relación entre estas variables, basada en las observaciones preliminares y la teoría existente en el campo.

Es fundamental que la hipótesis sea específica y testable, es decir, que pueda ser probada mediante investigación empírica. Para lograrlo, se define claramente cómo se medirán las variables y cómo se probará la relación entre ellas. Además, antes de finalizar la hipótesis, se realiza una revisión exhaustiva de la literatura existente para asegurarse de que no se haya investigado previamente y para proporcionar un contexto teórico sólido que respalde la hipótesis formulada.

En conclusión, el desarrollo de hipótesis de trabajo sólidas y fundamentadas es un proceso crucial en la investigación en ciberinvestigación. Al basarse en observaciones preliminares y teoría existente, los investigadores pueden formular afirmaciones claras y testables sobre la relación entre variables, proporcionando una guía clara para la investigación empírica. Al seguir estos pasos y ejemplos, los investigadores pueden formular hipótesis significativas que contribuyan al avance del conocimiento en el campo de la ciberinvestigación y al desarrollo de soluciones efectivas para proteger la información y los sistemas en un entorno digital cada vez más complejo y desafiante.

3.3. Diseño de Investigaciones

La ciberinvestigación abarca una amplia gama de actividades que van desde la aplicación de la ley hasta la inteligencia y la seguridad informática. En este complejo panorama, es esencial comprender los diferentes tipos de investigaciones y los procesos involucrados en la obtención de información digital. Desde investigaciones legales que persiguen delitos cibernéticos hasta actividades de inteligencia que buscan proteger la seguridad nacional, cada tipo de investigación tiene sus propios objetivos, métodos y consideraciones éticas y legales.

Una de las primeras etapas en la ciberinvestigación es la elaboración de una directiva de inteligencia o la definición de requerimientos de información. Esto implica identificar las necesidades de información específicas que deben satisfacerse para alcanzar los objetivos de la investigación. Estas directrices establecen los parámetros para la recopilación y análisis de datos, así como los recursos necesarios para llevar a cabo la investigación de manera efectiva.

Una vez establecida la directiva de inteligencia, se procede a la planificación de recursos internos o externos. Esto incluye la asignación de personal, equipos y tecnología necesarios para llevar a cabo la investigación. En algunos casos, puede ser necesario recurrir a recursos externos, como consultores forenses digitales o equipos especializados en ciberseguridad, para complementar los recursos internos disponibles.

El siguiente paso es el desarrollo de un programa de obtención, que consiste en la recopilación sistemática de información relevante para la investigación. Esto puede implicar el monitoreo de redes sociales, la obtención de registros de actividad en línea, la realización de entrevistas con testigos o sospechosos, entre otras técnicas. Es fundamental que este proceso se realice de manera ética y legal, respetando los derechos de privacidad y protección de datos de las personas involucradas.

En este sentido, las consideraciones éticas y legales desempeñan un papel crucial en cada etapa del proceso de ciberinvestigación. Es importante garantizar que todas las actividades realizadas cumplan con las leyes y regulaciones aplicables, así como con los estándares éticos profesionales. Esto incluye obtener el consentimiento informado cuando sea necesario, proteger la privacidad de las personas involucradas y garantizar la integridad y confiabilidad de la información recopilada.

En resumen, la ciberinvestigación es un proceso complejo que requiere una cuidadosa planificación y ejecución. Desde la elaboración de una directiva de inteligencia hasta la recopilación de información y el análisis de datos, cada paso debe realizarse de manera ética y legal para garantizar la integridad y efectividad de la investigación.

3.3.1. Tipos de investigaciones (legal, policial, inteligencia, etc.)

Las investigaciones abarcan una amplia gama de disciplinas y objetivos, desde el análisis de evidencia legal hasta la recopilación de inteligencia para la seguridad nacional.

Entre los principales tipos de investigaciones se encuentran las legales, que se centran en la interpretación y aplicación de leyes, las policiales, orientadas a resolver crímenes y mantener el orden público, y las de inteligencia, que buscan recopilar información estratégica. Además, existe la investigación científica, que busca generar conocimiento en diversas áreas, y la investigación privada, que se encarga de obtener información para clientes individuales o corporativos.

También están las investigaciones sociales, destinadas a comprender el comportamiento humano, y las de mercado, que analizan tendencias y preferencias del consumidor…

La investigación legal tiene como objetivo principal interpretar y aplicar la legislación en una variedad de contextos legales, con el fin de resolver disputas legales y establecer la culpabilidad o inocencia en casos criminales y civiles. Para lograrlo, se emplean métodos como el análisis jurídico, la revisión de casos precedentes, la investigación de jurisprudencia, las entrevistas a testigos y partes involucradas, así como la recolección de pruebas y evidencias legales.

Por otro lado, la investigación policial se enfoca en la resolución de crímenes, el mantenimiento del orden público y la aplicación de la ley. Esto se logra mediante la investigación en escenas del crimen, entrevistas a testigos y sospechosos, análisis de pruebas forenses, uso de tecnología de vigilancia, colaboración con otras agencias de seguridad y la aplicación de tácticas de investigación criminal.

La investigación de inteligencia, por su parte, tiene como objetivo la recopilación, análisis y evaluación de información para respaldar la toma de decisiones en seguridad nacional, política exterior y defensa. Para alcanzar este propósito, se utilizan métodos como la recolección de información a través de fuentes humanas, vigilancia electrónica, análisis de datos, operaciones encubiertas, evaluación de riesgos y amenazas, y la elaboración de informes de inteligencia.

En el ámbito de la investigación científica, el objetivo principal es generar conocimiento en diversas áreas científicas y tecnológicas. Esto se logra mediante el diseño experimental, la recopilación y análisis de datos, la revisión de literatura científica, la aplicación de métodos estadísticos, el uso de equipos de laboratorio especializados y la publicación de resultados en revistas científicas.

La investigación privada se centra en la recopilación de información sobre asuntos personales, legales o comerciales para clientes individuales o corporativos. Los métodos empleados incluyen la investigación de antecedentes, vigilancia discreta, entrevistas a testigos y personas relevantes, análisis de documentos y registros públicos, y la utilización de técnicas de investigación forense.

Por otro lado, la investigación social tiene como objetivo comprender el comportamiento humano, las interacciones sociales y los fenómenos sociales. Para ello, se utilizan métodos como encuestas, entrevistas, observación participante, análisis de datos cualitativos y cuantitativos, diseño de estudios de campo, y la aplicación de teorías y marcos conceptuales de disciplinas como la sociología, la antropología y la psicología social.

Finalmente, la investigación de mercado busca recopilar y analizar información sobre el mercado, los consumidores y la competencia para respaldar decisiones de marketing y desarrollo de productos. Los métodos empleados incluyen encuestas de mercado, grupos focales, análisis de datos demográficos y de comportamiento del consumidor, estudios de segmentación de mercado, y la evaluación de tendencias económicas y comerciales.

Estos métodos y objetivos varían según el tipo de investigación y el contexto en el que se llevan a cabo, pero cada uno desempeña un papel fundamental en la adquisición y aplicación del conocimiento en sus respectivos campos.

3.3.2. Definición de Requerimientos de Información

La Definición de Requerimientos de Información es un proceso mediante el cual se identifican y establecen las necesidades específicas de información que una organización, proyecto o actividad particular requiere para alcanzar sus objetivos.

Esta fase es crucial en cualquier investigación, ya que ayuda a determinar qué datos, hechos o conocimientos son necesarios para tomar decisiones informadas o llevar a cabo acciones efectivas.

Durante la Definición de Requerimientos de Información, se pueden considerar varios aspectos, incluyendo:

1. Objetivos y metas: Identificar claramente los objetivos que se desean alcanzar y las metas específicas que se deben cumplir. Esto ayudará a enfocar la búsqueda de información en áreas relevantes y prioritarias.

2. Contexto y alcance: Comprender el contexto en el que se desarrolla la investigación y delimitar el alcance de las necesidades de información. Esto implica considerar factores como el marco temporal, geográfico y conceptual en el que se encuentra el problema o la situación a investigar.

3. Stakeholders y usuarios: Identificar a las partes interesadas y a los usuarios finales de la información. Es importante comprender sus nece-

sidades, expectativas y requerimientos específicos para garantizar que la información recopilada sea relevante y útil para ellos.

4. Tipos de información: Determinar qué tipos de información son necesarios para satisfacer las necesidades identificadas. Esto puede incluir datos cuantitativos, cualitativos, estadísticas, documentos, informes, análisis, entre otros.

5. Fuentes de información: Identificar las fuentes potenciales de donde se puede obtener la información requerida. Esto puede incluir bases de datos, documentos públicos, expertos en el campo, encuestas, entrevistas, entre otros.

6. Métodos de recopilación y análisis: Definir los métodos y técnicas que se utilizarán para recopilar y analizar la información necesaria. Esto puede implicar la elaboración de encuestas, la realización de entrevistas, el análisis de datos estadísticos, entre otros enfoques.

7. Criterios de calidad: Establecer criterios para evaluar la calidad y relevancia de la información recopilada. Esto garantizará que la información sea precisa, actualizada, confiable y adecuada para su uso previsto.

En resumen, la Definición de Requerimientos de Información es un proceso sistemático que ayuda a garantizar que la investigación se enfoque en recopilar la información necesaria para abordar de manera efectiva los problemas, tomar decisiones informadas y alcanzar los objetivos establecidos.

3.3.3. Desarrollo de Estrategias de Recopilación de Información en Investigación de Fuentes Abiertas

3.3.3.1. Objetivo Claro y Definido

En la investigación de fuentes abiertas, el objetivo primordial es recopilar información relevante y accesible disponible públicamente en diferentes plataformas y medios en línea. Esto puede abarcar una amplia gama de temas, desde análisis de opinión pública hasta seguimiento de tendencias, detección de noticias falsas o evaluación de la reputación en línea. Para lograrlo, es crucial definir claramente los temas de interés y los tipos de datos necesarios, asegurando que estén alineados con los objetivos y preguntas de investigación planteadas. Esta definición precisa ayuda a orientar la selección de fuentes y métodos de recolección de información de manera efectiva y eficiente.

3.3.3.2. Selección de Fuentes y Herramientas

Una parte fundamental del proceso implica identificar y evaluar una variedad de fuentes abiertas disponibles. Esto incluye sitios web, blogs, foros en línea, redes sociales, bases de datos gubernamentales, repositorios académicos y noticias en línea, entre otros. La diversidad de fuentes disponibles permite obtener una perspectiva amplia y completa sobre el tema de investigación. Además, se pueden emplear diversas herramientas especializadas de búsqueda y análisis de datos para optimizar el proceso de recolección y extracción de información. Estas herramientas pueden incluir motores de búsqueda avanzados, agregadores de noticias, herramientas de minería de texto y redes sociales, que permiten rastrear y analizar grandes volúmenes de datos de manera eficiente. La selección cuidadosa de fuentes y herramientas adecuadas es esencial para garantizar la calidad y relevancia de los datos recopilados.

3.3.3.3. Consideraciones Éticas y Legales

La investigación de fuentes abiertas conlleva una serie de consideraciones éticas y legales que deben ser abordadas de manera rigurosa. Es fundamental respetar las normativas éticas y legales, así como los términos de uso y políticas de privacidad de las plataformas y sitios web. Esto implica asegurar la confidencialidad y privacidad de los datos recopilados, así como obtener el consentimiento informado cuando sea necesario, especialmente al recopilar información de redes sociales y otros sitios que puedan contener datos personales sensibles. Además, se deben tener en cuenta aspectos como el respeto a los derechos de autor y la atribución adecuada de la información utilizada.

3.3.3.4. Planificación Logística

La planificación logística es esencial para garantizar el éxito de la investigación de fuentes abiertas. Esto incluye la selección y configuración de herramientas y tecnologías adecuadas para la recopilación y análisis de datos, así como la capacitación del personal en el uso de estas herramientas. Además, se debe establecer un plan de trabajo detallado que aborde aspectos como la gestión del tiempo, la asignación de recursos y la coordinación de actividades de monitoreo y análisis de datos. También se deben considerar aspectos como la selección de muestras representativas y la definición de criterios de inclusión y exclusión de información. Una planificación logística sólida contribuye a la eficiencia y efectividad del proceso de investigación, garantizando que se cumplan los objetivos del estudio de manera oportuna y precisa.

En resumen, el desarrollo de estrategias de recopilación de información en investigación de fuentes abiertas requiere una cuidadosa planificación y ejecución para garantizar la obtención de datos relevantes y confiables de manera ética y eficiente en un entorno digital en constante evolución. La selección cuidadosa de fuentes, el cumplimiento de normativas éticas y legales, y una sólida planificación logística son fundamentales para el éxito de este proceso.

3.3.3.5. Programa de Obtención, Estrategias para la Selección de Muestras Representativas y Técnicas de Muestreo

3.3.3.5.1. Diseño de Programa de Obtención

El Programa de Obtención se refiere al plan general para adquirir datos de fuentes abiertas de manera sistemática y organizada. Este programa debe definir los pasos específicos para recopilar la información necesaria de manera eficiente y efectiva. Implica establecer objetivos claros, identificar fuentes relevantes, definir métodos de recolección de datos y establecer criterios para la evaluación de la calidad y relevancia de la información obtenida.

3.3.3.5.2. Estrategias para la Selección de Muestras Representativas

En la investigación de fuentes abiertas, es importante seleccionar muestras que sean representativas de la población o fenómeno de interés. Para lograrlo, se pueden emplear diversas estrategias, como el muestreo aleatorio, el muestreo estratificado y el muestreo por conglomerados. El muestreo aleatorio implica seleccionar muestras de manera aleatoria, garantizando que todos los elementos tengan la misma probabilidad de ser seleccionados. El muestreo estratificado consiste en dividir la población en grupos homogéneos y seleccionar muestras de cada estrato proporcionalmente. Por último, el muestreo por conglomerados implica dividir la población en grupos o conglomerados y seleccionar muestras de algunos de estos grupos.

3.3.3.5.3. Técnicas de Muestreo

Existen diversas técnicas de muestreo que pueden ser utilizadas en la investigación de fuentes abiertas, dependiendo de las características del estudio y los recursos disponibles. Algunas de estas técnicas incluyen:

- Muestreo sistemático: Consiste en seleccionar muestras de manera sistemática, siguiendo un patrón predefinido.
- Muestreo por conveniencia: Implica seleccionar muestras basadas en la conveniencia y disponibilidad de los elementos, sin seguir un proceso aleatorio o sistemático. Esta técnica puede ser útil cuando se necesita obtener datos rápidamente o cuando el acceso a la población es limitado.
- Muestreo de bola de nieve: Se utiliza cuando la población de interés es difícil de alcanzar o identificar. Consiste en seleccionar participantes iniciales que luego proporcionan referencias a otros participantes potenciales, creando una "bola de nieve" de participantes reclutados.
- Muestreo por cuotas: Es una técnica utilizada para garantizar que ciertos grupos de interés estén representados en la muestra en proporciones predeterminadas. Se establecen criterios de selección basados en características específicas de la población y se seleccionan muestras que cumplan con estas cuotas.

3.3.3.5.4. Consideraciones Adicionales

Al seleccionar muestras y técnicas de muestreo, es importante tener en cuenta factores como la accesibilidad de los datos, la viabilidad logística y los objetivos específicos de la investigación. Además, se deben considerar posibles sesgos y limitaciones asociadas con las técnicas de muestreo seleccionadas, y se deben tomar medidas para mitigar estos efectos, como el ajuste de ponderaciones o la inclusión de datos adicionales para compensar cualquier sesgo potencial.

En resumen, el diseño de un Programa de Obtención sólido, junto con estrategias adecuadas para la selección de muestras representativas y técnicas de muestreo, son fundamentales para garantizar la calidad y validez de los datos recopilados en la investigación de fuentes abiertas. Estas consideraciones ayudan a asegurar que la información obtenida sea representativa, confiable y relevante para los objetivos del estudio.

3.3.3.6. Consideraciones Éticas y Legales en la Ciberinvestigación

3.3.3.6.1. Discusión sobre la Ética en la Investigación Digital

La investigación digital plantea una serie de interrogantes éticos dada la naturaleza única de los datos digitales y la velocidad con la que se pueden recopilar, analizar y compartir. Es fundamental llevar a cabo una discusión exhaustiva sobre los principios éticos que guían la investigación en este ámbito. Esto incluye consideraciones sobre la privacidad digital, el consentimiento informado, la equidad en el acceso a la información y la responsabilidad ética de los investigadores en el uso y análisis de datos digitales. Además, la rápida evolución de la tecnología y las prácticas en línea requiere una revisión constante de las normas éticas para adaptarse a los nuevos desafíos y dilemas éticos que surgen en el entorno digital.

3.3.3.6.2. Consentimiento Informado

Obtener el consentimiento informado en la investigación digital presenta desafíos únicos debido a la naturaleza descentralizada y anónima de muchas fuentes de datos en línea. Es esencial informar de manera clara y comprensible a los participantes sobre el propósito de la investigación, cómo se recopilarán y utilizarán los datos, y cualquier riesgo potencial asociado. Esto puede implicar la necesidad de desarrollar nuevos enfoques para obtener el consentimiento en línea, como la inclusión de avisos de consentimiento en sitios web o plataformas digitales, o el uso de herramientas de consentimiento específicas en aplicaciones y servicios en línea. Es fundamental respetar la autonomía y la privacidad de los individuos y garantizar que el consentimiento sea obtenido de manera ética y legal.

3.3.3.6.3. Protección de Datos Personales

La protección de datos personales es una consideración crítica en la investigación digital, especialmente en el contexto de la creciente preocupación por la privacidad en línea. Los investigadores deben cumplir con las leyes y regulaciones de protección de datos aplicables, como el Reglamento General de Protección de Datos (GDPR) en la Unión Europea o la Ley de Privacidad del Consumidor de California (CCPA) en los Estados Unidos. Esto implica garantizar que se obtenga y procese la información de manera legal y ética, respetando los derechos de privacidad y propiedad de los individuos. Se deben implementar medidas adecuadas de seguridad y anonimización para proteger los datos personales contra el acceso no autorizado y el uso indebido. Además, es importante considerar el impacto potencial de la investigación en la privacidad y seguridad de los individuos y comunidades afectadas, y tomar medidas para mitigar cualquier riesgo potencial.

3.3.3.6.4. Responsabilidad y Transparencia

Los investigadores en ciberinvestigación tienen la responsabilidad de conducir sus estudios de manera ética y transparente, comunicando claramente sus métodos, hallazgos y limitaciones. Deben evitar la manipulación o distorsión de la información, así como el uso de prácticas engañosas o intrusivas. Es fundamental garantizar la integridad y la validez de los datos recopilados y analizados, así como considerar las posibles implicaciones éticas y sociales de la investigación. Esto incluye reflexionar sobre el posible sesgo en la selección de datos, la representatividad de las muestras y el uso responsable de la información obtenida. La transparencia en todas las etapas de la investigación, desde la recopilación de datos hasta la publicación de resultados, es esencial para garantizar la confianza del público y la comunidad científica en el proceso de investigación digital.

En resumen, la ciberinvestigación plantea desafíos éticos y legales significativos que requieren una consideración cuidadosa y una gestión responsable. Es fundamental mantener altos estándares éticos, respetando los principios de consentimiento informado, protección de datos personales, responsabilidad y transparencia para garantizar la integridad y el impacto positivo de la investigación en entornos digitales. La reflexión continua sobre las implicaciones éticas de la investigación digital y el desarrollo de prácticas éticas sólidas son fundamentales para abordar los desafíos emergentes en este campo en constante evolución.

3.3.4. Técnicas de Recolección de Datos

3.3.4.1. Métodos Cualitativos en Investigación Digital

La recolección de datos cualitativos en el ámbito OSINT y la ciberinvestigación se basa en la utilización de métodos cualitativos tradicionales adaptados al entorno en línea. Estos métodos buscan explorar en profundidad las experiencias, percepciones y comportamientos de los individuos, así como entender los significados y contextos sociales que subyacen a los fenómenos estudiados. La investigación cualitativa en el ámbito digital permite a los investigadores abordar preguntas complejas y profundizar en temas de interés a través de la interacción directa con participantes en línea.

3.3.4.2. Entrevistas y reuniones online

Las entrevistas online son una herramienta valiosa para la recolección de datos cualitativos en el ámbito de la ciberinvestigación. Estas pueden llevarse a cabo a través de diversas plataformas, como aplicaciones de videoconferencia, mensajería instantánea o correo electrónico. La flexibilidad y conveniencia de las entrevistas en línea permiten a los investigadores llegar a participantes ubicados en diferentes regiones geográficas y con diversas disponibilidades de tiempo. Además, las entrevistas en línea pueden ser síncronas, permitiendo la interacción en tiempo real entre el investigador y el participante, o asíncronas, facilitando la participación en momentos convenientes para cada individuo.

3.3.4.3. Grupos Focales Virtuales

Los grupos focales virtuales son una adaptación de los grupos focales tradicionales al entorno digital. Estos grupos reúnen a un conjunto de participantes en línea para discutir un tema específico bajo la moderación de un investigador. La realización de grupos focales virtuales puede llevarse a cabo a través de plataformas de videoconferencia o salas de chat en línea. Este método permite explorar las opiniones, percepciones y experiencias compartidas por los participantes en relación con un tema particular. La interacción en tiempo real en un entorno virtual facilita la generación de datos ricos y la identificación de patrones y temas emergentes.

3.3.4.4. Observación Participante en Entornos Digitales

La observación participante en entornos digitales implica la inmersión activa de los investigadores en comunidades en línea, plataformas sociales o espacios virtuales relevantes para el estudio. Durante este proceso, los investigadores pueden participar de manera activa o pasiva en las interacciones en línea, interactuando con los participantes o simplemente observando y registrando los comportamientos y dinámicas sociales. La observación participante en entornos digitales permite una comprensión profunda de las prácticas culturales, normas sociales y procesos de interacción en línea, así como la identificación de temas relevantes para la investigación.

3.3.4.5. Adaptaciones al Ámbito Digital

La realización de métodos cualitativos en el ámbito digital requiere adaptaciones específicas para abordar las características únicas de este entorno. Esto puede incluir el desarrollo de protocolos de entrevista en línea, la selección de plataformas seguras y confiables para la realización de grupos focales virtuales, y el establecimiento de una presencia ética y respetuosa en comunidades en línea para la observación participante. Además, es importante considerar aspectos como la privacidad y confidencialidad de los participantes, la seguridad de los datos y la representatividad de la muestra en el contexto digital.

En resumen, la recolección de datos cualitativos en el ámbito de la ciberinvestigación ofrece oportunidades únicas para explorar y comprender fenómenos sociales, culturales y psicológicos en un entorno en constante evolución. La utilización de métodos cualitativos adaptados al ámbito digital permite a los investigadores obtener datos ricos y contextuales, contribuyendo al avance del conocimiento en diversas disciplinas.

3.3.4.6. Recolección de Datos Cuantitativos

La recolección de datos cuantitativos en el ámbito de las investigaciones OSINT se centra en la recopilación y análisis de información numérica y estructurada proveniente de fuentes abiertas disponibles en el ciberespacio. Estos métodos son esenciales para evaluar tendencias, patrones y estadísticas relacionadas con un tema específico de interés dentro del vasto panorama de datos accesibles públicamente en la Red.

3.3.4.7. Uso de Software Especializado para la Recolección Automatizada de Datos en Línea y OSINT

El uso de software especializado es fundamental para la recolección automatizada de datos en línea y en el contexto de investigaciones OSINT. Estas herramientas permiten a los investigadores recopilar grandes volúmenes de información de manera eficiente y sistemática, facilitando el análisis cuantitativo y la identificación de patrones significativos.

3.3.4.8. Recolección de Datos Cuantitativos en Investigaciones OSINT

La recolección de datos cuantitativos en el ámbito de las investigaciones OSINT se centra en la recopilación y análisis de información numérica y estructurada proveniente de fuentes abiertas disponibles en línea. Estos métodos son esenciales para evaluar tendencias, patrones y estadísticas relacionadas con un tema específico de interés dentro del vasto panorama de datos accesibles públicamente en Internet.

3.3.4.9. Web Scraping y Minería de Datos

El web scraping y la minería de datos son técnicas fundamentales en la recolección de datos cuantitativos para investigaciones OSINT. Estas técnicas implican la extracción automatizada de datos de múltiples fuentes en línea, como sitios web, redes sociales, foros de discusión y bases de datos públicas. A través del web scraping, se pueden recopilar grandes cantidades de información estructurada, como datos demográficos, estadísticas de uso de sitios web, comentarios de usuarios y otra información relevante para el análisis cuantitativo.

3.3.4.10. Análisis de Redes Sociales

El análisis de redes sociales es otro método cuantitativo importante en investigaciones OSINT, que se enfoca en comprender las interacciones y conexiones entre individuos, grupos o entidades en plataformas de redes sociales. Mediante el uso de herramientas y técnicas de análisis de redes, los investigadores pueden examinar la estructura y dinámica de las redes sociales, identificar influencias clave, detectar comunidades temáticas y evaluar la difusión de información en línea.

3.3.4.11. Estadísticas de Uso y Tendencias en Internet

El análisis de estadísticas de uso y tendencias en Internet proporciona datos cuantitativos sobre el comportamiento en línea de los usuarios, la popularidad de sitios web, la distribución geográfica de visitantes, entre otros aspectos relevantes para las investigaciones OSINT. Mediante el uso de herramientas de análisis web, como Google Analytics o SimilarWeb, los investigadores pueden acceder a métricas como el tráfico de sitios web, la tasa de rebote, las fuentes de tráfico y el tiempo de permanencia en el sitio, que ofrecen información valiosa para comprender el alcance y la relevancia de la información en línea.

3.3.4.12. Análisis Estadístico y Modelado de Datos

El análisis estadístico y el modelado de datos son técnicas esenciales para el procesamiento y análisis de datos cuantitativos recopilados en investigaciones OSINT. Estas técnicas permiten a los investigadores identificar patrones, correlaciones y relaciones significativas en los datos, así como realizar proyecciones y predicciones basadas en modelos estadísticos. El uso de herramientas y software especializados, como R, Python con bibliotecas de análisis de datos y software de análisis estadístico, facilita la manipulación y visualización de datos cuantitativos en el contexto de investigaciones OSINT.

3.3.4.13. Adaptaciones al Ámbito de Investigación OSINT

La realización de métodos cuantitativos en el contexto de investigaciones OSINT requiere adaptaciones específicas para aprovechar al máximo las fuentes de datos disponibles en línea. Esto implica el desarrollo de técnicas de web scraping específicas para acceder a datos relevantes de fuentes abiertas, la selección de herramientas y métricas de análisis de redes sociales adaptadas a plataformas específicas, y la aplicación de modelos estadísticos y técnicas de visualización de datos para comprender y comunicar hallazgos de manera efectiva. Además, es importante considerar la calidad, confiabilidad y validez de los datos recopilados en el entorno en línea, así como las implicaciones éticas y legales asociadas con la recolección y uso de datos públicos en investigaciones OSINT.

3.3.4.14. Importancia en la Investigación OSINT:

La recolección de datos cuantitativos en investigaciones OSINT desempeña un papel crucial en la generación de conocimiento y comprensión de fenómenos digitales. Al aprovechar las herramientas y técnicas adecuadas, los investigadores pueden obtener insights significativos sobre tendencias, comportamientos y patrones en línea, lo que contribuye a la toma de decisiones informadas en diversos campos, desde la seguridad nacional hasta el análisis de mercado y la detección de amenazas cibernéticas. La combinación de métodos cuantitativos con enfoques cualitativos en investigaciones OSINT permite una visión más completa y precisa del entorno digital, facilitando la identificación de oportunidades y riesgos para individuos, organizaciones y sociedades en general.

3.3.4.15. Recolección de Pruebas y Evidencias con Fines Judiciales

La recolección de pruebas y evidencias con fines judiciales es un proceso crucial en la investigación y resolución de casos legales tanto en el ámbito civil como en el penal. Este proceso requiere la aplicación de métodos y técnicas específicas para recopilar, preservar y presentar información que sea relevante y admisible en un tribunal de justicia.

En primer momento lo que siempre se suele pensar en la Investigación Forense Digital, donde en el contexto de casos que involucran evidencia digital, la investigación forense digital juega un papel fundamental. Los investigadores forenses digitales emplean herramientas y técnicas especializadas para adquirir, analizar y preservar datos almacenados en dispositivos electrónicos, como computadoras, teléfonos móviles, discos duros y dispositivos de almacenamiento extraíbles. Estas herramientas permiten la extracción forense de datos, la recuperación de archivos eliminados, el análisis de metadatos y la identificación de actividades sospechosas o maliciosas.

Asociado al análisis forense se asocia la Cadena de Custodia. La cadena de custodia es un procedimiento crucial en la recolección de pruebas y evidencias con fines judiciales. Este proceso implica documentar y mantener un registro detallado del manejo y la ubicación de la evidencia desde el momento en que es recolectada hasta que es presentada en un tribunal. Es fundamental para garantizar la integridad y autenticidad de la evidencia, así como para demostrar su admisibilidad en el proceso judicial. Se utilizan registros escritos, fotografías, videos y sellos de seguridad para documentar cada paso de la cadena de custodia.

En algunos casos, se requiere el testimonio de expertos forenses para interpretar y analizar la evidencia recolectada. Los peritos forenses pueden ser consultados para proporcionar opiniones expertas sobre cuestiones técnicas, científicas o especializadas relacionadas con el caso. Estos expertos pueden ser llamados a testificar en un tribunal para explicar sus hallazgos y ayudar al juez o al jurado a comprender la complejidad de la evidencia presentada.

Es fundamental que la recolección de pruebas y evidencias se realice respetando los derechos y garantías legales de todas las partes involucradas en el proceso judicial. Los investigadores deben operar dentro de los límites establecidos por la ley y asegurarse de obtener la evidencia de manera ética y legalmente admisible. Esto incluye obtener el consentimiento adecuado para la recolección de evidencia, proteger la privacidad de las personas involucradas y garantizar la integridad del proceso judicial.

En resumen, la recolección de pruebas y evidencias con fines judiciales es un proceso complejo que requiere cuidado, precisión y adherencia a estándares éticos y legales. Mediante el uso de métodos y técnicas adecuadas, los investigadores pueden recopilar información crucial que contribuya a la resolución justa y equitativa de casos legales.

Pero lo más importante en una ciberinvestigación es ser consciente de la importancia de la salvaguarda de la información una vez localizada para evitar que sea eliminada, modificada o alterada.

Primero para evitar que 'desaparezca' la información es recomendable el uso de archive.org.

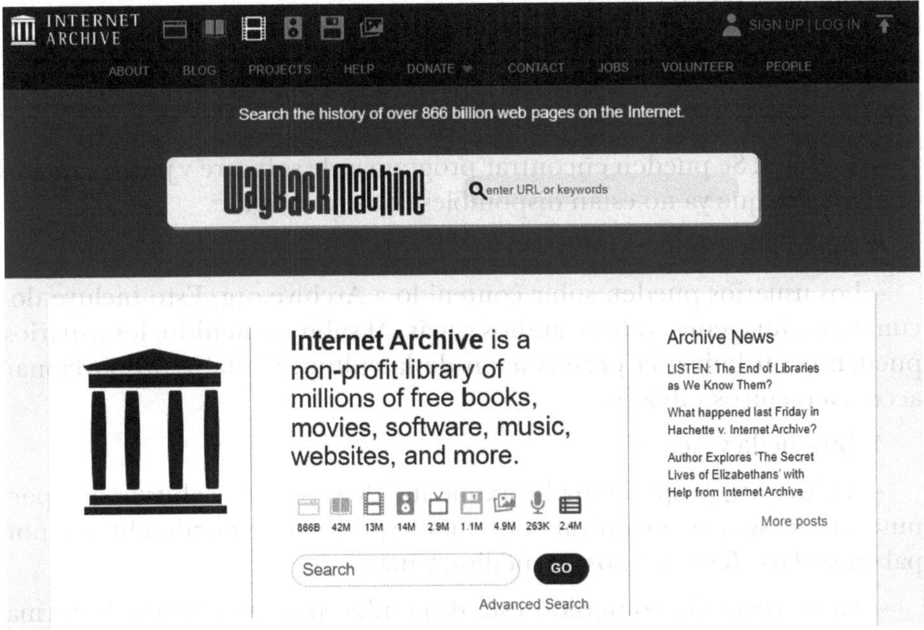

Archive.org, también conocido como la "Internet Archive", es una organización sin fines de lucro que tiene como misión proporcionar "acceso universal a todo el conocimiento". La plataforma ofrece una vasta colección de recursos digitales, incluyendo sitios web, libros, música, videos, y software, entre otros. Aquí te explico cómo funciona y por qué es tan importante.

1. Captura y Almacenamiento de Páginas Web:

– Wayback Machine: Una de las funciones más conocidas de Archive.org es la Wayback Machine. Esta herramienta permite capturar y almacenar copias de páginas web a lo largo del tiempo. Los usuarios pueden introducir una URL y ver cómo se veía esa página en diferentes fechas.

– Crawlers: Para capturar estas páginas, Archive.org utiliza "crawlers" o rastreadores web que navegan por internet, siguiendo enlaces y capturando contenido. Estos crawlers funcionan de manera continua para actualizar y ampliar el archivo.

2. Colecciones de Medios:

– Libros y Textos: Archive.org cuenta con una vasta biblioteca digital de libros y textos, muchos de los cuales están en dominio público. Los usuarios pueden leer estos libros en línea o descargarlos en varios formatos.

– Audio y Música: Incluye grabaciones de audio, música en vivo, podcasts y programas de radio. Muchos de estos archivos son de acceso libre y se pueden descargar.

– Videos y Películas: Archive.org ofrece una colección de películas, programas de televisión, cortometrajes y otros videos, algunos de los cuales son de dominio público o tienen licencias abiertas.

– Software: Se pueden encontrar programas de software y juegos, incluidos aquellos que ya no están disponibles comercialmente.

3. Subida de Contenido:

– Los usuarios pueden subir contenido a Archive.org. Esto incluye documentos, imágenes, videos, audios y más. Al subir contenido, los usuarios pueden contribuir a la preservación de la cultura digital y proporcionar acceso a recursos valiosos.

4. Búsqueda y Acceso:

– Archive.org proporciona herramientas de búsqueda robustas que permiten a los usuarios encontrar contenido específico. Se pueden buscar por palabras clave, fechas, tipos de medios, y más.

– La mayoría del contenido está disponible para el público de forma gratuita, lo que facilita el acceso a una amplia gama de información y recursos.

Archive.org juega un papel crucial en la preservación de la historia digital. Con la naturaleza efímera de internet, muchos sitios web y recursos digitales pueden desaparecer. Archive.org asegura que estos recursos permanezcan accesibles a largo plazo.

La Wayback Machine es una herramienta poderosa para la transparencia y la rendición de cuentas. Permite ver cómo la información en sitios web ha cambiado con el tiempo, lo que puede ser crucial en investigaciones periodísticas y legales.

Su capacidad para archivar y poner a disposición una vasta cantidad de recursos digitales hace que sea una plataforma indispensable para la investigación, la educación y la conservación cultural, ya que nos permite salvaguardar cualquier página o información publicada que queramos preservar para poder presentar en algún informe o proceso judicial.

La extensión Wayback Machine[3] nos permite directamente desde el navegador tanto "viajar en el tiempo" para ver como era una página en el pasado como "salvaguardar y hacer una copia" de la página que sea de nuestro interés.

En la siguiente imagen vemos como si accedemos a mediante Wayback Machine a la página de https://www.austral.edu.ar/, podemos ver cuantas copias se han realizado de la página en cuestión, y nos permite "viajar en el tiempo" para ver cómo era esa página en un momento determinado del tiempo.

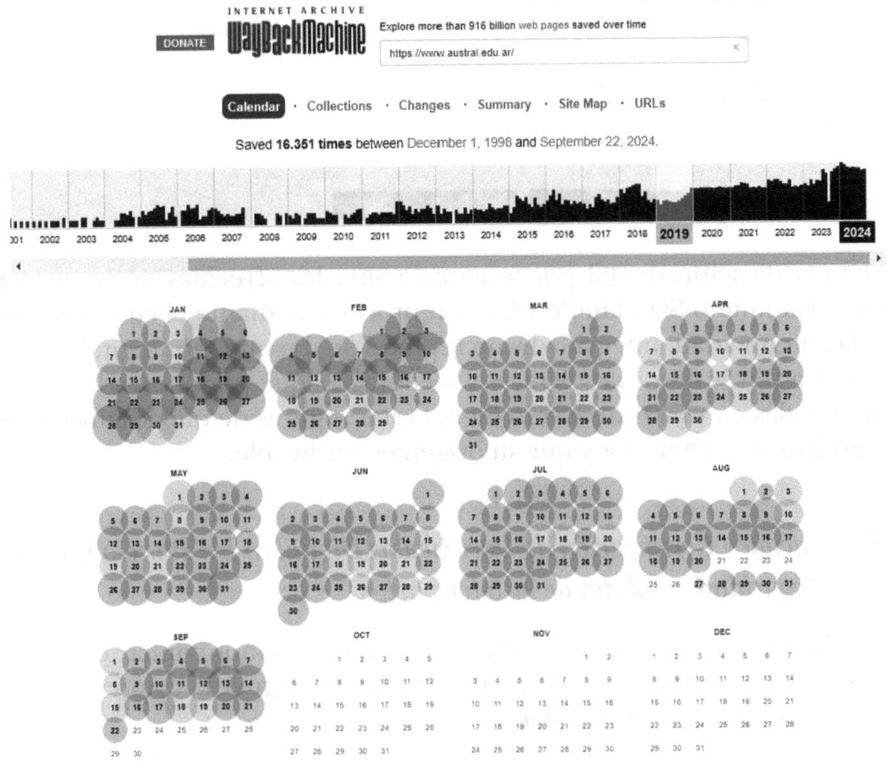

3 https://chromewebstore.google.com/detail/wayback-machine/fpnmgdkabkmnadcjpehmlllkndpkmiak

En cambio, si estamos visitando una página y queremos 'salvaguardarla para que se mantenga en el tiempo' únicamente debemos hacer click en la extensión instalada de archive.org y realizará una copia en los servidores de Wayback Machine que podremos consultar, aunque sea eliminada o alterada por el autor.

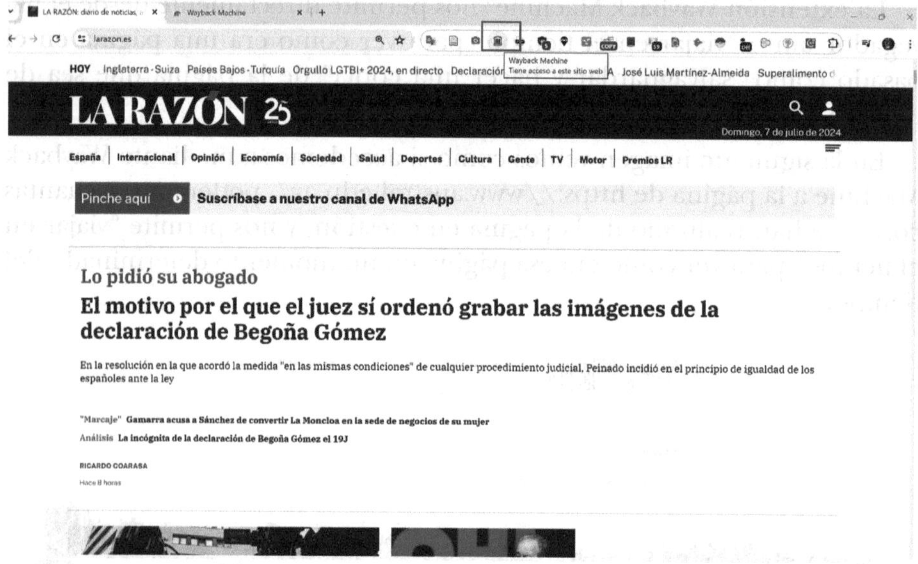

La certificación digital por terceros, como las ofrecidas por empresas como eGarante o SaveTheProof, es un proceso mediante el cual se garantiza la autenticidad, integridad y no repudio de documentos digitales. Esto se logra a través de varias técnicas y tecnologías que permiten a las partes involucradas en una transacción digital estar seguras de que los documentos no han sido alterados y que su origen es verificable.

3.4. Creación y Certificación de Documentos Digitales: Un Proceso Clave en la Seguridad y Validez de la Información

Archive.org es una solución parcial, ya que debemos confiar en que el servicio este operativo, tanto para realizar una salvaguarda como para consultar cualquier dato almacenado

3.4.1. Creación y Certificación de Documentos Digitales: Un Proceso Clave en la Seguridad y Validez de la Información

La creación y certificación de documentos digitales es un proceso esencial en la era digital, especialmente en sectores donde la integridad, autenticidad y no repudio de la información son fundamentales, como en el ámbito legal, financiero o en investigaciones cibernéticas. Este proceso asegura que cualquier tipo de documento, ya sea un contrato, correo electrónico, imagen o página web, pueda ser certificado y utilizado como prueba fehaciente de su contenido y origen en cualquier contexto formal.

3.4.2. Fases del Proceso de Certificación

1. Creación y Preparación del Documento Digital

El primer paso en este proceso es la creación del documento, el cual puede adoptar cualquier formato digital. El documento se sube a una plataforma de certificación de terceros de confianza, como eGarante, SaveTheProof o Coloriuris, que actúan como intermediarios en la verificación y validación del documento.

2. Generación del Sello de Tiempo (Timestamp)

Una vez que el documento es subido a la plataforma, se genera un sello de tiempo. Este sello registra la fecha y hora exactas en las que el documento fue recibido o se accedió a un recurso web, siendo un componente clave para demostrar cuándo existía dicho documento. Esto es esencial en investigaciones y situaciones donde se debe probar la temporalidad del documento.

3. Aplicación de la Función Hash

El siguiente paso es la aplicación de una función hash al documento. Un hash es una cadena única de caracteres que representa el contenido del documento de manera precisa. Si el documento es alterado en cualquier forma, el hash también cambiaría, lo que convierte a este elemento en una garantía de la integridad del documento. El hash es fundamental para verificar que el documento no ha sido manipulado desde el momento de su creación hasta su verificación.

4. Firma Digital

A continuación, se aplica una firma digital. Esta firma asegura que el documento proviene de una fuente específica y que no ha sido alterado durante el proceso. La firma digital es equivalente a la firma manuscrita en un documento físico, y su presencia en el documento garantiza su autenticidad, vinculando su contenido al firmante original de manera irrevocable.

5. Almacenamiento Seguro

Dependiendo del tipo de certificación seleccionada, el documento certificado, junto con su hash y sello de tiempo, puede ser almacenado en los servidores seguros del tercero de confianza o en sistemas de custodia propios. Algunas plataformas utilizan tecnología blockchain para añadir una capa adicional de seguridad y transparencia, lo que refuerza aún más la fiabilidad del proceso al proporcionar una cadena de custodia inmutable.

3.4.3. Verificación y No Repudio del Documento

El objetivo final de este proceso de certificación es que, en cualquier momento, las partes involucradas puedan verificar la autenticidad del documento. Para hacerlo, simplemente se compara el hash almacenado en la plataforma con el hash del documento en cuestión. Si ambos coinciden, se puede confirmar que el documento no ha sido alterado y, por lo tanto, es auténtico.

Este proceso de verificación es particularmente valioso en situaciones legales, donde la integridad de la evidencia es crucial. Los documentos y datos utilizados como prueba no pueden haber sido modificados, y la certificación digital garantiza que la información permanece inalterada desde su creación hasta su uso en el juicio o investigación.

Además, la certificación digital elimina la posibilidad de negación, es decir, una parte no puede negar haber creado o enviado un documento, lo que es clave en muchos casos legales. La capacidad de demostrar quién es el autor o remitente del documento, y de verificar esa información de forma confiable, fortalece la posición de la parte que presenta el documento como prueba.

3.4.4. Importancia en la Transparencia y Confianza

El uso de servicios de certificación digital no solo garantiza la integridad y autenticidad de los documentos, sino que también aumenta la transparencia y confianza en los procedimientos investigativos. Las partes involucradas pueden estar seguras de que los documentos son fiables y auténticos, lo que es particularmente relevante en investigaciones cibernéticas o cualquier contexto en el que la credibilidad de la información sea fundamental.

3.4.5. Aplicaciones en el Cibercrimen y Otras Áreas

En investigaciones relacionadas con el cibercrimen, la certificación de documentos digitales puede jugar un papel crucial. Desde la recopilación de pruebas en casos de fraude, hasta la certificación de contenidos en investigaciones de pedofilia o desinformación, los investigadores pueden utilizar esta tecnología para asegurar la integridad de las pruebas que presentan ante los tribunales.

Además, en situaciones de litigios o disputas comerciales, contar con un sistema de certificación que garantice la validez de contratos o acuerdos firmados digitalmente puede ser la diferencia entre ganar o perder un caso. La capacidad de asegurar que un documento es auténtico y no ha sido alterado fortalece la credibilidad de las partes en cualquier contexto de resolución de conflictos.

La certificación digital por terceros es una herramienta indispensable en la era digital, no solo para asegurar la integridad y autenticidad de los documentos, sino también para garantizar la transparencia y confiabilidad en cualquier tipo de investigación o proceso legal. Este sistema aporta un nivel de seguridad y validez que es fundamental para la credibilidad y éxito de cualquier procedimiento que dependa de la integridad de los documentos digitales involucrados.

Podemos encontrar diversas plataformas que ofrecen el servicio de tercero de confianza como eGarante[4], SaveTheProof[5] o Coloriuris[6], quienes nos puede pueden ayudar en la certificación de un documentos, web o publicación para demostrar la Integridad de la Evidencia. En investigaciones legales es crucial que los documentos y datos utilizados como evidencia no hayan sido alterados. La certificación digital garantiza que la información se mantiene íntegra desde su creación hasta su uso en la investigación, al igual que la autenticidad del origen de los documentos, ya que saber quién creó o envió un documento y poder verificar esa información puede ser decisivo en una investigación.

Otro elemento esencial es la capacidad de garantizar que una parte no puede negar haber creado o enviado un documento es esencial, especialmente en casos legales. La certificación digital proporciona pruebas sólidas en este sentido, y la transparencia y confianza que proporciona el uso de

---

4 https://www.egarante.com/

5 https://www.savetheproof.com/

6 https://www.coloriuris.net/es/index

este tipo de servicios de certificación digital aumenta la transparencia y la confianza en los procedimientos investigativos. Las partes involucradas pueden estar seguras de que los documentos son fiables y auténticos.

En resumen, la certificación digital por terceros es una herramienta poderosa e imprescindible para asegurar la integridad, autenticidad y no repudio de documentos digitales, lo cual es fundamental para la credibilidad y validez de cualquier investigación que llevemos a cabo.

3.5. Análisis de Datos

Las técnicas analíticas estructuradas, también conocidas como SAT's por sus siglas en inglés, son ampliamente utilizadas a día de hoy dentro de la comunidad de inteligencia, ya que han supuesto una evolución frente a las técnicas de razonamiento analítico más clásicas, pero sin ser incompatibles con estas.

Aunque es en 2005 cuando se definen por primera vez con el nombre de técnicas analíticas estructuradas, es a mediados de los años ochenta cuando comienzan a desarrollarse, bajo el nombre inicial de "análisis alternativo".

En el año 2000 la CIA pone en marcha la Sherman Kent School como entidad encargada de la formación de sus analistas, así como del desarrollo del tradecraft. A petición del entonces director adjunto de la agencia John Mclaughlin, la Kent School comienza a desarrollar una recopilación de técnicas analíticas para potenciar el análisis alternativo, y comienza a enseñar las mismas a través del Directorio de Inteligencia de la CIA, mediante el taller Advanced Analytical Tools and Techniques. Ya que el curso fue un éxito, se amplió para que pudiesen asistir al mismo y recibir enseñanzas en cuanto a estas "nuevas" técnicas miembros de la DIA (Defense lntelligence Agency) así como otros miembros de la comunidad de inteligencia estadounidense.

Los errores analíticos que habían sucedido hacía unos años (test nuclear de India en 1998) sumados a los errores relativos al 11 de septiembre y al programa de WMD iraquí, provocaron que dentro de la comunidad de inteligencia aumentase la presión para el uso de nuevos técnicas alternativas (conocidas también como análisis de equipo rojo, o red team en ingles en aquel momento), hasta el punto de que la ley de inteligencia de 2004 asignaba al DNI (Director of National lntelligence) la tarea de asegurarse que cuando fuese necesario y apropiado la comunidad de inteligencia recurriese a este tipo de técnicas para sus productos analíticos.

Como en todos los ámbitos, las novedades no siempre son bien recibidas, sobre todo por aquellos acostumbrados a trabajar de una determinada manera, que no vieron con buenos ojos estas nuevas técnicas, pues, o bien no las comprendían, o bien no entendían que habían de ser utilizadas e incorporadas a la rutina habitual de su trabajo, y no ser utilizadas solamente como algo exótico o de manera muy puntual.

Los principales impulsores de estas técnicas, Heuer, Pherson y George, decidieron cambiar el nombre a técnicas analíticas estructuradas, ya que representaba mejor en que consistían, y no tenían la carga peyorativa de un nombre como era "alternativo".

El nombre contenía el *leiv motiv* del funcionamiento de las técnicas analíticas ya que, en su desarrollo, uno de los puntos en los que se incidió fue en que pudiesen ser llevadas a cabo dentro de una estructura programada de pasos determinada, de forma que fuesen aplicadas, al menos a nivel general, de la misma manera por unos equipos de analistas u otros, independientemente de la agencia a la que pertenecieran o el asunto en el que estuviesen trabajando.

Existen multitud de técnicas que pueden englobarse dentro de las SAT's, si bien unas son más conocidas y utilizadas que otras, tanto dentro como fuera de la comunidad de inteligencia, dados los variados epígrafes de aplicación bajo los que se organizan. Pese a que algunas de ellas existen hace más de 30 años, son aún muchos organismos de inteligencia los que las desconocen o no aplican como deberían, fundamentalmente por no contar con una enseñanza correcta de cómo funcionan, y, pese a que tienen detractores, está demostrado que, sin ser infalibles (como nada en el mundo de la inteligencia), aportan valor al producto analítico y al analista que las utiliza.

Dado que existen, como comentábamos antes, bastantes SAT's, es importante conocer algunas de ellas, así como también como se organizan en función del uso previsto para el que han sido diseñadas. En las lecturas adicionales a este texto que forman parte de este tema, pueden por un lado, observarse algunas de las técnicas explicadas de forma resumida (Lectura 1) así como un estudio que entra en detalle respecto al porque son utilizadas las mismas (Lectura 2), en este caso tomando como modelo una de las agencias de inteligencia de la comunidad de inteligencia estadounidense, mediante una serie de encuestas realizadas a oficiales de inteligencia pertenecientes a la INR (Bureau of Intelligence and Research) del Departamento de Estado, que es la agencia estadounidense de inteligencia encargada de dar soporte al cuerpo diplomático estadounidense principalmente. De igual modo, se explicarán en el los textos pertenecientes al tema tres de este módulo varias técnicas analíticas estructuradas, por lo que pasamos a continuación a explicar su taxonomía y organización en función de su cometido.

3.5.1. Taxonomia de las técnicas analísticas estructuradas

Existen principalmente cuatro métodos analíticos:

- El juicio experto, donde se recurre al expertise y conocimiento de un experto en la materia objeto del análisis. Es un método tradicional de análisis, y habitualmente se lleva a cabo de manera individual hasta que el analista (el experto) refleja su análisis por escrito. Hay que indicar, en nuestra opinión, que a veces la experiencia puede convertirse en un sesgo, porque lo que hay que tenerlo en cuenta. Igualmente, al no ser confrontada la opinión del experto con otros analistas por desconocimiento o menor conocimiento de la materia, tiende a darse demasiado valor al análisis de un solo individuo frente a un posible grupo de análisis que emplee otras técnicas distintas.
- Análisis estructurado, donde, como indicábamos antes, cada paso dado en cada técnica es visible y conocido por el resto de los integrantes del equipo de análisis o supervisores, por lo cual puede ser revisado, modificado, criticado o discutido por otros, lo que genera mayor capacidad analítica en base a los procesos de mejora que esto implica intrínsecamente. Las SAT's presentan también la ventaja frente a otras metodologías de que pueden ser estudiadas y aplicadas sin ser necesarios conocimientos en otras materias como estadística o matemáticas, que se tornan importantes en cuanto a las metodologías cuantitativas.
- Métodos cuantitativos usando datos generados por expertos. En esta metodología, dado que en inteligencia se suele carecer de todos los datos o al menos de una gran parte de la información de manera habitual, se recurre al juicio de expertos en cuanto a estimación de probabilidades. Suelen ser necesarios conocimientos avanzados en matemáticas y estadística para poder trabajar de manera eficiente las técnicas que suelen emplearse en esta metodología (simulaciones, modelos dinámicos, etc).
- Métodos cuantitativos usando datos empíricos. En este caso se utilizan datos observados de forma empírica y recogidos por sensores, como por ejemplo en el modelo econométrico.

Es importante señalar que ninguno de los métodos es mejor que otro, simplemente, son distintos, y la combinación en el uso de todos ellos, mejora sustancialmente los resultados de un producto de inteligencia. Los dos primeros se centran en el aspecto cualitativo del análisis, mientras que los dos últimos ponen más el foco en la parte cuantitativa.

3.5.2. Organización de las técnicas analísticas estructuradas

Las técnicas analíticas estructuradas se dividen en ocho familias, diseñadas para la aplicación de distintas técnicas en función del enfoque del asunto tratado:

- **Descomposición y visualización**, que consiste fundamentalmente en descomponer un problema en partes más pequeñas (análisis significa precisamente eso) y visualizar las mismas de manera separada para tratar de encontrar una solución al problema analítico.
- **Generación de Ideas**, que comprende técnicas enfocadas a facilitar nuevas ideas o conceptos que faciliten nuevas perspectivas desde las que afrontar el objeto del análisis.
- **Escenarios e indicadores**, donde se incluyen técnicas pensadas para abordar problemas complejos, de forma que observando futuros alternativos y cuáles elementos pueden llevar a ellos, puedan adoptarse las políticas correspondientes en base al objetivo deseado respecto a aquellos.
- **Desarrollo y testado de hipótesis**, que engloba aquellas técnicas que facilitan una de las tareas principales del análisis como lo es la generación de hipótesis plausibles para dar respuesta a un problema analítico, dada la incertidumbre en la que el análisis de inteligencia se desarrolla.
- **Técnicas de causa y efecto**, técnicas con las que se dota al analista de herramientas para comprobar las posibles relaciones de causa-efecto desde perspectivas en las cuales se eviten los sesgos comunes relacionados con el razonamiento asociativo.
- **Análisis de reto.** En este caso se trata de un conjunto de técnicas desarrolladas para ayudar al analista a cuestionar juicios establecidos, modelos mentales conocidos, o un consenso analítico, de forma que puedan explorarse nuevas vías alternativas como posible respuesta.

- **Gestión de conflictos.** Aquí se encuentran técnicas pensadas y desarrolladas para facilitar la colaboración en cuanto a la resolución de un problema determinado.
- **Apoyo a la decisión.** Como no se puede olvidar, la misión última y principal de un producto de inteligencia es el ayudar a la toma de decisiones. En este grupo están incluidas técnicas analíticas pensadas para facilitar, mediante distintas opciones, que el analista tome decisiones en cuanto a aspectos relativos a su análisis. También incluye algunas técnicas pensadas para que el analista ayude al decisor en cuanto a las decisiones a tomar (esta ayuda ha de limitarse al apoyo al decisor en cuanto a su toma de decisiones mediante el uso de sistemas y técnicas que faciliten al decisor decidir, nunca siendo el analista el que influya en la decisión o la tome por el decisor en modo alguno).

Como se ha explicado a lo largo del módulo, la inteligencia trata de ser proactiva, trata de avanzarse para facilitar que el decisor pueda aprovechar las oportunidades que dicha inteligencia le proporciona y ayude a la protección contra las amenazas de manera más eficiente.

Hemos visto que existen múltiples técnicas de análisis estructurado que nos pueden ayudar a la interpretación de la información, donde cada una de ellas está enfocada a una faceta diferente de la ciberinteligencia.

Dada la singularidad y el enfoque del curso a la ciberinteligencia, el análisis de redes será un complemento idóneo a las tareas del analista pudiendo proporcionar al analista herramientas visuales que ayuden, tanto en la aplicación de estudio de cualquier tipología de red, siendo el nodo la mínima entidad en la que podemos descomponer dicha red o sistema. Un sistema puede estar formado por personas, teléfonos, conexiones a ordenadores, logs, o un conjunto de todos ellos a la vez, lo que provoca que en múltiples ocasiones nos sea complejo o imposible entender la magnitud de un ataque, la secuencia de actos que ha llevado a un intruso a acceder a un equipo o sistema o llegar a relacionar toda esa malgama de datos de forma que nos pueda aportar elementos que procesados y analizados permitan generar inteligencia procesable para aportar al decisor.

El análisis de redes nos proporciona los elementos necesarios para poder realizar la revisión, compilación e interpretación de los datos de los que dispongamos para señalar la presencia de asociaciones de los diferentes tipos de datos (entidades o nodos), junto el grado y secuencia de cada uno de los actores.

El análisis y visualización de la red es una herramienta interesante que proporciona al analista/investigador la posibilidad de observar sus datos desde una nueva visión.

3.5.3. Análisis de redes sociales (ARS)

Durante los últimos años se ha producido un enorme interés sobre la conectividad de la sociedad moderna. La motivación principal de este interés es la idea de una red (un patrón de interconexión entre un conjunto de cosas) con un tema o temas específicos que relacionan a esos conjuntos entre ellos.

Debido a que la definición de red social puede ser muy amplia y puede tener tantos matices como contextos, vamos a poner algunos ejemplos antes de realizar definiciones concretas.

Las redes sociales de los seres humanos han cambiado mucho durante los últimos años debido a los avances por las TIC, haciendo que nuestras redes vayan creciendo y vayan siendo más complejas.

La información que manejamos hoy en día también se puede llegar a estructurar en forma de red, la cual también ha expandido en complejidad con las nuevas tecnologías lo que hace que actualmente nuestras redes sociales acaben convirtiéndose en dependientes de estas redes y lleguen a tener una creciente en nuestro mundo hoy en día.

Pero las *redes sociales* no solo afectan a las personas en sí, sino que también creamos diferentes tipos de redes, de tipología diversa para dar cabida a dichas estructuras.

Entendemos por Red Social, en el sentido más básico, como una colección de objetos (nodos) en las que algunos de ellos están conectados entre sí (enlaces). Esta definición resulta muy flexible ya que genera que puedan existir muchas tipologías de relaciones entre las que diferentes entidades se puedan conectar, lo que permite que sea sencillo poder encontrar **redes** en muchos campos y dominios.

Dichas redes sociales se estudian aplicando la "teoría de grafos" donde pasamos a señalar a las identidades como "nodos" y la relación entre estos como "aristas".

Las redes sociales se pueden ver desde diferentes ángulos, ya sea desde el punto de vista de la información, el de un informático, hasta el económico, pasando por la inteligencia, pero siempre con la pretensión de acercar a todas estas "disciplinas o ámbitos" al objetivo de comprender dichas redes.

Desde el punto de la ciberinteligencia nos basamos en los modelos de comportamiento de las entidades o individuos como estrategia, estudiando y analizando qué relaciones tienen y detectar su importancia.

En el ámbito de redes sociales como tal podemos encontrar varios tipos de redes basadas en los vínculos que existen entre sus usuarios:

- 1.- Redes sociales genéricas. Son las más numerosas y conocidas, entre las más utilizadas en España encontramos Facebook o Twitter.
- 2.- Redes sociales profesionales. Son redes sociales diseñadas para relacionar a personas que puedan estar relacionados laboralmente. Las más conocidas sobre dicho planteamiento son LinkedIn[7], Xing[8] y Viadeo[9].
- 3.- Redes sociales verticales o temáticas. Están basadas en un tema concreto. Pueden relacionar personas con el mismo hobbie o aficiones. Una de las más famosa es Flickr[10].

Parte de la idea del desarrollo de software para el análisis de las redes sociales parte de la teoría de los seis grados de separación, según la cual toda la gente del planeta está conectada a través de no una cadena relativamente corta de intermediarios, exactamente unos 6. El planteamiento se basa en que el número de personas conocidas crece exponencialmente con cada eslabón de la cadena, y solamente hacen falta unos pocos eslabones para que ese grupo de conocidos llegue a englobar a la humanidad entera.

Para intentar demostrarlo se realizó un experimento denominado *"el experimento del Pequeño Mundo"*, el cual consistió en seleccionar al azar una serie de personas del Medio Oeste americano, y se les pidió que enviaran una carta postal a un individuo desconocido del cual únicamente conocía el nombre, la ocupación y la localización aproximada. La prueba consistía en que debían enviar la carta postal a una persona conocida por ellos, la que pensasen que tenía más posibilidades de conocer al sujeto extraño, y darle a esta persona instrucciones para que hiciera a su vez lo mismo.

---

7 https://es.linkedin.com/

8 https://www.xing.com/es

9 https://es.viadeo.com/es/

10 https://www.flickr.com/

Aunque se esperaban decenas o cientos de enlaces (nodos) para llegar a la persona objetivo, sorprendentemente para los investigadores, las cartas postales llegaron a sus destinatarios con un número sorprendentemente bajo de nodos, entre 5 y 7.

Este punto versará sobre las herramientas de análisis de las redes sociales y cómo estas herramientas se pueden aplicar en diversos ámbitos, no únicamente en los sociológicos, y donde cada vez tiene un mayor peso en los campos enfocados a la investigación.

El ARS estás sustentado en una rama de las matemáticas llamada teoría de grafos.

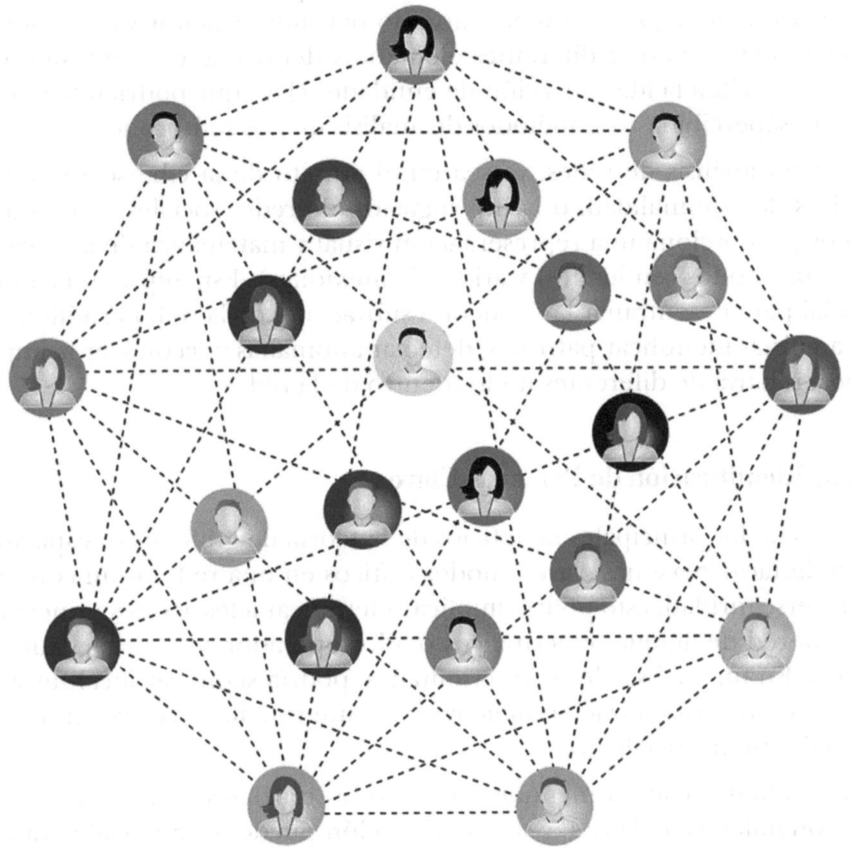

Esta teoría utiliza algoritmos para determinar qué posición desarrolla cada elemento dentro de una red, en función de cómo esté relacionado un elemento con el resto, el número de vínculos, el número de caminos entre los elementos para relacionar un punto de la red con un otro, etc.

Actualmente, y con la profusión que tienen las redes sociales en nuestra sociedad, en cualquier investigación y teniendo en cuenta que habitualmente en la fase de recolección se obtiene un gran volumen de datos, puede ocurrir que se pierda la perspectiva de la visión global de las piezas clave dentro de un grupo u organización.

3.5.4. Aplicación de la Teoría de Grafos

La teoría de grafos se ha consolidado como una herramienta fundamental en el análisis de redes, proporcionando una perspectiva matemática y estructural que puede elevar la calidad y profundidad del análisis en contextos complejos. Esta teoría no solo permite visualizar y entender las interconexiones entre diferentes elementos dentro de una red, sino que también facilita la identificación de entidades clave que podrían haber pasado desapercibidas con métodos de análisis menos sofisticados.

En un análisis de redes, ya sea en el ámbito de la ciberseguridad, el análisis de criminalidad, o la investigación de redes sociales, la teoría de grafos proporciona una representación visual y matemática de las relaciones entre nodos (entidades) y aristas (conexiones). Esta representación es crucial para desentrañar la estructura subyacente de la red, permitiendo a los analistas identificar patrones, detectar anomalías y reconocer la importancia relativa de diferentes nodos dentro de la red.

3.5.5. Identificación de Personas Clave

Uno de los principales beneficios de la teoría de grafos es su capacidad para destacar personas clave o nodos críticos en una red. En un contexto de ciberseguridad, esto podría implicar identificar a los actores principales en una red de ataques cibernéticos o a los operadores de infraestructura crítica. En un análisis de redes criminales, podría significar localizar a los líderes de una organización delictiva o los intermediarios clave en una cadena de suministro ilícito.

Estos nodos clave a menudo juegan roles cruciales en la estabilidad y funcionamiento de la red, y su identificación puede ser esencial para desmantelar la red o prevenir futuros ataques. La teoría de grafos ayuda a visualizar no solo la estructura de la red, sino también el impacto que la eliminación de un nodo clave puede tener en la red en su totalidad.

3.5.6. Aplicación de la Teoría del Juego

La teoría del juego se integra estrechamente con la teoría de grafos para mejorar la toma de decisiones y la estrategia dentro del análisis de redes. La teoría del juego proporciona un marco para modelar las interacciones estratégicas entre diferentes agentes o entidades dentro de la red. En el contexto de la teoría de grafos, esto permite a los analistas evaluar cómo las decisiones o acciones de un nodo pueden afectar a otros nodos y a la red en general.

Por ejemplo, en una red de ciberseguridad, la teoría del juego puede ayudar a prever las respuestas de un atacante a diferentes contramedidas, permitiendo a los defensores anticipar y planificar estrategias más efectivas. En el análisis de redes criminales, puede modelar cómo las acciones de un nodo clave, como su captura o eliminación, afectarán a la dinámica y funcionalidad de la red delictiva.

3.5.7. Resaltado de Entidades Relevantes

A través de la visualización gráfica y el análisis matemático, la teoría de grafos puede revelar entidades relevantes que podrían no ser evidentes en un análisis más superficial. Por ejemplo:

Centralidad de Grado: Nodos con un alto número de conexiones directas (grados) pueden ser identificados como centros de actividad o influencia.

Centralidad de Cercanía: Nodos que están cerca de todos los demás nodos en términos de distancia de red pueden tener un papel crucial en la difusión de información o en la coordinación de actividades.

Centralidad de Intermediación: Nodos que actúan como puentes o intermediarios entre diferentes partes de la red pueden ser esenciales para el flujo de información o recursos.

Comunidades y Clustering: La teoría de grafos también permite identificar comunidades o clusters dentro de la red, destacando grupos de nodos que están altamente interconectados entre sí.

3.5.8. Mejora del Análisis

Al aplicar la teoría de grafos, los analistas pueden obtener una visión más clara y matizada de la estructura y dinámica de la red. Esto puede llevar a:

Mejores Estrategias de Intervención: Conocer los nodos clave y sus roles en la red permite diseñar intervenciones más efectivas, ya sea para desmantelar una red criminal, mitigar un ataque cibernético o influir en una red social.

Detección de Anomalías: La capacidad de identificar patrones y comportamientos atípicos dentro de la red puede facilitar la detección temprana de amenazas o problemas emergentes.

Optimización de Recursos: Al entender la estructura de la red y la importancia relativa de diferentes nodos, se pueden asignar recursos de manera más eficiente para maximizar el impacto de las acciones emprendidas.

La teoría de grafos ofrece una herramienta poderosa para el análisis de redes complejas al resaltar las entidades más relevantes y sus interrelaciones. Combinada con la teoría del juego, esta metodología no solo mejora la comprensión de la red y sus dinámicas, sino que también permite una toma de decisiones más informada y estratégica. La integración de estos enfoques en el análisis proporciona una ventaja significativa en la identificación y gestión de nodos clave, optimizando así las respuestas a amenazas y desafíos en diversos contextos.

3.6. Integración y Presentación de Resultados

La importancia de la elaboración de informes de inteligencia, especialmente aquellos que pueden terminar en un tribunal o en la mesa de un alto ejecutivo, radica en varios aspectos fundamentales que impactan en la toma de decisiones informadas y en la eficacia de las acciones que se derivan de ellas.

1. Evidencia Fundamentada: Los informes de inteligencia actúan como un registro documentado de las investigaciones realizadas, proporcionando una base sólida de evidencia que respalda las conclusiones y recomendaciones presentadas. Esta evidencia es crucial en entornos legales, donde se requiere un respaldo sólido para sustentar argumentos y tomar decisiones que pueden tener implicaciones significativas.

2. Claridad y Concisión: La redacción precisa y clara de los informes de inteligencia es esencial para garantizar que los destinatarios comprendan fácilmente los hallazgos presentados. Esto es especialmente crítico en entornos judiciales o ejecutivos donde el tiempo y la atención son limitados, y se espera que la información se transmita de manera efectiva y sin ambigüedades.

3. Estructura Lógica y Coherente: Los informes bien estructurados siguen un formato coherente que facilita la navegación y comprensión de la información presentada. Esto no solo mejora la eficiencia en la revisión del informe, sino que también ayuda a los receptores a identificar rápidamente los puntos clave y las implicaciones de los hallazgos presentados.

4. Orientación Accionable: Los informes de inteligencia no solo describen los hallazgos de una investigación, sino que también proporcionan análisis críticos y recomendaciones orientadas a la acción. Estas recomendaciones son vitales para guiar las decisiones posteriores y las estrategias a seguir, ya sea en un contexto judicial donde se busca resolver un caso o en un entorno ejecutivo donde se deben tomar medidas concretas para abordar problemas identificados.

5. Transparencia y Responsabilidad: La elaboración de informes transparentes y objetivos fomenta la rendición de cuentas y la integridad en el proceso de toma de decisiones. En entornos legales, la transparencia es fundamental para garantizar la imparcialidad y la equidad en el sistema judicial. En el ámbito ejecutivo, los informes transparentes ayudan a mantener la confianza del público y de los stakeholders al demostrar una gestión responsable y fundamentada en datos.

En resumen, la realización de informes de inteligencia de calidad es esencial para respaldar procesos judiciales justos, facilitar la toma de decisiones estratégicas informadas en entornos ejecutivos y promover la transparencia y la rendición de cuentas en todas las áreas donde se requiera el uso de información y análisis para guiar acciones y políticas.

3.6.1. Estructura del Informe de Inteligencia

1. Portada

- Título del informe: Debe ser claro y específico, reflejando el contenido del informe.
- Fecha de elaboración: Indica cuándo se completó el informe.
- Nombre del autor/es: Identifica a los responsables de la elaboración del informe.
- Nombre de la organización: Muestra a la entidad para la que se realizó el informe.
- Nivel de clasificación del informe: Especifica si el informe es confidencial, público, etc.

2. Índice

- Listado de secciones: Enumeración de las partes principales del informe.
- Subsecciones detalladas: Inclusión de subsecciones para facilitar la navegación.
- Números de página: Indicaciones precisas para localizar cada sección.
- Anexos: Índice separado para los anexos si son numerosos.
- Apéndices: Índice para cualquier material adicional complementario.

3. Resumen Ejecutivo

- Descripción del propósito del informe: Clarificación del objetivo principal del informe.
- Resumen de los hallazgos más importantes: Presentación de los puntos clave descubiertos.
- Conclusiones clave: Resumen de las conclusiones más relevantes.
- Recomendaciones principales: Sugerencias de acción derivadas de los hallazgos.
- Impacto potencial: Explicación del impacto que los hallazgos pueden tener.

4. Introducción

- Contexto y antecedentes de la investigación: Información sobre el origen y la necesidad de la investigación.
- Objetivos del informe: Definición clara de lo que el informe pretende lograr.
- Alcance de la investigación: Límites y extensión de la investigación realizada.
- Limitaciones de la investigación: Factores que pueden haber influido en los resultados.
- Estructura del informe: Breve descripción de cómo está organizado el documento.

5. Metodología

- Técnicas OSINT utilizadas: Detalle de las herramientas y técnicas empleadas.

- Fuentes de información: Listado y descripción de las fuentes consultadas.
- Procedimientos de recopilación de datos: Métodos específicos de recolección de información.
- Procedimientos de análisis de datos: Métodos utilizados para interpretar los datos.
- Consideraciones éticas: Aspectos éticos tenidos en cuenta durante la investigación.

6. Hallazgos

- Presentación detallada de los datos recopilados: Descripción exhaustiva de los datos obtenidos.
- Análisis de la información: Interpretación y significado de los datos presentados.
- Identificación de patrones: Detección de tendencias y comportamientos significativos.
- Visualización de datos: Uso de gráficos, tablas y mapas para ilustrar los hallazgos.
- Comparación con datos históricos: Contextualización de los hallazgos actuales con información previa.

7. Discusión

- Interpretación de los hallazgos: Explicación del significado de los resultados.
- Evaluación de la fiabilidad de los datos: Análisis de la precisión y consistencia de la información.
- Implicaciones de los hallazgos: Consecuencias y relevancia de los resultados obtenidos.
- Limitaciones de los hallazgos: Factores que podrían afectar la validez de los resultados.
- Comparación con investigaciones previas: Relación con estudios o datos anteriores.

8. Conclusiones

- Resumen de los puntos clave del análisis: Recapitulación de los aspectos más importantes del informe.
- Respuestas a las preguntas de investigación: Soluciones y explicaciones a las cuestiones planteadas.

- Significado de los hallazgos: Explicación del impacto y relevancia de los resultados.
- Relación con los objetivos iniciales: Evaluación de cómo los hallazgos cumplen con los objetivos del informe.
- Perspectivas futuras: Sugerencias para próximas investigaciones o estudios adicionales.

9. Recomendaciones

- Acciones sugeridas: Propuestas específicas basadas en los hallazgos del informe.
- Estrategias para mitigar riesgos: Medidas para reducir o eliminar riesgos identificados.
- Prioridades de implementación: Orden de importancia y urgencia para las acciones recomendadas.
- Recursos necesarios: Identificación de los recursos y herramientas necesarias para implementar las recomendaciones.
- Monitoreo y evaluación: Propuestas para el seguimiento y evaluación de las acciones implementadas.

10. Referencias

- Listado de fuentes: Inclusión de todas las fuentes citadas en el informe.
- Formato de citación: Uso de un formato estándar (APA, MLA, etc.) para las citas.
- Fuentes primarias: Documentos originales y datos de primera mano utilizados en la investigación.
- Fuentes secundarias: Artículos, libros y otros documentos que apoyan el análisis.
- Documentación adicional: Cualquier otra fuente relevante que haya informado el informe.

11. Anexos

- Información adicional: Documentos y datos que apoyan los hallazgos del informe.
- Imágenes: Fotografías y capturas de pantalla relevantes para la investigación.
- Datos brutos: Información sin procesar que puede ser útil para futuras investigaciones.

- Gráficos y tablas: Representaciones visuales adicionales de los datos.
- Material complementario: Cualquier otro documento que enriquezca el informe.

3.6.2. Redacción de Conclusiones

Las conclusiones deben ser claras y concisas, resumiendo los principales hallazgos del informe. Se recomienda:

- Evitar nueva información: No introducir datos o análisis nuevos en esta sección.
- Enfocarse en los puntos más relevantes: Destacar solo los hallazgos más significativos.
- Mantener un tono objetivo: Basarse en evidencias y evitar opiniones personales.
- Relacionar con los objetivos del informe: Asegurarse de que las conclusiones respondan a los objetivos planteados.
- Proponer perspectivas futuras: Sugerir posibles áreas para futuras investigaciones.

3.6.3. Formulación de Recomendaciones

Las recomendaciones deben ser prácticas y viables, derivadas directamente de los hallazgos y conclusiones. Deben:

- Ser específicas y accionables: Proporcionar pasos claros y concretos.
- Incluir un plan de implementación: Sugerir un cronograma o estrategia para llevar a cabo las acciones recomendadas.
- Considerar las limitaciones y recursos disponibles: Asegurarse de que las recomendaciones sean realistas.
- Priorizar las acciones: Establecer un orden de importancia para las recomendaciones.
- Incluir medidas de monitoreo: Proponer formas de evaluar la efectividad de las acciones implementadas.

Un informe de inteligencia bien estructurado y redactado es esencial para comprender y mitigar los riesgos asociados a la exposición en internet. Siguiendo esta guía, se puede garantizar que los informes sean claros, concisos y útiles para la toma de decisiones estratégicas.

4. PREPARACIÓN DE ENTORNO DE TRABAJO Y CONTRAMEDIDAS

Cuando se trata de realizar una ciberinvestigación, la conciencia sobre la huella digital es fundamental para garantizar la seguridad y protección personal. Cada paso que damos en línea deja una marca, y estas huellas pueden ser aprovechadas por terceros de diversas maneras, tanto con buenas intenciones como con intenciones maliciosas. Por lo tanto, la autoprotección digital se vuelve esencial para salvaguardar la privacidad y la seguridad durante una ciberinvestigación.

En primer lugar, al recopilar información en línea, es crucial ser consciente de qué datos estamos compartiendo y con quién. Es importante utilizar fuentes confiables y seguras, así como herramientas de navegación segura para evitar la exposición innecesaria de información personal.

Además, al realizar investigaciones en línea, es fundamental utilizar técnicas de anonimato y privacidad para proteger nuestra identidad. Esto puede incluir el uso de redes privadas virtuales (VPN) para ocultar la dirección IP, el uso de navegadores seguros y configuraciones de privacidad ajustadas para minimizar la recopilación de datos por parte de terceros.

Otro aspecto importante de la autoprotección digital durante una ciberinvestigación es ser consciente de las trampas y engaños en línea. Los ciberdelincuentes pueden utilizar tácticas de phishing, malware y otras formas de ingeniería social para obtener acceso no autorizado a nuestros datos o comprometer nuestra seguridad en línea. Por lo tanto, es esencial mantenerse alerta y adoptar prácticas de seguridad cibernética sólidas, como evitar hacer clic en enlaces sospechosos, verificar la autenticidad de los sitios web y mantener el software y los dispositivos actualizados con las últimas medidas de seguridad.

En resumen, la autoprotección digital es una consideración fundamental al realizar una ciberinvestigación. Al ser conscientes de nuestra huella digital y tomar medidas proactivas para proteger nuestra privacidad y seguridad en línea, podemos garantizar una experiencia de investigación más segura y exitosa.

4.1. Visión general

A medida que nos adentramos en el ámbito de la investigación de fuentes abiertas (OSINT), es crucial ser conscientes de las huellas digitales que dejamos en el proceso. Esta conciencia es especialmente relevante debido a la sofisticación de los equipos de inteligencia utilizados tanto por terroristas como por organizaciones criminales.

Incluso las organizaciones criminales más pequeñas, con presupuestos limitados, pueden subcontratar equipos especializados para recopilar información. Por lo tanto, es imperativo que, en este punto, nos enfoquemos en la securización de nuestro entorno de trabajo para minimizar el riesgo de dejar rastros de nuestra identidad digital.

Esto es crucial porque, dependiendo del tipo de objetivo que estemos investigando, la detección podría resultar en consecuencias graves, ya que nuestros rastros podrían ser utilizados en nuestra contra para rastrearnos.

Para abordar esta preocupación, proporcionaremos indicaciones claras sobre cómo proteger nuestra identidad digital mientras llevamos a cabo nuestra investigación OSINT. E

Esto incluirá la implementación de medidas de seguridad robustas en nuestras actividades en línea y fuera de línea, el uso de herramientas y técnicas de anonimato, y la comprensión de los protocolos de seguridad necesarios para evitar la identificación no autorizada. Al adoptar estas prácticas de seguridad, podemos mitigar significativamente el riesgo de exposición y salvaguardar nuestra capacidad para llevar a cabo investigaciones efectivas sin comprometer nuestra seguridad personal.

4.2. Ingeniería Social: Riesgos, Amenazas y Modus Operandi

La ingeniería social es una técnica sofisticada y altamente efectiva empleada por actores maliciosos para obtener información confidencial, acceso a sistemas y comprometer la seguridad de manera sutil, a través de la manipulación psicológica de individuos. A diferencia de los ataques tradicionales que se centran en explotar vulnerabilidades tecnológicas, la ingeniería social se aprovecha de la confianza y la credulidad inherentes en la naturaleza humana. Es como un juego de manipulación psicológica donde los atacantes buscan explotar la buena fe de las personas para lograr sus objetivos maliciosos.

La ingeniería social se basa en la comprensión de la psicología humana y la interacción social. Los ciberdelincuentes estudian el comportamiento humano, las normas sociales y las debilidades psicológicas para diseñar estrategias convincentes que persuadan a las víctimas a realizar acciones que beneficien al atacante, como revelar información confidencial o hacer clic en enlaces maliciosos.

A nivel psicológico, los *ingenieros sociales* explotan una variedad de elementos para manipular a sus víctimas y lograr sus objetivos maliciosos.

Algunos de los elementos clave que son objeto de explotación incluyen:

4.2.1. Confianza

Los *ingenieros sociales* intentan ganarse la confianza de sus víctimas, ya sea haciéndose pasar por personas de confianza, como amigos, colegas o autoridades, o creando una apariencia de legitimidad en sus comunicaciones.

Ejemplo: Un ingeniero social crea un perfil falso en las redes sociales con fotos y detalles que parecen auténticos. Luego, envía un mensaje a la víctima haciéndose pasar por un amigo cercano y le pide información personal, como su fecha de nacimiento, bajo el pretexto de preparar una sorpresa de cumpleaños.

4.2.2. Autoridad

Los *ingenieros sociales* a menudo se presentan como figuras de autoridad, como empleados de empresas legítimas, técnicos de soporte informático, o incluso figuras gubernamentales. Esta falsa sensación de autoridad puede inducir a las víctimas a cumplir con las solicitudes del atacante sin cuestionarlas.

Ejemplo: Un atacante realiza una llamada telefónica a la víctima y se identifica como un representante del departamento de seguridad informática de su banco. Utilizando un tono de voz firme y conocimientos técnicos básicos, le advierte a la víctima sobre una supuesta actividad sospechosa en su cuenta y le solicita que proporcione su número de tarjeta de crédito para "verificar transacciones recientes".

4.2.3. Urgencia

Al crear una sensación de urgencia, los *ingenieros sociales* presionan a las víctimas para que tomen decisiones rápidas sin reflexionar adecuadamente sobre las consecuencias. Por ejemplo, pueden fingir que hay un problema urgente que requiere una acción inmediata para engañar a las personas y hacerlas actuar impulsivamente.

Ejemplo: La víctima recibe un correo electrónico aparentemente urgente de su proveedor de servicios de correo electrónico, indicando que su cuenta ha sido comprometida y que necesita restablecer su contraseña de inmediato para evitar la pérdida de datos importantes. El correo electrónico incluye un enlace directo a una página falsa de inicio de sesión.

4.2.4. Curiosidad

Los *ingenieros sociales* a menudo aprovechan la curiosidad natural de las personas para atraerlas y hacer que interactúen con contenido malicioso, como enlaces sospechosos o archivos adjuntos en correos electrónicos.

Ejemplo: Un ingeniero social envía correos electrónicos a un grupo de empleados de una empresa con el asunto "¡Tu nombre fue mencionado en un artículo de noticias importante!". El correo electrónico insta a los destinatarios a hacer clic en un enlace adjunto para leer el artículo completo, que en realidad es un archivo malicioso que infecta las computadoras con malware.

4.2.5. Empatía

Al demostrar empatía y comprensión hacia las preocupaciones o problemas de las víctimas, los *ingenieros sociales* pueden establecer una conexión emocional que facilita la manipulación.

Ejemplo: Un estafador se comunica con la víctima por teléfono y se hace pasar por un voluntario de una organización benéfica. Utilizando un tono compasivo, le explica a la víctima que están recaudando fondos para ayudar a niños enfermos y le pide una donación generosa utilizando su tarjeta de crédito.

4.2.6. Ignorancia o ingenuidad

Aprovechando la falta de conocimiento o la ingenuidad de las personas sobre temas de seguridad informática, los *ingenieros sociales* pueden engañarlas más fácilmente y hacer que revelen información sensible o realicen acciones perjudiciales.

Ejemplo: Un atacante envía un correo electrónico a la víctima, haciéndose pasar por un representante del equipo de seguridad de la empresa. Afirma que la contraseña de la víctima ha expirado y le pide que la actualice haciendo clic en un enlace proporcionado en el correo electrónico, que dirige a una página web falsa diseñada para robar credenciales de inicio de sesión.

4.2.7. Reciprocidad

Al ofrecer algo valioso a cambio, como promesas de recompensas, beneficios o favores, los *ingenieros sociales* pueden persuadir a las personas para que cumplan con sus solicitudes.

Ejemplo: Un estafador promete a la víctima una tarjeta de regalo gratuita de una tienda popular si completa una encuesta rápida sobre sus hábitos de compra. Al finalizar la encuesta, se le pide a la víctima que proporcione su dirección de correo electrónico y número de teléfono, que luego se utilizarán para enviarle correos electrónicos de spam o intentos de phishing.

4.2.8. Miedo

Al explotar los miedos y las preocupaciones de las personas, como el temor a perder acceso a una cuenta, ser objeto de una sanción legal o sufrir consecuencias negativas, los *ingenieros sociales* pueden coaccionar a las víctimas para que actúen según sus deseos.

Ejemplo: La víctima recibe una llamada telefónica automática que supuestamente proviene de la Agencia Tributaria (AEAT) y se le informa que hay un problema grave con su declaración de impuestos. Se le advierte que, si no responde de inmediato y proporciona información personal, como su número de seguro social, podría enfrentar acciones legales. La llamada se presenta como urgente y amenazadora, lo que induce a la víctima a actuar impulsivamente para evitar consecuencias negativas.

Estos son solo algunos ejemplos de los elementos psicológicos que los *ingenieros sociales* utilizan de manera efectiva para manipular a sus víctimas. Al comprender cómo funcionan estos mecanismos, las personas pueden volverse más conscientes y estar mejor preparadas para reconocer y resistir los intentos de manipulación.

En el contexto de la ciberinvestigación, la comprensión y neutralización de la ingeniería social es fundamental para protegernos de ataques, para poder proteger datos y sistemas. Aunque la ciberseguridad juega un papel crucial, la educación y la concienciación sobre los riesgos asociados con la manipulación psicológica son igualmente importantes. Los investigadores deben ser capaces de reconocer y mitigar las tácticas de ingeniería social para garantizar la integridad y el éxito de sus operaciones.

Este capítulo proporcionará una guía detallada sobre los diferentes aspectos de la ingeniería social, incluyendo sus modus operandi, riesgos y amenazas asociadas, así como recomendaciones y medidas preventivas para protegerse contra este tipo de ataques en el contexto de la ciberinvestigación.

4.2.9. Riesgos y Amenazas de la Ingeniería Social

4.2.9.1. Divulgación de Información Confidencial

La ingeniería social puede llevar a la obtención no autorizada de información sensible utilizada en investigaciones, comprometiendo así la confidencialidad y la integridad de los datos.

4.2.9.2. Compromiso de Cuentas de Usuario

Técnicas como el phishing, el pretexting u otras formas de manipulación pueden resultar en el compromiso de cuentas de usuario utilizadas en investigaciones, lo que podría resultar en la pérdida de datos o la manipulación de información.

4.2.9.3. Manipulación de Evidencia

Los actores malintencionados pueden utilizar la ingeniería social para manipular la evidencia digital, lo que podría afectar la autenticidad e integridad de los datos investigados, poniendo en peligro la validez de la investigación.

4.2.9.4. Exposición de Identidad

La ingeniería social puede revelar la identidad de los investigadores, exponiéndolos a posibles represalias por parte de los delincuentes o comprometiendo su seguridad personal.

4.2.9.5. Modus Operandi de la Ingeniería Social

La ingeniería social abarca una variedad de métodos utilizados por los atacantes para manipular psicológicamente a las personas y obtener información confidencial o acceso a sistemas.

A continuación, se detallan algunos de los principales modus operandi de la ingeniería social:

4.2.9.6. Phishing

Esta técnica implica el envío de correos electrónicos fraudulentos que parecen legítimos, ya sea suplantando la identidad de una empresa conocida, una institución bancaria u otra entidad confiable. Los correos electrónicos suelen contener enlaces maliciosos o archivos adjuntos diseñados para engañar a los destinatarios y hacerles revelar información confidencial, como contraseñas, números de tarjetas de crédito o datos personales. El phishing se ha vuelto cada vez más sofisticado con el uso de técnicas como la personalización de mensajes y la creación de sitios web falsos que imitan a los legítimos, lo que dificulta su detección.

4.2.9.7. Pretexting

En este método, los atacantes se hacen pasar por individuos de confianza, como empleados de una empresa, representantes de servicio al cliente, autoridades gubernamentales u otros profesionales, para obtener información confidencial o acceso a sistemas. Utilizan técnicas de persuasión y manipulación para ganarse la confianza de la víctima, presentándose como personas legítimas y convincentes. Pueden inventar escenarios creíbles, como problemas técnicos o necesidades de verificación de datos, para inducir a las víctimas a revelar información sensible o realizar acciones perjudiciales.

4.2.9.8. Ingeniería Social en Redes Sociales

Esta táctica implica el uso de perfiles falsos o la manipulación psicológica de usuarios en plataformas de redes sociales para obtener información personal y confidencial. Los ciberdelincuentes pueden crear perfiles falsos con identidades ficticias o robar perfiles legítimos para establecer conexiones con las víctimas. Utilizan técnicas de persuasión y engaño para recopilar información sensible, como detalles personales, historial de navegación, intereses y conexiones sociales. Esta información puede ser utilizada para personalizar ataques dirigidos específicamente a las víctimas o para elaborar perfiles detallados que faciliten la realización de futuros ataques.

4.2.9.9. Ingeniería Social Presencial

En esta modalidad, los atacantes llevan a cabo ataques en persona, interactuando directamente con las víctimas para obtener acceso físico a instalaciones o sistemas. Pueden hacerse pasar por técnicos de servicio, representantes de proveedores externos, trabajadores de la construcción u otros trabajadores legítimos para ganarse la confianza de las víctimas. Utilizan la suplantación de identidad y la manipulación de la confianza para persuadir a las personas a proporcionarles acceso no autorizado o información confidencial.

Estos son solo algunos ejemplos de los modus operandi utilizados por los *ingenieros sociales* para llevar a cabo sus ataques. Es importante estar alerta y capacitado para reconocer y protegerse contra estas tácticas de manipulación psicológica en el entorno digital y físico.

4.2.10. Recomendaciones y Medidas Preventivas

4.2.10.1. Concienciación y Capacitación

La formación y sensibilización sobre las tácticas de ingeniería social son esenciales para protegerse contra posibles ataques. Las organizaciones deben ofrecer programas formativos, cursos, talleres o charlas, para asegurar que los empleados estén al tanto de los riesgos asociados con la manipulación psicológica y no caer en manos de los *ingenieros sociales*, ya que no solo ayudan a comprender las diversas formas en que los atacantes pueden intentar engañar a las personas, sino que también enseñan a reconocer las señales de alerta y cómo responder adecuadamente.

4.2.10.2. Simulacros y Ejercicios Prácticos

Realizar simulacros de ataques de ingeniería social dentro de la organización brinda una oportunidad invaluable para que los usuarios practiquen cómo identificar y responder a posibles intentos de manipulación. Estos ejercicios pueden incluir escenarios simulados de phishing, llamadas telefónicas fraudulentas o solicitudes de información confidencial. Al enfrentarse a situaciones simuladas, los empleados pueden mejorar sus habilidades para detectar amenazas y tomar decisiones informadas en situaciones reales.

4.2.10.3. Políticas y Procedimientos Claros

Es esencial establecer políticas y procedimientos claros en la empresa para manejar información confidencial y garantizar la seguridad de los datos. Esto puede incluir directrices específicas sobre cómo manejar solicitudes de información sensible, protocolos de autenticación de usuarios y procedimientos para informar sobre posibles intentos de ingeniería social. La claridad en las políticas y procedimientos ayuda a evitar malentendidos y asegura una respuesta rápida y eficaz ante posibles amenazas.

4.2.10.4. *Verificación de Identidad*

Antes de compartir información sensible o realizar acciones solicitadas, es fundamental verificar la identidad del solicitante. Esto puede implicar la implementación de medidas de autenticación de dos factores, como códigos de verificación o tokens de seguridad, o la confirmación directa con fuentes confiables. Al confirmar la identidad del solicitante, se reduce el riesgo de compartir información confidencial con personas no autorizadas o ser víctima de un ataque de suplantación de identidad.

4.2.10.5. *Buenas Prácticas*

Adoptar buenas prácticas de ciberseguridad es fundamental para protegerse contra ataques de ingeniería social. Esto incluye el uso de contraseñas seguras y la actualización regular del software y las aplicaciones para evitar vulnerabilidades. Además, se deben evitar prácticas peligrosas como hacer clic en enlaces desconocidos o descargar archivos adjuntos de fuentes no confiables, que pueden exponer a la organización a riesgos de seguridad. Al seguir prácticas de seguridad sólidas, se reduce la probabilidad de ser víctima de manipulación en línea.

4.2.10.6. *Confidencialidad en Redes Sociales*

Es importante tener precaución con la información que se comparte en redes sociales para protegerse contra ataques de ingeniería social. Esto incluye evitar revelar detalles personales o sensibles que puedan ser utilizados por los atacantes para manipular a las personas. Se debe prestar especial atención a la configuración de privacidad de las cuentas y limitar la cantidad de información personal que se comparte públicamente. Al ser cauteloso con la información compartida en línea, se reduce el riesgo de ser blanco de ataques de ingeniería social.

4.2.10.7. Desconfianza Constructiva

Mantener una actitud de desconfianza constructiva frente a solicitudes inesperadas de información o acciones inusuales puede ayudar a prevenir ataques de ingeniería social. Esto implica cuestionar cualquier solicitud que parezca sospechosa o fuera de lo común y verificar la legitimidad antes de actuar. Al adoptar una postura de precaución y verificar la autenticidad de las solicitudes, se reduce la probabilidad de ser engañado por los atacantes y se protege la información confidencial de la organización.

4.2.10.8. Reporte y Respuesta

Fomentar una cultura en la que se anime a los empleados a informar sobre cualquier actividad sospechosa o intento de ingeniería social es fundamental, ya que los empleados deben sentirse seguros para reportar incidentes de manera rápida y efectiva sin temor a represalias. Además, establecer protocolos claros para responder rápidamente a tales incidentes es clave para minimizar el impacto y mitigar cualquier daño potencial. Fomentar una cultura de reporte y respuesta, fortalece la seguridad de la organización y aumenta la capacidad de detectar y responder a amenazas de ingeniería social.

4.2.10.9. Evaluación y Mejora Continua

Realizar evaluaciones periódicas de la efectividad de las medidas de seguridad contra la ingeniería social y ajustarlas según sea necesario garantiza una mayor protección contra estos ataques. Esto puede implicar la revisión regular de políticas y procedimientos, la realización de pruebas de penetración para identificar vulnerabilidades y la implementación de soluciones de seguridad adicionales según sea necesario. Al mantenerse proactivo en la evaluación y mejora de las defensas contra la ingeniería social, se fortalece la postura de seguridad de la organización y se reduce el riesgo de ser víctima de manipulación en línea.

En conclusión, la comprensión de los riesgos, amenazas y modus operandi asociados con la ingeniería social es esencial para garantizar la seguridad y la integridad de las operaciones de ciberinvestigación, ya que adoptando medidas proactivas y manteniéndonos alerta, podemos minimizar la exposición a estas amenazas y proteger con éxito nuestros activos y datos confidenciales.

4.3. Securización del Entorno de Trabajo

Debemos tener presente que, en nuestro entorno de trabajo, la protección de la información personal y de la organizacional es de suma importancia, por lo que hay que tener presente una serie de elementos antes de comenzar cualquier búsqueda en internet sobre un objetivo a investigar, ya que como investigadores, tenemos la responsabilidad de proteger los datos sensibles y confidenciales que manejamos, asegurando que nuestra actividad no comprometa la seguridad de la unidad ni exponga a nuestra organización a posibles amenazas.

La información es un recurso valioso y codiciado que puede ser explotado por ciberdelincuentes y actores maliciosos, utilizando tácticas sofisticadas, como la ingeniería social, para manipular y engañar a sus víctimas, accediendo a datos críticos que pueden ser utilizados para fraudes, robos de identidad u otros tipos de ataques, por ello, es esencial adoptar medidas de seguridad rigurosas antes de iniciar cualquier investigación en línea para evitar exfiltrar ningún tipo de información en caso de ser víctimas de alguna artimaña por parte de los malos durante la investigación evitando poner en riesgo la investigación en sí misma y a los miembros de la organización que participan en ella.

Cualquier brecha de seguridad puede no solo comprometer los datos sino también exponer a los investigadores a amenazas personales y profesionales. Esto puede incluir el acoso, la manipulación o incluso ataques dirigidos que buscan intimidar o dañar a quienes están involucrados en la investigación. Mantener nuestra seguridad y la seguridad de nuestros investigadores es crucial para asegurar que puedan llevar a cabo su trabajo de manera efectiva y sin interferencias indebidas.

En nuestra unidad, comprendemos que la protección de la información no se limita al uso de herramientas tecnológicas avanzadas, por lo que también implica la implementación de prácticas seguras y tomar precauciones adicionales para garantizar que nuestra actividad no comprometa la seguridad de los datos ni exponga a la organización y a sus miembros a posibles amenazas.

La confidencialidad, la integridad y la disponibilidad de la información son pilares fundamentales que debemos salvaguardar en todo momento. Esto no solo protege contra la pérdida y el mal uso de la información, sino que también fortalece nuestra capacidad para responder eficazmente a cualquier intento de manipulación o ataque. Mantener una sólida postura de seguridad de la información es crucial para la continuidad operativa y la confianza en nuestra unidad de investigación.

Antes de iniciar cualquier búsqueda en internet sobre un objetivo a investigar, es imperativo que todos los miembros de nuestra unidad comprendan y apliquen las medidas de seguridad adecuadas. Este enfoque proactivo garantiza que nuestras investigaciones sean robustas, confiables y, sobre todo, seguras. La seguridad de la información es la base sobre la cual se construye una investigación efectiva y debe ser una prioridad constante en nuestro trabajo diario. Al adoptar estas medidas, no solo protegemos la información y a los investigadores, sino que también aseguramos el éxito y la integridad de nuestras operaciones investigativas.

De forma general debemos tener presente tomar ciertas medidas se "autoprotección" en nuestra vida digital en la Red, y en especial en las redes sociales, comenzando por los siguientes:

4.3.1. Utilización de VPN (Red Privada Virtual)

Una VPN, o Red Privada Virtual (Virtual Private Network), es una tecnología que permite crear una conexión segura y cifrada entre su dispositivo y un servidor operado por el proveedor de VPN. Esta conexión no solo oculta su dirección IP real, sino que también protege su tráfico de internet de ser interceptado o monitoreado por terceros. A continuación, se detallan los conceptos y funciones clave de una VPN.

Cuando se utiliza una VPN, todo el tráfico de datos entre su dispositivo y el servidor VPN se cifra. Esto significa que cualquier información que se envíe o reciba está codificada y no puede ser leída por nadie que intercepte la conexión. Este cifrado protege sus datos contra el espionaje y los ataques de intermediarios (man-in-the-middle).

Implementar una VPN confiable es una de las medidas más efectivas para proteger la privacidad y seguridad durante una investigación en el ciberespacio. A continuación, se detallan los beneficios y consideraciones clave al utilizar una VPN:

Al conectarse a una VPN, el tráfico de internet se enruta a través de un servidor VPN ubicado en una ubicación geográfica diferente. Esto oculta la dirección IP real del investigador, reemplazándola por la dirección IP del servidor VPN. Como resultado, es mucho más difícil para los terceros rastrear la actividad en línea del investigador y localizar su ubicación física. Esta ocultación es esencial para proteger la identidad y evitar ser objetivo de contrainteligencia.

Los investigadores a menudo necesitan acceder a múltiples recursos en el ciberespacio, algunos de los cuales pueden ser monitorizados, y la utilización de una VPN ayuda a prevenir que nos rastreen nuestros proveedores de servicios de internet (ISP), administradores de red y posibles actores maliciosos. Esto asegura que la investigación se pueda llevar a cabo sin ser detectada ni vigilada, lo cual es crucial para proteger tanto al investigador como a la integridad del proceso investigativo.

De la misma forma en algunas ocasiones, los investigadores pueden necesitar acceder a contenido geográficamente restringido o bloqueado por censura, y conectándonos mediante servidores VPN ubicados en diferentes países, se puede eludir estas restricciones geográficas y acceder a la información necesaria para la investigación. Esto es particularmente útil cuando se requiere analizar información desde diversas perspectivas y fuentes internacionales.

En ocasiones podemos tener la necesidad de realizar investigaciones en caliente, debiendo salir a la calle, y puede implicar el uso de redes Wi-Fi públicas, que son notoriamente inseguras, pero una VPN nos proporciona una capa adicional de seguridad en estas redes al cifrar todo el tráfico de datos, protegiendo así contra posibles ataques de intermediarios (man-in-the-middle) y otros riesgos asociados con las redes públicas.

Debemos tener una serie de consideraciones para Seleccionar una VPN confiable con son:

Reputación y Confiabilidad. Es importante elegir un proveedor de VPN con una buena reputación y un historial comprobado de proteger la privacidad de los usuarios, por lo que leer reseñas sobre la VPN y verificar las políticas de privacidad del proveedor es una buena idea.

Cifrado Fuerte. Asegurarse de que la VPN utilice protocolos de cifrado robustos, como OpenVPN o WireGuard, que ofrecen altos niveles de seguridad.

No Registro de Datos (No-logs Policy). Optar por una VPN que tenga una política de no registro de datos, lo que garantiza que el proveedor no almacena ni rastrea la actividad en línea del usuario.

Velocidad y Ancho de Banda. Seleccionar una VPN que ofrezca una alta velocidad de conexión y un ancho de banda suficiente para llevar a cabo investigaciones sin problemas.

Soporte Multi-dispositivo. Asegurarse de que la VPN sea compatible con todos los dispositivos y sistemas operativos que se utilizarán durante la investigación.

La implementación de una VPN confiable es una medida esencial para proteger la seguridad y privacidad durante una investigación en el ciberespacio. Al cifrar la conexión a internet y ocultar la dirección IP real, una VPN protege la identidad del investigador, previene el rastreo y la vigilancia, permite el acceso a contenidos restringidos, y asegura la transmisión de datos en redes públicas. Seleccionar una VPN confiable y configurarla correctamente puede marcar una gran diferencia en la protección contra labores de contrainteligencia y otros riesgos cibernéticos.

4.3.2. Navegadores Seguros y Anónimos

El uso de navegadores seguros y anónimos debe ser una medida básica para proteger nuestra privacidad y más especialmente durante la realización de ciberinvestigaciones. Estos navegadores deben estar diseñados para minimizar nuestra huella digital y ofrecer características avanzadas que nos protejan contra el seguimiento y la vigilancia.

Entre estos navegadores destacan:

4.3.3. Tor Browser[11]

Tor (The Onion Router) es uno de los navegadores más conocidos por sus capacidades de anonimato. Fue desarrollado inicialmente por la Marina de los Estados Unidos para proteger las comunicaciones gubernamentales sensibles, y ahora es utilizado globalmente por personas que desean proteger su privacidad en línea.

Tor utiliza una red de voluntarios globales para enrutar el tráfico de internet a través de múltiples nodos (servidores) antes de llegar a su destino final. Este proceso, conocido como "enrutamiento en cebolla", oculta la dirección IP del usuario y dificulta el rastreo de su actividad en línea.

Cada nodo en la red Tor cifra el tráfico antes de pasarlo al siguiente nodo, creando varias capas de cifrado. Esto garantiza que ningún nodo individual pueda conocer tanto el origen como el destino final del tráfico.

Tor Browser incluye herramientas para bloquear rastreadores y scripts de terceros que intentan recopilar datos sobre el comportamiento de navegación del usuario. Esto ayuda a mantener la privacidad y a evitar la creación de perfiles de usuario basados en la actividad en línea.

---

11 https://www.torproject.org/es/download/

Al enrutar el tráfico a través de nodos en diferentes países, Tor puede eludir la censura gubernamental y permitir el acceso a sitios web bloqueados o restringidos en ciertas regiones.

4.3.4. Brave[12]

Brave es un navegador que bloquea automáticamente los anuncios y rastreadores, mejorando tanto la privacidad como la velocidad de navegación. Brave también ofrece una característica llamada "Tor in Brave" que permite a los usuarios acceder a la red Tor directamente desde el navegador.

Brave es un navegador web que se ha destacado por su enfoque en la seguridad y la privacidad del usuario. Desarrollado por Brave Software, Inc., el navegador Brave bloquea automáticamente los anuncios y rastreadores, lo que no solo mejora la privacidad, sino que también aumenta la velocidad de navegación. A continuación, se detallan las características principales de Brave y cómo contribuyen a una experiencia de navegación más segura y privada.

Brave bloquea automáticamente anuncios y rastreadores que recopilan datos sobre el comportamiento en línea del usuario. Esto significa que las actividades del usuario no pueden ser fácilmente monitorizadas por terceros, lo que ayuda a mantener la privacidad, paralelamente al bloquear anuncios y contenido no deseado, Brave reduce la cantidad de datos que deben cargarse y procesarse en cada página web. Esto resulta en tiempos de carga más rápidos y una experiencia de navegación más fluida, a la vez que al eliminar anuncios y rastreadores también reduce el uso de ancho de banda, lo que puede ser beneficioso para usuarios con planes de datos limitados.

Brave incluye una característica llamada "Tor in Brave" que permite a los usuarios acceder a la red Tor directamente desde el navegador. Esta integración facilita el uso de Tor sin necesidad de descargar un navegador separado, y al enrutar el tráfico a través de la red Tor, los usuarios pueden navegar de forma anónima, ocultando su dirección IP y dificultando el rastreo de sus actividades en línea. Esto es especialmente útil para quienes desean proteger su identidad y privacidad en la web y eludir restricciones geográficas y censuras impuestas por gobiernos o proveedores de servicios

---

12 https://brave.com/

de internet, permitiendo el acceso a sitios web bloqueados en ciertas regiones.

También incorpora de manera predeterminada la extensión HTTPS Everywhere, que asegura que las conexiones a los sitios web sean siempre seguras, cifradas y protegidas contra interceptaciones, incluyendo protecciones integradas contra sitios web de phishing y malware, ayudando a prevenir que los usuarios sean víctimas de estafas y ataques maliciosos.

Brave ofrece a los usuarios una serie de opciones de configuración avanzada para personalizar su nivel de privacidad y seguridad. Esto incluye la capacidad de bloquear cookies de terceros, scripts, y otros elementos potencialmente invasivos.

Por otro lado, Brave introduce un sistema opcional de recompensas que permite a los usuarios ganar criptomonedas (BAT - Basic Attention Token) por ver anuncios no invasivos. Los usuarios pueden optar por ver estos anuncios y recibir recompensas, o continuar navegando sin anuncios.

Brave es un navegador potente que ofrece múltiples características de seguridad y privacidad, haciendo que sea una excelente opción para investigadores en ciberseguridad y cualquier persona preocupada por su privacidad en línea. Con el bloqueo automático de anuncios y rastreadores, la integración con la red Tor, y otras herramientas de seguridad avanzadas, Brave permite a los usuarios navegar por internet de manera más segura, privada y eficiente.

4.3.5. Firefox con Extensiones de Privacidad

Firefox es un navegador web desarrollado por Mozilla que se destaca por su compromiso con la privacidad y la seguridad del usuario. A continuación, se detallan las características principales de Firefox y cómo estas contribuyen a una experiencia de navegación más segura y privada.

Firefox incluye una función de Protección Mejorada contra el Rastreo, ya que bloquea automáticamente los rastreadores de terceros que intentan recopilan información sobre el comportamiento de navegación del usuario, estando activada por defecto mejorando la privacidad al evitar que las empresas rastreen y perfilen a los usuarios sin su consentimiento.

También Firefox bloquea las cookies de rastreo de terceros que pueden seguir a los usuarios de un sitio web a otro, estando protegidos también contra criptomineros, ya que navegador bloquea los scripts de criptominería que pueden utilizar los recursos del dispositivo del usuario sin su conocimiento, de la misma forma, Firefox previene las técnicas de "fingerprinting" o huella digital que crean un perfil único del usuario basándose en las características de su navegador y dispositivo, permitiendo que los usuarios puedan ajustar el nivel de protección contra rastreo según sus necesidades, eligiendo entre Estándar, Estricto o Personalizado, a la vez que permite bloquear contenido específico como rastreadores, scripts de seguimiento y cookies no deseadas.

Otra característica es que, en el modo de Navegación Privada, Firefox no guarda el historial de navegación, las cookies ni los datos del sitio. Este modo es útil para sesiones de navegación donde se requiere mayor privacidad temporal.

Firefox admite una amplia gama de extensiones de privacidad como uBlock Origin, Privacy Badger y HTTPS Everywhere, que añaden capas adicionales de seguridad y privacidad, incorporando un administrador de contraseñas que ayuda a crear, almacenar y autocompletar contraseñas seguras.

4.3.6. Utilizar el Sistema de Doble Factor de Autenticación (2FA)

El 2FA es una medida de seguridad adicional que requiere una segunda forma de verificación además de la contraseña estándar. Esto puede ser un código enviado a través de un mensaje de texto, una aplicación de autenticación o un token de seguridad físico. Al implementar el 2FA, incluso si un atacante logra obtener nuestra contraseña, aún necesitarían el segundo factor de autenticación para acceder a nuestra cuenta, lo que hace mucho más difícil para ellos comprometer nuestra seguridad.

"Latch" es a una solución de seguridad desarrollada por Telefónica. Latch es una aplicación de autenticación que utiliza un teléfono inteligente como un segundo factor de autenticación para acceder a servicios en línea y proteger cuentas contra accesos no autorizados.

El funcionamiento básico de Latch implica la instalación de la aplicación en un dispositivo móvil, que luego se vincula con los servicios en línea que se desean proteger. Cuando un usuario intenta acceder a uno de estos servicios, la aplicación Latch genera un código único que se debe introducir junto con las credenciales de inicio de sesión habituales (nombre de usuario y contraseña). Esta combinación de credenciales y código generado proporciona una capa adicional de seguridad, ya que el código solo es válido durante un período de tiempo limitado y solo se puede generar desde el dispositivo móvil asociado.

Además de proporcionar autenticación de dos factores, Latch también ofrece funciones adicionales de seguridad, como la capacidad de bloquear el acceso a servicios en línea de forma remota desde la aplicación móvil en caso de pérdida o robo del dispositivo. También puede ofrecer informes detallados sobre la actividad de acceso, lo que permite a los usuarios monitorear y gestionar la seguridad de sus cuentas en línea de manera más efectiva.

En resumen, Latch es una solución de autenticación de dos factores desarrollada por Telefónica que utiliza un dispositivo móvil como segundo factor de autenticación para mejorar la seguridad y proteger las cuentas en línea contra accesos no autorizados.

4.3.7. No Abrir Correos de Remitentes Desconocidos

Los correos electrónicos de remitentes desconocidos pueden contener enlaces maliciosos o archivos adjuntos que podrían infectar nuestro dispositivo con malware o phishing. Además, al abrir estos correos electrónicos, podríamos revelar nuestra dirección IP al remitente, lo que podría ser utilizado para rastrear nuestra ubicación o realizar ataques dirigidos.

4.3.7.1. Utilizar Contraseñas Únicas para Cada Recurso

El uso de contraseñas únicas y complejas para cada cuenta o recurso en línea es esencial para evitar que un atacante pueda acceder a múltiples cuentas si una contraseña es comprometida. Utilizar gestores de contraseñas puede facilitar la gestión de contraseñas únicas y seguras para cada cuenta.

> Un gestor de contraseñas es una herramienta de software diseñada para ayudar a los usuarios a generar, almacenar y gestionar de forma segura sus contraseñas en línea. Estos programas son especialmente útiles cuando se utilizan contraseñas únicas y complejas para cada cuenta, ya que pueden generar contraseñas seguras y almacenarlas de manera cifrada, permitiendo un acceso seguro y conveniente cuando sea necesario.

Aquí tienes algunos ejemplos de gestores de contraseñas populares:

> LastPass[13] es uno de los gestores de contraseñas más populares y ampliamente utilizados. Permite a los usuarios generar contraseñas seguras, almacenarlas de forma segura en una bóveda cifrada y acceder a ellas desde cualquier dispositivo mediante

13 https://www.lastpass.com/

una única contraseña maestra. LastPass también ofrece funciones adicionales, como la autofill de contraseñas y la generación de contraseñas aleatorias.

1Password[14] es otro gestor de contraseñas líder en el mercado que ofrece características similares a LastPass. Permite a los usuarios generar contraseñas únicas y complejas, almacenarlas de forma segura y acceder a ellas desde múltiples dispositivos. 1Password también proporciona funciones de seguridad adicionales, como el almacenamiento seguro de información confidencial, como tarjetas de crédito y notas privadas.

Dashlane[15] es una solución de gestión de contraseñas todo en uno que ofrece una amplia gama de funciones de seguridad y comodidad. Permite a los usuarios generar contraseñas seguras, almacenarlas de forma segura y sincronizarlas entre dispositivos. Dashlane también ofrece un VPN integrado y funciones de monitoreo de seguridad que alertan a los usuarios sobre posibles violaciones de datos y contraseñas débiles.

Bitwarden[16] es una opción de gestión de contraseñas de código abierto que ofrece funcionalidades similares a los gestores de contraseñas comerciales. Permite a los usuarios generar y almacenar contraseñas seguras de forma cifrada, y ofrece aplicaciones para una amplia gama de dispositivos y plataformas. Bitwarden también ofrece la capacidad de autohospedar la solución para aquellos que prefieren mantener el control total sobre sus datos.

Estos son solo algunos ejemplos de gestores de contraseñas disponibles en el mercado. Cada uno tiene sus propias características y ventajas, por lo que es importante evaluar las necesidades individuales y preferencias de seguridad al elegir el más adecuado. En general, el uso de un gestor de contraseñas puede mejorar significativamente la seguridad en línea al facilitar la gestión de contraseñas únicas y complejas para cada cuenta y recurso en línea.

4.3.7.2. Evitar la Geolocalización en Redes Sociales

Desactivar la función de geolocalización en las publicaciones de redes sociales puede ayudar a proteger nuestra privacidad y seguridad al evitar revelar nuestra ubicación en tiempo real a posibles atacantes o personas no deseadas.

4.3.7.3. Revisar Permisos de Aplicaciones

Es importante revisar regularmente los permisos que otorgamos a las aplicaciones en nuestros dispositivos móviles u ordenadores. Algunas aplicaciones pueden solicitar permisos innecesarios que podrían comprome-

---

14 https://1password.com/

15 https://www.dashlane.com/es

16 https://bitwarden.com/es-la/

ter nuestra privacidad o seguridad, como el acceso a nuestros contactos, fotos o ubicación.

4.3.7.4. Desconfiar de Solicitudes de Amistad de Desconocidos

Mantener una actitud cautelosa respecto a las solicitudes de amistad o seguimiento en redes sociales de personas desconocidas puede ayudar a proteger nuestra privacidad y seguridad en línea. Es importante limitar nuestra red de contactos en línea a personas que conocemos y en las que confiamos.

4.3.7.5. Practica el Egosurfing[17-18]

Realizar búsquedas periódicas sobre nuestra persona en diferentes buscadores y establecer alertas con el Sistema de Alertas de Google nos permite monitorear la información que se publica sobre nosotros en internet. Esto nos ayuda a estar al tanto de nuestra presencia en línea y prevenir posibles suplantaciones de identidad o el uso indebido de nuestros datos personales.

4.3.7.6. Controlar las Etiquetas en Fotografías

Es importante controlar las etiquetas en las fotografías que terceras personas suben a las redes sociales y en las que nos etiquetan. Esto nos permite tener un mayor control sobre nuestra imagen en línea y proteger nuestra privacidad y seguridad.

Paralelamente a las medidas generales de autoprotección en línea, es fundamental tener en cuenta ciertas medidas específicas antes de iniciar una investigación, especialmente cuando se trata de investigaciones sensibles o relacionadas con la ciberseguridad. Estas medidas adicionales están diseñadas para proteger la integridad de la investigación y garantizar la seguridad de los datos y sistemas involucrados. Aquí detallamos algunas de estas medidas:

---

17 https://www.youtube.com/watch?v=JOli4tNRelY

18 https://neoscientia.com/category/comunicacion-cientifica/

4.3.7.7. Separar la Vida Profesional y Personal

Esta medida implica no solo establecer una división física entre los dispositivos y entornos utilizados para actividades personales y profesionales, sino también mantener una estricta separación en el uso y acceso a datos y aplicaciones. Al tener equipos informáticos dedicados exclusivamente a la investigación, se reduce el riesgo de contaminación de datos personales con información sensible de la investigación. Los entornos virtualizados o la utilización de perfiles de usuario separados también son útiles para garantizar esta segregación. Además, se debe tener cuidado al compartir información relacionada con la investigación en entornos personales o redes sociales, ya que esto podría comprometer la confidencialidad de los datos.

Las máquinas virtuales representan una solución altamente efectiva para proteger nuestra identidad digital al crear entornos separados para nuestras actividades profesionales y personales. Estas herramientas son ideales cuando no es factible disponer de dos equipos físicos distintos para cada ámbito de nuestra vida. Mediante el uso de VMs, podemos establecer un sólido aislamiento entre nuestras tareas laborales y cotidianas, garantizando la seguridad de nuestros datos y la privacidad de nuestra información personal.

4.3.7.8. VirtualBox

VirtualBox es una herramienta poderosa para crear y administrar máquinas virtuales (VM), lo que permite establecer entornos completamente separados para actividades personales y profesionales. Al utilizar VirtualBox, puedes configurar una VM dedicada exclusivamente a tu investigación, con sus propios sistemas operativos, aplicaciones y datos, manteniendo así una estricta segregación entre tus actividades laborales y personales. Esto te permite realizar tus investigaciones en un entorno aislado y seguro, sin el riesgo de contaminación cruzada con datos personales o comprometer la integridad de tus sistemas principales.

Además, VirtualBox ofrece la flexibilidad de crear múltiples VMs, lo que te permite tener una VM específica para cada proyecto de investigación si es necesario. Esto garantiza una separación aún más rigurosa entre tus diversas actividades profesionales y personales.

4.3.7.9. VMware Workstation

VMware Workstation es una plataforma de virtualización líder en la industria que permite a los usuarios crear y administrar múltiples máquinas virtuales en un solo equipo físico. Al igual que VirtualBox, VMware Workstation ofrece la capacidad de crear entornos de trabajo separados para actividades profesionales y personales. Puedes configurar máquinas virtuales individuales para cada proyecto de investigación o asignar una VM específica para tus actividades personales, garantizando así una segregación clara entre los dos ámbitos.

4.3.7.10. Parallels Desktop

Parallels Desktop es una solución de virtualización popular para usuarios de Mac que desean ejecutar sistemas operativos Windows y otras aplicaciones de forma simultánea en su dispositivo. Al utilizar Parallels Desktop, puedes crear máquinas virtuales dedicadas para tus actividades laborales y personales. Esto te permite mantener una separación clara entre tus datos y aplicaciones de investigación y tus actividades cotidianas, todo dentro del mismo entorno de macOS.

4.3.7.11. Otros Software de Máquinas Virtuales

Además de VirtualBox, VMware Workstation y Parallels Desktop, existen otras herramientas de virtualización disponibles en el mercado que también pueden ser útiles para separar la vida profesional y personal. Algunas de estas opciones incluyen Hyper-V de Microsoft, Xen Project, QEMU y KVM (Kernel-based Virtual Machine). Cada una de estas plataformas ofrece características únicas y opciones de configuración que pueden adaptarse a las necesidades específicas de los usuarios.

Al utilizar cualquiera de estas herramientas de virtualización, puedes crear entornos aislados y seguros para tus actividades profesionales y personales, lo que te permite mantener una segregación clara entre los dos ámbitos y reducir el riesgo de contaminación cruzada de datos o compromiso de la seguridad. Además, la flexibilidad y personalización que ofrecen estas plataformas te permiten adaptar los entornos virtuales a tus necesidades específicas y maximizar la eficiencia en tus actividades laborales e investigativas.

4.3.7.12. Buena Práctica

Establecer una división clara entre los dispositivos y entornos utilizados para actividades personales y profesionales.

Ejemplo: Utilizar una computadora exclusivamente para la investigación y otra para asuntos personales.

Metodología: Crear perfiles de usuario separados o utilizar entornos virtualizados para garantizar la segregación.

Ejemplo: Tener un perfil de usuario "Trabajo" y otro "Personal" en la misma computadora.

4.3.7.12.1. Utilización de Software Original y Actualizado

La importancia de utilizar software legal y actualizado radica en la seguridad y confiabilidad de las herramientas empleadas en cualquier investigación. El uso de software pirata o desactualizado puede exponer a riesgos significativos, ya que estas versiones pueden contener vulnerabilidades conocidas que podrían ser explotadas por agentes maliciosos para comprometer la seguridad de los sistemas. Mantener versiones genuinas del software garantiza el acceso a actualizaciones de seguridad y parches que corrigen posibles fallos, asegurando así la integridad de la investigación.

Cuando nos embarcamos en una investigación, la confiabilidad y la integridad de las herramientas que utilizamos son fundamentales para el éxito y la seguridad de nuestro trabajo. Utilizar software legal y actualizado no solo es una cuestión de cumplimiento legal, sino que también juega un papel crucial en la protección de nuestros sistemas y datos.

Las versiones piratas o desactualizadas del software están expuestas a un mayor riesgo de ser comprometidas por ciberataques. Los agentes maliciosos aprovechan las vulnerabilidades conocidas en estas versiones para acceder de forma no autorizada a nuestros sistemas, robar información confidencial o incluso tomar el control de nuestros dispositivos. Estas vulnerabilidades pueden ser utilizadas para infiltrarse en redes, instalar malware, o llevar a cabo otros tipos de ataques cibernéticos que podrían comprometer la seguridad de la investigación y poner en peligro la confidencialidad de los datos.

Por otro lado, el uso de versiones legales del software nos garantiza acceso a actualizaciones periódicas de seguridad y parches que abordan nuevas amenazas y vulnerabilidades descubiertas. Mantener nuestro software actualizado es una práctica esencial para proteger nuestros sistemas contra las últimas amenazas cibernéticas y asegurar la integridad de la investigación. Además, las actualizaciones también pueden incluir mejoras de rendimiento y nuevas funcionalidades que pueden mejorar la eficiencia y la efectividad de nuestro trabajo.

4.3.7.13. Buena Práctica

Utilizar software legal y debidamente actualizado.

Ejemplo: Antes de comenzar una investigación, verificar que todas las herramientas utilizadas sean versiones genuinas.

Metodología: Mantener el software al día con las últimas actualizaciones de seguridad.

Ejemplo: Configurar actualizaciones automáticas para recibir parches y correcciones de vulnerabilidades.

4.3.7.13.1. Cifrado de Datos Sensibles

El cifrado de datos sensibles es una práctica esencial para proteger la confidencialidad e integridad de la información utilizada en la investigación. Al cifrar los datos antes de almacenarlos o transmitirlos, se garantiza que solo las personas autorizadas puedan acceder a ellos. Es importante utilizar algoritmos de cifrado robustos y gestionar adecuadamente las claves de cifrado para evitar posibles brechas de seguridad. Además, se deben implementar políticas de gestión de claves que aseguren la seguridad y disponibilidad de las claves necesarias para descifrar la información cuando sea necesario.

Cuando se trata de investigaciones sensibles, la seguridad de los datos es de suma importancia. El cifrado de datos sensibles es una de las medidas más efectivas para proteger la confidencialidad y la integridad de la información contra accesos no autorizados. Al cifrar los datos, se convierten en una forma ilegible e incomprensible para cualquier persona que no tenga acceso a la clave de cifrado correspondiente.

Es esencial utilizar algoritmos de cifrado robustos y ampliamente reconocidos, como AES (Advanced Encryption Standard) o RSA (Rivest-Shamir-Adleman), para garantizar una protección efectiva de los datos. Estos algoritmos son altamente seguros y han sido ampliamente evaluados por expertos en seguridad cibernética. Además, la gestión adecuada de las claves de cifrado es fundamental para garantizar la seguridad de los datos cifrados.

La gestión de claves implica almacenar las claves de cifrado en un lugar seguro y restringir el acceso solo a personas autorizadas. Esto puede incluir el uso de sistemas de gestión de claves (KMS) que proporcionan un almacenamiento seguro y centralizado de las claves, así como controles de acceso estrictos para garantizar que solo las personas autorizadas puedan acceder a las claves cuando sea necesario.

4.3.7.14. Buena Práctica

Cifrar los datos antes de almacenarlos o transmitirlos.

Ejemplo: Utilizar algoritmos de cifrado como AES o RSA para proteger información confidencial.

Metodología: Gestionar adecuadamente las claves de cifrado.

Ejemplo: Almacenar las claves en un lugar seguro y restringir el acceso solo a personas autorizadas.

Ejemplo de Software/Herramienta:

VeraCrypt[19]: Herramienta de cifrado de disco completo que permite crear volúmenes cifrados para proteger datos sensibles.

GPG (GNU Privacy Guard): Utiliza GPG para cifrar correos electrónicos o archivos con claves públicas y privadas.

4.3.7.14.1. Refuerzo de la Seguridad de los Dispositivos

Reforzar la seguridad de los dispositivos utilizados en la investigación es crucial para prevenir el acceso no autorizado a la información y los sistemas. El uso de contraseñas sólidas y únicas, junto con la autenticación multifactorial, añade capas adicionales de seguridad. Además, características como el bloqueo automático de pantalla y la eliminación remota de datos en caso de pérdida o robo del dispositivo son fundamentales para proteger la información confidencial. La adopción de sistemas de cifrado de disco completo garantiza que los datos permanezcan inaccesibles incluso si el dispositivo cae en manos equivocadas.

---

19 https://www.veracrypt.fr/code/VeraCrypt/

La protección de los dispositivos utilizados en investigaciones es una prioridad indiscutible para garantizar la seguridad de la información y los sistemas involucrados. Aquí se detallan algunas prácticas esenciales para reforzar la seguridad de estos dispositivos:

Contraseñas sólidas y únicas: Establecer contraseñas sólidas y únicas para acceder a los dispositivos es el primer paso para garantizar su seguridad. Las contraseñas deben ser difíciles de adivinar y estar compuestas por una combinación de letras, números y caracteres especiales.

Autenticación multifactorial: La autenticación multifactorial añade una capa adicional de seguridad al requerir dos o más formas de verificación para acceder al dispositivo. Esto puede incluir el uso de una contraseña combinada con una verificación mediante SMS, una aplicación móvil de autenticación o un token de seguridad.

Bloqueo automático de pantalla: Activar la función de bloqueo automático de pantalla ayuda a proteger la información confidencial cuando el dispositivo no está en uso. Esto evita que personas no autorizadas accedan al dispositivo si se deja desatendido.

Eliminación remota de datos: En caso de pérdida o robo del dispositivo, la capacidad de eliminar remotamente los datos es crucial para proteger la información confidencial. Esto permite borrar de forma segura todos los datos almacenados en el dispositivo para evitar su acceso no autorizado.

Cifrado de disco completo: La adopción de sistemas de cifrado de disco completo garantiza que incluso si el dispositivo cae en manos equivocadas, los datos permanezcan inaccesibles. Esto protege la información confidencial almacenada en el dispositivo mediante la encriptación de todos los datos en el disco duro.

4.3.7.15. Buena práctica

Proteger los dispositivos utilizados en la investigación.

Ejemplo: Establecer contraseñas sólidas y únicas para acceder a los dispositivos.

Metodología: Utilizar autenticación multifactorial para añadir capas adicionales de seguridad.

Ejemplo: Combinar contraseña con autenticación mediante SMS o aplicación móvil.

Utilizar Programas Antivirus y Firewall:

Los programas antivirus y los firewalls representan la primera línea de defensa contra una amplia gama de amenazas en línea, incluyendo malware, virus y ataques de hackers. Al asegurarse de que estos programas estén actualizados y correctamente configurados, se reduce significativamente el riesgo de comprometer la seguridad de los dispositivos y la integridad de la investigación. Además de proporcionar protección en tiempo real, es crucial realizar análisis periódicos del sistema y mantener actualizadas las bases de datos de firmas de virus para detectar y eliminar posibles amenazas antes de que causen daño.

En el entorno digital actual, donde las amenazas cibernéticas son cada vez más sofisticadas y omnipresentes, contar con programas antivirus y firewalls adecuados es esencial para proteger la seguridad de los dispositivos utilizados en investigaciones. Aquí se describen algunas prácticas clave para maximizar la eficacia de estos programas de seguridad:

Actualización y configuración adecuada: Es fundamental asegurarse de que tanto el software antivirus como el firewall estén actualizados con las últimas definiciones de amenazas y parches de seguridad. Además, es importante configurar correctamente estos programas para adaptarlos a las necesidades específicas de seguridad de la investigación.

Protección en tiempo real: Activar la protección en tiempo real en el software antivirus y el firewall garantiza una defensa constante contra amenazas en línea. Esto permite detectar y bloquear ataques de malware, virus y otros tipos de amenazas en el momento en que se producen, protegiendo así la integridad de la investigación.

Análisis periódicos del sistema: Realizar análisis periódicos del sistema ayuda a identificar y eliminar posibles amenazas que puedan haber pasado desapercibidas por la protección en tiempo real. Estos análisis permiten escanear el sistema en busca de malware, virus y otras formas de amenazas, asegurando así que el dispositivo esté libre de cualquier actividad maliciosa.

Actualización de las bases de datos de firmas de virus: Mantener actualizadas las bases de datos de firmas de virus es crucial para garantizar una protección efectiva contra las últimas amenazas. Las firmas de virus son patrones únicos asociados con software malicioso conocido, y actualizar regularmente estas bases de datos asegura que el software antivirus pueda identificar y eliminar nuevas variantes de malware y virus.

4.3.7.16. Buena Práctica

Mantener programas antivirus y firewalls actualizados.

Ejemplo: Asegurarse de que el antivirus esté configurado para realizar análisis en tiempo real y que los firewalls bloqueen tráfico no autorizado.

Metodología: Realizar análisis periódicos del sistema y mantener actualizadas las bases de datos de firmas de virus.

Ejemplo: Programar análisis automáticos cada semana y verificar que las definiciones de virus estén actualizadas.

Uso de VPN para Anonimizar la IP:

Una VPN (Red Privada Virtual) se presenta como una herramienta indispensable para salvaguardar la privacidad y la seguridad durante la realización de investigaciones en línea. Al dirigir el tráfico a través de servidores remotos, una VPN oculta la dirección IP real del usuario y cifra el tráfico, lo que dificulta el seguimiento de sus actividades en línea. Este nivel de protección adquiere una relevancia significativa al acceder a redes públicas o utilizar servicios en línea sensibles, donde la privacidad y la seguridad pueden estar amenazadas. La elección de una VPN confiable y segura es crucial para garantizar una protección efectiva de la privacidad en línea.

En el panorama digital actual, donde la privacidad en línea es una preocupación creciente, el uso de una VPN se ha convertido en una medida imprescindible para preservar la privacidad y la seguridad durante la realización de investigaciones en línea. Aquí se detallan algunos aspectos clave sobre la importancia y el funcionamiento de una VPN:

Protección de la dirección IP y cifrado del tráfico: Una VPN encripta el tráfico de internet y lo dirige a través de servidores remotos, lo que oculta la dirección IP real del usuario. Este proceso dificulta el seguimiento de las actividades en línea y protege la privacidad del usuario frente a posibles observadores externos, como proveedores de servicios de internet, hackers o agencias de vigilancia.

Acceso seguro a redes públicas: Al utilizar una VPN, se establece una conexión segura incluso cuando se accede a redes públicas, como las redes Wi-Fi en aeropuertos, cafeterías u hoteles. Esto protege los datos del usuario de posibles ataques de interceptación o espionaje en redes no seguras, mitigando así los riesgos de robo de información personal o confidencial.

Utilidad en servicios en línea sensibles: El uso de una VPN es especialmente relevante al acceder a servicios en línea sensibles, como servicios bancarios, comercio electrónico o comunicaciones empresariales. La encriptación del tráfico garantiza la confidencialidad de los datos transmitidos, mientras que la ocultación de la dirección IP protege la identidad del usuario y previene la monitorización no autorizada de sus actividades en línea.

Selección de una VPN confiable: La elección de una VPN confiable y segura es crucial para garantizar una protección efectiva de la privacidad en línea. Es importante investigar y seleccionar cuidadosamente un proveedor de VPN que ofrezca un servicio confiable, con una sólida política de privacidad, una amplia red de servidores y un cifrado robusto.

4.3.7.17. Buena Práctica

Utilizar una VPN al realizar investigaciones en línea.

Ejemplo:

Suscribirse a un proveedor de VPN con una sólida reputación y revisar las opiniones de los usuarios antes de tomar una decisión.

Metodología:

Configurar la VPN para que se conecte automáticamente al iniciar sesión en el dispositivo, asegurándose de que la protección esté siempre activa.

Ejemplo:

Configurar la VPN en todos los dispositivos utilizados para investigaciones en línea, incluyendo computadoras portátiles, teléfonos inteligentes y tabletas.

5. CONCLUSIONES

OSINT permiten acceder a grandes volúmenes de datos disponibles públicamente, lo que proporciona una base sólida para la realización en investigaciones de diversas tipologías. Al depender de información accesible sin necesidad de inversiones significativas, OSINT resulta ser una opción económica para organizaciones que buscan optimizar sus capacidades de investigación. La rapidez con la que se puede recolectar y analizar información en línea facilita respuestas ágiles a situaciones emergentes, especialmente en áreas como la ciberseguridad.

Integrar OSINT con otras formas de inteligencia enriquece el análisis, ofreciendo un panorama más completo que mejora la calidad de las investigaciones. Además, las técnicas de análisis aplicadas a los datos de OSINT permiten detectar patrones y tendencias clave, fundamentales para prever comportamientos futuros y detectar amenazas. Al ofrecer información precisa y actualizada, la cibertinteligencia y OSINT facilitan decisiones más informadas, cruciales en entornos dinámicos.

Estas técnicas se adaptan rápidamente a nuevos entornos digitales, asegurando que los investigadores estén al tanto de tendencias y amenazas emergentes. Es fundamental seguir directrices éticas y legales en el uso de OSINT, garantizando que las investigaciones sean efectivas y respetuosas de la privacidad. La ciberinteligencia y OSINT son herramientas valiosas que enriquecen el proceso de investigación, permitiendo a las organizaciones anticipar riesgos y oportunidades en un entorno cada vez más interconectado.

La metodología proporcionada por OSINT es fundamental para estructurar nuestras investigaciones de manera efectiva. Esta técnica nos permite aprovechar la vasta cantidad de información que se distribuye en diferentes plataformas y foros, como perfiles en Facebook, X (Twitter), LinkedIn, así como en foros de la Dark Web o Telegram. Esta diversidad de fuentes enriquece nuestras investigaciones y ofrece perspectivas valiosas que podrían ser de gran interés para nuestras investigaciones si las hacemos con rigor.

Es crucial recordar la importancia de evaluar y complementar esta información con los datos que ya poseemos en nuestras bases de datos, ya sean policiales o de otros tipos, incluyendo información de investigaciones pasadas. Este proceso de enriquecimiento no solo fortalece la calidad de nuestra inteligencia, sino que también proporciona un contexto más amplio que puede resultar en hallazgos más significativos y al integrar todos estos elementos, nuestras investigaciones tienen el potencial de alcanzar un nivel de excelencia, mejorando la capacidad de la toma de decisiones.

Registro (estático y dinámico) de dispositivos de almacenamiento masivo de datos

ELOY VELASCO NÚÑEZ
Magistrado-Juez
Audiencia Nacional (España)

SUMARIO: 1. INTRODUCCIÓN: EL REGISTRO DE DISPOSITIVOS DE ALMACENAMIENTO MASIVO DE INFORMACIÓN. 2. DERECHOS FUNDAMENTALES CONCERNIDOS. 3. CONDICIONES O LÍMITES PARA LA OBTENCIÓN Y TRATAMIENTO PROCESAL PENAL DE DATOS TECNOLÓGICOS PARA INVESTIGAR. 4. REGISTRO ESTÁTICO DE DATOS TECNOLÓGICOS. 4.1. Ámbito material de aplicación. 4.2. Necesidad de autorización judicial. Acceso a continentes con datos tecnológicos. 4.3. Acceso al contenido de los datos tecnológicos. El "pantallazo". 4.4. Criterios para autorizar el acceso al contenido de los datos tecnológicos. Contenido ocupado y hallazgos casuales. 4.5. Criterios para garantizar la integridad y preservación de contenidos incorpóreos. Cadena de custodia y clonación. 4.6. Ejecución del registro de dispositivos tecnológicos. Registro hecho por ciudadano particular. 4.7. Datos tecnológicos y lugar de almacenamiento. Registro ampliado. 4.8. Incorporación al proceso penal del contenido de un registro informático. Deber de colaboración de las empresas. 5. REGISTROS REMOTOS (DINÁMICOS) ON LINE SOBRE EQUIPOS INFORMÁTICOS. 5.1. Presupuestos para su autorización. 5.2. El deber de colaboración de las empresas. 5.3. Duración de la medida. 6. BREVE RESEÑA A LA OBSERVACIÓN LEGAL DE SENDAS MEDIDAS DE INVESTIGACIÓN TECNOLÓGICA EN ORDENAMIENTOS LEGALES HISPANO AMERICANOS. 6.1. Argentina. 6.2. Colombia. 6.3. Chile. 6.4. Ecuador. 6.5. El Salvador. 6.6. México. 6.7. Panamá. 6.8. Paraguay. 6.9. Perú. 6.10. Venezuela.

1. INTRODUCCIÓN: EL REGISTRO DE DISPOSITIVOS DE ALMACENAMIENTO MASIVO DE INFORMACIÓN

Los ciudadanos almacenamos en nuestros **dispositivos** —teléfonos móviles, tablets, equipos informáticos, consolas de juegos, navegadores en automóviles, en dispositivos gobernados por el Internet de las cosas (IoT), así como en simples instrumentos de almacenamiento masivo de datos (CDs, DVDs, CPUs, USBs, pen drives, etc.) tanto lo que en bruto podríamos denominar "datos", información, ya sea en formato texto, imágenes —fotos, videos...—, o audio, como el conjunto ordenado de esa información en sus respectivos archivos documentales, repositorios, bases de datos u otras caracterizaciones más comerciales —Agenda, lista de contactos, consultas, datos bancarios, últimos movimientos, etc.— e igualmente los que devienen del acceso a comunicaciones ya cesadas a través de Internet —correos electrónicos, mensajería, chats, perfiles y redes sociales, Webs visitadas— o ubicaciones referentes a geolocalizaciones —a través de GPS—, que son una fuente enorme de información sobre conductas humanas que, por sí mismas o relacionadas, pueden acabar sirviendo de prueba en el proceso penal.

Se trata de datos que encierran mucha información, mucha y principalmente personal, privada e íntima, e incluso que guardan restos de conversaciones y mensajes, trozos sueltos de nuestra vida íntima o social que no han sido borrados, incorporando privacidades que queremos excluir del conocimiento de terceros y que conservamos en formatos electrónicos simplemente por la facilidad que las nuevas tecnologías otorgan.

Datos del lenguaje binario que custodiamos en lo que en conjunto podemos denominar como dispositivos de almacenamiento masivo de información que normalmente acopiamos incorporados en nuestro terminal —v. gr.: la CPU, disco duro o memoria en un ordenador—, a veces fuera del dispositivo, en servidores, incluso a veces deslocalizados, en lo que llamamos la nube —cloud computing— posibilitando su consulta desde múltiples dispositivos, e incluso, gran invento, simplemente en archivos de información (memorias) extraíbles —v. gr.: pen drives, usbs, CDs, DVDs, etc.— que podemos guardar independientemente del aparato en que se reciben, crean o tratan.

Muchos de esos dispositivos que almacenan información, además, no son clara o conscientemente tenidos como objetos que encierran altas dosis de datos personales —v. gr.: datos de configuración en juegos electrónicos, o en servicios comerciales como el GPS de los vehículos a motor; otros no los guardamos encima, porque se almacenan en servidores que a veces ni están en nuestro país y por tanto no permiten un control personal férreo sobre ellos; otros viajan, siguiendo los desplazamientos de su usuario deslocalizado diseminando información en diversos ámbitos geográficos; otros operan sin el conocimiento consciente del usuario que los tiene configurados por defecto sin saberlo; otros se intercambian y ceden sin querer o con el "chantaje" comercial de su necesidad para acceder al servicio, normalmente "gratis", que se desea tanto que obligan a ceder como mal menor y, en definitiva, en otros supuestos, el uso temporal de telecomunicaciones o dispositivos de uso gratuito finito, acaban almacenando datos que cuanto menos no somos muy conscientes de haber querido compartir o ceder.

2. DERECHOS FUNDAMENTALES CONCERNIDOS

Desde un punto de vista jurídico, toda esa información, sea ontológicamente privada o personal o sea sobre contenidos muchas veces ya conocidos por terceras personas, o incluso del dominio público, si se guardan en dispositivos reservados, deben ser consideradas privadas e íntimas, "escondidas", y por tanto excluidas del conocimiento de los demás, puro secreto formal, información que quien no la borra o destruye, quien sabe que el sistema la almacena y guarda, la quiere como propia, la asume como parte de su privacidad, y en consecuencia, que está protegida por el derecho a la intimidad, mayoritariamente además, también derecho a la intimidad informática —cuando puede ser tratada automatizadamente— también protegida normalmente por la norma.

Información a veces privada[1], a veces no, pero siempre canalizada y restringida, protegida por el acceso que a la máquina/dispositivo que la almacena da el saber que sólo se alcanza con una clave y contraseña, una huella o una secuencia, que sólo conoce el que decide dar esa exclusión de terceros sobre el contenido y que constituye un a modo de "morada o domicilio informático", santuario de la actual privacidad —antes se usaban secreteres, cajones, armarios y otros continentes protegidos con llave para excluir a terceros de secretos que se solían guardar en soporte papel— de cada cual, que incluso si es accedida sin consentimiento, podría llegar a constituir ese "allanamiento de la morada informática" que como delito se configura en el ordenamiento jurídico penal como acceso ilegitimo a información particular.

La protección jurídica, necesariamente formal —al margen de contenidos materialmente secretos o desconocidos— esto es, por querer su interlocutor mantenerla, esconderla o guardarla protegida al margen de terceros, se debe predicar como un derecho del ciudadano para garantizar espacios de privacidad frente al Estado, —incluso cuando este pretenda estar haciendo labores que, como investigar delitos, benefician al conjunto de la sociedad— y también, frente a otros ciudadanos[2] —espías, detectives, técnicos, conocidos, etc.— que, por el móvil que sea —dinero, curiosidad,

---

1 La privacidad, derecho renunciable, es también un derecho ampliable o reducible por decisión de su titular, como por ejemplo puede ocurrir en el caso de los ordenadores compartidos.

2 El respeto a los derechos fundamentales se predica no sólo frente a lesiones causadas por los agentes públicos sino también por todo ciudadano particular.

reto...— pretenden acceder —y muchas veces lo consiguen— a esa información ajena.

La información protegida, ya en redes o sistemas operativos, en todo o parte de ellos, ya en terminales o dispositivos, ya en artilugios de almacenamiento masivo de información, como meras bases de datos, como adjuntos, como carpetas de archivos, en mensajes ya leídos, etc., a veces se manifiesta a primera vista, en datos evidentes —señas de correo electrónico, textos en Word, mensajes, audios, etc.—, pero otras, máxime tras la eclosión de la Inteligencia Artificial, se deducen de su tratamiento automatizado: entrecruce de datos, análisis de rastros, estudio de rutinas, etc., que proceden de esa información y que igualmente pueden lesionar esa privacidad, que seguramente el dato aislado por sí mismo no procura.

Por eso, en este capítulo incidiremos en apuntar las garantías —y con ellas la protección jurídica— y límites que en el campo de las investigaciones penales, oficiales o hechas por particular, tiene esa información entresacada de múltiples vías, cuando los investigadores traten de usarlos para comprobar participaciones criminales y extremos fácticos de hechos investigados como presuntamente delictivos.

La afección, en consecuencia, a la privacidad y en concreto a la protección del dato personal, con el tratamiento informático, la Inteligencia Artificial y las potencialidades del automatismo, se ve aumentada por el cúmulo de información que una persona almacena tanto en el dispositivo particular, como en servidores y redes, haciéndole converger la incidencia de distintos derechos (el de a la intimidad/privacidad, a la inviolabilidad de las comunicaciones, el de a la protección de sus datos personales), que, en realidad, más allá del tratamiento constitucional fragmentado de todos y cada uno de ellos, aboca a lo que se denomina el "derecho al propio entorno virtual", que integraría, sin perder su genuina sustantividad como manifestación de derechos constitucionales de nomen iuris propio[3], toda

[3] Ejemplo de cuya formulación inicial puede ser la sentencia de la sala segunda —de lo criminal— del Tribunal Supremo español de fecha 19/05/2016 cuando indica que "*la ponderación judicial de las razones que justifican, en el marco de una investigación penal, el sacrificio de los derechos de los que es titular el usuario del ordenador, ha de hacerse sin perder de vista la multifuncionalidad de los datos que se almacenan en aquel dispositivo. Incluso su tratamiento jurídico puede llegar a ser más adecuado si los mensajes, las imágenes, los documentos y, en general, todos los datos reveladores del perfil personal, reservado o íntimo de cualquier encausado se contemplan de forma unitaria. Y es que, más allá del tratamiento constitucional fragmentado de todos y cada uno de los derechos que convergen en el momento del sacrificio, existe un derecho al propio entorno virtual*".

la información en formato electrónico que, a través del uso de las nuevas tecnologías, ya sea de forma consciente o inconsciente, con voluntariedad o sin ella, va generando el usuario, hasta el punto de dejar un rastro susceptible de seguimiento por los poderes públicos —y ciudadanos particulares—, surgiendo entonces la necesidad de dispensar una protección jurisdiccional frente a la necesidad del Estado de invadir, en las tareas de investigación y castigo de los delitos, ese entorno digital.

"Entorno virtual/digital" que pretendiendo superar la diversidad comercial y funcional de los muchos tipos de dispositivos que utilizamos, aglutina esa múltiple información tanto reservada como no, que surge de los datos, yendo más allá de los mismos, aisladamente considerados, incluyendo diacrónicamente, no sólo los técnicos, los asociados a consultas, geolocalizaciones y telecomunicaciones y los personales y de contenido, sus metadatos asociados, sino también los que surgen de su tratamiento cruzado automatizadamente.

3. CONDICIONES O LÍMITES PARA LA OBTENCIÓN Y TRATAMIENTO PROCESAL PENAL DE DATOS TECNOLÓGICOS PARA INVESTIGAR

En consecuencia, cuando un Estado Democrático de Derecho se plantea la necesidad de acceder a esa información privada y su entorno tecnológico de tratamiento, se está planteando las condiciones y límites que se deben imponer tanto a los poderes públicos como a los ciudadanos particulares a la hora de pretender la obtención de algunos de esos rastros tecnológicos, o la información que arrojan sobre extremos de interés para la averiguación de hechos y autores de delitos, precisamente por la plural afectación que la misma puede ocasionar sobre derechos fundamentales de la persona investigada penalmente.

Así, la norma —principio de legalidad— que lo permita y que describa las condiciones y límites para hacerlo debe pormenorizar cómo se puede proceder al acceso legal —y con valor probatorio— a los datos tecnológicos privados del sospechoso investigado alojados en sus dispositivos y lugares de almacenamiento particular, o en los de empresas dedicadas a alojarlos aparte —almacenamiento en la nube y en servidores informáticos— o en sus productos o servicios —piénsese en los datos privados que se alojan en redes sociales—.

Además, también debe exponer cómo validar el acceso investigativo a los datos tecnológicos telecomunicativos y entre ellos, a los identificativos a través de las señas IP, a los que identifican terminales o aparatos además de a titulares y dispositivos de conectividad, en lo que podemos llamar cesión "estática" de datos telecomunicativos, una vez la telecomunicación ha cesado, pero también en la "dinámica" mientras la telecomunicación opera y es interceptada, que determinan, como en algunos supuestos de almacenamiento externo, la implicación de empresas —normalmente no estatales, y muchas veces extranjeras— a las que la ley deberá especificar cómo y cuándo ceder esa información relevante para el objeto del proceso penal y la manera en que colaborar tecnológicamente con la Justicia penal en esas labores de investigación penal—.

Igualmente, la norma que permita esa injerencia en la privacidad, secreto telecomunicativo y protección del dato personal del sospechoso de estar o haber realizado alguna infracción penal, deberá complementarse con disposiciones legales que indiquen quién, cómo y cuánto tiempo puede conservarse, asegurarse o almacenarse lo ocupado, cómo y por quién se podrá analizar, valorar jurídicamente, si se podrá o no ceder a terceros para otros usos y finalidades, cómo se incorporará válidamente al proceso penal y finalmente, cuándo y por quién se podrá destruir.

4. REGISTRO ESTÁTICO DE DATOS TECNOLÓGICOS

El registro de la información automatizada se dirigirá a la obtención u ocupación de todo tipo de información/datos, no sólo de los telecomunicativos, aunque también, y no sólo de los que las Operadoras tecnológicas pueden ceder, sino principalmente de los que se "ocupan" en espacios tecnológicos privados, normalmente, aunque no exclusivamente, al sospechoso, y que, convenientemente analizados, pueden aportar al proceso penal, si se hace regularmente, prueba de extremos de interés en las investigaciones penales.

4.1. Ámbito material de aplicación

Dejando para más adelante las especificidades que operan cuando esa inmisión investigativa se hace en tiempo real, on line, en lo que analizamos como "registro remoto", el estático, opera sobre información y telecomunicaciones ya ejecutadas almacenadas en dispositivos o servidores informáticos, de manera que, en principio, al no interferir sobre conversaciones telecomunicativas en curso, no afecta al núcleo duro de la interceptación que protege el derecho al secreto de las telecomunicaciones, afectándose principal y nuclearmente el derecho a la vida privada, intimidad, privacidad y protección del dato personal.

Por esa razón, a la hora de definir el ámbito —objetivo, material—, más o menos amplio de permisión de aplicación de esta medida invasiva tecnológica para la investigación penal, la ley debe, en primer lugar, indicar si excluye o no algún tipo de delito, y cuáles, que no pueda ser investigado a través de su utilización, por entender que no deviene proporcional hacerlo.

Al afectar al derecho a la privacidad, que no es tan invasivo como el secreto telecomunicativo injerido en tiempo real en las interceptaciones telefónicas o el registro remoto de ordenadores, los ordenamientos jurídicos no suelen excluir, a priori, delito alguno de su posible aplicación legal, lo que no significa que el análisis de su proporcionalidad en el caso concreto no se exija, en segundo análisis, por parte del Juez de garantías, a la hora de excluir su autorización para las modalidades leves de delito —i. e.: las sancionadas únicamente con multas pecuniarias—.

No obstante, parece obvio que la autorización legal —en primer golpe— al permitir la invasión investigativa de derechos afectantes a la vida privada del sospechoso, causando una injerencia perturbadora de su vida social, al menos, debe exigir que este aparezca indiciariamente implicado en el hecho delictivo investigado, y que el hecho tenga una cierta gravedad (ver sentencia Tribunal de Justicia de la Unión Europea de 30 de abril de 2024, en el caso C-178/2022, Procura della Republicca presso il Tribunale Genrale di Bolzano) que el país concreto debe contemplar en su norma, sin desnaturalizarlo, de manera que —en segundo golpe— el Juez habilitado para autorizar la injerencia concreta en la vida privada y protección del dato personal, igualmente pueda denegarlo si "*a la luz de las condiciones sociales del Estado*" el hecho concreto no presenta la gravedad social precisa para hacerlo.

Como la ejecución del registro, no obstante afecta a ese derecho fundamental a la vida privada, la norma debe dejar claro que su utilización para función tan pública como llevar a cabo investigaciones de carácter penal, debe habilitarse únicamente a los investigadores oficiales —Cuerpos policiales, Ministerio Público y Jueces investigadores—, delimitando su aplicación en el caso de los ciudadanos particulares tan sólo a casos de urgencia delictiva en supuestos de riesgo de desaparición del propio contenido ilícito, pues en los demás, el afectado debe acudir a los investigadores oficiales a pretenderlo, al estar prohibida la inmisión no autorizada en derecho ajeno.

Pero como el derecho es renunciable, lo anterior no afecta a los casos en que el investigado sospechoso afectado, expresa o tácitamente, haya tolerado y permitido la injerencia en aspectos determinados de su privacidad para casos definidos. Piénsese en los supuestos de investigaciones corporativas internas en el entorno profesional donde en contrato o convenio colectivo laboral se haya descrito la política de inmisión en los dispositivos tecnológicos que el empleador cede en uso a su empleado.

Igualmente, más que definir o excluir el registro sobre el dispositivo que contenga la información buscada en función de quién sea su titular o propietario, piénsese que los hay de uso compartido, cedidos para uso ajeno, o de uso privado o público, lo importante es que la norma y su aplicación judicial al caso concreto lo permitan siempre que se justifique la relación y relevancia que la ocupación de la información puedan tener respecto de la persona investigada. Sólo así estaría justificada la inmisión de un dispositivo para la obtención de datos/evidencias penales de cargo respecto de un usuario no propietario del aparato concernido.

4.2. Necesidad de autorización judicial. Acceso a continentes con datos tecnológicos

A la habilitación legal —que desarrolla la garantía del principio de legalidad, descartando la arbitrariedad y la improvisación a la vez que garantizándole por adelantado al ciudadano tipo en qué condiciones se le podrá limitar su privacidad tecnológica—, y al margen de los casos en que el investigado sospechoso de estar implicado en una actividad delictiva, renuncie a su derecho y permita la inmisión, se une la necesidad de que, para el caso concreto a investigar, lo habilite en nombre de la sociedad, una Autoridad independiente, neutral y profesional, que no suele ser otra que el Juez de garantías.

Aunque la medida se predique de la información contenida en dispositivos de almacenamiento masivo de información, en realidad, se está refiriendo a más, esto es, al acceso, registro y ocupación de información tecnológica, cualquiera sea su continente.

De manera que, desde el punto de vista jurídico, debemos interpretar la acción de registrar incluyendo todas las fases de su ejecución, esto es:

1) Incautación, aprehensión u ocupación del continente donde está la información y su conservación, aseguramiento y almacenamiento en condiciones de autenticidad.

2) Acceso, o análisis de su contenido e

3) Incorporación de lo seleccionado tras su análisis al proceso.

Como la finalidad legal de la medida es la búsqueda de datos tecnológicos incriminatorios que puedan implicar a alguien en una presunta actividad delictiva —y es ingenuo esperar que el propio investigado, renunciando a la protección legal de la privacidad, lo permita, como muestra el hecho de hallarse en dispositivos que han pretendido la preservación del conocimiento ajeno frente a terceros—, su acceso por parte de los agentes investigadores facultados para injerirlos, debe estar autorizado por un Juez en función de garantías, que en su resolución —orden habilitante— debe justificar las razones que concurren para hacerlo.

Y como ese acceso informativo, su ocupación y registro de dispositivos tecnológicos puede ocurrir tanto en espacios cerrados domiciliarios, como en espacios abiertos, el legislador, inicialmente, debe centrar su interés en la ubicación espacial —lugar geográfico— donde se encuentra el continente que encierra la información, por si se tratara de un espacio protegido por el derecho a la inviolabilidad domiciliaria, exigiendo en ese supuesto una motivación concreta que especifique la razón por la que, en su caso, se tolera o no adicionalmente su inmisión.

Por lo demás, y en cualquier caso, al margen de dónde haya que acudir físicamente para aprehender el dispositivo que contenga la información, el legislador en todo caso, debe exigir una motivación específica —muchas veces coincidente con la anterior, como vamos a ver— para acceder y registrar la información contenida en él, que, independiente y autónomamente afecta a un derecho fundamental diferente, el de la privacidad del dato.

El razonamiento judicial habilitante, en consecuencia, cuando el dispositivo que contenga la información tecnológica se encuentre en un ámbito domiciliario, debe justificar por una parte por qué es necesario y proporcional acceder a un domicilio —lo que afecta al derecho a su inviolabilidad— y por otra, en qué lo es al contenido de información tecnológica hallado en él —que afectaría más al derecho a la privacidad y en especial a la del dato personal—, pero, en la práctica concreta, cabrá la motivación por remisión a los razonamientos de la resolución judicial que permitió el registro domiciliario —pudiendo hacerlo incluso en una y la misma resolución si, como suele ocurrir, la previsibilidad de encontrar dispositivos tecnológicos en ese espacio reservado es razonable—, porque la argumentación suele ser la misma —i. e.: se habilita la entrada en un domicilio para recabar pruebas de un presunto delito de lavado de activos y se permite inspeccionar el contenido de un ordenador/computador allí encontrado, para precisamente ver si tiene pruebas de ese preciso delito—.

De manera que será correcto autorizar judicialmente la apertura y búsqueda de información en ordenadores/computadoras, cuando se ocupen bajo la cobertura de una previa resolución judicial de registro domiciliario siempre que los argumentos en él consignados sirvan para justificar tanto la invasión estatal del derecho a entrar y registrar un domicilio como los dispositivos tecnológicos que normalmente se encuentran en ellos, pues lo esencial es que un Juez y no nadie más, pondere la afección y el sacrificio o no de derechos fundamentales[4].

De manera que, cuando la información tecnológica se aprehende en el curso de un registro domiciliario judicialmente autorizado, lo mismo que cuando la prueba se encuentra en un documento en soporte papel hallado en el curso del registro de aquel, su ocupación será válida, cuando en la resolución judicial se justifique la razón de la misma, que habitualmente será idéntica a la que habilita la entrada y registro, por lo que es perfectamente válida la argumentación por remisión, pues el dispositivo tecnológico se aprehende y debe registrarse para hallar pruebas del mismo ilícito del que la entrada domiciliaria es un acto instrumental para su obtención.

De cualquier forma, al afectar a derechos fundamentales diferentes, cuando la incautación del dispositivo donde esté la información —conti-

---

4 Encontramos un ejemplo de ello en la sentencia de la sala de lo penal del Tribunal Supremo español de fecha 4/12/2015, que indica: "*respecto al acceso al contenido del ordenador del acusado recurrente —que incluyó el acceso a las carpetas de su correo electrónico— durante la diligencia de entrada y registro en su domicilio, también se descarta cualquier ilicitud. Ciertamente, la jurisprudencia ha exigido que exista una resolución judicial habilitante para la invasión del derecho al entorno digital de todo investigado. Esta exigencia tiene ya un reflejo normativo en el Art. 588 sexies a) 1 LECrim que, para la Sala de lo Penal, supone una regulación rupturista, que pretende abandonar prácticas en las que la autorización judicial para la entrada en el domicilio del investigado amparaba cualquier otro acto de injerencia, incluso cuando desbordara el contenido material del derecho reconocido en el Art. 18.2 CE. En el caso de autos, esta resolución habilitante existió. De hecho, el objeto específico del registro era precisamente, y así se reflejó en la fundamentación jurídica de dicha resolución, aprehender todos los elementos tecnológicos que estaban haciendo posible la comunicación telemática entre el recurrente y la otra acusada; no siendo exigible, como sostenía el recurrente, dos resoluciones: una, autorizando la aprehensión de los ordenadores y demás instrumentos tecnológicos utilizados para la comisión del ilícito, y otra, habilitando el acceso a su contenido*".

nente— opere durante un registro domiciliario llevado a cabo de forma legal, esa confiscación documental en bruto es lícita —pues se ha conseguido respetando el derecho a la inviolabilidad domiciliaria—, pero no legitima para acceder a su contenido —pues tal acceso incide sobre el derecho a la privacidad y protección del dato—.

Normalmente ese acceso lo puede autorizar el Juez competente ulteriormente, razonando específicamente por qué, fijando en consecuencia dos momentos diferentes en que el Juez puede autorizar el acceso y registro de la información electrónica: antes o después de su ocupación.

La operación de incautación —salvo que se persigan medidas cautelares— permitida fuera de espacios reservados a las Fuerzas y Cuerpos de Seguridad del Estado y al Juez, y la del acceso, son meramente instrumentales al verdadero objetivo de la diligencia investigativa, que es el análisis del contenido del dispositivo: su información, que es donde puede lesionarse el entorno virtual privativo del afectado —normalmente el investigado, aunque no sea el propietario de este[5]—.

4.3. Acceso al contenido de los datos tecnológicos. El "pantallazo"

Cuando la aprehensión de información de dispositivos tecnológicos se produce al margen de un registro domiciliario —i. e.: se ocupa un ordenador/computador portátil en un registro a un automóvil en la calle, o se detiene a un sospechoso en la calle con su celular/teléfono móvil—, y como en estos supuestos normalmente no habrá previa resolución judicial habilitante para hacerlo, pues será producto de las circunstancias, y a salvo los supuestos de urgencia a que nos referimos más abajo, será indispensable poner el hecho de la aprehensión del dispositivo en conocimiento del Juez de garantías, quien, a instancia policial o del Ministerio Público, de parte o de oficio, otorgará o no la correspondiente autorización para analizar el contenido.

Esta autorización ponderará los principios rectores del debido proceso que el Juez debe tener en cuenta cada vez que autoriza una inmisión en derechos fundamentales afectados en las investigaciones tecnológicas —legalidad, especialidad, idoneidad, excepcionalidad y proporcionalidad— y

---

5 Ver la importancia de la diferencia entre ser dueño del dispositivo y serlo de su contenido en sendas resoluciones —Autos— de la sección 4ª de la Audiencia Provincial de Madrid, de fechas 15/1/2016 y 3/11/2017 sobre presuntos daños informáticos en el ordenador del Tesorero de un Partido Político.

entre los que se subraya que considere "indispensable" el acceso a la información que albergue, en base a los indicios que se le presenten en el caso concreto.

La resolución judicial habilitante debe autorizar la incautación —si al hacerlo se afecta a algún derecho fundamental, normalmente el indicado de a la inviolabilidad domiciliaria, que no se afecta en este segundo caso— y el análisis u ocupación de su contenido, esto es, su "registro" o análisis, —que es lo que realmente afecta al derecho a la privacidad del dato, se halla ocupado el dispositivo que la contiene, donde se halla ocupado— y que es lo que debe tener relación con el hecho punible investigado.

Cuando las Fuerzas y Cuerpos de Seguridad del Estado hayan aprehendido el dispositivo fuera de lugares donde se desarrolla la vida privada, y se descarte la necesidad de analizar el contenido de la información que contengan, deben devolver lo aprehendido a quien se lo hayan ocupado, o si lo poseía irregularmente, a su propietario.

La labor de aprehensión plantea dos problemas jurídicos:

El primero, es decidir qué dispositivos aprehender, lo que únicamente disponen, según las circunstancias del caso, los Cuerpos policiales ejecutantes en interpretación de lo autorizado por el Juez, a salvo consulta auténtica in situ sobre ese extremo hecha a este mismo —por ejemplo mediante diligencia telefónica—, y que únicamente debe consignarse en el acta del registro si se plantea contienda o si el afectado o su Abogado Defensor —si están presentes, cosa que no siempre es obligatoria— así lo solicitan mediante la oportuna protesta.

Normalmente la investigación de hechos punibles determina si deben o no aprehenderse dispositivos que almacenen información en cualquier tipo de soporte, y la posterior ejecución física de tal aprehensión —que depende de las circunstancias que concurran en el acto de la ocupación, domiciliaria o no— llevando a los agentes ejecutantes a apoderarse, sensata y razonablemente de lo que se busca y pretende probar en función de a quién afecta, esto es, de la utilidad que presumiblemente tendrá la ocupación para el descubrimiento o comprobación de algún hecho o circunstancia importante de la causa.

En la ocupación de dispositivos ya sea en entornos privados como en los que no, se deben evitar las inspecciones inútiles, procurando no perjudicar ni importunar al interesado más de lo necesario, aplicándose en especial en adoptar todo género de precauciones para evitar comprometer su reputación, respetando sus secretos si no interesaren a la investigación.

Como investigar es algo más que verificar simples hipótesis, pues también consiste en indagarlas abriendo la posibilidad de descubrir extremos fácticos y participaciones insospechadas, la mayor o menor cantidad de dispositivos a aprehender, especialmente si son tecnológicos, dependerá siempre de las circunstancias, en función del hecho punible y tipo de delito de salida que se investigue —permanente, continuado, puntual...— y de los datos que hasta entonces se conozcan, ya que no siempre se investigan hechos cerrados y concretados, muchos de los cuales deben poco a poco irse dibujando, descubriendo y singularizándose.

El segundo problema consiste en saber si caben los "pantallazos" o meros visionados superficiales de contenidos en el dispositivo, como maniobra policial previa a tomar la decisión o no de pedirle al Juez la autorización para su análisis.

Y entendemos que no, por obra del principio general de exclusividad judicial, salvo 1) que el análisis del contenido del dispositivo esté previamente autorizado ya por el Juez o 2) que necesidades de urgencia —tema que tratamos más abajo— lo exijan.

En el caso de los "pantallazos" en registros de contenido autorizados judicialmente —muchas veces, sobre todo para aprovechar la presencia del investigado detenido en un registro domiciliario—, la resolución judicial habilitante autoriza a la vez el registro y volcado de la información in situ, en el mismo escenario de la ocupación, de manera que el acta descriptiva de la diligencia comprobativa, ya en soporte escrito ya filmado, puede, en supuestos sencillos, indicar los pasos realizados para hallar lo único que analizar, —por ejemplo, un concreto archivo en un ordenador dentro de muchos donde se hallan las fotografías de un delito de posesión pornografía infantil investigado—, evitando ocupar más de lo necesario.

4.4. Criterios para autorizar el acceso al contenido de los datos tecnológicos. Contenido ocupado y hallazgos casuales

En lo que se refiere al registro o análisis en sí de lo aprehendido, la primera y principal garantía legal de la investigación del contenido digital de un dispositivo es que lo autorice un Juez —único garante público de los derechos ciudadanos— ya que afecta a derechos del llamado entorno digital de la privacidad del sospechoso.

Como decía la paradigmática sentencia de la sala de lo penal del Tribunal Supremo español de fecha 17/04/2013 "*el acceso de los poderes públicos al contenido del ordenador de un imputado, no queda legitimado a través de un acto unilateral de las Fuerzas y Cuerpos de Seguridad del Estado. El ordenador y, con carácter general, los dispositivos de almacenamiento masivo son algo más que una pieza de convicción que, una vez aprehendida, queda expuesta en su integridad al control de los investigadores. El contenido de esta clase de dispositivos no puede degradarse a la simple condición de instrumento recipiendario de una serie de datos con mayor o menor relación con el derecho a la intimidad del usuario. En el ordenador coexisten, es cierto, datos técnicos y datos personales susceptibles de protección constitucional en el ámbito del derecho a la intimidad y la protección de datos. Pero su contenido también puede albergar —de hecho, normalmente albergará— información esencialmente ligada al derecho a la inviolabilidad de las telecomunicaciones*". Es por ello por lo que sólo la Autoridad judicial debe poder autorizar o en su caso denegar inmisiones en su contenido en el curso de investigaciones penales, constituyendo su motivación la principal garantía del investigado del respeto a sus derechos fundamentales.

Es cierto que algunas interpretaciones jurisprudenciales exigen reserva cuasi absoluta de autorización judicial previa para la inmisión en derechos como el de al secreto de las comunicaciones —al menos mientras el proceso comunicativo esté en curso—, lo que se ha entendido en sentido contrario respecto de otros, como los de a la intimidad, a la privacidad, a la inviolabilidad domiciliaria o a la protección del dato automatizable y, en lo que aquí nos concierne, a la protección del entorno virtual del afectado, que admiten excepciones de inmisión no previamente autorizada por un Juez, pero sólo lo hacen —salvo que los autorice el propio afectado— en supuestos de urgencia.

El juicio de razonabilidad de lo que se busca afectando la privacidad/protección del dato personal mediante la ocupación de información electrónica que la contiene, pretende inicialmente evitar ocupaciones prospectivas y no razonables de información privada, que además de ser molestas, pueden llevar y no pocas veces lo hacen, al encuentro casual de actividad delictiva diferente respecto de lo que inicialmente se indagaba.

Es obvio que del análisis de miles y miles de bytes de información tecnológica que en la actualidad se ocupan en registros de operaciones delictivas complejas, pueden aparecer nuevos e ignorados indicios delictivos.

El señalamiento de la extensión del alcance de lo autorizado en el registro de los dispositivos, al margen de los casos de hallazgos casuales, debe estar vinculado a la actividad delictiva que previamente a la aprehensión se esté desarrollando, y en su caso a actividades estrictamente conexas.

Interesa conocer la exposición y justificación ex ante, la que se tuvo en consideración en el juicio hecho por el Juez de garantías antes de descubrir el resultado de lo que aparece en el dispositivo, no siendo lo hallado ex post, validante, per se, de cualquier clase de hallazgo.

No comparto entusiastamente que la solución para racionalizarlo venga de la obligación judicial de determinar términos o expresiones cerrados que aplicar a los programas de rastreo (tipo Nuix, Axiom, EnCase, FTK, Xways, etc.) por ejemplo con buscadores[6] por palabras, pues restringir las técnicas de búsqueda a algoritmos no funciona en las que no todo es reducible a secuencias binarias o vocablos y puede suponer cercenar las investigaciones, abocándolas al fracaso, pues puede llevar a evitar la interrelación, el cruce de datos, la deducción, etc.... e incluso a potenciar el uso por el delincuente futuro de lenguaje cifrado, encriptaciones y claves por ahora ininteligibles. Investiga la persona, no la máquina. La máquina sólo ayuda.

Pero como dice la sentencia de la sala de lo penal del Tribunal Supremo español de fecha 24/02/2015 "*nuestro sistema no ampara autorizaciones implícitas, ni mandamientos de intromisión en el espacio de exclusión que definen los derechos fundamentales que no estén dibujados con la suficiencia e indispensable claridad. Sin embargo, este irrenunciable punto de partida no está reñido con la necesidad de relacionar el documento policial en el que se postula la concesión de la autorización y el acto jurisdiccional habilitante. Sólo así podrá concluirse si lo que se concede es lo mismo que lo que se pide o si, por el contrario, la decisión jurisdiccional restringe o pone límites a la petición cursada.*

Carecería de todo sentido que la autorización judicial se limitara a facultar a los agentes a la práctica de una inspección ocular que les permitiera "averiguar" la existencia de los equipos técnicos desde los que se estaba cometiendo graves delitos contra menores y que, una vez averiguada esa existencia, se obligara a los agentes a marcharse del domicilio registrado, dejando esos elementos de prueba de primer orden en poder del imputado. No cabe duda alguna de que esa averiguación sólo adquiere sentido como medio para, una vez constatada su existencia, intervenir lo que, como exponía la solicitud policial no eran sino instrumentos de graves delitos para cuyo esclarecimiento se había concedido, precisamente, el mandamiento de entrada y registro. En definitiva, desde este punto de vista, es claro que para "averiguar" si los ordenadores y demás dispositivos intervenidos tenían o no relación con el delito que estaba siendo objeto de investigación, resultaba indispensable su intervención y, claro es, su ulterior examen".

---

6 Son programas dentro de un sitio, página web o dispositivo que, al ingresar palabras clave, operan dentro de la base de *datos* del mismo *buscador* y recopilan todas las páginas y localizaciones posibles que contengan información relacionada con lo que se esté buscando.

Investigar supone averiguar hechos punibles sobre hipótesis fácticas que pueden ensancharse o minorar, esto es, irse perfilando. Investigar no es sólo constatar encorsetadas hipótesis iniciales que obliguen a abandonar las que siendo igualmente delictivas se ignoraban de principio —salvo por razones de prescripción—, sino indagar actividades delictivas, muchas veces dinámicamente, en un claro sistema de progresión averiguativa. En puridad, no hay dos investigaciones semejantes y cada cual dependerá del hecho punible —no se parece la investigación de delitos contra la vida a los económicos o de corrupción, ni los que se cometen individualmente frente a los realizados por estructuras y organizaciones criminales, ni los transnacionales que los meramente locales…—, del tipo de delito de que inicialmente se trate —permanente, continuado, puntual…— y de las circunstancias espacio temporales que concurran en el caso.

A la hora de analizar la validez o no de los hallazgos de información desvinculada frente a la esperada, esto es, por casualidad sobre hechos heterogéneos —aquellos en que lo encontrado no tiene cercana semejanza ni temática ni de conexión, en consecuencia, con el bien jurídico protegido con lo buscado—, pues los homogéneos no presentan problema, somos proclives a entender que pueden también investigarse, salvo fraude en su obtención —mala fe del investigador que sabiendo de su existencia la oculta al Juez para simular su hallazgo por casualidad—, dado que las Autoridades públicas están obligadas a proceder en todo caso contra cualquier infracción que descubran en el curso de sus actuaciones profesionales.

Sin embargo, de cara a respetar los principios de especialidad y proporcionalidad, y por señalar un criterio que ayude a excluir la subjetividad, la obligación de investigar los hallazgos casuales únicamente debería operar —para así equilibrar la protección social con la individual del investigado afectado— en los supuestos en que lo encontrado esté sancionado con pena parecida o superior a la asignada al hecho punible inicialmente investigado.

Si se registran dispositivos tecnológicos para analizar, i. e. operaciones de lavado de activos/blanqueo de capitales, por ejemplo, y en un pen drive ocupado al investigado aparece al azar información sobre un abuso sexual o un homicidio, parece que el Estado no puede dejar de perseguir hechos heterogéneos tan graves, como sí lo podría hacer si lo encontrado por casualidad reflejara prueba de un delito leve de hurto.

Cuando i. e.: en la investigación de un accidente de tránsito automovilístico se repasa la información del GPS de un vehículo implicado en el siniestro, al que se decide analizar por haberse hallado envuelto en un homicidio imprudente, no puede aprovecharse la ocasión para castigar, además, los posibles delitos de exceso de velocidad que el mismo pruebe, que no tengan relación directa con la muerte culposa investigada.

Respecto de los registros consentidos por el propio investigado, recordar que caben, pues los derechos afectados de privacidad/protección del dato personal son perfectamente renunciables, en los casos en que aquel haya necesariamente comprendido —consentimiento informado o adecuado— el posible alcance incriminatorio que pueda derivarse del mismo (hacerlo con un Abogado Defensor delante, es sólo uno de los supuestos en que se puede dar por entendido, pero no es siempre necesario, pues basta con que se haya informado de las consecuencias), siendo realmente inválidos los consentimientos que se hayan otorgado como consecuencia de actuaciones torticeras —tramposas— o de mala fe.

Lo mismo es predicable respecto de la entrega o facilitación por parte del investigado (o en los compartidos, de un copartícipe) de las claves de acceso al dispositivo, o de revelación de lo encriptado, en donde igualmente el consentimiento puede operar de manera expresa o tácita —mediante actos concluyentes que renuncien a una expectativa razonable de privacidad—, y que puede ser revocado en cualquier momento.

A diferencia de lo que ocurre con otras actuaciones policiales como i.e.: el test de alcoholemia, ante la falta de una norma que lo obligue, forzar a dar la clave y contraseña de apertura/acceso al contenido de un dispositivo almacenador de información en contra de la propia voluntad, podría convertir hacerlo en un acto contra el derecho a no autoincriminarse si se solicitase de alguien que puede ser investigado, de manera que su colaboración podrá premiarse —i.e. atenuando su responsabilidad—, pero no podrá obligarse.

4.5. Criterios para garantizar la integridad y preservación de contenidos incorpóreos. Cadena de custodia y clonación

Por otra parte, la resolución del Juez de garantías que autorice el acceso a la información tecnológica deberá fijar los términos y el alcance del registro, pudiendo autorizar la realización de copias de los datos que se obtengan.

Se trata del establecimiento judicial de las condiciones necesarias para asegurar la integridad de los datos y las garantías de su preservación —ante el riesgo de su mutación por la volubilidad de los datos tecnológicos—

para hacer posible, en su caso, la práctica de un futuro dictamen pericial sobre extremos de su contenido.

La integridad del contenido de la información es una garantía que pretende evitar manipulaciones o errores en la selección de contenidos incriminatorios donde se pueda omitir parte de los datos que pueda llevar a la descontextualización, a una localización meramente especulativa, a versiones sesgadas o a conclusiones cuestionables.

Por eso los sospechosos investigados pueden solicitar al Juez el acceso a toda la información propia ocupada y, si se explica el motivo, también a la parte de la ajena no íntima que pueda acabar resultándole incriminatoria —en garantía del derecho de defensa— para conocer así los antecedentes, contexto y la localización de los datos incriminatorios que se pretendan usar como prueba.

La garantía de preservación de lo ocupado complementa el principio jurisprudencial de la cadena de custodia, en atención a que los datos electrónicos (la información) son, como decimos, altamente mutables/alterables dada su inicial falta de corporeidad y precisan del dispositivo técnico y su software, que funciona como conversor/interfaz, para entenderlos —si no, son meras secuencias de ceros y unos—, pretendiendo con ello el legislador conservar los datos tal y como aparecieron en el momento mismo de ocuparlos, para que lo que se analice, y en su caso, enjuicie e incrimine, en su caso, sean esos y no otros que hayan podido aparecer por manipulaciones posteriores, sean delictivas o realizadas sin intención.

Se trata de que ante la fácil modificabilidad de la información del dispositivo —su mutabilidad, por borrado, deterioro, sobreescritura u otra causa—, su contenido se preserve para que, de ser necesaria cualquier comprobación pericial, lo analizado coincida con lo ocupado y no con cosa diferente —cadena de custodia—, ya por error, imprudencia o manipulación del dispositivo que, debe conservarse íntegro, para servir de posible contraste a una contrapericia de análisis de su contenido y para poder verificar su contextualidad en juicio.

En aplicación de lo anterior es perfectamente posible que el aseguramiento de la integridad —la labor de clonado, según la cual se trasvasan del "dispositivo fuente" al "dispositivo copia para trabajar" no sólo todos los datos sino igualmente los espacios en blanco, datos borrados y metadatos que contenga— según circunstancias, y siempre que el Juez lo prevea en su resolución, pueda incluso hacerse "in situ", en la propia escena del crimen, al momento de hacerse el registro domiciliario o la aprehensión externa misma, que normalmente a la ventaja de la rapidez de su posible análisis, sumará la de que estén presentes las fuerzas policiales ejecutantes y el investigado o incluso su Abogado defensor, que así tomarán conciencia de lo ocupado y podrán reforzar su defensa también.

Cuando en razón de las circunstancias el clonado sea largo, complejo, incómodo, o no esté presente el investigado, es mejor realizarlo en sede judicial o donde técnicamente sea más preciso según se cuente con los medios oportunos, y deberá ejecutarse tan pronto como se pueda, en una fase posterior a la de su ocupación, tras precintar y sellar el efecto tecnológico ocupado mientras tanto, ordenando custodiarlo en lugar que garantice la no variación de su estado, de modo que cuando se vaya a abrir y desprecintar para analizarlo se deba citar al afectado/sospechoso por si quiere presenciarlo o enviar a su Abogado Defensor a hacerlo, garantizando su derecho de defensa, verificando la corrección del clonado.

El desprecinto y posterior clonado es un acto de continuación de la inacabada diligencia de entrada y registro domiciliario si se realiza consecuencia de esta, y es un acto autónomo si procede de ocupaciones policiales o fuera del ámbito de los registros de lugares cerrados.

En ambos casos lo dirige el Juez de garantías, aunque no precise nueva resolución judicial que lo decrete, bastando una mera Providencia que garantice la notificación del lugar y fecha de su práctica por si el investigado/sospechoso o cualquier otra parte personada quisiera acudir a su presencia y deriva de la obligación de que los sellos judiciales sólo los puede violentar y alzar quien los ha ordenado poner, como garantía de un acto que, excediendo de lo policial, es una auténtica diligencia de naturaleza judicial.

En consecuencia, para efectuar las garantías de la preservación y la de la autenticidad de la información aprehendida en formato electrónico, evitando su mutación, transformación o incluso su desaparición, la misma debe copiarse, lo que se hace a través de esa técnica denominada "clonación".

La clonación no será precisa en los supuestos en que estando presente el investigado/sospechoso (caso de las entradas y registro) y en función de la complejidad probatoria del delito concreto, sea innecesario y costoso hacerlo porque baste con corporeizar la evidencia, —imprimiéndola sobre papel, por ejemplo—, tras comprobar con pantallazos lo que se quiere presentar como cuerpo delictivo —por ejemplo, en delitos de injurias, amenazas, ofensa a creencias religiosas o de odio en la Red—.

En los demás, el aseguramiento, garantía de la previsión de reiterabilidad, se hará, como decimos, mediante la clonación, que consiste en la realización de una copia del contenido del dispositivo aprehendido/

dispositivo fuente —hecha con las oportunas clonadoras—, para después precintarlo con su contenido original guardarlo en lugar seguro bajo la custodia del Juzgado —por si precisara de ulteriores copias para pruebas de contraste o contrapericia— y permitir así que el trabajo de análisis e incluso la pericia, en su caso, se hagan sobre la copia y no con el original, ya sin miedo a las mutaciones o transformaciones que pudiera sufrir, permitiendo la solicitud de nuevas ulteriores copias pues se conserva el original precintado que lo permitiría.

Una vez comprobado el correcto trasvase desde el dispositivo fuente original a sus copias de trabajo —mediante la confección del denominado resumen/algoritmo hash que se le pasa al final del clonado ya que sirve para verificar que se ha trasegado el mismo e idéntico contenido en uno y otras— y que deberán realizar los técnicos policiales oportunos, para impedir errores o manipulaciones invalidantes y custodiar las pruebas para verificar que no falla nada en el aseguramiento y trasvase de las mismas, se procederá al análisis efectivo (pericial) de su contenido con la garantía de que se cuenta con todo y el mismo contenido que se aprehendió en su momento en la escena del crimen.

Además, el clonado debe realizarse, si lo solicita el investigado, en su presencia, bastando, especialmente en los supuestos de quien esté detenido o preso, con la de su Abogado Defensor, —se trata de garantías y no de meras formalidades—, pero para ello debe solicitarlo a tiempo, antes de que se practique de oficio por el Juzgado, que por cuestiones de medios materiales muchas veces lo hará fuera de la sede del Juzgado.

En resumen, el clonado responde a la necesidad de velar por la inmodificabilidad de la información aprehendida, por mantener su integridad, su mismidad, de manera que a la hora de su análisis o de practicar una pericia no haya ninguna duda de que lo ocupado (y en consecuencia, una vez copiado, lo clonado) sea finalmente lo analizado, —configurando lo que hemos denominado la cadena de custodia, más como una cuestión de certeza que de nulidad—, estrictamente lo que el día de autos había en el escenario delictivo, y no cosa distinta que ofrezca dudas —por posibles alteraciones, manipulaciones, sustituciones, contaminaciones, destrucciones, o incluso imposiciones o cambiazos— que aconsejen una absolución, si no es posible ya la repetición de la operación.

La garantía de esa “integridad/autenticidad” es más necesaria en lo que hace a la información que contienen los dispositivos electrónicos, pues a diferencia de otros efectos menos modificables, por más corpóreos (como un cadáver, un alijo de droga o un arma), no hay otra manera de asegurar que lo analizado es lo ocupado y no otra información parecida —posterior— a la que había al momento sobre el que podemos afirmar certezas, que es el de la ocupación de los efectos.

En el caso de que los efectos tecnológicos sean aportados al proceso penal por un ciudadano particular, se multiplica el problema probatorio, pues su condición no oficial, ni auxiliar de la judicial, hace proclive suscitar dudas en lo que hace a verificar las garantías en su ocupación —normada para los investigadores oficiales— y más si incluyen posterior pericia de particular, pues su contrastado por expertos —posible, pero muy costoso— puede prestarse a mayores dudas en la cadena de custodia, de manera que el consejo que podemos dar es que esas labores se encomienden a los Cuerpos policiales para que las ejecuten con supervisión judicial o, de lo contrario, se confíen a la labor de terceros peritos de confianza particulares que obren en todo momento bajo la fe pública de un Notario, o se hagan por expertos particulares bajo supervisión judicial.

Por otra parte, salvo que los dispositivos sean en sí mismo el objeto o instrumento del delito o existan otras razones que lo justifiquen —entre las que habrá que analizar la falta de medios del Juzgado— se debe evitar ocupar los soportes físicos contenedores de los datos/archivos, si ello puede causar un "grave" perjuicio a su titular o propietario y siempre que sea posible copiar su contenido en condiciones que garanticen la autenticidad/integridad de los datos, lo que puede aconsejar no devolverlos hasta después de verificado lo exitoso del clonado —resumen algorítmico hash incluido—.

Como en muchos casos es necesaria la aprehensión del dispositivo mismo por ser pieza de convicción o como única vía para garantizar la certeza respecto de una adecuada pericia posterior, la realización de la copia sobre el contenido también sirve para ponerlo pronto a disposición de la Defensa no sólo para que pueda ejercer su labor de contradicción probatoria, sino también para que el investigado pueda recuperar el contenido del mismo, y así poder continuar trabajando con él.

4.6. Ejecución del registro de dispositivos tecnológicos. Registro hecho por ciudadano particular

Sobre la manera de ejecutar con garantías el registro del contenido hallado en un dispositivo tecnológico ya obran límites marcados por la jurisprudencia de sentencias del TEDH, a partir de su pionera sentencia del caso Weiser y Bicos Beteiligungen GmbH contra Austria de 16/10/2007, a partir de la que ha ido recopilando pautas que garantizan la interdicción de la arbitrariedad y la evitación de errores, enumerando y reiterando varios importantes criterios, entresacados de cautelas observadas en diferentes Códigos procesales europeos, como los que se enuncian a continuación:

a) que las partes —incluida la Acusación— pero especialmente el afectado/sospechoso —o su Defensa— esté presente en el registro —se entiende si es posible— pues en las causas declaradas secretas no siempre lo es—.

b) que se levante un acta de las operaciones hechas en el registro, al final del cual se haga una lista descriptiva de lo ocupado —objetos, archivos de interés incautados— y en su caso inspeccionado —ficheros que se copian o visionan—, debiendo hacerse copias de seguridad bajo la garantía de un tercero imparcial —o una técnica que lo garantice-para la confección del análisis del contenido y sus posibles pericias

c) si el usuario de los objetos registrados —o su Abogado Defensor, en su caso— realiza objeciones sobre la aprehensión de concretos dispositivos en razón al objeto del registro, se deberá decidir por el Juez si los dispositivos se pueden o no aprehender/analizar en la investigación —derecho de alegación y objeción—, en lo que podríamos llamar una "criba o selección inicial" en base a lo que el Juez, ex ante, trata de encontrar y

d) si el registro afecta a dependencias de un Abogado Defensor en ejercicio, debe haber un tercero imparcial suplementario además del fedatario judicial que vele por la independencia de la profesión, que puede, en el caso español, ser un representante del Colegio Oficial profesional de Abogados.

La doctrina anterior ha sido seguida y ampliada por sentencias del TEDH como: s TEDH de 22 de mayo de 2008 (caso Ililla Stefanov v. Bulgaria); s TEDH de 22 de diciembre de 2008 (caso Aleksanyan v. Rusia); sentencia TEDH de 3 de julio de 2012 (caso Robathin v. Austria, donde se condena a Austria porque el registro no se limita a mirar las carpetas abiertas a nombre de los dos clientes del Abogado Defensor respecto de los que se estaba investigando); s TEDH de 14 de marzo de 2013 (caso Bernh Larsen Holding As y otros v. Noruega, donde se valida la incautación de un disco duro para realizar una inspección fiscal); la sentencia TEDH de 30 de septiembre de 2014 (caso Prezhdarovi v Bulgaria, donde se registra un cibercafé para encontrar programas de software "pirateados"); la sentencia TEDH de 20 de octubre de 2015 Sher y otros v Reino Unido (registro de domicilio de presuntos terroristas); la sentencia TEDH de 3 de septiembre de 2015 (caso Sérvulo & Associados-Sociedade de Advogados RL y otros v. Portugal, sobre un despacho de abogados); la sentencia TEDH de 14/01/2016 (caso Maslak y Michalkova v. República Checa, donde se valida el registro de dispositivos electrónicos en una causa por delito de extorsión aunque la resolución habilitante no hacía referencia a telecomunicaciones ni archivos electrónicos, porque el investigado estuvo presente, se le resumió el contenido de la resolución y se le permitió alegar respecto de lo que se ocupaba); la sentencia TEDH de 16/06/2016 (caso Versini-Campinchi y Crasnianski v. Francia, donde se señala que no es posible usar las conversaciones Abogado-cliente contra este último y sólo cabe interceptar las del Abogado Defensor cuando él mismo sea sospechoso de cometer algún delito); la sentencia TEDH de 20/12/2016 (caso Lindstrat Partners Advokatbyra AB v. Suecia, donde ante el derecho a objetar sobre dispositivos ocupados a un Abogado Defensor en nombre de una empresa se admite la retención de la copia hasta que el Juez decida); la sentencia TEDH de 19/01/2017 (caso Posevini v. Bulgaria, que no ve inconcreción en el objeto del registro dada la premura de tiempo que exigía que hubiera un investigado detenido en otro país, permitiendo que la medida fuera más abierta, siempre que fuera necesaria y proporcional) o la sentencia TEDH de 17/01/2017 (caso Cacuci and S.C. Virra & Cont Pad SRL v. Rumania, donde se critica la falta de límites concretos en su legislación para evitar riesgos de abuso en registros de dispositivos de almacenamiento masivo de información)[7].

En definitiva, se trata de introducir garantías en la autorización y ejecución de los registros informáticos y de dispositivos electrónicos conteniendo información posiblemente delictiva, no ejecutándolos maximalistamente, recogiendo y ocupando todo, para, una vez analizado, descartar la mayor parte, sino intentando centrar la ocupación previamente a ser practicada, cuando sea posible con la información de que se disponga —por vigilancias, testificales, etc.— para que, salvo casos flagrantes o urgentes —no siempre coincidentes— y siempre con la reserva, como decimos, de saber que en ciertos ámbitos, esto no siempre será posible, no se ocupe cualquier dispositivo porque sí, o al menos, se permita al afectado impugnar y ayudar a hacer una selección o criba en función del objeto del registro que permita salvaguardar de él, además de los innecesarios, los no conducentes con la actividad delictiva que se presume e investiga —reduciendo

---

[7] He de agradecer esta reseña jurisprudencial al Magistrado cordobés D. José Luis Rodríguez Lainz.

disparatados hallazgos casuales—, los que afectan a cuestiones meramente íntimas, los que encierran estrategias sobre el derecho de defensa ajeno —en el caso de Abogados Defensores, singularmente la información sobre clientes diferentes de los relacionados/implicados con lo investigado— y asuntos relativos a relaciones con terceros que no tengan nada que ver con actividades delictivas.

Así, se podrá reducir el objeto del registro del entorno virtual del investigado, en función de la información previa que se haya podido recabar, por ejemplo, al puesto de trabajo en una empresa descartando los del resto de compañeros no implicados o a espacios y terminales que se prevea usa en concreto el investigado en función de la actividad delictiva —individual o grupal— que se le impute.

Respecto de la información electrónica obtenida entre particulares (ahora que numerosos ordenamientos jurídicos permiten las investigaciones privadas de irregularidades en el seno de actuaciones empresariales y corporativas) no podemos compartir la doctrina de la sentencia TEDH de 12/01/2016, en el caso Barbulescu vs Rumania[8] que validaba la injerencia del empresario en el contenido del ordenador de un empleado por el hecho de usarlo parcialmente para comunicarse privadamente fuera del ámbito de la empresa —en el supuesto, se encontraron unas escasas conversaciones con el hermano y la novia del recurrente, sobre salud y vida sexual—.

Esta doctrina que permite al empresario controlar las comunicaciones electrónicas que sus empleados hagan durante su horario laboral —sirviendo a su vez como causa de despido— incluso si son de carácter personal, para verificar a qué se dedican concretamente, siempre que hayan sido advertidos previamente[9], y que no se vulnere el derecho al secreto de

---

8 Esta sentencia fue matizada y revocada por la posterior s TEDH del pleno de 5/09/2017, que exigía para autorizar inmisiones del empresario en el correo electrónico del trabajador la necesidad y proporcionalidad de la medida, el aviso previo de la posibilidad de la misma y del concreto medio de ejecución del control que se va a llevar a cabo, la posibilidad de hallar medios alternativos menos intrusivos, la no aplicación de consecuencias desproporcionadas al uso privado de medios empresariales —no siempre el despido— la existencia de una razón habilitante, la vinculación con el objetivo laboral, la posibilidad de recurrir la medida y la consecuencia aplicada…

9 La s TEDH (Gran Sala) del caso López Ribalda II, de 17/10/2019 viene a exceptuar (considerando no vulnerado el derecho a la intimidad laboral) y en consecuencia validar la intromisión telecomunicativa empresarial —en el caso, la

sus comunicaciones e intimidad personal, debe en todo caso responder exclusivamente a esto último, salvaguardando las conquistas que son en sí mismas los derechos ciudadanos.

En efecto, y en contra de esta doctrina pensamos que:

– el empresario —y en definitiva cualquier particular[10]— no es un actor privilegiado en materia de vulneración de derechos fundamentales. Si no se permite a los Cuerpos policiales, salvo en supuestos de urgencia, el registro no autorizado por un Juez en investigaciones de carácter penal sobre telecomunicaciones o intimidades expresadas mediante las nuevas tecnologías, tampoco se le puede permitir al empresario, por el hecho de tratarse de cuestiones de carácter laboral, ni a un particular, en su ámbito privativo —con la excepción de graves y urgentes transgresiones normativas y de derechos ajenos, y siempre que inmediatamente las judicialicen—. Los ciudadanos particulares —entre los que están los empresarios— también están sujetos a la Constitución, igual que los poderes públicos y tienen el límite de la regularidad en lo que pretendan probar, en el respeto a los derechos fundamentales ajenos.

– si el argumento es que los empresarios son los propietarios de los medios de comunicación cuyo contenido registran —lo que nadie discute—, debe complementarse con el hecho de que ello no les hace dueños del contenido privado de terceros que se vehiculice a su través —la información—, como tampoco ocurrirá cuando el empleado traiga su propio dispositivo —bring your own device—. Los nudos propietarios de inmuebles no pueden disponer libremente el registro del contenido de estos cuando están alquilados, porque la intimidad se predica del arrendatario. La propiedad/titularidad del medio no equivale a la propiedad/titularidad del mensaje ni de su contenido, se trata de derechos fundamentales afectados muy diferentes. La privacidad laboral no se renuncia con la firma del contrato de trabajo, que no es un contrato de esclavitud, ni de dependencia, sino de simple venta de la fuerza del trabajo sin que por ello suponga perder dignidades ni derechos fundamentales innecesariamente. El derecho

---

grabación de empleado con cámara oculta sin preaviso informativo—, cuando hacerlo se considere una medida proporcionada y legítima en circunstancias de sospecha fundada de grave transgresión de la norma —especialmente situaciones de presunto delito del grabado— donde no haya medios alternativos para el cumplimiento del objetivo perseguido, deviniendo la interceptación necesaria y proporcional.

10 En contra, la doctrina de la sala de lo penal del Tribunal Supremo español de fecha 23/02/2017, en el llamado caso Falciani.

a la privacidad personal se encuentra en nuestras Constituciones entre los fundamentales y más protegidos, a diferencia del de a la propiedad que es tan sólo un simple derecho con menor protección y mayor disponibilidad social.

No hay una renuncia tácita a los propios derechos por el hecho de firmar un contrato laboral, ni desaparece la expectativa razonable a la privacidad en un mundo en el que el horario laboral no exige un 100% de dedicación al trabajo o de desatención al resto de incidencias personales que surgen durante ese horario —llegaríamos al colmo de no poder atender mensajes sobre urgencias familiares por el hecho de producirse en horario laboral— y las escasas desatenciones al trabajo que estas producen se compensan con los preparativos y tareas laborales que se hacen en horario no laboral y por tanto privado en casa[11]. Por lo tanto sólo parecen vigilables e inspeccionables las situaciones continuadas y abusivas, y no las meramente puntuales.

Y sobre esa base, proponemos para el válido registro de los dispositivos tecnológicos aportados por la empresa pero usados por el trabajador para denunciar delitos cometidos en el seno de esta los siguientes requisitos que no son sino garantías para compensar el ejercicio y la defensa de los intereses empresariales con los derechos del trabajador:

– (principio de legalidad), que haya una previa política marco empresarial sobre el uso de las tecnologías corporativas que clarifique cuáles, cuándo y en qué porcentaje se pueden usar para fines no meramente laborales, notificada personalmente y aceptada antes de la entrega del aparato, indicando su alcance y el grado de la posible intrusión: si sólo el flujo de uso de Internet o si también ver su contenido, si de todo o de parte de sus comunicaciones, si todas en el tiempo o algunas y qué personas van a enterarse.

– (moderación, interdicción del abuso, uso social), que el empleado haga un uso moderado, esporádico, aceptable y confidencial del medio corporativo cuando exprese su vida privada y secretos telecomunicativos, conforme con los usos socialmente admitidos.

– (pre existencia de indicios justificantes), para que el empleador acuerde la inspección, deben haber pre existido indicios o sospechas fundadas, concretas y razonables contra el uso abusivo del dispositivo por parte del

11 El TEDH reconoce la "vida privada" en el ámbito de las relaciones laborales (ver s TEDH Fernández Martínez, v España, 2014,35, Oleksander Volkov v Ucrania, 2013,79, Von Hannover v Alemania 2012,10, Niemitz v Alemania, 1992,77 o Barbulescu v Rumania de 2017,61 de 5/09/2017).

trabajador. No es suficiente alegar en abstracto un posible riesgo de poder vulnerar los sistemas informáticos de la empresa o controlar para conjurar la responsabilidad de la empresa ante hipotéticas actividades ilegales en el espacio virtual o para impedir que se filtren secretos comerciales. No somos partidarios de las inspecciones porque sí, sin motivo previo justificado. La arbitrariedad o el capricho no son motivos que justifiquen un registro tecnológico, y

– (tercero neutral, y derecho de alegación, defensa y recurso), en caso de ejecución del registro, debe este practicarse en presencia del afectado, a poder ser, y de tercero neutral de confianza (Notario, Comité de Empresa), y si se solicita, se puede acompañar de persona de crédito o Abogado, debe permitirse el derecho a alegar lo que se considere en su defensa y poderse recurrir.

– (proporcionalidad y necesidad) no se debe injerir del modo más inmisivo si se pueden aplicar medidas menos intrusivas alternativas igual de eficaces y tampoco se deben aplicar consecuencias desproporcionadas (especialmente el despido) a lo descubierto con la supervisión de las comunicaciones.

Regresando al ámbito penal, sin embargo, no siempre es posible la realización de los registros de dispositivos tecnológicos con tanta "limpieza", garantía o detalle, pues aparte las ocupaciones flagrantes y no previsibles, que simplemente ocurren sin programarlo, en la calle, porque sí, en el curso del registro pueden ocurrir incidencias, muchas sin previsiones legales expresas —cuyas "lagunas" normativas deberá ir solventando poco a poco la jurisprudencia.

4.7. Datos tecnológicos y lugar de almacenamiento. Registro ampliado

Se discute si varía la legalidad aplicable cuando la ejecución del registro del contenido de los dispositivos tecnológicos, esto es de la información y los datos buscados, está almacenada en todo o parte de un sistema informático diferente (almacenamiento en la nube) del rastreado, normalmente el que usa el sospechoso/investigado objeto inicial del registro.

Y entendemos que siempre que los datos sean lícitamente accesibles por medio del sistema inicialmente registrado o estén disponibles para este —una vez se inicia el registro de un sistema, apercibido el sospechoso, se aprovecha para llegar a la información deseada, si es posible, a través del sistema que encamina los indicios, siempre que haya homogeneidad con el indicio inicial conducente— y el Juez lo autorice, no hay problemas de licitud procesal en su obtención.

Si esta contingencia surge en supuestos de urgencia, la Policía Judicial y el Ministerio Fiscal podrán hacerlo, informando inmediatamente al Juez de la forma y del resultado de lo encadenado en el menor plazo posible tras su detección de manera que le posibiliten motivadamente revocar o confirmar lo ejecutado.

Se trata del registro encadenado o ampliado, para casos de almacenamiento externo, deslocalizado —almacenamiento en la nube[12]— o no, autorizado expresamente después de la ocupación del dispositivo —sin plazo— o convalidado si por razones de urgencia —como puede ser la posibilidad de un borrado en remoto, o la existencia de copartícipes que pudieran hacerlo— lo hacen el Ministerio Fiscal o los Cuerpos policiales.

Artificiosamente se ha venido considerando un inconveniente que la información electrónica esté almacenada en otro país diferente del que realiza la investigación, apelando al principio de territorialidad que, entre otros, para ocupaciones de información parece imponer el Art. 32 b) del Convenio de Budapest sobre cibercriminalidad del Consejo de Europa, de 23/11/2001, que sólo permite acceder a datos informáticos almacenados en otro país, si el que los solicita "*obtiene el consentimiento lícito y voluntario de la persona legalmente autorizada a revelárselos por medio de ese sistema informático*", esto es, el investigado —además, párrafo a), de si estuvieran accesibles al público (fuente abierta)—, pues el servicio de almacenamiento se presta para un dispositivo investigado en un país diferente, con independencia que virtualmente se ejecute en servidores residenciados en el extranjero.

A su vez y con posterioridad, el Segundo protocolo adicional a este Convenio sobre la Ciberdelincuencia, relativo a la cooperación reforzada y la revelación de pruebas electrónicas, de 28 de febrero de 2023, en materia de identificación de titulares, en su Art. 6, regula la cooperación transfronteriza en la cesión —por parte de proveedores de servicios informáticos extranjeros— de información sobre el registro de nombres de dominio y en el Art. 7, la de los abonados. Pero a continuación (información sobre contenido) también permite la cesión de información almacenada tecnológicamente en el extranjero por parte de las empresas servidoras informáticas, Art. 8, sobre abonados y datos relativos al tráfico y Arts. 9 y 10, incluso de datos informáticos almacenados en el extranjero en situaciones

12 Que permite además del almacenamiento externo, su acceso desde cualquier dispositivo.

de emergencia —cuando haya un "*riesgo significativo e inminente para la vida o seguridad de una o más personas físicas*"— a través de sus Puntos de contacto nacionales.

Con no ser fácil saber dónde geográficamente en concreto está almacenada una información electrónica, cuando mucha de ella está replicada en más de un servidor y otra fragmentada y compartimentada, elemento que habrá que probar por quien lo objete, si hay un acceso técnico posible desde un dispositivo geográficamente aprehendido en el país investigador y se descubre por la vinculación al mismo de los permisos —clave y contraseña— del investigado, accesible mediante su sistema local, no se alcanza a entender por qué el legislador exige cesiones formales de información al extranjero, pues no se aprecia afección al principio de soberanía en acceder/ver una información como lo hacía el investigado/sospechoso en otro país, si técnicamente es posible hacerlo desde el investigador y se cuenta con una autorización judicial, que es lo que efectivamente garantiza la protección de derechos fundamentales[13], entre los que, de cualquier forma, no se encuentra el de a la soberanía.

Lo que singulariza y vincula al investigado con la probable prueba es que su sistema local se relaciona con la información del sistema remoto a través de la activación de un programa que le exige (de ahí la singularización) aportar sus claves de usuario que son el acto de vinculación que le relaciona a él y sólo a él —con exclusión de terceros— con los datos —sospechosos— alojados fuera de su dispositivo, siendo lo de menos dónde estén[14].

Lo crucial es que el investigado opera con el dispositivo, almacene su información en él o fuera de él por razones meramente tecnológicas, pero no jurídicas, que, de tener que considerar realidades geográficas en un mundo globalizado y con técnicas deslocalizadas, se deben centrar en el lugar donde el delito produce su lesión y no dónde se almacena su prueba virtual.

---

13 Las empresas servidoras y almacenadoras de datos electrónicos no son las defensoras de la información, y sólo lo son de la privacidad y la seguridad de estos, por diseño. Lo es el poder judicial, que suple, en su ejercicio, la falta de consentimiento del investigado.

14 Y aunque en el caso del correo, al continuar éste en la nube, haya que pedir a la empresa que lo sirve que se introduzca y copie de ella el mismo, la vinculación continúa estando en la activación personal de tal servicio por el afectado, que es quien debe ser tenido por sospechoso, salvo suplantaciones.

Además, al menos en casos urgentes en que se aprecie un interés constitucional legítimo que haga imprescindible un registro somero de sistemas, redes, terminales o dispositivos que almacenen datos —como puede ser la defensa de cualquier derecho de tercero, especialmente la vida o la integridad física de la víctima (piénsese en un caso de secuestro), o la evitación de delitos de resultado descubiertos—, los Cuerpos policiales podrán llevar a cabo el examen directo —entiendo que somero, necesario y no concienzudo— de los datos contenidos en el dispositivo incautado, comunicándolo inmediatamente al Juez de garantías en escrito justificando la razón de la medida, la forma en que se ha efectuado y su resultado, para que el éste lo revoque o confirme, motivadamente cuanto antes.

El análisis de los presupuestos de urgencia y necesidad —emergencia— se hace sobre la base de lo que se conocía y perseguía antes del registro (juicio ex ante) y el control judicial se realiza después, sin que se pueda tener en cuenta para convalidarlo o revocarlo el concreto resultado producido (juicio ex post).

A diferencia de la urgencia para el registro de información electrónica almacenada más allá del dispositivo ocupado a la que se nos hemos referido antes, la de este —que es una urgencia distinta—, apunta al registro imprescindible e inmediato no judicializado todavía practicado por el Ministerio Fiscal o los Cuerpos policiales en supuestos en que se aprecie la necesidad de salvar, con él, intereses constitucionales legítimos.

Entre las razones para admitir la necesidad de intervención policial inmediata por imprescindible, señalaríamos las de prevenir y averiguar delitos, descubrir sus autores/partícipes y obtener pruebas incriminatorias, siempre que también se respete el principio de proporcionalidad que debe visarse caso a caso, ya que la regla general es que sólo mediante una resolución judicial motivada se puedan adoptar tales medidas y que, de adoptarse sin consentimiento del afectado y sin autorización judicial, además de acreditarse razones de urgencia y necesidad que hagan imprescindible la intervención policial inmediata, se observen también estrictamente los principios de proporcionalidad y razonabilidad"[15].

La jurisprudencia[16], a modo de ejemplo, los ha apreciado cuando el registro inmediato de la información del dispositivo ocupado se hace para poder identificar a partícipes fugados que co custodiaban un alijo de droga

---

15 Como por ejemplo indica la sentencia 206/2007, de 24 de septiembre, del Tribunal Constitucional español.

16 Aquí exponemos ejemplos de la española.

en un desembarco (s TC 115/13, de 9 de mayo), o para atender las llamadas, en el teléfono móvil/celular del presunto traficante que acababa de arribar con droga a un aeropuerto, provenientes de persona ignorada que se iba a hacer cargo de ella con la intención de identificarla/detenerla (s TS 31/03/2010), o para comprobar si la posesión de imágenes pornográficas de un menor de edad podía derivar en la difusión de las mismas a terceros (s TS 4/12/2015), o en supuestos de delitos graves —terrorismo— siempre que opere rápida convalidación judicial (s TEDH 12/01/2016 caso Szabo y Vissy c. Hungría) pero no los ha admitido cuando el dispositivo estaba ocupado policialmente, y desconectado de Internet, no pudiendo borrarse su contenido a distancia, al ignorar lo anterior el usuario investigado (s TEDH 30/05/2017 en el caso Trabajo Rueda c. España) o en la consulta y visionado sin autorización judicial de la agenda de contactos del móvil de un detenido, cuando se podía haber acudido al Juez de garantías en funciones de guardia/emergencia para que lo autorizase, por no haber necesidad temporal grave para identificar al co partícipe (s TS 10/03/2016).

4.8. Incorporación al proceso penal del contenido de un registro informático. Deber de colaboración de las empresas

Respecto de la incorporación al proceso de diligencia tan mutable, teniendo en cuenta que la fase de investigación sólo pretende preparar el juicio oral, lo importante es que lo haga —autenticidad— sobre lo realmente encontrado, transcribiendo o copiando la selección —pertinencia— de los contenidos o datos que sirven bien para incriminar, bien para exculpar, descartándose los innecesarios o improcedentes, no ya sólo los íntimos y de la vida privada del investigado, sino también los que no versan sobre la actividad delictiva que haya ido dilucidándose.

Por otra parte, y al tratarse de diligencias de investigación que inciden sobre elementos tecnológicos que mayoritariamente gobiernan o alojan empresas privadas telecomunicativas o prestadoras de servicios en la Red, es lógica en su ejecución la solicitud de colaboración público-privada que deberá llevarse a cabo con el sigilo y la discreción oportuna por las corporaciones vinculadas con el alojamiento o la telecomunicación cuyo contenido se precise en la investigación.

Cualquier persona que conozca el funcionamiento del sistema informático o las medidas aplicadas para proteger su información —lo que incluye su clave de desbloqueo o código de desencriptación— tiene el deber de colaboración informativa que precisen las Autoridades o agentes encargados de la ejecución del registro, siempre que no supongan una carga desproporcionada para el concernido, e igualmente bajo apercibimiento de incurrir en delito de desobediencia, y por supuesto, de guardar reserva de la actuación hasta que su conocimiento no pueda incidir en el resultado de la investigación —esté o no formalmente declarada la causa secreta—.

Esto no excluye a las personas jurídicas ni a las extranjeras, —cuando les afecte por la cercanía a la información, pero parece lógico que sí lo haga —dispensa de colaboración— al:

– investigado/encausado (por su derecho a no colaborar en su autoincriminación)

– los parientes eximidos de la obligación de declarar —línea directa ascendente y descendente, cónyuge o conviviente análogo, hermanos consanguíneos o uterinos y colaterales consanguíneos hasta el segundo grado civil— y

– a quienes lo conozcan en virtud de labor protegida por el secreto profesional, como pueden ser el Abogado defensor.

5. REGISTROS REMOTOS (DINÁMICOS) ON LINE SOBRE EQUIPOS INFORMÁTICOS

Hay dos modalidades de injerencia sobre la información contenida en los sistemas y equipos informáticos que se pueden concernidas, y que tienen como característica común, que permiten, de forma remota y telemática, el examen a distancia y sin conocimiento de su titular o usuario del contenido del: ordenador, dispositivo electrónico, sistema informático, instrumento de almacenamiento masivo de datos informáticos y bases de datos y otros contenidos digitales:

1.- usar datos de identificación y códigos —claves y contraseñas— o accesos duplicados que permitan acceder al terminal o dispositivo a examinar desde el puesto controlador o director —en remoto— de un sistema informático desde donde se le vigilará; esto es, a través del administrador de un sistema interconectado en red, sometiendo a control remoto un puesto del mismo, o

2.- instalar software espía en el dispositivo para vigilarlo a distancia desde otro equipo informático (bien mediante ataques indiscriminados, —v. gr.: correos masivos con vínculos al software malicioso, que podría descargarse además de en el equipo del investigado en el de todos los que se enlazaran a él y con el riesgo de que podría fácilmente ser detectado por antivirus—, o bien mediante ataques selectivos —ataques persistentes avanzados—, tan específicamente dirigidos al investigado que son realmente caros y de difícil consecución).

Bien como medida de investigación, bien como medida judicial, el registro remoto de equipos informáticos se haya regulado ya en países como España, Italia, Francia, Reino Unido, Países Bajos, Bélgica, Suecia, Alemania, Chequia, etc.[17]

Por lo restrictivo e invasivo de derechos fundamentales que es, sólo lo puede acordar y autorizar el Juez de garantías, —descartando la posibilidad de que la medida la realicen el Ministerio Fiscal o los Cuerpos policiales, incluso en situaciones de urgencia, ni siquiera con convalidación judicial posterior—, constituyendo una auténtica medida restrictiva de derechos fundamentales que únicamente puede autorizar el Juez "competente", esto es, el Juez instructor/de garantías.

Se pueden distinguir dos fases para su uso:

1.- la de instalación: en que, dependiendo de la modalidad y con la ayuda técnica oportuna —normalmente policial— el Juez autorizará la realización de las tareas de monitorización del puesto a espiar o de introducción del software espía, en labor preparatoria, pero sin acceso a los contenidos y

2.- la de activación/desactivación del sistema para acceder al contenido concreto a espiar por cualquiera de las dos vías posibles, en la labor propia del registro del contenido del dispositivo.

En consecuencia, siendo el registro una diligencia de investigación que permite el examen, a distancia, de manera remota o telemática y sin conocimiento de su usuario o titular, se distingue:

– del registro de dispositivos de almacenamiento de información, en que aquí se hace, como señalamos, de manera remota, no inmediata, no física, sin contacto directo, a distancia, y sin conocimiento del usuario, mientras que en el registro estático de dispositivos, se hace de manera física, inmediata, en contacto directo con el dispositivo y normalmente, a presencia del usuario.

---

17 Lorena Bachmaier Winter, "Registro remoto de equipos informáticos y principio de proporcionalidad en la LO 13/2015", en Boletín del Ministerio de Justicia, año LXXI, nº 2195, de enero de 2017, p. 7

– de la interceptación de las telecomunicaciones, en que aquí se registra: información, archivos, datos, contenidos digitales, y en aquella: telecomunicaciones, contenido de lo comunicado y sólo sus datos técnicos asociados.

En consecuencia, el acceso legítimo a la clave y contraseña de acceso a un dispositivo informático —por hallazgo en un registro, por delación, etc.—, por parte de agentes investigadores, con cuyo uso se interviene sobre el mismo, directamente —no en remoto y con posible conocimiento del investigado— analizando su contenido, es una medida de injerencia diversa y diferente de esta, que puede usarse para investigar muchos más delitos que los autorizados en esta distinta manera de injerir, que, al no incidir sobre la actividad en tiempo real del investigado, sin su conocimiento, afecta a los derechos a su intimidad y a la protección del dato automatizable, pero no al de al secreto de sus telecomunicaciones, como ocurriría, por el contrario, con la interceptación sobre medios telecomunicativos muy asociados a dispositivos y equipos informáticos, como por ejemplo: el correo electrónico, VoIP, Skype, etc.

El contenido registrable puede ser el de:

– el ordenador, propio o de un tercero, siempre que el investigado/sospechoso sea de alguna forma su usuario o esté vinculado a la actividad criminal que se investigue de él,

– (Otro) dispositivo electrónico,

– el sistema informático, entendido como el usado por el investigado, dentro del que puede estar el conjunto de puestos integrados en red, o parte de él,

– el instrumento de almacenamiento masivo de datos informáticos — que se podrá registrar si está conectado/vinculado a un dispositivo—,

– las bases de datos, normalmente accesibles a través de ordenador o dispositivo.

– los datos y

– otros contenidos digitales, insistimos, siempre que estén conectados o se deriven de algún dispositivo vinculado al equipo informático registrado en remoto.

5.1. Presupuestos para su autorización

Las dos modalidades de control en remoto y de forma ignorada que aquí se comprenden sobre sistemas, terminales y dispositivos de almacenamiento de información informática, pueden ser autorizadas únicamente por el Juez de garantías competente cuando lo que se persiga sea la investigación de alguno de delitos graves, como pueden ser los cometidos en el seno de organizaciones criminales, los de terrorismo, los cometidos contra menores o discapacitados, los contra la Constitución, traición y relativos a la defensa nacional incluyendo los de rebelión, contra las instituciones del Estado y la división de poderes, los relativos al ejercicio de los derechos fundamentales y libertades públicas, los cometidos por funcionarios públicos contra las garantías constitucionales y los ultrajes a la Nación, los que comprometen la paz o la independencia del Estado y los cometidos a través de instrumentos informáticos o de tecnologías de la información o la telecomunicación o servicio de comunicación.

Delitos diversos y graves que, excepto los cometidos a través de tecnologías y los de organización criminal y terrorismo, comunes a cualquier forma de investigar, no alcanzan a listas abiertas como lo habitual entre los investigables, por el contrario, con técnicas menos invasivas como puede ser las interceptaciones telecomunicativas.

La razón de esta diferencia radica en el volumen de contenido afectable y en el reverencial temor a permitir técnicas nuevas sin haberlas probado/ testado suficientemente en el campo de la investigación penal, ya que realmente esta injerencia, como la interceptación telecomunicativa, afectan casi los mismos derechos fundamentales y en ambos se puede obtener información en tiempo real —según la orden de activación/desactivación de lo espiado— y de manera ignorada por el interceptado.

En cualquier caso y para cualquiera de sendas modalidades, lo importante es el control judicial de la medida, que, como decimos, debe prestarse tanto en fase de autorización y activación/desactivación, como en fase de control de la ejecución de la medida.

La resolución judicial habilitante que autorice este tipo de registro, debe, además de acotar su posible contenido-describiendo o refiriendo el hecho punible, su eventual calificación jurídica, identidad del investigado y del afectado conocido, si fuera diferente, extensión del registro, unidad investigadora que lo ejecutará, duración de la medida, forma y periodicidad del control judicial y finalidad perseguida—, especificar:

- el instrumento objeto de la medida: ordenador, dispositivo electrónico, sistema informático o parte de este, instrumento de almacenamiento masivo de datos informáticos o bases de datos, además de datos u otros contenidos digitales

– el alcance y forma de acceder y aprehender los datos/archivos informáticos relevantes para la causa y el tipo de software mediante el que se ejecutará el control de la información.

Al tratarse de un "registro" remoto que realiza a distancia el examen del contenido del ordenador investigado, es cierto que podrán aparecer almacenadas telecomunicaciones, que, como el sms o whatsapp, podrán estar no abiertas —pues si lo estuvieren serán datos de intimidad pero no propiamente telecomunicaciones—, lo que obligaría a compatibilizarlo con la interceptación judicial de las telecomunicaciones.

– los agentes autorizados para llevarlo a cabo, salvo que se entienda que se puede autorizar a más de los que lo van a ejecutar-

– la autorización, en su caso, para hacer y conservar copias de los datos informáticos —mediante la preservación y conservación de datos, mediante acta, en capturas de pantalla o pantallazos, así como mediante labores de clonación de contenidos que indiquen al tiempo del registro el contenido registrable— y

– las medidas de preservación de la integridad de los datos almacenados —por ser altamente volátiles y modificables—, y las que garanticen la inaccesibilidad o supresión de los datos del sistema informático al que se ha tenido acceso.

Normalmente deberá practicarse el clonado del contenido accedido on line, esto es, en tiempo real, sobre todo si se trata de una activación para capturar concreto contenido, o si se pretende una información determinada, su búsqueda a través de palabras clave con motores y, posteriormente, en función del delito investigado autorizado en la resolución si se puede determinar, su posterior filtrado para ceñirlo a lo relacionado con lo investigado, descartando el resto del contenido registrado.

Como señala el caso Modestou contra Grecia, sentencia TEDH de 16 de marzo de 2017, el objeto y alcance de la medida debe intentar precisarse al menos con "menciones mínimas"[18], aunque según el supuesto puede

---

18 *"El Tribunal de Justicia debe examinar la forma en que se dictó la orden de registro y los términos concretos de la misma, a fin de determinar si se tomaron precauciones suficientes para garantizar que no excediera el objetivo de prevenir y sancionar los delitos previstos en la medida. Una orden de registro debe estar sujeta a ciertos límites para garantizar que la injerencia que autoriza en los derechos garantizados por el artículo 8, y en particular el derecho al respeto del propio domicilio no sea potencialmente ilimitada y, por lo tanto, desproporcionada. En consecuencia, una orden de allanamiento debe contener un mínimo de información que permita controlar el cumplimiento, por parte de los funcionarios que la ejecutaron, del campo de inves-*

haber ocasiones en que sea complejo definirlas —i. e.: en casos de organizaciones criminales investigadas prolongadamente en el tiempo o cuando se afecte a una pluralidad de personas[19]—.

La sanción jurídica cuando la resolución judicial habilitante omita algún término dependerá de su importancia, de manera que si el elemento es esencial —el objeto de la investigación, por ejemplo— la sanción será la nulidad y su correspondiente ineficacia probatoria y si no, porque permita un razonable control a la labor judicial, será inocuo.

El Juez puede autorizar la ampliación de los términos del registro, cuando los agentes facultados tengan razones para creer que lo que se busca —datos —están almacenados en otro sistema informático o parte de él— por ejemplo en la e-cloud—, y se lo comuniquen.

Si dado el actual sistema general de almacenamiento de la información o hosting, es razonable prever esta contingencia desde el principio, sobre todo ante la profusión de dispositivos que no almacenan datos en su interior, sino que lo hacen por remisión a almacenamientos externos, principalmente en la nube, tal medida puede autorizarse en la resolución judicial inicial, no haciendo precisa la convalidación.

En los casos de extraterritorialidad o transnacionalidad de lo almacenado —además de lo cuestionable que es afirmar que el dato accedido estaba en el extranjero y más, en qué concreta ubicación geográfica, pues es imposible saberlo— nosotros sostenemos, como hemos explicado más arriba, la tesis de que además, es irrelevante desde un punto de vista jurídico.

A la imposibilidad de afirmar la localización geográfica concreta del dato accedido, que a veces se confunde con el domicilio o las señas del gestor del servicio de hosting[20], se añade la irrelevancia que para la regula-

---

tigación que determina. Además, el interesado debe disponer de información suficiente sobre el procedimiento que dio origen al acto de que se trate para poder detectar, prevenir y denunciar los abusos (véase la sentencia Van Rossem c. Bélgica, § 45 y 47)"

19 "*El Tribunal reconoce que puede haber situaciones en las que sea imposible redactar órdenes de allanamiento con un grado avanzado de precisión. En particular, en casos como el presente, en los que el registro se ordenó con el fin de reunir pruebas de sospechas de actividad delictiva durante largos períodos de tiempo y en los que intervinieron varias personas, sería ilusorio exigir que la orden contenga información específica, como una lista de objetos o documentos que deben incautarse*".

20 La tutela de los derechos fundamentales no pude quedar al albur de la decisión del gestor de un servicio informático sobre el lugar que elija para ubicar los medios técnicos desde los que presta su labor o donde almacene los datos, máxime cuando produce efectos dañinos o delictivos en el país que persigue la infracción penal.

ridad de la obtención probatoria se otorga a no remitir una dilatorísima comisión rogatoria innecesaria desde el punto de vista de la regularidad en su obtención que sólo aplica a las pruebas obtenidas directa o indirectamente violando derechos fundamentales que aquí no se pueden transgredir si se cuenta con la oportuna y razonada autorización judicial, siempre que el dispositivo registrado pueda ser accedido desde un dispositivo que está ubicado en el país investigador, que es límite de lo geográfico y soberano.

La pretendida "soberanía" sobre lo digital, aparte de ser técnicamente imprecisa e improbable —la información se fragmenta y se almacena en múltiples ubicuidades—, es irrelevante, siendo lo decisivo que el dispositivo remotamente registrado inicialmente esté en el país investigador, donde deber haber una investigación penal en curso[21].

Finalmente, la ampliación registral no se puede acordar policialmente para ser después convalidada o revocada judicialmente, ni siquiera en situaciones de urgencia —lo que puede ser coherente con el hecho de que el espiado investigado no puede estar apercibido—.

5.2. El deber de colaboración de las empresas

El deber de colaboración para la ejecución práctica de la medida y el acceso al sistema —aquí cruciales— para los prestadores de servicios, a los que añadir los titulares o responsables del sistema informático o base datos registrados —administradores de sistemas—, se suma el deber de facilitar la asistencia necesaria —v. gr: desactivar el antivirus— para que los datos e información accedidos puedan ser objeto de examen y visualización —lo que en parte hace a esta medida quizá menos atractiva —al no deber hacerse necesariamente en tiempo real— que, paradójicamente, por ejemplo, la interceptación telefónica.

Además las Autoridades y agentes facultados para la investigación pueden ordenar a cualquiera que conozca el funcionamiento del sistema informático o las medidas aplicadas para proteger los datos informáticos contenidos en el mismo, que facilite la información necesaria para el éxito de esta medida y todos bajo la obligación, por un lado, de guardar secreto acerca de las actividades requeridas —su contravención les haría reos de

---

21 Para los casos en que el espiado se desplace (con o sin su dispositivo) temporalmente al extranjero, lo que importa es que su vinculación con el contenido digital lo sea con una causa penal controlada por el Juez del país investigador y no desde qué localización geográfica se active.

un delito de revelación de secretos al estar ejerciéndose una labor pública, o de uso de secreto, si no llega a revelarse— y con el apercibimiento, de no hacerlo, de incurrir en delito de desobediencia.

Por definición, y para un lógico éxito de la medida, el investigado/sospechoso no es que esté eximido de colaborar, sino que debe ignorar que se le espía y lo mismo podemos predicar de sus parientes dispensados de declarar o quienes estén sujetos por secreto profesional, como su Abogado Defensor, pues igual que sobre cualquier otra medida investigativa que deba ignorar el registrado para que no se frustre su posible éxito, la eficacia de la misma depende no sólo de que la ignore el investigado, sino también cualquiera que pueda razonablemente apercibirle sobre su ejecución.

5.3. Duración de la medida

Consecuente con la dificultad técnica de ejecución de la medida, sobre todo en la modalidad de introducción de software —troyanos—, y pese a que afecta a limitados derechos fundamentales, porque en principio excluye la invasión al derecho al secreto telecomunicativo, parece que su duración, al ser tan invasiva de contenido privado, debe ser corta en el tiempo.

A diferencia de la interceptación telecomunicativa, permite alcanzar mayor cantidad de información —siempre es diferente lo que se suele expresar oralmente de aquello que se deja archivado en soporte escrito y la medida que analizamos alcanza sendos formatos de información—, por lo que, como además afecta al ayer, al hoy y al mañana, lo importante es que el Juez de garantías determine su duración y extensión en función de los hechos delictivos indiciarios que le presenten y la gravedad del hecho punible investigado, evitando así, en lo posible, la aparición de eventuales delitos casuales como, por el contrario, se podría tener la tentación de investigar.

Por encima de lo corto de su permiso, lo cierto es que la medida debe durar el tiempo imprescindible, debiendo cesar tan pronto se sepa que no se está obteniendo con ella el resultado pretendido.

Y que se formule una duración lineal máxima, viene a evocar la ambigua idea de que su realización es constante en el tiempo, lo que, en principio, parece incompatible con un concepto estático de registro, pero puede servir en uno dinámico, para los casos en que se necesite conocer qué consultas hace en Internet el investigado, u otras pautas de conducta o rutinas como con quién se comunica, si está conectado, a quién envía o quién le manda mensajes, etc.

En el registro dinámico constante, en consecuencia, la dificultad estribará en la manera de documentar la información que se precisa en la causa, y al acabarla, cuál seleccionar y cuál rechazar, por innecesaria.

Otras veces, según las necesidades en la investigación, bastará con saber el contenido estático de lo archivado o guardado en la causa y los documentos elaborados, lo que se documentará en un volcado del contenido al momento del registro, siendo más fácil seleccionar lo pertinente.

Para este supuesto distinguíamos más arriba entre la actividad de introducción del software —la labor técnica que permite el espionaje— y la activación o desactivación del mismo —el período en que se registra el contenido del dispositivo y se averiguan los extremos necesarios para la investigación—.

En este segundo caso, dado que la monitorización del puesto de ordenador en una red o su espionaje a través del software oportuno permite tantos registros como necesidades aporten otras inferencias en la investigación, el dies a quo o momento a partir del cual se computa el tiempo de injerencia, es desde que se instala y queda operativo —lo que no siempre es fácil de conseguir—, siendo el máximo, el límite temporal de cese obligado que impediría más consultas, fijándose la intensidad o frecuencia de estas, en función de las necesidades operativas de la medida.

Como la duración del registro podría prorrogarse, para acordar o no su continuidad hasta el máximo, se tendrá en cuenta, además de que el Juez la considere adecuada, necesaria y proporcional, el eventual resultado que esté ofreciendo el monitoreo o el acceso a los contenidos registrados previos.

6. BREVE RESEÑA A LA OBSERVACIÓN LEGAL DE SENDAS MEDIDAS DE INVESTIGACIÓN TECNOLÓGICA EN ORDENAMIENTOS LEGALES HISPANO AMERICANOS[22]

6.1. Argentina

La legislación procesal argentina autoriza, con orden judicial, la intervención de comunicaciones telefónicas o cualquier otro medio de comu-

---

[22] Capítulo confeccionado con la información del Addenda a las Conclusiones del curso sobre Ciberdelincuencia III de AECID.

nicación de la persona investigada, para impedirlas o conocerlas, así como también la obtención de los registros que hubiere de las comunicaciones.

El Código Procesal Penal Federal, en su Art. 144, establece que "*el Juez podrá ordenar a requerimiento de parte y por Auto fundado, el registro de un sistema informático o de una parte de éste, o de un medio de almacenamiento de datos informáticos o electrónicos, con el objeto de secuestrar los componentes del sistema, obtener copia o preservar datos o elementos de interés para la investigación*".

Por otra parte, si bien no está expresamente previsto, no hay impedimento legal para la utilización de micrófonos como medida de investigación o de herramientas de geolocalización, dependiendo que exista autorización judicial, y que su aplicación se adecue a los principios de necesidad, razonabilidad, subsidiariedad y proporcionalidad.

En la Ciudad de Buenos Aires, el CPP (Ley 2.303), autoriza a la requisa y secuestro, entre otras cuestiones de equipos de computación u otro soporte informático, por orden del Fiscal o del Juez. En este último caso, sólo si se trata de los elementos mencionados en el artículo 13.8 de la Constitución local ("*el allanamiento de domicilio, las escuchas telefónicas, el secuestro de papeles y correspondencia o información personal almacenada*").

En casos urgentes, la medida puede ser delegada en la Autoridad policial. La interceptación de correspondencia tiene que ser pedida por el Fiscal al Juez de garantías, o de Instrucción —de acuerdo con la legislación procesal de cada provincia—.

También prevé medidas especiales de investigación, pero no específicamente de carácter tecnológico. Contempla el agente encubierto, por ejemplo, pero no alude específicamente al agente encubierto informático, aunque se puede interpretar que se encuentre comprendido en la figura. En definitiva, en todos los casos, toda medida intrusiva debe ser con orden judicial.

El Código Procesal Penal ordena que "*los hechos y las circunstancias de interés para la solución correcta del caso podrán acreditarse por cualquier medio de prueba que no resulte contrario a los principios contemplados en este Código...*" y que "*los elementos de prueba solo serán admisibles cuando sean obtenidos por un medio licito e incorporados al procedimiento conforme a las disposiciones de este Código*" (Arts. 113 y 114, CPP CABA).

Por ello, si bien no está expresamente previsto, la colocación de cámaras que registren sólo imágenes en la vía pública o lugares de acceso público puede ser dispuesto en el marco de una investigación de un delito por orden del Ministerio Público Fiscal sin necesidad de autorización judicial.

También está prevista la incautación de datos y el registro de un sistema informático (Art. 144, CPP). O específicamente, el Art. 26 *bis* de la ley 23.737 de Estupefacientes prevé que "*la prueba que consista en fotografías, filmaciones o grabaciones, será evaluada por el Tribunal en la medida en que sea comprobada su autenticidad*".

Por lo demás, es posible hacer prueba no sólo con los medios expresamente regulados en la ley, sino con cualquier otro no reglamentado, siempre que sea adecuado para descubrir la verdad.

Si bien la implementación de las nuevas tecnologías brinda mayor optimización en el resultado de las investigaciones, es fundamental el respecto de las garantías procesales y constitucionales.

Y, asimismo, el derecho a la intimidad y a la privacidad debe primar en todo momento a la hora de autorizarse judicialmente una investigación de esta naturaleza.

Los ordenamientos procesales argentinos regulan expresamente el deber de asegurar la preservación de los elementos en presencia de testigos para asegurar su inalterabilidad, la cadena de custodia y el procedimiento de apertura para su análisis, en línea con los protocolos aprobados por las autoridades administrativas.

6.2. Colombia

Las medidas tecnológicas de investigación existentes en Colombia están reguladas en la Ley 906 del 2004, capítulo II. actuaciones que no requieren autorización judicial previa para su realización, y son:

Artículo 233. retención de correspondencia; artículo 235. interceptación de comunicaciones; artículo 236. recuperación de información producto de la transmisión de datos a través de las redes de comunicaciones; y artículo 242b. operaciones encubiertas en medios de comunicación virtual.

Pese a que el artículo 244 sobre búsqueda selectiva en bases de datos, aparece regulada como una actuación que no requiere previamente autorización judicial, dicha disposición normativa fue declarada constitucional "*en el entendido que se requiere de orden judicial previa cuando se trata de datos personales organizados con fines legales y recogidos por instituciones o entidades públicas o privadas debidamente autorizadas para ello*".

Por otro lado, teniendo en cuenta que la Ley 1928 de 2018 aprobó el "Convenio sobre la Ciberdelincuencia", adoptado el 23 de noviembre de 2001, en Budapest, se considera parte de la legislación interna; en consecuencia, también se cuenta con las medidas de investigación procesal que el Convenio contempla.

El encargado de dirigir y coordinar las funciones de policía Judicial y dar las respectivas órdenes para las medidas de investigación indicadas es el ministerio Fiscal. Sin embargo, las operaciones encubiertas en medios de comunicación virtual y la búsqueda selectiva de base de datos *cuando recolecte datos personales organizados con fines legales y recogidos por instituciones o entidades públicas o privadas debidamente autorizadas para ello,* requieren autorización judicial previa por el Juez de Control de Garantías, así como los registros CDR.

Por su parte, para otorgar tales autorizaciones, el Juez debe realizar el juicio de proporcionalidad de la medida correspondiente desde la apreciación de los principios de idoneidad, necesidad y proporcionalidad en estricto sentido, añadiendo la observación del respeto a los también fundamentales constitucionales a la intimidad, legalidad y tutela judicial efectiva.

La retención de correspondencia, interceptación de comunicaciones, y recuperación de información producto de la transmisión de datos a través de las redes de comunicaciones, por su parte, únicamente exigen autorización del Ministerio Fiscal, y para que los elementos materiales probatorios y evidencias físicas recaudadas tengan validez probatoria sólo requieren de control judicial posterior para la verificación del cumplimiento de las garantías fundamentales de los afectados y del juicio de proporcionalidad.

No se exige autorización judicial anterior porque la misma legislación (Ley 906 del 2004, capítulo II) los contempla como actuaciones que no la requieren de forma previa para su realización, en base a lo dispuesto en el artículo 250 de la Constitución Política colombiana, la cual establece que "*la Fiscalía General de la Nación, deberá... Adelantar registros, allanamientos, incautaciones e interceptaciones de comunicaciones. En estos eventos el Juez que ejerza las funciones de control de garantías efectuará el control posterior respectivo, a más tardar dentro de las treinta y seis (36) horas siguientes*".

Por su parte, la Ley 906 de 2004, en su libro II, regula las técnicas de indagación e investigación de la prueba y sistema probatorio: interceptación de comunicaciones (artículo 235); recuperación de información producto de la transmisión de datos a través de las redes de comunicaciones (artículo 236); vigilancia y seguimiento de personas (artículo 239); operaciones encubiertas en medios de comunicación virtual (artículo 242b); y la búsqueda selectiva en bases de datos (artículo 244).

La valoración probatoria se realiza conforme a los demás medios de prueba, y basados en el principio de libertad probatoria; es decir, no existen normas específicas para la valoración de las medidas de investigación tecnológica, cuya apreciación se hará en conjunto con los demás medios de prueba recaudados y teniendo en cuenta que la legalidad del elemento material probatorio y evidencia física depende de que en la diligencia en la cual se recoge o se obtiene, se haya observado lo prescrito en la Constitución Política, en los Tratados Internacionales sobre derechos humanos vigentes en Colombia y en las leyes; además de la autenticidad cuando han sido detectados, fijados, recogidos y embalados técnicamente, y sometidos a las reglas de cadena de custodia, su valoración dependerá de la identificación técnico-científica que realice el perito.

6.3. Chile

Conforme se establece en las normas pertinentes del Código Procesal Penal chileno y, asimismo, en el artículo 12 de la ley 21.459 que es una norma específica sobre la materia: "*el Juez de garantía, a petición del Ministerio Público, quien deberá presentar informe previo detallado respecto de los hechos y la posible participación, podrá ordenar la realización de las técnicas previstas y reguladas en los artículos 222 a 226 del Código Procesal Penal, conforme lo disponen dichas normas.*", que son los que regulan las medias cautelares restrictivas de derechos en esta materia. Así el artículo 222 CPP establece el ámbito de aplicación; el artículo 223 la interceptación; el artículo 225 ter, los requisitos de la resolución que autoriza la medida, disponiendo que "*la resolución judicial que autorice el acceso remoto deberá especificar, a solicitud del fiscal:*

a) Los dispositivos, computadores o sistemas informáticos específicos objeto de la medida y las circunstancias necesarias para individualizar o determinar al afectado por la medida.

b) El alcance de la medida, la forma en la que se procederá al acceso y aprehensión de contenidos relevantes para la causa y el programa computacional software mediante el cual se realizará acceso remoto.

c) Los agentes autorizados para la ejecución de la medida.

d) La autorización, en su caso, para la realización y conservación de copias de los contenidos para la causa.

e) Las medidas técnicas específicas necesarias para preservar la integridad de los contenidos, así como para impedir el acceso y la supresión de dichos datos del sistema informático objeto de la medida.

f) La duración precisa de la medida".

Las medidas que se contemplan en la legislación penal chilena son: las interceptaciones y escuchas telefónicas (artículo 222 del Código Procesal Penal), salvo las que el imputado mantenga con su Abogado; incautación de objetos y documentos (artículo 217 CPP), entre los cuales se puede incluir a las computadoras y equipos informáticos para su peritaje y revisión por expertos informáticos; retención e incautación de correspondencia (artículo 218 CPP) el Juez podrá autorizar por resolución fundada la retención del correspondencia postal, telegráfica o de otra clase..." y también se han utilizado las videovigilancias mediante drones en espacios públicos, no obstante, si se tratara de espacios privados, se debe contar con autorización judicial.

Asimismo, es posible obtener las copias de comunicaciones o transmisiones (artículo 219 CPP). El artículo 226 y 226 del mismo Código Procesal Penal, establecen otros medios técnicos de investigación (fotografía, filmación u otros medios de reproducción de imágenes, asimismo la grabación de comunicaciones entre personas presentes) y técnicas especiales de investigación (agentes encubiertos e informantes).

Por su parte, el artículo 218 ter del mismo cuerpo legal, establece la posibilidad de Registros de llamadas y otros antecedentes de tráfico comunicacional, al disponer que cuando existan fundadas sospechas basadas en hechos determinados y ello sea útil para la investigación, el Ministerio Público podrá requerir a cualquier proveedor de servicios, previa autorización judicial, que entregue la información que tenga almacenada relativa al tráfico de llamadas telefónicas, de envíos de correspondencia o de tráfico de datos en internet de sus abonados, referida al período de tiempo determinado en la resolución judicial.

A efectos de este artículo se entenderá por datos relativos al tráfico todos aquellos referidos a una comunicación realizada por medio de un sistema informático o de telecomunicaciones, generados por este último en tanto elemento de la cadena de comunicación, y que indiquen el origen, el destino, la ruta, la hora, la fecha, el tamaño y la duración de la comunicación o el tipo de servicio subyacente.

En lo referente al deber de colaboración, el Ministerio Público podrá requerir, en el marco de una investigación penal en curso y sin autorización judicial, a cualquier proveedor de servicios que ofrezca servicios en territorio chileno, que facilite los datos de suscriptor que posea sobre sus abonados, así como también la información referente a las direcciones IP utilizadas por éstos para facilitar la identificación de quienes corresponda en el marco de la investigación. Los proveedores de servicios deberán mantener el secreto de esta solicitud.

Por datos de suscriptor se entenderá aquella información que posea un proveedor de servicios relacionada con sus abonados, excluidos los datos sobre tráfico y contenido, y que permita determinar su identidad, tales como la información del nombre del titular del servicio, número de identificación, domicilio, número de teléfono y correo electrónico. Las empresas concesionarias de servicios públicos de telecomunicaciones y proveedores de Internet deberán mantener, con carácter reservado y adoptando las medidas de seguridad correspondientes, a disposición del Ministerio Público a efectos de una investigación penal, por un plazo de un año, una nómina y registro actualizado de sus rangos autorizados de direcciones IP y de los números IP de las conexiones que realicen sus clientes o usuarios, con sus correspondientes datos relativos al tráfico, así como los domicilios o residencias de sus clientes o usuarios.

Las autorizaciones del Juez se inspiran en los mismos principios que la totalidad de sus actuaciones, en especial, el debido proceso, el respeto por los derechos fundamentales y la protección de los de las víctimas, en especial, de los colectivos vulnerables.

No existe ninguna medida que pueda hacerse efectiva sin autorización judicial, en espacios o recintos cerrados privados, ni respecto de comunicaciones privadas, porque se trata de medidas intrusivas que eventualmente restringen o limitan derechos fundamentales. Otra situación, es la de medidas que se pueda concretar en espacios públicos, o en comunicaciones públicas o abiertas a todo público, sin perjuicio de su discusión y valoración en el juicio por el tribunal fallador.

Finalmente, respecto de la custodia y preservación de los datos tecnológicos obtenido en una investigación penal, hay que indicar que se encuentra suficientemente regulada Código Procesal Penal chileno. A modo de ejemplo, en el artículo 223 del citado cuerpo legal, donde se norma tanto el registro de la interceptación, la transcripción, y finalmente, también la destrucción de las interceptaciones de comunicaciones.

6.4. Ecuador

La legislación ecuatoriana permite la obtención de pruebas digitales, como correos electrónicos, archivos electrónicos, registros de actividad en línea, etc., mediante procedimientos legalmente establecidos, y en concreto el registro y allanamiento electrónico, autorizando a acceder a dispositivos electrónicos o sistemas informáticos para recopilar pruebas o el rastreo de actividades en línea, permitiendo seguir las huellas digitales de los sospechosos en el ciberespacio, siempre sujeto a garantías y restricciones para proteger los derechos fundamentales de privacidad y debido proceso, de acuerdo con su suscripción del "Convenio sobre la Ciberdelincuencia", también conocido como el Convenio de Budapest.

En ecuador es el fiscal el responsable de la acción penal, y en consecuencia, dirige y coordina las funciones de policía Judicial y establece las medidas de protección, pero *cuando recolecte datos personales organizados con fines legales y recogidos por instituciones o entidades públicas o privadas debidamente autorizadas para ello,* necesita la autorización judicial.

La actuación del Juez al autorizar la investigación criminal a través del uso de nuevas tecnologías se guía por principios fundamentales que buscan equilibrar la necesidad de investigar delitos con la protección de los derechos individuales. Algunos de los principios inspiradores que suelen guiar la actuación del juez en este contexto incluyen:

1. Principio de Legalidad: La actuación del Juez debe estar fundamentada en la legalidad. Todas las acciones de investigación deben ser autorizadas por la ley y ajustarse a los procedimientos establecidos.

2. Principio de Proporcionalidad: Las medidas de investigación con nuevas tecnologías deben ser proporcionadas al delito investigado. El Juez debe evaluar la necesidad y la proporcionalidad de la intervención tecnológica en relación con la gravedad del delito.

3. Principio de Necesidad: La intervención tecnológica solo debe ser autorizada cuando sea estrictamente necesaria para la investigación. El Juez debe evaluar si existen medios menos intrusivos para lograr el mismo objetivo.

4. Principio de Especificidad: La autorización del Juez debe ser específica en cuanto a la tecnología utilizada y la información que se busca obtener. Esto evita la obtención de datos no pertinentes o excesivos.

5. Principio de Transparencia y Control Judicial: La actuación del Juez debe ser transparente y sujeta a un control judicial efectivo. Las decisiones de autorización deben ser documentadas y revisadas por instancias judiciales superiores.

6. Principio de Garantía de Derechos Fundamentales: El Juez debe velar por la protección de los derechos fundamentales, como el derecho a la privacidad, la presunción de inocencia y el debido proceso legal, durante el proceso de investigación.

7. Principio de Colaboración Efectiva: Si bien se respetan los derechos individuales, el Juez también puede buscar garantizar la efectividad de la investigación, permitiendo la utilización de tecnologías para la obtención de pruebas válidas.

Estos principios buscan asegurar que la autorización del Juez para la investigación criminal a través de nuevas tecnologías se realice de manera justa, equitativa y respetando los derechos fundamentales de las personas involucradas.

En general, la mayoría de las medidas tecnológicas de investigación que implican la obtención de información personal o privada requieren autorización judicial, para garantizar la protección de la privacidad y otros derechos individuales. Sin embargo, las leyes y regulaciones pueden variar según la jurisdicción.

Existen ciertas situaciones y tecnologías que podrían no requerir autorización judicial en algunos contextos, pero estas situaciones suelen ser limitadas y específicas. Algunos ejemplos: consentimiento Informado, datos de acceso público o emergencias o peligro inminente.

Sólo se requiere autorización del Fiscal para la retención de correspondencia, interceptación de comunicaciones, y recuperación de información producto de la transmisión de datos a través de las redes de comunicaciones, de manera que para que los elementos materiales probatorios y evidencia física recaudados tengan validez probatoria sólo requieren control judicial posterior para la verificación del cumplimiento de las garantías fundamentales de los afectados y del juicio de proporcionalidad y ello porque los Arts. 194-195 de la Constitución de la República los contempla como actuaciones que no requieren autorización judicial previa.

La normativa interna de Ecuador, específicamente en el marco del Código Orgánico Integral Penal (COIP), establece disposiciones relacionadas con la custodia y preservación de datos obtenidos en el registro de dispositivos electrónicos, según el cual las autoridades encargadas de la investigación criminal están sujetas a ciertos principios y procedimientos al obtener y manejar datos de dispositivos electrónicos que incluyen:

1. Legalidad: La obtención de datos debe realizarse de conformidad con la ley y respetando los derechos fundamentales establecidos en la Constitución y otras normativas.

2. Autorización Judicial: En la mayoría de los casos, la obtención de datos de dispositivos electrónicos requiere una autorización judicial. Esto

es particularmente cierto cuando se trata de medidas intrusivas, como registros o interceptación de comunicaciones.

3. Cadena de Custodia: Existe la obligación de mantener una cadena de custodia adecuada para preservar la integridad de los datos recopilados. Esto implica documentar detalladamente cómo se obtuvieron, almacenaron y manejaron los datos desde el momento de la obtención hasta su presentación como prueba en un proceso legal.

4. Protección de Derechos Fundamentales: La normativa busca proteger los derechos fundamentales, incluyendo el derecho a la privacidad y el derecho a un juicio justo, durante el proceso de obtención y uso de datos electrónicos.

5. Restricciones y Garantías: La legislación puede imponer restricciones al acceso a ciertos tipos de datos y establecer garantías para asegurar que la obtención y uso de datos electrónicos sean proporcionados, necesarios y respetuosos de los derechos fundamentales.

6.5. El Salvador

En el caso del Código Procesal Penal Salvadoreño solo existe un artículo que hace referencia a las medidas tecnológicas y este es el artículo 201, el cual establece: Obtención y resguardo de información electrónica Art. 201.- *Cuando se tengan razones fundadas para inferir que una persona posee información constitutiva de delito o útil para la investigación, almacenada en equipos o instrumentos tecnológicos de su propiedad o posesión, el fiscal solicitará la autorización judicial para adoptar las medidas que garanticen la obtención, resguardo o almacenamiento de la información; sin perjuicio que se ordene el secuestro respectivo.*

De manera que quien solicita las medidas tecnológicas de investigación es el ente Fiscal, y la autoridad que autoriza es el Juez de la causa.

El Salvador cuenta con la Ley Especial para la Intervención de las Comunicaciones con vigencia desde marzo 2010, esto es derivado de reforma constitucional del art. 24, siendo una normativa que permite de manera excepcional la intervención temporal de comunicaciones con condiciones previas de intervención como lo es bajo control y autorización judicial, siendo competentes los Jueces de instrucción con sede en San Salvador. Además, debe existir un procedimiento de investigación, no cabe intervención telefónica para tratar de descubrir indiscriminadamente delitos, es decir concedida la autorización no cabe que se investiguen delitos distintos, solo es un hecho delictivo, y se dice una vulneración vulnera el derecho fundamental de la intimidad y otros derechos cuando se produce una novación del tipo penal investigado, por lo que la autorización debe especificar cuál será el dispositivo o bien el número o números del teléfono sobre los que recae la investigación, pues en los casos de los teléfonos, si este es distinto del autorizado provoca la ineficacia probatoria.

Una de las garantías a observar en la investigación tecnológica de contenidos es la preservación de la cadena de custodia que consiste en el conjunto de medidas que deben adoptarse a fin de preservar la identidad e integridad de dispositivos electrónicos o muestras que pueden ser fuente de prueba de hechos posiblemente delictuosos, para su total eficacia procesal, garantizando la pureza de la evidencia desde el momento mismo de la recolección, puesto que estos elementos probatorios pueden finalmente convertirse en pruebas cuya legalidad debe estar garantizada para que puedan ser descubiertas y controvertidas en juicio.

Al proteger y conservar la información de los dispositivos electrónicos, se persigue que la información del delito permanezca tal cual la dejó el infractor, a fin de que toda evidencia conserve su situación, posición y estado original.

En el Salvador se han establecido protocolos para la conservación y custodia de la información obtenida en dispositivos electrónicos como el "Protocolo para el Manejo y disposición Final de Evidencias de la Fiscalía General de La República".

Por otra parte, existe una regulación legal insuficiente que genera en muchas ocasiones operar con las disposiciones existentes y realizar interpretaciones analógicas donde sea posible. En la mayoría de los casos existe la necesidad de recurrir a la prueba pericial, debido a la complejidad técnica que lleva aparejada un material probatorio conectado con las TIC, y que el Juez por lo general no posee. Por ello es necesario contar con periciales informáticas con el fin de examinar e interpretar dicho material probatorio. Asimismo, existen grandes dificultades para reconocer a los autores de documentos no firmados de prueba electrónica como forma de atribuir la comisión de una determinada conducta a su presunto autor, cuando muchos de los servicios que se pretenden investigar permiten el anonimato. Además, es posible señalar que la prueba electrónica es propensa a ser fácilmente manipulada, lo que acarrea una gran inseguridad jurídica.

6.6. México

La extracción de información de dispositivos consiste en la obtención de comunicaciones privadas, datos de identificación de las comunicaciones; así como la información, documentos, archivos de texto, audio, imagen o video contenidos en cualquier dispositivo, accesorio, aparato electrónico, equipo informático, aparato de almacenamiento y todo aquello que pueda contener información, incluyendo la almacenada en las plataformas o centros de datos remotos vinculados con éstos.

Además de autorización judicial para su acuerdo, regida por los principios de necesidad, idoneidad y proporcionalidad de la medida o acto de investigación, se exige el respeto a la cadena de custodia de conformidad a como se detalla en el Art. 227 del código nacional de procedimientos Penales: "L*a cadena de custodia es el sistema de control y registro que se aplica al indicio, evidencia, objeto, instrumento o producto del hecho delictivo, desde su localización, descubrimiento o aportación, en el lugar de los hechos o del hallazgo, hasta que la autoridad competente ordene su conclusión.*

Con el fin de corroborar los elementos materiales probatorios y la evidencia física, la cadena de custodia se aplicará teniendo en cuenta los siguientes factores: identidad, estado original, condiciones de recolección, preservación, empaque y traslado; lugares y fechas de permanencia y los cambios que en cada custodia se hayan realizado; igualmente se registrará el nombre y la identificación de todas las personas que hayan estado en contacto con esos elementos."

Inclusive si se alterara la cadena de custodia, no disminuye ese valor demostrativo, pues así lo dispone el artículo 228 de la citada normatividad nacional procesal, a menos que su alteración resulte sustancial para la prueba de hecho.

"Artículo 228. Responsables de cadena de custodia. (...)

Cuando durante el procedimiento de cadena de custodia los indicios, huellas o vestigios del hecho delictivo, así como los instrumentos, objetos o productos del delito se alteren, no perderán su valor probatorio, a menos que la autoridad competente verifique que han sido modificados de tal forma que hayan perdido su eficacia para acreditar el hecho o circunstancia de que se trate. Los indicios, huellas o vestigios del hecho delictivo, así como los instrumentos, objetos o productos del delito deberán concatenarse con otros medios probatorios para tal fin. Lo anterior, con independencia de la responsabilidad en que pudieran incurrir los servidores públicos por la inobservancia de este procedimiento."

Por su parte, los Arts. 189-190 bis de la Ley federal de telecomunicaciones y radiodifusión y el Art. 301 del Código nacional de Procedimientos penales, establecen la manera en que las operadoras telecomunicativas deben colaborar con la Justicia.

A modo de ejemplo, este último señala: *Colaboración con la autoridad*

"Los concesionarios, permisionarios y demás titulares de los medios o sistemas susceptibles de intervención, deberán colaborar eficientemente con la autoridad competente para el desahogo de dichos actos de investigación, de conformidad con las disposiciones aplicables. Asimismo, deberán contar con la capacidad técnica indispensable que atienda las exigencias requeridas por la autoridad judicial para operar una orden de intervención de comunicaciones privadas. El incumplimiento a este mandato será sancionado conforme a las disposiciones penales aplicables."

6.7. Panamá

En Panamá y pese a que el Ministerio Público es el dueño de la acción penal, pudiendo solicitar por sí mismo medidas restrictivas de investigación, en el caso de las tecnológicas, en atención al artículo 80 del Código Procesal Penal, pueden ser también solicitadas por la parte querellante al Fiscal, que debe de hacer la solicitud al Juez de garantías, para evitar la continuidad del delito o seguridad a la víctima, quien las acordará o denegará conforme a la Ley 81 del 26 de marzo de 2019 que regula Protección de datos personales, reglamentada por el Decreto Ejecutivo 285 del 28 de mayo de 2021.

Incluso podríamos agregar principios para justificar la autorización de investigación con uso de la tecnología el principio de humanización del proceso y el principio de convencionalidad que implica que aun cuando en nuestra norma no haya un artículo concreto se pueda usar fallos de la Corte Interamericana de los Derechos Humanos, o cualquier otro tribunal de carácter internacional aun cuando no sea vinculante para el Estado Panameño, para asegurar el accesos a la justicia y la tutela judicial efectiva.

Cuando es aportada por la víctima de forma voluntaria, sin embargo, el análisis se debe someter a un control posterior ante el Juez de garantías.

En la ejecución de la medida, la Corte Suprema de Justicia ha reiterado que es responsabilidad del Fiscal que se respete el derecho a la intimidad del usuario, poseedor o tenedor de éstos artículos electrónicos que contienen datos.

6.8. Paraguay

El Código Procesal Penal del Paraguay dispone de herramientas para la obtención de información que conlleve a llegar a la verdad real sobre los ciberdelitos, siempre bajo el pedido del órgano investigador que es el Ministerio Publico y bajo el control jurisdiccional del Juez Penal de Garantías, atendiendo al Art. 192 que indica que "*para mayor eficacia y calidad de los registros e inspecciones, se podrá ordenar operaciones técnicas o científicas, reconocimientos y reconstrucciones. Si el imputado decide participar en la diligencia regirá las reglas previstas para su declaración (estar en compañía de su Abogado Defensor y exonerado de decir verdad). Para la participación de testigos, peritos e intérpretes, regirá las disposiciones establecidas por este Código*".

De igual forma Art. 200 señala sobre la Intervención de Comunicaciones, que *"el Juez podrá ordenar por resolución fundada bajo pena de nulidad, la intervención de las comunicaciones del imputado, cualquiera sea el medio técnico utilizado para conocerla. El resultado solo podrá ser entregado al Juez que la ordeno, quien procederá examinando el contenido y si guarda relación con el hecho investigado ordenará el secuestro caso contrario dispondrá la entrega al destinatario, labrando un acto de todo lo actuado, tal como lo dispone el Art. 199 CPP cuando expresa que podrá ordenar la versión escrita de la grabación*".

Para solicitar cualquier medida restrictiva de investigación, se encuentra legitimado el Ministerio Público y la decreta el Juez de Control de Garantías.

Las normas constitucionales que protegen derechos fundamentales hacen expresa mención a que su protección podría ceder en casos específicamente regulados por las leyes y bajo estricto control judicial.

En el campo penal nuestra legislación contempla algunas restricciones al derecho a la intimidad de una persona, las cuáles son consideradas lícitas cuando son otorgadas bajo ciertas condiciones. Entre las medidas restrictivas se mencionan: la interceptación de comunicaciones telefónicas, magnetofónicas y similares (art. 200 del CPP), la retención y examen de correspondencia privada, postal, telegráfica, o de cualquier otra clase—mensajería especializada o similar que reciba o remita el indiciado o imputado (arts. 198 del CPP).

En el registro de dispositivos y su contenido rige el respeto a la cadena de custodia que es el procedimiento de control que se emplea para los indicios materiales afines al delito, desde su ubicación hasta que son valorados por los diferentes funcionarios encargados de administrar justicia y, que tiene como finalidad no viciar el manejo que de ellos se haga evitando así la contaminación, alteración, daños, reemplazos o destrucción de las mismas.

6.9. Perú

Mediante la Ley 30096, se dispuso la modificación del artículo 1 de la Ley 27697, Ley que otorga facultad al Fiscal para la intervención y control de comunicaciones y documentos privados en caso excepcional, modificado por el Decreto Legislativo 991 y por Ley 30077, en donde se desarrolla legislativamente la facultad constitucional otorgada a los Jueces para conocer y controlar las comunicaciones de las personas que son materia de investigación preliminar o jurisdiccional.

En tales casos, siempre se tendrá que realizar el test de proporcionalidad para la aplicación de la medida restrictiva.

Las medidas especiales de investigación tecnológicas son solicitadas por el Ministerio Público —el Fiscal es quien mediante requerimiento debidamente motivado y siempre que exista elementos de convicción suficientes, solicita autorización para ejecutar medidas especiales de investigación y es el Juez, excepcionalmente a pedido del Fiscal, quien autoriza las Medidas restrictivas de derechos.

El Código Procesal Penal no establece medidas de investigación tecnológica, en la investigación de este tipo de delitos la autoridad judicial se fundamenta en las disposiciones que contienen las actuaciones de ejecución inmediata para la constatación del delito entre las que serían de utilidad en forma genérica, las pesquisas en lugares abiertos, cosas o personas, el Registro de vehículos, Registro de Sitios públicos, Allanamiento de morada, Registros e inspecciones, Depósito y comiso de cosas y documentos, Secuestro de objetos, Incautación, decomiso y destrucción de mercadería falsificada o pirateada, Interceptación de correspondencia.

Se regula la intervención de comunicaciones y telecomunicaciones; la intervención o grabación de registro de comunicaciones telefónicas o de otras formas de comunicación y geolocalización de teléfonos móviles (art. 230 CPP); facultades para el registro y control en relación con las entidades prestadores de servicios (art. 231 CPP) el levantamiento de secreto bancario y la reserva tributaria (artículo 232 CPP); la clausura o vigilancia de locales e inmovilización (237 y siguientes del CPP.

Y en la ley contra el Crimen Organizado Ley 30077 se contempla: Técnicas especiales de investigación (Art. 7) interceptación postal e intervención de las comunicaciones (/Arts. 8 a 11); circulación y entrega vigilada de bienes delictivos (Art. 12); agente encubierto (Art. 13) Acciones de seguimiento y vigilancia (Art. 14).

Los particulares no están legitimados para utilizar medidas tecnológicas de investigación que vulneren derechos fundamentales, esto solo se podría realizar con autorización judicial y por personal policial designado al caso mediante disposición fiscal. No obstante, ello, se suele utilizar medios tecnológicos para registrar en vídeos acontecimientos de carácter criminal ya sea con teléfonos o en espacios privados propios (por ejemplo: cámaras caseras) o públicos, los que se suelen utilizar en investigaciones y en los procesos penales.

En la legislación peruana, las medidas o técnicas especiales de investigación tienen que ser requeridas por el Ministerio Público, y autorizadas por el órgano jurisdiccional, sin embargo, existe la videovigilancia la cual es una técnica de investigación que puede ser autorizada por el Ministerio Público siempre que se realice en espacios abiertos, de realizarse es espacios privados, el ente persecutor tendrá que requerir autorización judicial.

El único supuesto en que sería válida una prueba tecnológica sin autorización judicial sería en un caso de flagrante delito; por ejemplo, en un departamento el esposo intenta asesinar a su cónyuge y ello es registrado por una amistad que se encuentra presente (Art. 2 inciso 9 de la Constitución Política del Estado).

El artículo VI del T.P. del Código Procesal Penal peruano, establece la observancia del principio de legalidad en las medidas limitativas de derechos fundamentales, salvo las excepciones previstas en la Constitución, sólo podrán dictarse por la autoridad judicial, en el modo, forma y con las garantías previstas por la Ley, además de que el Juez impondrá mediante resolución motivada, a instancia de la parte procesal legitimada, y que la orden judicial debe sustentarse en suficientes elementos de convicción, en atención a la naturaleza y finalidad de la medida y al derecho fundamental objeto de limitación, así como respetar el principio de proporcionalidad.

Los principios inspiradores que rigen la actuación del Juez al autorizar el uso de nuevas tecnologías en las investigaciones son:

1. Principio de Subsidiariedad: Se aplicarán solamente si no existen otros métodos de investigación convencional que posibiliten que el delito sea detectado o sus autores identificados.

2. Principio de Necesidad: Sólo se utilizarán atendiendo a los fines de la investigación en relación con la importancia del delito investigado.

3. Principio de Proporcionalidad: Se usarán sólo si la protección del interés público predomina sobre la protección del interés privado.

4. Principio de Especialidad: La información recolectada solamente podrá ser usada para probar la acusación que fue materia de la investigación. (Excepcionalmente puede ser utilizada para el esclarecimiento de otros delitos).

5. Principio de Reserva: Las actuaciones referidas a las técnicas especiales solo serán de conocimiento de los funcionarios autorizados por ley.

La conservación de datos informáticos en el Perú es considerada la medida que tiene como finalidad realizar el aseguramiento de datos de información que se encuentran almacenados en un sistema informático y respecto de los cuales, posteriormente se requerirá su revelación por la autoridad competente, con posterioridad. Se justifica por la alta volatibilidad de los datos informáticos y tiene un alto valor en la investigación, juzgamiento y sanción de los eventos criminales concernidos.

6.10. Venezuela

En la República Bolivariana de Venezuela, en caso de las investigaciones criminales, el titular del ejercicio de la acción penal sólo es el Ministerio Público, por lo tanto, de existir la necesidad de utilizar una medida tecnológica que afecte o restrinja un derecho fundamental, deberá necesariamente ser autorizada, por la autoridad judicial correspondiente.

El Código Orgánico Procesal Penal, en el Titulo VI del Régimen Probatorio, permite la utilización de medios técnicos siempre y cuando no sean ilícitos, los cuales necesariamente deben ser autorizados por el Juez de control. En este sentido, los artículos 205, 206 y 207 del referido Código Procesal, regulan el procedimiento que debe ser utilizado para la interceptación y grabación de las comunicaciones privadas, las cuales necesariamente deben ser autorizadas por el Juez de garantías, señalando dicha autorización de manera expresa el medio técnico que será empleado.

Todos los jueces de la República Bolivariana de Venezuela deben actuar siempre en estricto apego a los principios constitucionales y legales, en aras de garantizar lo estipulado en el Título I denominado de los Principios Fundamentales de la Constitución de la República Bolivariana de Venezuela, el cual señala en el artículo 2, lo siguiente: "*Venezuela se constituye en un Estado democrático y Social de Derecho y de Justicia, que propugna como valores superiores de su ordenamiento jurídicos y de su actuación, la vida, la libertad, la igualdad, la solidaridad, la democracia, la responsabilidad social y en general, la preeminencia de los derechos humanos, la ética y el pluralismo político*".

De igual forma el artículo 49 de la Constitución de la República Bolivariana de Venezuela, consagra el Debido Proceso que debe aplicarse a todas las actuaciones judiciales y administrativas.

Asimismo el Código Orgánico Procesal Penal en sintonía con los principios constitucionales, entre otros, consagra el principio del Juez natural, presunción de inocencia, respeto a la dignidad humana, defensa e igualdad entre las partes, principio de cosa juzgada (señalados en el artículo 49 constitucional).

De igual forma reconoce los instrumentos o convenios internacionales sobre derechos humanos, suscritos y ratificados por Venezuela otorgándole jerarquía constitucional y de prevalencia en el orden interno (artículos 22 y 23 constitucional). El Código Orgánico Procesal Penal y la Ley Sobre la Protección a la Privacidad de las Comunicaciones, la interceptación o grabación de las comunicaciones privadas, exigen que cualquier restricción deba ser autorizada por el Juez correspondiente toda vez que afecta derechos fundamentales, razón por la cual la solicitud realizada por el representante del Ministerio Público deberá estar fundamentada y razonada.

Lo anterior, de conformidad con lo establecido en los artículos 205, 206 y 207 del Código Orgánico Procesal Penal, en relación con el artículo 7 de la referida ley especial. Siendo oportuno destacar que en la fase intermedia, el Juez de control, luego de ejercer sobre el escrito de acusación un control formal, verifica la licitud, pertinencia y necesidad de todos los medios de pruebas promovidos por las partes, ordenando, de ser admitida la acusación, el correspondiente pase a juicio, en dicha instancia, el Juez correspondiente apreciará y valorará la prueba según la sana critica, observando las reglas de la lógica, los conocimientos científicos y las máximas de experiencia, luego del correspondiente contradictorio de la misma.

En la República Bolivariana de Venezuela, cualquier medida tecnológica de investigación que restrinja un derecho fundamental, debe ser autorizada por el juez de control o de garantías, previa solicitud por el Ministerio Público. No obstante, es posible obtener datos de información o de tránsito de las comunicaciones, en el supuesto previsto en el artículo 291 del Código Orgánico Procesal Penal, cuyo contenido se transcribe a continuación: "...*El Ministerio Público puede exigir informaciones de cualquier particular, funcionario público o funcionaria pública, emplazándolos o emplazándolas conforme a las circunstancias del caso, y practicar por si o hacer practicar por funcionarios o funcionarias policiales, cualquier clase de diligencias. Los funcionarios o funcionarias policiales están obligados u obligadas a satisfacer el requerimiento del Ministerio Público.*

Cualquier empresa u organismo público o privado que preste servicios de telecomunicaciones, bancarios o financieros, está obligado a suministrar las informaciones requeridas por el Ministerio Público, o en caso de necesidad y urgencia, por el órgano de investigaciones penales, previa autorización por cualquier medio del Ministerio Público, las cuales deben ser suministradas en el plazo requerido en tiempo real.

En caso de omitir el suministro de la información en el tiempo indicado o de suministrar una información no veraz, el Ministerio Público ejercerá las acciones conducentes para aplicar sanciones establecidas en las leyes respectivas.

Los entes públicos o privados que presten servicios de telecomunicaciones, bancarios o financieros, están obligados a mantener unidades permanentes las veinticuatro horas del día y los siete días de la semana, encargadas de procesar y suministrar el registro de ubicación y la data requerida por el Ministerio Público.

Para los efectos de este artículo, se entiende por data, información registro de ubicación, en tiempo real, aquella que pueda ser suministrada al Ministerio Público o a las autoridades encargadas de la investigación, de manera inmediata al momento en que el hecho objeto de investigación se encuentra en desarrollo…".

De igual forma, el artículo 29 de la Ley Orgánica Contra el Secuestro y la Extorsión, en circunstancias similares establece únicamente para los casos vinculados a estos delitos lo siguiente: "*…Las empresas u organismos públicos o privados que presten servicios de telecomunicaciones, bancarios o financieros, están obligados a suministrar las informaciones requeridas por el Ministerio Público, o cuando por razones de necesidad o urgencia, sean solicitadas por las autoridades competentes, las cuales deberán ser suministradas en el plazo requerido o en tiempo real.*

En caso de omitir el suministro de la información en el tiempo indicado o de suministrar una información no veraz, el Ministerio Público ejercerá las acciones conducentes para aplicar las sanciones establecidas en las leyes respectivas, y en caso de reincidencia la pena a aplicar deberá ser aumentada en una tercera parte.

Las empresas u órganos o entes públicos o privados que presten servicios de telecomunicaciones crearán unidades permanentes de veinticuatro horas y de siete días a la semana encargadas de procesar y suministrar en tiempo real las informaciones requeridas por el Ministerio Público o las autoridades competentes".

Tanto la referida solicitud de información como la solicitud previa para la implementación de medios tecnológicos para la investigación solo pueden ser solicitadas por el Ministerio Público, por ser titular del ejercicio de la acción penal. En cuanto a la implementación de los medios tecnológicos deberá ser autorizado por el Tribunal de Primera Instancia en funciones de Control correspondiente.

En el ordenamiento jurídico venezolano no se menciona de manera específica medios

En cuanto a la custodia y preservación de los datos obtenidos en el registro de dispositivos electrónicos (celulares, tablets, computadoras), el Juez deberá verificar la licitud de la obtención de la prueba, y que la misma haya sido recabada conforme a las exigencias del Manual de Cadena de Custodia, el cual obliga a todo funcionario o funcionaria que colecte evidencia, el manejo idóneo de las evidencias digitales, a fin de evitar su modificación, alteración o contaminación, desde el momento de su ubicación en el sitio del suceso o en el lugar del hallazgo, su trayectoria por las distintas dependencias de investigaciones penales, criminalísticas y forenses, la consignación de los resultados a la autoridad competente, hasta la culminación del proceso. Esto con el fin de garantizar la fuente de donde procede la información, y que estos no hayan sido alterados.

Su valoración siempre deberá ser conforme a la sana crítica, observando las reglas de la lógica, los conocimientos científicos y las máximas de experiencia, indistintamente de cómo haya sido incorporada al proceso (prueba documental, prueba de informes, experticia).

En lo referente a la obligación de conservación de datos por las operadoras de comunicación para la investigación y prueba de los delitos, la actual normativa resulta insuficiente ante la evolución de la criminalidad de los ciberdelitos, por ello surge la urgente necesidad de actualizarlas conforme a los distintos convenios y tratados internacionales que regulan la materia, que permitan establecer un mecanismo uniforme de investigación para tales delitos.

Los límites para el análisis de información contenida en dispositivos de almacenamiento digital en las investigaciones penales. La aplicación de la "*plain view doctrine*". El "*privilegio defensivo*" y el "*secreto profesional*"

MATÍAS OCARIZ

SUMARIO: 1. INTRODUCCIÓN. 2. DISTINCIONES ENTRE EL ESPACIO FÍSICO Y EL ESPACIO DIGITAL. 2.1. El espacio físico vs. el espacio digital. 2.2. Los diferentes modos de almacenamiento. La copia bit a bit. 2.3. Los procesos de búsqueda en ambos espacios. 3. LÍMITES AL ANÁLISIS DE INFORMACIÓN CONTENIDA EN DISPOSITIVOS DE ALMACENAMIENTO DIGITAL. PAUTAS PARA EL ESTABLECIMIENTO DE SUS JUSTOS LÍMITES. LA *EXPECTATIVA RAZONABLE DE PRIVACIDAD* COMO *FARO*. 3.1. Protocolos de búsqueda. Limites ex ante y controles ex post. 3.2. El caso de los Metadatos. 3.2.1. ¿Qué son los Metadatos? 3.2.2. El respeto de las garantías constitucionales en las investigaciones a través de *Metadatos*. Criterios para evaluar la intromisión estatal en el marco de la *expectativa razonable de privacidad*. 3.2.2.1. Información pública vs. información privada. 3.2.2.2. Información secreta vs. información compartida. La "Third-party Doctrine" (Doctrina de terceros). 3.2.2.3. Información con contenido vs. información sin contenido. 3.2.2.4. La Teoría del Mosaico. ¿Es posible su aplicación? 3.3. La proporcionalidad. 4. LA *"PLAIN VIEW DOCTRINE"* (EL HALLAZGO INEVITABLE) EN ENTORNOS DIGITALES. 4.1. Distintas posturas. 4.2. El "objeto" de la investigación. Un parámetro para medir el alcance de la búsqueda. 5. EL *PRIVILEGIO "DEFENSIVO"* Y DE LAS *FUENTES PERIODÍSTICAS*. 5.1. El caso de los defensores. Ámbito subjetivo y objetivo. Personas incluidas. Elementos incluidos. 5.2. El secreto profesional en el caso de periodistas.

1. INTRODUCCIÓN

Sin duda alguna estamos en presencia de *un cambio de paradigma*. Y tomo esta última palabra como lo que significa, es decir el "… *conjunto de teorías cuyo núcleo central se acepta sin cuestionar y suministra la base y el modelo para resolver problemas y avanzar en el conocimiento*"[1]. Hoy no podemos negar que

---

1 Diccionario de la Lengua Española. Real Academia Española.

la evidencia física, en cualquier tipo de investigación, está siendo reemplazada (en algunos casos totalmente) por la digital. Esto viene ocurriendo desde hace ya mucho tiempo, siendo un fenómeno que se acrecienta de manera exponencial. Ya lo predecía Nicholas Negroponte, cuando en su libro "*Ser digital*", publicado en el año 1995, sostenía que el mundo se inclinaba hacia la "*digitalización*", trasladándose de los *átomos* hacia los *bits.*

Al referirse a esta cuestión, Daniela Dupuy[2] manifiesta no saber "*... si somos conscientes de lo rápido que se nos está precipitando a lo desconocido... Esa es una de las razones por las que es muy importante pensar en la nueva agenda de la humanidad: porque tenemos la posibilidad de interiorizarnos con respecto al uso de las nuevas tecnologías. Sería lógico entonces que entendiéramos que nos está sucediendo y decidiéramos que hacer al respecto antes de que ellas decidan por nosotros.*" No es un secreto que la tecnología cambia a pasos agigantados, no solo aquella de la que hacemos uso cada día, sino también la que utilizamos en el combate contra el cibercrimen[3].

Como bien indica Román Lanzón[4], "*... estamos asistiendo a un paulatino pero sostenido cambio de paradigma en lo tocante a la recolección de evidencias en los procedimientos penales, dándose paso firme a la utilización de aquellas que son fruto de las nuevas tecnologías (vgr. cámaras de filmación, reportes de GPS de aparatos de telefonía celular, extracción de información de dispositivos electrónicos o de redes sociales, etc.). Así, las premisas fácticas que habitualmente son probadas mediante testimonios, pericias, informes de reparticiones públicas o privadas serán acreditadas de una manera más rápida y sencilla a través de pruebas informáticas. Es más, la prueba digital puede arrojar mayor certeza y confiabilidad que las existentes en el mundo físico...*".

Lo expuesto es también sostenido por otros destacados autores, como es el caso de María Florencia Suarez[5], cuando nos indica que "*... a corto pla-*

---

2 "Inteligencia artificial aplicada al Derecho Penal y Procesal Penal". Daniela Dupuy. Cibercrimen II. Editorial *B de f.* Año 2021. Pp. 279/280.

3 "Los próximos paradigmas de las pruebas digitales". Andrés Velázquez. Cibercrimen II. Editorial *B de f.* Año 2021. P. 313.

4 "La búsqueda de evidencias en los dispositivos de almacenamiento digital. Alcances y límites al análisis forense en el marco del procedimiento penal". Román P. Lanzón. DPyC. Derecho Informático (Doctrina). Año XIII. Número 2. Marzo 2023. P. 107.

5 "Vulneración de las Garantías Constitucionales en la Investigación en entornos digitales". María Florencia Suárez. Revista Pensamiento Penal. Penal (ISNN 1853-4554). P. 3.

zo, la evidencia en cualquier causa penal, ya no va a ser física, sino solo evidencia digital...".

Un ejemplo claro de ello está dado por *las cámaras de seguridad.* Los operadores jurídicos siempre lidiamos contra las fallas de percepción de los testigos, su falta de memoria o hasta incluso sus miedos a la hora de prestar declaraciones, mientras que los registros contenidos en las cámaras (que hoy presentan una gran proliferación en la vía pública y en espacios privados) muestran la realidad tal cual ocurrió, cualquiera sea el tiempo transcurrido y sin ningún sentimiento ni sesgo cognitivo que las altere.

Con esta reflexión no pretendo sostener que se terminará la prueba de testigos en los debates orales, pero sí que la evidencia digital aportará mayor credibilidad a sus dichos. Incluso, los testigos seguirán siendo necesarios durante el debate, de modo de posibilitar la incorporación de ese tipo de evidencia al juicio oral.

En nuestros días no hay investigación criminal que no tenga, como potencial prueba, información contenida en dispositivos que almacenan evidencia digital (*computadoras, celulares, memorias, discos rígidos, etc.*). Este cambio rotundo de las evidencias que se recolectan en las investigaciones penales y que eventualmente luego llegan a los juicios orales, exige que deban repensarse algunos institutos que se vienen aplicando al mundo material, sobre todo en lo que tiene que ver con las invalidaciones, la aprovechabilidad de la evidencia, con su análisis y con su utilización concreta en audiencias y debates.

En efecto, se trata de enormes volúmenes de información, mucha de la cual excede el *objeto* de la investigación, lo que genera un inconveniente en tanto que en numerosos casos versa sobre datos que se encuentran cubiertos, en mayor o menor medida, por la *expectativa razonable de privacidad,* concepto que abordaré párrafos más adelante.

La pretensión del presente artículo es indagar sobre las premisas jurídicas que deben guiar nuestro accionar al momento de analizar esa información. En algunos países la legislación, la doctrina y la jurisprudencia en la materia están muy desarrolladas, mientras que, en otros, no tanto.

Para cumplir con este objetivo, me propongo *bucear* a través de las diferentes respuestas que se fueron dando en algunos de los sistemas jurídicos del mundo, para luego llegar a conclusiones que nos orienten en la tarea investigativa basada en evidencia digital, que de estar siempre enmarcada en el respeto de la privacidad. De ese modo, pretendo brindar soluciones que sean de utilidad en la labor diaria de los operadores de los sistemas penales, con independencia de la jurisdicción en la que se desempeñen.

Este camino estará signado por dos grandes preguntas, que a lo largo de este trabajo se irán desglosando en otras. Así, los grandes interrogantes que se plantean a la hora de introducirnos en el análisis de información contenida en dispositivos son: *1) ¿Pueden imponerse límites a la hora de analizar la información digital contenida en los dispositivos de almacenamiento secuestrados?; 2) ¿Cómo debe procederse frente a los hallazgos casuales? ("Plain View Doctrine").*

Nos enfrentamos entonces a diferentes cuestiones que exigen trazar, desde la doctrina y la jurisprudencia, lineamientos claros dentro de los cuales los operadores jurídicos podremos encontrar respuestas concretas, en la dinámica del *Debido Proceso.*

En esa dirección, primeramente es necesario recurrir a las *fuentes* de derecho, y en ese sentido, resultan útiles los principios generales, y también a la doctrina y jurisprudencia comparada, que mucho tienen para enseñarnos. Cabrá también valerse de las *transpolaciones* que puedan realizarse de las normas que rigen la recolección de evidencias en el mundo físico (tal el caso de allanamientos, requisas y secuestros, entre otras); pero siempre teniendo en consideración la permanente tensión que existe entre *la necesidad de una investigación penal eficaz,* y *el resguardo de las garantías constitucionales y supra constitucionales,* y en este caso en lo que refiere, principalmente, a la *expectativa razonable de privacidad.*

Sentado lo expuesto, no podemos negar la realidad en cuanto a que los dispositivos de almacenamiento digital (y principalmente los teléfonos celulares inteligentes) contienen, hoy en día, una gran cantidad de información personal, constituyéndose en verdaderas "*cajas negras*" de nuestras vidas. Se resguardan allí conversaciones con familiares, amigos o parientes, hobbies, intereses literarios, intereses deportivos, viajes, problemas de salud, traiciones, infidelidades, etc.

En esta línea, es importante destacar la sustancial diferencia que existe entre la evidencia material (la tangible) y la digital. Esta última no es el dispositivo en sí (celular, computadora, tablet, memoria extraíble disco rígido, etc.), sino *la información contenida en aquel.*

De ese modo, resulta necesario observar cómo debe realizarse el análisis de los datos existentes en dichos dispositivos, ya sea que fueran secuestrados o bien extraída su información (*copia forense bit a bit*) en el lugar donde se encuentren, en el marco de lo que hoy se denomina como "*Derecho a la protección del entorno digital*", concebida como una nueva categoría constitucional, tal como lo grafica la Sentencia de la Sala de lo Penal del Tribunal Supremo Español[6].

Así, teniendo en miras los inconvenientes que lo trazado genera, y el debido respeto de las garantías constitucionales, me adentraré en los parámetros y criterios que pueden marcar un camino, acudiendo para ello a la legislación, la jurisprudencia y la doctrina desarrollada en los países que más adelantos han tenido al respecto. Por lo demás, y considerando el alcance transnacional que tienen las investigaciones de ciberdelitos y que involucran evidencia digital, debemos alentar a aunar criterios, que permitan investigaciones más rápidas y eficaces.

2. DISTINCIONES ENTRE EL ESPACIO FÍSICO Y EL ESPACIO DIGITAL

Para empezar a delimitar la cuestión, conviene entender las grandes diferencias que existen para la recolección de la evidencia en el mundo físico y en el mundo digital.

2.1. El espacio físico vs. el espacio digital

Registrar un dispositivo de almacenamiento masivo presenta una dinámica muy diferente a la de un allanamiento de morada. En efecto, para el

---

6 Sentencia de la Sala de lo Penal del Tribunal Supremo Español, del 10 de marzo de 2016, N° 204/2016, en http://www.poderjudicial.es/search/index.jsp. En la misma se la sostenido que "… *La ponderación judicial de las razones que justifican, en el marco de una investigación penal, el sacrificio de los derechos de los que es titular el usuario del ordenador, ha de hacerse sin perder de vista la multifuncionalidad de los datos que se almacenan en aquel dispositivo. Incluso su tratamiento jurídico puede llegar a ser más adecuado si los mensajes, las imágenes, los documentos y, en general, todos los datos reveladores del perfil personal, reservado o íntimo de cualquier encausado, se contemplan de forma unitaria. Y es que, más allá del tratamiento constitucional fragmentado de todos y cada uno de los derechos que convergen en el momento del sacrificio, existe un derecho al propio entorno virtual. En él se integraría, sin perder su genuina sustantividad como manifestación de derechos constitucionales de nomen iuris propio, toda la información en formato electrónico que, a través del uso de las nuevas tecnologías, ya sea de forma consciente o inconsciente, con voluntariedad o sin ella, va generando el usuario, hasta el punto de dejar un rastro susceptible de seguimiento por los poderes públicos. Surge entonces la necesidad de dispensar una protección jurisdiccional frente a la necesidad del Estado de invadir, en las tareas de investigación y castigo de los delitos, ese entorno digital…*".

registro de un domicilio o una finca se requiere que el personal policial ingrese en ella. Lo mismo ocurre con un objeto que se encuentra dentro de un contenedor, que es registrado cuando este se abre. Una *casa* es registrada cuando un agente del gobierno entra en ella, un *paquete* es registrado cuando un agente del gobierno lo abre[7].

Por otra parte, un dispositivo de almacenamiento masivo se diferencia de un inmueble en tanto que guarda una gran cantidad de información que, a veces, es incluso *desconocida para su dueño.* Un ejemplo claro son aquellos *softwares* que almacenan *metadatos* sin que los usuarios lo sepan, estando programados por defecto para hacerlo de esa manera (sitios *webs* visitados, motores de búsqueda, favoritos, claves de acceso, etc.). Normalmente una persona tiene un mayor control de los objetos que tiene en su hogar, dentro de un limitado espacio físico, mientras que no ocurre lo mismo con un dispositivo, que se convierte, como decía más arriba, en una verdadera *caja negra* de la vida de las personas.

Frente a estas realidades, es fácil advertir que la recolección y el análisis de información difiere sustancialmente ya sea que se trate del espacio físico o del espacio digital. Por lo tanto, el desafío radica *en determinar qué posibilidades de selección de la recolección y el análisis nos permite cada espacio,* y de esa manera determinar *qué límites nos podrá enfrente el respeto de la privacidad.*

2.2. Los diferentes modos de almacenamiento. La copia bit a bit

Cuando refiero a una *copia bit a bit,* estoy haciendo alusión a aquella que se realiza en relación a todas y cada una de las secciones de un dispositivo de almacenamiento digital, y que replica todos los sectores, incluso los que están vacíos o son lógicamente defectuosos (por ello también se la conoce como *clonación sector por sector*).

Luego de realizada la copia *bit a bit,* nos vamos a encontrar, en una primera etapa de identificación y preservación de la evidencia, con algo que podría compararse con un sistema de *celdas,* donde cada una contiene un *uno (1)* o un *cero (0).* Estos son los llamados *bits,* y lo que se observa en esta primera instancia son los estados lógicos de los espacios de almacenamiento, y solo eso. Si ellos no se reúnen, si no se combinan, no podemos saber de qué se trata, que es *lo que forman* (una imagen, un video, un texto,

---

7 Wilson v. Layne, 526 U.S. 603, 610 (1999) (*registro domiciliario*); United States v. Ross, 456 U.S. 798 (1982) (*registro de un paquete*).

etc.). El objetivo de esta primera etapa de análisis es realizar esa *imagen forense* ("*copia bit a bit*"). El *bit* es la unidad mínima de almacenamiento en un sistema de archivos. No es la pretensión de este ensayo ahondar sobre esta cuestión, pero si es importante saber que las unidades mínimas de almacenamiento pueden ser *bits, bytes (ocho bits)* o *clusters (cuatro mil bytes, el más común de ellos)*, y que con su sola observación a ninguna conclusión se puede arribar, ni se puede saber frente a que *objeto* nos encontramos. Mirando las *unidades mínimas de almacenamiento* en forma conjunta no podemos determinar si nos encontramos frente a una foto, a un archivo de word, a un archivo.*pdf*, etc. Las herramientas forenses que nos permiten realizar extracciones *bit a bit* (como Encase, FTKimager, Axion Magnet, etc.) no nos mostrarán más que *unos y ceros.* Incluso un determinado archivo puede estar en distintas partes del dispositivo de almacenamiento, y es necesario juntar esas partes para que el objeto pueda ser representado en un monitor. Esto se logra a través de la *tabla de partición.* Esos unos y ceros pueden ser convertidos por una computadora en una letra, un número, un símbolo, un pixel, etc. Por ejemplo, la letra "*m*" sería almacenada por una computadora como *01001101* y el número "*6*" como *00110110*[8]. No se ingresa físicamente a una computadora (como a un inmueble), no se mueven objetos dentro de ella, solo se observan unos y ceros, que se copian, para luego ser procesados.

Además, y para marcar mayores diferencias, la copia que se haga de la información contenida en el dispositivo puede ser *física* o *lógica.* La primera es *bit a bit,* mientras que en la segunda se copian carpetas y archivos, y permite recuperar archivos *borrados* (suprimidos de forma no segura), o información de partes del dispositivo que no estén formateados o asignados.

En mundo digital está conformado por ceros y unos, en el sentido que *todo* en él es información, y tampoco hay fronteras materiales para limitar y dar forma a los espacios.

2.3. *Los procesos de búsqueda en ambos espacios*

Las viviendas ofrecen regiones físicas predecibles y específicas para las búsquedas en esos lugares. El personal policial puede ingresar a través de la puerta o ventana, y caminar de habitación a habitación, registrando cada

8 "Searches and Seizures in a digital world". Autor: Kerr, Orin S. The George Washington University Law School. Public Law and legal Theory Working Paper N° 135. 119 Harvard Law Review. Año 2005. P. 8.

una, primero observándola visualmente, y luego abriendo placares y cajones. El mecanismo básico es recorrer el espacio físico, mirando y moviendo elementos materiales de modo de exponer pertenencias adicionales a la observación visual. Ingresar, observar y mover[9]. En este tipo de registros el personal actuante sólo registra los espacios donde aquellos objetos buscados pueden ser hallados y luego se retira del lugar. De ese modo, en este tipo de búsquedas no se podría abrir un cajón si lo que se está buscando es un automóvil.

Por el contrario, el análisis en el entorno digital, salvo contadas excepciones, se realiza en un laboratorio, y el objeto es buscado entre una gran cantidad de datos almacenados, pudiendo estar "*escondido*" o *encriptado.* Así, se advierte que la cuestión acerca de *donde efectuar el registro* es mucho más fácil de resolver en el espacio físico que en el digital.

En tal sentido, una orden de allanamiento sobre un espacio físico puede limitar las búsquedas mediante el señalamiento del objeto que se pretende encontrar. Sin embargo, registrar un dispositivo de almacenamiento digital en busca de datos trastorna ese supuesto. Teniendo en cuenta las posibilidades de guardado de información, por ejemplo, en un disco duro, esa individualización del objeto ya no es útil a los fines de poner límites, ya que la evidencia buscada puede encontrarse en cualquier espacio del dispositivo analizado.

3. LÍMITES AL ANÁLISIS DE INFORMACIÓN CONTENIDA EN DISPOSITIVOS DE ALMACENAMIENTO DIGITAL. PAUTAS PARA EL ESTABLECIMIENTO DE SUS JUSTOS LÍMITES. LA *EXPECTATIVA RAZONABLE DE PRIVACIDAD* COMO *FARO*

Continuando con en el objetivo del presente trabajo, es importante determinar el *faro* que debe guiar nuestras decisiones en cuanto a *cómo* realizar el análisis de información contendida en dispositivos de almacenamiento masivo.

Ese *norte* al que nos referimos está dado por la *expectativa razonable de privacidad.* Es a partir de allí que debemos dar cuenta de los límites constitucionales que encontramos al adentrarnos en la tarea de analizar evidencia digital.

---

9 Cfr. Kerr, Orin S. Ob. Cit. P. 8.

Dicho concepto fue desarrollado en el Fallo "*Katz*", de la Corte Suprema de los Estados Unidos[10], y se encuentra consagrado como garantía constitucional en casi todas las constituciones del mundo civilizado, siendo de igual manera receptado ampliamente por abundante doctrina y jurisprudencia.

En *Katz* la Corte Suprema de EEUU delimitó este concepto. En cuanto a los hechos del caso, el acusado estaba siendo investigado por transmitir, telefónicamente, información sobre apuestas. Las llamadas se realizaban, normalmente, de *una cabina telefónica pública.* Entonces, *agentes estatales* (los encargados de las investigaciones en EE.UU.) colocaron, en ese recinto, *un dispositivo* para grabar esas conversaciones. La particularidad, y con ella se defendieron, es que el micrófono estaba ubicado *fuera de la cabina.* Pero la Corte Suprema considero que la 4ta. Enmienda[11] protegía *a las personas y no a los lugares,* por lo que se consideró que dicha medida debió contar con la autorización judicial. El Juez Harlan (primer voto) entendió que lo que se protege es la *razonable expectativa de privacidad de las personas.* Además, estableció que debía realizarse un doble juicio. El primero de ellos *subjetivo,* considerando si el individuo en particular tenía esa expectativa. Y si ese juicio se confirmaba, debe pasarse al juicio *objetivo* en cuanto a determinar si la sociedad reconoce en el caso esa razonable expectativa. Entonces, en este caso, *lo determinante fue la cabina, con puerta, que el imputado cerraba cada vez que hablaba.*

Algunos de los instrumentos internacionales de Derechos Humanos que consagran la mencionada garantía son: *(i) La Declaración Universal de*

---

10 389 U.S. 347 (1967) —"*Charles Katz v United States*"— Suprema Corte de los Estados Unidos - 18/12/1967.

11 La Enmienda trata sobre la protección a pesquisas y aprehensiones arbitrarias. Fue establecida como respuesta a la controvertida *writ of assistance* (una especie de orden general de registro), la cual jugó un papel importante tras la Guerra de Independencia de los Estados Unidos. La misma establece lo siguiente: "*The right of the people to be secure in their persons, houses, papers, and effects, against unreasonable searches and seizures, shall not be violated, and no Warrants shall issue, but upon probable cause, supported by Oath or affirmation, and particularly describing the place to be searched, and the persons or things to be seized*", y cuya traducción sería la siguiente: "*El derecho de los habitantes de que sus personas, domicilios, papeles y efectos se hallen a salvo de pesquisas y aprehensiones arbitrarias, será inviolable, y no se expedirán al efecto órdenes que no se apoyen en un motivo verosímil, estén corroborados mediante juramento o protesta y describan con particularidad el lugar que deba ser registrado y las personas o cosas que han de ser detenidas o embargadas*"

Derechos Humanos en su artículo 12[12]*; (ii) El Pacto Internacional de Derechos Civiles y Políticos en su artículo 17.1*[13]*; y (iii) La Convención Americana sobre Derechos Humanos en su artículo 11.2*[14]. De allí pueden extraerse cuales son los límites que se imponen al Estado al momento de llevar adelante investigaciones penales, siendo que todos los instrumentos que se mencionan tienen rango constitucional, como es el caso de la República Argentina, conforme lo dispuesto por el art. 75, inciso 22, de la Constitución Nacional.

La Corte Constitucional de la República de Colombia, entiendo, lo definió de manera muy clara, al sostener lo siguiente: "*... Dependiendo del nivel en que el individuo cede parte de su interioridad hacia el conocimiento público, se presentan distintos grados de intimidad: (i) La intimidad personal, alude a la salvaguarda del derecho de ser dejado sólo y de poder guardar silencio, es decir, de no imponerle a un determinado sujeto, salvo su propia voluntad, el hecho de ser divulgados, publicados o fiscalizados aspectos íntimos de su vida. (ii) La segunda, responde al secreto y a la privacidad en el núcleo familiar. En el ámbito de las relaciones intrafamiliares, cabe resaltar que todos sus miembros gozan también del derecho a la intimidad, por lo que es predicable igualmente establecer que cae dentro de la órbita de lo íntimo de cada uno de ellos aquello que éstos se reservan para sí y no exteriorizan ni siquiera a su círculo familiar más cercano, y que merece el respeto por ser un ámbito exclusivo que incumbe solamente al individuo, que es resguardo de sus posesiones privadas, de sus propios gustos y de aquellas conductas o actitudes personalísimas que no está dispuesto a exhibir, y en el que no caben legítimamente las intromisiones de los otros miembros de la familia, por ser específicamente individual. (iii) La tercera, involucra las relaciones del individuo en un entorno social determinado, tales como, las sujeciones atenientes a los vínculos laborales o públicos derivados de la interrelación de las personas con sus congéneres en ese preciso núcleo social, a pesar de restringirse —en estos casos— el alcance del derecho a la intimidad, su esfera de protección se mantiene vigente en aras de preservar otros derechos*

---

12 La norma citada dispone lo siguiente: "*Nadie será objeto de injerencias arbitrarias en su vida privada, su familia su domicilio o su correspondencia, ni de ataques a su honra o a su reputación. Toda persona tiene derecho a la protección de la ley contra tales injerencias o ataques*".

13 La norma citada establece que: "*Nadie será objeto de injerencias arbitrarias o ilegales en su vida privada, su familia, su domicilio o su correspondencia, ni de ataques ilegales a su honra y reputación. Toda persona tiene derecho a la protección de ley contra esas injerencias o esos ataques*".

14 Que prevé lo siguiente: "*... 2. Nadie puede ser objeto de injerencias arbitrarias o abusivas en su vida privada, en la de su familia, en su domicilio o en su correspondencia, ni de ataques ilegales a su honra o reputación. 3. Toda persona tiene derecho a la protección de la ley contra esas injerencias o esos ataques.*"

constitucionales concomitantes, tales como, el derecho a la dignidad humana. (iv) Finalmente, la intimidad gremial se relaciona estrechamente con las libertades económicas e involucra la posibilidad de reservarse —conforme a derecho— la explotación de cierta información…"[15].

Es importante tener en cuenta, entonces que está vedada cualquier tipo de *injerencia arbitraria* en la vida de las personas. Y —en lo que hace a la materia en estudio— éstas lo serán en tanto y en cuanto no exista una causa probable (plausible) para entrometernos en esa privacidad, enmarcada en la expectativa razonable de respeto que se tiene sobre ella.

3.1. Protocolos de búsqueda. Limites ex ante y controles ex post

Hay dos formas de regular la búsqueda de la información almacenada en dispositivos, las que se caracterizan por el establecimiento de restricciones *ex ante* o bien, de controles *ex post.*

La estrategia *ex ante* tiene por objeto fijar protocolos para regular registros informáticos, determinando los pasos precisos que los analistas forenses pueden realizar cuando llevan a cabo el proceso de búsqueda. En tal sentido, las órdenes podrían indicar *dónde, cómo* y respecto de *que elementos* se producirá la búsqueda. La limitación *ex post* se basa, en cambio, en las normas de revisión del proceso de búsqueda una vez encontradas las evidencias. Bajo este enfoque, los tribunales revisarían el proceso de búsqueda en la fase posterior a que la evidencia ha sido hallada.

Para analizar dichos procesos y entender si es posible su aplicación, deberemos adentrarnos en algunos conocimientos que pertenecen al área de las ciencias informáticas. No olvidemos que estamos intentando fijar los límites para el análisis de información contenida en un entorno digital, y ya pudimos ver las diferencias que se presentan en cuanto al espacio físico. De lo que se trata, en definitiva, es de determinar si estos protocolos de búsqueda o limitaciones *ex ante* pueden ser legítimamente aplicados.

En esa dirección, es importante tener en cuenta que en el entorno digital la información puede ser "*escondida*" de muy diversas maneras, y con mayor facilidad que en el espacio físico. Esto provoca que el proceso de análisis forense presente una naturaleza *altamente contingente e impredecible.*

Para graficar lo expuesto podemos analizar algunos ejemplos. Uno de ellos es la *fecha de creación de un archivo*, la que es fácilmente modificable,

---

15 https://www.corteconstitucional.gov.co/relatoria/2014/C-881-14.htm.

ya sea porque la persona investigada lo haga con el propósito de esconder una evidencia, o bien por el simple hecho de que el dispositivo tenga la fecha modificada (lo cual incluso podría ocurrir sin intención alguna de su dueño, como en el caso de agotamiento de la batería que sostiene ese sistema). Otra característica fácilmente modificable de un archivo es su *extensión* (las siglas después del punto), y por ende la posibilidad de que el mismo se pueda visualizar. La extensión del archivo le *indica* al sistema operativo el tipo de contenido y con qué *software* debe ser abierto. Si se cambia la extensión, el sistema operativo va a continuar los intentos de abrirlo con el programa que "entiende" adecuado, sin analizar su contenido. Relacionado con ello, también se puede ocultar evidencia *escondiendo determinados tipos de archivos* (con una extensión determinada) *en otros con una extensión diferente*. Esto ocurriría en un caso en el que dejemos imágenes adheridas a un archivo cuya extensión sea*.doc* o*.pdf*.

Este problema podría solucionarse, en alguna medida, con una herramienta forense que encuentre la característica de los *encabezados* que contienen datos que dan información al sistema operativo sobre el tipo archivo asociado. El encabezado no se altera, aunque se cambie la extensión que el usuario le dé, y por lo tanto una búsqueda física sobre dichos elementos podría descubrir archivos de imágenes que una búsqueda a nivel lógico no lograría. No obstante, registrar un disco rígido en función de los encabezados podría tomar semanas y por ende consumir mucho tiempo, siendo además muy fácil que un analista pase por alto elementos relevantes.

Lo expuesto nos muestra que es verdaderamente difícil predecir cómo serán las búsquedas de evidencia digital, lo que provoca que las limitaciones *ex ante* no sean adecuadas.

Esta problemática ha sido abordada por diferentes autores. Uno de ellos es Jonathan Polansky[16], quien entiende que no sería posible, de manera previa a la apertura del dispositivo, conocer a ciencia cierta *la cantidad y la calidad* de la información que se pueda llegar a encontrar allí. Incluso es imposible saber, al momento de los secuestros, en cual o cuales de los dispositivos se encuentra la evidencia relevante para la investigación. Por lo tanto la confección de protocolos de búsqueda *ex ante*, a través de cualquier filtro como ser *palabras clave, fechas, tipos de archivos*, etc., afectaría gravemente la labor de investigación de la Fiscalía, ya que bastaría con que

16 "Garantías constitucionales del procedimiento penal en el entorno digital". Jonathan Polansky. Editorial Hammurabi. Buenos Aires. Año 2022. Pp. 171 y siguientes.

la persona sospechada (normalmente avezada en conocimientos informáticos, sobre todo en determinados tipos de conductas delictivas) almacene la información con palabras clave que no tengan que ver con el *objeto* de la investigación, o adultere la fecha de creación o modificación de los archivos, o guarde los tipos de archivos buscados dentro de otros, o con distinta extensión. En ese sentido, la jurisprudencia extranjera ha sostenido que equivaldría a decirle a la policía que no secuestre una bolsa de plástico que contiene una sustancia blanca, si en su etiqueta se lee: "*harina*" o "*talco*"[17], en el marco de una investigación en la que se busca cocaína.

No obstante, la cuestión no resulta pacífica. En efecto, el ya citado jurista, Lanzón, se pronuncia en favor del establecimiento de limitaciones *ex ante*. Concretamente tiene dicho: "... *el apresurado análisis expuesto pierde de vista, en primer lugar, que no siempre es necesario y está debidamente justificado analizar todo el contenido del componente en cuestión. Es preciso tener presente qué delito se está investigando y, concretamente, qué evidencia es la que se pretende hallar al llevar a cabo la medida solicitada por la fiscalía y autorizada por el tribunal. En ese sentido, por ejemplo, si lo que se investiga es una maniobra defraudatoria sobre la cual se tiene evidencia de que fue pergeñada durante el año en curso, no sería razonable explorar la información contenida en el dispositivo anterior a esa fecha determinada...*"[18].

Adelantando que no comparto el establecimiento de este tipo de restricciones, veamos algunas de las que, eventualmente, podrían imponerse. Para ello es útil tomar algunos ejemplos de la jurisprudencia estadounidense, que ha desarrollado limitaciones *ex ante*, y que pueden dividirse en las siguientes categorías:

a) El *hardware* que se puede secuestrar;

b) El *tiempo* durante el cual se puede analizar la información;

c) La *forma* (el establecimiento de un "*protocolo*") en que se deben desarrollar las búsquedas, a fin de encontrar los elementos relacionados a la investigación y que son *objeto* de la medida judicial, en el sentido de imponer limitaciones relacionadas con palabras claves, temporales, relacionadas con tipos de archivos, etc.;

---

17 https://caselaw.findlaw.com/court/us-9th-circuit/1256638.html. "*United States v. Hill*". Del voto del Juez Kazinski.

18 "La búsqueda de evidencias en los dispositivos de almacenamiento digital. Alcances y límites al análisis forense en el marco del procedimiento penal". Román P. Lanzón. DPyC. Derecho Informático (Doctrina). Año XIII. Número 2. Marzo 2023. P. 120.

d) La condición de *devolver los elementos* secuestrados dentro de un plazo[19].

Estos límites fueron impuestos en distintos fallos. Sin embargo, desde la doctrina y la jurisprudencia de los Estados Unidos se han realizado duras críticas a la imposición de estas restricciones *ex ante,* por *cuestionar las facultades que tienen los jueces para imponer al órgano acusador como debe desarrollar la investigación* y, además, por considerarlas *poco efectivas.* En este camino es importante analizar qué respuesta debe darse a la legitimidad de cada una de las limitaciones previamente mencionadas, incluso en cuanto a la viabilidad de su aplicación práctica.

En cuanto a la *primera* de las restricciones, esto es, qué *hardware* es dable incautar, es importante dejar sentado que debe permitirse el secuestro de aquellos dispositivos sobre los cuales exista *causa probable* en cuanto a que puedan contener información relacionada con el *objeto* de la investigación.

Eso fue lo dicho en el fallo de la Jurisprudencia Estadounidense conocido como "*United States v. Hill*"[20], del año 2006. En dicha causa un imputado había enviado su computadora a reparar, y quien se avocó a esa tarea encontró imágenes que contenían Material de Abuso Sexual Infantil (M.A.S.I.), razón por la cual formuló la denuncia. Por ello se obtuvo orden de allanamiento para el secuestro de la computadora, pero cuando llegaron al comercio de reparaciones, el dispositivo ya había sido retirado por su dueño, el Sr. Hill. Posteriormente lograron una orden de allanamiento sobre el domicilio del imputado y cuando efectivizaron la medida, si bien ya no estaba la computadora, secuestraron otros dispositivos en los que había M.A.S.I. Los jueces intervinientes decidieron que no debía excluirse la evidencia ya que los agentes policiales habían actuado pragmáticamente, y no motivados por el afán de ir a la "*pesca*".

Compartimos tal solución ya que, en el caso bajo análisis, el secuestro de otros dispositivos distintos al *incriminado,* tuvo origen precisamente en el hallazgo en este último de elementos que daban cuenta de la plausible existencia de más evidencia relacionada con la investigación, contenidas en las restantes unidades de almacenamiento, pertenecientes al mismo dueño, y habidos en el interior del domicilio donde residía el acusado.

---

19 Orin S. Kerr. "*Exante Regulation or computer search and seizure*". Artículo publicado en la Virginia Law Review, año 2010, P. 1245.

20 https://caselaw.findlaw.com/court/us-9th-circuit/1256638.html

Sobre este punto es importante dejar en claro que muchas veces, cuando se acude a realizar el secuestro de dispositivos, no es factible determinar ni de antemano, ni tampoco en el mismo lugar del secuestro, cuáles de ellos contendrán evidencia. En dichas circunstancias deberá recabarse autorización para el secuestro de todos aquellos en relación a los cuales pueda, razonablemente, inferirse que puedan estar relacionados con el *objeto* de la investigación. Y en ese cauce, si como producto de la medida se incautan innumerables dispositivos de almacenamiento digital *¿Cómo determinaremos cuál o cuáles de ellos contienen la información que buscamos?* Pues, habrá que hacer un análisis, ya sea en el mismo lugar o bien en el laboratorio, de la totalidad de los dispositivos que encontremos.

En lo atinente a la *segunda* de las limitaciones, es decir lapso de *tiempo* dentro del cual debe efectuarse el análisis de la información obtenida de los dispositivos, hubo fallos en donde se limitó el periodo para llevar a cabo la medida. Así, en el Fallo "*United States v. Brunette*"[21], del año 1999, se circunscribió a treinta días el plazo para efectuar el análisis. En el Fallo "*People v. Strauss*"[22] se había establecido un período de noventa días para el examen de los datos. Posteriormente, luego de haberse fugado Strauss, la medida perdió trascendencia, motivo por el cual transcurrió el plazo sin que se hubiera realizado. Tiempo después, el imputado fue detenido y se solicitó una nueva autorización para el análisis de la información. La defensa del imputado solicitó la exclusión probatoria por el vencimiento del plazo, no obstante, lo cual la Corte Suprema de Justicia del Estado de Colorado, en el año 2008, la convalidó, en razón de la nueva autorización solicitada.

Es importante dejar establecido, en relación a las limitaciones atinentes al t*iempo*, que no son pocas las veces en que la determinación de un plazo para su realización resulta irrazonable, toda vez que ello dependerá de incontables factores, tales como la cantidad de información que se encuentre, el tipo de información a procesar, como se encuentre almacenada la misma, entre otros. De esa manera, el lapso para la concreción del examen deberá atender lo que se estime razonable en cada caso. En definitiva, siempre existe la posibilidad de que la Defensa haga valer la garantía del *plazo razonable*, largamente reconocida en el ámbito jurídico.

Sin perjuicio de lo antes dicho, algunos de los inconvenientes reseñados precedentemente encuentran solución a través de la llamada "*imagen fo-*

---

21 https://law.justia.com/cases/federal/district-courts/FSupp2/76/30/2370086/

22 https://case-law.vlex.com/vid/people-v-strauss-no-895701688

rense" (*copia bit a bit*) que puede realizarse sobre los elementos a examinar, para proceder luego al análisis del contenido de los mismos en el laboratorio, sin que sea necesario secuestrar el dispositivo, o bien devolviendo el mismo en un corto plazo.

La *tercera* limitación que trataremos consiste en el establecimiento de un "*protocolo*" conforme al cual deberían desarrollarse las búsquedas objeto de la medida judicial, en el sentido de imponer *restricciones relacionadas con palabras claves, limitaciones temporales, en cuanto al tipos de archivos,* etc. Cabe aquí realizar un pormenorizado estudio de la cuestión toda vez que la admisión sin más de este tipo de limitaciones podría traer aparejada la frustración injustificada de muchas investigaciones penales.

Ya vimos, al principio de este apartado, todo lo que posibilita la informática en cuanto a llevar adelante acciones que *oculten* la evidencia digital que se busca. Por ese motivo es necesario dejar sentado que, las limitaciones atinentes a la forma de realizar el análisis, en modo alguno deberían entorpecer la investigación en curso, teniendo —para ello— siempre en miras cual es el *objeto* de la pesquisa. Así, habrá que verificar *en cada caso concreto* si se están imponiendo restricciones que podrían echar por tierra la obtención de la información que se busca, o por el contrario si se trata de limitaciones inocuas en ese sentido.

Un primer punto importante para considerar es aquel relacionado con las herramientas informáticas con las que se cuenta, y de qué manera éstas permiten filtrar la información que se busca, para asegurarnos que tenga que ver con el *objeto* de la investigación. Esto debe hacerse no sólo para respetar la *expectativa razonable de privacidad,* sino también para poder abarcar efectivamente ese análisis, que en muchos casos incluirá una gran cantidad de información. No obstante, debe tenerse en cuenta que la herramienta forense *perfecta* no existe hoy en día, y de existir en el futuro, seguramente aparecerían luego "*contra-tecnologías*" suficientes para neutralizarla.

Otra opción es la utilización de *filtros,* ya sea autoimpuestos por parte del órgano acusador, o bien ordenados judicialmente. En este punto volvemos a recalcar que deberá analizarse cada caso en concreto. Si las limitaciones se realizan a través de *palabras claves* puede ocurrir que se pierda evidencia relevante para la investigación. Consideremos una investigación en la que se está buscando Material de Abuso Sexual Infantil. Deberíamos empezar preguntándonos: *¿Cuáles serían las palabras claves para limitar esa búsqueda?* o *¿Su aplicación permitiría una búsqueda efectiva?* Veamos algunos ejemplos de ellas: "*MASI*", "*M.A.S.I.*", "*Material de abuso sexual infantil*", "*Pornografía infantil*", "*Niños y niñas desnudos*", etc. Es muy fácil burlar las palabras clave ya que resulta muy poco probable que a través de dichos términos se nombren carpetas o archivos que contengan la evidencia buscada en un caso como el planteado. Ello así, sin perjuicio de las herramientas forenses que permiten localizar este tipo de archivos a través de sus *hashes*, que también pueden ser burladas con manipulaciones informáticas.

En este punto, cabe recordar un ejemplo al cual se hizo alusión al inicio del presente trabajo citado por Jonathan Polansky[23], quien toma el fallo *"United States v. Hill"* en el cual se sintetizó este tipo de restricciones asimilándolas al supuesto de instruir a la policía que no secuestre una bolsa con una sustancia blanca si su etiqueta reza *"harina" o "talco"*. "En los casos bajo análisis, el uso de ciertas palabras tampoco serviría cuando aquello que se buscan son imágenes o determinados contenidos en archivos de *Word*.

Por su parte, en los casos de limitaciones impuestas a través *fechas*, podría suceder que el momento de creación o modificación de un determinado archivo haya sido manipulado, siendo éste un procedimiento relativamente fácil, en tanto bastará para ello con valerse de la información accesible públicamente en la *web*, donde se indican sencillamente los pasos a seguir. La alteración de la fecha también puede ocurrir en razón de que el dispositivo que se esté utilizando tenga un calendario modificado, y por lo tanto esa cuestión quede plasmada en el archivo o evidencia en cuestión.

Para el caso en que la búsqueda se pretenda limitar por *tipo de archivo* (extensiones *.doc*, *.xlsx*, *.pdf*, *.jpeg*, etc.) puede ocurrir que el que estemos buscando este cargado con una extensión distinta o bien este escondido en un archivo de otro tipo.

Además, hasta no abrir una computadora no se puede saber cuánta información tiene, cuál es el sistema operativo, como está distribuida, cuanto espacio ocupa, cuáles son los motores de búsqueda, si la información está encriptada o no, etc. De lo expuesto se desprende que, al tratarse de evidencia digital, no se puede plantear *ex ante* una estructura o protocolo de búsqueda.

En el caso denominado como "*Silk Road*"[24], frente al planteo del imputado en ese sentido, la Corte de Apelaciones dictaminó que resulta imposible determinar previamente los términos o frases para realizar una búsqueda;

---

23 "Garantías constitucionales del procedimiento penal en el entorno digital". Autor: Jonathan A. Polansky. Editorial Hammurabi. 1era. Reimpresión. Buenos Aires. Año 2022. P. 187.

24 Caso Silk Road, en https://www.wired.com/2015/04/silk-road-1/ y https://www.wired.com/2015/05/silk-road-2/

en tanto no se puede saber de antemano el criterio conforme al cual se ha almacenado la información. En efecto, los archivos, carpetas y/o documentos pueden presentar nombres que nada tengan que ver con aquello que se busca, o bien un código insertado mediante el cual se logre evitar que la búsqueda por filtros tenga éxito.

Estos ejemplos nos muestran que las limitaciones *ex ante* pueden ocasionar, injustificadamente, que no se llegue a buen puerto en la investigación penal, entendiendo que la posibilidad de esconder evidencia digital en un dispositivo de almacenamiento es mucho más amplia que la de esconder un objeto material en un espacio físico.

Lo que pretendo explicar es que la *razonabilidad* acerca cómo se llevó adelante la medida surgirá a posteriori de su realización (la cual efectivamente deberá controlar un juez de garantías), y en todo caso existirá siempre el control de las partes (la Defensa en este caso), quienes podrán plantear —a todo evento— que la búsqueda se llevó a cabo de manera arbitraria, desproporcionada o irrazonable. Será entonces el magistrado quien, en definitiva, decidirá acerca de la exclusión de la evidencia hallada, o su convalidación.

Un importante autor como Orin Kerr[25] pone la cuestión en sus justos términos. Sostiene que puede apreciarse un *encanto inicial es claro* en relación a que las órdenes de registros informáticos merecen un "*enfoque especial*"[26], que exija al gobierno articular un protocolo que los especialistas forenses deberían seguir. Sin embargo, postula que, de articularse un protocolo de registro, éste podría ser tan limitado, que termine resultando demasiado estrecho. Entiende que la estrategia de análisis *ex ante* es profundamente defectuosa, ya que asume, erróneamente, que los acusadores y los jueces tienen el conocimiento necesario para articular protocolos de registro antes de que éste comience. Indica que el proceso forense es demasiado fluctuante e impredecible para permitir reglas *ex ante*, y que, a diferencia de lo que ocurre en las búsquedas en los espacios físicos, la regulación legal de los registros informáticos debe ser impuesta *ex post*. Antes de iniciar el proceso forense informático se tendrá poca idea de una importante cantidad de información que será determinante para su realización (*sistema operativo, softwares instalados, cómo funcionan los mismos, si hubo medidas para ocultar la información incriminante, si se encriptó la información, si se cambiaron*

---

25 Crf. Kerr, Orin S. Ob. Cit. P. 45.

26 United States v. Carey, 172 F.3d 1268, 1275 n. 7 (10th Cir. 1999).

las extensiones, si hubo cambio de cabeceras, etc.[27]). Entonces, lo que tampoco puede establecerse de antemano, es qué herramienta forense conviene utilizar, ya que tienen muy diferentes características. El citado autor[28] lo compara *con una cirugía,* en la que el médico no puede saber la mejor forma de proceder hasta que finalmente "abre" al paciente y lo observa. Existen en una cirugía, como en un análisis de evidencia digital, factores que son imposibles de predecir antes del inicio.

Si un informático forense experto no puede predecir que técnicas van a ser necesarias para encontrar la información que se busca, mucho menos lo podrá hacer un juez que desconoce la investigación (más aún si nos encontramos frente a un *sistema acusatorio adversarial*).

Se trata entonces del debate de las *reglas* versus los *estándares.* Estos últimos son juzgados *ex post,* pero basados en hechos específicos y ocurridos; mientras que las reglas se aplican *ex ante,* pero con mucha menos información de la que se tiene frente a lo ya ocurrido[29]. De allí que el proceso de análisis de información contenida en dispositivos de almacenamiento masivo requiere estándares *ex post,* y no reglas *ex ante,* cuestión que se verá con más profundidad al dar tratamiento a la Doctrina de la "*Plain View*".

Sin perjuicio de lo sostenido hasta aquí, habrá supuestos en los que este tipo de limitaciones cobren sentido y puedan aplicarse, estableciendo un *protocolo* de búsqueda que no resienta las posibilidades de los analistas de llevar adelante una investigación eficaz. Tal sería el caso, por ejemplo, de una amenaza proferida a través de la red social *WhatsApp,* desde la cuenta de una persona hacia otra. No tendría sentido en este supuesto autorizar una búsqueda que supere ese específico *chat.*

En cuanto a la *cuarta* limitación, esto es la fijación de antemano de un plazo para la *devolución* de los elementos a analizar, resultan de aplicación los mismos argumentos y soluciones propuestas al abordar la *segunda* restricción, inherente al tiempo para la realización del análisis de la evidencia digital.

---

27 United States v. Gray, 78 F. Supp. 2d 524, 529 (E.D. Va. 1999).

28 Crf. Kerr, Orin S. Ob. Cit. P. 49.

29 Pierre J. Schlag. "*Rules and Standards*". 33 UCLA L. Rev. P. 379.

3.2. El caso de los Metadatos

Ahondando en el objetivo de este trabajo, una cuestión muy relevante a resolver radica en lo relacionado con el análisis de los llamados *Metadatos.* Analizaré, en primer lugar, *qué elementos están contenidos en dicho concepto.*

3.2.1. ¿Qué son los Metadatos?

Uno de los rasgos más destacados del funcionamiento de las sociedades modernas es el *uso generalizado y habitual,* tanto por parte de los individuos como de las organizaciones (ya sean privadas o estatales) de las nuevas *tecnologías de la información y las comunicaciones* (*TICs*), como herramientas para el desarrollo de la gran mayoría de sus actividades (ya sean institucionales, comerciales, informativas, educativas, académicas, recreativas, etc.).

En ese marco, fenómenos como el de la *informatización* y *digitalización de toda clase de dispositivos (smartphones, smartwatches, "IoT"), Internet* y *redes sociales,* y el surgimiento de nuevas posibilidades para el *almacenamiento masivo de datos (computación en la nube)* y su *procesamiento ("big data", inteligencia artificial)* producen una gran cantidad de datos relativos a las personas cuyo acceso por parte de terceros podría suponer una injerencia al derecho constitucional a la privacidad.

Se habla de estos tiempos como la *Edad de oro de la vigilancia,* entendida como una estructura constituida en gran medida, por el sector privado, y *medianamente* aceptada de forma voluntaria por los usuarios. Esto se da, principalmente, en tres campos, que son el de las *Telecomunicaciones,* el de las *Compañías de Internet* (desde redes sociales hasta Google, pasando por el comercio *on line*), y la *Internet de las cosas* (IoT, por sus siglas en ingles).

Hoy en día, prácticamente la totalidad de aquello que hacemos queda registrado (*utilizar nuestro teléfono de línea, nuestro teléfono celular, el recorrido de nuestro auto, una búsqueda en Google, caminar con nuestro celular, y muchísimos "etcéteras").* Los dispositivos nos acompañan a lo largo de nuestra vida y generan este tipo de información.

Llamamos metadatos a *la información que rodea y describe al objeto.* Es la información que nos da *indicios sobre el contenido.* Están unidos, indefectiblemente, a los elementos que describen. No pueden existir sin ellos. Conviven con nosotros cotidianamente, aunque no nos demos cuenta (*como por ejemplo cuando sacamos una foto, hacemos una llamada, buceamos en una web, etc.*). Es enorme la información que se obtiene de cada uno de nosotros a través ellos. Michael Hayden, ex director de la C.I.A. (*Central Inteligence*

Agency) de los EEUU, dijo en el año 2014: "*Matamos gente con base a metadatos*".

A partir de los grandes avances tecnológicos surgen infinidad de *metadatos* que se producen en nuestra cotidianeidad, y que, reitero, deben ser distinguidos del *objeto* al cual describen.

Para entender el concepto podemos acudir a un ejemplo claro. Tal el caso de una *llamada telefónica*, en la que las palabras habladas constituyen el contenido (es decir el *objeto*), mientras que *los números de línea involucrados en la conversación, la fecha y la hora de la llamada, la duración de la misma, la geolocalización de los dispositivos involucrados (con sus correspondientes datos en relación con la marca, modelo, IMEI, etc.)*, constituyen *los metadatos.* Sin ellos, la comunicación no se podría desarrollar, por cuanto —en este ejemplo— la compañía se vería impedida de realizar las conexiones necesarias para gestionar la llamada. Los metadatos son la *información asociada* a un elemento, ya sea el mismo material o virtual. Nos permiten identificar al objeto, sin serlo.

Los dispositivos digitales generan y requieren una gran cantidad de metadatos para funcionar, y una porción muy importante de los mismos es almacenada por compañías privadas.

Para arrojar mayor claridad sobre este tipo de datos, podemos trasladarnos al mundo material, al de los *átomos* (en la terminología adoptada por Negroponte), y allí acudir al caso de un *libro.* En relación a este último elemento los *metadatos* serían el *género, el autor, el título, la cantidad de páginas, el color de la tapa, el tamaño de la letra, el grosor de las hojas, etc.*

Un interesante planteo en relación a este tipo de elementos lo realiza Orin Kerr[30], quien considera que de no existir las *TICs,* la información que surge de los *metadatos* sería de acceso público. De no existir la tecnología, los actos que involucran este tipo de información *tendrían que desarrollarse en público.* Un claro ejemplo son las cartas que se llevan a una empresa de correos, y en la que los *metadatos* están a la vista (remitente, destinatario, domicilio de ambos, fecha de la correspondencia, tamaño y peso del contenedor, etc.), lo que no ocurre con un *e-mail.*

Polansky[31] nos brinda otro ejemplo esclarecedor. Dice textualmente: "… *En las comunicaciones telefónicas, de no existir el teléfono, los metadatos repre-*

---

30 "*Applying the Fourth Amendment to the internet: a general approach*". Autor: Kerr, Orin S. Stanford Law Review, Tomo 71, año 2017, p. 628.

31 Cfr. Jonathan A. Polansky. Ob. Cit. P. 31.

sentarían el acto de dirigirse hacia el domicilio del otro interlocutor para charlar, puertas adentro... el Gobierno no tendría acceso a la "información con contenido", pero si podría observar quienes son las personas involucradas en la comunicación, el horario en que se desarrolla, la duración,...". Nos ilustra también, al decir que "*... los metadatos son esenciales en nuestra vida diaria y conviven con nosotros a pesar de que casi nunca los percibimos. Los mapas y cajeros automáticos que utilizamos, las compras, las llamadas telefónicas y las búsquedas en Internet que realizamos, las fotografías que sacamos y una lista infinita de actividades pueden desarrollarse gracias a la información asociada. En general, todas estas actividades requieren la activación de complejos sistemas informáticos que funcionan a partir de metadatos... Toda esta información, obviamente, queda registrada por compañías que prestan los distintos servicios...*"[32] .

Tal es la importancia de este tipo de información, que podemos afirmar categóricamente que *si tenemos suficientes metadatos,* muy probablemente *no necesitemos contenido.* Es así que, a su respecto se afirma categóricamente, "*los metadatos no mienten*", y es por ello que presentan una gran oportunidad para las investigaciones criminales.

Es a partir del ya citado precedente "*United States v. Katz*"[33] de la Corte Suprema de Estados Unidos (año 1967), que surgen criterios que permiten determinar —en torno a los metadatos— cuando estamos frente a una *expectativa razonable de privacidad* y cuando no. Dicho antecedente, reputado uno de los más trascendentes en la historia jurisprudencial norteamericana, interpreta que la 4ta. Enmienda a la Carta Magna protege el derecho de los individuos contra la intromisiones del Estado, y permite establecer en qué ámbitos es necesario solicitar autorización judicial, demostrando causa probable.

3.2.2. El respeto de las garantías constitucionales en las investigaciones a través de *Metadatos.* Criterios para evaluar la intromisión estatal en el marco de la *expectativa razonable de privacidad*

A partir del desarrollo posterior de dicho fallo y otros más recientes, surgieron algunos criterios para determinar en qué casos puede verse vulnerada la *expectativa razonable de privacidad* y en cuales no; y en qué supuestos podrá otorgarse autorización judicial para su recopilación y análisis. Tanto

---

32 Cfr. Jonathan A. Polansky. Ob. Cit. Pp. 30/31.

33 389 U.S. 347 (1967) —"*Charles Katz v United States*"— Suprema Corte de los Estados Unidos - 18/12/1967.

la doctrina, como la jurisprudencia fueron desarrollando estos criterios o pares dicotómicos, que son, básicamente, tres y los podemos denominar de la siguiente manera: *1) Público vs. Privado; 2) Secreto vs. Compartido; y 3) Con contenido vs. Sin contenido.*

Es oportuno señalar que, en base a dichos criterios, autores como Orin Kerr entendieron que los metadatos no gozaban de la protección de la 4ta. Enmienda. Seguidamente analizaré cada uno de ellos.

3.2.2.1. Información pública vs. información privada

El *primero* de estos criterios está dado por la diferenciación *Público/Privado.* La cuestión radica en dilucidar *donde* transcurren los sucesos. *En el ámbito público* o en el *ámbito privado.* Lógicamente no gozan de esa protección aquellos hechos que se desarrollan a la vista de todos. Un ejemplo claro, que nos muestra cómo funciona esta dicotomía, es una conversación entre dos personas, cara a cara. Si se desarrollan dentro de un domicilio tienen la protección, no así si las mismas se desenvuelven en la vía pública.

En *Katz,* como se explicó más arriba, la Corte Suprema de EEUU delimitó este concepto. El acusado estaba siendo investigado por transmitir, telefónicamente, información sobre apuestas. La Corte Suprema considero que la 4ta. Enmienda protegía *a las personas y no a los lugares,* por lo que se consideró que la medida (colocación de un micrófono fuera de la cabina desde donde Katz transmitía la información) debió contar con la autorización judicial. El Juez Harlan (primer voto) consideró que lo que se protege es la razonable expectativa de privacidad *de las personas.*

Sin embargo, y sin perjuicio de esta interpretación que se hizo, en la actualidad se produjo el fenómeno por el cual *muchas acciones pasaron de los ámbitos públicos a los privados,* ya que los avances tecnológicos han provocado que acciones que tradicionalmente se producían en espacios abiertos, se puedan desarrollar en espacios privados. Un claro ejemplo es la comparación entre la situación de llevar una carta a una empresa de correos, en contraste con un *e*-mail.

Si solo nos quedáramos con este criterio, ninguna medida investigativa podría desarrollarse sin un control judicial previo, ya que *casi todo se ha transferido al mundo digital,* y *se ha desprendido del espacio físico.* La situación actual es diametralmente opuesta a lo que ocurría en el año 1967, época en la cual una persona debía acudir a una cabina telefónica ubicada en la vía pública, en razón de que, probablemente, no tenía teléfono en su domicilio.

Esto ocasionó que la diferenciación entre lo público y lo privado ya no sea suficiente, por lo que surgieron los subsiguientes pares dicotómicos que veremos a continuación.

No podemos pasar por alto la opinión de algunos autores que, como *Kerr*, proponen que los metadatos puedan ser obtenidos sin orden judicial, asimilándolos a elementos que, si no fuese por la tecnología, se desarrollarían en lugares públicos (*Teoría de la neutralidad tecnológica*). Sin embargo, a mi parecer, la cuestión debe llevarse a sus justos límites.

3.2.2.2. Información secreta vs. información compartida. La "Third-party Doctrine" (Doctrina de terceros)

A partir de este criterio se sostuvo que no se puede considerar vulnerada la expectativa *razonable de privacidad* en relación a la *información que es bridada voluntariamente a terceros* (*Third-party*).

Autores como Aboso[34] tratan esta cuestión. Al referirse al precedente "*Katz*" (y a la *expectativa razonable de privacidad*) expresa lo siguiente: "*... la propia Corte Suprema de Justicia de ese país fue ajustando el sentido y el alcance del mencionado caso Katz, por ejemplo, al limitar esa expectativa razonable de privacidad cuando se trata de indagar sobre los números de abonados con los cuales el sospechoso tuvo contacto, ya que esa información fue obtenida directamente de la compañía telefónica; por lo tanto, los funcionarios policiales no se introdujeron en el área constitucionalmente protegida...*". Esto fue sostenido por la Corte estadunidense en el famoso precedente "*Smith v. Maryland*"[35], del año 1979.

A partir de este criterio se dejó sentado que una persona no puede tener expectativa razonable de privacidad sobre *datos* (o *metadatos*) *que se compartan voluntariamente con terceros.* En estos casos, y en su mayor medida, se comparten con las empresas proveedoras de los servicios que utilizamos a diario.

Los cuestionamientos a la *Teoría de Terceros* no se hicieron esperar. Se ha dicho que debe tenerse en cuenta que se registran importantes limitaciones para el control real de la información personal que brindamos, principalmente por la complejidad técnica del medio y por la ausencia de información clara y disponible para los usuarios sobre las políticas de

---

[34] "Derecho Penal Cibernético". Autor: Gustavo Eduardo Aboso. Editorial *B de f.* 1era. Reimpresión. Buenos Aires. Año 2017. P. 538.

[35] Smith v. Maryland, 442 U.S. 735 (1979).

privacidad. Además, muy pocas personas tienen el tiempo, la capacidad o la dedicación como para revisar el complejo entramado de términos y condiciones consentidos al contratar un servicio[36], lo que, por otra parte, se realiza a través de un *Contrato de Adhesión*, que no puede evitarse para poder utilizar la tecnología que nos permite mantenernos insertos en una sociedad, o para seguir realizando nuestras actividades cotidianas.

Un ejemplo claro, que legitima estos cuestionamientos, es el dado por el *Comité Europeo de Protección de Datos*, que se ha pronunciado sobre la polémica del "*Pay or Okay*". El informe del EDPB (por sus siglas en inglés) establece como regla general que *no puede ofrecerse, como única alternativa a las cookies, al abono.* De esta manera, las plataformas que mantengan el modelo "*Pay or Okay*", sin opciones adicionales, estarán obligadas a demostrar que el sistema no fuerza a los usuarios a aceptar las cookies, sino que las consienten libremente.

En base a lo expuesto, dado el estado actual de situación, este criterio tampoco resulta suficiente.

3.2.2.3. Información con contenido vs. información sin contenido

Un tercer criterio que se utiliza a los fines de determinar cuando estamos ante una posible vulneración de la expectativa razonable de privacidad nos lleva a analizar los supuestos de información "con contenido" o "sin contenido". A partir de este criterio, y desde la doctrina y la jurisprudencia se han desarrollado categorías, y han surgido cuatro niveles de datos, que son los siguientes: *1) datos de abonado; 2) datos de conexión; 3) datos de tráfico; 4) datos de contenido.*

Los *primeros* son aquellos que el cliente brinda a una empresa al suscribirse a un servicio, y que son necesarios para la facturación (nombre, apellido, documento nacional de identidad, domicilio, teléfono, número correspondiente a sus obligaciones tributarias, etc.). Los *segundos* son aquellos que son necesarios para efectuar correctamente las conexiones (tal como sería un número de *IP fijo*). Los *terceros* están vinculados a los anteriores, pero son de mayor amplitud y abarcan una cantidad de datos que se mueven a través de una red informática en cualquier momento dado. Los *últimos* no requieren mayores explicaciones.

---

36 "*La investigación penal y la protección de los datos personales de los ciudadanos*". Autor: Hernán Blanco. P. 17.

Para trazar una *diferenciación* entre los datos *de conexión* y los datos *de tráfico*, es útil acudir al Reglamento del Parlamento Europeo y del Consejo 2013/1543, del 12 de junio de 2023 (*Reglamento e-evidence*), que aborda una diferenciación en relación a las direcciones *IP* (estáticas o dinámicas), en cuanto a que *revelen únicamente datos referidos al comienzo o fin de una sesión*, o por el contrario vayan *vinculadas a procesos comunicativos.*

En la exposición de motivos del citado Reglamento se aborda la distinción. Por un lado, *cuando se trata de direcciones IP cuya obtención va dirigida a identificar un usuario dicho dato aparece vinculado directamente al concepto de dato de abonado* y, en consecuencia, su obtención se regula exigiéndose autorización judicial o del ministerio fiscal. En tal sentido, el art. 3.10 del citado Reglamento establece que se entenderá por "*datos solicitados con el único fin de identificar al usuario*" a los siguientes: las direcciones IP y, cuando sea necesario, los puertos de origen, la fecha y la hora o equivalentes técnicos de dichos identificadores e información conexa. Por el contrario, cuando las direcciones IP no se soliciten únicamente con la finalidad de identificar al usuario, sino que vayan dirigidos a obtener más información específica como vida privada, contactos o georreferenciaciones, se considerarán datos *de tráfico* y, por ende, se exige resolución judicial previa.

A partir de estos razonamientos, exigir una resolución judicial para que los agentes policiales o los fiscales puedan, en el marco de las funciones que le competen en orden al esclarecimiento del hecho delictivo, obtener la determinación de una dirección *IP* (como dato *de conexión*), cuando dicha dirección es *un dato público que cualquier usuario con un conocimiento medio de informática puede obtener* por sí mismo, resulta manifiestamente inexigible.

Entendiendo cada uno de estos tipos de datos, puede afirmarse categóricamente que para obtener los de abonado o de conexión no se requerirá autorización judicial, mientras que si será necesaria para la obtención de datos de tráfico (*en algunos casos*) y de contenido (*siempre*).

De lo hasta aquí analizado, se advierte que la aplicación a *rajatabla* (y sin más análisis) de los pares dicotómicos *Público / Privado, Secreto / Compartido, o Con contenido / Sin contenido,* sería *altamente violatorio* de la garantía que incluye la expectativa razonable de privacidad. Por tal motivo que se hace necesaria la búsqueda de un instituto que lleve a sus justos límites la determinación de los supuestos en que deviene imperiosa la necesidad de demostrar una causa probable, y obtener una autorización judicial.

En esa dirección, algunos autores entienden que la solución podría hallarse en la aplicación de la *Teoría del Mosaico.*

3.2.2.4. La Teoría del Mosaico. ¿Es posible su aplicación?

Esta teoría indica que los que —en un principio— podrían parecer datos no vulnerantes (como el sexo de una persona, el nombre, la fecha de nacimiento, sus ingresos, etc.), si se presentan aislados, *al unirlos,* todo podría cambiar. Es decir, que al ensamblar ciertos datos que —considerados individualmente parecerían no afectar la privacidad—, con otros pertenecientes a un mismo individuo y que *a priori* tampoco parecerían vulnerarla, podríamos arribar a una *composición* de información que sí afecte ese derecho. De allí el nombre que se le da a la teoría, ya que ocurre algo similar a lo que se produce con las pequeñas piedras que forman los *mosaicos bizantinos,* las que en soledad no forman ninguna figura, pero que unidas producen la aparición de conjuntos plenos de significado.

Este instituto se comenzó a delimitar con un fallo de la Corte Suprema de los Estados Unidos que se dio ya hace varios años. Es el precedente "*United States v. Jones*"[37] (del año 2012). También se llamó *Maynard* (en alusión al nombre de quien era el socio de Jones). Analicemos en primer lugar los hechos del caso.

En el año 2004 se inicia una investigación por tráfico de estupefacientes. El principal sospechoso era *Antoine Jones,* dueño de un "*club nocturno*" (ubicado en el Distrito de Columbia). La Policía (no la Fiscalía) solicita colocar un GPS en la camioneta de su mujer (una Jeep Grand Cherokee). El Juez concede la orden y autoriza a los agentes a colocar el dispositivo, por *diez* días. Estos últimos colocan el dispositivo al día número *once* (contados desde el momento en que se otorgó la autorización), en el vehículo que se encontraba estacionada en un lugar público, pero en el estado de Maryland (es decir, fuera del Distrito de Columbia). Luego de ello, se siguieron los movimientos de esa camioneta por *veintiocho* días. Esto permitió establecer encuentros de Jones con sus socios, y visitas al lugar donde luego se hallaron 97 kilos de cocaína, 1 de crack, y 850.000 dólares. Maynard celebro un acuerdo abreviado, pero Jones fue a juicio oral por tráfico de estupefacientes, y su defensa plateo excluir la evidencia recolectada a través del GPS, por haber sido obtenida *sin orden judicial.* Se planteó que la autorización se encontraba "*vencida*" al momento de la instalación, que se había colocado en *otra jurisdicción* y que el seguimiento se había extendido por *una cantidad mayor de días.* En primera instancia se suprimió la información que indicaba cuando el auto de Jones estaba en el garaje de su casa,

---

37 Ver en https://www.law.cornell.edu/supremecourt/text/10-1259

pero se validó toda la otra. Al llegar la causa a la Corte Suprema, la mayoría falló en favor de Jones, *aunque los jueces sostuvieron que no resultaba posible afirmar una expectativa razonable de privacidad en las acciones que transcurrían en público,* sosteniendo que se hubiesen obtenido los mismos resultados, aún sin la colocación del GPS (con impactos en las antenas, seguimientos físicos, etc.). Fundamentaron la decisión en otra argumentación, que estuvo dada por el hecho de que la Policía ejerció una intrusión física en un espacio privado sin orden judicial. El voto mayoritario se apoyó en la dicotomía *Público/Privado.*

Pero lo interesante, y diferente, estuvo dado por los votos de los jueces *ALITO, SOTOMAYOR* y *GINSBURG.* A partir de ellos se comienza a elaborar la *Teoría del Mosaico.*

Samuel Anthony ALITO centró su análisis en el plazo por el cual se extendió la medida, en cuanto a que la tecnología puede cambiar las expectativas de privacidad, ya que vuelve mucho más fácil y menos costosa la vigilancia por tiempos prolongados y con mucho detalle, registrando absolutamente todos los movimientos, y por lo tanto puede afectar en mayor grado ese derecho, en una *mayor medida a la que la sociedad espera.* Sostuvo que el método tradicional hubiese requerido del concurso de un grupo numeroso de agentes, múltiples vehículos y quizás asistencia área, y solo habría podido ser justificada en el marco de una investigación de inusual importancia, mientras que dispositivos como el utilizado en el caso hacen que la vigilancia prolongada se vuelva relativamente fácil y económica, posibilitando su uso generalizado. Alito destacó, asimismo, que el monitoreo con GPS genera un registro preciso y exhaustivo de los movimientos públicos de una persona, el cual refleja *una enorme cantidad de detalles sobre sus vinculaciones familiares, políticas, profesionales, religiosas o sexuales.* El resultado, según el magistrado, es que el monitoreo con GPS puede "... *alterar la relación entre el ciudadano y el Estado de un modo que es pernicioso para una sociedad democrática...*", lo que le genera la obligación de preguntarnos si resulta apropiado confiarle al poder ejecutivo, sin supervisión judicial, una herramienta tan susceptible al abuso. Alito basa su teoría en *la expectativa de privacidad que tiene la sociedad para cada tipo de delito o investigación.* Para él esta investigación no es de carácter extraordinario y por ende *la sociedad tiene la expectativa de que no se usen medios extraordinarios.*

Por su parte, *Sonia SOTOMAYOR* refiere, en su voto, que *la vigilancia en espacios públicos, por largos periodos de tiempo puede afectar la razonable expectativa de privacidad.* Dijo que las nuevas tecnologías ponen en riesgo las libertades de asociación y expresión. Incluso que la posibilidad de registrar todos los movimientos de una persona sin autorización judicial pone en riesgo la democracia, y que *la dicotomía publico/privado se desvanece* ante estos avances. Puso énfasis en que sin dudas hay expectativa razonable de privacidad en que el gobierno no acceda a *todos* nuestros movimientos, durante un *largo periodo de tiempo.* Incluso dijo que a partir de los últimos adelantos tecnológicos *debía reconsiderarse la Doctrina de Terceros,* en el marco de una *nueva realidad digital,* en la que compartimos una gran cantidad de información, para desarrollar nuestras tareas cotidianas (teléfonos con quienes nos comunicaríamos, webs a las que accedemos, mails a los que escribimos, libros que leemos, hábitos de consumo, medicamentos que tomamos, etc.). Concluye que no toda información que se revela a terceros para un propósito determinado debe quedar afuera de la protección de la 4ta. Enmienda.

A su turno, *Joan Ruth GINSBURG* consideró que la información del GPS debía invalidarse ya que es *mucho más de lo que una persona común podría apreciar respecto de otra persona.* No es algo que el público en general pueda conocer en relación a movimientos realizados por otras personas en público. Da una pista para analizar su pensamiento al decir que "... *la diferencia no es de cantidad, sino de tipo, de calidad...*". sostuvo que la intromisión indebida se produce cuando lo que se obtiene deja de ser "*un día en la vida*", para pasar a ser "*la forma de vida*", y que la vigilancia prolongada revela que es lo que una persona hace repetidamente, que es lo que no hace, que es lo que hace con otras personas.

No obstante, algunas opiniones doctrinarias la cuestión se fue encaminando en el sentido planteado por los Jueces Alito, Sotomayor y Ginsburg. Un ejemplo claro de esta evolución fue el caso "*Riley v. California*"[38] (del año 2014), en el que este último fue detenido en su vehículo mientras manejaba con su licencia de conducir vencida. Luego de la detención le revisaron el auto, y accedieron a su teléfono celular, sin orden judicial, sin perjuicio de que la situación no constituía una emergencia. El Tribunal dijo que "... *hasta los celulares más básicos... pueden contener fotografías, mensajes de texto, calendarios, el registro de búsquedas en internet, libreta de contactos, etcétera... la vida privada de una persona se podría reconstruir a través de las miles de fotografías etiquetadas con fechas, georreferencias y descripciones...*".

Unos años más tarde, se dictó sentencia en el caso "*Carpenter v. United States*"[39] (del 2018). En cuanto a los hechos del caso, lo relevante es que durante el año 2011 la Policía detiene a cuatro personas. Se sospechaba de ellas por hechos de robo. Uno de los detenidos confesó, y dio datos

---

38 Ver en https://supreme.justia.com/cases/federal/us/573/373/

39 Ver en https://www.law.cornell.edu/supremecourt/text/16-402

de 15 personas más que habían participado en los hechos, y algunos de sus números telefónicos. A partir de ahí la Fiscalía solicita los registros telefónicos de Timothy Carpenter y otros sospechosos. Se obtuvieron casi 13.000 puntos de georreferencia de los lugares donde impactó el teléfono de Carpenter durante 130 días, y se pudo determinar que se encontraba presente en cuatro de los hechos. Los registros se habían solicitado con Orden Judicial, argumentando que había una *base razonable* para creer que en lo que se solicitaba había información relevante para la investigación (es lo que exige una ley especial: *Store Communications Act*). La Defensa de Carpenter argumentó que la autorización se debió haber pedido bajo los requerimientos de la 4ta. Enmienda (es decir acreditando *causa probable*). La Corte sostuvo que, al haber una expectativa razonable de privacidad sobre la información de localización de los teléfonos, *jugaba* esta última. La mayoría de la Corte optó por considerar que había que analizar la cuestión en función de las nuevas tecnologías, que permiten obtener un enorme caudal de información (en este caso de las antenas donde impactan los teléfonos celulares, aun cuando no esté en curso una llamada). Este razonamiento fue tomado de los votos de ALITO y SOTOMAYOR en JONES. Incluso consideraron que la intromisión en el caso del celular es más profunda que en el caso del GPS en el auto. Ello en tanto que el celular *es llevado* por la persona *todo el tiempo*, y porque se pueden obtener *registros del pasado*. Se dijo que *las personas no renunciaban a la 4ta. Enmienda al salir a la calle*, que *se podía tener expectativa de privacidad en lugares públicos*, y que no podía aplicarse la *Doctrina de Terceros* a los datos de georreferenciación, en tanto que los teléfonos celulares, hoy en día son absolutamente necesarios para el desarrollo de las tareas cotidianas, y no puede pretenderse que las personas dejen de usarlo para evitar intromisiones estatales, o por el contrario, usarlos y renunciar a ser espiados.

A partir de estos desarrollos jurisprudenciales fueron surgiendo otros fallos en el mismo sentido. En ese camino transitó lo resuelto por el Tribunal Europeo de Derechos Humanos[40], que sostuvo lo siguiente: "... *"vida privada" es un término amplio, no susceptible de una definición exhaustiva. Su protección no se limita a un "círculo íntimo" en el que el individuo desarrolle su vida personal, excluyendo de su conocimiento a cualquier otra persona externa, sino que también protege el derecho de establecer y desarrollar relaciones con otras personas y con el mundo exterior. Existe una zona de interacción de la persona con otras, incluso en un contexto público, susceptible de protección como "vida privada"...*".

40 TEDH, "PERRY c. Reino Unido", núm. 63737/00, párr. 36; "PECK c. Reino Unido", núm. 44647/98, párrafos 57 y 59, entre otros.

De esa manera, se observa cómo se fueron delineando los postulados de la teoría bajo análisis. Sin embargo, existen planteos que se alejan de ella y que, a mi entender, ubican la cuestión en sus justos límites.

Vale la pena, en este punto, traer a colación la opinión de Aboso[41], que sostiene lo siguiente: "*Precisamente el dilema que presenta la moderna sociedad de la información respecto del sentido y alcance del derecho a la privacidad se vincula con los límites difusos de la expectativa subjetiva de privacidad del usuario del servicio de Internet y el aspecto objetivo de la razonabilidad de esa expectativa. Por ejemplo, cuando un usuario publica u ofrece un comentario en las redes sociales puede entender que esa expresión de libertad se canaliza en el ámbito de un grupo limitado de personas, pero ello puede no ser razonable para el mundo virtual. Si tomamos el mismo ejemplo, pero en ese caso la opinión es vertida en su propio domicilio en el curso de una reunión de amigos, esa expectativa de privacidad (confidencialidad) puede ser sostenida de modo legítimo, ya que la posibilidad de trascendencia de esa acción está resguardada de la injerencia de terceros, en especial, de la actividad del propio estado. En este sentido, el ámbito de privacidad y la expectativa de confidencialidad consecuentemente se han ido reduciendo paulatinamente en la moderna sociedad de la información, ya sea por los adelantos técnicos que permiten captar señales, transmisiones, datos o imágenes de terceros sin necesidad de provocar una injerencia formal en el ámbito privado del afectado, como lo dijo bien claro la Corte Suprema de Justicia norteamericana en el precedente "Dow Chemical Co. V. United States" con el uso de cámaras fotográficas para obtener imágenes de la propiedad del acusado desde un aeroplano.*".

Hasta el fallo "*Jones*" el análisis se realizaba de manera secuencial; es decir, se verificaba paso por paso cada una de las medidas investigativas, en cuanto no fuera violatoria de la 4ta. Enmienda.

El análisis *individualizado* de los actos investigativos ofrece respuestas claras. Veamos algunos ejemplos: *1) Un allanamiento requiere causa probable y orden judicial; 2) Una requisa personal requiere estado de sospecha y se puede realizar sin orden; 3) Una requisa personal en un Aeropuerto o en la entrada a un estadio no requiere estado de sospecha; 4) En un Aeropuerto no se requiere estado de sospecha para revisar las valijas de las personas; 5) En el caso de la evidencia digital la cuestión se resuelve fácilmente en cuanto a los datos de abonado (en un extremo) o los de contenido (en el otro), y en una zona intermedia (pero que puede definirse) estarían los de conexión o tráfico.* En el análisis secuencial, cada acto en particular presenta claros contornos y soluciones procesales.

---

41 "Derecho Penal Cibernético". Autor: Gustavo Eduardo Aboso. Editorial B de f. 1era. Reimpresión. Buenos Aires. Año 2017. P. 539.

A partir de la aparición en escena de la *Teoría del Mosaico*, es importante plantearse si es posible su aplicación práctica. Adelanto que, dado el estado actual de la tecnología y la legislación, considero acertada la postura de Orin Kerr[42], que entiende que *no lo es*. Ello así, ya que la aplicación práctica de los postulados de la teoría bajo análisis conlleva un sinfín de interrogantes de difícil (sino imposible) respuesta.

Entiendo que podemos dividir esos interrogantes en *tres grupos*. En *primer lugar*, debemos preguntarnos cuál es *el estándar aplicable*, es decir en qué momento se forma el "*Mosaico*". Es allí donde vamos a encontrarnos con las primeras dificultades. Pensemos en los tres jueces que dieron origen a esta teoría. Ninguna de sus posturas permitiría fijar un estándar relativamente sólido.

Dar una respuesta con el estándar de *Alito*, que, resumidamente, puede expresarse en el sentido que se reputa vulnerada la expectativa razonable de privacidad cuando se *va más allá de lo que la sociedad espera*, es prácticamente insostenible. La mayoría de los individuos que integran una sociedad no tienen ningún tipo de experiencia en investigaciones policiales. Incluso se advierten diferencias entre el personal especializado perteneciente a las mismas fuerzas policiales, que investigan distintos casos en forma disímil, lo cual demuestra la fragilidad de esta postura en su aplicación práctica.

Responder mediante el estándar de *Sotomayor*, que considera valladar cuando se advierte una intromisión en la vida del investigado, es aún más difícil. En qué momento, o cual es la pauta que permitirá considerar que nos estamos inmiscuyendo *en la vida* del investigado. *¿Cómo puede determinarse cuando se traspasa ese umbral?*

Finalmente, el estándar de *Ginsburg que* se centra en aquello que va *más allá de lo que puede apreciar el público en general* es también difícil de determinar. Sólo preguntarnos aquello que pueden conocer quiénes que trabajan con *big data*, o quienes lanzan planes publicitarios personalizados, en contraposición a quienes resultan absolutamente ajenos a esas tareas, nos pone frente a las dificultades de la respuesta.

El *segundo grupo* de interrogantes que se plantea se inicia con la siguiente pregunta: *¿Cuáles son los métodos investigativos que, juntos o por si solos, generan ese Mosaico?* Por ejemplo, *el pedido de antenas, una cámara en la puerta de un inmueble, un seguimiento policial, un seguimiento a través de Cámaras de*

---

42 "*The Mosaic Theory of the Fourth Amendment*". Autor: Kerr, Orin S., Michigan Law Review, Volume 111 | Issue 3, año 2012.

Seguridad, un GPS como el de "Jones", cámaras que leen patentes, drones con diversas prestaciones; etc. Debería dilucidarse *cuáles métodos agrupados generan el Mosaico, o si alguno lo genera por sí solo.* En este plano algunos ejemplos de preguntas que pueden plantearse son las siguientes: *¿Qué pasaba si el GPS en "Jones" no estaba acompañado de otros métodos de vigilancia?; ¿Tenemos permitidos menos días de GPS si hay otros métodos y más si está solo?; ¿Cuándo se va a requerir una orden en razón de que se puede formar un Mosaico?; ¿Cómo se determina de antemano que se va a armar ese mosaico y como se pide la autorización judicial?; ¿Cómo se realiza tal tarea sin considerar cada intromisión en particular?; ¿Cómo se resuelven aquellos supuestos en que el resultado de una medida investigativa nos lleva a solicitar otra?*

En este mismo grupo de preguntas puede incluirse otra más concreta: *¿Cuál es la duración que debe considerarse?* Como sabemos *cuándo se cruzó la línea de tiempo.* Supongamos un GPS que está programado para compilar datos de manera permanente. En este supuesto 28 días podría ser excesivo. Pero qué ocurre si esta *seteado* para tomar un dato por día a una determinada hora, o un dato por mes. En este último caso, un año no parece tanto. *¿Qué tiempo establecemos para un GPS? ¿Qué tiempo establecemos para un pedido de celdas?* Qué ocurre si se tomaron datos durante dos días, y algunos años después se decide reabrir la investigación, *¿esos dos días cuentan o no?*

Finalmente, en *tercer lugar*, sería imposible dilucidar cuáles serían las consecuencias una vez establecido que efectivamente se cruzó la línea de creación del Mosaico. En este sentido deberíamos preguntarnos: *¿Cómo determinamos que mosaicos deben excluirse y cuáles no?* En el sentido de *qué información debe invalidarse y cual no,* y *si se invalida toda la información o solo aquella que termino de formar el Mosaico.* Siguiendo el caso "*Jones*" podríamos preguntarnos: *¿Si 28 días es un exceso, se pueden tener en consideración los primeros 5, o los primeros 10?*

Es fácil advertir que los interrogantes expuestos, y tantos otros más que podrían surgir, darían lugar a interminables litigaciones, sin solución pacífica en el horizonte. Por tanto, adhiero al criterio de aquellos autores que, como Kerr, entienden que esta teoría no es aplicable a la realidad práctica cotidiana de las investigaciones penales.

3.3. La proporcionalidad

No obstante lo dicho hasta este punto, merece la pena analizar cuáles pueden ser los caminos para salvaguardar la expectativa razonable de privacidad.

En esa dirección, el *principio de proporcionalidad* se erige como uno de ellos, en tanto herramienta, a mi juicio, verdaderamente conveniente para proteger al debido proceso legal, ya que su aplicación práctica deriva en conclusiones mucho más certeras que aquellas que pueden obtenerse a partir de la *Teoría del Mosaico.*

En ese derrotero nos podemos preguntar: *¿Cuáles son los criterios vinculados al principio de proporcionalidad a los que podemos echar mano al momento de analizar la justificación de una intromisión en el ámbito privado?*

Un *primer criterio* para justificar una intervención a la privacidad tiene que ver con *las escalas penales* o *el tipo de delito de que se trate.* Como es de prever, cuando se trate de delitos especialmente graves la cuestión tomará un matiz diferente. Un buen acercamiento a la cuestión se encuentra en el Derecho Español, que tiene en consideración el monto punitivo de cada uno de los delitos al momento de autorizar mayores o menores injerencias en la esfera privada. Así, el Código Penal de ese país establece que los delitos son graves cuando traen aparejada una pena de prisión que es superior a los cinco años. No ocurre lo mismo con la Ley de Enjuiciamiento Criminal, que exige, para la procedencia de la prisión provisional, que el delito en cuestión traiga aparejada una pena máxima de dos años o más[43].

Independientemente de la escala penal que prevean los diferentes ordenamientos normativos, serán delitos graves aquellos que lesionen los bienes jurídicos más importantes, tales como la vida, la integridad física, la integridad sexual, los delitos que se cometan con violencia o intimidación contra las personas o aquellos en que se empleen objetos que aumenten el poder ofensivo del agresor (como ser un arma de fuego), y por supuesto los vinculados a la delincuencia organizada. En este último caso, la Legislación Española (en el art. 282 BIS, de la Ley de Enjuiciamiento Criminal), al tratar la figura del agente encubierto, da pautas que pueden ser de utilidad para resolver esta cuestión. La citada norma dispone que pueden considerarse especialmente graves las acciones relacionadas con las siguientes conductas delictivas: *a) Tráfico de órganos; b) Secuestro de Personas; c) Trata; d) Prostitución; e) Contra el Patrimonio y el Orden Económico; f) Contra la Propiedad Intelectual e industrial; g) Contra los Derechos de los Trabajadores; h) Contra los Derechos de los ciudadanos extranjeros; i) Tráfico de especies de Flora y Fauna; j)*

---

43 Ley de Enjuiciamiento Criminal. "*Art. 503. 1. La prisión provisional solo podrá ser decretada cuando concurran los siguientes requisitos: 1.° Que conste en la causa la existencia de uno o varios hechos que presenten caracteres de delitos sancionados con pena cuyo máximo sea igual o superior a dos años de prisión...*".

Tráfico de material nuclear; k) Contra la Salud Pública; l) De falsificación de moneda o tarjetas de crédito o débito; m) Tráfico de armas; n) Terrorismo; o) Contra el patrimonio histórico. Por supuesto que tendrá que darse la asociación de varias personas y exista la finalidad de cometer estos delitos en forma reiterada o permanente[44].

Se ha criticado la pauta bajo análisis argumentándose que deja a criterio del poder de turno los tipos de delitos sobre los cuales se considerará, de una u otra manera, la expectativa razonable de privacidad, dando lugar entonces a un Derecho Procesal Penal de *dos (o varias) velocidades.* No obstante, es innegable que la cuestión deberá resolverse en función de la importancia de los bienes jurídicos protegidos según el delito de que se trate, otorgándose —en el caso de delitos graves— mayores atribuciones de intromisión al Estado.

El *segundo criterio* vinculado a la proporcionalidad de la medida, estará encaminado a establecer la *necesidad* de efectuar el análisis que se pretende, en el marco concreto de la investigación que se está llevando adelante. Luis Lafont Nicuesa[45] trata profusamente la cuestión, en lo relacionado con la figura del agente encubierto (lo que entiendo arroja luz sobre la cuestión que, en este capítulo, se pretende resolver)

Siguiendo al citado, se entiende que deben efectuarse ciertas valoraciones, tales como establecer si dicha tarea *permitirá avanzar con la investigación.* Esta cuestión está estrechamente vinculada a la determinación de la existencia de una causa probable que nos indique que en el dispositivo en cuestión existen evidencias vinculadas al objeto de la investigación.

---

44 Ley de Enjuiciamiento Criminal. "*Art. 282 BIS... a) Delito de secuestro de personas previsto en los arts. 164 a 166 del Código Penal. —133 b) Delitos relativos a la prostitución previstos en los arts. 187 a 189 del Código Penal. c) Delitos contra el patrimonio y contra el orden socioeconómico previstos en los arts. 237, 243, 244, 248 y 301 del Código Penal. d) Delitos contra los derechos de los trabajadores previstos en los arts. 312 y 313 del Código Penal. e) Delitos de tráfico de especies de flora o fauna amenazada previstos en los arts. 332 y 334 del Código Penal. f) Delito de tráfico de material nuclear y radiactivo previsto en el art. 345 del Código Penal. g) Delitos contra la salud pública previstos en los arts. 368 a 373 del Código Penal. h) Delito de falsificación de moneda previsto en el art. 386 del Código Penal. i) Delito de tráfico y depósito de armas, municiones o explosivos previsto en los arts. 566 a 568 del Código Penal. j) Delitos de terrorismo previstos en los arts. 571 a 578 del Código Penal. k) Delitos contra el Patrimonio Histórico previstos en el art. —134 2.1.e) de la Ley Orgánica 12/1995, de 12 de diciembre, de represión del contrabando...*".

45 "*El agente policial encubierto*". Autor: Luis Lafont Nicuesa. Editorial Tirant lo Blanch. Valencia (España). Año 2022. P. 169.

Entiendo que esta pauta, fijada para legitimar la actuación del agente encubierto puede, perfectamente, aplicarse al evaluar la posibilidad de entrometernos en mayor o menor medida en el análisis de información vinculada a un dispositivo de almacenamiento, y (como se verá más adelante) en qué casos se podrán legitimar, *ex post*, los hallazgos vinculados o no al objeto de la investigación.

El *tercer criterio* radica en dilucidar si existe *una alternativa menos lesiva* de la privacidad para obtener las evidencias relacionadas con la investigación que se lleva adelante.

En resumen, las intromisiones en la esfera privada de los individuos derivadas del análisis de la información contenida en dispositivos de almacenamiento habidos en el marco de investigaciones penales, deberán *ser respetuosas del principio de proporcionalidad*; postulado que exige equilibrar el alcance la actividad propuesta con la gravedad y extensión del delito percibido; explicar cómo y por qué los métodos de análisis de información seleccionados causarán la menor intrusión posible en el sujeto; y demostrar que se han considerado todas las alternativas razonables para obtener el resultado, evidenciando, en la medida de lo razonablemente posible, qué otros métodos se han examinado y por qué no resultan aplicables[46].

4. LA "*PLAIN VIEW DOCTRINE*" (EL HALLAZGO INEVITABLE) EN ENTORNOS DIGITALES

La "*Plain View Doctrine*" fue desarrollada por la Corte Suprema de EEUU (Fallos "*Harris v. United States*"[47] —1968—, y "*Coolige v. New Hampshire*"[48] —1971), y adoptada por la Corte Suprema de la República Argentina, entre otros tribunales superiores, en el Fallo "*Villareal, Miriam Marcela s/ P.S.A. Inf. Ley 27.737*", Nro. 213/99[49], del año 2002, siendo este uno de los primeros decisorios que trató la cuestión.

Para entender dicha doctrina vale echar mano de un supuesto ocurrido en el espacio físico en el que resultaría de aplicación de la Doctrina de la

---

[46] Cfr. Luis Lafont Nicuesa. Ob. Cit. P. 170.

[47] https://supreme.justia.com/cases/federal/us/390/234/

[48] https://supreme.justia.com/cases/federal/us/403/443/

[49] Ver en sitio *web*: http://www.saij.gob.ar/corte-suprema-justicia-nacion-federal-ciudad-autonoma-buenos-aires-villareal-miriam-mariela-psa-infr-ley-23737-causa-213-99-fa02000831-2002-10-24/123456789-138-0002-0ots-eupmocsollaf

Plain View o del *Hallazgo Inevitable.* Piénsese que, durante la ejecución de una orden de allanamiento, en determinado lugar físico donde razonablemente podría estar el objeto que se busca, se produce el hallazgo de otros elementos (no contenidos en la orden), que, a *simple vista,* presentan un carácter ilícito. Nos encontramos frente a las preguntas: *¿Cuál será el destino de este último hallazgo? ¿Podrán dar lugar a la apertura de una nueva investigación o incorporarse a la que se encuentra en trámite?*

Existen *dos requisitos* para que estos nuevos elementos puedan ser incorporados: *a) que sean habidos en lugares en donde razonablemente podrían encontrarse los que se incluyeron en el objeto del allanamiento; b) que su carácter ilícito pueda percibirse a simple vista.* En el presente capítulo intentaré resolver cómo esta doctrina se aplica también al "*espacio*" digital.

Pensar en la vigencia y aplicación sin más de los principios que rigen el mundo físico nos colocaría frente a serias dificultades en el mundo digital, en tanto que lo que se busca en este último, y que tiene que ver con el *objeto* de la investigación, puede estar resguardado en cualquier "*lugar*" del dispositivo secuestrado, lo cual torna inevitable que debamos sumergirnos en toda la información allí contenida. De allí el cuestionamiento realizado en páginas anteriores en torno a las limitaciones *ex ante.*

En efecto, en el "*ámbito*" digital la aplicación de este instituto *cobra particular importancia,* debido a que los dispositivos digitales pueden contener gran cantidad de información, de la más variada índole, y de una vasta extensión temporal (se pueden hallar archivos que daten hasta de décadas atrás), circunstancia que no suele suceder en otros supuestos tales como el caso del producido de conversaciones captadas a partir de intervenciones telefónicas. En este último supuesto, si bien puede haber información no relacionada con el *objeto* de la investigación, las escuchas suelen ser limitadas en tiempo, siendo éste muy corto, y siempre hacia adelante.

Reparemos en la capacidad de almacenamiento actual de un teléfono celular, o de una computadora, y más aún de un disco rígido externo, la que en muchos casos resulta suficiente para resguardar información de larguísima data, y de contenido, que puede tener que ver, por ejemplo, con los hobbies, la familia, el trabajo, las búsquedas realizadas en la *web,* las geolocalizaciones, los viajes, la contabilidad de los individuos y un sinfín de metadatos de todo tipo.

Surgen, entonces, preguntas que deben ser contestadas: *¿Cómo se aplica el instituto de la Plain View Doctrine cuando la investigación "bucea" dentro del entorno digital? ¿Lo transpolamos desde el mundo material tal cual se aplica allí?*

¿Debemos imponer mayores limitaciones?, y hasta podríamos llegar a preguntarnos: *¿Debe aplicarse?*

4.1. Distintas posturas

La doctrina en la materia se encuentra dividida. Podemos contabilizar, por lo menos, cuatro posturas, a las cuales podemos llamar de la siguiente manera: – Postura "*objetiva*"; – Postura "*subjetiva*"; Postura "*de la supresión*"; y – Postura de la "*aplicación de los principios que rigen en el entorno material*". Profundizare en cada una de ellas, pero desde ya adelanto que adhiero a esta última.

Entre los partidarios de la primera corriente "*objetiva*", se encuentra el ya citado autor Román Lanzón[50], quien sostiene lo siguiente: "… *Lo anterior* (refiriendo al hallazgo inevitable) *no puede ser aplicado al análisis de evidencia digital… debido a las características de los entornos digitales modernos, el riesgo de exposición en la revisión de la información digitalmente almacenada es exageradamente más alto… en el mundo digital, el Estado tiene información privada producida por periodos prolongados de tiempo (por ejemplo, en una computadora se pueden hallar datos privados de la persona almacenados durante muchos años)…*". No obstante, el autor plantea una excepción que evidencia su posicionamiento de tipo *objetivo* frente a la cuestión. Dicha excepción radica en supuestos en los que se hubiera establecido un protocolo de búsqueda *ex ante* y que la nueva evidencia surgiera en el marco de esa limitación impuesta. Sobre este aspecto ya he expresado mi opinión en cuanto a que no es legítimo establecer dichas restricciones.

Los *criterios basados en la objetividad* fueron tenidos en cuenta en el Caso "*Franklin Pugh*"[51] (del año 2007), citado por Polansky. Se trató de una investigación en la que un templo del Estado de Virginia comenzó a recibir correos electrónicos con contenido amenazante, provenientes del usuario que da el nombre al caso. Quien enviaba esos mails se autodescribía como "*pedófilo*", manifestando su imposibilidad de acudir al templo sin abusar de alguno de los niños que concurrieran allí, mencionando incluso los nombres de algunos de ellos. Se recibían también correos desde otra cuenta, perteneciente a la esposa de quien fue luego imputado, la que concurría frecuentemente a la Iglesia en cuestión. Tramitada la pertinente solicitud de allanamiento, se secuestraron distintos dispositivos de almacenamiento

---

50 Cfr. Román Lanzón, ob. cit., p. 118.

51 Cfr. Jonathan A. Polansky, ob. cit., p. 192.

de cuyo estudio surgieron imágenes relativas a Material de Abuso Sexual Infantil, las que habían sido previamente eliminadas. Se observó incluso la aplicación TOR (*The Onion Router*, utilizada para ocultar las *IPs* desde donde se producen las conexiones a Internet). El agente que tenía a su cargo el análisis de los dispositivos envió un mensaje al Fiscal interviniente que decía "*espero encontrar la colección en la computadora personal de Willams*", lo que, claramente, demostraba una *intencionalidad.* Fácil es advertir allí una cuestión *subjetiva.* A pesar del planteo de la Defensa, el Tribunal interviniente sostuvo que la autorización oportunamente conferida incluía el secuestro de todo el material buscado, y que alternativamente debían ser admitidos los archivos de mención, bajo el amparo de la "*Plain View Doctrine*", ya que la orden emanada judicialmente autorizaba a acceder a cada uno de los archivos, toda vez que no era dable suponer que los que contuviesen la evidencia buscada fueran nombrados o consignados en los dispositivos con nombres relacionados con conductas abarcadas por el Código Penal.

Cabe hacer, aquí, la siguiente observación: de haberse seguido el criterio *subjetivo* el mensaje enviado por el agente hubiera sido suficiente para excluir la prueba, ya que daba cuenta de su intención de obtener una información que no estaba alcanzada por la orden judicial que autorizaba a buscar mensajes relacionados con las amenazas. Ahora bien, siguiendo el criterio *objetivo,* y en el entendimiento que aquello que importa es la *razonabilidad de la búsqueda,* sin importar la intención del agente que la realiza, se convalidaron los hallazgos.

De ese modo, aplicando la *teoría del hallazgo inevitable,* la evidencia así habida podrá agregarse a la investigación, siempre que del análisis *ex post* que se realice pueda concluirse que *la búsqueda fue orientada dentro de los márgenes dados por el protocolo establecido ex ante,* en el marco del *objeto de la investigación.* Este criterio se parece más a lo que ocurre en el espacio físico, aunque cabe reiterar la inconveniencia de establecer limitaciones *ex ante* en el entorno digital.

La segunda corriente, a la que denominé "*subjetiva*", puede explicarse recurriendo al caso denominado "*Estados Unidos v. Carey*"[52]. Los hechos allí ventilados se relacionaron con un agente policial, que, durante el análisis de cierta evidencia digital, en búsqueda de pruebas relacionadas con el delito de narcotráfico, abrió un archivo guardado con la extensión *.jpg,* en el cual había Material de Abuso Sexual Infantil. A partir de allí, dejó de

---

52 *U.S. v. Carey*, 172 F.3d 1268 (10th Cir. 1999). https://casetext.com/case/us-v-carey-9

lado la pesquisa de evidencia relacionada con el *objeto* de la investigación y se abocó al hallazgo de ese tipo de material, dando con cientos de archivos conteniendo material de similar naturaleza. La defensa del imputado planteo la exclusión probatoria, frente a lo cual la Fiscalía adujo que se trataba de *hallazgos inevitables.* El Tribunal interviniente rechazó este último argumento, dejando a salvo la primera fotografía encontrada, mientras que, para las restantes, entendió, se debió solicitar nueva autorización de búsqueda.

El Código Procesal Penal de la Provincia de Salta (de la República Argentina) adopta una solución similar en tanto, en su art. 309 *quater*, dispone: "*... 2. Hallazgos casuales. Cuando en el marco de un registro de dispositivos o sistemas informáticos o durante las tareas de peritaje, las autoridades que ejecutan la medida adviertan la presencia de datos vinculados a un posible hecho ilícito diferente, deberán comunicarlo de inmediato al Juez de Garantías...*".

Otro claro ejemplo, está dado en el Fallo "*United States v. Mann*"[53] (del año 2007) que versó sobre la colocación de una cámara de video grabación en un baño público de mujeres. El dispositivo en cuestión registró la imagen de una persona —de nombre Mann— mientras lo instalaba. Al revisar la cámara, una mujer lo reconoció, y eso provocó que fuera acusado por *Voyeurismo.* Autorizada la requisa en su domicilio, y con previa venia judicial, se secuestraron allí computadoras y discos rígidos, los que fueron analizados con una herramienta forense que califica archivos como "*alerta roja*". Por comparación con imágenes cargadas en la propia base de datos, ese dispositivo forense cataloga los documentos bajo ese rótulo cuando se trata de elementos relacionados con Material de Abuso Sexual Infantil (MASI). En el caso, la herramienta identificó cuatro archivos que fueron categorizados con la referida alerta de mención, entre muchos otros que si bien estaban relacionados con el tema, no fueron así resaltados. Frente a esa situación, el Tribunal dividió la información en dos tipos de archivos. En relación a los cuatro identificados como "*alerta roja*", sostuvo que debían ser excluidos. Para así resolver se sostuvo que, al visualizar el aviso de alarma, el agente no debió abrir los archivos, sino tramitar previamente una nueva autorización. En relación al restante material fue de aplicación la teoría de la "*Plain View*", ya que el investigador se encontraba autorizado para buscar imágenes de *voyeurismo,* dando fortuitamente con M.A.S.I. De ese modo, teniendo en cuenta la *intencionalidad* del analista, se reputó que esos elementos habían sido hallados *inadvertidamente.*

---

[53] https://caselaw.findlaw.com/court/us-7th-circuit/1505662.html

Por su lado, existen otros autores que proponen la tercera solución denominada "*de la supresión*". En ese rumbo se enrola Orin Kerr, quien sostiene que, contando con previa autorización judicial, podría *secuestrarse* y *analizarse íntegramente la totalidad de la información* digital habida, *excluyéndose* sin embargo aquella evidencia *que no haya estado contenida en la orden;* la que no podría utilizarse, aun tratándose de un hallazgo casual en el marco de la búsqueda en curso. En otras palabras, quedaría excluida la utilización de toda aquella información digital que no hubiera estado contemplada en la orden judicial. Conforme entiende el citado autor, debe pensarse en dos aproximaciones básicas: restricciones articuladas en las órdenes de registro *ex ante,* y los estándares aplicados durante la revisión judicial *ex post.* En cuanto a la primera afirma que las restricciones *ex ante* son inapropiadas, dada la naturaleza altamente contingente e impredecible de los procesos forenses informáticos, y que, para limitar y regular los registros informáticos, la admisibilidad de evidencia descubierta más allá del alcance de la orden debería ser gobernada por una regla restrictiva aplicada *ex post.* Entonces, admite las *búsquedas completas,* en todo el entorno digital "*secuestrado*", pero entiende que no debe permitirse que los hallazgos que no tengan que ver con el *objeto* de la investigación sean utilizados para abrir una nueva. Kerr considera que los nuevos elementos habidos no deberían utilizarse *ni para expandir la investigación en curso, ni para abrir una nueva, ni para pedir una nueva autorización*[54]. Sin embargo, excepciona de esa regla a los delitos particularmente graves, en los que se encuentre en riesgo la vida, o ante una grave afectación de derechos (Ej.: el *Terrorismo*).

En esta línea se enrolan además otros autores que insisten en que las evidencias obtenidas *casualmente* deberían poder utilizarse solo en el caso de *delitos graves,* o de *terrorismo,* y no en supuestos de conductas de menor gravedad penal. Tal es el caso de Stuntz quien en uno de sus ensayos[55] sugiere que una solución sería brindar a la Fiscalía la posibilidad de llevar a cabo la búsqueda íntegra, y luego "*...limitar la gama de crímenes que el gobierno puede demostrar con pruebas descubiertas a través de esa táctica*". Esta última postura admitiría las búsquedas sin ningún tipo de limitaciones, pero al costo de que la evidencia adicional descubierta (la que vaya más allá de la orden) no pueda ser utilizada. Kerr considera que esta solución podría ser la más adecuada al momento de restaurar la función de la 4ta. Enmienda en el mundo de la evidencia digital.

---

54 Cfr. Jonathan A. Polansky, ob. cit., p. 199.

55 "*Local Policing After the Terror*", William Stuntz Essay, 111 Yale L.J. 2137,2185.

No está de más formular un paréntesis en torno a esta cuestión. Es que, quizás, sea demasiado "*temprano*" definir, a estas alturas, cuál de las reglas analizadas sea la más convenientes. Ello así, en tanto *las herramientas forenses, las prácticas* y *las tecnologías informáticas evolucionan rápidamente y de manera constante;* y mientras más eficientes sean los instrumentos con que se cuente, más podríamos aproximarnos incluso a la eliminación de la doctrina de la *Plain View.* Piénsese en la aparición de *herramientas forenses capaces de delimitar las búsquedas,* dirigiéndolas únicamente a evidencias *relacionadas con el objeto* de la investigación. Sin embargo, hoy por hoy, tal temperamento permanece en el terreno de lo hipotético, en tanto no existen en la actualidad *las herramientas forenses perfectas que filtren sólo aquello que se les solicita,* y aún en caso de aparecer, la realidad nos muestra que surgirían inmediatamente las *contra-tecnologías* diseñadas para frustrarlas.

Lo hasta aquí analizado lleva a abordar la última de las corrientes mencionadas, que es la que comparto. A mi entender, si el material incriminante fue habido donde *razonablemente* podía ser buscado de acuerdo al *objeto* de la investigación, y el elemento aparece, *a simple vista,* como ilícito, no existen motivos para proscribir su utilización en una nueva investigación. No encuentro razones válidas que ameriten una conclusión distinta, ya que no se advierten mayores dificultades a la hora de establecer cuándo estamos en presencia de un hallazgo inevitable.

En mi opinión, "*Plain View Doctrine*" debe *aplicarse sin más,* de manera similar a como rige en el mundo físico. Tal como he postulado más arriba, la facultad de análisis sobre el mundo digital abarca la totalidad de la información habida, dadas las características de esta última (fácil de "*esconder*", encriptada, con una gran escasez de conocimiento de sus características antes de acceder al dispositivo, etc.). De ese modo, si en el marco de una medida en curso se produce el hallazgo de cierto material que, a simple vista, tiene contenido incriminatorio, dicha información podrá ser secuestrada y motorizar el inicio de una nueva investigación.

Ahora bien, en la tarea de definir si se trata de un hallazgo "*inevitable*", cobra especial relevancia definir qué se entiende por "*a simple vista*" en el entorno digital. En el mundo físico, la delimitación de ese concepto resulta sencilla. Pensemos en un procedimiento en búsqueda de estupefacientes, en cuyo marco, se visualiza un arma de fuego al abrir un cajón ubicado en el mobiliario de la finca de que se trata. Cuestiones de seguridad obligarían a verificar si el arma se encuentra cargada y en esa tarea, se observaría a *simple vista,* que el arma tiene la numeración limada. Esta circunstancia despeja toda duda en cuanto a la ilicitud del elemento encontrado, el cual podría ser válidamente incorporado a la investigación en curso, o derivar en la apertura de una nueva pesquisa.

Si bien definir qué se entiende al decir "*a simple vista*" puede resultar un poco más complejo cuando se trata del análisis de dispositivos de almacenamiento, su determinación es perfectamente posible. Imaginemos una investigación por una defraudación, en la que el analista trabaja con la copia forense (*bit a bit*), en procura de hallar documentos digitales que constituyan evidencia para la investigación que llevó a secuestrar el dispositivo. A mi parecer, el investigador deberá ingresar en la totalidad de las carpetas y archivos hallados, cualquiera sea el nombre bajo el cual se hubiesen guardado, en razón la altísima probabilidad de que la documental incriminante (digital en este caso) no haya sido almacenada bajo rótulos que grafiquen su contenido, tal como por ejemplo "*CONTRADOCUMENTOS*", "*GASTOS SIN JUSTIFICAR*", o "*FACTURAS APROCRIFAS*". Por el contrario, resulta obvio pensar que las pruebas de cargo se encontrarán guardadas en carpetas y subcarpetas llamadas, por ejemplo, "*FOTOS CUMPLEAÑOS*", o "*VIAJE VACACIONES VERANO*". Sostengo que, siempre dentro del margen de la razonabilidad trazado dentro del *objeto* de la investigación, el agente debería contar con la facultad para ingresar a estas últimas carpetas, interpretándose que son equiparables a los "*cajones de una mesa de luz*" (del espacio digital) que pueden contener la evidencia relacionada con el tipo de investigación que se está desarrollando. Si en esos procedimientos aparecen evidencias relacionadas con otros ilícitos, *a simple vista*, estas podrán justificar una nueva investigación.

Cabe aquí hacer una salvedad. Tal sería, verbigracia, un caso en el cual, dentro del marco de un análisis en curso surgiera, previo a abrir determinado archivo, una *causa probable* que dé cuenta de su contenido ilícito. Se cita como ejemplo que la carpeta hubiera sido llamada "*PORNOGRAFÍA INFANTIL*". En este último supuesto, es claro que debería tramitarse una *nueva orden;* ya que, de abrirse la carpeta así titulada, no podría luego alegarse que se trató de un hallazgo *casual* e *inevitable* (a simple vista).

En definitiva, siempre deberá mediar *razonabilidad* en la ejecución de la medida. Ello puede conducir, en el caso a caso, a situaciones en las que sea legitimo establecer limitaciones *ex ante* o protocolos de búsqueda, tal como se ejemplificó más arriba. En esos supuestos no sería razonable ingresar a todos los archivos contenidos en el dispositivo, sino únicamente a aquellos que —razonablemente— pueden contener evidencia pertinente y relevante. Entonces, los hallazgos inevitables serán aquellos que se encuentren en los "*lugares*" digitales que se correspondan con esos parámetros fijados de antemano.

Por lo expuesto no encuentro hasta aquí, sustanciales diferencias en la aplicación de la doctrina de la "*Plain View*" en el espacio físico, que impidan transpolarla al ámbito intangible. Así, con la debida observancia del entorno de que se trata, los postulados de dicho instituto funcionan perfectamente en el mundo digital, y resultan respetuosos de la *expectativa razonable de privacidad,* siempre que verifiquen los dos requisitos mencionados al principio de este capítulo, a saber: *a) que sean habidos en lugares en donde razonablemente podrían encontrarse los que se incluyeron en el objeto del allanamiento; b) que su carácter ilícito pueda percibirse a simple vista.*

Existen ya antecedentes de dos tribunales de los Estados Unidos que han aplicado la teoría de la "*Plain View*" del modo en que pretendo hacerlo. En *Estados Unidos v. Carey*[56] y *Estados Unidos v. Gray*[57], los analistas forenses buscaban cierto tipo de información relativa a piratería informática, y encontraron imágenes digitales de M.A.S.I. En *Carey,* el analista dejó de buscar aquello relacionado con el objeto de la investigación, y se abocó exclusivamente al hallazgo de imágenes de este último material. Por el contrario, en *Gray,* el analista continuó buscando pruebas de piratería informática que constituían el *objeto* de la investigación, y volvió a encontrarse con imágenes de abuso infantil. En ambos casos, y siempre recordando la ilegitimidad (en casi todos los casos) de las limitaciones *ex ante* (por los motivos ya expuestos), los tribunales valoraron la circunstancia de haber permanecido los agentes *dentro del objeto de la investigación* y *buscar en lugares en donde razonablemente podía estar la evidencia* o, por el contrario, el haber analizado *más allá* del alcance de la orden. Así, cuando el oficial actuante se abocó a hallar la evidencia descrita en la orden, las imágenes descubiertas fortuitamente pudieron ser utilizadas, mientas que, en el caso en que el agente ignoró la orden judicial, la utilización de las imágenes habidas fue suprimida.

4.2. El "objeto" de la investigación. Un parámetro para medir el alcance de la búsqueda

A fin de establecer si la intromisión que conlleva el análisis de datos ajenos resulta arbitraria o no, deviene esencial entender qué se entiende por *objeto* de la investigación, lo que a su vez determina, qué es *lo que permite* buscar, y *donde* hacerlo. Ciertas ejemplificaciones ilustran al respecto.

---

56 https://caselaw.findlaw.com/court/us-10th-circuit/1317424.html

57 https://law.justia.com/cases/federal/district-courts/FSupp2/78/524/2568986/

Pensemos en un allanamiento cuyo objeto es la búsqueda de un *camión robado,* y en otro en el que aquello que se busca un *arma de fuego,* o bien una *suma de dinero.* Los lugares a los que nos encontraremos habilitados para acceder y revisar serán totalmente distintos en uno y otro caso. En efecto, en el supuesto del camión, no podremos abrir un cajón que se encuentre en una oficina del depósito allanado, pero sí podremos hacerlo cuando aquello que buscamos es el arma o dinero en efectivo.

Como bien indica Javier Ángel Fernández-Gallardo, en su artículo "*Registro de dispositivos de almacenamiento masivo de información*"[58], debe exigirse que la "*... medida esté relacionada con la investigación de un delito en concreto, sin que puedan autorizarse medidas de investigación tecnológica que tengan por objeto prevenir o descubrir delitos o despejar sospechas sin base objetiva. La necesaria represión de conductas delictivas graves, el ejercicio del ius puniendi del Estado y la nueva criminalidad organizada, no pueden permitir en absoluto la que se ha denominado como investigación prospectiva o causa generalis. Por tanto, la medida deberá tener por finalidad investigar un hecho que integre el objeto del proceso penal, y no meros indicios o sospechas. En palabras del TC "un acto instructorio que limite un derecho fundamental no puede estar dirigido exclusivamente a obtener meros indicios o sospechas de criminalidad, sino debe tener como finalidad la preconstitución de la prueba de los hechos que integran el objeto del proceso penal...*".

Entonces, los nuevos elementos evidenciales deben ser *habidos en "lugares" en donde razonablemente podrían encontrarse los que se incluyen el objeto de la búsqueda.* Y en el caso de la información digital "*secuestrada*" estos "*espacios*", en la mayoría de los casos, abarcarán *la totalidad de la imagen forense.*

5. EL *PRIVILEGIO "DEFENSIVO"* Y DE LAS *FUENTES PERIODÍSTICAS*

La relación *defensiva,* es decir la que se produce entre el investigado y su abogado merece un especial tratamiento, ya que debe garantizarse, en el marco de un *debido proceso,* la *confidencialidad* de la misma. Algo similar ocurre con las fuentes periodísticas.

El Tribunal Europeo de Derechos Humanos ha dado tratamiento a esta cuestión en el conocido precedente *Sakhnovskiy c. Rusia*[59] , en el que deja

58 https://revistas.usc.gal/index.php/dereito/article/view/3522

59 https://hudoc.echr.coe.int/eng#{%22itemid%22:[%22001-91130%22]}

muy claro que si un abogado no pudiera hablar, privadamente, con su cliente, y recibir sus instrucciones, la asistencia que pueda brindarle perdería su utilidad. Esta relación debe desarrollarse en absoluta reserva. Por tales motivos, aquí sí debe asegurarse la reserva, salvo que, como veremos más adelante, surja la posibilidad de la participación criminal en el hecho investigado del propio defensor.

Lógicamente, los respectivos ordenamientos normativos protegerán esta información a través de los tipos penales que establezcan penas para la *violación de secretos profesionales,* como un complemento a lo antes explicado. Así, en el caso de la legislación española, la cuestión se encuentra prevista en el art. 542.3, de la Ley Orgánica del Poder Judicial, que prescribe que los "... *abogados deberán guardar secreto de todos los hechos o noticias de que conozcan por razón de cualquiera de las modalidades de su actuación profesional, no pudiendo ser obligados a declarar sobre los mismos*". En el caso argentino, la norma que regula la cuestión se encuentra en el art. 156, del Código Penal[60], que dispone que "*Será reprimido con multa de pesos mil quinientos a pesos noventa mil e inhabilitación especial, en su caso, por seis meses a tres años, el que teniendo noticia, por razón de su estado, oficio, empleo, profesión o arte, de un secreto cuya divulgación pueda causar daño, lo revelare sin justa causa.*"

5.1. El caso de los defensores. Ámbito subjetivo y objetivo. Personas incluidas. Elementos incluidos

En este punto cabe destacar que *no cualquier relación* entre abogado y cliente da lugar a la aplicación de estas prerrogativas. En efecto, uno de los requisitos para su procedencia radica en el hecho de que se trate de una *asistencia en curso, durante un proceso penal,* o ante la *inminencia de su apertura.* Si la persona requiere asistencia técnica durante ese proceso, estaremos frente a la obligación de respetar el privilegio. Desde el momento en que un abogado asume la defensa, la relación se convierte en confidencial. No ocurre lo mismo si se trata de un mero asesoramiento jurídico, que no esté conectado a un fin defensivo. El Tribunal Supremo español es muy claro al respecto en su sentencia 490/2006[61].

---

60 https://servicios.infoleg.gob.ar/infolegInternet/anexos/15000-19999/16546/texact.htm#19

61 En la misma deja sentado que "... *no se puede mezclar el secreto profesional con actividades que implican a personas que, teniendo o no la condición de abogados, se ven inmersas en un proceso penal por actividades externas netamente delictivas y sobre cuyo conocimiento los*

Es importante determinar también qué *tipo de elementos* se encuentran protegidos por el privilegio. En el derecho europeo podemos encontrar criterios muy valiosos para su determinación. El Tribunal de Justicia de la Unión Europea señala que el alcance de la protección abarca los siguientes elementos: *1) la correspondencia intercambiada antes del inicio del procedimiento; 2) documentos preparatorios elaborados por el cliente (aunque no se hayan remitido al abogado, ni se crearan con el propósito de obtener asesoramiento jurídico de un abogado*[62]*; c) notas internas distribuidas dentro de una institución donde se informa el contendido de comunicaciones de asesoramiento jurídico de un abogado.*

Lo importante es que el privilegio tiene su *razón de ser* en el hecho de la *relación abogado-cliente* que esté *estrechamente vinculada al derecho de defensa* en juicio, y no a otras informaciones con las que pueda contar el defensor, que no tengan relación con ese derecho.

Un problema que puede plantearse se advierte en supuestos de investigaciones en que surjan indicios de que *el letrado defensor se encuentra implicado* en el hecho delictivo. Esta presunta participación criminal extingue el privilegio, pero exige obrar con *mucha cautela* al momento habilitar intromisiones. El Tribunal Supremo de España refiere a esta cuestión en algunas resoluciones. Señala que "... *Es evidente que la medida reviste una incuestionable gravedad y tiene que ser ponderada cuidadosamente por el órgano judicial que las acuerda, debiendo limitarse a aquellos supuestos en los que existe una constancia suficientemente contrastada de que el abogado ha podido desbordar sus obligaciones y responsabilidades profesionales integrándose en la actividad delictiva como uno de los componentes...*"[63].

Esta cuestión plantea serias dificultades frente a interrogantes de difícil respuesta, tales como: *1) ¿Cuándo cesa el privilegio?; 2) ¿Pueden utilizarse como indicios de la participación criminal del letrado datos que sean extraídos de la propia comunicación con su cliente cuya intervención está prohibida?*

Para resolver dichos planteos, el Tribunal Supremo Español ha decidido que "... *No existe un reconocimiento normativo a que un abogado puede garantizar a su cliente que sus teléfonos no serán intervenidos, para lo que bastaría que le*

---

terceros solo podrían acogerse al secreto cuando se tratasen de hechos que hubieran conocido en el ejercicio de su cargo y pudiesen perjudicar a sus clientes. Solo estos son los titulares del derecho a la confidencialidad y al secreto y no los profesionales que nada tienen que ver con los hechos que son objeto de acusación".

62 Sentencia de 14 de septiembre de 2010, Asunto C-550/07 P, Akzo Nobel Chemicals y Akcros Chemical s/Comisión.

63 Sentencia del Tribunal Supremo, de fecha 28 de noviembre de 2001.

efectuara una llamada telefónica instrumental al inicio de cualquier procedimiento en el que se le haya atribuido la condición de investigado a su poderdante. Dicho de otro modo, evaluada por el instructor la oportunidad de intervenir los teléfonos de algunos de los investigados, la introducción accidental de conversaciones relativas a la defensa jurídica, ni es causa legal de modificación automática del mecanismo de indagación hasta entonces desplegado, ni necesariamente obliga a renunciar a la medida injerente. En tales supuestos, el control judicial de la intervención pasará por una revaluación de la proporcionalidad y necesidad de la observación y, cuando no se aprecien circunstancias que justifiquen el decaimiento de la actuación investigativa por la preeminencia ineludible al amparar el derecho fundamental a la defensa, el juez continuara con la observación si bien asumiendo la ponderación y tutela de los intereses en conflicto, lo que manifiesta en una potenciación del control judicial a fin de garantizar que las vías de indagación necesarias para esclarecer el objeto de proceso y las concretas pesquisas policiales que sirvan a esa finalidad, ni se reorienten aprovechando el contenido del asesoramiento de defensa desvelado, ni se explote la intromisión para enriquecer y reformar el material incriminatorio con el que se cuenta…"[64].

Esta referencia delimita claramente los extremos que deben tenerse en consideración a la hora de decidir las cuestiones expuestas. En esa dirección, si los datos que dan cuenta de la presunta participación criminal del abogado defensor son obtenidos en el curso de comunicaciones enmarcadas en una defensa procesal, deberá prevalecer el privilegio defensivo y, por ende, no será legítima la utilización del contenido comunicado. Por el contrario, en el caso en que la comunicación haya transcurrido en paralelo a la función defensiva, su contenido podría ser utilizado, como *hallazgo casual*, y justificar, a su vez, una apertura de una investigación en contra del letrado.

Por supuesto que existen opiniones que entienden que para la desaparición del privilegio deberán exigirse serios indicios de la participación criminal del abogado, y que surjan de fuentes probatorias distintas e independientes a la intervención de comunicaciones que generen *hallazgos ocasionales*, debiendo aplicarse estándares muy exigentes en la identificación de aquellos primeros datos que marquen la participación criminal del defensor. Es este sentido se ha expedido el Tribunal Europeo de Derechos Humanos, en el caso *Robhatin c. Austria, de 3 de julio de 2012*[65]. Los partida-

---

[64] ATS, del 6 de febrero de 2019.

[65] En el año 2006, un juez de instrucción dictó una orden de registro de las Oficinas del solicitante, un abogado en ejercicio, sospechoso de una serie de robos y deli-

rios de esta postura consideran que no luce constitucionalmente aceptable que, identificadas evidencias de participación criminal del abogado, puedan ordenarse diligencias cuyo objeto sea precisamente la intervención de las comunicaciones también defensivas con su cliente. Se sostiene que los fines de persecución criminal no pueden justificar en todo caso una lesión estructural del derecho a la asistencia letrada eficaz.

Sin duda alguna la cuestión es delicada y presenta matices de difícil solución. Será el *caso por caso* lo que nos marcará el camino para dar respuesta a las discusiones que puedan plantearse. Ahora bien, de lo que no hay duda es que deberán existir *serios indicios* y *fuente probatorias independientes* a cualquier tipo de interferencia en las comunicaciones abogado-cliente.

5.2. El secreto profesional en el caso de periodistas

Al igual que en supuesto tratado en el punto anterior, el análisis de dispositivos de almacenamiento masivo pertenecientes a profesionales de la información puede dar lugar a una afectación del *secreto profesional*, pero también a la *libertad de prensa* y al *derecho a la información* con el que cuentan todos los ciudadanos, lo que claramente debe traducirse (al igual que en el caso de los abogados) en un mayor rigorismo al momento de analizar la proporcionalidad y la necesidad de recabar la evidencia contenida en dichos soportes.

Esta protección de las fuentes periodísticas, en el ámbito europeo ha sido calificada como una de las *piedras angulares* de la *Libertad de Prensa*. Esa es la conclusión a la que llega en Tribunal Europeo de Derechos Humanos

---

tos de estafa. La orden no se limitaba a los datos que pudieran estar relacionados con los presuntos delitos, sino que se extendía a todos los datos contenidos en el despacho del abogado. Tras el registro, el tribunal de control autorizó el examen de todo el material tras constatar que los datos habían sido incautados en el curso de una investigación preliminar y que un abogado no podía invocar el privilegio al que estaba sujeto cuando era sospechoso. El demandante fue finalmente absuelto. El TEDH identificó una vulneración del derecho a la intimidad y al secreto profesional del abogado garantizado por el artículo 8, de la Convención Europea de Derechos Humanos. Y ello porque la orden de registro fue demasiado vaga. La misma estaba redactada en términos muy amplios, ya que auto rizaba el registro y la incautación de documentos, ordenadores y discos personales, libretas de ahorro, documentos bancarios y escrituras de donación y testamento en favor del solicitante de manera general e ilimitada, en lugar de restringirla a los datos relativos, únicamente, a la relación entre el demandante y las víctimas de los presuntos delitos.

al considerar que una violación del secreto profesional puede llegar a generar un efecto disuasorio en la labor de los periodistas dando cuenta de que "*… la ausencia de dicha protección puede disuadir a las fuentes de ayudar a la prensa a informar al público sobre cuestiones de interés general…*"[66]. De no existir esta garantía, señala el Tribunal Europeo Derechos Humanos, el papel vital de "*guardián público*" que cumplen los medios periodísticos "*… puede verse socavado y la capacidad de los mismos para proporcionar información precisa y confiable puede verse afectada negativamente…*"[67]. Es por ello que dicha Corte ha sostenido que los limites deben estar sometidos a un análisis de *proporcionalidad de especial estrictez.* En tal sentido se ha dicho que debe evaluarse la existencia de una "*necesidad social urgente*" de la limitación, que está justificada en un "*interés de la sociedad en asegurar y mantener una prensa libre*"[68].

Por lo demás, la cuestión debe resolverse atendiendo a la gravedad del delito investigado, en contraste con el interés público de la noticia objeto de divulgación[69], a lo que debe sumarse la exigencia de un control judicial efectivo que determine si existe ese interés en la medida suficiente para el levantamiento del secreto profesional[70]. Una cuestión importante por ponderar será también *la inexistencia de otros medios* para obtener la información que se busca en el marco de *objeto* de la investigación.

Existen algunos Estados que, incluso, han determinado, dentro de sus propias legislaciones, un catálogo de conductas delictivas en las que el secreto profesional puede ser excepcionado. Uno de esos casos es el de Suiza, que en su artículo 172, del Code de Procédure Pénale dispone lo siguiente: "*Las personas que participan profesionalmente en la publicación de información en la sección editorial de un medio periódico y sus ayudantes pueden negarse a declarar sobre la identidad del autor y el contenido y la fuente de su información… (pero) Deben testificar: a. cuando su testimonio sea necesario para asistir a una persona cuya integridad física o cuya vida estén directamente amenazadas; b. cuando, sin su testimonio, no pudiera esclarecerse uno de los siguientes delitos o no pudiera detenerse al acusado de tal delito: 1. Un homicidio…; 2. un delito castigado con*

---

66 STEDH, de fecha 25 de febrero de 2003, causa *Roemen y Schmit c. Luxemburgo.*

67 STEDH, de fecha 28 de junio de 2012, causa *Ressiot y otros c. Francia*; 27 de marzo de 1996, causa *Goodwin c. Reino Unido,* y 25 de febrero de 2003, causa *Roemen y Schmit c. Luxemburgo.*

68 STEDH, de fecha 27 de marzo de 1996, causa *Goodwin c. Reino Unido.*

69 STEDH, de fecha 6 de octubre de 2020, causa *Jecker c. Suiza.*

70 STEDH, de 14 de septiembre de 2010, causa *Sanoma Uitgevers B.V. c. Países Bajos.*

una pena privativa de libertad de al menos tres años…", entre otras conductas especialmente consideradas.

La existencia de este tipo de previsiones legales, no obstante, no excluye la necesidad de un análisis en cada caso concreto, en relación a los elementos fácticos que se presenten, con independencia de la ponderación que, en abstracto, haya realizado el legislador. Aquí se impone al Poder Judicial la realización de un estudio minucioso de la *proporcionalidad* y de la *necesidad* de la medida solicitada. Tal fue la postura del Tribunal Europeo de Derechos Humanos en un caso relacionado precisamente, con la legislación suiza, habiéndose resuelto que era necesario asegurar que la medida en cuestión *fuera necesaria en las circunstancias del caso*[71].

En los casos bajo análisis, se pueden establecer algunos parámetros diferentes a los postulados en los capítulos anteriores. En efecto, se ha sostenido que, en supuestos de acceso a dispositivos de almacenamiento masivo de la información de periodistas y profesionales de la información, deban aplicarse garantías tales como *el acotamiento de los documentos o archivos que pueden ser relevantes en relación con la investigación* y, consecuentemente, a los que se podrá acceder[72]. Asimismo, se ha permitido solamente el análisis de los *dispositivos pertenecientes al periodista afectado* y no a los de los restantes compañeros que pudieran guardar relación profesional con aquel[73], siendo necesaria además la *presencia de un tercero imparcial* que garantice el acceso únicamente a aquellos documentos o archivos que pudieren estar relacionados con el *objeto* de la investigación[74].

---

71 En tal sentido se había expedido, previamente, el Tribunal Federal Suizo en su Sentencia TF 132 I 181, al considerar que el principio de proporcionalidad exigía no solamente que el delito objeto de investigación se encontrase dentro del catálogo cerrado sino, además: *(i) que la obligación de declarar pueda contribuir directamente al esclarecimiento del delito de que se trate; (ii) que el testimonio debe ser necesario; no es el caso cuando se dispone de otros medios de prueba que pueden conducir al mismo resultado; (iii) que la obligación de declarar sólo se justifica cuando el interés de la persecución penal prevalece sobre el interés del periodista en no revelar sus fuentes, siendo que deben tenerse en cuenta, en particular, las circunstancias de la presunta infracción, el estado de la investigación y el posible valor del testimonio del periodista.*

72 STEDH, de fecha 3 de julio de 2012, causa *Robathin c. Austria;* STEDH, de fecha 22 de mayo de 2008, causa *Ilya Stefanov c. Bulgaria.*

73 STEDH, de fecha 12 de febrero de 2015, *Yuditskaya y otros c. Rusia.*

74 STEHD, de fecha 16 de diciembre de 1992, *Nimetz c. Alemania.*

Tecnovigilancias de personas, lugares y vehículos

MAXIMILIANO HAIRABEDIAN

SUMARIO: 1. DERECHO A LA INTIMIDAD Y A LA PRIVACIDAD. 1.1. Introducción. 1.2. En búsqueda de teorías para la aplicación práctica del derecho a la intimidad. 1.3. ¿La tecnología está cambiando la concepción social de la privacidad? 2. CAPTACIÓN DE IMÁGENES DE LUGARES Y PERSONAS. 2.1. Videograbación, fotografía y filmación. 2.2. Cámaras y detectores termales y corporales. 3. SEGUIMIENTOS TECNOLÓGICOS DE PERSONAS Y VEHÍCULOS. 3.1. Balizas web. 3.2. Geolocalización por GPS. 3.2.1. Introducción. 3.2.2. Legalidad del rastreo satelital. 3.2.3. Guía de la Asociación Iberoamericana de Ministerios Públicos. 3.2.4. La jurisprudencia de Estados Unidos. 3.2.5. Legislación española. 4. DRONES. 4.1. Introducción. 4.2. Algunos problemas del uso de drones. 4.3. Lugares abiertos. 4.4. Inmuebles comerciales e industriales. 4.5. Residencias. 4.6. Regulación legal en Argentina. 5. IDENTIFICACIÓN MEDIANTE RECONOCIMIENTO FACIAL. Bibliografía.

"La privacidad es un derecho inherente a la condición humana, una condición necesaria para garantizar la dignidad. Dos proverbios lo expresan inmejorablemente: "Quis custodiet custodes ipsos? ("Quién vigila a los vigilantes?") y "El poder absoluto corrompe absolutamente". El cardenal De Richelieu entendía el valor de la vigilancia cuando dijo: "Si alguien me diera seis líneas escritas por la mano del hombre más honesto, encontraría algo en ellas para hacerle colgar". Vigila a alguien por un tiempo suficientemente largo y encontrarás algo con que arrestarle o chantajearle. La privacidad es un valor importante, puesto que, sin ella, se acaba abusando de la información proveniente de la vigilancia: para fisgonear furtivamente, para venderla a empresas y para espiar a enemigos políticos —quienes quieran que sean éstos en un determinado momento—. Por eso deberíamos ser todos adalides de la privacidad, aun cuando no tengamos "nada que ocultar"". Bruce Schneier, The eternal value of privacy.

1. DERECHO A LA INTIMIDAD Y A LA PRIVACIDAD

1.1. Introducción

Históricamente la civilización ha reconocido ámbitos de privacidad: entre los más tempranos puede ubicarse el pudor corporal y una de sus facetas más profundas, la reserva de las funciones excretorias[1]. Luego fueron apareciendo la protección del domicilio, el secreto confesional y la correspondencia. Sin embargo, la intimidad, como derecho positivo autónomo y desarrollado, es de aparición más tardía[2] que otras garantías clásicas[3].

En el pasado, los escasos ámbitos de privacidad eran respetados por los usos y costumbres de cada sociedad o se los consideraba parte integrante de otros derechos, como la propiedad o la libertad.

Históricamente las personas hemos estado expuestos a algún tipo de vigilancia[4]. Desde fines del siglo XIX, con la creciente complejidad de las

---

1 "En nuestra cultura, las funciones excretoras están protegidas por una privacidad más o menos absoluta, hasta el punto de que las situaciones en las que se viola esta privacidad se viven como extremadamente angustiosas, como algo que atenta contra la dignidad y la autoestima" (CSEEUU, "Skinner", 489 US 602-1989). "Orinar es una función excretoria tradicionalmente protegida por gran privacidad" (mismo Tribunal en "Board Education v. Lindsay Earls et. al.", 27/6/2002).

2 "Un futuro en el que la privacidad estaría sometida a un constante asalto resultaba tan extraño a los forjadores de la Constitución que en ningún momento se les ocurrió mencionarla explícitamente como un derecho. La privacidad era inherente a la nobleza de su condición y su causa. Por supuesto, ser observado estando en tu casa era una sinrazón. Vigilar era un acto tan inapropiado como inconcebible entre caballeros de aquellos tiempos. Se vigilaba a criminales, no a ciudadanos libres. Uno manda en su propia casa. Es intrínseco del concepto de libertad" (Schneier, Bruce, "The eternal value of privacy", https://www.schneier.com/essays/archives/2006/05/the_eternal_value_of.html).

3 "La Constitución Nacional de 1853 fue un texto de vanguardia en el tema, pues la amplia y aguda formulación de su art. 19, hubiera permitido desde la alborada de la institucionalidad argentina, de ser aplicado inteligentemente y sin demagogias, tutelar con eficacia este derecho. Piénsese que el primer texto que reconoce y positiviza el derecho a la intimidad personal y familiar a nivel internacional, es la Declaración Universal de Derechos Humanos de 1948, en su art. 12" (López Mesa, Marcelo J., La protección de la intimidad y la vida privada (Exégesis del art. 1770 del Código Civil y Comercial), Revista Argentina de Derecho Civil —Número 8— agosto 2020, IJ IG, 7/8/2020, IJ-CMXXII-911).

4 "Los humanos estamos acostumbrados a que nos vigilen. Durante millones de años, otros animales, así como otros humanos, nos han observado y perseguido. Familiares, amigos y vecinos siempre han querido saber qué hacemos y qué sentimos, y siempre nos ha preocupado en lo más profundo saber cómo nos ven y lo que saben de nosotros. Las jerarquías sociales, las maniobras políticas y las relaciones amorosas han exigido esfuerzos interminables en la tarea de descifrar qué es lo que sienten y piensan otras personas, y en ocasiones en la de ocultar nuestros propios sentimientos y pensamientos" (Harari, Yuval N., Nexus, Ed. Debate, Buenos Aires, 2024, p. 279).

sociedades industriales, el crecimiento de las ciudades, el avance de los medios de comunicación y la tecnología, entre otros factores, la intimidad se ha visto cada vez más amenazada. El derecho fue respondiendo con un desarrollo teórico y jurisprudencial sobre la privacidad y su recepción como garantía autónoma en leyes y constituciones.

Generalmente usamos derecho a la privacidad y a la intimidad como sinónimos o equivalentes[5], también lo hace la jurisprudencia[6] y así lo utilizo en este y otros trabajos. De todas formas, hay quienes trazan una delgada distinción, no siempre con el mismo criterio. Una de las diferencias más resaltadas es la que circunscribe la intimidad a aquellos aspectos interiores de la persona (pensamiento, personalidad, emociones) y la privacidad a ámbitos de interacción social (la familia). Bidart Campos describe la inti-

---

5 El diccionario panhispánico de dudas de la RAE dice que la privacidad ("cualidad de privado o no público", "ámbito de la vida privada que se tiene derecho a proteger de cualquier intromisión") no es sinónimo de intimidad ("ámbito más reservado de una persona", "ámbito íntimo, espiritual o físico"), "aunque ambos términos están semánticamente muy próximos y son intercambiables en algunos contextos. En doctrina y jurisprudencia se relaciona "intimidad" con "vida privada": "El amparo de la intimidad resguarda la intangibilidad del ámbito de circunspección y reserva de la vida privada del individuo y su entorno familiar, sustrayéndola del comentario de terceros ajenos, de la crítica o ironía pública, de la curiosidad maledicente y de la revelación innecesaria o con ánimo de mofa o censura, de acciones que no están sometidas a escrutinio público. Íntimo es lo secreto, lo desconocido por terceros, lo reservado al conocimiento del propio sujeto o al estrecho círculo de sus próximos, y no los hechos o situaciones producidos en lugares públicos y respecto de los cuales no hubo intención de mantener ocultos para terceros. La palabra "intimidad" ha de entenderse como sinónimo de "vida privada", de "soledad total o en compañía", esto es, lo interior, lo personal, la esfera de lo íntimo intransferible, o bien de lo privado que sólo se comparte con los más próximos" (López Mesa, ob. cit. con citas jurisprudenciales).

6 "El derecho a la privacidad e intimidad tiene su fundamento constitucional en el art. 19 de la Constitución Nacional. En relación directa con la libertad individual protege jurídicamente un ámbito de autonomía individual constituida por los sentimientos, hábitos y costumbres, las relaciones familiares, la situación económica, las creencias religiosas; la salud mental y física y, en suma, las acciones, hechos o datos que, teniendo en cuenta las formas de vida aceptadas por la comunidad están reservadas al propio individuo y cuyo conocimiento y divulgación por los extraños significa un peligro real potencial para la intimidad. El derecho a la privacidad comprende no sólo a la esfera doméstica, el círculo familiar de amistad, sino otros aspectos de la personalidad espiritual y física de las personas tales como la integridad corporal o la imagen" (CSJN., 11/12/1984, "Ponzetti de Balbín").

midad como la esfera personal exenta del conocimiento generalizado de terceros, y la privacidad como la posibilidad irrestricta de realizar acciones privadas (que no dañen a otros) que se cumplan a la vista de los demás y que sean conocidas por éstos[7]. Para Nino la privacidad se vincula con las acciones de los individuos que no afectan a terceros, el principio de autonomía de la persona que valora la libre elección de planes de vida e ideales de excelencia humana con el límite de no causar daño a los demás. En tanto que la intimidad es la esfera exenta del conocimiento generalizado de los demás (que no obtengan un poder indebido sobre nuestra persona, o nos sometan a burla y ridiculización, o la intolerancia que se tiene sobre otros hábitos de vida, rasgos de la personalidad y el respeto a la libertad de elegir la forma de vida, aspectos de rasgos del cuerpo, su imagen, pensamientos y emociones, conductas sin dimensión intersubjetiva, escritos y creaciones propias, conversaciones con otros en forma directa o por medios técnicos, la correspondencia, objetos de uso personal)[8]. En términos más sencillos, para estas corrientes, intimidad sería aquello extremadamente privado.

"Privacidad" e "intimidad" son términos con vaguedad; siempre ha existido dificultad en definirlos. Postular que protegen el derecho a no ser objeto o estar libres de injerencias arbitrarias o ilegales en la vida privada (PIDCP., 17), es algo muy amplio porque lo es el concepto de "vida privada". Lo mismo ocurre con la definición doctrinaria más temprana: "*the right to be let alone*"[9] (el derecho a estar solos o a que nos dejen estar solos). Es un concepto de gran riqueza, que dice mucho en muy pocas palabras, pionero y trascendente para la época, enmarcada en el contexto del surgimiento de tecnologías y la conformación de las sociedades modernas. Sin embargo, también adolece de imprecisión para aplicarlo a la solución de casos controvertidos.

La noción de intimidad es un producto cultural, una creación abstracta de la mente humana con fines de preservación, organizativos y evoluti-

7 Bidart Campos, Germán, Manual de la Constitución de la Constitución reformada, Vol. I, Ediar, Buenos Aires, 1998, p. 519.

8 Nino, Carlos Santiago "Fundamentos de Derecho Constitucional". Análisis Filosófico, Jurídico, y Politológico de la Práctica Constitucional. 2da Reimpresión, Astrea, Buenos Aires, 2002, citado por Basterra, Marcela, "Derecho a la intimidad, privacidad y confidencialidad en la Ciudad Autónoma de Buenos Aires" en Constitución de la CABA comentada, Jusbaires, 2017, pp. 142/144.

9 Warren, Samuel D. - Brandeis, Louis D., "The Right to Privacy", Harvard Law Review, 1890.

vos[10]. Por lo tanto, está sujeta a constantes transformaciones adaptables a las necesidades de cada época y lugar[11]. La idea de privacidad en la etapa medieval no era la misma que hoy, como tampoco lo es en Occidente que en Oriente[12]. La irrupción de tecnología y nuevas técnicas de investigación fue volviendo más complejo el asunto. La sociedad de la vigilancia puede poner en jaque la autonomía y el espacio individual[13].

---

10 Sobre la capacidad humana de crear abstracciones y mitos y su papel en la evolución, Harari, Yuval Noah, Sapiens-De animales a dioses-Una breve historia de la humanidad. 10° Ed. Debate, Barcelona, 2014. Aunque el autor, sin mayor fundamento, le asigna naturaleza biológica a la intimidad: "La historia consiste en la interacción entre biología y cultura; entre nuestras necesidades y deseos biológicos por cosas tales como el alimento, el sexo y la intimidad, y productos culturales como las religiones y las leyes" (Harari, Nexus cit., p. 259).

11 "La conciencia crítica ante la vigilancia digital es, en Asia, prácticamente inexistente" (Han, Byung Chul, "La emergencia viral y el mundo de mañana", El País, Madrid, 22/3/2020).

12 "La conciencia crítica ante la vigilancia digital es, en Asia, prácticamente inexistente" (Han, Byung Chul, "La emergencia viral y el mundo de mañana", El País, Madrid, 22/3/2020).

13 La privacidad nos protege del abuso de aquellos que están en el poder, incluso si no estamos haciendo nada malo en el momento de ser vigilados. No hacemos nada malo cuando hacemos el amor o vamos al cuarto de baño. No estamos escondiendo deliberadamente nada cuando buscamos un lugar privado para reflexionar o conversar. Mantenemos diarios privados, cantamos en la privacidad de nuestra ducha, y escribimos cartas a amores secretos y después las quemamos. Pues, si nos vigilan en todo momento, estamos ante la amenaza continua de la corrección, juicio, crítica, incluso de plagio de nuestra propia individualidad. Nos transformamos en niños, esposados bajo ojos vigilantes, constantemente bajo el temor de que —ahora o en un futuro indeterminado— la traza que dejamos tras nosotros será usada para implicarnos, por parte de la autoridad de turno que en ese momento decida concentrarse en lo que antaño fueron nuestros actos privados e inocentes. Perdemos nuestra individualidad, pues todo lo que hacemos puede ser observado y registrado. ¿Cuántos de nosotros, en los últimos años, se han parado en mitad de una conversación, conscientes, de repente, de que podríamos estar siendo escuchados subrepticiamente? Probablemente era una conversación telefónica, aunque quizás era un correo electrónico, o un chat o una conversación en un espacio público. Quizás el tema era terrorismo, política o el Islam. Nos paramos repentinamente, preocupados de que nuestras palabras podrían ser sacadas de contexto, luego nos reímos de nuestra paranoia y continuamos. Pero nuestras maneras han cambiado y modificamos sutilmente nuestra elección de palabras. Ésta es la pérdida de libertad a la que nos enfrentamos cuando nos roban nuestra privacidad. Ésta era la vida en la antigua Alemania del este, o la vida en el Irak de Sadam Hussein. Y es lo que nos espera en el futuro, si permitimos el ojo cada vez más intrusivo

Tal vez el primer caso en el que la jurisprudencia hubo de resolver el conflicto de una tecnología con el derecho bajo análisis, fue sobre las llamadas telefónicas. Hoy nos parece indiscutible que las comunicaciones son privadas, pero hace 100 años no fue tan sencillo dilucidarlo, porque hasta ese momento los ámbitos de intimidad reconocidos eran otros. Muestra de esto fue el caso de Roy Olmstead, un ex policía que, durante la ley seca, se dio cuenta que le resultaba más conveniente ser contrabandista que agente de la ley y el orden. Se pasó de bando, estableció en Seattle un cártel dedicado al tráfico de alcohol, que fue desbaratado con meses de pacientes escuchas realizadas por agentes federales. A ellos no se les ocurrió que debían pedirle autorización a un juez, porque era algo nuevo, no había ley que lo previera, las captaciones las hacían colocando un artefacto en los cables telefónicos externos al domicilio y las comunicaciones de aquella época eran escuchadas por las operadoras, y así también lo entendieron los tribunales. La cuestión llegó a la Corte Suprema de Estados Unidos y en 1928 un ajustado fallo dividido concluyó que Olmstead y los miembros de su banda no tenían un derecho constitucional a la intimidad sobre lo que hablaban por teléfono[14].

---

en nuestras vidas privadas y personales" (Schneier, Bruce, "The eternal value of privacy", https://www.schneier.com/essays/archives/2006/05/the_eternal_value_of.html).

14 277 U.S. 438 (1928). Para la mayoría, una violación de la Cuarta Enmienda requería un examen físico real de la persona, los papeles, los efectos o el hogar. "El Congreso puede proteger el secreto de los mensajes telefónicos haciendo que, cuando sean interceptados, sean inadmisibles como prueba en juicios penales federales mediante legislación directa. Pero los tribunales no pueden adoptar esa política atribuyendo un significado ampliado e inusual a la Cuarta Enmienda. Quien instala en su casa un instrumento telefónico con cables de conexión tiene la intención de proyectar su voz a quienes están afuera, y que los cables más allá de su casa y los mensajes que pasan por encima de ellos no están dentro de la protección de la Cuarta Enmienda. Aquí, quienes interceptaron las voces proyectadas no estaban en la casa de ninguna de las partes en la conversación". Distinto fue el "orwelliano" (por lo visionario y predictivo) voto en disidencia de Brandeis: "No parece que el progreso de la ciencia para proveer al gobierno con medios de espionaje vaya a detenerse con la grabación sobre alambre. Algún día podrán desarrollarse medios por los cuales el Estado, sin sacar papeles de cajones secretos, podrá reproducirlos ante un tribunal, y por medio de los cuales estará capacitado para exponer ante un jurado los más íntimos sucesos de un hogar.
El avance en la física y las ciencias relacionadas con ella podrá traer medios para explorar las convicciones no expresadas, pensamiento y emociones. Las cláusulas que garantizan al individuo protección contra abusos de poder específicos deben tener una capacidad similar de adaptación a un mundo cambiante". Por eso

1.2. En búsqueda de teorías para la aplicación práctica del derecho a la intimidad

La cada vez mayor complejidad del mundo ha forzado al derecho a desarrollar nuevas teorías para interpretar las garantías constitucionales, y la intimidad ha sido posiblemente la más asediada por el avance tecnológico. Este desarrollo ha sido ilustrado con metáforas, tales como la del árbol[15], la novela en cadena[16] o la catedral[17].

Una forma de conceptuar la privacidad es enumerar las proyecciones[18] o los ámbitos en que se desarrolla: el pudor corporal, el domicilio, las comunicaciones, el secreto confesional y profesional, el pensamiento, la familia, los papeles privados, los datos personales, la propia imagen[19]. Es

---

consideró invasivas las operaciones que se extendieron casi 5 meses y el registro mecanografiado de las conversaciones en 775 páginas.

15 Orin Kerr pone el foco de atención sobre el cambio tecnológico y social como mecanismo del desarrollo del derecho a la intimidad, ilustrando la existencia de un derecho al respecto como un árbol crecido con muchos anillos que han ido formando su tronco. A medida que cada anillo se agrega, el árbol va creciendo, y así el derecho de la cuarta enmienda de la constitución norteamericana se erige caso por caso, con cada anillo creciendo en respuesta a alguna nueva tecnología o cambio que se produce (Kerr, Orin S., "An equilibrium-adjustment theory of the fourth amendment", *Harvard Law Review*, vol. 125, pp. 542 y 543).

16 Dworkin, Ronald, *Law's empire*, Harvard University Press, 1988. Gargarella pide que imaginemos que "somos veinte personas que participamos en esta tarea, y que cada uno se compromete a escribir cinco páginas de esa novela. Cada uno, cuando recibe el manuscrito que le lega quien lo antecede en la obra, agrega entonces sus cinco hojas, que pasan a sumarse a las hojas ya escritas por todos sus antecesores. La primera obligación de cada participante es leer las páginas ya escritas. Luego, cada uno tratará de entender lo escrito, y de darle un sentido a todo lo escrito. Finalmente, tratará de completar sus cinco páginas, dándole "la mejor continuación posible" a la novela hasta entonces escrita: una continuidad que haga honor a lo ya escrito, y que prepare el camino para el próximo participante (Gargarella, Roberto, "Interpretar el derecho. Entre la 'novela en cadena' y la 'catedral bombardeada'", *LL*, 27/7/2016, p. 1).

17 Explicada como una construcción colectiva que la comunidad va desarrollando, generación tras generación, cual Iglesia de la Sagrada Familia en Barcelona, iniciada por Gaudí en 1882, que la comunidad catalana sigue erigiendo y aún no ha terminado (Gargarella, ibídem).

18 Cafferata Nores, José I. y AA.VV., Manual de Derecho Procesal Penal, Universidad Nacional de Córdoba, 2004, pp. 127/128

19 Una posición entiende que este derecho es distinto al de la intimidad o la privacidad (ver Blanco, Hernán, Tecnología informática e investigación criminal", La

útil porque delimita su contenido, pero no es suficiente para resolver casos en los que se plantea la vulneración porque, especialmente en el proceso penal, existe la posibilidad de restringir legalmente el derecho a la intimidad. Por tal motivo, se han elaborado algunas teorías que pueden servir como guía para analizar alegaciones de intromisiones arbitrarias en la vida privada.

La más utilizada ha sido la "*privacy doctrine*" o "tesis de Katz"[20] o doctrina de la "expectativa razonable de privacidad" que durante décadas permitió solucionar conflictos con ese derecho. La discusión del caso giraba en torno a la escucha —sin orden judicial— de las conversaciones de las actividades ilegales del imputado mediante un mecanismo de registración electrónico acoplado al exterior de la cabina del teléfono público que usaba. Al sostener que el espionaje electrónico constituía un "registro" en el sentido de la Cuarta Enmienda, la Corte Suprema de Estados Unidos creó la tesis que lleva el nombre del fallo ("Katz"). Para resolver si hubo violación al derecho a la intimidad, la Corte exigió la realización de un doble test, subjetivo y objetivo: "una expectativa *subjetiva* de privacidad que la *sociedad* reconoce como razonable". El test subjetivo es relativamente fácil de establecer en un caso, desde que los tribunales generalmente resuelven el reclamo de alguien que, internamente, denuncia haberse sentido invadido en su vida privada. El test objetivo (si la sociedad está preparada para reconocer esa expectativa como "razonable")[21] parece más difícil de fijar, porque pone

---

Ley, 2020, p. 289). El autor cita, entre otras, la opinión de Tale, en cuanto a que el derecho a la imagen no se encuentra enunciado en el art. 11 de la CADH ni en ninguna otra parte (Tale, Camilo, "El derecho a la intimidad en los tratados de derechos humanos" en AA.VV., Tratados de derechos humanos y su influencia en el derecho argentino, La Ley, Buenos Aires, 2015, t III, p. 2629). Aclara Blanco que la CIDH ha interpretado extensivamente la referida disposición explicando que las imágenes o fotografías personales evidentemente están incluidas dentro del ámbito de protección de la vida privada de la CADH (caso "Fontevecchia y D'Amico vs Argentina", 29/11/2011).

20 Corte Suprema de Estados Unidos, "Katz v. United States", 389 U.S. 347, 351 (1967).

21 La Corte Suprema estadounidense delimita la expectativa de privacidad a partir de la disposición de las personas para asumir riesgos, como el de la pública exposición. En cambio, la Suprema Corte de Canadá, se refiere a las expectativas para definir estándares de personas con aspiraciones de disfrutar en una sociedad libre. Trata de conocer lo que los ciudadanos esperan de la sociedad en la que desean vivir, en lugar de exponer por prevención los riesgos que están dispuestos a correr (Garibaldi, E. L., Las modernas tecnologías de control y de investigación del delito, Ad Hoc, Buenos Aires, 2010, p. 370, citando a Slobogin, Christopher:

a los jueces en el rol intérpretes de un sentimiento social[22]. Sin embargo, durante décadas la "tesis de Katz" ha servido para dar respuestas a los más variados planteos sobre vulneración del derecho a la intimidad (examen de residuos[23], inspecciones con perros adiestrados[24], seguimientos en la vía pública[25], cámaras de seguridad[26], análisis de redes sociales[27], etc.), no sólo en su país de origen, sino también en otros[28].

"Public privacy", *Mississippi Law Journal*, vol. 72, 2002, pp. 17 y 18, nº 268). Muy didácticamente explica Garibaldi que se trata de dos posiciones esencialmente opuestas frente al problema, que revelan una cultura de prevención, donde prevalece el *hasta dónde estoy dispuesto a tolerar*, enfrentada con una visión más abierta, donde la preocupación se pone en positivo al predominar el qué es lo que aspiro a disfrutar. Actitudes que luego, aceptan dos respuestas también diversas: hasta dónde estoy dispuesto a que llegues con lo que haces afectándome o ni se te ocurra que sobre eso me puedes perturbar".

22 "El test de Katz —si el individuo tiene una expectativa de privacidad que la sociedad lo preparó para reconocer como razonable— ha sido a menudo criticado como circular y, en consecuencia, subjetivo e imprevisible (ver 1 W. La Fave, Search and Seizure, 2.1 (d), pp. 393-394 (3d ed 1996)..., Posner, La incierta protección de privacidad por la Suprema Corte, 1979 S. Ct. Rev. 173, 188, Carter, supra, en 97)... sin embargo protegió a Katz de la falta de orden para la escucha porque él "confiaba justificadamente" de la privacidad de la cabina telefónica" (CSEEUU, 11/6/2001, "Kyllo").

23 CSEEUU, "California vs. Greenwood", 486 U.S. 35 (1988).

24 CSEEUU, "Illinois vs. Caballes" (543 US 405 -2005-) y "Place" (462 US 696, 707 —1983—).

25 "El tránsito personal por vías públicas no goza de expectativa de privacidad en sus movimientos" (CSEEUU., U.S. vs. Knotts, 460 U.S. 276, 281-1983).

26 "Si bien en un análisis superficial se podría argumentar que nadie puede considerar afectada su privacidad por la captación mediante cámaras de la conducta que desarrolla en público —esto es, a la vista de cualquier otra persona presente— la cuestión clave se encuentra en el estándar establecido por la convención social que acepta la observación por parte de terceros en forma fortuita y momentánea en la vía pública, sin que ello implique perder el carácter de anónimo, oculto y desconocido. Cuando se quiebra este requisito, se hablará de una injerencia en la vida privada" (Blanco, Hernán, ob. cit. p. 281).

27 La casación federal argentina, citando la tesis de "Katz" sostuvo que "la fotografía fue publicada voluntariamente por el imputado en una plataforma digital que, al no contar con restricciones para su acceso (como un usuario o contraseña), es accesible por cualquier persona. En definitiva, la defensa no realiza una crítica suficientemente fundada de la utilización de una fotografía que obtuviera la prevención mediante la investigación en fuentes abiertas ("*Open-source intelligence*" —OSINT), práctica que conlleva el uso de un conjunto de técnicas que facilitan

La doctrina de Katz se ha complementado con la de la "tercera parte". "se basa en la noción que un individuo tiene reducida la expectativa de privacidad en la información que a sabiendas compartió con otro"[29]. En Estados Unidos desde hace varias décadas se ha justificado la tenencia de información personal en manos de instituciones. Según esa doctrina, el derecho a la intimidad ofrece limitada o nula protección a los datos que los individuos han compartido con terceras partes[30].

También encontramos el "*balancing test*" o "balanceo de la razonabilidad" como método de evaluación de ciertas intromisiones en la privacidad, tanto en casos penales, administrativos[31] y laborales[32].

---

la recolección de información accesible en internet" (CFCP., Sala I, Reg. 952, 17/6/2021, "Lencina").

28 La Corte Suprema Argentina y la Cámara de Casación Penal han tenido en cuenta la "expectativa de intimidad" en el análisis de validez de procedimientos (CSJN, Fallos, 313:1305 y 321:2947; también 12/11/1998 en "Fernández Prieto"; CNCP, Sala I, 4/11/2002, "Bergesio"). El Tribunal Europeo de Derechos Humanos y la jurisprudencia española también han receptado la fórmula, aunque con distintas consecuencias en orden a la exclusión probatoria (Roig Batalla, Antoni, La expectativa razonable de privacidad, Bosch, Barcelona, 2024).

29 CSEEUU, 22/6/2018, "Carpenter vs. U.S.".

30 Sin embargo, como esa teoría nació de casos de la década del 70 que involucraban documentos en papel o microfilms, doctrina actual observa insuficiente su aplicación al amplio campo que abre la tecnología (véase Schlabach, Gabriel R., "*Privacy in the cloud: the mosaic theory and the stored communications act*", Stanford Law Review, Vol. 67, 2015, p. 691).

31 El estándar de causa probable y orden judicial está peculiarmente relacionado con investigaciones criminales y puede ser inadecuado para determinar la razonabilidad de intromisiones administrativas donde el gobierno busca prevenir el desarrollo de condiciones de riesgo. Una práctica de "naturaleza mínimamente lesiva" cuya "invasión en la intimidad no es significativa" y sirve como medio efectivo para prevenir e impedir una situación objetiva de riesgo, es razonable (CSEEUU, Board Education v. Lindsay Earls et. al.", 27/6/2002).

32 El Tribunal Constitucional español, al avalar en fallo dividido las cámaras de seguridad en el ámbito laboral, consideró que para superar el juicio de proporcionalidad, es necesario constatar si cumple tres condiciones: si es susceptible de conseguir el objetivo propuesto (juicio de idoneidad); si, además, es necesaria, en el sentido de que no exista otra medida más moderada para la consecución de tal propósito con igual eficacia (juicio de necesidad), y, finalmente, si es ponderada o equilibrada, por derivarse de ella más beneficios o ventajas para el interés general que perjuicios sobre otros bienes o valores en conflicto (juicio de proporcionalidad en sentido estricto). En cuanto al derecho a la intimidad del trabajador, las cámaras no estaban instaladas en lugares de descanso, ocio o de

El cimbronazo que la irrupción de la tecnología viene generando en el derecho a la intimidad, ha llevado a complementar la doctrina de la "legítima expectativa" con la "teoría del mosaico"[33]. Alude metafóricamente a esas baldosas o azulejos que, uniendo varias piezas individuales, forman un dibujo. Se aplica para casos en los que el uso prolongado o combinado de tecnología forma una imagen de la vida privada. En otras palabras, tiene en cuenta el cuadro que, cual *puzzle* o rompecabezas, permite conocer la intimidad personal[34].

---

carácter reservado, en los que existiera una expectativa razonable de privacidad, sino que estaban instaladas en zonas de trabajo abiertas al público. Además, las cámaras no estaban instaladas de forma subrepticia, sino en lugares visibles, tanto para los trabajadores del establecimiento como para el público en general. Por otro lado, las cámaras no fueron utilizadas con carácter generalizado o indefinido, sino para verificar la posible existencia de una conducta irregular detectada el día anterior. Por lo tanto, el grado de intromisión en la esfera de la intimidad del trabajador (art. 18.1 de la Constitución), en términos de espacio y tiempo, no puede considerarse como desequilibrado frente a los derechos e intereses de la empresa en la detección y sanción de las conductas que atenten contra la buena fe contractual, en el marco del ejercicio de los derechos a la propiedad privada y a la libertad de empresa" (TCE., S. 19, 29/9/2022, "Recurso de amparo 7211-21 de Saltoki Araba").

33 En la doctrina corriente, el cumplimiento con la cláusula fundamental de protección de la intimidad está asegurado inquiriendo sobre la razonabilidad del registro o secuestro como piezas individuales; pero el concepto de las reglas de la cuarta enmienda está actualmente en crisis en tanto y en cuanto los tribunales lidian con lo nuevo, sistemas más significativos y sofisticados para colectar e incorporar piezas individuales de información. Por eso han avanzado en esa teoría, en cuya visión, la incorporación de muchas piezas, aun de información pública, puede dar lugar a una intromisión irrazonable violatoria de la 4° enmienda (Re, Richard M.: "The due process exclusionary rule", *Harvard Law Review*, n° 7, vol. 127, mayo 2014, pp. 1962 y ss.).

34 La Corte Suprema de EE.UU. aplicó la teoría para resolver la inconstitucionalidad de vigilancia prolongada con GPS, según desarrollaré más adelante (23/1/2012, "Jones"). Anteriormente, la teoría de la "expectativa razonable de privacidad" no había logrado solucionar la cuestión, desde que los tribunales inferiores la resolvían contradictoriamente (el detalle de la jurisprudencia en Hairabedián, Maximiliano, Requisas y otras inspecciones personales, 2ª ed., Astrea, Buenos Aires, 2014).

1.3. ¿La tecnología está cambiando la concepción social de la privacidad?

Actualmente, el conflicto tecnología vs. privacidad se agudizó por el auge de corporaciones cuyos algoritmos les permiten guardar, clasificar y procesar datos personales de los usuarios de forma tal que con la actividad digital pueden conocerlos más de lo que se conocen a sí mismos (p. ej., veinte de años de búsquedas en Google pueden perfilar de manera muy precisa los gustos, ideas, miedos, enfermedades de cualquier persona).

El avance tecnológico es tan vertiginoso y exponencial, que genera cierto agobio, mareo o desborde que obstaculiza un desarrollo a igual ritmo de las doctrinas para comprenderlo en su dimensión y dar soluciones.

Tal vez deberíamos empezar a aceptar que el concepto de intimidad está cambiando profundamente. Valgan como ejemplo actos que actualmente se comparten a millones de personas en redes sociales y que antes eran profundamente íntimos (peleas de pareja, agonías, internaciones, velorios, cirugías)[35].

A partir de esa aceptación, podemos reformular el sentido que veníamos dándole al derecho a la intimidad y admitir que es legítimo que la gente use servicios informáticos fabulosos, de alta calidad, pagándolos con moneda de privacidad. Cuando clickeamos ansiosamente que aceptamos todas las condiciones de uso, que rara vez leemos, estamos permitiendo que usen nuestros datos: damos "ok" a que accedan a los contactos, fotos, micrófonos, cámara del celular y después nos hacemos los alarmados por el acceso[36]. La tecnología no es gratis. *The big data* es el gran negocio de

---

35 "Umberto Eco plante que una de las grandes tragedias de la sociedad de masas, la sociedad de la prensa, la televisión e internet, es la renuncia voluntaria a la privacidad, cuya máxima expresión en el límite de lo patológico es el exhibicionismo, lo paradójico de que alguien tenga que luchar por la defensa de la privacidad en una sociedad de exhibicionistas" ("La pérdida de la privacidad" en A paso de cangrejo, Debate, Bs. As., 2007 pp. 102/103, citado por Riquert, Marcelo, "Las redes sociales como nuevo medio orientador de pesquisas criminales", La Ley, N° 185, 1/10/2015, p. 8).

36 Un artículo sobre este fenómeno en la aplicación "Pokemon go" señalaba: un altísimo porcentaje de los usuarios que la descargaron ha obviado la lectura de los términos, siendo que la política privacidad informa sobre acceso a la configuración de privacidad de su cuenta de Google o Facebook, o dicho con otras palabras, "les estará otorgando —seguramente de manera inconsciente e ignorante— acceso a toda la información que comparte en dichos sitios (gustos, aficiones, lugares visitados, fotografías y un largo etcétera)". "La Federación

las grandes corporaciones. Si las compañías que nos dan *whatsapp, facebook, instagram,* correo electrónico, nubes, orientación satelital, etc., nos tuvieran que cobrar dinero para tener las ganancias que tienen sin usar nuestros datos, posiblemente la mayoría preferiría seguir debitándolas con moneda de privacidad. Sería ingenuo pretender que nos regalen esos servicios, sin pagar nada, ni un peso, ni un dato, como también lo es creer que no existen riesgos porque no tenemos nada que ocultar[37]. La discusión entonces debe pasar por la forma en la que informan el uso de los datos, los límites y las sanciones para su incumplimiento, pero está en crisis la era de la expectativa de privacidad intensa de los datos personales. Inclusive no se suele tener conciencia de los efectos de la perduración de la información digital en el tiempo[38].

Alemana de Asociaciones de Consumidores de Usuarios (VZBV) ha advertido de la existencia de hasta 15 cláusulas abusivas en las condiciones de uso y la política de privacidad de la aplicación". "De la política de privacidad se deriva que estos datos son: el nombre de usuario o nombre real, los mensajes enviados a otros usuarios, el país, la ubicación del usuario, la localización de los Pokémon que pretender capturar —GPS, triangulación WIFI o torres de telefonía, entre otros—, idioma elegido por el usuario, datos obtenidos vía cookies y balizas (entre otros, el tráfico web y uso agregado), la dirección IP, el agente de usuario, el navegador y sistema operativo usados, página web de origen, términos de búsqueda, tiempo dedicado, enlaces clicados, etc" (Fernández de Marco, Laura D., "Menores en internet y redes sociales: derecho aplicable y deberes de los padres y centros educativos", Agencia Española de Protección de Datos, BOE, Madrid, 2016, pp. 84/85).

37 ""Si no estás haciendo nada malo, no tienes nada que esconder". Algunas respuestas inteligentes: "Si no estoy haciendo nada malo, entonces no hay ningún motivo para que me vigiles". "Porque son los gobiernos quienes definen qué es malo, y éstos cambian la definición constantemente" o "porque tú puedes hacer algo malo con mis datos". Mi problema con ironías como estas, por más certeras que sean, es que aceptan la premisa de que la privacidad tiene que ver con esconder algo malo" (Bruce Schneier, The eternal value of privacy).

38 La "era de la extimidad", en la que la vida privada se proyecta en las redes sociales y se preservan datos en la "nube", se construyen identidades digitales (imágenes, datos y perfiles) que nunca podrán darse de baja, se dispone de datos sensibles que involucran a terceros con absoluta liviandad y sin su autorización" (Riquert, Marcelo, "Las redes sociales como nuevo medio orientador de pesquisas criminales, La Ley, N° 185, 1/10/2015, p. 8).

En lo que atañe a la instrucción penal, para no estar siempre tan atrasados, deberíamos introducir una fórmula legal amplia[39] en el derecho procesal penal, que prevea la autorización jurisdiccional escrita, fundada en sospechas suficientes, determinada, proporcionada y limitada en el tiempo, para la utilización de medios tecnológicos de investigación de delitos. Con esto se cumple la regla de la taxatividad legal de medidas de injerencia (CADH., 30) y se posibilita el uso de nuevas herramientas. Las regulaciones muy casuísticas o específicas, como la reforma a la ley de enjuiciamiento criminal española de 2015 (arts. 588 y ss.) tienen el riesgo de quedar obsoletas o incompletas en pocos años, precisamente por la rapidez de la revolución digital.

---

39 Con otra visión, Díaz Cantón considera que "justamente por esa mayor capacidad invasiva, la regulación de los nuevos tipos de injerencia en estos nuevos ámbitos de la intimidad debe ser lo más precisa y casuística posible, contemplando los requisitos específicos para poder invadir la intimidad en cada supuesto, pese a que, como bien dice Volk, de la praxis se obtiene la impresión fatal de que reina de facto una regla que puede formularse en los siguientes términos: "lo que técnicamente es posible, también se hace". Esta regla es una tentación para establecer reglas genéricas, del tipo "las autoridades de la persecución, con miras a la investigación de la verdad en el marco de la proporcionalidad, pueden adoptar todas las medidas necesarias" (propuesta de Volk, Klaus, "Curso fundamental de Derecho Procesal Penal", Hammurabi, 2010, p. 109, nota 5). Claramente esta regla, un verdadero cheque en blanco, a la que tristemente, como vemos, se resigna autorizada doctrina, implicaría un retroceso en las exigencias indispensables para el acceso a los ámbitos de que se trata. Esto y no otra cosa es el significado y la importancia del principio "*nulla coactio sine lege*". Tampoco procede recurrir a la analogía con otras formas de injerencia ya reguladas. Por supuesto que con la mera previsión legal del tipo de injerencia no basta, si a la vez la ley no contiene los "casos y justificativos" que en cada supuesto la habilitan, brindando precisiones exhaustivas sobre el tipo de injerencia, el modo de llevarla a cabo y el tiempo para concluirla, respetando los principios de necesidad y proporcionalidad" (Díaz Cantón, Fernando, "Prácticas actuales de investigación y recolección de evidencia digital versus garantías de debido proceso" —Parte II—, Diario Penal Nro 145, 21/4/2017). El mismo camino de composición estricta y cerrada sigue el proyecto de ley para incorporar y regular herramientas tecnológicas en la investigación de delitos federales complejos, presentado al Congreso Nacional de Argentina por el diputado Oscar Agost Carreño (proyecto 3536-D-23).

2. CAPTACIÓN DE IMÁGENES DE LUGARES Y PERSONAS

2.1. Videograbación, fotografía y filmación

Las observaciones y vigilancias de lugares y personas son medidas de investigación importantes en la búsqueda de pruebas de muchos delitos.

La regla básica es que no se requiere orden judicial para que la policía haga una vigilancia visual de la parte exterior de un domicilio[40]. Tampoco es necesaria esa autorización para observar, a simple vista y desde afuera, el interior de una casa (v. gr. a través de la puerta o ventana abierta) o lo que sucede en lugares a los que se ha ingresado legítimamente (p. ej. captar lo que sucede en un bar sentado en una de sus mesas)[41]. En estos casos la presencia del observador en el lugar no está prohibida por el orden jurídico y no afecta una expectativa razonable de privacidad, porque no goza de una protección aquello que la gente hace en sus casas de manera expuesta a

---

40 Aquella centenaria y antigua idea de que el policía en la calle no necesita desviar la mirada del delito en público fue establecida por la época de Lord Chief Justice Camden cuando escribió en "Entick v. Carrington" que "el ojo, según las leyes de Inglaterra, no puede ser culpable de pecado". (Ohm, Paul: "The fourth amendment in a world whitout privacy", *Mississippi Law Journal*, vol. 81:5, p. 1353). Ohm dice que hoy "es difícil discutir con esa lógica. Existe una profunda apelación intuitiva a la idea que no podemos pedirles a los policías, quienes prestaron juramento de proteger y servir, que en situaciones de peligro lo pasen por alto. Ahora que estamos perdiendo las restricciones estructurales de la privacidad, a veces la cuarta enmienda podría forzar a la policía a desviar sus ojos hacia los hechos fácilmente perceptibles" Otro doctrinario ha cuestionado que la vigilancia domiciliaria, al igual que otros métodos, sea utilizada sin ninguna objeción, al no estar regulada legalmente. Lo sostuvo Pérez Barberá en el marco de una posición crítica sobre la constitucionalidad del sistema de libertad probatoria ("¿Libertad probatoria en el proceso penal?", en *Derecho penal y democracia: desafíos actuales-Libro homenaje al Prof. Dr. Jorge De La Rúa,* Mediterránea, Córdoba, 2011, p. 696).

41 La jurisprudencia ha convalidado la observación de ventas de droga en un bar (TSE., S. 6886, Res. 1121, 5/11/2009); y las averiguaciones sobre prostitución en una whiskería a la que policías ingresaron disimulando su condición, puesto que al ser un lugar abierto al público no era necesaria orden judicial en tanto que la medida quedó limitada a los espacios destinados a la clientela en general, no involucrando intromisión alguna en un ámbito de privacidad (CNCC., Sala VII, "P.P. de V. s/nulidad", Diario Judicial, 18/10/2011).

la vista del público[42]. Por el contrario, no es posible la vigilancia sin orden jurisdiccional invadiendo partes privadas del domicilio[43].

Las observaciones y vigilancias policiales pueden ir acompañadas de fotografías y filmaciones, siempre y cuando no se empleen mecanismos para vencer obstáculos a la visión[44] y no se sorprenda la legítima expectativa de privacidad del morador[45].

---

42 El Supremo español convalidó la observación de un patio "perceptible directamente desde el exterior", porque "los agentes de policía que lo visualizaron directamente y observaron a quienes se encontraban en él procedentes de la calle, no hacían más que lo que cualquiera podía hacer; contemplaban y miraban lo que cualquiera podía mirar y observar ante la ausencia de obstáculos que perturbaran, impidieran o —simplemente— dificultaran la curiosidad de los demás" (TSE., S. 18/2/1999, ratificada en la S. 1709 del 20/4/2016).

43 La Corte de Estados Unidos consideró una intromisión indebida la tarea de los oficiales de policía que, ante un dato anónimo sobre la presencia de estupefacientes en una casa, sin advertir movimientos sospechosos, pasearon un perro adiestrado por el patio abierto circundante, que "goza de protección por el hecho de formar parte de la vivienda misma; y los detectives consiguieron esa evidencia por una intrusión física y por haber ocupado el área para desarrollar una conducta, que no contaba con el permiso explícito ni implícito del propietario" ("Florida vs. Jardines" (2013), traducción de Pablo Bernardini, Actualidad Jurídica N° 207, Córdoba, marzo 2015).

44 "Ningún derecho fundamental vulnera el agente que percibe con sus ojos lo que está al alcance de cualquiera. No existe violación de los derechos a la intimidad o a la inviolabilidad del domicilio cuando no se emplean instrumentos que sitúen al observante en una posición de ventaja respecto del observado. La simple toma de fotografías, sin valerse de objetivos de amplia distancia focal, no tiñe de ilicitud el acto de injerencia. El acto de injerencia domiciliaria puede ser de naturaleza física o virtual. La tutela constitucional protege, tanto frente la irrupción inconsentida del intruso en el escenario doméstico, como respecto de la observación clandestina de lo que acontece en su interior, si para ello es preciso valerse de un artilugio técnico de grabación o aproximación de las imágenes" (TSE., S. 1709, 20/4/2016).

45 "Observar la finca que habitaba el imputado y en la confección de un croquis, sin haber procedido a la realización de cualquier otro acto que afectase alguna garantía constitucional, resulta ajustado a derecho porque no exceden las tareas de inteligencia autorizadas por el art. 183 del CPPN. Resultan válidas las filmaciones realizadas desde el exterior de la vivienda del imputado por personal policial en el marco propio de sus tareas de inteligencia y en las que se registraron movimientos típicamente reveladores de los actos de comercio del material estupefaciente, si a partir de ellas se procedió a la inmediata puesta en conocimiento del juez competente" (CNCP., Sala IV, 12/5/2005 en "Barrios"). "Nada se opone a que los funcionarios de Policía hagan labores de seguimiento y observación de personas

El Código Procesal Penal Federal argentino confiere a la Policía la atribución-deber de "hacer constar el estado de las personas, cosas y lugares, mediante inspecciones, planos, *fotografías, video filmaciones,* exámenes técnicos y demás operaciones que aconseje la investigación" (art. 96 inc. f). La legislación española es más específica. El artículo 588 quinquies titulado "Captación de imágenes en lugares o espacios públicos" faculta a la Policía Judicial a "obtener y grabar por cualquier medio técnico imágenes de la persona investigada cuando se encuentre en un lugar o espacio público, si ello fuera necesario para facilitar su identificación, para localizar los instrumentos o efectos del delito u obtener datos relevantes para el esclarecimiento de los hechos"[46].

Durante las últimas décadas se han agudizado las técnicas para conocer —desde afuera— aquello que resguarda un sitio no público. Los métodos son variados, de distinta naturaleza y requieren diversas soluciones jurídicas. Cuando a las actividades de vigilancia visual de un domicilio se le agrega tecnología, la cuestión se torna compleja. El avance de nuevas técnicas de investigación, en algunos casos ha puesto en riesgo la inviolabilidad del domicilio, uno de los aspectos tradicionalmente protegidos del derecho a la intimidad. La fotografía —incluida la satelital—, la filmación, la utilización de micrófonos, etc., en casos que permiten invadir y penetrar las defensas domiciliarias, pueden vulnerar la privacidad.

---

sospechosas, sin tomar ninguna otra medida restrictiva de derechos, mediante la percepción visual y directa de las acciones que realiza en la vía pública o en cualquier otro espacio abierto. No existe inconveniente para que pueda transferir esas percepciones a un instrumento mecánico de grabación de imágenes que complemente y tome constancia de lo que sucede ante la presencia de los agentes de la autoridad. La captación de imágenes se encuentra autorizada por la ley en el curso de una investigación criminal siempre que se limiten a la grabación de lo que ocurre en espacios públicos fuera del recinto inviolable del domicilio donde tiene lugar el ejercicio de la intimidad" (TSE., Sala 2ª, 13/3/2003, S. nº 354, La Ley España, Actualidad Penal, nº 27, 30/7/2003). El mismo Tribunal convalidó la observación externa en la que se pudo ver en el interior de la vivienda —porque tenía la puerta abierta— "pequeños envoltorios, dinero y un bolso encima de la mesa, viendo además cómo la acusada recibía dinero de una persona a cambio de unas papelinas que fueron posteriormente intervenidas" (TSE., Sala II, S. 605, 15/3/2007).

46 "La medida podrá ser llevada a cabo aun cuando afecte a personas diferentes del investigado, siempre que de otro modo se reduzca de forma relevante la utilidad de la vigilancia o existan indicios fundados de la relación de dichas personas con el investigado y los hechos objeto de la investigación", prosigue la norma.

Señalaba Minvielle que algunos de estos "nuevos medios son pasibles de encajar en algunas de las medidas (coercitivas o probatorias) previstas legalmente, y es al régimen de estas que hay que estar para determinar la admisibilidad de aquellos", como la fotografía del interior de un domicilio tomada a distancia, acto que puede ser considerado un allanamiento "impropio" en el que se practica una inspección documentada fotográficamente[47]. El carácter de "impropio" es porque no existe un franqueamiento compulsivo material o físico, no obstante puede constituir una intromisión en un local cerrado en el que se desarrolla el ámbito de intimidad protegido por la ley[48].

No toda actividad investigativa externa al domicilio, aun cuando permita conocer datos internos, es equivalente. La cuestión merece un análisis en sus particularidades para poder concluir sobre la necesidad, o no, de la intervención de un magistrado.

Para dilucidar la legalidad y validez de la observación de un lugar privado realizada desde el exterior deben tenerse en cuenta: *a)* naturaleza de los medios empleados (v. gr. tecnología) y su capacidad ampliatoria de los sentidos humanos; *b)* eficacia para lesionar indiscriminadamente la intimidad, o el grado de invasión a una razonable expectativa individual de privacidad; *c)* la licitud de la ubicación física del artificio utilizado y de la persona que realizó la operación (si se encontraba en un lugar de acceso público o autorizado si fuese privado); *d)* el carácter del lugar sobre el que recae la medida (no es lo mismo una casa que un campo); *e)* la exteriorización y naturaleza de la materia observada.

Una apreciación armónica de estas pautas puede permitir evaluar la necesidad de orden judicial según los distintos casos. Cuando sea necesario vencer, mediante la técnica, un obstáculo predispuesto por el morador

---

47 Minvielle, Bernadette: "Allanamiento ilegal: violación del derecho a la intimidad y de las garantías del debido proceso", *Doctrina Penal*, vol. 37/40, 1987, p. 304.

48 Igual opinión expone Cafferata Nores, José I.: *Introducción al derecho procesal penal*, Marcos Lerner, Córdoba, 1994, p. 50. Como ha señalado la doctrina judicial española, la inviolabilidad del domicilio "es garantía de que dicho ámbito espacial de privacidad de la persona elegido por ella misma resulte 'exento de' o 'inmune a' cualquier tipo de invasión o agresión exterior de otras personas o de la autoridad pública, incluidas las que puedan realizarse sin penetración física en el mismo, sino por medio de aparatos mecánicos, electrónicos u otros análogos" (TSE, S. 7242, resol. 1183, 1°/12/2009; en la misma línea, TCE, S. 22, 17/2/1984).

para salvaguardar su intimidad[49] (v.gr. vidrios refractarios o polarizados), la regla será la exigencia de orden judicial.

Así como resulta legítima la observación o vigilancia —sin orden judicial— del sector externo de una casa, aun acompañada de fotografías y filmaciones (p. ej., escondidos en un automóvil, los investigadores captan a las personas que van llegando a una casa para reunirse con el investigado), también lo es que se lo haga con artefactos ampliatorios o mejoradores de la visión (v.gr., prismáticos, largavistas, miras con infrarrojos), si esto se emplea para divisar desde más lejos, pero no para ver más de lo que se puede de cerca sin ese apoyo. En otras palabras, el límite es que la tecnología implementada sirva para facilitar la tarea del observador (p. ej., para no tener que acercarse demasiado al domicilio evitando ser descubierto) y no que esté dirigida a trasponer los obstáculos domésticos para ver más de lo que se puede a simple vista desde afuera[50], o para lograr "acortar tecnológicamente" una distancia visual, sin la cual no podría haberse realizado la observación[51].

---

49 En igual sentido, TSE., S. 1733, 14/2/2002, Pensamiento Penal y Criminológico N° 7, Mediterránea, 2003.

50 Un tribunal de distrito de Estados Unidos desaprobó la vigilancia telescópica de una vivienda sin orden judicial, ya que cuando no existe punto de observación por el cual pudiera llevarse a cabo la vigilancia a simple vista del interior del edificio, el uso de binoculares debería considerarse un registro. La Corte se valió del test del caso "Katz" para afirmar que "no todas las vigilancias con ayuda visual constituyen una invasión a la privacidad" (Takahashi, Timothy T.: "Drones and privacy", *The Columbia Science & Technology Law Review*, vol. XIV, 2012, p. 104).

51 El Supremo español resolvió en contra de la observación hecha por policías con prismáticos, ubicados en un departamento al que entraron con autorización de un compañero. Desde allí vigilaban el interior de un departamento del piso 10 de un edificio del frente, logrando ver a los investigados manipular drogas tras las ventanas. "Se vulnera esa prohibición cuando sin autorización judicial y para sortear los obstáculos propios de la tarea de fiscalización, se recurre a un utensilio óptico que permite ampliar las imágenes y salvar la distancia entre el observante y lo observado. La protección constitucional de la inviolabilidad del domicilio, cuando los agentes utilizan instrumentos ópticos que convierten la lejanía en proximidad, no puede ser neutralizada con el argumento de que el propio morador no ha colocado obstáculos que impidan la visión exterior. El domicilio como recinto constitucionalmente protegido no deja de ser domicilio cuando las cortinas no se hallan debidamente cerradas. La expectativa de intimidad no desaparece por el hecho de que el titular o usuario de la vivienda no refuerce los elementos de exclusión asociados a cualquier inmueble. No consta la existencia de ningún fin constitucionalmente legítimo que, por razones de urgencia, permitiera sacrificar la intimidad del sospechoso" (TSE., S. 1709, 20/4/2016). En el pasado había te-

Así, el policía que usa una mira de visión nocturna para ver quiénes se reúnen en una casa, pero lo hace con la estrategia de alejarse y captar solo lo que podría ver si estuviera a pocos metros en la vereda, no está usando la tecnología para sortear los obstáculos que lo separan del interior del local. Se vale de ese recurso para no ser detectado. Por el contrario, se sorprende este interés razonable de intimidad, si se introduce una sonda por un orificio (rendija, cerradura), para espiar puertas adentro, por lo que hará falta una orden judicial como la del allanamiento físico y tradicional para todos aquellos casos que haya una invasión domiciliaria más allá de las que se permiten sin dicha autorización.

2.2. Cámaras y detectores termales y corporales

Las consideraciones realizadas en el punto anterior también son aplicables a tecnologías que permiten "ver" a través de las paredes y aberturas ciegas, siempre que las imágenes captadas y trasmitidas puedan relacionarse con la intimidad. Por ejemplo, si solo captan precursores químicos no hay mayor riesgo para la preservación de ese derecho, si en cambio dejan ver la vida de las personas y sus objetos personales[52], se requiere la autorización judicial.

Los instrumentos de detección térmica o radial pueden ser útiles en la investigación de ciertos delitos (p. ej., cultivo en "viveros *indoor*" de marihuana). No debería ser necesaria la orden judicial para este tipo de pruebas porque el operador se ubica afuera del domicilio y esa tecnología carece de capacidad para afectar la intimidad, ya que solo permite captar o medir variaciones de temperatura internas derivadas de las radiaciones que se emiten y llegan al exterior.

---

nido un criterio más permisivo: "la filmación de ventanas de edificios desde los que sus moradores desarrollaban actividades delictivas, se ha estimado válida... (porque) en principio la autorización judicial siempre será necesaria cuando sea imprescindible vencer un obstáculo que haya sido predispuesto para salvaguardar la intimidad, no siendo en cambio preciso el "Placet" judicial para ver lo que el titular de la vivienda no quiere ocultar a los demás" (S. 1733 del 14/2/2002, Pensamiento Penal y Criminológico N° 7, Mediterránea, 2003; idénticamente la S. 354 del 13/3/2003, L.L. España, Actualidad Penal N° 27 del 30/7/2003).

52 P, ej., el "Walabot", aplicación con "sensores que convierte a cualquier teléfono inteligente en un instrumento capaz de recrear imágenes 3D traspasando muros y otros obstáculos" (Balbi, Muriel: "Tecnología israelí para ver a través de las paredes", *Infobae*, 8/9/2017).

Es interesante al respecto la discusión que se dio en la sentencia de la Corte Suprema de Estados Unidos en el caso "Kyllo"[53] cuando en fallo dividido consideró violatoria del derecho a la intimidad la práctica aludida. Desde un vehículo estacionado en la calle, la policía había usado un detector "Agema Thermovision 210" con el cual detectaron radiación infrarroja y variaciones térmicas en el entorno de la vivienda, mostradas en el aparato en sombras blanco y negro. La exploración mostró que el techo del garage y una pared lateral de la casa estaban relativamente calientes comparadas con el resto de la vivienda y sustancialmente más templadas que los hogares de sus vecinos. Los agentes infirieron que probablemente el morador estaba utilizando lámparas solares para el cultivo artificial de cannabis. Con ese fundamento, un juez ordenó el allanamiento de la casa, confirmándose la sospecha, al secuestrarse el estupefaciente buscado y los artefactos para su producción en ámbito no natural. La mayoría de la Corte consideró que otorgarle validez a la pesquisa "sería permitir a la policía tecnológica erosionar la privacidad garantizada por la Cuarta Enmienda", ya que "el gobierno usó un aparato, que no es de uso público general, para explorar detalles del hogar que previamente habría sido imposible conocer sin una intrusión física". Agrega que "no necesariamente la falta de sofisticación del equipo de inspección conduce a la falta de intimidad de los detalles que permite observar" toda vez que "el detector térmico utilizado podría revelar, por ejemplo, a qué hora cada noche la señora de la casa toma su diario sauna y baño —un detalle que muchos considerarían "íntimo"—. Por otra parte, la minoría consideró que el cateo no invadió una expectativa razonable de privacidad del morador porque no reveló ningún detalle del interior del hogar: "Las emisiones de calor que trascienden al exterior de una vivienda no gozan de la protección de la 4ta. Enmienda. Las ondas de calor, como aromas que se generan en una cocina o en un laboratorio o cubil de opio, entran en el dominio público cuando salen de un edificio". Concluyó la disidencia que, inferir algo sospechoso adentro de las viviendas por las diferencias de calor ("una conclusión que sacaron rápidamente policías mucho menos dotados que Sherlock Holmes") no lo califica como "vigilancia a través de la pared" ni mucho menos una violación a la Cuarta Enmienda.

El problema del fundamento del voto mayoritario fue que no analizó la lesividad de la tecnología usada en el caso concreto, sino que pretendió prevenir riesgos para la intimidad de nuevas herramientas. Con esta finali-

---

53 11/6/2001, "Kyllo vs. U.S." traducido en Hairabedián, Maximiliano: *Jurisprudencia penal comparada*, Mediterránea, Córdoba, 2004.

dad creó una regla aplicable a toda introspección térmica sobre un domicilio, equiparando la del caso con otras más avanzadas, sin tener en cuenta la materia que permiten captar y conocer[54]. Evidentemente no es lo mismo obtener información sobre temperatura y radiaciones, que observar las formas y movimientos corporales de los residentes.

3. SEGUIMIENTOS TECNOLÓGICOS DE PERSONAS Y VEHÍCULOS

3.1. Balizas web

Existen distintos sistemas de rastreo y seguimientos de personas a través de la obtención de información de la actividad en sitios web, correos electrónicos, servicios de mensajería, redes sociales. A tal fin se usan las cookies, beacons o balizas web, píxeles espía, clickbaits[55]. etc.

La información puede ser de naturaleza variada y de distinta intensidad para su impacto en la privacidad: tipo de navegador usado, IP, direcciones

---

[54] De convalidar el procedimiento "dejaríamos al dueño de casa a merced del avance tecnológico— incluso imaginando tecnología que podría discernir toda la actividad humana en el hogar. Reconoce que el detector térmico "era relativamente precario" pero se inclina por la invalidez porque se "debe tener en cuenta sistemas más sofisticados que están ya en uso o en desarrollo" (voto del juez Scalia por la mayoría). Con acierto, la disidencia observó que "el voto de la mayoría se ha preocupado correcta y meritoriamente acerca de las amenazas a la privacidad que pueden resultar de los avances en la tecnología disponibles para la profesión de hacer cumplir la ley, pero desafortunadamente falló en concentrarse en el asunto demasiado trivial que el caso presentaba" (voto del juez Stevens en minoría).

[55] "Podemos traducirlo como ciberanzuelo, que ofrecen contenidos curiosos o divertidos cuya finalidad básica consiste en obtener tráfico en la red para obtener ingresos publicitarios. Se pueden utilizar aplicaciones informáticas que permiten rastrear la identidad digital de cualquier persona que acceda a Internet. También puede ser usados para rastrear a los usuarios, ya que al entrar en una determinada página web se hace accesible la IP y el "user agent" del usuario. Con ello se obtienen datos como el sistema operativo o el tipo de dispositivo utilizado. Además, a partir de esos datos se puede obtener la geolocalización del dispositivo que está accediendo a la página Web. De hecho algunas páginas web de tecnología ofrecen la posibilidad de que el usuario sea consciente de la información que se está entregando, mostrando en la pantalla inicial la información del usuario que está visitando la página" (González, Manuel R., "Comentario a la STS 141/2020 de 13 de mayo de 2020", La Ley, España, 2020).

de páginas visitadas y estadísticas de acceso, tiempo de permanencia, geolocalización, etc.

Las más extendidas son las cookies con fines comerciales, que recopilan información del usuario. Comúnmente son un archivo de texto que se almacena en la computadora de una persona cuando visita un sitio web, y el servidor del sitio accede a esos archivos cuando la persona navega nuevamente por la página. Una de las principales finalidades es posibilitar a los anunciantes detectar y llegar a quienes vieron sus publicidades y visitaron sus sitios[56].

Existen también *web beacons* que obtienen información de los celulares por medio de conexión bluetooth. Es un aparato trasmisor de señales y éstas son captadas por los *smarthpones* ubicados en un radio cercano. Por ejemplo, los usan comercios para tener información de quienes lo visitan.

Así como esta actividad de rastreo se usa con finalidad comercial, también puede emplearse para la investigación de ciberdelitos. Cada vez más personas se valen del anonimato que proporciona la tecnología y así dificultan su identificación cuando cometen delitos en línea (estafas, extorsiones, amenazas, acoso, abuso, etc.), mediante perfiles y cuentas en redes sociales con identidad falsa, líneas telefónicas prepagas, enmascaramiento

---

56 "Los denominados "programas espía", las balizas web, los identificadores ocultos, las cookies de rastreo y otros dispositivos similares de seguimiento no deseados pueden introducirse en el equipo terminal del usuario final sin su conocimiento para acceder a los datos, archivar información oculta o rastrear actividades. También es posible recopilar a distancia información relacionada con el dispositivo del usuario final a efectos de identificación y seguimiento utilizando técnicas tales como la "huella digital de dispositivo", con frecuencia sin el conocimiento del usuario final, lo cual puede suponer una grave intromisión en la vida privada de esos usuarios finales". Lo mismo sucede con "las técnicas que, de manera subrepticia, hacen un seguimiento de las acciones de los usuarios finales, por ejemplo rastreando sus actividades en línea o la localización de sus equipos terminales, o alteran el funcionamiento de los equipos terminales de los usuarios...Por consiguiente, las interferencias de ese tipo en el equipo terminal del usuario final solo han de permitirse con el consentimiento" ("Código europeo de datos", Tribunal de Justicia de la UE, BOE, Madrid, 2021, p. 584). En el mismo sentido, Berrocal Lanzarot, Ana Isabel, "Derecho de las nuevas tecnologías-Estudio jurídico crítico sobre la ley orgánica 3/2018 de protección de datos personales y garantía de los derechos digitales", Reus, Madrid, 2019, pp. 48 y 49. Advierte que el Reglamento General de Protección de Datos va referido únicamente al tratamiento de "datos personales", por lo que queda al margen de este régimen el tratamiento de los datos no personales, como es el caso de conjuntos de datos agregados y anonimizados utilizados para el análisis de datos a gran escala.

de IP, VPN y otras modalidades. Una posibilidad de llegar a ellos puede ser con distintas balizas digitales que son enviadas subrepticiamente mediante el envío de un SMS, "*email trackeado*", mensaje privado o directo en red social y de esta forma permiten geolocalizar, obtener información del dispositivo, dirección IP u otros. El hecho de que a veces vayan acompañadas de algún ardid o "carnada" para que le ingrese al investigado, no deslegitima la técnica, porque se trata de recursos admitidos en la tarea policial[57].

Sin el nivel intrusivo de los *spywares*[58] que permiten acceder a celulares y sistemas informáticos de manera remota, las herramientas bajo análisis pueden servir para sortear el anonimato en internet[59].

---

57 Sobre las alcances y límites del engaño como estrategia investigativa, Hairabedian, Maximiliano, "Mentiras policiales y debido proceso", Revista Foro FICP N° 3, Madrid, 2019, pp. 66 y ss.

58 Las normas procesales habilitantes de la intervención de comunicaciones no imponen una técnica, método o mecanismo determinado, por lo cual es legítimo que un órgano jurisdiccional, en base a sospecha suficiente, ordene por resolución fundada que en determinado lapso se obtengan las comunicaciones del sospechoso o el contenido de su celular. Desde el punto de vista constitucional no hay una diferencia cualitativa y sustancial entre la intervención de comunicaciones hecha por el método tradicional y la realizada mediante un programa espía porque los recaudos no varían (orden jurisdiccional, fundada, limitada en el tiempo, determinada, proporcionada) y la materia u objeto de conocimiento generalmente es la misma que sin el troyano (Cafferata Nores, José I.-Hairabedian, Maximiliano, La prueba en el proceso penal, 9° ed. Ad Hoc, Buenos Aires, 2023, p. 448). Señala Blanco que Estados Unidos, "previo a reformar el art. 41 de las RFPC para incluir en forma específica el uso de spyware, hizo uso de estas herramientas por más de 15 años aplicando de forma analógica las disposiciones de la interceptación telefónica (wiretaps)". También que, en el uso de programas P2P de intercambio de archivos "par a par" (como Bittorrent), tribunales de aquel país entendieron que en tanto ofrece a cualquier persona con acceso a internet la facultad de ingresar en la computadora del usuario, importa que este último ya no tiene una expectactiva razonable de privacidad en torno al contenido en su ordenador, en consecuencia, los agentes policiales no necesitaban una orden judicial para utilizar ese mismo software para localizar y descargar archivos desde la computadora de un sospechoso (Blanco, Hernán, ob. cit., pp. 484/487). En la misma línea, la jurisprudencia española tiene dicho que "quien utiliza un programa P2P, en nuestro caso EMULE, asume que muchos de los datos se convierten en públicos para los usuarios de Internet, circunstancia que conocen o deben conocer los internautas, y tales datos conocidos por la policía, datos públicos en internet, no se hallaban protegidos por el art. 18-1— ni por el 18-3 CE" (STS 236, 9/5/2008).

59 Sobre tecnologías de "desanonimato" en la web, dark web, Tor, Freenet, transacciones de criptomonedas, entre otras ciber actividades, véase Blanco, Hernán, ob. cit., pp. 463 y ss.

La Ley de Enjuiciamiento Criminal española, con la reforma de 2015 reguló tanto este tipo de pesquisas digitales, como la introducción de softwares específicos de obtención remota de información[60], para ciertos delitos y bajo orden judicial. Y el Código Procesal Penal Federal de Argentina prevé la incautación de datos, por auto fundado del juez, a requerimiento de parte, mediante el registro de un sistema informático o de una parte de éste, o de un medio de almacenamiento de datos informáticos o electrónicos, con el objeto de secuestrar los componentes del sistema, obtener copia o preservar datos o elementos de interés para la investigación (art. 151). La norma no la limita a una incautación con la tenencia física del dispositivo, por lo tanto, puede ser también de manera remota.

Cuando la cookie, baliza o beacon web permita conocer datos sin contenido de privacidad (p. ej., tipo de navegador utilizado, IP), podrá emplearsela sin autorización judicial. El solo dato de la IP no dice nada sobre la vida personal, es información sobre la red[61] y no sobre la comunicación[62] porque identifica el punto de conexión con el proveedor de internet, razón por la cual su conocimiento no afecta el derecho a la intimidad[63], me-

---

60 "Artículo 588 septies a. El juez competente podrá autorizar la utilización de datos de identificación y códigos, así como la instalación de un software, que permitan, de forma remota y telemática, el examen a distancia y sin conocimiento de su titular o usuario del contenido de un ordenador, dispositivo electrónico, sistema informático, instrumento de almacenamiento masivo de datos informáticos o base de datos".

61 "Las redes (cable —ADSL— u onda —wifi) por las que circula la información, contienen rastros cuya trazabilidad —seguimiento, búsqueda de conexiones, origen, etc.— permite, a veces, obtener elementos y evidencias que pueden ayudar en la investigación penal, especialmente en los puntos en que abocan las transmisiones de todos los dispositivos conectados a una misma línea (routers), las que posibilitan conexiones que pueden ayudar a sentar localizaciones (conexiones wifi, BTS), que llevan al servidor" (Velasco, ob. cit., p. 5).

62 Con no ser esa mera conexión de intermediación tecnológica propiamente una telecomunicación —ni siquiera es bidireccional de las que protege el artículo referido de la CE también tempranamente, el TS, en sus sentencias 9 y 28 de mayo de 2008, ha zanjado esta cuestión, al indicar que: "no se precisa de autorización judicial para conseguir lo que es público y el propio usuario de la red es quien lo ha introducido" (Velasco, ibidem).

63 En contra se ha pronunciado la CS de Canadá estableciendo que la policía debe tener primero una orden judicial para poder obtener los números que componen la dirección IP de una persona u organización. Por las funciones principales que tiene (identificación de la interfaz en la red y direccionamiento para su ubicación), una apretada mayoría consideró que debido a que una dirección IP

nos aun si se llega con el consentimiento o colaboración de la víctima[64]. Será en un momento posterior, con pedidos de informes a ese proveedor que se podrá, tal vez y con suerte, saber quién es el usuario del dispositivo.

En España está previsto que los agentes de policía en el ejercicio de las funciones de prevención y descubrimiento de delitos cometidos en internet, pueden tener acceso a la dirección IP utilizada para la comisión del hecho, y hará falta orden judicial para la posterior obtención de información del usuario (art. 588 ter k de la LECrim.)[65]. En Estados Unidos, cortes

---

desbloquea la identidad de un usuario, esto conlleva una expectativa razonable de privacidad (1/3/2024, "Bykovets").

64 La casación federal argentina confirmó la condena basada en un procedimiento realizado por la fiscalía con informáticos en un diario que estaba siendo hackeado, en cuyo marco se habilitó un registro de log para conocer las direcciones IP entrantes desde las cuales se producía la agresión cibernética, dando como resultado dos direcciones IP sospechosas y encontrándose de este modo el origen externo del hackeo. Ello llevó a concluir que se trataba de la ejecución por parte de un usuario que se conectaba a un archivo específico alojado en el servidor del medio de prensa, se pudo localizar un archivo de texto que no pertenecía al diario, el cual fue dado de baja cesando así el ataque cibernético (CFCP., Sala I, Reg. 1434, 28/11/2023, "Vélez Cheratto"). Eloy Velasco encuadra estas diligencias "en la tradicional diligencia de investigación a través de la observación de la red —inspección ocular del art. 334 LECrim.—, que suele surgir con el conocimiento de los hechos que pone de manifiesto la denuncia, sólo que referida a una escena del crimen más "virtual", pero tan real como las tradicionales, sobre las redes a través de las que se trasmite la información que contienen los dispositivos". "Muchas veces sirven para vincular el delito con su autor los rastros, datos y telecomunicaciones incriminatorios que se aportan al proceso penal por parte de la víctima que los acompaña junto a la denuncia o que se desprenden de la inspección ocular de los dejados en su terminal (cabeceras de correo electrónico, histórico de entrantes, envíos adjuntos, últimas llamadas, llamadas perdidas, etc.). Haciendo el rastreo inverso del terminal atacado, su trazabilidad, se pueden hallar las señas IP u otros datos asociados al atacante; visionando los archivos, ficheros, telecomunicaciones de la víctima se puede localizar el troyano desde el que se ha producido el ata-que. y su análisis pericial llevarnos a su autor. Estos supuestos no precisan de mandamiento judicial para que la ocupación del elemento Incriminador hecha por la victima sea perfectamente legal. Quien comunica con un tercero, aunque sea para cometer un delito por ese medio, realiza un acto que el tercero puede y en el caso del delito, debe ceder a la policía, pues es no sólo de su propiedad sino que conforma el cuerpo del delito que tiene que entregar al proceso" (Velasco, Eloy, ob. cit., p. 6)

65 Avalado por el Tribunal Supremo español: "La obtención de la IP sin autorización judicial, se consideraba legítima bajo la normativa anterior a la ley de 2007 (vid. STS 1299/2011 de 17 de noviembre. Sigue siéndolo en determinadas condiciones

de distrito han considerado que no existe una expectativa razonable de privacidad y, por lo tanto, no es necesaria orden judicial si se implementa una NIT a fin de obtener únicamente las direcciones IP, con la consecuente posibilidad de obtenerla mediante simples "órdenes de presentación" (*subpoenas*[66]) dirigidas a los terceros que la posean (doctrina de la tercera parte)[67].

3.2. Geolocalización por GPS

3.2.1. Introducción

Un método de investigación cada vez más utilizado es la geolocalización de personas, ya sea la reconstrucción de las ubicaciones pasadas o el seguimiento en tiempo real. El análisis de la ubicación de los celulares según el área de las antenas que los captaron en la conexión de las comunicaciones, la extracción de información del GPS de teléfonos móviles y otros dispositivos, el dominio remoto de la geolocalización satelital del celular o el sistema de navegación de vehículos o la colocación oculta de un rastreador, permiten situar a una persona en un momento y lugar determinado, lo que presenta grandes potencialidades para el descubrimiento de la verdad. La clásica pregunta del interrogatorio policial "¿dónde estuvo la noche del 1 de enero?" va quedando atrasada. El investigador del siglo XXI seguramente va a querer encontrar la respuesta en el celular. Es entendible, práctica-

---

(vid art. 588 ter k) y, mutatis mutandi, art. 588 ter l), lo que, por otra parte, resulta muy razonable en tanto sin graves dificultades cualquier particular puede sin habilidades especiales y sin clandestinidad alguna, acceder a ese dato que revela por sí solo muy poco. Solo son una clave en grupos de cifras. No es dable proyectar la vigencia de la actual legislación a actuaciones llevadas a cabo en otros países conforme a su normativa. Los rastreos que realiza el equipo de delitos telemáticos de la Guardia Civil en Internet tienen por objeto desenmascarar la identidad críptica de los IPS (Internet Protocols) que habían accedido a los "hash" que contenían pornografía infantil. No se precisa de autorización judicial para conseguir lo que es público y el propio usuario de la red es quien lo ha introducido. La huella de la entrada queda registrada siempre y ello lo sabe el interesado. El usuario sabe —o tiene que saber— que conoce ese dato. Carece de toda fundada expectativa de privacidad respecto de ese concreto dato (IP); por otra parte, muy escasamente invasivo de la intimidad si no se acompaña de indagaciones posteriores, que se hicieron —éstas sí— con el exigible plácet judicial" (TSE., S. 197,4/3/2021).

66 También lo podríamos traducir como "oficio".

67 Blanco, Hernán, ob. cit., pp. 486/488.

mente todos estamos las 24 hs. con un rastreador encima: el *smartphone*. Dormimos a su lado mientras cargamos baterías. Si nos lo olvidamos al salir a la mañana, genera ansiedad en regresar a buscarlo. Quedamos incomunicados y los demás pueden pensar que nos pasó algo. Si nos lo roban o lo perdemos, no tardaremos en reponerlo. Guardamos allí tanta o más intimidad que en el hogar[68]. Por eso la obsesión histórica de policías y fiscales por obtener una confesión del sospechoso se ha desplazado hacia la atracción por el celular. Pero cuidado, así como puede ser el sueño del policía que quiere perseguir el crimen, también lo puede ser del tirano que quiere perseguir personas por sus ideas, religión, orientación sexual, etnia, etc.[69]

La colocación oculta de un rastreador satelital con GPS en el vehículo del investigado o cargas monitoreadas es sencilla, económica y efectiva. Permite saber a la perfección la ubicación y el recorrido de personas y objetos a los que se les ha colocado el trasmisor. Particularmente para el caso de vehículos se presenta de gran utilidad, porque pasa desapercibido y muchas veces la vigilancia clásica presenta complejidad. Puede ser una odisea seguir por medios tradicionales a un vehículo veloz (p. ej., una motocicle-

---

68 "Los teléfonos celulares modernos se han transformado en una parte esencial e importante de la vida cotidiana, al punto que un visitante proverbial de Marte podría concluir que eran una característica importante de la anatomía humana" (CSEEUU., 25/6/2014, "Riley vs. California", Comentario y traducción de Carral, Daniel, "¿Smartphones con garantía extendida?", Revista de Derecho Penal y Procesal Penal Abeledo Perrot N° 7, 2015, pp. 1404 y ss.).

69 "Stalin en la Unión Soviética y Adolf Hitler en Alemania no querían solamente controlar el ejército y el presupuesto: querían controlar cada aspecto de la vida, la totalidad de la vida de la gente, cada momento. Lo que oyes, lo que ves, lo que dices, con quién te encuentras. Pero Hitler y Stalin tenían límites a la hora de controlar a sus súbditos porque no podían seguir a todo el mundo todo el tiempo". La IA puede. No necesita descansar ni comer, no quiere salir con la pareja ni tomarse vacaciones en la montaña. Incluso si Hitler o Stalin hubieran tenido tres agentes de inteligencia por cada ciudadano, ¿quién iba a leer y procesar todos esos informes, tres por día, sobre cada uno? "Esa información es sólo la base para el régimen totalitario, alguien necesita leer todos los papeles, analizarlos y encontrar patrones". La IA no dejará que los prontuarios acumulen polvo en una oficina. "La IA podría hacer posible la creación de regímenes de vigilancia total que aniquilarían la privacidad". "En un país de IA, no se necesitan agentes humanos para seguir a todos los humanos a todas partes: tienes *smartphones* y reconocimiento facial y computadoras. Y tampoco se necesitan analistas humanos para revisar toda la información: la IA puede revisar inmensas cantidades de información (videos, imágenes, textos, audio), analizarla y reconocer patrones" (Harari, Yuval Noah, Diálogo con la prensa para presentar su libro Nexus, Infobae, 16/9/2024).

ta); o en una gran ciudad o a través de grandes distancias o por lugares inhóspitos y solitarios, como puede ser un camino rural. También cuando se trata de barcos o aviones, necesidad muy frecuente en investigaciones por narcotráfico (p. ej., para probar el contrabando hay que acreditar el traspaso fronterizo, y el GPS constituye de gran ayuda).

Por otra parte, el seguimiento tecnológico, a diferencia del tradicional, tiene beneficios investigativos ajenos al conflicto con el derecho a la intimidad: mayor economía para el Estado, comodidad para el observador, mejores posibilidades de éxito.

Determinar los casos en que los seguimientos mediante tecnología de geolocalización requieren orden judicial, puede resultar dificultoso por las distintas modalidades que presentan.

3.2.2. Legalidad del rastreo satelital

Para establecer el grado de intromisión en la privacidad que presenta esta medida, en primer lugar debe tenerse en cuenta qué aspectos de la vida privada permite el rastreo con el GPS. Si se hace con un dispositivo colocado unos días en el vehículo, posibilitará conocer el recorrido durante ese tiempo, con precisión de horarios y lugares que ha visitado. Si el objetivo es la espera, aún de muchos días, de un movimiento puntual (p. ej., saber cuándo y por qué ruta viaja el camión que, según las escuchas telefónicas, trasladará la droga) o el objeto vigilado es un transporte de carga (p. ej. barco) o una cosa[70], el impacto sobre la intimidad es intrascendente.

Hasta aquí, la información no es muy distinta de la que podría obtenerse mediante el seguimiento clásico, es decir, forma parte de la actividad extra muros de una persona, no protegida por una expectativa razonable de privacidad. Con esta técnica de rastreo no podrán conocerse las conversaciones ni comunicaciones personales, la actividad doméstica y dentro de locales cerrados, las ideas, la propia imagen, las enfermedades, las ideas, los sentimientos, los conflictos y problemas familiares, etc. En otras palabras, el seguimiento valiéndose de GPS no va a lograr conocer sobre la intimi-

---

70 Se excluyen de la necesidad de orden judicial "los GPS aplicados sobre objetos —que no son susceptibles de derechos fundamentales—, por ejemplo una carga transportada, un paquete con droga, pues como bien señala la STS EE.UU. Katz vs. US, 389 US 347 (de) 1967: "la 4ª enmienda protege personas, no sitios", cuando lo que trata de averiguarse es su relación con un sospechoso penal" (Velasco, Eloy, ob. cit., pp. 1 y ss.).

dad personal, más de lo que podría hacerse sin él. De allí que su aplicación limitada en la investigación penal, aun sin orden judicial, es válida porque un uso acotado no lesiona una expectativa razonable de privacidad.

La cosa cambia si la vigilancia tiene una prolongada duración en el tiempo[71] (p. ej., meses) y vinculada con otras herramientas (Google earth, Street view, análisis de redes sociales) genera reportes susceptibles de conocer o reconstruir la vida privada de una persona en términos desproporcionadamente invasivos, hipótesis en la cual claramente existirá una significativa diferencia respecto del seguimiento clásico vehículo a vehículo, persona a persona. Lo mismo si el "*trackeo*" se hace directamente sobre la persona tomando el control del GPS de su celular porque, además de constituir un ingreso a ese ámbito de intimidad, las posibilidades de geolocalización son mucho mayores, intensivas y precisas que las del recorrido de vehículos.

En definitiva, podrá realizarse el rastreo satelital sin orden jurisdiccional cuando sea puntual y limitado en el tiempo (p. ej., para saber a dónde carga y descarga la droga el avión o camión que la transporta), pero no podrá evitársela cuando requiera de una extensión o prolongación temporal y se trate de un vehículo que defina recorridos particulares o familiares (no sería tal el que hace un barco de carga).

Desde otra postura más restrictiva, se pronuncia Garibaldi, considerando que, por su aptitud de afectación, la videovigilancia individual y dispositivos de seguimiento son, como mínimo, equiparables a los registros más sensibles tradicionalmente protegidos, por lo que deberían regir las siguiente exigencias y principios guía: *a)* Orden judicial basada en sospecha equivalente a la necesaria para allanar; *b)* Utilización subsidiaria respecto de métodos tradicionales; *c)* Posibilidad de posterior acceso al material por

---

[71] "La tecnovigilancia prolongada, a diferencia de la aislada, sólo puede considerarse desproporcionada por innecesaria donde fuera posible la menos intrusiva vigilancia directa presencial —e incluso ni eso, pues por ejemplo la S TEDH Uzún vs. Alemania de 2 de septiembre de 2010, considera que la tecnovigilancia con balizas GPS supone una menor inmisión sobre la intimidad del investigado que un seguimiento visual policial permanente". Esa sentencia "exige para la validez probatoria de la información del GPS, el mandamiento judicial, cuando, como en el caso, se colocó para monitorizar los movimientos de un presunto terrorista en un vehículo de un tercero que él usaba y que se fugó de la escena de un asesinato según la información del geolocalizador, por entender que su larga instalación continuada en el tiempo ingería el derecho a la vida privada del investigado" (Velasco, Eloy, ob. cit., pp. 11/12).

parte de los afectados; *d)* Prohibición de afectación de ámbitos intangibles de la intimidad; *e)* Limitación temporal; *f)* Imposibilidad de apartarse del objetivo fijado en virtud de hallazgos casuales o fortuitos[72].

Aun recurriendo a un juez que la autorice, un problema sobreviniente puede darse con el principio de reserva o taxatividad de las medidas de injerencia en derechos constitucionales (CADH, 30). Si se trata de un uso invasivo del GPS sobre la vida privada (prolongado, combinado con otras aplicaciones, etc.), la autorización jurisdiccional no garantiza la pureza de la medida. Tendemos a creer que la intervención de un juez tiene un efecto sanador, pero no necesariamente es así. Si se acudió al juez argumentando que la herramienta afectaba el derecho a la intimidad, su falta de regulación legal expresa puede constituir un obstáculo jurídico a su empleo, inclusive con el aval judicial, precisamente por el aludido principio. Como respuesta a esos posibles obstáculos de procedencia, se puede considerar que el rastreo "ha sido considerado siempre como una herramienta propia de la actividad investigadora de la Policía Judicial"[73]. En esta línea, puede ser encuadrado en la atribución de "hacer constar el estado de las personas, cosas y lugares, mediante inspecciones...exámenes técnicos y demás operaciones que aconseje la investigación; y practicar las diligencias orientadas a la individualización de los autores y partícipes del delito dispuestas por el representante del Ministerio Público" (art. 96 del CPPFederal de Argentina). También puede ser útil articular el seguimiento satelital con segmentos del tradicional, no sólo para sortear posibles cuestionamientos a la ausencia de previsión normativa, sino también para reforzar el valor convictivo[74].

---

72 Garibaldi, E. L., Las modernas tecnologías de control y de investigación del delito, Ad Hoc, Buenos Aires, 2010, pp. 382 y 383.

73 García Marcos, Julián, "Utilización de dispositivos técnicos de captación de la imagen, de seguimiento y de localización" en Investigación tecnológica y derechos fundamentales, Coord. Javier I. Zaragoza Tejada, Aranzadi, 2017, pp. 285 a 325.

74 "Por eso proponemos la validez probatoria de este método de vigilar-tecnovigilancia cuando se apoya y complementa de alguna forma también en las vigilancias o seguimientos policiales convencionales, asegurando de esa manera que no se producen fallos en la información tecnológica que, por ejemplo, negada por el afectado, tenga al menos la prueba testifical de contrario de los investigadores que se apoyaban, pero no dependían exclusivamente de ella" (Velasco, Eloy, ob. cit., pp. 1 y ss.).

3.2.3. Guía de la Asociación Iberoamericana de Ministerios Públicos

En la guía de operaciones transfronterizas elaborada por la Asociación Iberoamericana de Ministerios Públicos, la colocación de rastreadores está expresamente prevista como práctica. Se la define como una "actividad policial de apoyo operativo a la investigación" Si bien de manera general dice que puede recaer sobre vehículos y personas, al hacer las especificaciones de concepto, la conceptualiza como "la vigilancia y seguimiento electrónico de vehículos o embarcaciones utilizados para los desplazamientos de los investigados o para el traslado de efectos o instrumentos del delito", que "consiste en instalar en esos vehículos o embarcaciones aparatos electrónicos que permitan su control y seguimiento remoto".

La guía reconoce que la técnica no está expresamente contemplada por las leyes procesales. Además, alerta que estas herramientas "exigen una especial discreción en cuanto a su utilización policial, con el fin de que sigan siendo eficaces en el futuro"; y que "si bien este tipo de dispositivos, entre los que se incluyen los RFID (Radio Frecuency Identification) pueden ser de gran utilidad en el seguimiento de algunas personas, como enfermos de alzheimer, incapaces, niños en determinadas circunstancias, debe valorarse que, en la investigación criminal, su utilización indiscriminada podría conllevar una restricción grave de las libertades básicas reconocidas a los ciudadanos, como la libertad de movimientos o el libre desarrollo de la libertad humana", suponiendo una invasión del ámbito íntimo de la persona. Por eso recomienda el uso a la idoneidad, necesidad y proporcionalidad en el caso concreto, como así también que esté "acordada por la autoridad judicial en tanto carezca de cobertura legal específica". Sin embargo, a continuación, bajo el subtítulo "Requisitos" o "presupuestos que se exigen para la procedencia", el mismo protocolo prevé la solicitud de "autorización del juez de instrucción si afecta a derechos fundamentales". Por otra parte, señala la guía que la medida es posible en virtud de tratados de asistencia judicial, si así lo prevén. En este caso da como "consejos útiles" indicar el modo, forma y ubicación del aparato emisor de señales rastreables y definir con la autoridad que en su caso tendría que ejecutar la colaboración cuales serían los pasos a seguir.

3.2.4. La jurisprudencia de Estados Unidos

La jurisprudencia norteamericana presenta un buen tratamiento del asunto. Ya mucho antes de la difusión masiva del GPS, en 1983 la Corte Suprema consideró válido el seguimiento de un cargamento de cloroformo destinado a la producción de anfetaminas, el cual había sido apoyado con un radiotransmisor de señales sonoras (*beeper*) colocado en el contenedor enviado al acusado, argumentando que afectó la intimidad del acusado, ni su propiedad, al no constituir un secuestro del rodado, y porque la vigilancia sonora montada se había desarrollado en calles y autopistas públicas[75]. Con una opinión crítica, se señaló que hay diferencias entre el seguimiento convencional y el electrónico, en cuanto a sus efectos sociales, ya que el monitoreo mediante *beepers* facilita una vigilancia de frecuencia mayor y esa tecnología genera una mayor inquietud, ya que las prácticas policiales afectan en un sentido individual y también en uno colectivo, denominado "efecto murmullo" (*ripple effect*) que incrementa la amenaza de la sociedad en su conjunto, toda vez que el conocimiento de la vigilancia gubernamental crea en quienes no están bajo investigación la inquietud de que el Estado los amenaza de manera similar a como si lo estuvieran"[76].

La cuestión específica del GPS fue tratada por la Corte Suprema norteamericana, que se inclinó por la autorización judicial, en un caso en que revocó la condena impuesta por una Corte Federal de Columbia a un narcotraficante sometido por el FBI a una vigilancia de esta clase durante 28 días. Uno de los argumentos tenidos en cuenta fue la duración prolongada[77] de la vigilancia satelital mediante la ocupación física de la propiedad privada con el propósito de obtener información[78].

La Corte de ese país también fijó posición sobre la obtención de los movimientos pasados de una persona a través del análisis del geoposicionamiento de su celular, destacando la necesidad de orden judicial por su entidad para invadir la privacidad[79].

---

75 "U.S. vs. Knotts", 460 U.S. 276, 281 (1983).

76 Mc Adams, Richard H.: "Tying privacy in Knotts: beeper monitoring and collective fourth amendment rights", *Virginia Law Review*, marzo 1985, analizado por Garibaldi, Gustavo E. L.: *Las modernas tecnologías de control y de investigación del delito*, Ad-Hoc, Buenos Aires, 2010, pp. 375 y 377. Concluyó también que este tipo de control "amenaza la privacidad informacional individual, desalienta el derecho de moverse con libertad y erosiona los esfuerzos de anonimato y soledad".

77 "Resta definir en qué momento la vigilancia policial cruza ese límite" (Blanco, Hernán, Tecnología informática e investigación criminal", La Ley, 2020, p. 262, con cita de Thompson, Richard M., "United States v. Jones: GPS monitoring property and privacy", Congressional Research Service report for Congress, 2012, p. 8).

78 CSJ, EE.UU., 23/1/2012, "Jones".

79 Lo que la policía debe hacer antes de registrar un teléfono celular incautado en un arresto es simple: obtener una orden judicial. El monitoreo GPS genera un

También llegó a ese tribunal la discusión sobre el monitoreo satelital de por vida a un condenado reincidente por abusos sexuales, en el marco de un programa de vigilancia aplicado luego del cumplimiento de la pena. El agraviado invocaba la vulneración de sus derechos en base al citado precedente "Jones". Las instancias inferiores habían rechazado su planteo argumentando que eran casos distintos, ya que aquel fallo se había dictado sobre una medida de investigación y en el marco de una moción de supre-

---

registro preciso y completo de movimientos públicos de una persona que refleja una gran cantidad de detalles sobre sus vínculos familiares, políticos, profesionales, religiosos y sexuales" (CSEEUU., 25/6/2014, "Riley vs. California"). El mismo fallo admite excepciones en casos urgentes: "Si la policía está verdaderamente enfrentando una situación de 'ahora o nunca' —por ejemplo, circunstancias que sugieren que el teléfono de un acusado será objeto de un control remoto inminente que destruirá la información—, los oficiales de policía están habilitados a confiar en esas circunstancias extremas para registrar el teléfono inmediatamente...para el caso de enfrentar situaciones de extrema urgencia, tienen siempre disponible la excepción a la obligación de requerir orden judicial de registro". La misma solución adoptó la Corte en materia de reconstrucción de ubicación mediante análisis de celdas y antenas de conexión celular. En un caso en el que así se había identificado al autor de asaltos en series a tiendas electrónicas en distintos lugares, previa obtención y estudio de 12.898 puntos de ubicación de los movimientos del imputado durante 127 días, el tribunal lo consideró una injerencia en los términos de la Cuarta Enmienda. "Cuando un individuo busca preservar algo como privado y su expectativa de privacidad es una de aquellas que la sociedad está preparada para reconocer como razonable, la intromisión oficial en esa esfera generalmente se califica como un registro y requiere una orden judicial sustentada en causa probable. Los datos digitales en cuestión —ubicación personal mantenida por una tercera parte— no se ajusta exactamente a los precedentes existentes, pero coincide en la intersección de dos tipos de casos. Uno concierne a la expectativa de privacidad sobre la ubicación física y los movimientos. La otra se relaciona con la expectativa de privacidad en la información voluntariamente entregada a una tercera parte ("United States v. Miller", 425 U. S. 435). Los individuos tienen una expectativa razonable de privacidad en el conjunto de sus movimientos físicos. Permitir que el Estado acceda a los registros de los sitios de celulares —para muchos americanos "las intimidades de su vida"— contraviene esa expectativa. La fiscalía respondió que la doctrina de la tercera parte debía regir este caso porque los datos de ubicación de celdas son registros comerciales creados y mantenidos por las empresas. Pero hay un mundo de diferencia con la crónica exhaustiva de la información de locación colectada. Se exceptúa en "la urgencia/flagrancia en supuestos en que sea proporcional a las circunstancias que surjan en la investigación que permitirían a los cuerpos policiales una urgente consulta de extremos como la ruta en uso, últimas rutas, o una somera manipulación de la pantalla y mandos, que sin un análisis profundo del interior, permitan continuar lo urgente de una investigación" (Velasco, Eloy, ob. cit., pp. 1 y ss.).

sión probatoria. La Corte Suprema revocó sosteniendo que "esa conclusión, sin embargo, no decide la pregunta final sobre la constitucionalidad del programa", teniendo en cuenta que, aun en la actividad administrativa, podía estar en juego el derecho de la cuarta enmienda, por lo que debían analizar su razonabilidad[80].

3.2.5. Legislación española

Antes de 2015 a la Ley de Enjuiciamiento Criminal española, la geolocalización no tenía previsión legal expresa[81]. En ese año, fue introducida por la reforma junto a otras medidas de investigación tecnológicas. El artículo 588 bis regula los "principios rectores" que las rigen: autorización judicial mediante auto motivado "con plena sujeción a los principios de especialidad, idoneidad, excepcionalidad, necesidad y proporcionalidad". La misma norma define esos principios[82] y regula los requisitos de la solicitud de

---

80 CSJN., 30/3/2015, "Torrey Dale Grady vs. North Carolina", traducido por María Fernanda Beltrán, Actualidad Jurídica, Vol. 222 A 7461, Córdoba, 3/3/2015. "En definitiva, en la doctrina de la Corte Suprema de Estados Unidos, se admite que puede haber intromisiones en la privacidad tanto cuando suceden con fines de investigación penal, como en actos preventivos, civiles o administrativos; que para los primeros se exige un grado de sospecha o "causa probable" en tanto que para los otros el criterio rector se desplaza al análisis de la razonabilidad" (Beltrán, "**El control satelital de condenados por delitos sexuales", idem, p. 7463).**

81 El Tribunal Supremo "se inclinaba por avalar la utilización de esta clase de dispositivos sin necesidad de haber obtenido una previa orden judicial" (SSTS 23 de enero de 2007, nº 55/2007, L.L. 1537/2007; de 22 de junio de 2007, nº 562/2007, L.L. 60959/2007); 19/12/2008, L.L. 226043/2008; 5 de noviembre de 2013, nº 798/2013, L.L. 170315/2013 y 11 de julio de 2008, nº 523/2008 (L.L. 132390/2008). Se partía de la aceptación del uso como un modo válido de investigación en base a la ausencia de regulación; su uso no suponía una injerencia significativa en el derecho a la intimidad ni la libertad ambulatoria. "La mayoría de las resoluciones se referían al empleo de balizas adosadas a buques o embarcaciones de tráfico de mercancías, con lo que la posible afectación de la intimidad personal quedaba en gran medida diluida. Por otra parte, la precisión de los dispositivos no era muy alta con lo que la localización del objeto era siempre aproximada" (González, Manuel R., "Comentario a la STS 141/2020 de 13 de mayo de 2020", La Ley, España, 2020).

82 Especialidad: exige que la medida esté relacionada con la investigación de un delito concreto. No podrán autorizarse medidas de investigación tecnológica que tengan por objeto prevenir o descubrir delitos o despejar sospechas sin base objetiva. Idoneidad: define el ámbito objetivo y subjetivo y la duración de la medida en virtud de su utilidad. Excepcionalidad y necesidad: solo podrán acordarse cuando

la Fiscalía o la Policía: descripción del hecho, identidad del investigado u otros afectados por la injerencia, si tales datos resulten conocidos; exposición detallada de las razones que justifiquen la necesidad de la medida; indicios de criminalidad; extensión, duración, contenido y forma de ejecución; unidad policial y sujeto a cargo de la realización. Similares recaudos le impone a la resolución judicial[83].

El artículo establece la reserva: "la solicitud y las actuaciones posteriores relativas a la medida se sustanciarán en una pieza separada y secreta, sin necesidad de que se acuerde expresamente el secreto de la causa"[84]. La jurisprudencia también ha establecido la posibilidad de reserva de las técnicas de investigación empleadas[85].

---

no estén a disposición otras medidas menos gravosas e igualmente útiles, o cuando la finalidad se vea gravemente dificultada sin el recurso a esta medida. Proporcionadas: cuando, tomadas en consideración todas las circunstancias del caso, el sacrificio de los derechos e intereses afectados no sea superior al beneficio que de su adopción resulte para el interés público y de terceros. "Para la ponderación de los intereses en conflicto, la valoración del interés público se basará en la gravedad del hecho, su trascendencia social o el ámbito tecnológico de producción, la intensidad de los indicios existentes y la relevancia del resultado perseguido con la restricción del derecho".

83 Por carencia de las exigencias establecidas, el Supremo español invalidó la colocación de un GPS en un vehículo y absolvió al acusado que trasladaba 100 grs. de cocaína. Consideró insuficiente los motivos y fundamentos de la petición policial acogida por el juez de instrucción (confidencia anónima que sindicaba al acusado de hacer viajes transportando cocaína; antecedentes en la base policial por tráfico de drogas; constatación por cámaras que el acusado se encontraba en tránsito). Señaló que "la utilización de dispositivos de localización y seguimiento tiene una incidencia directa en el círculo de exclusión que cada ciudadano define frente a terceros y frente a los poderes públicos está ya fuera de cualquier duda" (STS, 13/5/2020).

84 La reserva puede parecer una obviedad. Sin embargo, vale aclararlo, teniendo en cuenta antecedentes aislados que se pronunciaron por el acceso de los imputados indagados y sus defensores a las medidas de investigación para individualizar y reunir pruebas de cargo en contra de otros partícipes aun no llevados al proceso (CFedApelCba. Sala A, 27/3/2024, "Gil"). Es contrario al sentido común poner en conocimiento de los imputados las pesquisas tendientes a descubrir a sus cómplices prófugos o no identificados; por eso previsiblemente aquella resolución fue revocada por la casación federal argentina (CFCP, Sala IV, Reg. 984, 5/9/2024).

85 "En nuestra STS 884/2012, de 12 de noviembre, expresamente indicábamos que "cuando los servicios de información extranjeros proporcionan datos a las fuerzas y cuerpos de seguridad españoles, la exigencia de que la fuente de conocimiento precise también sus propias fuentes de conocimiento, no se integra en el conte-

En lo que atañe específicamente a los dispositivos de seguimientos y localización, el artículo 588 quinquies dispone que, por regla, el juez podrá autorizarlos, especificando el medio técnico[86]. Pero cuando razones de urgencia hagan razonablemente temer la frustración de la inves-

---

nido del derecho a un proceso con todas las garantías. Lo decisivo, además de la constancia oficial, no necesariamente documentada, de que esa comunicación se produjo, es que el intercambio de datos sirva para desencadenar una investigación llamada a proporcionar a los Tribunales españoles los medios de prueba precisos para el enjuiciamiento de los hechos". Tampoco existe un derecho a conocer o desvelar los métodos y las técnicas de investigación policial desarrolladas en nuestros límites territoriales, como no lo hay tampoco a conocer la identidad de los agentes que hayan intervenido en la investigación, cuando no tiene una repercusión legal sobre el material probatorio en el que pueda fundarse una eventual acusación. Los investigados carecen de un derecho que les ampare a desvelar los puntos de apostamiento policial, o la identidad de los confidentes, o la información recabada mediante técnicas de criminalística que perderían su eficacia si se divulgaran masivamente. No existe un derecho a conocer los instrumentos y materiales concretos de los que se dispuso la policía para la investigación y que podrían quedar desprovistos de eficacia para intervenciones futuras. Como no resulta tampoco asumible que se conozcan aquellas investigaciones que ni siquiera afectan a los sometidos a proceso y que pueden arruinar otras actuaciones policiales de obligada persecución de la criminalidad. Sólo cuando una de las partes presente indicios fundados de que la actuación policial o preprocesal puede haber quebrantado sus derechos fundamentales, incurrido en irregularidades, o discurrido de un modo que pueda afectar a la validez de la prueba o del procedimiento penal, así como cuando aporte indicios de circunstancias en la investigación que puedan afectar a la fuerza incriminatoria del material probatorio, se justifica, por los principios de equilibrio y defensa, autorizar tal prospección, siempre limitada a los estrictamente necesario y bajo control judicial. Hemos dicho reiteradamente que no puede admitirse una presunción de ilegitimidad en la actuación policial cuando no aparecen vestigios serios o rigurosos (STS 85/2011, de 7 de febrero, entre muchas otras)" (TSE., S. 312, 13/4/2021).

86 "Se pueden utilizar localizadores tanto GPS como GNSS que funcionan con una tarjeta SIM de prepago. Los primeros utilizan la red de satélites GPS utilizadas para la comunicación mediante telefonía móvil usual en Europa. Los segundos adquieren la información de localización utilizando la red GPS y además otros sistemas de satélite como son el Glonass ruso, el Beidou chino o el sistema Galileo europeo. Estos dispositivos pueden ser adquiridos sin ninguna clase de restricción en el mercado en tanto que pueden tener un uso legal que puede consistir en tener perfectamente localizado un objeto, vehículo o incluso una mascota por su propietario. Se trata de aparatos que, por lo general, están imantados con la finalidad de adherirse a cualquier superficie metálica y son autónomos hasta 180 días los de uso doméstico, pero hasta seis meses o incluso años los de uso profesional. El seguimiento del dispositivo y, consiguientemente, del vehículo u objeto que lo

tigación de no colocarse inmediatamente el dispositivo, podrá hacerlo la Policía Judicial dando cuenta a la mayor brevedad posible, y en todo caso en el plazo máximo de veinticuatro horas, a la autoridad judicial, quien podrá ratificar la medida adoptada o acordar su inmediato cese. En principio, la medida no podrá tener una duración mayor a tres meses a partir de su autorización. Excepcionalmente, "el juez podrá acordar prórrogas sucesivas por el mismo o inferior plazo hasta un máximo de dieciocho meses, si así estuviera justificado a la vista de los resultados obtenidos con la medida".

4. DRONES

4.1. Introducción

Las posibilidades de utilización de drones para la averiguación y adquisición de conocimiento en la averiguación de hechos ilícitos presentan amplias y dinámicas modalidades. Las más comunes son la búsqueda de personas y cosas relacionadas con el delito, la obtención de pruebas y el apoyo en allanamientos. A su vez, puede recaer sobre distintas clases de predios: urbanos, rurales, comerciales, particulares o públicos.

Un escollo para analizar la validez probatoria de estas técnicas es la falta de regulación normativa específica de su empleo en el proceso penal, como sucede en Argentina. En tal contexto se impone analizar si hay colisión con los derechos constitucionales en juego (propiedad, intimidad y eventualmente otros[87]), y en ese caso si existen fundamentos legales que le den sustento. Lo primero obedece a que, si no se da contraposición constitucional, hay libertad de medios de investigación. Y si la hay, la limi-

---

lleva adherido se realiza mediante un teléfono móvil o computadora" (González, Manuel R., art. cit.).

87 Sobre la vinculación del derecho a la intimidad con otros (como los de libertad de culto, expresión, prensa, petición y reunión previstos en la primer enmienda a la constitución americana), se ha señalado que hay un fundamento constitucional común y están entrelazados, por lo que la Primera Enmienda en sí está en conflicto, ya que a mayor injerencia del registro se conduce a mayores cantidades de expresión involucradas pudiendo enfriar las libertades de asociación y desarrollo (Blitz, Marc J. et. al., "Regulating Drones Under the First and Fourth Amendments", Vol. 57 W&M Law Review N° 1, 2015, pp. 141 y 142).

tación o restricción del derecho debe tener previsión legal (CADH., 30)[88]. De allí que la forma de la indagación, las condiciones de implementación y el lugar sobre el que se la realice serán determinantes de la validez.

La utilización de drones con fines procesales es una variante de la investigación aérea, por lo tanto comparten una base argumental común a otros métodos de la misma familia (p. ej., la observación con aeronaves tripuladas o satelital —v. gr. *google earth*). Entonces, el desarrollo jurisprudencial o doctrinario existente sobre este género, puede ser un buen punto de partida para resolver determinados conflictos que se plantean.

4.2. Algunos problemas del uso de drones

El uso de drones en la investigación penal puede generar conflictos con el derecho a la privacidad[89], sobre todo cuando recae sobre sitios protegi-

---

88 La casación federal tiene dicho que "toda medida de restricción que importa una afectación de los derechos fundamentales, debe ser sometida al test de orden internacional y constitucional que informa la teoría general de los límites o conjunto de requisitos formales y materiales para las restricciones de derechos, que operan a modo de límites a la capacidad limitadora, y que deben ser sorteados; a saber, entre otros: la habilitación constitucional, la reserva de ley, la causalización, la judicialidad, la adecuación, la necesidad, la proporcionalidad y la compatibilidad con el orden democrático" (CFCP., Sala II, Reg. N° 1788, 5/11/2015, "Hinricksen", citando "Díaz", Reg. N° 19.518 del 25/11/2011).

89 Vaninetti, Hugo, "Los drones y el derecho a la intimidad e imagen", ADLA, 18/2015, p. 3; Koerner, Matthew, "Drones and the Fourth Amendment: Redefining Expectations of Privacy", Duke Law Journal N° 64, pp. 1129 y ss., 2015; Todorova, Iva, "The Sky Is the Limit: UAVs by Private Actors and the Implications to Common-Law Privacy", FIU Law Reviex N° 2, Vol. 10, art. 22, 2015; Rehfuss, Abigail, "The domestic use of drones and the fourth amendment", Albany Government Law Review, Vol. 8, pp. 314 y ss., 2015; Scharf, Rebecca L., "Game of Drones: Rolling the Dice with Unmanned Aerial Vehicles and Privacy", Scholarly Works, 2017, 1006, entre otros. El mayor interés en la protección de la privacidad surge por la capacidad de los drones de operar como una poderosa herramienta de vigilancia autónoma. Justamente por los distintos accesorios permite obtener información detallada sobre los individuos; equipados con cámaras, GPS de rastreo, objetivos, filmadora de videos, infrarrojos, pueden obtener imágenes y hacer transferencias tecnológicas veloces, todo sin el conocimiento de la persona (Schlag, Chris, "*The New Privacy Battle: How the Expanding Use of Drones Continues to Erode Our Concept of Privacy and Privacy Rights*", Journal of Technology Law & Policy, Vol. XIII, 2013). Por eso propicia que la legislación requiera orden judicial basada en causa probable para su utilización

dos constitucionalmente, como el domicilio. Puede vulnerar también los derechos al secreto, la autonomía, el anonimato[90].

Se ha observado con razón que la cuestión no puede ser fácilmente resuelta con los precedentes convencionales[91]. Aunque esta tarea se ha intentado, señalándose que la policía no puede emplear equipos de vigilancia sofisticados sin una orden judicial y que aún con una autorización, el espectro de una "orden genérica" presenta límites[92]. Takahashi contrasta la práctica de drones con un repaso de precedentes jurisprudenciales anteriores que versan sobre similares cuestiones y resueltos con fundamentos que pueden resultar aplicables y concluye: si los drones captan visualmente un sospechoso mientras reporta su historial de tiempo y ubicación, pueden proveer el tipo de evidencia posicional de largo término que "Jones"[93] consideró inadmisible; si los drones son pequeños, pueden ser capaces de proveer información visual simple desde puntos de ventaja inaccesibles a un oficial de las fuerzas del orden, lo que podría ir en contra de "Riley"[94]; si son grandes y equipados con sensores multimodales (visión nocturna,

---

90 Thompson, Richard M., "*Domestic Drones and Privacy*", Congressional Research Service, 30/3/2015. Señala que el paradigma funciona de distintas maneras, por ejemplo, cuando consentimos que la aplicación para un *smart phone* rastree nuestra localización, podemos decidir la compensación de nuestra privacidad con el valor del servicio que recibiremos en contraprestación. Sin embargo, con los drones y la vigilancia aérea, esta teoría se desintegra. Se pregunta:¿Cómo esperamos ejercer el control de quiénes nos ven a nosotros o nuestra actividad? ¿Y debería existir una diferencia si la persona nos ve desde una aeronave tradicional versus un dron?

91 Talai, Andrew, "*Drones and Jones: The Fourth Amendment and Police Discretion in the Digital Age*", California Law Review 102, 2014, p. 729.

92 Takahashi, Timothy T., "*Drones and privacy*", The Columbia Science & Technology Law Review, Vol. XIV, 2012.

93 Se refiere al ya citado fallo de 2012 de la Corte Suprema de Estados Unidos reprobando los seguimientos sin orden judicial mediante GPS. El autor dice que, si un drone está marcando visualmente a un sospechoso, esencialmente está proveyendo a su operador con información parecida a la que proporciona un GPS.

94 Por "Florida vs. Riley" (488 US 445-1989) en el cual la Corte aplicó el test del precedente "Katz" (expectativa razonable de privacidad) para sostener que la observación visual sin orden judicial de un invernadero parcialmente abierto, practicada por un policía en una vista panorámica desde un helicóptero circulando a 400 pies no violaba la cuarta enmienda, considerando también que se podía ver el interior por los paneles rotos. Al mismo tiempo la mayoría advirtió que se hubiese requerido una orden si la vigilancia ocurría en una altitud baja, donde la aeronave podría haber estado volando de manera contraria a la ley o la regulación.

detección térmica), probablemente ofendan los fundamentos del fallo "Kyllo" (cuyos fundamentos sintetizamos al tratar la detección térmica). Si están equipados con "narices electrónicas", los olores que capten pueden disparar una reevaluación del razonamiento que apuntala "Cabellas" (sic)[95]. Si los drones de cualquier tamaño tienen radares de imágenes ultra invasivos para ver a través de las paredes, aun su uso con una orden puede hacer surgir temas de la "*plain view doctrine*" de difícil resolución, previamente establecidos por "Hicks"[96].

4.3. Lugares abiertos

Los lugares abiertos pueden ser públicos (calles, plazas) o privados (campos).

Los drones en espacios públicos o de acceso al público pueden tener utilidad en materia de seguridad, para monitorear con sus cámaras los movimientos de personas con el objetivo de garantizar el orden, prevenir inci-

---

95 Se refiere al caso "Illinois vs. Caballes" (543 US 405-2005), en el cual se convalidó el empleo —sin que medie una sospecha razonable— de un perro policía detector de drogas durante un control por infracción de tránsito, porque no prolongó la duración, ni comprometió un interés legítimo de privacidad ya que sólo puede detectar la presencia de la sustancia ilícita. Citando al precedente "Place" (462 US 707), el fallo tuvo en cuenta que no expone elementos distintos al que constituye el traslado ilícito y que de otra manera permanecerían escondidos de la vista pública.

96 "Arizona vs. Hicks" (480 US. 321-1987) consideró una extralimitación la actividad policial realizada dentro de un domicilio en exceso del fin perseguido inicialmente (habían entrado por los disparos de un francotirador y no sólo secuestraron las armas y municiones, sino que además manipularon partes de un equipo de audio controlando su numeración, chequeando que era robado). Si bien en Estados Unidos se conoce como "*plain view doctrine*" la teoría que permite a la policía secuestrar elementos flagrantemente delictivos que encuentre accidental e imprevistamente durante la ejecución de un registro domiciliario legítimo, se consideró que en el caso no surgía probable a simple vista el carácter delictivo del estéreo y su indagación no guardaba relación con el objetivo inicial de la irrupción. Para el autor la relación se da en base a que cuando se usa tecnología altamente sofisticada dotada de sensores remotos en una inspección sin orden, se vuelve inevitable que la policía traspase el límite del precedente "Hicks". Porque usando tecnología que permite "ver a través de las paredes", desdibuja la frontera entre el acto previamente permitido de "mirar un objeto sospechoso a simple o plena vista" y el no permitido de "moverlo" para el propósito de la inspección. Remata que la tentación de una "redada policial" (en nuestra jerga llamada "excursión de pesca") es grande (Takahashi, ob. cit).

dentes y delitos y actuar tempranamente cuando sucedan. De allí que muchas veces servirán como instrumento de prueba de un delito en el proceso penal (p. ej. incidentes en una protesta social). Este tipo de uso no afecta una expectativa razonable de privacidad, porque se basa en la vigilancia de personas que se encuentran en lugares concurridos no considerados reservas de la vida íntima[97].

Un campo puede estar protegido por el derecho de propiedad, a punto tal que su dueño puede admitir o excluir a terceros. El cerramiento perimetral (alambres, tranqueras) evidencia el interés en limitar o restringir la circulación e inclusive puede ser indicador de la preservación de la intimidad[98].

La característica abierta del inmueble sujeto a investigación, como así también el tipo de actividad que se realiza y el lugar desde donde se lo hace, son relevantes en el análisis de la repercusión que la pesquisa tiene sobre los derechos involucrados. Si la actividad aérea recae sobre un campo abierto como en el ejemplo, o en sitios donde no despliegan su vida privada las personas (p. ej., galpones desocupados), no hay afectación a la intimidad[99]. Tampoco se afecta el derecho de propiedad si no hay ingreso

---

97 "Parece claro que la utilización de drones —por ejemplo— para el monitoreo de eventos respecto de los cuales existen motivos legítimos policiales para la vigilancia (grandes aglomeraciones de gente, recitales, maratones, partidos de fútbol, etc.) no debiera, en principio, demandar una previa orden judicial que la legitime, toda vez que —por un lado— la observación está dirigida a conductas desplegadas por las personas en espacios públicos y a la vista de todos y —por otro lado— tienen una finalidad fundamentalmente preventiva, y solo redunda en forma secundaria o eventual en la obtención de evidencia para una investigación criminal. Por ende, tiene un impacto menor sobre el derecho a la privacidad de las personas observadas" (Blanco, Hernán, ob. cit., p. 326).

98 "Es nuestro respeto por la libertad de los dueños de las tierras para usar en alguna de las referidas formas (466 U.S. 170, 193) sus "terrenos" delimitados con carteles de "no ingresar" lo que explica parcialmente la seriedad con la que el derecho positivo toma en cuenta las invasiones deliberadas a tales espacios, y refuerza sustancialmente la posición de los propietarios de tierras en cuanto a que sus expectativas de privacidad son "razonables" (CSEEUU, "Oliver", 466 U.S. 170-1984).

99 La jurisprudencia norteamericana avaló el descubrimiento de una plantación de marihuana desde una aeronave detectada por un policía especialista tras recibir un dato anónimo; con la confirmación se expidió la orden de allanamiento ("California vs. Ciraolo" (476 US 207-1986). La decisión fue controvertida y tomada por una apretada mayoría porque el sitio estaba protegido por cercos que impedían la visión desde la superficie y el sector del cultivo estaba próximo a la residencia del imputado. Sostuvieron que el mero hecho de que un individuo haya tomado

físico y de superficie. El anterior Código Civil argentino (art. 2518) seguía la histórica ficción de que la propiedad inmueble se extendía en línea perpendicular hacia el infinito y más allá[100], por lo que el propietario era dueño exclusivo del espacio aéreo. Tal disposición ya había sido limitada por el Código Aeronáutico, en cuanto nadie puede, en razón de un derecho de propiedad, oponerse al paso de una aeronave (art. 6). Y el nuevo Código Civil y Comercial, en su artículo 1945 establece que el dominio de una cosa inmueble se extiende al subsuelo y al espacio aéreo, en la medida en que su aprovechamiento sea posible, excepto lo dispuesto por normas especiales[101]. En Estados Unidos se dio un proceso similar. De Inglaterra heredaron la regla de la propiedad vertical sobre el aire, pero por la actividad aeronáutica en 1926 se declaró de dominio público el "*navigable airspace*".

---

medidas para restringir la visual de sus actividades no impide la observación policial desde un punto en el que tiene derecho a estar y desde el que se puede ver claramente, puesto que tuvieron lugar dentro del espacio aéreo públicamente navegable y de una manera no invasiva. "La Cuarta Enmienda simplemente no requiere que la policía viaje por las rutas aéreas públicas a 1.000 pies para obtener una orden de registro a fin de observar lo que es visible a ojo desnudo". En cambio, para la minoría la situación no era analogable a la actividad aérea común porque los viajeros de vuelos comerciales, como así también los aviones privados usados para negocios o razones personales, normalmente obtienen como mucho un vistazo fugaz, anónimo e indiscriminado del paisaje y edificaciones sobre las que pasan. El riesgo de que un pasajero pueda observar actividades privadas y conectarlas con personas en particular, es simplemente tan trivial como pretender una protección en contra".

100 En un artículo en el que se analiza el derecho a repeler una invasión doméstica con un drone, derribándolo, anota que "el principio *cuius est solum, eius est coelum* (de quien es el suelo, es el cielo), tiene su origen en el Derecho Romano y que ya se recogía en la Partida VII de Alfonso X el Sabio" (López, Javier, "Tiro al dron, ¿derecho o delito?", 9/5/2016, https://confilegal.com).

101 Claro está que las actividades investigativas con drones se hacen volando a muy baja altura en comparación con otras aeronaves, lo que constituye otro factor de dificultad en el análisis. La doctrina comparada reconoce la necesidad de dar mayor precisión en los derechos del espacio aéreo a baja altitud para fijar los casos de exclusión de drones. Se ha señalado que antes del advenimiento de los drones no había presión ni necesidad de definir el alcance de los intereses de propiedad en baja altitud y desafortunadamente, a medida que crece una bandada de drones domésticos listos para el despegue, las ambiguas leyes sobre derechos del espacio aéreo amenazan ahora con impedir el crecimiento de una nueva industria importante, quedando al medio de estas presiones los principios de microeconomía y propiedad (Rule, Troy A., "Airspace in an age of drones", Boston University Law Review, Vol. 95, pp. 207 y 208, 2015).

Un buen estudio que desarrolla la evolución histórica y las regulaciones actuales, narra que en 1946 la Corte Suprema en "U.S. vs. Causby" resolvió el caso de un criador de pollos que vivía cerca de un aeropuerto y los aviones que sobrevolaban su propiedad espantaban a los animales de forma tal que morían. Si bien la Corte falló a favor del demandante, en su opinión mayoritaria el juez Douglas dictaminó que la doctrina *o adcoelum*, no tenía cabida en el mundo moderno, que el Congreso había declarado el espacio aéreo "vía pública" para la aviación y los propietarios de viviendas carecían generalmente de los derechos para excluir aeronaves en ese espacio[102].

En consecuencia, no habiendo ataque a la propiedad ni afectación de la intimidad, la práctica investigativa reseñada en el ejemplo del comienzo aparece válida. Cuando se investiga un delito grave, la intromisión es de muy bajo nivel y constituye un medio idóneo y necesario para adquirir el conocimiento, aparece razonable y proporcionada, lo que refuerza su justificación. En cambio, es más discutible la procedencia de la intromisión, sin orden judicial y en ausencia de sospecha firme, frente a un delito leve (por ejemplo, el uso del drone para verificar si en el campo observado se encuentra un ternero sustraído).

4.4. Inmuebles comerciales e industriales

Avanzando con la intensidad del derecho a la intimidad en relación al tipo y uso del inmueble sujeto a observación, en un punto intermedio se sitúan los terrenos afectados al uso comercial. A nivel comparado no ha sido pacífica la protección[103]. En el orden nacional la propia ley proce-

---

[102] El magistrado hizo hincapié en que un propietario es dueño de al menos y como mucho del espacio superior a la superficie que pueda ocupar o usar y que las invasiones en ese espacio son de la misma categoría que las terrestres (Ortiz Mussenden, Rubén et. al., "La privacidad y los aparatos voladores a control remoto recreacionales "drones", Facultad de Derecho, Universidad Interamericana de Puerto Rico, 2017),

[103] "Una oficina o local comercial carecen de la protección que otorgan los apartados 1 y 2 del art. 18 CE al no constituir, de modo evidente, un espacio de privacidad necesario para el libre desarrollo de la personalidad, de ahí que no puedan considerárseles incluidos dentro del ámbito de protección de la inviolabilidad del domicilio —SSTS. 27/7/2001, 3/10/95, 27/10/93—" (TSE., S. 1219, 17/10/2005). En cambio, la jurisprudencia constitucional de otros países, acertadamente consideran el fuerte impacto de los derechos de propiedad (CSCostaRica, Sala III, S. 980, 17/9/2010) e intimidad. En Estados Unidos los tribunales reconocen que "un hombre de negocios, al igual que el ocu-

sal reconoce que gozan de protección constitucional, cuando exige orden judicial para su registro. Bajo el título "allanamiento de otros locales", el artículo 226 del Código Procesal Penal nacional sólo exime de las restricciones horarias establecidas para el ingreso a moradas particulares, cuando el registro se realice en "edificios públicos y oficinas administrativas, los establecimientos de reunión o de recreo, el local de las asociaciones y cualquier otro lugar cerrado no destinado a habitación".

En consecuencia, la investigación con drones sobre este tipo de edificaciones, por regla, no es admisible sin orden judicial[104]. Las excepciones pueden ser predios abandonados, obtención de muestras de emanaciones de industrias, o bien aquellos para los que se prevé legalmente el ingreso físico y tradicional sin autorización jurisdiccional. En este sentido, las leyes de policía de seguridad, administrativa o preventiva, facultan la inspección de talleres, chacaritas o desarmaderos, compraventas, por lo cual si está permitido lo más (el registro físico sin sospecha previa) es razonable admitir lo menos (la observación aérea). De todas formas, cuando se trata de buscar elementos de origen delictivo con pruebas de su presencia en el lugar, lo más lógico y correcto será el allanamiento clásico[105].

---

pante de una residencia, goza del derecho constitucional de estar en su empresa libre de ingresos oficiales irrazonables bajo su propiedad comercial privada" ("See vs. Seattle", 387 US 541-1967).

104 Con otra concepción, en "Dow Chemical Co. vs. US" (476 US 227-1986), la Corte de Estados Unidos en fallo dividido entendió que el uso de cámaras desde un avión no fue invasivo a la intimidad individual ya que el lugar inspeccionado era una planta industrial. La empresa había denegado a la Agencia de Protección Ambiental una inspección de seguimiento in situ de sus instalaciones y en respuesta hizo la observación aérea. Dow Chemical demandó alegando violación a la Cuarta Enmienda. Luego de fallos opuestos en las instancias inferiores, la Corte consideró que las áreas abiertas de un complejo industrial son más comparables a un "campo abierto" en el que un individuo puede no legítimamente exigir privacidad; y el hecho de que la EPA tomara fotografías desde el espacio aéreo público con el equipo fotográfico estándar empleado por los cartógrafos para hacer mapas, confirmaba que el área no estaba sujeta a una estricta protección contra la observación.

105 Cafferata Nores, José I. - Hairabedián, Maximiliano, La prueba en el proceso penal, 9° ed. Ad Hoc, Buenos Aires, 2023. En esta línea se ha resuelto que si bien el art. 13 segundo párrafo de la ley 25.761, tipifica y establece una pena por el sólo hecho de no cumplir con los deberes administrativos establecidos por la mencionada ley, para quienes su actividad principal, secundaria o accesoria sea el desarmadero y/o comercialización, transporte o almacenamiento de repuestos usados; no puede utilizarse este recurso con fines penales. "Si por vía del registro domici-

4.5. Residencias

Aplicando los criterios expuestos en los puntos anteriores, es posible ensayar algunas respuestas al problema que plantea el uso de drones sobre residencias particulares. Es útil sumar como criterio de análisis el tipo de accesorios con el que esté equipado el artefacto. Porque no es tanto el drone en sí mismo lo que puede afectar la intimidad, sino los instrumentos que posea (cámaras, visores nocturnos, micrófonos, etc.). Si un drone estuviera desprovisto de herramientas extras de acciones (p. ej., armas) o sensores que permiten tener percepciones (ver, oír, oler, grabar, filmar, registrar, etc.), no pasaría de ser un juguete sofisticado y casi inofensivo.

Sin orden judicial, no podrán ser utilizados para la observación de interiores, patios cerrados[106], terrazas y áreas protegidas de la visión pú-

---

liario en el marco de un procedimiento administrativo se pretendió legitimar lo que en realidad era un allanamiento con fines punitivos, se concluye que en el caso se habilitó mediante una decisión del poder ejecutivo —decretos reglamentarios de la ley 25.761 que otorgan competencias específicas a la D.N.R.N.P.A—, la intromisión a la privacidad de los particulares con fines de iniciar un proceso penal y recabar prueba acusatoria" (CNCC, Sala V, 9/9/2011, "S., E. G."). Un buen comentario de la citada ley nacional 25.761 y del decreto reglamentario 744/04 puede consultarse en Agost Carreño, Oscar, Análisis práctico del régimen jurídico automotor, Advocatus, Córdoba, 2011, pp. 206 y ss.

106 En esta línea, se declaró la nulidad de un allanamiento basado en un llamado anónimo que anoticiaba sobre la presencia de plantas de marihuana en un domicilio y fotografías del patio obtenidas con un drone. Para el tribunal, el allanamiento posterior fue ilegal, toda vez que los medios de convicción ofrecidos para peticionarlo fueron originados con la violación de domicilio por medio del aparato…el allanamiento fue contra la normativa constitucional que protege la inviolabilidad del domicilio y la intimidad" (CámApelyGtías Penal de Bahía Blanca, Provincia de Buenos Aires, Sala I, 28/6/2021, "A. s/ Estupefacientes —tenencia simple"). En un precedente anterior, la misma Cámara anuló otro caso similar: el drone "se alzó sobre la esquina del inmueble pudiendo divisar que en el patio del domicilio hay una construcción de chapas y ladrillo, la cual tiene como techo una red color naranja, a través de la cual se puede observar plantas similares a las de la especie cannabis sativa". Consideró el Tribunal que la fotografía "fue tomada desde un ángulo lateral horizontal y con una gran cercanía al objeto que captó, lo que indica que el uso del equipo tecnológico utilizado no se limitó a un ascenso vertical exterior" e "invadir un espacio privado es una injerencia que solo puede ser decidida con intervención de los órganos judiciales y jurisdiccionales" (6/11/2019, "NN s/ estupefacientes —siembra o cultivo— artículo 5 Ley 23.737"). La Cámara exhortó "un uso especialmente prudente y cuidadoso" de la investigación con dispositivos

blica[107] porque afectan la inviolabilidad del domicilio y el interés de privacidad allí protegido. Por el contrario, si los lugares y detalles son legítimamente apreciables prescindiendo del drone, no hay mayor problema con su empleo (por ejemplo, ver quiénes entran y salen de una residencia[108], constatar, individualizar o verificar las características del domicilio). En definitiva, cuando el drone se usa para ver lo que no se podría ver sin él, estamos en problemas, salvo que un juez lo haya autorizado.

La utilización de estos artefactos voladores sobre áreas protegidas de las viviendas es legítima cuando ha mediado autorización judicial fundada, ya sea expresamente para la captación exclusiva con el drone (sin ingreso físico), o si el juez ordenó el registro clásico y el procedimiento es apoyado con su auxilio (p. ej., para tener el control de personas que puedan huir o desprenderse de pruebas, para filmación del allanamiento o bien iluminación de la escena). En el primer caso, cuántos más accesorios tecnológicos tenga el dispositivo para entrometerse en la intimidad (zoom, rayos, micrófonos, rastreadores de celulares, etc.), mayores exigencias deberá tener la orden del juez, principalmente en orden a la gravedad del delito, cuadro probatorio y necesidad, aspectos que hacen a la proporcionalidad y justificación.

Respecto a las herramientas que por medio de rayos u otros medios remotos pasan los muros y trasmiten el gráfico más o menos difuso de figuras correspondientes a las personas y cosas que están adentro de un domici-

---

digitales por "las posibilidades de intromisiones ilegítimas en la privacidad de los ciudadanos que puede derivarse del uso de nuevas tecnológicas".

107 "La revolución tecnológica ofrece sofisticados instrumentos de intrusión que obligan a una interpretación funcional del art. 18.2 de la CE. La existencia de drones, cuya tripulación a distancia permite una ilimitada capacidad de intromisión en recintos domiciliarios abiertos es sólo uno de los múltiples ejemplos imaginables" (TSE, S. 1709, 20/4/2016).

108 Por ejemplo, la investigación en la que terminó detenido "Reynaldo el paraguayo" y varios miembros de su banda en González Catán, Argentina, a raíz de tareas de inteligencia previas que incluyeron cámaras ocultas y espionaje desde un drone, dadas las dificultades investigativas (amenazaban con armas a los vecinos para que no delataran). "Las cámaras ocultas y el drone espía pudieron comprobar que "Reynaldo" no sólo era apoyado por otros integrantes de la banda, sino que también contaba con un grupo de los denominados "satélites", que vigilaban los bunkers de venta de droga para evitar ser descubiertos por la policía" (Infobae, 7/5/2016).

lio[109], también se requiere la intervención judicial porque en definitiva es información sobre la vida privada.

En el caso del uso de drones como cobertura o apoyo de un registro domiciliario tradicional, no es necesario que la orden jurisdiccional haya habilitado expresamente el uso del aparato, porque al haber dispuesto la invasión completa (por ingreso físico con copamiento) de la inviolabilidad domiciliaria, la intimidad queda legalmente desguarnecida y el uso del drone no significa un aumento o plus en el nivel de intromisión. Podría argumentarse en contra de esta postura que su empleo puede afectar a viviendas aledañas no alcanzadas por la orden judicial, pero cabe responder que en general la irrupción en una vivienda para su registro implica la toma de posición en techos, tanques y puntos de altura para el control de lo que ocurre y evitar fugas o descartes de evidencias, con lo cual también pueden verse los locales colindantes.

Restaría ver si la falta de previsión legal no impide su utilización aun con autorización judicial, en virtud del principio de taxatividad de medidas invasivas establecido en el artículo 30 del Pacto de San José de Costa Rica. Teniendo en cuenta que el acceso al domicilio está previsto de manera plena en la ley procesal por medio de la medida coercitiva de allanamiento, se cumple la exigencia del artículo 18 de la Constitución Nacional en orden a que "una ley determinará en qué casos y con qué justificativos podrá procederse a su allanamiento y ocupación". Distinto sería el caso de otros usos, como la captación de conversaciones mediante micrófonos que pueden portar estos aparatos, cuestión que pertenece más al terreno de la intervención de comunicaciones orales directas que excede este trabajo.

4.6. Regulación legal en Argentina

A nivel internacional viene regulándose desde hace tiempo la cuestión de las aeronaves no tripuladas. Por ejemplo, la circular 328/2011 de la OACI sobre UAS (Unmanned Aerial System), los considera un nuevo componente del sistema aeronáutico por lo que, ya sean pilotadas a distancia,

---

109 Como sucede con el "Walabot", aplicación con "sensores que convierte a cualquier teléfono inteligente en un instrumento capaz de recrear imágenes 3D traspasando muros y otros obstáculos" (Balbi, Muriel, "Tecnología israelí para ver a través de las paredes", Infobae, 8/9/2017).

plenamente autónomas o combinación de ambos, están sujetas a las disposiciones del art. 8° del Convenio sobre Aviación Civil Internacional[110].

Las respuestas ensayadas precedentemente en este trabajo navegan en la falta de un canal normativo específico en el orden nacional, con las dificultades que eso genera. En Argentina, si bien no se ha previsto legislativamente el uso de drones con fines investigativos en el proceso penal, se ha dado una reglamentación centrada en otros aspectos cuya sucinta exposición puede ser de utilidad para enriquecer la discusión. La resolución N° 20 de la Dirección Nacional de Datos Personales (BO 27/5/2015) se basa en la ley 25.326 sobre datos personales. Considera a los drones o VANTs dentro de esa normativa y como reconoce que podrían implicar un importante riesgo para la privacidad y el derecho a la autodeterminación informativa, impone una serie de condiciones y requisitos a su uso. Así, prevé que en la medida que los medios tecnológicos utilizados para la recolección no impliquen una intromisión desproporcionada en la privacidad del titular del dato, no se requerirá su consentimiento en distintos casos que prevé la normativa, entre otros (además de emergencias, siniestros, usos privados, deportivos, etc.): a) cuando los datos se recolecten con motivo de la realización de un acto público o hecho sobre el que pueda presumirse la existencia de un interés general para su conocimiento y difusión al público;... c) Cuando la recolección de los datos la realice el Estado Nacional en el ejercicio (legítimo) de sus funciones.

Además, la ley de datos personales da otra mínima base normativa para el campo penal, al establecer la injerencia judicial en la materia. El artículo 10, sobre el deber de confidencialidad, prevé que el obligado sea relevado del secreto por resolución judicial y cuando medien razones fundadas relativas a la seguridad pública, la defensa nacional o la salud pública. En tanto que el artículo 12 permite la transferencia si tiene por objeto la cooperación internacional entre organismos de inteligencia para la lucha contra el

---

110 Se ha señalado que "dentro de este contexto, si bien en nuestro país los VANT pueden ser englobados dentro del concepto que establece el art. 36 del Código Aeronáutico, cuando considera aeronaves a *los aparatos o mecanismos que puedan circular en el espacio aéreo y que sean aptos para transportar personas o cosas*, aún prevé, sin embargo, para ser consideradas como tales, que *toda aeronave debe tener a bordo un piloto habilitado para conducirla, investido de las funciones de comandante* (art. 79), siendo que en los VANT no hay piloto sino un operador en tierra" (Vaninetti, Hugo A., "Responsabilidad jurídica por daños ocasionados por drones", SJA., 30/11/2016, p. 6, JA 2016 IV).

crimen organizado, el terrorismo y el narcotráfico, o bien por razones de colaboración judicial internacional.

Por otra parte, la Res. Nº 527/2015 que contenía el Reglamento Provisional de los Vehículos Aéreos no Tripulados (VANT) de la Administración Nacional de Aviación Civil (ANAC), establecía que no se consideraba uso recreativo o deportivo el uso de estos vehículos para: 1) la fotografía o filmación no consentida de terceros o de sus bienes o pertenencias; 2) la observación, intromisión o molestia en la vida y actividades de terceros; 3) la realización de actividades semejantes al trabajo aéreo[111].

Las insuficientes reglamentaciones en materia penal, hasta el momento han servido para analizar contextos de responsabilidad culposa por las lesiones que se causan con el uso indebido, imprudente o imperito de estos equipos[112], pero no como marco para su uso con fines probatorios.

Las pruebas obtenidas con el uso de drones bajo los recaudos expuestos en los puntos anteriores se incorporarán al proceso por el principio de libertad probatoria, mediante las fotos, videos y muestras logradas, informes o testimoniales de los operadores del aparato. En casos de controversias sobre la veracidad de los datos (p. ej., circunstancias de tiempo y lugar de la operatoria, capacidades del drone), se puede realizar un análisis forense del dispositivo[113].

5. IDENTIFICACIÓN MEDIANTE RECONOCIMIENTO FACIAL

Así como las personas tenemos la capacidad de reconocer personas, cosas y lugares, también lo pueden hacer los sistemas informáticos. Los humanos —y otros seres vivos también— miramos a alguien, el cerebro compara esa imagen con las que tiene almacenadas en la memoria y emite

---

111 En diciembre de 2019 la citada Res. 527/15 de la Anac fue derogada mediante la Res. Anac 880/2019 que aprobó el texto definitivo del reglamento de Vants y sistemas de vehículos aéreos no tripulados, con entrada en vigencia prevista a partir de julio 2020 (Blanco, Hernán, ob. cit., p. 317).

112 Se pueden citar los procesamientos confirmados en apelación por la CNCC., Sala I, 20/3/2017, "F., S."; y Sala VII, 24/4/2017, "B. A., S.".

113 Sobre la cuestión (datos recuperables, metodología e imagen forense, normas ISO, cadena de custodia, esquema de comunicación, extracción de información, datos de navegación, etc.), puede consultarse Díaz, Anabel et. al., Drones. Análisis técnico, legal y forense, Hammurabi, Buenos Aires, 2024, pp. 345 y ss.

el juicio o sensación de conocimiento. La inteligencia artificial hace más o menos lo mismo, porque reconoce personas comparando imágenes (p. ej. una cámara capta un rostro, un sistema de inteligencia artificial lo coteja con imágenes insertadas o almacenadas y arroja un resultado de coincidencia).

El reconocimiento facial se puede utilizar para muchos propósitos: como contraseña, para control de ingreso y egreso, validación de identidad biométrica, etc. En la investigación penal los principales usos son para detectar personas con orden de captura (p. ej., las cámaras de un puesto fronterizo conectadas mediante un sistema informático con una base de datos de prófugos), identificar autores de un delito (p. ej., sometiendo la imagen del sospechoso a sistema de reconocimiento para encontrar coincidencias), seguir y encontrar personas en sitios controlados (p. ej., sistemas de aeropuertos que, a través de las cámaras, permiten saber en el acto donde se encuentra una persona y reproducir el recorrido que hizo) y ubicar víctimas (p. ej., se encuentran en una computadora imágenes de abuso sexual infantil y con la aplicación de IA se las identifica).

Los problemas jurídicos pueden radicar en el valor probatorio —fiabilidad— y la validez jurídica —legalidad—. Lo primero dependerá del margen de error o del sistema empleado, que determinará el grado de seguridad de cada software —cada vez más precisos—[114]. Lo segundo se relaciona con la constitucionalidad e incorporación legal al proceso.

La cuestión del valor como fuente generadora de un conocimiento cierto o probable se determina por las estadísticas y controles de calidad a los que se someten los resultados de los procedimientos tecnológicos.

Para establecer la validez jurídica hace falta analizar, por un lado, el conflicto que puede generarse con el derecho a la intimidad, más precisamente el impacto sobre su faceta del derecho a la propia imagen y, por otra parte, el problema de la falta de regulación legal expresa del procedimiento.

El avance imparable y arrollador de cámaras de seguridad, redes sociales y almacenamiento de fotos y videos digitales ha debilitado y puesto en

---

114 Por ejemplo, el "Instituto Nacional de Estándares y Tecnología (NIST) de Estados Unidos prueba periódicamente la precisión de los algoritmos de reconocimiento facial presentados voluntariamente por los proveedores. En 2019, la agencia descubrió que muchos algoritmos eran menos precisos para identificar a las personas de color, lo que significa que su uso podría empeorar el sesgo sistémico en el sistema de justicia penal" (Hill, Kashmir, "Your face is not your own", The New York Times Magazine, 18/3/2021).

crisis el derecho a disponer de nuestra propia imagen. Ya no es posible concebirlo con la misma intensidad que lo trató la Corte Suprema en el precedente "Ponzetti de Balbín"[115] antes de la revolución digital o "tercera revolución industrial"[116]. Vivimos rodeados de filmadoras que nos enfocan y registran, generalmente por una finalidad de seguridad —ajena a la intervención judicial—[117] tanto estatal como de particulares, lo hemos naturalizado y sabemos que nada lo detendrá[118]. Es tal la magnitud y proyección de crecimiento, que las ideas estrictamente regulatorias[119] corren el riesgo de sucumbir frente a la realidad en una batalla perdida. Aun así, el dere-

---

115 CSJN., Fallos 306:1892, 11/12/1984. Vale reconocer que Petracchi en su voto alertó de manera visionaria: "la vieja noción de la inaccesibilidad del forum interum está derrotada por el avance de los medios técnicos de invasión y manipulación de la conciencia individual".

116 Durán Barba, Jaime, "La naturaleza humana", Perfil, Buenos Aires, 7/9/2024.

117 "La postura mayoritaria sostiene que requerir que la policía cuente con autorización judicial previa para llevar a cabo este tipo de vigilancia importaría restringir irrazonablemente sus facultades para investigar y prevenir los delitos. El uso policial de cámaras de video para observar y registrar las actividades sospechosas en espacios públicos sería, en principio, válido, toda vez que en este tipo de vigilancia restringida la intrusión (menor) a la privacidad estaría justificada por el legítimo interés del Estado en la persecución de delitos" (Blanco, Hernán, ob. cit., p. 295 citando a Cavoukian, Ann, "Surveillance, then and now: securing privacy in public spaces, Information and Privacy Commisioner Report, Canadá, 2013, p. 34).

118 "Se instalan cámaras en sitios privados y públicos que registran lo que hacemos prácticamente desde la puerta de nuestros hogares, sin poder descartarse que también suceda lo mismo con lo que pasa adentro. Si por casualidad en cada esquina de nuestro barrio no hay ya una cámara de vigilancia apuntándonos, su instalación con certeza está próxima: forma parte de la ampliación de la red que los vecinos reclamaron o los políticos prometieron como parte de su programa de seguridad ciudadana y prevención del delito. Bien dice Zaffaroni que el "síndrome de Disneylandia" es una realidad: casi no hay momento en que una cámara no nos esté registrando apenas salimos de casa" (Zaffaroni, La palabra de los muertos. Conformación de la criminología cautelar", Ediar, 2011, p. 378, citado por Riquert, Marcelo, "Las redes sociales como nuevo medio orientador de pesquisas criminales, La Ley, N° 185, 1/10/2015, p. 8).

119 Hay quienes proponen que la captación, reproducción y tratamiento de imágenes de sistemas de video vigilancia debe ser materia de regulación específica, implementación razonable y proporcional. Se alude al equilibrio que debe existir entre el medio empleado —video vigilancia— y el fin perseguido —mayor seguridad—. En la búsqueda de dicho equilibrio, entienden que, con carácter previo a la instalación del sistema, debe ponderarse la necesidad, idoneidad para el fin perseguido y ausencia de otras medidas de seguridad alternativas (Parrilli, Roberto, "Los sistemas de video vigilancia, el derecho a la privacidad, la imagen y la protección

cho a la propia imagen no desapareció. Entonces, una primera cuestión a considerar en el análisis de validez será si la obtención y almacenamiento de las imágenes ha vulnerado una expectativa razonable de privacidad (p. ej., las fotos y videos del usuario de una red social que las *publicó* para que sean vistas abiertamente por terceros). Y si la afectó, habrá de valorarse la legitimidad de la obtención y almacenamiento (p. ej., autorización de la persona o actividad regular de la administración) y la razonabilidad de la restricción al derecho a la intimidad[120]. De esta manera, es válido el cotejo informático de la imagen tomada por una cámara de seguridad al ladrón que está cometiendo un robo con la base de datos del Registro Nacional de las Personas o Registro de Reincidencia. El intruso no está protegido por una expectativa razonable de privacidad cuando es captado por la cámara de seguridad de la víctima o en lugares públicos. Las imágenes recopiladas por el Estado en su actividad regular son legítimas y el método para individualizar al autor de un delito es razonable.

La cuestión se dificulta cuando el algoritmo de IA de reconocimiento facial se nutre de una base de datos de imágenes de dudoso respeto al derecho a la propia imagen.

Una tecnología específica sirve como muestra para ilustrar el problema. Según lo publicado[121], en 2019, una agencia de seguridad de Estados Unidos recibió una fotografía en la que se observaba el abuso de un niño por parte de un hombre que no se alcanzaba a divisar bien (de tez blanca, pelo castaño, su rostro estaba enfocado desde ángulo oblicuo y la calidad estaba granulada). La identificación parecía muy difícil. Un investigador pasó el difuso rostro por una aplicación de reconocimiento facial creada por una empresa privada emergente (Clearview AI). Esta compañía formó

---

de datos personales", Doctrina Judicial, La Ley, Buenos Aires, 2011-41, pp. 7 y 8, citado por Blanco, Hernán, ob. cit., pp. 281 y 282).

120 "Nadie puede inmiscuirse en la vida privada de una persona ni violar áreas de su actividad no destinadas a ser difundidas, sin su consentimiento o el de sus familiares autorizados para ella y sólo por ley podrá justificarse la intromisión, *siempre que medie un interés superior en resguardo de la libertad de los otros, la defensa de la sociedad, las buenas costumbres o la persecución del crimen*" (CSJN, "Ponzetti de Balbín" cit.).

121 Hill, Kashmir, "Your face is not your own", The New York Times Magazine, 18/3/2021. "Representó el primer uso de la tecnología en un caso de explotación infantil por parte de Investigaciones de Seguridad Nacional, o H.S.I. "Fue una primera incursión interesante en nuestra experiencia en Clearview", dijo Erin Burke, jefa de Investigaciones de Explotación Infantil de HSI. Unidad. "No había forma de que hubiéramos encontrado a ese tipo".

su base de datos con un rastrillado o barrido en internet recopilando miles de millones de imágenes de personas que estaban en redes sociales, sitios webs, Youtube, Linkedin y otros. Al pasar la foto del sospechoso por esta aplicación, el programa arrojó como resultado una foto publicada en Instagram en la que se veía a un asiático con una mujer en un evento de fisicoculturismo en Las Vegas, lo que no coincidía con el sujeto buscado. Pero al ampliar la imagen, en el borde y en tamaño diminuto, se observaba de fondo a un hombre blanco en un mostrador de suplementos deportivos. El agente contactó a la empresa que promocionaba el mostrador, y obtuvo el nombre del empleado que lo atendía. Era un argentino residente en Estados Unidos que tenía una cuenta de Facebook de perfil público, en la cual los policías encontraron fotos del niño víctima del abuso y la habitación donde se había cometido. El acusado aceptó la culpabilidad y fue condenado a 35 años de prisión.

La prueba del reconocimiento facial por inteligencia artificial fue dirimente para resolver el caso. Pero más allá de ese éxito investigativo, la técnica abrió interrogantes sobre el desafío que presentan estas nuevas tecnologías y su impacto en los derechos civiles. Mientras agencias policiales la usan exitosamente por su gran potencial, hay países que ya han declarado la ilegalidad de su base de datos[122]. La empresa la defiende amparándose

---

122 Recientemente, Clearview fue multada en más de treinta millones de euros por la agencia de protección de datos de Holanda. "Extrae fotos de Internet sin que las personas lo sepan… y sin que hayan dado su consentimiento para que se utilicen sus fotografías o datos biométricos, afirmó el organismo de control de Países Bajos al imponerle la multa. "El reconocimiento facial es una tecnología altamente intrusiva, que no se puede aplicar a cualquier persona en el mundo…la amenaza de bases de datos como la de Clearview afecta a todos y no se limita a películas distópicas o países autoritarios como China. "Si hay una foto tuya en Internet —¿y no se aplica eso a todos nosotros?— entonces puedes terminar en la base de datos de Clearview y ser rastreado" dijo el presidente del organismo Aleid Wolfsen. Destacó que si bien existen usos legítimos y seguros de las tecnologías de reconocimiento facial (en particular, para la seguridad y la detección de delincuentes), la tecnología debería reservarse para "las autoridades competentes en casos sumamente excepcionales" y bajo la estricta guía de los reguladores para garantizar un uso apropiado. Clearview ha sido sancionada y censurada varias veces en Europa por violar las estrictas normas de protección de datos GDPR del bloque, incluidas varias multas de 20 millones de euros (22 millones de dólares) de organismos de control en Italia, Grecia y Francia y resoluciones que consideran ilegal la tecnología de sus homólogos en Alemania y Austria (Hart, Robert, "Clearview AI, una polémica empresa de reconocimiento facial", Forbes, 4/9/2024).

en que todas las imágenes fueron obtenidas de fuentes abiertas, por lo tanto son públicas.

El uso legítimo de ese tipo de tecnología para individualizar delincuentes por organismos públicos, por ahora[123] aparece razonable: la afectación al derecho a la propia imagen es nula o mínima, por los cambios en la concepción de la privacidad y el hecho de que las fotografías están en internet. Y es un medio idóneo para alcanzar la finalidad de investigar delitos.

La prohibición de este tipo de sistemas puede privar a las instituciones de ley y orden de una importante y útil método de identificación de imputados y víctimas y no impide que organizaciones o gobiernos malvados e inescrupulosos los utilicen para los peores fines (p. ej., individualizar concurrentes a manifestaciones de opositores para luego encarcelarlos o perseguirlos por sus ideas, religión, orientación sexual, etc.).

El Estado tiene los datos biométricos de todas las personas que han tramitado sus documentos. Cuando cuenta con sistemas de reconocimiento facial ágiles que cotejan las imágenes de sospechosos con esas bases de datos de incuestionada legalidad y los resultados se logran con la eficacia de herramientas como Clearview, la discusión sobre la validez se reduce considerablemente.

Bibliografía

Agost Carreño, Oscar. (2011) Análisis práctico del régimen jurídico automotor, Advocatus, Córdoba.

Amer Martín, Alicia. (22/6/2016) "El derecho a la intimidad y la prueba obtenida mediante drones", http://noticias.juridicas.com/conocimiento/articulos-doctrinales/11152-el-derecho-a-la-intimidad-y-la-prueba-obtenida-mediante-drones/#_ftn10.

Balbi, Muriel. (8/9/2017) "Tecnología israelí para ver a través de las paredes", *Infobae*, Buenos Aires.

Basterra, Marcela. (2017) "Derecho a la intimidad, privacidad y confidencialidad en la Ciudad Autónoma de Buenos Aires" en Constitución de la CABA comentada, Jusbaires, Buenos Aires.

Beltrán, María Fernanda. (3/3/2015) "El control satelital de condenados por delitos sexuales", Actualidad Jurídica, Vol. 222 A 7461, Córdoba.

---

123 La irrupción de las nuevas tecnologías abre interrogantes que cuestan resolver. Y en este caso la polémica es relativamente reciente, los análisis y desarrollos jurídicos al respecto son incipientes y todavía resta mucho por saber sobre su funcionamiento.

Berrocal Lanzarot, Ana Isabel. (2019) "Derecho de las nuevas tecnologías-Estudio jurídico crítico sobre la ley orgánica 3/2018 de protección de datos personales y garantía de los derechos digitales", Reus, Madrid.

Bidart Campos, Germán. (1998) Manual de la Constitución de la Constitución reformada, Ediar, Buenos Aires.

Blanco, Hernán. (2020) Tecnología informática e investigación criminal. La Ley, Buenos Aires-

Blitz, Marc Jonathan - Grimsley, James - Henderson, Stephen E. - Thai, Joseph. (2015) "Regulating Drones Under the First and Fourth Amendments", Vol. 57 William & Mary Law Review Nº 1, Williamsburg, Virginia.

Cafferata Nores, José I. (1994) Introducción al derecho procesal penal, Marcos Lerner, Córdoba.

Cafferata Nores, José I. y AA.VV. (2004) Manual de Derecho Procesal Penal, Universidad Nacional de Córdoba.

Cafferata Nores, José I. - Tarditti, Aída, T. (2003) Código Procesal Penal comentado, Mediterránea.

Cafferata Nores, José I. - Hairabedian, Maximiliano. (2023) La prueba en el proceso penal, 9º ed. Ad Hoc, Buenos Aires.

Carral, Daniel. (2015) "¿Smartphones con garantía extendida?", Revista de Derecho Penal y Procesal Penal Abeledo Perrot Nº 7, Buenos Aires.

Cavoukian, Ann. (2013) "Surveillance, then and now: securing privacy in public spaces, Information and Privacy Commisioner Report, Canadá.

Díaz, Anabel - Casco, María Eugenia - Suárez, Leandro - Campagna, Rafael. (2024) Drones. Análisis técnico, legal y forense, Hammurabi, Buenos Aires.

Díaz Cantón, Fernando. (21/4/2017) "Prácticas actuales de investigación y recolección de evidencia digital versus garantías de debido proceso" —Parte II—, Diario Penal Nro 145, DPI, Buenos Aires.

Dupuy, Daniela (Dir.) - Kieffer, Mariana (Coord.). (2016) Cibercrimen. B d F, Buenos Aires.

Dupuy, Daniela (Dir.) - Kieffer, Mariana (Coord.). (2018) Cibercrimen II. B d F, Buenos Aires.

Durán Barba, Jaime. (7/9/2024) "La naturaleza humana", Perfil, Buenos Aires.

Dworkin, Ronald. (1998) *Law's empire*, Harvard University Press.

Eco, Humberto. (2007) "La pérdida de la privacidad" en A paso de cangrejo, Debate, Buenos Aires.

Esquivada, Gabriela. (16/9/2024) "Hitler y Stalin no podían controlar gente todo el tiempo, la Inteligencia Artificial puede", Infobae, Buenos Aires.

Fernández de Marco, Laura D. (2016) "Menores en internet y redes sociales: derecho aplicable y deberes de los padres y centros educativos", Agencia Española de Protección de Datos, BOE, Madrid.

García Marcos, Julián. (2017) "Utilización de dispositivos técnicos de captación de la imagen, de seguimiento y de localización" en Investigación tecnológica y derechos fundamentales, Coord. Javier I. Zaragoza Tejada, Aranzadi, Pamplona.

Gargarella, Roberto. (27/7/2016) "Interpretar el derecho. Entre la 'novela en cadena' y la 'catedral bombardeada'", La Ley, Buenos Aires.

Garibaldi, E. L. (2010) Las modernas tecnologías de control y de investigación del delito, Ad Hoc, Buenos Aires.

González, Manuel R. (2020) "Comentario a la STS 141/2020 de 13 de mayo de 2020", La Ley, España.

Hairabedián, Maximiliano. (2014) *Requisas y otras inspecciones personales,* 2ª ed., Astrea, Buenos Aires.

Hairabedián, Maximiliano. (2004) *Jurisprudencia penal comparada,* Mediterránea, Córdoba.

Hairabedian, Maximiliano. (2019) "Mentiras policiales y debido proceso", Revista Foro FICP N° 3, Madrid.

Han, Byung Chul. (22/3/2020) "La emergencia viral y el mundo de mañana", El País, Madrid.

Harari, Yuval Noah. (2014) Sapiens-De animales a dioses-Una breve historia de la humanidad. Trad. de Joan Domenec Ross. 10° Ed. Debate, Barcelona.

Harari, Yuval Noah. (2024) Nexus. Ed. Debate, Buenos Aires, 2024.

Hart, Robert. (4/9/2024) "Clearview AI, una polémica empresa de reconocimiento facial", Forbes.

Hill, Kashmir. (18/3/2021), "Your face is not your own", The New York Times Magazine.

Kerr, Orin S. (2011) "An equilibrium-adjustment theory of the fourth amendment", *Harvard Law Review N° 2.*

Kerr, Orin S. (2009) "The Case for the Third-Party Doctrine", 107 Michigan Law Review N° 5, 561.

Koerner, Matthew. (2015) "Drones and the Fourth Amendment: Redefining Expectations of Privacy", Duke Law Journal N° 64.

La Fave, Wayne R.-Israel, Jerold H. (1992) Criminal procedure, 2nd. Ed., West Publishing Co., Minessota.

López Mesa, Marcelo J. (2020), La protección de la intimidad y la vida privada (Exégesis del art. 1770 del Código Civil y Comercial), Revista Argentina de Derecho Civil N° 8, Buenos Aires.

Mc Adams, Richard H. (1985) "Tying privacy in Knotts: beeper monitoring and collective fourth amendment rights", *Virginia Law Review.*

Minvielle, Bernadette. (1987) "Allanamiento ilegal: violación del derecho a la intimidad y de las garantías del debido proceso", *Doctrina Penal,* vol. 37/40, Buenos Aires.

Nino, Carlos Santiago. (2002) Fundamentos de Derecho Constitucional. Análisis Filosófico, Jurídico, y Politológico de la Práctica Constitucional. 2da Reimpresión, Astrea, Buenos Aires.

Ohm, Paul. (2012) "The fourth amendment in a world whitout privacy", *Mississippi Law Journal*, vol. 81:5.

Ortiz Mussenden, Rubén-Gómez, Héctor L.-Gómez, Santiago-Torres Báez, Josué. (2017) "La privacidad y los aparatos voladores a control remoto recreacionales "drones", Facultad de Derecho, Universidad Interamericana de Puerto Rico.

Parrilli, Roberto. (2011) "Los sistemas de video vigilancia, el derecho a la privacidad, la imagen y la protección de datos personales", Doctrina Judicial, La Ley, Buenos Aires.

Pérez Barberá, Gabriel E. (2011) "¿Libertad probatoria en el proceso penal?", en *Derecho penal y democracia: desafíos actuales-Libro homenaje al Prof. Dr. Jorge De La Rúa*, Mediterránea, Córdoba.

Re, Richard M. (2014) "The due process exclusionary rule", *Harvard Law Review*, n° 7, vol. 127.

Rehfuss, Abigail. (2015) "The domestic use of drones and the fourth amendment", Albany Government Law Review, Vol. 8.

Riquert, Marcelo. (2015) "Las redes sociales como nuevo medio orientador de pesquisas criminales", La Ley, N° 185, 1/10/2015

Roig Batalla, Antoni. (2024) La expectativa razonable de privacidad, Bosch, Barcelona.

Rule, Troy A. (2015) "Airspace in an age of drones", Boston University Law Review, Vol. 95.

Schlabach, Gabriel R. (2015) "*Privacy in the cloud: the mosaic theory and the stored communications act*", Stanford Law Review.

Schlag, Chris. (2013) "*The New Privacy Battle: How the Expanding Use of Drones Continues to Erode Our Concept of Privacy and Privacy Rights*", Journal of Technology Law & Policy, Vol. XIII.

Schneier, Bruce. (2016) "The eternal value of privacy", https://www.schneier.com/essays/archives/2006/05/the_eternal_value_of.html

Slobogin, Christopher. (2002) "Public privacy", *Mississippi Law Journal.*

Takahashi, Timothy T. (2012) "Drones and privacy", *The Columbia Science & Technology Law Review*, vol. XIV.

Talai, Andrew. (2014) "*Drones and Jones: The Fourth Amendment and Police Discretion in the Digital Age*", California Law Review 102.

Tale, Camilo. (2015) "El derecho a la intimidad en los tratados de derechos humanos" en AA.VV., Tratados de derechos humanos y su influencia en el derecho argentino, La Ley, Buenos Aires.

Thompson, Richard M. (2012) "United States v. Jones: GPS monitoring property and privacy", Congressional Research Service report for Congress.

Thompson, Richard M. (30/3/2015) "*Domestic Drones and Privacy*", Congressional Research Service, EEUU.

Todorova, Iva. (2015) "The Sky Is the Limit: UAVs by Private Actors and the Implications to Common-Law Privacy", FIU Law Reviex N° 2, Vol. 10, art. 22, 2015.

Vaninetti, Hugo. (2015) "Los drones y el derecho a la intimidad e imagen", ADLA N° 18, Buenos Aires.

Vaninetti, Hugo A. (30/11/2016) "Responsabilidad jurídica por daños ocasionados por drones", SJA., Buenos Aires.

Velasco Núñez, Eloy. (2013) "Investigación procesal penal de redes, terminales, dispositivos informáticos, imágenes, GPS, balizas, etc.: la prueba tecnológica", La Ley España 8334.

Volk, Klaus. (2016) "Curso fundamental de Derecho Procesal Penal", traducción de la 7ª edición alemana por Alberto Nanzer, Noelia T. Núñez, Daniel R. Pastor y Eugenio Sarrabayrouse, revisión de traducción de Noelia T. Núñez, Hammurabi, Buenos Aires.

Warren, Samuel D. - Brandeis, Louis D. (1890) "The Right to Privacy", Harvard Law Review.

Zaffaroni, Raúl E. (2011). La palabra de los muertos. Conformación de la criminología cautelar, Ediar, Buenos Aires.

Zaragoza Tejada, Javier Ignacio. (2017) Investigación tecnológica y derechos fundamentales - Comentarios a las modificaciones introducidas por la Ley 13/2015, Aranzadi, Pamplona.

Espionaje remoto de *smarthpone* y otros dispositivos electrónicos (Activación de cámaras y micrófonos)

DIEGO STRATIOTIS

SUMARIO: 1. INTRODUCCIÓN. 2. ESTADO DE SITUACIÓN: DELITOS GRAVES Y ANONIMATO A TRAVÉS DE INTERNET. 3. RECURSOS DIGITALES QUE FAVORECEN EL ANONIMATO EN RED. 3.1. Internet y el anonimato: web superficial, web profunda y dark net. 3.2. El pseudo anonimato de Bitcoin y blockchain. 3.3. El cifrado de información. 3.4. Evidencia digital: características y tipos. 3.5. Breve comentario hasta aquí. 4. ACTIVACIÓN DE CÁMARAS Y MICRÓFONOS. 4.1. El proyecto legislativo francés como antecedente . 4.2. La legislación española. 4.2.1. La interceptación de las comunicaciones telefónicas y telemáticas. 4.2.2. Captación y grabación de comunicaciones orales mediante la utilización de dispositivos electrónicos. 4.2.3. Utilización de dispositivos para la captación de imagen. 4.2.4. Registro remoto de dispositivos. 4.2.5. Conclusión hasta aquí. 5. MEDIDAS TECNOLÓGICAS PARA ACTIVACIÓN DE CÁMARAS Y MICRÓFONOS. 5.1. Programa espía Pegasus: "click cero". 5.2. Phishing, troyanos y la búsqueda del click. 5.3. Intrusión a la red de internet (Crozono). 6. TEST DE PROPORCIONALIDAD: ACCESO A CÁMARAS Y MICRÓFONOS. 6.1. Consideraciones generales (eficacia vs. garantías). 6.1.1. Fin legítimo (si se persigue un interés legítimo o adecuado). 6.1.2. Idoneidad (si la medida es adecuada para perseguir el fin legítimo). 6.1.3. Necesidad (medida menos dañina, pero no menos eficiente). 6.1.4. Proporcionalidad estricta (pondera el binomio sacrificio-beneficio). 6.1.5. Especialidad (art. 588 bis a, punto 2, LECrim). 6.1.6. Excepcionalidad (art. 588, bis, a, punto 4, LECrim). 7. EJEMPLO DE UNA RESOLUCIÓN, A MI JUICIO, DEFECTUOSA. 8. SOBRE UN PROYECTO LEGISLATIVO. 9. CONCLUSIÓN.

1. INTRODUCCIÓN

En Francia durante el año 2023 se ha intentado sancionar legislativamente como medio de investigación en procesos penales el acceso secreto y remoto a dispositivos electrónicos (ej.: *smartphones, tablets,* etc.) a los fines de activar su cámara y micrófono.

El Consejo Constitucional francés censuró dicha iniciativa por interpretar desproporcionada su redacción al no limitarse su alcance únicamente a los delitos más graves del código penal de dicho país, lo cual provocó opiniones doctrinarias tendientes a interpretar que si se limitará su aplicación a determinados supuestos la medida sería aprobada.

Por su parte, en España se han incorporado diversas medidas de investigación tecnológica a Ley de Enjuiciamiento Criminal (LECrim) en el año 2015[1], que guardan íntima relación con la activación de cámaras y micrófonos, como ser: interceptación de comunicaciones telefónicas y telemáticas; captación y grabación de comunicaciones orales mediante la utilización de dispositivos electrónicos complementadas mediante la obtención de imágenes del investigado; captación de imágenes en lugares públicos; registro remoto de equipos informáticos, entre otros.

La activación de cámaras y micrófonos es una medida de investigación disruptiva que se puede relacionar parcialmente con algunos de los medios mencionados en el párrafo anterior, principalmente, con la intervención de comunicaciones telefónicas y telemáticas y la captación o grabación de imágenes, lo cual constituye un avance muy poderoso del poder estatal sobre los derechos fundamentales de los individuos, estos son, el secreto de sus comunicaciones, imagen, la intimidad y privacidad.

No es una novedad que las medidas de investigación tecnológicas son en su mayoría altamente intrusivas y que en particular los *smartphones* se han convertido en una *pseduo* extensión de nuestro cuerpo dado que conviven junto a nosotros "escuchando y observando" los aspectos más íntimos de nuestra vida.

Otro punto que dificulta las investigaciones penales son las particulares características de la evidencia digital (volatilidad, fragilidad, etc.) y las técnicas de anonimato en internet (ej.: ocultamiento de direcciones IP, técnicas de cifrado de datos y dispositivos, utilización de la *dark web,* uso de criptomonedas y *blockchain,* suplantación de identidad digital, etc.) que permite a los ciberdelincuentes no dejar rastros.

Por su parte, empresas privadas y especialistas informáticos han desarrollado distintas herramientas tecnológicas de investigación que permiten el acceso a los dispositivos y tomar su control y activar cámaras y micrófonos, como puede ser el *software* Pegasus (mediante técnicas de *click* cero, es decir sin error del investigado); la instalación programas maliciosos mediante ingeniería social (ej. *phishing,* que se vale del error de la víctima, para ins-

---

1 Abogado, UCA. Especialista en Derecho Penal, Universidad de Buenos Aires. Especialista en Derecho Administrativo, Universidad de Belgrano. Diplomado en Cibercrimen, Universidad de Hartman, México. Maestrando en Razonamiento Probatorio, Universidad de Girona, España.

Ley Orgánica 13/2015 de fecha 5 de octubre.

talar un virus troyano) o que intrusan momentáneamente la red de *wi fi*, comúnmente conocida con *man in the middle* (ej. Crozono).

Así las cosas, ¿es tolerable que en el marco de una investigación penal se active de modo secreto y remoto una cámara o micrófono de un teléfono celular? ¿es necesaria su activación en casos de suma gravedad y urgencia como podría ser el secuestro o explotación sexual de niños, casos de terrorismo o narcotráfico?

En ese orden, a través del presente artículo me propongo analizar las dificultades que presentan diversas investigaciones en casos graves y complejos que se valen de entornos virtuales o herramientas digitales para favorecer el anonimato, lo cual considero esencial para valorar la magnitud de dicho contexto; para luego analizar el referido proyecto legislativo francés y de modo resumido las diversas medidas de investigación españolas, poniendo énfasis en sus alcances y limitaciones.

Luego, describiré las posibilidades que ofrecen diversas herramientas tecnológicas que permiten activar cámaras y micrófonos de los dispositivos, como ser: Pegasus, instalación de virus troyanos y *man in de middle.*

Finalmente, revisaré el *test* de proporcionalidad y sus diversos requisitos a los fines de evaluar si la activación de cámaras y micrófonos de modo remoto y subrepticio constituye una medida que pueda ser justificada sin afectar desproporcionadamente derechos fundamentales, ya que, sus alcances son altamente intrusivos.

Comencemos.

2. ESTADO DE SITUACIÓN: DELITOS GRAVES Y ANONIMATO A TRAVÉS DE INTERNET

El anonimato en internet favorece la comisión de delitos graves, lo cual constituye un desafío para las investigaciones a nivel mundial.

La Oficina de las Naciones Unidas contra la Droga y el Delito (UNDOC) advierte sobre el crecimiento del tráfico de drogas sintéticas a través de entornos y herramientas digitales que facilitan el anonimato, como ser: *darknet*[2], a lo cual se suma el cifrado de datos y comunicaciones (Ej. *Whats-*

2 UNDOC, "El tráfico en línea de drogas sintéticas y opioides sintéticos en América Latina y el Caribe", 2022, p. 39 (Fecha de consulta: 16/7/2024).

App o Telegram) y el uso de criptomonedas (Ej. Bitcoin[3]), lo cual dificulta la eficacia de las investigaciones penales[4], más adelante trataré resumidamente las características de dichas herramientas del mundo virtual.

Dichas dificultades se reiteran, por ejemplo, en casos de delitos vinculados a la explotación sexual infantil en red, por ejemplo, el caso *"Welcome to Video"*[5], el cual constituyó uno de los sitios *web* más grande del mundo de distribución de imágenes y videos de explotación sexual infantil, sobre el cual la directora ejecutiva adjunta interina de *Homeland Security Investigations* (HSI) de la agencia federal de Estados Unidos, Alysa Erichs, señaló que: *"Lamentablemente, los avances en la tecnología han permitido a los depredadores de niños esconderse detrás de la web oscura y las criptomonedas para promover su actividad criminal…"*[6].

Otro ejemplo análogo es el caso *"Kids the Light of Our Lives"*[7], en el cual se descubrió, luego de una difícil investigación, una plataforma en línea que servía para compartir la emisión en vivo a través de *webcam* de casos de abuso sexual infantil ante una audiencia global, el sitio *web* era un nexo mundial de abusadores reales y consumidores.

Conforme surge del diario británico *The Guardian*, el creador de la referida plataforma solo tenía que presionar un botón y su sala de *chat* de abusadores de niños desaparecía sin dejar rastros. Al respecto, Ian Robertson del Centro de Protección en Línea y Explotación infantil de Gran Bretaña enfatizó que los abusadores modifican constantemente sus sitios para evi-

---

https://syntheticdrugs.unodc.org/uploads/syntheticdrugs/res/library/cybercrime_html/Online_Trafficking_of_Synthetic_Drugs_and_Synthetic_Opioids_in_Latin_America_and_the_Caribbean_Spanish.pdf

3 Andrei Boar, Descubriendo el Bitcoin, Cómo funciona, cómo comprar, invertir y desinvertir…, Ed. Profit, 2018, p. 23.

4 UNDOC, "El tráfico en línea de drogas sintéticas…", cit. prec.

5 Diego Stratiotis, "Bitcoin en el comercio de material sexual infantil. El caso *"Welcome to video"* en "Infancias y adolescencias: delitos en el ciberespacio", Ed. ConTexto, 2024, p. 305 y siguientes.
"Welcome to video" fue uno de los sitios *web* más grande del mundo de imágenes y videos de explotación sexual infantil que se ha sido descubierto. Su administrador, *Jong Woo Son*, fue condenado a prisión luego de una exhaustiva y dificultosa investigación que combinó distintas medidas de investigación.

6 Https://www.justice.gov/opa/pr/south-korean-national-and-hundreds-others-charged-worldwide takedown-largest-darknet-child (Fecha de consulta: 16/07/2024).

7 UNDOC, https://www.unodc.org/e4j/es/cybercrime/module-12/key-issues/online-child-sexual-exploitation-and-abuse.html (Fecha de consulta: 16/7/2024).

tar ser detectados por las autoridades y que ese es el mayor desafío al que se enfrenta la policía moderna hasta la fecha, ya que deben mantenerse al día con internet[8].

En adición a lo expuesto, la UNDOC también remarca el uso de internet para la comisión actos terroristas, ya sea para su etapa de planificación táctica (ej. comunicaciones secretas), como así también, de ejecución (ej. ciberataque), lo cual mediante el uso de técnicas de cifrado y *software* de anonimato favorece la conexión oculta entre personas de diferentes lugares geográficos[9].

Lo expuesto hasta aquí refleja un estado de situación alarmante y un gran desafío para las investigaciones penales, ya que, la variada cantidad de herramientas que permiten el anonimato a través de internet le ganan la batalla a los medios de investigación tradicionales. Es usual que tiendan a fracasar las medidas de allanamiento tradicional y secuestro de dispositivos frente a las técnicas de encriptación que impiden el acceso a los mismos, o que pierda efecto la interceptación de comunicaciones telefónicas, ya que, prácticamente todas se realizan mediante aplicaciones de mensajería encriptadas (ej.: *WhatsApp* o *Telegram*), etc.

3. RECURSOS DIGITALES QUE FAVORECEN EL ANONIMATO EN RED

Seguidamente, describiré brevemente algunos de los aspectos informáticos aludidos en el punto anterior, como: internet y anonimato, pseudo anonimato de criptomonedas y *blockchain*, técnicas de cifrado y algunas particularidades de la evidencia digital que evidencian su fragilidad.

Mi objetivo en este punto es describir técnicamente algunas de las herramientas que favorecen el anonimato y que dificultan las tareas de los investigadores, lo cual considero de importancia para analizar la viabilidad del acceso remoto a dispositivos y la activación de cámaras y micrófonos.

---

8 https://www.theguardian.com/society/2007/sep/09/childrensservices (Fecha de consulta: 16/7/2024).

9 UNDOC, "El uso de internet con fines terroristas", 2013, p. 59.

3.1. Internet y el anonimato: web superficial, web profunda y dark net

Usualmente se divide a internet entre la *web* superficial y la *web* profunda o *deep web.*

La *web* superficial abarca a todo aquello que se puede acceder por medio de un buscador de internet, por ejemplo, *Google*, lo cual muchas veces se representa gráficamente como la punta del iceberg[10].

La *web* profunda o *deep web* consiste en aquella información que se encuentra por detrás de una página *web* y requiere para su acceso un usuario y una clave (Ej.: el acceso a una casilla de correo electrónico, a una cuenta bancaria en *home banking*, etc.)[11]. La *web* profunda no significa sitios ilegales o prohibidos, ya que coexiste con la "Internet superficial"[12].

A los fines de ocultar la de conexión a internet el usuario puede emplear herramientas como los Proxy (puerta de enlace entre el usuario e internet que permite enmascarar la dirección de IP real del usuario[13]) o VPN (a diferencia del Proxy, cubre el 100% del tráfico del usuario por internet y lo cifra, permite ocultar la dirección IP del usuario y cambiar su ubicación en el mundo real).

Por otro lado, en la web profunda o *deep web* también se encuentra la *darknet,* que es una red que ha sido diseñada específicamente para el anonimato y está oculta a propósito. A diferencia de la *web* profunda, solo se puede acceder a la *darknet* mediante el uso de herramientas y *software* especiales (Ej.: navegador TOR[14]).

---

10 Ezequiel Salis, Desafíos de la investigación de los delitos informáticos en la *"deep & dark web"* en la obra de Daniela Dupuy y Mariana Kiefer, Cibercrimen, Ed. BdeF, 2020, p. 608.

11 Ezequiel Salis, cit. prec., p. 607 y sgtes.

12 Ezequiel Salis, cit. prec., p. 607 y sgtes.

13 Gastón Enrique Bielli - Carlos Jonathan Ordoñez, "La prueba electrónica", La Ley, 2019, p. 23.
El protocolo IP tiene una función de enrutamiento y permite la conexión desde el host de origen al host de destino. Una dirección IP es una etiqueta numérica asignada a cada dispositivo conectado a una red de computadoras que utiliza el *internet protocol* para la comunicación.

14 Ezequiel Salis, cit. prec., p. 607 y sgtes.

TOR se convirtió en una de las principales herramientas para navegar en forma anónima a través de internet[15], es una herramienta como tantas otras, el usuario es quien puede usarlo para el bien o el mal[16].

En resumen, internet suele dividirse en tres capas: la red superficial, la deep web y dentro de esta última la *darknet.*

La *darknet* es accesible a través de algún *software* específico y es anónima. La mayoría de comercios ilegales y delitos graves ocurren en este entorno.

3.2. El pseudo anonimato de Bitcoin y blockchain

El Bitcoin es un activo financiero que permite hacer pagos a través de internet. No es una moneda de existencia física, es digital y se encuentra representado por una serie alfanumérica[17] y su transacción se registra en una gran base de datos[18] denominada cadena de bloques o *blockchain* que es una especie de hoja de cálculo o registro de acceso público a través de internet[19].

La *blockchain* si bien es una base de datos pública, no informa datos ni identifica a la persona física que se encuentra detrás de la operación o, en su caso, el *Exchange* o plataforma utilizada[20], es decir, las direcciones y transacciones de Bitcoin aparecen de manera impersonal.

Para favorecer aún más el ocultamiento de las operaciones de criptomonedas existen los mezcladores *(mixers)* de Bitcoin como *Mixcoin o Blindcoin* que mezclan las transacciones de los clientes con la de otros no relacionados, lo cual dificulta aún más su rastreo. El mezclador actúa como autoridad central de las criptomonedas[21].

---

15 Hernán Blanco, Tecnología Informática e Investigación Criminal, La Ley, 2020, p. 447.

16 Ezequiel Salis, cit. prec., p. 607 y sgtes.

17 Andrei Boar, Descubriendo el Bitcoin, Cómo funciona, cómo comprar, invertir y desinvertir…, Ed. Profit, 2018, p. 23

18 Santiago J. Mora y Pablo A. Palazzi, Fintech: aspectos legales, Tomo II, Ed. Cetys, 2019, p. 58.

19 Don Tapscott y Alex Tapscott, La revolución de Blockchain, Ed. Valletta, 2019, p. 28.

20 Hernán Blanco, cit. prec., p. 458.

21 Hernán Blanco, cit. prec., p. 460.

A partir de lo expresado hasta aquí, la información existente en la *Blockchain*, si bien permite obtener importante información sobre las transacciones (direcciones de Bitcoin, cantidad operada, fecha, hora, etc.) resulta escasa para determinar quien se encuentra detrás de cada dirección, más aún, considerando que existen las técnicas de anonimización que ocultan las transacciones[22].

3.3. El cifrado de información

Las técnicas de cifrado permiten convertir los datos informáticos a un formato irreconocible[23], por ejemplo, *Whatsapp* cifra las comunicaciones de extremo a extremo, lo cual protege de manera automática la información enviada: mensajes, fotos, videos, llamadas mensajes de voz y documentos, este cifrado protege el tráfico de la información garantizando que solo el emisor y receptor puedan leer, ver o escuchar lo que se envía a través de la plataforma.[24]

Señalan Keer y Schneier que el cifrado plantea un gran desafío para las investigaciones, en efecto sólo se puede acceder al "texto plano" si se lo logra obtener la clave de descifrado que la permita volver a su formato original[25].

Las compañías de vigilancia están buscando soluciones mediante la implantación de programas espías en los dispositivos a los fines de acceder a los datos cifrados[26].

---

22 Andrés Chomczyk y Pablo A. Palazzi, Delitos informáticos sobre criptomonedas, en la obra de Santiago J. Mora y Pablo Palazzi, Fintech: aspectos legales, Tomo II, Ed. Cetys, 2019, p. 102.

23 UNDOC, "El tráfico en línea de drogas sintéticas…", cit. prec.

24 https://faq.whatsapp.com/820124435853543/?locale=es_LA (Fecha de consulta: 16/7/2024).

25 Salt - Polansky, "La Investigación penal en el entorno digital", Hammurabi, 2023, p. 26.

26 https://www.washingtonpost.com/opinions/2019/10/29/why-whatsapp-is-pushing-back-nso-group-hacking/ (Fecha de consulta: 24/6/24).

3.4. Evidencia digital: características y tipos

La evidencia digital[27] posee especiales características que la diferencian del mundo analógico[28]:

– Volatilidad y fragilidad: los datos electrónicos puedan ser alterados, movidos o borrados en sólo segundos, pueden ser fácilmente manipulados.

– Duplicidad: la evidencia digital es digital, es decir, se conforma por un conjunto de *bits*, compuesta por un valor binario: cero o uno. Esta característica es clave en el orden a la posibilidad de duplicarla en forma idéntica e indistinguible del original.

– Intangibilidad: la evidencia digital no puede ser captada a través de los sentidos, sino a través de complejos procesos informáticos. Presman nos enseña que es importante distinguir al dispositivo electrónico *(Hardware)* respecto del contenido que almacena *(software)*. Muchas veces se identifica al *hardware* como la evidencia digital, pero lo que realmente constituye la evidencia digital son los datos informáticos contenidos en ella.

A su vez, la evidencia digital se encuentra dividida en diversos tipos, como ser:

– Evidencia digital de tipo *persistente o de almacenamiento*: se encuentra almacenada en un dispositivo electrónico (Ej.: disco duro, CD, DVD, etc.) y que quedará guardada incluso si se apaga el dispositivo[29].

Advertencia, si se daña el equipo la información almacenada podría ser irrecuperable.

– Evidencia digital de tipo *volátil o de procesamiento:* se caracteriza por su inestabilidad, ya que al apagar el equipo informático se perderá[30]. La evidencia de procesamiento es el contenido de la memoria RAM, permite preservar las últimas actividades que se realizaron en el dispositivo informático (Ejemplo: *web sites* visitados, *logs* de conexión o datos no cifrados).

---

27 UNDOC, "El uso de internet con fines terroristas", cit. prec., p. 58.

28 Gustavo Daniel Presman, Cibercrimen II, "La cadena de custodia en la evidencia digital", Editorial BdeF, Buenos Aires, 2018, p. 304 y sgtes., enseña que la evidencia digital se trata de registros que fueron procesados en un dispositivo informático y se encuentran almacenados o fueron transmitidos a través de un medio de comunicación informático.

29 Gastón Enrique Bielli y Carlos Jonathan Ordoñez, La Prueba Electrónica, La Ley, Ciudad Autónoma de Buenos Aires, 2019, p. 91.

30 Gastón Enrique Bielli y Carlos Jonathan Ordoñez, cit. prec., p. 91.

Advertencia, si se apaga el equipo se perderá

– Evidencia digital de *transmisión o tráfico*: es la que se transmite a través de la red de comunicaciones (Ej.: llamada mediante aplicación de *WhatsApp*). La particularidad de esta evidencia es que se recolecta por el investigador informático para adelante, ya que una llamada no se almacena. El momento de su recolección es durante su tráfico, no es información histórica o almacenada.

Advertencia, el cifrado suele impedir el acceso al contenido de la comunicación

Es importante, tener en consideración que las distintas clases de evidencia digital impactarán en su forma de recolección, pues, en los casos del tipo *persistente* la extracción se hará usualmente con el dispositivo apagado ("dispositivo muerto o frío") una vez incautado, y en los casos del tipo *volátil* o de *transmisión* se hará con el equipo encendido ("dispositivo vivo o caliente").

3.5. Breve comentario hasta aquí

Advierto que ante delitos graves, como puede ser, el secuestro de niños para su explotación sexual o actos de terrorismo, es evidente que una investigación oportuna o en tiempo real podría ser esencial para disminuir su efectos negativos o incluso evitar su consumación, siendo que sus autores a partir de las distintas herramientas informáticas aludidas pueden ocultarse con cierta facilidad al verse favorecidos, por ejemplo, mediante el uso de la *darknet*, técnicas de cifrado, etc.

Ello, se complejiza aún más a partir de las particulares características de la evidencia digital (fácil borrado, duplicidad, fragilidad, etc.) y sus distintos tipos (almacenamiento, volátil o tráfico), ejemplo, datos en la memoria RAM que se perderían con el solo acto de apagar la computadora, como puede ser, el uso de *streaming* para el acceso a videos de explotación sexual infantil sin la necesidad de almacenar el video en la memoria del dispositivo.

En ese contexto, la velocidad con que puede desaparecer el autor sin dejar rastros en internet aumenta la relevancia del acceso secreto y remoto a la información procesada a través de los equipos encendidos ("vivos o calientes") de los investigados.

Es por ello que, pareciera necesaria la combinación de técnicas tradicionales de investigación con nuevas técnicas de investigación en tiempo real.

Ahora bien, no es menos cierto que el uso de técnicas remotas y subrepticias de investigación, como puede ser el encendido de cámaras y micrófonos de un *smartphone*, son medidas altamente intrusivas cuyo uso si bien pueden brindar mayor eficacia a las investigaciones, también amplían la vigilancia activa de las autoridades en la vida privada de los individuos favoreciendo Estados de tipo omnipresente, lo cual choca con el derecho fundamental a la privacidad e intimidad.

Con relación a lo expuesto, seguidamente describiré el proyecto legislativo francés destinado a la activación de cámaras y micrófonos de *smartphones* en el marco de investigaciones penales y su respectivo trámite parlamentario en el cual el Consejo Constitucional de dicho país objetó su alcance.

Además, describiré diversas medidas incluidas en la Ley de Enjuiciamiento Criminal español que guardan relación con la medida aquí tratada (activación de cámaras y micrófonos de *smartphones* y dispositivos electrónicos), por lo cual considero de utilidad indagar sus alcances, limitaciones y consecuencias jurídicas en la práctica a partir de casos jurisprudenciales.

4. ACTIVACIÓN DE CÁMARAS Y MICRÓFONOS

4.1. El proyecto legislativo francés como antecedente[31]

En Francia el Senado emitió, en el año 2023, un proyecto de ley que pretendió regular medidas secretas y remotas de investigación informática, como ser: activación de cámaras y micrófonos (art. 706-96-2), y, además, la geolocalización de dispositivos (art. 230-34-1)[32].

El Consejo Constitucional francés[33] frenó el avance de dicho proyecto en su parte relativa a la activación remota de cámaras y micrófonos, no así

31 Agradezco profundamente al Dr. Louis Druart, Francia, por sus comentarios con relación a la legislación de su país, aportes doctrinarios y traducción del francés al castellano de las fuentes utilizadas en este artículo.

32 Https://www.senat.fr/leg/pjl22-569.html (Fecha de consulta: 16/7/2024). Proyecto de ley "Orientación y programación del Ministerio de Justicia 2023-2027" Texto nro. 569 (2022-2023) del Sr. Éric DUPOND-MORETTI, ministro de Justicia.

33 Https://www.senat.fr/dossier-legislatif/pjl22-569.html (Fecha de consulta: 16/7/2024). Etapas de discusión parlamentaria: 1) Primera lectura - Senado (3 de mayo de 2023), 2) Primera lectura - Asamblea Nacional (13 de junio de 2023), 3) Comisión Mixta Parlamentaria (5 de octubre de 2023), 4) Consejo Constitucional (16 de noviembre de 2023), 5) Ley - Promulgación (20 de noviembre de 2023).

respecto de la geolocalización como veremos más adelante[34], por considerar que su alcance era desproporcionado en desmedro del derecho a la privacidad al no limitar su aplicación a los delitos más graves del código penal francés[35].

Previo a continuar con en el desarrollo de los argumentos del Consejo Constitucional francés, efectuaré una breve descripción de las reglas procesales mencionadas hasta aquí para facilitar su comprensión.

Veamos.

El Proyecto de Ley del Senado en comentario en su art. 706-96-2[36], a partir de la remisión al art. 706-96 del Código Procesal Penal Francés[37], habilitaba al juez a *"autorizar la activación a distancia de un dispositivo electrónico*

---

34 Consejo Constitucional francés, Punto 64 de la decisión Nro. 2023-855 DC relativo a la Ley "Orientación y programación del Ministerio de Justicia 2023-2027").

35 Punto 68 de la decisión nº 2023-855 DC relativo a la Ley "Orientación y programación del Ministerio de Justicia 2023-2027", art. 6, § 1, 46º y 47º, destinada a crear el artículo 706-96-2 del Código de Procedimiento Penal francés.

36 Art. 706-96-2: *"El juez de libertad y detención, a petición del fiscal, o el juez de instrucción, previa consulta al fiscal, podrán autorizar la activación a distancia de un dispositivo electrónico sin el conocimiento o consentimiento de su propietario o poseedor con el único fin de realizar las operaciones mencionadas en el artículo 706-96. La duración de la autorización a que se refiere el párrafo primero del artículo 706-95-16 se reduce a quince días, renovable una vez. El plazo a que se refiere el párrafo segundo del mismo artículo se reducirá a dos meses, pero el período total de autorización de las operaciones no podrá exceder de seis meses El Ministerio Fiscal o el juez de instrucción podrán designar a cualquier persona física o jurídica autorizada e inscrita en una de las listas previstas en el artículo 157, con el fin de llevar a cabo la activación a distancia de uno de los dispositivos electrónicos a que se refiere el presente artículo. El Ministerio Fiscal o el juez de instrucción también podrán disponer la utilización de los fondos del Estado sujetos al secreto de la defensa nacional, de conformidad con los procedimientos previstos en el Capítulo I*
del Título IV del Libro I.
La activación a distancia de un dispositivo electrónico a que se refiere el presente artículo no podrá afectar a los dispositivos electrónicos utilizados por las personas mencionadas en el artículo 100-7. Si resulta que los datos recogidos mediante esta activación proceden de un dispositivo situado en uno de los lugares mencionados en los artículos 56-1, 56-2, 56-3 y 56-5, no podrán transcribirse. Las disposiciones de este párrafo prescribirán bajo pena de nulidad."

37 Código Procesal Penal francés, art. art. 706-96: *"Puede ser necesario instalar un dispositivo técnico cuya finalidad, sin el consentimiento de los interesados, sea captar, fijar, transmitir y grabar palabras pronunciadas por una o más personas de forma privada o confidencial, en lugares o vehículo privados o públicos, o la imagen de una o más personas estando en un lugar privado".*

sin el conocimiento o consentimiento de su propietario o poseedor" a los fines de activar cámaras y micrófonos[38] destinados a captar, fijar, transmitir y grabar palabras de una o más personas en lugares públicos, privados o vehículos, o la imagen en un lugar privado de una o más personas.

El proyecto de Ley del Senado preveía algunos límites a la activación a distancia de dispositivos de determinados sujetos como miembros del Parlamento, abogados, entre otros[39] , tampoco autoriza la transcripción de los datos relativos a intercambios con un abogado vinculados al ejercicio de la profesión con su cliente[40] y en determinados ámbitos como despachos de abogados, Tribunales y agencias de prensa entre otros[41].

El Consejo Constitucional objetó al referido proyecto en cuanto a la activación de cámaras y micrófonos (art. 706-96-2) por su alcance, esto es, abarcaba a todos los delitos comprendidos en el ámbito de delincuencia o de crimen organizado, *y no sólo a los delitos más graves*, por lo cual interpretó que se menoscababa desproporcionadamente el derecho al respeto de la vida privada, ya que, el legislador permitía grabar en cualquier lugar donde se encontrará el dispositivo de una persona, incluidos lugares de residencia, palabras e imágenes tanto de las personas objeto de las investigaciones como de terceros, incluso en lugares públicos, lo cual además permitiría escuchar todas las conversaciones circundantes[42].

---

38 Cit. prec. "Proyecto de ley "Orientación y programación del Ministerio de Justicia 2023-2027" ..."

39 Código Procesal Penal Francés, art. 100-7: menciona a diputados o senadores, despacho de un abogado o su domicilio y despacho de magistrados o de su residencia.

40 En cuanto al sistema de sonido y la captura de imágenes, se prevé, además, bajo pena de nulidad, que no se puedan transcribir los datos relativos a intercambios con un abogado que se refieran al ejercicio de derechos legales (Consejo Constitucional Francés, punto 66 de la decisión nro. 2023-855 DC relativo a la Ley "Orientación y programación del Ministerio de Justicia 2023-2027").

41 Código Procesal Penal Francés, arts.: 56-1 (registros en el despacho de un abogado o en su domicilio), 56-2 (registros en empresas de periodismo, agencias de prensa, periodistas, entre otros), 56-3 (registros en el consultorio de un médico, notario o alguacil) y 56-5 (registros en locales de un Tribunal o domicilio de una persona que ejerza funciones judiciales).

42 Consejo Constitucional francés, punto 68 de la decisión nº 2023-855 DC relativo a la Ley "Orientación y programación del Ministerio de Justicia 2023-2027", art. 6, § 1, 46º y 47º, destinada a crear el artículo 706-96-2 del Código de Procedimiento Penal francés.

Con relación a ello, parte de la doctrina francesa concluye que el legislador podría volver a probar suerte con la medida de activación de cámaras y micrófonos si se limita solo a determinadas infracciones penales[43].

Por otro lado, el Consejo Constitucional validó la activación remota de dispositivos destinada exclusivamente a la identificación de la geolocalización[44], la cual se considera constitucional siempre que se cumpla con las estrictas condiciones establecidas en el nuevo artículo 230-34-1 promovido por el Senado[45] , que son las siguientes:

1. la investigación o instrucción de un crimen o delito castigado con al menos 5 años de prisión;

2. un auto motivado del juez de libertades y detención o del juez de instrucción a petición del fiscal;

3. plazos específicos: un mes renovable en caso de investigación y 4 meses renovables en caso de investigación, con un doble límite de uno o dos años;

4. seguimiento únicamente en tiempo real;

5. la exclusión de los dispositivos electrónicos utilizados por personas protegidas por el secreto profesional (es decir, abogados, magistrados, parlamentarios, médicos, notarios, comisarios judiciales y periodistas)[46].

---

43 Lexis Nexis, Revue de droit pénal nº 1 du 01 janvier 2024, Procédure pénale —Loi de programmation du 20 novembre 2023: une loi d'avenir— l'avenir étant "du passé en préparation" selon Pierre Dac? - Étude par Cédric Ribeyre

44 Consejo Constitucional francés, Punto 64 de la decisión Nro. 2023-855 DC relativo a la Ley "Orientación y programación del Ministerio de Justicia 2023-2027")

45 Art. 230-34-1 del Proyecto del Senado: *"Cuando las necesidades de la instrucción o investigación relativa a un delito o a una infracción sancionada con al menos cinco años de prisión lo requieran, el juez de libertades y de detención, a instancia del Ministerio Fiscal, o el juez de instrucción podrán autorizar, en virtud de la mismas condiciones a las mencionadas en 1º y 2º del artículo 230-33, la activación remota de un dispositivo electrónico sin el conocimiento o consentimiento de su propietario o poseedor con el único fin de localizarlo en tiempo real. La decisión incluye entonces todos los elementos que permiten identificar este dispositivo.*

"La activación remota mencionada en este artículo no puede afectar a los dispositivos electrónicos utilizados por las personas mencionadas en el artículo 100-7"

46 Lexis Nexis, Revue de droit pénal nº 12 du 01 décembre 2023, Droit pénal numérique —Un an de droit pénal numérique— (Octobre 2022 - Octobre 2023) - Chronique par Romain Ollard.

En dicho artículo (geolocalización), a diferencia de la regulación vinculada a la activación de cámaras y micrófonos, el Senado determinó el alcance de la medida a delitos castigados con al menos 5 años de prisión.

En función de todo lo expuesto, dado que el Consejo Constitucional, por un lado, desaprobó la regulación destinada a la activación de cámaras y micrófonos de los dispositivos del investigado por interpretar desproporcionada su aplicación en razón de la falta de identificación de los delitos graves abarcados para su investigación; y, por otro lado, dado que aprobó la geolocalización aplicable a delitos con al menos 5 años de prisión, es que, parte de la doctrina, conforme señalé más arriba, interpreta que si el Senado presentará un nuevo proyecto legislativo con la identificación de los delitos aplicables la activación de cámaras y micrófonos podría ser convalidada constitucionalmente.

4.2. La legislación española

En España desde el año 2015 se encuentran legisladas diversas medidas de investigación tecnológicas, considero de utilidad revisar algunas de ella dado que guardan cierta relación parcial con la medida objeto de este trabajo (activación de micrófonos y cámaras), lo cual permite a modo comparativo evaluar ciertos requisitos de procedencia y límites de aplicación.

Previo a describir las mismas, cabe señalar que la regulación española prevé como criterio rector al *test* de proporcionalidad como eje de ponderación para su aplicación (art. 588, bis, a, LECrim) atento al alto nivel de intrusión que permiten en los derechos fundamentales de los ciudadanos, lo cual requiere de una aguda ponderación entre el interés público en el esclarecimiento de los hechos delictivos investigados y la protección de garantías[47], sobre esta cuestión volveré en un punto posterior del presente artículo.

A continuación, destacaré algunos criterios sobre las medidas reguladas en España.

---

47 Lorena Bachmaier Winter, Boletín del Ministerio de Justicia español, LXXI, Nro. 2195, "Registro remoto de equipos informáticos y principio de proporcionalidad en la Ley Orgánica 13/2015", 2017, p. 5.

4.2.1. La interceptación de las comunicaciones telefónicas y telemáticas

El artículo 588, ter, a y siguientes de la Ley de Enjuiciamiento Criminal (LECrim)[48] establece la interceptación de dos medios distintos: comunicaciones telefónicas (cuando se utiliza un teléfono para generar la comunicación) y telemáticas (cuando se utiliza un sistema informático), los *smartphone* podrían identificarse como comunicaciones mixtas al permitir la realización de ambas[49].

El alcance de la medida es amplio pudiendo alcanzar, por ejemplo, datos de contenido y de tráfico de las comunicaciones, comunicaciones orales, mensajes cortos (SMS), correos electrónicos o multimedia (MMS), dirección IP (protocolo de internet), entre otros datos análogos.

La interceptación puede durar hasta 3 meses prorrogable y la Policía Judicial debe poner a disposición del Juez dos soportes digitales: uno con la transcripción de los pasajes relevantes para la investigación y el otro con las grabaciones completas (art. 588, ter, f, LECrim)[50].

Se aplica a delitos graves, como ser: delitos dolosos castigados con pena máxima de, al menos, tres años, delitos cometidos en el seno de grupo u organización criminal, delitos de terrorismo o de cualquier otra tecnología de la información o la comunicación o servicio de comunicación (art. 588, ter, a, LECrim).

---

48 Artículo 588 quater a. Grabación de las comunicaciones orales directas.
1. Podrá autorizarse la colocación y utilización de dispositivos electrónicos que permitan la captación y grabación de las comunicaciones orales directas que se mantengan por el investigado, en la vía pública o en otro espacio abierto, en su domicilio o en cualesquiera otros lugares cerrados.
Los dispositivos de escucha y grabación podrán ser colocados tanto en el exterior como en el interior del domicilio o lugar cerrado.
2. En el supuesto en que fuera necesaria la entrada en el domicilio o en alguno de los espacios destinados al ejercicio de la privacidad, la resolución habilitante habrá de extender su motivación a la procedencia del acceso a dichos lugares.
3. La escucha y grabación de las conversaciones privadas se podrá complementar con la obtención de imágenes cuando expresamente lo autorice la resolución judicial que la acuerde.

49 Circular 2/2019, de 6 de marzo, de la Fiscalía General del Estado, sobre captación y grabación de comunicaciones orales mediante la utilización de dispositivos electrónicos.

50 Circular 2/2019, de 6 de marzo, de la Fiscalía General del Estado, sobre captación y grabación de comunicaciones orales mediante la utilización de dispositivos electrónicos.

4.2.2. Captación y grabación de comunicaciones orales mediante la utilización de dispositivos electrónicos

En España el artículo 588, *quater*, y siguientes de la Ley de Enjuiciamiento Criminal (LECrim)[51] regula la captación y grabación de comunicaciones orales que mantengan los investigados mediante la colocación de dispositivos electrónicos, la cual puede ser complementada mediante imágenes.

La Fiscalía General de Estado española destaca que si bien el supuesto más frecuente sería la utilización de micrófonos o videocámaras de vigilancia que se coloquen en espacios abiertos (ej. vía pública) o cerrados (ej. domicilios), el precepto no prevé requisitos específicos sobre el tipo de dispositivo que se utilice, por lo cual nada obsta la posibilidad de utilizar *"la cámara y el micrófono del propio ordenador del investigado activado a distancia mediante un software instalado para este fin"*[52].

Con relación a las imágenes, la Fiscalía General concluye que podrá *"acordarse la grabación únicamente de imágenes sin sonido"*[53] que sirven de complemento a la captación y grabación de la escucha.

El alcance objetivo de esta medida de investigación se centra en la captación o grabación de comunicaciones orales que se produzcan en ciertos encuentros concretos que pueda tener el investigado con terceras personas (art. 588, *quater,* b, LECrim) y sobre lo cuales hayan llegado a tener cono-

---

51 LECrim, artículo 588 quater a. Grabación de las comunicaciones orales directas.
1. Podrá autorizarse la colocación y utilización de dispositivos electrónicos que permitan la captación y grabación de las comunicaciones orales directas que se mantengan por el investigado, en la vía pública o en otro espacio abierto, en su domicilio o en cualesquiera otros lugares cerrados.
Los dispositivos de escucha y grabación podrán ser colocados tanto en el exterior como en el interior del domicilio o lugar cerrado.
2. En el supuesto en que fuera necesaria la entrada en el domicilio o en alguno de los espacios destinados al ejercicio de la privacidad, la resolución habilitante habrá de extender su motivación a la procedencia del acceso a dichos lugares.
3. La escucha y grabación de las conversaciones privadas se podrá complementar con la obtención de imágenes cuando expresamente lo autorice la resolución judicial que la acuerde.

52 Circular 3/2019, de 6 de marzo, de la Fiscalía General del Estado, sobre captación y grabación de comunicaciones orales mediante la utilización de dispositivos electrónicos.

53 Circular 3/2019, de 6 de marzo, de la Fiscalía General del Estado, sobre captación y grabación de comunicaciones orales mediante la utilización de dispositivos electrónicos.

cimiento previo los investigadores[54], de este modo se busca evitar la aplicación genérica de este tipo de instituto tan intrusivos en la intimidad[55].

El Tribunal Supremo español ha declarado la nulidad parcial de un auto destinado a la captación de comunicaciones orales en el domicilio por interpretar que no se individualizaron los lugares concretos de la intervención sin referencia a *"un encuentro concreto, previsible y determinado de forma totalmente aleatoria y prospectiva"*[56].

Con relación a ello, el Tribunal Supremo español destacó que hay lugares del domicilio en donde *"la justificación de una intromisión de los poderes públicos, resultaría de muy difícil —por no decir imposible— justificación"*[57] , por ser estos de mayor privacidad, por ejemplo: dormitorios o cuartos de baño, destacando que hay determinados espacios físicos del domicilio donde se desarrollan las funciones más elementales de la vida siendo que *"El Estado que transgrede mediante una resolución judicial las fronteras físicas de exclusión, no tiene límites en su afán de conocimiento"*[58].

En ese orden, la resolución judicial que autorice la medida (art. 588, *quater*, c, LECrim) debe tender a precisar algunos criterios que sirvan para individualizar el encuentro, como puede ser: reunión del investigado con terceros (aspecto subjetivo), lugar de concreción (aspecto locativo), momento de la misma (aspecto temporal), lo cual tiende a evitar investigaciones arbitrarias[59].

La medida se encuentra prevista para: delitos dolosos castigados con pena máxima de, al menos, tres años, delitos cometidos en el seno de grupo u organización criminal y delitos de terrorismo.

A diferencia de la interceptación de comunicaciones telefónicas y telemáticas, la captación de comunicaciones orales no es bidireccional y su

---

[54] STS 665/2020, de 3 de diciembre.

[55] Circular 3/2019, de 6 de marzo, de la Fiscalía General del Estado, sobre captación y grabación de comunicaciones orales mediante la utilización de dispositivos electrónicos.

[56] STS 655/2020, de 3 de diciembre.

[57] STS 655/2020, de 3 de diciembre.

[58] STS 655/2020, de 3 de diciembre.

[59] Circular 3/2019, de 6 de marzo, de la Fiscalía General del Estado, sobre captación y grabación de comunicaciones orales mediante la utilización de dispositivos electrónicos.

captación es relativa al sonido del ambiente pudiendo extenderse a terceros de un modo más amplio, lo cual provoca un nivel de injerencia mayor[60].

De este modo, este tipo de medida de investigación dado su alto nivel de intrusión, resumidamente se limita a la captación y grabación de comunicaciones orales con el complemento de imágenes sin sonido, según interpreta la Fiscalía General de Estado español, encontrándose prevista para delitos considerados graves y con alcances limitados a encuentros concretos (ej. la entrega de estupefacientes o la organización de un atentado terrorista en un determinado lugar y por el investigado) a los fines de evitar investigaciones indiscriminadas, los cuales deben ser exteriorizados en la resolución judicial habilitante.

4.2.3. Utilización de dispositivos para la captación de imagen

En España el art. 588 *quinquies* a autoriza a captar (ver la escena en tiempo real) y grabar (almacenar la imagen captada) la imagen, pero no sonido[61].

El núcleo central para la aplicación de esta medida consiste en que las imágenes del investigado sean captadas en un lugar o espacio público[62], ya que, se interpreta a la privacidad e intimidad del individuo como límite interpretado por el Tribunal Constitucional español como *"un ámbito propio y reservado frente a la acción y conocimiento de los demás, necesario —según las pautas de nuestra cultura— para mantener la mínima vida humana"*[63].

4.2.4. Registro remoto de dispositivos

Su regulación se encuentra establecida en los artículos 588 *septies* "a", 588 *septies* "b" y 588 *septies* "c" de la Ley de Enjuiciamiento Criminal.

La medida tiene como objeto la utilización de datos de identificación o códigos o la instalación de un *software* para que de modo remoto y subrep-

---

60 STS 655/2020, de 3 de diciembre.

61 Circular 4/2019, de 6 de marzo, de la Fiscalía General del Estado, sobre captación y grabación de comunicaciones orales mediante la utilización de dispositivos electrónicos.

62 Circular 4/2019, cit. prec.

63 STC 236/2007, de 7 de noviembre, citado por la Fiscalía General del Estado en la Circular 4/2019, de 6 de marzo.

ticio se examine a distancia un ordenador, dispositivo informático, sistema informático o base de datos.

Aplicable a delitos cometidos en el seno de organizaciones criminales, delitos de terrorismo, delitos cometidos contra menores o personas con capacidad modificada judicialmente, delitos contra la Constitución, de traición y relativos a la defensa nacional, delitos cometidos a través de instrumentos informáticos o de cualquier otra tecnología de la información o la telecomunicación o servicio de comunicación.

4.2.5. Conclusión hasta aquí

El proyecto legislativo francés relativo a la activación de cámaras y micrófonos de un dispositivo era sumamente ambicioso en cuanto a sus alcances, ya que, permitía el acceso en lugares públicos y privados.

Con relación a la intimidad y alcances de la intromisión estatal, interpreto que la jurisprudencia del Tribunal Supremo español al tratar un caso sobre la colocación de dispositivos que permitieran la grabación de audios[64] fijó límites a su aplicación y, por ende, a la intromisión del estado en el domicilio del investigado al excluir determinados espacios (por ejemplo, dormitorios, cuartos de baños, etc.) que deslegitimarían la medida.

El uso complementario de imágenes sin sonido, conforme destaca la Fiscalía General del Estado español (Arts. 588, *quater* y *quinquies*, LECrim), evidencian que la observación y escucha combinadas son medidas de una altísimo poder de intrusión en la intimidad de los individuos.

Otra cuestión que surge como relevante es la decisión legislativa de limitar la aplicación de medidas altamente intrusivas a delitos graves, lo cual se reitera tanto en la objeción del Consejo Constitucional Francés como en la regulación española.

5. MEDIDAS TECNOLÓGICAS PARA ACTIVACIÓN DE CÁMARAS Y MICRÓFONOS

Atento a lo referido previamente, es decir, las dificultades que presentan las investigaciones en entornos virtuales y, siendo que en ciertas ocasiones podría ser útil para las investigaciones la obtención de datos en tiempo

---

64 STS 655/2020, de 3 de diciembre.

real, es que, seguidamente describiré tres técnicas distintas de acceso a dispositivos que permitirían obtener su información con el equipo encendido.

Veamos.

5.1. Programa espía Pegasus: "click cero"

Del estudio del año 2023 solicitado por el Parlamento Europeo surge que el programa espía Pegasus, desarrollado por el grupo israelí NSO, permite un acceso total y sin límites a los teléfonos celulares y dispositivos infiltrados, por ejemplo, facilita la activación de la cámara y micrófono de los mismos sin que el usuario afectado tenga que realizar ninguna acción (*click* cero)[65].

WhatsApp en su denuncia del año 2019 contra NSO *Group*, en la cual lo responsabiliza por el uso de Pegasus para efectuar un ciberataque a su plataforma mediante la explotación de una vulnerabilidad de su función de videollamada para infectar dispositivos, allí surge la posibilidad del programa espía de activar remotamente y de manera secreta la cámara y micrófono del teléfono de la víctima.[66]

WhsatsApp, con relación a la funcionalidades de Pegasus, en la referida denuncia destacó las notas publicadas por *Financial Times* y el portal *Vice*[67], del informe de este último surge el caso de un empresario, bajo

---

65 Giovanni Sartor, Universidad de Bolonia e Instituto Universitario Europeo - Andrea Loreggia, Universidad de Brescia, "Las repercusiones de Pegasus para los derechos fundamentales y los procesos democráticos", estudio solicitado por la Comisión de Investigación Encargada de Examinar el Uso del Programa Espía de Vigilancia Pegasus y Otros Programas Equivalentes (PEGA) del Parlamento Europeo, PE 740.514, 2023, p. 7 y 27.

66 "COMPLAINT DEMAND FOR JURY TRIAL en WHATSAPP INC., a Delaware corporation, and FACEBOOK, INC., a Delaware corporation, Plaintiffs, v. NSO GROUP TECHNOLOGIES LIMITED and Q CYBER TECHNOLOGIES LIMITED" (29/10/19).
Https://storage.courtlistener.com/recap/gov.uscourts.cand.350613/gov.uscourts.cand.350613.1.0_3.pdf (Fecha de consulta: 16/7/2024).

67 "COMPLAINT DEMAND FOR JURY TRIAL en WHATSAPP INC., cit. prec., con citas de Financial Times, *"Israel's NSO: the business of spying on your iPhone"* (May 14, 2019), available at https://www.ft.com/content/7f2f39b2-733e-11e9-bf5c-6eeb837566c5; Vice, "They Got Everything" (September 20, 2018), available at https://www.vice.com/en_us/article/qvakb3/inside-nso-group-spyware-demo.

condición de anonimato, quien mencionó que en una reunión con NSO dio su número de teléfono, puso el *iPhone* sobre el escritorio y después de "cinco a siete minutos" apareció el contenido del mismo proyectado en una pantalla grande instalada en la sala de reuniones sin que él hiciera *click* en algún enlace malicioso, de repente vio todos sus mensajes *(ataque click cero)*, correos electrónicos y agregó que accedieron a su micrófono y cámara del *iPhone*.

Sobre el ataque *click cero* el estudio solicitado por el Parlamento Europeo destaca que: *"Se envía un mensaje push de forma remota y encubierta al dispositivo móvil. Este mensaje activa la descarga e instalación del agente en el dispositivo. Durante todo el proceso de instalación no se requiere la cooperación ni la intervención del objetivo (por ejemplo, hacer clic en un enlace, abrir un mensaje) y no se muestra ningún aviso en el dispositivo. La instalación es totalmente silenciosa e invisible, sin que el objetivo pueda impedirla"*[68]

Lo cual significa que es posible instalarlo en el dispositivo objeto de la instrucción sin que la persona afectada efectúe ninguna acción[69].

Asimismo, informa que el acceso, completo y sin restricciones, permite recopilar datos de las siguientes tres maneras[70] :

– *Extracción inicial de datos,* recopila los registros de SMS, los datos de contactos, el historial de llamadas (registro de llamadas), los registros del calendario, los correos electrónicos, la mensajería instantánea y el historial de navegación.

– *Seguimiento pasivo,* recopila en tiempo real cualquier nuevo registro que se ponga a disposición mientras el programa espía se encuentra en funcionamiento (misma información anterior y ubicación del dispositivo basada en *cell-id* a través de la estación transmisora-receptora cercana).

– *Seguimiento activo,* ubicación mediante GPS, grabar llamadas de voz, recuperar archivos, grabar sonidos del entorno, hacer fotografías y realizar capturas de pantalla.

Https://storage.courtlistener.com/recap/gov.uscourts.cand.350613/gov.uscourts.cand.350613.1.0_3.pdf (Fecha de consulta: 16/7/2024).

68 Estudio solicitado por la Comisión de Investigación Encargada de Examinar el Uso del Programa Espía de Vigilancia Pegasus y Otros Programas Equivalentes (PEGA) del Parlamento Europeo, "Las repercusiones de Pegasus para los derechos fundamentales y los procesos democráticos", PE 740.514, 2023, p. 27 y sgtes. con cita de *Pegasus - Product Description, 12.*

69 "Estudio solicitado...", cit. prec., p. 25 y sgtes.

70 "Estudio solicitado...", cit. prec., p. 24 y sgtes.

El acceso al dispositivo permite eludir el cifrado al capturar el mensaje en texto plano ante de ser cifrado[71].

Todo ello, sin dejar rastros, ya que, advierte el informe aludido que es muy difícil detectar la instalación de Pegasus, como así también, identificar a los autores que dirigen la intrusión y sus actividades en el dispositivo infiltrado. Tal es así que, en la desinstalación Pegasus intenta eliminar todos los rastros. Pegasus utiliza una red anónima que oculta su enlace entre el agente Pegasus y el servidor Pegasus[72].

El informe destaca que Pegasus también permite *"modificar el contenido del dispositivo, creando y almacenando mensajes falsos u otros documentos; enviar mensajes falsos, haciéndose pasar por el propietario del dispositivo; acceder a los activos digitales o físicos del propietario y, posiblemente, ejecutar transacciones en nombre de este; o depositar pruebas falsas de delitos u otras actividades ilícitas en el dispositivo"*[73].

NSO GROUP, por su parte, destaca que es una sociedad dedicada a la inteligencia cibernética para la seguridad y estabilidad mundial, que crea tecnología que ayuda a agencias gubernamentales para la prevención e investigación del terrorismo y la delincuencia para salvar miles de vidas alrededor del mundo[74].

A partir de los diversos ataques padecidos por individuos (periodistas, abogados, políticos, etc.) mediante el uso desenfrenado de Pegasus diversas organizaciones civiles recomiendan el uso del "modo bloqueo" de *iPhone*[75], función extrema para la protección del dispositivo que incluye valores predeterminados de conectividad inalámbrica más seguros, manejo de medios, valores predeterminados para compartir medios, *sandbox* y optimizaciones de seguridad de red[76].

De este modo, Pegasus es un *software* muy poderoso que permite acceder remota y subrepticiamente a un smartphone o *tablet* sin que su usuario tenga que *clickear* un archivo adjunto, el alcance del programa, según los

71 "Estudio solicitado… ", cit. prec., p. 23.

72 "Estudio solicitado…", cit. prec., p. 26.

73 "Estudio solicitado…", cit. prec., p. 27 y sgtes. con cita de SEPD. Preliminary Remarks on Modern Spyware, p. 3.

74 Https://www.nsogroup.com/ (Fecha de consulta: 16/7/2024).

75 Https://www.accessnow.org/publication/civil-society-in-exile-pegasus/ (Fecha de consulta: 16/7/2024).

76 https://support.apple.com/guide/iphone/use-lockdown-mode-iph049680987/ios (Fecha de consulta: 16/7/2024).

informes mencionados, es total permitiendo recolectar toda la información almacenada y activar sus funciones, por ejemplo, cámara y micrófono.

5.2. Phishing, troyanos y la búsqueda del click

La maniobra de *phishing* consiste básicamente en el envío de un correo electrónico o mensaje falso por parte del remitente (ciber atacante) al receptor (investigado) a los fines de engañarlo, es posible que se utilice esta modalidad para remitir una aplicación o archivo a los fines de infectar de modo secreto el equipo informático de la víctima con un *malware* del tipo troyano (Remote Acces Trojan —RAT) que por lo general se instala cuando el receptor engañado efectúa el *"click"* para ejecutar la aplicación o archivo enviada lo que le permite al atacante tomar el total control del ordenador y activar sus funciones (ej. cámara y micrófono).

Los *malwares* se refieren a programas creados para instalarse de forma no autorizada en los dispositivos de la víctima[77], son códigos informáticos o maliciosos utilizados subrepticiamente, utilizados generalmente con distintas finalidades, como ser: infectar equipos, perjudicar el funcionamiento de los mismos, robar información con un móvil económico, encriptar datos y pedir un rescate o instalar troyanos que controlan el equipo intrusado[78].

Se denomina Troyanos o Caballos de Troya (en inglés *Trojan Horse*) a un virus informático o programa maliciosos que se aloja en el dispositivo, cierto tipo de troyanos una vez instalados permanecen ocultos sin ser detectados con facilidad[79].

Los *malwares* generalmente utilizan los *exploit* como "llaves" o código que "explota" una vulnerabilidad para acceder a un sistema vulnerable. Existen diversos tipos de *exploit* dependiendo las vulnerabilidades. Las vulnerabilidades más valiosas son las *Zero Day* (día cero) por ser desconocidas para el fabricante del programa y no haber sido mitigadas por un parche[80].

---

77 https://www.incibe.es/empresas/tematicas/malware (Fecha de consulta: 10/9/2024).

78 Fuente: Oficina de Seguridad del Internauta (OSI) del Instituto Nacional de Ciberseguridad español (INCIBE) (Https://www.osi.es/es/actualidad/blog/2016/10/11/malware-cual-es-su-objetivo-y-como-nos-infecta).

79 https://www.segu-info.com.ar/malware/troyano (Fecha de consulta: 10/9/2024).

80 Fuente: Segu info (https://www.segu-info.com.ar/malware/exploit).

También se pueden introducir troyanos a través de sitos *web* falsos que contengan archivos listos para que el usuario haga *"click"* y así lograr instalarlos en su dispositivos, o a través de redes *wi-fi* hackeadas o falsas, en función de las cuales si la víctima se conecta por error redirigirán al usuario a sitios *web* falsos para lograr la instalación subrepticia del troyano[81].

Las agencias estatales podrían hacer uso de este tipo de herramientas, lo cual se denomina comúnmente como *hackeo* estatal, sin perturbar el funcionamiento de los equipos durante el tiempo que dure la intervención autorizada y sin dejar rastros una vez que concluya la intrusión[82].

Sin embargo, los *softwares* judiciales no se encuentran orientados a infectar equipos o perjudicar su funcionamiento, como así tampoco, a robar información. Su objetivo es obtener evidencia en el marco de un proceso penal. No obstante, esta novedosa técnica de investigación judicial se encuentra basada en el uso de programas maliciosos[83].

Salt destaca las ventajas de las que puede gozar un Estado al utilizar herramientas oficiales como puede ser el correo electrónico de una dependencia gubernamental, a los fines de acceder subrepticiamente al dispositivo del sospechoso[84].

Al respecto, Blanco destaca que la mecánica del *"phishing"* es probabilística al utilizar un mensaje genérico (metodología equivalente a la pesca con red) y que la variante más efectiva es el *"spear phishing"* (metodología equivalente a la pesca con lanza) consistente en el diseño de un mensaje específico (Ej.: correo electrónico) que contiene el *malware* para engañar a un objetivo determinado[85].

En resumen, la técnica de *phishing* y envío de mensaje con un archivo adjunto como vector de ingreso al dispositivo requiere del *"click"* del recep-

---

81 https://www.mcafee.com/blogs/es-mx/internet-security/que-son-los-virus-troyanos-y-como-librarse-de-ellos// (Fecha de consulta: 10/9/2024).

82 Hernán Blanco, Tecnología Informática e investigación criminal, Ciudad Autónoma de Buenos Aires, La Ley, 2020, p. 103. Con cita de Bellovin, Steven M. - Blaze, Matt - Clark, Sandy - Landau, Susan, *"Going bright: Wiretapping without weakening communications infraestrcuture"*, en IEEE Security & Privacy, vol. 11, Nro. 1, 2013, P. 62/72.

83 Marcos Salt, "Nuevos desafíos de la evidencia digital: acceso transfronterizo y técnicas de acceso remoto a datos informáticos", Ad-Hoc., 2017, p. 56.

84 Marcos Salt, "Nuevos desafíos…", cit. cit., p. 66.

85 Hernán Blanco, "Tecnología Informática e investigación criminal…". cit. prec., p. 107.

tor a los fines de infectar su dispositivo y tomar así el control del mismo (ej. activación de cámara y micrófono) mediante la instalación de un *malware* troyano.

Ejemplos: DarkComet, njRAT, NanoCore, etntre otros.

5.3. Intrusión a la red de internet (Crozono)

En Argentina se ha desarrollado una nueva forma de acceso remoto que no requiere de la instalación de programas espías, la forma de acceder al dispositivo del sospechoso es a través de la red de internet *wi-fi* que se encuentre utilizando mediante un *software* incorporado a un dron o robot (proyecto denominado Crozono), el cual permite en forma automatizada la adquisición de evidencia digital forense a distancia superando barreras arquitectónicas[86], su uso también podría permitir el control total del dispositivo intrusado permitiendo la activación de su cámara y micrófono.

A través de Crozono y desde un dron se accede a la información que un sospechoso está generando desde su computadora prendida (es decir, "viva")[87].

Crozono en su esencia busca y se aprovecha de las vulnerabilidades de una conexión inalámbrica de internet para acceder al mismo; por ejemplo, aprovecha que frente a cualquier corte de una conexión al servicio de red *wi-fi*, automáticamente los dispositivos electrónicos que estaban conectados intentan reconectarse, para ello se dispara en forma automatizada una "negociación" de claves y contraseñas entre el dispositivo electrónico (cliente) y el servidor o proveedor de internet para otorgarle nuevamente la ruta de *wi-fi*. Sobre esta "vulnerabilidad" lo que hace Crozono es provocar intencionalmente el corte de la conexión para aprovecharse de ese procedimiento de reconexión y capturar así la clave y contraseña del cliente que quiere acceder a la red, de este modo Crozono accede a la red en la que se encuentra navegando el dispositivo que se pretende investigar.

Son tres fases o capas las que atraviesa Crozono en una investigación: 1) *Explorer*, 2) *Auditor* y 3) *Forensic*, las cuales profundizaré a continuación:

---

86 Toda la información técnica aquí reproducida sobre Crozono me fue otorgada por su creador, Ing. Pablo Romanos, a través de diversos artículos informáticos y diversas conversaciones destinadas a entender su funcionamiento. Agradezco su colaboración.

87 Ver en Diego Stratiotis, "Los allanamientos remotos y el uso de drones" en "Innovación en investigaciones digitales", Hammurabi, 2022, p. 443.

1) *Crozono Explorer:* dentro de esta fase se efectúa inicialmente una etapa de *reconocimiento* centrado en la recopilación de información del espectro radioeléctrico a investigar a los fines de identificar puntos de acceso inalámbricos, cámaras IP, dispositivos IoT, etc. vinculados la seguridad y ubicación geográfica.

Dentro de esta fase se genera un "mapa de calor" cuyo objetivo es encontrar el camino más simple para efectuar la intrusión a la fuente inalámbrica.

Luego continúa una etapa de *procesamiento* donde se procesan datos de la cobertura y seguridad de la infraestructura.

Y, finalmente, se emite un reporte del cual va a surgir el recorrido realizado por el dron, los potenciales vectores de intrusión, tipos de dispositivos, potencia de emisión, nivel de seguridad, etc.

2) *Crozono Auditor:* en esta etapa Crozono producirá auditorías de seguridad automatizadas dirigidas a una red y tomará decisiones —sin requerir la interacción directa del auditor— en base a parámetros preestablecidos.

En esta etapa Crozono provocará la interrupción de la red e intentará captar la clave y contraseña del cliente que quiere reconectarse al servicio, la meta es introducirse en la red inalámbrica y abrir una conexión reversa hacia el auditor de Crozono a través de la conexión local de internet de la red que es el objetivo *("man in the middle").*

Esto también permitirá descubrir otros equipos de la red y lanzar diversas acciones ofensivas, una vez dentro de la red Crozono se enumera como un equipo más dentro de la red intrusada, y de esa forma se realiza un segundo ataque adentro de la red interna a los fines de intentar activar el micrófono o cámara.

3) *Crozono Forensic:* el objetivo de esta etapa es el registro y secuestro de datos informáticos para ser utilizados como evidencia digital.

A los fines de asegurar la integridad, confidencialidad y disponibilidad de los datos informáticos obtenidos, como así también, permitir detallar el procedimiento seguido (cadena de custodia) la metodología empleada es la establecida según estándares internacionales ISO/IEC 27037 e ISO/IEC 27042.

En conclusión, la intrusión en la red, conocida como *"man in the middle"* representa un ataque que no requiere de *click* del usuario, lo que demanda es que el dispositivo objetivo se encuentre conectado a *wi-fi,* permitiendo el intento de activación de la cámara y micrófono del equipo intrusado.

6. TEST DE PROPORCIONALIDAD: ACCESO A CÁMARAS Y MICRÓFONOS

6.1. Consideraciones generales (eficacia vs. garantías)

En función de lo expuesto hasta aquí, me pregunto: ¿el acceso estatal a un *smartphone* y otros dispositivos de modo remoto y subrepticio a los fines de activar su cámara y/o micrófono afecta desproporcionadamente la intimidad y privacidad de los individuos?

Previo a continuar, aclaro que no trataré aquí la importancia del principio de legalidad procesal y la clara necesidad de que los legisladores regulen minuciosamente las medidas tecnológicas de investigación en razón del alto nivel de intrusión que provocan, cuestión que he reseñado en otros trabajos[88].

A continuación, me concentraré en el análisis de proporcionalidad en el uso por parte del Estado de medidas altamente intrusivas como la activación remota y secreta de cámaras y/o micrófonos de *smartphones* u otros dispositivos, que se enfrenta a la protección de los derechos fundamentales de los individuos como la intimidad y privacidad[89].

Ello, constituye un choque entre dos fuerzas opuestas, esto es, por un lado, el poder punitivo, en un contexto de delincuentes cometiendo delitos de modo anónimo en internet que complejizan las investigaciones, y, por otro lado, las garantías de los individuos[90], siendo estas últimas los límites que diferencian a un Estado de Derecho de las formas autoritarias de gobierno[91].

Con relación a esto último, concretamente en lo atinente a la protección de la intimidad y privacidad y la valoración de su afectación, la Corte Suprema argentina en el precedente "Quaranta", *leading case* en intervención de comunicaciones telefónicas, destacó "*que nadie puede ser objeto de injerencias arbitrarias en su vida privada, en la de su familia, en su domicilio o en*

---

88 Diego Stratiotis, cit. prec., p. 229.

89 Artículos 18, 19 y 75 inciso 22, Constitución Nacional (C.N.); arts. 11 inc. 2° y 21, inciso 1° de la Convención Americana sobre Derechos Humanos (C.A.D.H.); art. 17, inciso 1° y 2° del Pacto Internacional de Derechos Civiles y Políticos (P.I.D.C.P.) y, art. 12 de la Declaración Universal de Derechos Humanos (D.U.D.H.).

90 Alberto M. Binder, "Derecho Procesal Penal", Tomo I, Ad Hoc, 2012, p. 99 y sgtes.

91 CSJN, "Alitt" (329:5266).

su correspondencia" haciendo extensiva la interpretación del artículo 18 de la Constitución Nación al supuesto de dicho caso[92].

Asimismo, la Corte Interamericana de Derechos Humanos en el caso "Tristán Donoso" señaló que *"el derecho a la vida privada no es un derecho absoluto y, por lo tanto, puede ser restringido por los Estados siempre que las injerencias no sean abusivas o arbitrarias; por ello, deben estar previstas en ley perseguir un fin legítimo y cumplir con los requisitos de idoneidad, necesidad y proporcionalidad, es decir, deben ser necesarias en una sociedad democrática"*[93].

Del primero de dichos precedentes surge como límite a las injerencias cuando estas sean de tipo arbitrario, y del segundo surge que el derecho fundamental a la vida privada es relativo[94], que su afectación no debe ser abusiva y que la medida debe soportar los filtros de idoneidad, necesidad y proporcionalidad.

De este modo, queda en claro que ninguna medida puede ser legítima si es desproporcionada[95], pero, ¿cuál es el criterio adecuado para determinar que una medida es excesiva?

Con relación a dicho interrogante, nuestra corte a través de la Acordada nro. 17/2019[96] señala que las circunstancias que justifican la afectación de los derechos a la privacidad e intimidad de los individuos deben estar: a) previstas en la ley, b) perseguir un fin legítimo y c) cumplir con los requisitos de idoneidad, necesidad y proporcionalidad, a tal fin cita como sustento de dicha afirmación al considerando 25 del precedente "Halabi"[97].

Del referido considerando se desprende que: *"para restringir válidamente la inviolabilidad de la correspondencia (...), se requiere: a) que haya sido dictada una ley que determine los "casos" y los "justificativos" en que podrá procederse a tomar conocimiento del contenido de dicha correspondencia; b) que la ley esté fundada en la existencia de un sustancial o importante objetivo del Estado, desvinculado de la supresión de la inviolabilidad de la correspondencia epistolar y de la libertad de expresión; c) que la aludida restricción resulte un medio compatible con el fin legíti-*

---

92 CSJN, "Quaranta" (3331:1674), 31/08/2010.

93 Caso Tristán Donoso, 27/1/2009, punto. 56.

94 Aharon Barak, "Proporcionalidad. Los derechos fundamentales y sus restricciones", 1 er. reimp., Palestra, p. 159.

95 Alberto M. Binder, cit. prec., p. 323.

96 CSJN, Acordada 17/2019, párrafo IV.

97 CSJN, "Halabi, Ernesto c/ PEN - ley 15. Dto. 1563/04 s/ amparo ley 16.986", 24 de febrero de 2019.

mo propuesto y d) que dicho medio no sea más extenso que lo indispensable para el aludido logro."

En ese orden, no queda del todo claro que interpreta nuestra Corte Suprema por fin legítimo, idoneidad, necesidad y proporcionalidad, criterios que si bien fueron mencionados en la referida acordada sus límites no se encuentran completamente definidos; con relación a ello, un sector importante de la doctrina interpreta que nuestro más Alto Tribunal debería avanzar aún más en el desarrollo del principio de proporcionalidad y su esquema clasificatorio en términos de protección de derechos humanos fundamentales, y que la falta de tal avance se debería a que a lo largo de sus diversos precedentes se ha utilizado el criterio de razonabilidad, que si bien abarca a la proporcionalidad, permite una mayor flexibilidad conceptual, lo cual conlleva falta de precisión[98].

A modo comparativo, el Tribunal Constitucional español ha destacado la importancia del juicio de proporcionalidad, expresando que "*...para comprobar si una medida restrictiva de un derecho fundamental supera el juicio de proporcionalidad, es necesario constatar si cumple las tres condiciones siguientes: si tal medida es susceptible de conseguir el objetivo propuesto (juicio de idoneidad); si, además, es necesaria, en el sentido de que no exista otra medida más moderada para la consecución de tal propósito con igual eficacia (juicio de necesidad); y, finalmente, si la misma es ponderada o equilibrada, por derivarse de ella más beneficios o ventajas para el interés general que perjuicios sobre otros bienes o valores en conflicto (juicio de proporcionalidad en sentido estricto)*"[99].

Con esa lógica, en España en el año 2015 se modificó la Ley de Enjuiciamiento Criminal española (LECrim), regulándose distintas medidas de investigación tecnológicas y, a su vez, en su artículo 588 bis "a" LECrim[100]

---

98 Alberto M. Binder, cit. prec., p. 332.

99 STC 207/1996, de 16 de diciembre, STC 89/2006, de 27 de marzo, entre otros.

100 España, Ley de Enjuiciamiento Criminal, artículo 588 bis a. Principios rectores.
1. Durante la instrucción de las causas se podrá acordar alguna de las medidas de investigación reguladas en el presente capítulo siempre que medie autorización judicial dictada con plena sujeción a los principios de especialidad, idoneidad, excepcionalidad, necesidad y proporcionalidad de la medida.
2. El principio de especialidad exige que una medida esté relacionada con la investigación de un delito concreto. No podrán autorizarse medidas de investigación tecnológica que tengan por objeto prevenir o descubrir delitos o despejar sospechas sin base objetiva.
3. El principio de idoneidad servirá para definir el ámbito objetivo y subjetivo y la duración de la medida en virtud de su utilidad.

se estipularon principios rectores de ponderación, entre los cuales se definieron los siguientes criterios: especialidad, idoneidad, excepcionalidad, necesidad y proporcionalidad de la medida.

Doctrina especializada ha destacado que el principio de proporcionalidad ha sido desarrollado como pieza fundamental del constitucionalismo moderno[101], su concepción estructurada consiste en cuatro reglas[102] o principios[103] (fin legítimo, idoneidad, necesidad y proporcionalidad en sentido estricto), que constituyen el *"núcleo de la cláusula restrictiva"*[104] de los derechos fundamentales, si bien algunos países han adoptado un enfoque más flexible, se recomienda dicha estructuración como las más conveniente, ya que, otorga un contenido concreto y una protección más adecuada[105].

---

4. En aplicación de los principios de excepcionalidad y necesidad solo podrá acordarse la medida:
a) cuando no estén a disposición de la investigación, en atención a sus características, otras medidas menos gravosas para los derechos fundamentales del investigado o encausado e igualmente útiles para el esclarecimiento del hecho, o
b) cuando el descubrimiento o la comprobación del hecho investigado, la determinación de su autor o autores, la averiguación de su paradero, o la localización de los efectos del delito se vea gravemente dificultada sin el recurso a esta medida.
5. Las medidas de investigación reguladas en este capítulo solo se reputarán proporcionadas cuando, tomadas en consideración todas las circunstancias del caso, el sacrificio de los derechos e intereses afectados no sea superior al beneficio que de su adopción resulte para el interés público y de terceros. Para la ponderación de los intereses en conflicto, la valoración del interés público se basará en la intensidad de los indicios existentes y la relevancia del resultado perseguido con la restricción del derecho.

101 Héctor A. Morales Zuñiga en "La estructura constitucional del principio de proporcionalidad" de Matthias Klatt - Moritz Meister, Marcial Pons, 2021, p. 17.

102 Matthias Klatt - Moritz Meister, "La estructura constitucional del principio de proporcionalidad", Marcial Pons, 2021, p. 57.

103 Robert Alexy, "Ensayos sobre las teorías de los principios y el juicio de proporcionalidad", Palestra, 2019, p. 335. *"El principio de proporcionalidad esta conformado por tres subprincipios: los principios de idoneidad, de necesidad y de proporcionalidad en sentido estricto. A menudo un cuarto componente es agregado a estos tres elementos, el requerimiento de un propósito apropiado que define el primer que define el primer paso del test de proporcionalidad"*

104 Aharon Barak, "Proporcionalidad. Los derechos fundamentales y sus restricciones", 1 er. reimp., Palestra, p. 159.

105 Aharon Barak, "Proporcionalidad. Los derechos fundamentales y sus restricciones", 1 er. reimp., Palestra, p. 160.

Adelanto que, el fin legítimo se vincula a un interés de importancia social que justifique la restricción de un derecho fundamental y luego el juicio de ponderación se concreta a través de los *test* de idoneidad y necesidad (relacionadas a posibilidades fácticas) y proporcionalidad en sentido estricto (vinculado a la ponderación del binomio sacrificio-beneficio)[106].

A continuación, conceptualizaré dichos requisitos resumidamente para luego analizarlos en la justificación de un caso en concreto:

6.1.1. Fin legítimo (si se persigue un interés legítimo o adecuado)

Los fines legítimos o adecuados que justifican el sacrificio de un derecho constitucional se derivan de los valores esenciales de una sociedad, ellos exigen un fundamento constitucional que puede ser explícito o implícito[107]. Solo algunos intereses específicos pueden justificar la afectación de un derecho fundamental[108].

Se puede analizar el tipo de fin legitimo o adecuado según dos componentes, primero su naturaleza o contenido, compuesto por el mínimo constitucional que justifica la restricción de un derecho fundamental, y, segundo el grado de urgencia[109].

Ejemplos de fines legítimos o adecuados seguidos por el Estado: la seguridad y orden público[110], el interés superior en la defensa de la sociedad, la persecución del crimen[111] y la represión del delito[112], como así también, la protección de los derechos fundamentales[113].

---

106 Robert Alexy, "Ensayos sobre las teorías de los principios y el juicio de proporcionalidad", Palestra, 2019, p. 239.

107 Aharon Barak, cit. prec., p. 279.

108 Matthias Klatt - Moritz Meister, "La estructura constitucional del principio de proporcionalidad", Marcial Pons, 2021, p. 57.

109 Aharon Barak, cit. prec., p. 283.

110 Corte IDH, caso Fernández Prieto y Tumbeiro Vs. Argentina, sentencia de 1 de septiembre de 2020, punto 64, p. 23. Vease también Corte IDH. Caso Masacres de Río Negro Vs. Guatemala. Excepción Preliminar, Fondo, Reparaciones y Costas. Sentencia de 4 de septiembre de 2012 Serie C No. 250, párr. 192.

111 CSJN, "Halabi, Ernesto c/ PEN - ley 15. Dto. 1563/04 s/ amparo ley 16.986", 24/2/2019.

112 Dictamen del Procurador General de la Nación, Esteban Righi, "BCA s/causa nº 4733", 8/8/06).

113 Aharon Barak, cit. prec., 1 er. reimp., Palestra, p. 286.

Barak menciona que se puede distinguir al interés público (compuesto por seguridad nacional, orden público, etc.) de los derechos fundamentales, siendo que *"no todos los valores incluidos en el interés público califican como fin adecuado para la restricción de un derecho fundamental"*[114].

De este modo, al momento de valorarse el umbral constitucional, por ejemplo, del orden público como fin adecuado, que suele vincularse a la persecución y prevención de delitos (como ser, la protección de los intereses de menores, etc.), puede examinarse la gravedad del hecho, calificación jurídica y su trascendencia social, en miras a determinar si su entidad justifica la afectación de un derecho constitucional.

Como ejemplo legislativo, en lo atinente a la regulación de medidas de investigación tecnológica delimita como fin adecuado la investigación de determinados delitos, por ejemplo, el art. 588, *quater*, LECrim: delitos dolosos castigados con pena máxima de, al menos, tres años, delitos cometidos en el seno de grupo u organización criminal y delitos de terrorismo.

En suma, otro componente del fin legítimo o adecuado, como ya mencioné más arriba, es la urgencia necesaria para la realización de dichos fines[115].

Luego de identificar si el fin es adecuado constitucionalmente, es decir, sustancial y urgente, continúa el análisis respecto de la proporcionalidad de la medida adoptada para alcanzarlo.

6.1.2. Idoneidad (si la medida es adecuada para perseguir el fin legítimo)

Barak denomina a este principio como "conexión racional" y refiere que consiste en que *"los medios escogidos sean pertinentes para la realización del fin"*, sin ser necesario que la medida escogida lo cumpla plenamente, siempre que esta realización no sea marginal, cumple con el requisito en comentario[116].

En el ámbito de las medidas tecnológicas el medio utilizado cumpliría con el test de "conexión racional" o "idoneidad" si se la justifica objetivamente como medio adecuado para la obtención de la evidencia digital que

---

114 Aharon Barak, cit. prec., Palestra, p. 277.

115 Aharon Barak, cit. prec., p. 283.

116 Aharon Barak, cit. prec., Palestra, p. 277.

permita determinar los hechos objeto del proceso[117], es decir, ponderar la relación entre los datos y las medidas a los fines de determinar si se podrán obtener las pruebas buscadas[118].

Por ejemplo, la regulación española prevé (art. 588, bis a, pto. 3, LECrim), que la idoneidad se encuentra compuesta por la relación entre el ámbito objetivo (medios de almacenamiento o examen de datos), subjetivo (sujetos vinculados) y la duración (tiempo de la medida) de los con relación a los hechos que se pretenden determinar[119].

6.1.3. Necesidad (medida menos dañina, pero no menos eficiente)

Siguiendo a Barak[120] el test de necesidad consiste en la comparación entre los medios disponibles para alcanzar el fin legítimo mediante la menos lesiva, el análisis se compone de dos elementos:

i. Nivel de eficiencia para alcanzar el fin legítimo (punto de vista cuantitativo, cualitativo y probabilístico).

ii. Nivel de afectación del derecho fundamental.

Por lo tanto, la necesidad de una medida queda definida por su capacidad de alcanzar el fin y de manera menos dañina. El problema o debilidad del test de necesidad se presenta cuando a partir de la comparación de dos medios se advierte que uno de ellos restringe un derecho en menor magnitud y el otro es más eficiente para alcanzar el fin.

En aquellos casos el juez debe decidir que el medio es necesario y que el medio menos restrictivo no puede alcanzar el fin adecuadamente[121].

La regulación española (art. 588, bis a, pto. 4, incs. a y b, LECrim) estipula que solo podrá acordarse como "necesaria" la medida que cumpla con los criterios de: menos gravosa (es decir, menor nivel de afectación del derecho fundamental), igualmente útil para alcanzar el fin (nivel de intensidad y eficiencia) y cuando el descubrimiento o comprobación del hecho se vea "gravemente" comprometido sin el uso de la medida (punto de vista probabilístico).

---

117 Isidoro Espín López, "Investigación sobre equipos informáticos y su prueba en el proceso penal", Aranzadi, 2021, p. 44.

118 Bachmaier Winter, cit. prec., P. 15.

119 Isidoro Espín López, cit. prec., Aranzadi, 2021, p. 44.

120 Aharon Barak, cit. prec., p. 351 y siguientes.

121 Aharon Barak, cit. prec., p. 373 y siguientes.

Lo cual promueve la necesidad de una medida en aquellos casos en donde es imprescindible desde la perspectiva de la *"probable utilidad como de la cualidad insustituible"*[122].

6.1.4. Proporcionalidad estricta (pondera el binomio sacrificio-beneficio)

Siguiendo a Barak, el último test del principio de proporcionalidad es el "resultado proporcional" o "proporcionalidad en sentido estricto" a través del cual se pondera si existe una relación adecuada entre el beneficio obtenido por la medida aplicada para la persecución del fin legítimo y la consecuente afectación causada al derecho fundamental[123].

El núcleo de la ponderación no es la comparación genérica del fin adecuado (ej.: persecución de delitos contra la integridad sexual de menores) versus la importancia de la protección de un derecho fundamental en modo amplio (ej.: respeto a la intimidad de los sospechosos), sino que, las cuestión es más específica, siguiendo el mismo caso, se debe comparar la importancia social del beneficio concreto que resulta de la aplicación de la medida que restringe el derecho fundamental (ej. activación remota de cámaras y micrófonos de smartphone y Tablet en una situación concreta sobre indicios objetivos) y la relevancia social con la evitación de dicha vulneración (ej.: no activar remotamente la cámara y micrófono mientras el sospechoso visita a su madre anciana en un geriátrico)[124].

En ese orden, se puede inferir que el hecho de que un sujeto investigados por hechos de abuso de menores que visita a su madre en un geriátrico es una circunstancia de su vida privada que representa nula relevancia probatoria para la investigación, por lo cual su afectación es injustificada.

Es decir, si el cambio causado con la aplicación de la medida —limitada al supuesto concreto— provoca la expectativa de una ganancia específica que no sea tolerable constitucionalmente válida.

También entra en juego el valor del fin constitucional y la probabilidad o pronóstico de su cumplimiento, por lo cual *"el peso de un fin es importante, cuya realización es urgente y la probabilidad de su ocurrencia real es alta, no es igual*

---

[122] Isidoro Espín López, con cita de STS de 1 de diciembre de 1995 - ROJ: 6105/1995, cit. prec., p. 46.

[123] Aharon Barak, cit. prec., p. 375 y siguientes.

[124] Aharon Barak, cit. prec., p. 375 y siguientes.

al peso de un fin importante similar, cuya realización es también urgente pero cuya probabilidad de ocurrencia es extremadamente baja"[125].

Cuanto mayor sea la importancia social del derecho fundamental, más alto y urgente debe ser *"la probabilidad de realización de los beneficios marginales creados por la medida restrictiva"*[126].

De este modo, conforme al citado art. 588, bis, a, punto 5, de la regulación española: *"Las medidas de investigación reguladas en este capítulo solo se reputarán proporcionadas cuando, tomadas en consideración todas las circunstancias del caso, el sacrificio de los derechos e intereses afectados no sea superior al beneficio que de su adopción resulte para el interés público y de terceros. Para la ponderación de los intereses en conflicto, la valoración del interés público se basará en la gravedad del hecho, su trascendencia social o el ámbito tecnológico de producción, la intensidad de los indicios existentes y la relevancia del resultado perseguido con la restricción del derecho".*

En ese orden, el legislador en la segunda parte del referido artículo hace una mención al análisis de la ganancia en concreto que se obtendría con la obtención del resultado perseguido.

Hasta aquí he desarrollado los distintos *test* que componen al principio de proporcionalidad en función de la concepción estructurada, así todo quiero remarcar por separado dos criterios adicionales que han sido incorporados por el legislador español en la regulación en comentario relativa a medidas tecnológicas, que son:

6.1.5. Especialidad (art. 588 bis a, punto 2, LECrim)

Consistente en que cualquier acto de investigación tecnológica debe estar destinado a la averiguación de un delito concreto, por lo tanto, se excluye su uso para la prevención delictiva o "excursiones de pesca", esto es, investigaciones sin que existan indicios claros de la comisión de un delito[127] y sobre sospechas generales[128], por lo cual se prohíbe autorizaciones

---

125 Aharon Barak, cit. prec., p. 394 y siguientes.

126 Aharon Barak, cit. prec., p. 394 y siguientes.

127 Isidoro Espín López, cit. prec., p. 44.

128 Lorena Bachmaier Winter, cit. prec., con cita del Tribunal Constitucional en su sentencia 253/2006, 11 de septiembre.

destinadas a descubrir delitos o despejar sospechas sin base objetiva, como ser, meras impresiones o corazonadas[129].

6.1.6. Excepcionalidad (art. 588, bis, a, punto 4, LECrim)

Dado que un medio tecnológico de investigación debe ser considerado excepcional, ya que, que supone un sacrificio a un derecho fundamental, su uso debe ser limitado y sin ser utilizado de manera rutinaria[130].

Ello, se vincula a medidas a medidas imprescindibles e indispensables[131], lo cual tiene relación íntima con el principio de necesidad.

Todos los principios enunciados son una guía central para el juez español, a mi juicio es loable el esfuerzo efectuado por los jueces y legisladores de dicho país al identificarlos y desarrollarlos en diversos precedentes y el propio texto legal, lo cual, en definitiva, revela el interés por el avance eficaz de las investigaciones, pero con especial atención a la protección de los derechos fundamentales comprometidos.

7. EJEMPLO DE UNA RESOLUCIÓN, A MI JUICIO, DEFECTUOSA

El Tribunal Supremos español en su sentencia nro. 655/2020, de fecha 3 de diciembre, cita y analiza el auto de fecha 2 de marzo de 2018, el cual transcribo a continuación, en razón del cual se habilitó la colocación dispositivos para la grabación de comunicaciones orales directas de los acusados en el interior del domicilio, vehículo y teléfono celular por la posible adquisición y venta de estupefacientes, veamos:

"... *se accede a las peticiones a fin de iniciar esta investigación y al ser de interés para la misma, no existiendo otras fuentes de prueba menos gravosas cumpliéndose de este modo con los principios de excepcionalidad y necesidad. Y finalmente en cuanto a la proporcionalidad, ha de valorarse si el sacrificio de los derechos fundamentales de los investigados debe ceder frente al interés público en la persecución, averiguación y castigo del hecho delictivo. En el caso de autos, de la instrucción*

---

129 Eloy Velasco Núñez, "Delito Tecnológicos. Cuestiones Penales y Procesales", Wolters Kluwer, 2021, p. 411.

130 Isidoro Espín López, cit. prec., p. 45.

131 Eloy Velasco Núñez, "Delito Tecnológicos. Cuestiones Penales y Procesales", Wolters Kluwer, 2021, p. 412.

resulta que estamos ante la comisión de un delito de especial gravedad cuyo bien jurídico protegido es la salud y orden público, siendo la medida que se adopta proporcional, necesaria e imprescindible, a pesar de que con ello se ven afectados derechos fundamentales, en cuanto la intimidad e inviolabilidad del domicilio, derecho este último proclamado en el art. 18.2 CE, si bien, no está reconocido de una manera tan absoluta que pueda constituir medio para la ocultación de hechos delictivos puesto que se permite autorizar la entrada domiciliaria mediante resolución judicial y en los casos de fragante delito".

Con relación a ello, discrepo con el análisis allí efectuado sobre el principio de necesidad, ya que, su fundamentación así planteada es genérica y abstracta.

Siguiendo a Barak[132], como ya referí más arriba, el *test* de necesidad consiste en la identificación y comparación de los medios disponibles para alcanzar un determinado fin legítimo para luego analizar respecto de cada uno de ellos el nivel de eficiencia de las medidas y el nivel de afectación del derecho fundamental.

En cuanto a la excepcionalidad, la fundamentación allí expresada también es de poca utilidad, en efecto las medidas de investigación tecnológicas altamente intrusivas son el último recurso (última *ratio*) luego de haber eventualmente utilizado otras menos lesivas, por lo tanto, debe justificarse su uso excepcional de modo preciso identificando los motivos concretos que habilitan su aplicación.

Con relación al análisis del principio de proporcionalidad, el auto en comentario recurre nuevamente a expresiones del tipo genéricas (ej.: *bien jurídico protegido es la salud y orden público"* vs. *"intimidad e inviolabilidad del domicilio")* las cuales no exteriorizan cuál es la ganancia específica por la aplicación de la medida y cuál es la afectación del derecho fundamental en concreto a partir del análisis del caso.

Lo referido en el párrafo anterior implica valorar, por un lado, si el cambio causado con la aplicación de la medida —limitada al supuesto concreto— provoca la expectativa de una ganancia específica y, por el otro, efectuar la descripción del modo en que aplicación de la medida de investigación lesiona al derecho a la intimidad, para luego ponderar si el sacrificio del investigado es tolerable constitucionalmente.

---

132 Aharon Barak, cit. prec., p. 351 y siguientes.

8. SOBRE UN PROYECTO LEGISLATIVO

A mi juicio, el acceso remoto y subrepticio a un *smartphone* o dispositivo a los fines de la activación de micrófonos y cámaras es una medida que debería ser regulada para casos sumamente graves y en condiciones de urgencia (ej.: sustracción de menores, trata de personas, etc.) dado su alto nivel de intrusión.

Tomaría como punto de partida la escucha mediante la habilitación de micrófonos y, complementariamente, la activación de la cámara si surge la necesidad de observar situaciones puntuales previamente definidas y autorizadas judicialmente (ej.: ante un caso de un sujeto que sustrae a un menor, pide rescate y se encuentran ambos geolocalizados dentro de un inmueble, el acceso a la cámara del *smartphone* del secuestrador podría ser de utilidad para las fuerzas de seguridad para visualizar e identificar las características del espacio en donde se hallan, el estado del menor, los posibles lugares de ingreso, si el secuestrador tiene armamento, etc., todo lo cual permitiría planificar el operativo de rescate con mayor probabilidad de éxito).

A mi juicio, tanto la escucha como la grabación de imágenes deben ser utilizadas de modo excepcional, habilitadas judicialmente sobre los límites del *test* de proporcionalidad (fin adecuado, especialidad, idoneidad, necesidad, excepcionalidad, y proporcionalidad estricta) conforme los describí más arriba, distinguiendo el uso y la justificación de un medio del otro, ya que, la grabación de imágenes una medida aún más intrusiva que la escucha, lo cual merece un *plus* adicional de justificación utilizándose en casos de extrema urgencia, ej. casos de riesgo de vida, como puede ser en casos de trata de personas.

El test de proporcionalidad debería ser legislado.

El análisis del *test* de proporcionalidad debe ser concreto evitando frases rutinarias y genéricas[133], identificando: a) el fin adecuado que se per-

---

133 *"... se accede a las peticiones a fin de iniciar esta investigación y al ser de interés para la misma, no existiendo otras fuentes de prueba menos gravosas cumpliéndose de este modo con los principios de excepcionalidad y necesidad. Y finalmente en cuanto a la proporcionalidad, ha de valorarse si el sacrificio de los derechos fundamentales de los investigados debe ceder frente al interés público en la persecución, averiguación y castigo del hecho delictivo. En el caso de autos, de la instrucción resulta que estamos ante la comisión de un delito de especial gravedad cuyo bien jurídico protegido es la salud y orden público, siendo la medida que se adopta proporcional, necesaria e imprescindible, a pesar de que con ello se ven afectados derechos fundamentales, en cuanto la intimidad e inviolabilidad del domicilio, derecho este último*

sigue, b) los datos objetivos de la investigación, evitar excursión de pesca (especialidad), c) la individualización y exteriorización de de los diversos medios útiles para alcanzar el fin (idoneidad), d) el análisis de cada uno de los medios identificado en el punto anterior ponderando el nivel de eficiencia y de afectación del derecho fundamental en cuestión (necesidad), e) limitando su uso a cuestiones concretas (excepcionalidad) y f) ponderando de modo estricto el beneficio social que se pretende alcanzar con la aplicación de la medida en contraposición a la lesión concreta al derecho fundamental.

Limitar el uso de escuchas a períodos determinados y el uso de cámaras a situaciones concretas.

Transcripción de audios y agregado de fotogramas de las imágenes por parte de personal especializado, sin perjuicio del almacenamiento de las grabaciones completas.

En este orden, creo que a los fines de una eventual regulación del instituto debería evaluarse primeramente el alcance de la medida, por ejemplo:

- Si se pretende la captación y grabación de las comunicaciones e imágenes de modo simultaneo y constante.
- Si se pretende la captación y grabación de las comunicaciones y complementariamente la activación de imágenes.
- Si se pretende únicamente la captación y grabación de las comunicaciones.
- Si se pretende la captación y grabación de imágenes con sonido.
- Si se pretende la captación y grabación de imágenes sin sonido.

---

proclamado en el art. 18.2 CE, si bien, no está reconocido de una manera tan absoluta que pueda constituir medio para la ocultación de hechos delictivos puesto que se permite autorizar la entrada domiciliaria mediante resolución judicial y en los casos de fragante delito" (Antecedente del fallo 655/2020, de fecha 3 de diciembre, del Tribunal Supremo español surge la transcripción del auto de fecha 2 de marzo de 2018 en razón del cual se habilitó la colocación de un dispositivo grabación de comunicaciones orales directas de los acusados en el interior del domicilio, vehículo y teléfono celular por la posible adquisición y venta de estupefacientes).

9. CONCLUSIÓN

La presente investigación me lleva a concluir que el acceso remoto y subrepticio a un *smartphone* o dispositivo a los fines de la activación de micrófonos y cámaras es tan intrusivo como necesario y que debería ser regulado para casos sumamente graves y en condiciones de urgencia (ej.: abuso de menores, trata de personas, terrorismo, etc.).

Como fundamentos de ello, interpreto que la utilización de entornos virtuales para la realización y planificación de delitos graves mediante técnicas de encriptación de datos y comunicaciones, anonimización (ej.: *dark web*, VPN, proxy, etc), uso de *blockchain* y criptomonedas, entre otros, sumado a las particulares características de la evidencia digital (ej.: volatilidad y fragilidad) dificultan las investigaciones penales poniendo en crisis a las medidas tradicionales de prueba.

Ello, evidencia que ante las referidas circunstancias la reconstrucción histórica del *iter criminis* en el entorno virtual es sumamente dificultoso, lo cual conlleva, a mi juicio, a un cambio de paradigma donde se hace necesaria la incorporación de medidas de investigación en tiempo real, que deben funcionar combinadas con las medidas tradicionales.

Con relación a ello, he descripto en este artículo distintas herramientas tecnológicas que ofrecen soluciones que permiten controlar los *smartphone* o dispositivos, como ser, Pegasus (*click* cero), infección mediante *malwares* de tipo troyano (necesidad de *click*) o técnicas *man in the middle* que intrusan la red de *wi fi*.

El uso de dichas medidas debe ser regulado y autorizado judicialmente sobre la base del *test* de proporcionalidad (fin adecuado, especialidad, idoneidad, necesidad, excepcionalidad y proporcionalidad estricta) a los fines de evitar injerencias arbitrarias en los derechos fundamentales de los investigados. Justificación de proporcionalidad que debe ser concreta y sin referencias genéricas.

A mi juicio, se debe utilizar la captación y grabación de comunicaciones orales (activación de micrófono) como medida inicial y de modo complementario la grabación de imágenes (activación de cámara) ante necesidades excepcionales para el conocimiento o acreditación de determinados hechos.

Asimismo, se debe distinguir los plazos temporales de cada una de ellas dado que invaden a los derechos fundamentales con distintos niveles, audio (escucha) menos intrusivo y complemento de cámara (observación) más intrusivo.

Es por lo expuesto que, a mi juicio, ante el contexto virtual así planteado y dadas las diferentes herramientas que favorecen el anonimato nos encontramos ante la necesidad de nuevas legislaciones orientadas a regular el acceso a los dispositivos en tiempo real, secreto y remoto.

Interceptación de las comunicaciones. Estado de situación con especial referencia a Argentina y España

RUBÉN ALBERTO CHAIA[1]

SUMARIO: 1. INTRODUCCIÓN. OBJETO DE ANÁLISIS. 2. INTERCEPTACIÓN DE COMUNICACIONES TELEFÓNICAS Y TELEMÁTICAS. 3. PRINCIPIOS QUE GUÍAN LA INTERCEPTACIÓN DE LAS COMUNICACIONES. 3.1. Principio de legalidad. 3.2. El Principio de Legalidad en Argentina. Regulación. Alcances. 3.3. Principio de jurisdiccionalidad. 3.4. Principio de idoneidad. 3.5. Principio de exclusividad probatoria. 3.6. Principio de excepcionalidad. 3.7. Principio de proporcionalidad. 3.8. Principio de limitación subjetiva. 3.9. Principio de limitación objetiva. 4. REQUISITOS PARA LA INTERVENCIÓN TELEFÓNICA. 4.1. Resolución judicial fundada. 4.2. Solicitud de orden fundada. 4.3. Plazo de intervención. Material obtenido. 4.4. Investigación criminal. 4.5. Sólo dirigida a elementos de interés para la investigación. 4.6. Alcances. Sospechado, terceras personas, prohibiciones. 4.7. Control Judicial. 4.8. Tratamiento probatorio. Incorporación al proceso. 4.9. ¿Escuchas predelictuales? 5. ESCUCHAS OBTENIDAS SIN ORDEN JUDICIAL. 6. DATOS DIGITALES Y DE TRÁFICO. 6.1. Rastreo del IP. 6.2. Códigos de identificación del aparato o de sus componentes. 6.3. Titulares de terminales o dispositivos de conectividad. 7. REQUISITOS DE LA INTERVENCIÓN TELEFÓNICA EN LA JURISPRUDENCIA DE ARGENTINA Y ESPAÑA. 7.1. Requisitos para la intervención telefónica según la CSJ de Argentina. 7.2. Principios que aplican en la Ley y Jurisprudencia española TS. 7.2.1. Legalidad. 7.2.2. Especialidad. 7.2.3. Idoneidad. 7.2.4. Excepcionalidad y Necesidad. 7.2.5. Proporcionalidad. 7.3. Recaudos particulares en el libramiento de la orden judicial en España. 7.3.1. Motivación. 7.3.2. Indicios suficientes. 7.3.3. Número de los móviles. 7.3.4. Plazo de la intervención de comunicaciones. 8. PUESTA A DISPOSICIÓN DE LA DEFENSA DE LAS ESCUCHAS OBTENIDAS. 9. REQUISITOS PARA LA INTERVENCIÓN EN LA JURISPRUDENCIA DEL TRIBUNAL EUROPEO DE DERECHOS HUMANOS. 9.1. Legalidad. 9.2. Necesidad. 9.3. Proporcionalidad. 10. EVOLUCIÓN DE LA JURISPRUDENCIA DEL TRIBUNAL EUROPEO DE DERECHO HUMANOS. 10.1. Restricción legal del secreto. Caso Klass c. Alemania. 10.2. Regulación legal precisa. Caso Malone c. Reino Unido. 10.3. Regulación Legal. Hallazgo casual. Caso Kruslin c. Francia. 10.4. Legitimación. Caso Lambert c. Francia. 10.5. Uso de escuchas de otro proceso. Caso Matheron c. Francia.

---

1 Abogado (UBA), Mag. Derecho y Magistratura Judicial (Austral), Especialista en Derecho Penal, (Austral), Juez de Cámara, Profesor de grado y posgrado en diversas Universidades de Argentina y del extranjero. Autor de libros como La Prueba en el Proceso Penal, Técnicas de Litigación Penal (7 tomos), La Prueba Digital (2 tomos), Juicio por Jurados (2 tomos), y textos de interés en la materia. Agradezco a la doctora Daniela Duppuy y al Observatorio de Cibercrimen de la Universidad Austral por la invitación a participar como investigador en este Proyecto. Estoy seguro que el trabajo será de utilidad en el estudio y difusión de un tema central como es el derecho probatorio con especial acento en la Evidencia Digital.

11. INTERCEPTACIÓN DE COMUNICACIONES A REALIZADAS A TRAVÉS DE MENSAJERÍAS INSTANTÁNEAS. 11.1. Comunicaciones realizadas por WhatsApp. 11.2. Comunicación mediante mensajerías de Redes sociales. 11.3. Obtención y Autenticación de datos. 12. EL COMPLEJO ASUNTO DE LOS "HALLAZGOS CASUALES" EN MATERIA DE INTERVENCIÓN E INTERCEPTACIÓN DE COMUNICACIONES. 12.1. Hallazgos casuales. Estado de la cuestión en España. 12.2. La situación en Argentina. 12.3. Hallazgo casual. A modo de síntesis. 13. INTERCEPTACIÓN Y SECUESTRO REMOTO DE COMUNICACIONES TELEMÁTICAS. 13.1. La situación en España. 13.2. Allanamiento remoto y agente encubierto. 14. CONSIDERACIONES CONCLUSIVAS.

1. INTRODUCCIÓN. OBJETO DE ANÁLISIS

Debo aclarar que este trabajo se dirige a tratar específicamente la interceptación e intervención de comunicaciones entre ausentes mediante el uso de dispositivos electrónicos con especial referencia al estado actual de la cuestión en Argentina y España. No tiene como fin abordar el registro compulsivo de dispositivos que contengan esa información por cuanto esa actividad se destina a procurar información de comunicaciones pasadas, aquellas que se encuentran almacenadas, destinatarias de otras medidas como desbloqueos compulsivos, orden de entregas de claves, inspecciones, requisas, registros, informes o pericias[2].

El acceso a los dispositivos, la posibilidad de ingresar forzosamente al móvil o la computadora a fin de incautar comunicaciones archivadas mediante una orden judicial y la discusión que ello podría acarrear especialmente en lo que refiere a "hallazgos casuales"[3] en materia de prueba digital o, prueba ilegal generada por particulares[4], excede este trabajo que reitero, tiene asiento en la interceptación de comunicaciones telefónicas y telemáticas.

---

2 Ante la falta de regulación expresa en Argentina, el desbloqueo compulsivo o acceso a datos con el consentimiento del titular se realiza bajo diferentes fórmulas que van desde una inspección a una pericia, esta cuestión la he abordado en profundidad en La Prueba Digital, tomos I y II, Hammurabi, 2024.

3 Su tratamiento puede verse en La Prueba Digital, Hammurabi, 2024, t. II, p. 122/278.

4 Para ello, ver: La Prueba Digital, Hammurabi, 2024, t. I, p. 337/353.

2. INTERCEPTACIÓN DE COMUNICACIONES TELEFÓNICAS Y TELEMÁTICAS

Con una vasta trayectoria en nuestro medio, la intervención telefónica tradicional —por así decirlo— es una medida instrumental, una injerencia probatoria en el ámbito privado de la persona lo que supone una restricción al derecho fundamental del secreto en las comunicaciones con el objeto de captar contenido útil para la investigación de un delito que luego puede ser utilizado como prueba en juicio[5]. Aceptar la posibilidad de intervenir una comunicación implica reconocer que aún bajo la protección constitucional que detentan "el derecho al secreto de las comunicaciones no tiene carácter absoluto"[6].

Interceptar una correspondencia, tiene su origen en la protección de misivas físicas como una carta, nota o telegrama; esto implica, en la práctica habitual, la aprehensión del soporte más allá de su contenido. Es decir, cuando se interviene la comunicación en tiempo real, el operador toma contacto con su contenido en cambio, en la interceptación, puede ocurrir que la medida se ejecute aún sin tomar conocimiento del contenido de la comunicación.

---

5 La doctrina española lo define como "todo acto de investigación, limitativo del derecho fundamental al secreto de las comunicaciones, por el que el juez de instrucción, en relación a un hecho punible de especial gravedad y en el curso de un procedimiento penal decide, mediante auto especialmente motivado, que por la policía judicial, se proceda al registro de llamadas, correos electrónicos o datos de tráfico y/o a efectuar la grabación magnetofónica o electrónica de las conversaciones telefónicas o correos electrónicos del imputado durante el tiempo", GIMENO SENDRA, V., Derecho Procesal Penal, Aranzadi, Pamplona (Navarra), 2019, p. 534.

6 Así: STS (Sala de lo Penal, Sección 1ª) de 19 junio de 2013. En esa línea, si bien el artículo 18.3 de la Constitución Española recoge el derecho fundamental al secreto de las comunicaciones deja a salvo la posibilidad de interceptarlas con orden judicial: "Se garantiza el secreto de las comunicaciones y, en especial, de las postales, telegráficas y telefónicas, salvo resolución judicial", algo similar a lo que ocurre en el 18 de la Constitución Argentina aunque en éste, por la fecha de sanción —1 de Mayo de 1853—, no preveía las comunicaciones telefónicas, "El domicilio es inviolable, como también la correspondencia epistolar y los papeles privados; y una ley determinará en qué casos y con qué justificativos podrá procederse a su allanamiento y ocupación".

Estos conceptos y prácticas asentadas en la civilización del papel son interpelados en la era digital; algunos mantienen vigencia otros necesitan un retoque o cambio.

En ese sentido, debemos tener en cuenta que si el soporte es físico, al interceptar la comunicación se la "toma", se "aprehende" el documento —vg. contenido y continente— en cambio, si el soporte es digital —no físico—, la comunicación se capta y con ello, el agente toma contacto con la información contenida en una comunicación ajena concertada mediante un correo electrónico, un mensaje de texto o un audio, la situación varía si la comunicación ya ha sido archivada dado que ha concluido el ciclo y la protección parece ser distinta[7].

Con ello quiero significar que los recaudos que a continuación voy a tratar, deben ser aplicados tanto a los casos donde se intervenga una comunicación telefónica o bien, se intercepte una comunicación realizada en tiempo real mediante dispositivos telemáticos pues, en ambos casos, se tratará de comunicaciones.

Por otra parte, tanto en Argentina como en España[8] la situación varía si esa comunicación se encuentra en curso o almacenada por cuanto,

---

7 Como se verá más abajo: STS 342/2013, de 17 de abril, "Falik", CACyC, sala VII, del 4 de julio de 2008, entre otros.

8 STS 342/2013, de 17 de abril, "es opinión generalizada que los mensajes de correo electrónico, una vez descargados desde el servidor, leídos por su destinatario y almacenados en alguna de las bandejas del programa de gestión, dejan de integrarse en el ámbito que sería propio de la inviolabilidad de las comunicaciones. La comunicación ha visto ya culminado su ciclo y la información contenida en el mensaje es, a partir de entonces, susceptible de protección por su relación con el ámbito reservado al derecho a la intimidad, cuya tutela constitucional es evidente, aunque de una intensidad distinta a la reservada para el derecho a la inviolabilidad de las comunicaciones". Ver también: STS 884/2012, de 8 de noviembre "El art. 2.h) de la Directiva 2002/58CE, 12 de julio, del Parlamento Europeo y del Consejo, relativa al tratamiento de los datos personales y a la protección de la intimidad en el sector de las comunicaciones electrónicas, proporciona un concepto legal de correo electrónico. Por tal debe entenderse "todo mensaje de texto, voz, sonido o imagen enviado a través de una red de comunicaciones pública que pueda almacenarse en la red o en el equipo terminal del receptor hasta que éste acceda al mismo". Con ello es claro que atendiendo al criterio de "finalización de la comunicación", una vez leído y archivado el texto o escuchado el mensaje, la injerencia no impacta en la protección a la comunicación dado que no existe intromisión en ese derecho sino en el derecho a la intimidad, STS 1235/2002 de 27 junio, RJ 2002\7219. La protección de los correos electrónicos ha sido resuelta por el TEHD entre otros en "Copland c. Reino Unido" del 3 de abril de 2007.

cuando la comunicación cesa y se almacena ya no forma parte del secreto de las comunicaciones sino que se trata de documentos o papeles privados, rigiendo las consideraciones sobre el acceso legítimo a partir de una inspección, allanamiento, requisa y secuestro del sitio donde el archivo es conservado a resguardo. La diferencia entre ambos países es la pobre regulación que existe en Argentina lo que obliga a los operadores a tomar atajos o bien, dejar que se pierda información. En efecto, en Argentina, puede darse que el segundo supuesto se concrete una interceptación y/o secuestro de comunicaciones bajo fórmulas de herramientas procesales compuestas, similares o conjuntas[9].

En esa línea, debo advertir que, se trate de una interceptación o intervención de comunicaciones o del secuestro de datos archivados provenientes de las mismas, el tenor de los mismos hace que deba tratarse de una infracción grave de modo tal que permita practicarse sobre la medida adoptada un *test de proporcionalidad* entre el fin perseguido y los derechos afectados[10].

Es decir que la existencia de una norma legal que otorgue la facultad legal de interceptar, intervenir, interferir u obtener datos de comunicación archivados de por sí, no resulta suficiente para habilitar la emisión de la orden por cuanto la misma puede ser declarada ilícita aún luego de ejecu-

---

En Argentina, entre otras: Causa CCC 37443/2018/2/CA2, CNACyC, Sala VI, 31/07/18, ver además: dictamen del Procurador General de la Nación en "DSD / violación de correspondencia", 24 de junio de 2014 y autos "Jutton Juan Carlos s/ denuncia delito contra la seguridad pública", CSJN, del 20 de noviembre de 2012. También "Falik", CACyC, sala VII, del 4 de julio de 2008, al sostener que el correo electrónico es un medio que brinda amplia gama de posibilidades de comunicación y es equiparado a la correspondencia epistolar protegida en la CN gozando de mayor intensidad de protección ya que para su acceso se necesita conocer el prestador, usuario, número de cuenta, clave, etc. ver: "Grimber Alfredo, CNCyC, Sala I, 11/02/03, "Yelma Martin, CCyC Sala, I, 22/04/03, "Calleja Marta", CNCyC, Sala I, 08/07/04, "Malomo Enrique", CNCyC, Sala IV, 23/11/04, "Lanatta Jorge", CNCyC, Sala VI, 04/03/99.

9 En Argentina, cuando un juez otorga la autorización para intervenir una comunicación faculta a un organismo especializado a ejecutar la medida sin desprenderse del control que queda en la órbita judicial tal como lo señala la CSJN en la Acordada 17/2019 con asiento en ""Quaranta", CJSN, Fallos: 333:1674. En España se utiliza el SITEL, sistema Informático Integrado que permite obtener datos como el contenido de la comunicación, saber quién llama, quién descuelga, los mensajes de textos y dónde se encuentran quienes hablan a partir de la "triangulación" de las antenas.

10 Ver sentencia del Tribunal Constitucional Español, STC, 145/2014.

tada ante la ausencia de recaudos en un control *ex post,* lo que llevaría a la exclusión de los elementos obtenidos en infracción los requisitos sustantivos que guían la materia.

Bajo ese paraguas temático, me propongo abordar el impacto que las nuevas tecnologías provocan en la investigación criminal signada por entornos digitales con especial acento en la complejidad que deriva de la falta de adecuación de las legislaciones procesales de Argentina en materia de intervención de comunicaciones telefónicas y telemáticas comparando esta cuestión, con lo que sucede en el Reino de España.

3. PRINCIPIOS QUE GUÍAN LA INTERCEPTACIÓN DE LAS COMUNICACIONES

Como señalé más arriba, la interceptación puede ser de una comunicación que se realice por vía telefónica o bien, mediante medios telemáticos en general siempre que la medida se ejecute en el tiempo que la misma se encuentra en ejecución puesto que una vez concluida, caben otras medidas de investigación.

Dicho esto, como guía a la hora de abordar la fundamentación de la medida, pueden observarse los siguientes principios:

3.1. Principio de legalidad

De acuerdo con el principio de legalidad procesal, toda restricción de derechos fundamentales exige la existencia de una ley que la habilite, para garantizar la protección de las personas ante intromisiones del estado en su ámbito privado. De acuerdo con esta premisa, los Jueces no pueden limitar derechos sin previsión legal precisándose mediante diversos fallos el por qué de la necesidad de una previsión legal[11].

---

11 En el sistema Americano, ver: "Escher v. Brasil", CIDH, 06/07/09, "Masacres de Ituango", "Escué Zapata v. Colombia", CIDH, 04/07/07, "Tristán Donoso v. Panamá", CIDH, 27/01/09, donde la CIHD señaló: "La Corte ha sostenido que el ámbito de la privacidad se caracteriza por quedar exento e inmune a las invasiones o agresiones abusivas o arbitrarias por parte de terceros o de la autoridad pública. Aunque las conversaciones telefónicas no se encuentran expresamente previstas en el artículo 11 de la Convención, se trata de una forma de comunicación que, al igual que la correspondencia, se encuentra incluida dentro del ámbito de protec-

Como vemos, la discusión que sucede a este principio es cómo se regulan los medios tecnológicos que permiten una interferencia en un ámbito privado que no eran conocidos al tiempo de la sanción de la Ley. Los códigos procesales no han regulado específicamente el tema y se aplica la cláusula genérica que en la práctica incluye a todos los medios que permitan esa injerencia sobre un ámbito determinado sin indicar uno a uno qué tipo de medio o soporte técnico se utiliza.

Lo importante es si se habilita la interferencia sobre la comunicación o datos privados, no el medio técnico empleado para la comunicación o el soporte en donde se encuentra la información privada siempre y cuando la injerencia permita su acceso, por ejemplo: un archivo que se encuentra en el disco de una computadora a la que se llega mediante una orden de allanamiento; en este caso, es posible acceder al mismo mediante la orden de registro domiciliario y una orden fundada sobre el contenido del ordenador lo que puede ser despachado en forma conjunta o por separado luego de que se ejecute el allanamiento domiciliario.

Hago esta aclaración por cuanto, si se tratara de regular uno por uno los medios en que la comunicación entre ausentes puede darse deberíamos, por ejemplo, regular las conversaciones mantenidas con un tarrito y un hilo —algo que quizás hoy no se conozca pero utilizado en nuestra infancia—, o bien, las comunicaciones mediante palomas mensajeras, etc, lo que sería realmente imposible dado que la ley no puede abarcar todos los medios. Otro tema que puede generar controversia es si alcanza con la regulación genérica contenida, por ejemplo, en las Constituciones nacionales donde se señala que "un juez podrá" o "mediante orden judicial se habilitará" el ingreso al domicilio, papeles privados, comunicaciones, etc.;

---

ción del derecho a la vida privada", cfr. artículo 18 de la CN Argentina y Española, además, artículo 12 de la Declaración Universal de Derechos Humanos, entre otras previsiones. La previsión legal debe reunir ciertas características y precisiones por lo que en general, se espera que se trate de regulaciones ajustadas a la práctica más allá de enunciaciones genéricas. Más adelante analizaremos los casos "Valenzuela Contreras c. España", 30 de julio de 1998 y "Prado Burgallo", 18 de febrero del 2003, donde el TEDH sostuvo que la legislación Española no cumplía con las condiciones de previsibilidad y seguridad al no prever en detalle las garantías que precisan la extensión y modalidad del ejercicio del poder de apreciación de las autoridades con el fin de evitar el abuso de poder público en el ejercicio de sus facultades y las infracciones que pudieren dar a lugar las escuchas, el límite de duración de la ejecución de la medida y las condiciones de establecimiento de las actas y síntesis que consignan las conversaciones intervenidas, también ver: "Abdul kadir Coban c. España", 25 septiembre de 2006.

creo que lo que esta previsión hace es colocar en la órbita judicial a todas las medidas de injerencia probatorias pero no elimina la necesidad de regular las prácticas a fin de establecer ciertas Reglas.

De allí que a mi juicio debe exigirse cierto equilibrio entre regulación y necesidad de protección sin que sea adecuado uno a uno los procedimientos de injerencia en función de la dinámica de cada medio lo que no quita la necesidad de reglar las circunstancias que hacen a quién ejecuta la práctica, quién controla su ejecución, de modo se hará, qué herramientas se utilizarán, bajo qué condiciones se dispondrá la práctica, por qué tiempo y qué se hará con el material obtenido sea útil o inútil para la investigación, entre otros aspectos relevantes[12].

3.2. El Principio de Legalidad en Argentina. Regulación. Alcances

Dada la importancia del tema, me interesa desarrollar la regulación y los alcances que tiene la legislación local sobre las intervenciones a las comunicaciones.

Como sabemos, la totalidad de los Códigos Procesales de la Argentina y la región regulan la intervención telefónica como también la interceptación de correspondencia epistolar[13]. En un primer momento estas

---

12 De igual manera las otras injerencias no se regulan una a una, por ejemplo: levantar un rastro capilar o una huella hemática en un allanamiento no hace la diferencia, lo que está mal es ingresar al domicilio sin orden judicial o supuesto de urgencia habilitante.

13 A modo de ejemplo: artículos 281/284 del Código Procesal Penal de Entre Ríos, articulo 171 CPP de Santa Fe, artículos 227, 228, 229 del CPP de Mendoza, artículos 188, 189, 190 del CPP de La Pampa. En España, la regulación se encuentra en 588 bis a) y el 588 ter m) de la LECrim. En el año 2015 se sancionó la Ley Orgánica 13/2015, de 5 de octubre, por la que se introducen en la LECrim unas disposiciones comunes a las "medidas de investigación tecnológicas", arts. 588 bis a) y ss. y disposiciones concretas de las intervenciones telefónicas y telemáticas, arts. 588 ter a) y ss. También, ver Circular 1/2019, de la Fiscalía General del Estado, sobre disposiciones comunes y medidas de aseguramiento de las diligencias de investigación tecnológica, BOE núm. 70, de 22 de marzo de 2019, y la Circular 2/2019, de la Fiscalía General del Estado, sobre interceptación de comunicaciones telefónicas y telemáticas, BOE núm. 70, de 22 de marzo de 2019. A diferencia de la Argentina que, por la fecha de redacción no contiene la palabra "comunicaciones", la Constitución Española las protege en el artículo 18.3.
También prevé el derecho a la propia imagen. Otra diferencia con nuestra legislación es que España distingue claramente la protección contra intromisiones

medidas eran distinguibles a partir de la naturaleza de la evidencia que resultaba objeto de incautación. En efecto, interceptar una comunicación suponía apropiarse con fines probatorios del contenido "verbal" de una conversación entre ausentes en cambio, interceptar una correspondencia implicaba tomarla, apropiarse "físicamente" de esa comunicación. En el primer caso, dado el contenido verbal de la comunicación la misma debía grabarse y "transcribirse" para poder ser captado —"visibilizado"— por los operadores en el segundo caso, los operadores desde un primer momento, contaban con el material, al que podían acceder bajo determinados recaudos. Esto marcaba ciertos límites en el manejo de la evidencia y permitía a las partes realizar controles sobre el material.

En la actualidad, como sabemos, la correspondencia epistolar ha caído en desuso, ha sido reemplazada por la comunicación a través de dispositivos electrónicos donde, la conversación a distancia, es sustituida en gran medida por el uso de mensajerías instantáneas sean de voz o de texto. Este cambio hizo necesario regular la posibilidad de disponer la intervención de las comunicaciones efectuadas sea por medios telefónicos y/o telemáticos[14].

En ese contexto, algunos de los Códigos Procesales han actualizado sus fórmulas de injerencias probatorias ofreciendo cierta precisión a la hora

---

en la intimidad de personas investigadas de la protección constitucional que se brinda al secreto de las comunicaciones, ver: artículo 18.3 y 18.1 de la Constitución Española. Esta distinción no es pasada inadvertida por la jurisprudencia en tanto el STS ha dicho que "se crea una relevante modulación, ya que se diferencia entre un proceso de comunicación en marcha de un proceso de comunicación cerrado. El primero está vinculado al secreto de las comunicaciones y el segundo en el campo de la intimidad o privacidad", STS (Sala de lo Penal, Sección 1ª) núm. 528/2014, de 16 junio de 2014 (RJ 2014\3451), otorgando mayor valor a las comunicaciones, por cuanto, a decir del STC, puede salvaguardar otros derechos y libertades protegidas, tomándose en cuenta la especial vulnerabilidad de la confidencialidad de las comunicaciones en la "medida en que son posibilitadas mediante la intermediación técnica de un tercero ajeno a la comunicación", STC núm. 123/2002, de 20 mayo de 2002. En Argentina, la Constitución, en el artículo 18 no marca diferencia aunque en la práctica y las regulaciones existentes se trabaja, con intervención en comunicaciones por un lado y secuestro de archivos sobre las comunicaciones finalizadas que se encuentren archivadas.

14 A modo de ejemplo pueden verse los artículos 234/235 sobre interceptación y apertura de correspondencia y el artículo 236 sobre intervención telefónica en el CPP de Entre Ríos, Ley 4843, vigente hasta el año 2009 y los artículos 281/284 del CPP actual que incluyen dentro de la Interceptación y secuestro de correspondencia la postal, telegráfica y electrónica.

de regular la medida otros en cambio, no lo han hecho o bien, han previsto regulaciones genéricas, vagas que suelen dar lugar a planteos más allá de la falta de tratamiento adecuado entre medidas de "prueba" e "injerencias probatorias" en punto al principio de estricta legalidad procesal[15].

Lo dicho significa que el nivel de protección constitucional que la comunicación posee no es absoluto[16]; existen valores considerados funda-

---

15 En el ámbito Europeo puede verse: artículo 8º CEDH, "1. Toda persona tiene derecho al respeto de su vida privada y familiar, de su domicilio y de su correspondencia. 2. No podrá haber injerencia de la autoridad pública en el ejercicio de este derecho sino en tanto en cuanto esta injerencia esté prevista por la ley y constituya una medida que, en una sociedad democrática, sea necesaria para la seguridad nacional, la seguridad pública, el bienestar económico del país, la defensa del orden y la prevención de las infracciones penales, la protección de la salud o de la moral, o la protección de los derechos y las libertades de los demás". La Declaración Universal de los Derechos Humanos, (1948), en su artículo 12: "Nadie será objeto de injerencias arbitrarias en su vida privada, su familia, su domicilio o su correspondencia, ni de ataques a su honra y su reputación. Toda persona tiene derecho a la protección de la ley contra tales injerencias o ataques", y el Pacto Internacional de los Derechos Civiles y Políticos, (1966). en su artículo 7. El principio de legalidad, configurado como el principio más característico de los que constituyen el Estado de Derecho, supone el sometimiento pleno a la ley y al derecho, y se encuentra reconocido expresamente en la CE, en el artículo 9.1, "Los ciudadanos y los poderes públicos están sujetos a la Constitución y al resto del ordenamiento jurídico" y en el artículo 103.1. En España concretamente puede verse: artículo 81 de la Constitución, LO 13/2015 que reemplazó el artículo 579 de la LECrim, LO 4/1988 de 25 de mayo. En Argentina, la CSJN ha dicho que las "circunstancias y razones que validan la irrupción en el ámbito privado de los individuos deben estar previstas en la ley, perseguir un fin legítimo y cumplir con los requisitos de idoneidad, necesidad y proporcionalidad, es decir, deben ser necesarias en una sociedad democrática", con asiento en "Halabi", CSJN, Fallos: 332:111, Silva Cardenas, Carlos y otros s/ recurso de casación", CFCP, 03/06/22, Corte Interamericana de Derechos Humanos, "Caso Escher y otros vs. Brasil", sentencia del 6 de julio de 2009, y "Caso Tristán Donoso vs. Panamá", del 27 de enero de 2009.

16 Siguiendo a la CSJN, la jurisprudencia Argentina ha dicho: "todo ciudadano tiene el derecho de gozar de un ámbito exclusivo para desarrollar sus planes de vida y no sólo el domicilio, sino también otras facetas de ese ejercicio resultan alcanzadas por esa esfera de protección. No obstante, ninguno de los derechos fundamentales consagrados en la Constitución Nacional es absoluto en su esencia, sino que todos se hallan sometidos a ciertas restricciones". Luego puntualizó que "la cuestión no reside, en si está permitido invadir las áreas privadas de los individuos, sino si ello se ha hecho de conformidad con las directrices que así lo habilitan", "Silva Cardenas, Carlos y otros s/ recurso de casación", CFCP, 03/06/22.

mentales en una sociedad democrática y se vinculan a la prevención del delito, la seguridad nacional, la seguridad pública, el bienestar económico y social del país, la defensa y protección de derechos humanos, temas que pueden hacer legítima la finalidad de interceptar o intervenir las comunicaciones[17].

3.3. Principio de jurisdiccionalidad

Dado que las intervenciones de las comunicaciones son un medio de investigación llevado adelante en el proceso penal, sólo pueden ser decretadas por la autoridad judicial en el marco de una investigación abierta. Así, el juez a pedido del fiscal, es el único competente para autorizar esta intromisión en el derecho a la intimidad con el objetivo de investigar un delito concreto e identificar a los responsables[18].

En esa línea, siguiendo a la Corte Federal Argentina se ha dicho: "En cuanto a la necesidad de contar con una orden judicial previa y fundada, en el citado fallo, el Máximo Tribunal recordó que "(...) una orden de registro —domiciliario o, como en este caso, de las comunicaciones telefónicas a los fines de develar su secreto y conocer su contenido— sólo puede ser válidamente dictada por un juez cuando median elementos objetivos idóneos para fundar una mínima sospecha razonable (ver "Yemal",

---

17 Sobre el propósito buscado con la medida, el STEDH en "Klass c República Federal de Alemania", 6/9/78, introdujo el principio de equilibrio en el conflicto de intereses entre la defensa de la sociedad democrática y los de la salvaguarda de derechos individuales de tal modo que la injerencia que persiga la protección de alguna de las finalidades mencionadas será considerada legítima.

18 "Así fue que, luego de asentar fallos del Alto Tribunal sobre la materia, sostuvo que "...no le era exigible al señor juez de grado al momento de disponer las intervenciones telefónicas en autos, tener la semiplena prueba de la culpabilidad para su formulación, ya que en ese entonces tenía un cabal conocimiento del avance de la encuesta, ello mediante el análisis de las tareas de campo —observación y seguimientos— e informes que le eran brindados por el personal que llevaba adelante la tarea por él encomendada. Teniendo en cuenta los antecedentes que se le presentaran al 'a quo', de no haber hecho lugar a las intervenciones telefónicas que se le había solicitado, se habría dejado de lado "...el conocimiento que surge de la experiencia, de la lógica y del sentido común... resultado absurdo que no puede presumirse querido por el legislador, y aquél lo hizo de acuerdo a las facultades que le otorga el ordenamiento procesal, no cuestionado por ninguna defensa (CSJN, Fallos, 341:207, y anteriores 306:796 y 320:2649)", "Silva Cárdenas, Carlos y otros s/ recurso de casación", CFCP, 03/06/22.

disidencia del juez Petracchi, considerando 5° y sus citas, Fallos: 321:510)" (Considerando 19°; el destacado me pertenece). Dicho criterio fue sostenido por el Alto Tribunal en precedentes posteriores, entre ellos, "Fredes" (341:207), "Aparicio" (341:150) y "Silva" (CSJ, 58/2013, "Silva, Pablo Sebastián s/ causa 11.4052, rto. el 03/11/2015)"[19].

3.4. Principio de idoneidad

La idoneidad sirve para delimitar aspectos centrales que hacen a la procedencia legítima de la medida. Permite verificar la conexión entre el delito investigado, el fin buscado y la medida decretada tanto en su ámbito subjetivo como objetivo. El juicio se realiza ex ante exigiendo una proyección hipotética donde se explique el por qué el juez entiende que en ese dispositivo puede obtener datos de interés —relevantes— para la investigación.

Este principio vincula el propósito de la injerencia con el interés en dictar la medida lo que permite evaluar su legitimidad y necesidad. Idoneidad vincula la especialidad y estricta necesidad de la medida[20] por cuanto no es posible autorizar este tipo de injerencias con el objeto de investigar preventivamente[21] o realizar "excursiones de pesca". Deben existir indicios ciertos sobre la comisión de un delito grave y la probable autoría del destinatario de la medida[22].

---

19 "Silva Cárdenas, Carlos y otros s/ recurso de casación", CFCP, 03/06/22.

20 Así: "la necesidad de una medida a la que sólo cabe acudir si es realmente imprescindible tanto desde la perspectiva de la probable utilidad como de la cualidad de insustituible, porque si no es probable que se obtengan datos esenciales o si éstos se pueden lograr por otros medios menos gravosos, el principio de proporcionalidad vetaría la intervención", STS, de 1 diciembre de 1995.

21 Lo dicho concuerda con lo señalado por el STS al sostener: "el principio de especialidad prohíbe intervenciones prospectivas con el exclusivo objeto de indagar para ver lo que encuentran, siendo exigible que la intervención esté siempre relacionada con la investigación de un delito concreto cuyos elementos se conocen en el plano indiciario", STS. Sala de lo Penal, de 3 febrero de 2021.

22 En ese orden: "la medida debe sustentarse en datos objetivos de la existencia de delito y de la participación del sospechoso, debiendo ser de utilidad, necesaria y justificada para la investigación, siendo rechazadas las intervenciones prospectivas, sin que puedan justificarse en simples conjeturas o especulaciones incontrastables o meramente intuitivas", STS, Sala de lo Penal, de 18 marzo de 2021.

3.5. Principio de exclusividad probatoria

La interceptación o intervención en las comunicaciones debe tener como objetivo el establecimiento de la existencia de delitos, el descubrimiento de sus autores y el cese de la actividad criminal. Esto excluye la posibilidad de hacerlo con fines de espiar opositores, adversarios políticos, por fines religiosos entre otros.

De esto se desprende la necesidad de destruir, borrar, eliminar toda información captada en la medida que no tenga directa relación con el delito investigado y la prohibición absoluta de su uso sea para el fin que sea y mucho menos su difusión mediática.

3.6. Principio de excepcionalidad

Este principio implica que la intervención no debe ser la primera opción ante cualquier hecho criminal, sino que debe darse ante situaciones de estricta necesidad y bajo criterios específicos que permitan explicar la adopción de esta medida. Esto lleva a sostener que la medida obliga verificar la conexión entre el fin propuesto y la necesidad de su dictado en función de la eventual existencia de medidas alternativas que resulten menos lesivas a los derechos y libertades fundamentales. Como veremos, la proporcionalidad exige un prudente análisis del objetivo propuesto y el delito sujeto a investigación, ante la posibilidad de contar con medidas menos invasivas de la privacidad, debe optarse por ellas.

También importa un control permanente para el supuesto que la excepción deje de serlo. Es decir, la intervención no puede ser una medida ordinaria en la investigación de delitos comunes bajo ningún concepto ni puede darse sin control continuo y adecuado a fin de verificar si es necesario continuar con la medida.

3.7. Principio de proporcionalidad

Al igual que la excepcionalidad se exige que la intervención se otorgue cuando se trate de la investigación de un delito grave[23] habiendo estableci-

---

23 "Kruslin", SSTEDH, 24 abril 1999, "Peers c. Grecia", 24 de julio de 2001, "Valainas c. Lituania", 11 de diciembre de 2003, "Basani c. Italia", 24 febrero de 2005. El STS, 4449/2014, ha dicho que no debería otorgarse para investigaciones meramente prospectivas, pues el secreto de las comunicaciones no puede ser desvelado

do ya la necesidad e idoneidad de la medida. Es un requisito que se exige ex ante.

La gravedad del delito en nuestro medio es determinada por la gravedad de la pena en expectativa, la trascendencia y repercusión social, la importancia del daño que cause o pueda causar. Además de los clásicos delitos de homicidio, secuestro o robo, a título de ejemplo, pueden resultar aptos casos de grandes evasores, la corrupción y otros delitos cometidos por funcionarios públicos o empresarios.

Sin dudas, es una herramienta útil ante el crimen organizado en punto a la venta de armas, drogas, terrorismo o la trata de personas donde todos los principios estudiados se vuelven más flexibles ante la necesidad de una investigación eficaz y la imposibilidad de competir con organizaciones nacionales o transnacionales de gran tamaño sin contar con este tipo de medidas en especial con la aparición de nuevas tecnologías[24].

3.8. Principio de limitación subjetiva

La medida sólo puede recaer sobre los teléfonos fijos o móviles —o dispositivos por medio de los cuales se envíen o reciban las comunicaciones— de las personas indiciariamente implicadas, sean titulares de los números o usuarios habituales. Debe consignarse el número y las personas sujetas a intervención. Pueden ser personas físicas o jurídicas.

Es posible que no se cuente con los datos de los titulares pero ese no es óbice para el dictado de la medida siempre y cuando existan datos concretos que permitan establecer que se trata de esa y no de otra investigación a fin de evitar las "excursiones de pesca".

Esta limitación genera enormes conflictos cuando se trata de hallazgos casuales de delitos que involucran a terceras personas dando lugar diversas interpretaciones jurisprudenciales en función de la necesidad de investigar

---

para satisfacer la necesidad genérica de prevenir o descubrir delitos o para despejar sospechas sin base objetiva que surjan de los encargados de la investigación ya que de otro modo se desvanecería la garantía constitucional. También: STC, 26/2010, 27 abril 2010.

24 "se trata de una medida restrictiva del derecho al secreto de las comunicaciones y sólo puede entenderse constitucionalmente legítima si se realiza con estricta observancia del principio de proporcionalidad", STC 202/2001, de 15 octubre de 2001.

los crímenes y evitar la expansión arbitraria de injerencias sobre personas ajenas a la investigación[25].

3.9. Principio de limitación objetiva

Requiere la existencia previa de indicios de comisión de un delito en el marco de una investigación sea cual fuera el estado en que se encuentre. Esos indicios deben ser serios, accesibles por terceros —no mera intuición, suposición o inferencia—, verificables, y como vimos, tratarse de un delito grave.

En "Ludi c. Suiza" el TEDH, habla de buenas razones o fuertes presunciones de que las infracciones están a punto de cometerse[26]. Con ello es claro que no se requiere certeza propia de condena, ni se trata de regular taxativamente un número determinado de diligencias previas o información; pude surgir la necesidad de dictar la medida con un sólo dato objetivamente importante y accesible tanto para el juez que decida como para terceros, sean las partes o los que en forma posterior, pretendan que se controle la medida. En otras palabras, jamás debe escucharse para investigar sino que por el contrario, se debe investigar para poder escuchar.

4. REQUISITOS PARA LA INTERVENCIÓN TELEFÓNICA

El secreto en las comunicaciones no es un derecho absoluto, puede ser restringido mediante una injerencia legalmente dispuesta. De allí que, ante la ausencia de una regulación minuciosa y detallada en maximizar los recaudos, la jurisprudencia ha ido contorneando los requisitos que deben reunirse para dictar una orden judicial —exclusividad jurisdiccional— que resulte acorde a los estándares actuales. De este modo, es claro que el derecho a la incolumnidad de las comunicaciones no es absoluto, pudiendo

---

25 La jurisprudencia de EEUU ha tratado este tema en diversos precedentes, ver: "United States v. Carey", 172 F.3d 1268, 1273-75, donde se indicó que, a pesar de la especificidad de la orden de registro, se abrieron y registraron archivos que no estaban relacionados con la venta o distribución de sustancias controladas, cita a "United States v. Foster", 100 F3D 846, 489 (1996), ver además: "United States v. Walser", 275 F.3d 981, 986 (10° Cir. 2001), **"Coolidge v. New Hampshire", 403 U.S. 443 (1971)**, *in extenso*: Chaia Rubén, La Prueba Digital, Hammurabi, 2024, t. II, p. 122 y ss.

26 "LUDI c. SUIZA", TEDH, 15 junio 1992.

limitarse ante las exigencias de una sociedad democrática y determinados valores que así lo justifiquen, con las debidas garantías. Entre estos valores se encuentra la prevención del delito, que constituye un interés constitucionalmente legítimo y que incluye la investigación y el castigo de los hechos delictivos cometidos, orientándose su punición por fines de prevención general y especial[27].

Por otra parte, se ha considerado indistintamente los términos "intervención" y "observación" telefónica. Algunos códigos procesales se han adaptado, otros permanecen en el pasado donde el único recaudo era la orden judicial. La evolución marca los siguientes requisitos para la intervención judicial:

4.1. Resolución judicial fundada

Atento el alcance de los derechos en juego y el nivel de protección se requiere una orden judicial fundada en donde se expongan los motivos, presupuestos y condiciones de la intervención. Tal como lo ha dicho la CSJN, si los jueces no estuvieran obligados a examinar las razones y antecedentes que motivan el pedido formulado por aquéllas y estuviesen facultados a expedir las órdenes sin necesidad de expresar fundamentos, la intervención judicial carecería de sentido pues no constituiría control ni garantía alguna[28].

Los diversos Códigos Procesales que regulan el tema, fijan una base, un lintel mínimo requiriendo al menos dos extremos: a) cuando hubiera indicios de que por este medio se podría descubrir o comprobar algún hecho o circunstancia importante para una causa penal, b) cuando hubiera indicios de responsabilidad penal de una persona investigada o de las comuni-

---

27 STS 433/2012, de 1 junio, STS 248/2012, de 12 abril.

28 "Matte", CSJN, Fallos: 325:1845, En "Quaranta", CSJN, 31/08/10, la Corte ha advertido que la orden sólo puede ser válidamente dictada por un juez cuando median elementos objetivos idóneos para fundar una mínima sospecha razonable, advirtiendo que en el caso, ninguna investigación se encontraba en marcha en ocasión de disponerse la intervención ordenada sino que esa medida de coerción puso en marcha una investigación judicial vulnerando derechos amparados constitucionalmente sin justificación conocida. Sobre el estándar de motivación para injerencias ver además: "Yemal", Fallos: 321:510, disidencia del juez Petracchi, "Flores Castillo", CSJN, 7/12/10 y "Dodero", CSJN, 27/12/12, entre otros.

caciones que sirvan para la comisión de un hecho delictivo[29]. En muchos casos se agrega un tercer recaudo: que se trate de hechos delictivos graves incluso, se fijan a modo de *numerus clausus* previendo concretamente en qué casos típicos la injerencia puede ser habilitada.

Siempre deberá valorarse la concurrencia de indicios necesarios para la ponderación constitucional legitimadora que actúa sobre la razonabilidad y esos indicios, no pueden estar conformados por meros estados anímicos del investigador, sus caprichos o intuiciones, por el contrario, deben existir a partir de datos objetivos, verificables desde una doble perspectiva: a) que sean accesibles por terceros en un eventual control de terceros, b) que desde esa base real, accesible para los demás, pueda inferirse válidamente que se ha cometido o está por cometerse un delito grave[30].

En este andarivel, cabe advertir que ni la mera expresión de sospecha de un funcionario público constituye per se la base objetiva para una resolución fundada como tampoco puede entenderse que lo sean las vagas

---

29 El artículo 579 de la LECriminal trata la detención de la correspondencia privada, postal y telegráfica que el procesado remitiere o recibiere y su apertura y examen, si hubiere indicios de obtener por estos medios el descubrimiento o la comprobación de algún hecho o circunstancia importante de la causa. La resolución judicial se hará bajo auto fundado dentro de las 24 horas regula la norma y debe contener: "a) El hecho punible objeto de investigación y su calificación jurídica, con expresión de los indicios racionales en los que funde la medida. b) La identidad de los investigados y de cualquier otro afectado por la medida, de ser conocido. c) La extensión de la medida de injerencia, especificando su alcance, así como la motivación relativa al cumplimiento de los principios rectores establecidos en el artículo 588 bis a. d) La unidad investigadora de Policía Judicial que se hará cargo de la intervención. e) La duración de la medida. f) La forma y la periodicidad con la que el solicitante informará al juez sobre los resultados de la medida. g) La finalidad perseguida con la medida. h) El sujeto obligado que llevará a cabo la medida, en caso de conocerse, con expresa mención del deber de colaboración y de guardar secreto, cuando proceda, bajo apercibimiento de incurrir en un delito de desobediencia", art. 588 bis c.3 LECRIM.

30 En nuestro medio, el artículo 213 del CPP de Corrientes prevé un control de "razonabilidad" que comprende: a) Comprobar que la técnica a adoptarse esté relacionada con la investigación de un delito que permita su aplicación; b) Evaluar la verosimilitud de la sospecha de que se haya cometido o se intente cometerlo; c) Descartar la existencia de otras medidas de investigación menos gravosas para el derecho a la intimidad del investigado que resulten igualmente útiles para el fin pretendido; d) Evaluar la probabilidad de que la adopción de la técnica proporcione elementos de prueba significativos para el avance de la investigación; y e) Ponderar que el beneficio para el interés público que espera obtenerse guarde proporcionalidad con la afectación de los derechos personales involucrados.

afirmaciones formuladas en un llamado telefónico anónimo; es que si el estado podría entrometerse en la vida privada a partir de meras "sospechas" el derecho constitucionalmente protegido carecería de relevancia[31].

La medida debe ser proporcional *ex ante* con el fin perseguido, por ello se exige que se trate de delitos graves y de personas vinculadas a ellos mediante indicios razonables, no simples conjeturas[32]. La idea de que sea mida antes de la ejecución tiende a evitar la escucha para investigar. Recordemos que se escucha porque se investigó previamente y se encuentra necesaria la medida y no a la inversa.

En momentos iniciales no se exigirá certeza de comisión ni autoría, tampoco un cúmulo extraordinario de elementos probatorios pues se trata de profundizar la investigación. Si se debe exigir razonabilidad y seriedad en el análisis de que la medida es necesaria y conducente, que no se realiza con fines de "pesca"[33].

La medida se decreta de modo unilateral y la falta de notificación de la misma a su destinatario no puede generar ningún agravio toda vez que de hacerlo, la intervención sería inútil lo que no quita, que oportuna y legalmente, se le haga saber a fin de que controle el material y ejercite su

---

31 "Quaranta", CSJN, 31/08/10.

32 "La incorporación al debate de prueba ilegal —en el caso, escuchas telefónicas sin orden fundada del juez— torna arbitraria a la sentencia por haberse motivado de modo principal en actos no cumplidos, en tanto desatiende el mandato de los arts. 23 y 404, inc. 2° del Cód. Proc. Penal que reglamentan la garantía constitucional de defensa en juicio", "R.O.A.", CNCP, Sala III, 17/2/00. En"Dodero", se anuló la orden de interceptación telefónica por ausencia de fundamentación al no contarse con la identificación suficiente sobre la identidad de la persona imputada en autos, CFCP, Sala III, 30/08/13.

33 La STC 184/2003 "en el momento inicial del procedimiento en el que ordinariamente se acuerda la intervención telefónica, no resulta exigible una justificación fáctica exhaustiva, pues se trata de una medida, adoptada, precisamente, para profundizar en una investigación no acabada, por lo que únicamente pueden conocerse unos iniciales elementos indiciarios, pero sin duda deben ser superadas las meras hipótesis subjetivas o la simple plasmación de una suposición de la existencia de un delito o de la intervención en él de una determinada persona". Sobre las injerencias se ha dicho que "cuando la ley habla de "motivos suficientes" se refiere a algo más que a una mera *noticia criminis* o una presunción, resulta evidente que este tipo de intervenciones y restricciones a la intimidad de las personas, si es ilegal en su inicio no puede quedar validada por lo que resulte de ella", "A.J.M. s/ recurso de casación", TCP, Sala III, Buenos Aires, 05/06/12.

derecho de defensa[34]. Desde el terreno práctico, tampoco genera agravio que el juez decrete el secreto de la medida al disponerla ya que el secreto está en su naturaleza y es parte del éxito en la averiguación de los hechos que pueda aportar a la investigación[35].

Como veremos, la prórroga también debe ser resuelta en forma fundada, incluso dando cuenta de lo realizado y esperable con la extensión de la medida. La fundamentación no es una mera formalidad, es la garantía que permite el control de la justificación habilitante para permitir el acceso a un derecho protegido.

Ahora, bien, de acuerdo a las nuevas tecnologías, lo peticionado y regulado, puede tratarse de una "intervención" o bien de una "observación" de las comunicaciones. En el primer caso se trata de una medida más intensa al advertir que permite el acopio y pleno conocimiento del contenido de la conversación en tanto que el segundo, significa una simple operación de escucha, de recabar datos sobre la conversación y sus agentes, de observar o seguir con una finalidad ulterior que podría ser la intervención. A los fines de la protección constitucional y el nivel de exigencia para el dictado de la medida, no existen diferencias, no existen zonas con mayor o menor protección en particular.

Sobre los recaudos de la orden fundada en Argentina se ha dicho: "son requisitos ineludibles para la intervención de las telecomunicaciones, los siguientes: 1) la forma que ha de revestir la resolución en que se acuerde la intervención, que ha de ser expresamente motivada; 2) la condición o requisito *sine qua non* de la real constancia de verdaderos y demostrados indicios, lo que no puede jamás equivaler a sospechas o meras conjeturas; 3) el plazo por el que ha de producirse la misma y, en su caso, su prórroga; 4) la finalidad que persigue la interceptación"[36].

---

34 Ver: TS español, Sentencia de 17 de enero de 2013, "la declaración de secreto de las diligencias en casos de intervención telefónica es consustancial a tal medida que carecería de toda eficacia en caso contrario", de allí que "no sea concebible una intervención seguida de notificación al afectado"

35 En esa línea, ver: STS Sentencia de 28 de septiembre de 1998, "no se vulnera el derecho al secreto de las comunicaciones porque existe la autorización judicial que exige la norma; y además, una vez finalizada la diligencia de investigación, los imputados tienen conocimiento de lo realizado durante el tiempo de duración de la misma, quedando a salvo también la indefensión material del artículo 24.1 de la CE".

36 "Silva Cárdenas, Carlos y otros s/ recurso de casación", CFCP, 03/06/22. Con asiento en causas nº FCT 12000054/2013/TO1/CFC8, "Yatchensen, Daniel En-

La jurisprudencia española[37] por su parte, ha dicho que la motivación es un "requisito de orden constitucional y no de mera legalidad", STC de 5 abril de 1999 puesto que permite la "exteriorización de las razones por las cuales se adopta la autorización judicial que pueda ser conocida por el afectado", STC, de 15 octubre de 1982. Incluso ha admitido que la resolución judicial se considere suficientemente motivada cuando es integrada

---

rique y otros s/ recurso de casación", reg. nº 1167/19, rta. 12/07/2019; nº FMZ 44590/2015/TO1/14/CFC1, "Sosa Álvarez, Sergio David y otros s/ recurso de casación", reg. nº 1390/19, rta. 12/08/2019, causa FCR 94008371/2009/TO1/CFC2, caratulada "REYES, Juan Rodolfo s/recurso de casación", reg. nº 1527/21, rta. el 2/9/21. Estos requisitos son exigidos en general por todos los Máximos Tribunales en Iberoamérica; a modo de ejemplo: la CSJ Panamá ha dicho: "1. Ser autorizadas previamente por un Juez o Magistrado competente para conocer la causa, a través de una resolución motivada, en la que, por lo menos, se indique que la misma surge dentro de una investigación penal (una vez se cuente con la "notitia criminis" que nos coloque frente a la posibilidad de comisión de un hecho punible), el tipo de delito que se investiga, las diligencias con las que se cuenta para demostrar el hecho y la necesidad de obtener la evidencia reclamada a través de la escucha telefónica, dejando consignado la ausencia o los límites de otras diligencias o gestiones procesales para obtener la información que se solicita, 2. Esa solicitud debe realizarse con suficiente previsión y precisión, indicando las generales de la persona cuya comunicación se ha de intervenir (cuando esto sea posible), el soporte o naturaleza de la comunicación que se inspecciona, el tiempo específico que se hará, así como tipo de información que se pretende obtener y el objeto de la diligencia, 3. Se debe ejecutar con estricta observancia del principio de proporcionalidad; es decir, que sólo puede solicitarse en el curso de una "investigación penal" una vez se cuente, por lo menos" con la "notitia criminis" y para alcanzar objetivos que el constituyente también ha considerado legítimos, como es el caso de la prevención y represión de hechos calificados como delitos por la legislación doméstica. Así mismo, la proporcionalidad reclama que la intervención en la comunicación privada sólo se realice cuando no existan a disposición del Agente de Instrucción otros medios probatorios para obtener la evidencia requerida. No se puede autorizar una escucha telefónica cuando ésta, conforme a la naturaleza y el estado de la investigación, no sea necesaria, forzosa; o a contrario sensu, cuando la escucha telefónica carezca de la capacidad para suministrar datos de relevancia a la investigación penal, 4. En adición a ello, se reitera que el control judicial de la intervención en la comunicación debe realizarse siempre previo al momento en que efectivamente se lleve a cabo la intervención en la comunicación privada. No obstante, esto no quiere decir que la participación de la autoridad judicial se limite a ello, pues el ente a quien se autorice la intervención, está en la obligación de cesarla cuando desaparezca el objeto de la misma; para lo cual se puede acudir a la propia autoridad judicial que la autorizó, a objeto que la haga extinguir", Exp. 328 D, CSJ Panamá, 24/08/07.

[37] Sobre la motivación

con la solicitud policial o con el informe del Ministerio Fiscal y contiene todos los elementos necesarios para llevar a cabo el juicio de proporcionalidad, STC, de 18 octubre de 2010[38].

4.2. Solicitud de orden fundada

Los recaudos mínimos que debe reunir el pedido dirigido al juez son los siguientes:

a.- Descripción del hecho objeto de la investigación, así como la identidad, si se conoce, del investigado o de cualquier tercero afectado por la medida.

b.- Las razones detalladas que justifiquen la necesidad de la medida con base en los principios de necesidad y proporcionalidad y los indicios de criminalidad en que se fundan.

c.- Datos de identificación del sospechado y los medios de comunicación empleados que permitan la ejecución de la medida.

d.- Extensión de la medida, indicación expresa de su contenido, en función de las circunstancias y lo pretendido.

e.- Fiscal e identificación de las fuerzas de seguridad, en su caso, que serán responsables de la ejecución de la medida.

f.- La forma de ejecución de la medida. Autoridad a quien se oficiará o quién ejecutará la intervención.

h.- Duración de la medida y justificación del plazo interesado.

i.- Archivo, disposición o eliminación del material.

Sobre esta base y datos se ha de asentar la resolución judicial respondiendo a todos y cada uno de estos recaudos que configuran en lintel inferior de la motivación[39].

---

38 ver, además: STC 49/199 de 5 de abril de 1999, STC 205/2002 del 11 de noviembre, FJ4. STC 49/1999, del 5 de abril, FJ8, entre otros.

39 A título ilustrativo debo indicar que el artículo 588 bis b) de la LECrim, señala que la petición de intervención en las comunicaciones debe contener: "1.° La descripción del hecho objeto de investigación y la identidad del investigado o de cualquier otro afectado por la medida, siempre que tales datos resulten conocidos. 2.° La exposición detallada de las razones que justifiquen la necesidad de la medida de acuerdo a los principios rectores establecidos en el artículo 588 bis a, así como los indicios de criminalidad que se hayan puesto de manifiesto durante la investigación previa a la solicitud de autorización del acto de injerencia. 3.° Los datos de

4.3. Plazo de intervención. Material obtenido

En general, los códigos procesales de Argentina disponen que la orden sea dictada por "tiempo determinado" sin establecer el plazo máximo lo que a la postre se concreta en la orden dictada en el caso concreto.

Con ello, la indeterminación del plazo podría tornar ilegal la medida puesto que la razonabilidad viene de la mano de un concreto análisis de la evolución de la intervención tomando en consideración la información obtenida y lo que puede esperarse para el futuro en caso de una prórroga, teniendo como guía la gravedad de los hechos en virtud de cuya investigación se acuerda[40].

Esto me lleva a sostener que la vigencia de la medida depende tanto del plazo como de la utilidad; son requisitos que se entrelazan y hacen a la razonabilidad del medio empleado en función del fin propuesto. En otras palabras, la intervención debe cesar cuando desaparezcan los motivos que la hacen procedente, aunque el plazo aún se encuentre vigente o bien, finalizado el plazo, si la medida sigue siendo de utilidad, puede pedirse su renovación.

En relación al material obtenido al ejecutarse la medida, los Códigos Procesales de Argentina no suelen regularlo expresamente, es decir, nada

---

identificación del investigado o encausado y, en su caso, de los medios de comunicación empleados que permitan la ejecución de la medida. 4.° La extensión de la medida con especificación de su contenido. 5.° La unidad investigadora de la Policía Judicial que se hará cargo de la intervención. 6.° La forma de ejecución de la medida. 7.° La duración de la medida que se solicita. 8.° El sujeto obligado que llevará a cabo la medida, en caso de conocerse". Además, según el artículo 588 ter d) de la LECrim debe contener: "a) la identificación del número de abonado, del terminal o de la etiqueta técnica, b) la identificación de la conexión objeto de la intervención o, c) los datos necesarios para identificar el medio de telecomunicación de que se trate".

40 En España, el artículo 588 bis e) de la LECrim, señala que no pueden durar más del tiempo que se necesite para la averiguación del hecho delictivo en tanto, el artículo 588 ter g) establece que el plazo máximo, salvo prórroga, será de 3 meses. Aclarando luego, que se puede prorrogar por períodos sucesivos hasta 18 meses, siempre y cuando se den las causas que lo motivaron, ver: artículo 588 bis f). En relación a la prórroga, STS en Sentencia de 18 de julio de 2005, ha dicho: "lo más importante para las resoluciones de prórroga es que el Juzgador disponga de los elementos de juicio necesarios para decidir acerca de la necesidad y conveniencia de continuar o no la medida que se está llevando a cabo", entendiendo que es nula la interceptación que se realice "después de expirar el plazo de la autorización y antes de que se realice la prórroga", ver: STC, de 18 julio de 2005.

indican sobre almacenamiento, conservación, custodia y utilización de la información obtenida, sin embargo, es importante señalar que debería establecerse con claridad el procedimiento y en qué circunstancias puede y cómo será utilizada a fin de impedir el uso del material "sobrante" para operaciones políticas, mediáticas, económicas o de cualquier naturaleza que tengan por finalidad exponer a terceros situaciones y/o información obtenida al margen de la autorización judicial y que en muchos casos, no se trataría ya de un hallazgo casual puesto que no es un delito el cual podría ser investigado.

En relación al plazo por el que puede dictarse la medida, la Acordada 17/2019 de la Corte Suprema de Justicia de la Nación Argentina dispuso en su punto IV la provisionalidad de la interceptación y captación de comunicaciones, afirmando que se deberá ordenar "por un plazo razonable determinado, pudiendo ser renovado expresando los motivos que justifican su extensión conforme a la naturaleza y circunstancias del hecho investigado". En tal sentido, el acuerdo expresamente refiere que si los elementos de convicción tenidos en consideración para ordenar la medida "desaparecieren, hubiere transcurrido su plazo de duración o ésta hubiera alcanzado su objeto, deberá ser interrumpida inmediatamente", lo que pone de relieve la necesidad de un intenso y permanente control, de monitoreo judicial caso contrario, será imposible cumplir con dicha manda[41].

4.4. Investigación criminal

En los casos de investigaciones criminales debe existir un indicio de responsabilidad penal de las personas sospechadas o bien, indicios claros y concordantes que den cuenta sobre la necesidad de obtener la información buscada para arribar a datos importantes para el esclarecimiento del caso.

No se exige certeza en la responsabilidad penal del sospechoso sí se requiere que existan indicios serios, razonables y fundados que permitan sostener la intervención en un hecho delictivo que amerite la injerencia. En ese sentido, nuestra jurisprudencia ha dicho: "Así pues, no puede sosla-

---

41 También la medida debería cesar si el agente sabe, razonablemente, que la persona que habla en la línea intervenida, no está involucrada en el delito investigado, es decir, si luego de un plazo no se consigue obtener el material buscado, el fin perseguido con la injerencia, ver: "United States v. Carey", Tribunal de Apelaciones del 9 circuito, 14-50222, 2016.

yarse que los elementos con los que contaba el juez federal antes de ordenar las intervenciones telefónicas, eran de una entidad tal que ameritaba disponer la limitación de la garantía constitucional prevista en el artículo 19 de la Constitución Nacional. En ese sentido, entiendo que el requisito de motivación no exige a los magistrados una prueba de culpabilidad de la persona que debe soportar la invasión en su esfera de privacidad, sino tan sólo una presunción razonable de la comisión de un delito (cfr. FCT 1662/2015/TO1/CFC4 "Rivero Aguilar, Pedro y otro s/ recurso de casación", reg. 1829/19, rta. el 10/10/19, entre otras), lo que efectivamente ocurrió en el caso de autos"[42].

En tanto, sobre las diligencias llevadas adelante por las fuerzas de seguridad, sobre las que el juez asienta luego su resolución, se ha entendido que gozan de "veracidad" salvo que existan cuestionamientos que las pongan en duda, "Entiendo, como he señalado en la causa n° FCR 1059/2016/TO1/CFC5 "Araujo Vázquez, Antonio y otros s/ recurso de casación", reg. n° 1392/20, rta. el 14/10/20, que en la valoración de las actuaciones policiales o de las fuerzas de seguridad debe partirse siempre del principio de veracidad de las diligencias por ellos realizadas, salvo —por supuesto— que su cuestionamiento se sustente en probanzas que las descarten o pongan en duda, lo que no ha ocurrido en autos"[43].

Por su parte, la jurisprudencia española[44] al hablar de "indicio" entiende que significa suponer la existencia de una primera plataforma en la in-

---

42 "Silva Cárdenas, Carlos y otros s/ recurso de casación", CFCP, 03/06/22. Agregando: "De hecho, no existió un perjuicio constitucional concreto, puesto que las diligencias estuvieron ordenadas por el órgano constitucionalmente competente, en uso de sus facultades, sin que las partes hubieran logrado demostrar la falta de fundamentación tanto de la primera como de las sucesivas intervenciones telefónicas que se fueron sucediendo. Vale reparar que las investigaciones efectuadas por el personal de Gendarmería Nacional a efectos de dar con los autores de los hechos bajo estudio, en modo alguno han significado una injerencia arbitraria en la vida privada".

43 "Silva Cárdenas, Carlos y otros s/ recurso de casación", CFCP, 03/06/22.

44 Ver, entre otros, el caso "Naseiro", del TS, RJ 1992/6102, del 18 junio 1992. El fallo define indicios racionales de criminalidad al señalar que "la palabra "indicio" del art. 579, son indicaciones o señas, o sea, datos externos que, apreciados judicialmente, conforme a normas de recta razón, permiten descubrir o atisbar, como dice la doctrina científica, sin la seguridad de la plenitud probatoria pero con la firmeza que proporciona una sospecha fundada, es decir, razonable, lógica, conforme a las reglas de la experiencia, la responsabilidad criminal de la persona en relación con el hecho posible objeto de investigación a través de la interceptación

vestigación criminal lo que difiere de la prueba inducida como fenómeno que permite conocer o inferir la existencia de otro no percibido. En este punto se requieren indicios racionales de criminalidad, son indicaciones o señas, datos externos que apreciados judicialmente, conforme a normas de recta razón, permiten descubrir o atisbar, como dice la doctrina científica, sin la seguridad de la plenitud probatoria pero con la firmeza que proporciona una sospecha fundada, es decir, razonable, lógica, conforme a las reglas de la experiencia, la responsabilidad criminal de la persona en relación con el hecho posible objeto de investigación a través de la interceptación telefónica.

De esto se puede colegir que sea el juez y sólo el juez quien bajo ciertas pautas y de acuerdo con la Ley pueda acordar una intervención telefónica. De este modo, no es ni puede ser, por consiguiente, un indicio la simple manifestación policial si no va acompañada de algún otro dato o de algunos que permitan al Juez valorar la racionalidad de su decisión en función del criterio de proporcionalidad. Y, de alguna manera, ha de existir una investigación penal en curso, incluido el supuesto de que esta se abra, sobre la existencia de tales indicios, precisamente con la intervención telefónica, inmediatamente después de la incoación pues sólo cabe la intervención/observación telefónica abierto un proceso penal y dentro de él.

4.5. Sólo dirigida a elementos de interés para la investigación

A partir de las exigencias expuestas, es claro que sólo puede ser materia de intervención la investigación con delitos especialmente graves pero además, que lo que se obtenga y en su caso, grabe o transcriba como información, debe ser de interés para esa investigación lo que proscribe la obtención de datos de la vida íntima o actividades privadas lícitas diversas al objeto de investigación y mucho menos, darlas a conocer o publicarlas lo que, a partir de las nuevas previsiones del Código Penal antes analizadas, conforme Ley 26.388, excederían el ámbito de la irregularidad para ubicarse en el marco de conductas delictivas tanto para quien lo autorice como para quien lo utilice o haga público[45].

---

telefónica. Y el Juez, dentro por supuesto del secreto, debe exteriorizar cuál es el indicio o los indicios porque, si no lo hace, si aquéllos permanecen en el arcano de su intimidad, de nada valdría la exigencia legal de su existencia que ha de producirse antes de la decisión —es causa de la misma—, y no después".

45 Sobre la conexión entre la medida y el fin propuesto se ha señalado: "Así entonces, estimo que no sólo las medidas ejecutadas eran necesarias para conseguir

4.6. Alcances. Sospechado, terceras personas, prohibiciones

La intervención pude darse para el sospechado o terceras personas con las limitaciones que establezcan los ordenamientos procesales que, en general, las prohíben entre el abogado y cliente salvo, que el abogado esté siendo investigado con lo cual, sería también sospechado. Sin dudas, estos puntos deben quedar expresamente aclarados en la orden que lo disponga[46].

En este punto, es importante el límite que la ley impone a los alcances sobre la injerencia y especialmente, el control permanente de proporcionalidad en la intervención puesto que al intervenir un teléfono —o cualquier vía de comunicación— se saltean varios pasos de una investigación y se constituye prueba directa dado que permite, sin intermediarios ni prácticas adicionales: a) obtener una confesión sin que el acusado lo sepa, b) permitir que se auto incrimine sin haberle hecho la advertencia, es decir, declara contra sí mismo, c) esa confesión, se produce sin las garantías propias de la defensa en juicio y especialmente, sin abogado defensor que lo

---

un fin legítimo, sino que se apreció razonadamente la conexión entre los sujetos afectados por la medida y los delitos investigados, habiéndose valorado tanto la gravedad de la intromisión como su idoneidad y pertinencia para asegurar la defensa del interés público (cfr. he sostenido en causa N° 13018283/2013/TO1, caratulada "Sole Recabarren, Sebastián Marcelo y otros s/ Infr. Art. 145 bis - conforme Ley 26.842, Fundamentos de la Sentencia N° 1519, rta. el 12 de junio de 2015, del Tribunal Oral Federal de Mendoza N° 1, y en esta Cámara Federal en causa FCT 1662/2015/TO1/CFC4 "Rivero Aguilar, Pedro y otro s/ recurso de casación", reg. 1829/19, rta. el 10/10/19)", "Silva Cárdenas, Carlos y otros s/ recurso de casación", CFCP, 03/06/22.

46 El artículo 588 ter c) de la LECrim, señala que pueden realizarse intervenciones telefónicas y telemáticas de los medios que le pertenezcan a una tercera persona cuando se tenga por seguro que el investigado esté usando el medio del tercero o cuando el tercero colabore o se beneficie del investigado; el apartado tercero del artículo 588 ter i) ordena al juez notificar a estas personas informándoles de las concretas comunicaciones en las que haya participado que resulten afectadas, salvo que sea imposible, exija un esfuerzo desproporcionado o puedan perjudicar futuras investigaciones. Por otra parte, establece que si la persona notificada lo solicita se le entregará copia de la grabación o transcripción de las comunicaciones, en la medida que esto no afecte al derecho a la intimidad de otras personas o resulte contrario a los fines del proceso en cuyo marco se hubiere adoptado la medida de injerencia. El TS ha dicho que las transcripciones no son requisito legal predeterminante de la validez de los soportes donde constan las conversaciones registradas, sino sólo un medio que facilita su utilización, TS sentencia del 16 de octubre de 2013.

asista, d) ingresa a toda la esfera de pensamiento y actividades del sospechado permitiendo abarcar todos los ámbitos de su vida: personal, laboral, familiar, afectiva, lo que configura un amplio espectro, imposible de abarcar con otra medida de injerencia o probatoria. Esta extensión hace que los límites y controles sean más intensos.

4.7. Control Judicial

El control de la medida queda en manos del juez que la dicta, custodiando su desarrollo y verificando el cumplimiento de los fines propuestos. Cualquier disputa que surja al respecto o novedad sobre los puntos antes tratados —hallazgo casual, intrascendencia, preservación o destrucción, entre otros—, será resuelta por el juez, previo oír a los interesados de inmediato[47].

Como vimos, el control de proporcionalidad en la medida y el fin perseguido no se extingue con el dictado de la intervención, se debe mantener en forma permanente por cuanto, con el correr de las horas o días, puede resultar desproporcionada atento la inexistencia de elementos que permitan verificar, prima facie, por ejemplo: la ausencia de gravedad del delito objeto de investigación, su inexistencia categórica, la ajenidad total del sujeto intervenido y con ello, la evidente desproporción de la medida dispuesta. Con ello quiero significar que no es posible ni saludable, mantener y prorrogar una escucha que no da frutos a la espera que, algún día, ocurra algo. Esa situación se asimila con la excursión de pesca.

---

47 En España, la LECrim establece la necesidad de que se lleve a cabo un control judicial de la medida, ver: artículo 588 bis g), por su parte, el STS ha dicho: que control judicial es "indispensable para el correcto cumplimiento de los requisitos constitucionales", STS, de 1 octubre de 2013. En tanto, el STC ha señalado: "no se trata de que el Juez controle a la Policía, sino de que se auxilie con ella, es decir, dando las directrices necesarias de cómo se realiza la medida", STC núm. 9/2011, de 28 febrero de 2011 (RTC 2011/9), lo que deja en claro el carácter jurisdiccional de la intervención y auxiliar de los organismos que llevan adelante la práctica. La legislación española así lo confirma al prever en el artículo 588 bis g) de la LECrim, que la policía judicial informe al juez del desarrollo y de los resultados de la medida, de acuerdo a los plazos que éste fije y en su apartado ter f) dispone que le entregue la transcripción de las conversaciones de interés, junto a las grabaciones íntegras.

4.8. Tratamiento probatorio. Incorporación al proceso

Las grabaciones telefónicas y demás evidencias que resulten de la intervención o captación de las conversaciones telefónica y datos de tráfico sea cual fuere el medio o soporte en el que se registren o vuelquen se consideran evidencia documental y se les otorga ese trato para su ingreso en el juicio pudiendo formar parte de la convicción del juzgador[48].

De este modo la intervención legal tiene un doble estándar: a) sirve de prueba, puede ser utilizado como elemento de convicción en el juicio, b) sirve como fuente de investigación de un delito en curso.

Como hemos visto, la medida debe ser razonable y legalmente dispuesta lo que obliga a un control ex ante de los requisitos, pero también puede darse un control ex post en los casos en que la información obtenida derive en nuevos hechos o sospechosos.

En cuanto al modo de incorporación en el proceso, en Argentina, la evidencia deberá ser incorporada de acuerdo a la legislación vigente en cada jurisdicción exigiendo previamente el control de autenticidad lo que se da a partir de la demostración de que la evidencia es lo que el proponente dice que es. Al ser aceptada para juicio luego debe ser incorporada ello lleva a la necesidad de que un testigo la acredite e incorpore salvo, que exista acuerdo probatorio entre las partes y se permita su incorporación por lectura. En la jurisprudencia española se entiende que el material obtenido en legal forma goza de presunción de autenticidad y por tanto, se le otorga validez probatoria siendo el valor de la información determinado por el juez de los hechos[49].

---

48 A modo de ejemplo ver: STC 190/1992, TC 27/6/1988, RTC 1988\128, TC 114/1984, de 29 noviembre, RTC 1984\114, STC 26/2012 de 27 de abril, STS 05/02/1988, siendo posible introducirla incluso mediante el testimonio de los agentes policiales encargados de las mismas, STS 112/2012 del 23 de febrero, entre otras.

49 La jurisprudencia española las trata como una especie de prueba preconstituida o lo que podría ser un anticipo jurisdiccional de prueba en Argentina al dotarla de valor por sí para el caso que la medida se haya dispuesto en debida forma. Así, TS, sentencia 1215/2009, de 30 de diciembre de 2009. TC, sentencia 87/2010, de 4 de noviembre de 2010, dijo: "si las intervenciones telefónicas y telemáticas cumplen todos los requisitos legales y constitucionales, y el material derivado de las mismas es admitido como prueba de cargo en el procedimiento, son suficientes para destruir la presunción de inocencia".

4.9. ¿Escuchas predelictuales?

Tal como ha sido diseñado el modelo constitucional y las leyes que en su consecuencia se dictan, no caben las escuchas predelictuales o de prospección, desligadas de un hecho delictivo o con el objeto de averiguar en qué anda un sujeto o su familia[50].

Lo afirmado no significa que no puedan realizarse escuchas antes de la imputación formal contra persona determinada siempre y cuando se den en el marco de una investigación penal iniciada o que surjan como consecuencia de una escucha ya dispuesta —hallazgo casuales—.

5. ESCUCHAS OBTENIDAS SIN ORDEN JUDICIAL

Las escuchas realizadas por funcionarios policiales o de fuerzas de seguridad obtenidas en violación de las reglas repasadas deben ser excluidas del material probatorio que se llevará a juicio teniendo en cuenta si se han vulnerado derechos constitucionalmente protegidos y el derecho al debido proceso[51].

En todos los casos, si existe y se pretende utilizar la información que podría haber sido obtenida de otra fuente, es un tema que debe analizarse a partir de la regulación de prueba ilegal —exclusiones probatorias y formas procesales—.

Cabe aquí la distinción que realizo entre "validez" y "valor"; en el primer caso se refiere a los requisitos que permiten la incorporación de la evidencia en el proceso en el segundo, al peso de la evidencia al resolver el asunto.

50 Cfr. STS, "el principio de especialidad prohíbe intervenciones prospectivas con el exclusivo objeto de indagar para ver lo que encuentran, siendo exigible que la intervención esté siempre relacionada con la investigación de un delito concreto cuyos elementos se conocen en el plano indiciario", STS. Sala de lo Penal, de 3 febrero de 2021.

51 Entre muchos otros: "Riera", CNCP, 17/02/00. Recordemos que la CIDH, en el caso "Velásquez Rodríguez", 29 de julio de 1988, sostuvo que: Está más allá de toda duda que el Estado tiene el derecho y el deber de garantizar su propia seguridad. Tampoco puede discutirse que toda sociedad padece por las infracciones a su orden jurídico. Pero, por grave que puedan ser ciertas acciones y por culpables que puedan ser los reos de determinados delitos, no cabe admitir que el poder pueda ejercerse sin límite alguno o que el Estado pueda valerse de cualquier procedimiento para alcanzar sus objetivos, sin sujeción al derecho o a la moral.

Un punto a tener en cuenta es la existencia de "conexión de antijuridicidad" entre la información obtenida y la intervención lesiva, lo que deriva en la eventual aplicación de la teoría del descubrimiento inevitable o de pruebas independientes a la cuestionada. Pero todo eso es materia de discusión sobre el resto del material puesto que el proveniente de las escuchas ilegítimas repito, carece de valor probatorio.

6. DATOS DIGITALES Y DE TRÁFICO

Con la intervención se obtendrán datos de tráfico y digitales de interés para la investigación. Los datos de tráfico son aquellos que deja la comunicación y que hacen a los comunicantes, horarios, terminales, etc. En Argentina existen fallos que sostienen que los datos de tráfico pueden obtenerse sin orden judicial y otros que lo exigen[52]. En España en tanto, se ha definido que el concepto de secreto en las comunicaciones cubre no sólo el contenido de ellas sino que además, alcanza la identidad subjetiva de sus interlocutores lo que ha extendido la protección a los listados de llamada o registros de llamadas entrantes y salientes del teléfono móvil, los llamados "datos de tráfico"[53].

En diversos pronunciamientos se ha dicho que los listados de llamadas incorporan datos relativos al teléfono de destino, el momento en que se efectúa la comunicación y a su duración, para su conocimiento y registro resulta necesario acceder de forma directa al proceso de comunicación por lo que son confidenciales, esto es, reservados del conocimiento de terceros ajenos a la comunicación.

En STC 115/2013, de 9 de mayo ha dicho que la entrega de los listados por las compañías telefónicas a la policía sin consentimiento del titular del teléfono precisa de resolución judicial motivada, ya que la manera de obtener los datos que conforman los listados supone una interferencia en el proceso de comunicación protegido por el art. 18.3 CE, aunque el mis-

---

52 En *La prueba en el proceso penal*, Hammurabi, 2016, p. 877/8, me ocupé del tema señalando las dos posiciones que existen al respecto es decir, aquellas que requieren de orden judicial y aquellas que no, ver: "Mendoza", CNCPenal Sala I, 14/02/05, "Quinteros", CNC Penal Sala I, 13/09/02, "M.M.M. y otros", TS Santa Cruz, 06/04/09, LLPatagonia, 2009, agosto 986, entre otros.

53 STC, 145/2014. STC, 114/1984, de 29 de noviembre, STC 142/2012, de 2 de julio.

mo TC ha reconocido que la intensidad de la injerencia en estos casos es menor que a las escuchas telefónicas, aspecto que debe valorarse estimo, al realizar el juicio de proporcionalidad sobre la medida.

Por su parte, el artículo 588 ter j) de la LECrim, introducido por la Ley Orgánica 13/2015, a partir de la sentencia del STJUE del 8 de abril de 2014 que anuló la disposición contenida en la Directiva 2006/24/CE, dispone: "1. Los datos electrónicos conservados por los prestadores de servicios o personas que faciliten la comunicación en cumplimiento de la legislación sobre retención de datos relativos a las comunicaciones electrónicas o por propia iniciativa por motivos comerciales o de otra índole y que se encuentren vinculados a procesos de comunicación, solo podrán ser cedidos para su incorporación al proceso con autorización judicial. 2. Cuando el conocimiento de esos datos resulte indispensable para la investigación, se solicitará del juez competente autorización para recabar la información que conste en los archivos automatizados de los prestadores de servicios, incluida la búsqueda entrecruzada o inteligente de datos, siempre que se precisen la naturaleza de los datos que hayan de ser conocidos y las razones que justifican la cesión".

6.1. Rastreo del IP

La dirección IP —acrónimo para Internet Protocolo— es la etiqueta numérica única e irrepetible que identifica la interfaz de un dispositivo dentro de una red que utilice el protocolo IP que corresponde al nivel de red de protocolo TCP/IP.

El IP no identifica al usuario directamente pero sí a cualquier dispositivo con conectividad que acceda a internet. Es decir, el dispositivo —celular— se conecta a la red, a una terminal, que conocemos como IP. Es una conexión en la que no intervine la voluntad del sujeto, el aparato lo hace constantemente buscando estar dentro del sistema. En general, no es necesaria una orden judicial para rastrear el IP ya que es un dato público que no se encuentra protegido. Luego de localizar el IP, si se pretende avanzar en la búsqueda e individualización de la persona que tiene asignado el IP, realizándose medidas en tal sentido, se necesitará una orden en tanto, resulten una injerencia a la privacidad.

En España el artículo 588 ter k) de la LECrim, regula la obtención de este dato cuando sea necesario para la investigación de un delito cometido por medio de internet. Así, los agentes de Policía Judicial tienen acceso a una dirección IP, sin constar la identificación y localización del equipo o del dispositivo, ni de los datos personales del usuario. Según la ley, se solicita al Juez de Instrucción la cesión de los datos necesarios para la identificación del sospechoso.

6.2. Códigos de identificación del aparato o de sus componentes

El número de identidad internacional de equipo móvil (IMEI) es un número de serie de 14 a 16 dígitos que permite identificar el equipo móvil. Se considera que la obtención de datos de tráfico referidos a comunicaciones electrónicas, sea a partir de scanner para telefonía móvil rastreando los códigos IMSI e IMEI como la obtención del código IP desde donde se conecta una computadora, entre otros, al estimar que el empleo para la localización geográfica de determinados dispositivos electrónicos no vulnera el derecho fundamental del secreto de las comunicaciones ni supone una injerencia excesiva contra el derecho a la intimidad como para exigir un control judicial previo siempre y cuando se utilice de manera racional y bajo criterios de proporcionalidad[54].

El artículo 588 ter l) de la LECrim, dispone que la Policía Judicial puede utilizar técnicas que permitan acceder al descubrimiento de los Códigos de Identificación o Etiquetas técnicas de los dispositivos de comunicación: IMSI o IMEI, cuando en una investigación en curso no consigue determinar el número de abonado y ello resulte indispensable. Ahora bien, una

---

54 STS, 20 de mayo y 18 de noviembre de 2008, 28 de enero de 2009. También se ha dicho: "la recogida o captación técnica del I.M.S.I. no necesita autorización judicial, sin embargo, la obtención de su plena funcionalidad, mediante la cesión de los datos que obran en los ficheros de la operadora, sí impondrá el control jurisdiccional de su procedencia", STS 130/2007 de 19 febrero, STS 249/2008 de 20 mayo, STS 676/2012 de 26 julio, STS 686/2013 de 29 julio, entre otras. Para el TS Español ha dicho: "Lo trascendente del contenido digno de protección por parte del derecho al secreto de las comunicaciones ha de ser aquello que, en realidad, pueda llevar a calificar la injerencia como verdaderamente gravosa en el ámbito personal del investigado, es decir, los contenidos ideológicos de esa comunicación, los mensajes y el intercambio de ideas, opiniones, pensamientos, sentimientos, etc. Los números identificativos con los que operan los terminales no pueden constituir, por sí mismos, materia amparada por el secreto de las comunicaciones, pues afirmar lo contrario supondría confundir los medios que posibilitan la comunicación con la comunicación misma", TS España, 20/10/09.

vez conseguidos esos datos, la ley dispone que pueden solicitar autorización judicial para intervenir las comunicaciones[55].

Como vemos, la determinación de la ubicación de un dispositivo localizable a partir de esos códigos de por sí no afecta gravemente la privacidad ahora bien, una cosa es localizar el dispositivo y otra, mantener el seguimiento de la persona que lo posee o del vehículo que esa persona maneja —se trate de un celular o de un automóvil— incluso, se podrían reconstruir todos los pasos dados por una persona a partir de la geolocalización del celular; en algunos casos el uso de los datos se ha aceptado y en otros, dada la intensidad y duración del a medida, se ha opuesto resistencia[56].

6.3. Titulares de terminales o dispositivos de conectividad

El artículo 588 ter m) de la LECrim, dispone que, ante la necesidad de conocer la titularidad de un número de teléfono, tanto el Ministerio Fiscal como la Policía Judicial pueden solicitarlo —directamente— a los prestadores de servicios. Los prestadores tienen una obligación de cumplir con el requerimiento bajo apercibimiento de encontrarse incursos en desobediencia.

---

55 Según el TS "no es necesario el consentimiento de los titulares de la línea para que la captura del IMSI tenga valor probatorio en el juicio oral", ver: STS 49/2021, de 22 de enero de 2021. El artículo 588 ter l) de la LECrim autoriza la identificación de los terminales mediante captación de códigos de identificación del aparato o de sus componentes sin autorización judicial en el marco de una investigación. Señala que los agentes de Policía Judicial podrán valerse de artificios técnicos que permitan acceder al conocimiento de los códigos de identificación o etiquetas técnicas del aparato de telecomunicación o de alguno de sus componentes, tales como la numeración IMSI o IMEI y, en general, de cualquier medio técnico que, de acuerdo con el estado de la tecnología, sea apto para identificar el equipo de comunicación utilizado o la tarjeta utilizada para acceder a la red de telecomunicaciones.

56 En Argentina, ver: "Traico, Pablo y otros s/ extorsión", CNCCyC, 29 agosto 2018, se arriba a la responsabilidad penal de los sospechados en base a indicios entre los que fue fundamental la activación de una antena, en Estados Unidos, ver: "Carpenter" y "United States v. Knotts", 460 U.S. 276-1983. Un caso interesante es "Uzum c. Alemania", TEDH, 02/09/10, donde se sostuvo que no había habido una violación del artículo 8 de la CEDH por cuanto el demandante, era sospechoso de haber participado en atentados con bomba perpetrados por un movimiento de extrema izquierda, quien había alegado que la vigilancia por GPS y la utilización de los datos obtenidos durante el procedimiento penal habían violado su derecho al respeto de su vida privada.

7. REQUISITOS DE LA INTERVENCIÓN TELEFÓNICA EN LA JURISPRUDENCIA DE ARGENTINA Y ESPAÑA

En este punto daré un breve repaso de los conceptos mencionados con especial acento en la jurisprudencia de los máximos tribunales de Argentina y España.

7.1. Requisitos para la intervención telefónica según la CSJ de Argentina

La Corte Suprema de Justicia de Argentina en "Halabi"[57] refiere que "sólo la ley puede justificar la intromisión en la vida privada de una persona, siempre que medie un interés superior en resguardo de la libertad de los otros, la defensa de la sociedad, las buenas costumbres o la persecución del crimen".

Desde ese punto de vista, el Máximo Tribunal Federal entiende que la ley, el interés superior, la libertad y defensa de la sociedad como la persecución del delito es el marco constitucional que debe darse a la utilización del registro de comunicaciones telefónicas a los fines de la investigación penal debiendo emitir la orden un juez competente mediante auto fundado[58].

La propia CSJN había afirmado que, para restringir válidamente la inviolabilidad de la correspondencia, supuesto que cabe evidentemente extender al presente, se requiere: a) que haya sido dictada una ley que determine los "casos" y los "justificativos" en que podrá procederse a tomar conocimiento del contenido de dicha correspondencia; b) que la ley esté fundada en la existencia de un sustancial o importante objetivo del Estado, desvinculado de la supresión de la inviolabilidad de la correspondencia epistolar y de la libertad de expresión; c) que la aludida restricción resulte un medio compatible con el fin legítimo propuesto y d) que dicho medio no sea más extenso que lo indispensable para el aludido logro. A su vez, fines y medios deberán sopesarse con arreglo a la interferencia que pudiesen producir en otros intereses concurrentes[59].

Es importante señalar que la propia CSJN remarcó que al resolver estos temas se debe tener en cuenta las circunstancias del caso. Así sostuvo que

---

57 "Halabi", CSJN, Fallos 332:111. *con auxilio de: CSJN, Fallos: 306:1892; 316:703.*

58 "Halabi", CSJN, Fallos 332:111.

59 *CSJN, Fallos: 318: 1894, en el voto de los jueces Fayt, Petracchi y Boggiano.*

"la libertad, en cada una de sus fases, tiene su historia y su connotación (Fallos: 199:483); de ahí que las consideraciones en particular sobre el tema en discusión deban mantener un muy especial apego a las circunstancias del caso". En este punto reconoce distinción entre la injerencia hacia un "delincuente" o un "quebrado" afirmando "que los motivos que determinan el examen de la correspondencia en el caso de un delincuente, pueden diferir de los referentes a un quebrado, a un vinculado al comercio, a un sujeto de obligaciones tributarias, etc.; por ello ha interpretado que el art. 18 de la Constitución no exige que la respectiva ley reglamentaria deba ser "única y general" (Fallos: 171:348; 318:1894, entre otros)", lo que permite y obliga a un margen de análisis y argumentación específico, concreto para casa situación.

Finalmente, en la Acordada 17/2019, el Máximo Tribunal Argentino destacó la necesidad de la existencia de una orden judicial fundada sin que la privacidad pueda ser soslayada dijo, "en miras a satisfacer una necesidad genérica y abstracta de prevenir o descubrir" rechazando la obtención furtiva de datos personales o información sensible sin fundamento en una orden judicial como así también la elaboración de registros "preventivos", la divulgación, tráfico o comercio de datos obtenidos en base a una finalidad originalmente lícita, entre otras situaciones anómalas.

7.2. Principios que aplican en la Ley y Jurisprudencia española TS

La LECrim en su artículo 588 bis a) destaca los principios rectores: especialidad, idoneidad, excepcionalidad, necesidad y proporcionalidad de la medida. En un repaso de los principales fallos españoles podemos advertir los siguientes principios y recaudos:

7.2.1. Legalidad

Haciéndose eco de la jurisprudencia del Tribunal Europeo de Derechos Humanos, los tribunales españoles indican que la medida que restringe los derechos fundamentales debe ser legítima lo que implica que debe estar prevista por la ley. Esto exige la previsión normativa, tener una base legal en derecho interno. La orden judicial se suma al requisito de una ley accesible y previsible[60].

---

60 Entre muchas otras: STS 322/2004, de 12 de marzo de 2004.

7.2.2. Especialidad

"El principio de especialidad exige que una medida esté relacionada con la investigación de un delito concreto. No podrán autorizarse medidas de investigación tecnológica que tengan por objeto prevenir o descubrir delitos o despejar sospechas sin base objetiva"[61].

7.2.3. Idoneidad

"El principio de idoneidad servirá para definir el ámbito objetivo y subjetivo y la duración de la medida en virtud de su utilidad"[62].

7.2.4. Excepcionalidad y Necesidad

Se deben dar de modo conjunto. "Los principios de excepcionalidad y necesidad solo podrá acordarse la medida: a) cuando no estén a disposición de la investigación, en atención a sus características, otras medidas menos gravosas para los derechos fundamentales del investigado o encausado e igualmente útiles para el esclarecimiento del hecho[63], o b) cuando el descubrimiento o la comprobación del hecho investigado, la determinación de su autor o autores, la averiguación de su paradero, o la localización

---

61 STS, Sala de lo Penal, Sección 1ª) de 19 junio de 2013. El delito debe ser especialmente grave. En caso de producirse "hallazgos casuales" de indicios de delitos diversos a los investigados, la comunicación inmediata al juez permitirá utilizar esos rastros en una nueva o ampliada investigación.

62 STS, Sala de lo Penal, Sección 1ª) de 19 junio de 2013.

63 El artículo 588 ter a) de la LECrim advierte que "la autorización para la interceptación de las comunicaciones telefónicas y telemáticas solo podrá ser concedida cuando la investigación tenga por objeto alguno de los delitos a que se refiere el artículo 579.1 de esta ley o delitos cometidos a través de instrumentos informáticos o de cualquier otra tecnología de la información o la comunicación o servicio de comunicación". Con ello, en principio solo podrá ordenarse cuando se investiguen: "Delitos dolosos castigados con pena con límite máximo de, al menos, tres años de prisión. Delitos cometidos en el seno de un grupo u organización criminal. Delitos de terrorismo" o "delitos cometidos a través de instrumentos informáticos o de cualquier otra tecnología de la información o la comunicación o servicio de comunicación". Como vemos, la limitación objetiva de estos principios deja al juez con un amplio margen de discreción.

de los efectos del delito se vea gravemente dificultada sin el recurso a esta medida"[64].

7.2.5. Proporcionalidad

Asimismo establece que las medidas de investigación "solo se reputarán proporcionadas cuando, tomadas en consideración todas las circunstancias del caso, el sacrificio de los derechos e intereses afectados no sea superior al beneficio que de su adopción resulte para el interés público y de terceros"[65].

Para la ponderación de los intereses en conflicto, la valoración del interés público se basará en la gravedad del hecho, su trascendencia social o el ámbito tecnológico de producción, la intensidad de los indicios existentes y la relevancia del resultado perseguido con la restricción del derecho. En esa misma línea se ha despachado el STS al señalar: "Para que estas restricciones sean efectivas es preciso que, partiendo de la necesaria habilitación legal, existan datos que pongan de manifiesto que la medida restrictiva de derecho es proporcional al fin que se quiere alcanzar y necesario en la función de la investigación, siendo el fin legítimo. Esto implica una valoración sobre la gravedad del delito, indicios de su existencia, intervención del sospechoso y necesidad de la medida"[66].

7.3. Recaudos particulares en el libramiento de la orden judicial en España

En relación al libramiento de la orden en un caso en particular, el análisis concreto exige:

7.3.1. Motivación

Una orden motivada es aquella que brinda una explicación razonable y razonada de la medida con asiento en las circunstancias del caso[67]. La mo-

---

64 STS, Sala de lo Penal, Sección 1ª) de 19 junio de 2013.

65 STS, Sala de lo Penal, Sección 1ª) de 19 junio de 2013. Según sentencia del STS de 18 de junio de 1992, la proporcionalidad se vincula con "gravedad del delito", "viabilidad de la medida", "intereses afectados" y "transcendencia del hecho".

66 STS, Sala de lo Penal, Sección 1ª) de 19 junio de 2013.

67 STS de 8, 20 y 12 de septiembre o 19 de abril de 1994. Como supuesto interesante de análisis, dado que sólo es contemplado en España, la La LECrim, en el artí-

tivación implica exponer indicios fundados no meras sospechas de que la persona ha cometido o está por cometer un delito. A diferencia de la sospecha, los indicios fundados son controlables puesto que se trata de "buenas razones" o "fuertes presunciones" asentadas en datos comprobables.

7.3.2. Indicios suficientes

En esa línea entendió que se cumple con el estándar cuando "se proporcionan y recogen indicios incipientes que sobrepasan la mera subjetividad e integran un conjunto objetivo de datos que conducen a una sospecha razonable; lógicamente desde su ponderación no disgregada y fragmentada, sino global, que desdice la finalidad prospectiva alegada. La adopción de esta injerencia requiere que se cuente con indicios suficientes, con "buenas razones"; no que se practiquen todos los posibles medios de averiguación que podían corroborar o no esa base indiciaria. Postergar las escuchas a la realización de todas las imaginables informaciones que podrían colateralmente coadyuvar al esclarecimiento de los hechos o robustecer los indicios carece de lógica. No es necesaria una a modo de "mini-instrucción" previa judicial que siga a la investigación policial y preceda a la injerencia"[68].

7.3.3. Número de los móviles

Sobre este punto sostuvo: "el modo de averiguación de los números de los móviles, no resultaba preciso indicarlo, siendo múltiples las fuentes de información —por ejemplo preguntar la numeración del teléfono recargado a raíz de la compra de la recarga observada en una gasolinera— (hasta el 1 de noviembre de 2015, no entra en vigor la LO 13/2015 y por ende la previsión del art. 588 ter l.2, para el caso que de haberse valido de artificios

---

culo 579.4 prevé tres supuestos que no requieren de previa autorización judicial: "envíos postales que, por sus propias características externas, no sean usualmente utilizados para contener correspondencia individual sino para servir al transporte y tráfico de mercancías o en cuyo exterior se haga constar su contenido; aquellas otras formas de envío de la correspondencia bajo el formato legal de comunicación abierta, en las que resulte obligatoria una declaración externa de contenido o que incorporen la indicación expresa de que se autoriza su inspección; cuando la inspección se lleve a cabo de acuerdo con la normativa aduanera o proceda con arreglo a las normas postales que regulan una determinada clase de envío".

68 STS 3726/2022 - ECLI:ES:TS:2022:3726 Con auxilio de STS núm. 298/2020, de 11 de junio.

técnicos que permitan acceder al conocimiento de los códigos de identificación o etiquetas técnicas del aparato de telecomunicación o de alguno de sus componentes, tales como la numeración IMSI o IMEI y, en general, de cualquier medio técnico que, de acuerdo con el estado de la tecnología, sea apto para identificar el equipo de comunicación utilizado o la tarjeta utilizada para acceder a la red de telecomunicaciones; cuya omisión aunque conllevara irregularidad, en modo alguno quebranta el derecho a la intimidad o al secreto de las conversaciones)[69].

7.3.4. Plazo de la intervención de comunicaciones

De acuerdo a lo dispuesto en el artículo 579.2 de la LECrim, que rige para las comunicaciones postales "el juez podrá acordar, en resolución motivada, por un plazo de hasta tres meses, prorrogable por iguales o inferiores períodos hasta un máximo de dieciocho meses, la observación de las comunicaciones postales y telegráficas del investigado, así como de las comunicaciones de las que se sirva para la realización de sus fines delictivos".

Por su parte, el articulo 588 ter g) de la LECRIM, regula la su duración de las intervenciones: "la duración máxima inicial de la intervención, que se computará desde la fecha de autorización judicial, será de tres meses, prorrogables por períodos sucesivos de igual duración hasta el plazo máximo de dieciocho meses". La solicitud de prórroga se regula en el articulo 588 ter h) de la LECRIM que afirma que: "para la fundamentación de la solicitud de la prórroga, la Policía Judicial aportará, en su caso, la transcripción de aquellos pasajes de las conversaciones de las que se deduzcan informaciones relevantes para decidir sobre el mantenimiento de la medida. Antes de dictar la resolución, el juez podrá solicitar aclaraciones o mayor información, incluido el contenido íntegro de las conversaciones intervenidas. Según se ha dicho, no podría acordarse una prórroga indefinida o injustificada de la medida ya que se convertiría en desproporcionada e ilegal según la STS 9 de mayo de 1994.

69 STS 3726/2022 - ECLI:ES:TS:2022:3726.

8. PUESTA A DISPOSICIÓN DE LA DEFENSA DE LAS ESCUCHAS OBTENIDAS

El producto del material fruto de la incautación en una intervención telefónica o de cualquier medio debe ser puesto a disposición del a defensa a fin de permitirle ejercitar su derecho y cumplir con el debido proceso. Sin embargo, se ha señalado que el incumplimiento de ese deber no acarrea violación del derecho del acusado cuando no se ha puntualizado concretamente en qué lo afecto.

En ese sentido, ante el reclamo efectuado por la defensa técnica del acusado sobre la falta de conocimiento de las escuchas obtenidas en una intervención telefónica, la Corte Suprema de Justicia de Chile ha dicho: "En cuanto a la alegación de no haberse entregado a la defensa todas los antecedentes de la carpeta investigativa y la prueba que el persecutor sostenía tener, sólo resulta pertinente agregar que las mismas tienen el carácter de genéricas, esto es, dicen relación con alegaciones predicables a todos los juicios de esta clase, y por ello, aquel planteamiento que se hace a este tribunal, claramente, no deriva de la realidad del juicio que nos ocupa. En este aspecto, lo único concreto que se alega, es que el Ministerio Público no entregó a la defensa todos los registros de audios de las interceptaciones telefónicas practicadas y el registro del tráfico de llamada de los teléfonos intervenidos, lo que impidió a la defensa conocer todos los elementos probatorios, sin precisar acabadamente cómo aquellas circunstancias habrían determinado la decisión de condenar al sentenciado Contreras Montero".

Agregando: "Se omite, entonces, referir por la defensa cómo se produjo la precisa vulneración a las garantías que se señalan infringidas y, finalmente, cómo ello influyó causalmente en el resultado del juicio. La precisión antes exigida resulta aún más necesaria, desde que en el arbitrio en examen, principalmente se reprocha que el registro del tráfico de llamadas de los teléfonos intervenidos no fue entregado a la defensa, ni incorporado por el acusador al juicio oral, como tampoco le fue entregado "todos las escuchas telefónicas", reconociendo el Ministerio Público en sus alegatos ante la Corte de Apelaciones de Arica que "no tenía todas las escuchas telefónicas y nunca tuvo el registro de las llamadas". Pues bien, no resulta comprensible entonces cómo podría haberse transgredido el derecho a defensa del recurrente por la no entrega de material probatorio que el Ministerio Público tampoco tenía en su poder y que finalmente el persecutor no incorporó al juicio oral, pues el reproche no se dirige en contra de los registros de audios que sí fueron incorporados y reproducidos en la audiencia del juicio oral, sino contra los que la defensa entiende habrían existido y que el Ministerio Público no le entregó por habérseles extraviado, quedando entonces en evidencia la falta de sustancialidad del vicio alegado"[70].

9. REQUISITOS PARA LA INTERVENCIÓN EN LA JURISPRUDENCIA DEL TRIBUNAL EUROPEO DE DERECHOS HUMANOS

Los casos "Klass c. República Federal Alemana" del 06/09/78, "Valenzuela Contreras c. España", del 30 de julio de 1998, "Prado Burgallo", del 18 de febrero del 2003, "Malone c. Reino Unido", del 2 de agosto de 1984, "Olsson, Kruslin" y "Huvig c. Francia", del 24 de abril de 1990, "Abdulkadir Coban c. España", del 25 septiembre de 2006, entre muchos otros, establecen las exigencias mínimas, adaptables a cada legislación local, que pueden ampliarlas en favor de mayor protección hacia la privacidad e intimidad personal exigiendo previsibilidad y seguridad jurídica[71]. Al realizar este análisis, el juez debe operar como garante del respeto por los derechos de los ciudadanos.

Como regla general se ha dicho que el secreto en las comunicaciones no puede ser develado para satisfacer las necesidades genéricas de pre-

---

70 "MINISTERIO PÚBLICO ARICA C/ JORGE ALEXIS CONTRERAS MONTERO", CSJ Chile, 04/12/23.

71 Es importante señalar que en "Valenzuela Contreras c. España", 30 de julio de 1998 y "Prado Burgallo", 18 de febrero del 2003, el TEDH sostuvo que la legislación Española no cumplía con las condiciones de previsibilidad y seguridad al no prever en detalle las garantías que precisan la extensión y modalidad del ejercicio del poder de apreciación de las autoridades con el fin de evitar el abuso de poder público en el ejercicio de sus facultades y las infracciones que pudieren dar a lugar las escuchas, el límite de duración de la ejecución de la medida y las condiciones de establecimiento de las actas y síntesis que consignan las conversaciones intervenidas. El tribunal ha ido señalando como requisitos de seguridad y previsibilidad la necesidad de establecer: las categorías de personas susceptibles a ser sometidas a intervención, la naturaleza de las infracciones que permiten la intervención, la fijación de un límite temporal, las condiciones de atestados y actas sobre grabaciones interceptadas, las precauciones para tomar intactas y completas las grabaciones realizadas, las circunstancias en que debe procederse al borrado o destrucción de las grabaciones, entre otros. También ver: "Abdul kadir Coban c. España", 25 septiembre de 2006.

venir o descubrir delitos[72] o para despejar sospechas que surjan sin bases objetivas de los encargados de la investigación penal.

Los recaudos que surgen a partir de la prolífera jurisprudencia del Tribunal Europeo de Derechos Humanos pueden ser sintetizados de la siguiente manera:

9.1. Legalidad

De acuerdo a los reiterados pronunciamientos el tribunal destaca que la injerencia debe estar prevista y ser ejecutada conforme a la ley. A partir de estas exigencias de mínima, diversas condenas se han cernido sobre los estados europeos por falta de adaptación de sus regulaciones locales especialmente, al no indicar en qué casos y bajo qué circunstancias puede practicarse una intervención en las comunicaciones lo que configura una posibilidad cierta de abuso por parte de las autoridades[73].

Como vemos, la previsión legal no se agota con la mera previsión de la medida sino que exige casos y circunstancias que hacen factible la injerencia. Así, se sostuvo en relación a este recaudo: a) Que la norma jurídica, sea ley, reglamento o jurisprudencia, prevea expresamente la actuación

---

72 TEDH, "Klass c. República Federal Alemana" del 06/09/78.

73 En "Malone v. Reino Unido", TEDH, 2 de agosto de 1984, ha dicho: "El Tribunal reiteraría su opinión de que la frase "de conformidad con la ley" no se limita a referirse al derecho interno, sino que también se refiere a la calidad del derecho, que exige que sea compatible con el estado de derecho, que se menciona expresamente en el preámbulo de la Convención", agregando que la ley debe indicar con claridad suficiente el alcance de cualquier discreción de este tipo otorgada a las autoridades competentes y la forma de su ejercicio, teniendo en cuenta el objetivo legítimo de la medida en cuestión, de brindar al individuo la protección adecuada contra la interferencia arbitraria. En base a la doctrina constante del TEDH es posible sostener que para el tribunal la ley debe redactarse con suficiente detalle exponiendo bajo qué circunstancias y qué condiciones se faculta a la autoridad pública para tomar medidas que importen interferencia en las comunicaciones así lo ha resuelto en Malone como vimos y también en "Leander c. Sweden", 26 de marzo de 1987, "Huvig c. Francia", 24 de abril de 1990, "Valenzuela Contreras c. España", 30 de julio de 1998, "Rotaru v. Rumania", No. 28341/95, § 55, ECHR 2000-V, "Weber y Saravia v. Alemania", No. 54934/00, § 93, ECHR 2006-XI, "Asociación para la Integración y Derechos Humanos y Ekimdjiev v. Bulgaria", No. 62540/00, § 75, 28 de junio de 2007, y "Roman Zakharov v. Rusia", No. 47143/06, §§ 229-231, ECHR 2015, entre otros. La idea que subyace en estos fallos es la de evitar abusos de parte de la autoridad.

—“Huvig y Kruslin c. Francia”, del 24 de abril de 1990—, b) Que la disposición sea accesible al ciudadano —“Sunday Times”, de 27 de abril de 1979—, c) Si está expuesta con la precisión suficiente que permita prever las consecuencias de su acto —“Malone c. Reino Unido”, de 2 de agosto de 1984— y d) Que exista una medida eficaz contra la interferencia arbitraria de la autoridad pública en el derecho reconocido por el Convenio.

Es decir que la previsión legal que permite la injerencia a juicio del TEDH debe ser: a) precisa, b) accesible, c) previsible y d) controlable todo ello con el fin de prevenir arbitrariedades por parte de la autoridad, ahora bien, también ha destacado que la precisión requerida de la legislación nacional, en ningún caso puede prever todos los supuestos, lo que resulta altamente compatible con el sentido común y la realidad que nos toca vivir en términos de avances tecnológicos[74].

A partir de este estándar, estados como España, en más de una ocasión debieron formular cambios a sus leyes específicamente sobre la ley que regula las intervenciones telefónicas. De ese modo, siguiendo la línea del TEDH, el TS Español ha dicho que la ley debe reunir las características indispensables como garantía de la seguridad jurídica, para precisarlas con mayor exactitud.

En lo que respecta a la “accesibilidad” o “previsibilidad”, se sostuvo que el derecho interno debe usar términos suficientemente claros para indicar a todos de manera suficiente en qué circunstancias y bajo qué condiciones se habilita a los poderes públicos a tomar tales medidas y sobre las exigencias mínimas relativas al contenido o calidad de la ley.

En esa línea se ha entendido por accesible a una ley que indica: a) la definición de las categorías de personas susceptibles de ser sometidas a escucha judicial; b) la naturaleza de las infracciones susceptibles de poder dar lugar a ella; c) la fijación de un límite a la duración de la ejecución de la medida; d) el procedimiento de transcripción de las conversaciones interceptadas; e) las precauciones a observar para comunicar, intactas y completas, las grabaciones realizadas, a los fines de control eventual por el Juez y por la defensa; f) las circunstancias en las cuales puede o debe procederse a borrar o destruir las cintas, especialmente en caso de sobreseimiento o puesta en libertad[75].

---

74 Ver: “Hassan y Tchaouch v. Bulgaria” [GC], No. 30985/96, § 84, ECHR 2000-XI.

75 En diversos precedentes ha quedado claro que, dentro de los derechos fundamentales, el derecho a la intimidad es de mayor valor, STC 66/1985, RTC 1985\66. Afirmando que la intimidad es, probablemente, el último y más importante reduc-

9.2. Necesidad

Superado el primer punto, el tribunal ha marcado con insistencia la necesidad de evitar el abuso de las autoridades a partir de la exigencia de estricta necesidad de la medida en orden a la seguridad nacional, la seguridad pública, el bienestar económico, la salud, la moral y los derechos o libertades de los demás. Con ello, se requiere que la medida que va a interferir en los aspectos y ámbitos más sagrados de la vida de una persona tenga un propósito legítimo[76].

El análisis de necesidad estricta se hace básicamente teniendo en cuenta la previsión legal, la decisión judicial razonada y la necesidad de la medida, su proporcionalidad en función de las pruebas obtenidas y la gravedad del delito objeto de investigación. Insistentemente marca la idea de que la necesidad debe compatibilizarse con la esperada en una "sociedad democrática" cotejando los fines que se han alegado con ese propósito[77].

9.3. Proporcionalidad

Cabe aquí hacer un análisis acumulativo de los requisitos, la medida debe ser legal, necesaria y proporcional al derecho afectado[78] con el fin perseguido. De este modo, una injerencia se considera "necesaria en una sociedad democrática" para alcanzar un fin legítimo si responde a una "ne-

---

to, con el derecho a la vida, a la integridad y a la libertad de la persona humana, de las mujeres y de los hombres todos. Si en él se introducen quiebras sin la suficiente justificación, puede romperse el equilibrio y la cimentación en el que se sustenta el edificio social en cuanto sostenedor, a su vez, del ordenamiento, que nace y vive para defender a la persona.

76 Combatir el tráfico de drogas ha sido considerado un fin legítimo. Así lo analizó por ejemplo en "Figueiredo Texeira v. Andorra", TEDH, 08/02/17. En tanto el TC requiere una conexión entre la información personal recabada y el fin que persigue la injerencia. Se vulnera cuando las condiciones y el alcance del acceso autorizado a la información no respetan la conexión entre la información obtenida y el fin perseguido, STC 196/2004 de 15 de noviembre de 2004.

77 En relación a que se encuentre inspirada por uno o más fines legítimos y ser "necesaria en una sociedad democrática", ver: "Observer y Guardian c. Reino Unido", de 26 de noviembre de 1991, Handyside c. Reino Unido, de 7 de septiembre de 1976, Dudgeon c. Reino Unido de 22 octubre 1981, Pretty c. Reino Unido, TEDH, 29/04/02.

78 "Coster c. Reino Unido", de 18 de enero de 2001.

cesidad social imperiosa" y, en particular si es proporcionada al fin legítimo perseguido.

Los fines legítimos perseguidos a que hace referencia el control de proporcionalidad tienen que ver con las consecuencias que acarrea el uso de las técnicas empleadas en la investigación en función del fin perseguido, el método utilizado para prevenir, descubrir o procesar al sospechoso y la eficacia adecuada conforme el resultado que se intrusivas con igual objeto y eficacia buscando un equilibrio entre el derecho protegido y la prevención de los delitos[79].

Sobre los fines propuestos en la medida y la regulación de las garantías en el CEDH el tribunal ha dicho que sobre el particular es inevitable reconocer "cierto margen de apreciación" a las autoridades nacionales en tanto son quienes se encuentran en contacto permanente y directo con la realidad de sus países y las fuerzas vivas lo que hace, que estén mejor situadas que el juez internacional para pronunciarse sobre la situación y las necesidades sociales. Por otra parte, ha reconocido además que ese margen de apreciación dependerá de la naturaleza del derecho garantizado por el Convenio, su importancia, la naturaleza de las actividades sujetas a restricción y la finalidad propuesta.

Sin dudas este tipo de análisis resulta muy útil por cuanto privilegia la inmediación del tribunal con el conflicto y la realidad por sobre los jueces más alejados que años más tardes, con tranquilidad pueden escrutar el trámite, aspecto que sin duda debería tomarse en cuenta en países como el nuestro en la revisión de los fallos por parte de los tribunales superiores y la Corte que muchas veces, ante la distancia temporal y espacial, no se encuentran en mejores condiciones para resolver o con más información de calidad, que los tribunales que intervinieron oportuna e inmediatamente en el conflicto.

Como se advierte, el examen de proporcionalidad es el último límite de la injerencia del estado sobre los derechos fundamentales. De este modo se analiza si la medida es equilibrada entre las necesidades y obligaciones del estado y la gravedad, seriedad o nivel de alteración del interés u orden público que causa la actividad que se pretende investigar. Para ello, se toman en cuenta la magnitud de la alteración del orden público, su repercusión, el deterioro de la convivencia, la gravedad del delito, la frecuencia de comisión, la personalidad del sujeto investigado y su peligrosidad, aspectos

---

79 "Figueiredo Texeira c. Andorra", TEDH. 08/02/17.

que la jurisprudencia, en algunos casos, reconoce como "margen de apreciación" local[80].

10. EVOLUCIÓN DE LA JURISPRUDENCIA DEL TRIBUNAL EUROPEO DE DERECHO HUMANOS

A continuación, analizaré los fallos más resonantes sobre intervenciones telefónicas del TEHD, a fin de verificar sus alcances y consecuencias:

10.1. Restricción legal del secreto. Caso Klass c. Alemania

Sentencia del 6 septiembre 1978. Tras la promulgación de dos leyes en Alemania, cinco ciudadanos alemanes —Klass, Lubberger, Nussbruch, Pohl y Selb— acudieron ante la Comisión Europea de Derecho Humanos alegando la violación del artículo 8.2 del Convenio Europeo de Derechos Humanos al entender que esas leyes habían restringido su derecho al secreto de las comunicaciones otorgando poderes de vigilancia a las autoridades públicas exigiendo que se establecieran mayores garantías.

El TEDH estimó que es necesaria una cierta conciliación entre las exigencias de la sociedad democrática y las de protección de los derechos individuales. Esto es, ha de lograrse un equilibrio entre el ejercicio por el individuo del derecho del artículo 8.1 y la necesidad de una vigilancia secreta para proteger al conjunto de la sociedad, artículo 8.2. Con ello sostuvo que la normativa alemana no vulneraba el artículo 8, al entender que la injerencia era necesaria para la seguridad y defensa del orden público.

10.2. Regulación legal precisa. Caso Malone c. Reino Unido

En sentencia 2 de agosto de 1984 el TEDH resolvió un caso iniciado en el año 1977 cuando Malone fue acusado de traficar con mercaderías robadas. En el juicio salieron a la luz conversaciones telefónicas en las que Ma-

---

80 Ver: "Hanyside c. Reino Unido", 07/12/1976. Allí se desarrollo el concepto señalando que las autoridades, se encuentran, en principio, mejor situadas que el juez internacional para pronunciarse sobre el contenido proceso de requisitos como la 'necesidad' de una 'restricción' o 'sanción' destinada a responder a aquella. Ver además: "Asunto del régimen de la lengua en la educación en Bélgica", STEDH, 23 de julio de 1969, "Powell y Rayner c. Reino Unido", 21 de septiembre de 1990.

lone había sido parte. En 1978 dedujo acciones civiles contra la policía por entender que la interceptación, monitorización y grabación de conversaciones en sus líneas de teléfono, sin su consentimiento, eran ilegales, pese a contar con una autorización gubernamental, su planteo no fue admitido. Malone, recurrió al TEDH alegando que su correspondencia y teléfono habían sido intervenidos y que se instaló un dispositivo en su teléfono que, aparte de permitir grabar la conversación, registraba todos los números marcados afirmando que se había vulnerado su derecho del artículo 8.1 del CEDH.

Para el TEDH, la principal cuestión radica en determinar si las interferencias en ese derecho estaban justificadas al amparo del artículo 8.2 del CEDH, para lo cual era necesario que estuvieran previstas legalmente y que fueran necesarias en una sociedad democrática.

De este modo, el TEDH entiende que esas medidas deben estar contempladas en una ley nacional clara y en cierto modo previsible. Exigencias que la ley británica no cumplía. En cuanto al registro de llamadas realizadas y recibidas, el TEDH no compartió la opinión del Gobierno británico que considera que dicho dispositivo no vulnera el artículo 8, al sostener que recaba información que cualquier empresa de telefonía puede adquirir. Para el TEDH el suministro de esa información a la policía, sin el consentimiento del titular de la línea, conlleva, como la propia intervención, una interferencia en el derecho garantizado por el artículo 8 de la CEDH. Ante ello, el TEDH señala que la actuación de la Policía y del Gobierno británico supuso una clara violación del artículo 8, por no cumplir con las garantías legales necesarias.

10.3. Regulación Legal. Hallazgo casual. Caso Kruslin c. Francia

Este caso fallado el 24 abril 1990, un Juez de Instrucción de Francia, durante la investigación del asesinato de un banquero francés, ordenó la intervención del teléfono del principal sospechoso. Varias de las llamadas intervenidas fueron realizadas por Kruslin quien en esa época solía vivir en la casa del investigado. A raíz de esas conversaciones, la policía descubrió evidencias de su participación en el delito investigado y en otro asesinato. Pese a que Kruslin alegó que era inocente y que la voz que se escuchaba en las grabaciones no era suya, fue condenado.

Ante esta condena, interpuso un recurso señalando que no debía reconocerse valor probatorio a las grabaciones ya que se acordaron para un proceso distinto, en el que él no formaba parte. Fue absuelto de los cargos de asesinato, pero condenado a 15 años de prisión por robo.

Kruslin recurrió a la Comisión Europea de Derechos Humanos alegando que la interceptación de las conversaciones telefónicas había claramente vulnerado el derecho al respeto a la vida privada y a la correspondencia del artículo 8 del Convenio.

El TEDH estableció que la intervención telefónica supuso una injerencia en el ejercicio del derecho de Kruslin por parte de la autoridad pública. Aclaró que dicha injerencia no conllevaría violación alguna, si estuviera prevista legalmente, tuviera objetivos legítimos y fuera necesaria para el interés de la sociedad. De esta manera, el TEDH señaló que las escuchas conllevan siempre un grave ataque a la vida privada por lo que deben estar previstas con claridad y exactitud en una ley concreta. Sin embargo, el ordenamiento jurídico francés, en el momento en que ocurrieron los hechos objeto de controversia, no contaba con una norma que precisase con la suficiente claridad el alcance y los procedimientos de ejercicio de la facultad de intervenir las comunicaciones. A partir de esta y otras resoluciones del TEDH, se modificaron varios preceptos del Code de Procedure Penale.

10.4. Legitimación. Caso Lambert c. Francia

Sentenciado el 24 de agosto de 1997. En este caso, Lambert sostuvo que la intervención dispuesta de algunas de sus conversaciones telefónicas constituía un ataque al respeto de su vida privada y correspondencia. El TEDH concluyó que, se había violado el artículo 8 del CEDH al faltar el debido control de la medida de intervención de las comunicaciones telefónicas.

De esta manera, el tribunal europeo criticó la postura del Tribunal de casación francés que había considerado que el afectado no gozaba de legitimación activa para invocar la protección de su derecho, esto es, para cuestionar las condiciones en que se efectuó y acordó la prórroga de la intervención telefónica en una línea de un tercero. Para ese Tribunal, el sujeto objeto de escuchas telefónicas que no sea titular de la línea intervenida no dispone de la legitimación requerida para recurrir.

Sin embargo el TEDH, pese a reconocer que la intervención objeto de disputa tenía base legal en el Derecho francés, ajustada a las exigencias del CEDH, concluyó que la normativa no distinguía en ninguna ocasión si el afectado era o no titular de la línea intervenida, por lo que la postura del

Tribunal de Casación francés originaba una evidente indefensión a todos aquellos que utilizaran un teléfono que no fuera el suyo.

10.5. Uso de escuchas de otro proceso. Caso Matheron c. Francia

Este caso resuelto el 29 de marzo de 2005, Matheron fue condenado por un delito de tráfico de sustancias estupefacientes, habiéndose incorporado al proceso de unas escuchas telefónicas realizadas dentro de otro proceso penal, de que él era totalmente ajeno. Esas escuchas tuvieron gran impacto en la condena.

El gobierno francés reconoció que la transcripción de las escuchas constituía una injerencia en el derecho al respeto de la vida privada, pero que resultaba amparada por el párrafo segundo del artículo 8 de la CEDH al tener como finalidad el esclarecimiento de la verdad y la defensa del orden público.

El gobierno francés entendía suficiente para tener por legítimas a esas escuchas, el hecho de que las hubiera ordenado y controlado un juez, sin embargo para el TEDH siempre y en todo caso debe quedar opción al interesado de recurrir esa medida y en este caso, consideró que había vulnerado el artículo 8 de la CEDH, al no otorgársele al condenado una protección plena de sus garantías, con independencia del proceso dentro del cual se ordenan las escuchas.

Como vemos, de acuerdo a las resoluciones analizadas, el TEDH ha venido sosteniendo que el artículo 8 resulta vulnerado cuando no existe una ley precisa, una resolución fundada ajustada al principio de proporcionalidad a lo que agrega, un control eficaz en el proceso por parte de quien las sufre, aspecto que debe darse en algún momento y que puede llevar incluso, a excluir ex post el fruto de las escuchas si la resolución resulta insuficientemente fundada en las constancias de la causa y los recaudos que exige la ley.

11. INTERCEPTACIÓN DE COMUNICACIONES A REALIZADAS A TRAVÉS DE MENSAJERÍAS INSTANTÁNEAS

La utilización de mensajerías instantáneas sobre todo mediante audios y textos ha desplazado a la comunicación tradicional entre ausentes. En general los llamados se hacen en una ocasión especial o bien, en una situación de urgencia; la mayoría de las personas mandan audios o textos ya que les permite "manejar" el tiempo propio y el del tercero[81]. En ese contexto me interesa analizar si existe la posibilidad de intervenir las comunicaciones realizadas por esos medios.

11.1. Comunicaciones realizadas por WhatsApp

Esta aplicación de uso masivo ha cambiado la forma de comunicarnos y más aún, de relacionarnos. Sin embargo, al instalar la aplicación el usuario acepta condiciones de uso obligatorias que permiten a su creador utilizar los llamados datos que el uso genera los que son almacenados, analizados, compartidos y/o cedidos para su uso a modo de "contraprestación" por el servicio "gratuito" que la App ofrece. Así el usuario deja de ser un individuo para pasar a formar parte de una "comunidad" de datos o comunidad digital compuesta básicamente de videos, fotos, audios, textos. La comunidad digital y los datos que contiene el dispositivo en el que se utiliza la App genera valiosa información que en puede servir para una investigación penal[82].

---

81 Muchos aprovechan a escribir o enviar audios cuando hacen otra actividad, tienen un tiempo libre o considerado "inútil" lo que suele no coincidir con el tiempo del receptor. La dependencia con el teléfono móvil es tan grande que nadie se atreve a salir de su casa sin llevarlo generando una dependencia alienante lo que ha llevado a algunos autores a llamar a hacer "dieta digital" dejando de utilizar el celular o la computadora a fin de permitir descansar o aumentar la concentración y con ello la productividad, ver: Cal Newport, Céntrate, Península, Barcelona, 8° ed. 2022.

82 La información que genera la comunicación se puede complementar con datos de tráfico, compras en línea, geolocalización y todo material que haya sido descargado como las búsquedas realizadas en los "motores" de la Web, videos, fotos, etc. A modo ilustrativo ver: "Carpenter v. United States", 138 S. Ct. 2206 (2018). Las búsquedas en internet resultan muy útiles en las investigaciones de homicidio. En Argentina el diario La Nación publicó el día 30 de junio de 2023, "El revelador historial de búsqueda de César Sena luego de la muerte de Cecilia". Al pie la nota decía que el presunto asesino había realizado búsquedas en internet sobre temas como "mente de asesino" o "cómo luxar un brazo", entre otras pistas que lo pusieron en el centro de la escena. La bajada del título decía: **"Qué pasa con el alma del ser querido que muere de forma violenta", "Mente de asesino", "Un asesino siente remordimiento**", fueron algunas de las búsquedas que realizó César Sena los días posteriores a la muerte de Cecilia Strzyzowski, cuando todavía la Justicia no lo investigaba por su desaparición. Su imputación es **homicidio triplemente calificado: por el vínculo, por femicidio y por el concurso premeditado de dos o más personas". En mis años de fiscal,** al llegar a una escena del crimen buscába-

En el caso de WhatsApp, el proveedor del servicio facilita el proceso de comunicación que cuenta con medidas que garantizan la seguridad de las mismas en base al cifrado de la información que se transmite lo que impide el acceso a terceros al menos con los medios hoy conocidos. Sí podría haber acceso a la información conservada de las comunicaciones enviadas a través de mensajería instantánea tanto en poder del proveedor, esto es hasta que el usuario al que le hubiese sido enviado dicho contenido se conectase y accediese a la aplicación como en los dispositivos utilizados por los comunicantes. En ambos casos, el contenido sigue siendo inexpugnable para terceros.

En el caso que sean comunicaciones enviadas y recibidas desde esta mensajería instantánea y que se conserven en alguno de los dispositivos móviles, la medida apropiada para obtener esa información no es la interceptación de comunicaciones sino el secuestro de datos digitales a partir de la requisa del dispositivo y una pericia o informe posterior. Es decir, no intervienen las fórmulas aplicables a la intervención o interceptación que hemos repasado por cuanto son archivos enviados o recibidos a los que se accede sea porque poseedor, dueño, titular del celular lo desbloqueó, dio su clave de acceso, o bien, porque la justicia ordenó el desbloqueo compulsivo.

La naturaleza de esa medida es discutida en Argentina, algunos entienden que es una inspección judicial seguida de una pericia o informe, otros un secuestro de datos digitales complementada con una pericia posterior. Más allá de la discusión que se genera en torno a la naturaleza también se ha puesto en duda —en doctrina más que en la práctica— la facultad judicial de disponer el desbloqueo compulsivo del dispositivo móvil. No es mi tema y por tanto no quiero extenderme al respecto, pero entiendo que bajo ciertas condiciones, puede el juez ordenar el desbloqueo compulsivo[83].

Por último, si bien la interceptación de las comunicaciones no sería viable en la actualidad en esta plataforma sí podrían obtenerse los datos de tráfico mediante la colaboración de la compañía proveedora siempre y cuando, este dispuesta a colaborar[84].

---

mos indicios en los restos de basura hoy, las investigadores bucean en los motores de búsqueda de internet.

83 Chaia Rubén, La Prueba Digital, Hammurabi, 2024, p. 103/278.

84 Algo que no sucede con la mensajería Telegram según indican los expertos.

11.2. Comunicación mediante mensajerías de Redes sociales

Dependiendo de la edad y la conformación social en nuestro medio, las mensajerías más utilizadas son Instagram, Facebook, Twitter. En ocasiones las personas se comunican en forma "privada" y otras lo hacen de modo "público" dependiendo del perfil de cada usuario y los filtros que utilice.

Al tratarse de datos que son descargados y archivados, pueden ser objeto de alguna práctica que permita recuperarlos. Los datos que generan estas comunicaciones son conservados por las proveedoras y pueden ser recuperados aun cuando el usuario haya borrado las comunicación y/o eliminado el perfil tal como lo dispone la normativa vigente. En nuestro medio, la información se podrá obtener mediante una orden judicial o bien, por medio de una pericia o inspección sobre los dispositivos que permita secuestrar los datos allí almacenados.

11.3. Obtención y Autenticación de datos

Por último, quiero señalar que el proceso de autenticación de un rastro digital obtenido de alguna mensajería instantánea difiere al que se utiliza para autenticar el contenido de una comunicación interceptada toda vez que intervienen distintas herramientas de injerencia probatoria.

La intervención e interceptación de comunicaciones dependerá de los instrumentos que utiliza el órgano que realiza la actividad pudiendo, a partir de la declaración de expertos, el uso de medios técnicos incluso del reconocimiento de voces, establecer la autenticidad del contenido que se presenta en juicio. Cuando se trata de mensajerías instantáneas, la ausencia de regulación en Argentina ha dado pie a procesos de autenticación a partir de la declaración de expertos, acreditación del buen funcionamiento del dispositivo, de la conservación del material, pero también, de pruebas emanadas del mundo físico como son indicios aportados por cámaras de seguridad, ingeniería social, declaración de testigos, etc.[85]

---

[85] *In extenso*: Chaia Rubén, La Prueba Digital, Hammurabi, 2024, t. I, p. 117/323.

12. EL COMPLEJO ASUNTO DE LOS "HALLAZGOS CASUALES" EN MATERIA DE INTERVENCIÓN E INTERCEPTACIÓN DE COMUNICACIONES

La necesidad de impedir que el estado transforme las interceptaciones en "excursiones de pesca" pretende evitar que se convierta en el estado policiaco al estilo de "Gran Hermano"[86].

Como dije más arriba, suele suceder que con motivo de una intervención telefónica que se obtengan datos sobre hechos delictivos distintos a los investigados. A diferencia de España[87], en Argentina, no todos los Códigos Procesales regulan las intervenciones de modo minucioso y tampoco todos señalan qué debe hacerse en el caso de hallazgos casuales, fortuitos, a "plena vista". Entiendo que si se dan los requisitos legales que exige la orden judicial, este tipo de datos puede ser asimilado a la doctrina de hallazgos fortuitos, con comunicación inmediata al juez que autorizó la medida aunque bajo ciertas condiciones.

Un repaso de la cuestión me lleva a sostener: si analizamos los hallazgos casuales o a simple vista como información obtenida sobre un hecho,

---

86 Me refiero al control y represión que se aprecia en 1984 el libro de George Orwell y la necesidad de mantener el control de la narración con herramientas como el Ministerio de la Verdad donde presta servicios Winston Smith. Los descubrimientos —también denominados hallazgos casuales— son tratados en la doctrina anglosajona bajo el concepto de hallazgo inevitable, la alemana utiliza la expresión *Zufallsfunden.* En todos los casos se refieren a descubrimientos casuales o hallazgos fortuitos. Son rastros adquiridos mediante una medida legítimamente ordenada y ejecutada que no se corresponden con el fin inmediato para la investigación para la que se autoriza esa medida y/o que afectan a personas diversas a aquellas que ha sido ordenada y/o ejecutada. De este modo, el hallazgo casual puede abarcar al ámbito objetivo de la investigación —hechos— o bien, al subjetivo —personas—.

87 El artículo 579 bis de la LECrim permite que el resultado de la apertura de la correspondencia pueda ser utilizado como medio de investigación o prueba en un proceso distinto del que se obtuvo requiriendo autorización judicial para continuar con la investigación y valorará el marco del hallazgo casual. El artículo 588 bis i) de la LECrim trata la cuestión respecto de intervenciones telefónicas o telemáticas. De este modo, en principio, los descubrimientos o hallazgos casuales son plenamente aprovechables entrando a jugar los principios de especialidad y alcances subjetivo / objetivo para establecer esa posibilidad, ver: STS, sentencia de 3 febrero de 2015. Vale señalar que hay autores que consideran que debe darse una relación entre el delito que se intenta hallar y el que realmente se encuentre tras la intervención telefónica o telemática.

circunstancia o persona no sujeta a investigación, podría concluirse que se trata de una injerencia, no autorizada y con ello, su producto ilegítimo especialmente cuando la "intención excluye la casualidad" en punto al hallazgo. En cambio, si consideramos que realmente se trata de un hallazgo ocasional bajo la construcción de cierta jurisprudencia norteamericana sobre descubrimientos inevitables podría resultar legítima[88].

Esta doctrina permite la utilización de la prueba obtenida —que de otro modo sería ilegal— cuando surge a partir de un descubrimiento ineludible como sería en este supuesto; un agente toma contacto con evidencias sobre un nuevo crimen al practicar una injerencia mediante una orden judicial fundada —y con todos los recaudos legales exigidos para su dictado— y de ese modo, accede a datos de forma casual, inevitable y no a la inversa; es decir, el agente no solicita una orden a sabiendas que se encontrará ese dato pero como no cuenta con elementos, busca la injerencia desde otra investigación que sí puede contar con fundamento para peticionar y eventualmente conseguir la medida. Si fuera así, sin dudas que estaríamos en presencia de una orden librada sin fundamentos y evidencia obtenida de manera ilegal, con actuación de mala fe de los funcionarios lo que pone en jaque todo el proceso. De allí que si fuera puesta en duda la legitimidad del acceso a la información, el estado deberá demostrar que estaba realizando la investigación y en el marco de la misma surgió ese hallazgo casual.

El TEDH, en "Prado vs. Alemania", del 3 de marzo de 2016, trató la cuestión en un caso de evidencia física donde el Juez autorizó un registro domiciliario para investigar un delito de falsificación y piratería industrial y se encuentran con 460 g de hachís lo que termina en una condena del titular. El tribunal sostuvo que el Juez habilitante, al decidir si autoriza o no el secuestro del hallazgo debe sopesar: a) la ejecución de la diligencia de la actuación en la que ha aparecido la casualidad ignorada, excluyendo actuaciones de mala fe, b) el marco en que se produjo el hallazgo, y la imposibilidad de haber solicitado en su momento la medida que lo incluyera porque fuera poco previsible anticiparla.

De esta manera, para mantener el control judicial y el permanente análisis de proporcionalidad, en caso de surgir escuchas que puedan aparecer como posibles nuevos delitos, se debe de manera inmediata, sin solución de continuidad, ponerlo en conocimiento del Juez que autorizó la medida con el fin de que examine su propia competencia y la exigencia de pro-

---

[88] Llamada inevitable discovery doctrine, entre otros ver: "Brewer v. Williams", 430 U.S. 387, 1977. "Nix v. Williams", 467 U.S. 431, 1984.

porcionalidad, puesto que si no lo hace y continúan tomando datos sobre hechos no investigados se estaría autorizando una especie de prospección del comportamiento genérico de una o varias personas a través de las conversaciones telefónicas, lo que no es aceptable.

12.1. Hallazgos casuales. Estado de la cuestión en España

Según se aprecia en España el material será válido siempre que la circunstancia —hallazgo— sea puesta inmediatamente en conocimiento del juez competente, y éste, a su vez, resuelva de forma motivada: a) la ampliación de la investigación al ilícito casualmente descubierto[89], b) el inicio de una investigación independiente[90].

---

89 Sobre hechos que puedan ser conexos, homogéneos o no heterogéneos, para utilizar los términos que refiere la jurisprudencia y doctrina, ver: DÍAZ CABIABLE, José Antonio y Martín MORALES, La Garantía constitucional de la inadmisión de la prueba ilícitamente obtenida, Civitas, 2001, p. 176 yss. Cuando se habla de hallazgos casuales se exige además, como efecto disuasorio, que el solicitante haya tenido la imposibilidad de solicitar, oportunamente, la medida —respecto de esos hechos—, art. 579 bis 3 LECrim.

90 Un caso de lo que podría ser un hallazgo casual, de un particular cuando hacía su trabajo de técnico informático fue resuelto por el Tribunal Europeo es "Rueda v. España". Se trata de un ciudadano español que dejó su ordenador en el técnico para sustituir la grabadora que había dejado de funcionar. El técnico preguntó a Trabajo Rueda si tenía contraseña y éste le indicó que no. Siguiendo el procedimiento rutinario, y para probar el funcionamiento de la grabadora, abrió varios ficheros de la carpeta "Mis documentos" encontrando allí archivos de contenido pedófilo. El técnico denunció los hechos ante la policía y entregó el ordenador a la misma. La policía, sin orden judicial alguna, procedió a revisar todos los archivos del ordenador, no solo en "MIS DOCUMENTOS" sino también en "eMule" y en "Incoming". Esta persona luego fue detenida cuando fue a buscar la computadora. Fue luego condenado por posesión y difusión de imágenes de menores de carácter pornográfico, la condena fue confirmada por el ST. El TEDH, pese a considerar que la injerencia perseguía la prevención de una infracción penal y la protección de los derechos de los demás y se podría considerar como necesaria en una sociedad democrática, concluye que la incautación del ordenador y el posterior examen de los archivos que se encontraban en el mismo, sin autorización judicial, no habían sido proporcionados al fin buscado ni necesarios en una sociedad democrática. Entendió que no existían razones de urgencia para exigir una intervención sin demora, ni había riesgo para los archivos —el ordenador estaba apagado y sin cable de red que permitiese conectarse a Internet—. Con ello, el Tribunal falla a favor del condenado afirmando que existió una violación

La jurisprudencia ha tratado cuestiones de vital importancia en la materia donde los hallazgos casuales responden a dos premisas: a) por aplicación del principio de especialidad, no es admisible decretar una intervención general sin la adecuada precisión de los hechos delictivos ni extender la autorización en "blanco", siendo exigible concretar el fin del objeto de la intervención y que éste no sea rebasado, ver: SSTS 818/2011, de 21 de julio y 372/2010 del 29 de abril, b) la Constitución no exige, en modo alguno, que el funcionario que se encuentra investigando un hecho de apariencia delictiva "cierre los ojos" ante indicios de un delito que se presente a su vista, aunque se trate de hechos distintos al que investiga siempre y cuando la investigación oficial no sea utilizada fraudulentamente para burlar derechos y garantías, ver: SSTC 41/1998, del 3 de marzo y 49/1996 del 26 de marzo[91].

---

de su derecho a la vida privada reconocido en el artículo 8 del Convenio Europeo de Derechos Humanos.

91 Se entiende que el estado no puede renunciar a investigar una *notitia criminis* incidentalmente descubierta en una intervención judicial dirigida a otro fin, aunque ello implique una nueva autorización judicial específica y distinta. De allí que los hallazgos casuales sean válidos requiriendo una nueva autorización judicial —o comunicación y anuencia, según el caso— para continuar con la investigación sobre el hallazgo, ver: STS 740/2012 de 10 de octubre, STS 991/2016 del 12 de enero, al considerarlos *notitia criminis* que deben ser inmediatamente puesto en conocimiento de la autoridad judicial; distinguiendo si se trata de delitos conexos en los que resuelve el mismo juez o, no conexos que remite al juez competente, STS 167/201 del 24 de febrero y 940/2011 del 27 de septiembre. Con ello, los delitos "heterogéneos" al investigado requieren el inicio de una nueva investigación sin que la gravedad del delito imponga límites. Además, sobre medidas de investigación tecnológicas se sostuvo que la resolución habilitante del procedimiento matriz legitima el hallazgo pero no la continuación de la medida de investigación restrictiva de derechos fundamentales que deberá ajustarse a la regla general esto es, por aplicación del principio de especialidad, debe obtener una nueva resolución judicial que legitime la aparición y reconduzca la investigación con razonamientos precisos, STS 616/2012 de 10 de junio. el Sobre hallazgos casuales en intervenciones telefónicas puede también consultarse: STS 768/2007 1 de octubre, STS 612/2012 del 10 de julio, STS 1915/2013 de 14 de marzo. En otro orden, rechazando la aplicación de la teoría se ha dicho: "Es cierto que la entrada inicial en el ordenador puede justificarse por la existencia de un virus, pero la actuación empresarial no se detiene en las tareas de detección y reparación, sino que, como dice con acierto la sentencia recurrida, en lugar de limitarse al control y eliminación del virus, "se siguió con el examen del ordenador" para entrar y apoderarse de un archivo cuyo examen o control no puede considerarse que fuera necesario para realizar la reparación interesada. De esta forma, no cabe entender que estemos ante lo que en el ámbito penal se califica como un "hallazgo casual" (sen-

12.2. La situación en Argentina

En el caso de Argentina, nuestra legislación, en algunos casos prevé el hallazgo de elementos delictivos no relacionados con el objeto de la requisa, tal como se aprecia en el artículo 139 del CPP Federal, Ley 27063, al disponer: "Si en el estricto cumplimiento de la orden de allanamiento se encontraren objetos que evidenciaren la comisión de un delito distinto al que motivó la orden, se pondrá en conocimiento del juez o representante del Ministerio Público Fiscal interviniente quien, en caso de estimarlo adecuado, ordenará su secuestro". En igual sentido, artículo 169 del CPP de Corrientes: "Si en el estricto cumplimiento de la orden de requisa se encontraren objetos que evidencien la comisión de un delito distinto al que motivó la orden, se pondrá en conocimiento del fiscal quien, en caso de estimarlo adecuado, ordenará su secuestro"[92].

Además, la teoría de los "hallazgos casuales" puede ser invocada a partir de un análisis integral de la teoría de la Prueba Ilícita y sus excepciones las que, a partir del desarrollo de la jurisprudencia, se ha ido reconociendo en el ámbito judicial[93].

12.3. Hallazgo casual. A modo de síntesis

Sobre la posibilidad de ponerle límites a los hallazgos casuales estimo que corresponde hacerlo y para ello podemos adecuar algunas fórmulas tomadas especialmente de la doctrina y jurisprudencia extranjera que, por su desarrollo, pueden ser útiles:

En una primera fórmula podemos acudir a un análisis hipotético a fin de establecer: A) si la medida original fue legalmente ordenada, B) si la

---

tencias de 20 de septiembre, 20 de noviembre y 1 de diciembre de 2006), pues se ha ido más allá de lo que la entrada regular para la reparación justificaba", STS, sentencia del 23 de octubre de 2018, STS 3754/2018 - ECLI:ES:TS:2018:3754.

92 Esa excepción a la posibilidad de incautación sin orden judicial también lo prevé el artículo 178 del CPP de Corrientes.

93 Este tema lo traté en La Prueba en el Proceso Penal, Hammurabi, p. 129/145. Aceptado por la jurisprudencia, por ejemplo, en materia de estupefacientes, ver: "INCIDENTE DE EXCARCELACIÓN DE CALIVAR CORBALÁN, MARIANA FERNANDA P/ INFRACCIÓN LEY 23.737" y N° FMZ 19949/2022/2/CA2 caratulados "LEGAJO DE APELACIÓN DE CALIVAR CORBALÁN, MARIANA FERNANDA P/ INFRACCIÓN LEY 23.737, CFMendoza, Sala B, 04/08/22 también en intervenciones telefónicas: "Lorenzo", CNACyCF, 08/06/04.

medida original fue legalmente ejecutada, C) sí, un juez hubiera ordenado la injerencia respecto del hallazgo en esas mismas condiciones; es decir, si el hallazgo casual podría haber sido parte de una orden judicial emanada del juez competente en caso de haber sido solicitada[94].

Con ello, la injerencia específica sería admisible con relación al hecho descubierto accidentalmente, sólo si hubiera sido válido ordenarla para ese hecho —acudimos a un juicio hipotético—.

En este punto no sólo se valora el contexto y el pedido en términos de racionalidad y proporcionalidad sino que además se toma en consideración que el delito descubierto mediante ese rastro se encuentre entre las figuras que los códigos o leyes procesales habilitan para el dictado de la injerencia. En otros términos, se puede discutir si el pedido de la orden judicial fue deliberadamente ignorada por el agente para realizar la injerencia con la excusa de buscar otra prueba.

A partir de ese punto y dado que el hallazgo casual tiene dos variantes: una objetiva que actúa sobre el objeto de investigación y otra subjetiva que gira en torno a los sujetos que involucra: el sospechado o terceras personas tenemos que analizar los dos aspectos.

Desde una posición tradicional, el punto de vista objetivo, permite verificar si la evidencia hallada guarda relación con el delito investigado, en caso positivo es factible ampliar la orden bajo los fundamentos ya expuestos dado que el hallazgo puede complementar o formar parte de la investigación en curso en cambio, si se trata de nuevos hechos delictivos, no conectados con el original, esa información obtenida de forma casual incluso, inevitable, actúa como *notitia criminis* a lo que se agrega, en el caso de injerencias reguladas, la exigencia que el delito que la nueva evidencia permite descubrir, investigar o probar se encuentre entre los que la ley contempla como sujetos a ese tipo de injerencias.

Otra fórmula que se utiliza es el de "flagrancia delictiva": entendiendo que los agentes no pueden mirar hacia otro lado ante la comisión de un

---

94 Por ejemplo, algunos países entienden que para las injerencias en comunicaciones debe tratarse de (1) delitos dolosos castigados con pena con límite máximo de al menos tres años de prisión, (2) delitos cometidos en el seno de un grupo u organización criminal, (3) delitos de terrorismo", Derecho procesal penal alemán y español, Klaus Volk Kai Ambos Andrea Planchadell Gargallo Ana Beltrán Montoliu Christa M. Madrid Boquín, Publicacions de la Universitat Jaume I, Colección Sapientia 188, p. 171.

delito flagrante[95] se permite la injerencia y su posterior utilización siempre y cuando se comunique de inmediato a la autoridad, ésta lo autorice y, si correspondiere, se dé inicio a una nueva investigación.

Bajo este paraguas, se permite la aplicación de todos los filtros y controles que provienen de un análisis posterior de razonabilidad, proporcionalidad, necesidad, y legalidad para el supuesto que existan limitaciones legales sobre qué tipo de conductas delictivas pueden ser materia de injerencia.

Con ello, para descartar una "excursión de pesca" el investigador debe fundar la petición de una orden judicial de injerencia en datos concretos, en información que permita vincular al sospechado con el dispositivo y a los datos que éste pueda tener almacenados con el delito objeto de in-

---

95 STS 18.06/1999 RJ 1999-5979. En esa línea: "No puede renunciarse a investigar la *notitia criminis* incidentalmente descubierta en una investigación dirigida a otro fin, aunque ello hace precisa una nueva autorización judicial específica o una investigación diferente de que aquélla sea mero punto de arranque", STS 15 de julio de 1993, RJ 1993/6089. Al definir la flagrancia delictiva el Tribunal dijo: "la flagrancia viene configurada por la evidencia sensorial del hecho delictivo que se está cometiendo o se acaba de cometer en el mismo instante de ser sorprendido el delincuente, siendo así conocida directamente tanto la existencia del hecho como la identidad del autor, percibiéndose al tiempo la relación de este último con la ejecución del delito y dándose evidencias patentes de tal relación. Ese carácter resplandeciente ("flagrans") o directamente manifiesto del delito y su responsable se perfila de acuerdo con específicas notas sustantivas y adjetivas: Las primeras están constituidas por una temporal, de inmediatez, esto es, que la acción delictiva se esté desarrollando o acabe de desarrollarse en el momento en que se sorprende o percibe; y otra, personal, cual es que el delincuente se encuentre en el lugar del hecho en situación o relación con aspectos del delito —objeto, instrumentos, efectos o evidencias materiales del mismo— que proclamen su directa participación en la ejecución de la acción delictiva. A estas dos notas materiales deberán agregarse otras dos de orden adjetivo integradas por la percepción directa y efectiva —nunca meramente presuntiva o indiciaria— de aquellas condiciones antes dichas; así como la necesidad urgente de la intervención, urgencia que si bien va normalmente unida a las situaciones de flagrancia —como medio de evitar ya la consumación del delito que se está cometiendo, ya el agotamiento del que se acaba de cometer, ya la desaparición de los efectos y huellas del delito que se está percibiendo directa y sensorialmente— ha de valorarse siempre en función del principio de proporcionalidad, evitando intervenciones desmedidas o lesiones de derechos desproporcionadas respecto al fin con ellas perseguido. Aspecto este último que adquiere especial relieve cuando la intervención inmediata afecta a derechos fundamentales de un ciudadano, como es la entrada y registro en un domicilio particular", STS S, 2ª, de 28.12.1994 (RJ 1994/10321).

vestigación, el hecho y/o sus circunstancias lo que se extiende todos los implicados[96].

13. INTERCEPTACIÓN Y SECUESTRO REMOTO DE COMUNICACIONES TELEMÁTICAS

Tal como hemos visto que el acceso a la correspondencia y comunicaciones en general que se realicen por medio de una computadora, celular o cualquier otro dispositivo debe realizarse mediante una orden judicial. Ahora bien, el problema se presenta cuando lo que se busca es una comunicación pasada requiriendo una "requisa" o "allanamiento" remoto algo que no se encuentra prácticamente regulado en Argentina. La pregunta que debemos hacernos es ¿si se puede secuestrar esas comunicaciones aplicando analógicamente las disposiciones con las que cuentan los Códigos vigentes.

---

96 Creo, como dije más arriba, que hay que justificar el por qué se pretende acceder al dispositivo ex ante y cuál es la finalidad concreta de la medida en función de la investigación en curso por cuanto, es posible que se busque acceder a la información contenida en el dispositivo mediante una excusa y con ello, se obtengan datos para incriminar al sujeto por otro asunto o bien, sin tener una sospecha razonable lo que lisa y llanamente implica ir de pesca. No busco para ver si tengo algo para investigar, lo hago para probar lo que estoy investigando. En esa línea se ha dicho: "Los hallazgos casuales en el sentido del § 108 siempre pueden ser incautados durante un registro; sin embargo, los conocimientos casuales durante una vigilancia lícita según el § 100a no siempre pueden ser valorados de manera directa. Depende de si se trata de un hecho del catálogo.234 Con el § 479, inc. 2.°, 2.ª oración (hasta noviembre de 2019: § 477 inc. 2.°, 2.ª oración), 235 el legislador ha confirmado el sistema desarrollado por la jurisprudencia. Con todo, la valoración *indirecta* debe ser posible (cf. *supra* nm. 45) y la infracción contra el § 100a *carece de efecto extensivo.* Ejemplo: Por la sospecha de un hurto (§ 242 StGB) la policía lleva a cabo una intervención telefónica (violación del § 100a: no es un hecho del catálogo, no hay orden judicial). Lo que ha sido escuchado no puede emplearse para acreditar el hurto. D ha manifestado, además, que él falsifica tarjetas de crédito (§ 152a StGB, no es un hecho del catálogo). Tampoco esto puede ser valorado de manera directa. No obstante, a la policía le está permitido realizar un registro en la casa de D con el objeto de incautar todas las falsificaciones. El ejemplo muestra que esta teoría provoca la lisa y llana omisión de los presupuestos de la injerencia", Derecho procesal penal alemán y español, Klaus Volk Kai Ambos Andrea Planchadell Gargallo Ana Beltrán Montoliu Christa M. Madrid Boquín, Publicacions de la Universitat Jaume I, Colección Sapientia 188, p. 161.

En otras palabras, debemos distinguir "interceptar" de "secuestrar" comunicaciones bajo el siguiente esquema: **a)** si se trata de comunicaciones en tiempo real entiendo que no existe problema en que sean interceptadas mediante una orden judicial cumpliendo los requisitos que la ley impone en cambio, **b)** si lo que se pretende es rastrear y secuestrar son comunicaciones pasadas, aquellas que ya se encuentran archivadas, la medida que corresponde es la de requisa —allanamiento— y secuestro remoto por tanto, en este punto, deben aplicarse las previsiones legales que rigen esas medidas[97].

En el punto b), el problema se presenta en los casos donde se pretende aplicar la regulación de requisa y secuestro físico a medios digitales problema que se agrava si tenemos en cuenta que los programas permiten ingresar a todo el soporte, sus actividades pasadas y presentes, permanecer allí y espiar en tiempo real lo que sucede, lo que se conversa o hace, incluso puede interactuar remotamente sin ser detectado, configurando un conjunto de medios probatorios en una sola práctica: allana, requisa, secuestra, interviene, intercepta, observa, graba, elimina siendo evidente que en Argentina no existe un medio de prueba "similar" al que se pueda aplicar analógicamente[98].

Así, mediante un programa que envíe un mails de un organismo oficial a un dispositivo lejano, podría alojarse un espía que investigue, recopile in-

---

97 Sobre la protección de las comunicaciones más allá del medio pueden verse: Causa CCC 37443/2018/2/CA2, CNACyC, Sala VI, 31/07/18, ver además: dictamen del Procurador General de la Nación en "DSD / violación de correspondencia", 24 de junio de 2014 y autos "Jutton Juan Carlos s/ denuncia delito contra la seguridad pública", CSJN, del 20 de noviembre de 2012. También "Falik", CACyC, sala VII, del 4 de julio de 2008, "Grimber Alfredo, CNCyC, Sala I, 11/02/03, "Yelma Martin, CCyC Sala, I, 22/04/03, "Calleja Marta", CNCyC, Sala I, 08/07/04, "Malomo Enrique", CNCyC, Sala IV, 23/11/04, "Lanatta Jorge", CNCyC, Sala VI, 04/03/99. Bajo ciertos requisitos, comparto la postura de HAIRABEDIAN al indicar que no existe diferencia cualitativa ni sustanciación desde el punto de vista constitucional entre la intervención de comunicaciones hechas por un método tradicional y la realizada mediante un programa espía, porque los recaudos no varían: orden jurisdiccional fundada, limitada en el tiempo, determinada, proporcionada y la materia u objeto de conocimiento generalmente es la misma: comunicaciones del investigado. *El acceso a información y datos de teléfonos celulares*, 2017, p. 471

98 La intensidad de la injerencia estatal es la preocupación expuesta por SALT exigiendo una regulación legal expresa para legitimar su utilización: *nulla coactio sine lege, cfr. Nuevos desafíos de la evidencia digital: acceso transfronterizo y técnicas de acceso remoto a datos informáticos*, 2017, p. 159/60.

formación —sean archivos de texto, gráficos, contactos, correos, agendas, fotos o videos— y la grabe y/o envíe sistemáticamente sin ser advertido por el titular o bien, que obtenga la clave de acceso y habilite el ingreso remoto de un operador sorteando las dificultades que implican el traslado físico hacia un sitio, el secuestro del aparato y acceder al mismo[99].

Ante este cuadro se presentan las siguientes alternativas:

- No se puede llevar adelante el allanamiento, registro y secuestro remoto de comunicaciones pasadas —archivadas— por no encontrarse previsto legalmente.
- Se prohíbe aplicar analógicamente al secuestro remoto las previsiones para los allanamientos, registros y secuestros físicos.
- Sólo con una previsión legal clara y previsible, esas medidas de injerencia como la requisa y secuestro remoto podrían adoptarse. Es decir, se las admite pero con regulación específica y para casos taxativamente expuestos en la ley.
- Es posible realizar una interceptación de comunicaciones telemáticas en forma remota, con arreglo a las disposiciones vigentes sobre la materia[100].
- Es factible llevar adelante un allanamiento, registro y secuestro remoto aplicando analógicamente la legislación vigente para elementos físicos, fijando claramente las pautas a la que será sometido, me-

---

99 El espía es llamado programa malicioso: *malware*. Como no son detectados trabajan desde la informalidad sin que el sujeto que opera el dispositivo se entere. También puede darse con la colocación de un dispositivo físico como un pendrive o la clonación por acercamiento de un celular. Pero sin dudas que el acceso remoto implica menores costos y riesgos. Señala SALT, que la Corte Federal Alemana declaró inválida la utilización de registro y secuestro de datos a distancia el 31 de enero de 2007. Señala que en la decisión, en cierta medida, reconoce que la utilización de estos mecanismos sin estar expresamente legislados resultaba ilegítima desechando la posibilidad de aplicar por analogía las normas previstas para el registro y secuestro de elementos físicos como para las normas previstas para la interceptación de comunicaciones. Agrega que la decisión no señala que esos mecanismos sean de por sí contrarios al texto constitucional sino que requieren de regulación legal que los habilite. SALT, *Nuevos desafíos de la evidencia digital: acceso transfronterizo y técnicas de acceso remoto a datos informáticos*, 2017, p. 89/90.

100 Al respecto ver: HAIRABEDIAN, *El acceso a información y datos de teléfonos celulares*, 2017, p. 471, SALT, *Nuevos desafíos de la evidencia digital: acceso transfronterizo y técnicas de acceso remoto a datos informáticos*, 2017, p. 167.

diante una resolución fundada que tenga en cuenta los siguientes recaudos:

a. Identificar debidamente el destinatario de la medida o, sitio en que se encuentra alojada la información que se pretende obtener. Se trata de consignar datos que permitan establecer con certeza la procedencia de la información, su fuente y origen.
b. Indicar el objeto concreto de búsqueda. No alcanza con disponer que se secuestre "toda información de utilidad" sino aquella que sea de interés para la investigación: fotos, videos, archivos, contactos.
c. Fijar el plazo en que habrá de desarrollarse la medida. Entiendo las dificultades que podría acarrear la instalación del programa, identificación de la información y su secuestro. En este caso, se establecerá concretamente esa circunstancia y con ello, el tiempo que demandará la medida. Lo que puede ser revisado. Cumplido ese objetivo el programa debe ser desactivado, caso contrario, toda la información que se colecte es ilegítima como ilegal el accionar de los agentes.
d. Disponer la notificación de la ejecución de la medida al titular de la información protegida. Este es el punto más álgido que encuentro de cumplimentar. Si se le avisa antes o durante la intrusión remota, es probable que el titular destruya el equipo o la información frustrando la medida. Si se exige que sea simultáneo con la presencia física de un agente en el domicilio, se condena al fracaso de la medida puesto que en general, estas tareas se emprenderán en sitios lejanos, incluso no individualizados. Quizás lo más prudente y razonable sea disponer que si está individualizado el domicilio se notifique una vez finalizada la operación.
e. Determinar que sólo se aplique en casos de delitos especialmente graves, cometidos por organizaciones criminales dedicadas al terrorismo, la trata, el tráfico de menores, narcotráfico o casos que involucren a menores de edad, secuestros extorsivos, soportes informáticos, entre otros.

Aún, así y pese a estos recaudos, insisto en advertir que en Argentina, los autores se oponen a aceptar la medida insistiendo en que no existe una habilitación legal expresa para que el estado, valiéndose de programas informáticos especiales —variables de espías o troyanos— ya sea que se instalen a distancia mediante engaño y violando las barreras de seguridad informática del sistema —utilizando vías de comunicación electrónica, como por ejemplo un mail— o se haga de modo subrepticio mediante el acceso físico al sistema objeto de investigación —por ejemplo con un pendrive— se obtenga a distancia todos los elementos de prueba de diferente naturaleza a los que esos medios tecnológicos permitan acceder[101].

Sin dudas que si tuviéramos una legislación procesal acorde con estos tiempos[102], este tema no quedaría en manos de la construcción dogmática o jurisprudencial y la seguridad jurídica —previsibilidad se adueñaría— al menos temporalmente de los procesos penales. Estamos atrapados entre la inacción que puede llevar a la impunidad[103] —incluso a la proliferación de delitos— y el potencial abuso o arbitrariedad; legislar es una forma de prevención pero también, es asumir la responsabilidad en un tema tan sensible como es la investigación penal de los casos más trascendentes de una sociedad.

13.1. La situación en España

La LECrim en su artículo 588 septies reguló los presupuestos que autorizan, mediante orden judicial, la utilización de datos de identificación y códigos, así como la instalación de un software, que permitan, de forma remota y telemática, el examen a distancia y sin conocimiento de su titular o usuario del contenido de un ordenador, dispositivo electrónico, sistema

---

101 Por ejemplo: SALT, *Nuevos desafíos de la evidencia digital: acceso transfronterizo y técnicas de acceso remoto a datos informáticos*, 2017, p. 158/9. El autor señala que no resultan admisibles como prueba válida en el proceso penal los archivos o datos informáticos que fueran obtenidos mediante lo que se denomina “allanamiento a distancia”, o sea cuando se accede a ellos mediante un programa informático instalado subrepticiamente que posteriormente envía la información almacenada en el pasado mediante internet a la computadora e investigadores. Agrega que no son asimilables ni aplicables analógicamente a un registro y secuestro de datos a distancia las normas procesales prevista para regular la habilitación legal del allanamiento y secuestro de elementos físicos, ibídem, p. 165/6.

102 Incluso la regulación del artículo 153 del CPP de Neuquén que expresamente regula el registro remoto —sólo establece: “También podrá disponerse el registro del dispositivo por medios técnicos y en forma remota”—, tiene omisiones que la hacen imprecisa y que pueden ser subsanadas al tiempo de emitir la orden por el juez aplicando estándares más elevados como por ejemplo, los contenidos en la LECrim, en su artículo 588 septies.

103 Sobre la preocupación por investigar ciertos delitos, ver: “José Minetti y Cía. Ltda. SACEI c/ Tucumán Provincia de s/ incidente de medida cautelar” CSJN, 6/03/18.

informático, instrumento de almacenamiento masivo de datos informáticos o base de datos[104].

Además, estableció que la resolución judicial que autorice el registro deberá especificar: a) Los ordenadores, dispositivos electrónicos, sistemas informáticos o parte de los mismos, medios informáticos de almacenamiento de datos o bases de datos, datos u otros contenidos digitales objeto de la medida. b) El alcance de la misma, la forma en la que se procederá al acceso y aprehensión de los datos o archivos informáticos relevantes para la causa y el software mediante el que se ejecutará el control de la información. c) Los agentes autorizados para la ejecución de la medida. d) La autorización, en su caso, para la realización y conservación de copias de los datos informáticos. e) Las medidas precisas para la preservación de la integridad de los datos almacenados, así como para la inaccesibilidad o supresión de dichos datos del sistema informático al que se ha tenido acceso. Incluso, si los agentes que llevan a cabo el registro remoto tengan razones para creer que los datos buscados están almacenados en otro sistema informático o en una parte del mismo, pondrán este hecho en conocimiento del juez, quien podrá autorizar una ampliación de los términos del registro. f) Los prestadores de servicios y los titulares o responsables del sistema informático o base de datos objeto del registro están obligados a facilitar a los agentes investigadores la colaboración precisa para la práctica de la medida y el acceso al sistema. Asimismo, están obligados a facilitar la asistencia necesaria para que los datos e información recogidos puedan ser objeto de examen y visualización. g) Las autoridades y los agentes encargados de la investigación podrán ordenar a cualquier persona que conozca el funcionamiento del sistema informático o las medidas aplicadas para proteger los datos informáticos contenidos en el mismo, que facilite la información que resulte necesaria para el buen fin de la diligencia. Para la ley española, esta disposición no será aplicable al investigado o encausado, a las personas que están dispensadas de la obligación de declarar por razón de parentesco, y a aquellas que no pueden declarar en virtud del secreto profesional. h) La medida tendrá una duración máxima de un mes, prorrogable por iguales períodos hasta un máximo de tres meses.

---

104 Debe tratarse de los siguientes delitos: "a) Delitos cometidos en el seno de organizaciones criminales, b) Delitos de terrorismo, c) Delitos cometidos contra menores o personas con capacidad modificada judicialmente, d) Delitos contra la Constitución, de traición y relativos a la defensa nacional, e) Delitos cometidos a través de instrumentos informáticos o de cualquier otra tecnología de la información o la telecomunicación o servicio de comunicación".

13.2. Allanamiento remoto y agente encubierto

En otro orden, si bien podría indicarse que el acceso remoto es asimilable a la tarea de investigación que realiza un "agente encubierto", entiendo que ello no es posible por cuanto no hay interacción con otras personas con fines de investigación sino que se trata de un espía dentro de un ámbito protegido que revisará, seleccionará y copiará todo tipo de información. Es como colocar una cámara de vigilancia dentro de una casa las 24 horas del día con el agravante que puede meterse dentro de los pensamientos de las personas y recorrer todo su pasado, sus preferencias, hacer un perfil completo sin ser detectado y sin correr riesgos personalmente.

14. CONSIDERACIONES CONCLUSIVAS

Luego de analizar el estado actual de la cuestión me propongo hacer un breve repaso a modo de conclusión:

1. En Argentina y España se regula la interceptación de correspondencia e intervención de las comunicaciones estableciéndose como regla la necesidad de contar con una orden judicial para adoptar la medida.

2. A diferencia de España, en Argentina prácticamente no existe regulación sobre el resto de las herramientas procesales que pueden utilizarse al ahora de secuestrar datos provenientes de comunicaciones pasadas, archivadas y otras cuestiones derivadas de la posible aplicación de nuevas tecnologías como podría ser el secuestro remoto de datos aplicándose, en algunas situaciones, la analogía procesal y el principio de amplitud probatoria lo que genera rispideces al equiparar las injerencias probatorias a las medidas de prueba; quedando librado a la improvisación del operador de turno habilitar o inhabilitar las prácticas y, eventualmente, el modo en que se llevarán adelante.

3. Es evidente que la intensidad de las medidas de injerencia y la cantidad de datos que genera la "comunidad en línea" hace necesario regular la materia a fin de evitar el uso abusivo y arbitrario de medidas de injerencia en éste ámbito.

4. El control sobre la motivación que da lugar a la injerencia debe realizarse ex ante y puede hacerse ex post dado que la medida no sólo debe estar prevista sino que debe resultar necesaria, razonable y proporcional en el caso concreto.

5. La ausencia de regulación y la imposibilidad de seguir el avance de la tecnología mediante la constante actualización legislativa nos interpela sobre los alcances del principio de legalidad procesal, su vigencia, actualidad y la necesidad de buscar herramientas que permitan adaptarlo —¿flexibilizarlo?— a fin de evitar la comisión e impunidad de graves delitos.

6. Las utilización masiva de mensajerías instantáneas protegidas de "extremo a extremo" han desplazado el eje de las investigaciones de las comunicaciones "actuales" —tiempo real— al uso de comunicaciones "pasadas" en la investigación de los casos lo que traslada el problema hacia la búsqueda y obtención de archivos digitales más que a la interceptación de comunicaciones actuales requiriéndose para ello nuevas y actualizadas técnicas de investigación y regulaciones precisas con el foco puesto en el desbloqueo compulsivo, los hallazgos casuales, las limitaciones objetivas y subjetivas y el uso del material obtenido en la ejecución de la medida.

7. Junto a los hallazgos casuales de rastros de nuevos delitos al practicarse una medida como la analizada en el punto anterior debe regularse precisamente que se hará con el material obtenido dado que la utilización inapropiada de ese material es un tema complejo que toca abordar y que no puede ser tratado con viejas herramientas, con aquellas pensadas para la apertura de cartas o intervención de teléfonos de línea fija.

Hay mucho por hacer, mucho camino por recorrer, celebro esta oportunidad de intercambio y acercamiento entre quienes nos dedicamos a trabajar en el terreno probatorio. Experiencias como éstas sin dudas permitirán adoptar las mejores prácticas y adaptar las mejores leyes. Gracias, saludos cordiales,

El agente encubierto informático en España y en el ámbito comparado

LUIS LAFONT NICUESA
Fiscal

SUMARIO: 1. CONCEPTO Y RASGOS BÁSICOS. 1.1. Su implantación y regulación legal en España. 1.2. Rasgos específicos y comunes con el agente convencional. 2. DOS PROBLEMAS. 2.1. El agente entra en contacto con falsos culpables. 2.2. Ausencia de especialización. 3. DELITOS QUE PUEDE INVESTIGAR. 4. NECESARIA AUTORIZACIÓN JUDICIAL. 5. DIFERENCIAS CON OTRAS FIGURAS DE INFILTRACIÓN. 5.1. Utilización directa por la policía del nickname de un detenido con su consentimiento. 5.2. Apropiación de la identidad en línea sin consentimiento. 5.3. Policía llega a un acuerdo con el detenido para que este interactúe bajo la monitorización policial. 5.4. Comunicación del agente encubierto físico con el sospechoso por e mail. 6. SOLICITUD DE AUTORIZACIÓN JUDICIAL. 6.1. Derecho a la discreción. 6.2. Ultima ratio. 6.3. Aportación en la solicitud de varias identidades y medios virtuales de interacción. 6.3.1. El investigado rompe el contacto. 6.3.2. El investigado propone otro medio virtual de comunicación. 6.4. Previsión de posibles interacciones ajenas a la comunicación en el canal cerrado autorizado. 6.4.1. El investigado quiere mantener una videoconferencia o reunión presencial. 6.4.2. El investigado quiere hablar por teléfono. 6.4.3. Otras investigaciones tecnológicas. 7. ACTIVIDAD INVESTIGADORA DEL AGENTE. 7.1. Conversar on-line. 7.2. Actuación en el tráfico jurídico y social. 7.3. Obligación de informar. 7.4. Intercambio y envío de archivos ilícitos. 8. DURACIÓN DE LA INFILTRACIÓN. 9. EXENCIÓN DE RESPONSABILIDAD. 10. ACTUACIÓN INTERNACIONAL. EL CASO SCHROOTEN. 11. EL AGENTE INFILTRADO EN JUICIO. 11.1. Deber de comparecer como regla general. 11.2. Contenido de la declaración. 11.3. Valor probatorio de la declaración del infiltrado. 12. LA PROVOCACIÓN. 13. INFILTRACIÓN Y TRATA. 14. EL AVATAR VIRTUAL COMO AGENTE ENCUBIERTO. SWEETIE. 15. CONCLUSIONES. Bibliografía.

1. CONCEPTO Y RASGOS BÁSICOS

1.1. Su implantación y regulación legal en España

La legislación española sobre el agente encubierto era insuficiente para combatir una serie de delitos como la pederastia cuando asumían estructuras de crimen organizado[1]. Existían vacilaciones jurisprudenciales sobre si

---

1 La operación policial Cathedral desmanteló una red internacional de pederastas denominada Wonderland Club, en la que se compartían un número estimado

un foro pederasta era o no organización criminal[2]. Asimismo, el catálogo de delitos previstos para agentes físicos se revelaba insuficiente para investigar los cometidos a través de las Tecnologías de la Información y la Comunicación: daños informáticos, las estafas informáticas masivas concertadas por grupo organizado (Phishing) o el blanqueo informático de capitales[3]. Por último, existía una preocupación por la ausencia de una cobertura normativa que permitiera al policía encubierto enviar archivos pornográficos con menores cuando el clan pederasta los reclamaba como "precio" para ser invitado a un foro pedófilo[4]. La situación de inseguridad jurídica

---

de dos millones de archivos pornográficos con menores. Wonderland era una comunidad de pedófilos muy organizada con rígidos protocolos para ingresar y sofisticadas medidas de seguridad como un sistema de encriptación ideado por el antiguo KGB soviético. Un requisito para ingresar al club, además del aval de un miembro, era la expectativa de suministrar 10,000 imágenes pornográficas de niños de producción propia.

2 La STS nº 767/2007, de 3 de octubre (*Tol 1156511*) aceptó la posible presencia de una organización que permitía al encubierto investigar ya que el sospechoso aludió a la posible presencia de un foro denominado la gran familia y la mera tenencia por el investigado de material pedófilo lo que exige necesariamente la intervención de una pluralidad de personas. Asimismo, la STS nº 1044/2004, de 10 de diciembre (*Tol 556733*) incidió para apreciar organización en la coordinación de la red sin que haya de requerirse para configurar la trama estructurada, en este ámbito de la comunicación "redial", un conocimiento personal, directo y recíproco de los diferentes integrantes del grupo. Por el contrario, la STS nº 913/2006, de 20 de septiembre (*Tol 1014262*) rechazó que una estructura de intercambio de archivos pedófilos fuera organización delictiva.

3 El informe del Consejo Fiscal (2015) al Anteproyecto de la Ley 13/2015 expone que el ámbito de actuación del agente encubierto convencional "venía limitando de forma importante las posibilidades de utilización de esta técnica en las investigaciones on-line, dado que muchas de las actividades ilícitas más frecuentes —como el acoso a menores de edad— no se llevan a efecto en el marco de grupos de delincuencia organizada y otras de ellas —como los ataques a sistemas informáticos— no están incluidas en la mencionada relación de delitos".

4 En su comparecencia de 27 de junio de 2013 ante las Cortes Generales (Ponencia conjunta de estudio sobre los riesgos derivados del uso de la Red por parte de los menores), la Fiscal de Sala Coordinadora de delitos informáticos, Tejada De La Fuente, E manifestó que "Es un hecho constatado que en ocasiones para acceder a foros muy restringidos como son los de fabricación de pornografía infantil o aquellos en que se están gestando y organizando ataques informáticos muy serios, es preciso que quien pretende ingresar de alguna manera demuestre una cierta sintonía con la actividad ilícita que ahí se desarrolla…ello obliga a plantearse la conveniencia de regular la autorización por parte del órgano judicial, a quien vaya a actuar como agente encubierto, para realizar actos concretos que en sí mis-

y la necesidad de implementar legalmente esta técnica investigadora era evidente[5].

Por ello, en el año 2015[6] se introdujo en la Ley de Enjuiciamiento Criminal española un nuevo apartado, el 6 al art. 282 bis que establece "El juez de instrucción podrá autorizar a funcionarios de la Policía Judicial para actuar bajo identidad supuesta en comunicaciones mantenidas en canales cerrados de comunicación con el fin de esclarecer alguno de los delitos a los que se refiere el apartado 4 de este artículo o cualquier delito de los previstos en el artículo 588 ter a.

El agente encubierto informático, con autorización específica para ello, podrá intercambiar o enviar por sí mismo archivos ilícitos por razón de su contenido y analizar los resultados de los algoritmos aplicados para la identificación de dichos archivos ilícitos". Con esta reforma, afirma la STS nº 140/2019, de 13 de marzo (*Tol 7118521*) "...el legislador, una vez más, de adaptar el texto legal a la sociedad digitalizada en la que nos encontramos inmersos".

No obstante, aun nacido el agente encubierto virtual físico para combatir la pornografía infantil, en España se ha empleado principalmente en la lucha contra el terrorismo y adoctrinamiento yihadista.

Se planteó si las infiltraciones informáticas realizadas con anterioridad a la entrada en vigor de la norma que reguló el encubierto virtual eran nulas por no tener una cobertura legal específica. La STS nº 140/2019, de 13 de marzo (*Tol 7118521*), señala que el art. 282 bis, LECRIM antes de la LO 13/2015, no establecía restricción alguna en cuanto al medio de investigación y que la STC 169/2001 resuelve la cuestión cuando dice que: "...la insuficiente adecuación del ordenamiento a los requerimientos de certeza crea para los hipotéticos destinatarios de las medidas un peligro en

---

mos serían constitutivos de delito pero que resultan imprescindibles para acceder a esos foros y continuar la investigación iniciada".

5 En su comparecencia de 20 de mayo de 2013 ante las Cortes Generales (Ponencia conjunta de estudio sobre los riesgos derivados del uso de la Red por parte de los menores), el Comandante Jefe del Grupo de Delitos Telemáticos de la Unidad Central Operativa de la Guardia Civil, De La Cruz Yagüe, O advirtió que "Si no implementamos figuras como la del agente encubierto, nos vamos a quedar sin herramientas como para poder acceder a esos foros y detectar qué personas están compartiendo ese material, y que normalmente es el más grave.

6 La LO 13/2015, de 5 de octubre 5 de octubre, de modificación de la Ley de Enjuiciamiento Criminal para el fortalecimiento de las garantías procesales y la regulación de las medidas de investigación tecnológica.

el que reside dicha vulneración, no implica por sí misma necesariamente la ilegitimidad constitucional de la actuación de los órganos jurisdiccionales, siempre que éstos hubieran actuado en el caso concreto respetando las exigencias dimanantes del principio de proporcionalidad…". La STS nº 173/2018, de 11 de abril (*Tol 6586812*) señala como la acusación particular evoca "…la jurisprudencia sobre ciber agentes, recaída antes de su plasmación legal en la legislación (reforma de 2015). Venía siendo admitida esa figura por el TS. Paradigmáticas son las SSTS 767/2007, de 3 de octubre; o 752/2010, de 14 de julio". Completamente de acuerdo. No existía una prohibición de que el agente encubierto se infiltrara por medios tecnológicos y los órganos judiciales examinan la proporcionalidad de la investigación, en particular la ausencia de una provocación delictiva.

La infiltración virtual y física comparten un dato básico nuclear común. Ambas buscan el engaño mediante el empleo de una identidad ficticia. El infiltrado, sea convencional o tecnológico, es un actor en una peligrosa escenificación. La STS nº 975/2007, de 15 de noviembre (*Tol 1213996*) destaca como la técnica investigadora "es una simulación que permite la ley (una puesta en escena teatral, podríamos decir), que autoriza el ordenamiento jurídico para introducirse en las organizaciones criminales, en donde el agente ha de desempeñar un "papel", que confunda a los integrantes de tal organización, y les permita suponer que se trata de "uno de ellos" con objeto de conseguir pruebas que la desarticulen".

1.2. Rasgos específicos y comunes con el agente convencional

En España son aspectos específicos del encubrimiento policial tecnológico:

- Solo puede actuar en el mundo virtual[7] y, en concreto en canales cerrados de comunicación.

---

[7] Proaño Reyes, G. (2018). "La necesidad de incorporar el agente encubierto cibernético en la Legislación Ecuatoriana". *Iuris Dictio. Revista de Derecho,* (22), p. 223. Afirma que el agente encubierto cibernético "no se encuentra limitado a una circunscripción territorial, sino que pasa a ser un agente encubierto cibernético, digital, online, o informático, ejecuta la operación encubierta en un espacio cibernético o virtual, caracterizado por ser ilimitado, exuberante y acéntrico. Sus actuaciones en este entorno de algoritmos y claves alfanuméricas no colocan su vida en peligro o en riesgo físico por la latente posibilidad de ser identificado, sino que tendrá una identidad virtual, que se nutre el anonimato propicio de Internet".

- Su intervención requiere siempre autorización judicial. No puede ser habilitado por el fiscal.
- El ámbito objetivo de su investigación es muy amplio, abarcando desde organizaciones criminales hasta cualquier delito cometido empleando tecnología.

Aunque la ley no lo prevea expresamente, en todo lo no regulado expresamente para el virtual, será también de aplicación lo dispuesto para el agente físico en el art. 282 bis LECRIM[8]. Por tanto, debe ser un policía judicial voluntario, su identidad supuesta será otorgada por el Ministerio del Interior por el plazo de seis meses prorrogables por períodos de igual duración, quedando legítimamente habilitados para actuar en todo lo relacionado con la investigación concreta, podrá actuar en el tráfico jurídico o social, se le aplica una exención privilegiada de responsabilidad criminal por los delitos que sean consecuencia del desarrollo de la investigación, siempre que sean proporcionados con la finalidad de la investigación y no constituya provocación del delito, y previa autorización judicial podrá autorizar la obtención de imágenes y la grabación de las conversaciones que puedan mantenerse en los encuentros previstos entre el agente y el investigado, aun cuando se desarrollen en el interior de un domicilio. Asimismo, previa resolución judicial podrá mantener su identidad ficticia mientras declare en juicio.

El infiltrado virtual no puede separarse del físico en sus aspectos sustanciales. Una solución alternativa que permitiera obligar al policía a infiltrase, que no deba informar, sobre el que no haya cautelas para proteger su identidad y que no tenga inmunidad, es irreconocible, desconoce garantías básicas, y pone en peligro la seguridad física y jurídica del encubierto.

El agente virtual se ha considerado una suerte de "pariente pobre" o "hermano menor" del físico por no poner su vida en peligro al no tener encuentros con sospechosos o investigar una delincuencia como la que representa el narcotráfico organizado con capacidad de llevar a cabo represalias contra la vida del infiltrado. Esta afirmación, como veremos es

---

8 Oceja Merino, R. (2024). "Agente encubierto informático: estudio normativo, práctico y perspectivas de futuro". *Ciencia policial: revista del Instituto de Estudios de Policía,* (175), p. 53 afirma que no queda claro que debe entenderse como común al agente convencional e informático y que como exclusivo de este último. El agente informático tiene más-o iguales similitudes con otras medidas de investigación, como es el caso de la interceptación de las comunicaciones, que con el agente convencional y tiene entidad suficiente para tener una regulación autónoma.

discutible ya que el agente virtual investiga delitos graves que, en algunos casos (terrorismo yihadista) puede conllevar también un peligro para quienes lo investigan.

En el Reino Unido[9] se ha expuesto con acierto que "Se perpetúa el mito de que los agentes encubiertos en línea operan en un ámbito menos importante de la actuación policial encubierta… es considerado en cierto modo una forma menor de agente encubierto. Los agentes encubiertos en línea desempeñan un papel esencial a la hora de ayudar a identificar y reunir pruebas contra aquellos que utilizan Internet como puerta de entrada para cometer delitos. Estos delitos suelen ser graves y a veces exigen que el agente encubierto en línea conozca ejemplos extremadamente desgarradores de conductas delictivas, como la explotación sexual infantil en línea. Los agentes que se ocupan de este tipo de conductas desempeñan un papel vital en la detección y prevención de delitos de la naturaleza más insidiosa y deben ser tan valorados como aquellos que se exponen al riesgo de sufrir daños físicos directos. Consideramos que las dos disciplinas dentro del trabajo policial encubierto tienen el mismo mérito: lo mismo deberían pensar todos aquellos que se dedican al trabajo policial encubierto, están relacionados con él o tienen interés en él"[10].

2. DOS PROBLEMAS

El infiltrado debe ser un policía judicial voluntario. Pueden plantearse dos problemas:

2.1. El agente entra en contacto con falsos culpables

Puede ocurrir que el agente interactúe con quien sospecha que es un delincuente pero es alguien que trabaja para los servicios de inteligen-

---

9 Her Majesty's Inspectorate of Constabulary, inspección por encargo del Home Secretary que dio lugar al informe "An inspection of undercover policing in England and Wales", (2014).

10 A ello se añaden otras formas de criminalidad que incluyen la importación de drogas controladas, armas de fuego y municiones; el blanqueo de dinero; el fraude en línea; la usurpación de identidad; la enajenación de bienes robados; la elaboración y distribución de imágenes indecentes; y delitos antisociales, como el acoso. Internet también puede utilizarse para cometer delitos motivados por la trata de seres humanos, la ideología, como el terrorismo, y el odio racial o religioso.

cia. Como indica la SAN, secc. 1ª, nº 78/2009, de 11 de diciembre (*Tol 5276894*) las actuaciones del Centro Nacional de Inteligencia, conforme a la LO 2/2002 son secretas…, no van dirigidas a su incorporación a proceso judicial alguno, realizadas para cumplir las finalidades que la Constitución le otorga, atendiendo a la seguridad nacional, y cuyo control no corresponde a este Tribunal".

Un ejemplo de esta confusión lo encontramos en la SAN, secc. 1ª, nº 33/2017, de 11 de octubre (*Tol 6415548*) cuando expone que el acusado, de nacionalidad marroquí, se ofreció como colaborador al Centro Nacional de Inteligencia mediante un mensaje electrónico. Al tiempo recibió una oferta de dos personas que se presentaron como miembros de los servicios de inteligencia y que a cambio de la adquisición de la nacionalidad española le propusieron que creara perfiles en la red para relacionarse y hacer amistades con gente que estuviera radicalizada o tuviera simpatía por el Estado Islámico, para detectar a quienes estaban siendo reclutados.

De esa reunión entre el acusado y el supuesto agente del Centro de Inteligencia, señala la Sentencia, había pruebas en el teléfono del acusado. Se concluye por tanto, que el acusado, siempre creyendo que colaboraba con la agencia de inteligencia, abrió varios perfiles de facebook, para contactar con personas que estuvieran dispuestas a pasar a la acción y viajar a Irak y Siria para integrarse en la organización terrorista Estado Islámico o para actuar en España. Para ello, insertaba y difundía mensajes de texto e imagen, con información sobre las actividades de Estado Islámico y contenidos laudatorios para estas.

El mismo error puede padecerse respecto de sospechosos que en realidad son informantes de otros cuerpos policiales. La STS nº 357/ 2021, de 29 de abril (*Tol 8422408*) reprocha el silencio de la sentencia recurrida a las declaraciones de la jefa de los servicios de información de la policía autonómica vasca (Ertzaina) que llegó a sugerir la existencia de una colaboración del acusado, con el fin de proporcionar información a las fuerzas de seguridad en la lucha contra el yihadismo. Señala la Sala "La posibilidad de que el diálogo telemático entre el acusado y sus interlocutores, en realidad, la conversación entre un agente encubierto y un confidente, no ha obtenido una repuesta de la Audiencia Nacional".

Efectivamente, dicha responsable declaró que al acabar una charla de presentación que la ertzaina había dado en una mezquita para erradicar el terrorismo yihadista, el acusado se dirigió a los ertzainas, indicándoles que otro cuerpo policial (la Policía Nacional) le estaba presionando para que fuera confidente. Al tiempo, el acusado se dirigió por e mail a los agentes y les comunicó que una mujer con nombre "Bailarina" de perfil se ha puesto en contacto por Facebook con un amigo pidiéndole que le acompañara a Siria, que el amigo se ha asustado y ha acudido a él y cree que es un cebo preparado por algún cuerpo policial.

La ertzaina, tras hacer las oportunas gestiones, recomendó tanto al acusado como a su amigo que cesaran en sus relaciones con "Bailarina" ya que habían comprobado que existían tres perfiles en Facebook con el nombre "Bailarina", creada por la misma persona con filiaciones distintas. Expresaron al acusado sus sospechas de que detrás se encuentra una persona o identidad distinta de la que dice ser sin relación alguna con el terrorismo.

El TS absolvió finalmente por otras razones ya que consideró que el acusado disuadió a su interlocutora virtual (el infiltrado) del deseo que ésta plantea de viajar a las zonas de conflicto o ayudar económicamente a la amiga que emprendió el viaje con anterioridad. Le invita a desistir de ese propósito e iniciar el incierto y dilatado camino de su propia formación mediante el aprendizaje de idiomas, marketing digital y programación.

En consecuencia, resulta fundamental la articulación de órganos centralizados que puedan acceder a bases de datos de informantes que permitan detectar estas situaciones[11].

En Chile el agente de inteligencia encubierto no precisa legalmente de autorización judicial[12] para investigar. La creación del agente encubierto informático por la Ley nº 21459 sí impone la habilitación del juez con el fin de que el agente actúe. En la tramitación de esta ley se planteó si el agente de inteligencia precisaba de dicho placet del juez para actuar en funciones

---

11 En el Reino Unido, existe un organismo que supervisa las operaciones de encubrimiento para todos los poderes investigadores, el "Investigatory Powers Commissioners Office" creado en la Investigatory Powers Act 2016.

12 El art. 31 de la Ley 19974 establece que "Los directores o jefes de los organismos de inteligencia militares o policiales, sin necesidad de autorización judicial, podrán disponer que uno de sus funcionarios, en el ámbito de las competencias propias de su servicio y en el ejercicio de las actividades señaladas en el inciso segundo del artículo 23, oculte su identidad oficial con el fin de obtener información y recabar antecedentes que servirán de base al proceso de inteligencia a que se refiere esta ley. Para tal objetivo podrá introducirse en organizaciones sospechosas de actividades criminales.
La facultad a que se refiere el inciso primero comprende el disponer el empleo de agentes encubiertos, y todos aquellos actos necesarios relativos a la emisión, porte y uso de la documentación destinada a respaldar la identidad creada para ocultar la del agente".

de prevención de comisión de delitos informáticos[13]. El Director de la Unidad Especializada en Lavado de Dinero, Delitos Económicos, Medioambientales y Crimen Organizado del Ministerio Público[14] manifestó que utilizar la técnica del agente encubierto requiere una investigación criminal y que la legislación de inteligencia "podría quizá aplicarse al terrorismo cibernético con fines preventivos o de detección, aunque, por regla general, el llamado cibercrimen no ameritará recurrir al sistema nacional de inteligencia". Efectivamente, los campos de juego son completamente distintos. La inteligencia persigue desactivar o prevenir el crimen para garantizar la seguridad nacional sin aspirar a acudir a un tribunal con pruebas y el agente encubierto autorizado por el juez busca obtener evidencias de calidad ante los órganos judiciales. Dichos escenarios diferenciados deben estar comunicados para asegurar la coordinación[15] y evitar solapamientos y falsos culpables.

2.2. *Ausencia de especialización*

El agente virtual español carece de una formación específica. A diferencia del físico, no hay unidades especializadas de agentes infiltrados informáticos. Sí existen grupos policiales especializados en la investigación tecnológicas pero no en la infiltración en canales cerrados. En consecuencia, será uno de los miembros del equipo policial investigador el que asumirá este rol encubierto. En la doctrina española Villar Fuentes[16] expone que el agente encubierto precisa una especial capacitación, "pues el acceso a

---

13 El senador Huenchumilla, Historia de la Ley, p. 154, tras recordar que "en algunos ilícitos, como en el abigeato, Carabineros de Chile ejerce una labor de inteligencia policial preventiva, independientemente de la existencia de una investigación criminal" se plantea "si en los delitos informáticos es posible realizar una acción policial preventiva sin que haya investigación, para anticiparse a la eventual comisión del hecho punible. Por tal razón, cobra importancia el rol que jugaría en esta materia la ley nº 19.974, sobre sistema de inteligencia del Estado, en lo relativo a la prevención de este tipo de delitos".

14 Historia de la Ley, p. 154.

15 Una investigación preventiva pude ser necesario que en un momento dado desemboque en un enjuiciamiento por lo que será preciso recabar autorización judicial.

16 Villar Fuentes, I. (2022)."El agente encubierto y su especialidad informática: reto legislativo pendiente en un escenario digitalizado (análisis de la figura en el Anteproyecto de Ley Enjuiciamiento Criminal". *Revista de estudios penales y criminológicos*, (6), 129, añadiendo que debe tener una formación en materia de género en

los canales cerrados de comunicación, a la dark web y todas las actividades periféricas requieren unos conocimientos tecnológicos avanzados". Rizo Gómez[17] destaca la importancia de la fuerza psíquica y de los elevados conocimientos informáticos que debe tener el agente virtual[18]. Sánchez González[19] estima que la preparación del agente encubierto al uso es crucial para asegurar el éxito de las investigaciones. La formación del agente encubierto en Internet también debe serlo y de distinta forma, ha de tener una especialización en tecnología, unas competencias distintas que el agente encubierto tradicional pues a pesar de que las mafias han cambiado el entorno donde se perpetra el delito, esto es, han pasado del medio físico al virtual.

En este escenario es imprescindible la coordinación con la Fiscalía y no caer en la espada de Damocles permanente que pivotará sobre la infiltración: la provocación.

En Perú[20] se prevé que la labor del agente encubierto virtual se lleve a cabo "por personas debidamente entrenadas en materias de tecnología de la información y las comunicaciones" que tengan "los conocimientos y habilidades correspondientes con la finalidad de asumir un rol o condición a efecto del esclarecimiento de delitos en el ámbito virtual". Se establece por tanto una doble confluencia de conocimientos: Los técnicos, propios de la tecnología de la comunicación en que se va a insertar y los específicos

---

el caso de la trata de personas con fines de explotación sexual o la e-violencia y fortaleza psicológica.

17 Rizo Gómez, B. (2018). "La infiltración policial en internet. A propósito de la regulación del agente encubierto informático en la ley 13/2015, de 5 de octubre, de modificación de la ley de enjuiciamiento criminal para el fortalecimiento de las garantías procesales y la regulación de las medidas de investigación tecnológica". *Justicia y nuevas formas de delincuencia.* Tirant lo Blanch, p. 108.

18 Campaner Muñoz, J. y Pereira Puigbert, S. (2021). "Eficiencia versus garantías en la investigación penal del Siglo XXI". *Investigación y proceso penal en el siglo XXI: nuevas tecnologías y protección de datos.* Aranzadi. Copia electrónica, consideran conveniente que el agente encubierto informático puede precisar el apoyo de otros sujetos para desarrollar con éxito su labor de infiltración. Piénsese en peritos o ingenieros informáticos.

19 Sánchez González, S. (2022) "Investigar y castigar la pornografía infantil gracias al agente encubierto informático". *La Ley Penal,* (154), p. 13.

20 Art. 341.4 del Código Procesal Penal.

del policía infiltrado. En el Reino Unido[21]los agentes en línea[22] realizan el módulo de entrenamiento de los agentes físicos[23] recibiendo posteriormente una formación adecuada para que puedan establecer y mantener relaciones a través de Internet con el fin de obtener información o pruebas contra un individuo o un grupo delictivo[24].

3. DELITOS QUE PUEDE INVESTIGAR

El espectro de delitos que el agente encubierto puede investigar es muy amplio y no se circunscribe a los que desarrolle una organización criminal. La STS nº 140/2019, de 13 de marzo (*Tol 7118521*) señala que la previsión

---

21 El informe "An inspection of undercover policing in England and Wales" (2014) señaló como 25 fuerzas policiales disponían de un servicio especializado de investigación encubierta en línea; otros 13 disponían de dicho servicio en colaboración regional; y 5 no disponían actualmente de un servicio especializado o regional. Algunas de estas fuerzas estaban pensando implantarlas pero otras no habían tomado dicha decisión, afirmando sus altos mandos que "adoptarían" la táctica si alguna vez surgía la necesidad. El informe expone que una fuerza, independientemente de su tamaño, puede no ser consciente o no ser lo suficientemente sensible a los graves peligros asociados al uso indebido de Internet. Planteó la necesidad de que los undercover online officers fueran formados inicialmente en módulos apropiados y, a partir de entonces, se permitiera a los agentes desarrollar cualquier habilidad especializada requerida, incluida la interacción on-line.

22 Dawson, J y Brown J (2020) "Undercover policing in England and Wales", Research briefing, House of Commons Library.

23 Están el básico, el undercover Foundation que quien lo supera pasa a ser un Foundation officer que equivale a un agente revelador argentino. Se despliega en operaciones que implican contactos de bajo nivel con el criminal y no suponen periodos prolongados de tiempo. El Undercover Advanced training course permite realizar operaciones estratégicas de larga duración.

24 College of policin "Undercover Online Operative", https://profdev.college.police.uk/. Recuperado el 5 de agosto de 2024 establece que "debe mantener y actualizar los conocimientos, la comprensión y las competencias clave en materia de criminología, legislación, política y práctica en todos los ámbitos funcionales de la actuación policial operativa, mantener el conocimiento y la comprensión de los nuevos enfoques identificados por la investigación policial basada en pruebas y la resolución de problemas, probarlos y sintetizarlos en la práctica, defendiendo la innovación y los cambios en la práctica. También deberá mantener el conocimiento y comprensión de las amenazas y prioridades de la delincuencia nuevas y en evolución, así como de las mejores prácticas actuales para hacerles frente, a fin de permitir un enfoque proactivo y preventivo".

de la reforma se ve enfocada a la investigación de los delitos llevados a cabo por la delincuencia organizada dispuestos en el apartado 4, antes mencionados; de los designados en el art. 579 LECrim, a saber, delitos de terrorismo, delitos cometidos en el seno de una organización criminal o delitos dolosos castigados con pena con límite máximo de, al menos, tres años de prisión; o cualquier otro delito cometido a través de medios informáticos.

Velasco Núñez[25] expone que debe valorarse la proporcionalidad que a veces no concurrirá, porque sería "matar moscas a cañonazos", en muchos delitos leves y aún menos graves. En mi opinión, todo delito que la norma habilita a investigar mediante esta técnica puede emplearse siempre que no haya otra opción para que progrese la investigación. Otra cuestión es que la duración por la que se habilite la infiltración dependa también de la gravedad del crimen investigado.

En Chile, al igual que en España, no es preciso que existan indicios de la presencia de una organización para autorizar un agente encubierto en un canal cerrado de comunicación. Basta que[26] "…una persona hubiere cometido o participado en la preparación o comisión de algunos de los delitos". La Fiscalía chilena contribuyó a esta previsión de la ley. Así, en la tramitación de la norma[27] el personero del Ministerio Público, Peña, destacó que estos ilícitos pueden ser cometidos por una sola persona por lo que sugirió eliminar la exigencia de que sólo puedan investigarse mediante esta técnica una agrupación o asociación ilícita. Por el contrario, el jefe de asesores, Celedón, afirmó que "No sería proporcional utilizarlas respecto de sujetos individualmente considerados, lo cual se desprende del artículo 25 de la ley N° 20.000", recordando que la infiltración prevista en la ley N° 20.931, para los delitos contra la propiedad se prevé cuando el delito lo cometen una pluralidad de personas. El representante de la Fiscalía replicó aludiendo al modus operandi de la criminalidad cibernética y su singularidad frente a otros delitos "En materia informática existe una red que otorga una plataforma donde conviven distintos sujetos, por ello no es necesaria la asociación ilícita (puede tratarse de una sola persona). Se requiere que el agente encubierto pueda comunicarse eventualmente con ese sujeto que, por ejemplo, vende las claves personales de diversas

---

25 Velasco Núñez, E.(2016). "Posición del instructor ante la petición de desarrollo de medidas de investigación restrictivas de derechos", *Cuadernos Digitales de Formación* (56). Consejo General del Poder Judicial, 64.

26 Art. 12 de la Ley nº 21459.

27 Historia de la Ley, pp. 149-151.

personas. En este caso, tratándose de delitos informáticos que se cometen en una red de Internet que otorga anonimato, no se hace necesaria la existencia de una agrupación o asociación ilícita". Estima que el supuesto es diferente de los delitos de la ley Nº 20.000, argumentó "porque en ésta se establecen delitos de emprendimiento, que se cometen en distintas etapas y suponen una asociación. Aquí se justifica que el agente encubierto se inmiscuya en la agrupación o asociación de sujetos que realizan el tráfico de drogas. En cambio en los delitos informáticos el sujeto puede no conocer la identidad de la persona que, por ejemplo, le venderá las claves de otros... La red provee la posibilidad de contactar a otro sujeto sin conocer su verdadera identidad. En este caso, la asociación ilícita es imposible de acreditar por las características del delito, el anonimato y la dificultad de la investigación. Con todo, el Ministerio Público debe respetar las garantías fundamentales de los ciudadanos (cuando son infringidas se persiguen las responsabilidades sin distinciones)"[28].

4. NECESARIA AUTORIZACIÓN JUDICIAL

Al interactuar en canales cerrados de comunicación es precisa una habilitación judicial para que el infiltrado pueda actuar. El canal cerrado es considerado como un domicilio virtual, un lugar en que existe una expectativa de privacidad, en el que únicamente puede entrarse mediante invitación del propietario y al que el legislador dota de una protección constitucional reforzada que hace insoslayable la autorización judicial.

La STS nº 249/2008, de 20 de mayo (*Tol 1333381*) señala que dichos canales "se caracterizan por la expresa voluntad del comunicante de excluir a terceros del proceso de comunicación". En el mismo sentido la STS

---

28 El amplio espectro delictivo al que se reserva la infiltración on-line (los delitos contemplados en los artículos 1°, 2°, 3°, 4°, 5° y 7° de la Ley 21459 determino una serie de críticas en la génesis de la norma. El profesor Álvarez (Historia de la ley, pp. 150-151) expuso que la infiltración "no pueda ser ordenada en función de investigar un delincuente solitario, considerando que las penas de estos delitos establecen una desproporción en función de los bienes jurídicos protegidos. Esta norma debería establecerse para ciertos delitos (como acceso no autorizado y ataque a la integridad del sistema) y no para el catálogo completo de ilícitos... El punto central es que no debe permitirse la interceptación de comunicaciones por cualquier delito informático, pues extralimitaría la afectación de la garantía de inviolabilidad".

357/2021, de 29 de abril (*Tol 8422408*) indica que "las redes sociales, cuando adaptan su funcionalidad a un diálogo que excluye a terceros, participan, desde luego, de esa naturaleza". La STC nº 170/2013, de 7 de octubre (*Tol 3992610*) entiende por canal cerrado de comunicación aquel "accesible sólo a los que intervinieron en el acto de la comunicación y que ofrece garantía de confidencialidad.

El infiltrado en canales cerrados de comunicación se diferencia del policía que actúa en el ciberpatrullaje en que, como relata la STS nº 173/2018, de 11 de abril (*Tol 6586812*) el agente realiza exploraciones o indagaciones por canales abiertos de comunicación. En su interacción "no se produce engaño por la utilización de pseudónimo. Todos lo utilizan: es una regla de ese espacio de comunicación…". Efectivamente, resulta excesivo que si nadie confía en que se interactúa con una identidad real, el único que deba identificarse sea el agente de policía.

Explica muy bien el ciberpatrullaje la SAN, secc. 1ª, 11/2017, de 17 de marzo (*Tol 6042471*) "Las fuerzas y cuerpos de seguridad patrullan por la Red del mismo modo que sus agentes patrullan por las calles" y lo diferencia de la investigación prospectiva lesiva de derechos fundamentales.

La decisión de que la interacción en un canal cerrado de comunicación bajo identidad ficticia exija autorización judicial no está prevista en la Constitución. Es una decisión del legislador. La STS nº 173/2018, de 11 de abril (*Tol 6586812*) es clara al respecto "Es obligado preguntarnos el porqué de esa autorización judicial. No es una exigencia necesariamente constitucional. Se mueve más bien en el plano de la legalidad y no es universal en el sentido de que no se exige para cualquier actividad de investigación policial en la red". No están implicados derechos fundamentales prioritarios protegidos en el texto constitucional, es de notar que la forma en que se produjo la actuación policial la aleja del ámbito del derecho al secreto de las comunicaciones (vid. SSTS 798/1998, de 4 de junio; 968/2013, de 18 de diciembre; 298/2013, de 13 de marzo o con matices 907/2012, de 12 de marzo). No fue una intromisión en las comunicaciones entre terceros". Efectivamente, el infiltrado no es un tercero que de forma oculta interviene comunicaciones ajenas. Es un interlocutor o quienes chatean entre sí saben que el agente puede leer lo que dicen.

La Sentencia afirma que están implicados otros ámbitos que no precisan siempre y necesariamente de autorización judicial "Esto nos desplaza del ámbito del derecho consagrado en el art. 18.3 Constitución y nos lleva a otros como la intimidad o la autodeterminación, que remiten a exigencias y requisitos normativos muy diferentes… Las exigencias del derecho a la autodeterminación informativa, concernido de manera determinante, no son tan intensas en cuanto a la necesidad de intervención judicial. Ese es el primero de los derechos que puede verse afectado. Pero no toda incidencia en ese derecho reclama inexorablemente habilitación judicial como demuestran las simulaciones policiales investigadoras de corta duración (v.gr., requerimiento de droga por un agente que oculta su identidad a quien parece estar vendiéndola en una vía pública) que, según entiende generalizadamente la doctrina y unánimemente la jurisprudencia, no precisan de ese previo plácet judicial. (STS nº 835/2013, de 6 de noviembre). Lo mismo ocurre con otros intereses como el entorno virtual, la interdicción de la arbitrariedad o dotar de inmunidad a la actuación del agente policial".

La consecuencia practica es el rechazo de un colonialismo jurídico "De otra parte, una cosa es el núcleo inderogable y universal de los derechos fundamentales; y otra las modalidades que cada legislación nacional establezca para su tutela o para legitimar una injerencia en los mismos. En este segundo ámbito son admisibles diferencias de régimen y modulaciones sin que puedan imponerse nuestras normas nacionales a otros países, igualmente democráticos, al socaire de un inaceptable supremacismo procesal. Que determinadas diligencias en nuestro derecho exijan autorización judicial (v.gr., agente encubierto informático: art. 282 bis de la LECrim), no descalifica ordenamientos en los que basta autorización del Fiscal"[29].

Por tanto, ningún reproche debe hacerse a la prueba obtenida por un agente encubierto extranjero que haya actuado en un canal cerrado de comunicación sin autorización del juez. La habilitación judicial monopolística es una modulación legal nacional y no forma parte del contenido universal de un derecho fundamental ni de una barrera infranqueable asentada en la Constitución[30] .

---

29 En este caso se trataba de un foro pederasta descubierto por un agente encubierto neozelandés en su país.

30 Carou García, S. (2018)."El agente encubierto como instrumento de lucha contra la pornografía infantil en internet. El guardián al otro lado del espejo". *Cuadernos de la Guardia Civil,* (56), pp. 38-39 propone como reforma legal y para una mayor flexibilidad una intervención policial unilateral en caso de urgencia que sólo posteriormente se controlaria por el juez. Respecto a la entrega de material ilícito, considera que no es una figura distinta de la entrega vigilada del art. 263 de la LECRIM que pueden llevar a cabo los mandos policiales.

Si el infiltrado virtual español rehúye la autorización judicial, la consecuencia será la nulidad y la prueba carecerá de cualquier validez[31]. Eso ocurre en la STSJ de Baleares nº 6/2023, de 26 de enero (*Tol 9411482*). Se describe como los agentes inician la investigación a través de un ciberpatrullaje que no precisa de autorización judicial, accediendo a un enlace en el que se facilitaban las instrucciones de acceso a una comunidad pedófila para proceder al intercambio de archivos pederastas a través de la aplicación de mensajería instantánea TELEGRAM.

Los agentes de policía declararon en juicio que el acceso al grupo era restringido, precisaba autorización del administrador para su acceso y en caso de que el usuario que accedía no compartiera archivos de contenido pedófilo sería expulsado del grupo, lo que, señala el Tribunal "ahonda y confirma su carácter cerrado". En consecuencia se concluye por la Sentencia, la entrada en el grupo requería autorización judicial conforme al art. 282 bis apartado 6 LECRIM y por tanto la prueba es nula. La Resolución judicial advierte de los riesgos, por execrable y repulsivo que sea el crimen, de acudir a atajos investigadores sin respetar todas las garantías procesales "Por supuesto, que nos hallamos en la investigación de delitos que repugnan a cualquiera y cuyo castigo y condena de los responsables por parte del poder del Estado, y la necesidad de proteger a las víctimas menores, justifica la utilización de medios lícitos para su reprensión, entre los cuales se halla el que la Policía pueda realizar labores de rastreo en Internet, más cuando existen derechos fundamentales en juego y el legislador para su garantía ha establecido cautelas como el control judicial, tales garantías, con tal de evitar abusos o desviaciones de parte de la Policía, han de ser escrupulosamente respetadas, ya que en el Estado de Derecho no caben atajos". Afortunadamente, en juicio, a preguntas de su defensa, el acusado reconoció los hechos y fue condenado.

Doctrinalmente, Zaragoza Tejada[32], defiende la opción del legislador español al exigir autorización judicial. Ello obedece a la idea de que en el

---

31 A diferencia del agente físico en que dado que no están implicados derechos fundamentales básico sino una afección leve del derecho a la intimidad, si el agente actúa sin autorización judicial o fiscal, se produce una irregularidad no invalidante. La prueba, sin perjuicio de la responsabilidad penal o disciplinaria del agente, será válida y podrá declarar sobre lo visto y oído. En este sentido, SSTS nº 575/2013, de 28 de junio (*Tol 3845376*), nº 154/2009, de 6 de febrero (*Tol 1474859*) y nº 655/2007, de 25 de junio (*Tol 1124045*).

32 Zaragoza Tejada, J. I. (2018)."El agente encubierto online. Aspectos legales y jurisprudenciales y problemas procesales originados en su práctica". Cuadernos Di-

canal cerrado, uno o varios usuarios "intercambian libremente palabras, ideas, opiniones o archivos de contenido lícito o ilícito y ello conlleva, a mi entender, una vulneración del derecho al secreto de comunicaciones de quienes son parte en el canal cerrado de comunicación". Afirma que quienes participan en tales conversaciones "podrían tener una expectativa razonable de privacidad en cuanto el contenido de las conversaciones solo sería observado por miembros del canal cerrado con ideas o motivaciones afines y no por agentes infiltrados de la policía". Concluye indicando que no es aplicable la jurisprudencia (SSTC 114/1984 y 56/2003, y SSTS 212/1992 y 1713/1993, entre otras) que legitima la no existencia de una vulneración del derecho al secreto de comunicaciones cuando levanta el velo de la comunicación un interlocutor. Se trata de una conversación entre dos personas, escenario distinto de un foro cerrado compuesto por cientos, e incluso miles de personas que ponen en común ideas. Oceja Merino[33] expone que la agilidad es importante y la ventana de oportunidad es minúscula por lo que "de lege ferenda" considera que lo ideal es un régimen como el de la entrega vigilada, pudiendo autorizarse el agente por diversas autoridades, dando cuenta inmediata al fiscal o al juez, estableciéndose un sistema de ratificación y control judicial a posteriori, mediante un procedimiento urgente al efecto, y contando con un plazo máximo, más allá del que no puede continuarse con la infiltración sin ratificación.

En mi opinión un canal cerrado dirigido a una actividad criminal pierde la garantía de protección del domicilio virtual. Quien convierte un mecanismo de comunicación en un "negocio criminal" de modo que las interacciones de los usuarios se dirigen de forma exclusiva o principal a preparar o cerrar transacciones delictivas, pierde cualquier expectativa razonable de privacidad. Ello aunque también haya comunicaciones sobre la vida privada y cotidiana cuando estas tengan un carácter secundario. El canal no tiene un estatuto constitucional reforzado, siendo un mero instrumento de marketing y difusión de un plan delictivo. Lo razonable es pensar que dicho canal atraerá la atención policial y el interés de entrar en el mismo para comprobar que ocurre.

Por otro lado la trascendencia constitucional no arranca del número de conversaciones sino de la cualidad de la misma. El que los interlocutores sepan que el agente puede leer sus comunicaciones, reduce el contenido intrusivo de la infiltración.

---

gitales de Formación, (59), pp. 14-15.

33 Op. cit., p. 53.

En Estados Unidos[34] los agentes de las fuerzas y cuerpos de seguridad no pueden acceder a instalaciones restringidas en línea si no existe una autorización legal que les permita entrar en un espacio privado. Refleja la guía de actuación para los agentes federales que en el mundo en línea, al igual que en el físico, algunas personas, recursos o instalaciones pueden optar por no poner su información o servicios a disposición de todos, sino que pueden establecer restricciones sobre quién puede acceder a sus servicios. Cabe que establezcan contraseñas o adopten medidas pasivas (como un cartel que diga "la policía no es bienvenida") o activas (como exigir una respuesta negativa a la pregunta "¿Es usted policía?" antes de permitir el acceso). Cuando las personas crean lugares privados en el mundo en línea, las fuerzas de seguridad deben respetar esas restricciones en la medida en que creen expectativas reconocibles de privacidad protegidas en la Cuarta Enmienda[35]. Tal protección constitucional no se extiende a las zonas que una persona abre conscientemente al acceso público. Del mismo modo, las medidas que no impiden funcionalmente la entrada del público se han considerado ineficaces para crear una expectativa de privacidad como ocurre en un sitio web que permite acceder a todas las personas aunque advierta que no pueden entrar los agentes de la ley[36].

Aun si existe una expectativa razonable de privacidad, los agentes pueden entrar con el consentimiento de una persona siempre que tenga autoridad para otorgar el consentimiento. El administrador del sistema es un superusuario para acceder técnicamente al sistema pero puede no tener autorización legal. Es preciso consultar la legislación aplicable para comprobar si el operador puede dar un consentimiento valido.

Se recuerda asimismo en la guía estadounidense que cabe una autoidentificación falsa por parte del agente de las fuerzas de seguridad si lo permiten las normas del organismo. Así, los agentes pueden utilizar identidades encubiertas para obtener acceso a instalaciones restringidas, ya sea en el espacio físico o en línea. Por tanto, una declaración falsa sobre la propia identidad realizada para obtener acceso a una instalación en línea

---

34 "Online investigative principles for federal Law enforcement agents". (1999).

35 La Cuarta enmienda protege el derecho a la libertad y a la intimidad de todos los ciudadanos frente a intromisiones no legítimas por parte del Estado.

36 En Oliver v. United States, 466 U.S. 170 (1984) se señala que el cartel de "prohibido el paso" que no impiden funcionalmente la entrada al público o que no impiden la vista del público se han considerado generalmente ineficaces para crear una expectativa razonable de privacidad, y la policía puede entrar o mirar alrededor de tales áreas que están a la vista.

se regirá por las normas del organismo policial sobre contactos encubiertos[37].

En Chile[38] se establece que la actuación de funcionarios policiales bajo identidad supuesta en comunicaciones mantenidas en canales cerrados de comunicación requiere autorización del Juez de Garantías a petición del fiscal. En las propuestas a la ley, la Fiscalía propuso que pudiera autorizase también por el fiscal. Así[39], Peña precisó que al igual que en la ley 20000 podría prescindirse de la autorización judicial previa "...en el caso de un delito informático..., cuando se produce en los albores de un procedimiento y no se cuenta con otro mecanismo para obtener la identidad del sujeto investigado...La idea es que la norma se adapte a la realidad de la investigación de un delito, que se comete en una red donde la gente no se conoce y prima el anonimato. Como estos ilícitos se pueden cometer por una sola persona que tenga acceso a una comunidad de sujetos en la dark web...la autorización del juez de garantía podría generar un atraso en la investigación y, por ende, un perjuicio importante en la persecución penal: en ningún caso se busca la vulneración de garantías fundamentales, sólo investigar oportunamente esta clase de hechos punibles". El senador Insulza manifestó su preocupación en el caso de que se prescindiera de la autorización judicial, "...aun cuando sea al comienzo de una investigación criminal. Es un evidente riesgo que no se autoricen judicialmente medidas de esta naturaleza, incluso esto reviste un peligro importante para quien

---

37 Se pone como ejemplo que una empresa investigada por fraude explota un sistema informático de tablón de anuncios, computer bulletin board system, (BBS) a través del cual el público puede obtener información sobre la empresa y hacer pedidos. Un agente que lleva a cabo una investigación sobre el presunto fraude marca el BBS y descubre en la pantalla inicial un banner que dice "Policía no bienvenida". El agente puede ignorar el cartel y entrar en la BBS con arreglo a las mismas normas que le permiten entrar en lugares abiertos al público. Una vez en la BBS, el agente ve un menú que tiene tres opciones. La primera opción ofrece al usuario información sobre el negocio. La segunda elección posible dice "Pulse aquí para entrar y certificar que no es agente de la ley". La tercera opción permite la entrada a una zona reservada a los empleados y requiere una contraseña para entrar. El agente puede elegir la primera opción y considerar que la información que se le presenta está a la vista. Al seleccionar la opción 2, el agente está falseando afirmativamente su identidad, y puede hacer esa selección si los procedimientos encubiertos de su agencia lo permiten. La tercera es una zona no pública de la BBS, y el agente sólo puede entrar en ella con el permiso de una persona con autoridad de la BBS.

38 Art. 12 de la Ley 21459.

39 Historia de la Ley, pp. 152 y 153.

desempeña la labor de agente encubierto". Por el contrario en Perú[40], la policía es autorizada por el fiscal y sólo si la investigación puede afectar a derechos fundamentales debe ser autorizada por el juez de garantías.

En Argentina la Resolución de la Cámara Federal del Mar del Plata de 27 de marzo de 2024 considera que no es precisa autorización judicial previa para infiltrarse pasivamente en un grupo de whatsApp en que se ofrece la venta de droga y que está abierto a los usuarios de las redes sociales. En concreto, en la aplicación WhatsApp se detectaron 3 grupos, cada uno con gran cantidad de participantes y dedicados a la comercialización de estupefacientes. Para el tribunal "...no se evidencia que la fuerza haya incurrido en un actuar excesivo siendo que los investigados se valieron voluntariamente del uso de las redes sociales, más precisamente de grupos de acceso público, para comercializar sustancia estupefaciente y tener de esta manera un mayor alcance de ventas o una mayor llegada a las distintas personas que navegan en la red, utilizando para ello estrategias de marketing digital".

Un elemento que destaca la Sentencia es que los infiltrados actúan como espectadores de las conversaciones y no participan en ellas. Así se manifiesta que los agentes volcaron la información de quienes hablaban en directo en dichos chats, no interaccionando con ellos, "adviértase que todos los datos obtenidos para efectuar la denuncia ha sido la que surgía del simple cotejo de la información que surgía de los grupos o de los mensajes que subían los vendedores de estupefacientes, a partir de lo cual los agentes policiales pudieron armar el listado de los usuarios con mayor cantidad de venta o las zonas de distribución de los estupefacientes; es decir, información disponible para cualquiera que haya ingresado al grupo. No surge de ninguna constancia que algún funcionario policial haya iniciado alguna conversación (en el chat grupal o por chat privado con algún contacto), sino que sólo se limitó a volcar la información pública que surgía del chat general abierto a todo usuario de las redes sociales..." [...]". La fuerza policial comunicó urgentemente las actuaciones realizadas a la autoridad judicial llevándose a cabo un control de legalidad.

Entiendo que la incidencia en el estatuto constitucional de los sospechosos no arranca de que los agentes conversen con los investigados sino de que sean espectadores de conversaciones de terceros. El acceso público al chat excluye la necesidad de autorización judicial,

---

[40] Art. 341 del Código Procesal Penal (CPP).

5. DIFERENCIAS CON OTRAS FIGURAS DE INFILTRACIÓN

Existen otros mecanismos de infiltración virtual que se encuentran en la frontera pero extramuros de la técnica del agente encubierto informático.

5.1. Utilización directa por la policía del nickname de un detenido con su consentimiento

Es el supuesto de quien se encuentra detenido por cometer un delito. Policía decide utilizar su nickname para conocer a sus cómplices y más detalles sobre su actividad criminal. Zaragoza Tejada[41] expone que una actuación intermedia no encuadrable plenamente en la infiltración policial en red se da cuando la policía utilice el nickname del propio detenido. Esta técnica se ha utilizado en algunas investigaciones de pornografía infantil para poder acceder a foros de fabricación de material de esa naturaleza. Relata que "...en una investigación en la que lo que se pretendía era acceder a una página en TOR, para lo cual el Juez Instructor autorizó que el agente policial utilizara el nickname del imputado. En la propia resolución el Juez indicaba expresamente que no se trataba de un agente encubierto. Efectivamente, en este caso, no estaríamos propiamente en la técnica del agente encubierto pero entiendo que no existen obstáculos para su utilización mediando autorización judicial, no solamente porque se utiliza una identidad supuesta sino también porque se accede a un foro de carácter privado".

La STS nº 173/2018, de 11 de abril (*Tol 6586812*) considera innecesaria la autorización judicial en casos como este al no tratarse de una infiltración. Se trataba del control de una página pederasta por la policía neozelandesa. Para el Tribunal la autorización judicial no es inexorable ya que "no estamos ante una infiltración policial en la red, sino ante el uso por la policía del canal creado por quien ha sido detenido, valiéndose de su nickname. Por tanto, ni hay justificación constitucional, al no estar implicado el secreto a las comunicaciones, ni tampoco legal para recabar dicha autorización judicial". Creo que es un agente encubierto ya que actúa con una identidad ficticia aunque pertenezca a una persona real existente.

---

41 Zaragoza Tejada, J. I. (2016). "La modificación operada por la ley 13/2015. El agente encubierto informático". *Centro de Estudios Jurídicos*, p. 27.

En Estados Unidos[42] los agentes del orden pueden comunicarse utilizando la identidad en línea de otra persona si ésta da su consentimiento, y si dicha actividad está autorizada por las directrices y procedimientos de la agencia. Los agentes que se comunican a través de la identidad en línea de un testigo colaborador actúan de forma encubierta ya que se están haciendo pasar por otra persona y, por lo tanto, están actuando con un nombre falso o una identidad ficticia

Si el testigo colaborador acepta que la policía se comunique mediante su identidad, es crucial llegar a un entendimiento claro del alcance preciso del consentimiento del testigo. Por ejemplo, el testigo puede consentir que el agente utilice su identidad sólo para enviar o recibir correo electrónico, subir publicaciones o descargar determinados archivos o puede permitir que el agente se comunique con operadores de servicios en línea que distribuyen ilegalmente obras protegidas por derechos de autor. Si un agente utilizara después la identidad en línea de ese testigo para realizar otras actividades no consentidas —como la descarga de pornografía infantil—, podría decirse que el agente se estaría apropiando de la identidad del testigo más allá del alcance del consentimiento de éste. Esto plantearía cuestiones difíciles de resolver. Para evitar esos problemas, se recomienda que el agente y el testigo colaborador acuerden por escrito el alcance del consentimiento del testigo y se aseguren de que el agente cumple escrupulosamente ese acuerdo.

5.2. Apropiación de la identidad en línea sin consentimiento

De forma excepcional, los agentes norteamericanos pueden acudir a la "apropiación de la identidad en línea"[43] que se produce cuando un agente de las fuerzas del orden se comunica electrónicamente con otras personas asumiendo deliberadamente la identidad en línea conocida (como el nombre de usuario) de una persona real, sin obtener el consentimiento de esa persona. La apropiación de identidad es una técnica policial intrusiva que debe utilizarse con poca frecuencia y sólo en casos penales graves. Para apropiarse de la identidad en línea, un agente de la ley o un fiscal federal implicado en la investigación deberá obtener una autorización del

---

42 "Online investigative principles for federal Law enforcement agents". (1999).

43 "Appropriating online identity".

CTC o CCIPS[44]. Cuando los agentes de la ley precisen emplearla de forma inmediata para aprovechar una oportunidad perecedera de investigar una actividad delictiva grave, podrán hacerlo comunicándolo al CTC o CCIPS dentro de 48 horas[45].

La apropiación de la identidad en línea advierte la guía, es una técnica policial muy intrusiva que puede invadir la intimidad y dañar la reputación de la persona cuya identidad ha sido apropiada, invadir la intimidad de un tercero que desconoce que se está comunicando con un agente de la ley[46] y generar otros problemas jurídicos relevantes[47]. La técnica debe limitarse

---

44 El "Coordinador de Informática y Telecomunicaciones" (CTC) de la oficina del Fiscal de los Estados Unidos en el distrito en el que se basará la operación, o la Sección de Delitos Informáticos y Propiedad Intelectual (CCIPS) de la División Penal del Departamento de Justicia. Se pone como ejemplo que agentes de la ley se enteran del nombre de usuario de un capo de la droga que se comunica con los miembros de su organización a través del correo electrónico. Los agentes desarrollan un plan a largo plazo para falsificar el nombre de usuario del capo de la droga y enviar mensajes de correo electrónico a estos miembros, convocando una reunión. El plan para apropiarse de la identidad se presenta a los órganos correspondientes del Departamento de Justicia.

45 Un ejemplo de esta situación de urgencia relata el protocolo estadounidense se daría cuando los agentes que ejecutan una orden de registro en la residencia de un traficante de drogas se enteran (por ejemplo, a través de una entrevista a un cómplice presente en el domicilio o de un registro legal de un ordenador en el local) que el proveedor del narcotraficante está esperando que el sospechoso le envíe un correo electrónico confirmando una propuesta de venta. Los agentes quieren enviar un mensaje de correo electrónico supuestamente del traficante dando instrucciones al proveedor que entregue la droga en el domicilio del traficante. Utilizando el ordenador del traficante, con una contraseña incrustada y un script de acceso telefónico a la cuenta en línea, los agentes tienen la capacidad técnica para enviar el mensaje de forma inmediata.

46 Se advierte que cada vez hay más noticias en la prensa sobre personas cuya identidad en línea ha sido apropiada por otra para comunicar información falsa o mensajes ofensivos en nombre de las víctimas. Como resultado, estas personas han sufrido daños en su reputación, su intimidad y, a veces, incluso su seguridad. El daño causado puede ser duradero y generalizado, ya que cualquier comunicación que parezca proceder de una persona concreta puede conservarse y reenviarse a muchas otras a lo largo del tiempo. Asimismo, cuando un agente de la ley se apropia de la identidad en línea para comunicarse con un tercero, los intereses de privacidad de ese tercero pueden verse afectados

47 Se describe como para comunicarse electrónicamente en nombre de otra persona, el agente normalmente debe falsificar la dirección en línea de esa persona, entrar en su cuenta virtual o tomar posesión de su contraseña en línea y utilizarla. Falsificar la dirección en línea de otra persona o entrar en su cuenta puede obli-

únicamente a las investigaciones de casos penales graves de la forma más restringida posible. El Departamento de Justicia, a la hora de evaluar si está de acuerdo con una propuesta de apropiación de identidad, tendrá en cuenta los intereses afectados por el uso de la técnica y su valor potencial en la investigación penal en cuestión, incluida la disponibilidad de métodos de investigación menos intrusivos[48].

En Francia[49], sin el consentimiento expreso e informado de la persona interesada, no puede asumirse como seudónimo la identidad de una persona existente. En la autorización del fiscal o juez, deberá constar el consentimiento expreso e informado de una persona para que su identidad se utilice como seudónimo.

Dentro de dicha técnica puede encuadrarse también aquella situación en que los agentes del orden se hacen con el control de páginas web que prestan servicios criminales. El elemento clave ante los tribunales será si existe o no provocación delictiva.

Un ejemplo lo encontramos en los Países Bajos, en la denominada operación "Bayoneta"[50]. El caso es el siguiente. Del 20 de junio al 20 de julio de 2017, la policía neerlandesa se hizo con el control del mercado de drogas en línea "Hansa". El 3 de julio de 2019, uno de los vendedores de dicho Mercado fue condenado a cinco años de prisión por el Tribunal de Rotterdam por blanquear bitcoins por valor de más de 800.000 euros y por entregar más de 22.000 pedidos de droga junto con otras personas. En esta sentencia, el Tribunal descartó que se hubiera producido una situación de incitación. Para llegar a tal conclusión se valoró si los vendedores y compradores habían sido atraídos por el equipo de investigación a cometer

---

gar a los agentes a utilizar herramientas, programas y comandos para violar la seguridad o las restricciones de acceso de un sistema informático de una manera que sería ilegal si fuera utilizada por otros, lo que podría plantear problemas legales y de la Cuarta Enmienda. El uso del ordenador o de la cuenta de un acusado también podría plantear graves problemas probatorios. Por ejemplo, un acusado puede alegar que el agente ha manipulado o alterado pruebas utilizando el ordenador o la cuenta del acusado.

48 Oerlemans, J.-J. y Galič, M. (2021). "Cybercrime investigations". *Essentials in cybercrime: A criminological overview for education and practice.* Eleven Publishers / Boom Juridische Uitgevers, p. 233 destacan que el poder de las fuerzas del orden para apropiarse de la identidad en línea de una persona es una característica única y valiosa de las operaciones encubiertas en línea.

49 Art. 48-26 (1) 1° y (2) 4° del Code de procédure pénale.

50 Oerlemans y Galič, op. cit., pp. 231-233.

delitos distintos de los que ya tenían intención de cometer. Decidió que la admisión de nuevos vendedores y la oferta de descuento a personas que ya tenían la intención de comerciar con estupefacientes en este sitio web oculto formaban parte de las operaciones normales de un mercado de la darknet.

Por el contrario en Francia se apreció provocación[51] en un supuesto[52] en que agentes americanos habían creado una página web falsa. Los policías pidieron a un tercero que se conectara a un sitio de citas y encuentros, haciéndose pasar por un adolescente de 14 años y contactar así con un adulto para proponerle un intercambio de imágenes pornográficas. La Corte de casación consideró que el conjunto del procedimiento y de las pruebas recogidas estaban viciados por esta primera provocación, aunque fuese cometida por un tercero y se concluyó que la prueba obtenida por ese medio debe ser descartada. Como expone Falxá[53] "La censura del juez es firme: poco importa que la prueba fuera obtenida por parte de agentes extranjeros sin que los agentes franceses hubieran intervenido de ningún modo: la prueba recogida por agentes de la autoridad publica por medios desleales no se admite".

5.3. Policía llega a un acuerdo con el detenido para que este interactúe bajo la monitorización policial

Puede ocurrir que el detenido consienta en interactuar en la red bajo un estrecho control policial que supervisa todas sus conversaciones. Es una técnica muy útil en casos en que se trata de acceder a foros específicos, donde se emplea un específico argot o son necesarios unos conocimientos técnicos muy concretos. Así, Zaragoza Tejada[54] refiere que una técnica que se ha utilizado y que exige la colaboración del imputado, es aquella en la que quien se encuentra ya a disposición judicial por una actividad ilícita consienta en seguir interactuando en la red (como si no estuviera privado

---

51 Falxá, J. (2016). "La infiltración: Legislación y jurisprudencia en el sistema penal francés". *Centro de Estudios Jurídicos,* p. 10. Indica también la autora que en Francia se distingue la provocación al delito, que se deriva en estos casos de la solicitación directa de pornografía infantil, de la provocación a la prueba que admite el juez, por ejemplo en un caso en el que la persona que posee las imágenes de pornografía infantil propone su transmisión a un tercero que avisa a la policía.

52 Cass. Crim., 11 de mayo de 2006

53 Op. cit., p. 7

54 Zaragoza Tejada. "La modificación operada por...", op. cit., p. 27.

de libertad y ya imputado en un procedimiento judicial) bajo el control directo e inmediato de la policía que obtiene así información de primera mano sobre la actividad delictiva de los compinches. La fiscal de Sala coordinadora de delitos informáticos Tejada De La Fuente[55], ha apuntado la posibilidad de que los agentes encubiertos online tengan que ser necesariamente funcionarios de policía judicial, sino que puedan ser también "particulares" que puedan infiltrarse mejor en foros que usan "lenguas específicas o un lenguaje muy críptico"[56].

El elevado potencial de "reclutar" al detenido como infiltrado es claro. Cabe entender que el "premio" de tal cooperación es que la pena del detenido se reduzca por aplicación de una atenuante de colaboración.

Perú, regula dentro de la infiltración el agente especial y el revelador[57]. El primero se ejerce por un elemento captado debido al rol, conocimiento o vinculación con actividades ilícitas, a fin de establecer contacto o insertarse en la actividad de banda u organización criminal, proporcionando información o las evidencias incriminatorias de aquellas; bajo el monitoreo directo de la autoridad policial. El agente revelador puede ser cualquier ciudadano, o servidor o funcionario público, que, como integrante o miembro de una banda u organización criminal, actúe proporcionando información o las evidencias incriminatorias de aquellas; bajo el monitoreo directo de la autoridad policial". El agente virtual, además de una formación tecnológica, como vimos, debe tener "los conocimientos y habilidades correspondientes", y estar debidamente monitorizado por la policía. Considero por tanto que el infiltrado virtual podrá asumir a la vez las condiciones de revelador y/o especial, incorporando a miembros de estructuras delictivas y/o que conozcan en profundidad el mundo criminal investigado y como hablan.

55 Manifestaciones de las que se hace eco Confilegal, 15 de diciembre de 2017.

56 También estiman conveniente que puedan actuar como agentes encubiertos personas más allá de la condición de funcionarios de la policía judicial. Asimismo Oceja Merino. op. cit., p. 59 advierte que el agente no actúa solo y reprocha que el Anteproyecto del 2024 falla a la hora de regular de forma exhaustiva la investigación encubierta y tener en cuenta a los colaboradores y su estatuto jurídico.

57 Art. 341.1 y 2 del CPP.

5.4. Comunicación del agente encubierto físico con el sospechoso por e mail

Normalmente, el agente infiltrado físico, para confirmar la información recibida sobre la existencia de una actividad criminal, mantendrá una reunión con el sospechoso. En la misma se hablará de lo que el investigado quiere del infiltrado. Será una primera toma de contacto y se acordará entre policía y sospechoso mantener comunicaciones en el futuro mediante correo electrónico o whasAp. Esto no significa que pase a ser un agente encubierto virtual que precisa de autorización judicial. Como expone la STS nº 591/2018, de 26 de noviembre, el agente es invitado por los titulares de la cuenta de mail a participar en ella, intercambiándose mutuamente información y facilitando, para ello, la contraseña que, con el consentimiento, por tanto, de los investigados, le permite acceder al mail. Por tanto, asistimos a un interlocutor (los investigados) que de forma activa y voluntaria han consentido la introducción en su canal de comunicación de un tercero (el agente encubierto) que, por tanto, participa con normalidad en el intercambio de información. Precisa que la vía del agente encubierto informático no era precisa al no constatarse una injerencia externa en medios tecnológicos de comunicación, sino una coparticipación directa entre los implicados y el agente encubierto en un mecanismo "compartido" entre ellos de información interna para facilitar la información de las llegadas de cocaína, lo que no implica un canal cerrado de comunicación en el que el agente encubierto quedaba fuera, sino que estaba dentro del mismo por la invitación a su uso compartido para conocer la información de las llegadas de droga.

Efectivamente, en este supuesto no nos encontramos ante un canal cerrado sino ante un mecanismo de comunicación pactado, consensuado entre las dos partes.

6. SOLICITUD DE AUTORIZACIÓN JUDICIAL

6.1. Derecho a la discreción

No se puede ir al juez con especulaciones, sospechas abstractas o peticiones de investigaciones prospectivas. Es preciso aportar indicios fehacientes del desarrollo de una actividad criminal. Normalmente vendrá dada por comunicados de informantes o de agencias extranjeras corroboradas por datos complementarios. Fehaciencia no significa aportar detalles.

Cuando la policía española solicita del Juez autorización para infiltrarse[58], debe describir los indicios que tenga sobre la presencia de una actividad criminal que se desarrolla por un canal cerrado de comunicación. No se le va a exigir entrar en profundidades. Como expone la STS nº 575/2013, de 28 de junio (*Tol 3845376*) en un caso del agente físico, aplicable también al informático "Del mismo modo el que no haya explicado con precisión el origen de la información que le permite entrar en contacto con Nicanor es algo coherente con la naturaleza de sus actos. Ya dijo, pero en todo caso es evidente, que le fue proporcionada por una agencia antidroga extranjera, en concreto la DEA, y es lógico pensar que lo que no va a poder hacer, por el riesgo que se corre de frustrar otras operaciones o de poner en peligro a terceros, es identificar exactamente el contacto que pueda haberle conseguido la entrevista con Nicanor". La policía actúa profesionalmente para descubrir la verdad. Puede utilizar informantes, sin que vulnere la ley ocultar su actuación a la hora de redactar informes policiales (STS nº 171/2019, de 29 de marzo, (*Tol 7239204*)).

Existe por tanto un derecho a la discreción, a ser genérico, como algo necesario para proteger la integridad de la fuente o su eficacia.

La información que se dará al órgano que debe autorizar la infiltración digital sobre el sospechoso será con frecuencia escasa pero suficiente. En Argentina, la Resolución del Tribunal de lo Penal en Viña del Mar de 17 de febrero de 2023 relata que la policía detectó que el usuario individualizado como "a5eig"[59] vendía drogas en redes sociales "sin que hasta ese minuto se contara con más información —como ubicación del sospechoso o apariencia física— a menos que los efectivos policiales se pusieran en contacto con él, para lo cual requieren de la autorización solicitada del persecutor". Se cumple por tanto el requisito del art. 25 de la Ley 20000 en cuanto la petición policial se refiere a una concreta red social y respecto de un usuario, personas que no interactúan con sus nombres ni sus direcciones". En Chile[60] se exige que el Ministerio Público presente un informe previo

---

58 El Anteproyecto de modificación de la Ley de Enjuiciamiento Criminal (2024), expone en el art. 282 undecies.2 que la solicitud debe contener "a) La identidad real o supuesta de la persona investigada, o cualesquiera otros datos que permitieran su individualización. b) El medio utilizado para comunicar con la o las personas investigadas. c) El hecho delictivo objeto de investigación. d) La unidad investigadora de la Policía Judicial que se haga cargo de la investigación. e) La forma de ejecución. f) La duración de la medida".

59 "ae5ig" o "a cinco mil pesos el gramo".

60 Art. 12 de la Ley 21459.

detallado respecto de los hechos y la posible participación. La autorización judicial debe indicar el nombre real o alias y dirección física o electrónica del afectado por la medida. En Brasil[61] basta con aportar indicios de la infracción penal.

6.2. *Ultima ratio*

Siempre que se solicita de un juez una medida investigadora que incide sobre derechos fundamentales, es preciso poner de manifiesto que no existe otra alternativa investigadora menos gravosa[62]. En el caso de la infiltración en un canal cerrado, el requisito se cumple automáticamente ya que no hay una opción investigadora diferente menos traumática para entrar en el mismo. Lo explica muy bien la STS nº 65/2019, de 7 de febrero (*Tol 7011835*) "...al igual que en las medidas de limitación de derechos fundamentales se llega a un punto en la investigación en donde ya no se puede continuar, precisando la introducción de medidas de investigación, como la del agente encubierto, para acceder a esa información de la que no podría accederse de otra manera; y más en circuitos informáticos de comunicación cerrados que requieren de claves o accesos de amistad entre los partícipes... se cuestiona la proporcionalidad de esta intervención del agente encubierto, pero ya se ha explicado anteriormente la suficiencia de los motivos que autorizan su intervención en estos casos por la existencia de los 'circuitos cerrados' en que operan estos autores, y que en este caso, además, dificultan las investigaciones al operar poniendo dificultades a los agentes en virtud de los accesos a Internet y medios habilitados propios de hacker para evitar la localización del autor de los hechos".

En Chile[63], la ultima ratio se formula exigiendo que el empleo del infiltrado sea "imprescindible" para la investigación. En Brasil[64] se establece que las pruebas no puedan ser producidas por otros medios disponibles. En Argentina, la Resolución de la Cámara Federal del Mar del Plata de 27 de marzo de 2024 aprecia la ultima ratio en la introducción de un agente

---

61 Art. 10.a 3 § 3º de la Lei 12850.

62 El Anteproyecto de modificación de la Ley de Enjuiciamiento Criminal (2024) establece en el art. 282 decies que "2. La investigación encubierta solo podrá autorizarse cuando, por la forma en que se desarrolle, sea el único medio razonablemente eficaz para descubrir la actividad delictiva e identificar a sus responsables".

63 Art. 12 de la Ley 21459.

64 Art. 10.a 3 § 3º de la Lei 12850.

revelador por cuanto "la modalidad virtual empleada y la cantidad de participantes en los grupos de WhatsApp…impedía conocer de antemano si se estaba frente a una organización o no, y en su caso su envergadura, todo lo cual determinaba el éxito en que la investigación no podía ser alcanzado por otros medios, tornando la implementación del agente revelador en necesaria, idónea y proporcional en vísperas de la averiguación de la verdad…No podemos perder de vista que el desarrollo tecnológico junto al cifrado, la navegación anónima y la virtualidad en sí, representan un escenario para la comercialización de estupefaciente que plantea enormes dificultades para la prevención. Por ello consideramos que por la propia naturaleza y modalidad de venta de estupefaciente a través de redes sociales de acceso público mediante comunicaciones anónimas y encriptadas, la intervención del agente revelador como técnica investigativa resultó la más adecuada en términos de razonabilidad y proporcionalidad, máxime cuando el delito se encontraba en pleno curso de ejecución".

Otro ejemplo de imposibilidad de seguir investigando sino es por medio de la infiltración se da ante la ausencia de colaboración de determinadas plataformas con la justicia. Así, el fiscal argentino Moyano[65]propone la utilización del agente revelador en TELEGRAM[66] ya que dicha plataforma de mensajería es utilizada para desplegar maniobras delictivas y con el fin de no ser identificados, los autores utilizan el anonimato de los seudónimos que permite la plataforma. Destaca como TELEGRAM no responde a los requerimientos judiciales, lo que sumado a la imposibilidad de intervención o interceptación de telecomunicaciones, hace que la investigación tradicional pierda su efectividad. En este marco, la intervención del agente revelador deviene en imprescindible, siendo razonable y proporcionada para la investigación de comercialización de estuperfacientes o acoso o abuso sexual en línea de menores de edad. Precisa que es el supuesto del agente que entra con un perfil creado al efecto (ocultando así su verdadera

---

65 Moyano, L. (2024). *Ciberdelitos. Como investigar en los entornos digitales.* Hammurabi, pp. 216-217.

66 Como señala Moyano, L. Op. cit., 215, el agente revelador debe "simular interés" de realizar tareas de "compra o consumo, para si o para terceros de dinero, bienes, personas, servicios, armas, estupefacientes o sustancias, o participar de cualquier otra actividad de un grupo criminal, con la finalidad de identificar…", mientras que el agente encubierto se infiltra en una organización sin saber cuál va a ser su actuación, el revelador, por ejemplo, se hace pasar por comprador de estupefaciente, por lo que su participación se circunscribe a un momento y un rol determinado.

identidad), ya sea entablando contacto con un perfil que de forma indiscriminada ofrece droga para descubrir quien se encuentra tras dicho perfil[67].

6.3. Aportación en la solicitud de varias identidades y medios virtuales de interacción

Durante el desarrollo de la infiltración, podemos encontrarnos con escenarios probables que deben anticiparse en la petición de autorización.

6.3.1. El investigado rompe el contacto

Es posible que el investigado sospeche del infiltrado y rompa cualquier contacto con el mismo. Esto significa que en la petición al órgano judicial deben aportarse varias identidades ficticias diferentes, de forma que fracasada una, pueda introducirse otra. Un ejemplo lo encontramos en la SAN, secc. 2ª, nº 30/2019, de 30 de diciembre (*Tol 7864972*) "A preguntas del Letrado de la defensa acerca de porqué se usaron dos perfiles hombre y mujer, manifiesta que cesa como varón porque la interacción fue muriendo al tener sospechas de que estaba siendo vigilado, dijo que donde iba a rezar había cada vez más policía secreta. Pensó que podrían obtener más confianza con el perfil de chica".

En el Reino Unido[68] se ha destacado también que una de las particularidades del agente encubierto virtual es la amplia riqueza de identidades que pueden adoptar con objetivos que físicamente no van a conocerles "Un agente encubierto en línea es capaz de presentar un personaje totalmente opuesto a su verdadera identidad: el agente puede fingir ser mujer cuando es hombre, y viceversa; puede fingir ser un niño; puede adoptar las caracte-

---

[67] Cita el autor una Resolución del Tribunal argentino de la Cámara Federal de Apelaciones de General Roca que recoge un caso en que se recibió aviso en la División de Antidroga de la Policía de Rey Negro de que se había detectado en Telegram grupos de usuarios que comercializaban psicoactivos ilegales. Se autorizó judicialmente a un agente por diez días contactar con supuestos vendedores de estuperfacientes simulando interés y con el objetivo específico de realizar tareas de campo para lograr identificarlos y continuar con la investigación. Se identificó a una persona como proveedor de droga. El Tribunal recalcó que existió una autorización judicial fundada y que el resultado de la investigación no podía alcanzarse por otros medios.

[68] "An inspection of undercover policing in England and Wales". (2014).

rísticas físicas que se sabe que atraen al objetivo con el que está estableciendo una relación, sin poseer ningún atributo que reivindique como propio".

En la doctrina española, Oceja Merino[69] manifiesta que a pesar de la regulación conjunta entre el agente físico y virtual, no se le exige una identidad supuesta diferente real y completa otorgada por el Ministerio de Interior. Ello se debe a las diversas características de la infiltración, concretamente, el medio, Internet, en que la exposición es mucho menor. Entiendo que aunque no exista un contacto directo, las formas de criminalidad que se desarrollan en la red ligadas al yihadismo terrorista, al narcotráfico o a las redes esclavistas son potencialmente peligrosas. En todo caso, mantener la identidad ficticia es fundamental para el éxito de la investigación por lo que debe estar avalada documentalmente y estar preparada para soportar escrutinios y comprobaciones de las redes delictivas.

Brasil[70] por ejemplo establece la necesidad de que dicha identidad ficticia del agente informático aflore al mundo real mediante su inscripción registral. Se establece así que los órganos de registro e inscripción públicos podrán incluir en los bancos de datos propios, mediante procedimiento secreto y requisición de la autoridad judicial, las informaciones necesarias para la efectividad de la identidad ficticia creada. En Argentina. Moyano[71] expone que la identidad debe realizarse de forma minuciosa que no despierte sospechas del investigado, para poder entrar en su ámbito de confianza. Menciona las herramientas www.fakenamegenerator.com, que permite crear una identidad digital aportando datos como el nombre, apellidos, edad, fecha de nacimiento, ocupación, altura, etc, www.emailnator.com para crear correos electrónicos investigación que podrán ser utilizados en la investigación para ingresar en páginas que exijan un correo electrónico para registrarse, generated.photos/faces que proporciona una fotografía para utilizar en el perfil y sonetel/.com: que permite crear un número de teléfono

6.3.2. El investigado propone otro medio virtual de comunicación

Otra posibilidad es que el sospechoso proponga al agente comunicarse en otra red social. Por tanto, para evitar cualquier dilación y la necesidad

69 Op. cit., p. 54.

70 Art. 11 de la Lei 12850.

71 Op. cit., pp. 220.

de pedir una autorización extensiva[72], es preferible que la solicitud inicial contemple la utilización del mismo o diferente perfil en distintas redes.

6.4. Previsión de posibles interacciones ajenas a la comunicación en el canal cerrado autorizado

6.4.1. El investigado quiere mantener una videoconferencia o reunión presencial

Es probable que durante la infiltración, el investigado quiera reunirse con el agente físico[73]. Velasco Núñez[74] indica como el Juez, en nueva resolución, podrá ampliar la resolución a un agente convencional, señalando la identidad no cibernética que se va a usar, facultándole a transportar objetos, efectos e instrumentos delictivos diferentes de los que se mueven en el mundo virtual, a diferir las incautaciones y a participar en el tráfico jurídico y social que supere el habitual en el mundo de internet.

Entiendo que la autorización judicial inicial para actuar en un canal cerrado otorga una cobertura jurídica suficiente[75]. Si el agente, con dicha Resolución primera, está habilitado para hacer lo más gravoso para el derecho fundamental —la interacción en un canal privado— lo estará también para lo menos, como es tener una conversación. El infiltrado no cambia de identidad.

---

72 Así ocurre en la SAN, secc. 3ª, nº 33/2018, de 25 de septiembre (*Tol 6814961*) recoge como tras autorizar una primera infiltración en un perfil de Facebook, una autorización posterior la amplia habilitando la creación de más perfiles en Internet, en las redes sociales Facebook, Twitter, Google +, Badoo, WhatsApp, Telegram, Line, Skipe, Snapchat, Neverline, Viber y www.mnbe.info.

73 El Anteproyecto de modificación de la Ley de Enjuiciamiento Criminal. (2024), en el art. 282 decies 4. expone que "La actuación encubierta se circunscribirá a las investigaciones que se desarrollen a distancia, sin relación física y personal con la persona investigada. Si en el curso de la investigación esta llegara a producirse, la actuación investigadora continuará conforme a lo establecido en los artículos anteriores".

74 Velasco Núñez, E. (2016). "Posición del instructor ante la petición de desarrollo de medidas de investigación restrictivas de derechos". *Cuadernos Digitales de Formación* (56). Consejo General del Poder Judicial, p. 65.

75 En contra, León Camino. A. (2024). "Modo de actuación del agente encubierto", *Claves Jurídicas,* (1), p. 43 para quien este tipo de reuniones físicas deben estar previstas en la autorización judicial inicial, y si no, deberá dictarse de forma específica ya que en la autorización deberá establecerse la identidad ficticia no cibernética del agente de policía, y se le deberá facultar a portar determinados instrumentos u objetos (por ejemplo, armas).

En la práctica habrá que acudir a un policía de la Unidad de Agentes Encubiertos física que es la que está preparada para mantener este tipo de relación directa y visible con el sospechoso. En ese supuesto habrá que pedir una nueva autorización judicial pidiendo la extensión de la autorización para que la identidad virtual ya concedida pueda ser ejercitada también por un agente encubierto físico. Entiendo que nada impide que esta posibilidad se contemple en la solicitud inicial.

6.4.2. El investigado quiere hablar por teléfono

En la doctrina española, Zaragoza Tejada[76] relata que en un caso que llevó la Audiencia Nacional, el Juez expuso que el agente online está habilitado, únicamente, para actuar en foros privados de comunicación en Internet, por lo que para realizar este tipo de actuaciones de investigación en el mundo real es necesaria una resolución judicial adicional que le permitiera actuar como agente encubierto convencional. Considera el autor que una resolución adicional es "redundante". La Resolución inicial que habilita al agente encubierto informático se realiza para asegurar la prohibición de interdicción de arbitrariedad por lo que estaría habilitado para realizar cualquier acto de investigación sin necesidad de exigirse una nueva resolución judicial habilitadora para ello salvo que, claro está, dicho nuevo acto de investigación conllevará una intromisión en el contenido esencial del algún derecho fundamental como es el derecho al secreto de comunicaciones, intimidad o inviolabilidad del domicilio. Comparto plenamente dicho criterio. Nuevamente si puede lo más— interaccionar en el canal cerrado— puede lo menos-hablar por teléfono con el sospechoso. Utilizar un teléfono en la comunicación con el sospechoso no supone un plus de intromisión constitucional en el estatuto jurídico del investigado. La afección leve a la intimidad, el derecho a no ser engañado y la proscripción de la arbitrariedad se salvaguardan con la autorización inicial. Ahora bien, a efectos prácticos y para evitar cualquier problema es preferible que en la solicitud inicial se prevea la posibilidad de tener que hablar por teléfono.

El art. 282 bis.7 de la LECRIM establece "En el curso de una investigación llevada a cabo mediante agente encubierto, el juez competente podrá autorizar la obtención de imágenes y la grabación de las conversaciones que puedan mantenerse en los encuentros previstos entre el agente y el inves-

---

[76] Zaragoza Tejada. "La modificación operada por…", op. cit., p. 28.

tigado, aun cuando se desarrollen en el interior de un domicilio". Expone Oceja Merino[77] aunque las grabaciones parecen pensar en un encuentro físico esacertado, ante la duda, contar con dicha autorización judicial expresa y específica para grabar las conversaciones en red (aunque no limitado a encuentros concretos sino de forma general)[78]. Comparto el criterio.

6.4.3. Otras investigaciones tecnológicas

La infiltración y el registro remoto de equipos informáticos, la instalación de software malicioso como troyanos son buenos compañeros de equipo. Como expone Oceja Merino[79] la posición del agente encubierto informático es ideal para implementar esta técnica por lo que podrá pedirse también.

7. ACTIVIDAD INVESTIGADORA DEL AGENTE

7.1. Conversar on-line

La ley española no establece una lista precisa de actuaciones que el infiltrado informático puede llevar a cabo[80]. Se proyectarán las previstas para el agente físico en lo que pueda aplicarse[81].

---

77 Op. cit., p. 60.

78 Zaragoza Tejada, J. I. (2018). "El agente encubierto online...", op. cit., p. 19 indica también que aunque parece que dicha previsión se contemplaría, únicamente, para el agente encubierto convencional ya que el texto hace referencia a actuaciones desarrolladas en el mundo físico, no existe ningún impedimento para que su aplicabilidad se extendiera también al ámbito virtual en el que actúa el agente encubierto online.

79 Op. cit., p. 54.

80 El Anteproyecto de modificación de la Ley de Enjuiciamiento Criminal (2024), en el art. 282 quaterdecies afirma que la resolución judicial que autoriza la investigación encubierta ampara, únicamente, las actividades específicamente autorizadas...Si en el curso de la investigación resultase necesario para asegurar la fuente de prueba, el Juez de Instrucción, a instancia del Ministerio Fiscal, podrá acordar que la autorización se extienda a la grabación y obtención de imágenes de las comunicaciones entre el agente encubierto y la persona investigada. El agente encubierto informático informará al Juez de Instrucción, en la forma en que este disponga, sobre el desarrollo y los resultados de la medida".

81 Un infiltrado virtual no tendrá que transportar efectos del delito, que la norma permite al agente encubierto.

La labor principal del infiltrado tecnológico será conversar virtualmente en la plataforma correspondiente, generar un lazo de confianza mediante la interacción personal y obtener así una prueba de entidad que presentar ante el tribunal. Deberá, para asegurar la prueba, realizar capturas con las conversaciones que se desarrollen en pantalla.

En Francia[82] el agente autorizado por la Fiscalía del Estado o Juez de Instrucción para actuar bajo seudónimo por medios electrónicos podrá participar en intercambios electrónicos, estar en contacto con personas sospechosas, extraer, adquirir o conservar por este medio pruebas y datos sobre las personas que puedan ser autores de los delitos. En Chile[83] se indica que el agente encubierto podrá actuar en el canal cerrado, con el fin de esclarecer los hechos tipificados como delitos en esta ley, establecer la identidad y participación de personas determinadas en la comisión de los mismos, impedirlos o comprobarlos. Podrá obtener, con la debida autorización judicial, imágenes y grabaciones de las referidas comunicaciones.

7.2. Actuación en el tráfico jurídico y social

Hay una faceta de un elevado potencial, olvidada también en el agente encubierto físico que es la capacidad que tiene el infiltrado de participar con la identidad ficticia en el tráfico jurídico y social[84]. Por tanto, el agente tecnológico podrá abrir cuentas corrientes, comerciar electrónicamente y, crear negocios a través de paginas web e interactuar con el sospechoso por medio de ella.

Estados Unidos ha dado un paso más previendo que lo encubierto online no sea una persona física sino jurídica. Así se indica[85] que al igual que las fuerzas y cuerpos de seguridad pueden establecer entidades encubiertas en el mundo físico, también pueden crear instalaciones encubiertas en línea[86], como sistemas de tablones de anuncios, proveedores de servicios de Internet y sitios de la WWW, que ofrezcan información o servicios al público de forma encubierta. Advierte sin embargo que ello puede plantear cuestiones jurídicas novedosas y complejas como la utilización de los

---

82 Art. 48-26.(1).1º-3º del Code de procédure pénale "De l'enquête sous pseudonyme par voie électronique".

83 Art. 12 de la Ley 21459.

84 Art. 282 bis.1 de la LECRIM.

85 "Online investigative principles for federal Law enforcement agents". (1999).

86 Online undercover facilities.

poderes del administrador del sistema con fines de investigación criminal, la soberanía de terceros países y el daño involuntario a terceros[87] por lo que además de la autorización de la agencia correspondiente, como cualquier operación encubierta, la petición de autorización debe evaluarse por fiscales federales con mayor experiencia[88]. Se matiza que una operación encubierta en línea está destinada a prestar servicios a personas que no saben que están tratando con las fuerzas del orden[89].

En Francia[90], la Corte de casación validó la prueba recogida por agentes del FBI en un asunto de carding (fraude y estafa con tarjetas de crédito). Los agentes norteamericanos habían creado un falso foro de intercambio de información para delincuentes interesados en fraudes de tarjeta bancaria. El objetivo era recoger los datos de los usuarios (dirección IP) para su identificación y su persecución. La información transmitida a los agentes franceses sirvió de base a la investigación de los hechos, posibilitando las

---

87 Se indica que los ciudadanos que visitan una página web pueden sentir que se ha violado su intimidad si acaban descubriendo que el gobierno estaba gestionando en secreto la página web y haciendo un seguimiento de los visitantes del sitio. Las instalaciones encubiertas en línea que ofrecen al público acceso a información o programas informáticos que pueden utilizarse con fines ilegales o perjudiciales pueden tener mayor capacidad que las entidades encubiertas similares del mundo físico para causar daños no intencionados a terceros desconocidos. Dado que la información digital puede copiarse y comunicarse fácilmente, es difícil controlar la distribución en una operación en línea y limitar así el daño que pueda derivarse de la operación. Así, un único "teléfono clonado" sólo puede ser utilizado por una persona a la vez y no puede ser duplicado y redistribuido a múltiples usuarios. Una instalación encubierta en línea análoga podría ser un sitio web que ofrezca "herramientas de hacker" (programas diseñados para penetrar en sistemas informáticos) gestionado de forma encubierta por las fuerzas de seguridad.

88 En la época de publicación de la guía se identificaba al "Coordinador de Informática y Telecomunicaciones" (CTC) de la oficina del Fiscal de los Estados Unidos en el distrito en el que se basará la operación, o con la Sección de Delitos Informáticos y Propiedad Intelectual (CCIPS) de la División Penal del Departamento de Justicia.

89 Por lo tanto, afirma la guía, no se incluyen las instalaciones en línea que proporcionan cuentas o información únicamente a personas que saben que el sistema está gestionado por las fuerzas de seguridad como es el caso de un sistema gestionado por las fuerzas de seguridad solamente para proporcionar cuentas (de acceso a la web o de correo electrónico registradas con un nombre encubierto) a los agentes. Por la misma razón, una cuenta de Internet que un agente establezca con un proveedor público de servicios de Internet bajo su identidad encubierta tampoco entra en la definición.

90 Op. cit., 7 y 10.

acciones penales en contra de dos criminales ubicados en suelo francés. En una decisión del 30 de abril 2014[91] los jueces consideraron que la creación del foro, cuyo acceso estaba reservado a los iniciados, no constituía una incitación al delito: los agentes se ceñían a la observación de los intercambios, sin intervenir en ningún momento en las conversaciones de los miembros del foro; quienes, a su vez, interactuaban por iniciativa propia.

7.3. Obligación de informar

El art. 282 bis.1 de la LECRIM establece para el infiltrado físico, y es aplicable al virtual que la información que vaya obteniendo el agente encubierto deberá ser puesta a la mayor brevedad posible en conocimiento de quien autorizó la investigación. Asimismo, dicha información deberá aportarse al proceso en su integridad y se valorará en conciencia por el órgano judicial competente.

Afirma González García[92] que las actas del infiltrado deben ser conocidas por la defensa con antelación al juicio ya que en caso contrario existe una quiebra del derecho de defensa y reclama que la ley regule el momento en que puede acceder a las actas[93].

Como veremos tales actas no tienen una especial trascendencia, siendo un medio de auxilio de la memoria del agente encubierto pero pueden tener un rol probatorio para la defensa cuando el testimonio del agente se desvíe sustancialmente del acta o esta arroje luz sobre lagunas en el testimonio del policía infiltrado.

En Brasil[94] se establece que el informe detallado, junto con todos los actos electrónicos practicados durante la operación, deberán ser registrados,

---

91 Cass. Crim., 30 de abril 2014, nº 13-88.162.

92 González García, S. (2019). “El agente encubierto informático a examen: un análisis de su regulación y de la validez de su actividad investigadora y probatoria en el proceso penal”. *La Ley Penal: revista de derecho penal, procesal y penitenciario,* (139), pp. 8-9.

93 También Sánchez González, op. cit., p. 13 considera que el peso del agente como prueba depende, entre otros factores, que la defensa haya podido conocer el contenido de las actas aportadas por el agente encubierto virtual antes de entrar al juicio oral y que el mismo funcionario de policía que ha sido agente encubierto informático, en plenario, ratifique el contenido de las mismas y se someta al interrogatorio de las partes.

94 Art. 10. A§ 5º de la Lei 12850.

grabados, almacenados y presentados al juez competente, que inmediatamente dará conocimiento al Ministerio Público.

7.4. Intercambio y envío de archivos ilícitos

El art. 282 bis 6 de la LECRIM establece que el agente "podrá intercambiar o enviar por sí mismo archivos ilícitos por razón de su contenido". Como indicamos "supra", la razón de la reforma fue articular una cobertura jurídica para que la policía pudiera entregar material pedófilo como moneda de cambio para acceder a chats pederastas.

La doctrina española ha planteado problemas de proporcionalidad en el uso de esta técnica. Se ha sugerido que deben utilizarse actores de aspecto aniñado o imágenes de inteligencia artificial[95]. La opción de emplear a unidades policiales en la dirección de films pornográficos debe descartarse por romper cualquier límite lógico y ético[96]. Entiendo que las exigencias de proporcionalidad, aunque limiten la eficacia de la investigación, se salvaguardan con el empleo de material pornográfico obtenido en actuaciones anteriores que no sea novedoso, debiendo marcarse siempre como líneas rojas que no se trate de niños de corta edad y prácticas sexuales particular-

---

95 Villar Fuentes, I, op. cit., p. 221 alude a la creación de imágenes infantiles mediante IA para ser utilizadas como moneda de cambio con los pedófilos y León Camino, op. cit., p. 40 propone el deepfake como un modelo computacional que se basa en la tecnología Deep learning (inteligencia artificial), y las imágenes que se generan lo hacen matemáticamente mediante algoritmos a partir de fotos y vídeos de la persona que se quiere recrear. De esta forma, en la imágenes y archivos ilícitos que el agente virtual intercambia, no habría menores de edad reales.

96 Un sector de la doctrina española defiende la posibilidad de emplear actores y actrices como Bueno De Mata, F. (2012). "Un centinela virtual para investigar delitos cometidos a través de las redes sociales: ¿Deberían ampliarse las actuales funciones del agente encubierto en Internet?". *El proceso penal en la sociedad de la información, las nuevas tecnologías para investigar y probar el delito.* La Ley, pp. 251-252. También León Camino, op. cit., pp. 39-40, dado que con las actuaciones se daña la imagen del menor, propone esta solución de creación policial de imágenes pornográfica siempre que "...los actores y actrices que aparezcan en esas imágenes lo hagan voluntariamente y como parte de un trabajo remunerado, es decir, que sean contratados legalmente para el objetivo que se pretende conseguir".
Carou García, op. cit., p. 36, considera que las defensas pueden alegar que sus clientes sabían que eran adultos. No obstante, considero que la recepción del material por el acusado no es la prueba principal sino la puerta a una investigación en que se recopilara material probatorio adicional.

mente vejatorias. Oceja Merino[97] expone que criterios como los apuntados si bien son razonables y tienen sentido y aceptación para evitar una victimización secundaria impide el acceso a foros de productores. Entiendo que en estos casos deberá operarse con la expectativa que el sospechoso pueda tener de acceder a material filmado por el encubierto pero la misma nunca deberá producirse en la realidad.

Bravo Sandoval[98], critica que se exponga a menores a una red nociva para su desarrollo. En mi opinión se difunde una imagen, posiblemente pasada de un menor que ahora sea adulto para detener actos presentes y futuros de explotación y crueldad actuales sobre niños. El equilibrio de los intereses enfrentados debe decantarse por este último.

Puede utilizarse cualquier otro archivo ilícito como documentos de adoctrinamiento yihadistas, que inciten al odio, manuales de elaboración de explosivos o que asesoren o den ideas en materia de blanqueo de capitales, estafas informáticas o en el desarrollo eficaz de otras actividades criminales.

La norma señala asimismo que el agente podrá analizar "los resultados de los algoritmos aplicados". A través de esta redacción[99] se pretende resolver el problema de que este material no puede borrarse de la red, apretando una tecla. La posibilidad de monitorizar y controlar el recorrido del archivo ilícito que se permite que circule es un elemento clave de cualquier técnica de entrega vigilada. Sería de interés que se exigiera en

---

97 Op. cit., p. 61.

98 Bravo Sandoval, C. (2021). *El agente encubierto en línea: principales características, derecho comparado, y desafíos que subyacen a su regulación.* https://repositorio.uchile.cl/handle/2250/180210. Recuperado el 1 de septiembre de 2024, p. 44.

99 El informe del Consejo Fiscal (2015) al Anteproyecto de la Ley 13/2015 señaló que la expresión legal pretende identificar inequívocamente los archivos ilícitos que se hayan enviado o intercambiado. El perito informático Alamillo Rubio, J. (2015). "La Informática en la reforma de la Ley de Enjuiciamiento Criminal". *Diario La Ley,* (8662), p. 4, manifiesta que "Un algoritmo, en Informática y de forma muy simplificada, es un procedimiento que resuelve un problema. Por tanto, no se entiende muy bien qué quiere expresar el legislador cuando indica que ha de ejecutarse un procedimiento informático para identificar un archivo ilícito que, el agente informático, según dispone el propio artículo, ha enviado a un potencial delincuente haciéndose pasar por ídem, por lo que dicho archivo señuelo ya debería estar totalmente identificado, indexado junto a otros ficheros utilizados para el mismo fin en una base de datos policial centralizada y, por supuesto, almacenados todos ellos en sistemas informáticos seguros y auditados por expertos, internos y externos".

la Ley con claridad este deber de vigilancia y recuperación. Sánchez González[100] considera necesario que se creen o se establezcan las herramientas para recuperar todos los contenidos pedófilos que han sido transmitidos por el agente encubierto informático durante sus actuaciones porque ni en la actual LECrim ni en el anteproyecto del 2020 se establece que dicho material deba ser vigilado, controlado por la policía judicial y que tenga que recuperarse. También, el Consejo General del Poder Judicial[101] expone la conveniencia de que se regule la necesidad de que los archivos ilícitos se encuentren identificados digitalmente, pues conocer con exactitud sus características y fecha de envío permitiría un seguimiento de los mismos, así como coadyuvar en la valoración de la existencia de un delito provocado frecuentemente alegado en estos casos. Con el actual tenor legal, Velasco Núñez[102] expone que analizando "los resultados de los algoritmos aplicados para la identificación de aquellos— siguiendo la secuencia serial del algoritmo hash del contenido del envío telemático se puede descubrir a quién más se ha enviado, y en consecuencia, quién puede ser connivente en el envío de material presuntamente delictivo, piénsese, por ejemplo el análisis del hash de un archivo pretendiendo la captación, adoctrinamiento o adiestramiento terroristas; igualmente por esta vía se podría, con la habilitación reforzada judicial, analizar las modificaciones operadas en la secuenciación algorítmica del hash de ficheros o envíos, o la realizada sobre sus porcentajes de píxeles, que en envíos semejantes".

En relación a la autorización judicial, el Consejo Fiscal[103] señaló que dado que la incorporación a la red de archivos de contenido ilícito puede poner en riesgo bienes jurídicos necesitados de protección, "debe ser autorizada de forma individualizada caso por caso, para que puedan valorarse criterios de necesidad de adecuación y de proporcionalidad. No pueden quedar al margen de esa valoración aspectos tales como el tipo de archivo ilícito que se pretende intercambiar o enviar; el destino de esos archivos y el control que pueda establecerse sobre el movimiento de los mismos en la red tanto en orden a la posibilidad de su posterior recuperación como para conjurar el riesgo de provocación delictiva".

---

100 Op. cit., p. 20.

101 Informe al Anteproyecto LECRIM (2021).

102 Op. cit., p. 65.

103 Informe al Anteproyecto de la Ley 13/2015.

Francia[104] incluye dentro de las facultades del agente virtual "Extraer, transmitir en respuesta a una solicitud expresa, adquirir o almacenar contenido ilegal". En Chile, el agente podrá intercambiar o enviar por sí mismo archivos ilícitos por razón de su contenido. En dicho país[105] se prevé también que mediando autorización judicial, los organismos policiales pertinentes podrán mantener un registro reservado de "producciones del carácter investigado", con el objeto exclusivo de facilitar la labor de los agentes. Critica Bravo Sandoval[106] que no se especifique si dichos registros deben ser reales o pueden ser actuados o alterados digitalmente. Entiendo que deben ser reales. El 673 del Código Procesal Penal establece que las producciones incautadas como pruebas del delito podrán destinarse al Registro, no fijándose ninguna regla específica sobre otras formas de alimentar el registro con lo que el material debe ser real. El autor considera que toda la normativa que permite la entrega se torna inútil ante el oficio 914/2015, de 17 de noviembre de 2015 de la Fiscalía de Chile señala que "los fiscales no deberán utilizar esta técnica cuando se trata de hacer circular material pornográfico vía internet, debido a la dificultad de mantener una vigilancia efectiva del tráfico de este, el que puede ser fácilmente difundido a otras personas, afectando los derechos de las víctimas y comprometiendo la responsabilidad del fiscal y de la policía"[107].

---

104 Art. 48-26.(1) 4º del Code de procédure pénale.

105 Art. 369 ter del Código Procesal Penal, inciso segundo.

106 Op. cit., p. 44.

107 Respecto a la posibilidad de analizar los algoritmos que incluía la versión inicial de la ley, hubo críticas como la que refleja el Senador señor Insulza (Historia de la Ley, p. 152) expuso que la mención en una norma jurídica del concepto de "algoritmos" podría generar problemas de interpretación. El académico, señor Hevia, (Historia de la Ley, p. 154) expone que el algoritmo dará antecedentes para determinar si la persona está cometiendo un ilícito o para incrementar su monitoreo. No obstante, como podría ser complejo para el juez comprender el mecanismo de los algoritmos técnicos, la norma ha de ser más precisa acerca de lo que autoriza. Los algoritmos son necesarios para identificar delitos como pornografía infantil, pero si no son adecuadamente establecidos se podrían emplear para identificar conversaciones en chats, lo que afectaría a ciudadanos inocentes que no se encuentran involucrados en la actividad delictual. En tales términos, arguyó, debe procederse con extremo cuidado al momento de entregar la responsabilidad a un algoritmo para la identificación de un ilícito. En la redacción definitiva no se alude al análisis de los algoritmos.

8. DURACIÓN DE LA INFILTRACIÓN

El art. 282 bis.1 de la LECRIM establece que a identidad supuesta será otorgada por el Ministerio del Interior por el plazo de seis meses prorrogables por períodos de igual duración. Brasil[108] opta por establecer un plazo máximo de duración señalando que la infiltración será autorizada por el plazo de hasta 6 (seis) meses, sin perjuicio de eventuales renovaciones, mediante orden judicial fundamentada y siempre que el total no exceda de 720 (setecientos veinte) días y sea comprobada su necesidad.

9. EXENCIÓN DE RESPONSABILIDAD

El art. 282 bis.5 de la LECRIM manifiesta que el agente encubierto estará exento de responsabilidad criminal por aquellas actuaciones que sean consecuencia necesaria del desarrollo de la investigación, siempre que guarden la debida proporcionalidad con la finalidad de la misma y no constituyan una provocación al delito. En Chile[109], la exención de responsabilidad del agente con identidad ficticia que interactúa en canales cerrados de comunicación se extiende tanto a los delitos en que deba incurrir como a los que no haya podido impedir, siempre que al igual que en España sean consecuencia necesaria del desarrollo de la investigación y guarden la debida proporcionalidad con la finalidad de la misma. En Brasil[110] no comete delito el policía que oculta su identidad para, por medio de Internet, recoger indicios de autoría y materialidad del delito que investiga. El agente policial infiltrado que deja de respetar la estricta finalidad de la investigación responderá por los excesos practicados.

Por tanto, los elementos claves a ponderar es estar bajo la cobertura de la infiltración, no haber creado o incitado al delito y que el mal causado con la acción delictiva no sea mayor que el beneficio que supone el éxito de la investigación.

---

108 Art. 10. A§ 4° de la Lei 12850.

109 Art. 12 de la Ley 21459.

110 Art. 10 de la Lei 12850.

10. ACTUACIÓN INTERNACIONAL. EL CASO SCHROOTEN

Si el agente infiltrado virtual interactúa con un sospechoso que se encuentra fuera de España, debe actuar en coordinación con las autoridades de dicho país y con pleno respeto a su legislación interna. El caso Schrooten[111] refleja los diversos problemas que pueden plantearse cuando el infiltrado en línea entabla relación con sospechosos que se encuentran físicamente en territorio extranjero.

En el año 2012, el Servicio Secreto de los Estados Unidos sospechaba que David Schrooten, de nacionalidad neerlandesa, había cometido un fraude con tarjetas de crédito a víctimas estadounidenses. El abogado defensor de Schrooten, argumentó que el Servicio Secreto estadounidense había asumió la identidad en línea de un sospechoso que había sido detenido en Estados Unidos y que posteriormente había utilizado su cuenta en línea para interactuar con Schrooten (que estaba en los Países Bajos) de forma encubierta a través de Internet. Agentes infiltrados on line del Servicio Secreto compraron entonces números de tarjetas de crédito a Schrooten, que utilizaba en Internet el apodo de "Fortezza". El uso de esta técnica investigadora requiere poderes especiales de investigación que debe autorizar el Estado holandés. En un momento dado de la investigación, el sospechoso voló a Rumanía para visitar a su novia. Cuando llegó allí, Schrooten fue detenido en el aeropuerto por las autoridades rumanas y extraditado a los Estados Unidos. Posteriormente, Schrooten fue encarcelado en una prisión estadounidense durante doce años, tras declararse culpable.

Este caso suscitó polémica en los Países Bajos, en parte debido a las condiciones de vida de Schrooten en la cárcel estadounidense[112] y a la cuestión de si las fuerzas del orden norteamericanas habían obtenido pruebas en territorio de Países Bajos, atrayendo a Schrooten para que cometiera los crímenes con el fin de procesarlo, infringiendo así la soberanía holandesa[113]. Oerlemans, y Galič[114] señalan como posible que los funcionarios

---

[111] Oerlemans y Galič, op. cit., pp. 233 y ss.

[112] Finalmente, regresó a los Países Bajos para cumplir el resto de su condena en una prisión neerlandesa.

[113] En respuesta a preguntas parlamentarias, el ministro neerlandés de Seguridad afirmo que los Países Bajos estaban al corriente del interés de las autoridades policiales estadounidenses pero no de las actividades investigadoras que dichas autoridades desarrollaron en territorio holandés.

[114] Op. cit., pp. 232 y 235.

estadounidenses encargados de hacer cumplir la ley no conocieran la identidad y la ubicación de Schrooten en el momento en que se llevó a cabo la operación encubierta. Su apodo, "Fortezza", no indicaba por sí dónde se encontraba. Tras sus interacciones con el sospechoso, las autoridades policiales estadounidenses decidieron aprovechar la oportunidad y solicitar a Rumanía su extradición una vez que estuvo claro que aterrizaría en un aeropuerto rumano[115].

Sin embargo, otra opción plausible, apuntan los autores, es que las autoridades estadounidenses ya conocieran la identidad de Schrooten por lo que podrían haber solicitado a los Países Bajos que lo procesara o extraditara. Schrooten argumentó que las autoridades estadounidenses conocían su ubicación a través de datos de abonados que obtuvo de los proveedores de servicios en línea y su identidad a partir de las transacciones financieras que realizó con el servicio de envío de dinero Western Union

Para los autores, el caso de David Schrooten ilustra cómo se utilizan los métodos de investigación encubierta en línea y pueden plantear problemas a la soberanía territorial de los Estados y a la seguridad jurídica de las personas implicadas. El caso muestra cómo las fuerzas del orden estadounidenses llevaron a cabo una operación encubierta en línea que implicaba a un ciudadano holandés sin solicitar permiso previo a los Países Bajos para llevar a cabo la operación ni contar con la autorización derivada de un tratado. Esto también significa, concluyen, que se aplicó la legislación estadounidense. Dado que las leyes estadounidenses para los métodos de investigación encubiertos no son accesibles ni pueden ser previstos por los ciudadanos holandeses, tales prácticas ponen en peligro la seguridad jurídica de las personas implicadas. Recuerdan que no existen tratados de asistencia jurídica que regulen específicamente las operaciones encubiertas en línea y que tampoco existen propuestas o planes públicos para regular las mismas.

Estados Unidos[116] incluye en sus guidelines prevenciones especificas para evitar estas situaciones. Así se establece que los agentes que lleven a cabo investigaciones en línea deben realizar esfuerzos razonables para averiguar si algún sistema informático, dato, testigo o sujeto pertinente

---

115 Exponen que al principio de una investigación en línea, puede que sea imposible pedir permiso a un Estado. Por ejemplo, cuando una operación se lleva a cabo en la web oscura, no está claro dónde tiene lugar una operación encubierta en línea, y por tanto a qué Estados debe pedir permiso

116 "Online investigative principles for federal Law enforcement agents" (1999).

se encuentra en una jurisdicción extranjera. Cuando alguno de ellos se encuentre en el extranjero, los agentes deberán seguir las políticas y procedimientos establecidos por sus agencias para las investigaciones internacionales.

Recoge igualmente que los organismos encargados de la aplicación de la ley, junto con la Oficina de Asuntos Internacionales del Departamento de Justicia, han desarrollado cuidadosamente políticas y procedimientos que sus agentes deben seguir en asuntos que cruzan fronteras internacionales. Advierte que la misma conectividad rápida y fácil y la ausencia de fronteras físicas que facilitan el uso del mundo en línea hacen a menudo extremadamente difícil que los agentes de la ley reconozcan siquiera que han cruzado una frontera. Manifiesta que los agentes del orden estadounidenses deben respetar la soberanía territorial de otras naciones, del mismo modo que se espera que los agentes del orden extranjeros respeten la estadounidense. En consecuencia, los agentes deben hacer siempre esfuerzos razonables para averiguar dónde están almacenados los registros electrónicos pertinentes. Si se enteran antes o durante la búsqueda que el sospechoso está fuera de Estados Unidos, deben proceder como lo harían para obtener pruebas físicas ubicadas fuera de los EE.UU.

11. EL AGENTE INFILTRADO EN JUICIO

11.1. Deber de comparecer como regla general

Al conferirse al policía infiltrado un poder de transitar por zonas limítrofes a la posible lesión de derechos fundamentales, le es exigible inicialmente un deber reforzado de lealtad que implica comparecer al proceso cuando sea llamado. La STS nº 395/2014, de 13 de mayo así lo indica, confirmando la absolución de una Sentencia que absolvió porque el agente encubierto extranjero, comprometiéndose cuando fue autorizado a infiltración a comparecer a juicio, no lo hizo sin causa justificada "El agente encubierto ...incorpora un "plus" de lealtad al proceso que en el caso enjuiciado no se ha producido al no comparecer a las citaciones de testifical realizados desde el órgano judicial del enjuiciamiento.

La autorización especial previstas en la ley tiene como lógica contrapartida la de comparecer en el proceso para explicar y aportar, en su integridad, la investigación realizada, entre otras razones para discutir la denuncia de las defensas sobre la provocación al delito. En el caso, el tribunal de instancia ofreció modalidades en el testimonio, como el empleo de la videoconferencia, que no quisieron emplear. El resultado es que la aportación íntegra de las investigaciones al proceso no se ha realizado por los agentes encubiertos".

La obligación del infiltrado de comparecer a juicio, conforme a la STS nº 104/2019, de 27 de febrero (*Tol 8921615*) "se deduce de lo dispuesto sobre este extremo por el artículo 4.5 de la Ley Orgánica 19/1994, de 23 de diciembre de protección a testigos y peritos en casos criminales, que dispone lo siguiente: "Las declaraciones o informes de los testigos y peritos que hayan sido objeto de protección en aplicación de esta Ley durante la fase de instrucción, solamente podrán tener valor de prueba, a efectos de sentencia, si son ratificadas en el acto del juicio oral en la forma prescrita en la Ley de Enjuiciamiento Criminal por quien los prestó".

No será preciso que el agente infiltrado venga a juicio si hay otra prueba alternativa bastante para condenar. Esta prueba supletoria puede ser la testifical de otro encubierto. La STS nº 5/2009, de 8 de enero (*Tol 1438894*) avaló que el agente infiltrado extranjero no declarara al tener status de agente diplomático acreditado por Nota verbal de la Embajada estadounidense y tener su declaración un valor secundario dado que un agente encubierto español acompañó al extranjero y presenció todos los hechos. La STS nº 906/2014, de 23 de diciembre (*Tol 4703102*) pone de manifiesto que el agente infiltrado que no compareció actuó a la vez que otro que sí lo hizo.

También puede concurrir una prueba distinta de la infiltración. Esto es lo ideal para la STS nº 975/2007, de 15 de noviembre (*Tol 1213996*) "Recordemos que la actuación policial infiltrada no busca en sí misma ser fuente de prueba de los hechos (aunque nada impide que lo sea), sino proporcionar datos y elementos de convicción para desarticular la organización criminal, siendo tales datos y elementos los que, a la postre, conforman la convicción judicial. En el caso, el hallazgo mediante registros de vehículos, registros domiciliarios...". La STS nº 189/2010, de 9 de marzo (*Tol 1808657*) restó también importancia a la ausencia del agente infiltrado porque la prueba decisiva eran las escuchas telefónicas siendo suficiente para valorar la restricción del secreto a las comunicaciones el oficio policial y el auto motivado del juez.

Asimismo, en supuestos de pornografía infantil, no se considera necesario que declare en España el agente informático extranjero que en su país descubrió la actividad criminal y proporcionó a la policía española las direcciones IP en España desde las que se descargó pornografía infantil. Así, la STS nº 752/2010, de 14 de julio (*Tol 1918603*) concluye que la infiltrada virtual australiana no tiene valor probatorio sino que es una denuncia que aporta una notitia criminis "..., debemos señalar que lo recibido por la policía española a través de INTERPOL es una denuncia sobre difusión de material pornográfico a través de la red, que da pie para iniciar en España la correspondiente investigación, de forma que no existe vulneración de derecho fundamental alguno cuando ni siquiera la declaración de la agente australiana ha sido utilizada por el Tribunal como prueba de cargo, simplemente se ha transmitido la noticia sobre la existencia de un posible delito en materia de explotación sexual infantil captada a través de la red". Efectivamente, no es preciso tal declaración porque la prueba clave será el material pornográfico infantil que se encontró en los ordenadores de los condenados.

11.2. Contenido de la declaración

Una declaración precisa y sin contradicciones del agente encubierto informático será clave en la obtención de la condena[117].

---

[117] En caso contrario, podemos encontrarnos con supuestos como el caso "Anonymous" en que se acusó a varias personas de unos ataques informáticos realizados por parte del colectivo "Anonymous" con ocasión de la celebración en España de las elecciones locales y autonómicas de 22 de mayo de 2011. Dichos ataques tenían la finalidad de entorpecer el proceso electoral. La agresión informática se desplegó mediante la técnica de Denegación de Servicio Distribuido (DDoS), contra la página web de la Unión general de Trabajadores y del Congreso, afectando de forma importante al normal funcionamiento del correo electrónico. Se acusaba también de la planificación de otro ataque DDoS contra las páginas webs de diferentes partidos políticos. En la investigación, diversos policías se conectaron bajo el pseudónimo "culebras" para descubrir los objetivos de los ataques, infraestructuras y medios de la organización. Estos agentes se ganaron la confianza de dos personas (cuyos nicks eran "ratón/tirantes" y "bola") que hipotéticamente serían administradores y usuarios del principal canal de "Anonymous" desde donde se produjo el ataque. De las conversaciones mantenidas con los infiltrados se desprendió que "raton/tirantes", habría sido el encargado de ordenar los ataques. La Sentencia del Juzgado de lo Penal nº 3 de Gijón, de 6 de junio de 2016 (Recurso 385/2015) avala la actuación policial sin autorización judicial dado que se intervino en zonas públicas en las redes sociales, chats públicos en los que todos participan con identidades supuestas pero absuelve por la deficiente declaración de los policías "...por cuanto el agente tras un detallado interrogatorio respondió a la mayoría de preguntas que le fueron formuladas como se reseñó anteriormente con las respuestas "no sé" y "no recuerdo". Tampoco se puede salvar a los efectos reseñados la falta de memoria de dicho agente en el plenario pese a su insistencia o que se preguntara sobre lo que el manifestó no saber o no recordar al instructor,

Un ejemplo lo encontramos en la STS nº 65/2019, de 7 de febrero (*Tol 7011835*) que en un caso de adoctrinamiento yihadista, recoge la declaración del infiltrado. Por un lado refleja conocimientos técnicos del delito enjuiciado "El acusado tenía medios telemáticos inusuales para un consumidor como, por ejemplo, la antena direccional", manifestando sin duda alguna "que desde los perfiles del acusado se habían difundido los enlaces". Asimismo explica su infiltración y como obtuvo las evidencias criminales "Ratificó que el contenido de Facebook tenía una parte abierta y otra cerrada, a la que sólo pudo entrar cuando se le dio acceso, una vez pudo comprobar su contenido vio que eran vídeos en favor de la causa del Estado Islámico". Se descarta asimismo la provocación *"El* agente aclaró que recibió una solicitud de amistad del acusado y no al revés".

No son admisibles preguntas dirigidas a obtener datos que pongan en peligro la seguridad del agente o terceros o la eficacia de la técnica investigadora. Que el agente responsa de forma lacónica o ambigua, no significa, manifiesta la STS nº 21/2022, de 13 de enero (*Tol 8765221*), que actúe con deslealtad al Tribunal. Asimismo, deben rechazarse las preguntas de la defensa que buscan determinar la identidad y son ajenas al objeto procesal "En el interrogatorio se deslizaron preguntas que fueron rechazadas sobre la actividad profesional de los agentes, de los testigos encargados de la vigilancia preguntas que fueron declaradas impertinentes, por no afectar al objeto del proceso, y que enturbiaron las condiciones del interrogatorio.

Obviamente, el agente encubierto, precisamente por los riesgos que incorpora a su función goza en nuestro ordenamiento de una especial protección. Hay preguntas que pueden ser rechazadas por su impertinencia al no guardar relación con el objeto del proceso. Así, por ejemplo, cuando son indagados por la experiencia, contada en número de años, como agente encubierto, cuál era su función en el aeropuerto, o por las técnicas para acercarse a los miembros de una organización que es objeto de investigación, o cuando afirman ignorar el porqué de la confianza que generan en el investigado, etc. Son preguntas que no guardan relación con el objeto procesal que se investiga, la llegada al aeropuerto de una maleta con kilogramos de sustancia, cocaína".

---

con las declaraciones del funcionario… que si bien fue el que autorizó la declaración del agente Culebras y ratificó todos los informes aportados, no fue el que intervino directamente en las conversaciones, sino que supervisó las mismas".

Asimismo, deberá dejarse claro que no existió provocación, que la actividad criminal ya existía antes de la actuación del policía encubierto y de no estar disponible el infiltrado, el sospechoso hubiera acudido a cualquier persona.

11.3. Valor probatorio de la declaración del infiltrado

Hay unas reglas básicas que la jurisprudencia española ha indicado sobre el agente infiltrado presencial que puede aplicarse al que interactúa a distancia. No porque el policía engañe a los criminales con su identidad, significa que mienta o exagere los hechos ante el órgano judicial. Como afirma la STS nº 575/2013, de 28 de junio (*Tol 3845376*) "Por otro lado el que el agente encubierto haya podido engañar, de hecho, el que lo haya hecho, dándole datos falsos a los acusados no afecta a su credibilidad". Por el contrario, lo que se presume que el agente infiltrado, como cualquier policía, cuando declara como agente de la autoridad, dirá la verdad en Sala. En la misma línea expone la STS nº 635/2019, de 20 de diciembre (*Tol 7673748*) que los agentes de policía declaran "de forma imparcial y profesional, en el sentido de que no existe razón alguna para dudar de su veracidad, cuando realizan sus cometidos profesionales, teniendo las manifestaciones que prestan un alto poder convictivo... Pues bien, en este caso, el agente policial no era víctima del hecho, ni tenía interés personal alguno en los acontecimientos a salvo de su intervención profesional como agente encubierto".

La declaración del agente encubierto será normalmente la prueba principal e irá acompañada de un contexto o indicios probatorios complementarios. En este sentido la STS nº 277/2016, de 6 de abril (*Tol 5658119*) "aquí estamos ante una prueba directa (manifestaciones del agente encubierto) respaldada por el contexto (que sería prueba indiciaria corroboradora). Pero no estamos ante exclusiva prueba indiciaria", de ahí, afirma la STS nº 635/2019, de 20 de diciembre (*Tol 7673748*) "...que su testimonio directo sobre los hechos investigados se valore como el elemento probatorio esencial, sin perjuicio de la valoración complementaria de las restantes pruebas que han permitido reconstruir el devenir histórico del acontecimiento enjuiciado con todo lujo de detalles". Las actas por escrito que redacta el infiltrado sobre su intervención, como indica la STS nº 104/2019, de 27 de febrero (*Tol 8921615*) refuerzan su memoria pero, "el valor probatorio de su testimonio no resulta de las actas levantadas, sino de la verosimilitud de su testimonio en la medida en que su contenido esté adverado por el conjunto de la actividad probatoria".

La prueba complementaria de la declaración del infiltrado estará integrada por:

– Manifestaciones de otros policías de la unidad investigadora. Expondrán en juicio como se inicia la investigación, se realiza el paso del canal abierto al cerrado y confirmarán la actividad del agente infiltrado. La SAN nº 3/2017, de 17 de febrero (*Tol 5969990*) recoge las declaraciones de los investigadores sobre como se desarrolló la infiltración. Exponen como "del rastreo de las redes sociales surge el perfil... detectaron fotografías en abierto con contenidos del Daesh y publicaciones de odio a España; lo consiguieron porque lo tenía en el muro en abierto... si bien un documento lo tenía en privado, accediendo al mismo mediante una petición de amistad en Facebook". Obtienen la autorización judicial y posteriormente "... el agente encubierto les trasladó que a partir de julio de 2015 uno de los individuos con los que hizo amistad a través de Facebook es el acusado, y el 9 de julio le propuso llevar acabo un atentado".

– Material yihadista existente en el teléfono o red social en la que el acusado ha interactuado con el infiltrado: SSTS nº 466/2019, de 14 de octubre (*Tol 7537041*) y nº 65/2019, de 7 de febrero (*Tol 7011835*).

– Transferencias de dinero: En la STS nº 466/2019, de 14 de octubre (*Tol 7537041*) se pone de manifiesto "...comprobantes de envío de dinero llevadas a cabo por la acusada y familiares a una persona en Turquía".

– Conversaciones telefónicas: Las mismas juegan también un rol probatorio que puede rivalizar en importancia con la de infiltrado o incluso, como vimos, excusar su intervención. La STS nº 466/2019, de 14 de octubre (*Tol 7537041*) describe que en una conversación "Uno de los acusados manifiesta ... su deseo de ir a Siria, casarse con una mujer del Sham y luchar como muyahidín." En la STS nº 655/2017, de 5 de octubre (*Tol 6388636*) se desprende de las escuchas que el acusado trató de convencer a varias mujeres para incorporarlas a proyectos yihadistas, de viajar a Siria, señalando a una su intención de cometer un atentado en Europa.

Un ejemplo de prueba holística que acompaña a la declaración del encubierto virtual lo encontramos en la SAN, pleno, nº 14/2024, de 10 de julio (*Tol 10136604*) que expone como un agente encubierto policial infiltrado en una red del DAESH de contactos internacionales para captar fondos económicos de simpatizantes con que financiar actividades en favor de sus miembros, especialmente para ayudar a retornar miembros a Europa, recibe de uno de sus contactos la información de que hay una persona en España que actúa como agente (remesador) suyo de confianza, que recoge dinero aquí cuando se le requiere para ello, haciéndolo llegar a Siria mediante el sistema de la hawala que utiliza dos canales/claves.

El infiltrado vinculó en juicio el papel del acusado al uso de las claves dejando claro que sabía que financiaba al DAESH cada vez que usaba los canales de hawala para trasferir dinero.

La prueba adicional es:

– El acusado reconoce ser titular del número de teléfono que se facilitó al agente encubierto como contacto del remesador en España del DAESH.

– En el registro domiciliario se encontraron dispositivos electrónicos[118] y documentos con anotaciones sobre personas y cantidades económicas que sirvieron para hacerle llegar al DAESH diversas cantidades de dinero. "Dichas trasferencias económicas que pretende justificar la Defensa en testificales de amigos, no son puntuales ni hechas sólo a amigos y familiares por razones altruistas, como muestra objetivamente la documental tecnológica. El dinero es enviado por hawala en clave protegida a Siria y no a Marruecos, como dice el acusado "aparentando una equivocación/ imprecisión que no es tal".

Asimismo en la documentación constan varios justificantes de transferencias económicas —en persona que no trabaja— con hawaladares sitos en Beirut, ciudades sirias bajo control de la organización terrorista DAESH y la turca de Antep.

Un dinero que no se explica por razones licitas de donde surge y porque se envía así, empleando un método opaco como la hawala que no deja rastro.

– Las conversaciones por WhatsApp, claramente vinculan al acusado con quien facilitó el número de teléfono al agente encubierto que forma parte de una infraestructura de apoyo y financiación del terrorismo yihadista del DAESH asentado en Siria/Irak.

– El informe de inteligencia de Policía defendido por sus autores en juicio establecen también dicha vinculación.

---

118 Declararon también los peritos clonadores del contenido de dispositivos electrónicos/telefónicos ocupados en los registros autorizados judicialmente.

12. LA PROVOCACIÓN

Hemos visto "supra" la importancia de que la formación del infiltrado incluya el no caer en la provocación. Se dará la misma si el agente inserta una intención de delinquir (el dolo) en quien no la tenía previamente o dicha voluntad era un deseo utópico, una fantasía sin expectativas ciertas de cumplirlas en la realidad.

No hay provocación si el delito preexiste a la intervención policial, en ese caso el agente no crea el delito sino que se une al mismo. Sí habrá provocación si el investigado tiene decidido delinquir y el provocador le proporciona un elemento imprescindible e irreemplazable para cometer el delito. La provocación queda descartada si el servicio que presta el agente puede ser sustituido, con más o menos dificultades, por el investigado. En otras palabras, si el crimen es una máquina que no puede funcionar y el agente proporciona una pieza indispensable para que opere, concurre la incitación delictiva.

Hasta que el agente no comprueba su existencia, debe actuar con pasividad y una vez verificada la presencia del delito y que se está uniendo a un crimen en marcha, son admisibles posturas más activas que profundicen en la investigación encubierta. Como expone la STS nº 767/2007, de 3 de octubre (*Tol 1156511*) "carece de transcendencia jurídica…, después de que espontáneamente el recurrente reconociera que había cometido el delito" que el agente "… simulara unos sentimientos para indagar sobre la presunta trama delictiva…dicho agente fue moderado en los primeros contactos, hasta ganar la confianza del acusado, el cual poseía hasta el momento el dominio del hecho… El que los últimos episodios delictivos fueran sugeridos por el agente policial las remesas de material pornográfico o se profundizara en los sentimientos del acusado para descubrir su pedofilia y la existencia de otros responsables, incluso el alcance y derivaciones del delito, o la captura de aquél, entran dentro de su cometido". La transcripción de las conversaciones resultó decisiva para descartar la provocación.

La doctrina judicial destierra en ocasiones la provocación incidiendo en que la iniciativa del contacto surge del acusado. Así, la SAN, secc. 4ª, nº 12/2018, de 26 de abril (*Tol 6592941*) destaca que la solicitud de amistad vino del acusado. Ahora bien lo relevante no es tanto quien lanza la petición de amistad que permite entrar en el canal cerrado sino que la propuesta delictiva surja del investigado. Ello va a revelar la preexistencia delictiva y descartar cualquier impulso creador del crimen por parte del agente que conduzca a la provocación. Así, la STS nº 655/2017, de 5 de octubre (*Tol 6388636*) recoge el testimonio del agente virtual en el que señala que el acusado le propuso cometer un atentado terrorista en España. En la STS nº 752/2010 de 14 de julio *(Tol 1918603)* se refleja que es el acusado quien decide enviar material pornográfico. También la SAN, secc. 2ª, nº 30/2019, de 30 de diciembre (*Tol 7864972*), indica que el policía infiltrado manifestó en juicio "...que contactaron ellos con el acusado "diciéndole me gustan tus publicaciones, dándole "me gusta" a sus amigos, compartiendo publicaciones suyas. Ese día le pide consejo y guía espiritual". El acusado comienza a mandarle material yihadista y finalmente le plantea cometer atentados en España.

El agente comienza a indagar sobre un escenario criminal plenamente desarrollado en el caso resuelto por la SAN, pleno, nº 14/2024, de 10 de julio (*Tol 10136604*) que expone como "de las actas del agente informático encubierto y de su declaración en el plenario, "no aparece que se incite a nadie a realizar una acción ilícita que el requerido no se hubiese previamente planteado, sino, al contrario, una mera actuación de obtención de información de hechos que antes de su intervención ya estaban ideados, estructurados, configurados y puestos en marcha por la trama aludida, que simplemente se corroboraron (STS 173/2019, de 1 de abril), aflorando la disposición de colaboradores terceros en territorio de la Unión Europea que ayudaban al DAESH a financiar su actividad terrorista, entre los que aparece el recurrente".

En Argentina[119], la Corte Suprema de Justicia Fallos 313: 1305 rechaza la provocación ya que "el ocultamiento de la identidad policial ha tenido por objeto tomar conocimiento de un hecho que fue realizado libremente y sin coacciones por parte del imputado. En otras palabras, si este ya se encontraba predispuesto a delinquir, ofreciendo indiscriminadamente sustancias a través de redes sociales de modo previo al contacto del agente, no existe agravio respecto del proceder del agente ya que no hubo de su parte una actitud creadora del crimen". En otro supuesto en que se alegó provocación, el investigado simulaba ser vendedor de dispositivos celulares a través de un perfil en redes sociales. La víctima contactaba con el supuesto vendedor, este le remitía el número de cuenta de un tercero, y recibido el pago bloqueaba al usuario y/o cambiaba el nombre del perfil de usuario. Se infiltró a un agente revelador que simuló ser un comprador, pudiendo identificarse al sospechoso. La Sala II de la Cámara de Apelación y Garantías de San Isidro en Resolución I-84633-22 descarta la provocación por cuanto, el agente no instigó sino comprobó que el investigado "había cons-

---

119 Moyano, op. cit., 217-219.

truido un escenario ficticio para atraer a sus clientes a quienes estafaba... No se aprecia cuál es la garantía constitucional que se ve violentada por el hecho de que funcionarios del Estado respondan a una oferta pública que no iniciaron, ni alimentaron, ni provocaron...".

En Estados Unidos, el entrapment se produce cuando el Gobierno implanta en la mente de una persona que no está dispuesta a cometer el delito la disposición para que lo lleve a cabo y poder así enjuiciarla. No hay entrapment si el investigado tiene una predisposición a cometer un delito. El Tribunal Supremo de los Estados Unidos ha adoptado diferentes factores para evaluar la predisposición de un individuo como el historial penal del acusado, quién inicia la propuesta de la actividad delictiva y si el acusado demostró reticencia y el Gobierno insistencia para que el delito se cometiera.

La predisposición delictiva debe tener una cierta capacidad de cristalizar en la práctica y no residir únicamente en el mundo de los deseos utópicos[120].

Uno de los hitos judiciales del entrapment se produjo en una infiltración a distancia, si bien no por medio de una comunicación virtual por ordenadores sino en forma epistolar. Es el caso Jacobson v. United States, 503 U.S. 540 (1992)[121]. Keith Jacobson era un agricultor de 57 años que vivía solo y mantenía a sus padres ancianos. Fue objeto de una operación encubierta al descubrirse que su nombre figuraba en la lista de correo de una librería en que constaba que Jacobson había comprado dos revistas con imágenes nudistas, cuya recepción no infringía ninguna ley, y un folleto con una lista de tiendas que vendían material sexualmente explícito. El

---

120 En Estados Unidos contra Hollingsworth, 7 F.3d 1196 (7th Cir. 1994), los acusados, un ortodoncista y un agricultor, decidieron un buen día dedicarse al blanqueo internacional de capitales, "una vocación para la que ninguno de los dos tenía formación, contactos, aptitud o experiencia" señala el tribunal. Con tal fin, crearon una sociedad en las Islas Vírgenes y pusieron un anuncio en el periódico, que fue detectado por un agente de aduanas estadounidense que les tendió una trampa en una operación de blanqueo y los detuvo. El tribunal de apelación anuló la condena, sosteniendo que la "predisposición" no es suficiente para superar una defensa por entrapment; los acusados, además deben estar en una "posición" que les permita cometer el delito sin la ayuda del gobierno. Concluye el tribunal categóricamente que "Ningún verdadero delincuente haría negocios con los acusados" para blanquear su dinero.

121 Resume bien el caso, caso Roth, J. A. (2014)."The anomaly of entrapment", *Washington University Law Review* (91), pp. 1022 y ss.

Gobierno no tenía información de que Jacobson hubiera pedido o publicitad, comprado o producido pornografía infantil, o fuera probable que se dedicara a recibirla o distribuirla.

Sin embargo, el Gobierno lanzó una operación que duró dos años y medio que incluyó doce solicitudes de cinco entidades distintas, creadas por el gobierno con el fin de atraer a Jacobson para que comprara una revista que mostraba pornografía infantil. Finalmente aceptó por lo que Jacobson fue procesado y condenado. El Tribunal Supremo apreció entrapment destacando como el Gobierno, después de haber fracasado en varios intentos de atraerlo a participar en actividades ilegales y en violación de sus propios guidelines para realizar operaciones encubiertas[122], indujo finalmente al acusado a recibir pornografía infantil por correo. La campaña incluía documentación que sugería que la adquisición en propiedad del material pornográfico infantil estaba bajo el amparo de la Primera Enmienda.

13. INFILTRACIÓN Y TRATA

La Organización para la Seguridad y la Cooperación en Europa[123] ha recomendado el empleo de las operaciones encubiertas para detectar e investigar el delito de trata. Expone que tales operaciones de tipo "señuelo" son un mecanismo idóneo para recoger pruebas, a la vez que se reduce al mínimo el grado de dependencia de la investigación respecto del testimonio de la víctima y se evita la revictimización.

---

122 En concreto las Guidelines del Departamento de Justicia y Oficina del fiscal general, de 1980 bajo las que cuando se ofrecieran incentivos, era necesaria una aprobación específica escrita del director del FBI, a menos que el Comité de Revisión de Operaciones encubiertas determine que: (a) Existe un indicio razonable, basado en información obtenida a través de informantes u otros medios, de que el sujeto se dedica, se ha dedicado o es probable que se dedique a una actividad ilegal. o (b) La oportunidad de realizar una actividad ilegal se ha estructurado de manera que hay razones para creer que las personas atraídas por la oportunidad, o llevadas a ella, están predispuestas a participar en la actividad ilegal contemplada.

123 OSCE. 20ª Conferencia de la Alianza contra la Trata de Personas "Poner fin a la impunidad: Brindar justicia mediante el enjuiciamiento de la trata de seres humanos". (2020).

El anonimato que los criminales consiguen mediante el uso de las redes sociales puede ser utilizado en su contra. Expone OSCE[124] como "los traficantes utilizan perfiles falsos en las redes sociales como método común para atraer a las víctimas. Convenientemente, la mayoría de las aplicaciones de comunicación de las redes sociales, los chats y otros medios similares pueden ofrecer el mismo anonimato a los investigadores de la trata de seres humanos que a los delincuentes. Esto permite a los investigadores comunicarse de forma segura y remota con las víctimas y delincuentes —bajo la apariencia de ser un posible cliente o una víctima potencial para reunir pruebas de la trata".

Las ventajas de la infiltración son claras:

– A través de las redes sociales pueden obtenerse grandes cantidades de datos útiles sobre los delincuentes, como su estilo de vida, sus socios y sus bienes, detalles que pueden utilizarse para apoyar las investigaciones y los enjuiciamientos.

– Los investigadores encubiertos pueden reunir la misma cantidad de información, con menos recursos y sin ponerse en situaciones potencialmente de peligro como cuando se encuentran con los delincuentes cara a cara[125].

Con ocasión de la guerra en Ucrania, la OSCE insiste[126] en aumentar las operaciones encubiertas en línea de acuerdo a los respectivos marcos jurídicos nacionales e internacionales para disuadir la demanda que está aumentando en respuesta a la crisis humanitaria. Estas operaciones podrían dirigirse contra personas que buscan comprar sexo a menores, reclutar a personas vulnerables para explotarlas o dañar a adultos. Tras recordar que

---

124 "Reconmended actions on enhancing efforts to identify and mitigate risks of traffickig in human beings online as a result of the humanitarian crisis in Ukraine". (2022).

125 Se destaca la labor de la ONG estadounidense Seattle Against Slavery y Childsafe y su proyecto "intercepción" que puede utilizarse para asumir identidades falsas en línea con el fin de entrar en contacto directo con los traficantes, las víctimas o los compradores.

126 OSCE. "Reconmended actions on enhancing efforts to identify and mitigate risks of traffickig in human beings online as a result of the humanitarian crisis in Ukraine". (2022).
OSCE."Reconmended actions…op. cit.", y GRETA (Group of Expert on Action against Trafficking in Human Beings): "Guidance Note on adressing the risks of trafficking in human beings related to the war in Ukraine and the ensuing humanitarian crisis".(2022).

el modelo de negocio de la trata de seres humanos se ha desplazado en gran medida a Internet, se ofrece un dato desolador como que en unos meses desde el inicio del conflicto, "el análisis del tráfico en línea desde el inicio de la crisis humanitaria ha mostrado enormes picos de búsqueda en línea —en múltiples idiomas y países— de contenidos explícitos y servicios sexuales de mujeres y niñas ucranianas. Por ejemplo, el tráfico de búsqueda global de "porno ucraniano" aumentó un 600% desde el inicio de la crisis humanitaria, mientras que las búsquedas de "acompañantes ucranianos" aumentaron un 200%. Estos datos confirman una demanda creciente de acceso sexual a las mujeres ucranianas, y esta demanda servirá de fuerte incentivo para que los traficantes recluten y exploten a las mujeres ucranianas a gran escala". La consecuencia es clara. Hay una demanda que las redes esclavistas buscarán satisfacer.

Se propone asimismo potencial el ciberpatrullaje[127] para luchar contra la trata de personas. Deben supervisarse las plataformas de alto riesgo centrándose en los anuncios de personas ucranianas, de Europa del Este/eslavas o personas "nuevas" que venden sexo; el aumento de los contenidos relacionados con mujeres ucranianas/de Europa del Este/eslavas en los sitios web pornográficos; y el aumento de las búsquedas en línea de pornografía ucraniana o de acompañantes, y de mujeres o chicas ucranianas para mantener relaciones sexuales/matrimonio/citas. Debe prestarse atención a comportamientos de captación en las redes sociales, o los indicadores sospechosos en los sitios de servicios sexuales, incluidos los alias o las edades incoherentes, los movimientos frecuentes o restringidos, el control de terceros, etc. Se destaca en particular a los foros de compradores de sexo y servicios sexuales como objetivos que deben ser supervisados por la policía ya que el seguimiento de estos foros ha demostrado ser una herramienta eficaz para identificar las tendencias en los mercados, así como las situaciones potencialmente explotadoras. Lo mismo se propone respecto a la trata con fines de explotación laboral, siendo de interés detectar anuncios de empleo sospechosos (como ofertas de baja cualificación y alta remuneración) que podrían servir de tapadera para reclutar a ucranianos vulnerables para su explotación[128].

---

[127] OSCE "Reconmended actions…op. cit.", y GRETA (Group of Expert on Action against Trafficking in Human Beings): "Guidance Note on adressing the risks of trafficking in human beings related to the war in Ukraine and the ensuing humanitarian crisis". (2022).

[128] Se califican como sectores de alto riesgo el trabajo doméstico, los servicios de cuidados, la agricultura, el turismo, los servicios de limpieza y la construcción.

En el ámbito de Iberoamérica se alienta también el empleo de estas técnicas de investigación como medio de establecer radiografías fieles de las redes de trata y conocer su funcionamiento y donde están las víctimas y el dinero. Así, el art. 8 del Protocolo de cooperación Interinstitucional para fortalecer la investigación, actuación y protección a víctimas del delito de trata de personas y tráfico ilícito de inmigrantes entre los ministerios públicos iberoamericanos[129] señala bajo la rúbrica de Operaciones encubiertas "Las partes se comprometen, de *ser posible* en su ordenamiento jurídico, y en defecto de la posibilidad de acudir a otras técnicas de investigación, a fomentar el empleo de agentes encubiertos y confidentes para conocer la naturaleza de la organización delictiva, los lugares donde se encuentran las víctimas y sus desplazamientos y el rastro del dinero que deja el delito (cuánto dinero se paga, donde, a quien y el fin para el que se utiliza). En este sentido, resulta de particular importancia el empleo de agentes encubiertos informáticos cuando los tratantes mantienen contactos con las víctimas por canales cerrados de comunicación".

La relevancia de la infiltración online se ha recordado en España en las conclusiones de las jornadas de fiscales delegados de extranjería[130] afirmándose que "El empleo de técnicas especiales de investigación en el delito de trata, en especial el agente encubierto informático, resultan importantes cuando los tratantes mantienen contactos con las víctimas por canales cerrados de comunicación" y "El empleo de agente encubierto informático para investigar operaciones de trata deberá coordinarse con los fiscales delegados de extranjería". Dicha coordinación, como expuse "supra" se considera fundamental en un escenario policial de ausencia de formación especializada como medio de evitar la provocación.

En el año 2017 se empleó por la Guardia Civil española un agente infiltrado virtual en un caso de trata de personas. El sospechoso pretendía desde Rumania localizar a una víctima que había escapado a su control para reanudar la explotación. Guardia Civil tuvo conocimiento de ello y obtuvo autorización judicial para la infiltración virtual durante seis meses. Se asumió el perfil de una mujer joven amiga de la víctima y se creó un documento de trabajo en el que se desarrolló de forma exhaustiva la identidad a utilizar (nombre, lugar de nacimiento, donde vive, en qué trabaja). Dicho documento se encontraba en permanente actualización, en especial tras las interactuaciones con el objetivo.

---

129 Elaborado en el año 2017.

130 Años 2017 y 2021.

Se llevó a cabo un conocimiento exhaustivo del perfil investigado indagando sobre quienes son sus amigos virtuales, sus gustos (likes, páginas que sigue...) e intereses (música, cine, juegos...). Los investigadores concluyeron que dicha información podía servir para actuar de forma similar y tener puntos en común que facilitaran una futura interactuación. Se iba informando a la magistrada autorizante cada mes de esas labores de alimentación y humanización del perfil. Transcurridos tres meses desde la autorización judicial, el perfil del agente estuvo preparado y se pidió la solicitud de amistad al investigado. El problema es que se "consumieron" tres de los seis meses de la autorización. Entiendo preferible tener elaborada previamente la identidad ficticia adaptada a los datos que se obtengan del sospechoso en fuentes abiertas e iniciar la interacción con el objetivo nada más contar con la autorización judicial[131].

Las conversaciones virtuales[132] con el sospechoso se realizan con la constante presencia de un intérprete[133] junto al agente. Se fue descargando la información más importante que se incorporó a un acta escrita en que se hizo constar la Tarjeta de Identidad Profesional del Interprete, el resto se incorporó a un CD y se desechó la información personal o trivial. El agente, aun valorando la importancia de la técnica para obtener pruebas, tenía instrucciones de actuar con precaución a la hora de asumir un rol activo, evitando proporcionar datos que revelaran la identidad del agente y realizar propuestas que pudieran considerarse provocación. El objetivo, ante

---

131 Indica Oceja Merino, op. cit., p. 54 que se plantea si por "uso" de la "identidad supuesta" se hace referencia a interacción y no a mera presencia, aunque por la definición de la palabra y la redacción y contexto, parece que se refiere a ambas actividades.

132 Los investigadores dieron instrucciones al infiltrado de que si el sospechoso quería una videoconferencia, debía negársele, alegando motivos de seguridad, personales, laborales o religiosos. Asimismo, si el investigado solicitaba un encuentro físico había que evitarlo, salvo que se considerara oportuno, en cuyo caso se pediría autorización judicial. Finalmente, se estableció que si de la interacción con el investigado, surgían nuevos sospechosos no previstos en la autorización inicial, estos debían tener una vinculación muy estrecha con el crimen y presentar una actividad delictiva similar a la del sospechoso. En tal caso, el infiltrado se abstendría de cualquier interacción con los nuevos sospechosos y el Juez sería informado de los vínculos de estas personas con el caso, pidiendo su inclusión como investigado en las previas que se estén tramitando o en otras separadas. Obtenida la autorización judicial, la interacción en línea se extendería a los nuevos objetivos.

133 . El empleo de traductor se contiene en la autorización judicial.

la ausencia de colaboración efectiva del agente para ayudarle localizar a la víctima, bloqueó la comunicación con el infiltrado.

Ya hemos visto, como con base en la STS nº 767/2007, de 3 de octubre (*Tol 1156511*), una vez comprobada la presencia del delito, para conocer todos los detalles del mismo y ganarse la confianza del sospechoso, es admisible profundizar en la infiltración, lo que entiendo habilita que el agente aliente moderadamente la continuación del delito. La pasividad tendrá como consecuencia el desinterés del sospechoso. Los servicios que el infiltrado pueden prestar al investigado en la trata son muy amplios[134] e incluyen los de proxeneta, cliente de prostitución[135], víctima potencial[136], empresa o colocador de mano de obra esclava y el rol que cualquier criminal cuya actividad delictiva genere dinero va a buscar, como es el de blanqueador del dinero obtenido del delito de forma que el mismo se camufle enmascarando su origen delictivo.

14. EL AVATAR VIRTUAL COMO AGENTE ENCUBIERTO. SWEETIE

El futuro nos emplaza a infiltrados encubiertos en forma de avatars, controlados en mayor o menor parte por la inteligencia humana. Expone

---

134 La Diputada argentina Copes, Ana I (2016). Cámara de Diputados de la Nación Sesiones Ordinarias 2016, Orden del Día nº 112 propuso la exclusión de esta técnica investigadora del delito de trata. "Habilitar a las fuerzas de seguridad a formar parte de estructuras que explotan sexualmente a las víctimas, o bien, hacerse pasar por "clientes" que consumen explotación sexual es repudiable". No lo es si ello permite desarticular redes y liberar víctimas. En todo caso, deben establecerse reglas precisas que eviten que la infiltración contribuya a aumentar en intensidad o duración la explotación de la víctima.

135 En Francia, FAIXA, op. cit. 7 señala como en el ámbito de la lucha contra el proxenetismo, el juez ha admitido la prueba recogida por un agente que se había conectado bajo pseudónimo a una mensajería on-line para constatar la comisión de un delito de proxenetismo (Cass. Crim., 25 de octubre de 2000, nº 00-80.829).

136 Gómez Ventura, I. (2022). "El agente encubierto informático como diligencia de investigación de la trata de seres humanos con fines de explotación sexual. Una aproximación criminológica con perspectiva de género". *TFM. Master en Estudios Interdisciplinares de Género* (83), Universidad de Salamanca, p. 104 considera una opción factible que el agente se hiciese pasar por una chica menor de edad, de características similares a las víctimas reales de la organización, y atrajese la atención de quienes las captaron por redes sociales.

el magistrado del TS de España Marchena Gómez[137] que la organización holandesa Terré des Hommes ha creado una niña virtual— sweetie— programada para mantener conversaciones online, recibir y dar respuesta a pederastas. Fueron localizados más de 20000 pedófilos que pedían a sweetie la realización de actos de ahí de equívocos significado sexual mediante la activación de la webcam.

Oerlemans, y Galič[138] ponen de manifiesto la evolución de sweetie. Inicialmente era una niña filipina virtual de diez años con un aspecto muy real, que se utiliza para identificar y denunciar a los agresores en salas de chat y foros en línea. El avatar fue manejado inicialmente por un agente de la organización cuyo objetivo era recabar información sobre las personas que se ponían en contacto con la imagen virtual y le solicitaban sexo por webcam. Para evitar la incitación, los operadores esperaban a que los individuos iniciaran una conversación con Sweetie de forma sexualmente sugerente. Los investigadores pudieron identificar a los individuos que se comunicaban con Sweetie, utilizando únicamente la información facilitada voluntariamente al avatar y recopilando información disponible públicamente en Internet, como las cuentas de Facebook o Yahoo. La información recopilada era posteriormente entregada a las autoridades, que podían así iniciar investigaciones en sus respectivos países. En una segunda fase y con la intención de ampliar considerablemente la posibilidad de interactuar con los delincuentes, Sweetie se ha convertido en un chatbot semiautomatizado y, más y, más recientemente, en un chatbot totalmente automatizado llamado Sweetie 3.0[139].

Marchena Gómez[140] analiza algunas de las cuestiones de esta fórmula robótica de infiltración en forma de pros y contras "Los presupuestos de legitimidad en la utilización de un agente encubierto robótico, los efectos jurídicos asociados a la provocación del delito y, en fin, las dificultades para reconocer el derecho a la intimidad sexual en un robot son solo algunas de las cuestiones a las que habría que dar respuesta.

---

137 Marchena Gómez, M (2022). "Inteligencia artificial y jurisdicción penal". Discurso pronunciado en el acto de toma de posesión como académico de número el día 26 de octubre del 2022, p. 14.

138 Op. cit., p. 231

139 Indica como el proyecto Sweetie ha dado lugar a varias detenciones y condenas en países como Australia, Bélgica, Dinamarca, Países Bajos, Polonia y Reino Unido.

140 Op. cit., p. 14.

Sea como fuere, la utilización de Sweetie ha sido asociada a la ventaja que proporciona, no como herramienta de investigación, sino para paliar los negativos efectos que los delitos de pornografía infantil producen en los agentes que los investigan. Se razona que los agentes infiltrados que operan en chats con el objetivo de localizar pedófilos tienen que soportar una fuerte carga psicológica por la exposición continuada a contenidos de pornografía infantil, por lo que han de ser sustituidos cada cierto tiempo y pueden tener secuelas psicológicas, problema que se eliminaría si fuera un robot el que tuviera que tratar con esos contenidos. Asimismo, el gasto que conlleva formar a nuevos agentes, tanto en habilidades comunicativas como psicológicas e informáticas, sería menor en caso de que se utilizarán robots que pese a su elevado coste de fabricación, a largo plazo serían amortizables".

La recepción de una prueba generada por Sweetie en el sistema legal puede ser problemática. Stănilă[141] revela una realidad evidente. Sweetie no es ni humano ni víctima del delito y su compatibilidad con el marco jurídico procesal penal es discutible. Oerlemans y Galič[142] advierten que las leyes penales vigentes en muchos países tienen problemas para hacer frente a estas nuevas posibilidades de investigación. Una limitación notable del proyecto Sweetie es la cuestión de si las investigaciones encubiertas pueden ser realizadas por agentes no humanos, como los chatbots. Por el momento, un ser humano parece ser un elemento necesario de las investigaciones encubiertas en muchos códigos de procedimiento penal de todo el mundo. Esto significa que el Sweetie inicial, dependiente de los humanos podría ser compatible con los requisitos de las investigaciones encubiertas, pero las versiones totalmente automatizadas (como Sweetie 3.0) podrían no serlo. Por este motivo, algunos países como los Países Bajos ya han modificado sus códigos de procedimiento penal para permitir la obtención de pruebas en operaciones encubiertas mediante chatbots y otras tecnologías".

En el año 2022 Hommes puso fin a Sweetie. En un comunicado señaló "Durante muchos años, las investigaciones cibernéticas y encubiertas han sido fundamentales en los programas Sweetie y Watch de Terre des Hommes. Tras un análisis exhaustivo, hemos llegado a la conclusión de que este tipo de actividad no se ajusta a la misión de Terre des Hommes y ha estado

141 Stănilă, L. (2020). "Minority report: AI Criminal Investigation", *International Scientific* Conference "Toward *a better future: Human Rights, Organizated Crime and Digital Society*". Faculty of Law - Kicevo, University "St. Kliment Ohridski", p. 142.

142 Op. cit., p. 231

en conflicto con las normas éticas y los códigos de conducta de la organización. Por lo tanto, en estos programas nos centramos en detectar a los abusadores en lugar de proteger a las (eventuales) víctimas...Se ha tomado la decisión de poner fin a las actividades relacionadas con la investigación cibernética y encubierta".

15. CONCLUSIONES

El agente encubierto virtual es una técnica fundamental para combatir la criminalidad que se despliega empleando Internet como medio delictivo en general y los canales cerrados de comunicación en particular. No tiene el infiltrado virtual un rol secundario al del físico, pudiendo asimismo asumir un riesgo ya que redes de crimen potencialmente peligrosas utilizan canales cerrados de comunicación y pueden ser investigadas por el infiltrado informático. Ello implica que la identidad ficticia debe ser elaborada, apoyada en su caso en documentos y registros públicos, y debe tener capacidad de soportar escrutinios y comprobaciones de los delincuentes.

Es precisa una formación especializada que abarque aspectos técnicos y de investigación policial encubierta con una particular insistencia en el concepto de la provocación e incitación al delito y la forma de evitarla.

La técnica investigadora debe superar el esquema de un policía aislado para concebir la investigación encubierta como fruto del trabajo de una unidad policial. Es preciso asimismo regular normativamente fórmulas de infiltración eficaces como la posibilidad de utilizar con el consentimiento de estos a detenidos u otros terceros que conozcan la jerga criminal o tengan conocimientos especializados y, en supuestos excepcionales, facultar a la policía para apoderarse de la identidad en línea de criminales sin su consentimiento. La previsión legal debe extenderse a una realidad actual como es el uso de avatars encubiertos controlados por la Policía.

La solicitud de infiltración detallada al órgano que debe autorizarla es clave para fijar el marco de actuación del infiltrado. Deben aportarse varias identidades básicas que en un momento dado, dependiendo del comportamiento del sospechoso, pueden sustituirse las unas a las otras sin pedir una nueva autorización. La identidad en su aspecto básico debe estar construida antes de reclamar una habilitación judicial. El juez no autoriza la creación de la identidad sino su utilización. Consumir parte del tiempo de infiltración concedido por el juez para elaborar la identidad no es aconsejable. La interacción con el sospechoso debe producirse desde el primer momento de la autorización. Cuestión distinta es que la identidad falsa pueda enriquecerse a lo largo de la interacción.

En la petición deberá solicitarse la posibilidad de actuar en diferentes canales cerrados de comunicación por si el investigado decide cambiar la comunicación a otra red. Del mismo modo deberá preverse y pedir posibles encuentros físicos y comunicaciones telefónicas, valorando solicitar la posibilidad de desarrollar un registro remoto de los dispositivos del sospechoso.

En el estadio inicial de la comunicación con el investigado, la actuación del infiltrado debe ser pasiva pero cabe que comprobada la existencia del delito, con prudencia y respeto al principio de proporcionalidad, pueda alentarse la comisión del delito como medio de profundizar en la confianza del criminal cuando ello puede llevar a una información superior sobre la extensión del delito.

La declaración precisa del agente, la captura de sus conversaciones y la complementaria integrada por otros agentes que confirmen su versión, movimientos de dinero no justificados, material yihadista o escuchas telefónicas, integran una prueba precisa y eficaz ante los tribunales de justicia. Es importante que la declaración del infiltrado y el equipo investigador dejen claro que no existió provocación y que el delito preexistía a la intervención policial.

Bibliografía

Alamillo Rubio, J. (2015). "La Informática en la reforma de la Ley de Enjuiciamiento Criminal". *Diario La Ley*, (8662), 1-12.

Bravo Sandoval, C. (2021). *El agente encubierto en línea: principales características, derecho comparado, y desafíos que subyacen a su regulación.* https://repositorio.uchile.cl/handle/2250/180210. Recuperado el 1 de septiembre de 2024.

Bueno De Mata, F. (2012). "Un centinela virtual para investigar delitos cometidos a través de las redes sociales: ¿Deberían ampliarse las actuales funciones del agente encubierto en Internet?". *El proceso penal en la sociedad de la información, las nuevas tecnologías para investigar y probar el delito.* La Ley.

Campaner Muñoz, J. y Pereira Puigbert, S. (2021). "Eficiencia versus garantías en la investigación penal del Siglo XXI". *Investigación y proceso penal en el siglo XXI: nuevas tecnologías y protección de datos.* Aranzadi.

Carou García, S. (2018)."El agente encubierto como instrumento de lucha contra la pornografía infantil en internet. El guardián al otro lado del espejo ". *Cuadernos de la Guardia Civil*, (56), 23-40.

Falxá, J. (2016). "La infiltración: Legislación y jurisprudencia en el sistema penal francés". *Centro de Estudios Jurídicos*, 1-22.

Gómez Ventura, I. (2022). "El agente encubierto informático como diligenciade investigación de la trata de seres humanos con fines de explotación sexual. Una aproximación criminológica con perspectiva de género". *TFM. Master en Estudios Interdisciplinares de Género* (83), Universidad de Salamanca.

González García, S. (2019). "El agente encubierto informático a examen: un análisis de su regulación y de la validez de su actividad investigadora y probatoria en el proceso penal". *La Ley Penal: revista de derecho penal, procesal y penitenciario,* (139), 1-12.

Lafont Nicuesa, L. (2022). *El agente policial encubierto.* Tirant lo Blanch.

León Camino, A. (2024). Modo de actuación del agente encubierto virtual. *Claves Jurídicas,* (1), 28-48.

Marchena Gómez, M (2022). "Inteligencia artificial y jurisdicción penal". Discurso pronunciado en el acto de toma de posesión como académico de número el día 26 de octubre del 2022, 1-67.

Moyano, L. (2024). *Ciberdelitos. Como investigar en los entornos digitales.* Hammurabi.

Oceja Merino, R. (2024). "Agente encubierto informático: estudio normativo, práctico y perspectivas de futuro". *Ciencia policial: revista del Instituto de Estudios de Policía,* (175), 41-65.

Oerlemans, J.-J.& Galič, M. (2021). "Cybercrime investigations". *Essentials in cybercrime: A criminological overview for education and practice.* Eleven Publishers / Boom Juridische Uitgevers.

Proaño Reyes, G. (2018). "La necesidad de incorporar el agente encubierto cibernético en la Legislación Ecuatoriana". *Iuris Dictio. Revista de Derecho,* (22), 217-228.

Rizo Gómez, B. (2018). "La infiltración policial en internet. A propósito de la regulación del agente encubierto informático en la ley 13/2015, de 5 de octubre, de modificación de la ley de enjuiciamiento criminal para el fortalecimiento de las garantías procesales y la regulación de las medidas de investigación tecnológica". *Justicia y nuevas formas de delincuencia.* Tirant lo Blanch.

Roth, J. A. (2014)."The anomaly of entrapment". *Washington University Law Review,* (91), 979-1034.

Sánchez González, S. (2022) "Investigar y castigar la pornografía infantil gracias al agente encubierto informático". *La Ley Penal,* (154), 1-16.

Stănilă, L. (2020). "Minority report: AI Criminal Investigation", *International Scientific* Conference "Toward *a better future: Human Rights, Organizated Crime and Digital Society".* Faculty of Law - Kicevo, University "St. Kliment Ohridski".

Velasco Núñez, E. (2016). "Posición del instructor ante la petición de desarrollo de medidas de investigación restrictivas de derechos". *Cuadernos Digitales de Formación* (56). Consejo General del Poder Judicial, 1-66.

Zaragoza Tejada, J. I. (2016). "La modificación operada por la ley 13/2015. El agente encubierto informático". *Centro de Estudios Jurídicos,* 1-35.

Zaragoza Tejada, J. I. (2018)."El agente encubierto online. Aspectos legales y jurisprudenciales y problemas procesales originados en su práctica". Cuadernos Digitales de Formación, (59), 1-30.

Prohibición de auto incriminación, derecho a la intimidad y apertura compulsiva de smartphones por métodos biométricos

HERNÁN BLANCO

SUMARIO: 1. INTRODUCCIÓN: EL PROBLEMA DE LA PÉRDIDA DE ACCESO ESTATAL A LA EVIDENCIA ALMACENADA EN SMARTPHONES Y OTROS DISPOSITIVOS ELECTRÓNICOS. 2. EVOLUCIÓN DE LA GARANTÍA CONTRA LA AUTO INCRIMINACIÓN COMPULSIVA EN LOS ESTADOS UNIDOS. 2.1. Origen y evolución de la garantía en el derecho de los EE.UU. y la jurisprudencia de la Suprema Corte estadounidense. 2.2. La doctrina del "acto de presentación", en relación con la entrega compulsiva de documentos potencialmente incriminatorios. 3. EVOLUCIÓN DE LA GARANTÍA CONTRA LA AUTO INCRIMINACIÓN COMPULSIVA EN EUROPA Y LA ARGENTINA. 3.1. Evolución del derecho a no auto incriminarse en la Argentina. 3.2. Evolución del derecho a no auto incriminarse en Europa. 4. LA DISCUSIÓN EN TORNO A LA DESENCRIPTACIÓN COMPULSIVA DE DATOS ALMACENADOS EN DISPOSITIVOS ELECTRÓNICOS. 4.1. El problema de la adaptación de las doctrinas constitucionales referidas a la entrega compulsiva de documentos físicos a la tecnología digital. 4.2. La controversia en orden a la naturaleza "testimonial" del desbloqueo. Referencias al "uso intensivo de la mente" y la diferencia entre "la llave y la combinación" de una caja fuerte. 4.3. La controversia en torno al objeto de la "conclusión ineludible". Conocimiento de la contraseña vs. conocimiento de los archivos digitales buscados. 4.4. Otras cuestiones controversiales: contenido del estándar de "razonable especificidad" y equilibrio entre los intereses estatales y particulares. 4.5. La cuestión de la desencriptación compulsiva de dispositivos protegidos por clave numérica en Europa y la Argentina. 5. EL DERECHO A LA INTIMIDAD EN RELACIÓN CON LA INFORMACIÓN CONTENIDA EN SMARTPHONES. 6. LA DISCUSIÓN EN TORNO A LA APERTURA COMPULSIVA DE SMARTPHONES POR MÉTODOS BIOMÉTRICOS. 6.1. La discusión sobre el desbloqueo compulsivo biométrico en los EE.UU. 6.2. La discusión sobre el desbloqueo compulsivo biométrico en Argentina y Europa. 7. CONCLUSIONES.

1. INTRODUCCIÓN: EL PROBLEMA DE LA PÉRDIDA DE ACCESO ESTATAL A LA EVIDENCIA ALMACENADA EN SMARTPHONES Y OTROS DISPOSITIVOS ELECTRÓNICOS

Uno de los principales efectos de la vertiginosa evolución de las tecnologías de la información y la comunicación (TICs) durante los últimos treinta años, en especial en relación con la aplicación del Derecho penal, reside en la necesidad de adaptar el ordenamiento constitucional y legal —así como las doctrinas jurisprudenciales asociadas al mismo— a situaciones que quienes sancionaron las constituciones nacionales no pudieron en modo alguno prever o siquiera imaginar. Ante la dificultad de que la legislación siga el paso de la transformación tecnológica, suele quedar a cargo de los jueces encontrar la forma de aplicar, de la mejor manera posible, cláusulas constitucionales o legales sancionadas hace décadas, en la era analógica, a un nuevo mundo regido por la informática y la información digital.

En este escenario, uno de los más prestigiosos autores especializados en la conjunción entre informática y Derecho, Orin Kerr, ha acuñado la expresión "ajuste de equilibrio" ("equilibrium adjustement") para referirse a la tarea jurisdiccional de adaptar las doctrinas constitucionales para responder a los cambios tecnológicos que alteran —a veces de modo drástico— el balance entre los derechos fundamentales de los ciudadanos y el interés estatal en obtener la información necesaria para cumplir con una de sus funciones esenciales, que es proteger a la sociedad mediante la investigación y persecución de los delitos[1]. Con ese fin, la Suprema Corte de los EE.UU. (en adelante, SCOTUS[2]) ha dictado, en los últimos veinte años, varios fallos en los que reformuló las doctrinas constitucionales referidas al derecho a la intimidad y la privacidad (amparado en la 4ª enmienda de la constitución de ese país), adaptándolas a cambios tecnológicos que incrementaron el alcance de las facultades de vigilancia del Estado.

El impacto del avenimiento de la era digital no se limita, no obstante, al ámbito del derecho a la intimidad. En los últimos quince años, ha cobrado preponderancia en relación con la discusión sobre el alcance de *una garantía constitucional distinta*: el derecho de los ciudadanos a no auto incriminarse ('*nemo tenetur se ipsum accussare*'). Más específicamente, en orden a la posibilidad de invocar la mencionada garantía para bloquear el acceso del Estado a datos potencialmente incriminatorios almacenados en dispositivos digitales y protegidos por la encriptación.

No se trata, vale aclararlo, de una discusión puramente teórica o académica, sino de una cuestión con directa incidencia sobre la facultad estatal de acceder a evidencia informática que puede resultar decisiva en las investigaciones criminales desarrolladas en la era digital. Ello así, desde que uno de los principales efectos de la revolución tecnológica de estas últimas décadas ha sido que prácticamente todos los aspectos de la actividad hu-

---

1 Ver: Kerr, Orin S.: "An equilibrium-adjustment theory of the Fourth Amendment", en Harvard Law Journal, Vol. 125, Nº 2, 2011, pp. 476/453.

2 Por sus siglas en inglés: Supreme Court of the United States.

mana (trabajo, educación, esparcimiento, salud, etc.), incluyendo —naturalmente— a la conducta criminal, involucran de algún modo el uso de un dispositivo informático, lo cual deriva en la creación de información digital que se almacena en esos mismos dispositivos o en otros[3]. Por consiguiente, los equipos informáticos que utilizamos diariamente (teléfonos, computadoras portátiles, tabletas, GPS, relojes inteligentes, discos rígidos extraíbles, pendrives, entre muchos otros) suelen contener información privada de carácter personal (medico, sexual, religioso, político, etc,) o comercial, extremadamente sensible. Como así también, por supuesto, información potencialmente relevante para el esclarecimiento de toda clase de delitos (datos de localización, comunicaciones, historial de búsquedas en Internet, imágenes, archivos de audio, documentos de todo tipo, etc.). De especial interés son los modernos teléfonos celulares ("smartphones"), cuyo uso se encuentra tan expandido en nuestro país, que es razonable considerar que en la mayoría de los delitos puede estar involucrado un equipo de ese tipo, capaz de otorgar evidencia relevante para corroborar la existencia del hecho ilícito y la responsabilidad de su autor[4].

Debido a la vulnerabilidad intrínseca de los datos digitales, por la facilidad con la que puede accederse a los mismos para utilizarlos, copiarlos, alterarlos o destruirlos, la encriptación se ha convertido en una herramienta fundamental para el resguardo de la información almacenada en dispositivos electrónicos, en especial cuando se trata de objetos portátiles como smartphones o laptops, que suelen contener la mayor cantidad de datos privados[5]. En particular, la encriptación de datos almacenados ha ido convirtiéndose en un rasgo habitual en los modernos teléfonos celulares.

---

3 Por ejemplo, en lo que se conoce como la "nube", término que alude a "[u]n modelo para permitir el acceso ubicuo, conveniente y a pedido mediante la internet a un conjunto compartido de recursos informáticos configurable (vgr., redes, servidores, espacio de almacenamiento, aplicaciones y servicios) que pueden ser rápidamente provistos y lanzados con un mínimo esfuerzo de administración e interacción del proveedor del servicio", conforme la definición del Instituto Nacional de Estándares y Tecnología ("National Institute of Standards and Technology" o NIST) de los EE.UU. (al respecto, ver: Blanco, Hernán, *Tecnología informática e investigación criminal*, La Ley, Buenos Aires, 2020, pp. 249/350).

4 Cfr. Polansky, Jonathan, *Garantías constitucionales del procedimiento penal en el entorno digital*, 1ª edición, Hammurabi, Buenos Aires, 2020, p. 73 (citas omitidas).

5 Cfr. Froomkin, A. Michael: "It came from Planet Clipper: The battle over cryptographic key 'escrow'", en University of Chicago Legal Forum, Vol. 1996, N° 3, 1996, p. 15. La información almacenada electrónicamente puede ser encriptada de diversas maneras. Una opción, conocida como "encriptación de archivos"

Las primeras protecciones de esta clase fueron incorporadas por Apple en sus iPhones mediante el sistema operativo iOS 3, en 2009, y se ampliaron progresivamente con cada actualización. A diferencia de los sistemas previos, en los que para encriptar la información su utilizaba una clave que también estaba disponible para la compañía, a partir del iOS 8 la llave criptográfica se deriva de la propia contraseña creada por el usuario. Además, la encriptación por "defecto" se extiende a todos los datos importantes almacenados en el iPhone[6]. Casi en simultáneo, Google incorporó protecciones similares para los teléfonos que utilizan el sistema operativo Android[7].

Asimismo, hoy en día, la mayoría de las computadoras portátiles (laptops) e incluso muchos dispositivos de almacenamiento, como los discos rígidos extraíbles, vienen equipados con la encriptación "por defecto" de sus contenidos. En paralelo, esta tecnología pasó de ser una herramienta prácticamente desconocida a estar al alcance del público en general. Ello, a partir de la disponibilidad de aplicaciones de "encriptación fuerte" que pueden descargarse gratuitamente de internet, las cuales en algunos casos son muy fáciles de usar, permitiendo que sean utilizadas personas con un mínimo de competencia en el uso de ordenadores (en marcado contraste con la realidad imperante un par de décadas atrás, cuando la encriptación era una técnica compleja, sólo apta para usuarios de nivel técnico avanzado)[8].

("file encryption") encripta solo archivos específicos contenidos en una determinada computadora o unidad de almacenamiento. La otra opción es la "encriptación de disco" ("disk encryption"), en la que se encripta el contenido completo de un área de almacenamiento. La encriptación del disco completo ("full disk encryption" o FDE), impide incluso que quienes no cuenten con la contraseña inicien ("boot up") el disco, como así también que pueda establecerse si contiene archivos o no (Cfr. Opderbeck, David W.: "The skeleton in the hard drive: Encryption and the Fifth Amendment", en Florida Law Review, Vol. 70, N° 4, 2018, pp. 888/889; citas omitidas).

6 Cfr. Pell, Stephanie K.: "You can't always get what you want: How will law enforcement get what it needs in a post-CALEA, cibersecurity-centric encryption era?" en North Carolina Journal of Law & Technology, Vol. 17, N° 4, 2016, pp. 623/624 (citas omitidas —énfasis eliminado).

7 Ver: Timm, Trevor: "Your iPhone is now encrypted. The FBI says it'll help kidnappers. Who do you believe?" en The Guardian, publicado el 30/9/2014, obtenido en: http://www.theguardian.com/commentisfree/2014/sep/30/iphone-6-encrypted-phone-data-default.

8 Cfr. Atwood, J. Riley: "The encryption problem: Why the courts and technology are creating a mess for law enforcement" en Saint Louis University Law Review,

En lo que atañe a la posibilidad *material* de las autoridades estatales de hacer valer las facultades *legales* de las que históricamente han gozado para poder obtener, por sí mismas (incluso en forma compulsiva, contra la voluntad del imputado), elementos de prueba que pudiesen resultar de interés para la investigación y persecución de los delitos, la encriptación constituye un obstáculo formidable, muy superior al que representaban, para el resguardo de la evidencia física, elementos como las cajas fuertes o las bóvedas. Ello así, toda vez que, en lo tocante a estas últimas, los agentes del Estado siempre cuentan, en principio, con la capacidad de obtener, mediante la fuerza, los documentos u otros objetos que el titular de esa caja fuerte o bóveda pretende defender. Ese enfoque de "fuerza bruta", en cambio, no es efectivo para vulnerar la protección "virtual" que brindan los modernos algoritmos de encriptación[9].

A diferencia de lo que ocurre con los elementos de prueba físicos guardados en un compartimiento cerrado, el problema con los archivos digitales encriptados no reside en la posibilidad de obtenerlos, puesto que ello no presenta mayores dificultades. El motivo por el cual la encriptación representa un obstáculo tan importante para las autoridades estatales es que —como explicó con extraordinaria claridad la Suprema Corte del estado estadounidense de Indiana en un fallo reciente— la referida herramienta tecnológica modifica la información almacenada de modo tal que se torna ilegible e irrecuperable a menos que sea descifrada con la clave adecuada. Tal es así que, cuando se utiliza la encriptación, es como si los documentos digitales fuesen desmenuzados en millones de fragmentos que ninguna persona podría aspirar a reconstruir. Siendo que solo cuando se introduce la clave correcta y se abre el compartimiento cerrado, las piezas se reordenan como por arte de magia, reconstruyendo los documentos[10].

En los hechos, la implementación correcta de un algoritmo criptográfico "fuerte" impone un obstáculo prácticamente infranqueable para el acceso a la información protegida[11] para todo aquél que no cuente con la correspondiente "llave criptográfica" ("cryptographic key"), suprimiendo

---

Vol. 34, 2015, p. 410 (citas omitidas).

9 Cfr. Cohen, Aloni / Park, Sunoo: "Compelled decryption and the fifth amendment: Exploring the technical boundaries", en Harvard Journal of Law & Technology, Vol. 32, N° 1, 2018, p. 172 (citas omitidas).

10 Ver: *Seo v. State*, 148 N.E.3d 952 (Suprema Corte del Estado de Indiana, del 21/8/2018).

11 Cfr. Reitinger, Phillip R.: "Compelled production of plaintext and keys", en University of Chicago Legal Forum, Vol. 1996, N° 6, 1996, p. 175.

la posibilidad de sortearlo mediante lo que se conoce como un ataque de "fuerza bruta" (esto es: poner a una computadora a probar todas las variantes posibles, hasta encontrar la correcta). Como explican Kerr y Schneier, reforzar la protección más allá del alcance de un eventual atacante es simple en términos informáticos: la adición de un único bit a la llave criptográfica incrementa mínimamente el trabajo requerido para encriptar los datos, pero *duplica* el esfuerzo computacional necesario para atacar el algoritmo. Así, una llave de 128 bits contiene 2^{128} (340.282.366.920.938.463.463.374.607.431.768.211.456) posibles claves, mientras que una de 256 bits contiene 2^{256}, es decir un número con el *doble de dígitos* que el anterior[12].

De lo expuesto se desprende que, en la actualidad, el acceso a dispositivos que pueden representar enormes reservorios de información relevante para el esclarecimiento de toda clase de delitos *puede, potencialmente, quedar completamente vedado a las autoridades estatales*, sin que importe el hecho de que estas cuenten con una orden judicial que autorice dicho acceso. Ello así, toda vez que cada vez más dispositivos electrónicos están equipados con esta suerte de "caja fuerte virtual" prácticamente invulnerable, cuyo contenido solo es accesible mediante una llave que, en principio, podría encontrarse únicamente en la mente del principal interesado en mantenerla cerrada (el sospechoso).

En tal supuesto, la (esperable) negativa del imputado en cualquier caso criminal a proporcionarle a las autoridades estatales la clave de acceso al celular o dispositivo en el que puede encontrarse la evidencia de cargo requerida por aquellas, representa una dificultad considerable para el éxito de la pesquisa. Aunque en los últimos tiempos, *la misma evolución tecnológica, que generó este problema en primer lugar, ha venido a ofrecerle al Estado una posible salida.* En efecto, se aprecia que cada vez más smartphones (como así también otros dispositivos similares) ofrecen, además de la contraseña alfanumérica utilizada o del patrón de bloqueo establecido, la posibilidad de desbloquear el acceso mediante medios biométricos. Y es aquí donde se abre una ventana para el acceso rápido al contenido del celular secuestrado[13].

---

12 Cfr. Kerr, Orin S. / Schneier, Bruce: "Encryption workarounds", en Georgetown Law Journal, Vol. 106, N° 4, 2018, p. 994 (citas omitidas —énfasis añadido).

13 Cfr. Buglione, María José: "El desbloqueo forzoso de celulares. Validez constitucional y estado actual de la jurisprudencia", en Temas de Derecho Penal y Procesal Penal, Erreius, Vol. 8/2024, p. 380. En mas detalle, sobre esta cuestión, ver *infra*, § 6.

La desencriptación biométrica se integró por primera vez en la tecnología computacional en 2013, cuando se incluyó en el iPhone 5S de Apple una nueva función de seguridad denominada "Touch ID". Ésta utilizaba la cámara de alta resolución del smartphone para capturar imágenes de las huellas digitales del usuario y las utilizaba para desbloquear el aparato en lugar de la tradicional contraseña numérica. Cuatro años más tarde, Apple introdujo "Face ID"[14], que cumplía la misma función de su antecesor, pero a través del reconocimiento facial.

Desde el punto de vista de la seguridad informática, la autenticación biométrica del usuario presenta una ventaja considerable, consistente en que éste último lleva siempre consigo el medio para poder identificarse. Esto elimina tanto la necesidad de recordar contraseñas complejas[15], como el riesgo inherente al uso de contraseñas sencillas, más fáciles de memorizar, pero también de adivinar. Sin embargo, el costo de este incremento en la seguridad informática parece ser una disminución equivalente en el grado de protección "legal" frente a la facultad del Estado para compeler el desbloqueo de los equipos y lograr, de ese modo, acceder a su contenido.

Si bien existen distintas formas de obtener los archivos digitales almacenados en dispositivos electrónicos que cuentan con la opción de la encriptación para resguardarlos del accionar de terceros[16], ninguna de ellas ofrece garantías de éxito, y en ocasiones pueden demandar un tiempo más o menos prolongado para rendir frutos, lo cual las torna inadecuadas en casos en los que la evidencia digital es requerida con urgencia (por ejemplo, cuando involucra la victimización sexual de menores de edad).

Es en este escenario en que surge la alternativa que constituye el objeto principal del presente trabajo. Esto es, el desbloqueo del dispositivo encriptado mediante la compulsión legal de su titular, que en la mayoría de los casos habrá de ostentar, también, el carácter de sospechoso en la investigación penal de que se trate. Si bien es evidente que dicho método se presenta como una medida útil y necesaria en aquellos casos en que el

---

14 Cfr. Zimmering, Aubrey: "Actions speak louder than words: Compelled biometric decryption is a testimonial act", en Washington University Law Review, Vol. 100, 2023, p. 828 (citas omitidas).

15 Cfr. Sales, Erin M.: "The 'biometric revolution': An erosion of the Fifth Amendment privilege to be free from self-incrimination", en University of Miami Law Review, Vol. 69, N° 1, 2014, p. 218 (citas omitidas).

16 Ver, al respecto: Kerr, Orin S. / Schneier, Bruce: "Encryption workarounds", cit., pp. 989/1019.

acceso rápido a la información que potencialmente puede contener un aparato de telefonía celular secuestrado condiciona severamente el avance de la investigación penal[17] (y que, en muchos casos, puede ser la única forma de obtener dicha información), también lo es que la misma es susceptible de entrar en conflicto con la garantía contra la auto incriminación compulsiva.

En ese orden de ideas, se advierte que las doctrinas referidas al alcance de la mencionada garantía, que por lo general han sido desarrolladas en relación con supuestos vinculados a la coerción dirigida a obtener *manifestaciones verbales* de los imputados o con la entrega de *documentos físicos* incriminatorios, pueden no resultar adecuadas para atender a la cuestión de la desencriptación compulsiva de datos digitales. A lo que se suma que la creciente adopción de los métodos biométricos de acceso (en lugar de las contraseñas numéricas) incorpora una capa adicional de complejidad a la necesaria adaptación de la garantía a la moderna realidad tecnológica[18].

2. EVOLUCIÓN DE LA GARANTÍA CONTRA LA AUTO INCRIMINACIÓN COMPULSIVA EN LOS ESTADOS UNIDOS

2.1. Origen y evolución de la garantía en el derecho de los EE.UU. y la jurisprudencia de la Suprema Corte estadounidense

En los EE.UU., la existencia de un derecho de los imputados a no ser compelidos a declarar contra sí mismos fue reconocida por primera vez, en la Declaración de Derechos del Estado de Virginia de 1776[19]. Luego, al sancionarse la constitución de ese país, el referido derecho fue consagrado en la 5ª enmienda, la cual establece que "...ninguna persona [...] será compelida en ningún caso criminal a testificar contra sí misma". Reflejando el origen de la mencionada garantía en el derecho anglosajón, que se dio en respuesta al accionar de instituciones de neto corte inquisitorial como

---

17 Cfr. Buglione, María José: "El desbloqueo forzoso de celulares...", cit., p. 382.

18 Cfr. Brejt, Raila Cinda: "Abridging the fifth amendment: Compelled decryption, passwords, & biometrics", en Fordham Intellectual Property, Media and Entertainment Law Journal, Vol. 31, N° 4, 2021, pp. 1157/1158 (citas omitidas).

19 Cfr. Alderete Marco, María Cecilia: "Garantía constitucional que impide la autoincriminación", en Revista de Derecho penal - Derecho penal económico, Rubinzal-Culzoni, Buenos Aires, 2009, Vol. 2009, pp. 115/134 (citado de documento informático).

la "Star Chamber" en Gran Bretaña[20], el máximo tribunal de justicia de los EE.UU. explicó que el "propósito fundamental" de la referida cláusula constitucional era preservar una "sistema de justicia criminal adversarial", el cual se ve perjudicado cuando "...el Estado deliberadamente busca eludir la carga de llevar adelante una investigación independiente, mediante la compulsión de revelaciones auto incriminatorias"[21].

La SCOTUS ofreció una detallada explicación sobre los intereses amparados por la 5ª enmienda de la constitución estadounidense en el célebre fallo *Miranda v. Arizona*[22], en el que dicho tribunal señaló que "...el fundamento constitucional que subyace bajo la garantía es el respeto que cualquier gobierno —estatal o federal— debe asignarle a la dignidad e integridad de sus ciudadanos. A efectos de mantener un 'justo equilibrio entre el Estado y el individuo', para exigirle [al primero] que 'se haga cargo de la carga completa [de la prueba]', [y] respetar la inviolabilidad de la personalidad humana, [el] sistema acusatorio de justicia criminal demanda que el Estado que pretende sancionar a un individuo obtenga la evidencia en contra de aquel mediante su propia labor independiente, antes que por el cruel, simple recurso de compelerla de su propia boca".

Cabe señalar, no obstante, que en el mismo precedente, la SCOTUS aclaró que *no corresponde asignarle a la garantía el alcance que parecen sugerir los intereses que la misma contribuye a proteger.* En esa dirección, puntualizó que "[e]n suma, la garantía se satisface solo cuando a la persona se le garantiza el derecho a 'permanecer callado a menos que elija 'declarar sin restricciones en el ejercicio de su propia voluntad'". Aspecto que refleja una de las principales diferencias entre el ordenamiento procesal de los EE.UU. y el que rige en la mayoría de los países de tradición europea continental (incluyendo a la Argentina): que, en el proceso penal estadounidense, cuando el imputado decide declarar, lo hace (siempre y en todos los casos) en

---

20 La "Star Chamber" ("Cámara Estrella") era la rama judicial del Consejo Privado ("Privy Council") del rey de Inglaterra entre los siglos XV y XVII y funcionaba como una suerte de cámara de apelación que podía imponer penas, incluso por derecho propio, por delitos originados en el Common Law o incluso creados por la propia cámara. El procedimiento de la "Star Chamber" se centraba, en gran medida, en obligar a los sospechosos de haber cometido alguna falta a revelar pensamientos privados incriminatorios, bajo amenaza de infringir su juramento de decir verdad y cometer "perjurio". Así lo explicó la SCOTUS, *in re: Doe v. United States* (487 U.S. 201; 1988) y *Pennsylvania v. Muniz* (496 U.S. 582; 1990).

21 Cfr. SCOTUS, *in re: Garner v. United States* (424 U.S. 648; 1976).

22 384 U.S. 436 (1966).

carácter de *testigo.* Por consiguiente, dicha decisión importa la renuncia al derecho a no auto incriminarse, así como el sometimiento del deponente a todas las disposiciones que regulan el examen directo y de repreguntas a los testigos[23], incluyendo el juramento de decir la verdad y la posibilidad de ser enjuiciado por falso testimonio si se vulnera dicho juramento.

En este marco, el máximo tribunal estadounidense desarrolló, en una serie de precedentes dictados (sobre todo) durante la segunda mitad del Siglo XX, dos grandes líneas doctrinarias —relacionadas entre sí y referidas al alcance de la garantía contra la auto incriminación compulsiva— sobre las que se montó la posterior discusión jurisprudencial y doctrinaria acerca de la legitimidad de la desencriptación compulsiva de archivos digitales. Por un lado, la que distingue entre la entrega forzada de evidencia "física" y la de evidencia "comunicativa"; por el otro, la que delimitó los contornos de la "doctrina del acto de presentación" ("act of production doctrine").

La SCOTUS distinguió, por primera vez, entre la entrega compulsiva de evidencia "física" y la de evidencia "comunicativa" o "testimonial", en 1910, en el precedente *Holt v. United States*[24]. En ese fallo, el máximo tribunal de los EE.UU. estableció que la 5ª enmienda *solo amparaba a los imputados contra la pretensión del Estado de obligarlos a entregar esta última clase de evidencia.* En un célebre voto, el juez Holmes, escribiendo para la mayoría, descalificó la postura de la defensa, que había invocado la referida cláusula constitucional para dar sustento a la negativa de su asistido a vestir una prenda en una rueda de reconocimiento, calificándola como una "extravagante expansión [del alcance] de la 5ª enmienda". En esa dirección, explicó que "[l]a prohibición de obligar a un hombre, en un tribunal penal, a ser testigo contra si mismo veda el uso de coerción moral o física para extraer *comunicaciones* de su parte, [pero] no excluye a su cuerpo como evidencia *cuando ésta pueda ser material*"[25].

El precedente más importante de la SCOTUS sobre esta dicotomía entre las distintas clases de evidencia fue el dictado en el caso *Schmerber v.*

---

23 Cfr. Tedesco, Ignacio: "El privilegio contra la autoincriminación. Un estudio comparativo", en Cuadernos de Doctrina y Jurisprudencia Penal, Ad-Hoc, Buenos Aires, Vol. 6, 1997, pp. 274/275 (citas omitidas).

24 218 U.S. 245 (1910).

25 Énfasis añadido. Como se verá *infra* (§ 3.1.), esta referencia a evidencia de índole "material" sería adoptada por nuestra CSJN para delimitar, también, el alcance de la garantía prevista en el art. 18 de la Constitución Nacional.

California[26]. En dicha oportunidad, el referido tribunal manifestó que la garantía "...protege al imputado solo de ser obligado a testificar contra sí mismo, o de otro modo aportarle al Estado evidencia de naturaleza testimonial o comunicativa". En tal sentido, puntualizó que los tribunales de los EE.UU., tanto estatales como federales "...por lo general han sostenido que [la 5ª enmienda] no ofrece ninguna protección contra la compulsión a someterse a la extracción de huellas digitales, fotografías o medidas, a escribir o hablar para ser identificados, a comparecer ante el tribunal, pararse, adoptar determinada postura, caminar o hacer un gesto en particular". En ese orden de ideas, explicó también que lo que veda la garantía es la extracción compulsiva de "comunicaciones" o "testimonios", pero no el uso de coerción cuando esta convierte al acusado en una fuente de evidencia "real o física".

A partir de las premisas sentadas en los precedentes *Holt* y *Schmerber*, la SCOTUS legitimó, por ejemplo, el uso de coerción para obligar a un sospechoso a comparecer y hablar en voz alta en una rueda de presos —en *United States v. Wade*[27]— o a aportar muestras de escritura, en *Gilbert v. California*[28].

La segunda línea de precedentes objeto de análisis se refiere a otro instituto de gran desarrollo en el derecho anglosajón, muchísimo menos relevante en el derecho de corte europeo continental. Se trata de lo que se conoce, en los EE.UU., como el "procedimiento compulsivo" ("compulsory process"), el cual se utiliza para requerir la entrega de evidencia

---

26 348 U.S. 757 (1966). En el caso se discutió la legitimidad del uso, como prueba de cargo en una causa por conducción en estado de ebriedad, de la muestra de sangre tomada al imputado por los médicos del hospital al que fue conducido después de sufrir un accidente vehicular, sin que mediase previa orden judicial autorizándola.

27 388 U.S. 218 (1967). En el caso, el imputado había sido arrestado por su presunta vinculación con el robo de un banco. Los testigos lo identificaron por su voz. La SCOTUS descartó la alegada vulneración de la garantía contra la auto incriminación por considerar que no se lo había obligado a "...pronunciar afirmaciones de naturaleza 'testimonial', [sino] a usar su voz como una característica física identificatoria".

28 388 U.S. 263 (1967). También en este caso el imputado era sospechoso de haber tomado parte en varios robos, en los que se habían usado notas manuscritas para demandar el botín. La SCOTUS consideró que la entrega de muestras de escritura no había violentado la 5ª enmienda, toda vez que aquellas "...en contraste con el contenido escrito [...] constituyen una característica física identificatoria", no amparada por la garantía.

no sólo a los testigos o terceros, sino *también al imputado.* Como explico el "justice" Alito en su detallada reseña sobre los orígenes del instituto en el fallo *Carpenter v. United States*[29], las órdenes de presentación dirigidas a los imputados (llamadas "subpoena duces tecum") se crearon en el Reino Unido, como una variante de las que se utilizaban, originalmente, para compeler la comparecencia y testimonio de los testigos ("subpoena ad testificandum").

También en *Carpenter,* el juez Stevens destacó que el uso de las "subpoenas" para exigir la entrega de evidencia relevante[30] —regulado en la primera ley procesal federal dictada en ese país, en 1789— se apoya en una "...antigua premisa legal, según la cual el público tiene derecho a la evidencia en poder de cualquier hombre". Con respecto a la naturaleza de esta clase de "orden de presentación", el magistrado explicó que la "subpoena" se diferencia de la "orden de registro" ("warrant") por su "[menor] fuerza y poder intrusivo. Mientras que una orden de registro le permite al Estado ingresar [a un domicilio], secuestrar [efectos] y llevar a cabo la búsqueda por sus propios medios, la orden de presentación simplemente le requiere a la persona a la que está dirigida que lleve a cabo la entrega"[31] (de la evidencia).

No obstante lo expuesto, en su primera aproximación al uso de "subpoenas" para requerirle al imputado la entrega de documentos potencialmente incriminatorios, en 1886, la SCOTUS adoptó una interpretación extensiva de la garantía contra la auto incriminación, vinculándola con el derecho a la privacidad amparado por la 4ª enmienda de la constitución estadounidense. Así, en *Boyd v. United States*[32], el máximo tribunal de los

---

[29] 585 U.S. ____ (2018).

[30] Emitidas, por lo general por un "gran jurado", en el marco de la investigación previa a que dicho cuerpo colegiado decida si resuelve, o no, el procesamiento ("indictment") a la persona o personas sospechadas de haber cometido un delito. Aunque también son utilizadas, por ejemplo, por comisiones investigativas del Congreso de los EE.UU.

[31] Ver voto de Stevens en *Carpenter,* cit. Con cita de *United States v. Nixon,* 418 U.S. 683 (1974).

[32] 116 U.S. 616 (1886). En el caso, en el marco de una investigación por contrabando de importación, las autoridades aduaneras estadounidenses le requirieron a la empresa E.A. Boyd & Sons que aportase las facturas de su proveedor en Inglaterra relativas a mercadería presuntamente ingresada sin pagar los aranceles correspondientes. La compañía cumplió con la orden, pero la impugnó, invocando la violación de la garantía contra la auto incriminación. La SCOTUS le dio la razón.

EE.UU. entendió que la garantía vedaba el uso de coerción para obligar al imputado a entregar documentos privados que pudiesen incriminarlo.

Posteriormente, en *Hoffman v. United States*[33], la SCOTUS explicitó que el amparo de la garantía no se limita únicamente a "las respuestas que por sí mismas podrían dar sustento a una condena", sino que se extiende, asimismo, a las que puedan "…aportar un eslabón en la cadena de evidencia" que la acusación necesita para obtener una condena. En esa dirección, señaló que la 5ª enmienda también procura evitar que los imputados sean sometidos "cruel trilema" que deriva de ser obligados a elegir entre el falso testimonio, el desacato o la auto incriminación[34].

El "desacato" (civil o criminal), al que se alude *supra*, es un instituto de antigua data en la tradición jurídica estadounidense, fundado en la premisa de que los magistrados tienen la facultad "inherente" de recurrir a la coerción a fin de sancionar conductas (de las partes de un proceso, o de las personas sometidas a la autoridad del tribunal) que desafíen su autoridad[35]. La diferencia entre la variante "criminal" y la "civil" del desacato fue establecida en 1911, oportunidad en que la SCOTUS explicó que concurre este último cuando la sanción tiende a "remediar", antes que a "castigar" la actitud del sujeto pasivo de la misma[36]. En tal contexto, en el sistema procesal de los EE.UU., el instituto del "desacato civil" les otorga a los jueces un amplio margen de discrecionalidad para utilizar la coerción a fin de garantizar el cumplimiento futuro de una orden judicial[37], recurriendo a sanciones que van desde la multa hasta la privación de libertad, la cual puede extenderse, en principio, hasta que la persona acate lo ordenado[38].

Retornando al precedente *Boyd*, se aprecia que el aspecto más relevante de la doctrina sentada allí —el reconocimiento de un vínculo entre el 'nemo tenetur' y el derecho a la privacidad— comenzó a resquebrajarse durante el Siglo XX, en el que el creciente énfasis gubernamental en la persecución de crímenes de "cuello blanco" exigió un mayor acceso a do-

---

33 341 U.S. 479 (1951).

34 Cfr. SCOTUS, *in re: Murphy* v. *Waterfront Comm'n of N. Y. Harbor*, 378 U.S. 52 (1964).

35 Cfr. The Yale Law Journal: "Civil and criminal contempt in the federal courts", Vol. 57, Nº 1, 1947, p. 85 (citas omitidas).

36 Cfr. SCOTUS, *in re: Gompers v. Bucks' Stove and Range Co.*, 221 U.S. 418 (1911).

37 Cfr. SCOTUS, *in re: Int'l Union, United Mine Workers of Am. V. Bagwell*, 512 U.S. 821 (1994).

38 Aunque en el ámbito federal, el art. 28 § 1826 del Código de Procedimiento establece una extensión máxima de 18 meses.

cumentos potencialmente incriminatorios. En sucesivos fallos, la SCOTUS fue privilegiando una interpretación de la 5ª enmienda más favorable a las necesidades estatales[39], debilitando la referida doctrina hasta su derogación definitiva en el precedente *Fisher v. United States*[40], de 1976, en el que el tribunal alumbró la moderna doctrina del "acto de presentación".

2.2. *La doctrina del "acto de presentación", en relación con la entrega compulsiva de documentos potencialmente incriminatorios*

Fisher v. United States fue el primero de una serie de cuatro precedentes de SCOTUS, en los que se delinearon los alcances de la garantía contra la auto incriminación compulsiva en relación con la facultad estatal de exigir la entrega de evidencia documental potencialmente incriminatoria, en el marco del régimen de las "ordenes de presentación" dirigidas al imputado ("subpoena duces tecum")[41]. En dicho precedente, el máximo tribunal de los EE.UU. —abandonando en forma definitiva la postura adoptada en *Boyd*— estableció, como regla general, que la entrega compelida de evidencia documental *voluntariamente creada*[42] no se encuentra amparada por la 5ª enmienda aunque sea incriminatoria[43], siendo que aquella solo resulta aplicable cuando *lo que se pretende obtener es una comunicación testimonial, in-*

---

39 Cfr. Ungberg, Andrew J.: "Protecting privacy through a responsible decryption policy", en Harvard Journal of Law & Technology", Vol. 22, N° 2, 2009, p. 542 (citas omitidas).

40 425 U.S. 391 (1976).

41 En el caso, el organismo tributario estadounidense (Internal Revenue Service, o IRS) le requirió a los abogados de los imputados que entregasen documentos (potencialmente incriminatorios) recibidos de sus clientes, que habían sido preparados por sus contadores en ocasión de presentar las declaraciones juradas vinculadas al pago de impuestos federales. Los abogados se negaron invocando tanto el secreto profesional como el derecho de sus clientes a no auto incriminarse.

42 Esta referencia a evidencia (creada) "voluntariamente" también fue recogida por la CSJN en el precedente de Fallos: 320:1717 *Zambrana Daza* (al respecto, ver *infra* § 3.1.).

43 Al respecto, la SCOTUS señalo que la circunstancia de que los documentos hayan sido redactados por la persona que invoca la garantía no es suficiente para que esta resulte de aplicación (cfr. *Wilson v. United States*, 221 U.S. 361; 1911). Por consiguiente, a menos que el propio Estado haya compelido a la persona objeto de la "subpoena" para que redacte el documento, la circunstancia de que ésta lo haya escrito no dispara la protección de la 5ª enmienda (cfr. *Marchetti v. United States*, 390 U.S. 39; 1968 y *Grosso v. United States*, 390 U.S. 62; 1968).

criminatoria y compulsiva, que transmite al Estado una aseveración fáctica o revela información.

Tras delinear, de ese modo, el principio general sobre el alcance de la garantía en relación con los requerimientos estatales de presentación de documentos, la SCOTUS reconoció, en el mismo precedente, una excepción a dicha regla. En ese orden de ideas, el tribunal admitió que, con independencia del potencial incriminatorio del *contenido* de los documentos (creados voluntariamente) cuya entrega se exige mediante la "subpoena", *el "acto de presentación", en sí mismo, puede ostentar "aspectos comunicativos propios*", susceptibles de dotarlo de carácter "testimonial" en determinadas circunstancias.

A fin de identificar los supuestos en los que el uso de coerción para compeler la entrega de documentación potencialmente incriminatoria por parte de un imputado involucra la protección de la 5ª enmienda, la SCOTUS elaboró —invocando lo expresado previamente en *Curcio v. United States*[44]— lo que hoy se conoce como la "doctrina del acto de presentación", conforme la cual corresponde reconocerle carácter "testimonial" al cumplimiento de una "subpoena" cuando dicho acto comunica, en forma implícita: (1) que el imputado sabe que los documentos requeridos existen; (2) que está en posesión o control de los mismos, o sabe dónde se encuentran; y (3) que considera que son auténticos, en la medida en que responden a los términos del pedido que se le dirigió[45].

Sin perjuicio de lo expuesto, la SCOTUS creó también, en *Fisher*, una segunda doctrina que constituye una *excepción a la excepción*: la de la "conclusión ineludible" ("foregone conclusion"). La premisa central de dicha doctrina reside en que, cuando *el Estado ya conoce los datos que el "acto de presentación" puede llegar a comunicar* implícitamente (esto es: que los documentos existen, que el imputado tiene posesión o control sobre los mismos y que son auténticos), el referido acto no hace más que confirmar una "conclusión ineludible", por lo que el referido acto no le aporta a la acu-

44 354 U.S. 118 (1957), precedente en el que la SCOTUS había admitido que el cumplimiento de una "subpoena" concede tácitamente la existencia de los documentos requeridos y su posesión y control por el imputado, como así también que éste cree que los mismos se corresponden a los que están mencionados en la orden de presentación.

45 Ver: *Fisher v. United States*, cit.

sación ningún dato (incriminatorio) con el que no contara de antemano y —por consiguiente— deja de estar amparado por la 5ª enmienda[46].

Durante la década de los '80, la SCOTUS reexaminó la doctrina del "acto de presentación" en dos precedentes, ambos denominados *United States v. Doe*[47]. En el primero de ellos, dictado en 1984, (conocido como "*Doe* I")[48], el tribunal confirmó la decisión de la Cámara de Apelaciones que había invalidado la "subpoena" librada por el gran jurado interviniente, por considerarla violatoria de la 5ª enmienda. Fundó esta decisión explicando que un "acto de presentación", cuando es susceptible de "conducir a evidencia incriminatoria" *previamente desconocida por el Estado,* está amparado por la 5ª enmienda, incluso si la información entregada, por sí misma, no lo está. Más relevante aun, a los efectos del presente trabajo, es la argumentación que desarrolló a SCOTUS cuatro años más tarde, al fallar en "*Doe* II"[49]. Ello así, toda vez que lo que se discutía en el caso era la legitimidad de compeler a un imputado a llevar a cabo un acto (puntualmente, firmar una autorización) dirigido a habilitar el acceso a *una fuente potencial de evidencia que el Estado ya había identificado,* supuesto que se presenta como muy similar al desbloqueo compulsivo de un dispositivo electrónico que

---

46 Ver: *Fisher v. United States,* cit. Como se explica *infra* (§ 4), la breve explicación de la SCOTUS sobre las premisas básicas de la doctrina de la "conclusión ineludible" (que no fueron desarrolladas en ningún fallo posterior de dicho tribunal) adoptó, en palabras de Hobbie, "una vida propia", que le permitió al Estado obtener compulsivamente documentos cuya entrega, en ausencia de aquella, habría sido considerada "testimonial". La escasa atención posterior que la doctrina ha recibido por parte de la SCOTUS no ha impedido que el alcance de la misma fuese extendido, aunque en forma inconsistente, por tribunales de inferior jerarquía. En consecuencia, en la actualidad los tribunales estadounidenses utilizan su propia discreción para fijar, en cada caso, la "línea imaginaria" a partir de la cual el grado de conocimiento de la acusación sobre los hechos pasa a tener carácter de "conclusión ineludible" (Cfr. Hobbie Jr., Norman: "Reconsidering the foregone conclusion doctrine: Compelled decryption and the original meaning of self-incrimination", en The University of New Hampshire Law Review, Vol. 20, N° 1, 2021, pp. 61/62. Citas omitidas).

47 Los nombres John Doe o Jane Doe se utilizan, en la práctica judicial estadounidense, para aludir a imputados o imputadas no identificados, o cuyo nombre se elige no revelar en documentos públicos.

48 *United States v. Doe,* 465 U.S. 605 (1984). En el caso, se requirió al sujeto de una investigación por corrupción la entrega de una serie de documentos comerciales. Sin embargo, la acusación contaba con muy poca información sobre dichos documentos, incluyendo cuáles eran o si estaban, o no, en custodia del imputado.

49 *United States v. Doe,* 487 U.S. 201 (1988).

ya ha sido sindicado por las autoridades como una fuente potencial de evidencia (digital).

En *Doe* II, la autorización que el Estado pretendía que fuese firmada por el imputado estaba dirigida a bancos extranjeros en los que aquél tenía cuentas, a fin de que autorizaran el acceso de las autoridades estadounidenses a los registros bancarios que pudiesen existir con relación al nombrado en dicha jurisdicción. A tal efecto, el mencionado documento había sido redactado de forma tal de no individualizar alguna cuenta bancaria en particular, no revelar la existencia de documentos específicos ni reconocer la autenticidad de los registros bancarios que eventualmente se descubriesen, procurando restarle carácter "testimonial" al acto de suscribirla. No obstante ello, la defensa de "Doe" se opuso a que se lo obligara a firmarla, argumentando, por un lado, que cualquier clase de manifestación oral o escrita relevante por su contenido debía ser considerada testimonial a los efectos de la 5ª enmienda y —por el otro— que el consentimiento requerido en el caso concreto revestía dicha cualidad, debido a que persuadía a los bancos extranjeros a entregar evidencia potencialmente incriminatoria que, de otro modo, no estaría disponible para el gran jurado.

La SCOTUS resolvió la controversia combinando el estándar establecido en *Fisher* con el previamente sentado en *Schmerber*[50] y los precedentes que lo siguieron, en cuanto ciñen el alcance de la garantía a los supuestos en los que el imputado es compelido o bien a "testificar contra sí mismo" o a aportarle al Estado "evidencia de naturaleza testimonial o comunicativa". En esa dirección, aclaró que la garantía cumple con su función cuando "... es invocad[a] para evitar que el imputado tenga que revelar, directa o indirectamente, su conocimiento sobre hechos que lo vinculen con el delito o compartir sus pensamientos o creencias con el Estado"[51].

En tal contexto, la SCOTUS concluyó que el cumplimiento de "Doe" con la orden de suscribir el consentimiento requerido por el Estado no revestía carácter testimonial, toda vez que dicha autorización "...ni por su forma, ni por su ejecución, comunica[ba] alguna aseveración fáctica, implícita o explícita, o transmit[ía] información al Estado". En esa dirección, explicó que "[a]unque el documento le otorga[ba] al Estado el acceso a una fuente potencial de evidencia, la autorización en si misma no le indicaba a la acusación la localización de cuentas bancarias ocultas ni tampoco aportaba información que pudiera asistirla en el descubrimiento de evi-

---

50 Reseñado *supra*, § 2.1.

51 Ver: *United States v. Doe*, cit.

dencia. El Estado debía localizar dichas pruebas mediante 'la labor independiente de sus agentes'"[52].

La importancia del fallo *Doe* (II) no se limitó a lo expresado en el voto de la mayoría, puesto que uno de los votos disidentes —el emitido por el Juez Stevens— aportó una analogía que terminaría siendo replicada en gran parte de las sentencias de tribunales inferiores referidas a la cuestión de la desencriptación compulsiva. Así, a los efectos de dar sustento a su opinión en punto a que la garantía consagrada en la 5ª enmienda no autorizaba a obligar a un imputado a firmar un documento como el requerido en el caso, el magistrado explicó que, aunque una persona sometida proceso penal "[p]odía en algunos casos ser obligad[a] a entregar *la llave de una caja fuerte* conteniendo documentos incriminatorios, [no podía] ser compelida a revelar *la combinación*", destacando que obligar al acusado "...a *usar su mente* para ayudar al Estado a construir su caso" equivalía a forzarlo a ser testigo contra sí mismo[53].

La SCOTUS completó su desarrollo jurisprudencial sobre la "doctrina del acto de presentación" en 2000, en el precedente *United States v. Hubbell*[54]. En dicha oportunidad, el máximo tribunal de los EE.UU. entendió que la entrega, por parte del imputado, de más de 13.200 documentos (clasificados en once categorías distintas), había revestido carácter testimonial y, por consiguiente, estaba amparada por la garantía contra la auto incriminación forzada. En esa dirección, explicó que resultaba evidente "...a partir del propio texto de la orden de presentación, que el acusador necesitaba de la colaboración del recurrente tanto para identificar potenciales fuentes de información como para la presentación de dichas fuentes". Ello, toda vez que, "[d]ada la amplitud de la descripción de las 11 categorías de documentos solicitadas en la orden de presentación, la recolección y entrega de los materiales demandados era equiparable a responder una serie

---

[52] Ver: *United States v. Doe,* cit. (citas omitidas).

[53] Ver: *United States v. Doe,* cit. (énfasis añadido).

[54] 530 U.S. 27 (2000). El referido fallo se originó en la investigación, a cargo de un fiscal especial, del escándalo "Whitewater", un fraude inmobiliario perpetrado en el Estado de Arkansas, mediante la cual se pretendió esclarecer la presunta participación del ex gobernador (por entonces ya Presidente de los EE.UU.) Bill Clinton. En ese escenario, al imputado Hubbell se le otorgó inmunidad a cambio de que respondiese a una "subpoena" requiriendo la entrega de una gran cantidad de documentos, referidos a distintas temáticas. Sin embargo, con posterioridad la fiscalía pretendió utilizar el "acto de presentación" de dicha documentación como evidencia para perseguir a Hubbell por otros delitos.

de interrogatorios en los que se le pedía al testigo divulgar la existencia y ubicación de documentos específicos, descriptos en forma amplia[55].

Por otro lado, el voto de la mayoría en *Hubbell*, liderado por el Juez Stevens (que se había expedido en disidencia en *Doe* (II), elaboró sobre la analogía de "la llave vs. la combinación" de la caja fuerte ensayada por dicho magistrado en aquel fallo, primero adoptándola para resolver el caso concreto y luego añadiéndole una *segunda fórmula —que también sería aplicada posteriormente en numerosos pronunciamientos de tribunales inferiores* (tanto estatales como federales)— para rechazar el argumento de la fiscalía en punto a que la entrega de los documentos requeridos había constituido un "simple acto físico". A tal efecto, la SCOTUS explicó que, por el contrario, el cumplimiento con la orden de presentación había requerido que el recurrente "...hiciese *uso intensivo del 'contenido de su propia mente'* para identificar los cientos de documentos que respondían a lo exigido en la subpoena"[56].

Por añadidura, el tribunal efectuó una escueta referencia a la doctrina de la "conclusión ineludible", aunque sólo a los efectos de señalar que "... con independencia del alcance que pudiese asignársele a dicha doctrina", la misma no resultaba de aplicación al caso concreto, debido a que el Estado no había logrado demostrado contar con información previa sobre la existencia o ubicación de los documentos entregados por el imputado. Sin embargo, no aportó mayores precisiones en punto a cuál es el estándar requerido para que resulte de aplicación la "conclusión ineludible"[57].

Sobre el punto, Kerr puso de resalto la existencia de dos grandes cuestiones no aclaradas en los precedentes *Fisher* y *Hubbell*, en orden a la referida doctrina. La primera es si la "conclusión ineludible" concierne al carácter "testimonial" del testimonio implícito en el "acto de presentación" o a su carácter incriminatorio. El autor citado se inclina por la segunda opción, señalando que el interrogante debería centrarse en lo que la acusación conoce y puede probar, que no incide sobre lo que el acto de presentación expresa implícitamente, pero si determina si ello supone, o no, un riesgo para el imputado en ese contexto. Según Kerr, el foco de la doctrina debe estar en la ventaja potencial de la acusación: si dicha parte ya conoce el hecho o creencia que se comunica implícitamente, o tiene otra forma

---

55 Ver: *United States v. Hubbell*, cit. (notas omitidas).

56 Ver: *United States v. Hubbell*, cit. Con cita de *Curcio v. United States*, 354 U.S. 118 (1957). Énfasis añadido.

57 Cfr. Sales, Erin M.: "The 'biometric revolution'...", cit., p. 204 (citas omitidas).

de probarlo, entonces no obtiene ninguna ventaja a partir de la entrega compulsiva[58].

La segunda cuestión no aclarada es cuál es *el estándar de prueba* requerido para considerar aplicable la "conclusión ineludible". El más mencionado en la jurisprudencia es el de "razonable especificidad" ("reasonable particularity")[59]. Este último se originó en el caso *Hubbell*, aunque no fue mencionado en el fallo de la SCOTUS. En efecto, el referido estándar se utilizó, por primera vez, en el decisorio de la Cámara Federal de Apelaciones del Distrito de Columbia que precedió al dictado del pronunciamiento del máximo tribunal de los EE.UU. En dicha oportunidad, la alzada señaló que, para que pudiese configurarse una "conclusión ineludible", el Estado debía demostrar que conocía con "razonable especificidad" la existencia, posesión y autenticidad de los documentos cuya entrega reclamaba.

Sin perjuicio del silencio de la SCOTUS sobre si correspondía, o no, aplicar el estándar en cuestión, la Cámara Federal de Apelaciones del Distrito de Columbia consideró igualmente, a partir del precedente *United States v. Ponds*[60] de 2006, que el mismo había sido convalidado tácitamente. En el ínterin, la exigencia de "razonable especificidad" en relación con la "conclusión ineludible" fue adoptada también por las cámaras federales de apelación de los circuitos 9° y 11°[61]. En la actualidad, las cámaras federales de apelación de al menos cuatro circuitos exigen que se demuestre un conocimiento previo con "razonable especificidad" para que resulte aplicable la doctrina de la "conclusión ineludible", aunque aclarando que ello no importa que deba identificarse cada documento individual que se demanda[62].

---

58 Cfr. Kerr, Orin S.: "Compelled decryption and the privilege against self-incrimination", en Texas Law Review, Vol. 97, N° 4, 2019, p. 774 (citas omitidas).

59 Cfr. Kerr, Orin S.: "Compelled decryption and the privilege against self-incrimination", cit., pp. 774/775 (citas omitidas).

60 *United States v. Ponds*, 454 F.3d 313, 324 (Cámara Federal de Apelaciones del Distrito de Columbia, 2006).

61 Cfr. Mohan, Vivek / Villasenor, John: "Decrypting the Fifth Amendment: The limits of self-incrimination in the digital era", en Journal of Constitutional Law", Vol. 15, N° 1, 2012, p. 15. Con cita de *In re: Grand Jury Subpoena Dated April 18, 2003*, 383 F.3d 905, 910 (Cámara Federal de Apelaciones del 9° Circuito, 2004) e *In re Grand Jury Subpoena Duces Tecum Dated March 25, 2011*, 670 F.3d 1335 (Cámara Federal de Apelaciones del 11° Circuito, 2012).

62 Ver: *In re Grand Jury Subpoena Duces Tecum Dated March 25, 2011*, 670 F.3d 1335, 1344 (Cámara Federal de Apelaciones del 11° Circuito, 2012); *United States v. Ponds*, 454 F.3d 313, 320-21 (Cámara Federal de Apelaciones del Distrito de Co-

3. EVOLUCIÓN DE LA GARANTÍA CONTRA LA AUTO INCRIMINACIÓN COMPULSIVA EN EUROPA Y LA ARGENTINA

3.1. Evolución del derecho a no auto incriminarse en la Argentina

La historia de la garantía contra la auto incriminación en América Latina tiene en común con los EE.UU. al hecho de constituir una reacción contra algunos de los aspectos más odiosos del sistema inquisitivo; aunque en la región, el tránsito hacia sistemas acusatorios basados en la contradicción entre acusación y defensa fue mucho más lento que en el Derecho estadounidense. Este fundamento común se refleja, por ejemplo, en que las cláusulas que consagran la citada garantía, tanto a nivel regional (como el art. 8 "g." de la Convención Americana de los Derechos Humanos —CADH—[63]) como local (como en el art. 18 de la Constitución Nacional argentina[64]) están redactadas en términos muy similares a los de la 5ª enmienda de la constitución de los EE.UU.

El punto de partida común entre el sistema estadounidense y los que están basados en la tradición europea continental no impidió que las doctrinas constitucionales sobre el alcance de la garantía en estudio se desarrollaran de modo diverso en muchos aspectos, generando diferencias que pueden incidir sobre la posibilidad de trasladar, a otros ordenamientos procesales, algunas de las soluciones ensayadas por la jurisprudencia de los EE.UU. con respecto a la cuestión objeto del presente trabajo (esto es: la desencriptación compulsiva de datos encriptados). Las principales son las

---

lumbia, 2006); *In re Grand Jury Subpoena, Dated April 18, 2003*, 383 F.3d 905, 910 (Cámara Federal de Apelaciones del 9° Circuito, 2004); *In re Grand Jury Subpoena Duces Tecum Dated October 29, 1992*, 1 F.3d 87, 93 (Cámara Federal de Apelaciones del 2° Circuito, 1993).

63 En cuanto establece que toda persona tiene "[d]erecho a no ser obligado a declarar contra sí mismo ni a declararse culpable". El art. 14.g del Pacto Internacional de Derechos Civiles y Políticos (PIDCyP), cuyo ámbito de aplicación alcanza también a Europa, está redactado en idénticos términos.

64 Que dispone que "[n]adie puede ser obligado a declarar contra sí mismo". En igual sentido, por ejemplo, en Colombia la Constitución de 1991 establece que "...nadie podrá ser obligado a declarar contra sí mismo o contra su cónyuge, compañero permanente o parientes" (art. 33); en Chile, que "...en las causas criminales no se podrá obligar al imputado o acusado a que declare bajo juramento sobre hecho propio" (Const. 2000, art. 7.f) y en el Ecuador se prescribe que "...nadie podrá ser forzado a declarar en contra de sí mismo, sobre asuntos que puedan ocasionar su responsabilidad penal" (Const. 2008, art. 77.7.c).

referidas a la posibilidad del imputado de declarar sin juramento de decir verdad, a la legitimidad del uso de la compulsión para obligarlo a entregar prueba de cargo y a la existencia de un medio de coerción efectivo para hacer efectiva dicha compulsión, como el instituto del "desacato civil" reseñado *supra*[65].

La cuestión de la declaración del imputado bajo juramento fue el objeto de los primeros fallos de la CSJN vinculados a la garantía contra la auto incriminación. El primer pronunciamiento en tal sentido se dio en el caso *Mendoza*[66], en el que el máximo tribunal hizo lugar a un planteo de nulidad contra la resolución de un juez que le había ordenado al imputado "absolver posiciones" en una causa penal, por considerarla contraria al art. 18 de la CN. Una cuestión similar se planteó en el precedente *Diario El Atlántico*[67], en el que —en un caso en el que el juez le recibió declaración bajo juramento al director del referido diario con relación a una publicación presuntamente ilícita referida a un menor de edad—, el máximo tribunal de la República estableció que "...la declaración de quien es juzgado por delitos [...], debe emanar de la libre voluntad del encausado, quien no debe verse siguiera enfrentado con un problema de conciencia, cuál sería colocarlo en la disyuntiva de faltar a su juramento o decir la verdad"[68].

A pesar de la notoria similitud entre la argumentación de la CSJN y las referencias de la jurisprudencia estadounidense al "cruel trilema"[69], los precedentes citados establecen una *clara diferencia con la concepción vigente en el sistema anglosajón*, en el que el imputado, si se decide a hablar, pasa a ser un testigo, regido por las mismas normas que los demás, incluyendo la posibilidad de ser condenado por falso testimonio en caso de ser sorprendido mintiendo. En sentido opuesto, de lo expresado por la CSJN se desprende que, en el ordenamiento jurídico argentino, la garantía en estudio no incluye únicamente el simple derecho a permanecer callado, sino que le permite al imputado decir en su defensa lo que estime pertinente,

---

65 Ver: notas §§ 35-38 y texto relacionado.

66 Fallos: 1:350.

67 Fallos: 281:177.

68 Cfr. Carrió, Alejandro D., *Garantías constitucionales en el proceso penal* (4ª edición), Hammurabi, Buenos Aires, 2000, p. 348 (notas omitidas). Este criterio fue posteriormente ratificado en el precedente *Rodríguez Pamías* (Fallos: 227:63), en el que la Corte Suprema consideró que se violaba la garantía prevista en el art. 18 de la CN si se interrogaba como testigo (bajo juramento de decir verdad) al sospechoso de haber cometido un delito.

69 Ver: nota § 34 y texto relacionado.

sea esto cierto *o no,* sin consecuencia alguna. En esa misma dirección, la mayoría de los códigos procesales vigentes en nuestro país regulan la declaración del imputado durante el proceso *como un derecho y no una obligación,* imponiendo que sean informados de que si deponen no lo es bajo juramente de decir verdad[70].

La segunda diferencia importante entre nuestro sistema y el estadounidense es la que atañe a la posibilidad de compeler al imputado a entregar prueba de cargo mediante el libramiento de una "orden de presentación" dirigida a él. Si bien la referida medida de prueba no es desconocida en el derecho procesal nacional —se encuentra regulada, por ejemplo, en el art. 232 del "viejo" Código Procesal Penal de la Nación (CPPN[71]) y en el art. 147 del nuevo Código Procesal Penal Federal (CPPF[72])—, aquí se le asigna un sentido y alcance muy distinto al de la "subpoena duces tecum" de la tradición jurídica estadounidense, ya que se establece que la orden *no puede dirigirse contra las personas que puedan o deban abstenerse de declarar como testigos,* entendiéndose tradicionalmente que se incluye en dicha categoría al imputado, ya que ello equivaldría a compelerlo a producir prueba auto incriminatoria[73].

El desarrollo jurisprudencial en relación con esta medida de prueba es realmente acotado. En efecto, uno de los escasos fallos sobre la "orden de presentación" fue dictado en 2016 por la Cámara Nacional de Apelaciones en lo Criminal y Correccional (CNACC) de la ciudad de Buenos Aires, que en dicha oportunidad señaló que "...el requerimiento de presentación regulado en el art. 232 del ordenamiento adjetivo [...no] puede, en ningún caso, dirigirse al imputado, tal como ocurrió en el caso. Un requerimiento de ese tenor implica obligar al imputado a descubrir prueba que lo involucra, lo que resulta inadmisible, pues atenta contra la garantía constitucional que prohíbe la autoincriminación forzada (art. 18 de la CN)". En tal sentido, el tribunal consideró, asimismo, que "...la producción compulsiva

---

70 Cfr. Portillo, Víctor Hugo / Matteo, Juan Manuel: "Autoincriminación y nuevas tecnologías", en AAVV, *Sistema penal e informática. Ciberdelitos. Evidencia digital. Tics.* Hammurabi, Buenos Aires, 2021, T. 2, p. 187.

71 Sancionado mediante ley 23.984, dictada el 21/8/1991, publicada en el BO el 9/9/1991.

72 Sancionado mediante ley 27.063, dictada el 4/12/2014, publicada en el BO el 9/12/2014.

73 Ver: D'albora, Francisco J., *Código Procesal Penal de la Nación. Anotado. Comentando. Concordado* (9ª edición), Abeledo-Perrot, Buenos Aires, 2011, p. 425 (citas omitidas / énfasis añadido).

del documento, que era buscado para ser secuestrado, constituye obligar al imputado a declarar contra sus intereses, en forma coactiva, y a ser testigo en su contra. Lesiona el acto el derecho a no sufrir una incriminación forzada (ver, en este aspecto, la doctrina de la CSJN en los fallos 'Mendoza' (1:350) y 'Charles Hnos.' (46:36), como así también de la Corte Suprema de EE.UU. en el fallo 'Boyd vs. United States', 116 U.S. 616 (1886)"[74].

Este pronunciamiento de la CNACC, sin duda representativo de la concepción imperante en la doctrina y la jurisprudencia mayoritarias en la Argentina, es interesante, sobre todo, por los precedentes citados en sustento de la postura adoptada. Ello así, desde que remite tanto al fallo *Mendoza* de la CSJN (sobre la ilegitimidad de obligar al imputado a declarar —decir— bajo juramento, en lugar de a los que el referido tribunal dictó en relación con la entrega de prueba *física*, que se analizan a continuación) como a pronunciamientos referidos al acceso estatal a papeles privados. Tal es el caso de *Charles Hermanos* de la CSJN, en que se aplicó la "regla de exclusión" a documentos de ese tipo obtenidos ilegalmente, y *Boyd* de la SCOTUS, cuya doctrina había sido desestimada por este último tribunal en el precedente *Fisher, 30 años antes de que se dictara el fallo de la CNACC.*

En este escenario, se advierte que cuando se analiza, en concreto, la jurisprudencia dictada por el máximo tribunal de la República referida a cuestiones vinculadas a la garantía contra la auto incriminación *distintas a la de la declaración del imputado bajo juramento*, se aprecia una importante similitud con lo manifestado por la SCOTUS en dos precedentes fundamentales en la construcción de la doctrina del "acto de presentación": *Schmerber v. California* y *Fisher v. United States*[75].

El vínculo con la jurisprudencia del máximo tribunal de los EE.UU. ya se pone de manifiesto en el precedente *Cincotta*[76], en el que la CSJN desestimó el planteo de un imputado que se oponía a comparecer en una rueda de reconocimiento, alegando que ello contravenía su derecho a no auto incriminarse. En sustento de su decisión, el Cimero Tribunal destacó que la presencia del imputado en las actuaciones del proceso no es "prueba" en el sentido de la norma del caso. Recordó, asimismo, que "...la jurisprudencia americana ha decidido que la cláusula que proscribe la autoincriminación no requiere la exclusión de la presencia física del acusado como prueba

---

74 CNACC, Sala V, causa CCC 46083/2015/CA1 *C., W.J. s/ procesamiento y embargo*, del 4/3/2016.

75 Al respecto, ver *supra*, §§ 2.1. y 2.2., respectivamente.

76 Fallos: 255:18 (1963).

de su identidad, como no impide la obtención y el uso de las impresiones digitales"[77].

Posteriormente, en *Zambrana Daza*[78], la CSJN[79] destacó que, "desde antiguo" se seguía el principio de que "...lo prohibido por la Ley Fundamental es compeler física o moralmente a una persona con el fin de obtener comunicaciones o expresiones que debieran provenir de su libre voluntad, pero no incluye los casos en que *la evidencia es de índole material y producto de la libre voluntad del procesado*"[80]. Al respecto, se advierte sin mayor dificultad que esta última referencia a evidencia que es de "índole material" y "producto de la libre voluntad" del imputado luce como una clara referencia al postulado que venía sosteniendo la SCOTUS, al menos desde el precedente *Fisher* (de 1976), conforme el cual *la entrega de documentos preparados voluntariamente no involucra una compulsión prohibida por la 5ª enmienda* de la constitución de los EE.UU.

La CSJN ratificó el criterio citado en el precedente *Rau*[81], oportunidad en la que, por unanimidad, dejó sin efecto una absolución con remisión a los fundamentos del dictamen del Procurador General de la Nación, el cual invocó la doctrina sentada en *Cincotta* y *Zambrana Daza* para concluir que lo que veda la garantía contra la auto incriminación es el uso de cualquier forma de coacción o artificio tendiente a *obtener declaraciones acerca de los hechos que la persona no tiene el deber de exteriorizar*, pero no abarca los supuestos en que la evidencia "...es de índole material y producto de la libre voluntad del garantido"[82].

---

77 Fallo cit., Considerando 3º).

78 Fallos: 320:1717 (1997).

79 En un caso en que se discutía el uso de evidencia producida a partir del ingreso de la imputada (que había transportado sustancia estupefaciente en su cuerpo desde Bolivia a la Argentina) a un hospital público para ser atendida.

80 Fallo cit., Considerando 8º), énfasis añadido.

81 Fallos: 339:480 (2016). En un caso en el que se anuló, en revisión, una condena por estafa en la que se habían utilizado, como evidencia de cargo, las firmas que el imputado había insertado en las presentaciones efectuadas durante el proceso.

82 Con posterioridad, la CSJN reformuló en cierta medida el estándar citado al expedirse en el caso *H., G. S. y otro* (Fallos: 318:2518; de 1995) —en el que lo que se encontraba en juego era la extracción de muestras de ADN de presuntos hijos de desaparecidos apropiados durante la dictadura militar—, oportunidad en la que señalaron que "...lo prohibido por la Ley Fundamental es compeler física o moralmente a una persona con el fin de obtener comunicaciones o expresiones que debieran provenir de su libre voluntad; *pero ello no incluye los casos en que cabe*

Tomando como referencia únicamente la jurisprudencia de la CSJN, pareciera que el Derecho argentino se ha inclinado por una postura similar al estadounidense en lo que respecta a los actos amparados por la garantía constitucional contra la auto incriminación. Esto es: considerando que la cuestión central para definir el alcance de esta garantía es *determinar si la medida probatoria posee contenido testimonial (en la Argentina llamado "comunicacional")* por parte del imputado, o no[83]. Sin embargo, a diferencia de lo que ocurre en los EE.UU., en donde la SCOTUS ha establecido en forma expresa (y explícita) que la garantía contra la auto incriminación no impide que se exija al imputado la realización de actos que no supongan un uso *intensivo* del contenido de su propia mente (incluyendo, por ejemplo, dar muestras de escritura o de voz), en la Argentina se afirma que lo que se prohíbe es que el imputado sea tratado como *sujeto* de prueba[84].

De lo expuesto se desprende que si bien la interpretación analizada toma en parte las referencias al carácter "comunicativo" de los actos alcanzados por la garantía, la postura de la doctrina mayoritaria parece sustentarse en el entendimiento de que el '*nemo tenetur*' otorga un "derecho a la pasividad", liberando al imputado de la obligación de colaborar *activamente* en su propia incriminación[85]. Esta tesitura parte de la idea de que el imputado, como expresión del principio citado, además de no poder ser obligado a *declarar* contra sí mismo, tampoco puede ser forzado, en general, a realizar ningún tipo de actividad que pueda contribuir a probar su culpabilidad,

---

prescindir de esa voluntad, entre los cuales se encuentran los supuestos —como el de autos— en que la evidencia es de índole material" (énfasis añadido).

83 Cfr. Polansky, Jonathan, *Garantías constitucionales del procedimiento penal...*, cit., p. 88 (énfasis añadido). En igual sentido: De Luca, Javier Augusto: "Notas sobre la cláusula contra la autoincriminación coaccionada" en Cuadernos de Doctrina y Jurisprudencia Penal, Buenos Aires, Ad-Hoc, 1999, Vol. 9-B, p. 268.

84 Cfr. De Luca, Javier Augusto: "Notas sobre la cláusula...", cit., pp. 269/270 (énfasis añadido). El principal exponente de esta concepción es Maier (ver: Maier, Julio B. J., *Derecho Procesal penal. Tomo III. Parte General*, Ad-Hoc, Buenos Aires, 2016, p. 204). En igual sentido: Gelli, María Angélica, *Constitución de la Nación Argentina, comentada y concordada*, 3ª ed., La Ley, Buenos Aires, 2008, p. 304

85 Una postura más cercana a la de la SCOTUS es defendida, en la doctrina nacional, por Peralta, que en línea con lo sostenido por ese tribunal en *Schmerber*, distingue entre prueba "real o física" (no alcanzada por la garantía) y prueba "testifical o comunicativa", que sí lo está (ver: Peralta, José Milton: "Nemo tenetur y derecho procesal preventivo. Acerca de la posible relevancia epistémica del derecho a no autoincriminarse" en AAVV, *Prevención e imputación. Acerca de la influencia de las teorías de la pena en el Derecho penal y procesal penal*, Hammurabi, Buenos Aires, 2017, pp. 212/213).

no puede ser obligado a *actuar* en su contra. Así, a la libertad de declarar se suma la denominada "libertad de colaboración o de cooperación"[86].

Sin perjuicio de lo expuesto, entiendo que la diferencia más importante, en orden a la posibilidad de adoptar la desencriptación compulsiva en los países cuyos sistemas jurídicos —como el de la Argentina— se enraízan en la tradición europea continental, en especial en supuestos en los que no se puede utilizar la fuerza pública para *compeler físicamente* el cumplimiento de una eventual orden judicial, es la inexistencia de un instituto como el del "desacato civil", reseñado *supra*[87].

En ese orden de ideas, parece evidente que, para un imputado que se enfrenta a la posibilidad de desbloquear un dispositivo que almacene información encriptada que podría llegar a servir como prueba de un delito grave, la posible sanción derivada de la infracción a una norma como el tipo de pena de "desobediencia" del art. 239 del CP argentino[88], que contiene una pena muy menor, que por lo general se deja "en suspenso" (y ello, sólo después de haber sido condenado por sentencia firme), difícilmente constituya una amenaza efectiva para obligarlo a acatar una orden judicial de desencriptación compulsiva. Sobre todo, en contraste con la facultad legal del juez estadounidense para declarar a un imputado en "desacato civil" y encarcelarlo en forma inmediata, manteniéndolo allí hasta que deponga su actitud contumaz.

---

86 Cfr. Córdoba, Gabriela E: "'Nemo tenetur se ipsum accusare' ¿principio de pasividad?", en AAVV, *Estudios sobre justicia penal: homenaje al profesor Julio B. J. Maier*, Editores del Puerto, Buenos Aires, 2005, pp. 280/281 (citas omitidas —énfasis en el original). Binder propone una concepción alternativa, en la que pone el acento en quién es la fuente de la información. Al respecto, señala que la línea divisora entre los supuestos alcanzados, o no, por la garantía contra la auto incriminación forzada pasa por el sujeto que ingresa la información. En tal contexto, el *nemo tenetur* protege al acusado respecto de todo ingreso de información que él, como sujeto, pueda realizar; pues nadie puede obligarlo a ingresar aquello que lo perjudica y desea retener. Para ejemplificar su postura señala que, en el marco de una rueda de reconocimiento de personas, la información es ingresada por un testigo que reconoce al imputado. Lo mismo ocurre en una extracción de sangre, en la que es el perito quien determina la cantidad de alcohol o un patrón genético (Ver: Binder, Alberto, *Introducción al Derecho procesal penal*, cit., pp. 183/184).

87 Ver notas §§ 34-38 y texto relacionado.

88 El cuál prevé una pena de "…prisión de *quince días a un año*, el que resistiere o desobedeciere a un funcionario público en el ejercicio legítimo de sus funciones o a la persona que le prestare asistencia a requerimiento de aquél o en virtud de una obligación legal" (énfasis añadido).

3.2. Evolución del derecho a no auto incriminarse en Europa

En Europa, los instrumentos regionales sobre derechos humanos no aluden en forma expresa al derecho de los imputados a no auto incriminarse, como si lo hace el art. 14.g del Pacto Internacional de Derechos Civiles y Políticos (PIDCyP). Sin embargo, en virtud de la jurisprudencia emanada (sobre todo) del Tribunal Europeo de Derechos Humanos (TEDH)[89], pero también del Tribunal de Justicia de la Unión Europea (TJUE)[90], se interpreta que el referido derecho forma parte del derecho de defensa en juicio consagrado en el art. 6.3. del Convenio Europeo de Derechos Humanos (CEDH) y en el art. 48 de la Carta de los Derechos Fundamentales de la Unión Europea (CDFUE). En vista de ello, y de la vigencia del PIDCyP en el continente europeo, cabe concluir que la garantía contra la auto incriminación forma parte de la tradición constitucional de los países miembros[91].

Según el TEDH, el derecho de los ciudadanos a no auto incriminarse apunta a protegerlos contra la coerción ilegítima de las autoridades, contribuyendo de ese modo a evitar instancias de denegación de justicia y garantizar el cumplimiento de los fines del derecho a un juicio justo[92]. En tal contexto, entendió que la referida garantía incluye tanto el derecho a permanecer callado *como el de no contribuir con la auto incriminación*[93] y presupone que, en un caso penal, la acusación debe demostrar sus argumentos

---

89 En efecto, el TEDH ha establecido que el derecho de los individuos a no auto incriminarse constituye un estándar internacional generalmente aceptado, que se encuentra en el centro del concepto de juicio justo (ver: STEDH in re: *John Murray v. United Kingdom,* no. 18731/91, § 45; 1996).

90 El TJUE se expidió en idénticos términos al TEDH en el precedente *DB v Commissione Nazionale per le Società e la Borsa (Consob)* (481/19, § 37-38; 2021).

91 Cfr. Caianiello, Michele: "Right to remain silent and not to incriminate oneself in the European Union system", en Social Sciences Research Network (SSRN), documento electrónico obtenido en: https://ssrn.com/abstract=3743329, p. 4.

92 Cfr. Escobar Veas, Javier: "A comparative analysis of the case law of the European Court of Human Rights on the right against self-incrimination", en Revista Brasileira de Direito Processual Penal, Vol. 8, N° 2, 2022, pás. 877. Con cita de las SSTEDH *in re: Bajić v. North Macedonia,* N° 2833/13, § 64 (2021); *Aleksandr Zaichenko v. Russia,* N° 39660/02, § 38 (2010); *Bykov v. Russia,* no. 4378/02, § 92 (2009); *Saunders v. United Kingdom,* no. 19187/91, § 68-69 (1996); *John Murray v. United Kingdom,* N° 18731/91, § 45 (1996) y *Weh v. Austria,* N° 38544/97, § 39 (2004).

93 Cfr. STEDH *O'Halloran and Francis v. United Kingdom,* nos. 15809/02 & 25624/02, § 45 (2007).

sin recurrir a elementos de prueba obtenidos por coacción u opresión en contra de la voluntad del acusado[94].

Dado que, en algunos países del continente europeo —como por ejemplo Bélgica— el derecho a permanecer en silencio o a no colaborar con la acusación no se encuentran consagrados en la Constitución, el análisis de los tribunales locales en relación con el alcance y los efectos de la garantía contra la auto incriminación compulsiva se apoya, en gran medida, en la jurisprudencia del TEDH[95]. Aunque más recientemente, la Unión Europea emitió la Directiva (EU) 2016/343, del 9 de marzo de ese año, en la que se volcaron los principales estándares del referido tribunal sobre el derecho a no auto incriminarse[96], en especial lo expresado en el precedente *Saunders v. United Kingdom*[97].

Ahora bien: en el referido pronunciamiento, el TEDH manifestó que la garantía bajo análisis está centrada, fundamentalmente, en respetar la decisión del imputado de permanecer callado[98]. Pero no reconoció, siquiera implícitamente, que la misma contemple el derecho a mentir o incluso a no ser forzado a declarar bajo juramento. Por consiguiente, esta última cuestión se encuentra librada al criterio de los legisladores nacionales, de conformidad con la tradición jurídica de cada país. En tal contexto, el reconocimiento de un derecho a mentir resulta mucho menos pacífico que el de un derecho a callar. Al respecto, Silva Sánchez entiende que, en realidad, la integración de tal derecho a mentir como integrante del derecho a no declarar contra uno mismo sólo sería posible en contextos en que no sólo una declaración veraz, sino también el mismo silencio, tuviesen un significado auto incriminatorio[99].

En España, el Tribunal Supremo (TC) ha afirmado que el imputado en un proceso penal no está sometido a la obligación jurídica de decir la verdad, sino que puede callar total o parcialmente o incluso mentir, en virtud

---

94 Cfr. SSTEDH *in re: Saunders v. United Kingdom*, § 68 y *Bykov v. Russia*, § 92.

95 Cfr. Beazley, Ashlee / Gilleir, Fien / Panzavolta, Michele / Rozie, Joëlle / Vanderhallen, Miet: "Silence with caution: The right to silence in police investigations in Belgium", en New Journal of European Criminal Law, Vol. 12, N° 3, 2021, p. 409.

96 En mayor detalle, sobre la mencionada directiva, ver: Villamarín López, María Luisa: "La Directiva Europea 2016/343, de 9 de marzo, sobre presunción de inocencia y el derecho a estar presente en el juicio", en InDret, N° 3/2017.

97 TEDH, caso N° . 19187/91 (1996).

98 Ver STEDH *in re: Saunders v. United Kingdom*, § 69.

99 Cfr. Silva Sánchez, Jesús María: "Sobre verdades y mentiras", en Indret, N° 2/2024, p. 2.

de los derechos a no declarar contra sí mismo y a no confesarse culpable[100]. Al respecto, cabe señalar que aunque en la STC 149/2009 se afirmó que "...de todo lo anterior no puede concluirse [...] que los derechos a no declarar contra sí mismos y no declararse culpables en su conexión con el derecho de defensa consagren un derecho fundamental a mentir, ni que se trate de derechos fundamentales absolutos o cuasi absolutos, [...] que garanticen la total impunidad cualesquiera que sean las manifestaciones vertidas en un proceso, o la ausencia absoluta de consecuencias derivadas de la elección de una determinada estrategia defensiva", lo cierto es que lo que se aseveró es que *no es posible imponer algún tipo de sanción al imputado por mentir en el proceso,* como ocurre en los EE.UU.[101].

En esa misma dirección, por ejemplo, la normativa penal italiana contempla en forma expresa que el imputado no puede ser sancionado penalmente por mantenerse en silencio *o proveer información* falsa durante el interrogatorio, salvo en situaciones específicas como acusar falsamente a otros de haber cometido un delito o denunciar la comisión de un delito a sabiendas de que ello no ocurrió.

A diferencia de lo que ocurre con el derecho a guardar silencio, cuyo alcance y vigencia están suficientemente precisados en el ámbito europeo, la extensión del derecho "a no colaborar" es bastante más discutida, toda vez que tanto en el derecho comunitario como en un buen número de ordenamientos nacionales dicho principio convive con normas administrativas que imponen obligaciones de colaboración que, al menos *prima facie,* contradicen su vigencia[102]. Normas estas que, aunque de carácter administrativo, presentan puntos de contacto con el denominado "régimen compulsivo" del sistema procesal estadounidenses (implementado a través del instituto de las "subpoenas"), motivo por el cual resultan de particular

---

100 SSTC 68/2001, de 17 de marzo; 233/2002, de 9 de diciembre; 312/2005, de 12 de diciembre; 170/2006, de 5 de junio (citadas, a su vez, en la STC 149/2009, de 24/2/2009).

101 Con cita de las SSTC 220/1998, de 16 de noviembre; 155/2002, de 22 de julio; 135/2003, de 30 de junio; 147/2004, de 13 de septiembre; 55/2005, de 14 de marzo y 10/2007, de 15 de enero. A lo que cabe añadir que, en el caso, los declarantes no eran imputados en una causa penal, sino policías "imputados" en el marco de un proceso disciplinario de carácter administrativo.

102 Cfr. Nieto Martín, Adán / Blumenberg, Axel: "'Nemo tenetur se ipsum accusare' en el derecho penal económico europeo", en AAVV, *Los derechos fundamentales en el derecho penal europeo,* Civitas-Thomson Reuters, Cizur Menor (Navarra), 2010, p. 397.

interés, a los efectos del presente trabajo, las consideraciones efectuadas por los principales tribunales continentales sobre el juego *entre las mismas y la garantía del 'nemo tenetur'*.

Al respecto, se apunta que dichos tribunales han desarrollado posturas disímiles en punto a los límites del derecho en cuestión. Así, el TEDH, a partir del precedente *Funke*[103] sostuvo una posición más favorable a los derechos de la defensa, mientras que el TJUE —primero en *Orkem*[104] y posteriormente en *Mannesmannröhren*[105]— se inclinó en sentido opuesto[106]. Es así que, incluso con posterioridad a que el TEDH fijara su propia postura en el precedente *Funke*, el TJUE adopto un criterio cuyo foco principal reside en la distinción entre la obligación de facilitar toda la información necesaria relacionada con hechos de los que la empresa pueda tener conocimiento, así como la entrega de documentos (incluso si estos tienen carácter inculpatorio) y "...la obligación de dar respuestas que impliquen admitir la existencia de una infracción cuya prueba incumbe a la comisión"[107]. Doctrina que fue reproducida en numerosos casos posteriores[108].

En *Funke*, el TEDH consideró vulnerada la garantía contra la auto incriminación por el hecho de que se sancionara administrativamente a una persona por no haber entregado los documentos que le habían sido re-

---

103 STEDH *Funke v Francia*, N° 10828/1984, del 23/3/1993.

104 STJUE *Orkem/Comisión*, asun. 374/87, p. 3283, del 18/10/1989.

105 STJUE *Mannesmannröhren-Werke AG/Comisión*, asun. T112/98, del 20/10/2001.

106 Cfr. Nieto Martín, Adán / Blumenberg, Axel: "'Nemo tenetur se ipsum accusare'...", cit., p. 399.

107 Cfr. Nieto Martín, Adán / Blumenberg, Axel: "'Nemo tenetur se ipsum accusare'...", cit., p. 405 (notas omitidas).

108 Además de en el caso *Mannesmannröhren*, citado *supra*, cabe mencionar las SSTJCE *in re: Aalborg Portland y otros/comisión* (C-204 P, C-205/00 P, C-211/00 P, C-213/00 P, C-217/00 P y C-219/00 P, Rec. I-123, del 7/1/2004) y *ThyssenKrupp/Comisión* (C-65/02 y C-73/02 P, Rec. I-6773, del 14/7/2005). De este modo, la postura del TJUE se asemeja, hasta cierto punto, a la adoptada por la SCOTUS, bastante restrictiva en orden a la posibilidad de invocar la garantía contra la auto incriminación para evitar la entrega compulsiva de documentación corporativa, aunque esta sea incriminatoria. En esta dirección, el máximo tribunal estadounidense ha establecido que la 5ª enmienda no impide el uso de coerción para requerir la entrega de los documentos de una corporación (*Wilson v. United States*, 221 U.S. 361; 1911), de una sociedad no incorporada formalmente (*United States v. White*, 322 U.S. 694; 1944), o incluso de una organización que "tenga una existencia jurídica reconocible, distinta de la de sus integrantes (*Bellis v. United States*, 417 U.S. 85; 1974).

queridos por las autoridades, destacando que, a esa altura, el nombrado ya era sospechoso de haber cometido algún tipo de defraudación tributaria, por lo que la sanción podía asimilarse a un medio de coerción para obligarlo a colaborar con la acusación[109]. Descartó, asimismo, el argumento del Estado demandado, en punto a que podía obtener por sí mismo la documentación exigida[110]. Según entiende Ashworth, a partir de lo decidido en Funke podría, en principio, concluirse que el derecho contra la auto incriminación aplica a los supuestos de entrega compulsiva de evidencia documental[111].

De todas maneras, el precedente más importante del TEDH sobre esta cuestión es el dictado en el caso *Saunders v United Kingdom*[112], en el cual se estableció, por un lado, que (a) no se puede obtener información compulsivamente con el fin de utilizarla en un proceso cuando existen sospechas (sobre la participación del requerido en un ilícito); y (b) que incluso si estas no existen y la coacción administrativa se ejerce fuera del contexto de un proceso penal, la información obtenida no puede utilizarse posteriormente en el mismo. Destacó, asimismo, que no existe ningún estado de necesidad probatorio que ampare rebajas en los derechos de defensa, que se aplican "*...a todo procedimiento criminal sin distinción del más simple al más complejo*"[113].

Sin embargo, en el mismo precedente, el TEDH aclaró que el resguardo de la garantía en cuestión no se extiende a la evidencia "...que puede ser obtenida del acusado mediante el uso de la fuerza pública pero que existe '*con independencia de la voluntad del imputado*'", como, por ejemplo, los documentos adquiridos en virtud de una orden judicial, las muestras de aliento, de sangre y de orina, y de tejidos corporales para un análisis de

---

109 Al respecto, en *J.B. v. Switzerland* (aplicación N° 31827/96, del 3/5/2001), el TEDH destacó que lo importante es que el imputado no puede excluir que la información entregada puede servir para incriminarlo.

110 Cfr. Nieto Martín, Adán / Blumenberg, Axel: "'Nemo tenetur se ipsum accusare'...", cit., pp. 402/403 (notas omitidas). En el caso, el imputado fue sancionado administrativamente por no haber aportado, a solicitud de funcionarios de la aduana de Francia que se presentaron en su domicilio, extractos de cuentas bancarias abiertas en varias instituciones de Europa.

111 Cfr. Ashworth, Andrew: "Self-Incrimination in European human rights law. A pregnant pragmatism", en Cardozo Law Review, Vol. 30, N° 3, 2008, p. 753.

112 Aplicación N° 19187/91 (1997).

113 Cfr. Nieto Martín, Adán / Blumenberg, Axel: "'Nemo tenetur se ipsum accusare'...", cit., pp. 404/405.

ADN[114]. Este concepto de la "evidencia que existe con independencia de la voluntad del imputado" es, con toda probabilidad, el *aspecto más relevante de la doctrina sentada por el TEDH en Saunders*, al menos en cuanto se refiere a las consecuencias que pueden extraerse de la misma en orden al uso estatal de la compulsión para obtener pruebas provenientes de los imputados. Resulta evidente, asimismo, la similitud entre la distinción efectuada por el TEDH en este último precedente y el criterio adoptado por la SCOTUS en el fallo Schmerber, en relación con el aporte compulsivo de evidencia "real" vs. "testimonial"[115].

En esa misma dirección, el referido tribunal continental explicó que, en la medida en que las muestras corporales pueden ser obtenidas "sin la cooperación activa del imputado" (por ejemplo, utilizando la fuerza pública para tomarlas), no estaría involucrado el derecho contra la auto incriminación[116]. A su vez, el reconocimiento implícito de un "derecho a la pasividad" del acusado en orden a la producción de evidencia asemeja la concepción del TEDH a la sostenida por buena parte de la doctrina en la Argentina, en cuanto se apoya en la diferencia entre "cooperar" y "tolerar" la recolección de evidencia como fundamento para la distinción entre los supuestos en que el imputado es "sujeto" u "objeto de prueba", encontrándose cubierto por la garantía en el primer caso, pero no así en el segundo[117].

Los paralelos entre el desarrollo teórico del TEDH sobre el derecho contra la auto incriminación y el elaborado en la jurisprudencia del máximo tribunal de los EE.UU. llegan, no obstante, solo hasta allí. En efecto, el reconocimiento del tribunal continental europeo a la existencia de evidencia física existente "más allá de la voluntad del imputado" y no comprendida en el ámbito de protección de la garantía no se extendió hasta cubrir la entrega compulsiva de evidencia documental. En sentido opuesto al de la SCOTUS, el TEDH adoptó un enfoque mucho más tuitivo del derecho contra la auto incriminación[118], evidenciado en las decisiones que

---

114 Cfr. STEDH *Saunders v. United Kingdom*, no. 19187/91, § 69 (énfasis añadido).

115 Cfr. Ashworth, Andrew: "Self-Incrimination in European human rights law...", cit., p. 758.

116 Cfr. Ashworth, Andrew: "Self-Incrimination in European human rights law...", cit., p. 759.

117 Al respecto, ver *supra*, § 3.1.

118 Cfr. Escobar Veas, Javier: "A comparative analysis of the case law...", cit., pp. 889/890 (citas omitidas).

adoptó en los precedentes *J.B. v. Switzerland*[119] y *Chambaz v. Switzerland*[120]. Ambos pronunciamientos se vinculaban con procedimientos administrativos suscitados ante la autoridad tributaria suiza, en los que ésta última aplicó sanciones al contribuyente por la omisión de entregar documentos e información sobre sus ingresos. En los dos casos, el TEDH entendió que la orden emitida por la autoridad estatal, dirigida a compeler la entrega de documentación potencialmente incriminatoria bajo pena de sanción, violentaba la garantía contra la auto incriminación[121].

A pesar de la similitud entre el supuesto de hecho analizado en estos fallos con el que motivó la intervención de la SCOTUS en *Fisher*, el TEDH no tomó en consideración las cuestiones que si ponderó el máximo tribunal estadounidense para elaborar las doctrinas del "acto de presentación" y de la "conclusión ineludible". No sólo debido a que no fueron planteados ante el tribunal argumentos en esa dirección, sino también, posiblemente, porque el TEDH, a diferencia de la SCOTUS, *no partió de la premisa de que los documentos previamente creados en forma voluntaria por el imputado no se encuentran amparados* por el 'nemo tenetur'[122].

A pesar de ello, entiendo que bien podría afirmarse, sin que ello resulte irrazonable, que *los documentos previamente creados encajan sin demasiada dificultad en el concepto de "evidencia que existe con independencia de la voluntad del imputado"* creado por el TEDH, sin perjuicio de que el referido tribunal lo aplique únicamente en referencia a la toma de muestras físicas como las huellas digitales o el ADN. En efecto, parece claro que lo que, en principio, ostenta carácter "testimonial" o "comunicativo" *es crear (redactar) los documentos bajo coerción estatal, en cuanto importa una manifestación verbal*, sin importar que ésta se haga por escrito en lugar de oralmente. En cambio, el documento ya creado, por más que resulte incriminatorio, *no es más que un objeto físico* (o un dato informático) cuya existencia es ajena a la voluntad del imputado, y que —al igual que las muestras de sangre— es susceptible de ser tomado por la fuerza por el Estado. Es cierto que —como bien apuntó la SCOTUS en *Fisher*— el acto de entregar esos documentos puede comunicar, implícitamente, información incriminatoria; pero también que la injerencia sobre la garantía contra la auto incriminación se minimiza

---

119 TEDH, *J.B. v. Switzerland*, no. 31827/96 (2001).

120 TEDH, *Chambaz v. Switzerland*, no. 11663/04 (2012).

121 Cfr. Escobar Veas, Javier: "A comparative analysis of the case law...", cit., pp. 888/889 (citas omitidas).

122 Con relación a esta cuestión, ver *supra*, nota § 43 y texto relacionado.

o suprime cuando el Estado conoce de antemano lo que el referido acto transmite implícitamente. Esto es: cuando dicha información es una "conclusión ineludible".

El último aspecto a considerar a fin de evaluar la viabilidad de la desencriptación compulsiva en el contexto europeo es si existe una herramienta coercitiva para hacerla efectiva. En esa dirección, cabe señalar que, aunque no existe un instituto similar al "desacato civil" estadounidense fuera de los países de tradición jurídica anglosajona (puntualmente, los del Reino Unido e Irlanda), algunos países han sancionado normas en que se establece en forma expresa la facultad estatal de compeler a los ciudadanos a revelar las contraseñas que permiten desencriptar archivos digitales. La primera norma de ese tipo fue la "Ley Regulatoria de Facultades de Investigación" ("Regulation of Investigatory Powers Act" o RIPA), que entró en vigencia en el Reino Unido en 2000.

El art. 49 de la RIPA autoriza a forzar el desbloqueo de dispositivos encriptados, requisitoria que puede dirigirse tanto al fabricante como al usuario del dispositivo[123], a cuyos efectos la norma habilita la injerencia sobre el derecho a la intimidad y, potencialmente, también al que protege contra la auto incriminación[124], en el supuesto de que el usuario sea también el sospechoso. La RIPA prevé sanciones de hasta 2 años de prisión para casos que no involucren la seguridad nacional (y hasta 5 en los que si lo hicieran) para aquellos que se negaren a cumplir con la orden judicial, que ya han sido aplicadas en múltiples ocasiones desde el 2007[125].

En Francia, el art. 434-15-2 del Código Penal[126] contempla una pena de hasta 3 años de prisión para la persona que tenga conocimiento de la contraseña para desbloquear un dispositivo encriptado que haya sido utilizado para preparar, facilitar o cometer un delito y rehúse comunicársela a la autoridad judicial o introducirla a pedido de aquella. A fin de hacer

---

123 Cfr. Keenan, Bernard: "State access to encrypted data in the UK: the 'transparent' approach", en Common Law World Review, vol. 49, N° 3-4, 2020, pp. 223/244 (citado de documento informático obtenido en: https://eprints.bbk.ac.uk/id/eprint/29734/1/access%20to%20encrypted%20data%20uk.pdf), p. 20.

124 Cfr. Keenan, Bernard: "State access to encrypted data in the UK...", cit., p. 21 (notas omitidas).

125 Cfr. Atwood, J. Riley: "The encryption problem...", cit., pp. 430/431 (citas omitidas).

126 Conforme la reforma operada mediante la ley 2016-731, del 3 de junio de 2016.

efectiva dicha sanción, el Estado debe probar que la negativa al pedido de desbloquear el equipo es intencional[127].

También en Bélgica, el art. 88 quater § 1 —pero del Código de Procedimiento Criminal— establece que el juez a cargo de una investigación puede requerir compulsivamente la cooperación de cualquier persona que sepa como desbloquear un dispositivo encriptado, ya sea para permitir el acceso al mismo o entregar la información contenida en el mismo en un formato legible. El parágrafo § 3 de la misma norma prevé sanciones para quienes se nieguen a cumplir con la orden judicial, incluyendo a los eventuales sospechosos. Para que pueda emitirse la requisitoria, es preciso que, previamente, la autoridad judicial haya identificado el dispositivo objeto de la misma sin utilizar coerción sobre el imputado, así como probarlo —más allá de duda razonable— que éste último conoce la clave de acceso[128]. Esto es: que *existe una "conclusión ineludible" por parte del Estado con respecto a lo que el desbloqueo podría implícitamente comunicar*, que es que el imputado es el probable dueño del dispositivo y conoce la contraseña requerida para desbloquearlo[129]. Asimismo, en Noruega se incorporó en 2017 una norma parecida, pero en este caso solo en relación con el desbloqueo biométrico de dispositivos encriptados[130].

4. LA DISCUSIÓN EN TORNO A LA DESENCRIPTACIÓN COMPULSIVA DE DATOS ALMACENADOS EN DISPOSITIVOS ELECTRÓNICOS

4.1. *El problema de la adaptación de las doctrinas constitucionales referidas a la entrega compulsiva de documentos físicos a la tecnología digital*

La evolución de las conductas sociales en relación con el uso de la tecnología, en cuanto supuso el traspaso de la información privada de las personas de registros físicos (documentos, fotografías, ficheros, agendas)

---

127 Ver: presentación de la ONG "Fair Trials" ante el TEDH en el caso *Lamin Minteh v. Francia.*

128 Cfr. Cámara de Casación de Bélgica, P. 19. 1086.N/1, del 4/2/2020.

129 En profundidad, sobre la aplicación de la "conclusión ineludible" al conocimiento de la contraseña, ver *infra,* § 4.3.

130 Prevista en el art. 199 del Código de Procedimiento Criminal noruego. Al respecto, ver: https://edri.org/our-work/norway-introduces-forced-biometric-authentication/.

a dispositivos de almacenamiento digital, sumada a la generalización del uso de encriptación "por defecto" para resguardar los datos contenidos en dichos dispositivos, obligó a re evaluar los alcances de la garantía contra la auto incriminación para adaptarla a los cambios tecnológicos[131]. En tal contexto, la ausencia de pronunciamientos expresos de los tribunales constitucionales nacionales o internacionales[132] que establezcan parámetros claros sobre la materia, ha dejado en manos de los tribunales de inferior jerarquía la responsabilidad de ponderar, ante la proliferación de casos, si es legítimo que las autoridades estatales le exijan a los imputados la desencriptación de evidencia potencialmente incriminatoria y —en caso afirmativo— cuáles son los requisitos que deben cumplirse para que ello sea así.

Si bien, como es lógico, estos interrogantes han tenido que ser respondidos por los jueces de muchos países, lo cierto es que la jurisprudencia de los EE.UU. ha sido, con toda probabilidad, la más prolífica en tal sentido. En este escenario, en la doctrina estadounidense se han identificado cuatro grandes categorías de casos que se han planteado ante los tribunales federales o estatales. A saber: (a) aquellos en los que se le requiere al imputado que revele la contraseña para desbloquear el dispositivo; (b) aquellos en los que se le exige que use un rasgo biométrico (huella digital, iris o rostro) para permitir el acceso[133]; (c) aquellos en los que se lo compele a introducir la contraseña (sin darla a conocer) y (d) aquellos en los que directamente se le demanda entregar los contenidos en formato legible[134].

A pesar de las diferencias apuntadas, lo que dichos casos tienen en común es que, en todos ellos, el análisis de los magistrados intervinientes se apoyó en las premisas de las doctrinas del "acto de presentación" y la "conclusión ineludible" desarrolladas en los precedentes *Fisher*, *Doe* (I y II) y *Hubbell* de la SCOTUS. Esto es problemático, toda vez que —ya de inicio— el esquema teórico establecido en el primero de esos fallos ha dejado sin responder una serie de interrogantes que deben ser aclarados por los tribunales que pretendan aplicarlo en las causas en las que les toca enten-

---

131 Cfr. Coulon, Jesse: "Privacy, screened out: Analyzing the threat to individual privacy rights and fifth amendment protections in *State v. Stahl*", en Boston College Law Review, Vol. 59, N° 9, 2022, p. 225 (citas omitidas).

132 Aunque, en Europa, se encuentra pendiente de resolución ante el TEDH un cuestionamiento a la aplicación de la normativa francesa sobre desencriptación compulsiva, en el caso *Minteh v. France*.

133 Con relación a esta categoría de casos, ver *infra*, § 7.

134 Cfr. Cohen, Aloni / Park, Sunoo: "Compelled decryption and the fifth amendment...", cit., p. 174.

der. Así, por ejemplo, estos deben determinar si la comunicación implícita al acto de presentación es, o no, lo "suficientemente testimonial" para requerir la protección constitucional, cuál es el alcance de la doctrina de la "conclusión ineludible" y qué es precisamente lo que debe saber el Estado (y con qué grado de certeza) para que aquella se configure[135].

A ello viene a sumarse que la principal herramienta jurídica para resolver los casos sobre desencriptación compulsiva —la ya mencionada doctrina del "acto de presentación", a pesar de haber sido desarrollada hace más de 45 años —y no haber sido actualizada en más de 20— debe aplicarse a un supuesto completamente distinto al de la entrega de documentos, con respecto a la cual fue elaborada en primer término[136]. En este escenario, los tribunales intermedios de EE.UU. que han intentado aplicar los parámetros fijados en *Fisher* y *Hubbell* han arribado a soluciones disímiles e inconsistentes acerca del alcance de la garantía contra la auto incriminación con relación a documentos digitales encriptados[137]. Se han registrado posturas encontradas tanto en el ámbito federal, entre las cámaras de apelaciones de distintos circuitos[138] (con el consecuente impacto sobre los tribunales de inferior jerarquía, que deben aplicar la jurisprudencia sentada por aquellas); como entre los tribunales superiores de justicia de diferentes estados[139]; e incluso entre cámaras de apelación de diversos distritos, dentro de un mismo Estado[140].

---

135 Cfr. Hobbie Jr., Norman: "Reconsidering the foregone conclusion doctrine...", cit., p. 65.

136 Cfr. Zimmering, Aubrey: "Actions speak louder than words...", cit., p. 836.

137 Cfr. Mohan, Vivek / Villasenor, John: "Decrypting the Fifth Amendment...", cit., p. 11 (citas omitidas).

138 Así, por un lado, la Cámara Federal de Apelaciones del 11° Circuito, *in re*: *United States v. Doe* (In re Grand Jury Subpoena Duces Tecum dated March 25, 2011), 670 F.3d 1335 (del 23/2/2012); por el otro, la Cámara Federal de Apelaciones del 3er Circuito, en *United States v. Apple Macpro Computer*, 851 F.3d 238 (del 20/3/2017).

139 Han adoptado posturas enfrentadas la Suprema Corte de Massachussets (en *Commonwelth v. Gelfgatt*, 11 N.E.3d 605; del 25/6/2014); la Suprema Corte del Estado de Indiana (en *Seo v. State*, 148 N.E.3d 952; del 21/8/2018); la Suprema Corte del Estado de Massachussets (en *Commonwealth v. Jones*, 117 N.E.3d 702; del 6/3/2019); la Suprema Corte del Estado de Pennsylvania (en *Commonwealth v. Davis*, 220 A.3d 534; del 14/5/2019); la Suprema Corte del Estado de New Jersey (en *State v. Andrews*, 234 A.3d 1254; del 10/10/2020) y la Suprema Corte del Estado de Illinois (en *People v. Sneed*, 2023 IL 127968; del 18/11/2021).

140 En los casos *State v. Stahl*, 206 So. 3d 124 (Cámara de Apelaciones del 2° Distrito del Estado de Florida, del 7/12/2016); *G.A.Q.L. v. State*, No. 4D18-1811, 2018 WL

En al menos un caso, el tribunal interviniente consideró, directamente, que no resultaba procedente extender la aplicación de la doctrina sentada en *Fisher* más allá de la entrega de documentos físicos, a la desencriptación de archivos digitales. En efecto, en *Commonwealth v. Davies*[141], la Suprema Corte del Estado de Pennsylvania argumentó que la doctrina de la "conclusión ineludible" constituye "...una excepción extremadamente limitada a la garantía de la 5ª enmienda contra la auto incriminación", dado que la SCOTUS ha aludido a la misma en "unas pocas ocasiones" en los 40 años transcurridos desde que fuera reconocida en *Fisher*, "...y su aplicación solo ha sido considerada en relación con registros bancarios o financieros preexistentes específicos"[142].

El referido tribunal concluyó que ello es así por buenos motivos, puesto que, tratándose de una garantía "fundacional" como la consagrada en la 5ª enmienda, "...cualquier excepción debe necesariamente ser limitada en su naturaleza y alcance". De allí que se aplicara únicamente a los registros financieros y bancarios, una categoría especial de documentos que ha estado sometida a la entrega y revisión compulsiva por más de un siglo. Concluyó afirmando, a partir de ello, que aplicar la citada doctrina

---

529118 (Cámara de Apelaciones del Distrito de Florida, del 24/10/2018) y *Pollard v. State*, 287 So. 3d 649 (Cámara de Apelaciones del primer Distrito de Florida, del 20/6/2019).

141 220 A.3d 534, del 14/5/2019.

142 La revista de Derecho de la prestigiosa Universidad de Harvard se hizo eco de esta crítica en un editorial publicado en 2021, en la que destacó que, en los únicos dos casos posteriores a *Fisher* en los que la SCOTUS mencionó a la "conclusión ineludible", no la consideró aplicable (Harvard University Law Review: "Supreme Court of New Jersey holds that compelled disclosure of defendant's iPhone passcodes does not violate the self-incrimination clause. Comment on: State v. Andrews, 234 A.3d 1254 (N.J. 2020)", Vol 134, Nº 6, 2021, p. 2271). Al respecto, me parece necesario señalar que la circunstancia apuntada, por si sola, no significa que la doctrina haya perdido validez, sobre todo teniendo en cuenta que, en los 40 años subsiguientes a su reconocimiento, la misma no ha sido repudiada ni expresa ni implícitamente por la SCOTUS. El hecho de que no la haya considerado aplicable en los otros casos en los que se expidió sobre la doctrina del "acto de presentación" no puede ser asimilado a un pronunciamiento en tal sentido. Es cierto que el silencio del referido tribunal impide afirmar que coincida con la legitimidad de aplicar la "conclusión ineludible" a los supuestos de desencriptación compulsiva (como lo están haciendo muchos tribunales de inferior jerarquía), pero también lo es que la SCOTUS no ha dictado ningún pronunciamiento que indique que no puede ser aplicada en dichos supuestos.

a un testimonio compulsivo "oral o escrito" del imputado supondría una "expansión significativa" del alcance de la excepción.

Entre los tribunales que sí consideraron legítimo recurrir al uso analógico de las doctrinas del "acto de presentación" y la "conclusión ineludible" para evaluar la pertinencia de pedidos estatales para compeler el desbloqueo de dispositivos encriptados, las principales líneas de fractura quedaron expuestas en la primera serie de fallos sobre la materia, dictados entre 2007 y 2011.

La justicia estadounidense tuvo oportunidad de expedirse sobre la cuestión, por primera vez, en el caso conocido como *In re Boucher*[143], en el que se descubrió una computadora conteniendo imágenes pornográficas, entre las que al menos una —que fue analizada por un agente— parecía ser una imagen de explotación sexual infantil. La computadora fue apagada al momento de ser secuestrada, por lo que, cuando se la encendió nuevamente para analizarla, se descubrió que el acceso estaba bloqueado y su contenido encriptado. En este contexto, se libró una orden de presentación ("subpoena") requiriéndole al imputado Boucher que entregase la contraseña para desbloquear el dispositivo, a lo que este se negó, invocando la 5ª enmienda. El primer magistrado interviniente acogió favorablemente el planteo del acusado, por entender que la acción requerida tenía naturaleza "testimonial", desde que la contraseña no es una cosa física, sino que existe en la mente del imputado. Consideró, asimismo, que no resultaba de aplicación la "conclusión ineludible", ya que el Estado conocía la existencia y ubicación de los archivos que ya había visto, pero no del resto de los que el disco podía contener, por lo que estaría obteniendo el acceso tanto a los documentos conocidos como a los desconocidos[144].

La fiscalía apeló la resolución del juez, que fue revisada y revocada por la Cámara de Apelaciones del Distrito de Vermont[145]. En sustento de su decisión, el tribunal destacó que no se le exigía al gobierno conocer el contenido de los archivos sino sólo demostrar "con razonable especificidad" que estaba al tanto de la existencia y ubicación de los documentos requeridos. Ello ocurría en el caso, ya que los agentes habían podido observar algunos

---

143 2007 WL 4246473 (Corte de Apelaciones del Distrito de Vermont, del 29/11/2007). En adelante, *Boucher* (I).

144 Ver: *Boucher* (I), cit.

145 *In re Boucher*, No 2:06-MJ-91, 2009 WL 424718 (Corte de Apelaciones del Distrito de Vermont, del 19/2/2009). En adelante: *Boucher* (II).

de estos documentos, lo cual era suficiente para que pudiesen conocer la existencia y ubicación de los datos encriptados.

El siguiente caso referido a la desencriptación compulsiva fue *United States v. Kirschner*[146], en el que —nuevamente en el marco de una investigación por explotación sexual infantil— el imputado recibió una orden judicial conminándolo a suministrarle a las autoridades las claves para acceder a su computadora y a un archivo encriptado localizado en la misma. La Cámara de Apelaciones del Distrito Este de Michigan la revocó, señalando que el desbloqueo solicitado tenía carácter "testimonial" y, por consiguiente, se encontraba amparado por la 5ª enmienda[147]. Sin embargo, el tribunal interviniente no se expidió en orden a si resultaba, o no, de aplicación la "conclusión ineludible".

En cambio, esta última doctrina jugó un rol central en el fallo dictado por la Cámara Federal de Apelaciones del Distrito de Colorado en *United States v. Fricosu*[148]. En este caso, el juez de cámara interviniente confirmó la validez de la orden de presentación obtenida por la fiscalía para compeler a la imputada (acusada de fraude) a desbloquear una laptop que había sido secuestrada en su dormitorio, a partir del contenido de la grabación de una conversación sostenida entre la nombrada y su marido (que estaba encarcelado), en la que reconoció que la computadora era suya, que estaba al tanto de que estaba protegida por encriptación, que ella conocía la contraseña para desencriptar el disco y que su abogado le había explicado que no estaba obligada a revelarla. En esa dirección, el magistrado puntualizó que "...el gobierno conoce la existencia y ubicación de los archivos de computadora. El hecho de que desconozca el contenido específico de documentos específicos no es un obstáculo para la entrega [de los documentos en formato plaintext]"[149].

El pronunciamiento más relevante de esta primera serie fue el que dictó la Cámara Federal de Apelaciones del 11° Circuito en *Unites States v. Doe*

---

146 823 F. Supp. 2d 665 (Cámara Federal de Apelaciones del Distrito Este de Michigan, del 30/3/2010).

147 Ver: *United States v. Kirschner*, cit. En sustento de su decisión, el tribunal de alzada señaló que "...obligar al imputado a revelar la contraseña de su computadora comunica [una] afirmación fáctica al Estado y es, por consiguiente, 'testimonial' [pues] requiere que el acusado comunique 'conocimientos'".

148 *United States v. Fricosu*, 841 F. Supp. 2d 1232, 1232 (Cámara Federal de Apelaciones del Distrito de Colorado, del 23/1/2012).

149 Ver: *United States v. Fricosu*, cit.

("Doe III")[150], sobre todo debido al mayor peso que tienen los precedentes de estas cámaras, que son obligatorios para los órganos judiciales de inferior jerarquía dentro de su jurisdicción y tienden a influir en las decisiones de otros tribunales[151]. En su decisión, el 11° Circuito reconoció el carácter "testimonial" del acto de presentación requerido y determinó que no era aplicable al caso la doctrina de la "conclusión ineludible" debido a la imposibilidad de la acusación de acreditar *que efectivamente existiesen datos en los volúmenes encriptados*[152], circunstancia que —a su vez— impedía tener por acreditado que el Estado supiese de antemano, con "razonable especificidad", de la existencia o ubicación de archivos en los discos; como así tampoco que Doe fuera capaz de acceder o desencriptar los volúmenes encriptados[153].

En este escenario, se aprecia que ni en la jurisprudencia ni en la doctrina de los EE.UU. se ha logrado alcanzar un consenso con respecto a cuestiones claves como si el acto de desencriptar compulsivamente los contenidos digitales tiene, o no, naturaleza "testimonial" (comunicativa); o qué es lo que esta acción potencialmente testimonial comunica. En los supuestos en los que el primer interrogante es respondido positivamente, tampoco hay acuerdo sobre si la doctrina de la "conclusión ineludible" del Estado debe referirse al conocimiento de que el imputado sabe la contraseña, o al de la ubicación, control y autenticidad de los datos que están almacenados en el dispositivo que se pretende desbloquear[154].

---

150 (*In re Grand Jury Subpoena Duces Tecum dated March 25, 2011*), 670 F.3d 1335 (Cámara Federal de Apelaciones del 11° Circuito, del 23/2/2012). El referido tribunal de alzada se expidió en el marco de una causa iniciada en octubre de 2010, cuando agentes federales rastrearon a un sospechoso de compartir imágenes de explotación sexual infantil a una habitación de hotel, en la que se secuestraron computadoras y discos rígidos encriptados. La fiscalía obtuvo una orden para compeler al imputado a desencriptar los archivos y —ante la negativa de este— se lo declaró "en desacato".

151 Cfr. Atwood, J. Riley: "The encryption problem...", cit., p. 422 (citas omitidas).

152 Énfasis añadido. Ello, toda vez que, en las audiencias de producción de prueba, el perito forense había explicado que, debido a las características del programa de encriptación utilizado, no le era posible distinguir archivos concretos de espacio vacío.

153 *United States v. Doe*, cit.

154 Ver, el respecto, Hobbie Jr., Norman: "Reconsidering the foregone conclusion doctrine...", cit., p. 54 (citas omitidas).

4.2. La controversia en orden a la naturaleza "testimonial" del desbloqueo. Referencias al "uso intensivo de la mente" y la diferencia entre "la llave y la combinación" de una caja fuerte

En lo que se refiere al análisis sobre si el acto de cumplir con una orden de desencriptación compulsiva tiene, o no, naturaleza testimonial, la disidencia del juez Stevens en *United States v. Doe* ("Doe II"), posteriormente adoptada como doctrina mayoritaria por la SCOTUS en *Hubbell*, efectuó dos contribuciones fundamentales a la discusión. Por un lado, el reconocimiento de que la garantía contra la auto incriminación protege al "contenido de la mente" de los individuos frente al uso de compulsión para lograr que sea divulgado; por el otro, la analogía con la entrega compulsiva de la "llave de una caja fuerte" vs. la divulgación de la "combinación de una caja fuerte"[155].

A pesar de las críticas que ha merecido la aplicación analógica de esta última fórmula a la desencriptación de documentos digitales[156], los tribunales estadounidenses han recurrido asiduamente a la misma[157] tanto al

---

155 Cfr. Zimmering, Aubrey: "Actions speak louder than words…", cit., p. 835 (citas omitidas).

156 Así, por ejemplo, Kerr afirma que la misma no resulta de utilidad para determinar cómo aplica la 5ª enmienda al supuesto de desencriptación compulsiva mediante una clave numérica; toda vez que, aunque divulgar la combinación de una caja fuerte sería siempre testimonial, no es lo mismo que desbloquear un dispositivo introduciendo la contraseña sin revelarla, en cuyo caso el acto —según el autor citado— no sería testimonial. En sentido opuesto, "entregar la llave" puede revestir carácter testimonial si importa reconocer la existencia, autenticidad y posesión de la llave (Kerr, Orin S.: "Compelled decryption and the privilege against self-incrimination", cit., p. 782). Por su parte, Hobbie Jr. apunta que no existe una forma clara de comparar los documentos en papel con el contenido de un dispositivo electrónico, siendo que —cuando se toma en consideración el complejo software de encriptación que protege los datos—, la contraseña no se asemeja ni a una cerradura ni a una caja fuerte (Cfr. Hobbie Jr., Norman: "Reconsidering the foregone conclusion doctrine…", cit., p. 70).

157 En tal contexto, muchos tribunales han considerado que el desbloqueo resulta más parecido a "divulgar la combinacion" (de una caja fuerte). Así, por ejemplo, en *United States v. Kirschner*, 823 F. Supp. 2d 665 (Cámara Federal de Apelaciones del Distrito Este de Michigan, del 30/3/2010); *United States v. Doe* (*In re Grand Jury Subpoena Duces Tecum dated March 25, 2011*), 670 F.3d 1335 (Cámara Federal de Apelaciones del 11° Circuito, del 23/2/2012); *Seo v. State*, 148 N.E.3d 952 (Suprema Corte del Estado de Indiana, del 21/8/2018); *G.A.Q.L. v. State*, No. 4D18-1811, 2018 WL 529118 (Cámara de Apelaciones del Distrito de Florida, del

momento de analizar la cuestión del desbloqueo mediante la introducción de una contraseña numérica o alfanumérica (por lo general, considerando a ese acto como "testimonial") como la referida al desbloqueo biométrico (en su mayoría, rechazando que ostente aquel carácter)[158]. De igual manera, la referencia a si lo que se pretende compeler se encuentra, o no, en la mente del imputado o requiere el "uso intensivo" de la misma ha formado parte del razonamiento de buena parte de los tribunales al momento de decidir si el "acto de presentación" en cuestión reviste naturaleza testimonial[159].

En este contexto, la concepción mayoritaria es la que entiende que, habida cuenta que las contraseñas (numéricas o alfanuméricas) no tienen existencia fuera de la mente del imputado —que debe recurrir a la misma para recordarla e ingresarla a los efectos de concretar el desbloqueo—, el hecho de utilizar dicha contraseña a fin de cumplir con la requisitoria estatal y darle acceso al contenido (previamente encriptado) de un dispositivo es, en efecto, "testimonial". Este criterio fue defendido —además de en los casos *Kirschner* y *Doe* (III), reseñados precedentemente— por la Cámara de

24/10/2018); *Commonwealth v. Davis*, 220 A.3d 534 (Suprema Corte del Estado de Pennsylvania, del 14/5/2019); *People v. Spicer*, 2019 IL App (3d) 170814 (Cámara de Apelaciones del Tercer Distrito del Estado de Illinois, del 7/3/2019) y *Pollard v. State*, 287 So. 3d 649 (Cámara de Apelaciones del primer Distrito de Florida, del 20/6/2019). En sentido opuesto, otros tribunales han entendido que era más similar a "entregar la llave", por ejemplo, en *Commonwealth v. Baust*, 89 Va. Cir. 267 (Cámara de Apelaciones del Circuito de Virginia Beach, Estado de Virginia, del 28/19/2014); *State v. Diamond*, 905 N.W. 2d 870 (Suprema Corte del Estado de Minnesota, del 17/1/2018); *People v. Sneed*, 2023 IL 127968 (Suprema Corte del Estado de Illinois, 18/11/2021) y *United States v. Barrera*, 415 F. Supp. 3d. 382 (Cámara Federal de Apelaciones del Distrito Norte de Illinois, División Este, del 22/11/2019).

158 En relación con el desbloqueo biométrico, ver *infra*, § 6.

159 Ver, en tal sentido: *Boucher* (I); *State v. Stahl*, 206 So. 3d 124 (Cámara de Apelaciones del 2º Distrito del Estado de Florida, del 7/12/2016); *Commonwealth v. Baust*, 89 Va. Cir. 267 (Cámara de Apelaciones del Circuito de Virginia Beach, Estado de Virginia, del 28/19/2014); *State v. Diamond*, 905 N.W. 2d 870 (Suprema Corte del Estado de Minnesota, del 17/1/2018); *Seo v. State*, 148 N.E.3d 952 (Suprema Corte del Estado de Indiana, del 21/8/2018); *Commonwealth v. Davis*, 220 A.3d 534 (Suprema Corte del Estado de Pennsylvania, del 14/5/2019); *Pollard v. State*, 287 So. 3d 649 (Cámara de Apelaciones del primer Distrito de Florida, del 20/6/2019) y *State v. Andrews*, 234 A.3d 1254 (Suprema Corte del Estado de New Jersey, del 10/10/2020).

Apelaciones del Distrito de Florida en *G.A.Q.L. v. State*[160] (al que a su vez remitieron en forma expresa la Cámara de Apelaciones del Tercer Distrito del Estado de Illinois[161] y la Cámara de Apelaciones del primer Distrito de Florida[162]) y por la Suprema Corte del Estado de Pennsyvania, que en *Commonwealth v. Davis*[163] afirmó que, en la medida en que una contraseña debe forzosamente ser memorizada, no es posible entregarla sin revelar "...el contenido de la propia mente". Por consiguiente, entendió que lo que se solicitaba era equiparable a "comunicar la combinación de una caja fuerte", conforme la fórmula utilizada en el precedente *Hubbell*[164].

Ahora bien: antes de que se dictase el precedente *G.A.Q.L. v. State*, en el mismo Estado de Florida, otro tribunal de similar jerarquía se había pronunciado expresando una postura muy divergente a la de la mayoría. En efecto, en *State v. Stahl*[165], la Cámara de Apelaciones del 2° Distrito del Estado de Florida revocó la decisión del juez que intervino en primera instancia, que había rechazado el pedido de la fiscalía de obligar al imputado a desbloquear su teléfono[166] por entender que la resolución inicial, al haberse sustentado "exclusivamente" en la circunstancia de que el acto de presentación requerido demandaba del uso del "contenido de la mente" del imputado —con remisión al precedente del 11° circuito, ci-

---

160 No. 4D18-1811, 2018 WL 529118, del 24/10/2018.

161 *In re: People v. Spicer*, 2019 IL App (3d) 170814; del 7/3/2019.

162 *In re: Pollard v. State*, 287 So. 3d 649, del 20/6/2019.

163 220 A.3d 534 (Corte Suprema del Estado de Pennsylvania, del 14/5/2019).

164 Ver: *Commonwealth v. Davis*, cit. En apoyo de su decision, la Suprema Corte invocó los casos resueltos en igual sentido en *In re Grand Jury Subpoena Duces Tecum* y en *United States v. Kirschner.*

165 206 So. 3d 124, del 7/12/2016.

166 El caso involucró a una mujer que, mientras hacía compras en una tienda, sorprendió al imputado (Aaron Stahl) agachado cerca de ella, con el brazo estirado y sosteniendo su teléfono celular debajo de su falda, con la pantalla iluminada. Sospechando que Stahl había obtenido imágenes de sus partes íntimas, la víctima pidió ayuda a seguridad, pero el nombrado logró escapar antes de que llegara la asistencia. Una revisión de las imágenes de las cámaras de CCTV del establecimiento confirmó que Stahl había (cuanto menos) intentado ubicar su teléfono por debajo de la falda de la denunciante. Al ser arrestado, éste consintió, en primer término, el registro de su celular, indicando que era un iPhone 5 localizado en su domicilio, además de informar su número telefónico. Sin embargo, una vez que el aparato fue secuestrado en su vivienda, Stahl se rehusó a que fuese registrado.

tado *supra*[167]— había pasado por alto lo establecido por la SCOTUS en *Hubbell* y *Doe* (II), en cuanto a que *el contenido de la mente debe ser utilizado en forma "intensiva" para crear la respuesta* o vincularlo con el delito[168]. En esa dirección, la Cámara de Apelaciones se preguntó si el esfuerzo mental requerido para identificar la llave precisa que permite abrir la caja fuerte (a efectos de poder entregarla) es muy distinto del necesario para recordar la combinación, en relación con el estándar de "uso (intensivo) de la mente" establecido en los precedentes citados de la SCOTUS[169].

Este razonamiento fue posteriormente retomado, en idénticos términos, por la Suprema Corte del Estado de New Jersey en *State v. Andrews*[170], y luego por la del Estado de Illinois en *People v. Sneed*[171]. En este último pronunciamiento, el máximo tribunal estatal destacó que "...una contraseña puede ser utilizada con tanta habitualidad que el acto de recordarla puede ser atribuida más a un automatismo ["muscle memory"] que a un pensamiento consciente", circunstancia que obliga a evaluar si se ajusta, o no, al estándar de "uso intensivo de la mente" establecido en *Hubbell* (en referencia al esfuerzo mental requerido para clasificar cientos de documentos en respuesta a una orden de presentación), siendo que un supuesto no guarda ninguna semejanza con el otro. En sentido opuesto, la Suprema Corte de Illinois concluyó que dados los avances de la tecnología, la contraseña de un teléfono celular se asemeja más a la llave de una caja fuerte que a su combinación[172].

---

167 Ver nota § 151 y texto relacionado.

168 Ver: *State v. Stahl*, cit. (citas y notas omitidas / énfasis añadido).

169 Ver: *State v. Stahl*, cit. Por añadidura, en una nota al pie de su fallo, el tribunal remitió a la postura de la SCOTUS en punto a que la entrega de documentos previamente creados en forma voluntaria no está amparada por la 5ª enmienda, afirmando que, a partir de la misma, era posible requerirle a Stahl que entregue la contraseña a pesar de que esta pudiese ser considerada "testimonial" e "incriminatoria", debido a que *la creación de la contraseña no había sido producto de la compulsión.* Destacando que lo que se le requirió al imputado no fue "...revisar documentos existentes para identificar los que responden al pedido efectuado en la subpoena, creando en forma compulsiva algo nuevo para cumplir con aquella". Esto es: puso en duda que el acto de presentación pueda ser considerado "compulsivo", no si es o no testimonial. En igual sentido se han expedido, también, tribunales del Reino Unido, Francia y Bélgica (ver, al respecto, *infra* § 4.5.).

170 234 A.3d 1254, del 10/10/2020.

171 Suprema Corte del Estado de Illinois, 2023 IL 127968, del 18/11/2021.

172 Ver: *People v. Sneed*, cit. Al respecto, el tribunal señaló también que, como mínimo, podría decirse que, en la era digital, la distinción entre una llave física y una com-

Desde la doctrina, se le ha objetado que el análisis efectuado sobre esta cuestión (primero en *Stahl* y luego en *Andrews* y *Sneed*) soslaya la yuxtaposición efectuada por la SCOTUS (en *Hubbell*) entre la noción del uso "intensivo" de la mente y la analogía de la "llave" y la "combinación", lo cual —según Brejt— redunda en una interpretación errónea de la referida doctrina. Ello, toda vez que la referencia aislada a la exigencia de un uso "intensivo" de la mente reduce el acto de presentación de la contraseña a una comunicación insignificante, suprimiendo su naturaleza testimonial, lo cual habilita al Estado a compeler su entrega como la de cualquier otra clase de evidencia *física*, a pesar de que solo existe dentro de la mente del imputado[173].

Sin perjuicio de ello, poco tiempo después, la Cámara Federal de Apelaciones del Distrito Norte de California convalidó una orden judicial previa requiriéndole al imputado que desencriptara el contenido de un disco rígido extraíble y varios archivos cifrados almacenados dentro de una laptop y un smartphone de su propiedad, en *United States v. Spencer*[174]. En sustento de su decisión, el tribunal explicó que el Estado no le estaba requiriendo al imputado que comunicase la contraseña, ni oralmente ni por escrito, sino únicamente el uso de aquella para acceder a los contenidos de los dispositivos en un formato legible. Esta circunstancia, en opinión del tribunal, disminuye o elimina el carácter "testimonial" del uso de la contraseña para desbloquear un dispositivo. Esta posición ya había sido convalidada previamente (aunque en forma implícita) en el precedente *Commonwealth v. Gelfgatt*, de la Suprema Corte del Estado de Massachussets[175], y se reiteró, posteriormente, en los fallos *Commonwealth v. Jones*[176], del mismo tribunal y

---

binación se ha borroneado, de modo tal que la contraseña de un teléfono celular se asemeja a ambas. La pérdida de claridad de esta distinción disminuye el valor analítico de la analogía en la que muchos tribunales se han apoyado para concluir que el acto de entregar la contraseña es testimonial.

173 Cfr. Brejt, Raila Cinda: "Abridging the fifth amendment...", cit., pp. 1170/1171 (citas omitidas / énfasis añadido).

174 No. 17-CR-00259-CRB-1, 2018 WL 1964588 (resuelta el 26/4/2018). El fallo se dio en el marco de otro caso vinculado a la tenencia de imágenes de explotación sexual infantil. El sospechoso, Ryan M. Spencer, reconoció ser propietario del smartphone y la laptop y accedió a desbloquearlos, pero no desencriptó algunos archivos contenidos dentro de los mismos. Sin embargo, aunque admitió tener un disco rígido similar al secuestrado —y haberlo encriptado con el mismo software—, se rehusó a permitir el acceso a su contenido.

175 11 N.E.3d 605, del 25/6/2014.

176 117 N.E.3d 702 (Suprema Corte del Estado de Massachussets, del 6/3/2019).

en *United States v. Oloyede et al*, de la Cámara Federal de Apelaciones del 4° Circuito[177].

Al respecto, se explica que cuando se compele al imputado a introducir la contraseña sin revelarla al Estado, es plausible afirmar que solo lleva a cabo un "acto físico" con aspectos comunicativos (que pueden ser cubiertos por la "conclusión ineludible"), similares al supuesto analizado por la SCOTUS en *Fisher*[178]. En cambio, cuando se le exige que comunique la contraseña propiamente dicha, el imputado *si le está aportando al Estado un dato que no tiene equivalente en el referido precedente*, el cual —a diferencia de los documentos preexistentes, creados voluntariamente— debe ser extraído compulsivamente de la mente de aquél[179].

Disiente con esta postura Rangaviz, quien considera que la distinción mencionada en el párrafo precedente constituye una "bizarra" limitación del poder estatal, que se apoya en forma explícita y exclusiva en la "semántica" de la orden de presentación, a pesar de que ambas opciones (divulgar la contraseña vs. introducirla) conducen al mismo resultado: el dispositivo desbloqueado para poder ser inspeccionado por el Estado. Considera ilógico que algo tan importante dependa de tan poco, y entiende que el análisis debe centrarse en el resultado final, que es el acceso estatal al contenido del dispositivo[180].

En línea con esta postura crítica, la Suprema Corte del Estado de Indiana rechazó, en *Seo v. State*[181], el argumento de la fiscalía —en defensa de lo decidido en las instancias previas, convalidando la orden dirigida a la imputada para que desbloquease su teléfono celular e imponiéndole la sanción de "desacato civil" por negarse a ello— en punto a que la medida no afectaba a la garantía contra la auto incriminación porque no se estaba requiriendo la divulgación de la contraseña, sino únicamente su uso para desbloquear el smartphone. A tal efecto, argumentó que, atendiendo a la "diferencia fundamental" entre los documentos en papel y la información

---

177 No. 17-4102, 17-4186, 17-4191, 17-4207; del 31/7/2019.

178 Cfr. Harvard University Law Review: "Supreme Court of New Jersey...", cit., p. 2272 (citas omitidas).

179 Cfr. Harvard University Law Review: "Supreme Court of New Jersey...", cit., pp. 2272/2273 (citas omitidas, énfasis añadido).

180 Cfr. Rangaviz, David Rassoul: "Compelled decryption & state constitutional protection against self-incrimination", en American Criminal Law Review, Vol. 57, N° 1, 2020, p. 195 (citas omitidas).

181 148 N.E.3d 952 (Suprema Corte del Estado de Indiana, del 21/8/2018).

electrónica, no corresponde distinguir entre comunicar la contraseña o desbloquear el dispositivo, toda vez que en ambos supuestos se exige al imputado que utilice el contenido de su mente para que el Estado pueda obtener evidencia incriminatoria[182].

Vale destacar, no obstante, que en el voto en disidencia de ese mismo fallo, se defendió un criterio radicalmente opuesto. Se objetó allí que la controversia haya sido resuelta invocando la similitud entre la contraseña para acceder al teléfono celular y la "combinación de la caja fuerte", toda vez que, aunque la contraseña efectivamente es parecida a la combinación, lo cierto es que un dispositivo electrónico es diferente de una caja fuerte. En esa dirección, se señaló que, en el caso, a la imputada no se le estaba requiriendo revelar un dato localizado en su mente (la contraseña), sino *desbloquear el teléfono sin revelarla.* Por consiguiente, el "esfuerzo mental" demandado no superaba al exigido para localizar y entregar la llave de un fichero. La disidencia consideró, asimismo, que correspondía considerar a los archivos digitales contenidos en el teléfono como si fuesen documentos previamente creados, almacenados dentro de un archivador (no amparados, por consiguiente, por la 5ª enmienda)[183].

En la misma línea, Opderbeck entiende que la divulgación de la llave criptográfica no debe ser calificada como una comunicación testimonial en los términos de la 5ª enmienda, toda vez que, en términos semánticos, la entrega de una contraseña es similar a la de una llave física, con independencia de si se concreta mediante el habla o tipeando el código. Explica que, en todo caso, la garantía podría resultar aplicable si el propio contenido del código informático resultase incriminatorio, pero que ello raramente ocurre. En general, el código de la llave criptográfica no comunica ningún mensaje, carece de contenido semántico y es puramente funcional. Por ende, a juicio del autor su divulgación no está amparada por la 5ª Enmienda[184].

---

182 Ver *Seo v. State*, cit. En igual sentido, la Cámara de Apelaciones del Primer Distrito de Florida afirmó, en *Pollard v. State* (287 So. 3d 649, del 20/6/2019) que "[f]orzar a un imputado a divulgar una contraseña, *sea verbalizándola, escribiéndola o introduciéndola físicamente* en el celular, compele información contenida en la mente de esa persona y, por consiguiente, cae en el centro de lo que constituye una revelación testimonial" (énfasis añadido).

183 Ver *Seo v. State*, cit.

184 Cfr. Opderbeck, David W.: "The skeleton in the hard drive...", cit., p. 916. Este rol "neutral" de la contraseña ha sido reconocido, también, por la jurisprudencia europea. Al respecto, ver *infra*, § 4.5.

4.3. La controversia en torno al objeto de la "conclusión ineludible". Conocimiento de la contraseña vs. conocimiento de los archivos digitales buscados

Con toda probabilidad, la controversia más relevante en orden al problema de la desencriptación compulsiva es la que se refiere al tipo de conocimiento previamente adquirido por el Estado al que corresponde aplicar la doctrina de la "conclusión ineludible", consagrada por la SCOTUS en el precedente *Fisher*. Ello así, desde que incluso si se considera que el acto de presentación que representa el desbloqueo de un dispositivo mediante el recurso a la contraseña (alfanumérica o numérica) es de naturaleza testimonial, como lo entiende la mayoría de la jurisprudencia y la doctrina —sin perjuicio de las excepciones reseñadas en el apartado precedente—, la concurrencia de la "conclusión ineludible" permitiría considerar que, a pesar de ello, el referido acto no se encuentra amparado por la garantía contra la auto incriminación.

El escueto desarrollo de la SCOTUS en orden a las premisas de la doctrina en análisis (restringido a señalar que el Estado debe acreditar, para que la misma pueda ser aplicada, el conocimiento previo sobre que los documentos existen, que el imputado tiene posesión o control sobre los mismos y que son auténticos), sumada a la ausencia de un pronunciamiento posterior del máximo tribunal de los EE.UU. aclarando si el recurso a la "conclusión ineludible" puede extenderse a los archivos digitales y, en su caso, bajo qué requisitos, ha derivado en la ausencia de un estándar jurídico mayoritariamente aceptado en relación con esta cuestión.

El principal foco de conflicto gira en torno a si la "conclusión ineludible" debe referirse al conocimiento previo del Estado sobre que el imputado sabe cuál es la contraseña para desbloquear el dispositivo, o a los archivos digitales (potencialmente incriminatorios) que éste último contiene. Tanto en la jurisprudencia como en la doctrina existen posturas enfrentadas en torno a dicha cuestión. En ese último ámbito, los bandos enfrentados están representados, por un lado, por el profesor Orin S. Kerr (acaso el autor más importante, al menos en los EE.UU., sobre la conjunción entre el Derecho y las nuevas tecnologías) y, por el otro, por Laurent Sacharoff, aunque —por supuesto— otros autores han contribuido a la discusión.

A pesar de las diferentes circunstancias en las que se ha planteado esta controversia, ambos autores se han centrado en un único supuesto, que es aquél en el que el Estado le requiere al imputado que utilice la contraseña para desbloquear el dispositivo, pero sin darla a conocer. En tal caso, Kerr entiende que *el único testimonio implícito al acto de presentación es que el impu-*

tado conoce la contraseña, de modo tal que, si el Estado tiene conocimiento independiente sobre ese hecho, la 5ª enmienda no es un obstáculo para la desencriptación compulsiva[185].

En sustento de su postura, Kerr sustituye la analogía de "la llave" vs. "la combinación" (de la caja fuerte) por una analogía propia, distinguiendo entre "la puerta" y "el tesoro". En esa dirección, explica que el problema reside en la diferencia entre las consecuencias de compeler respuestas y de compeler acciones. Así, cuando el Estado compele una respuesta, formula una pregunta y —cuando esta es respondida— no conoce más que el contenido de esa contestación. En cambio, cuando se compele un acto, el propósito es obtener la evidencia que ese acto puede contribuir a revelar. Lo que se busca es *abrir una puerta para obtener el tesoro que se esconde detrás*. En este segundo supuesto, el Estado adquiere, al mismo tiempo, dos tipos distintos de evidencia: por un lado, el testimonio implícito en la conducta, identificado en la doctrina del "acto de presentación" (la evidencia "de abrir la puerta"); por el otro, la evidencia no testimonial (no comunicativa) que resulta de aquel acto ("el tesoro"). Aunque exista una relación causal entre uno y otro tipo de evidencia (debido a que el Estado no puede obtener "el tesoro" sin la "apertura de la puerta"), se trata de supuestos analíticamente diferentes, y *solo el primero constituye testimonio compulsivo*[186].

En este contexto, según Kerr, la doctrina de la "conclusión ineludible" se utiliza para impedir que la relación causal entre la "apertura de la puerta" y el acceso al "tesoro" sea explotada para otorgarle a la evidencia contenida en el segundo una cobertura, bajo la garantía contra la auto incriminación, que en rigor solo aplica al acto de presentación. Ello, toda vez que, si aquella doctrina no puede ser aplicada, cualquier persona tiene expedita la posibilidad de introducir "barreras testimoniales" dirigidas a impedirle al Estado el acceso a evidencia no amparada por el 'nemo tenetur'[187]. Dicho más simplemente: si se veda la aplicación de la doctrina de la "conclusión ineludible", la autoridad estatal, aun contando con una orden judicial de registro válida para analizar el contenido de un dispositivo electrónico, se ve impedida de ejercer las facultades legales que le son propias debido a que el imputado puede invocar el derecho contra la auto incriminación

---

185 Cfr. Kerr, Orin S.: "Compelled decryption and the privilege against self-incrimination", cit., pp. 769/770 (énfasis añadido).

186 Cfr. Kerr, Orin S.: "Compelled decryption and the privilege against self-incrimination", cit., p. 777 (énfasis añadido).

187 Cfr. Kerr, Orin S.: "Compelled decryption and the privilege against self-incrimination", cit., p. 777.

para vedarle el acceso, a partir del simple acto de encriptar el contenido y resguardarlo mediante una contraseña numérica o alfanumérica que solo se almacena en su mente.

Kerr no niega que, en el contexto del uso de esta clase de dispositivos, el acto de ingresar una contraseña de esa clase comunica implícitamente que el imputado conoce la clave de acceso o como desbloquear el equipo. Pero aclara que esa es *la única aseveración implícita* en la introducción de la contraseña correcta[188]. De lo que se sigue que *ese testimonio implícito no es relevante —porque no contribuye a la información con la que ya cuenta el Estado—* cuando esa parte sabe de antemano que el imputado conoce la contraseña o puede desbloquear el dispositivo. Es decir: se trata de una "conclusión ineludible". A partir de ello, en opinión del autor emerge una "regla divisoria clara" (a "bright-line rule"), conforme la cual no puede invocarse la garantía contra la auto incriminación para resistir requisitorias de desencriptación compulsiva cuando el Estado puede demostrar conocimiento independiente sobre el hecho de que el imputado sabe cuál es la contraseña requerida para desbloquear el dispositivo[189].

La postura defendida por Kerr ha sido adoptada por varios tribunales, en algunos casos con cita expresa de la opinión del autor[190], aunque en el primero de ellos (*Fricosu*), el juez interviniente no hizo referencia expresa a la doctrina de la "conclusión ineludible". Si bien, en este aspecto, el fallo de la Cámara Federal del 11° Circuito en *United States v. Doe* ("Doe III") supuso un retroceso —dada la influencia de la jurisprudencia de los tribu-

---

188 En este sentido, Kerr destaca que muchas personas conocen la contraseña de los dispositivos (en especial, los teléfonos celulares) de algún familiar o amigo, lo cual no supone que también conozcan lo que contienen dichos dispositivos.

189 Cfr. Kerr, Orin S.: "Compelled decryption and the privilege against self-incrimination", cit., p. 783 (énfasis añadido).

190 Así, por ejemplo, en: *United States v. Fricosu,* 841 F. Supp. 2d 1232, 1232 (Cámara Federal de Apelaciones del Distrito de Colorado, del 23/1/2012); *Commonwelth v. Gelfgatt,* 11 N.E.3d 605 (Suprema Corte de Massachussets, del 25/6/2014); *State v. Stahl,* 206 So. 3d 124 (Cámara de Apelaciones del 2° Distrito del Estado de Florida, del 7/12/2016); *United States v. Spencer,* No. 17-CR-00259-CRB-1, 2018 WL 1964588 (Cámara Federal de Apelaciones del Distrito Norte de California, del 26/4/2018); *Commonwealth v. Jones,* 117 N.E.3d 702 (Suprema Corte del Estado de Massachussets, del 6/3/2019); *State v. Pittman,* 300 Or App 147, 164, 452 P3d 1011 (Cámara de Apelaciones del Estado de Oregon, del 16/10/2019); *State v. Andrews,* 234 A.3d 1254 (Suprema Corte del Estado de New Jersey, del 10/10/2020) y *People v. Sneed,* 2023 IL 127968 (Suprema Corte del Estado de Illinois, del 18/11/2021).

nales de circuito sobre el resto—, la tendencia parece haberse revertido en los últimos años.

En su trabajo, Kerr fue muy crítico sobre el pronunciamiento del 11° Circuito, que rechazó la posible aplicación de la citada doctrina debido a que el Estado no había podido acreditar, con "razonable especificidad", su conocimiento sobre los archivos contenidos en los dispositivos de almacenamiento que pretendía desencriptar. Objetó, al respecto, que se haya tratado a un caso en el que tan solo se le demandaba al imputado desbloquear el dispositivo como si se le hubiese exigido otorgar acceso *y además buscar en su interior la evidencia* requerida. Apuntó que, en los casos en los que se le exige al imputado que entregue una versión sin encriptar del contenido de un dispositivo, lo único que este tiene que hacer es desbloquearlo. Cualquier registro adicional es tarea del Estado, y éste no tiene porque saber que es lo que va a encontrar cuando comienza su búsqueda. Por ende, si el Estado sabe, o no, lo que está buscando "con razonable especificidad" *resulta irrelevante a los efectos de la determinación de si hay una afectación de la garantía contra la auto incriminación,* toda vez que es aquél el que va a tener que identificar la evidencia relevante, no el imputado[191].

En la mayoría de los precedentes de la jurisprudencia estadounidense que se alinearon con la postura de Kerr, considerando que la "conclusión ineludible" aplica al conocimiento estatal previo sobre la contraseña, no a los contenidos, se tomó como principal referencia —a fin de determinar cómo adaptar la doctrina delineada en *Fisher* al desbloqueo de dispositivos encriptados— lo resuelto por la SCOTUS en el fallo *United States v. Doe* (Doe II), en el que lo que se le requirió al imputado fue una manifestación verbal escrita (firmar una autorización) dirigida a otorgarle al Estado acceso a sus registros bancarios en instituciones financieras extranjeras.

Así, por ejemplo, en *Stahl,* la Cámara de Apelaciones del 2° Distrito de Florida entendió que podía compelerse al imputado a desbloquear su teléfono celular, debido a que el Estado había demostrado tener conocimiento independiente sobre que el dispositivo le pertenecía al nombrado y éste sabía como desbloquearlo. En esa orden de ideas, explicó que la "comunicación" requerida (entregar la contraseña) "...fue pretendida solo por

---

191 Cfr. Kerr, Orin S.: "Compelled decryption and the privilege against self-incrimination", cit., p. 787 (énfasis añadido). En esa dirección, Kerr advirtió que es preciso no confundir el requisito de especificidad previsto en la 4ª enmienda con el estándar de "razonable especificidad" referido a la 5ª enmienda, debido a que cumplen funciones distintas (ibidem). Al respecto, ver *infra* § 5.

su contenido, y su contenido no tiene otro valor o relevancia. Al aportar la clave de acceso, Stahl no estaría reconociendo que el teléfono contiene evidencia [sobre el delito imputado]". Al respecto, apuntó que "...aunque la contraseña le permitiría al Estado acceso al teléfono, y por ende a una fuente potencial de evidencia, *el Estado ya cuenta con una orden de registro para registrar ese teléfono —la fuente de evidencia ya había sido descubierta*"[192]. En base a ello, concluyó que la garantía contra la auto incriminación no se infringe cuando lo que se le exige al imputado es que efectúe una "manifestación no fáctica" que facilita la recolección de evidencia con respecto a la cual el Estado ya ha obtenido una orden de registro (basada en información independiente de las declaraciones del acusado, que lo vinculan con el delito objeto de investigación)[193].

En igual sentido, otro tribunal federal de los EE.UU. —la Cámara Federal de Apelaciones del Distrito Norte de California— hizo expreso, en el fallo *United States v. Spencer*, el repudio a la postura adoptada, con respecto a la "conclusión ineludible", por el 11° Circuito en *Doe* (III)[194]. El tribunal californiano objetó que la decisión adoptada en ese último precedente se haya sustentado en un precedente —*Fisher*— referido a un supuesto muy distinto (el pedido de documentos específicos mediante una "subpoena") al que era objeto de análisis en el caso concreto (desbloqueo de dispositivos electrónicos encriptados).

Sobre el punto, explicó que, en *ese* supuesto, el cumplimiento del "acto de presentación" comunicaba tácitamente la existencia de los documentos y su posesión y control por parte del imputado (dado que tenía que identificar los que respondían a la orden de presentación para cumplir con la misma); mientras que en *Spencer* —así como en *Doe* (III)—, lo que buscaba el Estado era el contenido de "...la totalidad de los discos rígidos". Por consiguiente, según el tribunal, "[e]ntregar los dispositivos desencriptados no equivaldría a admitir que algún archivo específico —o cualquier archivo—

---

192 Ver: *State v. Stahl*, cit. (citas y notas omitidas / énfasis añadido).

193 La Suprema Corte del Estado de Illinois ensayó un argumento similar en *People v. Sneed* (IL 127968; del 18/11/2021), en el que citó en forma expresa lo manifestado por la SCOTUS en *Doe* (II), en cuanto estableció que una manifestación compulsiva que no está protegida por la garantía contra la auto incriminación, *no puede adquirir dicha protección por el hecho de que conduzca a evidencia incriminatoria* (énfasis añadido).

194 Aunque, en realidad, ya había habido un pronunciamiento en sentido opuesto de la Cámara federal del 3er Circuito en *United States v. Apple Macpro Computer*, 851 F.3d 238; del 20/3/2017.

está almacenado en los dispositivos, toda vez que el Estado no ha requerido la entrega de ningún archivo específico"[195].

Otro argumento interesante, sobre esta cuestión, fue aportado por la Cámara de Apelaciones del Estado de Oregon en *State v. Pittman*[196], pronunciamiento en el que explicó, en sustento de su decisión de aplicar la "conclusión ineludible" únicamente al conocimiento de la contraseña, que los tribunales que defendían la postura contraria estaban "...transfiriendo la estructura teórica de *Fisher* sobre 'existencia, locación, autenticidad' de los documentos requeridos mediante subpoena a un contexto muy distinto, sin atender adecuadamente a las implicancias de esta diferencia de contexto". Explicó, al respecto, que "[*c*]*uando el Estado requiere la presentación de documentos, no está en posesión de los documentos.* En tal contexto, aunque la 5ª enmienda no protege contra la entrega de los documentos, la acción de seleccionar y recolectar los documentos requeridos, por parte del imputado, puede revelar la existencia, ubicación y autenticidad de los mismos [...]. En contraste, cuando el Estado busca compeler la divulgación de la contraseña para un dispositivo electrónico que ya tiene en su poder, *el Estado ya tiene posesión de los datos contenidos en el mismo.* El desbloqueo solo revela que el imputado tiene acceso a esa información; [pero] no dice nada *sobre* dicha información"[197].

Como ya se adelantó, Sacharoff sostiene la postura opuesta. A su modo de ver, la regla, a los efectos de la aplicación de la "conclusión ineludible" a supuestos de desencriptación compulsiva, debe exigir que el Estado sepa previamente que el imputado tiene los archivos que pretende obtener en su dispositivo y pueda identificarlos con "razonable especificidad". Ello

---

195 Ver: *United States v. Spencer*, cit. (citas omitidas). Este argumento fue replicado por la Cámara Federal de Apelaciones del Distrito Norte del Estado de Illinois en *United States v. Barrera*, 415 F. Supp. 3d. 382; del 22/11/2019. De igual manera, en el voto en disidencia emitido en el precedente *Seo v. State*, de la Suprema Corte del Estado de Indiana, se criticó —también por falta de sustancial analogía con el caso a decidir— la remisión a lo decidido por la SCOTUS en *Hubbell.* Al respecto, se explicó que, en el caso, no se le pedía a la imputada que usara su mente para decidir qué categorías de mensajes responden a un pedido efectuado en el marco de una orden de presentación (como ocurría en dicho precedente). En su lugar, lo que se le exigió es que "abriese" ("unlock") un fichero con evidencia de delitos que el Estado ya estaba investigando, y sobre la cual ya había obtenido el derecho a acceder como consecuencia de haber demostrado la existencia de sospecha razonable ("probable cause").

196 300 Or App 147, 164, 452 P3d 1011; del 16/10/2019.

197 Ver: *State v. Pittman*, cit. (énfasis añadido)

así, desde que esto es, precisamente, lo que la jurisprudencia de la SCOTUS requiere cuando se demanda la entrega de documentos ordinarios[198]. Coincide con esta postura Brejt, que a argumenta que la protección de la 5ª enmienda apunta a impedir que el imputado sea obligado a producir su propia evidencia auto incriminatoria. En este escenario, la doctrina de la "conclusión ineludible" ha sido establecida para el acotado supuesto en que el Estado puede demostrar, en forma independiente, que ya conocía la evidencia que se encuentra en posesión del imputado y no que este último tenía acceso a una fuente de evidencia *potencial*[199].

En opinión de Sacharoff, la postura de Kerr sería correcta si lo único que se comunicara al desbloquear un dispositivo fuese el conocimiento de la contraseña, pero —en su opinión— dicho acto comunica también que el teléfono o computadora probablemente pertenece a quien lo desbloqueó y que esta persona posee —quizás a sabiendas— los archivos almacenados en su interior[200]. Partiendo de dicha premisa, el autor citado concluye que la "conclusión ineludible" no debe aplicarse a la contraseña, sino al contenido de los dispositivos. Ello, por cuanto entiende que el acto de desbloquear el aparato es asimilable al acto físico de entregar documentos de papel exigidos por el Estado. Los archivos digitales almacenados en un dispositivo son equivalentes a los documentos objeto del "acto de presentación" y, por consiguiente, la "conclusión ineludible" debiera aplicarse a dichos archivos[201].

El problema con el argumento de Sacharoff *es que se sustenta en una analogía fallida*. En efecto, parece claro que el acto de *desbloquear un teléfono celular o una computadora no es igual al de entregar documentos físicos* en cumpli-

---

198 Cfr. Sacharoff, Laurent: "What am I really saying when I open my smartphone?: A response to Professor Kerr", en Texas Law Review (edición online), Vol. 97, 2019, obtenido en: https://texaslawreview.org/what-am-i-really-saying-when-i-open-my-smartphone-a-response-to-orin-s-kerr/, p. 64 (citas omitidas). En igual sentido: Cfr. Clemens, Aaron M.: "No computer exception to the Constitution. The Fifth Amendment protects against compelled production of an encrypted document or private key" en UCLA Journal of Law & Technology, Vol. 2, 2004, obtenido en: https://uclajolt.com/wp-content/uploads/2018/11/02_040413_clemens.pdf, p. 17 (citas omitidas).

199 Cfr. Brejt, Raila Cinda: "Abridging the fifth amendment…", cit., p. 1174 (citas omitidas / énfasis en el original).

200 Cfr. Sacharoff, Laurent: "What am I really saying when I open my smartphone?…", cit., p. 67.

201 Cfr. Sacharoff, Laurent: "What am I really saying when I open my smartphone?…", cit., p. 68.

miento de una orden de presentación, toda vez que, en este último supuesto, es la propia persona requerida la que debe identificar los documentos objeto de la orden, recolectarlos y entregarlos, lo cual no ocurre si la misma persona se limita a introducir la contraseña para que sean luego los agentes estatales los que se encarguen de registrar el dispositivo, identificar los archivos relevantes y recolectarlos como evidencia[202]. Por consiguiente, el acto se asemeja más al que describe Kerr: abrir la puerta de un espacio de almacenamiento y hacerse a un lado para que sean otros los que retiren los documentos que se encuentran en su interior.

Al respecto, se señala también que si, por ejemplo, el acceso al contenido de un dispositivo se obtuviese mediante el hackeo del mismo —autorizado por una orden judicial—, o si la contraseña no existiese, entonces no habría ningún conflicto con la garantía contra la auto incriminación. De lo que se sigue que el contenido simplemente no puede ser el foco del interrogante sobre si se produce, o no, una injerencia sobre el referido derecho. Es el conocimiento de la contraseña lo que está protegido por la garantía, no los documentos[203] (a los que se les aplica la regla conforme la cual no gozan de protección cuando han sido creados previamente y en forma voluntaria) y, por consiguiente, es con respecto al conocimiento de la contraseña que corresponde aplicar la "conclusión ineludible".

---

202 Una situación más similar a la descripta por Sacharoff es la que se verificó en algunos de los primeros casos de desencriptación compulsiva, en los que se requirió a los imputados que entregaran los contenidos de los dispositivos en formato legible (ver: *United States v. Fricosu*, 841 F. Supp. 2d 1232; Cámara Federal de Apelaciones del Distrito de Colorado, del 23/1/2012; *United States v. Doe —In re Grand Jury Subpoena Duces Tecum dated March 25, 2011—*, 670 F.3d 1335; Cámara Federal de Apelaciones del 11° Circuito, del 23/2/2012; *United States v. Decryption of a Seized Data Storage System*, 2:13-mj-00449; Cámara Federal de Apelaciones del Distrito Este de Wisconsin, del 19/4/2013; *United States v. Apple Macpro Computer*, 851 F.3d 238; Cámara Federal de Apelaciones del 3er Circuito, 20/3/2017; *United States v. Spencer*, No. 17-CR-00259-CRB-1, 2018 WL 1964588; Cámara Federal de Apelaciones del Distrito Norte de California, del 26/4/2018). Aunque incluso en esos supuestos, el acto de presentación también difería del de la entrega de documentos específicos, toda vez que lo que se requería de los imputados es que entregaran *la totalidad del contenido* digital, para que fueran los agentes estatales los que lo clasificaran e identificaran la evidencia de cargo.

203 Cfr. Hobbie Jr., Norman: "Reconsidering the foregone conclusion doctrine...", cit., p. 81 (con cita del fallo *Andrews*, de la Suprema Corte del Estado de New Jersey, cit.).

Adicionalmente, Sacharoff señala que, si el objeto del "acto de presentación" fuese la contraseña, esto siempre vulneraría la 5ª enmienda, toda vez que el Estado estaría intentando forzar a una persona a revelar algo que solo se encuentra dentro de su mente, lo cual el propio Kerr —según el autor citado— consideraría ilegítimo[204]. Sin embargo, este argumento tampoco resulta convincente, debido a que tergiversa el sentido de la "conclusión ineludible". Como bien se desprende del planteamiento de Kerr, esta última no le resta carácter "testimonial" al acto de introducir la contraseña, que es lo que se deriva de la circunstancia de que esta última deba surgir de la mente del imputado. Lo que suprime la "conclusión ineludible" es el carácter "incriminatorio" del testimonio implícito en el acto, al constatarse que solo aporta información que ya estaba en poder de la acusación.

En relación con la aplicación, al supuesto de la desencriptación compulsiva, de las ya mencionadas premisas de *Fisher* sobre conocimiento independiente de la "existencia, ubicación y autenticidad" de los datos objeto de la "conclusión ineludible", el precedente *Stahl* aportó otro argumento interesante. Allí, el tribunal interviniente aseveró que *no era necesario que el Estado demostrase conocimiento independiente previo sobre la autenticidad de la contraseña, por cuanto estas últimas se autentican a si mismas*. En ese orden de ideas, se explicó en el precedente de mención que "[c]omo se ha visto, las doctrinas del acto de presentación y la conclusión ineludible no pueden aplicarse sin más a contraseñas y llaves criptográficas. Si estas doctrinas van a ser aplicadas a contraseñas, llaves criptográficas y tecnologías semejantes, *es preciso reconocer que esa tecnología se auto autentica —puede no existir otra forma de autenticarlas*"[205].

En contra de lo afirmado por *Stahl*, Brejt objeta que determinar la autenticidad de una contraseña con base en si desbloquea, o no, el dispositivo en cuestión invierte los términos del análisis, en cuanto obliga al imputado a autenticar la clave de acceso demostrando que es apta para desbloquear el dispositivo. De este modo, no solo se remueve uno de los elementos de la doctrina de la "conclusión ineludible", sino que hace que la acción de introducir la contraseña sea retroactivamente comunicativa (de su autenticidad) y, por consiguiente, testimonial, en la medida en que le aporta al Estado una información que no tenía: que la clave de acceso

---

204 Cfr. Sacharoff, Laurent: "What am I really saying when I open my smartphone?...", cit., p. 68.

205 Ver: *State v. Stahl*, cit. (énfasis añadido).

es auténtica[206]. Sin embargo, esta crítica tergiversa lo que el Estado debe conocer de antemano para que pueda resultar de aplicación la doctrina de la "conclusión ineludible". Ello, toda vez que, en realidad, si dicha parte acreditó en forma independiente que el imputado es el titular o principal usuario del dispositivo en cuestión, y que conoce la contraseña, eso significa que *sabe también que esta última es auténtica (pues el imputado tuvo que haberla usado antes* para desbloquear el dispositivo, lo cual no pudo haber ocurrido si no lo era). Es decir: *el Estado sabe de antemano que la contraseña es auténtica, lo único que no sabe es cuál es la contraseña.*

4.4. Otras cuestiones controversiales: contenido del estándar de "razonable especificidad" y equilibrio entre los intereses estatales y particulares

Una de las principales críticas que se dirigen a los tribunales que han decidido que el foco de la protección de la garantía contra la auto incriminación debe dirigirse a los archivos contenidos en los dispositivos encriptados (en lugar de sobre el "acto de presentación" de la contraseña) es que dicha postura torna casi imposible que el Estado pueda acceder al contenido de equipos, aunque hayan sido secuestrados en virtud de una orden judicial legítima. En especial, cuando se exige que el Estado conozca con "razonable especificidad" la existencia, posesión y autenticidad de documentos específicos, lo cual —en principio— no puede lograrse sin contar con acceso al contenido del dispositivo[207].

El estándar de "razonable especificidad" fue mencionado por primera vez, en relación con la cuestión de la desencriptación compulsiva, en *United States v. Kirschner*[208]. Pero cobró preponderancia a partir del fallo de la Cámara Federal de Apelaciones del 11° Circuito en *Doe* (III), en el que se rechazó el pedido de desbloqueo compulsivo deducido por la fiscalía con sustento en que dicha parte no había logrado demostrar que conociese de antemano, con "razonable especificidad", la existencia o ubicación de archivos específicos en los discos rígidos extraíbles que pretendía desen-

---

[206] Cfr. Brejt, Raila Cinda: "Abridging the fifth amendment...", cit., p. 1176 (citas omitidas).

[207] Cfr. Hobbie Jr., Norman: "Reconsidering the foregone conclusion doctrine...", cit., p. 82 (citas omitidas).

[208] 823 F. Supp. 2d 665 (Cámara de Apelaciones del Distrito Este de Michigan, 30/3/2010).

criptar, como así tampoco que el imputado fuese capaz de desbloquear las carpetas cifradas.

Probablemente, uno de los ejemplos más extremos del uso (o abuso) del estándar de "razonable especificidad" se haya dado en el precedente *United States v. Decryption of a Seized Data Storage System*[209]. En el caso de mención, el juez interviniente invocó lo expresado por el 11° Circuito en *Doe* (III) para no autorizar el desbloqueo de los dispositivos secuestrados, a pesar de haberse acreditado que el imputado efectivamente había descargado archivos conteniendo las imágenes prohibidas, que dichos archivos habían estado en los dispositivos secuestrados en la vivienda allanada[210] —de la que el imputado había sido el único ocupante durante los quince años previos— y que éste contaba con los conocimientos requeridos para implementar la encriptación en los dispositivos a los que no había sido posible acceder (puesto que era ingeniero informático)[211].

La legitimidad de exigirle al estado la demostración del conocimiento previo, con "razonable especificidad", sobre el contenido del dispositivo a desbloquear fue justificada en el precedente *G.A.Q.L. v. State*, con el argumento de que, de lo contrario, los contornos de la "conclusión ineludible" se extenderían al punto de "devorar" a la 5ª enmienda, pues cualquier teléfono celular protegido por contraseña quedaría sujeto a la posibilidad del desbloqueo biométrico[212]. Lo que le resta sustento a esta última ase-

---

209 *United States v. Decryption of a Seized Data Storage System*, 2:13-mj-00449, Cámara Federal de Apelaciones del Distrito Este de Wisconsin.

210 En uno de los equipos no encriptados se detectó un programa de descarga de archivos y registros de descarga de 1009 archivos, la mayoría de ellos con títulos indicativos de contener imágenes de explotación sexual infantil (ver: *United States v. Decryption of a Seized Data Storage System*, cit).

211 En sentido opuesto, la Cámara Federal de Apelaciones del 3er Circuito (*in re: United States of America v. Apple MacPro Computer, Apple Mac Mini Computer, Apple iPhone 6 Plus, Cellular Telephone Western Digital My Book form Mac External Hard Drive, Western Digital My Book Velociraptor Duo External Hard Drive*, No. 15.3537, 851 F.3d 238; del 20/3/2017) consideró satisfechos los requisitos de la "conclusión ineludible" a partir de la circunstancia de que en los dispositivos que si pudieron ser analizados se encontraron imágenes de explotación sexual infantil, así como registros indicando que el imputado había visitado varios sitios de internet dedicados al tema y descargado miles de imágenes de ese tipo, y a que su propia hermana había declarado que éste le había mostrado imágenes prohibidas almacenadas en sus discos rígidos encriptados.

212 Ver: *G.A.Q.L. v. State*, cit. En igual sentido se expidió la Suprema Corte del Estado de Pennsylvania en *Commonwealth v. Davis* (220 A.3d 534; del 14/5/2019).

veración es que, si *se compara la situación en la que se encontraba el Estado, en relación con su capacidad para hacer efectiva su facultad (legal) para acceder al contenido de los smartphones antes y después de que se generalizase la encriptación "por defecto"*, resulta evidente que la interpretación amplia de la "conclusión ineludible" rechazada en *G.A.Q.L. v. State* no vino a ampliar el poder estatal "devorando" el derecho a la auto incriminación, sino, antes bien, a reestablecer el 'statu quo' anterior. Dicho de otro modo: la referida interpretación no vino a generar *un desequilibrio en favor del Estado, sino a corregir un desequilibrio en su contra*, impidiendo que los imputados puedan ampararse en el 'nemo tenetur' para impedir la concreción de un registro legítimo.

Al respecto, la Suprema Corte del Estado de Illinois explicó, en el fallo *Sneed*, que la postura que pone el foco de la "conclusión ineludible" en los contenidos de los dispositivos encriptados genera, en sentido opuesto, que sea el derecho a no auto incriminarse (5ª enmienda) el que se "devore" a la doctrina constitucional referida al derecho a la intimidad (4ª enmienda), en la medida en que permite que los imputados se "escondan" detrás de una contraseña para impedirle al Estado recolectar evidencia a la que tiene derecho a acceder a partir del dictado de una orden de registro válida[213].

De igual manera, en la disidencia formulada en el precedente *Seo v. State*, se apuntó que ello supone la creación de "…una 'zona de ilegalidad' cada vez más incontrolable, que no pudo haber sido imaginada cuando se adoptó la 5ª enmienda". Se explicó, en tal sentido, que el propósito de dicha garantía, como el de las consagradas en otras cláusulas constitucionales, es "…balancear el interés gubernamental en mantener el bienestar general de la población con el derecho individual de cada ciudadano de ser libre de intrusión gubernamental". En ese orden de ideas, la disidencia consideró ilegítima "…la creación de una zona de ilegalidad […] desde la cual los ciudadanos puedan cometer delitos contra otros sin que haya un recurso para que el Estado pueda balancear dichos intereses"[214].

En la doctrina estadounidense, esto ha llevado a algunos autores a abogar por una reinterpretación del alcance de la garantía contra la auto incriminación en orden a la encriptación, adaptándola a la problemática derivada del actual contexto tecnológico. Uno de los principales exponentes de esta postura es Terzian, quien remite a la teoría del "ajuste de equilibrio" ("equilibrium adjustment") elaborada por Kerr (en principio, en

---

213 Ver: *People v. Sneed*, cit.

214 Ver *Seo v. State*, cit. (citas omitidas).

referencia al derecho a la intimidad)[215], propiciando que se la aplique en relación con la garantía contra la auto incriminación, a fin de ratificar la legitimidad constitucional de la desencriptación compulsiva[216].

En la misma línea, Wiseman considera positivo que se admita una interpretación que facilite el recurso a la excepción de la "conclusión ineludible", por cuanto entiende que, si un ciudadano no puede proteger efectivamente sus documentos colocándolos en una caja fuerte con combinación, entonces tampoco debería poder ponerlos fuera del alcance de los tribunales ocultándolos bajo la barrera de la encriptación[217]. Por su parte, Unberg destaca que, si se clausura la posibilidad del Estado de compeler la entrega de los documentos desencriptados, ello obliga a las autoridades a recurrir a medidas cada vez más invasivas para poder hacerse de las claves, lo cual probablemente resulte finalmente en una mayor injerencia sobre el derecho a la intimidad[218].

En orden a si corresponde que se aplique a la interpretación sobre el alcance que corresponde otorgarle a la garantía contra la auto incriminación su teoría del "ajuste de equilibrio", Kerr explica que, en la actualidad, la tecnología le ha brindado a casi cualquier ciudadano una herramienta inimaginable unas décadas atrás: una "caja electrónica" que todo el mundo lleva consigo y que es difícil (sino imposible) de penetrar para el Estado. El resultado es el reverso del supuesto analizado por la SCOTUS en *Carpenter*, en cuanto altera dramáticamente el balance de poder *en contra del interés estatal*, al agregarle al registro de dispositivos electrónicos (además de la consideración al derecho a la intimidad) una barrera tecnológica y (poten-

---

215 Ver *supra*, § 1, nota § 1 y texto relacionado.

216 Cfr. Terzian, Dan: "Forced decryption equilibrium", en Northwestern University Law Review Online, Vol. 106, 2014, pp. 8/9 (citas omitidas).

217 Cfr. Wiseman, Timothy A: "Encryption, forced decryption, and the Constitution", en Information Society: A Journal of Law and Policy, Vol. 11, N° 2, 2015, cit., pp. 558/559 (citas omitidas). En igual sentido se expide Reitinger, quien apunta que en la medida en que un documento se encuentre en custodia de la persona a la que se dirige una orden legalmente emitida, debe cumplirla con independencia de si se encuentra o no guardada en una caja fuerte. Esto no se modifica si en lugar de una caja fuerte se recurre a la encriptación. Dicho de otro modo: la forma en la que una persona elija proteger sus documentos no puede incidir en si debe o no entregarlos (Cfr. Reitinger, Phillip R.: "Compelled production of plaintext and keys", cit., pp. 175/176. Citas omitidas).

218 Cfr. Ungberg, Andrew J.: "Protecting privacy…", cit., p. 548 (citas omitidas —énfasis en el original).

cialmente) otra fundada en el derecho a no auto incriminarse[219]. Si bien el autor no se decide a afirmar, en forma categórica, que la teoría del "ajuste de equilibrio" debiera regir también la interpretación sobre el alcance de la 5ª enmienda (como lo hace con la 4ª enmienda), si señala que en la medida en que los tribunales están llamados a responder a los grandes desplazamientos de poder generados por la tecnología en las investigaciones criminales, la incertidumbre generada en torno a la garantía contra la auto incriminación debería resolverse en favor del Estado[220].

Un sector de la doctrina estadounidense entiende, no obstante, que el hecho de que una interpretación restrictiva del alcance de la "conclusión ineludible" impacte sobre las facultades estatales no debe representar un factor decisivo en la discusión. En esa dirección, Brejt afirma que, para resguardar adecuadamente los derechos constitucionales de los imputados, los tribunales siempre deben adoptar la interpretación más restrictiva de cualquier doctrina que los ponga en peligro[221]. En este orden de ideas, Mohan y Villaseñor reconocen que exigir —como ellos propician— prueba concreta no solo de que los archivos que se pretenden alguna vez estuvieron en el dispositivo, sino *de que siguen estando allí al momento de reclamarse el desbloqueo*, equivale a poner a prácticamente todos los documentos encriptados fuera del alcance de las autoridades. Sin embargo, entienden que ello es necesario, ya que de lo contrario se expondría a las personas a la desencriptación compulsiva solo porque en algún momento pasado han recibido determinado documento, lo cual *pone demasiado poder en manos del Estado*[222].

De igual manera, Rangaviz explica que, aunque es cierto que el trabajo policial se dificulta si no es posible compeler a un imputado a desbloquear su teléfono, también lo es que el derecho contra la auto incriminación no fue reconocido con ese propósito, motivo por el cual no corresponde que los tribunales abandonen los principios constitucionales para reducir la carga del Estado en las investigaciones criminales. En opinión de este autor, las necesidades de las agencias de orden público no constituyen una consideración valida en la interpretación de una cláusula constitucional

219 Cfr. Kerr, Orin S.: "Compelled decryption and the privilege against self-incrimination", cit., p. 770 (citas omitidas / énfasis añadido).

220 Cfr. Kerr, Orin S.: "Compelled decryption and the privilege against self-incrimination", cit., p. 790 (citas omitidas).

221 Cfr. Brejt, Raila Cinda: "Abridging the fifth amendment...", cit., p. 1158.

222 Cfr. Mohan, Vivek / Villasenor, John: "Decrypting the Fifth Amendment...", cit., pp. 23/24 (énfasis añadido).

que impone una categórica prohibición contra la entrega compulsiva de evidencia al Estado[223].

La última cuestión objeto de controversia refiere al estándar de prueba requerido para que concurra la "conclusión ineludible". Los tribunales estadounidenses han dado respuestas muy disímiles a este interrogante. Por un lado, en *Fricosu*, la Cámara Federal de Apelaciones del Distrito de Colorado utilizó el de "predominancia de la evidencia" para concluir que la laptop objeto de la medida le pertenecía a la imputada y ésta conocía el modo de desbloquearla. Por otro, en *United States v. Spencer*[224], un tribunal similar del Distrito Norte de California consideró que el estándar debía ser el de "evidencia clara y convincente". Finalmente, en *Commonwealth v. Jones*[225], la Suprema Corte del Estado de Massachussets concluyó que el Estado debía probar el conocimiento previo sobre que el imputado conocía la contraseña "más allá de duda razonable". A tal efecto, el referido tribunal consideró que ello era necesario a fin de "...respetar el significado y propósito de la excepción de la conclusión ineludible, [que] como su propio nombre lo indica, requiere que el Estado esté seguro de que la información transmitida por un acto de presentación compulsivo sea ya conocida".

En ese orden de ideas, la Suprema Corte estatal puso de resalto que una atribución equivocada de conocimiento (sobre la contraseña para desbloquear un dispositivo) derivaría necesariamente en la imposición de una orden de presentación de imposible cumplimiento, con la consecuencia probable de que el imputado sea encontrado en desacato civil o criminal y potencialmente encarcelado[226]. Consecuencia esta que —vale aclararlo—, no es puramente hipotética, toda vez que, en al menos un caso, el receptor de una orden de presentación requiriendo el desbloqueo de dispositivos encriptados fue encarcelado durante más de tres años por negarse a cumplir con la misma[227].

---

223 Cfr. Rangaviz, David Rassoul: "Compelled decryption & state constitutional protection...", p. 196 (citas omitidas).

224 No. 17-CR-00259-CRB-1, 2018 WL 1964588 (Cámara Federal de Apelaciones del Distrito Norte de California, del 26/4/2018).

225 117 N.E.3d 702 (Suprema Corte del Estado de Massachussets, del 6/3/2019).

226 Ver: *Commonwealth v. Jones*, cit.

227 Ver: al respecto, *United States v. Apple Macpro Computer*, 851 F.3d 238 (Cámara Federal de Apelaciones del 3er Circuito, del 20/3/2017) y *United States v. Apple MacPro Computer*, No. 17-3205, (Cámara Federal de Apelaciones del 3er Circuito, del 6/2/2020.

En relación con esta cuestión, Brejt alerta sobre la "injusticia" que representaría la imposición de castigos a personas que verdaderamente no recuerdan la contraseña. Pero apunta, a la vez, que en los supuestos en los que la sanción por el "desacato" es inferior a la que podría corresponderle al imputado (en caso de probarse el delito que se le atribuye, mediante la evidencia que pondría a disposición de la acusación), es probable que aquel pondere los costos o beneficios derivados de su incumplimiento[228]. Esto podría acarrear que el legislador incremente la gravedad de las sanciones, además de generar dificultades a los tribunales que deben probar que el incumplimiento fue deliberado[229]. En realidad, el grado de dificultad inherente a la atribución de conocimiento[230] sobre la contraseña va a depender del tipo de clave de acceso de que se trate y del uso que se le haya dado. Ello así, desde que no son iguales las contraseñas utilizadas en los programas para encriptar archivos, carpetas o volúmenes (que suelen ser extensas y complejas, y no usarse con tanta asiduidad[231]) y las que dan acceso a los dispositivos (smartphones o laptops) que ofrecen encriptación "por defecto", (pues por lo general son claves numéricas cortas, de entre cuatro y seis caracteres).

4.5. La cuestión de la desencriptación compulsiva de dispositivos protegidos por clave numérica en Europa y la Argentina

En el Reino Unido, buena parte de las órdenes de presentación libradas de conformidad con el art. 49 de la RIPA se dirigen a personas que son sospechosas en investigaciones criminales, poniéndolas en conflicto con el derecho contra la auto incriminación. Poco tiempo después de sancionada

---

228 Con toda probabilidad, esto es lo que debe haber ocurrido en el caso de Dennis Rawls, mencionado en la nota precedente, toda vez que el imputado, a fin de cuentas, permaneció en prisión por tres años, una pena considerablemente inferior a la que podría haberle correspondido en el supuesto de ser condenado por tenencia de imágenes de explotación sexual infantil.

229 Cfr. Brejt, Raila Cinda: "Abridging the fifth amendment...", cit., p. 1181 (citas omitidas).

230 En orden a la cuestión sobre la "atribución" del conocimiento, en lugar de su "prueba", ver: Ragués I Vallés, Ramón, *El dolo y su prueba en el proceso penal,* J. M. Bosch, Barcelona, 2002.

231 Aunque estas, por la propia dificultad que implica recordarlas, por lo general van a estar anotadas en algún lado y, por consiguiente, pueden llegar a ser descubiertas por los investigadores.

la norma, la cuestión fue objeto de tratamiento en el marco de una investigación por terrorismo, en el caso *R v. S & A.*[232]. En dicha oportunidad, el juez concluyó que la orden de presentación era legítima, toda vez que "...la llave que provee acceso a los datos protegidos, al igual que los datos propiamente dichos, existen separadamente de la 'voluntad' del recurrente. Incluso reconociendo que cada uno crea su propia contraseña, una vez creada, *la llave de acceso a los datos permanece independiente de la 'voluntad' del recurrente, aun cuando sea retenida en su propia mente,* en cualquier caso, hasta que sea modificada"[233]. En esa misma dirección, el magistrado explicó que "...la contraseña para una computadora no es diferente de la llave de un fichero cerrado. Los contenidos del fichero existen con independencia del sospechoso: lo mismo ocurre con la llave. Los contenidos pueden o no ser incriminatorios: *la llave es neutral*".

En tal contexto, y con cita expresa de lo decidido en el caso *Boucher* (I)[234], de la jurisprudencia estadounidense, el magistrado concluyó que, aunque el derecho a no auto incriminarse puede verse afectado cuando se obliga al imputado a desbloquear un dispositivo que contiene evidencia incriminatoria, ello sólo ocurre cuando el propio acto del desbloqueo es usado como prueba en su contra[235]. El resultado, según Hochstrasser, es una doctrina consistente, en general, con la vigente en los EE.UU., en cuanto a que la garantía "puede" (o no) verse afectada por una requisitoria para desencriptar compulsivamente un dispositivo electrónico[236].

En igual sentido se sostuvo, con posterioridad, en *Greater Manchester Police v Andrews*[237], que el requerimiento de proveer la llave criptográfica solo

---

232 Cámara de Apelaciones de Inglaterra y Gales (División Criminal), EWCA Crim 2177, No: 200803647 C5 (S), del 9/10/2008.

233 Énfasis añadido.

234 Ver *supra*, nota § 144 y texto relacionado.

235 En igual sentido: Cámara de Apelaciones de Inglaterra y Gales (División Criminal), *in re: R. v Kearns* [2002] EWCA Crim 748, Case No: 2001/2319/X3, del 22/3/2002. Ver también: Keenan, Bernard: State access to encrypted data in the UK: the 'transparent' approach", en Common Law World Review, vol. 49, N° 3-4, 2020, pp. 223/244 (citado de documento informático obtenido en: https://eprints.bbk.ac.uk/id/eprint/29734/1/access%20to%20encrypted%20data%20uk.pdf), pp. 23/24 (notas omitidas).

236 Cfr. Hochstrasser, Daniel: "Encryption and the privilege against self-incrimination: What happens when a suspect refuses to divulge a password", en UNSW Law Journal, Vol 45, N° 3, 2022, p. 1199 (notas omitidas).

237 Cámara de Apelaciones de Inglaterra y Gales (División Administrativa), [2011] EWHC 1966, del 23/5/2011. En el caso, el imputado, que ya registraba condenas

involucraba a la garantía en orden al hecho de que el imputado conocía la clave, aseveración que guarda relación con la corriente jurisprudencial y doctrinaria de los EE.UU. que sostiene que la "conclusión ineludible" debe referirse solo al conocimiento de la contraseña. En el caso citado, el pedido de la policía para que se compeliese al imputado a desencriptar los dispositivos de almacenamiento encriptados secuestrados en su poder fue rechazado en primera instancia, pero luego la alzada revocó esa decisión, por entender que era "perfectamente legítimo" inferir que el sospechoso debía conocer la contraseña necesaria para desbloquear su computadora y los pendrives encontrados en la habitación de hotel en la que residía[238].

En Francia, la jurisprudencia local reconoció que la negativa a revelar la contraseña para desbloquear un teléfono celular puede ser sancionada mediante el tipo penal establecido en el art. 434-15-2 del Código Penal francés, que contempla una pena de hasta 3 años de prisión[239]. En esa dirección, se afirma que el mandato de desencriptación previsto en la referida norma aplica, incluso, en los casos en los que el requerido es sospechoso de un delito, y el dispositivo en cuestión puede contener evidencia que lo incrimine en ese delito[240].

La validez constitucional del art. 434-15-2 del CP francés fue ratificada en 2018 en un pronunciamiento del "Consejo Constitucional" ("Conseil Constitutionnel"), un cuerpo colegiado que, si bien no actúa como tribunal jerárquicamente superior al Consejo de Estado ni al Tribunal de Casación, ostenta entre sus competencias el control de constitucionalidad de las leyes[241]. En dicho decisorio, se concluyó que la imposición de un castigo a una persona sospechada de haber cometido un delito por rehusarse

---

previas por delitos sexuales, fue arrestado bajo la sospecha de tenencia de imágenes de explotación sexual infantil y se le secuestraron una laptop y dos pendrives. Estos últimos estaban encriptados, pero en la computadora se encontraron imágenes prohibidas de menores.

238 Al respecto, ver: Hochstrasser, Daniel: "Encryption and the privilege against self-incrimination...", cit., pp. 1200/1201 (notas omitidas). El caso resuelto por la Cámara de Apelaciones de Inglaterra y Gales, según se advierte, es muy similar al decidido por la Cámara Federal de Apelaciones del 11° Circuito de los EE.UU. en *Doe* (III), no obstante lo cual ambos tribunales arribaron a conclusiones diametralmente opuestas.

239 Ver: Cámara de Casación ("Cour de Cassation"), Cámara Criminal, N° 20-80150, del 13/10/2020.

240 Ver: presentación de la ONG "Fair Trials" ante el TEDH en el caso *Lamin Minteh v. Francia.*

241 Ver, al respecto: https://www.conseil-constitutionnel.fr/es/presentacion-general.

a desencriptar o desbloquear un dispositivo, cuando éste puede guardar conexión con aquél hecho ilícito, no infringe el derecho al silencio y a no auto incriminarse, consagrados en el art. 16 de la Declaración de los Derechos del Hombre y el Ciudadano de 1789[242].

Al respecto, el Consejo Constitucional explicó que la intención del legislador, al restringir la obligación de desencriptar a los supuestos en los que el dispositivo pueda haber sido utilizado para cometer un delito y la orden provenga de una autoridad judicial, es propender a la prevención del delito y la persecución de los responsables, fines que son necesarios para salvaguardar derechos y principios constitucionalmente valiosos. Asimismo, destacó que la norma cuestionada *solo obliga al sospechoso a desbloquear el dispositivo cuando se ha acreditado previamente que conoce la contraseña, sin dirigirse a obtener una confesión de su parte, o suponer un reconocimiento o presunción de culpabilidad*, sino únicamente a permitir la desencriptación de la información. Apuntó, por último, que la información pretendida, que ya se encuentra en el dispositivo, existe "con independencia de la voluntad" de la persona.

En igual sentido, la Cámara de Casación ("Cour de Cassation") francesa concluyó, en un fallo dictado en 2019, que la imposición de la sanción prevista en la referida figura penal a un imputado no infringía el derecho a permanecer callado y a no auto incriminarse consagrado en el art. 6 del CEDH[243]. Tesitura que fue ratificada por el mismo tribunal al expedirse en un caso de narcotráfico, en 2022[244]. No obstante ello, la validez constitucional de las "órdenes de desencriptación" francesas están bajo revisión del TEDH, que debe expedirse sobre la impugnación presentada en contra de aquellas por un individuo que fue condenado por infringir el art. 434-15-2 del CP francés, en el caso *Minteh v. France*[245].

En Bélgica, en un caso en el que se absolvió a una persona imputada por la violación a la norma de "desencriptación compulsiva" establecida en el art. 88 quater, §§ 1 y 3 del Código de Procedimiento Criminal de ese país, el Ministerio Público Fiscal elevó una consulta a la "Corte Constitucional" belga ("Grondwettelijk Hof"), a fin de que se expidiese sobre si la posible imposición de una sanción penal a un imputado (de conformidad con la referida norma) por rehusarse a suministrar la contraseña o desbloquear

---

242 Ver: Consejo Constitucional de Francia, Decisión N° 2018-696 QPC, del 30/3/2018.

243 Ver: Cámara de Casación de Francia, Sala Criminal, N° 18-86.878, del 10/12/2020.

244 Ver: Cámara de Casación de Francia, Sala Criminal, N° K 2183.146, del 7/11/2022.

245 TEDH, caso N° 23624/20.

un dispositivo resultaba, o no, contraria a los arts. 10, 11 y 22 de la Constitución de Bélgica (leída en conjunción con los art. 6 y 8 del CEDH), que consagran la garantía contra la auto incriminación[246]. El mencionado tribunal concluyó que la norma en cuestión no violenta el 'nemo tenetur', explicando que "...las autoridades judiciales necesitan contar con instrumentos legales adecuados para poder reprimir delitos cometidos mediante el uso de sistemas informáticos. [En tal contexto, e]l art. 88 quater establece algunas obligaciones excepcionales de cooperación, sin las cuales sería imposible llevar adelante investigaciones efectivas. A fin de que [dichas obligaciones] puedan hacerse efectivas, se ha previsto un castigo para el incumplimiento o la obstaculización de la investigación"[247].

En esa dirección, la Corte Constitucional argumentó que a diferencia de la obligación contemplada en el parágrafo § 2 del art. 88 quater del CPP belga (que sí podría infringir el 'nemo tenetur' en caso de dirigirse a un imputado), en la regulada en el parágrafo § 1 solo "...se le exige al imputado que aporte información que permite el acceso a un sistema informático, en la medida en que dicha información existe en forma independiente a su voluntad, por lo que no resulta de aplicación el derecho a no cooperar con la propia acusación"[248].

En igual sentido, la Cámara de Casación ("Hof van Cassatie") de ese país dejó sin efecto la absolución de una persona acusada de infringir el tipo penal citado[249] (fundada en la incompatibilidad de la norma con la garantía contra la auto incriminación), señalando que ni el CEDH ni la Directiva EU 2016/343 obstaban a la imposición de una sanción por la desobediencia a una orden de desencriptación compulsiva. Explicó, al respecto, que "...el código de acceso a un sistema informático existe con independencia de la voluntad de la persona que tiene acceso a dicho código". Según el tribunal, la contraseña es un dato "...neutral, y distinguible de cualquier información incriminatoria que pueda ser recolectada [en el registro posterior]", cuyo uso es limitado, desde que solo se utiliza para brindar acceso "...a un sistema informático previamente descubierto, [cuyo contenido] es ilegible sin la información requerida". En esa dirección, destacó que la po-

---

246 Cfr. Eurojust: "Cybercrime judicial monitor", Vol. 6, mayo 2021, p. 11 (énfasis eliminado).

247 Cfr. Eurojust: "Cybercrime judicial monitor", cit., p. 12.

248 Cfr. Eurojust: "Cybercrime judicial monitor", cit., p. 12.

249 Por haberse negado, ante la requisitoria judicial, a desbloquear los teléfonos celulares que habían sido secuestrados en su poder en el marco de una investigación por narcotráfico.

licía había encontrado los teléfonos celulares y acreditado que el imputado conocía los códigos de acceso sin ejercer coerción sobre el imputado[250].

Por añadidura, la Cámara de Casación belga señaló que, de conformidad con el CEDH, ni el derecho a no auto incriminarse ni la presunción de inocencia son absolutos, debiendo ser balanceados con el derecho a la libertad y la seguridad del art. 5 del CEDH y la prohibición de abuso del derecho del art. 17 del mismo instrumento. En orden a ello, puso de resalto que "...el estado actual de la tecnología hace muy difícil, sino imposible, obtener acceso a un sistema informático protegido por encriptación, siendo que dichas aplicaciones son generalmente accesibles [para el público]. En consecuencia, la información requerida [la contraseña] es necesaria a fin de establecer la verdad".

En los Países Bajos, la jurisprudencia distinguió el supuesto de desbloqueo biométrico del que requiere la divulgación o introducción de una contraseña, entendiendo que en este último caso la desencriptación compulsiva si podría infringir el derecho del imputado a no auto incriminarse[251]. Sin perjuicio de ello, en un caso vinculado al secuestro de un menor de edad, el tribunal interviniente convalidó lo actuado por un agente policial que forcejeó con un imputado para impedir que éste destruyese su smartphone y luego, tras intentar en varias oportunidades obligar al sospechoso a desbloquearlo con su dedo, consiguió hacerlo cuando éste último "decidió cooperar" e introdujo la contraseña. En la sentencia, se concluyó que no se había violentado el art. 6 del CEDH, toda vez que el procedimiento había resultado necesario para localizar al niño lo antes posible[252].

En la Argentina, probablemente debido a las —ya señaladas[253]— diferencias con los EE.UU. en el modo de concebir la aplicación de la garantía contra la auto incriminación, la jurisprudencia referida a la desencriptación compulsiva de dispositivos protegidos por contraseña es prácticamente inexistente. Si bien es cierto que la Sala V de la Cámara Nacional de Apelaciones en lo Criminal y Correccional (CNACC) de esta ciudad confirmó el rechazo, por la jueza de grado, de un planteo de nulidad contra una

---

250 Cámara de Casación de Bélgica, Sala II ("Hof van Cassatie, Tweede Kamer"), 1086.N/1, del 4/2/2020.

251 Ver Corte Suprema de los Países Bajos ("Hoge Raad der Nederlanden"), Decisión N° 19/05471 CW, del 9/2/2021.

252 Ver: Tribunal de La Haya ("Rechtbank Den Haag"), ECLI:NL:RBDHA:2018:2983, del 12/3/2018.

253 Al respecto, ver *supra* § 3.1.

orden de registro domiciliario en que se había autorizado a los preventores a secuestrar el teléfono celular del sospechoso e "intimarlo" a fin de que informase "voluntariamente" la clave para desbloquearlo, también lo es que dicha decisión se sustentó, precisamente, en entender que el imputado había accedido, en forma libre y tras ser informado de sus derechos, a aportar la contraseña solicitada[254]. Es decir que, a pesar de que el uso del término "intimar" en la orden judicial parecía indicar que podía tratarse de un supuesto de desencriptación compulsiva (en relación con una contraseña que se encontraba "en la mente" del imputado), finalmente esa cuestión no fue objeto de análisis por el tribunal, el cual concluyó que el aporte del acusado había sido "voluntario".

De igual manera, la discusión sobre esta cuestión en la doctrina ha sido muy acotada, centrándose, por lo general, más en el tema del desbloqueo por medios biométricos, seguramente más actual pero menos rico en términos jurídicos. El consenso entre los pocos autores que se han expedido sobre el tema es, de todos modos, que en el ordenamiento constitucional y procesal nacional no es posible compeler a un imputado para que divulgue o introduzca una contraseña numérica[255] a fin de otorgar acceso a las autoridades a un dispositivo que pueda contener evidencia en su contra.

En tal sentido, Portillo y Matteo señalan que, en este último supuesto, se requiere *una colaboración activa* del imputado, que debe decir la contraseña a fin de que se acceda a la evidencia contenida dentro del dispositivo objeto del análisis técnico, lo cual consideran equivalente a obligarlo a declarar contra sí mismo. Ello, toda vez que lo que se está intentando es obtener una prueba mediante la declaración del imputado. En consecuencia, aunque la declaración en sí misma no constituya la prueba de cargo, permite el acceso al material digital que eventualmente lo será[256]. En la misma ve-

---

254 CNACC, Sala V, causa CCC 50979/2021/2/CA3 *M. P., R.D. s/nulidad*, del 21/6/2022.

255 Según Sarquis, idéntica conclusión debe arribarse en los celulares que pueden ser desbloqueados mediante el empleo de un patrón, pues, aunque ese "dibujo" no implica claramente una declaración verbal, lo cierto es que exigirle al investigado que realice el patrón importa la exteriorización de un conocimiento suyo reservado y que se plasma mediante el movimiento de uno de sus dedos o el dibujo que este haga (cfr. aut. cit., "El desbloqueo compulsivo de celulares y la prohibición de autoincriminación forzada: el estudio de la garantía en la era digital", en Revista Jurídica de la Universidad de San Andrés, N° 15, marzo-julio 2023, p. 144.

256 Cfr. Portillo, Víctor Hugo / Matteo, Juan Manuel: "Autoincriminación y nuevas tecnologías", cit., p. 187 (énfasis añadido).

reda se encuentra Sarquís, quien entiende que el primer alcance del *nemo tenetur* es claro: Su núcleo de protección abarca aquellas comunicaciones cuya exteriorización depende exclusivamente de la voluntad del imputado y —por ende— cualquier tipo de coacción tendiente a obtenerla está prohibido. Este primer círculo de resguardo posee como factor dirimente a la declaración, donde la normativa constitucional no admite interpretación en un sentido contrario ni es pasible de flexibilización alguna[257].

5. EL DERECHO A LA INTIMIDAD EN RELACIÓN CON LA INFORMACIÓN CONTENIDA EN SMARTPHONES

Un tema que suele entremezclarse en el análisis sobre la legitimidad de la desencriptación compulsiva de dispositivos electrónicos es la preocupación por la cantidad de información privada sobre las personas que aquellos contienen (sobre todos los modernos teléfonos celulares) y el grado de injerencia *sobre el derecho a la intimidad* que se produce una vez que el Estado consigue acceder a los archivos digitales almacenados en su interior. El hecho de que esa clase de dispositivos concentre un *volumen de información privada cuantitativa y cualitativamente superior a la de cualquier otro ámbito previo en la historia humana*, incluyendo a la propia vivienda, ha derivado en que los tribunales de varios países reconociesen la necesidad de adaptar las doctrinas constitucionales imperantes para ofrecer a los ciudadanos una protección adicional, específica para esos dispositivos.

Así, por ejemplo, el Tribunal Constitucional Federal de Alemania ("Bundesverfassungsgericht o BVerfG") reconoció, en un fallo dictado en 2008[258], la existencia de un (nuevo) derecho constitucional a la "confiden-

---

257 Cfr. Sarquis, Agustín Pablo: "El desbloqueo compulsivo de celulares…", cit., p. 142 (citas omitidas).

258 BVergfG, *NJW*, 2008, 822, La intervención del tribunal se suscitó a partir de la reforma a la "Ley de Protección de la Constitución" en el Estado de Nordrhein-Westfalen, que le otorgaban a la "Oficina Federal de Protección de la Constitución" facultades para llevar a cabo accesos encubiertos a sistemas informáticos y monitorear secretamente las comunicaciones mediante Internet. El texto legal preveía dos habilitaciones legales distintas. Por un lado, la posibilidad de monitorear o interceptar datos en las comunicaciones normales de Internet (ej., chats online). Por el otro, adoptar medidas directas de acceso remoto a sistemas informáticos mediante programas troyanos. Contra la legislación se interpuso un amparo, que llegó a estudio del BVergfG (Cfr. Salt, Marcos, *Nuevos desafíos de la evidencia digital:*

cialidad e integridad de la información en sistemas informáticos", derivado de los derechos a la personalidad y la dignidad humana[259]. En esa misma dirección, el Tribunal Supremo (TS) español entendió también que era preciso otorgarle un resguardo especial al "entorno digital" de los ciudadanos[260].

Por su parte, en el precedente *Riley v. California*[261], la SCOTUS consideró necesario brindarle un tratamiento diferenciado al registro de smartphones en el marco de un arresto, descartando la doctrina previamente imperante, que habilitaba a la policía a revisar, sin orden judicial previa, el contenido de un teléfono celular como parte del "cacheo" de un sospechoso en el marco de un arresto legítimo. El mismo tribunal reforzó esta postura al concederle, con posterioridad, un tratamiento diferenciado también a los datos informáticos de geolocalización generados por la comunicación entre los smartphones y las antenas de telefonía celular, en *Carpenter v. United States*[262].

Lo expresado por la SCOTUS acerca de la necesidad de brindar especial protección al contenido privado de los teléfonos celulares, sobre todo en el precedente *Riley*, ha tenido un enorme impacto en la doctrina y la jurisprudencia estadounidense. A tal punto que, en relación con la controversia entre Kerr y Sacharoff sobre el objeto de la "conclusión ineludible", Choi propone una solución que parte de la base de *tratar a los modernos smartphones como una "extensión de la persona humana"*. Al respecto, argumenta que, en realidad, sumando todas sus funciones, el moderno teléfono celular equivale a una "fotografía el contenido de la mente de su usuario en tiempo real"[263], por lo que extraer su contenido es equiparable a extraer información directamente de la mente humana. A partir de ello, concluye que cualquier contenido que sea extraído del interior de un teléfono ce-

---

Acceso transfronterizo y técnicas de acceso remoto a datos informáticos, Ad-Hoc, Buenos Aires, 2017, pp. 92/94. Citas omitidas).

259 Cfr. Salt, Marcos, *Nuevos desafíos...*, cit., p. 92.

260 Ver: STS 97/2015, del 24/2/2015.

261 134 S. Ct. 2473 (2014).

262 No. 16-402, 585 U.S. ____ (2018).

263 Cfr. Choi, Bryan H.: "The privilege against cellphone incrimination", en Texas Law Review online, Vol. 97, 2019, obtenido en: https://texaslawreview.org/the-privilege-against-cellphone-incrimination/, p. 75 (notas omitidas / énfasis añadido).

lular debe ser asimilado a un contenido de la mente humana y, por ende, amparado por la garantía contra la auto incriminación[264].

En la Argentina, un planteo con premisas similares se introdujo en el marco de un planteo de nulidad deducido ante la Cámara Federal de Apelaciones de Tucumán, en el que se impugnó la autorización concedida por un juez para compeler el desbloqueo de un celular por medios biométricos, oportunidad en que la defensa argumentó que "...los contenidos del celular, en tanto material simbólico y expresivo, resultan equivalentes a declaraciones, *pensamientos*, gestos, o expresiones. A esos contenidos no se puede acceder válidamente a través de violencia contra el imputado; del mismo modo como se encuentra prohibido obtener declaraciones bajo tormentos"[265].

En general, las opiniones de aquellos que, en el ámbito de la doctrina y la jurisprudencia de los EE.UU., sostienen que debe recurrirse (también) al derecho contra la auto incriminación para resguardar la intimidad de los ciudadanos defienden, expresa o implícitamente, un retorno a la doctrina establecida por la SCOTUS en *Boyd v. United States*[266]. Y ello, a pesar de que hace más de 40 años, al pronunciarse en *Fisher v. United States*, el máximo tribunal estadounidense repudió en forma explícita la concepción defendida en aquel fallo, en la que se le atribuía a la 5ª enmienda una función adicional de protección de la intimidad, que se sumaba a su foco principal que era resguardar a los ciudadanos contra la auto incriminación compulsiva. En ese orden de ideas, la SCOTUS puso de resalto que las premisas explícitas e implícitas de *Boyd* "no habían resistido la prueba del tiempo" y que no era posible desvincular a la 5ª enmienda de su texto para que pueda servir como "una protección general de la privacidad", concluyendo que la referida cláusula protege a las personas "...contra la auto incriminación compulsiva, no [contra la divulgación] de información privada"[267].

---

264 Cfr. Choi, Bryan H.: "The privilege against cellphone incrimination", cit., pp. 74/75 (citas omitidas / énfasis en el original).

265 Ver: CFA de Tucumán, *Legajo Nº 1 - Querellante: Fundación María de los Ángeles. Imputado: ___ y otros s/legajo de apelación*, del 29/12/2022 (énfasis añadido).

266 Con relación a este precedente, ver *supra*, nota § 32 y texto relacionado. Choi admite que ello es así cuando alude a la disidencia del juez Alito en *Carpenter*, en la que este último afirmó que ofrecerle protección especial a los datos generados por los teléfonos celulares suponía "resucitar" a *Boyd v. United States* (Ver: Choi, Bryan H.: "The privilege against cellphone incrimination", cit., p. 76).

267 *Fisher v. United States*, cit. Con cita de *United States v. Nobles*, 422 U. S. 225 (1975).

Por añadidura, en *Fisher* la SCOTUS señaló que el constituyente había regulado la cuestión de la privacidad personal en la 4ª enmienda, estableciendo "...un equilibrio conforme el cual, cuando los motivos del Estado para sospechar que puede encontrarse evidencia incriminatoria son lo suficientemente importantes, la injerencia sobre la privacidad se torna justificada y puede librarse una orden de registro y secuestro. [Pero n]o pretendieron que mediante otra enmienda —la quinta— se lograse una protección general de la privacidad, sino ocuparse de la cuestión, más específica, de la auto incriminación compulsiva"[268].

A pesar del tiempo transcurrido entre que se redactaron estas consideraciones y la actualidad, se aprecia que aquellas van al mismo centro de lo que parece ser el fundamento (práctico, antes que jurídico) de quienes defienden el enfoque que entremezcla la protección a la intimidad en el análisis sobre el 'nemo tenetur'. El cual reside, a mi modo de ver, en la preocupación por la *cantidad de información privada a la que puede accederse una vez que el Estado obtiene autorización judicial para registrar los dispositivos electrónicos en general y los smartphones en particular*, sobre todo en atención al drástico incremento de la probabilidad de que se produzcan "hallazgos casuales" sobre cuestiones no amparadas en la orden de registro original al analizar el contenido de esa clase de dispositivos[269].

El hecho de que es la mencionada preocupación lo que abona la postura que se opone a reconocerle un alcance amplio a la "conclusión ineludible" surge con claridad de lo expresado por Sacharoff para rechazar que pueda aplicarse la teoría del "ajuste de equilibrio" para justificar esa interpretación amplia. Al respecto, el autor citado señala que el argumento sobre la necesidad de un "ajuste de equilibrio" en favor del Estado podría ser válido si "la doctrina actual sobre la 4ª enmienda no fuese tan deficiente". Ello, toda vez que esta contempla requisitos "muy débiles" para obtener una orden de registro y "virtualmente ningún límite" al análisis posterior. Por consiguiente, Sacharoff considera que ofrecerles a las agencias de orden público un acceso simple a los dispositivos no reestablece el equilibrio preexistente, sino que le concede al Estado una facultad sin precedentes para analizar datos muy privados, incluyendo algunos que ni siquiera existían hace veinte años. En ese orden de ideas, el autor propone una lectura

---

268 *Fisher v. United States*, cit.

269 En relación con la discusión sobre la aplicación de la doctrina de los "hallazgos casuales" ("plain view") en orden a la información digital contenida en dispositivos electrónicos, ver: Blanco, Hernán, *Tecnología informática e investigación criminal*, cit., pp. 637/665.

conjunta del derecho a la intimidad y el derecho a no auto incriminarse, conforme la cual debe exigírsele al Estado que demuestre que el imputado está en posesión de los documentos que pretende obtener y los describa "con razonable especificidad" para poder compelerlo a introducir la contraseña a su dispositivo[270].

En este escenario, la circunstancia de que, en *Riley*, la SCOTUS se haya referido a una enmienda (la cuarta) diferente de la que consagra el derecho a no auto incriminarse (la quinta), así como la existencia de una doctrina (vigente) de ese mismo tribunal que en forma explícita desvinculó a una de la otra (sentada en el precedente *Fisher*)— no ha impedido que muchos tribunales invoquen la "protección ampliada" reconocida a los teléfonos celulares por el máximo tribunal estadounidense para rechazar pedidos de desbloqueo compulsivo. Así lo hicieron sendos jueces federales de cámara, por un lado en el Estado de Illinois, en *In re Application for a Search Warrant*[271], por otro en el de California, en *In the Matter of the Search of a Residence in Oakland, California*[272]. Este último, en un caso en que se había solicitado autorización para compeler el desbloqueo biométrico de los celulares que pudiesen encontrarse en el marco del registro de un domicilio.

En igual sentido, la Suprema Corte del Estado de Indiana, en el precedente *Seo v. State*[273], afirmó —también con cita de *Riley*—, que "[c]uando el Estado pretende registrar un smartphone, busca ir mucho más allá de la 'antigua' información que podía encontrarse físicamente en un papel. En realidad, casi cualquier smartphone contiene información almacenada y organizada de una manera que revela los pensamientos más profundos del propietario. El smartphone es una fuente de información extremadamente personal que es casi siempre embarazosa y, potencialmente, incriminatoria". Por consiguiente, "...cuando el Estado busca compeler a una persona a desbloquear un smartphone a fin de registrar el teléfono sin limitaciones, las repercusiones para la intimidad son enormes y, probablemente, únicas"[274].

---

270 Cfr. Sacharoff, Laurent: "What am I really saying when I open my smartphone?...", cit., p. 72.

271 263 F.Supp.3d 1066 (Cámara Federal de Apelaciones del Distrito Norte de Illinois, División Este, del 16/2/2017).

272 354 F. Supp. 3d 1010 (Cámara de Apelaciones del Distrito Norte del Estado de California, del 10/1/2019).

273 148 N.E.3d 952 (del 21/8/2018).

274 Ver *Seo v. State*, cit. (citas omitidas).

En tal contexto, el máximo tribunal estatal reconoció que en el precedente *Fisher* se abandonó la doctrina establecida en *Boyd*, pero apuntó que, de cualquier modo, los tribunales siguen afirmando que la cláusula de la 5ª enmienda "...protege la privacidad, entendida como confidencialidad". A partir de ello, aseveró que no era posible ignorar el impacto potencial sobre la privacidad y la confidencialidad derivado de la cantidad y calidad de la información a la que se puede acceder como consecuencia de la revelación de la contraseña del smartphone, en comparación con la que pueden entregar los documentos en papel[275].

Asimismo, y en línea con lo expresado por Sacharoff, la Suprema Corte del Estado de Indiana afirmó que la "conclusión ineludible" solo podía resultar de aplicación si el Estado acreditaba conocer, con "razonable especificidad", los archivos digitales a los que pretendía acceder. En este tramo de su argumentación, el tribunal *hizo explícita su insatisfacción con el grado de protección ofrecido por la 4ª enmienda* en relación con el acceso a los teléfonos celulares, en cuanto señaló que, aunque en el caso el Estado había obtenido una orden de registro para analizar el contenido del smartphone de la imputada, dicha orden "...no *describía con razonable especificidad la información digital que el Estado pretendía obtener*, como manda la quinta enmienda". Yendo aún más allá, aseveró que dicha parte "...puede, y debería, describir la información que pretende recolectar [del teléfono]", como así también que "...quizás más importante, en su orden, el tribunal [de grado] debería exigirle al Estado que limite [el alcance] de su registro [...], antes que permitirle al Estado ver todo lo que contienen las aplicaciones de mensajería involucradas [en el caso]"[276].

Como bien señala Kerr, lo decidido en *Seo* se fundó en la confusión entre dos estándares distintos: por un lado, el "requisito de especificidad" ("particularity requirement") de la 4ª enmienda, que busca prevenir los "registros generales"[277], limitando el grado de discrecionalidad del que goza el encargado del registro, impidiendo que incurra en excesos; por el otro, la exigencia de "razonable especificidad", que en el marco de la aplicación de la "conclusión ineludible" busca prevenir manifestaciones implícitas. Esta última restringe la posibilidad del Estado de sacar partido

---

275 Ver *Seo v. State*, cit. (citas omitidas).

276 Ver *Seo v. State*, cit. (énfasis añadido).

277 Estos registros eran habituales en la época en que los EE.UU. eran una colonia británica, y la 4ª enmienda se sancionó, en gran medida, en respuesta al rechazo que generaba esta facultad conferida a las autoridades coloniales.

de las aseveraciones implícitas en las elecciones que hace la persona objeto de una orden de presentación al momento de cumplir con la misma. Ambas doctrinas cumplen roles diferentes y satisfacen estándares distintos. Cuando el Estado obtiene una orden de registro y una autorización adicional para compeler el desbloqueo, el único "requisito de especificidad" relevante es el que se desprende de la 4ª enmienda. Una vez que el imputado desbloqueó su dispositivo, su trabajo terminó. El estado luego debe ejecutar la orden de registro previamente obtenida y buscar la evidencia específicamente descripta *en esa orden*[278].

Por consiguiente, no corresponde recurrir —como lo hizo la Suprema Corte del Estado de Indiana en *Seo*—, a *un estándar que corresponde a una garantía diferente* (el 'nemo tenetur') para intentar rectificar las supuestas falencias del juez que libró la orden de registro en orden al cumplimiento con el "requisito de especificidad", al momento de decidir si es legítima, o no, la autorización para el desbloqueo compulsiva solicitada por el Estado para poder hacer valida aquella orden.

Como se adelantó, esta misma tendencia a introducir argumentos propios del derecho a la privacidad en el análisis sobre la garantía contra la auto incriminación se advierte también en un sector de la doctrina, apoyándose en lo decidido por la SCOTUS en *Riley*. En esa línea, Coffey señala que el referido precedente es importante porque sugiere que los tribunales inferiores deben tomar en consideración las cuestiones especiales vinculadas a los teléfonos celulares, incluyendo una mayor preocupación por la privacidad al aplicar la ley[279]. Y afirma que ello habilita —por ejemplo— a diferenciar el uso de un rasgo físico para desbloquear un teléfono de supuestos no amparados por la garantía contra la auto incriminación (como la entrega de muestras de sangre o de voz), toda vez que, en el primer supuesto, el propósito es conseguir acceso a un dispositivo que almacena una enorme cantidad de información[280].

También Rangaviz pone el foco en la cantidad y calidad de la información privada que se almacena en los smartphones para afirmar que, en la

---

278 Cfr. Kerr, Orin S.: "Compelled decryption and the privilege against self-incrimination", cit., pp. 787/788 (citas omitidas —énfasis añadido).

279 Cfr. Coffey, Casey: "Place your finger on the home button: The legality of compelling biometrics", en University of Florida Journal of Law & Public Policy, Vol. 31, N° 2, 2021, p. 311 (citas omitidas). En igual sentido, ver: Zimmering, Aubrey: "Actions speak louder than words...", cit., pp. 845/846 (citas omitidas),

280 Cfr. Coffey, Casey: "Place your finger on the home button...", cit., p. 315.

medida en que compeler a un sospechoso a entregar la contraseña de su teléfono celular supone obligarlo a contribuir con el análisis estatal de "los detalles más íntimos de su vida", los tribunales deben ser cuidadosos de no "...extender acríticamente [el alcance] de los precedentes" de la SCOTUS en los casos en que la tecnología facilita prácticas estatales tan intrusivas[281].

En esa dirección, el autor citado argumenta que el avenimiento de los modernos teléfonos celulares ha creado un desequilibrio crítico entre "la doctrina analógica y la realidad digital", conforme la cual un simple "acto de presentación" con mínima relevancia testimonial puede ahora revelar cada detalle de la vida de una persona. A partir de ello, entiende que, aunque la doctrina sentada en *Fisher* nunca sea repudiada o reformulada, no corresponde aplicarla al contexto (mucho más intrusivo de la privacidad) de la desencriptación compulsiva, toda vez que ello no importaría la mera aplicación de dicha doctrina, sino una considerable extensión de la misma, sobre todo teniendo en cuenta lo fácil que puede ser para el Estado acreditar, incluso más allá de duda razonable, que una persona que lleva consigo un teléfono celular conoce la contraseña para desbloquearlo[282].

A partir de lo expuesto, Rangaviz critica la postura adoptada por la Suprema Corte del Estado de Massachussets en *Jones*[283], afirmando que este se fundó en "...asumir simplemente que la privacidad es territorio exclusivo de la 4ª enmienda", sin preocuparse "...por el carácter intrusivo de la divulgación que el Estado pretende compeler al requerir la desencriptación[284]. Lo llamativo de esta observación del autor citado es que invoca, en sustento de la misma, lo afirmado en los votos disidentes de *Fisher*, pero sin hacerse cargo de que es precisamente en el holding de dicho precedente en el que se estableció la doctrina finalmente aplicada por la suprema corte estatal en *Jones*. Esto es: que el derecho a la privacidad no esta amparado por la 5ª enmienda, sino que esta únicamente protege contra la extracción compulsiva de comunicaciones testimoniales.

---

281 Cfr. Rangaviz, David Rassoul: "Compelled decryption & state constitutional protection...", cit., pp. 160/161 (citas omitidas).

282 Cfr. Rangaviz, David Rassoul: "Compelled decryption & state constitutional protection...", cit. p. 184 (citas omitidas).

283 *Commonwealth v. Jones*, 117 N.E.3d 702 (Suprema Corte del Estado de Massachussets, del 6/3/2019)

284 Cfr. Rangaviz, David Rassoul: "Compelled decryption & state constitutional protection...", cit. p. 186 (citas omitidas).

La (ya abandonada) doctrina del precedente *Boyd* es reflotada también por Redfern, que insiste en sostener que "...la 5ª enmienda sigue protegiendo pensamientos y expresiones humanos íntimos contra la intrusión estatal". En este sentido, el autor apunta —no sin razón— que, en la actualidad, los dispositivos constituyen el epicentro del pensamiento y la expresión humana, de la misma forma en que lo eran los papeles privados cuando se dictó el fallo *Boyd.* Y a partir de ello asevera que al convalidar la desencriptación compulsiva y el consecuente acceso a lo que la SCOTUS ha calificado como "minicomputadoras" (en referencia a los teléfonos celulares), los tribunales estadounidenses han permitido "...una invasión sin restricciones a la psiquis de los individuos", privándolos de la protección de la 5ª enmienda, en contra del propósito de la referida cláusula constitucional[285].

Ahora bien: lo que preocupa especialmente a Redfern es que —a diferencia de lo que ocurre con los supuestos de desencriptación compulsiva mediante la introducción de la contraseña— si parece existir cierto consenso en gran parte de la jurisprudencia en orden a la *posibilidad de compeler el desbloqueo biométrico de los dispositivos electrónicos sin involucrar la protección de la garantía contra la auto incriminación*[286]. Al respecto, afirma que la falencia de los tribunales ha creado un vacío legal que le permite al Estado eludir protecciones a la privacidad, frustrando el potencial de la garantía para resguardar las libertades individuales. Según el autor, el hecho de que las personas elijan abrazar los avances tecnológicos no debería suponer que sus rasgos biométricos pueden ser explotados libremente por el Estado (para obtener acceso a sus dispositivos)[287].

Además de una similitud con la tesis de Choi —en cuanto asimila el contenido del celular a la propia mente humana— se aprecian otros puntos de contacto claros entre la argumentación de Redfern y la del resto de los autores que defienden esta misma postura, reseñada *supra.* Principalmente, la elección caprichosa de las opiniones de la SCOTUS que eligen destacar o pasar por alto. En concreto, la invocación de las descripciones efectuadas por ese tribunal con respecto a los smartphones (en los precedentes *Riley* y *Carpenter*), a los efectos de darle sustento al uso de la 5ª enmienda para

---

285 Cfr. Redfern, Ariel: "Face it - The convenience of a biometric password may mean forfeiting your fifth amendment rights", en Penn State Law Review, Vol. 125, N° 2, 2021, pp. 623/624 (citas omitidas).

286 En mayor detalle, sobre esta cuestión, ver *infra*, § 6.

287 Cfr. Redfern, Ariel: "Face it - The convenience of a biometric password...", cit., p. 629 (citas omitidas).

brindarle una *protección adicional* al derecho a la privacidad consagrado en la 4° enmienda; y el olvido de que *la propia SCOTUS afirmó en forma categórica que no era ese el propósito* de la primera de las dos cláusulas constitucionales mencionadas.

A ello viene a sumarse que, como destaca con acierto Kerr, el problema del mayor o menor acceso a la información almacenada en un smartphone (u otro dispositivo similar) es una cuestión propia del derecho a la intimidad y —por ende— de la interpretación de las cláusulas constitucionales que se refieren *a ese derecho,* no al de no auto incriminarse. La solución a ese problema reside, entonces, en propender a una interpretación más estricta de las reglas que rigen la facultad estatal de registrar esa clase de dispositivos. Esto es: precisamente lo que hizo la SCOTUS en el precedente *Riley,* en el que efectuó un "ajuste de equilibrio" incrementando la protección de la 4ª enmienda sobre el contenido de los celulares. En cambio, la cuestión de la cantidad de información que puede obtenerse mediante el registro de una computadora no incide sobre la garantía contra la auto incriminación, desde que los aspectos testimoniales ("comunicativos") de introducir una contraseña (o desbloquear el dispositivo mediante los rasgos biométricos) son algo distinto (e independiente) de la evidencia que ese desbloqueo puede revelar[288].

Esta última distinción ha sido el elemento central en los fallos de distintos tribunales estadounidenses que han rechazado involucrar argumentos vinculados al derecho a la intimidad en la decisión sobre si correspondía, o no, hacer lugar a los pedidos de las autoridades estatales para compeler a los imputados a desbloquear sus dispositivos electrónicos encriptados. En esa dirección, tanto la Cámara de Apelaciones del Estado de Oregón[289] como la Suprema Corte del Estado de New Jersey[290] invocaron lo decidido por la SCOTUS en *Fisher* para rechazar la postura que asimila el "acto de presentación" de la contraseña para acceder a un dispositivo electrónico a la de los datos digitales almacenados en aquél, por entender que ello suponía recurrir a argumentos ajenos al análisis sobre la aplicación de la garantía contra la auto incriminación.

---

288 Cfr. Kerr, Orin S.: "Compelled decryption and the privilege against self-incrimination", cit., p. 797 (citas omitidas).

289 Ver: *State v. Pittman,* 300 Or App 147, 164, 452 P3d 1011 (Cámara de Apelaciones del Estado de Oregon, del 16/10/2019).

290 Ver: *State v. Andrews,* 234 A.3d 1254 (Suprema Corte del Estado de New Jersey, del 10/10/2020).

En este escenario, lo que a mi modo de ver deviene evidente, en relación con la argumentación ensayada por los autores reseñados para defender una aplicación restrictiva —por ejemplo— de la doctrina de la "conclusión ineludible", es que, cuando *se extraen de la misma los fundamentos referidos al derecho a la intimidad* —que, como se ha visto, constituyen elementos extraños a la discusión sobre el 'nemo tenetur'—, su posición queda privada de sustento. Ello así, toda vez que la misma *no parece poder sostenerse cuando se apoya únicamente en consideraciones estrictamente vinculadas a la garantía contra la auto incriminación.*

6. LA DISCUSIÓN EN TORNO A LA APERTURA COMPULSIVA DE SMARTPHONES POR MÉTODOS BIOMÉTRICOS

6.1. La discusión sobre el desbloqueo compulsivo biométrico en los EE.UU

La relación entre la tecnología y el Derecho es caprichosa. En ocasiones, situaciones de alta conflictividad jurídica (como lo es, sin duda, la de la desencriptación compulsiva de dispositivos protegidos por claves numéricas o alfanuméricas), que son producto de la evolución tecnológica, parecen resolverse —o al menos modificarse drásticamente— como consecuencia del avance a otra etapa de ese mismo proceso evolutivo. Esto es, precisamente, lo que ha ocurrido con el acceso a los contenidos digitales de los dispositivos electrónicos equipados con herramientas de encriptación. El desequilibrio en contra del Estado que pareció haberse generado (y generalizado) a partir de la implementación de la "encriptación por defecto" en los dispositivos de mayor riqueza probatoria para las agencias de orden público (smartphones y laptops) y la consecuente dificultad legal de compeler el uso de una contraseña guardada en las mentes de los imputados para desbloquearlos, parece haber desaparecido, casi por arte de magia, cuando las claves de acceso numéricas fueron sustituidas por el acceso biométrico.

La principal consecuencia de este último cambio tecnológico es que, al mismo tiempo que erigía una barrera mucho más sólida desde el punto de vista de la seguridad informática (al implementar una llave de acceso imposible de robar o copiar), suprimió la supuesta barrera "legal" derivada del hecho de que solo pudiese lograrse el desbloqueo compeliendo al imputado a divulgar (o al menos usar) un dato contenido en su mente. Este cambio de paradigma fue anticipado por Sales incluso antes de que la cuestión comenzase a ser analizada por los tribunales estadounidenses.

En un trabajo publicado en 2014, la autora citada destacó que, a partir de la implementación del desbloqueo biométrico, la policía ya no iba a tener que requerir una "orden de presentación" para obligar al sospechoso a suministrar la contraseña, puesto que la autenticación biométrica iba a permitir el acceso "simple e inmediato" a través de los rasgos físicos. Anunció que "la posibilidad de 'invocar la 5ª enmienda'" en tal supuesto iba a desaparecer[291], lo que efectivamente ocurrió, al menos, en la mayoría de los casos[292].

La cuestión de la desencriptación compulsiva biométrica, en la medida en que involucra el uso de un rasgo físico —en lugar de un dato contenido en la mente— para concretarse, ocupa un espacio teórico a medio camino entre la discusión sobre las repercusiones del "acto de presentación" (analizado por la SCOTUS en *Fisher*) sobre la garantía contra la auto incriminación, y la distinción entre la evidencia "testimonial" (comunicativa) y la física ensayada por ese mismo tribunal de los EE.UU. en *Schmerber*, y —con ciertas variaciones— también por la CSJN en *Cincotta*, *Rau* y *Zambrana Daza*, y por el TEDH en *Saunders* y los precedentes que lo siguieron.

Llamados a resolver sobre esta cuestión, pero sin contar con un precedente claro del máximo tribunal estadounidense acerca del problema de la desencriptación compulsiva biométrica, los tribunales de los EE.UU. han tenido que desentrañar, por si solos, como aplicar parámetros dictados décadas antes de que surgieran los teléfonos celulares con "Touch ID"[293]. En tal contexto, se han generado dos posiciones contrapuestas con respecto a si la compulsión a un imputado a que desbloquee el dispositivo con su huella digital, rostro o iris es asimilable, o no, a la de compelerlo a proveer una muestra física, lo cual no involucraría a la 5ª enmienda de la constitución de ese país[294].

---

291 Cfr. Sales, Erin M.: "The 'biometric revolution'...", cit., p. 226.

292 En términos más apocalípticos, Rangaviz pronosticó que, en el mundo de la desencriptación biométrica, las decisiones judiciales sobre contraseñas pasaran a ser "tinta desperdiciada", ya que el Estado ha adquirido la libertad de obligar a los imputados a apoyar sus dedos en sus teléfonos celulares y desbloquear sus "papeles más privados" al análisis estatal, sin revisión judicial ni necesidad de demostrar sospecha razonable (ver: Rangaviz, David Rassoul: "Compelled decryption & state constitutional protection...", cit., p. 193 (citas omitidas).

293 Cfr. Zimmering, Aubrey: "Actions speak louder than words...", cit., p. 840 (citas omitidas).

294 Cfr. Zimmering, Aubrey: "Actions speak louder than words...", cit., pp. 841/842 (citas omitidas).

Al igual que ocurrió en orden a la "conclusión ineludible", la diferencia entre ambas posturas gira en torno a cuál debe ser el foco principal del análisis. Para los que entienden que este debe ser *el acto en si* (uso de un rasgo biométrico para desbloquear el dispositivo), la cuestión se rige por el estándar establecido por la SCOTUS en *Schmerber*, y —por ende— la compulsión es constitucionalmente legítima. Para los que consideran que lo relevante es *lo que el Estado pretende obtener* (los documentos), el desbloqueo biométrico debiera gozar de la misma protección que el numérico, de modo tal que solo sería legítimo si la acusación puede demostrar, con "razonable especificidad", que conocía de antemano la existencia, ubicación y autenticidad de los archivos digitales.

Ahora bien: a diferencia de lo que ocurría con su sucedáneo numérico, en lo tocante al desbloqueo biométrico, la postura mayoritaria —tanto en la doctrina como en la jurisprudencia— es la que entiende que dicho acto no se encuentra amparado por la garantía contra la auto incriminación[295], mientras que es minoritario el sector que defiende la posición contraria[296].

El primer caso conocido en el que un tribunal estadounidense se expidió sobre la legitimidad del desbloqueo biométrico compulsivo de un smartphone (en el marco de la garantía contra la auto incriminación consagrada en la 5ª enmienda de la Constitución de ese país), fue *Commonwealth v. Baust*[297], de la Cámara de Apelaciones del Circuito de Virginia Beach, en

295 Al respecto, ver los fallos dictados *in re*: *Commonwealth v. Baust*, 89 Va. Cir. 267 (Cámara de Apelaciones del Circuito de Virginia Beach, Estado de Virginia, del 28/19/2014); *In the Matter of Search Warrant Application for [redacted text]*, 279 F. Supp. 3d 800 (Cámara Federal de Apelaciones del Distrito Norte de Illinois, División Este, del 18/9/2017); *State v. Diamond*, 905 N.W. 2d 870 (Suprema Corte del Estado de Minnesota, del 17/1/2018); *Matter of Search of [redacted] Washington D.C.*, 317 F. Supp.3d 523 (Cámara Federal de Apelaciones del Distrito de Columbia, del 26/6/2018); *Matter of White Google Pixel 3 XL Cellphone in a Black Incipio Case*, 398 F.Supp.3d 785 (Cámara Federal de Apelaciones del Distrito de Idaho, del 26/7/2019) y *United States v. Barrera*, 415 F. Supp. 3d. 382 (Cámara Federal de Apelaciones del Distrito Norte de Illinois, División Este, del 22/11/2019).

296 Al respecto, ver los fallos dictados *in re*: *In re Application for a Search Warrant*, 263 F.Supp.3d 1066 (Cámara Federal de Apelaciones del Distrito Norte de Illinois, División Este, del 16/2/2017) y *In the Matter of the Search of a Residence in Oakland, California*, 354 F. Supp. 3d 1010 (Cámara de Apelaciones del Distrito Norte del Estado de California, del 10/1/2019).

297 Ver: *Commonwealth v. Baust*, 89 Va. Cir. 267 (Cámara de Apelaciones del Circuito de Virginia Beach, Estado de Virginia, 28/19/2014). El fallo se pronunció en el contexto de una causa por violencia de género, en cuyo marco la acusación

el Estado de Virginia. En esa ocasión, el juez de cámara interviniente autorizó el desbloqueo biométrico con sustento en la doctrina sentada por la SCOTUS en *Schmerber* y en *United States v. Wade*[298], en cuanto a que la 5ª enmienda solo protege al imputado contra la compulsión a "testificar contra sí mismo" o a aportar "evidencia de carácter testimonial o comunicativo". A la vez, remitió a los precedentes *Fisher* y *Hubbell*, en los que se estableció que no están amparados por la 5ª enmienda a los documentos previamente creados en forma voluntaria (como lo eran, en el caso, los archivos contenidos en el celular del imputado).

En base a dichos parámetros, el juez concluyó que, aunque el sospechoso no podía ser obligado a revelar la contraseña (numérica), si podía ser forzado al desbloqueo biométrico, toda vez que "[e]l acto de exhibir características físicas no es equiparable a una declaración bajo juramento de un testigo, que transmite expresa o implícitamente afirmaciones sobre hechos o pensamientos[299]. Asimismo, recurriendo a la remanida analogía de la "llave" y "la combinación" (de la caja fuerte) mencionada en *Doe* (II) y *Hubbell*, entendió que desbloquear el celular mediante la huella digital es más similar a "entregar la llave" que a "divulgar la combinación", en la medida en que no supone la transmisión de ningún conocimiento ni obliga al imputado a "divulgar el contenido de su propia mente"[300].

Esta última analogía fue invocada también, y en igual sentido, por la Cámara Federal de Apelaciones del Distrito de Columbia en *Matter of Search of [redacted] Washington D.C.*[301]. El magistrado que intervino en este último caso coincidió con su par de Virginia en punto a la similitud del desbloqueo biométrico con la "llave", como así también con que solo involucra el aporte de un rasgo físico y no requiere, por ende, de ningún esfuerzo mental del imputado, toda vez que *es el software del dispositivo el que concreta la autenticación*. Destacó, en tal sentido, que es el propio Estado el que "...

---

pretendía obtener imágenes de las cámaras web colocadas en el interior de la vivienda (que podían mostrar lo sucedido entre el imputado y la víctima) y estaban almacenadas en el smartphone de Baust. La fiscalía solicitó autorización para compeler el desbloqueo de dicho dispositivo, ya sea mediante la contraseña o la huella digital.

298 338 U.S. 218 (1967).

299 Ver: *Commonwealth v. Baust*, cit.

300 Ver: *Commonwealth v. Baust*, cit.

301 317 F. Supp.3d 523 (Cámara Federal de Apelaciones del Distrito de Columbia, del 26/6/2018).

elige el dedo que va a aplicar en el sensor, y obtiene de ese modo la característica física, todo sin requerir que la persona deba usar la mente"[302].

La primera Corte Suprema estatal en expedirse sobre la legitimidad del desbloqueo biométrico compulsivo fue la de Minnesota, en el caso *State v. Diamond*[303]. Este tribunal convalidó una orden de desbloqueo biométrico compulsivo dispuesta por un tribunal de inferior jerarquía señalando que si bien, como regla general, el sistema acusatorio imperante en los EE.UU. impone que sea el Estado el que se haga cargo, por sí solo, de edificar la acusación, y producir la evidencia contra el imputado "...por su propia labor independiente, antes que por la cruel, simple medida de forzarla de la boca [del imputado]"[304], lo cierto es que lo que prohíbe la 5ª enmienda es obligar al imputado a efectuar una "comunicación testimonial" incriminatoria, lo que —a juicio del tribunal— no ocurre cuando se lo compele a entregar su huella digital para permitir el desbloqueo[305].

En esa dirección, el máximo tribunal estatal distinguió al supuesto bajo análisis de los que involucraban la entrega de la contraseña numérica o alfanumérica, explicando que, a diferencia de aquellos, en este *el uso de la mente del imputado era tan innecesario que, para concretar el desbloqueo, el nombrado "...ni siquiera necesita*[ba] *estar consciente*[, sino que] podría haber aportado todas sus huellas digitales a la policía poniendo sus manos a su disposición, y la policía podría haber usado cada huella para intentar desbloquear el celular"[306].

El fallo más representativo de la tesis contraria es el dictado en *In the Matter of the Search of a Residence in Oakland, California*[307] aunque en un caso que presentaba características propias que lo distinguían, en parte, de los otros en los que se analizó la cuestión del desbloqueo biométrico, en la medida en que la orden requerida no se dirigía contra una persona en

---

302 Énfasis añadido.

303 *State v. Diamond*, 905 N.W. 2d 870 (Suprema Corte del Estado de Minnesota, del 17/1/2018).

304 Ver: *State v. Diamond*, cit. Con cita, a su vez, de *Miranda v. Arizona* (384 U.S. 436; 1966).

305 Ver: *State v. Diamond*, cit. Remitiendo a lo establecido por la Suprema Corte de EE.UU. en *US v. Dionisio* (410 U.S. 1; 1973); *US v. Wade* y *Schmerber v. California*.

306 Ver: *State v. Diamond*, cit. En igual sentido: *United States v. Barrera*, 415 F. Supp. 3d. 382 (Cámara Federal de Apelaciones del Distrito Norte de Illinois, División Este, del 22/11/2019; énfasis añadido).

307 354 F. Supp. 3d 1010 (Cámara de Apelaciones del Distrito Norte del Estado de California, del 10/1/2019).

particular, sospechada de haber cometido un delito específico, sino a los ocupantes de una residencia, que podían, o no, haber estado involucrados con el ilícito objeto de investigación[308].

En el decisorio citado, el magistrado interviniente entendió que el uso de un rasgo biométrico para acceder un dispositivo electrónico era distinto a la entrega de una huella digital o una muestra de ADN, toda vez que el acceso de esa clase "...cumple la misma función que una contraseña, que es asegurar el contenido del usuario, lo que en la práctica los vuelve funcionalmente equivalentes". Destacó que, en el caso, se apreciaba que el apuro del Estado en compeler el desbloqueo biométrico obedecía a que dicha parte consideraba inviable obtener autorización para compeler la divulgación de la contraseña, y argumentó que ello autorizaba a concluir que "...si una persona no puede ser forzada a proveer una contraseña porque constituye una comunicación testimonial, [entonces] tampoco puede ser compelida a aportar su dedo, iris, rostro u otro rasgo biométrico para desbloquear el mismo dispositivo"[309].

El juez argumentó, asimismo, que obligar a una persona a colocar su dedo en un teléfono celular es "fundamentalmente distinto" que forzarlo a someterse a la toma de huellas digitales, toda vez que, en el primer supuesto, el acto comunica (implícitamente) que el dispositivo pertenece a una persona específica. En opinión del sentenciante, debido a la cantidad y variedad de la información contenida en los smartphones, que no puede ser anticipada por las agencias de orden público, la doctrina de la "conclusión ineludible" resulta de imposible aplicación a esa clase de dispositivos.

En igual sentido se expidió otro juez federal en *In re Application for a Search Warrant*[310], señalando que si bien, por lo general, la entrega de ca-

---

308 El fallo se dictó en el marco de una causa por extorsión a través del sistema de mensajería Facebook Messenger, en el que la policía solicitó una orden autorizando el registro de una vivienda en Oakland (California), el secuestro de todos los dispositivos electrónicos (smartphones y computadoras) localizados allí y la posibilidad de compeler a cualquier individuo que se encontrase en la residencia para que desbloqueasen biométricamente los mencionados dispositivos, a fin de permitir el acceso a su contenido. El magistrado interviniente concedió autorización para llevar adelante el registro de la vivienda y el secuestro de los dispositivos, pero rechazó —con base tanto en la 4ª como en la 5ª enmienda— el pedido de convalidar el desbloqueo compulsivo de aquellos.

309 Ver: *In the Matter of the Search of a Residence in Oakland, California*, cit.

310 263 F.Supp.3d 1066 (Cámara Federal de Apelaciones del Distrito Norte de Illinois, División Este, del 16/2/2017).

racterísticas físicas no involucra cuestiones propias de la 5ª enmienda, estas pueden surgir "…cuando se compele la entrega de información, y dicha entrega es considerada, en sí misma, incriminatoria". Entendió que esto ocurría en el caso, toda vez que el acto compelido "…transmite explícita o implícitamente una aseveración fáctica o difunde información", por cuanto "[l]a conexión entre la huella digital y el sistema de seguridad biométrico de Apple, demuestra una conexión con el supuesto [contenido ilícito]".

Como se adelantó, la mayoría de la doctrina estadounidense considera que la utilización compulsiva de estos datos no implica por sí misma ningún tipo de declaración ni testimonio por parte del acusado, y que, por ende, no puede verse alcanzada por el privilegio de la quinta enmienda[311]. Tal es el caso de Kerr, que afirma que el uso de los rasgos biométricos del usuario de un celular para habilitar el desbloqueo no involucra a la garantía contra la auto incriminación[312]. Incluso Sales, desde una postura crítica, reconoce que, aunque la autenticación biométrica puede implícitamente transmitir que el dispositivo pertenece al acusado[313], no deja de ser un acto que convierte al imputado en una fuente de evidencia física, en lugar de obligarlo a revelar el contenido de su propia mente, lo cual hace que el argumento de que debe asignársele carácter "testimonial" sea difícil de sostener en base a la jurisprudencia de la SCOTUS[314].

Asimismo, Zimmering señala que la distinción entre la utilización de un rasgo físico como evidencia (muestra de sangre) vs. el de un rasgo físico como medio para obtener evidencia (desbloqueo biométrico) —a la que aludió el juez federal en el fallo *In the Matter of the Search of a Residence in Oakland, California*— resulta insuficiente para superar la analogía de "la llave y la combinación" de *Hubbell*, conforme la cual dicha medida carece de naturaleza "testimonial". Ello, desde que puede argumentarse, al igual que

---

311 Cfr. Carboni, Manuel F.: "Nuevas tecnologías, viejos derechos", en AB-Revista de Abogacía, Año VII, Nº 12, 2023, p. 24 (citas omitidas).

312 Cfr. Kerr, Orin S.: "Compelled decryption and the privilege against self-incrimination", cit., p. 795.

313 De hecho, según la autora citada, el desbloqueo biométrico puede ser incluso una prueba más confiable de la titularidad del dispositivo que el ingreso (correcto) de la contraseña numérica, toda vez que esa clase de clave de acceso puede ser fácilmente compartida con otros, pero no así con los rasgos biométricos (cfr. Sales, Erin M.: "The 'biometric revolution'…", cit., p. 235/236).

314 Cfr. Sales, Erin M.: "The 'biometric revolution'…", cit., p. 229 (citas omitidas).

el rasgo biométrico identificatorio, *la llave tampoco es la evidencia que busca el Estado, sino el medio de obtener acceso al contenido* de un contenedor cerrado[315].

De todas maneras, Sales entiende que el Estado no debería poder eludir el derecho de una persona a no auto incriminarse mediante el uso de la autenticación biométrica[316]. Objeta que se permita la coexistencia de dos categorías generales de usuarios de computadoras portátiles, tabletas o teléfonos celulares: los que tienen versiones antiguas de estos dispositivos (sin acceso biométrico), que retienen la posibilidad de negarse a suministrar la contraseña invocando el derecho a no auto incriminarse, y los que optaron por las versiones más modernas, que la pierden[317].

En opinión de la autora citada, esta situación erosiona la premisa básica de que todos los ciudadanos gozan de la protección de la 5ª enmienda, cuyo propósito fundamental es preservar un "sistema adversarial de justicia penal". Considera "manifiestamente injusto" que esto pueda evitarse con respecto a quienes abrazan los avances tecnológicos[318]. Cabe preguntarse, sin embargo, si llevando esta línea de razonamiento hasta sus lógicas consecuencias, no debería entonces entenderse que la protección de la garantía contra la auto incriminación tendría que alcanzar, también, a quienes siguen en posesión de dispositivos todavía más antiguos, en los que no hay "encriptación por defecto", por más que no tengan excusa alguna para invocar dicha garantía. En realidad, lo que se desprende de todo esto es que, si *lo relevante es que todos tengan la misma protección, con independencia de si la forma en que eligieron (o no) resguardar sus archivos digitales involucra, o no, a la citada garantía,* queda claro que *el derecho a la protección no proviene de la cláusula constitucional invocada,* sino que debe encontrar fundamento en otro lado.

---

315 Cfr. Zimmering, Aubrey: "Actions speak louder than words…", cit., p. 845 (citas omitidas / énfasis añadido).

316 Cfr. Sales, Erin M.: "The 'biometric revolution'…", cit., p. 196.

317 Cfr. Sales, Erin M.: "The 'biometric revolution'…", cit., p. 232. Al respecto, Zimmering apunta que, si se continúa sosteniendo que la desencriptación biométrica no tiene carácter testimonial, se perpetúa una relación inversa entre seguridad informática y protección constitucional, conforme la cual adoptar un sistema que incremente la primera reduce la segunda (Cfr. Zimmering, Aubrey: "Actions speak louder than words…", cit., p. 848; citas omitidas).

318 Cfr. Sales, Erin M.: "The 'biometric revolution'…", cit., p. 233 (citas omitidas). En igual sentido: Brejt, Raila Cinda: "Abridging the fifth amendment…", cit., pp. 1195/1196.

Este fundamento alternativo proviene, como se explicó en el capítulo precedente, de la introducción de consideraciones vinculadas al derecho a la privacidad en la discusión sobre el 'nemo tenetur', a fin de encontrar en ellas el sustento que *el análisis estricto de los alcances de la garantía contra la auto incriminación no puede brindarles* a quienes defienden la ilegitimidad constitucional de la desencriptación compulsiva. En esta línea, Redfern asevera que la tecnología biométrica está inherentemente ligada a la privacidad, circunstancia que refuerza la necesidad de proteger a los ciudadanos, mediante la 5ª enmienda, contra la desencriptación compulsiva biométrica[319]. En idéntico sentido, Rangaviz afirma que una jurisprudencia que se apoye en la "doctrina del acto de presentación", sin preocuparse con la privacidad, está destinada a tornarse obsoleta en un siglo en el que incluso los actos de presentación no comunicativos pueden brindar acceso a cada detalle de la vida de una persona[320]. En su lugar, propone colocar el foco *en el resultado de dicho acto* (la transferencia forzada de documentos privados incriminatorios), en cuyo caso —en opinión del autor— la desencriptación biométrica tendría el mismo grado de protección que la introducción de la contraseña, por cuanto el resultado final es el mismo: el desbloqueo del dispositivo y la divulgación de su contenido privado[321].

Ahora bien: como ya se explicó *supra*[322], lo que se soslaya en esta línea de razonamiento es que, en los supuestos en estudio, la *legitimidad del acceso estatal al contenido privado ya fue analizada antes de que se busque compeler el desbloqueo*, cuando las autoridades estatales requirieron —y obtuvieron— autorización judicial para registrar el dispositivo.

Sales agrega un último argumento, que reside en que la cuestión de la desencriptación compulsiva biométrica también involucra al derecho a la privacidad en relación con el propio cuerpo. En atención a ello, según la autora citada, al restarle protección constitucional a dicho acto, los tribunales consienten que se coloque a las personas en el dilema entre (1) usar su propio cuerpo para auto incriminarse o (2) exponerse a ser arrestados por no cumplir con la orden judicial de desbloqueo. Considera erróneo

---

319 Cfr. Redfern, Ariel: "Face it - The convenience of a biometric password…2, cit., p. 602 (citas omitidas).

320 Cfr. Rangaviz, David Rassoul: "Compelled decryption & state constitutional protection…", p. 193 (citas omitidas).

321 Cfr. Rangaviz, David Rassoul: "Compelled decryption & state constitutional protection…", p. 193 (énfasis añadido). En sentido parecido: Brejt, Raila Cinda: "Abridging the fifth amendment…", cit., p. 1196 (citas omitidas).

322 § 5.

que quienes cuentan con acceso biométrico estén expuestos a este dilema cuando los que tienen contraseñas numéricas gozan de una protección constitucional completa[323].

Al respecto, y sin perjuicio de recordar que, de hecho, bien podría afirmarse que quienes mantienen las contraseñas numéricas tampoco están amparados por la garantía contra la auto incriminación cuando el Estado puede demostrar que el conocimiento de dicha clave de acceso es una "conclusión ineludible"[324], lo más importante es señalar que, en la práctica, *no existe el dilema denunciado* por Sales. Ello así, desde que, al tratarse de un acto físico, el imputado puede ser forzado a desbloquear el dispositivo mediante el uso de la fuerza pública, esto es, quitándole —de hecho— la posibilidad de elegir. Sin que se aprecie, tampoco, en qué consistiría la diferencia entre este acto y la comparecencia compulsiva en una rueda de presos, la extracción de sangre, o cualquier otro acto en que la fuerza pública pueda usarse para hacer efectiva la medida de prueba.

6.2. La discusión sobre el desbloqueo compulsivo biométrico en Argentina y Europa

En Europa, los tribunales de los Países Bajos se han expedido confirmando la validez constitucional del desbloqueo biométrico de dispositivos electrónicos en varias oportunidades, distinguiendo este supuesto del de la desencriptación mediante la introducción de una contraseña numérica, el que —para la jurisprudencia neerlandesa— si violentaría la garantía contra la auto incriminación.

El primer fallo sobre la cuestión fue dictado por el Tribunal del Norte de Holanda ("Rechtbank Noord-Holland")[325], el cual consideró, remitiendo al estándar establecido por el TEDH en *Saunders*, que el "material biométrico" requerido para concretar el desbloqueo puede ser obtenido sin la cooperación del imputado, toda vez que existe "con independencia de su voluntad". A la vez, sopesó el significativo interés estatal en desencriptar el teléfono celular (dado que, en el caso, el imputado estaba siendo investigado por un delito que prevé un máximo de 12 años de prisión) contra la

---

323 Cfr. Redfern, Ariel: "Face it - The convenience of a biometric password…", cit., p. 627 (citas omitidas).

324 Al respecto, ver *infra*, § 7.

325 Ver: Tribunal del Norte de Holanda, ECLI:NL:RBNHO:2018:11578, del 14/12/2018.

relativamente leve injerencia sobre la integridad física, para concluir que no se había infringido el 'nemo tenetur'.

La Suprema Corte de los Países Bajos ("Hoge Raad der Nederlanden") adoptó la misma tesitura en el caso conocido como "Caso del smartphone III"[326], destacando que la citada garantía se centra, sobre todo, en las manifestaciones efectuadas bajo coerción, con la idea de impedir la compulsión ilegítima y prevenir decisiones injustas. A diferencia de ello, cuando —como ocurrió en el caso que tenía a estudio— al imputado solo se le requiere que tolere en forma pasiva una medida como la de colocar su dedo en su teléfono, el derecho a no auto incriminarse no es conculcado. El máximo tribunal neerlandés ratificó su posición en otro pronunciamiento dictado en febrero de 2021[327], en el que explicó que el material que existe con independencia de la voluntad del imputado puede ser obtenido a la fuerza, como sucede con las muestras de sangre u orina. En esa dirección, no consideró decisivo, a los efectos del análisis sobre la infracción al 'nemo tenetur', el hecho de que, mediante el desbloqueo biométrico, los investigadores pudiesen acceder a información potencialmente incriminatoria.

En la Argentina, el primer caso de desbloqueo biométrico "compulsivo" se dio en el marco de una causa de gran notoriedad pública, que involucró a un falso abogado mediático que era investigado por haber montado una supuesta organización dirigida a espiar y extorsionar a empresarios. En los primeros tramos de la pesquisa, el juez de grado dispuso adoptar los pasos necesarios para acceder al contenido de los smartphones que le habían sido secuestrados al imputado, ya sea mediante el aporte "voluntario" de su rostro o huella por parte de aquél, o en forma "compulsiva" (esto es: obligándolo, por la fuerza pública, a realizar dicho aporte). Cumplida que fue la medida —con la cooperación del imputado, que finalmente accedió a desbloquear "voluntariamente" los dispositivos—, la defensa de este último planteó la nulidad de la misma y del auto que la dispuso. En sustento de su planteo, argumentó que la mencionada resolución no había sido correctamente notificada a esa parte[328] y que —en consecuencia— su asistido

---

326 ECLI:NL:RBNHO:2019:1568 (2019).

327 Decisión N° 19/05471 CW, del 9/2/2021, en el que confirmó lo decidido por el Tribunal del Norte de Holanda reseñado previamente.

328 En realidad, en el caso la defensa de D'alessio había omitido, al momento de llevarse a cabo la medida, constituir "domicilio electrónico" para ser notificado en debida forma, a pesar de haber sido intimado reiteradamente a tal efecto. Por consiguiente, se lo notificaba en los estrados del tribunal los "días de nota". En este escenario, la defensa argumentó que el auto se había dictado de modo tal

había sido trasladado al lugar donde se llevó a cabo la pericia a espaldas de la defensa y "obligado" a colaborar con la acusación auto incriminándose (al desbloquear los dispositivos, permitiendo el acceso a la evidencia de cargo contenida en aquellos). El planteo fue rechazado por el juez de grado, lo que motivó la apelación de la defensa y la intervención de la Cámara Federal de Apelaciones (CFA) de Mar del Plata, que convalidó lo actuado.

Lo llamativo del caso no es tanto que la apelación de la defensa haya contado con la adhesión del fiscal de cámara —quien consideró que debido al modo en que se llevó adelante la medida, "...la garantía contra la incoercibilidad del imputado, el derecho de defensa y el debido proceso resultaron arrasados al lograr una declaración contra la voluntad del imputado y, fundamentalmente, a espaldas de su defensor"—, sino que el representante del Ministerio Público Fiscal arribó a la conclusión de que el acto era nulo (debido a que el imputado había sido "coaccionado") *a pesar de reconocer que el juzgado estaba legalmente facultado para prescindir de la voluntad del acusado y proceder, directamente, al desbloqueo* de los dispositivos mediante la fuerza pública. Esto es: consideró que la nulidad residía en el (presunto) uso indebido de la coerción para forzar *un consentimiento que el juez de todos modos no necesitaba para poder proceder.*

La deficiencia lógica en la argumentación del fiscal fue correctamente identificada en el fallo de la CFA de Mar del Plata[329], en el cual —sin perjuicio de rechazar que en el caso pudiese haber existido coacción en contra del imputado— se explicó que "...lo que prohíbe esta garantía constitucional es que el imputado se vea compelido o forzado a aportar datos que puedan perjudicarlo, y que ello solo puede ocurrir a partir de manifestaciones de voluntad que exterioricen ideas o pensamientos propios de su fuero íntimo, pero en ningún caso abarcan situaciones en las cuales el imputado es sometido a una investigación judicial como 'objeto' de prueba, en cuyo caso el sistema normativo autoriza el ejercicio de la potestad estatal mínima, proporcionada y razonable como para obtener ciertos datos que son imprescindibles para la continuación de la pesquisa o la averiguación de la verdad en el caso concreto".

A partir de ello, la CFA de Mar del Plata concluyó, con buen criterio, que deducir que la autoridad judicial está facultada para proceder en for-

---

que se llevara a cabo antes de que dicha parte pudiese notificarse concurriendo al juzgado en el correspondiente "día de nota".

329 CFA de Mar del Plata, Expte. N° 88/2019, *in re: Incidente N° 188 - Querellante: E., P. y otros imputado: S.C. y otros s/incidente de nulidad*, del 12/8/2021.

ma compulsiva, pero que lo prohibido constitucionalmente es formularle al imputado "...una previa invitación voluntaria e incondicionada" a los mismos fines es "...tan inconsistente como afirmar que el método menos lesivo e invasivo a la privacidad del sujeto imputado es contrario a la Constitución Nacional, mientras que un actuar compulsivo del Estado en las mismas condiciones no lo sería, tal como parece asegurarlo la Fiscalía al señalar que 'el juez debió continuar en el camino que había decidido, es decir, intentar desbloquear los aparatos telefónicos con la obtención de la huella del imputado o su rostro'".

Más recientemente, en un fallo dictado en 2022, la Sala II de la CFA de Bahía Blanca confirmó, por mayoría, la resolución del juez de grado, en cuanto había intimado —en el marco de una causa por narcotráfico— al imputado a fin de que aportase la clave de desbloqueo de su celular al personal policial, y dispuso que en caso de que éste no accediese a la petición, se efectuara el procedimiento de forma compulsiva, únicamente respecto del patrón de desbloqueo de origen dactilar o de iris, habida cuenta de que la apertura no había podido concretarse mediante el uso de herramientas informáticas forenses[330]. En tal contexto, el tribunal remitió al precedente *Rau* de la CSJN, para a partir de ello concluir que, en el caso, no se le requería al imputado efectuar *declaraciones* acerca de hechos que la persona no [tenía] el deber de exteriorizar[331], sino que solo se le exigía "un comportamiento pasivo frente a la medida probatoria ordenada".

Por añadidura, puntualizó[332] que "[c]olocar un dedo o la mirada sobre el teléfono celular no importa obtener coercitivamente una expresión o manifestación del encartado, sino la utilización pasiva de su cuerpo [...], y no se advierte que sea necesaria una intensa actividad para vencer una eventual resistencia, no diferente a aquella que se hubiese requerido en caso que se negase a la extracción de huellas dactilares para su identificación".

En sentido opuesto se expidió, en su voto en disidencia, el juez Picado, el cual —no obstante partir del análisis de los mismos precedentes de la CSJN— terminó concluyendo que la medida impugnada constituía una in-

---

330 CFA de Bahía Blanca, Sala II, Expte. N° FBB 5150/2021/1/CA1, *in re: Marcos Gallego, Gabriel Sebastián por Infracción ley 23.737 (art. 5 inc. c)*, del 7/4/2022.

331 Énfasis en el original.

332 Con cita de lo expresado por la CSJN en los precedentes de Fallos: 255:18 (sobre la intervención en un reconocimiento en rueda de presos) y 318:2518 (sobre extracción compulsiva de sangre).

jerencia ilegítima sobre el 'nemo tenetur' y el derecho a la dignidad humana. En sustento de su postura, consideró que el supuesto de hecho objeto de análisis era distinto del que fuera materia de sentencia en el precedente *Cincotta* de la CSJN, señalando que en lugar de disponer la presencia del imputado "al mero efecto de su identificación", como ocurrió en aquél caso, el desbloqueo del teléfono contra la voluntad del acusado importaría que "...el Estado se estaría valiendo de su cuerpo —en el caso del desbloqueo basado en datos biométricos— para lograr acceder a los datos almacenados dentro del aparato, los que constituirían la prueba, finalidad que resulta completamente distinta a lograr la identificación del acusado".

En igual sentido, entendió que cabía distinguir al desbloqueo compulsivo de los supuestos en los que *la prueba no es producto de la mente* del imputado, sino de lo percibido por otra persona o del contraste entre materiales. Ello así, toda vez que, a su modo de ver, "...la medida que se pretende realizar [en el caso] de ninguna manera prescinde de la voluntad del imputado, dado que el acto de acceder al dispositivo móvil implica de por sí una intención, una voluntad de hacer, que no puede ser requerida coactivamente del imputado. Esto es así independientemente del método utilizado para bloquear el teléfono"[333]. Más específicamente, en relación con las variantes de desbloqueo basadas en datos biométricos, el juez disidente entendió que "...afirmar que en la medida no se involucra la voluntad del acusado implicaría consentir el uso de la fuerza para obligar a la persona que opone resistencia a que abra sus ojos a fin de que, posicionando la pantalla frente a él, el teléfono logre desbloquearse, o a que coloque sus dedos en contra de su voluntad en el lector para que éste reconozca sus huellas dactilares, lo cual a todas luces aparece como arbitrario y desproporcionado".

Sin embargo, el magistrado disidente no explicó en qué consistiría la diferencia, a los efectos de considerar "desproporcionado" el uso de la fuerza, entre el supuesto de su utilización para compeler el desbloqueo biométrico y los del recurso a la misma para obligar a un imputado a mantenerse de pie en un reconocimiento en rueda de presos, o apoyar sus dedos para permitir la obtención de sus huellas digitales o incluso tolerar la extracción de sangre a los efectos de una prueba de ADN, siendo que —como puntualizó correctamente la mayoría— el grado de fuerza requerido es el mismo

---

333 Este argumento del juez disidente queda completamente privado de sustento ni bien se repara en que —como bien apuntó la Suprema Corte del Estado de Minnesota en *State v. Diamond* (ver *supra*, § 6.1)— el desbloqueo biométrico *puede concretarse incluso si el imputado está inconsciente*, lo que permite descartar que el acto requiera una "voluntad de hacer".

o incluso puede ser menor que en estos últimos supuestos. Por consiguiente, su conclusión sobre este punto luce carente de sustento.

De hecho, en el tramo final de su argumentación el magistrado defendió una interpretación "amplia" sobre el alcance de la garantía que pareciera surgir del fallo *Miranda v. Arizona*, pero pasando por alto que aquella fue rechazada por la propia SCOTUS en el precedente *Schmerber.* En efecto, el juez afirmó que la garantía del 'nemo tenetur' implica que "...la persona sometida a un proceso penal no se encuentra obligada a realizar ninguna manifestación ni aportar elementos con el fin de colaborar con la investigación realizada por los órganos estatales, pues pesa sobre éstos el encontrar los elementos probatorios de cargo que permitan destruir el estado jurídico de inocencia del cual goza el imputado". De lo que se sigue que, a su modo de ver, el derecho a no declarar contra uno mismo "...no puede entenderse limitado a las 'declaraciones' en su concepción literal, sino que debe ser extendido hacia un significado más amplio que comprenda el derecho de todo imputado a no auto incriminarse y a negarse a colaborar con la construcción de su acusación".

Esta postura disidente, no obstante, es decididamente minoritaria en la jurisprudencia de los tribunales argentinos. Así, la Sala I de al CFA de Bahía Blanca se pronunció en idéntico sentido que la Sala II del mismo cuerpo, confirmando una resolución en la que se le requirió al imputado que aportase voluntariamente la clave de desbloqueo de su teléfono celular, autorizando que en caso de que la respuesta fuese negativa, se utilizase la "mínima fuerza pública necesaria" para obtener el patrón de desbloqueo de origen dactilar o de iris[334], nuevamente con remisión a lo expresado por la CSJN en *Rau.* En esa línea, y aludiendo también a la distinción entre el imputado como "sujeto" u "objeto" de prueba desarrollada en la doctrina nacional, el tribunal citado argumentó que, aunque "...no es dable forzar al imputado a colaborar activamente con la pesquisa llevada en su contra, tampoco resulta atendible que éste no pueda ser objeto de ciertas injerencias corporales [...] por parte del Estado para contribuir al esclarecimiento de hechos presuntamente delictivos y cuya intervención se le atribuye"[335].

---

334 Ver: CFA de Bahía Blanca, Sala I, causa FBB 3139/2022/1/CA1, *in re: Incidente de Reposición... en autos: 'Mora, Brisa Aylén por infracción ley 23.737 (art. 5 inc. c)*, del 27/5/2022.

335 Aunque el tribunal reconoció que la medida objeto de análisis no estaba contemplada en la normativa procesal, entendió que ello, "...lejos de representar un impedimento para la realización probatoria —como pretende la defensa— implica una adaptación de la normativa a las circunstancias actuales".

En base a lo expuesto, concluyó afirmando que la cláusula constitucional contra la auto incriminación no puede considerarse implicada a la medida analizada (que consiste en aportar la característica biométrica del imputado ya sea colocando la huella digital, o a través del reconocimiento facial para desbloquear el dispositivo electrónico), toda vez que resulta similar —o incluso menos invasiva— que las que ya fueron admitidas por la CSJN en los precedentes citados.

De igual manera, la CFA de Tucumán confirmó el rechazo de un planteo de nulidad contra la orden del juez federal de grado que había ordenado la obtención compulsiva de los datos biométricos del imputado (huella dactilar o reconocimiento facial) a fin de proceder a la pericia del contenido del mismo en el marco de una causa por el delito de trata de personas[336]. En su decisorio, el tribunal de alzada desestimó los argumentos de la defensa, que había afirmado que someter físicamente a su asistido para obligarlo a desbloquear su teléfono celular resultaba "...un hecho análogo, jurídicamente hablando, a la admisión de una declaración obtenida bajo tormentos". Ello, por entender que el desbloqueo biométrico constituía un "trato degradante o humillante". En sentido contrario, el tribunal se apoyó en la doctrina sentada por la CSJN sobre la cuestión para afirmar que "...no resultan alcanzadas por la prohibición las medidas probatorias que requieren la presencia física del imputado como prueba de su identidad".

En la doctrina nacional, la postura crítica a la legitimidad constitucional del desbloqueo biométrico está representada por Carboni, que rechaza la concepción de Kerr, que lo considera un mero acto físico mediante el cual se pone a disposición de la autoridad la documentación resguardada en el dispositivo. Entiende, en sentido opuesto, que ya en un ámbito simbólico, dicho acto involucra el *reconocimiento* de una serie de circunstancias que rodean al acto, por lo que implícitamente tiene un carácter *declarativo y potencialmente incriminatorio*[337]. Coincide con esta última afirmación Polansky, que también entiende que no se trata de un supuesto equivalente a la extracción compulsiva de ADN, ni resulta una medida análoga a aquellas mediante las cuáles se obtiene evidencia del cuerpo del imputado[338]. Ello

---

336 Ver: CFA de Tucumán, *in re: Legajo N° 1 - Querellante: Fundación María de los Ángeles. Imputado: ____ y otros s/legajo de apelación*, del 29/12/2022.

337 Cfr. Carboni, Manuel F.: "Nuevas tecnologías, viejos derechos", cit., p. 25 (énfasis en el original).

338 Cfr. Polansky, Jonathan, *Garantías constitucionales del procedimiento penal...*, cit., p. 77.

así, toda vez que el desbloqueo biométrico tiene *contenido testimonial implícito*, en la medida en que supone informar a las autoridades estatales que la persona que desbloqueó el dispositivo es el usuario del mismo, que tiene control sobre él y, por lo tanto (y salvo evidencia en contrario), que su contenido le pertenece[339].

Sin embargo, a diferencia de Carboni, Polansky opina que resulta posible, desde una perspectiva constitucional, bajo ciertos recaudos, obligar al imputado a desbloquear su teléfono celular (u otro dispositivo similar) a través del ingreso de sus datos biométricos[340]. En tal contexto, el autor citado propone aplicar la doctrina de la "conclusión ineludible". Al respecto, señala que, en el caso del desbloqueo de teléfonos celulares mediante el ingreso compulsivo de datos biométricos, la medida resultaría tolerable constitucionalmente si el Estado, antes de proceder al desbloqueo, puede demostrar que conoce quien es su usuario y, por lo tanto, quien es el que posee el control sobre el contenido del dispositivo. En ese orden de ideas, Polansky argumenta que, a su modo de ver, la doctrina de la "conclusión ineludible" se podría aplicar perfectamente en la Argentina. Ello así, desde que la misma no hace más que otorgarle valor jurídico a un hecho de la realidad: lo que aparenta ser confesión no lo es, dado que el Estado tenía conocimiento previo de ese acto. En consecuencia, si las autoridades estatales conocen quien es el usuario y que tiene control sobre su teléfono celular, obligar a un imputado a desbloquearlo mediante el ingreso compulsivo de sus datos biométricos constituiría un acto similar a una extrac-

---

339 Cfr. Polansky, Jonathan, *Garantías constitucionales del procedimiento penal...*, cit., p. 91 (citas omitidas / énfasis añadido). Al respecto, el autor citado compara el ejemplo de dos personas sorprendidas en posesión de un único celular conteniendo evidencia incriminatoria, con el de dos personas sospechosas de haber cometido un delito en el que el responsable dejó una gota de sangre. En el primer supuesto, si se obliga a ambos sospechosos a intentar desbloquear el teléfono, el accionar del que resulte exitoso tendría naturaleza "comunicacional" o "testimonial", ya que sería ese mismo accionar el que demostraría que es el culpable. En el segundo supuesto, la mera tolerancia de ambos imputados a que se les extraiga una muestra de ADN no comunica nada, toda vez que la demostración de la correspondencia de la huella genética de uno de los dos con la gota de sangre dejada en la escena del crimen la efectúa un tercero (aut. y op. cit., pp. 91/92).

340 Cfr. Polansky, Jonathan, *Garantías constitucionales del procedimiento penal...*, cit., p. 77.

ción compulsiva de sangre, lo cual resulta admisible en nuestra tradición jurídica[341].

Por otro lado, y haciéndose eco de lo expresado por distintos autores en la discusión doctrinaria de los EE.UU., Carboni se pregunta hasta qué punto resulta razonable que nuestro ordenamiento jurídico garantice una protección distinta a los derechos de una persona, dependiendo del sistema que eligió para bloquear el contenido de su teléfono celular; y si un sujeto que optó por un sistema de reconocimiento facial tiene menos derecho a defenderse en un proceso penal que alguien que aplicó una clave alfanumérica. Argumenta, al respecto, que es posible intuir que quien decide bloquear su celular por cualquier mecanismo está eligiendo activamente resguardar su contenido de toda injerencia exterior, a sabiendas de que el ordenamiento penal protege su decisión mediante las sanciones previstas por el artículo 153 bis del CP[342], contando *no solo con una barrera material sino también con una barrera jurídica* que no hace distinciones sobre el método de validación del equipo[343].

Por añadidura, Carboni argumenta que, en los hechos, ya sea mediante el desbloqueo de un celular con el aporte forzado de sus datos biométricos, o mediante el aporte compulsivo de su clave de acceso, una persona está haciendo lo mismo. Esto es, suministrando *contra su voluntad* un contenido que decidió resguardar en su fuero íntimo, y que luego podrá ser utilizado por el investigador para desvirtuar su presunción de inocencia. Por lo tanto, ambos supuestos merecen por igual la protección del artículo 18 de la CN, ya que este *no protege a los ciudadanos de ser obligados a emitir un sonido con su voz, sino de las consecuencias jurídico-penales que ese sonido puede traer aparejado*[344].

---

341 Cfr. Polansky, Jonathan, *Garantías constitucionales del procedimiento penal*..., cit., p. 96 (citas omitidas).

342 El cual establece que: "[s]erá reprimido con prisión de quince (15) días a seis (6) meses, si no resultare un delito más severamente penado, el que a sabiendas accediere por cualquier medio, sin la debida autorización o excediendo la que posea, a un sistema o dato informático de acceso restringido".

343 Cfr. Carboni, Manuel F.: "Nuevas tecnologías, viejos derechos", cit., p. 30 (énfasis añadido). En ese orden de ideas, apunta que, en la medida en que en el campo de la seguridad informática se considera a los medios de identificación biométrica más seguros que las claves de acceso convencionales, su utilización debería interpretarse como una manifestación más enfática del deseo de privacidad (aut. y op. cits., pp. 30/31).

344 Cfr. Carboni, Manuel F.: "Nuevas tecnologías, viejos derechos", cit., p. 32 (énfasis añadido).

A partir de ello, y con sustento en lo expresado por la CSJN en *Mendoza*[345] y *Charles Hermanos*[346] Carboni concluye que resultaría siempre inconstitucional una orden que, por medios coercitivos, obligue a una persona a desbloquear su celular y poner su contenido a disposición del tribunal, por cuanto de hallarse en él evidencia incriminatoria, se estaría entonces obligando a un imputado a producir prueba que luego podrá ser utilizada en su contra. En opinión del autor, en este supuesto siempre se estaría hablando de una violación de la garantía que prohíbe todo tipo de autoincriminación, ya que el acto mismo de facilitar verbal o mecánicamente un contenido personal que se eligió resguardar, y hacerlo bajo coacción, es a la vez una declaración y un acto potencialmente auto incriminatorio[347].

Con respecto a esta línea de argumentación, cabe en primer término reiterar que la cuestión de la protección de la información personal refiere a una garantía distinta (el derecho a la intimidad) cuya afectación, además, es analizada en una instancia anterior, en la que el juez interviniente tiene que decidir si concede, o no, la orden de registro solicitada por la acusación (sin la cual no habría motivos para requerir, posteriormente, la orden de desbloqueo necesaria para poder hacerla efectiva). En segundo, destacar que ninguno de los dos precedentes citados por Carboni resulta de aplicación al caso. Ni *Mendoza,* que refiere a la prohibición de requerirle al imputado que declare bajo juramento (cuando en el supuesto en el estudio no se está obligando al sospechoso a manifestar nada[348], ni mucho menos a hacerlo bajo juramento de decir verdad); ni *Charles Hermanos,* que alude al acceso ilegítimo a papeles privados, siendo que, en el supuesto en estudio, ese acceso ya ha sido autorizado por el juez por medio del libramiento de una orden de registro fundada en la existencia de sospecha previa.

Asimismo, en orden a la legitimidad del uso de la fuerza para compeler el desbloqueo biométrico (frente a cuestionamientos como el ensayado por el juez disidente, en el fallo de la CFA de Bahía Blanca), se ha señalado que "no caben dudas" de que hacer que el imputado coloque uno de sus dedos de la mano en un teléfono, o que permanezca cerca e inmóvil a una corta distancia de la cámara frontal del dispositivo, resultan medidas menos agresivas, y por lo tanto afectan en menor medida la dignidad del

---

345 Fallos: 1:350.

346 Fallos: 46:36.

347 Cfr. Carboni, Manuel F.: "Nuevas tecnologías, viejos derechos", cit., p. 34.

348 Si existe una comunicación implícita derivada del acto de desbloqueo, que se torna inocua cuando concurre la "conclusión ineludible".

imputado, que la extracción compulsiva de sangre o la administración de un enema, que ya fueron admitidos por nuestra jurisprudencia[349].

Al respecto, Portillo y Mateo apuntan que existen muchísimas herramientas con las que cuenta el poder estatal y que constituyen, en mayor o menor medida, un menoscabo a la libertad física del imputado, desde su traslado por la fuerza pública hasta la privación de su libertad. En este orden de cosas, no puede decirse que el hecho de obligar a una persona a posar su dedo sobre un dispositivo electrónico produzca un mayor menoscabo que los procedimientos mencionados[350].

7. CONCLUSIONES

A mi modo de ver, la principal conclusión que puede extraerse de la (quizá excesivamente extensa) reseña efectuada en los apartados precedentes es que, a pesar de las diferencias que existen entre el sistema legal estadounidense y el de los países cuyos ordenamientos se enraízan en la tradición europea continental, lo cierto es que existen suficientes elementos en común entre los textos constitucionales aplicables en uno y otro ámbito como para afirmar que, al menos *desde el punto de vista estrictamente jurídico, la desencriptación compulsiva* de dispositivos electrónicos —sobre todo aplicando los rasgos biométricos, pero también mediante la introducción forzada de la contraseña— puede ser considerada *una facultad estatal constitucionalmente legítima* tanto en los EE.UU. como en muchos países de Europa *y también en la Argentina.*

Ello, siempre y cuando concurran ciertas condiciones. A saber: (a) que en el marco de la investigación por un delito se hayan secuestrado, conforme a la ley, dispositivos electrónicos encriptados; (b) que la autoridad estatal haya obtenido autorización judicial para proceder al registro de dichos dispositivos, mediante la demostración de que hay motivos suficientes para presumir que contienen información relacionada con el delito investigado (esto es, lo necesario para que se autorice la injerencia sobre el delito a la intimidad); (c) que las autoridades hayan acreditado también que el im-

---

349 Cfr. Polansky, Jonathan, *Garantías constitucionales del procedimiento penal...*, cit., p. 90 (citas omitidas). En igual sentido: Sarquis, Agustín Pablo: “El desbloqueo compulsivo de celulares...”, cit., p. 144.

350 Cfr. Portillo, Víctor Hugo / Matteo, Juan Manuel: “Autoincriminación y nuevas tecnologías”, cit., p. 188.

putado es el titular (o principal usuario)[351] de los dispositivos secuestrados y que conoce la contraseña para desbloquearlos (o sus rasgos biométricos han sido programados en el mismo a tal efecto), de modo tal que dicha información constituya una "conclusión ineludible" para el Estado.

Cuando las condiciones antes mencionadas están, de hecho, presentes, no se aprecia que existan argumentos jurídicos convincentes ni para afirmar que la desencriptación compulsiva es siempre inconstitucional, ni para sostener que, para que pueda ser considerada legítima, es preciso que el Estado haya acreditado contar con conocimiento previo independiente sobre la existencia, ubicación y autenticidad *de los archivos digitales que pretende obtener*.

En este orden de ideas, entiendo que, a pesar de las notorias diferencias que existen entre la entrega compulsiva de documentos físicos y la desencriptación compulsiva de dispositivos electrónicos, el fundamento sobre el cual debe apoyarse el análisis con respecto a si esta última es, o no, constitucionalmente válida *en relación con la garantía contra la auto incriminación* se encuentra en las doctrinas del "acto de presentación" y la "conclusión ineludible" elaboradas por la SCOTUS. No sólo porque la jurisprudencia elaborada por el TEDH y por los tribunales superiores de la Argentina y otros países de Europa es tributaria, expresa o implícitamente, de aquella, sino porque es el desarrollo teórico más acabado sobre la cuestión en trato.

Así las cosas, vale señalar que, aunque ambas doctrinas hayan sido delineadas por primera vez en el fallo *Fisher*, es seguramente el precedente *Doe* (II) el que presenta aristas más compatibles con los supuestos de hecho en los que podría aplicarse la desencriptación compulsiva. Ello, desde que, al igual que en el caso analizado por la SCOTUS en este último precedente, cuando las autoridades encargadas de la persecución de los delitos han secuestrado un dispositivo electrónico encriptado, lo que tienen ante sí es una fuente potencial de evidencia relevante para la investigación de un ilícito que *ya ha sido identificada como tal*, pero de la cual no pueden extraer la información pretendida debido a la existencia de un obstáculo (legal en el caso *Doe* II, técnico *y legal* en el supuesto objeto del presente trabajo) que *alguien más debe remover*, para que luego sea el Estado el que se encargue de llevar a cabo el registro. Esta última circunstancia —esto es: que lo único que se le exige al imputado es la remoción del obstáculo que impide el

---

[351] Desde luego que, si hay otro usuario del dispositivo u otra persona (que no se encuentre imputada) que conozca la contraseña o tenga sus rasgos biométricos programados en aquél, la orden de desbloqueo debe dirigirse a esa persona.

registro— es la principal diferencia entre el supuesto analizado en *Doe* II (y en los supuestos de desencriptación compulsiva) y los que fueron objeto de los precedentes *Fisher*, *Doe* (I) y *Hubbell*, en los que se consideró conculcado el 'nemo tenetur' porque lo que *se le requería al imputado era que él mismo localizara y entregara la evidencia documental* buscada por el Estado.

Por consiguiente, tal como lo hizo la SCOTUS en el precedente de mención, cabe concluir, por un lado, que ni de la 5ª enmienda estadounidense, ni de la CADH o el PIDCyP, ni del art. 18 de la CN puede extraerse que la citada garantía comprenda, en su ámbito de protección, a los archivos digitales *previamente creados en forma voluntaria por el sospechoso.* Sentado ello, *lo único que puede llegar a estar protegido es el acto de entrega en sí mismo,* esto es: la remoción del obstáculo que impide el acceso estatal al contenido de esa fuente potencial de evidencia ya identificada y capturada por la autoridad. El cuál, cuando se trata de dispositivos en los que la encriptación se remueve mediante la introducción de una contraseña numérica o alfanumérica, involucra el uso de un dato que se encuentra en la propia mente del imputado.

Lo cierto es, sin embargo, que al igual que ocurrió en *Doe* (II), el "uso de la mente" que demanda recordar la clave de acceso a un smartphone o laptop para la persona que la utiliza constantemente para interactuar con dichos dispositivos *no es "intensivo"* (como en *Hubbell*), sino *igual al que demandaría identificar la llave correcta* para abrir una caja fuerte o cualquier otro compartimento cerrado.

Y es que de lo que se trata, a fin de cuentas, tanto en orden al desbloqueo biométrico como numérico, es de llevar a cabo *un acto físico* para remover el obstáculo que le impide al Estado terminar de concretar un registro para el cual ya obtuvo autorización judicial. Es cierto que, a primera vista, podría afirmarse que ello en efecto conculca la garantía contra la auto incriminación, en tanto demanda una *participación activa* del imputado (ser "sujeto de prueba", en los términos planteados en la doctrina nacional), o una *cooperación de este con la propia acusación* (en los de la jurisprudencia del TEDH). Sin embargo, un análisis más riguroso permite, en mi opinión, arribar a la conclusión opuesta.

En esa dirección, entiendo pertinente señalar, en primer lugar, que las distinciones que se han consolidado en la doctrina argentina (entre "sujeto u objeto" de prueba, o entre el derecho a "no cooperar activamente" vs. la obligación de soportar "pasivamente" la producción de prueba) se han desarrollado *sin un anclaje concreto en los textos legales aplicables o en la doctrina sentada por la CSJN* en los precedentes *Cincotta, Zambrana Daza* y *Rau.*

En efecto, la jurisprudencia del máximo tribunal de la Argentina *nunca acogió las distinciones en las que se apoya la doctrina nacional* para identificar las medidas de prueba susceptibles de vulnerar el 'nemo tenetur'. Por el contrario, dicha jurisprudencia discurrió por carriles mucho más cercanos a los precedentes de la SCOTUS, incluso remitiendo a ellos en forma explícita en algunos casos. Así, la CSJN aludió en forma expresa a que la garantía protege contra la extracción compulsiva de "comunicaciones o expresiones", aclarando que no cubre a la evidencia "física" o que sea "producto de la libre voluntad del imputado"; lo cual vincula a dicha jurisprudencia con las consideraciones efectuadas por la SCOTUS en precedentes como *Schmerber*, *Fisher* o *Doe* (II), sobre las cuales se erigieron los fundamentos teóricos de la desencriptación compulsiva. Aunque es cierto que esta circunstancia no autoriza a afirmar, sin más, que el Cimero Tribunal —si tuviese que decidir sobre la cuestión al día de hoy— consideraría legítimo el desbloqueo compulsivo de un dispositivo electrónico (sobre todo mediante la introducción de la contraseña), si permite aseverar razonablemente que esa medida *no contradice ni la letra de las cláusulas constitucionales aplicables ni la doctrina que sobre ellas sentó la CSJN*[352].

Al respecto, es importante recordar que lo que se prohíbe en el art. 18 de la CN, en el art. 8.g de la CADH y en el art. 14.g del PIDCyP es obligar al imputado a "*declarar* contra sí mismo" o a "*declararse* culpable". Ahora bien: "declarar", según la Real Academia Española, significa "manifestar, hacer público"[353]. Esto es: *transmitir* a un tercero, ya sea en forma explícita o implícita, verbalmente o mediante un gesto o acción, *una información* que hasta ese momento no era pública y que *podría resultar incriminatoria*. De lo que se sigue que la principal cuestión a determinar, a fin de decidir si una *conducta* se encuentra, o no, amparada por la garantía contra la auto incriminación, es *si dicha conducta es apta para comunicar información potencialmente incriminatoria*. Es decir, si ostenta lo que en la doctrina de la SCOTUS se denomina como "naturaleza testimonial". Lo cual, como parece evidente,

---

352 Al respecto, cabe señalar que aunque la CSJN tuvo la oportunidad de dejar aclarado este punto en el caso *Bacque* (Fallos: 249:350) —en el que el imputado había planteado la nulidad de una causa en la que el juez de instrucción le había ordenado entregar todos los documentos que tuviese en su poder referidos a la presunta defraudación objeto de investigación, con expresa invocación del precedente *Boyd v. United States*—, el tribunal optó por no expedirse sobre el fondo y resolvió declarando improcedente el recurso por no dirigirse contra sentencia definitiva o equiparable a tal.

353 Ver: https://dle.rae.es/declarar.

no guarda relación alguna con ser "sujeto" u "objeto" de prueba o con comportarse en forma "activa" o "pasiva".

En orden a ello, parece claro que cuando una persona desbloquea un dispositivo electrónico, aunque sea mediante una clave numérica, en principio no incorpora al proceso un "conocimiento cierto o probable sobre un objeto de prueba" ni proporciona "información por el relato de los hechos, circunstancias o acontecimientos". De hecho, en puridad, no aporta ninguna información sobre el delito que se le imputa, sino únicamente *el* dato (la contraseña) requerido para acceder a una fuente potencial de evidencia. Dato que, además, *no tiene ninguna utilidad para la investigación del delito más allá del que se desprende de su función, que se limita únicamente a habilitar el desbloqueo.* Esto es: solo remueve el ya mencionado obstáculo para impedir el registro, pero *no asiste en modo alguno al registro propiamente dicho,* que debe ser llevado a cabo en forma exclusiva por el Estado, encargado de analizar la información y detectar la que pueda resultar de utilidad para la pesquisa. A punto tal esto es así, que es posible (y deseable) que el imputado lleve a cabo el desbloqueo sin revelar la contraseña.

Sin perjuicio de lo expuesto, es preciso reconocer que el desbloqueo de un dispositivo, incluso si se lleva a cabo sin revelar la contraseña (solo introduciéndola) o por medios biométricos, aunque se trata de un acto físico (conducta), *puede implícitamente comunicar algo.* Puntualmente, lo que comunica es que la persona que lo lleva a cabo es capaz de desbloquear el dispositivo, ya sea porque conoce la contraseña o porque previamente lo ha programado para reconocer sus rasgos biométricos. De lo que, a su vez, puede inferirse que es probable (aunque no seguro) que sea el dueño o principal usuario del dispositivo en cuestión[354]. Pero no así —o por lo menos no con tanta probabilidad— que sea el titular o creador de los archivos digitales almacenados dentro del dispositivo, toda vez que —dependiendo del tipo de equipo que se trate y como sea usado— estos pueden almacenar información proveniente de muchas fuentes distintas.

Entran a tallar, en este punto, tanto el segundo elemento de la definición de "declarar" —que consiste en que la comunicación suponga una

---

[354] Entiendo que no es "seguro" que quien puede desbloquear el dispositivo sea el dueño o principal usuario por cuanto, por un lado, el conocimiento por parte de personas distintas del titular del dispositivo de la clave de acceso al mismo dependerá de cuan predispuesto o renuente sea aquel a compartir el dato con otras personas (pareja, parientes, amigos). De igual manera, algunos dispositivos que cuentan con acceso biométrico permiten programarlos para que se desbloqueen con los datos biométricos de más de una persona (por lo general, hasta cinco).

"divulgación", es decir, que comunique algo al tercero que *éste no conociera previamente*— como la doctrina de la "conclusión ineludible", la cual permite que se compela una conducta que podría implícitamente comunicar información potencialmente incriminatoria, en el supuesto de que dicha comunicación implícita se haya tornado inocua debido a la existencia de un canal independiente que *ya ha aportado esa misma información.*

En orden al objeto de la "conclusión ineludible", cabe remitirse a lo ya expresado en punto a que no hay ningún argumento válido, fundado en la garantía contra la auto incriminación, que le otorgue sustento a la postura según la cual aquella debe referirse a los documentos subyacentes, en lugar de a la información que podría inferirse *de la conducta que, de hecho, se pretende compeler, que es el desbloqueo* de un dispositivo electrónico encriptado. Pues como ya se ha explicado también, el derecho a la privacidad no juega ningún papel en este análisis, toda vez que la desencriptación compulsiva requiere, como paso previo ineludible, que un juez haya analizado con anterioridad si estaban dadas las condiciones para autorizar una injerencia sobre dicho derecho, y que se haya decidido por la afirmativa.

Si, como corresponde, la "conclusión ineludible" se aplica en relación con la información que puede llegar a inferirse a partir del cumplimiento de la orden de desencriptación compulsiva, queda claro que *no habrá divulgación si lo que comunica implícitamente el acto de desbloqueo ya era conocido previamente* por el tercero relevante (el Estado). Dicho de otro modo: si el Estado ya ha demostrado saber, al momento de solicitar que se compela el desbloqueo, que el requerido es el dueño o principal usuario del dispositivo, entonces *el acto posterior de desbloquearlo ya no importa una divulgación, aunque comunique (implícitamente)* ese mismo dato.

A los efectos de ilustrar esta última conclusión, vale hacer una comparación entre lo que el Estado *conocería antes y después* de compeler legítimamente (conforme la concepción que aquí se defiende) la desencriptación de un dispositivo electrónico. Así, para poder obtener una autorización válida de un juez para compeler el desbloqueo, el acusador debe poder acreditar conocimiento previo sobre que el dispositivo objeto de la medida probablemente contiene evidencia relevante para la investigación de un delito (de lo contrario no podría conseguir la orden de registro), que le pertenece al imputado (o que este es uno de sus principales usuarios) y que éste conoce la contraseña para poder desbloquearlo (o que sus rasgos biométricos son aptos para ello). *Esto es lo que conoce antes de que se autorice la desencriptación compulsiva, y es lo mismo que va a conocer después* de que la misma se concrete, toda vez que el acto de desbloquear el dispositivo transmite implícitamente idénticos datos.

En cambio, lo que el Estado eventualmente pueda llegar a averiguar una vez que el contenido del dispositivo esté desencriptado y haya podido analizarlo *no será producto del acto de desbloqueo, sino de la concreción de la orden de registro que ya había obtenido* previamente. Esto es: de su propia labor independiente, sin intervención del imputado. Lo único que hace el imputado en este contexto es llevar a cabo un acto físico (el desbloqueo) que remueve un impedimento tecnológico (la encriptación) para permitir el cumplimiento de una orden de registro válida. Pero no contribuye al análisis del dispositivo desbloqueado ni, por consiguiente, tampoco con la investigación en su contra.

En esa dirección, cabe señalar también que el hecho de que los archivos digitales a los que pueda llegar a accederse como consecuencia de la desencriptación compulsiva se encuentren dentro del dispositivo electrónico desbloqueado no significa que dicho acto los "autentique". Ello así, toda vez que estos pueden contener tanto archivos alterados como otros pertenecientes a un tercero, o incluso incorporados al mismo sin intervención del usuario (ej: imágenes enviadas en un mensaje de WhatsApp que no abrió). De igual manera, la referida apertura tampoco autentica la contraseña, puesto que —como bien se señaló en el fallo *Stahl*— la propia naturaleza de la herramienta tecnológica analizada supone que no requiera de autenticación externa.

A partir de lo expuesto, entiendo que puede razonablemente argumentarse que *tampoco resulta óbice para el desbloqueo compulsivo (incluso mediante la introducción de una contraseña numérica) la interpretación que ha hecho el TEDH* sobre el contenido del art. 6 del CEDH, en cuanto entendió que incluye, además del derecho del imputado a guardar silencio, el de "no colaborar con la acusación" en su contra. No solo porque —como ya se dijo— la única norma constitucional vigente en Europa que alude en forma expresa al tema (el art. 14.g. del PIDCyP) se refiere a "declaraciones", sino —especialmente— porque *lo que constituye una verdadera colaboración con la acusación es brindarle a esta una información que no posee,* lo que —de nuevo— no ocurre cuando el Estado ya conoce los datos que el desbloqueo podría llegar a transmitir, tal como lo han reconocido los fallos del Reino Unido, Francia y Bélgica[355] que convalidaron la desencriptación compulsiva de dispositivos electrónicos.

No obsta a lo expuesto lo expresado por el TEDH en los pronunciamientos en los que consideró violatorios del 'nemo tenetur' a los requeri-

---

[355] Ver *supra*, § 4.5.

mientos compulsivos de entrega de documentación corporativa o financiera[356], toda vez que cabe efectuar, a su respecto, la misma distinción que se hizo en la jurisprudencia estadounidense entre el supuesto analizado (sobre todo) en el precedente *Hubbell* de la SCOTUS —en el que, como en los casos europeos, se le exigía al imputado identificar y entregar una amplia variedad de documentos potencialmente incriminatorios, cuya existencia, locación y autenticidad era solo sospechada por el Estado; y el de la mayoría de los casos de desencriptación compulsiva, en los que las autoridades ya han identificado (y tienen en su poder) a la fuente de la evidencia buscada (los dispositivos electrónicos) y solo pretenden que se remueva un obstáculo (tecnológico) que les impide proceder al registro[357]. Por ende, aunque —como ocurre con la CSJN— no es posible asegurar que el TEDH vaya a convalidar el desbloqueo compulsivo (por ejemplo, en el caso *Minteh v. France,* que se encuentra pendiente de resolución ante dicho tribunal), si puede afirmarse que la aplicación de la "conclusión ineludible" no contradice, en principio, la doctrina sentada en sus precedentes.

Por otro lado, vale señalar que si se llegase a autorizar la desencriptación compulsiva en los países en los que —como la Argentina— no se encuentra expresamente regulada en los códigos procesales, dicha autorización *no sería objetable desde el punto de vista estrictamente jurídico,* toda vez que no importaría aplicar analógicamente otra norma procesal a los efectos de concretar la injerencia a un derecho fundamental, en contra del principio 'nulla coertio sine lege' y lo establecido, a nivel federal, en los arts. 2 del CPPN y 14 del CPPF, como sostiene Stratiotis[358]. Ello es así, desde que, como se viene señalando, en los supuestos en los que se compele la introducción de la contraseña (o el uso de rasgos biométricos) para desbloquear un dispositivo electrónico a fin de ejecutar una orden de registro válida, por haberse acreditado la concurrencia de la "conclusión ineludible" (correctamente interpretada), la medida *no supone una injerencia sobre ningún derecho fundamental.* Ni sobre la garantía contra la auto incriminación, ni (mucho menos) sobre el derecho a la privacidad.

---

356 Ver *supra,* § 3.2.

357 Supuesto este que es mucho más similar al analizado por la SCOTUS en el precedente *Doe* (II), que no cuenta con ningún sucedáneo en la jurisprudencia del TEDH.

358 Ver: Stratiotis, Diego: "Acceso a teléfonos celulares (ausencia legal y autoincriminación)", en AAVV, *El nuevo código procesal penal federal,* Ad-Hoc, Buenos Aires, 2023, pp. 429/455.

En orden a esta cuestión, tampoco parece demasiado relevante la diferencia entre los sistemas procesales del "Common Law" y los de tradición europea continental en relación con el uso de la "orden de presentación" ("subpoena"). Aunque es cierto que, por ejemplo en la Argentina, la referida orden no puede ser dirigida al imputado, esta circunstancia no es decisiva, toda vez que en la inmensa mayoría de los casos —como también ocurre en los EE.UU.— la pretensión estatal de acceder al contenido de los dispositivos estará precedida por una orden judicial de registro. Por consiguiente, las autoridades estarán haciendo uso de una facultad legalmente conferida (la de restringir el derecho a la intimidad o privacidad de un ciudadano, con autorización judicial, a efectos de obtener información potencialmente relevante para la investigación de un delito, incluso en contra de la voluntad de la persona objeto de la medida) y requiriendo una intervención mínima del imputado para que aquella pueda hacerse efectiva.

Por otro lado, la circunstancia de que en muchos ordenamientos procesales fuera de los EE.UU. se le permita mentir al imputado (o no se le exija decir la verdad si decide declarar) tampoco se erige como un obstáculo insalvable para la implementación de la conclusión ineludible en el contexto de los sistemas procesales de raigambre Europeo continental (como lo demuestran, por otra parte, los fallos dictados en tal sentido en Francia y Bélgica). Puesto que, en realidad, cuando se compele el desbloqueo habiéndose aplicado la conclusión ineludible, dicho acto es un simple "acto de entrega" que no depende, en modo alguno, de la veracidad ("truth telling") del imputado, como afirmó la SCOTUS en *Doe* (II). Por el contrario, es el Estado el que debe acreditar, en principio más allá de duda razonable[359], que el acusado es el titular o principal usuario del dispositivo y que conoce la contraseña o se encuentra en condiciones de desbloquearlo, para que el juez pueda disponer la desencriptación compulsiva.

En este escenario, el principal obstáculo para la desencriptación compulsiva en la Argentina (y en otros países con regímenes procesales similares) reside en *una cuestión que, en sentido estricto, no guarda relación con el 'nemo tenetur'*: la inexistencia de un medio de coerción efectivo como el instituto del "desacato civil" previsto en el sistema procesal estadounidense. Es la ausencia de un medio de coerción legal adecuado lo que, en los

---

359 La certeza sobre el punto es requerida, sobre todo, si la consecuencia penal de desobedecer la orden es la imposición de una sanción penal, como en Francia, Bélgica o el Reino Unido.

hechos, termina impidiendo el ejercicio de lo que, en principio, constituye una facultad estatal legítima: compeler el desbloqueo de dispositivos electrónicos cuando se cuenta con conocimiento independiente sobre la información (potencialmente incriminatoria) que dicho acto podría implícitamente transmitir.

Precisamente en esto reside la principal diferencia, en nuestro ámbito normativo, entre los supuestos en los que el desbloqueo requiere del ingreso de una contraseña numérica o alfanumérica y aquellos en los que depende de la presentación de rasgos biométricos. Pues en este último caso, el cumplimiento de la orden judicial puede hacerse efectiva mediante el ejercicio de la fuerza pública, alternativa que no se encuentra disponible en el supuesto de acceso numérico, ya que no resulta posible utilizar la fuerza para obligar al imputado a ingresar la contraseña correcta sin violentar los más elementales principios de la dignidad humana.

Google sabe dónde estuviste (y lo va a contar): apuntes sobre *Geofence* y Proceso Penal

MAURICIO COLUCCI CAMUSSO

SUMARIO: 1. INTRODUCCIÓN. 2. *GEOFENCE*: LOS TRES PASOS. 2.1. Primer paso. 2.2. Segundo paso. 2.3. Tercer paso. 3. LA CUARTA ENMIENDA EN LA CONSTITUCIÓN DE LOS ESTADOS UNIDOS: SU ALCANCE EN LA JURISPRUDENCIA. 3.1. "Katz v. United States" (1967). 3.2. "United States v. Miller" (1976) y "Smith v. Maryland" (1979). 3.3. "United States v. Jones" (2012). 3.4. "Riley v. California" (2014). 3.5. "Carpenter v. United States" (2018). 3.6. Síntesis. 4. CHATRIE: EL PRIMER CASO JUDICIAL TRASCENDENTE DE *GEOFENCE*. 4.1. La primera instancia. 4.2. La segunda instancia. El voto mayoritario. 4.3. La disidencia del juez Wynn. 5. "JAMARR SMITH" EL OTRO CASO RELEVANTE. 6. LA PROTECCIÓN LEGAL DE LOS DATOS DE GEOLOCALIZACIÓN EN EL ORDENAMIENTO JURÍDICO ARGENTINO. 6.1. El marco constitucional. 6.2. El marco legal. 6.3. La intensidad de la afectación según el tipo de dato. 7. LA PRUEBA EN EL PROCESO PENAL: ¿PRINCIPIO DE LEGALIDAD, RESERVA DE LEY O LIBERTAD PROBATORIA? 8. GOOGLE Y LOS REQUERIMIENTOS JUDICIALES. 9. CONCLUSIÓN.

1. INTRODUCCIÓN

A partir del año 2017 en los Estados Unidos los agentes de investigaciones policiales comenzaron a detectar que en ciertos delitos —robos sobre todo— no contaban con suficientes evidencias que permitan procesarlos. No había cámaras en las inmediaciones, o las que habían no les permitían obtener mucha información, los testimonios no presentaban datos relevantes, etc.

Es así que comenzaron a solicitarle a Google que les informe qué teléfonos celulares se encontraban encendidos en las inmediaciones del lugar, durante un espacio temporal determinado.

Ante el crecimiento exponencial de solicitudes, y con el fin de no afectar derechos constitucionales (según el relato de la propia empresa), Google diseñó un procedimiento de tres etapas o escalones para procesarlas.

El presente trabajo tiene por objeto establecer qué son esas órdenes de *Geofence*, relatar como han sido utilizado por las fuerzas de seguridad y luego valoradas por los tribunales.

El primer fallo relevante a nivel federal que abordó el tema fue el caso *"Chatrie"*. Recientemente la Corte de Apelaciones del Cuarto Distrito resolvió la apelación del caso, por lo que estudiaré los argumentos tanto de la primera como de la segunda instancia.

Días después de esta trascendente resolución, la Corte de Apelaciones del Quinto Distrito en el caso *"Jamarr Smith"* tuvo una opinión totalmente contraria a la de sus colegas del Cuarto Distrito.

Para comprender las resoluciones, es necesario interiorizarse en el alcance de la protección constitucional que otorga la Cuarta Enmienda de la Constitución de los Estados Unidos y la interpretación por parte de la Corte Suprema de Justicia de dicho país, a lo largo del tiempo.

También incorporo datos sobre los distintos requerimientos de información generados por autoridades judiciales a los cuales Google les revela información sobre cuentas y usuarios de sus servicios.

Finalmente, analizaré la posible utilización de una orden de *Geofence* en la República Argentina.

La pregunta que guiará este trabajo es la siguiente: ¿Las órdenes de *Geofence* invaden áreas de intimidad protegidas constitucionalmente?

2. *GEOFENCE*: LOS TRES PASOS

A continuación desarrollo los tres pasos diseñados por Google para dar curso a una orden de *Geofence.*

2.1. Primer paso

En el primer paso, las fuerzas de seguridad —con orden judicial— proporcionan a Google los parámetros geográficos y temporales relacionados con la hora y el lugar del presunto delito.

Con esas indicaciones, Google revisa las millones de cuentas que tiene alojadas en su potente servidor *Sensorvault* e identifica a todos los usuarios que tenían activado el Historial de Ubicaciones durante el período especificado.

Es decir que frente a cada requerimiento, debe revisar la información almacenada de todas las cuentas en su *Sensorvault.*

En respuesta, Google entrega una lista anonimizada de dispositivos, estableciendo un ID, marcas de tiempo con fecha y hora, coordenadas, la fuente de la información (WiFi, GPS o antenas de telefonía móvil) y el radio de visualización del mapa, es decir, el intervalo de confianza.

El intervalo de confianza es un círculo de diferentes tamaños que indica la confianza de Google en su estimación, cuanto más pequeño es el círculo que rodea la ubicación estimada de un teléfono, más seguro está Google de la ubicación exacta de ese teléfono, y viceversa. En general, según quedó expuesto judicialmente, existe una probabilidad del 68% de que un usuario se encuentre en algún lugar dentro de ese intervalo de confianza.

También, la precisión de las coordinadas de latitud y longitud varía dependiendo de la fuente en la que se origina la información. Google refiere que las coordenadas derivadas de los sistemas GPS son más precisas que las derivadas de *WiFi*.

El volumen de datos generados varía según el tamaño y la naturaleza del área geográfica y la duración del período cubierto por la solicitud, y según ha relatado en los procesos judiciales, la empresa no impone restricciones específicas y objetivas sobre el tamaño de la geovalla, la duración del período relevante o el número de usuarios sobre los que proporcionará datos.

2.2. Segundo paso

En el segundo paso, los oficiales investigadores revisan la lista proporcionada por Google para determinar qué ID's son relevantes. Es decir que la contextualizan y, debieran limitar la cantidad de dispositivos relevantes, para este segundo paso.

También puede suceder que si necesitan información anonimizada de localización adicional de un dispositivo específico, pueden requerírselo a Google más allá del ámbito temporal y geográfico de la solicitud original.

Esto indica que en esta segunda etapa, los oficiales pueden determinar un nuevo requerimiento, con parámetros geográficos y temporales distintos a los iniciales. Sin embargo, Google suele requerir que las fuerzas de seguridad limiten el número de usuarios entre el primer y el segundo requerimiento.

2.3. Tercer paso

Finalmente, en el tercer paso, las fuerzas de seguridad exigen a Google que realice el desenmascaramiento de las cuentas anonimizadas y remita su información asociada.

Esta información incluye nombres y correos electrónicos asociados a los ID's de los dispositivos listados. En algunos casos, puede contarse adicionalmente con otra información que el usuario registró, por ejemplo, su domicilio, los medios de pago electrónico asociados a la cuenta, su número de teléfono celular, etc.

Con estos datos revelados, las fuerzas de seguridad pueden utilizar otras técnicas de investigación, recabar información de otras fuentes, solicitar nuevas órdenes judiciales, etc.

3. LA CUARTA ENMIENDA EN LA CONSTITUCIÓN DE LOS ESTADOS UNIDOS: SU ALCANCE EN LA JURISPRUDENCIA

Dado que en este capítulo abordaremos en extenso los argumentos judiciales respecto de si las órdenes de *Geofence* son violatorias a áreas de reserva tuteladas constitucionalmente por la Constitución de los Estados Unidos, me parece oportuno comenzar por establecer el alcance de la garantía constitucional, y la interpretación de la Corte Suprema de dicho país a lo largo de casi sesenta años.

Nuestros teléfonos celulares reúnen gran cantidad de información sobre nuestras vidas, desde el momento en que no sólo sirven para realizar una tradicional llamada telefónica, sino que también podemos tomar fotografías, hacer videos, video llamadas, descargar aplicaciones y proyectar de tal forma, parte de nuestra personalidad.

Esa necesidad de acceder a las comunicaciones no es nueva, puesto que como señala Kerr, los seres humanos somos seres sociales, nos gusta compartir, a veces lo hablamos en persona, en otras usamos otros medios y en todas ellas generamos importantes oportunidades para quienes tienen que investigar la comisión de delitos[1].

A continuación, realizaré un repaso por los casos más importantes que han tenido a éstas como protagonistas. Tomaré aquellos casos —de contenido relevante— en donde se ha abordado la temática vinculada a la privacidad, las comunicaciones, los dispositivos electrónicos y el alcance constitucional de ello.

---

1 Kerr, O. (2009) "The Case for the Third-Party Doctrine". *Michigan Law Review*. (107-4)

Entiendo pertinente entonces recordar que el texto de la Cuarta Enmienda de la Constitución de los Estados Unidos establece lo siguiente: "No se violará el derecho de las personas a permanecer seguros respecto de su persona, hogares, documentos y efectos personales, contra registros y confiscaciones irrazonables, y no se emitirá ninguna Orden Judicial, salvo por causa probable, respaldada por Juramento o afirmación, y que describa en particular el lugar a registrar y las personas o cosas a confiscar"[2].

A modo aclaratorio, sabido es que nuestra Constitución Nacional tomó como modelo de inspiración a la Constitución de los Estados Unidos. En este sentido, nuestro Art. 18 consagra —en esencia— las protecciones enunciadas en la Cuarta Enmienda norteamericana[3] a la par que nuestra Corte Suprema de Justicia de la Nación ha recurrido a la jurisprudencia de la Corte norteamericana a fin de dar respuesta a diversos interrogantes[4]. A su vez, en ella se encuentran mayores precedentes en el área de estudio que nos proponemos.

3.1. "Katz v. United States"[5] (1967)

En este caso, los agentes del FBI a cargo de la investigación colocaron —sin orden judicial— un dispositivo de escucha y grabación en la cabina telefónica desde la que el imputado transmitía información sobre apuestas. El hombre fue condenado y en las distintas instancias, su defensa planteó la nulidad de la grabación.

Al momento de resolver sobre la legalidad de la utilización de ese dispositivo, la Corte invalidó la condena al entender que se violó la privacidad

---

2 Se trata de una traducción propia que puede presentar errores, los cuales asumo. Sin perjuicio de ello, el texto original es: *"The right of the people to be secure in their persons, houses, papers, and effects, against unreasonable searches and seizures, shall not be violated, and no Warrants shall issue, but upon probable cause, supported by Oath or affirmation, and particularly describing the place to be searched, and the persons or things to be seized".*

3 En este punto, seguimos a Carrió quien establece con claridad las diferencias entre ambas cláusulas y traduce el texto de la IV Enmienda. Allí se destaca el concepto de "efectos", la razonabilidad de los registros y la precisión en la determinación de los lugares y objetos sobre los que recae el allanamiento o secuestro. Véase Carrió, A. (2024). *Garantías Constitucionales en el proceso penal.* Hammurabi.

4 Hairabedián, M. (2016). *Eficacia de la prueba ilícita y sus derivadas en el proceso penal.* Ad-Hoc.

5 "Katz v. United States", 389 U.S. 347 (1967)

del imputado, pues juzgó que la protección consagrada en la Cuarta Enmienda protege a personas y no a lugares específicamente, con base en la teoría de la razonable expectativa de privacidad. A partir de este caso, se quiebra (veremos de qué manera) el entendimiento de que necesariamente debe darse una intrusión física para considerar que se llevó a cabo un registro en los términos de la Cuarta Enmienda.

Es el juez Harlan en su voto concurrente es el que da forma a este test en virtud del cual hay dos requisitos, uno subjetivo y otro objetivo. El primero, que la persona exhiba una expectativa subjetiva real de privacidad y el segundo, que esa expectativa sea de aquellas que la sociedad está dispuesta a reconocer como razonable.

Este caso resultó novedoso, puesto que desde el precedente *Olmstead vs. United States*[6] del año 1928, en el que se grabaron de forma subrepticia conversaciones mientras se ejecutaba un delito, la Corte norteamericana entendía que ese tipo de grabaciones no eran contrarias a la Cuarta Enmienda dado que no se había dado una invasión física y efectiva del domicilio del imputado.

3.2. "United States v. Miller"[7] (1976) y "Smith v. Maryland"[8] (1979)

En el caso *Miller* la acusación se basaba en datos y cheques que estaban en poder de una entidad bancaria.

Por su parte, en el caso *Smith*, la policía solicita a una compañía de teléfonos que introduzca un sistema de *pen register* en la línea telefónica de la casa de un sospechoso a fin de determinar a qué números llamaba, pues se lo investigaba de realizar un robo y después realizar llamadas amenazantes a su víctima.

De esa manera la policía obtuvo que las llamadas amenazantes provenían efectivamente del sospechoso.

En ambos casos los imputados solicitaron la nulidad de la evidencia, alegando violación a su intimidad y privacidad.

Es a partir de estos casos donde se acuña la doctrina de la tercera parte que entiende que, no queda protegida por la Cuarta Enmienda toda aque-

---

6 "Olmstead v. Unites States", 277 US 438 (1928)

7 "United States v. Miller", 425 U.S. 435 (1976)

8 "Smith v. Maryland", 442 US 735 (1979)

lla información que es revelada a un tercero y transmitida por éste a las autoridades gubernamentales, aún en el caso en que uno comparta dicha información para usos estrictamente limitados.

Lo que establece esta doctrina es que no se puede alegar privacidad respecto de la información que uno divulga a un tercero[9], lo que implica, en la práctica, que aquel desarrollo de la teoría de la razonable expectativa de privacidad, comenzará a verse limitado en su alcance en virtud de este nuevo estándar jurisprudencial.

De esta manera, en *Miller*, la información financiera que se mantenía con la entidad bancaria y en *Smith*, los números marcados por el sospechoso, no poseían protección constitucional de ningún tipo y, por tanto, válidas para sustentar una condena, pues era información compartida a terceros.

Esta doctrina tuvo gran influencia y aplicación, como luego veremos.

3.3. "United States v. Jones"[10] *(2012)*

Los hechos analizados en el caso son los siguientes, el señor Antoine Jones comenzó a ser investigado por presunto tráfico de drogas, lo que motivó que sobre él se desplegaran una variedad de técnicas de investigación criminal, tales como la instalación de cámaras y de discretas vigilancias. Con posterioridad y, en parte con la prueba obtenida, se solicitó autorización judicial para colocar sobre la Jeep *Grand Cherokee* de la mujer de Jones un dispositivo de seguimiento.

El juzgado hizo lugar a la medida y autorizó a que en el plazo de diez días se coloque el dispositivo y se lo haga dentro del Distrito de Columbia.

El dispositivo GPS fue colocado a los once días de obtenida la orden y fuera del Distrito de Columbia (en Maryland) aprovechando que el vehículo se encontraba en un estacionamiento público. En virtud de esto, el Estado pudo acceder a los movimientos de Jones durante veintiocho días.

Jones fue acusado de tráfico de drogas y antes de ingresar a juicio solicitó la nulidad de la prueba obtenida, por violarse la Cuarta Enmienda.

El juzgado accedió parcialmente a la nulidad y sólo dejó sin efecto el *trackeo* del GPS de la información referida a cuando el vehículo estaba es-

---

9 Kerr, Orin. (2009). Obra citada.

10 "United States v. Jones", 565 U.S. 400 (2012).

tacionado en el garaje en las inmediaciones de la casa de Jones. El resto de la información se incorporó a juicio atento a que, según se dijo, Jones no tiene una expectativa razonable de privacidad cuando se desplaza de un lugar a otro por una calle pública.

Jones apeló su condena, reeditando los argumentos y la Corte de Distrito hizo lugar a su reclamo, absolviéndolo. El caso llegó a la Corte Suprema de Estados Unidos y confirmó esta decisión.

El juez Scalia fue quien lideró el voto y realizó un repaso por los diferentes precedentes del tribunal en materia de la Cuarta Enmienda. Así recordó que sin lugar a dudas un vehículo es una clase de "efectos" de esos que son protegidos constitucionalmente, y que al colocar el dispositivo en el vehículo de la esposa de Jones, se utilizó físicamente su propiedad con la finalidad de obtener información sobre éste.

Destacó que el concepto de privacidad está íntimamente ligado al derecho de propiedad —por eso es que Scalia menciona esta utilización física de la propiedad de Jones— pero reconoció también que esa concepción fue ampliada con el paso del tiempo, estableciendo la Corte que la protección constitucional está dada en razón de las personas y no de los lugares. También hizo mención a la teoría de la razonable expectativa de privacidad, a partir del caso *Katz*.

Sin embargo, Scalia, al liderar el voto, considera que el precedente *Katz* no deja de lado, ni sustituye la concepción primigenia en cuanto a que lo que protege la garantía es la invasión o intrusión física por parte del Estado de un área protegida constitucionalmente para obtener información.

La decisión de la Corte fue compartida por todos sus miembros, pero la jueza Sotomayor redactó una opinión concurrente. Lo mismo realizó el juez Alito, compartiendo este voto las juezas Guinsburg y Kagan y el juez Breyer.

Me interesa destacar ciertos pasajes de los votos concurrentes, pues plantean cosas por demás interesantes en cuanto a la aplicación práctica de la garantía en cuestión.

La jueza Sotomayor coincide en que la protección de la Cuarta Enmienda comienza cuando, como mínimo se produce una invasión o intrusión física de la propiedad por parte del Estado para obtener información, y que ello es básicamente lo que sucedió, pues se utilizó la propiedad de Jones sin contar con una orden válida y sin tener el consentimiento del mismo, obteniendo durante cuatro semanas todos sus movimientos vehiculares.

Por su parte, destaca con seguridad que no sólo se está protegido constitucionalmente cuando hay una invasión o intrusión física de la propiedad sino que incluso cuando ello no sucede, también hay protección constitucional cuando se viola una expectativa subjetiva de la privacidad, cuando la sociedad la considera como razonable.

Sotomayor se introduce entre las diferencias de opiniones entre los miembros de la Corte y señala que el juez Alito al rechazar la relevancia constitucional de la intrusión o invasión física de la propiedad, erosiona un entendimiento de larga data de las personas en cuanto a una expectativa de privacidad que se posee sobre aquello que se tiene o controla, como parte de su propiedad. Y resalta que la concepción encabezada por Scalia, en cuanto necesita de esa intrusión o invasión física, se consolida como un *standard* mínimo. Señala que para resolver este caso, con recurrir a ese mínimo basta. La invasión física a la propiedad de Jones, se produjo.

No obstante ello, toma los argumentos de Alito en cuanto a la innecesaridad de invasión o intrusión física de la propiedad de muchos de los métodos de vigilancia modernos y que en estos casos la concepción tradicional, de la intrusión física, nos provee poca orientación. Reconoce entonces que estos métodos modernos quedarían bajo el análisis de la teoría de la razonable expectativa de privacidad.

A continuación, Sotomayor nos brinda un conjunto de definiciones con cita jurisprudencial que dan paso a una concepción realmente interesante sobre el impacto que tienen las tecnologías en la invasión a la privacidad e intimidad de las personas.

Sostiene la jueza que "El monitoreo GPS genera un registro preciso y completo de los movimientos públicos de una persona que refleja una gran cantidad de detalles sobre sus asociaciones familiares, políticas, profesionales, religiosas y sexuales". Insiste en el razonamiento en que al visualizar los datos de GPS se pueden extraer rápidas conclusiones como "viajes al psiquiatra, al cirujano plástico, a la clínica de abortos, al centro de tratamiento del SIDA, al club de striptease, al abogado penalista, el motel por horas, la reunión sindical, la mezquita, la sinagoga o la iglesia, el bar gay y así sucesivamente" y que esta invasión en la intimidad y privacidad con un GPS representa sensiblemente costos mucho más bajos de los que se requerirían en un seguimiento tradicional a una persona.

Otro de los pasajes que me parece interesante de traer en el voto de Sotomayor es su cuestionamiento a la doctrina de la tercera parte, que se desprende de los casos *Miller* y *Smith*, según vimos.

Entiende la jueza que es necesario reconsiderar aquella premisa a partir de la cual no puede alegarse una razonable expectativa de privacidad sobre aquella información que voluntariamente se comparte hacia terceras partes.

Reflexiona que ese enfoque no se adapta a la era digital en donde las personas están compartiendo una gran cantidad información a terceros al realizar actividades completamente diarias y comunes.

Sostiene que para cierta gente la disminución de su privacidad en la era digital es algo considerado como inevitable, pero ella duda de que se acepte que el Estado pueda acceder sin una orden judicial, por ejemplo, a una lista de todos los sitios web que se visitaron en la última semana, mes o año.

Independientemente de qué es lo que opine la sociedad respecto de ello, considera que no asumiría que toda la información compartida voluntariamente a un tercero con un propósito determinado, por sólo esa razón, no puede estar protegido constitucionalmente.

Aunque reconoce que estos interrogantes no son de aplicación directa al caso, pues la colocación del dispositivo en la propiedad de Jones, generó la intrusión física y permite en consecuencia, resolver el caso conforme el criterio del juez Scalia.

Como veremos, estas consideraciones de Sotomayor serán tenidas en cuenta en otros casos, por jueces distritales e incluso por sus colegas en la Corte.

3.4. "Riley v. California"[11] (2014)

David León Riley fue detenido por circular con las patentes de su auto vencidas y al realizar el control sobre su licencia, la misma se encontraba suspendida, motivo por el cual los policías se encontraban legalmente au-

11 "Riley v. California", 573 U.S. 132 (2014). Además, seguimos el comentario del mismo por parte de Carral, D. (2015). "¿Smartphones con garantía extendida?" A propósito de la sentencia de la Suprema Corte de los Estados Unidos en el caso "Riley v. California", AR/DOC/5031/2015. En idéntico sentido, requiriendo orden escrita de juez competente para acceder a la información del celular, Sosa, O. "Prueba electrónica, inviolabilidad del domicilio, las comunicaciones y los papeles privado. Registro de teléfono celular sin orden judicial" en Garibaldi, G. (2020) (director), *Garantías constitucionales aplicables a problemas concretos de procedimiento penal,* Fabián J. Di Plácido.

torizados a secuestrar el vehículo, previa revisión del mismo. Al encontrar dos armas de fuego en el interior del vehículo, arrestaron a Riley.

Una vez en la comisaría, se le secuestra de uno de sus bolsillos un *smartphone.* La policía procedió a revisar el contenido del celular, analizando que algunos mensajes eran precedidos por la sigla CK (*Crip Killers*).

Ese término es usual entre miembros de pandillas, particularmente la "*Bloods*". Por esos días, la ciudad había vivido un enfrentamiento por parte de esa pandilla contra un miembro de otra pandilla enemiga al que dispararon en reiteradas oportunidades, hiriéndolo seriamente.

De esa forma, se entregó el celular para que se analice su contenido a un experto en pandillas, sin siquiera solicitar una orden judicial. Consecuencia de ese análisis se encontraron fotos y videos de Riley realizando señales pandilleras y luego de las pruebas balísticas se determinó que las armas que portaba Riley habían sido utilizadas en ese evento contra el miembro de la pandilla rival.

A Riley se lo acusó, entre otras cosas, por tentativa de homicidio, portación ilegal de armas de fuego y asalto con armas de fuego semiautomáticas.

La defensa de Riley intentó, sin éxito, la nulidad de toda la prueba obtenida del celular y terminó siendo condenado, interponiendo los recursos necesarios para llegar a la Corte Suprema.

El Presidente de la Corte, Roberts, quien lleva la voz del acuerdo, pone de resalto que los teléfonos celulares se han transformado en una parte esencial de la vida cotidiana, destacando las características de muchos de ellos, que son mini-computadoras que también tienen la capacidad de ser utilizados —entre otras cosas— como un teléfono. Da cuenta también de la inmensa capacidad de almacenamiento de los mismos.

Por su parte, comienza a analizar la cuestión de fondo, esto es, si la policía puede revisar los "datos digitales" contenidos en un celular sin solicitar una orden judicial. Para responder a ese interrogante, destaca que las excepciones que permitían proceder a una requisa sin orden judicial —el aseguramiento de pruebas y la seguridad física de los policías— parecían distar mucho con la búsqueda de información en el interior de un celular.

Haciendo mención a la Cuarta Enmienda, reconoce que estos datos digitales están en una clase "especial de efectos" que requieren de protección constitucional.

A tales fines, Roberts sostiene que "La capacidad de almacenamiento de los teléfonos celulares tiene varias consecuencias relacionadas con la vida privada. En primer lugar, un teléfono celular acumula en un solo lugar muchos tipos distintos de información —una dirección, una nota, una receta, un estado de cuenta bancario, un vídeo— que revelan mucho más en combinación que cualquier registro aislado. En segundo lugar, la capacidad de un teléfono celular le permite que incluso un solo tipo de información transmita mucho más de lo que antes era posible. La suma de la vida privada de un individuo puede ser reconstruida a través de un millar de fotografías etiquetadas con fechas, lugares y descripciones; lo mismo no puede decirse de una o dos fotografías de sus seres queridos guardados en una cartera. En tercer lugar, los datos de un teléfono pueden remontarse a la compra de ese teléfono, o incluso antes. Una persona puede llevar en el bolsillo un papelito que le recordaba llamar al señor Jones; pero él no llevaría un registro de todas sus comunicaciones con el Sr. Jones durante los últimos meses, como rutinariamente se mantiene en un teléfono".

El fallo culmina con una dura y clara advertencia a la policía: lo que hay que hacer es simple, antes de registrar un celular incautado, hay que obtener una orden judicial.

3.5. "Carpenter v. United States"[12] (2018)

Carpenter es considerado uno de los fallos más importantes de los últimos tiempos y aún más en lo que refiere a intimidad y tecnología.

Estos son los hechos analizados, en la ciudad de Detroit en el año 2011 se arresta a un grupo de hombres sospechados de realizar robos en locales de teléfonos *"RadioShack"* y *"T-Mobile"*. Uno de los detenidos compartió con las autoridades distintos nombres de personas que participaron en los hechos y también sus números de teléfonos.

En virtud de esa información se pidió una orden judicial para obtener los registros telefónicos en virtud de la ley de almacenamiento de comunicaciones (*Stored Communications Act*). Cabe destacar que el *standard* probatorio requerido para este tipo de medidas, es menos exigente que el que se requiere para una orden de allanamiento.

De esta forma es que se libran los pedidos sobre la línea de Timothy Carpenter y de otras personas más. Esos requerimientos incluían el lugar donde se produjeron las llamadas, su origen y destino, la duración y demás datos relevantes.

---

[12] "Carpenter v. United States", 585 U.S. 296 (2018).

De ello se obtuvieron datos que permitieron reconstruir ubicaciones y movimientos de Carpenter de al menos 127 días. Ello determinó su cercanía y coincidencia con los lugares donde se produjeron los robos que se investigaban.

Antes de ingresar a juicio, Carpenter solicitó la nulidad de esta prueba puesto que no se habían solicitado las órdenes judiciales correctas para acceder a esa clase de información. El planteo fue rechazado y Carpenter fue condenado a más de 110 años de prisión.

En su apelación se insistió en la nulidad de la prueba colectada y la Corte de Apelaciones del Sexto Circuito rechazó sus argumentos, pues Carpenter carecía de una razonable expectativa de privacidad en cuanto a los datos de geolocalización, puesto que en virtud de la doctrina de la tercera parte, él voluntariamente había cedido dicha información y no podía esperar que la misma se encuentre protegida constitucionalmente.

Carpenter logró que la Corte Suprema de Justicia de Estados Unidos resuelva su caso, liderando el acuerdo el Presidente Roberts.

De manera previa al análisis del fallo, es importante señalar que técnicamente, los celulares se encuentran constantemente emitiendo señal lo que permite determinar su ubicación y generar un registro con una marca de tiempo cada vez que ello sucede.

A su vez, cuando se realiza una llamada telefónica, el celular "elige" la torre de antena que se encuentra más cercana a su ubicación física. Si la persona se encuentra en movimiento, esa llamada se va transfiriendo a la torre que más cerca se encuentre para permitir una comunicación de calidad. Cada uno de esos pasos queda registrado en las compañías telefónicas, dado que a los fines comerciales esa información sirve para la facturación de las llamadas, entre otras cosas y que pueden almacenarlos durante mucho tiempo.

Volviendo al contenido del fallo, el juez Roberts consideró que estos datos, son detallados, enciclopédicos y compilados sin esfuerzo, lo que implica una información mayor aún a la que aporta un GPS en un vehículo (en referencia al caso Jones).

Luego de realizar un repaso sobre los casos más relevantes en materia de la Cuarta Enmienda —que en su mayoría aquí ya reseñamos— el juez, rechazó que la doctrina de la tercera parte pueda ser de aplicación en este caso.

En referencia a los datos de ubicación geográfica de los teléfonos celulares, CSLI, (*Cell Site Location Information*), destacó su especial naturaleza, puesto que el celular acompaña constantemente a su dueño, transmitiendo esa información a la compañía telefónica, de forma tal que no sólo se tiene registro de las llamadas entrantes y salientes sino también un registro completo y detallado de los movimientos que va realizando la persona.

De ahí que no pueda sostenerse que esta trascendental información que se encuentra en poder de un tercero —sostiene el juez— no pueda estar protegida constitucionalmente, y señaló que ninguno de los antecedentes del tribunal podían equipararse a esta situación.

Resaltó que en virtud de la gran capacidad de almacenamiento con que cuentan los dispositivos celulares, esos datos ofrecen contenidos sensibles como puede ser el conocimiento respecto de los vínculos familiares, preferencias políticas, profesionales, religiosas y sexuales de una persona, lo que no puede escapar a la protección de la doctrina de la razonable expectativa de privacidad.

Entonces, ¿por qué no aplica la teoría de la tercera parte en los datos de geolocalización?

Con un criterio sumamente práctico destaca que los celulares forman parte de la vida cotidiana y que los datos de geolocalización son una condición necesaria para poder operarlos, no requiriendo ningún tipo de consentimiento o acto voluntario por parte del usuario para que ello ocurra, sino que basta con que el celular esté encendido.

En definitiva se trataría de actos involuntarios automáticos, lo que no aplicaría como una entrega voluntaria de la información a un tercero.

En varios tramos del fallo se destaca el precedente Jones en donde se puso de relieve la protección constitucional con que gozan las personas respecto de sus movimiento físicos, por tanto, de haber resuelto de una manera distinta ahora, los datos de geolocalización, que justamente revelan la posición de la persona, quedarían excluidos de esa protección.

Se analizó que la orden que solicitó la policía no estuvo fundada en una "causa probable" como requiere la Cuarta Enmienda, sino que se fundó en una orden que requiere de un estándar mucho menor, bajo la ley de almacenamiento de comunicaciones.

Se dijo también que, si bien se reconocen las virtudes de estas modernas tecnologías para la investigación criminal, la Corte debe controlar y evitar una invasión gubernamental en esferas protegidas constitucionalmente.

Cabe aclarar que, desde luego que esta resolución no deja sin efecto la vigencia de la doctrina de la tercera parte, ni impide el acceso a los datos de geolocalización, lo que si exige es que eso se haga con una orden judicial en los términos de la Cuarta Enmienda.

De igual forma, la propia Corte deja abierta la posibilidad a que en ciertos casos se pueda obtener esa información sin la mencionada orden judicial, como puede ser frente a situaciones de peligro inminente, la destrucción de pruebas o la búsqueda de una persona prófuga.

3.6. Síntesis

De la selección de fallos que acabamos de realizar se sintetizaron casi sesenta años de jurisprudencia de la Corte Suprema de Estados Unidos relativa a las comunicaciones y la privacidad, que pueden servirnos como guía interpretativa.

El panorama sería el siguiente: la Cuarta Enmienda protege a las personas contra búsquedas y registros irrazonables, para los que se requiere una orden judicial basada en causa probable, que describa con particularidad las personas o lugares a registrar. A su vez, no sólo se protegen a los hogares, documentos y pertenencias, sino que se amplía la protección constitucional de las personas siempre que exista una razonable expectativa de la privacidad (*Katz*).

Por su parte, no puede reclamarse el escudo protector constitucional sobre aquella información voluntariamente compartida a terceros (*Miller* y *Smith*), aunque los avances tecnológicos hacen que la doctrina de la tercera parte encuentre límites en su aplicación (*Carpenter*).

Ahora sí, con esta introducción al estado de situación de la jurisprudencia norteamericana nos adentramos en el análisis de los casos *Chatrie* y *Jamarr Smith,* respecto de las órdenes de *Geofence.*

4. CHATRIE[13]: EL PRIMER CASO JUDICIAL TRASCENDENTE DE *GEOFENCE*

4.1. La primera instancia

El 20 de mayo de 2019, aproximadamente a las 16:52 horas, se produjo un robo en el *Call Federal Credit Union Bank* en Midlothian, Virginia. El sos-

13 "United States v. Chatrie" No. 3:19-cr-130 (E.D.Va).

pechoso tenía un arma de fuego en el transcurso del robo y logró llevarse ciento noventa y cinco mil (195.000) dólares del banco.

El investigador del caso, al momento de revisar las cámaras de seguridad detectó que el sospechoso, al momento de ingresar al banco, sostenía al lado de su rostro lo que parecía ser un teléfono celular.

Del caso se deriva que el investigador solicitó a un juez el dictado de una orden de *Geofence,* siendo la primera vez que el magistrado otorgaba este tipo de orden, previa recepción de una declaración jurada por parte de aquel.

Judicializado el asunto relativo a la constitucionalidad de la orden de *Geofence,* se realizaron informes técnicos, las partes aportaron sus expertos y se recibieron distintos testimonios. Incluso Google se presentó como *amicus curiae,* a la vez que algunos empleados y ejecutivos de la empresa declararon como testigos.

En virtud de todo esto, la jueza federal de Virginia llegó a las conclusiones, que a continuación se comparten.

Google desarrolló el historial de ubicaciones para permitir a los usuarios, una representación de los lugares que han visitado mientras estaban en posesión de su dispositivo móvil.

A su vez, el historial de ubicaciones también contribuye a los ingresos publicitarios de Google. Por ejemplo, la segmentación por radio de Google permite que una empresa dirija sus anuncios a usuarios que se encuentren a una determinada distancia de su negocio.

El historial de localizaciones es muy potente dado que para recopilar la información de la ubicación de sus usuarios recurre a una multiplicidad de fuentes, el Sistema de Posicionamiento Global ("GPS"), Bluetooth, la información de localización de los teléfonos móviles de las torres de telefonía móvil cercanas, la información de las direcciones del Protocolo de Internet ("IP") y las señales de las redes Wi-Fi cercanas.

Según los testimonios brindados en el proceso, Google registra la ubicación de un dispositivo, aproximadamente, cada dos minutos. A su vez, la sensibilidad de la información es tal, que permite ubicar al dispositivo en términos de elevación. Es decir, puede determinar si el dispositivo celular se encuentra en una planta baja o en un décimo piso.

Google almacena todos estos datos en un servidor, *Sensorvault* y asocia cada punto de datos a una cuenta de usuario. *Sensorvault* asigna a cada dispositivo un numero de ID y recibe y almacena todos los datos del historial de localización en el servidor, para utilizarlos en anuncios publicitarios.

También utiliza esta información para sus propias aplicaciones, como por ejemplo, Google *Maps* o bien para indicar si determinados lugares están ocupados a determinadas horas.

Un dato no menor es que esta funcionalidad, el historial de ubicaciones, está desactivado por defecto. Un usuario puede iniciar, u optar por, el historial de ubicaciones en el momento inicial de la configuración de la cuenta de Google en el dispositivo móvil; posteriormente en "ajustes"; o bien, al instalar aplicaciones como Google *Assistant*, Google *Maps* o Google Fotos, que recopilan información relativa a la ubicación.

Ahora bien, una vez activado, Google está siempre recopilando datos y almacenándolos en *Sensorvault*, incluso si la persona no está haciendo nada con su teléfono.

Incluso puede suceder que un usuario haya activado la funcionalidad del historial de ubicaciones en una aplicación y luego decida eliminarla. No obstante esto, la ubicación seguirá siendo recolectada, dado que una vez que se activó, Google vincula la información proveniente del ID y no de una aplicación determinada.

También quedó establecido judicialmente que las personas pueden luego acceder a sus datos, eliminarlos y retirar los permisos de acceso, aunque no pareciera ser un procedimiento muy sencillo de ejecutar.

Hay demasiadas particularidades, por ejemplo, un usuario puede pausar la recopilación y simplemente sucederá eso, se pausará, pero por diseño no eliminará lo ya recolectado. También puede suceder que se quiten los permisos del historial de ubicación en una aplicación determinada, pero ello no hará necesariamente que Google finalice con su actividad de recopilación, por las otras vías.

En el proceso quedó acreditado que Chatrie activó la funcionalidad del historial de ubicación el 9 de julio de 2018, pero no quedó absolutamente claro para Chatrie —ni para ninguno de los usuarios del ecosistema Google— cómo fue esa aceptación.

En cuanto a la orden de *Geofence* remitida a Google ésta tuvo un radio de 150 metros con un diámetro de 300 metros, abarcando en total, 17,5 acres, equivalentes a 70.820 m^2, que por supuesto abarcaron un área mucho más extensa que la del banco y sus inmediaciones. En ese marco, se solicitaron todos los celulares encendidos en esa delimitación geográfica entre las 16:20 y las 17:20 hs. del día del robo.

Google informó inicialmente diecinueve (19) usuarios identificados anónimamente con su ID, y doscientos diez (210) puntos de ubicación de éstos. Contrario a la política de Google de ir acotando la búsqueda a medida que se avanza en el proceso, el investigador policial solicitó mayores datos de ubicación e información de abonado de los diecinueve.

Google se comunicó con el investigador y solicitó una reducción, reduciéndose finalmente la lista a nueve (9). Nótese que una vez que la orden de *Geofence* fue emitida, los investigadores policiales trabajan con absoluta libertad de criterio donde el proceso continúa sin intervención posterior del juez.

Dos días después de recibir la información respecto de los nueve (9) dispositivos, el investigador requirió el último paso en relación a tres (3) dispositivos. Esa información —la de identificar al titular de la cuenta— fue brindada en el mismo día.

Con todo este marco de información, la jueza reconoce su profunda preocupación por el impacto en la Cuarta Enmienda de las innovaciones tecnológicas, dado que el gobierno mejora día a día su capacidad para invadir áreas normalmente protegidas de ojos inquisitivos.

Sostiene que la calidad expansiva, detallada y retrospectiva de los datos obtenidos permite seguir el rastro de una persona, sin saber la policía de antemano si quiere seguir a *esa* persona en concreto o cuándo hacerlo.

La jueza entiende que las ordenes de *Geofence* tampoco encajan perfectamente en la doctrina actual de la Corte Suprema de Justicia de los Estados Unidos respecto de la razonable expectativa de privacidad, pues esos casos versaron sobre de la utilización de imágenes térmicas en un domicilio (*Kyllo*), la colocación de un dispositivo de GPS en un vehículo (*Jones*) o la utilización de los datos de geolocalización obtenidos por los CSLI (*Carpenter*) y que por ende, sería necesaria una regulación por parte del poder legislativo.

La magistrada concluye que la orden de *Geofence* no es válida por carecer de causa probable particularizada respecto de esas diecinueve (19) personas y que el juez —al intervenir solamente al autorizar la orden— otorgó a las fuerzas de seguridad y a Google una discrecionalidad sin límites para decidir qué cuentas serían objeto de nuevas intrusiones, pues no se identificaron objetivamente de qué cuentas se obtendría la información.

Explica que la causa probable debe ser particularizada respecto de la persona que va a ser registrada, cosa que no sucede en este caso, dado que se busca información de ubicación de todas las personas abarcadas por los límites geográficos y temporales de la orden de geocerca.

Con un razonamiento práctico lúcido la jueza sostiene que, si bien no caben dudas de que existe una probabilidad razonable de que la orden de *Geofence* brinde la información de ubicación del sospechoso, no es menos cierto que también permite obtener datos de localización sin restricciones de personas de las que no existían motivos para someterse al escrutinio de los investigadores. La cercanía de una persona al banco, no sugiere necesariamente que ésta haya participado en el delito.

La jueza también analizó la aplicación al caso de la doctrina de la tercera parte y sostuvo que no puede determinar si Chatrie accedió voluntariamente a revelar sus datos del historial de ubicaciones, citando a la jueza Sotomayor en cuanto a que ella también tenía dudas respecto de si las personas aceptarían alegremente que el gobierno acceda sin orden judicial a la lista de todos los sitios web que hubiera visitado en la última semana, mes o año.

Entiende que Chatrie tomó algunas decisiones para que Google recopile su ubicación, pero también que es probable que no haya asumido plenamente el riesgo que conlleva revelar permanentemente su ubicación durante casi cada minuto de cada hora de cada día. Incluso, los términos y condiciones no aclaraban la frecuencia de recolección de los datos, la cantidad de datos que se recopilan o la precisión de los mismos.

No obstante todo este análisis, con cita al precedente de la Corte Suprema de Estados Unidos "*Leon*"[14] de 1984, que consiste en una excepción a la regla de exclusión de la prueba obtenida de manera ilegal, fundándose en la buena fe que tuvieron los agentes gubernamentales a la hora de ejecutar la medida, la magistrada entendió que no debía suprimirse la evidencia colectada, dado que no puede concluir que la exclusión de esta prueba en el caso, servirá para disuadir futuras conductas impropias por parte de las fuerzas de seguridad.

Este razonamiento es en parte fundamentado en que se trata de una técnica de investigación poco clara y que el investigador solicitó antes de requerir la orden consejo legal con un abogado. En definitiva —sostiene la jueza— las ordenes de *Geofence* requieren de una comprensión detallada de los principios de la Cuarta Enmienda que los policías no poseen, ni se puede esperar que posean.

Finalmente la jueza adelanta criterio: que en este caso haya aplicado la doctrina de la buena fe, no significa que la seguirá aplicando en el futuro,

---

14 "United States v. Leon" 468 U.S. 897 (1984)

si los investigadores pretenden seguir utilizando órdenes de *Geofence* deberán tener cuidado de establecer una causa probable particularizada.

El fallo fue apelado y a continuación, se analizan los argumentos de la mayoría y de la minoría de la Corte de Apelaciones.

4.2. La segunda instancia. El voto mayoritario

La mayoría de la cámara al confirmar la decisión de no suprimir la evidencia, lo hizo por otro argumento.

Los jueces sostuvieron que Chatrie no tenía una razonable expectativa de privacidad respecto de los datos de ubicación voluntariamente compartidos a Google.

La mayoría de la Corte de Apelaciones entiende que el fallo *Carpenter* es el que determina la suerte de *Chatrie* y que la interpretación correcta es la siguiente: *Carpenter* determina un parteaguas entre los seguimientos prolongados que pueden revelar datos íntimos a través de los hábitos desarrollados, de aquellos seguimientos realizados en público, de corta duración.

Conforme este razonamiento, se accedió únicamente a dos horas del historial de localización de Chatrie y por tanto, se obtiene mucho menos información que la obtenida en *Jones* (28 días de registro por GPS) o en *Carpenter* (127 días de datos de CSLI) y por tanto, asimilable a la doctrina de *Knotts* de los movimientos públicos a corto plazo, que implica que esos movimientos fueron transmitidos voluntariamente a cualquiera que quisiera mirar.

La mayoría insiste mucho en la decisión de Chatrie en compartir voluntariamente la información de su ubicación a Google, sostiene que la funcionalidad se encuentra desactivada por defecto y que solamente a partir de la aceptación de los términos y condiciones Google comienza a recopilarla.

Inclusive señala la posibilidad de revertir ese consentimiento, que permite revisar, editar o directamente eliminar la información recopilada, impidiendo nuevas recopilaciones.

En definitiva, para la mayoría, Google recopila la información porque Chatrie lo autorizó.

Es allí donde la mayoría comienza a trazar la diferencia con *Carpenter* en donde los CSLI son expuestos sin ninguna decisión del usuario del servicio de telefonía móvil. Mientras que en Carpenter la Corte sostenía que era imposible participar en la vida moderna sin un teléfono celular, la mayoría de la cámara entiende que no sucede lo mismo con el historial de ubicaciones.

De tal manera, lo que gobernaría la decisión es la voluntariedad del usuario al momento de activar la recopilación de la información de ubicación.

Es así que la mayoría de la Corte de Apelaciones entiende entonces que al haber voluntariamente decidido compartir los datos de ubicación de su celular con Google, Chatrie no puede reclamar una expectativa razonable de privacidad respecto de ellos, aplicando plenamente la doctrina de la tercera parte.

4.3. La disidencia del juez Wynn

El juez Wynn entiende que el caso es trascendente, dado que constituye la última oportunidad del tribunal para considerar cómo se aplica la Cuarta Enmienda al uso policial de las nuevas tecnologías de vigilancia, a partir de *Carpenter.*

Wynn considera que la Corte en *Carpenter* estableció una nueva prueba multifactorial para determinar si una intrusión gubernamental que utilice tecnologías digitales constituye una búsqueda en los términos de la cuarta enmienda.

En su entendimiento, la Corte en *Carpenter* declinó extender la doctrina de terceros a los CSLI pues se trataba de registros cualitativamente diferentes a los tipos de información en los que anteriormente se aplicaba dicha doctrina (números de teléfonos marcados y registros bancarios). Los CSLI serían un registro detallado y exhaustivo de los movimientos de la persona.

Esos registros, cualitativamente diferentes, tendrían las siguientes características: son exhaustivos, poseen capacidad retrospectiva, revelan información íntima y dada su facilidad de acceso y su eficiencia, son baratos de obtener.

Bajo estas premisas es que el juez Wynn analiza Chatrie en clave *Carpenter.*

En cuanto a la profundidad de la intrusión, sostiene que el historial de ubicaciones se recopila con más frecuencia, y es más preciso que los CSLI de Carpenter, lo que proporcionaría una vigilancia casi perfecta de su usuario.

Según surge del fallo de primera instancia, el historial de localizaciones de Google registra automáticamente a los usuarios cada dos minutos. Así, en dos horas, la policía pudo recopilar 76 puntos de ubicación de cada persona vigilada, mientras que en Carpenter, los CSLI en un día entero, recogieron 101 puntos de ubicación.

Bajo esta evidencia, el historial de ubicaciones parece ser una herramienta más amplia, granular y exhaustiva al momento de recopilar y almacenar datos de localización, dado que puede incluso discernir la elevación, localizando el piso concreto de un edificio en el que podría encontrarse la persona.

Wynn sostiene que la cuarta enmienda protege a las intrusiones en espacios constitucionalmente protegidos, y los datos del historial de localización son tan granulares que pueden localizar y seguir continuamente un dispositivo dentro de espacios protegidos.

De tal manera, resalta lo que sostiene la jueza de primera instancia respecto de *Geofence*, el avance de la medida podría también haber captado un hotel, varias unidades de un complejo de departamentos, una residencia de ancianos y lo que parecen ser varias residencias durante una hora en el primer paso y, que no tenía límites geográficos para una hora adicional en el segundo paso.

Es por esto que Wynn critica a sus colegas de la mayoría porque sostienen que la intrusión no se generó en el domicilio de Chatrie y por tanto carece de protección de la cuarta enmienda.

Por su parte, Wynn refiere que la protección constitucional a la intimidad se da en todos aquellos lugares en que se tenga una expectativa razonable de privacidad en espacios no públicos, en particular en sus hogares, de tal manera que, todos los ciudadanos pueden considerar que poseen una razonable expectativa de privacidad respecto de aquellos datos que rastrean de forma continua y retrospectiva sus movimientos con notable precisión.

Si bien es cierto —dice Wynn— que no queda claro si la orden de *Geofence* abarcó efectivamente el interior del domicilio de Chatrie, en *Carpenter* tampoco sucedió eso. Lo que quedó demostrado es que los CSLI tenían la capacidad de seguir al acusado en todos sus desplazamientos y por ende, en espacios sensibles. Esto indicaría que la Corte en su análisis se centró en las capacidades de la tecnología.

Respecto de la capacidad retrospectiva de las ordenes de *Geofence*, recuerda que en *Carpenter* las empresas telefónicas tienen la obligación legal de resguardar la información de los CSLI durante cincos años, en cambio, el historial de ubicaciones de Google permite retroceder en el tiempo para rastrear el paradero de una persona con precisión, desde que el usuario activó el historial de localizaciones, lo que puede ser durante mucho más tiempo aún.

Destaca también que en las órdenes para obtener los CSLI es necesario, al menos, proporcionar un número de teléfono específico para obtenerlos, mientras que en las ordenes de *Geofence* eso no es requerido.

Las intrusiones de *Geofence*, por su parte, permiten a la policía hurgar en los datos históricos de un número ilimitado de personas, ninguna de las cuales ha sido previamente identificada por la policía, ni se sospecha de que hayan cometido delito alguno, lo que las constituye en verdaderas expediciones de pesca.

Respecto de la información intima que se revela, el historial de localización, al igual que los CSLI, proporcionan una vigilancia casi perfecta, lo que permitió reconstruir un registro detallado y completo de los movimientos de Chatrie durante dos horas.

El juez Wynn trae a colación la audiencia en la que la defensa de Chatrie demostró cómo los datos brindados por Google en el segundo paso (todavía anónimos) permiten deducir fácilmente las identidades de los usuarios. En la audiencia, se tomó a tres usuarios y se demostró que se los podía rastrear retrospectivamente hacia o desde sus residencias, a un colegio y hasta un hospital, y fueron esas informaciones les permitieron a la policía descubrir fácilmente las identidades de los individuos.

Es decir, que no interesa si la orden de *Geofence* reveló información íntima sobre Chatrie, específicamente, sino que la herramienta permite revelar información íntima no relacionada con necesidades policiales legítimas.

En cuanto a la duración de la medida (dos horas) Wynn sostuvo que lo que importa es el carácter del registro y no su duración. La orden de *Geofence* registra y almacena datos durante años, lo que proporciona una vigilancia casi perfecta y exhaustiva.

La intrusión de la orden de *Geofence* fue tan amplia para Wynn que podría haber seguido a los usuarios a través de docenas de espacios no públicos, incluyendo residencias, espacios religiosos y residencias de ancianos. Es decir, que no se trata de simplemente seguimientos a corto plazo de los movimientos públicos. Sin dudas, para el juez, el historial de localización puede revelar información íntima sobre las personas.

En cuanto a los costos y la eficiencia de la medida, al igual que la orden de los CSLI, la de *Geofence* es fácil, barata y eficiente en comparación con las herramientas de investigación tradicionales. De hecho, las de *Geofence* son notablemente más fáciles porque Google hace la mayor parte del trabajo para la policía.

Respecto de la voluntariedad en compartir la ubicación por parte de Chatrie, Wynn consideró que no fue significativamente voluntario pues una vez que se aceptó, el historial de localizaciones siempre se genera y recopila.

Es menos voluntaria, dado que se transmite automáticamente cada dos minutos, mientras que los CSLI sólo se transmiten cuando hay actividad telefónica (aun cuando las empresas reconocieron que en los últimos años comenzaron a recopilar CSLI de manera más rutinaria).

Es decir que la transmisión continua del historial de ubicaciones es más automática y menos voluntaria que la de los CSLI.

Aun así, el *click* realizado por el usuario para compartir su ubicación, no informa significativamente a éstos de que están entregando un expediente completo de sus movimientos físicos. Lo que Google informa es que el historial de ubicaciones registrará dónde vas con tus dispositivos, y que esos datos pueden guardarse y utilizarse en cualquier servicio de Google en el que el usuario haya iniciado sesión para ofrecerle experiencias más personalizadas.

Así, del fallo de primera instancia destaca que la ventana en la que el usuario selecciona compartir su ubicación, no detallaba la frecuencia con la que Google registraba la ubicación del usuario, ni la cantidad de datos que recopila el historial de ubicaciones, ni lo preciso que puede ser el historial de ubicaciones.

Tampoco informó que se rastrearía su ubicación de forma automática y precisa incluso cuando no estuvieran haciendo nada en sus teléfono, ni que ese rastreo se produciría en todos los dispositivos en los que estuvieran conectados (no solo en aquellos en los que hubieran optado por ello).

El juez Wynn destaca que las advertencias proporcionadas por Google son limitadas y se encuentran parcialmente ocultas y que sus textos descriptivos de servicios son poco claros. También que los usuarios de teléfonos inteligentes son bombardeados a diario con botones de aceptación y condiciones de servicios, pero que pocos leen realmente las condiciones y que, sin descripciones razonablemente claras, la mayoría de los usuarios no entienden lo que están aprobando.

En ese contexto, el proceso de activar, pausar y eliminar el historial de ubicaciones no es transparente para los usuarios. Por tanto, decir que los usuarios pueden borrar su información es más fácil decirlo, que hacerlo.

El juez reconoce también que la explosión en el uso de las nuevas tecnologías ilustra un cierto nivel de comodidad de la población estadounidense a la hora de confiar información personal a empresas tecnológicas como Google, pero eso no significa que esa confianza se extienda al Estado o que la población haya renunciado a su expectativa razonable de privacidad sobre esa información.

Para el juez Wynn es el Estado el que tiene el monopolio de la violencia y la privación lícita de la libertad, por tanto es un grave error de apreciación confundir la revelación limitada de un individuo a Google con una invitación abierta al Estado.

De tal manera —contrario a lo que opinaron sus colegas de la mayoría— para el juez Wynn no hay una aplicación al caso de la doctrina de la tercera parte, y conforme los lineamientos de *Carpenter*, las órdenes de *Geofence* son contrarias a la Cuarta Enmienda.

5. "JAMARR SMITH"[15] EL OTRO CASO RELEVANTE

Sin embargo, las decisiones judiciales respecto de *Geofence* no son sólo las de primera y segunda instancia de *Chatrie*, y en ese sentido me interesa abordar la resolución de la Corte de Apelaciones del Quinto Distrito.

El 9 de agosto de 2024, con la decisión de la Corte de Apelaciones del Cuarto Distrito en *Chatrie* conocida, la Corte de Apelaciones del Quinto Distrito dictó sentencia en "United States vs. Jamarr Smith" en el que entienden que la orden de *Geofence*, es inconstitucional.

No obstante considerarla contraria a la Cuarta Enmienda, deniegan la moción de la defensa de suprimir la evidencia obtenida, en virtud de la excepción de la doctrina de la buena fe, tal como lo hizo la jueza federal de Virginia en *Chatrie*.

A continuación, revisamos sus argumentos.

---

15 "United States v. Jamarr Smitth" No. 23-60321. United States Court of Appeals for the Fifth Circuit.

La orden de *Geofence* en el caso *Jamarr Smith* fue emitida el 8 de noviembre de 2018, para detectar los celulares ubicados en un recuadro de coordenadas que abarcaba 98.192 m^2 aproximadamente entre las 5:00 pm y las 6:00 pm del 5 de febrero de 2018.

Cinco meses después, Google entregó la información correspondiente al primer paso, destacando que la búsqueda fue mucho más amplia que la autorizada judicialmente. El área circular abarcada por la empresa fue de 378.278 m^2, aproximadamente.

Dicha búsqueda arrojó tres (3) ID de dispositivos dentro de los parámetros solicitados.

Los investigadores solicitaron el paso dos en mayo de 2019 y recibieron respuesta el 30 de mayo. Seguidamente, el 7 de junio de 2019 requirieron el desenmascaramiento de la información de los tres (3) dispositivos, lo que ocurrió el 10 de junio de 2019.

La información brindada correspondía a las cuentas de correo electrónico de Jamarr Smith y de Gilbert McThunel. La tercera cuenta se consideró irrelevante para la investigación.

A raíz de esto, se adoptaron una serie de medidas de investigación, las que permitieron, entre otras cosas, vincular a un tercer sospechoso, Thomas Iroko Ayodele. Todas esas medidas tuvieron como origen las órdenes de *Geofence.*

La defensa de Smith, a la que adhirieron las otras, solicitó la supresión de todas las pruebas dado que la orden de *Geofence,* en su entendimiento, violaban una expectativa razonable de privacidad, que se trataba de órdenes generales, sin contar con causa probable y particularidad, tal como requiere la jurisprudencia.

Entendían que para los pasos dos y tres, no había mediado orden judicial alguna, por tanto, eran ilegales. A su vez, que la doctrina de la buena fe no cabía ser aplicada en el caso, dado que los investigadores policiales le brindaron información consciente e intencionalmente falsa al juez para su emisión.

El tribunal denegó la petición de los imputados. Posteriormente fueron encontrados culpables por el jurado, recibiendo penas de entre 121 y 136 meses de prisión. Los imputados apelaron la decisión.

Para la Corte del Quinto Distrito, quizá el aspecto más alarmante de las órdenes de *Geofence* es la potencial permeabilización de la vigilancia policial, proporcionando muchos más datos de localización y más precisos que los CSLI o incluso que un rastreador GPS.

Los magistrados explícitamente señalan que no comparten las apreciaciones de la mayoría de la Corte de Apelaciones del Cuarto Distrito que consideró a las órdenes de *Geofence* como un registro único y breve del viaje de una persona y que, por ende, no violan la razonable expectativa de privacidad, pues los datos son mucho menos reveladores que los que se obtenían en los precedentes Jones o Carpenter.

Los jueces de la Corte de Apelaciones del Quinto Distrito reconocen que las órdenes de *Geofence* suelen estar limitadas en el tiempo, pero, aun así, no debe subestimarse el potencial intrusivo que poseen, incluso en una breve recopilación de los precisos datos de localización, dado que se realiza un seguimiento hacia zonas que normalmente son consideradas como más privadas e intimas, como son el interior de los hogares.

Sin hesitación, entienden que las ordenes de *Geofence* son invasivas y violatorias de la Cuarta Enmienda, especialmente porque permiten rastrear retroactivamente a cualquier persona que haya activado su historial de localización, independientemente de que se trate de una persona sospechosa.

Respecto de la doctrina de la tercera parte, entienden que corresponde aplicar respecto de ésta, la misma solución que en *Carpenter*.

Si bien es cierto —razonan— que los datos se encuentran en manos de las empresas privadas, en la práctica, no es razonable pensar que los usuarios asuman voluntariamente el riesgo de entregar sus datos a terceros.

Coinciden con *Carpenter* en que, en muchos casos, la doctrina de la tercera parte se encuentra mal adaptada a la era digital, en la que las personas revelan una gran cantidad de información sobre sí mismas a terceros en su día a día.

Reconocen sin embargo que entre Carpenter y las órdenes de Geofence hay una diferencia: en estos últimos casos, son los usuarios los que deciden compartir su ubicación. Ahora bien, a diferencia de la mayoría del Cuarto Distrito, los jueces del Quinto Distrito entienden que los procesos de consentimiento electrónico apenas están informados y que en muchos casos ni siquiera son voluntarios.

Sostienen que muchas veces las aplicaciones al momento de solicitar los permisos prometen inocuamente que esos datos serán utilizados para optimizar la experiencia del usuario, en lugar de revelar que las ubicaciones serán exhaustivamente almacenadas en el *Sensorvault* y posteriormente compartidos con el gobierno.

Haciendo referencia a testimonios de los empleados de Google en el caso *Chatrie*, la Cámara sostiene que se ha reconocido por parte de éstos que desactivar los datos de historial de ubicaciones es algo suficientemente difícil de realizar, dadas las advertencias limitadas y potencialmente ocultas de Google.

Cuestionan en ese sentido que las personas al momento en que brindan los permisos se imaginen que están proporcionando sus datos a Google quien, a su vez, de manera fácil, rápida y barata le brindarán al gobierno su ubicación exacta en prácticamente cualquier momento.

Razonan los jueces que esto puede indicar que los usuarios pueden entender el aviso de que se encuentran compartiendo sus datos de ubicación, pero malinterpretando la exactitud de los patrones de movimiento que son almacenados por las empresas, en la que no se asume plenamente el riesgo que conlleva que se esté monitorizando casi cada minuto de cada hora de cada día.

De igual manera que el juez disidente en *Chatrie* sostienen que un usuario no puede renunciar a las protecciones de la Cuarta Enmienda respecto de la información precisa sobre su ubicación por haber aceptado los términos y condiciones la medianoche que estuvo configurando el celular.

Por tanto, las fuerzas de seguridad llevaron a cabo una búsqueda en los términos de la Cuarta Enmienda cuando solicitaron los datos del historial de ubicaciones a Google, careciendo de causa probable y particularidad, por ende, violaron una expectativa razonable de privacidad sobre éstos, no siendo aplicable al caso la doctrina de la tercera parte.

Entienden los magistrados que se trata de una búsqueda ilegal pues cuando presentan la orden a Google, la empresa realiza una búsqueda en toda su base de datos, mientras las fuerzas de seguridad no tienen ni idea de a quién están buscando, ni si la búsqueda arrojará algún resultado.

Se resalta que el problema principal radica en que estas órdenes nunca incluyen a un usuario concreto, sino que brindan únicamente una ubicación temporal y geográfica, por tanto, constitucionalmente insuficiente.

Con cita a una nota del New York Times reproducen las palabras de Brian McClendon, creador de Google *Maps*, quien reconoció que las ordenes de *Geofence* son expediciones de pesca.

Refieren los jueces que, si bien el resultado de la orden de *Geofence* puede ser específico, el registro en sí de la misma, no lo es, porque lo que la orden permite que las fuerzas de seguridad busquen entre montones de datos de cientos de millones de usuarios sin tener ninguna descripción concreta de una persona sospechosa.

Postulan que se trata de ordenes generales, altamente sospechosas que permiten buscan grandes cantidades de información respecto de la vida personal y privada sin identificar a nadie en concreto y sin contar con causa probable.

Sin perjuicio de todo esto, los jueces de la Corte de Apelaciones del Quinto Distrito entienden que las pruebas a las que arribaron los investigadores se basan en una orden emitida por un juez imparcial y neutral y por tanto deben ser admisibles, conforme la doctrina del caso "Leon" de la Corte norteamericana.

Para decidir esto admiten que en el caso concreto los costos sociales de suprimir la evidencia son considerables, incluso el de liberar a delincuentes peligrosos, entendiendo que los beneficios disuasorios de suprimir la evidencia, no se presentan con claridad en el caso.

Reconocen que los investigadores estaban utilizando una técnica de investigación de vanguardia con la que no tenían experiencia y por tanto no se los puede culpar, atento a la novedad de la técnica y la escasez de precedentes judiciales sobre la temática.

Me interesa destacar también que el juez James Ho realiza un pequeño pero contundente voto concurrente, en el que reconoce que la decisión adoptada por la Corte de Distrito que él integra obstaculizará inevitablemente los intereses legítimos de las fuerzas de seguridad en la investigación de delitos. Pero que ello es así porque el objetivo de la Constitución es la de establecer límites al estado cuando investiga.

Sostiene que la decisión adoptada no es gratuita, pero que los derechos no tienen precio. Se trata, para el juez Ho, de realizar un esfuerzo en aplicar la Constitución a las realidades de las tecnologías modernas, de conformidad con los precedentes de la Corte Suprema de Estados Unidos en la materia.

De los casos *Chatrie* y *Jamarr Smith* es posible obtener algunas conclusiones provisorias. A mi modo de ver, los jueces que integran las distintas Cortes de Apelaciones no interpretan de igual manera el precedente *Carpenter*.

No termina de quedar claro si la Corte Suprema de los Estados Unidos pretendió dejar sin efecto la doctrina de la tercera parte en todos aquellos casos en donde la forma de compartir información con las empresas de telecomunicaciones es por una necesidad operativa *por defecto* involuntaria (como en el caso de los CSLI), o si por el contrario, dada la trascendencia de la información compartida, y el modo en que ello se lleva a cabo (términos y condiciones por adhesión y con pautas poco claras) es posible considerar que no se está renunciando a una expectativa razonable de privacidad sobre esa información.

Otro de los puntos que entiendo relevante —y sobre lo que no hay acuerdo— respecto a *Carpenter*, es en torno a la capacidad de las herramientas tecnológicas para intrusar áreas de intimidad. Mientras que para unos la distinción más relevante es diferenciar entre los seguimientos de larga y corta duración, para otros, es la naturaleza exhaustiva, retrospectiva, granular y de bajo costo lo que realmente importa y la hace inconstitucional.

Si la Cuarta Enmienda requiere necesariamente acreditar causa probable y particularidad de los lugares o personas a registrar, las órdenes de *Geofence*, de la manera en que fueron solicitadas en los distintos casos analizados, incumplirían esto.

En lo que sí habría un fuerte acuerdo es en la aplicación a las órdenes de *Geofence* de la doctrina de la buena fe para no suprimirlas o declararlas nulas como evidencias, aun cuando se reputan inconstitucionales.

¿En un futuro cercano veremos a la Corte de los Estados Unidos pronunciarse sobre esto? Al menos, para el próximo período de casos, no[16].

6. LA PROTECCIÓN LEGAL DE LOS DATOS DE GEOLOCALIZACIÓN EN EL ORDENAMIENTO JURÍDICO ARGENTINO

6.1. El marco constitucional

En el caso en que en una investigación en la República Argentina adopte una medida como la de *Geofence*, ¿se afectaría alguna garantía constitucional?

A diferencia de lo que ocurre con la Constitución de los Estados Unidos, nuestra Constitución Nacional establece dos ámbitos de protección de áreas de reserva. Mediante el art. 18 (en su parte pertinente) la Consti-

---

16 Supreme Court of the United States Granted & Noted List October Term 2024 cases for argument. https://www.supremecourt.gov/orders/24grantednotedlist.pdf. Recuperado el 10/09/2024.

tución consagra el derecho a la intimidad, mientras que en el art. 19 de la misma se cristaliza el derecho a la privacidad.

Hacer esta diferenciación es relevante porque en la doctrina y en la jurisprudencia —incluso de la CSJN— es posible encontrar las cuestiones de intimidad y privacidad como equivalentes, cuando en realidad se trata de alcances y protecciones diferenciadas.

Quien —a mi criterio— distingue con claridad esto desde la doctrina constitucional es Carlos Santiago Nino. En ese sentido señaló que: "entiendo por "privacidad" la posibilidad irrestricta de realizar acciones "privadas", o sea acciones que no dañan a terceros y que, por tanto, no son objeto de calificación por parte de una moral pública como la que el derecho debe imponer; ellas son acciones que, en todo caso, infringen una moral personal o "privada" que evalúa la calidad del carácter o de la vida del agente, y son, por lo tanto, acciones privadas por más que se realicen a la luz del día y con amplio conocimiento público. [...] Interpreto por "intimidad", en cambio, una esfera de la persona que está exenta del conocimiento generalizado por parte de los demás"[17].

En cuanto a las intrusiones a la vida íntima, éstas: "pueden tener diversas variantes, de acuerdo con los aspectos de la persona que han sido objeto de conocimiento o intrusión no querida: por ejemplo, apertura de correspondencia, interceptación de comunicaciones telefónicas, inspección de récords médicos o de cuentas bancarias, intrusión o allanamiento del domicilio, toma de fotografías no consentidas y difusión no consentida de fotografías consentidas con diversos fines (p.ej. comercial), divulgación de hábitos sexuales de la persona, observación —mediante engaño o fuerza— de partes del cuerpo que la persona no quiere exhibir, etcétera"[18]. En cuanto a la calidad de absoluto o relativo, enseña que "Desde ya que el derecho a la intimidad puede, en ciertos casos, ceder frente a otros derechos"[19].

Desde la jurisprudencia de la CSJN la jueza Argibay sostuvo que: "no es el mismo tipo de aseguramiento el que provee el artículo 19 de la Constitución Nacional que el resultante del artículo 18 [...] El primero de los preceptos mencionados está dirigido a excluir de todo tipo de interferencia estatal aquellas acciones que en modo alguno afecten a terceros, es decir, que no generen efectos dañosos sobre otras personas. En la medida

---

17 Nino, C. S. (2013). *Fundamentos de Derecho Constitucional.* Astrea.

18 *Ibidem.*

19 *Ibidem.*

que esto último haya sido debidamente establecido, la prohibición de interferir en tal tipo de acciones es absoluta. La protección acordada por el artículo 18 de la Constitución Nacional se refiere a la exclusión de terceros (los funcionarios públicos entre ellos) de ciertos ámbitos propios de la persona, a los que también se puede llamar "privados" o "exclusivos". Por antonomasia, cae en esta categoría el domicilio o vivienda, pero también incluye el artículo 18 de la Constitución Nacional a los papeles privados y a la correspondencia epistolar. A diferencia de la protección asignada por el art. 19 de la Constitución Nacional, la interferencia en estos ámbitos privados por parte de las autoridades públicas no se halla excluida de manera absoluta, sino que se la sujeta a determinados requisitos, tal como la orden de autoridad competente"[20].

Esta distinción también es relevante pues como ha destacado la doctrina constitucional argentina, el derecho a la intimidad tutela a las personas frente a conductas u omisiones estatales, como de particulares, situación diferente en los Estados Unidos, en donde la manda constitucional se constituye en un límite a conductas estatales o gubernamentales[21].

Esto quedó plasmado en "Ponzetti de Balbín" en el voto del juez Petracchi en tanto "el área de exclusión tutelada por el derecho a la intimidad no sólo se impone como un límite al poder estatal, sino también a la acción de los particulares"[22].

Por ende, entiendo que la garantía en tensión es la de la intimidad consagrada en el art. 18 de la Constitución Nacional. ¿La normativa infra constitucional establece algo al respecto?

6.2. El marco legal

Por lo general en el proceso penal cuando nos referimos a la interceptación y captura de comunicaciones estamos acostumbrados a vincularlo a llamadas telefónicas. Pero también sabemos que, en la actualidad, las llamadas tradicionales por teléfono son un porcentaje muy pequeño de las comunicaciones que tenemos a diario.

---

20 CSJN Fallos: 333:405

21 Rivera. J. C. (h). (2014). *Tratado de los Derechos Constitucionales,* Abeledo Perrot. Tomo 1.

22 CSJN Fallos: 306:1892

En definitiva, cuando se interceptan y capturan comunicaciones —en cualquiera de sus soportes— lo que se obtiene, son datos.

Entendemos por datos a "toda aquella información generada, enviada, recibida o archivada por medios electrónicos, ópticos o similares"[23].

Ahora bien, ¿con qué regulación cuentan los datos en nuestro país?

La ley N° 25.326 de Protección de Datos Personales establece en su art. 1° que "tiene por objeto la protección integral de los datos personales asentados en archivos, registros, bancos de datos, u otros medios técnicos de tratamiento de datos, sean éstos públicos, o privados destinados a dar informes, para garantizar el derecho al honor y a la intimidad de las personas, así como también el acceso a la información que sobre las mismas se registre, de conformidad a lo establecido en el artículo 43, párrafo tercero de la Constitución Nacional".

De esta ley encontramos que hay dos tipos de datos, los datos personales y los datos sensibles.

Se conceptualiza al dato personal como "Información de cualquier tipo referida a personas físicas o de existencia ideal determinadas o determinables", a la vez que se entiende por datos sensibles "Datos personales que revelan origen racial y étnico, opiniones políticas, convicciones religiosas, filosóficas o morales, afiliación sindical e información referente a la salud o a la vida sexual".

Por su parte, la Ley Nacional de Telecomunicaciones N° 19.798 en su art. 2° define a la telecomunicación como "Toda transmisión, emisión o recepción de signos, señales, escritos, imágenes, sonidos o informaciones de cualquier naturaleza, por hilo, radioelectricidad, medios ópticos u otros sistemas electromagnéticos". El art. 18° de la mencionada ley refiere que la correspondencia de telecomunicaciones es inviolable y que sólo se procederá a su interceptación con orden de juez competente.

Esta inviolabilidad implica, conforme su art. 19° "la prohibición de abrir, sustraer, interceptar, interferir, cambiar su texto, desviar su curso, publicar, usar, tratar de conocer o facilitar que otra persona que no sea su destinatario conozca la existencia o el contenido de cualquier comunica-

---

23 Vaninetti. H, A. (2021). *Derecho a la intimidad en la era digital.* Hammurabi. El autor propone trabajar con el concepto de "mensaje de dato" y no con el de "comunicaciones electrónicas" para poder abarcar con él a más de un medio conductor de comunicaciones, como el correo electrónico, el telegrama, el télex, el telefax, el chat, el servicio de SMS, etc.

ción confiada a los prestadores del servicio y la de dar ocasión de cometer tales actos".

De forma coherente la Ley de Inteligencia Nacional Nº 25.520 y su modificatoria, en su art. 5º refiere que "Las comunicaciones telefónicas, postales, de telégrafo o facsímil o cualquier otro sistema de envío de objetos o transmisión de imágenes, voces o paquetes de datos, así como cualquier tipo de información, archivos, registros y/o documentos privados o de entrada o lectura no autorizada o no accesible al público, son inviolables en todo el ámbito de la República Argentina, excepto cuando mediare orden o dispensa judicial en sentido contrario".

También la Ley de Tecnologías de la Información y las Comunicaciones Nº 27.078 dispone en su art. 5º "La correspondencia, entendida como toda comunicación que se efectúe por medio de Tecnologías de la Información y las Comunicaciones (TIC), entre las que se incluyen los tradicionales correos postales, el correo electrónico o cualquier otro mecanismo que induzca al usuario a presumir la privacidad del mismo y de los datos de tráfico asociados a ellos, realizadas a través de las redes y servicios de telecomunicaciones, es inviolable. Su interceptación, así como su posterior registro y análisis, sólo procederá a requerimiento de juez competente".

Este es el marco regulatorio federal que creo se debe tener en cuenta al momento de interpretar aspectos relativos a las telecomunicaciones y sus datos asociados, tal como una orden de *Geofence*, por ejemplo.

6.3. La intensidad de la afectación según el tipo de dato

Teniendo en cuenta el marco constitucional y legal referenciado, cabe preguntarse si todos los datos brindan la misma información y si hay algunos que sean más invasivos de la intimidad que otros, cuando son captados o interceptados.

Para ello, deberíamos distinguir entre datos de abonado, datos de tráfico y datos de contenido, conforme la clasificación del Convenio sobre Ciberdelito del Consejo de Europa, al que nuestro país, junto con setenta y cinco países más, se encuentra obligado.

El Convenio sobre Ciberdelito del Consejo de Europa, más conocido como el Convenio de Budapest, por haber sido aprobado en la capital de Hungría, en el año 2001, tiene tres finalidades: a) armonizar criterios en la tipificación de delitos informáticos, b) establecer pautas comunes en las normativas procesales para la investigación de dichos delitos y c) organizar un régimen rápido y eficaz de cooperación internacional.

El art. 18 del Convenio refiere que por dato de abonado "se entenderá toda información, en forma de datos informáticos o de cualquier otra forma, que posea un proveedor de servicios y esté relacionada con los abonados a dichos servicios, excluidos los datos sobre el tráfico o sobre el contenido".

En base a esta definición, obtenemos entonces que el dato de abonado es toda aquella información identificatoria que posee el proveedor de servicios vinculada al abonado.

El art. 18 del Convenio continúa diciendo que es aquella información que (excluyendo los datos de tráfico y contenido) permita determinar: "a) El tipo de servicio de comunicaciones utilizado, las disposiciones técnicas adoptadas al respecto y el período de servicio; b) La identidad, la dirección postal o geográfica y el número de teléfono del abonado, así como cualquier otro número de acceso o información sobre facturación y pago que se encuentre disponible sobre la base de un contrato o de un acuerdo de prestación de servicios; c) Cualquier otra información relativa al lugar en que se encuentran los equipos de comunicaciones, disponible sobre la base de un contrato o de un acuerdo de servicios".

El Convenio también define en su art. 1° a los datos de tráfico como "cualquier dato informático, generado por el sistema informático que forma parte de la cadena de comunicación, indicando origen, destino, ruta, hora, fecha, tamaño, duración o tipo de servicio subyacente".

Es decir que al momento de tener una telecomunicación las empresas prestatarias del servicio cuentan con todos los datos que permiten determinar el titular del servicio, el domicilio de facturación, la forma en que abona el servicio, el tipo de comunicación, dónde se origina, dónde se recepta, la duración de ésta, la identificación y geolocalización de los equipos intervinientes, etc.

El Convenio de Budapest, como dijimos, no establece una definición de datos de contenido, aunque sin mayor esfuerzo podemos decir que es el mensaje que envía el emisor.

En virtud de esta clasificación los datos de geolocalización se encuentran dentro de los denominados datos de tráfico.

Como se analizó en los casos *Carpenter, Chatrie* y *Jamarr Smith*, las empresas almacenan los datos de abonado y tráfico con fines comerciales y de facturación.

En virtud de esto, las preguntas orientadas al proceso penal y vinculadas con la intimidad son ¿Qué información brindan esos datos? y ¿Quiénes y de qué manera pueden obtenerla?

En principio podríamos decir —y diríamos bien— que la inviolabilidad del secreto de las comunicaciones solamente se quiebra cuando se acceden a los datos de contenido y por tanto, sólo en esos casos debiera contarse con una orden escrita de autoridad competente, pero ¿Qué sucede con los datos de tráfico, como por ejemplo, los de geolocalización?

La cuestión no es pacífica, sin embargo contamos con jurisprudencia internacional en la materia[24], a la que adherimos, y con las opiniones de Hairabedián[25] y Palazzi[26], en que la violación al derecho a la intimidad subsiste, aún en estos casos y por ende, se requiere orden de juez para acceder a los mismos.

Sostener la necesidad de contar con autorización judicial para obtener estos datos es trascendental dado que "El actual estado de la técnica permite afirmar con rotundidad que ciertas formas de utilización de los datos de tráfico crean un verdadero riesgo de control permanente de la persona. La interconexión de la distinta información que aportan, que por separado puede resultar intrascendente, da lugar a que se logren establecer precisos perfiles individuales, que son susceptibles de ser usados para múltiples fines"[27].

A su vez, legislación nacional reseñada establece que la comunicación y los datos de tráfico asociados son inviolables, sin orden judicial.

Polansky incorpora en su trabajo un estudio realizado en el año 2014 por dos científicos de la Universidad de Stanford en el que participaron quinientas cuarenta y seis personas a fin de determinar si a partir del análisis de metadatos, se puede obtener información sensible respecto de éstas.

---

[24] "Malone vs. Reino Unido" (1984), "Copland vs Reino Unido" (2007) del Tribunal Europeo de Derechos Humanos en el que se afirma que aunque los datos de tráfico no impliquen directamente una interceptación de la llamada, son parte integrante de las comunicaciones telefónicas y por ende, gozan de protección.

[25] Hairabedián, M. (2017). "El acceso a información y datos de teléfonos celulares". *Cibercrimen*. BdeF.

[26] Palazzi, P. (2014). "La regulación de los datos de tráfico en la Argentina: comentario a la ley 25.873", *Jurisprudencia Argentina*. 2004-II-1346.

[27] Fernández Rodríguez, J. J. (2016). "Los datos de tráfico de comunicaciones: en búsqueda de un adecuado régimen jurídico que elimine el riesgo de control permanente". *Revista Española de Derecho Constitucional*. (108). 93-122.

De ese estudio "se pudo inferir la religión de algunos de los participantes; de otros se pudo determinar su vinculación a grupos de alcohólicos anónimos, o a sindicatos. De otros se observó que se habían comunicado con estudios jurídicos especializados en divorcios, y con clínicas especializadas en enfermedades de transmisión sexual. De algunos también se obtuvieron secuencias de llamados particularmente reveladoras. Uno de ellos se comunicó durante un largo tiempo con un centro cardiológico, luego tuvo una conversación corta con un laboratorio médico, después recibió la llamada de una farmacia y finalmente llamó a una línea de denuncias relacionada con un producto utilizado para casos de arritmia. Otro participante tuvo una larga comunicación con su hermana por la mañana. Dos días después realizó varias llamadas a la asociación *planned parenthood* (vinculada a temas relacionados con la salud sexual y la reproducción). Dos semanas después volvió a llamarlos. Pasado un mes les realizó la última llamada"[28].

El Código Procesal Penal de la Nación no establece una regla clara respecto de las facultades del Fiscal o del Juez para obtener datos de abonado, tráfico o contenido.

El art. 236[29] refiere que será el juez el que ordene la intervención de las comunicaciones del imputado, reservándole al fiscal la posibilidad de hacerlo sólo frente a dos casos particulares.

---

28 Polansky, J. A. (2020) *Garantías Constitucionales del procedimiento penal en entorno digital.* Hammurabi.

29 "El juez podrá ordenar, mediante auto fundado, la intervención de comunicaciones telefónicas o cualquier otro medio de comunicación del imputado, para impedirlas o conocerlas. Bajo las mismas condiciones, el Juez podrá ordenar también la obtención de los registros que hubiere de las comunicaciones del imputado o de quienes se comunicaran con él. En las causas en que se investigue alguno de los delitos previstos en los artículos 142 bis y 170 del CÓDIGO PENAL DE LA NACIÓN, o que tramiten en forma conexa con aquéllas, cuando existiese peligro en la demora, debidamente justificado, dichas facultades podrán ser ejercidas por el representante del MINISTERIO PÚBLICO FISCAL, mediante auto fundado, con inmediata comunicación al Juez, quien deberá convalidarla en el término improrrogable de veinticuatro horas, bajo pena de nulidad del acto y consecuente ineficacia de la prueba introducida a partir de él"

El Código Procesal Penal Federal, por su parte, en su art. 150 recepta la interceptación de comunicaciones[30] y en el art. 151 regula lo referido a la incautación de datos informáticos[31].

Si bien las normas procesales señaladas no receptan el lenguaje del Convenio, relativo a datos de abonado, tráfico y contenido, entiendo que un análisis sistémico de la normativa reseñada permite sostener que los datos de geolocalización son técnicamente datos de tráfico y que sólo el juez está autorizado a obtenerlos, tanto en el Código Procesal Penal de la Nación, como en el Código Procesal Penal Federal.

---

30 "Siempre que resulte útil para la comprobación del delito, el juez podrá ordenar, a petición de parte, la interceptación y secuestro de la correspondencia postal, telegráfica, electrónica o cualquier otra forma de comunicación o de todo otro efecto remitido por el imputado o destinado a éste, aunque sea bajo nombre supuesto. Se procederá de modo análogo al allanamiento. La intervención de comunicaciones tendrá carácter excepcional y sólo podrá efectuarse por un plazo máximo de TREINTA (30) días, pudiendo ser renovada, expresando los motivos que justifican la extensión del plazo conforme la naturaleza y circunstancias del hecho investigado. La solicitud deberá indicar el plazo de duración que estime necesario según las circunstancias del caso. El juez controlará la legalidad y razonabilidad del requerimiento y resolverá fundadamente. Rige para los magistrados, funcionarios, agentes y empleados que tengan participación activa en la intervención y/o responsabilidad sobre los elementos probatorios, el deber de confidencialidad y secreto respecto de la información obtenida por estos medios. Quienes incumplan este deber incurrirán en responsabilidad penal. Las empresas que brinden el servicio de comunicación deberán posibilitar el cumplimiento inmediato de la diligencia, bajo apercibimiento de incurrir en responsabilidad penal. Si los elementos de convicción tenidos en consideración para ordenar la medida desaparecieren, hubiere transcurrido su plazo de duración o ésta hubiere alcanzado su objeto, deberá ser interrumpida inmediatamente"

31 El juez podrá ordenar a requerimiento de parte y por auto fundado, el registro de un sistema informático o de una parte de éste, o de un medio de almacenamiento de datos informáticos o electrónicos, con el objeto de secuestrar los componentes del sistema, obtener copia o preservar datos o elementos de interés para la investigación, bajo las condiciones establecidas en el artículo 136. Regirán las mismas limitaciones dispuestas para el secuestro de documentos. El examen de los objetos, documentos o el resultado de la interceptación de comunicaciones, se hará bajo la responsabilidad de la parte que lo solicitó. Una vez secuestrados los componentes del sistema, u obtenida la copia de los datos, se aplicarán las reglas de apertura y examen de correspondencia. Se dispondrá la devolución de los componentes que no tuvieran relación con el proceso y se procederá a la destrucción de las copias de los datos. El interesado podrá recurrir al juez para obtener la devolución de los componentes o la destrucción de los datos.

Es más, cabría preguntarse si los códigos procesales locales podrían adoptar otra solución, esto es, facultar expresamente al Ministerio Público Fiscal a acceder a los datos de tráfico, y creo que la respuesta debiera ser negativa.

La materia relativa a la regulación de las telecomunicaciones es un asunto de las autoridades federales, y así lo ha reconocido la Corte Suprema de Justicia de la Nación en muchos precedentes[32].

En ese entendimiento, y como he reseñado, la ley Nacional de Telecomunicaciones, la de Inteligencia Nacional y la de Tecnologías de la Información y las Comunicaciones, requieren para acceder a las comunicaciones orden de juez.

Conforme mi interpretación, si bien nuestras normas procesales no distinguen claramente entre datos de abonado, tráfico y contenido, es posible entender a los datos de tráfico incluidos en las definiciones de las leyes mencionadas.

Nótese que la ley Nacional de Telecomunicaciones requiere orden de juez para acceder a "toda transmisión, emisión o recepción de signos, señales, escritos, imágenes, sonidos o informaciones de cualquier naturaleza". Subrayo "informaciones de cualquier naturaleza".

Lo mismo puede interpretarse de la ley de Inteligencia Nacional en tanto solicita orden o dispensa judicial para captar o interferir a "cualquier otro sistema de envío de objetos o transmisión de imágenes, voces o paquetes de datos". Este paquete de datos serían los datos de tráfico, en mi entendimiento.

Con mayor claridad, la ley de Tecnologías de la Información y las Comunicaciones Digitales refiere a inviolabilidad de "la correspondencia [...] por medio de Tecnologías de la Información y las Comunicaciones (TIC) [...] y de los datos de tráfico asociados a ellos".

Por ello, entiendo que las normas que gobiernan la materia de las telecomunicaciones son de orden federal y no podrían las provincias adoptar una regulación procesal que contraríe a la manda nacional. De esta manera, sólo un juez debiera acceder a los datos de tráfico.

---

32 CSJN Fallos: 342:1061, 320:162, 320:619, 321:1074, 326:4718, 327:5781, 330:3098.

7. LA PRUEBA EN EL PROCESO PENAL: ¿PRINCIPIO DE LEGALIDAD, RESERVA DE LEY O LIBERTAD PROBATORIA?

Una pregunta que podemos hacernos dada la vertiginosidad de los cambios tecnológicos y la falta de actualización de los Códigos Procesales Penales a éstos, tal como acabamos de analizar, es qué cabe hacer frente a la prueba que se intenta incorporar al proceso obtenida en los entornos virtuales.

Daniel Pastor sostiene que las intervenciones procesales en la esfera de los derechos constitucionales deben estar previamente establecidas y reguladas por ley, en toda su extensión y con toda precisión, lo que constituiría una especie de principio de legalidad procesal, derivado del principio de legalidad material[33].

Pérez Barberá respecto de esto sostiene que "En Alemania [...] existen algunas voces (minoritarias pero prestigiosas) que sostienen que la reserva de ley que rige en el Derecho procesal penal es la del Derecho penal material, y ofrecen en apoyo de ello razones interesantes. Es claro entonces, a mi modo de ver, que esta opinión —que considero equivocada— merece atención y un examen minucioso"[34]. Luego de un extenso análisis concluye Pérez Barberá que lo que debemos aplicar en el ámbito del proceso penal es el principio de reserva de ley.

En este entendimiento "el principio de reserva de ley, [...] asegura que el Estado no intervendrá en el ámbito de los derechos fundamentales por motivos y con medios que no sean aquellos que una ley previamente establecida autorice [...] Y en la medida en que obliga a que esa ley previa cumpla con determinados requisitos de forma y de contenido, para de esa manera garantizar al ciudadano que no le será limitado arbitrariamente el ejercicio de sus derechos fundamentales, realiza el principio del Estado de derecho en su manifestación material"[35]

Si bien las fundamentaciones de Pastor y de Pérez Barberá difieren, entiendo a ambas complementarias y al servicio del principio *nulla coactio sine lege* elaborado por Eberhard Schmidt y derivado del *nullum crimen.*

---

33 Pastor, D. (2002). *El Plazo Razonable en el Proceso del Estado de Derecho.* Ad-Hoc.

34 Pérez Barberá, G. (2015) "Reserva de ley, principio de legalidad y proceso penal". *En Letra Penal,* (I-1). P. 42-92.

35 Pérez Barberá, G. (2014) "El principio general de reserva de ley (o principio general de legalidad) en la doctrina alemana", *Tratado de los Derechos Fundamentales,* Tomo 1.

Este principio consiste en "constatar si la medida de coerción o de injerencia se encuentra prevista en la ley procesal, con qué alcance o para qué supuestos"[36].

Bruzzone basándose en este principio proponía una "teoría general de las medidas de coacción" para lo cual se debía "determinar con exactitud si la medida de coerción o de injerencia se encuentra legalmente prevista; [y] en segundo lugar, establecer si el órgano que la va a realizar es competente para hacerlo y bajo qué circunstancias"[37]

En esta misma línea, pero estudiando los alcances de la prueba ilícita en el proceso penal Armenta Deu explicita que "Existe acuerdo general en someter la limitación de los derechos fundamentales a la concurrencia de una serie de presupuestos surgidos en buena medida del hecho de su inclusión en textos constitucionales o en leyes ordinarias, y enfocado todo ello a la garantía normativa y jurisdiccional"[38].

Es de esta manera que establece como pauta de trabajo a los siguientes presupuestos: "1) fin constitucionalmente legítimo; 2) previsión normativa (principio de legalidad formal y material); 3) adoptarse en el marco de un proceso, es decir, jurisdiccionalidad; 4) necesidad cualificada de motivación; 5) estar sujeta al principio de proporcionalidad *stricto sensu*, y 6) ejecución y control judicial de la medida".

A su vez "Cuando hablamos de la coerción legítima que ejerce el Estado, nos referimos al uso de su poder, acordado por la ley (ley que debe respetar las reglas constitucionales que limitan el poder estatal), que conculca o restringe ciertas libertades o facultades de las personas, para lograr un fin determinado"[39].

---

36 Bruzzone, G. A. (2005). "La '*nulla coactio sine lege*' como pauta de trabajo en materia de medidas de coerción en el proceso penal". *Estudios sobre justicia penal: homenaje al profesor Julio B. Maier.* Editores del Puerto. P. 241-243.

37 Bruzzone, G. A.(2005), Obra citada. En el ámbito del derecho procesal y las nuevas tecnologías, adhiere a este criterio Salt, M. (2017). *Nuevos desafíos de la evidencia digital: acceso transfronterizo y técnicas de acceso remoto a datos informáticos.* Ad-Hoc.

38 Armenta Deu, T. (2011). *La prueba ilícita (un estudio comparado).* Marcial Pons.

39 Maier, J. B. J. (1999). *Derecho Procesal Penal* TI, Editores del Puerto. Destacado en original

Como vemos, desde distintas áreas del derecho procesal penal se coincide en la necesidad de contar con lo que González Cuéllar Serrano denominó *tipicidad procesal*[40].

En nuestro país, este esfuerzo doctrinario encuentra sustento constitucional y convencional en el Art. 30 de la Convención Americana sobre Derechos Humanos (CADH) en tanto y en cuanto establece que "Las restricciones permitidas, de acuerdo con esta Convención, al goce y ejercicio de los derechos y libertades reconocidas en la misma, no pueden ser aplicadas sino conforme a leyes que se dictaren por razones de interés general y con el propósito para el cual han sido establecidas".

Por su parte, la Corte Interamericana de Derechos Humanos, en su calidad de intérprete de la CADH mediante la Opinión Consultiva Nº 6/86 entendió que ley "significa norma jurídica de carácter general, ceñida al bien común, emanada de los órganos legislativos constitucionalmente previstos y democráticamente elegidos y elaborada según el procedimiento establecido por las constituciones de los Estados Partes para la formación de las leyes".

En ejercicio de su competencia jurisdiccional contenciosa, la misma precisó que "Si el Estado pretende limitar un derecho, debe respetar el principio de legalidad, argüir de manera fundada cuál es el fin legítimo que pretende conseguir y demostrar que el medio a utilizar para llegar a ese fin es idóneo, necesario y estrictamente proporcional. Caso contrario, la restricción del derecho será contraria a la Convención"[41].

No quedan dudas entonces que la doctrina y la jurisprudencia, son coincidentes en requerir, al menos, una ley en sentido estricto, que establezca con claridad esa limitación al ejercicio de los derechos y el alcance de la misma, puesto que si ello no ocurre, la restricción será ilegal, o bien arbitraria, si, a pesar de esa fuente legal, resultan desproporcionadas, injustificadas o carentes de razonabilidad[42].

---

40 González Cuéllar Serrano, N. (1990) *Proporcionalidad y derechos fundamentales en el proceso penal*, Colex, 1990. Sostiene el autor que "La ley procesal debe tipificar tanto las condiciones de aplicación, como el contenido de las intromisiones de los poderes públicos en el ámbito de los derechos fundamentales de los ciudadanos".

41 "Barreto Leiva v. Venezuela", sent. del 17 de noviembre de 2009 (Fondo, Reparaciones y Costas), párr. 55. Citado por Larsen, P. (2016). *Jurisprudencia de la Corte Interamericana de Derechos Humanos.* Hammurabi.

42 "Tristán Donoso v. Panamá" sent. Del 27 de enero de 2009 (Fondo, Reparaciones y Costas), parr. 77. Citado por Yacobucci, G. (2017). *El sentido de los principios penales.* BdeF.

También nos es de utilidad jurisprudencia del Tribunal Europeo de Derechos Humanos (TEDH)[43]. En materia de injerencia a los derechos fundamentales ha establecido la necesidad de previsión normativa[44], la que debe ser suficientemente clara, previsible y suficientemente accesible[45], indicando con suficiente claridad el alcance y las modalidades del ejercicio de la facultad discrecional de las autoridades, en el ámbito de que se trate, para garantizar el grado mínimo de protección exigido por la preeminencia del Derecho en una sociedad democrática[46].

En al menos dos casos, el Tribunal entendió que la inexistencia de previsión normativa de la medida es suficiente para declarar la violación al art. 8 del Convenio, lo que constituye el presupuesto para analizar si la injerencia perseguía un "interés legítimo" o si era "necesaria en una sociedad democrática".

Analizar de esta manera a las medidas de investigación nos lleva necesariamente a criticar la laxa interpretación mayoritaria que se hace del principio de libertad probatoria consagrada en la mayoría de los códigos procesales penales del país, realidad de la que no escapan el Código Procesal Penal de la Nación y el Código Procesal Penal Federal.

La doctrina y jurisprudencia ampliamente dominante en nuestro medio han entendido que puede probarse cualquier hecho relevante, conforme las reglas que establece nuestro ordenamiento procesal y en caso de no haber un medio probatorio que lo regule, que se incorpore con el medio

---

43 Ahora bien, ¿Por qué es conveniente recurrir a la jurisprudencia del Tribunal Europeo de Derechos Humanos? Por la similitud del art. 8° del Convenio Europeo de Derechos Humanos con la protección a la vida íntima de nuestra Constitución Nacional y con el art. 30 de la CADH en cuanto a la necesidad de contar con una ley para poder limitar el ejercicio de los derechos fundamentales.
"1. Toda persona tiene derecho al respeto de su vida privada y familiar, de su domicilio y de su correspondencia. 2. No podrá haber injerencia de la autoridad pública en el ejercicio de este derecho sino en tanto en cuanto esta injerencia esté prevista por la ley y constituya una medida que, en una sociedad democrática, sea necesaria para la seguridad nacional, la seguridad pública, el bienestar económico del país, la defensa del orden y la prevención de las infracciones penales, la protección de la salud o de la moral, o la protección de los derechos y las libertades de los demás."

44 "Halford vs. Reino Unido" (1997)

45 "Silver y otros vs. Reino Unido" *(1983)* y "Fernández Martínez vs. España" (2014)

46 "Piechowicz vs. Polonia" (2012)

probatorio regulado que analógicamente más se asimile, siempre y cuando no se violen garantías constitucionales[47].

Esta interpretación acrítica del principio de libertad probatoria, con mayor énfasis en su primera parte, esto es, en la libertad de medios y menos en la afectación de garantías constitucionales, es incompatible con un análisis constitucional y convencional en el que se afectan derechos fundamentales.

Frente a la utilización de medios probatorios no reglados es necesario recordar que la libertad probatoria "tiene como condición de su existencia la responsabilidad de su ejercicio, la libertad probatoria no tiene el sentido de una 'patente de corso' probatoria"[48].

8. GOOGLE Y LOS REQUERIMIENTOS JUDICIALES

Conforme se obtiene de su página web, Google recibe pedidos de información de autoridades judiciales de todas partes del mundo[49].

Allí se distingue entre los pedidos de información que recibe por parte de las autoridades de Estados Unidos relacionadas con leyes de seguridad nacional, de las solicitudes del resto de los países del mundo.

También clasifica a las solicitudes según provengan por vía diplomática o a través de su propia página web.

La empresa cuenta con un "*Law Enforcement Request System*"[50] en el que las autoridades judiciales pueden cargar sus requerimientos en relación con la información que le solicitan.

---

47 "Skanska, S.A s/ recurso de casación", Causa nº 18579/2006/266, Cámara Federal de Casación Penal, Sala IV, 13 de abril del 2016.

48 Cafferata Nores, J. I. (1998). *La prueba en el proceso penal.* De Palma

49 Google - Informe de transparencia. Solicitudes de información sobre usuarios en todo el mundo. https://transparencyreport.google.com/user-data/overview?hl=es Recuperado: 10/09/2024

50 Google - Sistema de Solicitud para Autoridades https://lers.google.com/signup_v2/landing. Recuperado: 10/09/2024

A continuación, analizo algunos datos, sobre estos requerimientos, los que cabe aclarar, no permiten distinguir entre órdenes de *Geofence* y de otro tipo[51].

Google informa que cada seis meses actualiza la información, y la más reciente, que comprende el período entre julio y diciembre de 2023 indica que se recibieron a nivel global, doscientas dieciséis mil setecientas ochenta y siete (216.787) solicitudes de revelación de información respecto de usuarios, y cuatrocientas cuarenta y un mil doscientas noventa y seis (441.296) solicitudes relativas a cuentas. En el 81% de las solicitudes, Google reveló la información.

También en ese período se recibieron mil ciento sesenta y siete (1.167) pedidos de acceso sobre usuarios, y mil novecientos diecinueve (1.919) pedidos sobre cuentas, por parte de autoridades argentinas. En el 78% de los casos se reveló la información solicitada.

A nivel mundial este último período fue en el que más solicitudes se revelaron, mientras que del reporte de julio de 2016 se obtiene la menor revelación de información con un 60%.

En el caso de Argentina, el período de mayor revelación de información fue el comprendido entre julio y diciembre del 2019, con el 81%. Y desde enero de 2011, hasta la actualidad, el porcentaje más bajo de revelación de información fue del 32% de los casos.

La contracara de estos datos la encontramos con la información solicitada por vía diplomática. Desde Argentina, entre julio y diciembre de 2023 llegaron a Google, tres (3) solicitudes de información. De igual manera, se contabilizan desde enero de 2019 hasta diciembre del 2023, dieciséis (16) solicitudes en total.

A nivel global sucede lo mismo, entre julio y diciembre de 2023, son sólo doscientas setenta y siete (277) solicitudes las recibidas por vía diplomática.

Como se advierte, la cooperación entre las autoridades judiciales y Google se da de manera directa en la abrumadora mayoría de los casos, lo que

---

51 Esto contrasta con el reporte de transparencia de Apple. Durante el período comprendido entre enero y junio de 2023 recibieron dieciséis (16) ordenes de *Geofence* por parte de las autoridades de Estados Unidos y durante el año 2022, treinta y seis (36) fueron los pedidos. En ningún caso se reveló información. https://www.apple.com/legal/transparency/report-pdf.html. Recuperado: 14/09/2024

hiere al régimen rápido y eficaz de cooperación internacional que pretendía establecer el Convenio de Budapest.

9. CONCLUSIÓN

Los avances tecnológicos son innegables, también que se cometen cada vez más delitos en los entornos virtuales y que, independientemente del modo de comisión de delitos, los investigadores recurren a la tecnología para poder cumplir con sus obligaciones.

Sin embargo, la investigación penal no puede llevarse a cabo de cualquier manera, sino que debe hacerse de manera reglada.

Soy de aquellos que participa de la idea de que el proceso penal es una tensión constante entre los derechos de la víctima y de la sociedad a que se investiguen y sancionen los delitos, por un lado, y, que en ese proceso deben respetarse las garantías constitucionales del acusado, por el otro.

Esta tensión no debe ser resuelta nunca sacrificando innecesariamente derechos.

Es bastante claro que la intimidad de las personas acusadas por la comisión de delitos se ve afectada, pero es necesario que los órganos estatales predispuestos a esos fines, ejerzan su poder de la manera en que la ley se los ha confiado.

Las garantías constitucionales son una conquista en favor de ponerle límites al poder del Estado. Como es acabadamente conocido, nuestra Constitución Nacional tuvo en miras al momento de su redacción a la Constitución de los Estados Unidos, y nada más y nada menos, el diseño institucional relativo al poder judicial, fue adoptado casi a semejanza de aquel país.

No obstante ello, el constituyente argentino consagró, como se señaló, dos ámbitos de reserva diferenciados, la intimidad y la privacidad. A su vez, el análisis constitucional que se haga, no depende de la vinculación de éstos al derecho a la propiedad, como en la concepción norteamericana.

En ese entendimiento, participo de aquellos que exigen para las injerencias en áreas de intimidad la previsión normativa, pero no solamente esto, sino que además las medidas previstas normativamente deben adoptarse de manera razonable.

Me parece interesante recordar que el profesor Roxín, ya en el año 2000 colocaba la lupa en aquellas situaciones en donde si bien se habían cumplido escrupulosamente las reglas legales que las regulan, los medios de prueba, no obstante, implicaban una injerencia sobre áreas de la vida especialmente privados o íntimos[52].

Sostiene el autor que el Tribunal Constitucional alemán mediante su sentencia *BverfGE 34, 238* estableció la "teoría de los dos niveles". Esto implicaba diferenciar "entre un ámbito nuclear dentro de la vida de una persona y el simple ámbito privado". De esta manera, los medios de prueba que refieran a los ámbitos más internos de la personalidad no pueden ser válidamente utilizados, mientras que los que impacten en el resto del ámbito privado, es el criterio judicial el que deberá decidir entre darle primacía al interés estatal en la investigación o bien a la protección de los derechos individuales de la persona.

Como señalé, la protección constitucional a ámbitos de reserva tiene sus matices en la Constitución Nacional y en la Constitución de Estados Unidos. Relacionado con esto, entiendo que un tema poco advertido es que los estándares que permiten la intrusión de esas zonas íntimas, son diferentes.

Mientras que la Constitución de Estados Unidos presenta un estándar de causa probable y de descripción con particularidad de aquellas personas o lugares a registrar, la Constitución Nacional requiere una ley que establezca en qué casos y con qué justificativos puede el estado inmiscuirse en la intimidad de los ciudadanos.

Esta distinción no es menor. Mientras que en los Estados Unidos son los jueces los que irán estableciendo caso a caso el estándar requerido de causa probable y particularidad, en la República Argentina ese estándar recae en el legislador. Esto en parte explica por qué la Corte Suprema de Justicia de Estados Unidos ha tenido el desarrollo jurisprudencial que reseñé relativo al proceso penal y las nuevas tecnologías, mientras que nuestro legislador y nuestra Corte Suprema de Justicia de la Nación, tienen una deuda pendiente.

En cuanto a la doctrina de terceros, me parece que si bien ha tenido gran extensión en los Estados Unidos, se presenta bastante alejada a nosotros. No obstante, asumamos que esa es una doctrina válida en nuestro país.

---

52 Roxin, C. (2000). "La protección de la persona en el Derecho Procesal Penal alemán", *Revista Penal,* N° 6.

Es al menos una la pregunta que me realizo, ¿Acaso los términos y condiciones del servicio de telefonía y de las aplicaciones que usamos constantemente gobiernan el alcance de las garantías constitucionales?

Si se accede a la política de privacidad de Google[53] vamos a advertir que durante el año 2024 tuvo cuatro versiones, por ejemplo, tres para el 2023, tres para el 2022, dos para el 2021 y tres para el 2020.

En total entre 1999 y el 28 de marzo de 2024 se pueden contabilizar cuarenta y seis políticas de privacidad. Entonces ¿A cuál de todas esas nos encontramos adheridos? ¿El hecho de haber aceptado la del 22 de enero de 2019 implica nuestro consentimiento también a todas las versiones posteriores?

Sostiene la política de privacidad de Google que al momento de utilizar sus servicios se recoge información "sobre las aplicaciones, los navegadores y los dispositivos que utilizas para acceder a los servicios de Google". A su vez también recolectan "los identificadores únicos, el tipo de navegador y su configuración, el tipo de dispositivo y su configuración, el sistema operativo, información sobre la red móvil (como el nombre del operador y el número de teléfono) y el número de versión de la aplicación. También recogemos información —reconocen— sobre la interacción de tus aplicaciones, navegadores y dispositivos con nuestros servicios, como la dirección IP, informes sobre fallos, actividad del sistema, así como la fecha, la hora y la URL de referencia de tu petición".

También a efectos de recomendarnos videos de YouTube recolectan los términos que se buscan, los videos que vemos, las visualizaciones e interacciones con el contenido, la información sobre voz y audio, la actividad de compra, los usuarios con los que nos comunicamos o compartimos contenido, nuestra actividad en sitios web y aplicaciones de terceros que utilizan los servicios de Google, y el historial de navegación asociado.

Toda esa información recolectada, todavía no incluye la relativa a la ubicación. Vamos por ello.

Google nos informa que recolecta nuestra información dado que "nos ayuda a ofrecerte funciones como indicaciones para llegar a tu destino, resultados de búsqueda de cosas que están cerca de ti o anuncios basados en tu ubicación".

---

53 Google - Privacidad y Términos - Política de Privacidad. https://policies.google.com/privacy/archive?hl=es. Recuperado: 09/09/2024

También que según el tipo de configuración seleccionada, se utilizan a los fines de obtener la ubicación: el GPS y otros sensores del dispositivo, la dirección IP, la actividad en servicios de Google y la información sobre elementos cercanos a nuestro dispositivo (puntos de acceso wifi, antenas de servicios de telefonía móvil, dispositivos con Bluetooth activado).

Aclara Google que esta información, su recolección y almacenaje "depende en parte de la configuración de tu dispositivo y de tu cuenta" pero que no obstante "en algunas circunstancias. Google también recoge sobre ti a través de fuentes de acceso público. Por ejemplo si tu nombre aparece en un periódico local".

Según la documentación, Google recolecta la información para, entre otras cosas, prestar, mantener y mejorar sus servicios: desarrollar otros nuevos, y ofrecer servicios personalizados.

También refiere la política de privacidad que se puede revisar y actualizar la información siempre que los usuarios así lo deseen, como así también, exportar, retirar y eliminar la misma.

Entre las consideraciones, se explicita que compartirán esa información colectada "para atender a un proceso legal o una solicitud gubernamental de obligado cumplimiento".

Creo que estos extractos de la política de privacidad de Google son suficientemente ilustrativos sobre la cantidad de información que es recolectada, procesada y almacenada.

¿Existe acaso la posibilidad de segmentar al detalle qué tipo de información compartimos, o todo se limita a un simple *click* de "sí acepto"? La segunda opción parece imponerse.

Para terminar de tomar dimensión de las órdenes de *Geofence,* conforme relata el New York Times estas órdenes son utilizadas desde el año 2016[54] y según información divulgada por Google constituyen más del 25% del total de órdenes que reciben, a la vez que en el año 2020 recibieron once mil quinientas cincuenta y cuatro (11.554) solicitudes de *Geofence*[55]

La Corte Suprema de Justicia de la Nación en el caso "Halabi" sostuvo "que las comunicaciones a las que se refiere la ley 25.873 y todo lo que los

---

54 "Geofence Warrants and the Fourth Amendment". (2021). *Harvard Law* Review. (134). 2508-2529.

55 Amster, H., Diehl, B. "Against Geofence". (2022). *Stanford Law Review.* (74). 385-445.

individuos transmiten por las vías pertinentes integran la esfera de intimidad personal y se encuentran alcanzadas por las previsiones de los artículos 18 y 19 de la Constitución Nacional". Cabe preguntarnos entonces ¿Estamos frente a un "Halabi digital"? Nuestros legisladores no parecen haberlo advertido aún.

En nuestro país la Unidad Funcional de Instrucción y Juicio del Distrito Vicente López Oeste requirió con éxito al Juzgado de Garantías Departamental que solicite a Google una *Geofence*[56].

No conozco el resultado de la pesquisa, pero como mínimo me permito señalar lo siguiente: conforme la información publicada por Google[57] sus centros de datos pueden estar, entre otros lugares, en ciudades ubicadas en Ohio, Texas, Nevada (Estados Unidos), Quilicura (Chile), Frederica (Dinamarca) o bien en Inzai (Japón) lo que indica que ninguna de las informaciones que colectan y almacenan están alojadas territorialmente en la República Argentina.

Ello implica un problema de territorialidad sobre la evidencia digital, sobre el que mucho se ha escrito, a la que puede sumarse algún inconveniente relativo a la autenticidad de la información aportada.

A tal punto es una situación problemática que el Segundo Protocolo adicional al Convenio sobre la Ciberdelincuencia en su art. 8 prevé la posibilidad de que las autoridades de un estado parte requieran a las autoridades de otro estado parte en el que se encuentra el proveedor de servicios a presentar información de datos de tráfico en su posesión o control. Como se advierte, se trata de obtener datos mediante la cooperación entre estados y no entre oficiales gubernamentales de un estado y las empresas prestarías de servicios extranjeras.

La información apuntada en este capítulo en relación con la cantidad de requerimientos de información que recibe Google directamente de las autoridades judiciales, versus la que recibe por vías diplomáticas no me hacen sentir optimista sobre el alcance que pueda llegar a tener el Segundo Protocolo, en caso de entrar en vigor.

---

56 Geo-cerca para investigar mejor https://www.diariojudicial.com/news-92998-geo-cerca-para-investigar-mejor. Recuperado 02/09/2024.

57 Google - Centros de Datos https://www.google.com/intl/es/about/datacenters/locations/. Recuperado: 28/08/2024

Tampoco pude saber si Google tramita las solicitudes de información tanto de parte de una Fiscalía como de un Juzgado. Por lo que desarrollé aquí, creo que no se encuentra legalmente facultada la Fiscalía a hacerlo, conforme nuestra normativa federal en materia de telecomunicaciones.

Respecto a la eficacia de la prueba ilícita, tal vez quien mejor haya abordado y sistematizado el tema sea Maximiliano Hairabedián. Dentro de las excepciones a la exclusión de la prueba obtenida en violación a garantías constitucionales se encuentra la doctrina de la buena fe. La Corte Suprema de Justicia de los Estados Unidos entendió en el caso "León" que la regla de exclusión está prevista para disuadir las conductas policiales que niegan derechos constitucionales. Pero cuando la policía actúa de buena fe y la orden es emitida por un magistrado imparcial y neutral, la prueba no se excluye.

El propio Hairabedián reconoce los peligros de adoptar una doctrina como ésta, y en parte entiende por qué. A su vez, manifiesta que los argumentos a favor y en contra de esta excepción a la regla de exclusión tienen fundamentos de orden práctico, utilitario y disuasorio. Pero a modo de colocar las cosas en blanco sobre negro también reconoce que hay casos en donde la situación es lo suficientemente clara respecto de la actuación de buena fe por parte de la policía.

Por mi parte, tiendo a creer que los tribunales penales, a través de sus decisiones, funcionan como legitimadores de la conducta policial, o bien le ponen coto a ella. De tal manera que recurrir a esta excepción debiera estar reservado a un número muy pequeño de casos.

No debemos pasar por alto que estamos frente a una violación constitucional y a través de esta doctrina, la estamos convalidando. Por tanto, al tratarse de una excepción a la regla, la misma debe estar muy bien fundamentada. Los hechos que habiliten esta decisión, en mi opinión, deben ser por demás contundentes, ya que no estamos aquí frente a una presunción de violación constitucional, sino lisa y llanamente ante una afectación de garantías, a la que se le convalidarán procesalmente sus consecuencias.

Que nuestra Corte Suprema de Justicia de la Nación no haya aplicado esta doctrina, vigente desde 1984 en los Estados Unidos, a mi modo de ver, es saludable.

Mi preocupación también tiene base empírica, el Instituto Nacional de Estadísticas y Censos de la República Argentina arroja que en el segundo trimestre del año 2024, existieron al menos treinta y ocho millones ciento dieciséis mil ciento cincuenta y cuatro (38.116.154) accesos a internet móvil mediante dispositivos portátiles y teléfonos celulares[58] y que para el cuarto trimestre del año 2023 el 89,5% de la población mayor a cuatro años utilizaba bienes y servicios de las TIC's mediante teléfonos celulares[59].

Este dato podemos complementarlo con la segmentación de celulares existentes en nuestro país por sistema operativo. Según información publicada a agosto de 2024, el 88% de los celulares poseen sistema operativo Android, casi el 11% iOS y un porcentaje menor al 1%, Microsoft.

No debe perderse de vista que Google es propietario del sistema operativo Android y su potencial invasor de la intimidad pareciera mayor al de otros sistemas operativos.

Aún sin estar de acuerdo con la utilización de estas medidas altamente intrusivas de la intimidad cuando no se encuentran reguladas normativamente, y dado que en nuestro país la doctrina de la libertad probatoria reconoce el beneplácito de la doctrina y jurisprudencia mayoritaria, a modo de aporte, propongo lo siguiente.

Que su utilización se encuentre reservada para un reducido catálogo de delitos, los que podrían ser los previstos en la ley N° 27.319 dado que la misma establece una serie de herramientas y facultades relativas al delito federal complejo, merecedoras de técnicas especiales de investigación[60]. También que la orden de obtención de estos datos sea adoptada únicamente por parte de jueces, quienes deberán realizar una motivación similar a la de una orden de allanamiento. Nótese que de manera inteligente y co-

---

58 Accesos a internet, Vol. 8, nº 9, Segundo trimestre de 2024. https://www.indec.gob.ar/uploads/informesdeprensa/internet_09_2469B21D2F4E.pdf Accedido 03/09/2024

59 Acceso y uso de tecnologías de la información y la comunicación. EPH, Vol. 8, nº 1, Cuarto trimestre de 2023. https://www.indec.gob.ar/uploads/informesdeprensa/mautic_05_24F87CFE2258.pdf. Accedido: 03/09/2024

60 Artículo 2° - Las siguientes técnicas especiales de investigación serán procedentes en los siguientes casos: a) Delitos de producción, trafico, transporte, siembra, almacenamiento y comercialización de estupefacientes, precursores químicos o materias primas para su producción o fabricación previstos en la ley 23.737 o la que en el futuro la reemplace, y la organización y financiación de dichos delitos; b) Delitos previstos en la sección XII, titulo I del Código Aduanero; c) Todos los casos en que sea aplicable el articulo 41 quinquies del Código Penal; d) Delitos previstos en los artículos 125, 125 bis, 126, 127 y 128 del Código Penal; e) Delitos previstos en los artículos 142 bis, 142 ter y 170 del Código Penal; f) Delitos previstos en los artículos 145 bis y ter del Código Penal; g) Delitos cometidos por asociaciones ilícitas en los términos de los artículos 210 y 210 bis del Código Penal; h) Delitos previstos en el libro segundo, titulo XIII del Código Penal.

herente con el texto constitucional, la ley Nacional de Telecomunicaciones refiere a "correspondencia de telecomunicaciones".

A su vez, esta herramienta sólo debiera abarcar un espacio temporal y geográfico reducido, dado su potencial invasivo de la intimidad. La utilización de los mecanismos de cooperación internacional del Convenio de Budapest, a juzgar por los números analizados, constituiría una verdadera novedad.

Un tema al que también me parece que hay que prestarle atención es a la *inmediata* eliminación por parte del juez competente de todos aquellos datos digitales obtenidos que no guarden vinculación con la investigación.

En diciembre de 2023 Marlo McGrieff, director de producto de Google *Maps* realizó una entrada en el *blog*[61] de Google en el que comenta que próximamente se realizarán cambios en la función "línea de tiempo" del servicio de mapas, y que esa información quedará alojada en el dispositivo. También que dicha información se eliminaría automáticamente, cada tres meses. Si esto implica un cambio en la información respecto de nuestra ubicación que Google recopila y aloja en sus servidores, es algo que tendremos que ver con el paso del tiempo.

Finalmente, quiero dejar aclarado algo, no estoy en contra de Google, ni de herramientas de investigación con sofisticación tecnológica. De lo que estoy a favor es de la vigencia de nuestro derecho a la intimidad, como sostenía el juez Petracchi, en un marco de ordenada libertad.

Al fin y al cabo, desde la Declaración de los Derechos del Hombre y del Ciudadano de 1789 sostenemos que aquella sociedad en la que la garantía de sus derechos no esté establecida, carece de Constitución.

---

61 Updates to Location History and new controls coming soon to Maps. https://blog.google/products/maps/updates-to-location-history-and-new-controls-coming-soon-to-maps/ Recuperado: 02/09/2024

C) INFORMÁTICA FORENSE E INTELIGENCIA ARTIFICIAL

Prueba digital: de la cadena de custodia a la cadena de valor

PABLO ADRIÁN CISTOLDI / ANA HAYDÉE DI IORIO / MARÍA FERNANDA ROSALES

SUMARIO: 1. INTRODUCCIÓN. 2. ABORDAJE ESTRATÉGICO Y PRUEBA DIGITAL. 2.1. Las Fuentes de Información o "Materias primas". 2.2. El capital humano en el proceso: roles del informático forense. 2.3. Requisitos de calidad de la prueba como producto final. 3. LA CADENA DE VALOR PROBATORIO. 3.1. Manteniendo la calidad del insumo durante el proceso. ¿Por qué hablar de cadena de valor probatorio? 3.2. ¿Qué es la cadena de valor? 3.3. Cadena de custodia y cadena de valor probatorio. 4. LA PRUEBA COMO PRODUCTO. 4.1. Insumos, herramientas y procesos productivos de la prueba. 4.2. Aplicación de principios de la economía circular al ciclo de vida de las pruebas. 4.3. La teoría de la información y la calidad de los productos probatorios. 4.4. La prueba digital como insumo o materia prima de los productos probatorios. 4.5. Cuando el producto final tiene fallas: causas del fracaso de la prueba. 5. CONSIDERACIONES ACERCA DE LA LABOR PERICIAL. 5.1. Las herramientas forenses. 5.2. Las Reglas de Daubert y la prueba digital. 5.2.1. ¿Cómo se aplicarían los criterios de Daubert a la prueba digital? 5.3. Consideraciones generales sobre la utilidad de las guías y protocolos. 5.4. Guías y Protocolos en Informática Forense e Investigación Digital. 6. CONCLUSIONES. Bibliografía.

1. INTRODUCCIÓN

El tratamiento de la prueba digital se basa en los principios forenses que adopta de las Ciencias Forenses: evitar la contaminación, actuar metódicamente y controlar la cadena de custodia. Sin embargo, existe una inquietud relacionada con el posible riesgo de que muchos desafíos relacionados con la prueba digital queden desatendidos en la medida en que se prioriza, quizás excesivamente, el tema de la cadena de custodia. Para abordar esta cuestión, se parte de la distinción entre "cadena de custodia" y "cadena de valor investigativo y probatorio", y se postula que la primera recibe contexto y sentido de la segunda.

Un componente esencial de las respuestas que promueven los Ministerios Públicos con el auxilio de los organismos policiales y periciales es la prueba. En este sentido, se propone la analogía de la prueba con un producto que debe satisfacer las necesidades del cliente (en primer lugar, el tribunal, y en segundo término, los justiciables y la comunidad). Continuando con la analogía, la prueba debe seguir un proceso de producción, con su propia cadena de valor, hasta lograr la satisfacción del usuario judicial y social. Según esta perspectiva, un énfasis sobredimensionado en la importancia de las cadenas de custodia puede aislar a dicho procedimiento, desconectándolo de la creación de valor probatorio.

Hasta aquí las ideas propias. Para salir de las meras intuiciones, se ha realizado una exploración con la ayuda de la Inteligencia Artificial —IA— generativa, formulando diversas preguntas relativas a dichas nociones. Procurando enriquecer la búsqueda, se hizo "competir" a diferentes herramientas. También se ha realizado, sobre algunos aspectos, una doble ronda de interrogación: la primera como usuario poco avezado en la interacción con esos sistemas ("modo abogado"), y la segunda de un modo más afinado y preciso ("modo ingeniero").

El arte de la interrogación es complejo. Inicia con el pensamiento crítico, con la habilidad de saber cuestionar y cuestionarse. Y a partir de allí, el modo de formular las preguntas, y hasta el mismo orden en el que éstas se hacen, pueden condicionar o sesgar las respuestas. Por eso, una forma posible de participar de esta exploración puede consistir en hacer un *stop* en la lectura, organizar una propia batería de preguntas a partir de las inquietudes generadas, y escoger las fuentes y caminos que se consideren adecuados para responderlas.

Sea ésa la vía escogida, sea la forma de lectura tradicional, el propósito de este capítulo es abrir perspectivas, saliendo del refugio en los protocolos y los hábitos. Las recetas son sumamente útiles, pero tienen sus límites, especialmente en tiempos de la incesante evolución en las tecnologías y en los usos sociales de éstas. También generan problemas si rigen en forma aislada en determinados segmentos de un proceso de trabajo con múltiples fases y actores, sin estar articuladas en pos de un propósito común. Cuando sólo sirven para darnos seguridad psicológica, pero no agregan nada valioso para el tribunal, los justiciables y la sociedad, es cuestión de pensar fuera de la caja. El uso de analogías y metáforas, y la ayuda de herramientas de IA, pueden brindar materiales y disparadores para desarrollar mejores formas de responder ante un desafío importante: la optimización del uso de la prueba digital para lograr respuestas judiciales satisfactorias frente a infinidad de casos y fenómenos criminales actuales.

El análisis profundo de la pertinencia, calidad y aplicabilidad de las respuestas obtenidas en esta exploración escapa de los alcances del presente trabajo. Puede decirse que este texto es un producto en modo prototipo, que invita a continuar en el esfuerzo común de contribuir a gestar sociedades más justas, pacíficas e inclusivas frente a las amenazas de los delitos mediados por tecnologías digitales.

2. ABORDAJE ESTRATÉGICO Y PRUEBA DIGITAL

La prueba digital puede ser analizada desde varios puntos de vista. Uno de ellos es el *jurídico*. Esta perspectiva proporciona un marco de actuación, delimitando los espacios de lo permitido y lo no permitido o inadmisible. Es imprescindible conocer las restricciones y los requisitos legales que rigen respecto de la búsqueda, obtención y presentación de los diferentes tipos de prueba digital.

Otro enfoque está centrado en lo *técnico*, y aquí tiene incidencia el conocimiento informático forense. Recolectar dispositivos, adquirir evidencia de potencial valor probatorio, preservarla en contenedores digitales, y buscar información útil en el conjunto de datos adquiridos, son actividades que requieren distintos niveles de idoneidad y experticia técnica, sumados al auxilio de herramientas específicas.

Los desafíos jurídicos y técnicos son muy serios. Pero, aunque el progreso en estas áreas suele ir detrás de los cambios tecnológicos y de las nuevas modalidades delictivas, la preocupación está en la agenda de los respectivos sectores, y existe abundante producción teórica y técnica.

La *mirada estratégica* integra los dos enfoques anteriores en contextos más amplios: el abordaje de fenómenos criminales, la gestión de los casos particulares, la dirección de la actividad investigativa y la litigación. En estas dimensiones, el *qué* depende del *para qué*. Las finalidades buscadas son el criterio organizador de las actividades investigativas, de la negociación procesal y de la litigación. Contar o no con criterios de priorización, con propósitos claros y con modelos de intervención adecuados permite integrar y alinear las diferentes tareas, haciendo más efectivo el abordaje de las distintas problemáticas criminales y la gestión de los casos judiciales.

La irrupción de los distintos tipos de ciberdelitos y de infinidad de fuentes de prueba digital representa un desafío para disciplinas como la criminología, la política criminal, la criminalística, la gestión de las investigaciones penales, el abordaje de conflictos y la litigación. Se torna necesario no sólo renovar dichos saberes, sino también evitar que los avances jurídicos y técnicos relativos al ciberdelito y la prueba digital se aíslen de aquellos conjuntos de conocimientos.

Aquí se pretende contribuir a una visión integrada y estratégica, que no anule los aspectos jurídicos y técnicos, sino que les otorgue su justo lugar, en pos del logro de resultados más valiosos para la sociedad. En particular, se busca poner en contexto los desarrollos e inquietudes existentes en materia de evidencia digital y cadena de custodia, como componentes de la actividad investigativa y probatoria.

Para una primera aproximación, se hará una breve referencia a algunos criterios de gestión de calidad. Existen varios enfoques acerca de esto: calidad de ciertos procesos, de determinados productos o de una organización. Partiendo desde la visión más amplia, y de acuerdo con la norma ISO 9004:2018,

- La calidad de una organización se mejora y permite lograr un éxito sostenido al satisfacer de manera consistente las *necesidades y expectativas* de sus *partes interesadas a largo plazo.* Los objetivos a corto y mediano plazo deben apoyar esta estrategia a largo plazo. Éste es el marco general para los sistemas de investigación y abordaje de los fenómenos de cibercriminalidad y para el fortalecimiento de las capacidades de empleo de las distintas clases de prueba digital.
- Las *partes interesadas* son aquellas que pueden afectar, verse afectadas o percibirse a sí mismas como afectadas por una decisión o actividad de la organización. La organización debe identificar las partes interesadas relevantes, que pueden ser tanto externas como internas, incluidos los clientes. En nuestro caso, la investigación penal tiene como proveedores a organismos policiales, testigos, peritos y distintas entidades, y su producto principal es una toma de posición del Ministerio Público ante las noticias de hechos presuntamente delictivos. El "cliente" inicial del Ministerio Público es un tribunal de justicia, existiendo otros clientes e interesados finales; víctimas, imputados y sociedad en general.
- La organización también debe determinar cuáles partes interesadas son un *riesgo* para su éxito sostenido si no se satisfacen sus necesidades y expectativas relevantes, y cuáles pueden proporcionar *oportunidades* para mejorar su éxito sostenido. Los órganos policiales y periciales deben satisfacer las necesidades y expectativas relevantes del Ministerio Público y éste, las del tribunal, para que, finalmente, se brinde una respuesta valiosa (o al menos aceptable) para los distintos usuarios finales del sistema de justicia penal (víctimas, imputados, sociedad).

- Una vez determinadas las partes interesadas relevantes, la organización debe: a) *identificar sus necesidades y expectativas relevantes,* determinando las que deben abordarse, y b) establecer los *procesos necesarios para satisfacer las necesidades y expectativas* de dichas partes. Una *necesidad* relevante del Ministerio Público es contar con información valiosa para la investigación y para la actividad probatoria. Los tribunales, a su vez, necesitan prueba valiosa para emitir sus decisiones. Los justiciables y la sociedad, necesitan decisiones judiciales de calidad, Una actividad importante para satisfacer estas necesidades es definir cuáles son los *requisitos* de cada cliente. En el marco de este trabajo, se analizan los requisitos que debe cumplir la información probatoria y la prueba.
- Las organizaciones entregan *valor* a través de *actividades conectadas* dentro de una *red de procesos.* Los procesos a menudo cruzan los límites de la organización. Los resultados se logran de manera más efectiva cuando la red de procesos funciona como un *sistema coherente.* El valor agregado de cada pieza de información y prueba no debe ser visto sólo de forma aislada, sino en el marco del producto final, que es un conjunto sólido y consistente de información investigativa (en la primera fase del proceso judicial) y de prueba (en la fase de juicio).
- Los procesos son específicos de una organización y varían según el tipo, tamaño y nivel de madurez de la organización. Las actividades dentro de cada proceso deben determinarse y adaptarse a dichas características.
- Para lograr sus objetivos, la organización debe garantizar que *todos los procesos* se gestionan de forma proactiva, incluidos los procesos proporcionados externamente, lo cual posibilita que sean *efectivos* y *eficientes.* Se deben *optimizar los equilibrios entre los diferentes propósitos y los objetivos específicos de los procesos,* en alineación con los objetivos de la organización. Para ello, el "enfoque de proceso" ha de contemplar las *interdependencias, restricciones* y *recursos compartidos.* La visión de conjunto no debe hacer perder de vista los requisitos de calidad de cada subproceso (por ejemplo, recolección, adquisición, preservación, extracción, análisis, presentación de evidencia digital). Sin embargo, esos requisitos no siempre son absolutos. Lo que sí resulta imprescindible es mantener una visión integral que dé sentido a cada subproceso y actividad, como contribución que agrega valor real para la investigación y prueba. La identificación, la adquisición y la preservación de evidencia digital son subprocesos que deben ar-

monizar sus requisitos específicos con los objetivos de los órganos de persecución penal, contemplando las interdependencias, con otros procesos, las restricciones y los recursos compartidos.

Desde la perspectiva de la gestión de calidad, un proceso es un conjunto de actividades mutuamente relacionadas, que utilizan las entradas para obtener un resultado previsto (norma ISO 9000:2015). De forma esquemática, un proceso puede ser contextualizado mediante este gráfico:

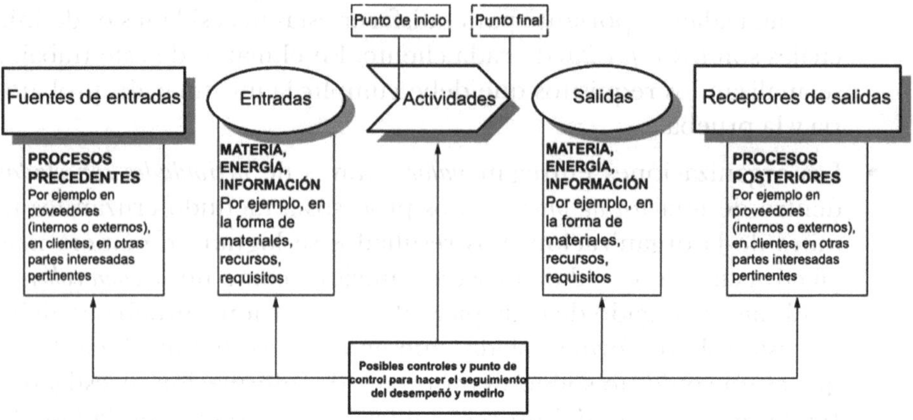

Fuente: norma ISO 9001:2015

El producto final (una investigación efectiva, una litigación exitosa) está compuesto por una trama de subprocesos que deben alinearse. Dicho producto es la *información investigativa o probatoria*, que proviene de distintos *contenedores* o *fuentes primarias y secundarias.*

Los criterios de priorización, las estrategias de abordaje, la planificación de la investigación y la litigación, constituyen los sistemas de referencia que permiten integrar y alinear de forma organizada el conjunto de subprocesos.

Más adelante se verá con algo más de detalle cómo la información con valor investigativo y probatorio (prueba digital) puede ser transportada desde un contenedor a otro, y cómo la información proveniente desde distintas fuentes va siendo ensamblada, agregando o conservando valor en cada paso, hasta obtener el producto final buscado (el convencimiento judicial).

La analogía de la prueba como producto, resultado de un proceso de elaboración, nos permite visualizar esta trama de actividades y procesos, que comparten la finalidad de agregar valor para el usuario final. Con algunas adaptaciones, el modelo de "cadena de valor" permite comprender, de forma relativamente sencilla, la utilidad de pensar de forma integrada y estratégica cada uno de los pasos de la labor investigativa y probatoria, en particular, la identificación, adquisición y preservación de la *información* contenida en la evidencia digital.

2.1. Las Fuentes de Información o "Materias primas"

La cantidad de información digital que se genera crece a un ritmo exponencial relacionado directamente con el avance tecnológico y la digitalización de la vida moderna. Casi todas las actividades de la vida cotidiana dejan rastros de información digital en algún dispositivo de almacenamiento.

La proliferación de estos dispositivos, fuentes de información, interconectados entre sí, como teléfonos inteligentes, computadoras, cámaras de seguridad, *wearables* o dispositivos que se visten (p.e. *smartwatches, e-rings)*, dispositivos médicos que se conectan con otros dispositivos para su control (p.e. marcapasos, monitores de glucosa, monitores de presión, sensores de oxígeno), drones, computadoras de vehículos, u objetos integrados en el Internet de las Cosas (IoT), ha generado un entorno donde se producen, transmiten y almacenan datos de manera constante. A esto se le suma los registros relacionados con los vínculos tecnomediados, es decir, aquellos registros de la interacción humana a través del uso de la tecnología, tales como redes sociales, servicios de mensajería, correos electrónicos, entre otros.

Toda esta información puede llegar a ser útil, en algún momento, para integrar el conjunto de pruebas de la ocurrencia de un hecho. Al tratarse de distintos tipos de dispositivos, infraestructura tecnológica y estructura de datos, se debe abordar una diversidad de información que requiere un enfoque cada vez más completo para asegurar que las pruebas digitales sean tratadas con el rigor adecuado dentro del proceso judicial.

La abundancia de datos ha redefinido la naturaleza de la evidencia, ya que cada interacción digital, genera un rastro digital que potencialmente puede transformarse en evidencia digital. Esta sobrecarga de información, incluso en algunos casos infoxicación, plantea desafíos significativos en la búsqueda, análisis y valoración de la evidencia digital, requiriendo el desarrollo de herramientas y metodologías cada vez más sofisticadas para discernir entre la información relevante y la que no lo es.

Las fuentes de información, en el contexto de la prueba digital, son los medios desde los cuales se extraen los datos necesarios para construir una evidencia dentro de un proceso judicial.

Como se mencionó anteriormente, se propone a las fuentes de información como la materia prima de un producto, que será el primer eslabón de todo un proceso de elaboración hasta llegar al producto final en donde la información contenida en dicha evidencia digital es aportada. Esta analogía que se presenta es un enfoque para entender de manera más intuitiva el origen y valor de la evidencia digital.

Para encontrar un método más innovador se le preguntó a una Inteligencia Artificial generativa, qué relación encontraba entre las fuentes de información y la materia prima en la elaboración de un producto. Y se obtuvo como respuesta:

"Al igual que un producto final se construye a partir de diversas materias primas, la prueba digital se origina en una amplia gama de fuentes. Estas fuentes son los elementos constitutivos de la evidencia digital y, por tanto, su identificación, preservación y análisis son fundamentales en cualquier proceso legal o investigativo." (Gemini)

"En el campo de la prueba digital, las fuentes de información son los "insumos crudos" que deben ser recolectados, organizados, procesados y analizados para que puedan ser utilizados como evidencia en un proceso judicial" (Chat GPT)

La materia prima en la elaboración de un producto y las fuentes de información dentro de un proceso judicial, son parte de un proceso de transformación en el que las materias primas o fuentes de información son el punto de partida para generar un producto final que cumpla con un propósito específico.

Las fuentes de prueba digital son simplemente algunas de las materias primas, insumos y/o herramientas que se utilizan para producir pruebas valiosas. Es necesario dejar de pensar en la prueba sólo como un material que se extrae y presenta "en bruto", para verla también como componente de un producto elaborado (la respuesta judicial) que tiene un valor real para sus usuarios y destinatarios finales.

Dado que en muchos casos no se logra asegurar, en todas sus fases, la pureza de la fuente de prueba digital, es importante pensar en usos parciales y en planes de contingencia.

2.2. El capital humano en el proceso: roles del informático forense

Para que la prueba digital deje de ser un simple material "en bruto", se necesita del trabajo de personas con conocimiento de ese tipo de material (informáticos forenses) y de personas que sepan cómo integrar ese material en un producto más complejo (investigadores, abogados). Se recomienda que estos roles no se desempeñen en forma aislada, sino de forma coordinada.

El informático forense es un profesional de las ciencias informáticas especializado en el tratamiento de la prueba digital e involucrado en el proceso judicial en uno o varios momentos dentro de este proceso. El papel del informático forense es clave para garantizar la integridad y la autenticidad de la prueba digital, desde su recolección hasta su presentación. Los especialistas dentro del proceso podrán actuar en un rol de asesoramiento, investigativo y/o pericial. Cada uno de estos roles requiere distintos tipos de conocimientos y habilidades.

Como se indica en la Guía Integral de Empleo de la Informática Forense en el Proceso Penal (Ana Haydée Di Iorio… [et al.], 2016), cada uno de los roles tienen las siguientes funciones:

- Rol de Asesoramiento: consiste en guiar al fiscal o director de la investigación en el desarrollo de tareas investigativas o probatorias en cuanto a lo que refiere a la prueba digital, para que se sigan los procedimientos correctos. En su rol de asesoramiento, el especialista informático forense puede actuar tanto en la fase técnica de relevamiento como en la fase de prueba. En la fase de relevamiento las partes o los jueces pueden necesitar la opinión de un experto para desarrollar tareas investigativas o probatorias. Este rol de asesoramiento experto, incluso, puede versar sobre temas generales que ayuden a desarrollar un proceso más eficiente, esto incluye desde ¿Qué información se necesita para avanzar en una investigación? ¿A quién pedirla? ¿Qué pedir? y ¿Cómo pedirlo? a fin de que se comprenda la solicitud y colaborar en la economía procesal.

  Entre otras tareas, el especialista puede participar en la planificación de un registro domiciliario, fijar puntos de pericia, ayudar a comprender datos técnicos, contribuir a la preparación de los peritos para el interrogatorio, ayudar a interrogar al perito de la contraparte, etc.

- Rol Investigativo: en algunos casos y/o momentos de un proceso, suele requerirse la intervención de un especialista informático para ejecutar medidas de investigación, como es identificar todas las posibles fuentes de evidencia digital, recolección de la evidencia digital, secuestro de equipos informáticos, volcados de memoria, obtención de imágenes de disco, etc.

- Rol Pericial: el experto actúa como perito en los procesos judiciales, para ayudar a los fiscales, a los jueces y otras partes a comprender aspectos complejos relacionados con la prueba digital. El rol del perito no consiste sólo en analizar la evidencia digital obtenida, sino también realizar su informe y/o exposición pericial con lenguaje claro y comprensible, defendiendo su metodología y conclusiones en los tribunales.

Sea cual sea el rol del experto, en los casos complejos es insustituible. Por otra parte, su aporte siempre debe integrarse dentro de la estrategia general de la investigación y/o litigación. Es decir: la evidencia de calidad se debe integrar con el aporte experto, y ambos con una estrategia y una gestión adecuadas de la investigación y la litigación. La comunicación, la colaboración y la coordinación entre investigadores, expertos y abogados son esenciales. Teniendo en cuenta que muchos ciberdelitos son de carácter transnacional, las prácticas de cooperación y el establecimiento de objetivos comunes son necesidades imperiosas. En este sentido, las herramientas normativas existentes no marcan un límite sino un piso para la articulación de acciones.

2.3. Requisitos de calidad de la prueba como producto final

Para ser realmente útil y acercarse al máximo cumplimiento de los estándares, la prueba debe cumplir con una serie requisitos de sus distintas clases de usuarios y destinatarios (partes involucradas, letrados, jueces, sociedad): ha de ser legalmente admisible, pertinente, suficiente, confiable, temporalmente oportuna y accesible.

- Relevancia: es necesario llevar a cabo una identificación detallada de los elementos que puedan ser útiles para alcanzar los objetivos investigativos establecidos previamente trazados (esclarecer los hechos, reunir pruebas para sustentar la hipótesis trazada, decomisar bienes, etc.), y establecer la clase de proceso de trabajo exigida por cada tipo de prueba digital. A medida que un proceso penal va avanzando, el grado de pertinencia y relevancia de cada pieza probatoria va haciéndose más claro.

- Suficiencia: se busca que la prueba digital obtenida durante una investigación sea adecuada y completa. Debe estar directamente relacionada con los hechos que se investigan y contribuir a esclarecer la situación. Debe ser lo suficientemente completa como para abordar todas las cuestiones relevantes que se presentan en el caso.

- Confiabilidad: La prueba digital se vuelve confiable, cuando cumple con estándares y protocolos para que sea admitida en un proceso judicial. Es garantía de confiabilidad de la prueba que el proceso seguido para su obtención sea siempre que sea posible: auditable, repetible, reproducible y justificable. Para esto es necesario contar con personal debidamente preparado y equipado para obtener evidencias de alto grado de confiabilidad probatoria.
- Validez legal: Se deben seguir procedimientos legales entre los que se incluye obtener las órdenes judiciales necesarias y asegurarse de que no se violen derechos fundamentales. Lo relativo a la validez legal de la prueba es responsabilidad exclusiva del Fiscal o Ayudante Fiscal interviniente.

A estos requisitos es necesario añadir otros dos: la *temporaneidad* de la prueba y su *accesibilidad.* Así como sirve muy poco ganar un caso si la sentencia no puede ejecutarse, una prueba que se produce más allá de los tiempos y urgencias propios de las necesidades humanas que se hallan en juego, pierde razón de ser. En este sentido, la producción probatoria debe estar sujeta al requisito de *tiempo razonable,* el cual no debe ser medido en forma simplemente cronológica, sino en función de las necesidades y derechos subyacentes.

En similar sentido, la prueba debe tener *costos accesibles* y proporcionales al resultado buscado. Esta accesibilidad rige no sólo para imputados y víctimas, sino también para la comunidad, que es quien aporta los recursos para la investigación y prueba de los delitos de acción pública. La accesibilidad de la prueba integra la garantía de acceso a la justicia, tanto de los actores particulares como de la sociedad.

3. LA CADENA DE VALOR PROBATORIO

3.1. Manteniendo la calidad del insumo durante el proceso. ¿Por qué hablar de cadena de valor probatorio?

Lo natural es que los elementos materiales interactúen con otros y muten con el tiempo: un objeto metálico que se va oxidando, un cadáver que se descompone, fluidos que se evaporan, los recuerdos que se pierden o deforman, un dispositivo que se deteriora, etc. Esto también sucede con las fuentes de prueba judicial, donde la interacción entre distintas entidades provoca algún tipo de intercambio de información.

Los fenómenos delictivos, hasta los más complejos, pueden ser vistos como tramas de intercambio de información. Una huella, una mancha de sangre, un grito, la captura de imágenes o sonidos por un dispositivo, o los impulsos generados en una pantalla táctil, transmiten información de un contenedor a otro.

Esta trama de intercambios tiene sus ventajas. Lo observado, registrado y documentado por un químico forense "fija" o cristaliza información sobre un estado de cosas en un momento dado. Lo mismo sucede con el análisis pericial sobre un vehículo siniestrado. Por eso, no es necesario ni útil llevar a un juicio al contenedor inicial de esa información (una muestra de sangre, un automóvil, etc.). Incluso, existen disciplinas forenses que estudian la evolución de una entidad a través del tiempo (como la entomología). En estos ejemplos, la denominada "cadena de custodia" tiene una duración y un efecto parcial y limitado. La información cambia de contenedor (informes periciales, fotografías, etc.), e incluso puede transmitirse a más de un contenedor (contramuestras, copias, testigos, conversión de un archivo a otro formato, etc.). Lo importante aquí es, no sólo custodiar la inalterabilidad de un específico contenedor de información, sino principalmente poder garantizar la conservación de la calidad de la información transmitida de un contenedor a otro.

Cuando la información residente en un contenedor es recibida por varios nuevos contenedores, es también importante analizar la existencia de posibles variaciones, por ejemplo, entre lo que dicen varios testigos que presenciaron un mismo hecho, o entre un testigo y una foto. Nuevamente, debe buscarse preservar la capacidad probatoria de la información poseída por esos nuevos contenedores. El concepto de *trazabilidad* de la información investigativa o probatoria puede servir hasta este nivel de análisis.

Esto no es todo. Más allá de las evidencias, hay otras fuentes de información que dan fuerza y sentido a aquéllas. La organización de la actividad investigativa es información que se va integrando con la ya conocida, orientando la búsqueda de más información valiosa para poder construir o ir modificando una versión sólida sobre los hechos.

Asimismo, también es información el conjunto de conocimientos y habilidades de un perito, que confluyen (o no) con la información poseída por otros contenedores (por ejemplo, un dispositivo, un archivo, un testigo, etc.). La prueba ilustrativa es información que permite sintetizar, clarificar y facilitar el conocimiento de un tribunal. Y es información la mayor o menor habilidad de un abogado para interpretar y organizar todas las piezas de información probatoria, para interrogar y contrainterrogar, y para elaborar indicios y argumentos de prueba.

Todos estos conjuntos de información pueden ser objeto de una actividad compleja que permita ir buscando y hallando piezas de información de valor investigativo o probatorio, y ensamblarlas de una manera consistente y convincente. En este punto, la cadena de custodia aparece como una actividad artificial (contraria a los cambios de la naturaleza), necesaria en algunos casos, ante ciertos objetos, bajo determinados límites temporales, y con una utilidad también acotada. Se necesita un concepto práctico que englobe y articule todos los procedimientos de extracción y preservación de información con valor investigativo o probatorio. Para contribuir a la creación de dicho concepto, aquí se propone una analogía con lo que en el ámbito de la gestión organizacional se conoce como "cadena de valor". Al menos de forma metafórica, se podría hablar entonces de "cadena de valor probatorio".

3.2. ¿Qué es la cadena de valor?

Todo proceso productivo, tiene asociada una cadena de valor. Esta herramienta, describe la variedad total de actividades requeridas para conducir un producto o servicio desde su concepción, hasta la entrega al consumidor, la disposición y el desecho final a través de diversas fases intermedias de producción (Kaplinsky y Morris, 2002). La actividad investigativa y probatoria también puede ser vista desde este enfoque.

Según Michael Porter, la cadena de valor es una secuencia de actividades que una organización realiza para crear valor para sus clientes y obtener una ventaja competitiva en el mercado (cf. Llama 3 - Meta AI).

La herramienta iAsk proporciona un gráfico de fácil interpretación, en el cual se pueden ver las clases de procesos que se entrelazan hasta brindar un producto valioso. La distinción y el análisis del funcionamiento de cada proceso permite su optimización, lo cual redunda en un mejor resultado.

Fuente: iAsk

En lo que hace a las entidades públicas, como la Policía o el Ministerio Público, esto merece algunas adaptaciones.

De forma muy simplificada, se puede decir que la "ventaja competitiva" consiste en legitimar el canal judicial de respuestas a conflictos y fenómenos criminales, frente a otras formas ("justicia" por mano propia, mediatización, politización, naturalización de violencias y abusos, agencias y dispositivos de seguridad privada, etc.). El modo de hacerlo es brindando respuestas mejores que esas formas de competencia.

El modelo de *cadena de valor* que se propone aquí no es el original, sino que se ha ampliado hasta incluir la denominada *integración virtual* y varios principios de la *economía circular*, procurando además adaptarlo al ámbito estatal, específicamente, al Ministerio Público y los organismos policiales.

La primera ampliación es la integración virtual. La cadena de valor de Porter se aplica a nivel de actividades individuales dentro de la empresa, mientras que el concepto de "integración virtual", propuesto por Michael Hammer, es aplicado a nivel de procesos completos, buscando una transformación radical (Copilot). Este enfoque organizativo busca integrar procesos y funciones a través del uso intensivo de tecnología para mejorar la eficiencia y efectividad operativa. Enfatiza la eliminación de silos organizativos y aporta una visión más amplia que incluye la colaboración entre diferentes partes interesadas tanto internas como externas, como proveedores, socios y clientes, para crear un ecosistema más eficiente (iAsk, Llama 3). La integración virtual añade flexibilidad y adaptabilidad, al centrarse en los procesos y eliminar barreras funcionales y jerárquicas (Copilot, Llama 3, Gemini).

En el sistema de justicia penal, se producen múltiples interacciones entre fuerzas de seguridad, víctimas, entidades públicas y privadas, abogados, fiscalías y tribunales. El modelo de integración virtual apunta a mejorar la colaboración y la coordinación entre cada uno de estos agentes, a fin de lograr resultados judiciales más valiosos. Esto exige medir la creación, incremento o destrucción de valor no de forma aislada, sino de un modo integral. La prueba judicial participa de esta compleja trama. Corresponde a las Fiscalías o, en su caso, a los jueces de instrucción, coordinar todo este conjunto de acciones para incrementar progresivamente el valor de los productos probatorios o, al menos, conservarlo. La reducción de tabiques y trabas innecesarias también debe llegar al ámbito transnacional, tanto en el sector público como en el privado.

Por otro lado, los principios de la *economía circular* enriquecen el concepto de valor. Apuntan a promover un uso más eficiente y sostenible de los recursos, contemplando también los aspectos ambientales y sociales. Las denominadas 10 Rs adoptan un enfoque cíclico, que considera todo el ciclo vital de los productos —buscando su prolongación— e incluye su disposición final (iAsk, Llama 3, Copilot, Gemini, Scispace). Además, la economía circular requiere una amplia colaboración de las partes interesadas a lo largo de la cadena de valor para lograr la circularidad (Scispace). La especial atención que se da a la sostenibilidad y al largo plazo son aplicables a la actividad del Ministerio Público y de las fuerzas de seguridad. En este sentido, pensar en los usos posteriores de la prueba digital para el aprendizaje, la mejora y la gestión de otros casos abre posibilidades para seguir añadiendo valor a lo largo del tiempo, sin desperdiciar datos ni información útil. Dado que la evolución tecnológica y los cambios sociales asociados muestran que es impensable contar con un "manual definitivo" de la informática forense, la vía del aprendizaje permanente y el mejor aprovechamiento de los recursos existentes aparece como la más sólida. Pero esto requiere un cambio de perspectiva.

3.3. Cadena de custodia y cadena de valor probatorio

La exploración efectuada mediante distintas herramientas de IA generativa permite sostener, al menos provisoriamente, la importancia de distinguir entre cadena de custodia y cadena de valor probatorio.

La cadena de custodia es un proceso documentado, cuyo objetivo principal consiste en asegurar que una evidencia no ha sido alterada, contaminada o manipulada Es un procedimiento técnico, legal y estandarizado, que se evalúa en términos de cumplimiento de protocolos (Claude). Está centrada en la seguridad y el control físico de la evidencia. Determina quién tiene acceso a ella, cómo se transporta, dónde se almacena y cómo se documenta cada transferencia o manipulación. El objetivo es mantener la integridad física y legal de la evidencia, evitando su contaminación, alteración, sustitución o sustracción (iAsk, Claude, Perplexity). Algunos de sus elementos clave son el registro detallado de cada transferencia y manipulación de la evidencia, la custodia física de la evidencia y los protocolos de seguridad (Gemini, Claude).

La cadena de valor probatorio, en cambio, es un proceso de transformación y mejora de la información probatoria para aumentar su valor persuasivo ante el tribunal (Claude, Llama 3). Se centra en la calidad y el impacto de la prueba en su conjunto. Es un concepto estratégico y argumentativo, que permite mayor creatividad y adaptación a cada caso, y que se evalúa por su eficacia persuasiva (Claude). Abarca la construcción lógica y argumentativa para lograr la admisión de la prueba y la convicción judicial Esto requiere analizar si una pieza específica de evidencia es relevante, admisible y persuasiva para apoyar los argumentos legales presentados ante el tribunal (iAsk, Copilot). Se emplea desde la investigación inicial hasta la presentación final de la prueba ante el tribunal, se orienta a maximizar el valor probatorio de la evidencia y determina cómo se utiliza esa evidencia para construir un argumento sólido y persuasivo, que pueda convencer al tribunal (Gemini, Llama 3).

4. LA PRUEBA COMO PRODUCTO

La diferencia recién señalada lleva a pensar en la necesidad de contar con una visión sobre la prueba como producto. Precisamente, la pregunta inicial de la interacción con diferentes sistemas de IA generativa fue la siguiente: *Si la prueba judicial fuera un producto, ¿cuáles serían los pasos de este proceso hasta lograr el convencimiento del tribunal?*

Las distintas herramientas de IA pudieron realizar la analogía, aunque los resultados que arrojaron no fueron idénticos. Seguidamente, se hará un resumen de esas respuestas.

Pensar en la prueba judicial como un producto nos permite visualizar de manera más tangible el complejo proceso que se lleva a cabo en un juicio (Gemini). El objetivo final de este proceso es lograr que el "producto" (la prueba judicial) sea "comprado" por el "consumidor" (el tribunal), es decir, que sea aceptado como válido y convincente para fundamentar la decisión judicial (Claude). Si imaginamos que la prueba judicial es un automóvil, veremos que, para que este automóvil (la prueba) convenza al tribunal (el cliente), debe pasar por una serie de procesos (Gemini).

Según Copilot, la prueba judicial es un producto complejo que requiere un proceso de producción cuidadoso para lograr convencer al tribunal. Al igual que un buen producto, la prueba debe ser de alta calidad, estar bien presentada y satisfacer las necesidades del cliente (el tribunal). Este proceso no es lineal, ya que cada paso puede requerir la revisión y el ajuste de los pasos anteriores. Además, la prueba judicial es un proceso dinámico que puede ser influenciado por factores externos, como la legislación, la jurisprudencia y las circunstancias del caso (Llama 3).

Gemini identificó algunos elementos clave para la "venta" de la prueba: credibilidad, pertinencia, suficiencia, claridad y coherencia. Más allá de que no se mencionan los requisitos puramente jurídicos (admisibilidad en sentido amplio), este conjunto de requisitos aparece vinculado con la identificación del tribunal como único "cliente", sesgo en el cual incurre Copilot. Existen otros requisitos que interesan a los justiciables y a la comunidad en general —quienes son, en definitiva, los clientes finales—, tales como la accesibilidad y la temporaneidad.

La labor de sistematizar las respuestas arrojadas por los distintos sistemas de IA tiene semejanzas con la organización de la prueba judicial, especialmente en lo que hace a la complementación de fuentes y medios de prueba compleja, la eliminación de redundancias innecesarias, la aclaración y minimización de imprecisiones y ambigüedades, y la articulación de todo el material en un todo coherente. En el presente trabajo, se destilan las siguientes actividades investigativas y probatorias hasta llegar al convencimiento del tribunal, según las distintas herramientas de IA:

- Investigación previa: en esta fase se recopila la información relevante, se analizan los hechos y circunstancias del caso y se identifican los elementos probatorios potenciales (Claude, Llama 3, iAsk).
  - Como en la pregunta no se había incluido explícitamente a la actividad investigativa (que podría ser considerada como un "producto" intermedio), la fase de averiguación no fue contemplada en las respuestas de las otras herramientas de IA.

- Por otra parte, la fase de "investigación de mercado" tampoco ha sido mencionada en la pregunta. Aquí podría hacerse una analogía con el análisis político criminal, que es una base necesaria para establecer criterios de priorización de casos y pautas de abordaje para fenómenos criminales y/o casos conexos. Ese es un marco necesario para elaborar "productos" investigativos y probatorios de calidad.

- Identificación y recolección de materias primas: se identifican las fuentes de prueba. Se obtiene información acerca de éstas. Se llevan a cabo entrevistas, se recolectan documentos, se realizan peritajes, etc., para obtener la "materia prima" de la prueba (Gemini).
  - Dado que la actividad investigativa puede ir tornando necesario ajustar las hipótesis iniciales sobre los hechos, esta actividad puede solaparse con la siguiente.
- Identificación y diseño del producto: se identifica el "producto" (hecho) que queremos demostrar. Esto implica determinar qué afirmación o alegación se debe probar en el juicio (Copilot). Se evalúa cómo cada pieza de evidencia se relaciona con los hechos del caso y las leyes aplicables (iAsk). Se seleccionan los "materiales" probatorios más sólidos y pertinentes respecto de cada afirmación. Cada medio de prueba debe ser relevante, admisible y útil para demostrar el hecho en cuestión. Se analiza y evalúa la evidencia recopilada para identificar patrones, inconsistencias y relaciones entre los datos. Se comienza a estructurar la teoría del caso y a planificar la estrategia probatoria (Claude, Copilot, Llama 3).
- Primera fase de producción. Procesamiento y transformación: se obtiene formalmente el material probatorio, consistente en documentos, testimonios, peritajes, etc. (Claude). Se analiza y evalúa la relevancia, credibilidad y admisibilidad de cada pieza de evidencia. La evidencia se clasifica y organiza de manera lógica para construir argumentos coherentes y persuasivos (Gemini, iAsk). Se preparan los medios probatorios y se asegura la cadena de custodia, cuando ello sea aplicable (Claude).
  - Ciertas inconsistencias y repeticiones observables entre esta fase y la anterior son resultado de las diferentes respuestas de las IA.
- Ensamblaje y construcción: Cada parte elabora su teoría del caso, construyendo una narrativa que conecta todas las piezas de evidencia y explica cómo los hechos demuestran su versión de los hechos. Se preparan o redactan las alegaciones, utilizando la evidencia como

soporte (Gemini, Llama 3). Se efectúa un primer control de calidad, verificando la legalidad y admisibilidad de las pruebas, evaluando la fuerza probatoria de cada elemento y anticipando las posibles objeciones o impugnaciones (Claude, iAsk).

- Empaquetado: se organizan las pruebas de forma lógica y/o cronológica. Se diseñan las ayudas visuales o demostrativas y se preparan las técnicas de presentación que sean necesarias o convenientes. Se preparan los argumentos para respaldar cada prueba (Claude, Llama 3).
  - Frecuentemente, un buen producto no es exitoso porque falló la estrategia de venta. Las tareas de esta fase se orientan a facilitar que el tribunal tenga una clara comprensión de la importancia, el significado y el valor de cada prueba.
  - En cuanto a la prueba ilustrativa, cabe señalar que, según un dicho conocido en el mundo del marketing, "todo entra por los ojos".
- Prueba del producto (presentación de pruebas): en el juicio, cada parte presenta sus medios de prueba ante el tribunal (declaración de testigos, exhibición de documentos y efecto, opiniones de peritos). Las partes deben realizar esta actividad de manera convincente para lograr su objetivo (Copilot). A su vez, desafían la credibilidad de la prueba que presenta la parte contraria mediante los contrainterrogatorios (iAsk).
  - Se podría continuar con el uso de analogías, comparando la producción de pruebas con los exhibidores de mercadería de un supermercado, que permiten que el cliente se informe sobre las características de cada producto y elija el que más satisface sus intereses.
- Control de calidad y prueba del producto: Cada parte intenta mostrar las bondades de su evidencia y desacreditar la evidencia presentada por la contraria, señalando posibles fallas o inconsistencias (Gemini). El tribunal evalúa la calidad, pertinencia y confiabilidad de cada "producto". ¿Es sólido? ¿Cumple con los estándares legales? Decide si está convencido por la prueba presentada y si el "producto" es suficiente para demostrar el hecho (Gemini, Copilot).
  - Estos controles muestran, por una parte, los modelos de competencia entre productos rivales, y la deliberación del tribunal. La puja entre los "productos" se prolonga en una puja entre "ven-

dedores" contendientes, y se da en varias fases: la de admisión de prueba, la producción, la alegación y la valoración.

- La fase de admisión podría compararse con la aprobación del producto para su venta, o con la contratación con puntos de venta.

• Marketing y persuasión (alegación): las partes ensamblan los elementos de prueba para construir una narrativa coherente. Argumentan sobre la relevancia y credibilidad de cada prueba. Explican fundadamente cómo los medios de prueba respaldan su caso. Conectan las pruebas con los hechos alegados, y presentan una imagen completa del producto, demostrando cómo las pruebas respaldan la teoría del caso (Claude, Copilot). También dan respuesta a las objeciones o impugnaciones de la contraparte, formulan las aclaraciones pertinentes, refuerzan los puntos clave y destacan la debilidad de las pruebas y argumentos de la contraparte, tales como su inexactitud, inconsistencia o irrelevancia (Claude, Llama 3).

- Quizás sería más acertado hablar de "combo" o canasta probatoria que de un producto aislado.
- Para el tribunal, la fase de alegación puede tener semejanzas con la visita a una feria de comidas, donde el vendedor de cada puesto brinda los motivos y razones que tornan elegibles sus productos.

• Resultado (sentencia o pronunciamiento): Finalmente, el tribunal emite su "veredicto", basado en la evaluación de la prueba presentada. Si la prueba fue exitosa, el tribunal acepta el producto y lo refleja en su decisión (Copilot, Gemini). La decisión final del tribunal será influenciada por la calidad y claridad de las pruebas presentadas, así como por la habilidad con que fueron argumentadas por cada parte durante todo el proceso judicial (iAsk).

- Las respuestas no contemplan las fases procesales posteriores al pronunciamiento de primera instancia.

• Retroalimentación y mejora continua: Claude añade esta actividad, que consiste en el análisis de la decisión del tribunal, identificación de fortalezas y debilidades en la presentación probatoria, y aprendizaje para futuros casos.

4.1. Insumos, herramientas y procesos productivos de la prueba

En la exploración previa a este trabajo, se ha hecho la siguiente pregunta a las distintas herramientas de IA: *si la prueba judicial fuera un producto y las fuentes de prueba fueran las materias primas, ¿cuáles serían los insumos, las herramientas y los procesos productivos?* En este apartado se hará una síntesis de las respuestas obtenidas.

Los *insumos y materiales* para la elaboración de prueba serían:

a) Las fuentes de prueba, como evidencia física, documentos, testimonios, registros digitales, etc. (Claude) o, desde otra perspectiva, los datos contenidos en ellas (Gemini).

b) La información relacionada (datos, metadatos, contexto, cadena de custodia, etc.). Estos insumos complementan y enriquecen las fuentes de prueba (Claude).

c) El conocimiento y *expertise* de carácter técnico, científico, legal y procedimental que permiten interpretar y analizar las pruebas (Claude).

d) La información contextual, como los antecedentes del caso, la normativa aplicable y la jurisprudencia vigente (Llama 3, Gemini).

e) Los argumentos jurídicos (Gemini).

Las *herramientas* serían las siguientes:

- Técnicas de investigación, como entrevistas e interrogatorios, análisis de documentos, análisis de evidencia física, etc. (iAsk, Llama 3).
- Tecnologías de recolección, captura y almacenamiento de datos (You.com, Claude).
- Sistemas de cifrado y seguridad (You.com, Perplexity).
- Software de gestión de casos y de datos, firma electrónica, OCR, videoconferencias, etc. (Copilot, iAsk, Perplexity Claude, Gemini).
- Herramientas y software de análisis forense (iAsk, Claude, You.com, Perplexity); técnicas de análisis de contenido, de contexto y de consistencia (Llama 3).
- Métodos y herramientas de análisis estadístico (Scispace, iAsk).
- Técnicas de evaluación de fiabilidad y relevancia (Llama 3, Scispace).
- Peritos (Perplexity, Gemini).
- Herramientas de comunicación y presentación (Claude, Perplexity).

Los principales *procesos productivos* mencionados por las IA son los siguientes:

- Recolección y preservación de evidencia. Procedimientos para asegurar la cadena de custodia y la integridad de las fuentes de prueba (Claude, Gemini, Perplexity, Llama 3).
- Aseguramiento de la calidad: Controles y validaciones para garantizar la fiabilidad, trazabilidad y admisibilidad de las pruebas (Claude, Llama 3).
- Análisis e interpretación forense: Técnicas y metodologías para examinar, extraer y procesar información relevante de las pruebas (Claude, Gemini, Llama 3).
- Síntesis y conclusiones (Llama 3).
- Gestión y organización de la información probatoria: Procesos para catalogar, almacenar, vincular y recuperar eficientemente los datos y evidencias (Claude).
- Elaboración de argumentos jurídicos (Gemini).
- Presentación y comunicación de las pruebas: Procedimientos para estructurar, visualizar y transmitir la información probatoria de manera clara y convincente (Claude, Llama 3).

Se ha observado aquí, nuevamente, la dificultad propia de tener que buscar un orden y una sistematización común, frente a los diferentes modos de organizar la información que mostraron las distintas herramientas de IA. No obstante, ello, las respuestas obtenidas muestran que visualizar a la prueba como producto es un enfoque razonable, que puede enriquecer, sin excluirlas, a las demás perspectivas sobre la prueba en general y sobre la prueba digital en particular.

4.2. Aplicación de principios de la economía circular al ciclo de vida de las pruebas

Con la finalidad de ampliar las perspectivas sobre la prueba como producto, se ha consultado a las IA sobre la posible aplicación de los principios de la denominada "economía circular".

- Repensar/Reevaluar/Rediseñar. Este es el corazón de la economía circular. Debemos cuestionar constantemente la necesidad y el tipo de pruebas requeridas en cada caso, y los procesos y enfoques tradicionales para la recolección, análisis y presentación de las pruebas. ¿Existen alternativas digitales o menos invasivas? ¿Se puede reducir la cantidad de pruebas físicas? ¿Hay formas más eficientes y sostenibles de presentar la evidencia? ¿Existen nuevas tecnologías y métodos que optimicen el uso de recursos y mejoren la eficiencia del sistema? (Gemini, Claude, Copilot, Scispace, iAsk). En este sentido, es necesario revaluar continuamente los procesos de gestión de pruebas para identificar áreas de mejora y asegurar que se están utilizando las mejores prácticas en la recopilación y presentación de pruebas (Perplexity). (Gemini, Claude, Copilot, Scispace, iAsk). En este sentido, es necesario reevaluar continuamente los procesos de gestión de pruebas para identificar áreas de mejora y asegurar que se están utilizando las mejores prácticas en la recopilación y presentación de pruebas (Perplexity).

- Rechazar/Reducir. En lugar de generar pruebas físicas y digitales innecesarias o duplicadas, debemos cuestionar si realmente necesitamos cada elemento probatorio. Para ello es fundamental establecer criterios claros sobre la relevancia y la admisibilidad de las pruebas. Rechazar lo superfluo reduce la carga de trabajo y el uso de recursos, y permite agilizar la gestión de los casos (Perplexity, Copilot, Scispace, You.com, Llama 3). ¿Se pueden agrupar pruebas similares para reducir el volumen total? (Gemini). También es importante minimizar el consumo de recursos (materiales, energía, espacio de almacenamiento, etc.) en la generación y manejo de las pruebas (Claude, iAsk).
  - Desde otro ángulo, limitar la cantidad de información puede mejorar las posibilidades de convencer al tribunal, evitando discordancias, distracciones en detalles no relevantes y errores de comprensión.
- Redistribuir. Es posible compartir recursos entre diferentes partes interesadas para maximizar su utilidad colectiva. En el contexto probatorio, esto podría significar colaborar con otras entidades (como laboratorios forenses) para compartir recursos tecnológicos o información relevante sobre evidencias (iAsk).
- Reparar. Si una prueba está incompleta o tiene errores, en lugar de desecharla, debemos corregirla. Por ejemplo, si hay inconsistencias en un informe pericial, es necesario enmendarlas (Gemini, Copilot, Llama 3). Reparar cualquier daño a las pruebas digitales, como archivos corruptos, mediante técnicas de recuperación de datos, contribuye a asegurar que la información vital no se pierda y a que se mantenga su integridad (Perplexity). Es importante establecer procedimientos de detección y reparación de errores antes de presentar las pruebas en juicio, ya que esto asegura que la información presen-

tada sea precisa y confiable (You.com). Tampoco deben desatenderse los procedimientos de mantenimiento, reparación y actualización de los equipos e instrumentos utilizados en la recolección y análisis de pruebas, lo cual permite prolongar su vida útil (Claude, iAsk).

- Reutilizar. ¿Podemos reutilizar pruebas de casos anteriores? Si un documento, evidencia o testimonio es relevante en diferentes contextos, siempre que sea legal y éticamente posible, no necesitamos crearlo desde cero. También se pueden crear bases de datos compartidas de pruebas para evitar duplicados (Copilot, Gemini, Perplexity, Claude, Llama 3, You.com, iAsk, Scispace).
- Refabricar/Remanufacturar. Debe contemplarse la posibilidad de transformar o adaptar pruebas existentes para que sean más útiles en un nuevo contexto. Por ejemplo, un análisis forense previo puede ser actualizado con nuevas tecnologías para obtener resultados más precisos (You.com). También existe la opción de refabricar pruebas en formatos más eficientes y accesibles (Llama 3), o la de transformar pruebas físicas en nuevas formas de evidencia, siempre que sea legal y éticamente posible, por ejemplo, convertir documentos físicos en archivos digitales para facilitar su almacenamiento y consulta (Gemini).
  - *En lo que hace a la evidencia digital, si vemos a la misma como contenedor de información probatoria (como una mancha de sangre o un automóvil siniestrado), en algunos casos será posible transmitir esa información a otro contenedor (fotografías, documentos, informes periciales, testimonios, etc.). De acuerdo con la carga de trabajo, los recursos existentes, el nivel de prioridad y/o urgencia del caso, la existencia de pruebas complementarias y la finalidad de uso de esa prueba, esta alternativa debería ser tenida en cuenta.*
- Restaurar. Podría ser útil, en ciertos casos, restaurar y reutilizar pruebas históricas o archivadas (Gemini).
- Reciclar. En el contexto digital, el reciclaje podría ser la reutilización de partes de un informe en otros documentos (Copilot). En algunas ocasiones, conviene evaluar y volver a analizar la evidencia para obtener nueva información (Scispace).
- Recuperar. La recuperación se refiere a extraer valor de las pruebas. ¿Cómo podemos aprender de cada caso para mejorar futuras pruebas? (Copilot, Claude).

Nuevamente, debe advertirse que el pensamiento metafórico y analógico tiene sus límites. Las comparaciones nunca son exactas ni totalmente aplicables, pero pueden enriquecer las perspectivas. En lo que hace a la prueba digital, ampliar los enfoques es necesario para no caer en cuellos de botella (por ejemplo, problemas de almacenamiento y largas demoras en la actividad pericial debidos al exceso de dispositivos recolectados que se deben clonar), ruidos y ambigüedades, desaprovechamiento de la información procesada, consolidación de procedimientos burocráticos, etc.

4.3. La teoría de la información y la calidad de los productos probatorios

La *teoría matemática de la información* ofrece un modelo útil para prestar atención a distintos aspectos de la transmisión, recepción e interpretación de información probatoria en un proceso judicial. Sus conceptos pueden ser muy útiles a la hora de organizar de modo eficiente los procedimientos de investigación y producción de prueba, incluyendo lo relativo a la prueba digital.

De acuerdo con esta teoría, un sistema de comunicación general consta de varias partes. Una *fuente [S]*, que genera un mensaje a ser recibido por el destinatario. Un *transmisor [T]*, que transforma el mensaje generado en una *señal* a ser transmitida. En los casos en los que la información es codificada, el proceso de *codificación* también es implementado por el transmisor. Un *canal [CH]* es cualquier medio que sirva para que la señal se transmita desde el transmisor al receptor. Puede ser, por ejemplo, un cable, una fibra óptica, el aire, etc. El mensaje es reconstruido, a partir de la señal, por un *receptor [R]*. Finalmente, quien recibe el mensaje es un *destinatario [D]* (Holik, 2016).

Holik representa estos elementos mediante el siguiente esquema:

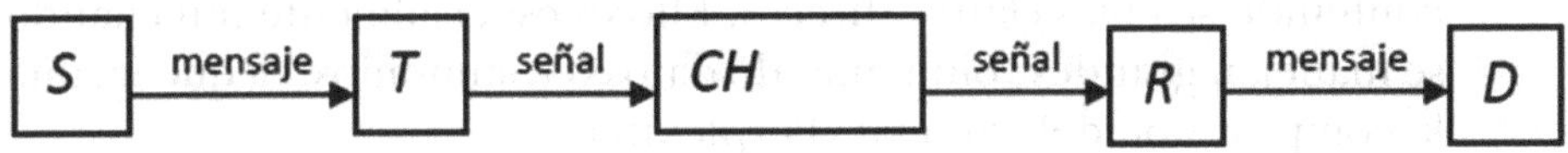

El siguiente gráfico, Holik muestra la información recibida, la pérdida de información y el ruido:

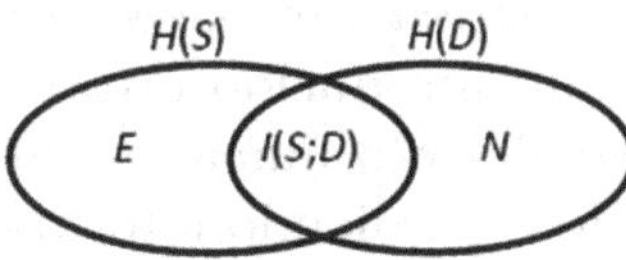

I(S;D) es la *información mutua*, es decir, la información generada en la fuente S y recibida en el destinatario D. E es la *equivocación*: la información generada en S pero no recibida en D. N es el *ruido*: la información recibida en D pero no generada en S (Holik, 2016).

Según esta teoría, la *información* es independiente del medio. No está ligada a un medio físico específico. Puede ser transmitida a través de diversos canales, como ondas electromagnéticas, señales acústicas, etc. La *señal*, en cambio, es la representación física de la información. Es una variación detectable en una magnitud física (voltaje, frecuencia, amplitud, etc.) que transporta la información (Gemini). Veamos un ejemplo propuesto por otra IA (Claude): el mensaje "Hola" es información; la señal podría consistir en ondas sonoras (en una conversación), impulsos eléctricos (en un teléfono), o bits digitales (en un mensaje de texto).

De acuerdo con dicho modelo, las fuentes materiales de prueba digital serían contenedores físicos de una señal codificada en forma binaria. Esa señal, a su vez, sería portadora de información.

Hay varias aplicaciones posibles de la teoría de la información en el ámbito probatorio:

- La *entropía* es una medida fundamental en la teoría de la información, que cuantifica la incertidumbre o el desorden en un conjunto de datos. En el contexto probatorio, una alta entropía podría indicar que hay mucha variabilidad o ruido en los datos recolectados. Por lo tanto, al evaluar la calidad de la información probatoria, es crucial calcular su entropía para identificar qué tan confiables son esos datos. Esto permite a los investigadores enfocarse en aclarar esos puntos antes de que la prueba sea presentada en el tribunal, reduciendo el ruido, es decir las distorsiones o adiciones indeseadas (iAsk) como, por ejemplo, la información irrelevante o ambigua y los testimonios contradictorios (Claude). Se puede eliminar información innecesaria o repetitiva en la documentación probatoria, haciendo que el contenido sea más claro y directo. Ello es especialmente útil cuando se manejan grandes volúmenes de datos o testimonios, ya que facilita la comprensión del tribunal (Perplexity).
- Puede suceder que una pieza de información se transmita de un contenedor a otro antes de llegar al tribunal. Esos contenedores pueden ser humanos (testigos, peritos), materiales o digitales. Cada vez que la información cambia de contenedor, se debe *verificar y decodificar la información* para asegurar que no se hayan introducido errores, ya que los cambios de contenedores (materiales y/o humanos) introducen "ruido" en la señal, distorsionando o perdiendo información (Gemini). En este tránsito, se debe *adaptar la codificación* de

la información al nuevo contenedor, para mantener su integridad (Claude). En el ámbito judicial, tanto la presentación de la prueba como su interpretación deben ser claras y comprensibles. Al aplicar técnicas de codificación efectivas, se puede asegurar que la información probatoria sea transmitida de manera precisa, clara y comprensible, minimizando el riesgo de malentendidos o interpretaciones erróneas (Perplexity, You.com). Es recomendable utilizar formatos que faciliten su interpretación por parte del tribunal, tales como gráficos, resúmenes y otros métodos visuales que ayuden a comunicar la información de manera más efectiva (You.com). Puede agregarse aquí que la necesidad de *lenguaje claro y adaptado al receptor* aparece y reaparece en cada instancia de transmisión de información (fiscal a investigador, investigador a fiscal, fiscal a perito y viceversa, perito a tribunal, tribunal a justiciables, etc.).

- En el ámbito probatorio, existen situaciones o aspectos que aconsejan añadir *redundancia*. Esto podría implicar la recopilación de múltiples fuentes de evidencia que respalden un mismo hecho. Por ejemplo, un testimonio humano se podría complementar con grabaciones, documentos o testimonios de otros testigos que corroboren la misma información (You.com). Es decir que la eliminación o producción de redundancias es una cuestión que depende de las características de cada caso.
- A fin de optimizar la transferencia de información, se debe además evaluar la "*capacidad de canal*" de los diferentes contenedores (cantidad de información que puede procesar eficazmente el canal), hasta que la información llegue al destinatario final. La calidad de la comunicación depende en gran medida del canal utilizado. En el ámbito judicial, esto implica considerar cómo se presenta y se transmite la información probatoria, ya sea a través de documentos físicos, testimonios orales o medios digitales. Optimizar estos canales puede aumentar la efectividad de la comunicación y, por ende, la calidad de la información presentada al tribunal. Asimismo, es clave implementar mecanismos de retroalimentación para verificar la correcta recepción e interpretación de la información en el nuevo contenedor (Claude).

Debe tenerse presente, además, que la evolución del procesamiento orientado a las señales a otro orientado al *contenido*, tal como se ha propuesto en investigaciones recientes, pone de relieve la necesidad de centrarse en el contenido semántico de la información y no solo en las señales en sí mismas. Este cambio permite un procesamiento más inteligente de la evidencia digital, lo que mejora su interpretabilidad y usabilidad en diversas aplicaciones (Scispace). ¿Qué quiere decir esto, y cuál es su importancia? Para comprenderlo mejor, se realiza un pequeño cambio al ejemplo de la IA Claude. Supongamos que, mientras una persona le dice "Hola" a otra en modo presencial, se encuentra en medio de una conversación telefónica con otra, que no sólo escucha ese saludo, sino que, además, está grabando la conversación y convirtiéndola a texto con una aplicación específica. Habrá entonces un solo contenido semántico, un solo "Hola", pero muchas fuentes de prueba. Si ese saludo fuera un hecho controvertido en un proceso judicial, habría varias posibles formas de probarlo. En dicho contexto, quizás no sea necesario un gran esfuerzo por preservar la evidencia digital (archivo de audio). En otras ocasiones la prueba digital será dirimente. La necesidad de saber cuándo se da una u otra situación muestra claramente la importancia de contar con una adecuada estrategia investigativa y probatoria.

4.4. La prueba digital como insumo o materia prima de los productos probatorios

Considerar a la prueba digital como uno de los insumos o materias primas del producto probatorio lleva a adoptar una perspectiva contextualizada e integral, y mueve a analizar cómo se relaciona y articula esta clase de prueba con los restantes componentes del producto final (convencimiento del tribunal).

Esta visión ofrece beneficios, siempre que se tengan en cuenta sus límites y riesgos, ya que no es un enfoque excluyente sino complementario del que se centra en las especificidades de este tipo de prueba. Buscar un equilibrio entre tratar la evidencia digital como un insumo y reconocer su naturaleza específica es crucial para su uso efectivo en contextos legales. La evolución constante de la tecnología y la ley sugiere que este enfoque debe ser flexible y adaptable (Claude).

El enfoque holístico permite considerar la prueba digital como parte de un conjunto más amplio de evidencias, y contextualizarla dentro del caso completo. Una de las ventajas es que brinda una mayor flexibilidad en la interpretación y análisis de la evidencia digital. Promueve un examen más crítico y completo de la prueba, y puede ayudar a prevenir la sobrevaloración de dicha clase de evidencia frente a otras formas de prueba (Claude). También posibilita adaptar la prueba digital a las necesidades específicas de cada caso, ya que puede ser manipulada, transformada, complementada y/o combinada con otros elementos probatorios (Gemini, You.com).

Sin embargo, deben tenerse en cuenta los riesgos. En cuanto a los profesionales del derecho, la falta de capacitación adecuada para el manejo de prueba digital podría generar errores significativos durante su evaluación e interpretación (iAsk). Puede haber una tendencia a simplificar excesivamente su valor probatorio, lo que podría llevar a interpretaciones erróneas o minimizar su importancia. Debe evitarse subestimar la complejidad técnica y la naturaleza única de la evidencia digital, cuya correcta obtención, preservación e interpretación frecuentemente requiere del auxilio de expertos y de procedimientos estandarizados (Claude).

La manipulación inexperta de la prueba digital puede afectar su autenticidad, integridad y fiabilidad. Además, la facilidad con la que se puede manipular la prueba digital aumenta el peligro de que se presenten pruebas falsas o adulteradas. Asimismo, la recolección y análisis de la prueba digital pueden implicar la violación de derechos fundamentales, como el derecho a la privacidad (Gemini, Claude, Llama 3). Por otra parte, existe el riesgo de malinterpretar la evidencia digital al no considerarla en su contexto tecnológico específico (Claude, Perplexity).

La dependencia de la tecnología es otro factor de riesgo, ya que puede incrementar desigualdades en el acceso a la justicia (You.com), más allá de los gastos e inversiones estatales que exige el uso de aquella.

4.5. Cuando el producto final tiene fallas: causas del fracaso de la prueba

Poder ver los procesos desde el fin hasta el principio puede arrojar información de interés para la detección de riesgos y la mejora de los procesos de trabajo.

Siguiendo diversos métodos de análisis causal de fallas e incidentes, y manteniendo la analogía de la prueba como producto, las distintas herramientas de IA identificaron posibles tipos de causas de dichos eventos adversos.

En cuanto al factor *personal* de esos resultados no deseados, se mencionó la falta de capacitación adecuada del personal involucrado, testigos no confiables o mal preparados, abogados inexpertos o con falta de preparación en el caso (iAsk).

La *presentación* de la prueba de forma poco clara o deficientemente organizada, y la inadecuación a la normativa y jurisprudencia vigentes (Copilot,

Claude) podrían ser considerados como subfactores. No alcanza con tener evidencias de alta calidad, pues éstas pierden valor si no se las presenta de manera clara y organizada (Claude), y ello muestra que la cadena de valor probatorio va mucho más allá de la cadena de custodia.

También se identificaron los sesgos cognitivos del tribunal o del jurado (Gemini), aunque ello podría ser asumido como falta de habilidades de los abogados para prever, detectar y neutralizar esos sesgos. En esta línea es importante destacar el trabajo que se está realizando en algunos estados para desarrollar guías para la valoración de la prueba.

Respecto del factor del *contexto* o entorno, se mencionó la escasez de recursos, la complejidad del caso, la influencia mediática, la percepción pública y la presión del tiempo (Claude, Llama 3, Gemini, Perplexity).

En cuanto al *liderazgo* y la *gestión*, se destacó la falta de dirección clara, y la gestión deficiente (llama 3).

Utilizando la técnica de los cinco porqués, una de las herramientas de IA ha presentado un ejemplo. ¿Por qué la prueba no convenció al jurado? Porque la evidencia presentada fue considerada insuficiente. ¿Por qué fue considerada insuficiente? Porque no se presentaron testimonios clave que respaldaran la evidencia. ¿Por qué no se presentaron testimonios clave? Porque no se realizaron las entrevistas necesarias con los testigos antes del juicio. ¿Por qué no se realizaron las entrevistas necesarias? Porque el equipo legal no tenía suficiente tiempo para prepararse adecuadamente. ¿Por qué no tenían suficiente tiempo? Porque hubo una falta de planificación en la gestión del caso desde el principio (Perplexity).

Debemos tener presente que todo este elenco de posibles fallas puede ser reconducido, en buena medida, a la incidencia del factor humano, sea individual, de equipo, institucional o interinstitucional. La consideración de las debilidades, carencias y amenazas debe estar siempre presente, a fin de que el uso de la prueba digital (siempre costoso y difícil) no sea contraproducente. La consideración de estos límites debería estar presente en el diseño de políticas y estrategias, y en el nivel de las actividades propiamente operativas.

En lo que hace a posibles causas de *fallas sistémicas* en la prevención y persecución de delitos, los distintos sistemas de IA también arrojan algunas pistas.

Respecto de los procesos y procedimientos, se señala la incidencia de la falta de coordinación con otros órganos (Llama 3, Gemini, Claude).

La cultura organizacional, el contexto socioeconómico y político, las nuevas tendencias delictivas y la legislación son también factores que merecen atención (Gemini, Claude, Perplexity).

En el ámbito de la gestión, se identifican factores como recursos, tecnología y equipamiento, capacitación, liderazgo y niveles de corrupción (Gemini, Claude, Llama 3).

Se sugieren como oportunidades la posibilidad de colaborar con expertos externos y el empleo de la IA (Llama 3).

Se menciona asimismo como factor importante la calidad de la relación de la institución con la comunidad (Copilot, YOu.com). La confianza, la calidad de la comunicación y la participación ciudadana son consideradas relevantes (Claude, Gemini, You.com). Esto promueve la colaboración ciudadana (Claude), que es un recurso indispensable en materia investigativa y probatoria.

Específicamente respecto de los casos que requieren la búsqueda y utilización de prueba digital, se rescatan sólo algunos de entre los mencionados por los sistemas de IA. Por motivos prácticos, se omite el análisis de aquellos factores que ya han sido identificados en ámbitos policiales y forenses: incumplimiento de protocolos, falta u obsolescencia de herramientas, recursos insuficientes, capacitación deficiente, carencia de personal especializado, legislación inadecuada, naturaleza cambiante de los ciberdelitos, técnicas de encriptación y anonimato, escasa cooperación internacional —especialmente para desmantelar redes, etc.

Aparece como factor la calidad de los métodos y estrategias empleados para prevenir, detectar y abordar los casos de ciberdelitos (Perplexity). La claridad y eficiencia de los procedimientos para investigar ciberdelitos son cruciales. Procesos burocráticos o inadecuados pueden dificultar la respuesta rápida ante incidentes (You.com). En un plano de análisis más integral, se destaca la ausencia de enfoques proactivos en la identificación y análisis de patrones delictivos a partir de datos digitales. Algunas organizaciones pueden centrarse únicamente en responder a incidentes específicos. Esto resulta en una pérdida de información que podría ser utilizada para evaluar el impacto social de los ciberdelitos —teniendo en cuenta también la perspectiva de la comunidad y de las víctimas—, prevenir futuros ilícitos o mejorar estrategias operativas (Gemini, Perplexity, Claude).

Nuevamente surge aquí la importancia de la comunicación, colaboración y coordinación efectiva intra e interinstitucional, y especialmente entre fuerzas de seguridad y equipos forenses (iAsk, Llama 3, Copilot, You.com, Perplexity, Gemini). Ello incluye a la accesibilidad e interoperabilidad de los sistemas tecnológicos (Claude, iAsk). Cuesta, en cambio, encontrar menciones a la incidencia del vínculo entre organismos de persecución penal y empresas proveedoras de dispositivos y servicios digitales, más allá de las alusiones genéricas a las cuestiones de orden normativo.

También se menciona como problema la comunicación ineficaz a la comunidad respecto del uso de las pruebas digitales (iAsk), y la falta de educación y concientización a la comunidad en temas de seguridad digital y prevención de delitos cibernéticos (Llama 3, Claude, Gemini).

La subestimación del valor probatorio de las fuentes de prueba digital es causa de desperdicio de información útil (iAsk, Copilot, You.com, Claude); este punto se vincula con la falta de capacitación y, a su vez, con la escasa importancia estratégica que suele darse a ésta en algunas instituciones. La sobreproducción y recolección excesiva de datos sin un enfoque específico es también causa de problemas (Claude).

Asimismo, el procesamiento ineficiente de los datos (Claude) y la falta de evaluación de la credibilidad y fiabilidad de las fuentes de prueba digital pueden llevar a incluir información falsa o manipulada en la investigación (Llama 3).

Se han señalado también como factores relevantes el tiempo de respuesta ante los ciberdelitos (Gemini, You.com), las demoras entre la recolección y el análisis de la evidencia (Claude).

Es necesario replantear los procesos y sistemas de gestión de la información. (Gemini), y adoptar un sistema de gestión de su ciclo de vida de los datos (iAsk), en función de sus múltiples usos posibles (Gemini), la normativa aplicable —especialmente en materia de privacidad— y el cuidado de las capacidades de almacenamiento de las distintas instituciones y sistemas.

Mediante el establecimiento de criterios claros, debe evitarse la recopilación innecesaria o redundante de datos, que puede llevar a una sobrecarga informativa, y el uso inadecuado de los espacios de almacenamiento digital, que puede resultar en costos adicionales y dificultades para acceder a información relevante (Perplexity, iAsk, You.com, Gemini). En esta línea, es útil implementar sistemas de priorización y filtrado de información relevante (Claude).

También se destaca la conveniencia de utilizar datos históricos para identificar patrones y mejorar la prevención del delito., y de crear bases de conocimiento a partir de casos resueltos. Ciertamente, determinados datos deben ser actualizados de forma periódica, para evitar que la información se vuelva irrelevante o incorrecta (iAsk, Perplexity).

5. CONSIDERACIONES ACERCA DE LA LABOR PERICIAL

5.1. Las herramientas forenses

Debido a la enorme cantidad de datos generados y al uso extendido de dispositivos móviles, redes sociales y almacenamiento en la nube, la informática forense se enfrenta a nuevos desafíos, donde ya no sólo la problemática es ¿Cómo adquirimos la información?, sino también, ¿Dónde está la información? y ¿Cómo procesamos tanta cantidad de información? En este sentido, la inteligencia artificial está comenzando a desempeñar un papel importante en el análisis forense, ayudando a los investigadores a clasificar la información, identificar patrones y colaborar en búsquedas más rápidamente, entre otros.

Habiendo visto ya que las fuentes de prueba digital son algunas de las materias primas, insumos y/o herramientas que se utilizan para producir prueba valiosa, para continuar con el proceso de elaboración del producto final se debe pasar por la etapa donde el informático forense debe trabajar en su rol de perito, y entonces entra en juego qué herramientas son las seleccionadas para realizar la pericia, ¿herramientas de código abierto o herramientas de código cerrado?

Antes de analizar cuál es el tipo de herramienta adecuada, veamos qué significa cada una de ellas: "El software de código abierto (en inglés Open Source Software u OSS) es aquel cuyo código fuente, y otros derechos que normalmente son exclusivos para quienes poseen los derechos de autor, son publicados bajo una licencia compatible con la Open Source Definition o forman parte del dominio público. Esto permite a los usuarios utilizar, cambiar, mejorar el software y redistribuirlo, ya sea en su forma modificada o en su forma original." (El Rastro Digital del Delito, 2017). Por otro lado, el software de código cerrado es aquel cuyo código fuente no está disponible para su visualización, modificación o redistribución. Está restringido y no se encuentra disponible para el público. Solo la empresa propietaria tiene acceso al código fuente y puede modificarlo, distribuirlo o licenciarlo.

Entre las ventajas de utilizar herramientas de código abierto están la transparencia que da que el código sea accesible (permitiría revisarse en busca de errores o vulnerabilidades), que se puede adaptar a necesidades específicas, lo que implica que si su licencia lo permite se pueden realizar actualizaciones, costos reducidos (en la gran mayoría de los casos son herramientas gratuitas) y al estar disponible en forma abierta, suele existir una comunidad que sostiene su desarrollo, un ejemplo claro son el software Autopsy[1] y LEAPPs[2] que se detallan a continuación.

Si analizamos las desventajas las principales son la falta de integración con determinados softwares propietarios y la más relevante: que tanto el desarrollo de la herramienta como el soporte pueden discontinuarse, por lo tanto pueden ser herramientas que, ante la falta de mantenimiento en su desarrollo queden obsoletas o inaccesibles.

Para las herramientas propietarias, o de código cerrado, las principales ventajas son la presencia de una compañía que brinda el soporte o servicio técnico oficial, y además, se suele contar con certificaciones que garantizan el cumplimiento de algunos estándares de calidad. En cuanto a las desventajas de utilizar este tipo de herramientas son sus altos costos, el hecho de que no se puede adaptar a necesidades particulares y una de las principales: la falta de transparencia, es decir, como no se puede acceder al código fuente es imposible auditar el software por lo tanto no se sabe cómo hace lo que hace.

Entonces, para seleccionar que tipo de herramienta utilizar (de código abierto o cerrado) se deben considerar varios factores como son el tipo de investigación, el presupuesto, la compatibilidad con otros sistemas, y la flexibilidad que ofrece la herramienta. Las herramientas de código abierto y código cerrado tienen ventajas y desventajas, y la elección dependerá de las necesidades específicas. Los Laboratorios de Informática Forense, en función de sus posibilidades, suelen adquirir diferentes herramientas, dado que muchas de ellas son complementarias. Se mencionan a continuación las más populares:

1. OpenText EnCase Forensics[3] es una herramienta integral compuesta por un conjunto de productos líder en la investigación forense digital que permite la adquisición, extracción, análisis de los datos disponibles no sólo en los dispositivos de almacenamiento, sino que también realiza un soporte completo de artefactos, ya que recopila tanto la actividad local del dispositivo como la accesible en la nube de Facebook, Twitter, Instagram, Google, iCloud, WhatsApp y LinkedIn, así como el historial del navegador de Internet, vídeos, documentos y datos de localización. Entre las características particulares de esta

[1] https://www.autopsy.com/

[2] https://github.com/abrignoni

[3] https://www.opentext.com/es-es/productos/encase-forense

herramienta se destacan que: realiza reconocimiento óptico de caracteres, lo que permite obtener texto de documentos escaneados y utiliza Inteligencia Artificial y Machine Learning para identificar imágenes específicas.

2. Autopsy[4] es una herramienta de código libre fundamental en el ámbito de la informática forense, destacándose por su interfaz intuitiva que facilita su uso tanto para expertos como para principiantes. Basada en Sleuth Kit, permite la adquisición y análisis de imágenes de disco de diversos dispositivos. Sus módulos de análisis especializados permiten recuperar archivos borrados y explorar datos de navegación web, así como extraer información de aplicaciones específicas como redes sociales y mensajería instantánea. La capacidad de incorporar plugins permite su crecimiento con la colaboración de la comunidad, e incluso la capacidad de analizar metadatos proporciona un contexto valioso sobre la creación y modificación de archivos, mientras que su soporte para múltiples formatos asegura un análisis exhaustivo. Por último, las funciones de análisis de cronología ayudan a reconstruir eventos, brindando una comprensión clara de la secuencia de acciones.
3. Cellebrite UFED[5] es la herramienta más utilizada para la extracción y análisis de datos de dispositivos móviles. Permite realizar distintos tipos de adquisiciones físicas, lógicas y del Sistema de Archivos. Cada tipo de extracción brinda diferente tipo de información, entre las que se puede encontrar: Conversaciones, Historial de Navegación en Internet, Cuentas de Usuario asociadas al equipo, Documentos, Ubicaciones, Cuentas en Redes Sociales, datos de aplicaciones y archivos multimedia. Dentro de la gama de extracción forense de dispositivos móviles. Otras herramientas similares a UFED son Magnet AXIOM[6], Oxygen Forensic Detective[7], aLEAPPs[8]/iLEAPP[9] y MSab XRY[10].

---

4 https://www.autopsy.com/

5 https://cellebrite.com/

6 https://www.magnetforensics.com/

7 https://oxygenforensics.com/en/

8 https://github.com/abrignoni/ALEAPP

9 https://github.com/abrignoni/iLEAPP

10 https://www.msab.com/product/xry-extract/

5.2. Las Reglas de Daubert y la prueba digital

Las reglas de Daubert surgieron en el año 1993, en la Corte Suprema de Estados Unidos donde se cuestionó la admisibilidad de pruebas científicas en un juicio. Ante la necesidad de establecer pautas claras para evaluar la fiabilidad de dichas pruebas, la Corte Suprema estableció nuevos criterios que hoy se conocen como las reglas de Daubert.

Las reglas Daubert establecen varios criterios mínimos como requisito de admisibilidad de la prueba:

1. La metodología debe ser científicamente válida y comprobable
2. La técnica debe haber sido revisada por pares o por otros expertos
3. La técnica debe tener una tasa de error conocida y aceptable
4. La técnica debe estar sujeto a estándares de control
5. El método debe tener un grado de aceptación general en la comunidad científica.

5.2.1. ¿Cómo se aplicarían los criterios de Daubert a la prueba digital?

La prueba digital se encuentra cada vez más presente en los procesos judiciales, por lo tanto realizar una aproximación para aplicar los criterios de Daubert a la prueba digital ayuda sin lugar a dudas a elevar los estándares de calidad de la prueba digital presentada y admitida.

Seguir y aplicar los principios forenses consolidados en la comunidad de especialistas es un primer paso para el cumplimiento de las reglas de Daubert.

Los principios forenses son: Evitar la Contaminación, Controlar la trazabilidad (Cadena de Custodia) y Actuar Metódicamente.

Evitar la contaminación hace referencia a:

- Minimizar el manejo de los dispositivos originales
- Siempre que sea posible, trabajar sobre la imagen forense, y no sobre el original.
- Responsabilizarse de los cambios realizados y documentar todas las acciones realizadas;
- No actuar más allá de sus competencias.

Respecto a la cadena de custodia, según la Resolución de la Procuración General del MPBA 889/15 “La cadena de custodia es el conjunto de medidas que deben adoptarse a fin de preservar la identidad e integridad de los objetos o muestras que pueden ser fuente de prueba de hechos criminales (preservación total de su eficacia procesal)". La documentación de dicha actividad a partir de la planilla correspondiente, permite detallar las particularidades de los elementos materia de prueba, los custodios, el lugar, el sitio exacto, fecha y hora de los traspasos y traslados de los mismos. Es importante destacar que esta es una planilla que da cuenta del estado en el que se reciben y se entregan los elementos secuestrados, sin embargo, en el caso de la prueba digital, estos elementos son el soporte o contenedor de dicha prueba, no la prueba en sí. Por este motivo, es que es necesario reformular este instrumento a "Controlar la trazabilidad" que refiere a la custodia del proceso de obtención de la prueba digital y a su transmisión entre contenedores. En este sentido se espera que el proceso sea:

- Auditable: Documentar todas las acciones que realizan y justificar sus decisiones en las etapas del proceso.
- Repetible: Se deben obtener los mismos resultados si se aplica el mismo procedimiento, con las mismas herramientas, en las mismas condiciones, en cualquier momento.
- Reproducible: Se deben obtener los mismos resultados si se aplica el mismo procedimiento, con herramientas distintas, en condiciones distintas, en cualquier momento.
- Justificable: Se debe poder demostrar que las acciones y métodos utilizados son el mejor curso de acción posible, y no otro.

Actuar Metódicamente: En los procesos investigativos judiciales donde existe algún tipo de participación de un medio digital se entrelaza la actuación técnica con las fases procesales. Según la RAE un método es un "modo de decir o hacer con orden". En este sentido, se puede definir a un método como un conjunto de procesos o procedimientos ordenados utilizados en la elaboración de un producto o la ejecución de un servicio. Un método es un procedimiento general. La técnica, en cambio, es un procedimiento técnico y de gestión utilizado para lograr un objetivo determinado. Es la aplicación específica de un método y la manera en que se ejecuta. El actuar del informático forense se busca que siga un método, un orden, una manera de hacer las cosas independientemente de las técnicas o herramientas específicas que utilice. El método garantiza también cierta calidad de servicio independientemente del profesional que lo ejecuta.

El actuar informático-forense está integrado por las siguientes fases:

- Identificación: fase en la que se definen los subprocesos básicos de la investigación judicial, reconocimiento o exploración digital, lo que permite realizar un correcto informe técnico de investigación solicitado por la Fiscalía.
- Recolección: fase en la cual se establecen los subprocesos y condiciones necesarias mínimas que se deben cumplir para un correcto secuestro de los soportes de evidencia digital. En este caso, la participación no es de exclusiva responsabilidad de los peritos integrantes del Laboratorio de Informática Forense —LIF, sino que éstos concurren al lugar donde debe desarrollarse un secuestro de soporte de evidencia digital cuando la Fiscalía lo solicita. Constituye, así, un servicio a demanda.
- Adquisición: fase en la que se establecen las directrices y subprocesos mínimos para la correcta obtención de las imágenes forenses desde los dispositivos de almacenamiento.
- Extracción y Análisis: fase en la que se definen los diferentes subprocesos, técnicas y herramientas recomendadas para la extracción y el posterior análisis de la evidencia digital.
- Informe Pericial: fase en la que se detallan los contenidos mínimos necesarios para una correcta elaboración de un dictamen pericial, en la cual se deben presentar y explicar los resultados de la fase anterior.
- Presentación en Juicio Oral: fase opcional debido a que los peritos no siempre son llamados a declarar frente al tribunal o juzgado. La misma describe las condiciones y los subprocesos necesarios para poder presentar y realizar una declaración completa y eficaz.

Cada nueva disciplina que se incorpora en el ámbito forense es portadora de nuevas respuestas y nuevas preguntas. Para crecer y madurar en el espacio judicial, una disciplina joven, como la informática forense, necesita de diálogo y de esfuerzos recíprocos en pos de un aprendizaje colaborativo.

Ambos conceptos, los principios forenses y las reglas de Daubert, convergen en un mismo objetivo: garantizar la fiabilidad y la admisibilidad de la evidencia en un proceso judicial.

Es importante destacar que la visión contextualizada de la prueba judicial y el enfoque de la prueba digital como materia prima no lleva a rechazar los principios y reglas de la actuación pericial ni los principios específicos de la informática forense. No se trata de eliminar, sino de integrar las actividades particulares propias de la especialidad, en el marco y en los propósitos generales de la actividad investigativa y probatoria.

5.3. Consideraciones generales sobre la utilidad de las guías y protocolos

Soba Bracesco (2022) ha analizado de forma crítica la incidencia de los protocolos y guías en los casos judiciales. Aunque su foco de atención está orientado hacia los casos donde se discute acerca de la responsabilidad profesional (mala praxis), ello no impide recoger algunos de sus conceptos en relación con la labor pericial. Este autor destaca que los protocolos pueden provenir de una autoridad (institucional-burocrática, técnica, científica, etc.), y ser de cumplimiento obligatorio para determinadas entidades y/o profesiones, o de seguimiento voluntario. Señala que la buena práctica puede existir tanto dentro como fuera de los protocolos, y viceversa. Sostiene que, cuando nos enfrentamos a un protocolo, podemos hacernos varias preguntas. Resulta de interés destacar las siguientes:

- ¿Quién lo elaboró? ¿Cuáles son las credenciales de quienes participaron en su diseño y elaboración? Conocer estas cuestiones ayuda a evaluar la calidad del producto o su aplicabilidad al caso concreto.
- ¿Qué información se tuvo en cuenta para su confección? ¿Cómo se recogieron y analizaron estos datos? ¿Cuáles saberes se emplearon? ¿Tienen sustento científico y, en su caso, cuál? ¿Reflejan las posiciones más aceptadas en una comunidad científico-técnica? ¿Se reconoce la posibilidad de adoptar diferentes conductas con base en las distintas posiciones acerca de un punto en concreto?
- La adopción del protocolo, ¿fue precedida por algún tipo de testeo o plan piloto?

¿• Contempla mecanismos para su revisión y actualización?

Aun siendo transparente, basado en evidencia, diseñado y auditado correctamente, el protocolo no aporta toda la información necesaria sobre el caso concreto. La confección de protocolos puede tener ventajas, al facilitar cierta información acerca de cómo se debe actuar (o debía haberse actuado) en determinados casos. Pero también puede ser perjudicial, si se los acepta acríticamente y de modo desconectado de las variables fácticas y jurídicas que se presentan en el caso concreto. Estos problemas pueden afectar tanto a peritos como letrados, y pueden presentarse tanto en las fases de obtención y producción de prueba, como en las fases de alegación y valoración. En otras palabras, las guías y protocolos no deberían anular el saber y el pensamiento crítico de peritos, idóneos, abogados y jueces.

En el campo interdisciplinario de la teoría de la decisión, se utiliza una diferenciación entre *decisiones programadas* y *decisiones no programadas*, efectuada hace décadas por el premio Nóbel Herbert Simon. Con base en esa distinción, Bastons (1995) señala que los seres humanos tendemos a aplicar la misma solución y el mismo curso de acción ante problemas repetidos. Los programas forman una parte importante de la actividad de las organizaciones. En ellos se especifican los objetivos a cumplir y las acciones a realizar, y se da información sobre los estados del entorno que debe considerar el decisor. Frente a una situación, simplemente se debe elegir y aplicar un programa entre los existentes, no elaborar nuevos programas. Cada programa es objeto de una triple evaluación: a) nivel de dificultad para llevarlo a cabo (operacionalidad); b) grado de certeza de que la acción generará el resultado esperado (instrumentalidad); y c) medida en que se producen las satisfacciones buscadas (validez). Podría agregarse que los protocolos y guías que suelen utilizarse en ámbitos periciales tienen las características de las decisiones programadas.

En la práctica también suelen suscitarse otra clase de situaciones, que obligan a "salir del libreto". No siempre es posible optar entre un conjunto dado de alternativas y bajo un criterio de evaluación preestablecido. En ocasiones, debe resolverse algo que no está previamente definido. Se debe decidir cuáles alternativas de acción existen, cuáles pueden ser las reacciones del entorno y con qué criterio evaluarlas. Aquí el primer problema es la definición del problema. Las condiciones del decisor y las del entorno no son fijas, y una decisión que fue eficaz en un momento dado puede ser ineficaz en otro si el decisor o el entorno cambiaron (Bastons, 1995). En el reino de la incertidumbre, se requiere adoptar decisiones no programadas.

El ámbito del ciberdelito y de la prueba digital está en permanente cambio debido a la interacción de variados factores: avances tecnológicos (dispositivos, aplicaciones); evolución de los usos sociales de dichos avances; prácticas comerciales; modificación de normas y de criterios jurisprudenciales; relaciones intra e interestatales; corrimientos entre el saber científico, técnico y ordinario; nuevas clases de fenómenos delictivos; formación del cuerpo técnico que debe actuar; etc. Aplicar el tipo de procedimiento o decisión adecuado para cada situación concreta (e incluso para una misma situación en otro lugar o momento) puede ser sumamente difícil, más aún si no se cuenta con personal capacitado para tomar dicha decisión. No todo es blanco o negro: generalmente es necesario combinar tareas estandarizadas con actividades de experimentación. Ello exige aprender el arte de saber cuándo apegarse al manual y cuándo, o en cuáles aspectos, apartarse de él. Acerca de la teoría de la decisión existe extensa bibliografía. El libro *Seis pares de zapatos para la acción*, de Edward de Bono (1992), es un texto ameno puede servir como ayuda y disparador para desarrollar la habilidad de elegir el procedimiento que cada tipo de situación exige.

Dicho esto, se hará un sintético repaso sobre el estado del arte en materia de guías y protocolos informáticos forenses.

5.4. Guías y Protocolos en Informática Forense e Investigación Digital

Los inicios de la informática forense se remontan a fines de los años 70 cuando en el estado de Florida, en Estados Unidos, reconoce los crímenes de sistemas informáticos en el "Computer Crimes Act" para casos de sabotaje, copyright, modificación de datos y ataques similares. Durante los primeros años de la disciplina, que coincidieron con las primeras etapas de las computadoras de escritorio, se comenzaron a formalizar algunos métodos de recuperación de datos, aunque no existían aún herramientas especializadas. La década de 1990 marcó un cambio significativo, ya que con la irrupción de Internet en los hogares y el uso masivo de las computadoras personales fue creciendo la necesidad de analizar los dispositivos de almacenamiento ante la ocurrencia de un hecho delictivo.

Estas tareas de análisis forense comenzaron a profesionalizarse y a partir del año 2000 aproximadamente se van incorporando los laboratorios de informática forense a los centros de investigación, y los peritos informáticos a los poderes judiciales. Con el crecimiento de la informática forense, surgieron también instituciones y organizaciones, que comenzaron a desarrollar investigaciones en la temática y a estandarizar procesos y métodos. En el mundo occidental entre las más destacadas y reconocidas se encuentran:

El Grupo de Trabajo Científico sobre Evidencia Digital del Instituto Nacional de Estándares y Tecnología[11] (NIST): En Estados Unidos el NIST desarrolla estándares y guías para diversas temáticas, y entre ellas organiza diferentes grupos de trabajo. Uno de ellos es el *Grupo de Trabajo Científico sobre Evidencia Digital (SWGDE)* que reúne a organizaciones que participan activamente en la evidencia digital y multimedia y cuyo uno de sus objetivos es el desarrollo de documentos técnicos y guías de buenas prácticas para el tratamiento de la evidencia digital. Asimismo, tiene como objetivo fomentar la comunicación, la cooperación, la coherencia y la calidad den-

---

11 https://www.swgde.org/

tro de la comunidad forense a través de estos documentos desarrollados en consenso.

La Organización Internacional de Normalización[12] (ISO): Es una organización internacional independiente y no gubernamental que elabora normas y está compuesta por representantes de las organizaciones nacionales de normalización de los países miembros. En el caso de Argentina, IRAM - Instituto Argentino de Normalización y Certificación es el representante del país ante ISO. Existen varias normas IRAM-ISO que son relevantes para la informática forense, entre las más específicas se encuentran:

- IRAM-ISO-IEC 27037: Proporciona directrices sobre la identificación, recopilación, adquisición y preservación de evidencias digitales. Es fundamental para garantizar que la evidencia sea manejada correctamente desde su incautación.
- IRAM-ISO-IEC 27042: Es una guía para la detección, análisis e interpretación de la evidencia digital, con el objeto de ayudar a los investigadores a realizar esta tarea de manera efectiva.
- IRAM 36100: Informática forense. Aplicación de la cadena de custodia. Vocabulario y requisitos.

Además, existen otras normas específicas de seguridad de la información que incluyen aspectos forenses relacionados a la gestión de incidentes de seguridad, a saber:

- ISO-IEC 27041: Establece directrices para garantizar la idoneidad y adecuación del método de investigación de incidentes de seguridad de la información y la conducción de estas auditorías, lo que incluye aspectos forenses. Es importante que se pueda demostrar que los métodos y procesos aplicados durante la investigación son adecuados. Esta norma se centra en orientar sobre cómo garantizar que los métodos y procesos definidos cumplen los requisitos de la investigación y han sido probados y validados adecuadamente.
- ISO-IEC 27043: Proporciona directrices basadas en modelos para procesos de investigación de incidentes de seguridad que involucran evidencia digital en diversos escenarios. Esto incluye procesos desde la preparación previa al incidente hasta el cierre de la investigación, así como consejos generales y advertencias sobre dichos procesos. Las directrices describen procesos y principios aplicables a varios ti-

---

12 https://www.iso.org/home.html

pos de investigaciones, incluidos, entre otros, acceso no autorizado, alteración de datos o daños en el sistema informático.

- ISO-IEC 27044: Se centra en la gestión de incidentes, incluidas las prácticas forenses relacionadas con la respuesta a incidentes. Proporciona directrices a las organizaciones para que se preparen para implementar procesos y sistemas de gestión de eventos e información de seguridad. En particular, aborda la selección, implementación y operaciones de SIEM[13]. Pretende específicamente ofrecer asistencia para satisfacer los requisitos de la norma ISO/IEC 27001 en relación con la implementación de procedimientos y otros controles capaces de permitir la detección y respuesta rápidas a incidentes de seguridad, para ejecutar procedimientos de monitoreo y revisión para identificar adecuadamente intentos y éxitos de violaciones e incidentes de seguridad.

La Agencia de la Unión Europea para la Seguridad de las Redes y de la Información[14] (ENISA): es un centro de redes y experiencia en seguridad de la información para la Unión Europea, sus estados miembros, el sector privado y los ciudadanos europeos. ENISA trabaja con estos grupos para desarrollar consejos y recomendaciones sobre buenas prácticas en seguridad de la información, lo que incluye la preservación, tratamiento y presentación de la evidencia digital. Esta agencia tiene como objetivo ayudar a los estados miembros de la Unión Europea a implementar la legislación necesaria y mejorar la resiliencia de las infraestructuras y redes de información críticas de Europa, buscando mejorar la experiencia de los estados miembros, apoyando el desarrollo de comunidades comprometidas con la mejora de la seguridad de las redes y de la información en toda la Unión Europea.

La Red Europea de Institutos de Ciencias Forenses[15] (ENFSI): Se fundó en 1995 con el objetivo de mejorar el intercambio de información entre los institutos en el campo de las ciencias forenses, y la generación de documentos consensuados. Los documentos se dividen en Guías y Manuales de Buenas Prácticas Forenses, divididos por grupos de trabajo, por ejemplo: Análisis Forense de Audio y Hablantes, Examinación Forense de Dispositi-

13 Un SIEM es un Sistema para la gestión de eventos de seguridad de la información, es una solución de seguridad que ayuda a las organizaciones a reconocer y abordar posibles amenazas y vulnerabilidades antes de que ocurran.

14 https://www.enisa.europa.eu/

15 https://enfsi.eu/

vos Digitales, entre otros. Esta red procura unificar los procesos y mejorar la calidad de la prestación de los servicios de ciencias forenses en Europa.

En conclusión, estas normas técnicas ayudan a estandarizar los procesos, a asegurar la calidad de los mismos y a garantizar la integridad de la evidencia digital, pero no incorporan los aspectos legales. Sin embargo, los peritos informáticos necesitaban poder justificar que estaban realizando adecuadamente su labor, razón por la que, en una etapa previa a las normativas locales, era usual que aplicaran de facto estándares técnicos de organismos internacionales adaptados o estándares utilizados en otros países donde la temática se encontraba más desarrollada. Incluso en la actualidad, si nada dice el Protocolo o la Guía desarrollada por su institución respecto a la tarea a desarrollar, se suele recurrir a organismos como NIST o ENFSI para verificar la existencia de alguna guía específica.

Las instituciones del Sistema de Justicia de los diferentes países fueron desarrollando y adoptando guías y protocolos que tratan el tema de la evidencia digital a partir del año 2000. En Argentina, por ej., los primeros protocolos se adoptaron en el año 2014, entre los que se destacan como pioneros el Gabinete de Pericias Informáticas del Poder Judicial de Neuquén[16], y el InFo-Lab, Laboratorio de Investigación y Desarrollo de Tecnología en Informática Forense integrante del Instituto de Ciencias Forenses de la Universidad FASTA que ha desarrollado el modelo PURI[17] - Proceso Unificado de Recuperación de Información Digital, adoptado por la Guía Integral de empleo de la Informática Forense en el proceso penal de la provincia de Buenos Aires aprobado por la Resolución 483/16[18] de la Procuración General de la SCBA[19].

El desarrollo de guías específicas fue necesario dado que los documentos técnicos son acotados en alcance y difíciles de adaptar ya sea por las normativas de cada país como por la situación institucional.

Es así que, en líneas generales, las guías y protocolos informático-legales, suelen tomar algún estándar técnico como base y lo amplían desde una óptica informática-legal a fin de que pueda ser aplicado a la realidad de cada país y/o jurisdicción.

---

16 https://gpineuquen.gob.ar/

17 El InFo-Lab es el Laboratorio de investigación y desarrollo de tecnología en Informática forense del Instituto de Ciencias Forenses de la Universidad FASTA, Argentina. www.info-lab.org.ar.

18 https://www.mpba.gov.ar/files/documents/483-16.zip

19 http://redi.ufasta.edu.ar:8082/jspui/handle/123456789/1592

6. CONCLUSIONES

Cada vez más conflictos involucran a las tecnologías de la información y la comunicación, ya sea porque las afectan directamente, porque se producen mediante la utilización de éstas o porque las mismas contienen pruebas o rastros de hechos comunes. Esta evolución es muy dinámica, tanto por los incesantes cambios tecnológicos como por los cambios en los usos sociales de estas herramientas, incluidos los conflictos. En un contexto que muta a un ritmo acelerado y produce una descomunal cantidad de información, es prácticamente imposible que un agente individual (perito, policía, fiscal) pueda, con su solo esfuerzo, estar permanentemente actualizado. Y también es imposible que sepa encontrar y adquirir las tecnologías y métodos apropiados para afrontar los nuevos desafíos tecnológicos o adaptar las capacidades de respuesta a los cambios en la composición de las demandas de trabajo. En un marco tan dinámico como lo es la digitalización, las estructuras organizacionales no deben ser rígidas ni estáticas, y los procedimientos de trabajo operativo han de actualizarse constantemente. Es en este punto donde las Universidades y los grupos científicos toman un valor preponderante en la generación, documentación y curaduría del conocimiento a fin de ponerlo a disposición de los profesionales.

Nuevos dispositivos o aplicaciones, modalidades novedosas de delitos, cambios normativos vinculados con la privacidad de los datos, etcétera, exigen sistemas de gestión que permitan anticipar estos cambios y adaptarse a ellos de forma efectiva.

La visión prospectiva, la cultura de la calidad y la mejora continua representan una vía para que los servicios de las Fiscalías y los organismos policiales y periciales sean útiles, confiables, oportunos, eficientes y no se vuelvan obsoletos.

La implementación de sistemas de gestión de calidad en el sistema judicial penal permite, mediante la orientación al usuario y el establecimiento de requisitos de calidad del servicio, ajustar permanentemente los criterios de calidad técnica, jurídica y estratégica, en función de las concretas necesidades de los jueces, de las partes y de la sociedad en general.

La caracterización del cliente (destinatario o usuario), la identificación de sus requisitos y el establecimiento de canales de comunicación permiten dar una respuesta más enfocada a las necesidades del cliente. La aplicación de herramientas de análisis de contexto y de gestión de riesgos y oportunidades facilita una mirada integral, y permite ir desde un enfoque reactivo a otro preventivo y proactivo.

El enfoque a procesos, su estudio y, hasta donde es posible, su estandarización, proporcionan una base sólida para demostrar conformidad de las actividades, procesos y servicios que brinda un organismo.

El ciclo Planear, Hacer, Verificar, Actuar (PDCA por sus siglas en inglés —PLAN, DO, CHECK, ACT) provee una metodología de trabajo orientada a la mejora continua.

Es fundamental conocer y comunicar las razones que justifican la implantación de un Sistema de Gestión de Calidad (SGC), pues sin este conocimiento y sin una adecuada comunicación, no existirá conciencia de la necesidad ni compromiso con los cambios que| implica esta iniciativa. Dado que el conocimiento de la necesidad y utilidad de implantar un SGC es el punto de partida fundamental para el cambio, cabe ahora formular de modo inverso la pregunta del acápite: ¿Por qué no hacerlo?

La justicia penal es un sistema integrado por distintas organizaciones. Sin embargo, los fenómenos de cibercrimen no están divididos por departamentos, entidades o países. Ello exige que los sistemas de gestión de calidad de cada organización que compone los sistemas de prevención y respuesta estén debidamente articulados. Si bien el Ministerio Público, los organismos policiales, los laboratorios periciales, los tribunales, los espacios académicos y otras entidades vinculadas con el sistema judicial penal tienen misiones específicas, el sistema en conjunto funcionará deficientemente si las entidades no se comunican, colaboran ni articulan entre sí. No siempre será posible o deseable que uno de los organismos fije las políticas y los objetivos de la calidad de los restantes. Una visión integrada exige trabajar en redes de cooperación intraestatal e internacional.

Algo similar ocurre en el nivel de la gestión de casos. Fiscales, jueces de instrucción, policías, peritos y demás servidores públicos intervinientes en un caso deben coordinar su labor. También es necesario que redefinan sus criterios y sus objetivos de calidad en sintonía con los demás, a efectos de que cada proceso de trabajo sume algo valioso para los usuarios e interesados finales. En el abordaje de conflictos y fenómenos criminales mediados por la tecnología, pese a los esfuerzos de estandarización de procesos, frecuentemente aparecerán situaciones imprevistas y problemas novedosos que exigirán respuestas innovadoras y esfuerzos mancomunados.

La obtención y análisis de prueba digital, la generación o adaptación de contenidos digitales representativos de la realidad y el procesamiento de grandes volúmenes de datos son campos de creciente complejidad. La tendencia a la burocracia, el apego a las rutinas y el celo entre departamentos e instituciones estatales conspira contra las iniciativas de mejora.

Ante el dinamismo de los fenómenos delictivos mediados por tecnologías, esa quietud, esos apegos y ese aislamiento pueden ahondar la brecha entre necesidades sociales y respuestas estatales.

"Hacer algo" (una labor o tarea) desentendiéndose de su utilidad real, es muy distinto de "producir y ofrecer algo" (un producto investigativo o probatorio, que debe satisfacer a un usuario). Según sugieren las distintas herramientas de IA consultadas, la visión de la prueba judicial como producto, el modelo de cadena de valor, la perspectiva de la integración virtual entre distintos organismos de la justicia penal y el enfoque circular de creación de valor constituyen un aporte con potencial utilidad. Obligan a una mirada atenta y crítica, y mueven a prestar atención a las cambiantes necesidades de jueces, justiciables y ciudadanía. Más aún, pueden contribuir a dinamizar la adaptación ágil, la innovación, el aprendizaje y mejora permanentes y una cultura de la cooperación que trascienda todo tipo de tabiques y fronteras en el abordaje global de ciberdelitos y en el empleo de la prueba digital.

Bibliografía

Bastons, M. (1995). "Cuadernos de Empresa y Humanismo. Cuaderno 52, P. 3-26" *Las decisiones en la empresa: cálculo y creatividad.* Universidad de Navarra. https://hdl.handle.net/10171/3937.

Recuperado el 01 de septiembre de 2024.

de Bono, E. (1992). *Seis pares de zapatos para la acción.* Paidos.

Holik, F. (2016). *Teoría de la información de Claude E. Shannon.* Universidad Austral. https://dia.austral.edu.ar/Teor%C3%ADa_de_la_informaci%C3%B3n_de_Claude_E._Shannon.

Recuperado el 24 de agosto de 2024.

Kaplinsky, R. Morris, M. (2002). *A Handbook for Value Chain Research.* Institute of Development Studies.

Soba Bracesco, I. M. (2022). "La prueba y el auge de los protocolos". *La Prueba. Un cruce de caminos.* IJ Editores. https://ijeditores.com/pop.php?option=publicacion&idpublicacion=1156&idedicion=7839.

Recuperado el 30 de agosto de 2024.

International Organization for Standardization. (2015). *Fundamentos para un Sistemas de Gestión de Calidad.*(Norma ISO 9000:2015.)

International Organization for Standardization. (2015). *Requisitos para un Sistemas de Gestión de Calidad.*(Norma ISO 9001:2015).

International Organization for Standardization. (2018). *directrices para el aumento de la eficacia y la eficiencia globales de la organización.*(Norma ISO 9004:2018).

Di Iorio, Ana et al (2023). *Guía Técnica para el diseño y la Implementación de un Sistema de Gestión de Calidad en Laboratorios de Informática Forense.* Universidad FASTA, Universidad Nacional de Mar del Plata. http://redi.ufasta.edu.ar:8082/jspui/handle/123456789/1103.

Recuperado el 01 de septiembre de 2024.

Di Iorio, Ana et al (2017). *El rastro digital del delito: aspectos técnicos, legales y estratégicos de la Informática Forense.* Universidad FASTA. http://redi.ufasta.edu.ar:8082/jspui/handle/123456789/1593

Recuperado el 15 de septiembre de 2024.

D) ADMISIBILIDAD Y TRATAMIENTO DE LA EVIDENCIA ELECTRÓNICA EN AUDIENCIAS PRELIMINARES Y JUICIOS ORALES

El examen y contraexamen como medio para introducir y controlar el tratamiento de la evidencia digital en el juicio oral

DANIELA DUPUY

SUMARIO: 1. INTRODUCCIÓN. 2. IMPLEMENTACIÓN DEL SISTEMA ACUSATORIO EN LATINOAMÉRICA. 3. DE LA PRUEBA FÍSICA A LA EVIDENCIA DIGITAL Y LAS NUEVAS TECNOLOGÍAS COMO MEDIO FUNDAMENTAL DE UNA INVESTIGACIÓN CRIMINAL MODERNA. 4. LA INVESTIGACIÓN DIGITAL DE CARA AL JUICIO ORAL. 5. EXAMEN DIRECTO Y CONTRAEXAMEN DE TESTIGOS. 5.1. Introducción. 5.2. Qué es el examen directo. 5.3. Preparación de testigos. 5.4. Tipos de preguntas. 5.4.1. Preguntas abiertas. 5.4.2. Preguntas cerradas. 5.4.3. Prohibidas las preguntas sugestivas. 5.5. Objetivos del examen: credibilidad del testigo y del testimonio. 5.5.1. Acreditación del testigo. 5.5.2. Acreditación del testimonio. 5.6. Cuestiones estratégicas: orden de presentación de los testigos. 5.7. Algunos consejos para un examen directo de testigos. 5.8. Contraexamen de testigos. 5.8.1. Objetivos del contra examen. 5.8.1.1. Acreditar nuestras propias proposiciones fácticas. 5.8.1.2. Desacreditar al testigo. 5.8.1.3. Desacreditar el testimonio. 5.9. Tipos de preguntas. 5.9.1. Preguntas cerradas. 5.9.2. Preguntas sugestivas. 5.9.3. Preguntas de un solo punto. 5.10. Consejos para un contra examen de testigos. 6. EXAMEN Y CONTRAEXAMEN DE PERITOS. 6.1. Concepto y diferencia con el examen de testigos. 6.2. Estructura del examen directo de peritos. 6.2.1. La acreditación del perito. 6.2.2. La acreditación de sus conclusiones arribadas a través de su informe. 6.3. Consejos para examen de peritos. 6.4. Contraexamen de peritos. 6.4.1. Desacreditar el perito. 6.4.2. Desacreditar la pericia. 6.5. Alcances del contraexamen. 7. INTRODUCCIÓN DE PRUEBAS DIGITALES EN EL JUICIO. 7.1. Pasos para introducir la evidencia digital a través de los testigos y peritos. 7.2. La admisibilidad de la prueba pericial a juicio. 7.2.1. La pertinencia o relevancia. 7.2.2. Conocimiento del experto. 7.2.3. Idoneidad del perito. 7.2.4. Confiabilidad del peritaje. 8. PASOS DE UNA INVESTIGACIÓN DIGITAL DE CARA AL JUICIO. 8.1. Identificar y determinar el hecho denunciado y los posibles autores de acuerdo a la hipótesis del acusador. La teoría del caso. 8.2. Resguardo de la evidencia digital. 8.3. Identificación, Obtención, preservación y análisis de evidencia digital: protocolo de buenas prácticas. 8.4. Presentación en juicio de las medidas de investigación modernas a través del examen y contra examen de testigos y expertos. 8.4.1. Imagen forense o bit a bit. 8.4.2. Análisis de dispositivos de almacenamiento informático. Hallazgos posteriores. 8.4.3. Herramientas usadas en la investigación que deben ser explicadas por los expertos. 8.4.3.1. Ciberpatrullaje. 8.4.3.2. Open Source Intelligence (OSINT). 8.4.3.3. Agente encubierto informático. 8.4.3.4. Desbloqueo compulsivo. 9. CONCLUSIONES: AL ESCENARIO DEL JUICIO CON TODA LA INFORMACIÓN.

1. INTRODUCCIÓN

Seguramente, ya el lector, en los capítulos anteriores, se ha introducido en el fascinante mundo de la existencia de diferentes herramientas digitales necesarias para investigar casos complejos y en el debido tratamiento que se debe efectuar durante el proceso de investigación, respetando rigurosamente no solamente la cadena de custodia física, sino también la digital.

Ahora bien, el desafío de mi trabajo, es compartir algunas ideas sobre cómo introducir y trabajar con toda la información que se adquiera a través del uso de novedosas herramientas tecnológicas durante la etapa de investigación, —muchas de ellas aún no incluidas en las legislaciones procesales de la región—, y en el juicio oral.

Es decir, cómo ejercerá su rol cada parte, cuando *deben hacer hablar la prueba* a través de los testigos, expertos e informáticos, y cuáles son los retos para la contraparte, en cuanto al efectivo control de la producción probatoria en el juicio.

Si bien es cierto que varios países de la región vienen implementando las prácticas de la litigación oral a través de la realización de las audiencias preliminares y del juicio oral, considero que se presenta un nuevo desafío para todos, y es, sumar a ello, la comprensión de lo que implica el tratamiento de la prueba electrónica en toda la trayectoria de su adquisición.

En ese sentido, para el fiscal, será vital tener conocimiento de la existencia de las herramientas tecnológicas disruptivas desarrolladas en los capítulos anteriores, cómo funcionan, cuál es la discusión a nivel internacional, teniendo en cuenta que su alcance puede exceder las fronteras, cómo se utilizan y qué son capaces de otorgar en el marco de su investigación. El basto conocimiento de estas circunstancias permitirá: efectuar un correcto examen al experto; que la contraparte ejerza una debida defensa a su asistido al conocer cómo se llegó a un resultado incriminatorio, y brindarle al juez información de alta calidad para llevar a cabo su decisión jurisdiccional.

Por su parte, quien cumpla el rol de defensor, deberá controlar la actividad investigativa del fiscal; y si no adquiere conocimientos acabados de la metodología que marcó la estrategia —tecnológica— del fiscal, mal podrá desarrollar un control de dicha actividad que redunde en poner límites a la persecución penal del estado cuando pueden entrar en juego derechos fundamentales típicos del entorno digital, la razonable expectativa de privacidad e intimidad del sospechoso.

En lo que al juez concierne, es responsabilidad de las partes brindar información de alta calidad y, en las investigaciones en entornos digitales, incluye la obligación de transformar en clara y comprensible, información que excede nuestra formación como abogados.

2. IMPLEMENTACIÓN DEL SISTEMA ACUSATORIO EN LATINOAMÉRICA

El modelo mixto francés sentó las bases del sistema penal en Europa continental y en América Latina en el siglo XX, y, bajo la excusa del juicio oral mantuvo el paradigma del modelo inquisitivo, concediendo facultades a los jueces para inmiscuirse en la prueba. El juicio oral en los sistemas mixtos, no se apartó de un sistema inquisitivo en el cual el Estado mantuvo el total dominio del ejercicio de la acción penal, dejando a las partes poco margen para elaborar una estrategia del caso, y bajo la falsa premisa de que la única finalidad del proceso penal es la averiguación de la verdad[1].

Es decir que, el sistema mixto, mantuvo la búsqueda de la verdad como un fin en sí mismo, teniendo el juez un rol proactivo y generando prueba independientemente de las intenciones de las partes, asumiendo los fiscales y la defensa, un papel totalmente secundario.

El sistema inquisitivo, incluso con juicios orales, es sumamente tolerante con la falta de formación de los litigantes, pues no los obliga a manejar las destrezas de litigación, como sí lo hace el sistema acusatorio. Esa carencia de internalizar el cambio de paradigma tiene consecuencias graves: perder el caso.

Si bien es cierto que del sistema inquisitivo al mixto se pasó de un modelo de prueba tasada a uno de libre convicción, como en los sistemas adversariales, la forma de ingresar evidencia en el juicio era de baja calidad, aceptando el juez la incorporación por lectura de las actas realizadas durante la instrucción, sin control alguno de las partes, por ejemplo.

En América latina, se inició un proceso profundo de transformación de los sistemas de justicia criminal de tipo acusatorio, siguiendo el modelo que se ha consolidado en Europa continental a partir de la segunda mitad del siglo XX. Sus principales características han sido establecer el juicio

---

1 Rúa, Gonzalo, *Planificación de un caso*, Colección Litigación y enjuiciamiento penal adversarial; Director Alberto Binder, Ediciones Didot, 2022, pp. 34 y ss.

oral y público como elemento central del proceso; la diferenciación de roles entre jueces y fiscales, la entrega de algunas facultades discrecionales limitadas a los fiscales para poner fin anticipadamente a la persecución penal, el reconocimiento de las víctimas y de las garantías básicas del debido proceso a favor de las personas objeto de persecución penal[2].

En ese sentido, cobra relevancia, los principios de inmediación, contradicción y oralidad; el total protagonismo de las partes; y la regla que la prueba es solamente la que se produce en juicio a través de los exámenes de los testigos, y controlada por la contraparte, con los correspondientes contrainterrogatorios, para el caso que aquella parte entienda que, estratégicamente, es conveniente efectuarlo.

En esencia, es de vital importancia, la capacidad para obtener e introducir información de manera efectiva, y utilizarla estratégicamente, en los alegatos de apertura y de clausura.

Todo lo expuesto no significa solamente un cambio en la ley; sino en su práctica; representa un importante cambio de paradigma cultural.

Una de las características centrales que se han incorporado a los procesos de reforma de los sistemas criminales procesales en la región, es la de separar las funciones de investigar y acusar, asignadas al Ministerio Público Fiscal, de la de juzgar, ejercida a través de los jueces. Esta separación de funciones, impacta y garantiza no solo el principio acusatorio en el proceso penal, sino también, la independencia e imparcialidad del juzgador, al consagrar que las facultades de investigación oficial quedan radicadas exclusivamente en los fiscales, relevando a los jueces de dicha función[3].

En efecto, la carga probatoria está en cabeza del fiscal, a quien le compete acreditar la culpabilidad del imputado; debiendo las partes tener una visión estratégica, seleccionando las pruebas que pretenden introducir al juicio, teniendo en cuenta la forma persuasiva en que, a través de aquellas, se presentará su teoría del caso.

En los sistemas adversariales, ambas partes construyen su hipótesis desde un rol protagónico, litigando la admisibilidad de la prueba adaptada a sus respectivas teorías del caso, acompañada de un relato persuasivo de los

---

2 Duce, Mauricio, *La prueba pericial*, Colección Litigación y enjuiciamiento penal adversarial, Dir. Binder, A., Ed. Didot, Bs.As, 2015, p. 25.

3 Blanco Suarez, Rafael; Gallardo Frias Eduardo, Moreno Holman, Leonardo. *Litigación penal estratégica en audiencias preliminares*. Valencia, Tirant lo Blanch, 2024, p. 22.

hechos; lo cual permite que el rol del juez, al no intervenir en la producción probatoria, decida imparcialmente en base a la información suministrada por las partes.

En síntesis, esta transformación no podría completar su éxito, si a este cambio, no se adaptan las instituciones vinculadas al proceso penal y sus oficinas judiciales (jueces, fiscales, defensores públicos, etc.).

Sin embargo, y pese a la existencia de legislaciones modernas que implementan el sistema acusatorio, la falta de experiencia en destrezas de litigación, y la resistencia al cambio de paradigma, aún impulsan a los operadores del sistema a acudir al antiguo expediente. Es decir, subsisten prácticas inquisitivas o propias de modelos mixtos, que no solo lesionan garantías fundamentales, sino también, la eficiencia y eficacia de las investigaciones.

Ello implica, insistir con el acompañamiento de adecuados modelos de la instalación de los sistemas procesales modernos, nuevas y mejores instancias de capacitación y entrenamiento de los operadores, contribución desde la academia para aportar con investigaciones y docencia que empuje la consolidación de las lógicas adversariales, y una revisión de prácticas y protocolos de actuación de los actores del sistema, a fin de instalar criterios y actuaciones que logren aprovechar todas las ventajas que subyacen al modelo acusatorio adversarial[4].

En definitiva, el objetivo central, es la separación de roles, responsabilidades, tareas y metas de cada uno de los actores del sistema acusatorio, pues la dinámica adversarial y de confrontación de argumentaciones y evidencias, sometida a debate por las partes en la dinámica propia de las audiencias, representa la mejor forma de asegurar la información de alta calidad para las decisiones jurisdiccionales en cada fase del proceso.

3. DE LA PRUEBA FÍSICA A LA EVIDENCIA DIGITAL Y LAS NUEVAS TECNOLOGÍAS COMO MEDIO FUNDAMENTAL DE UNA INVESTIGACIÓN CRIMINAL MODERNA

En un mundo cada vez más digitalizado, donde las posibilidades para cometer delitos en el ciberespacio se encuentran facilitadas por herra-

---

4 Blanco Suarez, Rafael; Gallardo Frias Eduardo, Moreno Holman, Leonardo. *Litigación penal estratégica en audiencias preliminares.* Valencia, Tirant lo Blanch, 2024, p. 16 y ss.

mientas disruptivas al alcance inmediato de los ciberdelincuentes, existen dos desafíos fundamentales:

a) la utilización de medios de investigación innovadores para enfrentar el fenómeno de la cibercriminalidad y contrarrestar sus consecuencias sin afectar derechos fundamentales y garantías constitucionales,

b) llevar el caso a juicio luego de efectuar una investigación en la que los autores actuaron en el ciberespacio y la evidencia recolectada es digital, electrónica.

El derecho penal y procesal clásicos se han construido sobre la base de un modelo de delincuencia física e individual.

Hoy, la dinámica del Cibercrimen y su constante evolución, ha propiciado que delincuentes que hace poco actuaban de manera aislada, sin coordinación y con un alcance local, en la actualidad formen parte de organizaciones transnacionales complejas de Cibercrimen.

De hecho, la aparición de la informática, de Internet y ahora, de las tecnologías disruptivas[5], ha resquebrajado aquel paradigma tradicional, al mismo tiempo que los organismos encargados de su persecución se han ido enfrentando a una forma de ejecución penal cuyos principios de las investigaciones penales se tornan desafiantes.

Una de las características fundamentales de la evidencia digital, y que la distingue de la prueba física, es su *volatildad;* entonces, su lógica es diferente, resultando de vital importancia su preservación, extracción, análisis y presentación en el marco de una investigación penal.

En ese sentido, el tiempo es su peor enemigo: entre que el hecho se comete en entornos digitales, se descubre el acto delictivo y es entregado a las autoridades competentes para su correspondiente investigación, es factible que, cuando la evidencia digital sea necesaria, se haya borrado.

En efecto, en este escenario, aparece como un relevante actor el sector privado. Las *ISP*[6] como *Microsoft, Meta, Yahoo, Twiter, Tik Tok,* entre otras,

---

5 Christensen fue el creador de la expresión *disruptive technologies* en 1997, para referirse a aquellas tecnologías que exigen un cambio radical respecto del pasado para iniciar una nueva etapa. Se trata de tecnologías rupturistas, y no gradual, como el *blockchain,* la robótica, la inteligencia artificial, el *cloud computing,* el *big data,* las *Smart cities,* la impresión 3D, los coches autónomos, cit. Barrio Andrés, Moises, *Ciberdelitos 2.0. Amenazas criminales del ciberespacio,* 2ª edición actualizada y ampliada, Astrea, Bs.As, 2020, p. 4.

6 *Internet Service Provider*

tienen en su poder la información básica y necesaria de los usuarios, indispensable para identificar a quienes infringen la norma penal y eventualmente atribuirle responsabilidad. Hoy, debemos agregar que las características que ofrecen los activos virtuales son muy bien aprovechadas por los delincuentes para cometer nuevas modalidades delictivas, y para perpetrar con mayor facilidad las ya existentes, dado el carácter descentralizados de la mayoría de los activos, lo que permite efectuar transacciones sin recurrir a un intermediario o autoridad central que lo controle, y que podría posteriormente brindar información a los organismos públicos acerca de la identidad de los usuarios interviniente[7]. En este ecosistema, también es necesaria la información de las entidades bancarias, de las *exchanges,* que permitirán efectuar el análisis de la trazabilidad de las transacciones.

Sin embargo, no existe legislación alguna que obligue a las empresas prestatarias de servicio de Internet a guardar, por un tiempo indeterminado, la información referida a los datos de tráfico o de contenido de los usuarios sospechosos.

La necesidad de que sea obligatorio para las *ISP* que la información sea almacenada durante cierto período de tiempo, tiene como fin evitar que aquellos datos sean borrados y, en consecuencia, no se cuente con ellos como evidencia en el marco de una investigación.

En la actualidad, es costumbre internacional, que los requerimientos judiciales se efectúen a través de las plataformas oficiales *online* de las empresas y, éstas, suministran *voluntariamente* la información de sus clientes sometidos a una investigación criminal; cada una, bajo sus propias políticas, pero de una manera más ágil si es comparada con los trámites tradicionales que demandan los Tratados de Asistencia Mutua de Cooperación Internacional en materia penal[8].

Otra importante particularidad del fenómeno digital es la *transnacionalidad,* la ubicuidad: el autor del hecho puede encontrarse en un lugar, las víctimas distribuidas en diferentes países y, la evidencia digital que se necesita para comprobar uno de los aspectos de la teoría del caso de cualquiera de las partes, puede estar alojada en un servidor en otra ciudad, o bien, los

---

7 Cinosi, María Sol, *El delito de estafa y su relación con los activos virtuales,* en Ciberfraudes. Criptoactivos y Blockchain, Dir. Dupuy, D. Buenos Aires, Hammurabi, 2024, pp. 111 y ss.

8 Dupuy, Daniela, Litigación *& Cibercrimen.* Revista Sistemas Judiciales nº 24, INECIP.CEJA. 2022.

datos pueden estar fragmentados y ubicados en diferentes servidores en varios estados[9].

En este sentido, los límites o fronteras se vuelven difusos entre la comisión del evento delictivo y su resultado, debilitándose el tradicional principio de territorialidad y Soberanía Nacional[10].

En razón de ello, es destacable la relevancia de profundizar los mecanismos de cooperación internacional entre los Estados.

A los desafíos señalados, debo agregar una carencia legislativa procesal, en la mayoría de los países de la región, en cuanto a la regulación de la recolección y valoración de la evidencia digital en el sistema procesal penal, y de los medios de investigación modernos adaptados a las nuevas tecnologías, tanto durante la investigación como en el juicio oral.

Ello conlleva a la aplicación sistemática del *principio de libertad probatoria*, debiendo adaptar analógicamente las normas previstas para la recolección de prueba física en investigaciones que requieren de evidencia digital, con la posibilidad de poner en riesgo garantías constitucionales tradicionales, que amerita una nueva interpretación y redefinición a la luz de las nuevas herramientas tecnológicas.

Es decir, el principio de libertad o amplitud probatoria, reconocido expresamente en algunos códigos procesales de la región, consiste en la posibilidad de acreditar los hechos y circunstancias relacionadas con el objeto del proceso, por cualquier medio de prueba establecido expresamente, o cualquier otro, siempre y cuando no se vulneren principios, derechos o garantías constitucionales.

Así, se podrá emplear cualquier medio de prueba, a condición de que sea lícito, e incorporarlo al proceso, de acuerdo a la forma establecida para

---

9 La solución puede encontrarse determinando en qué lugar se entiende cometido el hecho. Hay 3 teorías: a) la teoría de la *actividad*, el delito se entiende cometido donde el sujeto lleva a cabo externamente la conducta delictiva; b) la teoría del *resultado*, según la cual el delito se perpetra donde tiene lugar el resultado y, c) la teoría de la *ubicuidad*, el delito se entiende cometido donde se lleva a cabo la actividad o se manifiesta el resultado. La última tiene mayor aceptación en derecho comparado (9.1 del Cód. penal alemán; TS España sala 2, del 30/11/2017)

10 Dupuy, Daniela, Kiefer Mariana, *La Nueva Ley "Cloud Act: su impacto en investigaciones en entornos Digitales*, en "*Cibercrimen II, Nuevas conductas penales y contravencionales. Inteligencia Artificial aplicada al Derecho penal y procesal penal*. Dir. Dupuy, D, coord. Kiefer, M., BdeF, Bs.As, 2018, pp. 357 y ss.

el medio de prueba que resulte más acorde a los previstos en el código pertinente.

En esta línea, la Corte Suprema de Justicia de la Nación ha dicho que "el cuerpo del delito puede comprobarse por todos los medios lícitos de prueba[11].

El principio de libertad probatoria es reconocido por la doctrina mayoritaria y se encuentra previsto expresamente en algunas legislaciones de la región y consiste en la posibilidad de incorporar prueba al proceso penal ya no únicamente por los medios de prueba que se encuentran expresamente regulados, sino también mediante cualquier otro no reglamentado que sea idóneo para contribuir al descubrimiento de la verdad, siempre que no se vulneren garantías constitucionales ni sean contrarios a la ley. Para ello, se deberá buscar el medio de prueba analógicamente más aplicable que sí se encuentre regulado, y se utilizará el procedimiento allí señalado, respetando sus formas y bajo las mismas sanciones[12].

Sin embargo, el principio de libertad probatoria, éste no es absoluto; máxime cuando de *evidencia digital* se trata, cuya posibilidad de intromisión en la intimidad y privacidad de las personas debe ser analizada con ciertos límites y respeto por los derechos fundamentales.

En consecuencia, en la actualidad, el fenómeno de la ciberdelincuencia nos enfrentan a retos constantes pues las conductas en el ciberespacio son cada vez más sofisticadas y complejas, como el alojamiento de datos en la nube, la utilización de mecanismos de encriptación, o el uso de la *deep web* para asegurar el anonimato de los delincuentes; y los Estados deben responder técnicamente para mitigar sus efectos nocivos y violatorios de derechos fundamentales de los ciudadanos; intimidad, privacidad, patrimonio, autodeterminación informática, indemnidad sexual, etc.

---

11 CSJN. Fallos 425:3118.

12 Cafferata Nores, José I. - Hairabedián, Maximiliano, *La prueba en el Proceso Penal, Abeledo-Perrot, Buenos Aires, 6a ed., pp. 49 y ss.* Sin embargo, este principio es cuestionado por algunos autores, entre ellos Gabriel Pérez Barberá, quien sostiene que en materia procesal penal también debe regir la protección constitucional amplia de prohibición de analogía de la ley *in malam parte*, ya que incluir por analogía normas procesales que no han sido expresamente previstas genera un perjuicio a la posición del imputado en el proceso. En este sentido, véase *Pérez Barberá, Gabriel, "Nuevas Tecnologías y libertad probatoria en el proceso penal", ponencia llevada a cabo en el IV Encuentro de Profesores de Derecho Procesal Penal, Salta, 2009.*

En efecto, es necesario una regulación específica que trate pautas sobre la incorporación legislativa, y, consecuente utilización de instrumentos de última tecnología, pues su profundo análisis permitirá concluir si las metodologías utilizadas para arribar a ciertos resultados probatorios son explicables, trazables y válidos.

En este escenario, de por sí diferente a un ámbito de investigación tradicional, resta analizar su impacto en un mundo adversarial; es decir, cómo se valida y se explica una lógica novedosa de investigación criminal, cuyas pruebas deberán exhibirse ante un tribunal y al control estricto de la contraparte.

El uso de dispositivos electrónicos ha cambiado nuestro entorno y la forma de investigar. Pero todo ha cambiado con la aparición de los dispositivos informáticos, que suelen alojar gran parte de la evidencia de los delitos que se investigan y, han cambiado la escena del crimen pues, los espacios físicos no son ya los únicos donde buscar. El entorno digital ha creado una enorme brecha entre el pasado y el presente.

Se llama *evidencia digital* a cualquier información en formato digital que pueda establecer una relación entre el delito y el autor[13].

La evidencia digital son registros que fueron procesados en un dispositivo informático y se encuentran almacenados o fueron transmitidos a través de un medio de comunicaciones informáticos[14].

Presman complementa esta definición con algunas características propias de la evidencia digital, que debemos considerar:

a. Está conformada por un conjunto de bits, la mínima expresión de almacenamiento que solo puede tener un valor binario: cero o uno. Esta característica es clave en el sentido de que todo registro digital puede ser duplicado y las copias que se realicen del mismo, si siguen las buenas prácticas, serán idénticas e indistinguibles del original.
b. Es intangible; el disco rígido es el envase que soporta a los bits de información allí almacenada.
c. La evidencia digital posee metadatos; esto es, el dato del dato, por ejemplo, la fecha de creación del documento.

---

13 Chaia, R, *Técnicas de Litigación penal*, 3, Bs.As., Hammurabi, 2020, p. 261.

14 Presman, G. D., *La cadena de custodia en la evidencia digital*. Cibercrimen II, Dir. Dupuy, D., coord. Kiefer, M. B de F, Buenos Aires, 2018, pp. 304 y ss.

d. Permite almacenar grandes volúmenes de información en contenedores de dimensiones reducidas, como es un disco rígido, circunstancia que exige una correcta identificación para no perder evidencia valiosa[15].

También, la evidencia digital posee las siguientes características:

a) *Deslocalización:* la información puede estar en servidores remotos ubicados en diferentes países, pues Internet no reconoce fronteras físicas. En ese sentido, existen países que permiten el examen de un dispositivo de almacenamiento informático hallado en un registro domiciliario, incluido el acceso a los datos almacenados en una red informática que forma parte de ese equipo, estén o no en el domicilio, otorgándole validez probatoria a esos datos[16].

b) *Fragilidad y volatilidad*: la evidencia digital es volátil, duplicable, alterable, modificable y eliminable. Por ello, es fundamental tener las herramientas para obtener, custodiar, analizar y presentar la evidencia en juicio.

En este sentido, la intangibilidad es lo que distingue los documentos digitales de los de papel, que son relativamente refractarios a la alteración involuntaria y más resistente que la evidencia generada electrónicamente. Esta última, es muy vulnerable, dado que incluso en ausencia de intentos de destrucción, el uso normal del sistema informático conduce a la destrucción de grandes cantidades de información[17].

Desde el derecho probatorio, la evidencia digital es tratada como prueba material, entonces posee los requisitos de acreditación y valoración que se les aplica a los documentos[18].

Un elemento central para poder utilizar una evidencia en juicio, ya sea material o digital, especialmente aquella que fue obtenida en el lugar allanado, es que aquella sea recogida por un funcionario especializado, conforme al protocolo y procedimiento establecido para ello, y que se preserve, exenta de manipulación, hasta el juicio oral[19].

---

15 Presman, Gustavo, D., ob. cit., p. 304/5

16 United States v Groshkov, 2001, WL1024026, wd, Wash 2001

17 Brenner, Susan W. - Frederiksen, Bárbara. A, *Computer searches and seizures: some unresolved issues,* en Michigan Telecommunications & Technology Law Review, vol. 8, nº 1, 2002, p. 65

18 Chaia, Ruben, ob cit. p. 262

19 Litigar, evidencia digital en juicios orales, Guía práctica, 2024

La *cadena de custodia* es el conjunto de medidas que deben adoptarse a fin de preservar la identidad e integridad de objetos y evidencia digital que pueden ser fuente de prueba de hechos criminales, para su total eficacia procesal. Debe garantizar que la evidencia que se presenta en el juicio, sea exactamente el mismo que ha sido secuestrado, preservado, copiado y analizado, y que no sufrió adulteraciones o modificaciones[20].

Asimismo, y en lo que aquí interesa, la cadena de custodia significa garantizar que desde que se recogen los vestigios que se relacionan con el delito hasta que llegan a concretarse como prueba en el momento del juicio oral, aquello sobre lo que recaerá la inmediación, publicidad y contradicción de las partes y el juicio del tribunal, es lo mismo[21]. Es decir, es el procedimiento necesario para tener la seguridad de que lo que se traslada, analiza o se visiona, es lo mismo en todo momento; desde que se interviene hasta el momento final que se estudia y analiza[22].

Se debe tener especial cuidado en evitar cuestionamientos respecto del levantamiento y la custodia de la evidencia que se presenta en el plenario, aventando cualquier sospecha sobre su procedencia y dejando en claro que se corresponden con los efectivamente secuestrados en la escena del crimen, e inmediatamente preservados y analizados.

Para llevar adelante esa actividad es preciso acreditar tanto el método utilizado y el personal que lo llevó a cabo. Si el método es incorrecto, el almacenamiento inadecuado o la persona incapaz de cumplir su cometido, el trabajo será inútil y la evidencia inservible[23].

En palabras de Horvitz y López, el nuevo procedimiento no solo implica la conservación de las evidencias hasta su presentación en juicio, sino también la introducción de reglas claras y objetivas que garanticen la corrección de los procedimientos de su levantamiento, tratamiento y conservación hasta la etapa del juicio[24].

Es decir, la historia cronológica de la evidencia digital —y material—, relatada por el o los testigos expertos, desde que es recogida hasta que llega a juicio oral, es lo que se denomina *cadena de custodia*. Es la que permite

---

20 Caballero, Guillermo, ob. cit. p. 145.

21 Chía, Ruben, A. *Tecnicas de litigación penal*. Bs.As., Ed. Hammurabi, 2020, pp. 278/9.

22 SSTS 6/2010, de 27 de enero, 776/2011, del 20 de julio

23 Chia, Ruben, A. *La prueba en el proceso penal*. Bs.As., Ed. Hammurabi, 2010

24 Horvitz Lennon, M., Lopez Masle, J. *Derecho procesal penal chileno,* T. I, Jurídica de Chile, 2002, p. 184.

al tribunal saber y dar por cierto que, la evidencia digital que es presentada en el juicio por los litigantes, no ha sido adulterada, cambiada o modificada de modo alguno desde que se la recogió.

La forma más apropiada para asegurar la información obtenida de computadoras, tablets, celulares, etc., es mediante el procedimiento de cadena de custodia, con la aplicación de protocolos; sin alterar los datos almacenados en los dispositivos electrónicos susceptibles de ser presentados a juicio.

Por ello, para la recolección y posterior tratamiento de la evidencia digital es fundamental atender a protocolos específicos. En ese sentido, es de mencionar un documento que presenta normativa metodológica para la escena del hecho, procedimientos de recolección y tratamiento de la evidencia digital. Es el estándar ISO/IEC 27037:2012 Guía para la identificación, recolección, adquisición y preservación de la evidencia digital[25].

El Protocolo elaborado por el Instituto Nacional de Justicia del Departamento de Justicia de Estados Unidos[26], fue especialmente preparado para asistir al personal de las fuerzas de la ley y responsables de identificar y preservar dispositivos que contengan evidencia digital en el lugar del hecho. El documento establece una clasificación de diversas fuentes de evidencia digital, proporciona lineamientos para la recolección de material probatorio, manejo de cadena de custodia y otras consideraciones especiales sobre evidencia digital

En Europa, para la recolección de la evidencia digital se recurre a los lineamientos establecidos por la *Association of Chief Police Officers* del Reino Unido[27].

El *lugar*, no se trata de un espacio físico, sino virtual y, por ende, el hecho se pudo haber cometido transnacionalmente y, así, todas las víctimas y victimarios podrían hallarse en diferentes países o ciudades.

Entender esta nueva lógica, hará que los litigantes se replanteen la estrategia de la tradicional teoría del caso y, obligatoriamente, deberán mutar a otra que presenta aristas diferentes.

---

25 Guidelines for Identification, Collection, Acquisition and Preservation of Digital Evidence, www.iso.org

26 Electronic Crime Scene Investigation, A Guide for first responders http://www.ncjrs.gov/pdffiles1/nij/219941.pdf.

27 https://www.digital-detective.net/digital-forensics-documents/ACPO_Good_Practice_Guide_for_Digital_Evidence_v5.pdf.

Analizaremos más adelante la demostración en juicio de todos los pasos que la componen.

4. LA INVESTIGACIÓN DIGITAL DE CARA AL JUICIO ORAL

Partiendo de la base de un sistema procesal penal moderno, como es el sistema acusatorio ya instalado en muchos países de la región, en el cual las audiencias orales constituyen el método de trabajo central del sistema, la investigación del caso se encuentra en cabeza del fiscal, quien fija una hipótesis o línea de investigación cuya estrategia deberá ser discutida con las fuerzas de la ley especializadas, tendientes a corroborar la comisión del hecho e identificar al autor o los autores que en él intervinieron.

Es fundamental que, al recibir los casos, los fiscales realicen una proyección de la investigación de cara al juicio oral. Es decir, elaborar su propia teoría del caso o hipótesis de investigación, con sus fortalezas y debilidades, en concordancia con el área informática; siendo de vital relevancia que, en las investigaciones en entornos digitales, el binomio jurídico-técnico atraviese el caso desde el principio hasta su fin. Por su parte, la defensa hará idéntico trabajo de acuerdo a su propia teoría del caso.

El motivo se debe a que las medidas de investigación y la lógica que se utiliza para el análisis de la evidencia electrónica, es diametralmente diferente a los casos tradicionales; y ello impacta fuertemente a la hora de generar una estrategia que demuestre la trazabilidad inalterable en las audiencias orales.

En este sentido, y en el ámbito del ciberespacio, los objetivos primarios y generales son los siguientes:

a) Identificar y determinar el hecho denunciado y los posibles autores de acuerdo a la hipótesis del acusador.

b) Resguardo de la evidencia digital: La importancia de su inmediato resguardo radica en que se puede perder debido a su carácter volátil —a diferencia de la prueba física—.

c) Obtención y preservación de la evidencia digital

d) Proyección y realización de diferentes medidas de investigación para identificar al usuario sospechoso: requerimientos a *ISP*, solicitudes de conservación de datos, orden de presentación, allanamiento, análisis de fuentes abiertas (OSINT), agente encubierto digital, búsqueda de información en Internet de las cosas, uso de herramientas informáticas con Inteligencia Artificial para extraer los datos de los dispositivos de almacenamiento informático, utilización de las nuevas técnicas de vigilancia, acceso remoto a datos informáticos, la desencriptación compulsiva de datos, etc., etc.

A estas tres premisas, debemos agregar un desafío más, que debemos tener en cuenta en la investigación y su posterior presentación en el juicio. El ciberespacio se divide en tres grandes categorías, desde donde cualquier autor podría intentar anonimizar su actuación[28]:

a) *la web superficial*: es el término con el que se denomina a todo el contenido que cualquiera de nosotros puede encontrar y acceder como resultado de una búsqueda en el buscador de Google, o Bing.

b) *la web profunda* o *Deep Web*, es todo el que nunca encontraremos como resultado de una búsqueda en un motor de búsqueda de Internet; dado que, por diferentes motivos, quienes lo publican en Internet, no quieren que se identifique por esta vía, pues existe una cantidad de contenido, que solo es accesible a través de un sistema específico y, ese contenido se denomina

c) la web oscura o *Dark Web*[29].

Entonces, poder identificar desde donde se conectaron los autores para cometer los ilícitos es vital para estructurar la modalidad en que ello se hará conocer al Tribunal en el juicio oral.

Seguramente el lector, en los capítulos anteriores, se familiarizó con los desafíos que nos imponen el uso de las herramientas tecnológicas modernas para investigar.

Seguidamente entonces, intentaré abarcar la necesidad u obligación de demostrar en juicio, la trazabilidad, la proporcionalidad y razonabilidad del uso de cada una de las herramientas tecnológicas para adquirir y analizar la evidencia digital, con el objetivo claro que sean demostrable con claridad y legitimidad mediante las diferente técnicas y destrezas de litigación en juicios orales y audiencias preliminares.

---

28 Urbieta, A. y Cubilla, G, en *Manual de Litigación en juicio oral*, ConTexto, 2021, p. 191.

29 Para más información cfr. Sallis, E. *Desafíos de la investigación de los Delitos Informáticos en la Deep y Dark Web*, en *Cibercrimen*, Tomo I, Dir. Dupuy, D., Coord. Kiefer M., BdeF, 2016, pp. 601 y ss.

5. EXAMEN DIRECTO Y CONTRAEXAMEN DE TESTIGOS

5.1. Introducción

En este módulo, se abordarán las características más relevantes que requiere un examen y un contraexamen de testigos y peritos y expertos, como herramienta fundamental para incorporar prueba física o electrónica en juicio, y controlar y cuestionar la que la contraparte intenta introducir.

Luego, se explicará cómo las herramientas tecnológicas utilizadas para investigar —y desarrolladas en los capítulos anteriores) impactan en su correcta comprensión para plasmarlo frente al tribunal, mediante los exámenes y contra exámenes de testigos, peritos y expertos, de las partes.

5.2. Qué es el examen directo

Es una de las formas de introducir información que constituye la producción de prueba de cada parte que ha sido admitida en la audiencia de admisibilidad o control de la acusación, para su ingreso al juicio[30].

En efecto, el examen de testigos es una de las principales herramientas con que cuenta el litigante para producir la información enunciada en el alegato de apertura[31].

Nuestro trabajo con los testigos, será producir aquellas proposiciones fácticas, relato de los hechos que conforman nuestra teoría del caso, referidas en el módulo anterior.

Es el juez el que debe inmediar con la prueba; no bastan ni lo que los litigantes digan, ni los contenidos de informes que serán meros indicios de baja calidad, los que, si no se los hacen "hablar" por los testigos, no pueden ser incorporados por sí solos.

Por ejemplo: no basta que en el alegato de apertura digamos que la fuerza de la ley informática respetó la cadena de custodia al secuestrar los equipos tecnológicos durante un allanamiento determinado. El o los policías, deberán concurrir al juicio oral, y afirmar y detallar, que eso ocurrió, y cómo se llevó a cabo a través de un relato cronológico que coincida con los protocolos validados en cada país, región o internacional, de recolección de evidencias.

---

30 Litigar, evidencia digital en juicios orales, Guía práctica, 2024

31 Lorenzo. L, ob. cit. p. 170.

En ese sentido, las partes podrán dirigir al testigo, preguntas tendientes a demostrar su credibilidad o falta de ella, la existencia de vínculos con alguno de los intervinientes que afectaren o pudieren afectar su imparcialidad, o algún otro defecto de idoneidad.

Y tanto testigos como peritos, en el marco de un sistema procesal moderno, deberán ser interrogados personalmente. Su declaración personal no podrá ser sustituida por la lectura de los registros en que constaren anteriores declaraciones o de otros documentos que las contuvieren.

Los interrogatorios serán realizados, en primer lugar, por la parte que hubiere ofrecido la respectiva prueba y luego por las restantes.

Luego de la pandemia, los sistemas procesales de LATAM, comenzaron a ser más flexibles ante la ausencia justificada de testigos y peritos a declarar; y, aunque no esté previsto expresamente en muchas legislaciones, los testigos y peritos que, por algún motivo grave y difícil de superar no pudieren comparecer a declarar a la audiencia del juicio, podrán hacerlo a través de videoconferencia o a través de cualquier otro medio tecnológico apto para su interrogatorio y contrainterrogatorio.

5.3. Preparación de testigos

Es imposible que un litigante obtenga buenos resultados en el juicio si no sabe qué van a decir sus testigos, es decir su prueba.

En esa línea, deviene fundamental entablar una reunión con cada testigo, previo al juicio, para conocerlo personalmente y saber qué recuerda de lo que presenció. Sobre todo, cuando, esas personas presenciaron, por ejemplo, la identificación y secuestros de celulares o dispositivos de almacenamiento informáticos, cuya declaración será de alta relevancia para saber si la evidencia digital fue contaminada antes de arribar aquellos objetos incautados, al laboratorio informático.

De ninguna manera, preparar al testigo quiere decir sugerirle qué tiene que decir. Es simplemente conocer qué recuerda de esa porción de la proposición fáctica de la teoría del caso correspondiente, y, en base a ello, decidir estratégicamente cómo se podrá suplir con otra prueba, lo que ese testigo no recuerda y, por ende, no podrá expresar en el juicio[32].

---

32 Litigar, evidencia digital en juicios orales, Guía práctica, 2024

Por ejemplo, si dos policías concurrieron al domicilio allanado, y uno de ellos, no se acuerda algún detalle específico que al litigante le interesa que resalte, puede ocurrir que, el otro policía sí lo recuerde. Obviamente, es mejor que ambos declaren en la misma dirección, pero, muchas veces, por el paso del tiempo, o por la cantidad de procedimientos a los que asisten, algunos detalles pueden olvidarse. No obstante, existen las técnicas para refrescar la memoria, si fuere necesario.

Es de destacar, que esa reunión con el testigo sirve también, para manifestarle qué es lo que va a ocurrir en la audiencia; pues si son testigos civiles quizás sea la primera vez concurrirán. Entonces, es necesario, explicarles cómo es la sala de audiencias, quienes van a estar allí, cómo se ubicarán las partes, qué roles cumple cada uno, quién lo examinará y cómo, y, muy importante, quién y cómo lo contra examinarán.

Esto último, el testigo lo debe saber, pues, seguramente, se sentirá cómodo con el examen, pero también debe conocer que la contraparte será más severa al preguntar o contra examinar, efectuando preguntas sugestivas para que responda por sí o por no[33].

En síntesis, la preparación del testigo tiene por finalidad brindarle herramientas para que pueda manejarse con mayor comodidad y soltura en la audiencia[34].

Por su parte, y con miras a la planificación de cómo interrogar a cada testigo, reunirse con cada uno de ellos de antemano es útil, también, para saber cómo se expresa. Si es de pocas palabras, entonces debemos pensar en un examen dirigido, con varias preguntas que lo guíen. De la misma manera que si es verborrágico, y habla tanto que suele alejarse del tema que interesa, también es conveniente que el examen sea a través de preguntas que no le permitan salirse del objetivo.

Ahora bien, si el testigo demuestra que recuerda todo a la perfección, y que lo puede relatar sin interrupción alguna, con una simple pregunta inicial basta para que efectúe su versión, la cual se completará siempre, con preguntas adicionales o más concretas, o que el litigante quiera destacar algo que ya manifestó, o bien, exhibirle evidencia física o digital. Pero siempre el litigante debe controlar que el testigo se expida sobre temas relevantes y concernientes a la plataforma fáctica.

---

33 Para mayor información cfr. Mauet, T., *Trial techniques*, New York, Editorial Advisors, 7°ed., 2007, pp. 117 y ss.

34 Rua, G. *Exámen directo de testigos*. Colección Litigación y enjuiciamiento penal adversarial, Dir. Binder, A. ediciones Didot, 2015, pp. 185 y ss.

También es importante que el litigante lea de antemano su declaración previa (declaraciones en sede policial o en la fiscalía); pues debería no tener contradicciones con lo que está diciendo pues aquella, podría ser utilizada por la contra parte para fijar contradicciones entre lo que dijo en la fiscalía el mismo día del procedimiento, por ejemplo, con lo que diga en el juicio. Puede tratarse de una contradicción sutil, pero suficiente para establecer la falta de credibilidad del testigo frente al juez o jurado.

Si bien es cierto que, la realización y conducción del examen es de la parte que ofrece a ese testigo, ello no implica que el litigante sea el protagonista, es decir, que sea él quien incorpore información. Las herramientas que el litigante debe utilizar para producir información para los testigos, son las preguntas. Los protagonistas son los testigos.

En consecuencia, recordemos que, al entrevistar a los testigos, no obligarlos a memorizar su testimonio, sugerirles que sea sincero, que responda lo que se le pregunta sin emitir opiniones, y que siempre mire al juez o al Tribunal, mientras declara[35].

5.4. Tipos de preguntas

Las preguntas que se podrán utilizar para efectuar el examen directo son[36]:

5.4.1. Preguntas abiertas

Son las que permiten que el testigo declare libremente sobre lo que se le pregunta. Se utiliza entonces, para iniciarla: ¿Qué...?, ¿Cómo...?, ¿Cuándo...? Y ¿Porqué...?

---

35 Batista Ortiz, Elpidio, *El abogado defensor puertorriqueño: litigación, vivencias, casos y comentarios.* Situm. San Juan de Puerto Rico, 2012, pp. 442 y ss., d estacado por Rua, G, *Examen directo,* ob. cit., pp. 188 y ss.

36 Algunas legislaciones procesales, como Chile, señala expresamente que las partes que hubieren presentado a un testigo o perito no podrán formular sus preguntas de tal manera que ellas sugirieren la respuesta, a diferencia de lo que ocurre durante el contrainterrogatorio, las partes podrán confrontar al perito o testigo con sus propios dichos u otras versiones de los hechos presentadas en el juicio. No se admiten preguntas engañosas, aquéllas destinadas a coaccionar o a acosar ilegítimamente al testigo o perito, ni las que fueren formuladas en términos poco claros para ellos.

5.4.2. Preguntas cerradas

Son las que se formulan requiriendo una porción específica de la información. *¿Qué modelo es el celular secuestrado?* (siempre que el testigo haya mencionado el secuestro de un celular). Complementar las preguntas abiertas con las cerradas es una técnica ideal que le permite al litigante no solo controlar el relato del testigo, sino también, que se focalice en cuestiones relevantes.

5.4.3. Prohibidas las preguntas sugestivas

Se diferencian de las cerradas en que éstas, restringen el ámbito de respuesta al testigo; en cambio, las sugestivas, lo reducen a un simple "si": *¿Ud. vio que se secuestró un teléfono celular marca I Phone 14 plus, color negro?*[37]

5.5. Objetivos del examen: credibilidad del testigo y del testimonio

Hay dos ámbitos de trabajo en un examen directo de testigos: acreditar al testigo y acreditar su testimonio.

5.5.1. Acreditación del testigo

Se apunta a generar información que demuestre que, quien se citó a declarar, es una persona creíble y que no hay razón para desconfiar de lo que relatará. La acreditación consiste en efectuar preguntas cuya respuesta permite confiar en su credibilidad; porque no tiene interés alguno en el caso, porque no conoce a las partes; etc. En ese sentido, el interrogatorio de identificación personal busca acreditar su credibilidad como sujeto. Es decir, quién es el testigo, a qué se dedica, qué interés tiene en el caso, cómo ha sido su comportamiento con anterioridad, etc.

5.5.2. Acreditación del testimonio

Se trata de producir información que acredite la credibilidad de lo afirmado por el testigo. Se trabajará con el testigo en relación a su conocimiento de los hechos. A través de su relato deberá brindar información

[37] Litigar, evidencia digital en juicios orales, Guía práctica, 2024

sobre las proposiciones de hecho prometidas por el fiscal en su alegato de apertura. Esta línea de acreditación está centrada en las condiciones perceptivas del testigo (por ejemplo: visión, oído)[38].

5.6. Cuestiones estratégicas: orden de presentación de los testigos

No existen reglas rígidas acerca de cómo presentar a los testigos. Sin embargo, es necesario organizar su orden desde una visión estratégica a la teoría del caso.

Particularmente, para los casos digitales, considero que será de mayor claridad para el juez y jurado, exponerlos cronológicamente, dada su complejidad. De la misma manera, es mejor que los relatos de los testigos sean también cronológicos.

Ello no impide que, si el caso lo amerita, se elija presentar al principio y al final, los testigos de alto impacto y, en el medio, el resto, por ejemplo. *The primacy and recency principle,* del sistema anglosajón, proviene de la psicología y experiencia común, en razón de que las personas recuerdan mejor lo primero y último que escuchan, sobre todo si les ha causado impresión[39].

En definitiva, el orden en que se presentan los testigos, no puede ser azaroso; debe ser estratégico en función a las necesidades del caso concreto[40].

5.7. Algunos consejos para un examen directo de testigos

A continuación, compartiré algunos consejos de utilidad para el litigante; sobre todo cuando se trabaja con casos complejos en los que los exámenes y contra exámenes deben ser pensados y programados "a medida", para que, la complejidad del tratamiento de la evidencia digital, no empañe el resultado de una eficiente investigación

5.7.1. No pretender que un testigo nos otorgue toda la información de la teoría del caso. Cada uno de ellos, cubrirá una porción de ella.

---

38 Rúa, G. *Examen directo,* ob. cit., p. 116,

39 Chaia, R. *Técnicas de litigación penal, análisis doctrinario y jurisprudencial,* T. I, Bs.As, Hammurabi, 2020, p. 291.

40 Lorenzo, L. ob. cit., p. 180.

5.7.2. No perder el control de lo que declara; el testigo es el protagonista.

5.7.3. No leer las preguntas ni ser rígidos con el esquema previsto. Suele ocurrir que el litigante hace la primera pregunta y no escucha lo que responde porque se está preparando para efectuar la siguiente pregunta. Ello impide decidir si, a raíz de esa respuesta, puede hacerse otra pregunta que no se escribió o previó. Flexibilizar la posibilidad de preguntar en base a la información recibida por parte del testigo, es fortalecer la teoría del caso.

5.7.4. *Check list:* Ir chequeando y alistando a medida que su relato va respondiendo mis preguntas que hacen a las proposiciones fácticas formuladas por el litigante. Es una buena técnica, tener alistados los grandes temas y los secundarios que se van tachando a medida que el testigo se expida sobre ellos.

5.7.5. Evitar hacer preguntas largas o compuestas, pues ello confunde al testigo. Lo ideal es utilizar preguntas cortas y sencillas e ir al punto[41].

5.7.6. Es importante que el testimonio comience y termine con una pregunta fuerte.

5.7.7. No olvidar introducir evidencia material o digital pues tendrá importantes costos para el litigante.

5.7.8. Utilizar apoyo gráfico[42].

5.8. Contraexamen de testigos

El contraexamen de testigos, es el trabajo que se realiza con los testigos de la contraparte. A diferencia del desarrollo de un examen a los testigos propios, en este caso, se deberá identificar sus debilidades y mostrárselos al juez.

La decisión de elaborar el contra examen va a depender de si, los testigos propuestos perjudican a nuestra propia teoría del caso, o bien, apoyan a la de la contraparte.

---

41 Rua, G., *Examen directo de testigos*, Dir. Binder. A, ediciones Didot, 2015, p. 194.

42 Litigar, evidencia digital en juicios orales, Guía práctica, 2024

Lo primero que tenemos que tener presente al momento de plantearnos si habremos o no de interrogar a un testigo, es qué tanto daño nos hizo en el examen directo y qué pretendemos obtener de aquel[43].

En ese sentido, la decisión de contra examinar a un testigo se encuentra ligada a nuestra teoría del caso, es decir, a la acreditación de nuestras proposiciones fácticas que conforman la teoría del caso de cara al alegato final. Si no tengo nada que acreditar en relación a la teoría del caso propia, lo mejor que puede hacerse es no contra examinar. Entonces, lo que se busca obtener con el contraexamen es que sea favorable a nuestra teoría del caso.

Por otra parte, si el testigo ofrecido no afecta nuestra teoría del caso, una decisión inteligente y estratégica, será no contra examinarlo, pues se correrá el riesgo de perjudicarse con alguna pregunta que no debió formularse, y permitirá al testigo fortalecer su versión del examen directo.

Como, seguramente, el litigante no tendrá información, pues no es común que pueda mantener una entrevista previa con el testigo de la contraparte, va a tener que buscar información sobre aquellos, vía canales alternativos (contrastes con otros testimonios, con el propio, investigaciones específicas sobre el testigo, etc.)[44]. Lo expuesto, con el objetivo de poner en duda su credibilidad como persona idónea para declarar, como el contenido de sus dichos.

Ahora bien, si se decide contra examinar a uno o más testigos, debemos tener información sobre lo que responderá el testigo; y jamás "ir de pesca"; pues, la respuesta a una pregunta que se hace sin saber qué responderá, puede perjudicar mi teoría del caso y fortalecer la de la contraparte.

La lógica general para aproximarse al contraexamen, responde a la pregunta ¿Qué quiero estar en condiciones de poder decir en el alegato final? Esta pregunta, determinará la estrategia del contraexamen, y, desde luego, dependerá de la información que tendrá el contraexaminador del caso[45].

En ese sentido, el contraexamen se construye desde y para el alegato final.

Cuando el litigante planifica el contraexamen, es importante diferenciar si el objetivo será desacreditar al testigo (el testigo no ve, tiene interés

---

43 Rua, G., *Contraexamen de testigos*. Dir. Binder A., ediciones Didot, Bs.As, 2014, p. 41.

44 Para mayor información consultar Lorenzo, L. ob. cit. pp. 213 y ss.

45 Baytelman, A, y Duce, M, *Litigación penal, juicio oral y prueba*, Chile, 2004, Colección Derecho, p. 156.

en el caso, por ejemplo), o, al testimonio (lo declarado por el testigo es poco creíble (el testigo no escucha) y las preguntas se focalizarán en las implicancias de esas falencias en la teoría del caso de la contra parte[46].

A diferencia del examen, la estructura debe ser temática, no cronológica. El litigante no tiene que preguntar por todo lo que expresó en el examen; sino solo sobre los temas que pueden generar debilidad en la teoría del caso de la contra parte. Es común, que los litigantes, al contra examinar, repiten el examen, y ello permite confirmar la teoría del caso de la otra parte.

Es importante destacar que, como la estructura del contraexamen, es esencialmente temática, debemos apuntar a aquellas porciones de la declaración del testigo que pueden ser desacreditadas o aprovechadas[47]. Lo importante aquí, son los fragmentos de información que pueden beneficiar nuestra propia teoría del caso.

5.8.1. Objetivos del contra examen

Debemos tener muy en claro el fin del contra interrogatorio para decidir si se llevará a cabo o no.

5.8.1.1. Acreditar nuestras propias proposiciones fácticas

No es lo que usualmente ocurre; por eso debemos estar atentos a que de su examen directo surja algún elemento que nos favorezca. Por ejemplo, *el lugar donde se detuvo al imputado estaba oscuro.* Trabajar con ello, será importante siempre que el testigo no responda: *estaba oscuro, pero yo veía perfectamente.* Quizás, investigar si el testigo usaba lentes, por ejemplo, nos impulsaría a explorar esa eventual debilidad de la contraparte que favorecería la propia.

---

46 Para mayor información sobre cómo planificar un contraexamen cfr. Rua, G. *Contraexamen de testigos,* ob. cit. pp. 68/75.

47 Baytelman, A, y Duce, M, *Litigación penal, juicio oral y prueba,* Chile, 2004, Colección Derecho, p. 164.

5.8.1.2. Desacreditar al testigo

Ya el testigo pasó la etapa de admisibilidad previo al juicio. Ahora toca, en la etapa del juicio, demostrar que el testigo que acaba de ser examinado por la contraparte, es una persona poco confiable para dar por cierto la veracidad de su relato.

Para debilitar la credibilidad del testigo se puede acudir, a poner en duda su interés parcial en el caso (el policía no especializado en cibercrimen, que defiende a ultranza la recolección de evidencia digital durante el allanamiento, pues no quiere que su investigación pierda validez por algún defecto formal, por ejemplo). También, se puede desacreditar al testigo, por conductas previas a su participación en el juicio, o bien, por alguna adicción al alcohol, por ejemplo. Si se logra determinar que uno de los testigos civiles del allanamiento, cuando fuera convocado por personal policial a las 6 AM, volvía de una fiesta con sus amigos en la que, seguramente, ha ingerido bebidas alcohólicas, dicha situación servirá para darle menor peso a su testimonio; por más que el testigo jure que ya se le había ido el efecto a esa hora, o bien, que no tomó ni siquiera un trago.

5.8.1.3. Desacreditar el testimonio

Lo que se busca es generar duda sobre lo que explicó el testigo durante su examen, o bien, que cambia sus versiones, y entonces, no es creíble[48].

5.9. Tipos de preguntas

Las preguntas que se pueden hacer en un contra examen son diferentes a las permitidas en el examen, y son las siguientes:

5.9.1. Preguntas cerradas

Ya hemos hecho referencia a su significado en el examen directo; en el contra examen opera de la misma manera, al permitir puntualizar información resulta necesario que el litigante no pierda el control, evitando que se extienda en sus dichos.

---

48 Rua, G. *Contraexamen de peritos*, Dir. Binder, A., Bs. As. 2014, ediciones Didot, pp. 41 y ss.

5.9.2. Preguntas sugestivas

Ello permite tener al testigo controlado, ya que cuanto más concretas sean las preguntas, menos posibilidad tendrá de explayarse en los términos que lo hizo en su examen directo.

5.9.3. Preguntas de un solo punto

Este tipo de preguntas son importantes a los fines de transmitirle información de calidad al juez o jurado. Si el litigante pregunta: *Ud. dijo que esa tarde vio a su alumno llorando, y leyó las conversaciones mantenidas con el Profesor de Historia por whats app, y también que vio fotos de alto contenido sexual.* Y el testigo responde: *SI.* "Si" a qué?; a que el alumno lloraba, o que leyó las conversaciones de acoso con el profesor; ¿o que también que vio las fotos sexuales? En ese sentido, se recomienda desagregar la pregunta y que vaya respondiendo hecho por hecho.

5.10. Consejos para un contra examen de testigos

Seguidamente, compartiré algunos tips de utilidad para el litigante:

5.10.1. No anticipar conclusiones: las preguntas que se hagan tendrán como fin que, su respuesta, sea evaluada en el alegato final, nunca antes.

5.10.2. No ir de pesca: si no se sabe qué va a responder el testigo, no preguntar.

5.10.3. No hacer la pregunta demás: si el testigo nos brinda una información útil para nuestro alegato final, no nos veamos tentados en hacer una pregunta más, pues, su respuesta, puede debilitar ese objetivo.

5.10.4. No repetir el examen directo.

5.10.5. No pedir explicaciones al testigo.

5.10.6. No discutir con el testigo.

5.10.7. Usar apoyo gráfico o evidencia de referencia admitidos oportunamente.

5.10.8. Usar preguntas abiertas solo en zonas seguras e irrelevantes

6. EXAMEN Y CONTRAEXAMEN DE PERITOS

6.1. Concepto y diferencia con el examen de testigos

El examen de peritos es la examinación de expertos en determinada ciencia, arte u oficio, con la finalidad de informar al Tribunal sobre los resultados de las pericias —informáticas— en las cuales hubiere intervenido, o sobre sus conocimientos específicos[49].

En los sistemas acusatorios, solo es prueba —no solamente la pericial—, aquella que es presentada a juicio en un formato que respete los principios de inmediación, contradicción y publicidad. En ese sentido, la prueba que el tribunal va a valorar debe ser la declaración del perito sobre las operaciones realizadas y las conclusiones arribadas. El informe técnico, en cambio, no constituye prueba y no puede sustituir la comparecencia del perito a juicio[50].

A diferencia de los testigos, que son ofrecidos para que declaren en el juicio sobre alguna cuestión que percibieron por alguno de los sentidos, y será de utilidad para la teoría del caso de las partes, los expertos llegan a juicio, para expedirse sobre un ámbito específico de conocimiento y *expertise*, y pueden analizar y concluir, sobre ciertos aspectos sometidos a su experiencia (perito informático, por ejemplo).

El informe técnico que el perito elabora en el marco de una investigación, NO es la prueba pericial. El perito deberá someterse a las reglas del examen y contraexamen durante el juicio. No basta la introducción en el juicio y su mera lectura.

En consecuencia, es fundamental que el perito se expida en el juicio acerca de su informe: conclusiones, metodología, que explique cómo llegó a ese resultado, qué herramienta utilizó, para qué sirve, si cuenta con las licencias actualizadas, si están validadas internacionalmente, etc.[51]

---

49 Caballero, G. *Examen y contraexamen de testigos y peritos.* ConTexto. Chaco, Argentina, 2021, p. 85.

50 Duce, M., ob. cit. p. 101.

51 Litigar, evidencia digital en juicios orales, Guía práctica, 2024

En un sistema acusatorio, el perito es el que ofrecen las partes, y trabajara los puntos de pericia que cada parte le solicita.

En las investigaciones digitales, es muy importante el trabajo en equipo entre perito y fiscal. Compartir y coordinar criterios jurídicos y tecnológicos desde el comienzo del análisis de la información es de gran utilidad para el litigante en el juicio oral. La idea es que el fiscal o el defensor, estén absolutamente consustanciado con lo que declarará su perito, y no que sea una mera declaración en la que se explaye el experto en el juicio. Si las partes no comprenden lo que está expresando, pues perderá la oportunidad de ahondar en algún punto específico de su relato y, consecuentemente, valorará erróneamente esa información de alta calidad en su alegato final.

Por ello, en la preparación al perito, es vital efectuar un trabajo coordinado entre ambos, de entendimiento sobre las conclusiones del informe, los puntos de pericia (que lo ideal es que las partes lo hayan consensuado previamente con su perito), la metodología utilizada, las herramientas forenses en juego, su validación internacional, su experiencia para usarlas, etc. etc.

El lenguaje del perito en juicio debe ser muy claro y comprensible para el juez y jurado, desprovistos de lenguaje técnico complicado; y si ello no es posible, el examinador deberá interrumpir al experto para que explique qué significa exactamente lo que acaba de expresar.

También, es de vital interés, que el perito informático que sea ofrecido para declarar en juicio, sea quien haya participado directamente en el análisis pericial. Quien lo firma, pero no lo hizo, incorporará prueba indirecta, pues no fue él quien lo ha elaborado.

6.2. Estructura del examen directo de peritos

El litigante tendrá también, dos ámbitos de trabajo en el examen, con la sutil diferencia en relación a los testigos comunes, que la información que se desea extraer será técnica, informática, compleja:

6.2.1. La acreditación del perito

La acreditación versará sobre el ámbito de su saber para arriba a las conclusiones. Debemos demostrar al tribunal que estamos frente a una persona con gran experiencia e idoneidad; un verdadero conocedor de la materia sobre la que versará su declaración; experiencia ésta que, no cualquier persona la tiene, de allí su importancia. Se preguntará sobre su formación, especialización, su actividad laboral, su actividad académica, las publicaciones que posea, trabajos de investigación; todo lo que construya un perito creíble.

Una situación particular ocurre con los expertos informáticos. Muchos de ellos, tienen muchas certificaciones de cursos y entrenamientos específicos para utilizar ciertas herramientas informáticas, pero no son ingenieros, o no tienen el título de Licenciado en sistemas. Y ello, puede ser utilizado en el contraexamen para desacreditarlo. Sin embargo, suelen tener mucha experiencia; entonces, debemos trabajar mucho en la preparación del experto y en hacerle decir todos los cursos que realizó demostrando que es un experto en la utilización y manejo de la herramienta digital para analizar la evidencia digital, por ejemplo. Hoy nos encontramos frente a jóvenes que, si bien no poseen el tradicional título universitario, poseen un manejo trazable y explicable de las herramientas forenses y, en muchos casos, no requieren tener el título para ello. En estos casos, la experiencia suele ser un factor muy relevante frente a la inexistencia de estudios o formación profesional formal.

Veamos el caso de la Superior Court of New Jersey v. Jeffrey Reitz[52], en el que el Estado apela la orden del tribunal de primera instancia que concede, en parte, la moción del acusado para suprimir pruebas (archivos de datos de tres cuentas de correo electrónico) incautadas de conformidad con dos órdenes de captura de datos de comunicaciones (CDW). Con base a los argumentos de las partes y los principios legales aplicables, se anuló la orden judicial que suprime la prueba del Estado.

El demandado afirmó que el perito Pusloski, excedió indebidamente el alcance de la búsqueda autorizada por CDW-2, al ver datos fuera del rango de fechas autorizado de la orden. El demandado también argumentó que la evidencia derivada de CDW-3 debe ser suprimida porque esa orden fue basada en los datos que Pusloski vio incorrectamente fuera del rango de fechas.

El acusado presentó un testigo experto en el campo de la informática forense quien, como se señaló, testificó únicamente que, en su opinión, los datos del teléfono celular del acusado establecieron que hubo intentos de acceder al teléfono antes de la emisión de cualquier orden judicial para el teléfono.

---

52 State of New Jersey v. Reitz, No. A-3144-21, (N.J. Super. Ct. App. Div. Feb. 17, 2023).

El tribunal también determinó que la visualización por parte de Pusloski de datos que caían fuera del rango de fechas autorizado en CDW-2 no entraba dentro de la excepción de "fuente independiente" al requisito de la orden judicial[53].

En el examen de Pusloski, efectuado por la Fiscalía, brindó información sobre su revisión de los datos que Apple proporcionó en respuesta a CDW-2 y su descubrimiento de las dos fotografías digitales fuera del rango de fechas de la orden.

Pusloski describió en su declaración, su experiencia y capacitación en la identificación e incautación de evidencia digital, la recuperación de evidencia digital, la ciencia forense digital y la investigación de delitos informáticos. También describió su participación en la investigación que condujo a los cargos contra el acusado y su papel en la solicitud y ejecución de los tres CDW.

Pusloski explicó la manera en que revisó los datos, incluidas las imágenes digitales, producidas por Apple en respuesta al CDW-2. Dijo que no revisó ningún metadato asociado con ninguno de los archivos de datos porque no se muestran en las imágenes digitales y "pueden manipularse, editarse o cambiarse de otra manera, y no pueden ayudar a determinar de manera confiable cuándo se tomaron las fotografías".

Pusloski afirmó que durante su revisión de los datos producidos en respuesta a CDW-2, encontró imágenes en algunas de las carpetas, pero ninguna "mostraba fechas u horas". Algunas de las imágenes mostraban "varias imágenes sospechosas de CSEAM, que [él] determinó que podrían haber estado relacionadas con el caso". Mientras continuaba revisando las imágenes, observó dos fotografías de documentos que llevaban fechas en 2019. Al ver esos documentos, inmediatamente dejó de revisar los datos del CDW-2 proporcionados por Apple.

Luego envió el correo electrónico del 23 de julio de 2019 a Apple indicando que "algunas de las fechas de creación del archivo están fuera del alcance del rango de fechas de la orden". Pusloski explicó que su referencia a las "fechas de creación de archivos" en el correo electrónico no se refería a fechas de creación de archivos que podrían haberse obtenido de una revisión de metadatos porque no revisó metadatos asociados con ninguno de los datos producidos por Apple. Pusloski afirmó que la referencia del

53 Véase en general *State v. Smith,* 212 N.J. 365, 394-95 (2012), que explica los elementos de la excepción de fuente independiente al requisito de la orden judicial.

correo electrónico a las "fechas de creación de archivos" se refería únicamente a las fechas que se muestran en los documentos en las dos fotografías que revisó inmediatamente antes de interrumpir su búsqueda.

Pusloski certificó además que ni él ni un "equipo de aplicación de la ley capacitado en ciencias forenses" pudieron determinar cuándo se produjeron las imágenes de CSEAM que vio durante su revisión de la ejecución del CDW-2. Según Pusloski, determinó que la producción del CDW-2 incluía datos fuera del rango de fechas autorizado "solo porque él vio inesperadamente las imágenes de los dos documentos, que en las imágenes mismas mostraban el año 2019".

Es de advertir que, las manifestaciones de los informáticos en audiencia oral, permiten explicar y aclarar cuestiones que excede la comprensión automática del tribunal. Y si bien es cierto, que el trabajo de abogado defensor en este caso, insta a cuestionar la expectativa razonable de privacidad del imputado, la lógica de los análisis forenses supera la posibilidad de búsquedas compartimentadas o herméticas que impidan obtener datos más allá del objeto.

Y en ese sentido se manifestó la Corte de New Jersey en el presente caso, señalando que está justificado en el caso de la tecnología relacionada con la informática, que evoluciona constante y rápidamente, y que analiza las numerosas y complejas cuestiones legales implicado por una búsqueda de datos electrónicos, incluido el alcance permisible de una orden judicial para datos electrónicos, debe explicarse la idoneidad de la "búsqueda de datos digitales incautados" por parte de un oficial, para considerar si los pasos forenses del proceso de búsqueda estuvieron razonablemente dirigidos a descubrir el "evidencia especificada en la orden de registro"; y detallar los factores que deben considerarse para determinar si el registro estuvo razonablemente dirigido a descubrir evidencia especificada en una orden[54].

En *U.S.vs. Jimenez Chaidez*[55], la Corte del Distrito de California, manifestó que un testigo lego puede testificar sobre la información extraída de un teléfono siempre que el testimonio no requiera "conocimientos especializados"[56] .

En ese sentido, expresó que, "cuando las fuerzas del orden utilizan *Cellebrite* para extraer información de un teléfono y un jurado no especializado

---

54 People v. Hughes, 506 Michigan 512, 530-47 (Mich. 2020)

55 United States v. Jimenez-Chaidez, No. 22-50069, (9th Cir. Mar. 25, 2024)

56 R. Evid. 701(c); de acuerdo *U.S vs. Williams*, 83 F.4th 994, 995 (5th Cir. 2023)

no necesita interpretación adicional para comprender esa información, no es necesario que la parte presente la prueba a través de un perito".

Aquí, el agente Edasi testificó que conectó el teléfono celular de Ramos a un dispositivo *Cellebrite*, y que usó el software *Cellebrite* para extraer y "analizar" los datos, revisó las coordenadas GPS que figuran en los informes de datos de ubicación, e ingresó esas coordenadas en Google Maps para identificar dónde había estado el celular. La información del GPS está fácilmente disponible y es comprensible para el público en general; y el informe de *Cellebrite* que contenía esta información estaba en un formato fácilmente comprensible para cualquier persona familiarizada con las coordenadas GPS[57].

El testimonio del agente Edasi sobre esta información y sobre cómo se obtuvo, no fue un testimonio de opinión, basándose en su percepción y no en conocimientos especializados[58].

Sin embargo, el imputado manifestó que el agente Edasi hizo más que simplemente extraer datos, pues también analizó los datos para crear un informe; a lo que la Corte entendió que el agente Edasi testificó que "análisis" significa presentar un código digital en un formato legible y, que *Cellebrite* se utiliza para "analizar datos" y puede crear informes que se entienden fácilmente sin conocimientos técnicos.

La Corte se limitó a determinar si el tribunal de distrito cometió un "claro abuso de discreción" al permitir la admisión del testimonio del agente Edasi.

En ese contexto, señaló que el tribunal de distrito podría haber inferido que el Agente Edasi usó *Cellebrite* y que *Cellebrite* analizó los datos para crear el informe, y no que el Agente Edasi personalmente analizó los datos. Esta inferencia es aún más plausible porque el Agente Edasi no expuso sobre cómo se analizaron los datos, el proceso técnico de cómo Cellebrite analiza los datos, o la confiabilidad del software de Cellebrite[59].

---

57 *United States v. Brooks*, 715 F.3d 1069, 1078 (8th Cir. 2013): "Las unidades de GPS comerciales están ampliamente disponibles y la mayoría de los teléfonos celulares modernos tienen capacidades de rastreo GPS".

58 R. Evid. 701; cfr. *United States v. Montijo-Maysonet*, 974 F.3d 34, 47 (1st Cir. 2020): "no se requirió que un testigo del gobierno testificara como perito cuando "lo único que hizo fue leer el informe de extracción".

59 *United States v. Wehrle*, 985 F.3d 549, 554 (7th Cir. 2021), que exige que un testigo testifique como perito cuando su testimonio se refiere a "conceptos técnicos", incluidos "confiabilidad y salvaguardias".

Por lo tanto, la conclusión del tribunal de distrito de que el agente Edasi testificó adecuadamente como testigo lego no fue "ilógica, inverosímil ni carente de apoyo a las inferencias que puedan extraerse de los hechos del expediente"[60].

Más adelante profundizo las implicancias de este caso, bajo los estándares de *Daubert*.

En los casos que se cometen en entornos digitales, la prueba electrónica será el elemento central de la discusión.

6.2.2. La acreditación de sus conclusiones arribadas a través de su informe

Consiste en acreditar proposiciones fácticas favorables a la teoría del caso de quién presenta al perito. Las preguntas al perito versan sobre 3 ejes:

1. *Qué hizo*: se refiere a los puntos específicos de pericia solicitados.

2. *Qué metodología utilizó*: es decir, que explique el procedimiento y la trazabilidad para arribar a dichas conclusiones. Es importante que los peritos hagan referencia a la utilización de Protocolos universales y estándares para recolectar, preservar y analizar la evidencia digital.

3. *A qué conclusiones arribó y su carácter indubitable*: deben ser explicadas de manera clara, sencilla y concreta, y el litigante debe insistir con que aclare algún punto que no se entendió, pues esas conclusiones deben coincidir con las proposiciones fácticas del litigante. También, se le podrá preguntar sobre el nivel de confiabilidad de dicha metodología; la frecuencia de uso; las razones por las que descartó otras metodologías, etc.

Veremos más adelante aspectos fundamentales de lo expuesto.

6.3. Consejos para examen de peritos

Es importante tener en cuenta algunos consejos cuando se examina expertos o peritos. Algunos de ellos son:

6.3.1. Cuando de investigaciones en entornos digitales se trata, es fundamental que exista un verdadero equipo de trabajo entre el fiscal y el investi-

60 *United States v. Hinkson*, 585 F.3d 1247, 1251 (9th Cir. 2009) (en pleno).

gador informático o perito, desde el inicio del caso. No solamente porque el técnico debe actuar también con miras al juicio oral, sino porque es vital que aúnen sus saberes: tecnológicos y jurídicos. Entonces, cuando el analista le explique de antemano al fiscal qué haría para satisfacer su hipótesis de investigación, el fiscal podrá controlar su legitimidad. Asimismo, es una buena idea discutir los puntos de pericia, consultarlos con el técnico para efectuar un ajuste o cambio, si fuera necesario.

6.3.2. Es difícil que los peritos puedan bajar la complejidad de su vocabulario técnico, sobre todo en esta materia. Sin embargo, hay que lograrlo. Si advertimos que el juez o el jurado podría tener alguna duda o no entendió alguna línea de su relato, el litigante debe insistir para que lo lleve al llano y explique con claridad. Si bien la prueba física es importante en estos casos, la evidencia electrónica los define.

6.3.3. El orden cronológico no es de relevancia en el examen de peritos. Se puede estructurar desde una lógica temática: que se expida sobre sus conclusiones, la metodología para arribar a dichas conclusiones, sin que ello implique una explicación cronológica de lo que ha realizado. Sin embargo, sí es relevante el orden cronológico cuando hay varios expertos que han intervenido en la evidencia digital y entonces será conveniente que su declaración se vaya dando siguiendo un orden de actuación en la identificación, extracción y análisis de la evidencia digital.

6.3.4. El único que suministra la información de interés para el tribunal, es el perito informático, y no el abogado o el fiscal; más allá que éste último deberá tener un control directo y muy estricto de la información que el experto va suministrando, debiendo las partes llevar las riendas de la declaración del perito.

6.3.5. Es fundamental la preparación del experto. Seguramente participa de una importante cantidad de peritajes y, si no se le brinda una referencia sobre lo que se le va a preguntar, lo más probable es que se siente en la sala de juicio u responda “no recuerdo”. Para evitar esa enorme debilidad, la reunión anterior al juicio va a permitir que el litigante tome conocimiento de lo que recuerda y de lo que no; a fin de gestionar cómo, si es posible, incorporará a través de otro testigo (quizás y en el mejor de los casos), la información olvidada. Debemos recordar que, a través de las destrezas de litigación, podemos ayudar el experto a mejorar su memoria. Sin embargo, el precio que se paga es alto.

6.4. Contraexamen de peritos

Es el verdadero control de calidad del trabajo realizado en la pericia por el perito de una parte.

Es un instrumento de confrontación mediante el cual una de las partes pretende demostrar al juez que la teoría del caso de la contraparte carece de veracidad[61].

En ese sentido, pone a prueba la veracidad de la información brindada por el perito, convirtiéndose en un filtro de suma importancia para crear dudas o convicciones en el juez[62].

Es fundamental, al preparar el contraexamen, contar con el asesoramiento de un perito para entender qué es lo que surge del informe técnico que efectuó el experto de la contraparte, y nos marque cuáles son los puntos cuestionables, si existieran.

Hay que ser muy modestos en los objetivos que perseguimos a la hora de contra examinar a los expertos.

Si decidimos contra examinar al perito, debemos conocer su informe y preparar las líneas de contraexamen, si es necesario.

Las reglas de litigación del contra examen de peritos y testigos expertos imponen exigencias de preparación, ya que, la efectividad de contraexamen, obliga a interiorizarse en los conocimientos del experto[63].

Al igual que con los testigos, a los expertos se le cuestionará a su persona (las líneas de contraexamen podrán ser sobre su idoneidad para realizar el análisis); o al relato (no se realizaron los procedimientos estandarizados, las certezas de sus conclusiones es baja). Veamos:

6.4.1. Desacreditar el perito

Se cuestiona la credibilidad del perito; su valor como fuente de información. Se puede demostrar que el perito tiene un interés particular en el caso (cuestionarse la remuneración excesiva que ha recibido; demostrar con su historia de pericias que siempre apoya la tesis de los fiscales con sus

---

61 Cadena Lozano y Herrera Calderón. *Técnicas de interrogatorio y contrainterrogatorio en el Sistema Acusatorio,* Bogotá. Ediciones jurídicas Andrés Morales, 2008, p. 115.

62 Blanco Suarez, R. y otros, *Litigación estratégica en el Nuevo Proceso Penal.* Santiago, LexisNexis, 2005, p. 205.

63 Caballero, G., ob. cit. p. 89.

pericias; que sus opiniones ya son antiguas o que fueron superadas científicamente, entre otras).

6.4.2. Desacreditar la pericia

Se trata de atacar, ya no la persona del perito, sino de la credibilidad de la pericia que ha realizado y la declaración que ha prestado ante la contra aparte.

Las dificultades de contra examinar a los peritos consiste en que tienen un lenguaje propio; razón por la que no se lo debe dejar ser protagonista y que vuelva a repetir el examen directo, pues, ello, fortalecería la teoría de la contraparte.

En cuanto a los tipos de preguntas, rige lo mismo que para contra examinar a los testigos.

Algunas de las líneas para confrontar peritos podrían ser las que siguen. No obstante, cada caso tendrá su particularidad y, por diferentes motivos, se podrían utilizar otras estrategias de contra interrogar a los expertos.

a) Falta de idoneidad del perito: Cuando se pone en duda la experiencia o calificaciones del perito, es probable que ello impacte en la valoración que realice el Tribunal. Un ejemplo claro, es un experto que no es especializado en informática y que no ha realizado a diario las imágenes forenses, o bien, analizado la evidencia digital encontrada en los dispositivos de almacenamiento informático del sospechoso.

Es fundamental que, para acreditar lo expresado, el litigante haya revisado los antecedentes del caso y obtenido información adicional que le permita plantear este tipo de cuestiones[64].

b) La falta de confiablidad del peritaje: representa otra posible línea de desacreditación del perito, atacando la metodología utilizada y/o sus conclusiones.

También, puede darse el caso de un experto que utilice una metodología propia para arribar a las conclusiones, y que no se apoye en los Protocolos o Guías internacionales para el tratamiento y análisis de la evidencia digital. Siempre, la confiabilidad será alta, cuando sus conclusiones y metodología de trabajo, se apoyen en prácticas científicamente aceptadas por la comunidad internacional.

---

64 Para mayor información cfr. Duce, M., ob. cit. p. 142.

Otro ejemplo, se da cuando el experto manifiesta ante el Tribunal, conclusiones contrarias a las señaladas en un artículo publicado en un libro, recientemente. Si la parte que presenta el perito no ha advertido esa situación, adelantándose a brindar, a través de su testimonio, una explicación de dicha contrariedad, la contra parte podrá atacar en ese punto en el contraexamen, causando una disminución de credibilidad al juez.

Por último, los márgenes de error a los que puede ser preguntado el perito, pues, en muchos casos, no podrán manifestar una certeza cien por cien, es una excelente línea de contraexamen para debilitar y desacreditar las conclusiones del perito.

En conclusión, y en palabras de Vial Campos, hay 3 técnicas especiales en el contrainterrogatorio de los peritos:

1) Atacar la idoneidad del perito, tratando de desacreditar la metodología y procedimientos utilizados, teniendo en cuenta el incremento de complejidad tecnológica de cada caso
2) Atacar la experticia, buscando explotar la valoración del perito en base a su especialidad y experiencia.
3) Interés o parcialidad, si ello se puede poner al menos en duda, la objetividad del perito se pierde[65].

6.5. Alcances del contraexamen

Existen dos posturas:

a) Quienes sostienen que el contraexamen solo debiera estar limitado a los aspectos abordados en forma explícita en el examen directo.
b) Aquellas que sostienen que el alcance del contraexamen es amplio y no queda limitado por el contenido del examen directo.

Este problema de comprensión de los alcances del contraexamen ha surgido de la Regla Federal de Evidencia 611b) del Estados Unidos. Esta norma adopta una visión restrictiva respecto al alcance del contraexamen, conocida como *American Rule*[66].

---

65 Vial Campos, P. *Técnicas y fundamentos del Contraexamen en el Proceso penal chileno*. Santiago. Librotecnia. 2008. pp. 287 y ss.

66 Litigar, evidencia digital en juicios orales, Guía práctica, 2024.

7. INTRODUCCIÓN DE PRUEBAS DIGITALES EN EL JUICIO

La evidencia digital, al igual que la prueba material, pero en este trabajo haremos referencia estrictamente a la digital, será introducida por un testigo o por un perito, constituyendo prueba de apoyo para ellos, ya que, su ingreso al juicio estará vinculadas a las declaraciones que se desarrollan en él.

Es muy importante que el litigante tenga un excelente manejo de su teoría del caso, para definir en qué momento y a través de cuál testigo o perito ingresará la evidencia digital, pues ésta, deberá ser "*hablada*" por aquellos.

La única forma de contextualizar a la prueba digital, de darle un sentido, una explicación válida para la teoría del caso y el motivo de su incorporación en ese momento, es a través del relato de los testigos o peritos[67].

La evidencia no puede ingresar por lectura, debe ser explicada a la luz de los testigos que el litigante elija para hablar sobre esa determinada evidencia o informe, que probará una porción de la teoría del caso; una pieza del gran rompecabezas que la conforma.

Es decir, el litigante deberá pensar, estratégicamente, qué testigo o perito va a probar con su declaración, qué proposiciones fácticas de su teoría del caso.

Es importante destacar, que no se podrá introducir la evidencia digital a través del juicio si antes no fue admitida, como veremos más adelante.

7.1. Pasos para introducir la evidencia digital a través de los testigos y peritos

El procedimiento para introducir evidencia digital será parte del examen directo de los testigos y peritos, pues, como se expresó, adquiere sentido en dicho contexto.

En esa línea, luego que la madre de la víctima, por ejemplo, declare que encontró cantidad de mensajes eróticos y sexuales en el celular de su hija de 9 años, con el profesor de matemáticas, y describa en qué consistían ellos, podré exhibírselos para preguntarle si está hablando de ellos.

---

[67] No obstante, las partes pueden acordar convenciones probatorias sobre determinados hechos del caso en los que coinciden en que no hay controversia. Por ejemplo, los intervinientes en un allanamiento pueden no escucharse en el juicio pues nadie discute acerca de lo allí ocurrido y de la legitimidad del procedimiento.

En otro ejemplo, si el perito que elaboró el informe técnico, y se expresó en lo relativo a la cadena de custodia y cómo se efectuó la preservación, aseguramiento y análisis de la evidencia digital, para el caso que elijamos a un solo informático para que declare, luego de ello, le podré exhibir el informe para que lo reconozca y se explaye un poco más, si lo desea.

Antes de describir los pasos a seguir, es necesario aclarar que, es un buen método, solicitar al tribunal de antemano, que la exhibición de la evidencia digital sea proyectada. Ello, pues, no solamente permite al testigo o perito verla y explicarla mejor, sino que, además, permite que ilustrar mejor al juez y al jurado. Estos apoyos tendrán como única finalidad mejorar la calidad de la información introducida por los testigos y peritos, y nunca las reemplazarán[68].

También, y en la línea que *la prueba no habla por sí sola,* el testigo o perito deberá expedirse en un todo acerca de lo que recuerda y, al final, como corolario o remate, exhibirle la evidencia para su incorporación al juicio.

Ahora sí, vamos a procedimiento para incorporar la evidencia.

1° Paso: Se le exhibe la evidencia, previo permiso al Juez y exhibición a la contraparte. La pregunta correcta que debe hacerse al testigo es:

¿qué es esto?; o ¿qué le estoy mostrando?

La idea es que el litigante no le sugiera ni induzca al testigo a decirle lo que le está mostrando, sino que el testigo lo exprese con la sola exhibición.

2° Paso: Debemos acreditar la evidencia con la pregunta

¿Cómo la reconoce?

Para que el testigo, en el ejemplo anterior, diga que esa conversación por *whats app* es la misma que vio al abrir el celular de su hija y, además, coinciden los contenidos, las fechas y los perfiles de contactos de la víctima y del victimario.

3° Paso: se le solicitará al tribunal que sea incorporada como evidencia identificada con el *número 1*, por ejemplo.

7.2. La admisibilidad de la prueba pericial a juicio

Los países de la región tienden, cada vez más, a través de sus códigos y jurisprudencia, a ser más estrictos y exigentes para admitir la prueba.

---

68 Lorenzo, L, ob. cit., p. 200.

Los requisitos no solamente versan sobre el conocimiento y la idoneidad del experto y, la confiabilidad de la información que suministra, sino también, es importante la pertinencia o relevancia. Veamos, a continuación, cada uno de estos requisitos.

7.2.1. La pertinencia o relevancia

Es un criterio de admisibilidad clásico regulado como un presupuesto para admitir la prueba en los sistemas procesales penales[69], aun cuando las formas en que son recogidas en las diferentes legislaciones son distintas[70].

Horvitz[71] sostiene que *prueba impertinente* es aquella que no guarda relación alguna con los hechos materia de acusación o los alegatos de la defensa; es decir, no existe una relación lógica o jurídica, entre el hecho y el medio de prueba. Así, se evita incorporar información que no es importante al juicio.

Hay un nivel más profundo de análisis de la pertinencia de la prueba que se denomina pertinencia o relevancia legal; la que tiene que ver con un análisis costo beneficio en el que el juez deberá pesar los aspectos favorables que la introducción de esa prueba puede producir en juicio, en contra de los eventuales perjuicios que pudieran generar su incorporación[72].

---

69 Así lo estipula expresamente el Código Procesal Penal de Chile, que, en su a*rt. 276 señala: Exclusión de pruebas para el juicio oral. El juez de garantía, luego de examinar las pruebas ofrecidas y escuchar a los intervinientes que hubieren comparecido a la audiencia, ordenará fundadamente que se excluyan de ser rendidas en el juicio oral aquellas que fueren manifiestamente impertinentes y las que tuvieren por objeto acreditar hechos públicos y notorios. Si estimare que la aprobación en los mismos términos en que hubieren sido ofrecidas las pruebas testimonial y documental produciría efectos puramente dilatorios en el juicio oral, dispondrá también que el respectivo interviniente reduzca el número de testigos o de documentos, cuando mediante ellos deseare acreditar unos mismos hechos o circunstancias que no guardaren pertinencia sustancial con la materia que se someterá a conocimiento del tribunal de juicio oral en lo penal. Del mismo modo, el juez excluirá las pruebas que provinieren de actuaciones o diligencias que hubieren sido declaradas nulas y aquellas que hubieren sido obtenidas con inobservancia de garantías fundamentales. Las demás pruebas que se hubieren ofrecido serán admitidas por el juez de garantía al dictar el auto de apertura del juicio oral.*

70 Duce, M, *La prueba pericial*, Colección Litigación y enjuiciamiento penal adversarial, Dir. Binder A. Ediciones Didot, Bs. As, 2015, pp. 65 y ss.

71 Horvitz, María Inés y López, Julian. *Derecho Procesal Penal Chileno,* Tomo II, Editorial jurídica de Chile, Santiago, 2004, p. 45.

72 Esta noción se encuentra reconocida en las Reglas Federales de evidencia de EEUU en su Sección 403, y en la 403 de las Reglas de evidencia de Puerto Rico

7.2.2. Conocimiento del experto

La necesidad de conocimiento del experto para que sea admisible, se refiere a que la contribución central del perito en el juicio, será ayudar a decidir algo que está fuera del ámbito de su experiencia, sus conocimientos o su capacidad de comprensión[73]. Y ello, es lo que suele ocurrir cuando de tratamiento y análisis de evidencia digital se habla. Pues, la declaración del perito vendrá a despejar una serie cuestiones técnicas que deben ser explicadas al juez y jurado, en un lenguaje comprensible.

7.2.3. Idoneidad del perito

Como ya expresáramos, un requisito fundamental de admisibilidad de la prueba digital es la necesidad de acreditar que, quien se presenta como experto, efectivamente lo sea.

Va de suyo que el perito deberá ser un experto en la materia que va a declarar y ello el juez deberá acreditarlo.

7.2.4. Confiabilidad del peritaje

Consiste en determinar si el experto aporta información considerada como razonable dentro de la comunidad científica a la que pertenece, o a la disciplina en la que desarrolla su *expertise.*

El caso *Daubert*[74] de la Corte Suprema de Estados Unidos, fue el punto de partida para establecer las exigencias de admisibilidad de la prueba pericial, y establecer los criterios que las Cortes utilizan para determinar la confiabilidad de una evaluación forense, y mantiene un registro de los casos legales en los que los métodos y cualificaciones de los expertos han sido cuestionados.

---

de 2010, que señala: La evidencia pertinente puede ser excluida cuando su valor probatorio es superado sustancialmente por cualesquiera de estos factores: a) Riesgo de causar perjuicio indebido; b) Riesgo de causar confusión, c) Riesgo de causar desorientación del jurado, d) Dilación indebida de los procedimientos, e) Innecesaria presentación de prueba acumulativa

73 Para mayor información cfr. Duce, Mauricio, ob. cit. pp. 65 y ss.

74 Daubert vs. Merrel Dow Pharmaceuticals. 509 U.S 579 (1993)

En este caso se restringe la admisibilidad de la prueba pericial poniendo énfasis en la necesidad de que, junto con la relevancia de la misma, también debe ser confiable.

Doubert exige que la metodología utilizada en el peritaje sea correcta desde un punto de vista científico. Entonces, para determinar la corrección de la metodología, se elaboró una lista de cuatro factores que el juez debe examinar:

a) La posibilidad que la teoría sea testeada

b) Que haya sido sometida a revisión de pares o publicada

c) Conocimiento de la tasa potencial de error y la existencia de estándares que controlan la investigación sobre la que se basa la teoría.

d) Aceptación general de la metodología por la comunidad científica.

La Corte aclara que estos Criterios de *Daubert*[75], deben adecuarse a la lógica de cualquier tipo de *expertise;* entregándole al juez un espacio mayor de discreción, que tratándose de peritajes exclusivamente científicos.

Es de destacar que, en EEUU, la doctrina imperante es la que entiende que las eventuales dudas sobre la autenticidad o confiabilidad de las pruebas, solo afectan su valor probatorio pero no su admisibilidad[76]. El requisito de autenticidad, es considerado como un estándar preliminar básico, sujeto a la posterior revisión en el debate, bajo el análisis cruzado de las partes[77]. Una vez superado este primer escalón de admisibilidad, le toca a

---

75 Los factores *Daubert* se explican para establecer la idoneidad de la prueba y, en su caso, del perito que la incorpora: Se trabaja sobre la técnica que intenta aplicar al caso concreto a partir de cuestiones como: a) la teoría o técnica se encuentra aprobada por la comunidad científica, que puede ser controlable y fiable; establecer si existe consenso en la comunidad científica sobre la pertinencia del método y la fiabilidad de las conclusiones. B) Si los métodos y técnicas han sido publicados y revisados por la comunidad científica; c) Indicar cuál es la tasa de error conocida o potencial; d) Si la peoría es aceptada por la comunidad científica; e) Si la aplican otros peritos; f) Si existen otros factores que el juez pueda sopesar como: capacitación del perito, trabajos previos en la materia, etc. Es fundamental que exista una conexión directa entre el método empleado y aquello que se pretende acreditar en el juicio; ello es lo que determina la relevancia en la pericia.

76 *United State v. Catabran,* 836 F2d 453, 458. 9n0 Circuito, 1988.

77 *Lorraine v. Markel American Ins. Co,* 241 FRD 534, 544, Corte Federal de Distrito de Maryland, 2007.

los sentenciantes determinar el valor probatorio que corresponde asignarle a la evidencia[78].

El caso de *Jiménez-Chaidez* incorpora varios conceptos fundamentales derivados del fallo *Daubert v. Merrell Dow Pharmaceuticals, Inc. (1993),* que establece los estándares para la admisibilidad de testimonios de expertos en el sistema de justicia estadounidense.

Estos conceptos son clave en la evaluación de la validez de las pruebas periciales y cómo se deben manejar en un juicio para garantizar la fiabilidad y la relevancia de la evidencia presentada.

En cuanto a la filabilidad de la evidencia científica, la Corte Suprema de EE.UU. en *Daubert,* estableció que los jueces deben actuar como "guardianes" al evaluar si los testimonios de expertos se basan en principios científicos válidos y métodos confiables.

En el caso *Jiménez-Chaidez,* señalado más arriba, el testimonio del Agente Edasi sobre el uso de Cellebrite para extraer y analizar datos digitales es central. A pesar de que fue presentado como testimonio laico, hubo un debate sobre si el procedimiento implicaba conocimiento técnico suficiente como para ser considerado testimonio experto bajo *Daubert.*

Según *Daubert,* el juez debe considerar si:

- El método o técnica ha sido probado (falsifiability).
- Ha sido revisado por pares.
- Tiene una tasa conocida de error.
- Es generalmente aceptado en la comunidad científica.

En este caso, el uso de *Cellebrite* para obtener datos de un celular es una técnica comúnmente utilizada en investigaciones forenses, pero el hecho de que no se haya discutido detalladamente la fiabilidad del proceso genera interrogantes bajo el estándar *Daubert.* El juez debió haber realizado una evaluación explícita sobre la fiabilidad del software y del proceso de extracción de datos, pero esto fue omitido.

Bajo *Daubert,* además de la fiabilidad, se debe evaluar la relevancia de la evidencia pericial. Es decir, la evidencia debe asistir al jurado en la comprensión de un hecho en disputa.

---

78 Blanco, H. *Tecnología informática e investigación criminal.* Buenos Aires, La Ley, 2020, pp. 748 y ss.

En este caso, la evidencia digital extraída del celular de Ramos es relevante para corroborar su participación en los transportes de drogas con Jiménez. Sin embargo, la cuestión que plantea el fallo *Daubert* es si el método de extracción de esos datos y su interpretación son lo suficientemente confiables como para ser considerados por el jurado.

El estándar *Daubert* exige una clara distinción entre testimonio laico y testimonio experto. Si un testimonio implica conocimientos técnicos o científicos especializados, debe ser tratado como experto y evaluado según los criterios de *Daubert*. El debate en el caso surgió porque el Agente Edasi fue presentado como testigo laico, a pesar de que su testimonio implicaba el uso de herramientas técnicas que podrían requerir conocimientos especializados. Según la disidencia en el fallo, su testimonio debió ser considerado experto, lo que habría requerido una evaluación más profunda de la fiabilidad de su análisis.

Otro concepto que *Daubert* incorpora es el análisis del impacto de un error en la admisibilidad de la prueba pericial. Aunque el tribunal en este caso no evaluó de manera explícita la fiabilidad del testimonio experto sobre el valor de las drogas (otro testimonio en cuestión), el error fue considerado inofensivo porque no afectó materialmente el resultado del juicio. *Daubert* establece que los errores en la evaluación de la prueba pericial no siempre llevarán a la revocación de un fallo, siempre que no afecten significativamente la decisión del jurado.

En conclusión, ste caso refleja varios principios clave de *Daubert*, como la necesidad de evaluar la fiabilidad y relevancia de la prueba técnica o científica, la importancia de distinguir claramente entre testimonios laicos y expertos, y el deber del tribunal de asegurarse de que cualquier testimonio experto se base en métodos confiables y aceptados.

Aunque el testimonio del Agente Edasi fue permitido como laico, el análisis de la disidencia muestra que la metodología involucrada podría haber requerido un análisis más riguroso bajo el estándar Daubert.

8. PASOS DE UNA INVESTIGACIÓN DIGITAL DE CARA AL JUICIO

Habíamos expresado más arriba que, en el ámbito del ciberespacio, los objetivos primarios son los siguientes:

1) Identificar y determinar el hecho denunciado y los posibles autores de acuerdo a la hipótesis del acusador (Teoría del caso).

2) Preservar de la evidencia digital: La importancia de su inmediato resguardo radica en que se puede perder debido a su carácter volátil —a diferencia de la prueba física—.
3) Obtención, resguardo y análisis de la evidencia digital
4) Proyección y realización de diferentes medidas de investigación para identificar al usuario sospechoso: requerimientos a *ISP*, allanamiento, análisis de fuentes abiertas, agente encubierto digital, búsqueda de información en Internet de las cosas, uso de herramientas informáticas con Inteligencia Artificial para extraer los datos de los dispositivos de almacenamiento informático, etc., etc.

8.1. Identificar y determinar el hecho denunciado y los posibles autores de acuerdo a la hipótesis del acusador. La teoría del caso

Este punto representa el inicio de una investigación, en la que, las partes comienzan a delinear una hipótesis de lo que habría ocurrido, y una estrategia de a implementar de cara al juicio.

La teoría del caso es una herramienta fundamental para analizar la información en un caso concreto, y permite discriminar las cuestiones jurídicas, de las cuestiones probatorias, de las cuestiones fácticas, que serán motivo de debate en un juicio oral.

En ese sentido, Baytelman y Duce, expresaron que, la teoría del caso es la idea básica y subyacente a toda nuestra representación en juicio, que no solo explica la teoría legal y los hechos de la causa, sino que vincula tanto la evidencia tanto como es posible dentro de un todo coherente y creíble. Es por sobre todas las cosas, un punto de vista. Un ángulo desde el cual es posible ver toda la prueba; un sillón cómodo y mullido desde el cual apreciar la información que el juicio arroja[79].

A su vez, Lorenzo la define como la versión que el litigante asume sobre el hecho, su relevancia jurídica, y su sustento probatorio. Es la herramienta estratégica que permite a los litigantes determinar, con la mayor exactitud posible, cuáles son los hechos importantes para llevar a juicio, en función de qué tipos penales concretos, y con cuál respaldo probatorio[80].

---

79 Baytelman, Andrés, Duce, Mauricio, *Litigación Penal. Juicio oral y prueba.* Colección Derecho. Universidad Diego Portales, 2004, pp. 90 y ss.

80 Lorenzo, Leticia, *Manual de Litigación*; Director Alberto Binder, Ediciones Didot, 2015, pp. 136.

8.2. Resguardo de la evidencia digital

Como expresara, luego de delinear estratégicamente la teoría del caso, llegó el momento de *preservar* la evidencia digital como requisito necesario e inmediato, para que no sea borrada o alterada.

En efecto, contaremos con la información que nos ofrece la víctima o, de lo contrario, se deberán arbitrar los medios para individualizar al usuario sospechoso sin la colaboración de la parte denunciante, pues puede carecer de esa información[81].

Los datos con los que cuenta la víctima es la información que posee en su dispositivo de almacenamiento informático y la pone a disposición de los investigadores para su correcta preservación: chats, mensajes, mails, fotografías o videos recibidos, etc.

El término *preservar* es definido por el Diccionario de la Real Academia Española como: proteger, resguardar anticipadamente de alguien o algo de un eventual daño o peligro. Ello implica que, al definir ciertas técnicas o mecanismos para la preservación de la evidencia digital, se está previendo que existe la posibilidad de un daño o peligro[82].

A su vez, se debe asegurar la evidencia de forma tal que pueda demostrarse su trazabilidad a lo largo de todo el proceso; es el primer contacto con la evidencia digital.

En ese sentido, la información con la que cuenta la víctima en sus dispositivos de almacenamiento digital es de vital importancia para la investigación y, por ello, es fundamental proceder a su correcta preservación y, para ello, los denunciantes deben aportarla inmediatamente, intacta, y sin borrarla total o parcialmente, en razón de que su recuperación se torna dificultosa.

Claro que la forma de preservar esa información variará de acuerdo al medio utilizado para cometer el delito (*Instagram, WhatsApp, Yahoo!, Facebook, Twitter, Tik Tok,* etc.)[83].

---

81 Litigar, evidencia digital en juicios orales, Guía práctica, 2024

82 Di Iorio, Ana, *Protocolos de preservación de evidencia digital y cuestiones forenses.* Cibercrimen II, dir. Dupuy, D., coord. Kiefer. M, BdeF, Buenos Aires, 2016, pp. 335 y ss.

83 Para mayor información al respecto cfr. Dupuy, D, Neme, C., *El ABC de la investigación* en *Acosos en la red,* Vol. I, Hammurabi, Bs. As., 2020, p. 245 y ss.

8.3. Identificación, Obtención, preservación y análisis de evidencia digital: protocolo de buenas prácticas

Ya se ha señalado que la evidencia digital son registros que fueron procesados en un dispositivo informático y se encuentran almacenados o fueron transmitidos a través de un medio de comunicaciones informáticos[84].

Los organismos encargados de hacer cumplir la ley, disponen de procedimientos operativos estándar, que detallan los pasos que deben seguirse para manejar pruebas digitales en dispositivos móviles, objetos con conexión a Internet (relojes, monitores de actividad física, electrodomésticos), la Nube y las plataformas de redes sociales.

Es de destacar que, más allá de la importancia de las Guías de Buenas Prácticas, la recolección de evidencia digital no es un proceso lineal que siempre se hace de la misma forma; las metodologías en cada caso concreto pueden diferir unas de otras.

En ese sentido, y ya en el ámbito del juicio, es fundamental demostrar el respeto por la cadena de custodia; detallando ese registro minucioso de cada movimiento de la evidencia en un proceso probatorio, que indique con exactitud las actividades realizadas, las personas que intervinieron y el estado de la evidencia; como así también, el conjunto de documentos sobre los elementos de prueba que permitirán asegurar y demostrar la identidad, integridad, preservación y registro de la evidencia digital.

Es de destacar que en Estados Unidos, las normas procesales federales requieren que la parte que solicita la incorporación al proceso de pruebas digitales demuestre su autenticidad acreditando el respeto a la cadena de custodia, siendo que el incumplimiento a esta exigencia puede determinar la inadmisibilidad de la evidencia[85].

En esa línea, en el juicio, es fundamental que las partes demuestren, a través de las declaraciones de los expertos informáticos, el paso a paso y el respeto de la cadena de custodia, con específica y detallada referencia a cada fase.

---

84 Presman, D., *La cadena de custodia en la evidencia digital.* Cibercrimen II, dir. Dupuy, D., coord. Kiefer, M. B de F, Buenos Aires, 2018, pp. 304 y ss.

85 *United State v. Salcido,* 506 F.3d 729, 733, Corte Federal de Apelaciones del 9no. Circuito, 2007, citado en Blanco, Hernan, Tecnología informática e investigación criminal, Bs.As., Thomson Reuters, La Ley, p. 748, 2020.

A modo general, existen dos escenarios importantes; uno en la escena propiamente dicha, (allanamiento de la morada, por ejemplo), y el otro, en el laboratorio informático.

En el primero se procederá a asegurar la escena, protegiendo la evidencia digital de toda modificación o destrucción; identificando los sistemas informáticos que pueden tener información relevante; y capturando y realizando copias exactas de las evidencias identificadas, a través del empleo de herramientas forenses que garantizan la inalterabilidad de la evidencia original. Será una decisión estratégica del fiscal que la última fase señalada se lleve a cabo en la misma escena o bien, en el laboratorio forense. En la actualidad, y debido al tiempo que lleva efectuar las copias de las evidencias en el domicilio allanado, es común que se trasladen los dispositivos de almacenamiento informático al laboratorio y que allí se efectúe la extracción de datos o copia forense; salvo excepciones.

En el segundo ámbito, es decir, en el laboratorio, se preservará las evidencias, detallando en documentos todo tratamiento y procedimiento que se realice en ellas, garantizando la cadena de custodia; se analizarán las evidencias siguiendo una metodología forense especializada y empleando las herramientas de análisis forense adecuadas para cada caso; y, por último, se presentarán los resultados obtenidas en forma clara y precisa a través de un informe técnico elaborado por los especialistas informáticos.

Es de destacar, y como orientación para los investigadores y litigantes, algunas pautas del Protocolo de Actuación para las Fuerzas Policiales y de seguridad en la Investigación y Proceso de Recolección de Pruebas de Ciberdelitos[86], en el que se establece el tratamiento de la evidencia digital: la identificación, selección, secuestro, preservación y análisis de la evidencia digital; pues conocer los pasos permitirá al litigante exponer y/o controlar la prueba en el juicio oral.

En ese sentido, es muy importante, de cara al juicio, el cumplimiento de los siguientes puntos y su consiguiente comprobación a través de las declaraciones de los expertos:

a. *Asegurar la escena*: implica resguardar el área donde ocurre el evento informático y los elementos materiales probatorios que se encuen-

---

86 Res.2347/2016 República Argentina. https://www.argentina.gob.ar/normativa/nacional/resoluci%C3%B3n-234-2016-262787

tren allí, y evitar el acceso a personal extraño al área, evitando la utilización de los equipos informáticos allí existentes.

b. *Identificación:* Antes de comenzar la recolección de pruebas digitales, el investigador debe definir los tipos de prueba que busca[87]. Las pruebas digitales pueden encontrarse en dispositivos digitales computadoras, monitores, teclados, parlantes, discos externos, mouse, módems, *routers,* impresoras, *scaners,* micrófonos (por las huellas digitales y ADN); CD, pendrives, tarjetas de memoria, discos rígidos y externos; celulares, *smartphones, tablets,* GPS, video cámaras, consolas de video juego, y cualquier otro dispositivo que pueda tener evidencia digital: Internet en las cosas, como *smart watches,* heladeras, asistentes tecnológicos, etc. Muchas aplicaciones, sitios web y dispositivos digitales utilizan servicios de almacenamiento en la nube; por lo que, los datos de los usuarios pueden ser almacenados en su totalidad o en fragmentos en muchos servidores diferentes situados en múltiples lugares. Los investigadores pueden encontrarse con múltiples dispositivos digitales, sistemas operativos y complejas configuraciones de red, lo que requerirá conocimiento especializados, variaciones en los procedimientos de identificación y recolección, y asistencia para identificar conexiones entre los sistemas y dispositivos[88]. Es importante destacar que, la correcta individualización de los dispositivos no implica incautar la totalidad que se encuentra en el lugar allanado. Si ya se tiene individualizado al posible autor del hecho, quizás sea conveniente optar por los que a él pertenecen.

c. *Recolección:* La recolección real de las pruebas implica conservar las pruebas volátiles y apagar los dispositivos digitales. El estado de operatividad de los dispositivos de almacenamiento informáticos encontrado, y el tipo de dispositivo digital que se secuestren, determinará el procedimiento de recolección.

   Les comparto algunas recomendaciones que será de mucha utilidad que, quienes participaron en la recolección, puedan explicarlo en el juicio, detalladamente a través del examen del fiscal.

---

87 Para más información cfr. *Ciberdelitos II. Guía práctica para un abordaje integral del fenómeno.* UNODC, Modulo 6, pp. 18 y ss.

88 Para más información cfr. *Ciberdelitos II. Guía práctica para un abordaje integral del fenómeno.* UNODC, Modulo 6, pp. 18 y ss.

- Fotografiar el estado en el que se encuentra el dispositivo, cuando se lo halló y cuando se lo secuestra si ha habido un cambio en su pantalla.
- Desconectar y etiquetar el cable de suministro y demás cables, o dispositivos USB conectados a la computadora.
- No encender nunca un equipo apagado; y, si está encendido, no apagarlo inmediatamente para evitar la pérdida de información si se está accediendo a él remotamente, o bien si la información está siendo destruida.
- Si es una computadora de escritorio: a) Si el monitor está encendido sacar una fotografía a la pantalla y registrar lo que se ve; b) Si el monitor está encendido, pero se ve el protector de pantalla, mover ligeramente el mouse sin tocar ningún botón ni mover la rueda; c) Si el monitor está apagado pero el gabinete está encendido, prender el monitor, fotografiar la pantalla, y registrar la información que aparezca; d) Si el monitor está encendido, pero la pantalla está en negro, como si estuviera apagada, mover ligeramente el mouse.
- Si fuera una laptop o computadora portátil: se recomienda mover el cable de alimentación, localizar y remover la batería.
- En caso de dispositivos móviles y celulares: a) Si el aparato está encendido, no lo apague, y si está apagado, déjelo apagado

d. *Aseguramiento:* Existen diferentes métodos, y dependerá del tipo de dispositivo electrónico; pues el procedimiento para obtener y preservar pruebas del disco duro de una computadora, es diferente del procedimiento requerido para obtener evidencia de los celulares.

A menos que se realice una obtención en vivo, las pruebas se extraen de los dispositivos digitales en el laboratorio forense (obtención estática). Se debe garantizar la utilización de herramientas forenses que asegure la integridad y conservación de las pruebas, de manera que los datos no se alteren. Las herramientas y técnicas utilizadas deben ser válidas y fiables[89].

---

89 SWGD Best Practices for computer Forensic Acquisitions, 2018 https://www.swgde.org/documents/currents%20Documents/SWGDE%20Best%20Practices%20for%20Computer%20Forensic%20Acquisitions

Es importante resaltar que, la información se asegura y preserva, antes que nada, haciendo un duplicado del contenido de dicho dispositivo y el analista trabaja en la copia sobre los puntos a analizar.

Para verificar si el duplicado es una copia exacta del original, se calcula un valor de *hash* criptográfico para el original y el duplicado, mediante cálculos matemáticos. Ambos valores —del original y de la copia— deben coincidir para determinar que esa exactitud quiere decir, inalterabilidad de los datos.

e. *Análisis y presentación de informes técnicos*: la evidencia digital será examinada y analizada por personal idóneo, entrenado y capacitado para ese propósito. El proceso de análisis forense digital implica evaluar e interpretar la información, y comunicar los resultados del análisis (*presentación de informes*).

En la fase de análisis, es fundamental que el investigador pueda coordinar con el analista forense los puntos de pericia.

En la fase de la presentación de resultados, los informes deben ser claros y precisos; pueden incluir material demostrativo y documentos de apoyo. Los hallazgos deben explicarse a la luz de los objetivos del análisis (objeto de investigación), dejando asentado debilidades y fortalezas.

Este informe será utilizado para refrescar la memoria del perito o establecer inconsistencias, en caso que el analista diga algo distinto a lo que incluyó en el informe técnico.

f. *Documentación*: todo lo realizado durante el proceso de recolección, transporte y almacenamiento de las evidencias, tienen que estar documentado, preservado y disponible para un posterior examen. Esta documentación debe incluir información detallada sobre los dispositivos digitales de los que se extrajeron las pruebas, el hardware y el software utilizados para obtener dichas evidencias, cómo, cuándo, dónde y porqué se obtuvieron[90].

g. *Embalaje:* Cada dispositivo debe ser etiquetado, junto con sus cables de alimentación, empaquetado y transportado al Laboratorio de Análisis Forense: a) la evidencia digital es frágil y sensible a altas temperaturas, humedad, electricidad estática y campos magnéticos; b) embalar toda la evidencia digital en bolsas antiestáticas y no utilizar

---

90 Maras, M. H., *Computer Forencics: Cybercriminals, Laws, and Evidenes,* Jones & Bartlett, 2014.

material plástico; c) todo lo que pertenezca a una computadora será identificado o rotulado, embalado y transportado en su conjunto, para evitar que se mezclen con otros dispositivos; d) fajar con fajas de papel y pegamento los puertos y todas las entradas, de manera que no se puedan remover o reemplazar las piezas internas del mismo

h. *Transporte:* Documentar quienes participaron del empaquetamiento y transporte para registrar la cadena de custodia

i. *Almacenamiento*: a) inventario de toda la prueba; b) almacenarla en un ambiente seguro y que se evite las altas temperaturas y humedad, no debiendo estar expuestas a campos magnéticos; humedad, polvo, o cualquier elemento que pueda dañarla o destruirla.

Los pasos señalados más arriba sirven de guía para llevar a cabo un examen directo de quienes participaron en dichos escalones y, para que la contraparte efectúe un control exhaustivo de ello, a través del contra interrogatorio.

Si las partes desconocen las bases de este u otros protocolos o guías internacionales, no podrán demostrar correctamente la adquisición de la evidencia, ni saber si los expertos de la contraparte lo hicieron correctamente. Detectar que los expertos no siguieron lineamientos similares, es de utilidad para efectuar líneas de contraexamen sobre la idoneidad del testimonio del experto informático.

Es importante destacar que, los investigadores deberán expedirse sobre la conservación de pruebas digitales, exentas de modificación alguna. Deberán explicar su integridad mantenida en cada fase del manejo de dichas evidencias.

En consecuencia, los investigadores, los técnicos de la escena del delito, o los expertos en el análisis forense digital, deben demostrar que no se modificaron las evidencias digitales, durante la fase de identificación, recolección y obtención, dependiendo de los dispositivos digitales (computadoras o celulares, por ejemplo), exhibiendo el paso a paso por el respeto de la cadena de custodia.

Cada fase debe explicarse al detalle en el juicio oral, demostrando su intangibilidad y trazabilidad desde el primer momento hasta la entrega del informe técnico a las partes.

Es de destacar que cada paso señalado integra la trazabilidad del tratamiento de la evidencia digital que se pretende mostrar en juicio. Esta, podrá ser relatada por cada experto que ha intervenido en cada fase. Pueden ser varios los que serán admitidos a juicio a tal fin, y, en ese sentido, deben haber sido muy bien preparados por el fiscal, para armar una cronología exacta que explique sin fisuras todo el proceso.

Es importante que el litigante que examina combine las preguntas con exhibición posterior de la evidencia, objetos o fotos, para que, luego de explayarse sobre cada fase, reconozca el material que tuvo a su alcance para estructurar su conocimiento.

Digo esto, pues, una mínima fisura en el relato, respecto de la interrelación de cada eslabón de la cadena de custodia —física y digital—, podría brindarle a la contraparte una oportunidad para sembrar dudas en el contra examen.

En síntesis, algunos de los aspectos relevantes sobre los que se litigará en juicio se referirán a:

- la *autorización legal* para llevar a cabo registros e incautaciones de los datos contenidos en los dispositivos electrónicos. El juez verificará y la contraparte controlará, si se utilizó la autorización legal apropiada para registrar e incautar los datos provenientes de las TIC, —orden de registro-
- la *pertinencia* forense, se determina según si las pruebas digitales vinculan o descartan una conexión entre el autor y el objetivo de la investigación, o la escena del delito, por ejemplo.
- La *integridad y fiabilidad* de las evidencias digitales se evalúa examinando los procedimientos y herramientas forense utilizadas para obtener las pruebas digitales, la competencia y las calificaciones de los expertos forenses digitales que las han obtenido, conservado y analizado.
- los procedimientos e instrumentos de análisis forense digital, utilizados para extraer, conservar y analizar la evidencia digital;
- los laboratorios digitales donde se realizan los análisis,
- los informes de los analistas forenses digitales, y las calificaciones técnicas y académicas de dichos analistas.

8.4. Presentación en juicio de las medidas de investigación modernas a través del examen y contra examen de testigos y expertos

Las medidas de prueba y los medios de investigación se modernizan con el avance de las tecnologías.

La recolección de evidencia digital no se limita a los delitos incluidos en las leyes de delitos informáticos de cada país; sino que para la investigación de todos los delitos se requiere de la prueba electrónica para comprobar algún aspecto de las teorías del caso del fiscal y de la defensa, o bien, para complementar lo adquirido a través de la prueba física.

En ese sentido, los ciberdelincuentes complejizan su *modus operandi* en el ciberespacio y utilizan las tecnologías disruptivas para concretar las actividades delictivas; y ello exige que los Estados estén a la altura tecnológica para contrarrestar aquellos efectos, debiendo lograr un equilibrio entre la persecución penal del estado y los derechos fundamentales de los ciudadanos.

Son pocas las legislaciones de los países de la región, en cuanto a la regulación de la recolección y valoración de la evidencia digital en el sistema procesal penal y de los medios de investigación modernos adaptados a las nuevas tecnologías, debiendo acudirse al principio de libertad probatoria, adaptando las normas previstas para la recolección de prueba física en investigaciones que requieren de evidencia digital. Ello, a pesar de la diferencia existente en relación a la expectativa de privacidad entre la prueba física y la digital, con la posibilidad de poner en riesgo garantías constitucionales.

En este escenario, sería conveniente incorporar a los Códigos de Procedimiento penal las medidas de investigación específicas, y los medios y formas de recolectar la evidencia digital que se adecúen a los desafíos que enfrentan los actos cometidos en un ámbito virtual[91].

Claro que, en el mientras tanto, los litigantes deberán reforzar sus habilidades y destrezas para demostrar y justificar en el juicio la trazabilidad de la investigación.

Es importante que los investigadores elijan, estratégicamente, las opciones para asegurar la prueba electrónica, individualizar a los sospechosos y descubrir el hecho delictivo. Algunos de los medios más frecuentes pueden ser: análisis de fuentes abiertas, agente encubierto digital, búsqueda de información en Internet de las cosas, las imágenes forenses, uso de herramientas informáticas con Inteligencia Artificial para extraer los datos de los dispositivos de almacenamiento informático, etc., etc.

---

91 Por medio de la ley 27.411 (BO 15/12/2017), Argentina adhirió al Convenio sobre la Ciberdelincuencia de Budapest del 23 de noviembre de 2001, vigente en el país desde el 1 de octubre de 2018.

Todos ellos, explicados en profundidad en los capítulos anteriores, poseen particularidades que los diferencian de los medios tradicionales, y cuya explicabilidad acerca de la metodología utilizada para arribar a resultados contundentes, deberán ser expuestas correcta y claramente en las audiencias orales a través de los testimonios de expertos investigadores, para descartar todo tipo de duda acerca de la vulneración de derechos fundamentales.

8.4.1. Imagen forense o bit a bit

El siguiente paso, luego de secuestrar los objetos, y de tomar todas las precauciones señaladas en el acápite anterior, y la necesidad, en la mayoría de las veces, de transportar esos objetos al laboratorio informático para proceder al copiado y aseguramiento de la evidencia, para luego sí, analizarla de acuerdo a los puntos de pericia suministrada por las partes[92].

Dada la complejidad de la búsqueda en el lugar del allanamiento, y el tiempo que pueda demandar, lo más común es que se incauten los dispositivos electrónicos, salvo que ello pueda causar un grave perjuicio a su titular, como en el caso del allanamiento a un banco, que sería realmente perjudicial para la entidad, secuestrar el servidor entero, pues su copiado y posterior análisis llevaría meses[93].

Las copias del original, dirigidas a asegurar la integridad de los datos, incluyen el *hashing* criptográfico de resultado y el uso de herramientas de bloque de escritura sobre el original. Los *hashes* son algoritmos que crean, a partir de una entrada, una salida alfanumérica de longitud normalmente fija que representa un resumen de toda la información que se le ha dado y que solo puede volverse a crear con esos mismos datos. De esta manera, se asegura que no se ha modificado el archivo, ya que cualquier cambio en la información, por pequeña que sea, altera el hash. El hash es la huella digital de la información electrónica que permite que no se alteró la prueba original y que, asegura la autenticidad e integridad de la prueba digital,

---

92 En *United State vs. Henson*, se señaló que, el secuestro de un archivador completo es aceptable cuando dicha incautación está motivada en la impracticabilidad de la clasificación en el lugar (848 F.2d 1374, 1383-84, 6to. Cir.1988)

93 En *United States v. Hill*, la Corte Federal de Estados Unidos decidió que era razonable y constitucional confiscar el disco duro puesto que no podían pedirle a los agentes que se queden allí indefinidamente hasta terminar de buscar en el disco (322F 3d 468, 480).

posibilitando asegurar que, esa evidencia contenida en el dispositivo secuestrado, es la misma que la copiada, sin alteraciones.

Es de destacar que, entre el secuestro del dispositivo y el análisis de la evidencia en él almacenada, existe la etapa de copia o clonación, y las herramientas forenses utilizadas para su realización, va a depender del dispositivo que se trate.

Cuando la evidencia se encuentre en un teléfono celular, la extracción de la información se llevará a cabo mediante herramientas específicas[94], como el UFED.

En cambio, cuando la información se encuentra almacenada en discos rígidos, —computadoras, pendrives, etc.— de acuerdo a las buenas prácticas de informática forense[95], se inicia a través de la obtención de una imagen forense que constituye una réplica exacta del contenido del soporte[96] de almacenamiento, una copia idéntica de todos y cada uno de los bits contenidos en él, lo que incluye la totalidad de los archivos almacenados, el espacio libre y no asignado, el "*Master File Table*" en el orden preciso que se encuentran en el original[97].

Entonces, a partir de la extracción y/o obtención de la imagen forense, la información digital que se encontraba alojada en los dispositivos de almacenamiento puede ser analizadas por los técnicos informáticos.

En el fallo *United State Courts vs. Williams. H.*[98], Howard Williams fue condenado por tráfico sexual de un niño en violación de 18 U.S.C. § 1591(a) (1) y (b)(2). En apelación, la defensa impugna la introducción de evidencia extraída de su teléfono celular usando tecnología Cellebrite.

Afirma que el tribunal de distrito se equivocó al permitir que un investigador policial introduzca el extracto de Cellebrite sin estar previamente calificado como experto bajo la Regla Federal de Evidencia 702. Williams objetó el uso del testimonio de *Cellebrite* sin un perito que lo presentara.

---

94 Delle Donne, D. *La extracción de la prueba electrónica de teléfonos celulares y la garantía de defensa en juicio.* LL. 2020-A-232.LL online. AR/DOC/89/2020, del 12 de febrero de 2020.

95 Presman, G. *La cadena de custodia en la evidencia digital* en Cibercrimen II, Dir. Dupuy. D, Coord. Kieferm, M., Bs.As., BdeF, 2018, p. 310.

96 Presman, G. *La cadena de custodia en la evidencia digital* en Cibercrimen II, Dir. Dupuy. D, Coord. Kiefer, M., Bs.As., BdeF, 2018, p. 310.

97 Kerr, O., *Searches and seizures in a digital world*, en Harvard Law Review, vol. 531, 2005, pp. 540/1

98 United States v. Williams, No. 22-10316, (5th Cir. Oct. 13, 2023).

El investigador testificó sobre: (1) sus certificaciones como operador y analizador de *Cellebrite,* (2) el proceso de extracción de datos, y, (3) las pruebas que obtuvo.

Sin embargo, la Corte no encontró ningún error y mucho menos un abuso de discreción.

Williams afirmó que *Cellebrite* es una tecnología compleja, ergo, el funcionamiento de *Cellebrite* requiere conocimientos especializados y la introducción de un informe *Cellebrite,* y ello exige calificación de un testigo como perito. Sin embargo, todo lo que hizo el oficial fue ejecutar un programa de computadora. Él manifestó falta de conocimientos técnicos del software; que él no diseñó el programa; y además, no opinó sobre ninguna aplicación del conocimiento especializado.

Durante el juicio, el investigador señaló que: *"como operador, solo opero la máquina. No estoy al tanto de la programación ni de cómo se extrae datos."*

La defensa manifestó que el investigador reconoció su falta de conocimiento sobre el software y declaró que era simplemente un operador.

El contrainterrogatorio del investigador fue dirigido a poner en duda a Cellebrite como tecnología fiable.

Según la defensa, es necesario una muestra de conocimientos especializados, sobre el mero uso y comprensión de un extracto de *Cellebrite* en el juicio, y, comprender su informe requiere conocimiento de una persona razonablemente conocedora de la tecnología, independientemente de la opinión del investigador, mero operador y analizador "certificado".

La Corte manifestó que: "Si lleváramos el argumento de Williams a su fin lógico, se exigiría un mecánico para calificar como experto solo para testificar que un automóvil con una llanta pinchada se pasó un semáforo en rojo. Ése no es el requisito de la Regla 702. El tribunal de distrito correctamente dictaminó que aquí rige la Regla 701".

Todos los circuitos que han abordado esta cuestión (si la evidencia obtenida con la tecnología *Cellebrite* requiere el testimonio de expertos para admisión), han respondido negativamente.

En Chávez-López, concluyó que el testigo sólo ofreció testimonio de hechos, como "las acciones que tomó para extraer los datos: conectar los teléfonos a un computadora, siguiendo algunas indicaciones y guardando los datos en una unidad externa"[99].

---

99 767 F. Apéndice 431, 434 (4.º Cir. 2019).

"A lo sumo, el testigo ofreció la opinión de que *Cellebrite* copia datos de un teléfono móvil, que derivó de su experiencia personal usando el software". Ese testimonio "no requieren un conocimiento técnico de *Cellebrite,* y no hizo ninguna afirmación sobre la efectividad o confiabilidad del programa"[100]

De manera similar, en *U.S. vs. Marsh,* el testigo simplemente describió su capacitación, explicó cómo utilizó el software y "confirmó los resultados revisando los mensajes en el propio teléfono"[101]. El testimonio del testigo no se basó en fundamentos técnicos o conocimiento especializado, ya que "testificó sólo sobre los pasos que tomó utilizando el programa *Cellebrite*" y "no opinó sobre la confiabilidad" de *Cellebrite*[102].

En la apelación, la defensa afirmó que fue un error reversible que el tribunal cometiera admitir el testimonio de *Cellebrite* sin un perito y sin una conclusión de fiabilidad.

La Corte manifestó su desacuerdo, señalando que no es necesario presentar la prueba a través de un perito, con los siguientes argumentos.

Si lleváramos el argumento de Williams a su fin lógico, los tribunales de distrito necesitarían siempre, como experto calificado, a un mecánico, solo para testificar que un automóvil con una llanta pinchada, se pasó un semáforo en rojo. Ése no es el requisito de la Regla 702. "Un testimonio se requiere para explicar la recopilación de datos digitales, por ejemplo, debido a la sofisticada naturaleza del análisis forense particular o del equipo desplegado. Pero éste no es uno de esos casos".

---

100 Aunque **Edasi** explicó claramente su uso de Cellebrite, hubo un **disenso parcial** en la decisión del tribunal, donde el juez Bennett argumentó que el testimonio excedió el ámbito de un testimonio laico y debía haber sido tratado como **testimonio experto** bajo la Regla Federal de Evidencia 702. Esto se debió a que el manejo de los datos digitales y su interpretación, en particular el proceso de "parsing", involucraba conocimientos que, según la disidencia, no caen dentro de lo que un testigo laico puede comprender y explicar sin formación especializada.

101 568 F. Apéndice 15, 17 (2d cir. 2014). Y en *United State v. Ovies,* el 9th. Circuito llegó al mismo
resultado. 783 F. App'x 704, 707 (9th Cir. 2019), cert. denegado, 140 S. Ct. 820 (2020)

102 Una opinión inédita de este circuito también ha descrito al *Cellebrite* como un "proceso de memoria. *United Stat v. Rubio,* No. 21-50886, 2022 WL 17246937, en *2 (5th Cir. 28 de noviembre de 2022)

Por lo tanto, la Corte entendió que, cualquier testimonio admitido erróneamente por el investigador tuvo, en el mejor de los casos, un "efecto muy leve"[103], que lo hacía inofensivo.

Pettis Milan Watson vs Texas[104]: el poder del contra examen

En este caso se discutió y resolvió sobre la importancia y el estándar de calidad de una evidencia preservada a través de las copias forenses.

La falta de preservación de la evidencia provocó que la defensa contra examine al sargento especializado interviniente, dejando expuesto, a través de sus preguntas, la falta de preservación de las conversaciones con el delincuente, y, por ende, la baja calidad de la prueba en su contra.

En ese sentido, entiendo que los litigantes deben conocer los estándares internacionales de recolección y preservación de la evidencia digital, pues permite efectuar un debido control de la contraparte, definiendo el resultado del caso, como ocurrió a continuación.

Los hechos fueron los siguientes: En febrero de 2020, el Sargento Krystal Kaether de la Oficina del Sheriff del condado de Tarrant, estaba trabajando en una operación encubierta cuando se hizo pasar por una niña de quince años en una aplicación de redes sociales llamada "*Whisper*".

Un individuo inició contacto con "ella". Este individuo se identificó como "Pettis" y envió varias imágenes "selfies" de un hombre negro. El sargento Kaether le dijo al individuo que tenía quince años y el individuo respondió que tenía veinte años. Luego de intercambiar números de teléfono, "Pettis" y el sargento Kaether continuaron comunicándose por mensaje de texto.

A través de un mensaje, el individuo nuevamente se identificó como "Pettis" y envió más imágenes del mismo hombre negro. "Pettis" preguntó al sargento Kaether si era virgen e hizo otros comentarios sexualmente explícitos. "Pettis" le dijo al sargento Kaether que quería pasar el rato y se ofreció a penetrar digitalmente su vagina. El sargento Kaether invitó a "Pettis" a encontrarse con ella en un parque, pero nadie apareció. Al día siguiente, "Pettis" y el sargento Kaether acordaron reunirse en su casa, pero nuevamente nadie apareció.

---

103 *Kotteacos vs. US*, 328 U.S. 750, 764-65 (1946); ver también Williams, 957 F.2d en 1244.

104 Pettis Milan Watson v. The State of Texas, No. 02-23-00172-CR, May 2, 2024 (mem. op.)

El sargento Kaether puso fin a su investigación y obtuvo una orden de arresto para Watson.

El abogado defensor se opuso a la admisión de los mensajes de texto porque no estaban debidamente autenticados; argumentando específicamente que el Estado no proporcionó pruebas adicionales más allá del "mero contenido del mensaje en sí"; como un examen informático forense, registros telefónicos solicitados, o el testimonio de un testigo que manifieste que los mensajes de texto eran similares a otros enviados por Watson, etc., con el fin de demostrar que, efectivamente, Watson fue el autor de dichos mensajes. La defensa también argumentó que, las fotografías de Watson no eran, por sí solas, suficientes para autenticar los mensajes de texto, porque las imágenes de personas son accesibles al público a través de Internet y, alternativamente, si alguien tuviera acceso al teléfono o computadora de otra persona, esa persona también tendría acceso a las imágenes que contiene.

El Estado respondió argumentando que la totalidad de la evidencia apoyaba la autenticidad porque había suficiente información de identificación en la aplicación de redes sociales y en los mensajes de texto para demostrar que Watson era el autor. En la aplicación de redes sociales, el individuo proporcionó su nombre y número de teléfono y envió una *selfie.* A través de mensajes de texto, el individuo volvió a indicar su nombre y envió otra *selfie*, y, luego, la policía investigó el número de teléfono. Todas estas fuentes, afirmó el Estado, apuntaron a la misma persona: Watson.

Durante el contrainterrogatorio al sargento Kaether, se demostró, de manera concluyente, que no había tomado medidas razonables para autenticar los mensajes de texto y la aplicación *Whisper.*

En primer lugar, admitió que cualquier persona podía utilizar un sitio web de "suplantación de identidad" para enviar mensajes de texto fraudulentos desde el número de teléfono de otra persona. También, a preguntas de la defensa, admitió que podría haber obtenido, pero no lo hizo, una citación para obtener los registros del teléfono celular de Watson, y descargar los mensajes de texto. También admitió que podría haber obtenido, pero no obtuvo, una orden de registro para los teléfonos celulares y computadoras de Watson y que podría haber usado *Cellebrite* u otro software, pero no lo hizo, para descargar su contenido y verificar que los mensajes de texto provenían del teléfono celular u otro dispositivo de Watson y que él era quien usaba el dispositivo en el momento en que fueron enviados. Admitió que no sabía quién, si es que había alguien, vivía con Watson en el momento en que se enviaron los mensajes de texto, cuántos teléfonos celulares u otros dispositivos poseía Watson que podían enviar esos mensajes de texto, o quién tenía acceso a esos dispositivos. Finalmente, admitió que no tenía conocimiento personal de la identidad de la persona que había enviado los mensajes de texto.

No obstante, los registros de los mensajes de texto, las conversaciones de la aplicación Whisper y las fotografías fueron admitidos como prueba para el jurado, y las partes acordaron una sentencia de cinco años, legalizada durante un período de cinco años, y el tribunal de primera instancia condenó a Watson en consecuencia.

A instancias de Pettis, se revisó la admisión de pruebas por parte del tribunal de primera instancia por abuso de discreción.

La Regla 901(a) de las Reglas de Prueba define la autenticación como una condición previa a la admisibilidad de la evidencia que requiere que el proponente establezca un umbral que demuestre que sería "suficiente para respaldar una conclusión de que el artículo es lo que el proponente afirma que es"[105]. Si el proponente ha cruzado este umbral como lo exige la Regla 901 es una de las cuestiones preliminares de admisibilidad contempladas por la Regla 104(a)[106].

Se señaló que la autenticidad en el contexto de los mensajes electrónicos incluye una cuestión subsidiaria: si los mensajes fueron realmente escritos por el supuesto remitente. Aunque la determinación preliminar de autenticidad del tribunal de primera instancia es una "barrera baja", la evidencia "que simplemente muestra la asociación de un número de teléfono con un supuesto remitente-por sí sola-podría ser demasiado tenue" para demostrar la autoría[107]. Para "cerrar la brecha lógica" y permitir una inferencia de que la persona asociada con un número de teléfono celular específico fue autora y envió los mensajes de texto en cuestión, generalmente se requie-

---

105 Texas R. Evid. 901(a); Tienda v. State, 358 S.W.3d 633, 638 (Tex. Crim. App. 2012).

106 Tienda, 358 S.W.3d en 638.

107 Butler[v. State], 459 S.W.3d [595,] 601-02[(Tex. Crim. App. 2015)] (analogizando un número de teléfono celular a una dirección de remitente en una carta); Gardner[v. State, No. 02-14-00459-CR], 2015 WL 4652718, en *2[(Tex. App.-Fort Worth 6 de agosto de 2015, pet. ref.) (mem. op., no designado para publicación)]; ver Tienda, 358 S.W.3d en 641-42 (observando que "los teléfonos celulares pueden ser robados" y por lo tanto evidencia "que un mensaje de texto emana de un número de teléfono celular asignado al presunto autor... sin más... [i] s [in] suficiente para respaldar una conclusión de autenticidad"); Chavezcasarrubias[v. State, No. 02-14-00418-CR], 2015 WL 6081502, en *2[(Tex. App.-Fort Worth 15 de octubre de 2015, sin pet.) (mem. op., no designado para publicación)].

re que el proponente ofrezca evidencia directa o circunstancial adicional, como el testimonio de un testigo con conocimiento, detalles contextuales que indiquen la autoría o contenido distintivo de los propios mensajes[108].

Habiendo concluido que el tribunal de instancia abusó de su discreción al admitir erróneamente los mensajes de texto, debieron revisar el expediente para determinar si el error es reversible. La Regla 44.2(b), obliga a ignorar cualquier error inconstitucional que no afecte los derechos sustanciales del apelante. Un derecho sustancial se ve afectado cuando el error tuvo un "efecto o influencia sustancial y perjudicial en la determinación del veredicto del jurado"[109].

Por el contrario, un error no afecta un derecho sustancial si el tribunal de apelaciones tiene una seguridad justa, a partir de un examen del expediente en su conjunto, de que el error no influyó en el jurado o que tuvo sólo un efecto leve[110].

En ese sentido, la Corte sostuvo que el Estado admite que "los mensajes de texto fueron la única prueba que respaldaba la condena de Watson" y que "no hay duda de que su admisión tuvo un efecto o influencia sustancial y perjudicial en la determinación del veredicto del jurado". En consecuencia, fue revocada la sentencia del tribunal de primera instancia, devolviendo el caso para un nuevo juicio.

Este caso, no solo demuestra el poder de un buen contra examen, sino también, el conocimiento que las partes deben tener, acerca de las exigencias del correcto tratamiento de la evidencia digital.

La defensa pudo extraer información a través de contra interrogatorio, acerca de lo que el Agente investigador no había hecho; dejando expuesto un erróneo manejo de la evidencia digital que se debía asegurar con el uso de herramientas forenses y con la realización de otras medidas, para identificar, sin dudas, a Watson como autor del hecho.

---

108 Butler, 459 SW3d en 601-03; ver también Texas R. Evid. 901(b). Cain v. State, 621 S.W.3d 75, 80 (Aplicación de Texas-Fort Worth 2021, pet. ref.).

109 Haley v. State, 173 S.W.3d 510, 518 (Tex. Crim. App. 2005); ver King v. Estado, 53 S.W.2d 266, 271 (Tex. Crim. App. 1997) (citando Kotteakos v. United States, 328 U.S. 750, 776, 66 S. Ct. 1239, 1253 (1946)).

110 Macedo contra el Estado, 629 S.W.3d 237, 240 (Tex. Crim. App. 2021).

8.4.2. Análisis de dispositivos de almacenamiento informático. Hallazgos posteriores

El análisis masivo de información contenida en los dispositivos de almacenamiento informático, nos desafía a discutir acerca del límite que debería haber sobre esa búsqueda.

Soy de opinión, que las ordenes de registros deben estar dirigidas específicamente, al objeto de la investigación de la fiscalía, aunque, es común, que esos límites son difusos.

Veamos como discuten las partes estos límites en *United States v. Johnson*[111], y la importancia de la declaración del perito en el juicio oral, que deberá justificar y fundamentar la existencia de una línea tan delgada que es imposible dejar de lado datos relevantes que es prueba directa, en este caso, del lugar donde se cometió la producción de un video, en el que, el propio imputado, abusaba a su hija de corta edad.

El demandado-apelante Cory Johnson, apeló una sentencia del 12 de mayo de 2022 del Tribunal de Distrito de los Estados Unidos para el Distrito de Vermont (Crawford, C. J.), que lo condena por un cargo único de producción consciente de pornografía infantil en violación de 18 U.S.C. § 2251(a), y lo condenó a una pena de prisión de 240 meses, seguida de una pena de libertad supervisada de 15 años.

Cuando las autoridades federales identificaron por primera vez a Johnson por comerciar material de abuso sexual infantil ("CSAM") dentro de un grupo de chat de Internet en 2018, la ejecución de una orden de registro en su casa en South Burlington, Vermont, tuvo como resultado la incautación de medios electrónicos que contenían más de 8.000 vídeos y más de 6.000 imágenes de dicho material. Johnson fue acusado inicialmente de distribución de explotación sexual infantil, pero como resultado de un acuerdo de declaración de culpabilidad se lo declaró culpable únicamente por la posesión a 45 meses de prisión.

Una *revisión posterior de datos digitales previamente incautados y segregados en respuesta a la orden original*, produjo evidencia de que Johnson no solo había poseído el material aludido en 2018, sino que había abusado sexualmente a su hija de dos años y medio, filmando el abuso.

Johnson fue acusado formalmente del presente cargo de producción de abuso sexual de su hija, en 2019 y, nuevamente se declaró culpable, esta vez

---

111 United States v. Johnson, No. 22-1086, (2d Cir. Feb. 27, 2024).

reservándose el derecho de apelar la denegación de sus mociones para suprimir pruebas y desestimar ese nuevo cargo, en razón de que su acuerdo de declaración de culpabilidad de 2018, lo impedía.

Como explicaré seguidamente, la Corte concluyó que los argumentos de Johnson en su apelación carecen de fundamento, y, por ende, confirmó la sentencia del tribunal de distrito.

El caso se inició en marzo de 2018, cuando un agente especial de Investigaciones de Seguridad Nacional ("HSI") con sede en Carolina del Norte, se infiltró en un grupo de chat en *Kik* —una aplicación de mensajería para teléfonos inteligentes—, y obtuvo varios videos de CSAM de un usuario llamado "Textile". Al consultar la información del suscriptor a *Kik*, y comparar esa información con una página pública de Facebook, el agente especial llegó a sospechar que "Textile" era Johnson.

Debido a que Johnson vivía en South Burlington, Vermont, la información desarrollada en Carolina del Norte se envió para profundizar la investigación, a la agente especial de HSI[112], Caitlin Moynihan, con sede en Vermont.

Después de consultar una base de datos policial del estado de Vermont, realizar vigilancia fuera de la casa de Johnson, inspeccionar los registros de matrículas y verificar la identidad de Johnson, localizándolo en su trabajo detrás de un mostrador de *delicatessen* de Costco, Moynihan buscó y obtuvo una orden para registrar la casa de Johnson en busca de CSAM y evidencia de delitos relacionados con la explotación sexual infantil.

La orden autorizaba la incautación y "registros, documentos y elementos", incluido cualquier dispositivo electrónico, que constituyan, "pruebas, en violaciones del Título 18 U.S.C. § 2252A, relacionado con material que involucra la recepción, distribución, transporte y posesión de pornografía infantil"..., registros "relacionados con la producción... de cualquier representación visual de menores involucrados en conductas sexualmente explícitas según se define en 18 U.S.C. § 2256". En cuanto a cualquier dispositivo electrónico que contenga CSAM, la orden autorizó, entre otras cosas, la incautación de evidencia "de quién usó, poseyó o controló" el dispositivo en el momento en que dicho material fue creado, editado o eliminado, y, evidencia de la cantidad de veces que se utilizó el dispositivo.

---

112 HSI es la principal división de investigación del Departamento de Seguridad Nacional de EE. UU. Cfr. Investigaciones de seguridad nacional, ICE.gov, https://www.ice.gov/about-ice/homeland-security-investigations.

La orden de registro se ejecutó el 20 de marzo de 2018. Los agentes especiales de HSI confiscaron "varias computadoras, teléfonos celulares, tabletas, cámaras, memorias USB y otros dispositivos electrónicos" y Johnson fue acusado de distribuir pornografía infantil el mismo día.

Una revisión forense posterior del material incautado, completada en junio de 2018, reveló aproximadamente 8.816 videos y 6.931 imágenes de CSAM en múltiples dispositivos, así como otras pruebas digitales que caerían dentro del alcance de la orden de registro.

Luego de ello, las partes estipularon una pena de prisión de 45 meses. Johnson se declaró culpable el 4 de enero de 2019, y el Tribunal de Distrito de los Estados Unidos para el Distrito de Vermont (Crawford, C. J.) impuso la sentencia de 45 meses en mayo de 2019.

La cuestión polémica en este caso es que, aproximadamente un mes después, Moynihan envió al Centro Nacional para Niños Desaparecidos y Explotados ("NCMEC") copias de los archivos de vídeo e imágenes de MASI, proporcionadas por el analista forense de HSI, que había localizado ese material en los dispositivos de Johnson y adjuntó como que respondía a la orden de registro.

Este material constituía un subconjunto del material digital encontrado en sus diversos dispositivos.

Los organismos encargados de hacer cumplir la ley, como HSI, suelen, enviar, regularmente, dicho material al NCMEC, para que el CSAM recién incautado pueda compararse con el material de la base de datos del NCMEC con el fin de identificar a niños que las autoridades no conocían previamente, y que podrían estar en riesgo y colaborar en su rescate[113].

Normalmente, esta revisión se habría llevado a cabo durante la fase de investigación del procesamiento original de Johnson, pero Moynihan olvidó enviar los archivos al NCMEC, haciéndolo en junio.

---

113 Véase la Ley de Asistencia a Niños Desaparecidos, Pub. L. No. 98-473, div. II, § 660, 98 Stat. 2125 (1984) (codificada según enmendada en 34 U.S.C. §§ 11291 et seq.). El NCMEC "mantiene una base de datos de colecciones conocidas de pornografía infantil". Su Programa de Identificación de Víctimas Infantiles se utiliza para comparar archivos de investigación con imágenes y vídeos de CSAM ya conocidos con el fin de identificar a niños en riesgo y ayudar a proporcionar restitución a las víctimas identificando a los niños reales representados.

HSI envió 3761 imágenes y 3653 archivos de video al NCMEC después de eliminar varios archivos CSAM duplicados encontrados en múltiples dispositivos.

Basándose principalmente en el testimonio de Moynihan en la audiencia de supresión, el tribunal de distrito concluyó que esta desviación del procedimiento normal fue un descuido y que "[n]o hay prueba para concluir que Moynihan pospuso intencionalmente la presentación del expediente al NCMEC, luego que el Estado había obtenido una declaración de culpabilidad y una condena".

Después de realizar su revisión durante el verano, NCMEC notificó a Moynihan que había identificado un video que aún no estaba en su base de datos CSAM. En un correo electrónico del 4 de septiembre de 2019, el NCMEC informó a Moynihan que el vídeo, que mostraba el abuso sexual de un niño pequeño por parte de un adulto, parecía haber sido creado cerca de Burlington, Vermont. El NCMEC basó esta determinación en los metadatos del video, que incluían coordenadas GPS que indicaban que el video pudo haber sido producido en South Burlington.

Moynihan recuperó y revisó el archivo de video, que originalmente estaba ubicado entre los archivos digitales de un teléfono celular confiscado a Johnson; el cual mostraba a un hombre adulto abusando de una niña "frotando su pene contra sus nalgas y eyaculando". Moynihan reconoció la voz de Johnson en el video y creía que la niña tenía aproximadamente la edad de la hija de Johnson en el momento en que se creó el video, coincidiendo las coordenadas de longitud y latitud del GPS proporcionadas por el NCMEC, y la ubicación aproximada de la casa de Johnson.

Así, Moynihan solicitó una segunda orden judicial para registrar nuevamente la casa de Johnson, esta vez buscando ropa de cama distintiva que aparecía en el fondo del video: una manta blanca y rosa; una sábana de flores amarillas, rosadas y azules; una almohada rosa con flores y mariposas; y tela decorada con un elefante verde.

El vídeo en cuestión había sido identificado como CSAM durante el análisis forense de HSI, pero los metadatos[114] del GPS no habían sido revisados previamente. En el momento del análisis de HSI, el examinador forense no pudo determinar si los datos de GPS estaban en los muchos

---

114 "Metadatos" se refiere generalmente a información digital sobre otros archivos digitales, incluido, por ejemplo, el autor de un archivo, las horas en que fue modificado o, como suele ser el caso de imágenes y videos, las coordenadas GPS donde se creó.

videos identificados como CSAM, salvo que los hubiera revisado uno por uno y usando un software diferente al utilizado para localizar los videos de abuso sexual infantil.

La segunda orden se emitió en septiembre de 2019. Cuando la ejecución de esa orden reveló la ropa de cama vista en video, el Estado obtuvo una acusación del Gran Jurado acusando a Johnson de producción de pornografía infantil en violación de 18 U.S.C. § 2251(a).

Johnson se había mudado de una casa a otra desde la primera búsqueda y, al parecer, desde que se produjo el vídeo. La solicitud de orden, que era para la nueva residencia, decía que "es común que las personas trasladen sus pertenencias de una residencia a una nueva residencia", por lo que era probable que Johnson todavía poseyera la ropa de cama.

Como admitió posteriormente el Fiscal, la solicitud de orden contenía un error en cuanto a las coordenadas GPS; pues Moynihan atestiguó que al ingresar las coordenadas en un programa de Google Maps, "regresaron a una residencia ubicada en 7 Kingfisher Court en South Burlington", que era la antigua residencia de Johnson.

El tribunal de distrito determinó que Moynihan había cometido un error honesto y que "[una] solicitud de orden de registro que mostraba que el video encontrado en el teléfono celular del Sr. Johnson se produjo en las inmediaciones de su dirección anterior, pero en 1 Kingfisher en lugar de 7 Kingfisher —habría sido suficiente para respaldar una causa probable".

Ante el tribunal de distrito, Johnson buscó suprimir los datos digitales incautados durante la búsqueda de 2018 y revisados por el NCMEC en 2019 (es decir, el video CSAM de su hija y sus metadatos asociados), así como los frutos de la búsqueda del año 2019 en la casa de Johnson, incluida la ropa de cama incautada.

En lo relevante a esta apelación, Johnson argumentó que el NCMEC, actuando como agente del gobierno, violó la Cuarta Enmienda al buscar datos más allá del alcance de la orden judicial de 2018 en busca de evidencia de un nuevo delito (es decir, producción de pornografía infantil, en lugar de distribución y posesión). Incluso si la búsqueda del NCMEC estuviera dentro del alcance de la orden inicial, aun así, sostuvo, violaba la Cuarta Enmienda porque no se llevó a cabo dentro de un tiempo razonable.

Johnson también solicitó la desestimación de la acusación de 2019, argumentando que el cargo de producción estaba excluido por su acuerdo de declaración de culpabilidad de 2018 y que el Gobierno había violado el acuerdo al procesarlo nuevamente.

Por tanto, el tribunal de distrito denegó la moción de Johnson de suprimir el vídeo de su hija y sus metadatos de GPS; negándose también, a suprimir los artículos recuperados de la casa de Johnson en el registro de 2019, de conformidad con la segunda orden, concluyendo que no se había producido ninguna violación de la Cuarta Enmienda.

Sostuvo también que, el acuerdo de declaración de culpabilidad de Johnson del año 2018, no impedía el cargo de producción posterior por dos razones independientes.

En primer lugar, el tribunal determinó que el acuerdo de declaración de culpabilidad incluía sólo los delitos "relativos a la posesión o distribución de pornografía infantil", y que, "los nuevos cargos", por producción de pornografía infantil, no entraban dentro de esta prohibición. El tribunal razonó que la producción de pornografía infantil es un delito fundamentalmente diferente a su posesión o distribución.

En segundo lugar, al concluir que el acuerdo de culpabilidad prohibía al Estado procesar a Johnson sólo por "cualquier otro delito penal conocido por los Estados Unidos en la fecha en que firmó [el] acuerdo de culpabilidad", el tribunal de distrito sostuvo que los nuevos cargos eran "en base a una nueva información que llegó luego de la sentencia firme dictada en el primer caso".

En consecuencia, el tribunal de distrito aceptó la declaración de culpabilidad condicional de Johnson por el cargo de producción y lo condenó a 240 meses de prisión por ese delito, seguido de un período de 15 años de libertad supervisada.

Tras la apelación, la Corte sostuvo que, la revisión por parte del NCMEC de la información digital que le proporcionó Moynihan, no constituyó una búsqueda a los efectos de la Cuarta Enmienda; incluso suponiendo y argumentando que el NCMEC actuó como un agente del Gobierno en la revisión de este material.

De conformidad con la Regla Federal de Procedimiento Penal 41(e)(2)(B), la orden de registro de 2018 autorizó la incautación de medios de almacenamiento electrónico para su posterior revisión "para determinar qué información almacenada electrónicamente se hallaba dentro del alcance de la orden"[115] .

---

115 La Regla 41 "reconoce la necesidad de un proceso de dos pasos" en el cual los oficiales pueden confiscar o copiar un medio de almacenamiento para su poste-

Después de la incautación de los dispositivos de almacenamiento electrónico de Johnson, se identificó material que respondía a la orden durante una revisión forense que se completó en junio de 2018. Por lo tanto, el CSAM examinado por el NCMEC en 2019, ya había sido identificado como receptivo y segregado del resto de la información digital de Johnson. Cuando los investigadores criminales reexaminan pruebas que han sido incautadas legalmente conforme a una orden, normalmente no consideramos que tales pasos de investigación constituyan un nuevo evento de la Cuarta Enmienda.

Dicho esto, el principio general de que las fuerzas del orden pueden reexaminar material incautado legalmente durante el curso de una investigación sin realizar una nueva búsqueda tiene una aplicación clara en un caso como este, donde los datos almacenados que responden a una orden de registro se han separado de los datos que no responden, y los investigadores regresan para reexaminar solo el material sensible con fines de aplicación de la ley.

La Corte analiza, pormenorizamente, la orden de registro oportunamente librada: "Se observa directamente el texto de la orden de registro para determinar el alcance permisible de un registro autorizado"[116]. En este caso, la orden de registro de 2018 prevé la incautación de registros, documentos y artículos que constituyen evidencia, contrabando, frutos del delito, otros artículos poseídos ilegalmente y, destinadas a su uso o utilizadas en violaciones del Título 18 U.S.C. § 2252A, relacionado con material que involucra la recepción, distribución, transporte y posesión de pornografía infantil, en cualquier forma dondequiera que se almacene o encuentre.

Así, la orden continúa enumerando una amplia variedad de dispositivos electrónicos de almacenamiento de datos, dejando en claro que tanto los dispositivos como "cualquier representación visual de erotismo infantil y representaciones visuales obscenas del abuso sexual de niños", es decir, los propios archivos electrónicos CSAM, están sujetos a incautación.

También, la orden autoriza expresamente la incautación de "registros relacionados con la producción" y la "reproducción" de dichas representaciones, no solo registros que reflejen representaciones visuales de menores involucrados en conductas sexualmente explícitas.

---

rior revisión fuera del sitio, dadas las grandes cantidades de información que a menudo contiene en medios de almacenamiento electrónico.

116 *U.S vs. Bershchansky*, 788 F.3d 102, 111 (2d Cir. 2015).

En conjunto, continuó la Corte, estas disposiciones de la orden de registro de 2018, solo pueden interpretarse como que autorizan una búsqueda de los metadatos de los archivos que contienen CSAM, incluso cuando los términos "GPS" ni "metadatos" aparecen en la orden.

Como se ha observado repetidamente en el contexto de las búsquedas digitales, "la Cuarta Enmienda no requiere una descripción perfecta de los datos que se van a buscar y confiscar" y, "a menudo, será imposible identificar de antemano las palabras o frases que separará los archivos o documentos relevantes antes de que se lleve a cabo una búsqueda lugar"[117].

De hecho, hace tiempo que la Corte viene reconociendo el mismo principio fuera del contexto digital: "Es cierto que una orden que autoriza la incautación de registros de actividad criminal permite a los oficiales examinar muchos documentos en posesión de un sospechoso para determinar si están dentro de la categoría descripta. Pero permitir cierta libertad en este sentido simplemente reconoce la realidad de que pocas personas guardan documentos de sus transacciones criminales en una carpeta marcada como "registros de drogas""[118].

En términos más generales, siempre que una orden judicial que busca evidencia digital sea lo suficientemente particular (como lo es ésta) puede apropiadamente "ser amplia, en el sentido de que autoriza al gobierno a buscar… para una amplia gama de material potencialmente relevante"[119]. Los datos de ubicación GPS aquí, por lo tanto, caen cómodamente dentro del lenguaje de la orden de registro.

El interés del Gobierno en localizar a los niños víctimas y garantizarles la restitución no se extinguió al concluir el procesamiento de Johnson. Tampoco lo fue la capacidad del Gobierno para volver a examinar la información digital confiscada legalmente y que ya había sido identificada como respuesta a la orden de registro de 2018.

---

117 *U.S. vs. Ulbricht*, 858 F.3d 71, 100, 102 (2d Cir. 2017), derogado por otros motivos por Carpenter contra Estados Unidos, 585 U.S. 296 (2018).

118 *U.S v. Riley*, 906 F.2d 841, 845 (2d Cir. 1990)

119 Ulbricht, 858 F.3d en 102; véase también *U.S. vs. Purcell*, 967 F.3d 159, 181 (2d Cir. 2020), que afirma la razonabilidad de la Cuarta Enmienda de las órdenes que autorizan búsquedas amplias de ubicaciones digitales y no digitales "siempre que la causa probable respalde la creencia de que el lugar que se va a registrar, ya sea la casa de un traficante de drogas, los dispositivos de almacenamiento de datos de una oficina, o la computadora portátil de un individuo, contiene evidencia extensa de presuntos delitos").

Además, incluso si el examen del material de respuesta por parte del NCMEC hubiera sido parte de la revisión forense original, los dieciocho meses entre la incautación de los dispositivos de Johnson y la revisión del NCMEC se encuentran dentro de los períodos de tiempo que los tribunales han considerado constitucionalmente razonables.

En definitiva, la Corte estuvo de acuerdo con el tribunal de distrito en que el acuerdo de declaración de culpabilidad de Johnson de 2018, según el cual se declaró culpable de un cargo de posesión de pornografía infantil en violación de 18 U.S.C. § 2252, no impidió su procesamiento posterior por producción de pornografía infantil, en violación de 18 U.S.C. § 2251. En consecuencia, al no discernir ningún error en las órdenes del tribunal de distrito que deniegan las mociones de Johnson para suprimir y desestimar la acusación, la Corte afirmó la sentencia del tribunal de distrito.

Las discusiones acerca del alcance de las ordenes de registro, y los fundamentos acerca de la validez de los archivos digitales encontrada luego del registro, son temas de importancia para debatir y analizar en cada caso concreto.

Ahora bien, el mecanismo de detección y hallazgo por parte del personal informático, debe ser explicado detalladamente, durante su examen en el juicio oral; pues ello permitirá al fiscal en su alegato de clausura, justificar su razonabilidad, y efectuar una valoración en cuanto a los bienes jurídicos y derechos fundamentales en juego.

8.4.3. Herramientas usadas en la investigación que deben ser explicadas por los expertos

8.4.3.1. Ciberpatrullaje

Ya se ha dicho que, en la actualidad, es muy común los rastreos que se realizan en fuentes abiertas, en los que los agentes de las fuerzas de la ley, realizan labores de monitorización con una finalidad investigadora y preventiva. Se trata de controlar o vigilar las actividades desarrolladas por los usuarios en fuentes públicas (chats, foros, plataformas digitales, redes sociales, etc.). Esta técnica de investigación se utiliza frecuentemente para identificar algún foco delictivo, o bien, para detectar organizaciones delictivas en el ciberespacio[120].

120 Zaragoza Tejada, Javier, *Ciberpatrullaje e investigaciones tecnológicas en la red, en Cibercrimen III*, Dir. Dupuy, D. y Corvalan, J., Buenos Aires, BdeF, 2021, p. 211.

Ahora bien, es de relevancia demostrar la transparencia de la utilización de esta modalidad que llevará a los agentes de la ley a un resultado de probable foco delictivo; y entiendo, que esa exigencia de explicación debe ser supervisada por el fiscal, para así corroborar la legitimidad de su actuación.

En efecto, el fiscal deberá conocer de antemano, a qué información accedió el agente, si esos datos o fuentes son públicas, cómo entrecruzó y analizo esa información para llegar a esa *noticia criminis.*

Lo expuesto, permitirá al fiscal determinar la posibilidad de iniciar una investigación basada en información válida suministrada por los agentes de las fuerzas de la ley, y, si así lo hiciera, prever que aquellos serán examinados —y contra examinados— durante el juicio oral.

8.4.3.2. Open Source Intelligence (OSINT)

OSINT es la disciplina utilizada para la adquisición, tratamiento y posterior análisis de la información obtenida a partir de la exploración de fuentes de carácter público o de cualquier recurso accesible en forma pública.

Las fuentes abiertas son muy diversas e incluyen, entre otras, Internet (motores de búsquedas, redes sociales, blogs, dark web, etc.), medios de comunicaciones tradicionales: televisión, radio, periódicos, libros, fotos, videos, audios, mapas, etc. Un error común consiste en identificar fuentes abiertas con fuentes gratuitas. Siempre que se acceda a la información de una forma legal y dicha información se encuentre disponible para cualquier usuario, independientemente de si quiere un pago previo, será considerada fuente abierta y susceptible de ser utilizada como parte de una investigación OSINT[121].

OSINT es un complemento vital para una investigación eficiente y, podrá ser llevado a cabo por agentes de las fuerzas de la ley, o bien, por el mismo equipo de la fiscalía.

Lo cierto es que no es necesario ser perito informático para utilizar correctamente esta técnica; simplemente, estar certificado para poder corroborar en juicio que, quien lo aplicó, lo hizo de manera legítima y sin traspasar la barrera de lo privado.

Si la parte lo considera, y el tribunal lo autoriza, el testigo puede efectuar una demostración en vivo de lo analizado y concluido. Ello, permitirá

---

121 Seisdedos, Carlos, *OSINT. Investigar personas e identidades en Internet,* ZeroXWord, Madrid, 2022, p. 17.

ilustrar mejor al juez y al Jurado sobre una herramienta tecnológica y novedosa, cuyo funcionamiento puede escapar al entendimiento de quienes deban tomar decisiones.

8.4.3.3. Agente encubierto informático

El agente encubierto informático es el miembro de la Policía que debidamente autorizado por el juez, que se lo habilita para interactuar mediante una identidad ficticia, en un canal cerrado de comunicación, con el fin de ganarse la confianza del investigado, incluso a través del envío o intercambio de material ilícito[122].

Más allá de las particularidades que reviste dicha herramienta en las legislaciones que expresamente lo prevén[123] , es de destacar la importancia de aplicar esta técnica de investigación a cualquier delito cometido a través de las tecnologías de la información y la comunicación, debiendo superar toda restricción legal, siempre que se respeten los principios de necesidad y proporcionalidad.

En ese sentido, un punto a resaltar es cómo se presentarán sus resultados durante el juicio oral.

En primer lugar, no cualquier persona podrá infiltrarse y desarrollar la función. Por lo general, se utiliza un perfil ya usado en otras investigaciones, que demuestre que no es nuevo pues los eventuales autores sospecharán de su función.

El límite de su actuación deberá ser conversado y fijado por el fiscal investigador, para evitar que su comportamiento provoque la comisión del delito.

También, se decidirá estratégicamente, cómo declarará el agente policial en el juicio, es decir, si lo hará bajo identidad reservada, o cualquier otra posibilidad de resguardar sus datos verdaderos.

Un examen eficiente, que no deje cabos sueltos, y que impida dudar al tribunal acerca de su legalidad, deberá expedirse y fundar las siguientes circunstancias:

---

122 Lafont Nicuesa, Luis. El agente policial encubierto, Valencia, Titant lo Blanch, 2022, pp. 427.

123 El lector podrá profundizar sus conocimientos al consultar el artículo de Luis Lafont Nicuesa, de este Tratado.

- Autorización judicial especificando todo lo que el agente infiltrado podrá hacer y por cuánto tiempo; garantizando así la protección del derecho fundamental al secreto de las comunicaciones
- Su expertise y experiencia para infiltrarse, y datos relacionados al perfil utilizado: fecha de creación, usuario, uso, etc.
- La gravedad de los hechos delictivos investigados
- La demostración que no existía otro medio o técnica de investigación menos lesiva que la utilizada
- El período de tiempo para llevar a cabo las tareas encomendadas. Más allá que es extensa la actuación del agente encubierto, no podrá eternizarse en el tiempo; deberá desempeñarla en un período de tiempo lógico y deberá reportar periódicamente al director de la investigación.
- Se expedirá, si lo hubiera hecho, sobre las conversaciones efectuadas en los foros autorizados bajo identidad ficticia.
- Sobre la apertura de cuentas corrientes y comercio electrónico
- Si hubiera accedido a teléfonos asociados a las direcciones IP
- Si empleó sistemas de escucha o video vigilancia
- Si intercambió archivos que contengan material delictivo

Como se puede apreciar, la amplitud de acción de la técnica del agente encubierto digital, desafía a que dicho trabajo de investigación, sea plasmado con total solvencia y legalidad durante su examen en el juicio oral.

Será trabajo del fiscal, preguntarle sobre cada una de estas circunstancias de modo, tiempo y lugar, de lo contrario, la defensa avanzará con debilidades expuestas que debilitarán no solamente la función del agente infiltrado, sino también los resultados obtenidos.

En consecuencia, el agente deberá dejar en claro el paso a paso de su accionar, demostrando que no existió vulneración a derechos fundamentales y que, la trazabilidad empleada, no traspasó el límite entre su actividad encubierta y la posibilidad provocadora.

8.4.3.4. Desbloqueo compulsivo

Actualmente, es controvertido aún que el imputado cumpla una orden de revelar su contraseña, pues algunos estados sostienen que el valor de ese testimonio sería mínimo, y, otros, como Pensilvania e Indiana, sostienen que el imputado deberá hacer una declaración verbal que revela el contenido de su mente, entonces, la revelación obligada fue testimonial.

En nueve estados, los jueces de la Corte Suprema, han concluido que la Quinta Enmienda permite al Estado forzar a una persona a revelar sus contraseñas; y, en siete estados diferentes, señalaron que no.

A medida que los datos se alojan en celulares cada vez más evolucionados y sofisticados, crece la posibilidad que aquellos no puedan abrirse para extraer y analizar sus contenidos, por razones de actualización de licencias forenses, o bien, como ocurre en muchos países de la región, los laboratorios informáticos ni siquiera cuentan con las herramientas forenses específicas.

En ese sentido, una de las metodologías más efectivas es ordenar el desbloqueo compulsivo del celular, a través del reconocimiento facial, del iris o la huella del sospechoso.

Claro que, se deberá estar muy informado, a los avances de las discusiones jurisprudenciales, pues se van actualizando poniendo estándares que limitan una accionar abierto[124].

Así, el debido control de la validez del medio utilizado y sus resultados, serán evaluados a través de un riguroso examen y contraexamen.

La utilización de medios novedosos, generan mayor discusión cuya solidez, de una u otra parte, dependerá del conocimiento y destrezas de los litigantes.

9. CONCLUSIONES: AL ESCENARIO DEL JUICIO CON TODA LA INFORMACIÓN

Trasladémonos a un escenario de juicio. En síntesis, solo algunas cuestiones para destacar:

- ✓ La explicación del rompecabezas acerca de cómo llegamos al domicilio del acusado debe ser desarrollada paso a paso y desde el primer momento

---

124 *U.S. v. Apple Mac Pro*, el 3° Circuito confirmó una orden judicial que requiere que el acusado utilice su contraseña para descifrar y acceder a los datos. El Tribunal dijo: Los aspectos testimoniales del acto revelador fueron “una conclusión inevitable”, porque el Estado demostró que los archivos se encuentran en las partes cifradas de los dispositivos y que el imputado puede acceder a ellos.

- ✓ Los testigos suelen ser investigadores propios de la fiscalía; pues son ellos quienes conocen los procedimientos a seguir para preservar la evidencia digital y ellos deberán explicar acerca de por qué esa evidencia —preservada— no es otra, es decir, no fue alterada.
- ✓ En estos casos, y para preservar la evidencia, no es necesario ser técnico ni informático; un investigador entrenado puede realizarlo y explicarlo luego a través del examen, tal como se explicó en capítulo de Examen de peritos.
- ✓ Los analistas o técnicos deben poder demostrar a través de sus exámenes, si utilizaron principios científicos para obtener, conservar y analizar la evidencia digital; si las herramientas forenses utilizadas son validadas internacionalmente, actualizadas, mantenidas adecuadamente y probadas antes de su uso, para garantizar el funcionamiento correcto.
- ✓ Los expertos pueden ilustrar acerca de cómo funcionan los dispositivos digitales, las plataformas en línea, el proceso de análisis forense digital, porqué se utilizó una herramienta y no otras, cómo se conservaron y analizaron las evidencias, la exactitud de estas interpretaciones, y cualquier alteración que se pudo producir en los datos y el motivo.
- ✓ Poner énfasis en la acreditación correcta de los analistas forenses, para garantizar la calidad de los productos y la confianza en los resultados obtenidos
- ✓ El uso de Protocolos para preservar la evidencia digital es fundamental: la demostración que en todos los casos hay un idéntico proceder trazable e inalterable para su conservación es información de alta calidad y utilidad para los jueces. Se deja plasmado que el laboratorio utiliza métodos fiables, equipos y programas informáticos adecuados, personal competente
- ✓ La utilización de videos demostrativos y gráficos, resultan un complemento indispensable mientras se desarrolla el examen del testigo que realizó la preservación.
- ✓ No contaremos en el juicio con ningún representante de *Facebook, Microsoft*, o *Google*, que se expidan acerca del contenido de la información brindada. Dichos informes carecen de firma y se reciben por canales informales. ¿Ello podría representar un problema? Si se llegó a un acuerdo entre las partes para incorporarlos, no. De lo contrario, la defensa podría sembrar dudas acerca de su origen y legitimidad.

- ✓ La conversión horaria no es sencilla de explicar; el uso de gráficos por parte de testigos es fundamental y su procedimiento deberá ser irrefutable para que al tribunal no le quede duda alguna de la vinculación de los datos iniciales con el domicilio de conexión utilizado para delinquir.
- ✓ El litigante no debe dejar en manos de "testigos expertos" la suerte del caso. Cada parte será quien domine la escena, a través de los exámenes y contra exámenes, pues deberán tener desde el inicio un conocimiento acabado de las maniobras técnicas que arribaron a resultados informáticos relevantes para su teoría del caso.
- ✓ **Preparación de testigos expertos**: Los técnicos e informáticos suelen ser figuras estelares en las audiencias orales y están acostumbrados a ser examinados y contraexaminados. No obstante, su preparación es fundamental pues permitirá a cada parte chequear la comprensión de la información que brindará a través de su testimonio. También se podrá delimitar lo más trascendente para el caso; recordemos que es vital circunscribir y acotar la explicación de los técnicos a lo estrictamente relevante para la teoría del caso, pues podría confundir al tribunal si hay sobreabundancia de información.
- ✓ **Uso de un lenguaje claro**. Si como litigantes no logramos preparar a un testigo o perito informático para que su explicación sea sencilla y contundente, iremos directo al fracaso.
- ✓ **Acreditación del testigo**: La acreditación de los testigos técnicos e informáticos es trascendental, pues el objetivo es fortalecer su credibilidad como testigo y la de su testimonio. Es común que algunos técnicos e informáticos sean ingenieros, peritos o licenciados en sistemas; pero también es cierto, que algunos carecen de un título universitario, pero poseen una formación terciaria y certificaciones internacionales y, en algunos casos, son autodidactas; circunstancia que no invalidan las prácticas realizadas para obtener evidencias, siempre que se logre explicar su procedimiento y legitimidad sólidamente. Si bien, en un contexto tradicional, ello podría verse como una debilidad, si efectuamos una correcta acreditación del testigo y se acompaña con un fuerte testimonio, deja de serlo. Preguntarle acerca de su experiencia laboral, antigüedad en la que desarrolla su *expertise* informática, cantidad de cursos y especializaciones efectuadas, horas de análisis de evidencia electrónica realizadas por semana, o por mes, efectuando una proyección al año. Aseguro que lo dicho

sorprenderá aún más que tener un título universitario y poca experiencia en la materia.

✓ **Examen directo:** Al preparar el examen es fundamental tener presente la teoría del caso para acotar a ello la información. Cuando lo escuchemos al testigo en la entrevista previa, decidiremos qué tipo de examen efectuar: si nos limitaremos a realizar una sola pregunta pues bastará para que suministre toda la información concreta y ordenada o, de lo contrario, será un testigo que necesitará ser guiado en su examen, para evitar ingresar en temas irrelevantes para la teoría del caso. Lo importante es mantener la atención del tribunal; y como el examen suele durar más tiempo que ello, debe ser llevado adecuadamente.

✓ **Uso de gráficos**: Es un excelente método para apoyar el relato y que el tribunal mantenga su atención. Asimismo, complementa una explicación técnica que suele tener cierto nivel de dificultad.

✓ **Demostración en tiempo real:** Si el imputado para distribuir videos de abuso sexual infantil se valió de una red *peer to peer* como el software *E Donkey,* el fiscal deberá examinar a su testigo experto sobre qué es y cómo funciona esa red para compartir. Seguramente, si el técnico lo explica, al tribunal le costará entenderlo a la perfección. Así, una herramienta a la que puede acudir el litigante, previa solicitud de autorización al tribunal para que, mientras que el testigo explica la herramienta utilizada por el imputado para cometer el delito, efectúe una demostración en tiempo real acerca de su funcionamiento y alcance; accediendo para ello a Internet y al software específico para la demo.

✓ Los litigantes deberán asegurarse, con antelación, que tendrán posibilidad de **proyectar en la sala de juicio** y, de acceder a Internet, para cualquier demostración en vivo que sea necesario exhibir para una mejor comprensión.

✓ **Contraexamenes**: Para contra examinar a los técnicos informáticos será necesario que las partes conozcan en profundidad los informes que desarrollaron los testigos. Si se contra examina sin ese conocimiento y se va de pesca, es probable que le demos ventaja a la contraparte. No hay margen de error, si decidimos contra examinar es con certeza acerca de la línea de la teoría del caso de la contraparte que deseamos hacer tambalear.

✓ **Adelanto de debilidades**: Como ya señalé, hay muchas cuestiones en las investigaciones en entornos digitales que no se han resuelto aún, sobre todo ante una carencia de leyes de forma que deberían adaptarse a las nuevas tecnologías. Pero también, hay discusiones sobre si ciertos actos realizados en los dispositivos de almacenamiento informáticos son o no una pericia; si es o no irreproducible, si es válida la información suministrada desde extraña jurisdicción evitando los canales tradicionales; si es legítima la evidencia adquirida en otro país cuando el medio de investigación no está expresamente previsto en la legislación nacional, etc. etc. Todo ello genera una discusión constante entre las partes en las audiencias orales y, es positivo adelantarlas con un fundamento lógico y sólido antes que la contraparte se encargue de destruir nuestra justificación de antemano[125].

✓ **Trazabilidad y explicabilidad**: Dos objetivos fundamentales a la hora de examinar a los testigos e ir armando una línea completamente trazable y explicable del principio al fin.

✓ **Alegatos de clausura:** Llegó el momento de relacionar toda la prueba producida en el juicio, machearla con nuestro alegato de apertura y concluir nuestros resultados de manera clara, concreta, y sin perder ningún eslabón de nuestra teoría del caso. Ahora llegó la hora que seamos los litigantes quienes le expliquemos al tribunal, en lenguaje llano, cómo y cuándo se cometió el delito en el ciberespacio, y de qué manera se arribó a los resultados obtenidos, incluyendo cómo se preservó, se extrajo, se analizó y se procesó la evidencia electrónica.

✓ **Presentaciones:** El uso de presentaciones en *Power Point* o *Prezi* suele ilustrar al tribunal complementando el contenido del alegato de clausura

✓ **Capacitación:** La formación de los operadores del sistema es fundamental para litigar este tipo de casos cuya nueva lógica no es "lo que vendrá"; ya está aquí entre nosotros y para investigar y litigar cualquier delito.

---

125 Litigar, evidencia digital en juicios orales, Guía práctica, 2024

E) LA COOPERACIÓN INTERNACIONAL

El fortalecimiento de la Cooperación transnacional frente a la Ciberdelincuencia; Nuevos instrumentos legales: El Segundo Protocolo Adicional a la Convención de Budapest del CoE y la Normativa *e-evidence* de la Unión Europea

ELVIRA TEJADA DE LA FUENTE
Fiscal de Sala Coordinadora Nacional contra la Ciberdelincuencia
Fiscalía General del Estado (España)

SUMARIO: 1. INTRODUCCIÓN. 2. LA CONVENCIÓN DE BUDAPEST DEL CONSEJO DE EUROPA SOBRE CIBERDELINCUENCIA. 2.1. Generalidades y Estructura de la Convención. 2.2. Definición de herramientas legales.- Armonización normativa. 2.2.1. Aspectos de carácter penal sustantivo; definición de conductas delictivas. 2.2.2. Aspectos de carácter procesal: herramientas de investigación criminal. 2.2.2.1. La preservación de datos en la Convención de Budapest. 2.2.2.2. La orden de presentación de datos en la Convención de Budapest. 2.2.2.3. Registro y confiscación de datos informáticos almacenados. 2.3. Tratamiento de la cooperación internacional en la Convención de Budapest. 2.3.1. Conservación rápida de datos almacenados en el territorio de otro Estado. 3. SEGUNDO PROTOCOLO ADICIONAL A LA CONVENCIÓN DE BUDAPEST SOBRE REFUERZO DE LA COOPERACIÓN Y DIVULGACIÓN DE PRUEBAS ELECTRÓNICAS. 3.1. Estructura del Segundo Protocolo y reflexiones sobre el sistema establecido para la protección de datos de carácter personal. 3.1.1. Breve análisis del régimen jurídico de protección de datos personales en el Segundo Protocolo Adicional. 3.2. Análisis del Capítulo II Medidas de cooperación reforzada. 3.2.1. Sección Primera: Principios generales aplicables. 3.2.2. Sección Segunda: Procedimientos para mejorar la cooperación directa con proveedores y entidades privadas radicados en otros Estados (arts. 6 y 7). 3.2.3. Sección Tercera: Procedimientos para mejorar la cooperación internacional entre autoridades competentes a efectos de la divulgación de datos informáticos almacenados en otros Estados (arts. 8 y 9). 3.2.4. Sección cuarta.- Procedimientos relacionados con la asistencia mutua de emergencia (art. 10). 3.2.5. Sección quinta: Procedimientos relacionados con la cooperación internacional en ausencia de acuerdos internacionales aplicables (arts. 11 y 12). 4. NORMATIVA DE LA UNIÓN EUROPEA SOBRE OBTENCIÓN TRANSNACIONAL DE EVIDENCIAS ELECTRÓNICAS. 4.1. Directiva (UE) 2023/1544 del Parlamento Europeo y del Consejo de 12 de julio. 4.2. Reglamento (UE) 2023/1543 del Parlamento Europeo y del Consejo de 12 de julio. 4.2.1. Definición de datos de abonado, tráfico y contenido. 4.2.1.1. Datos de abonado y datos solicitados con la finalidad exclusiva de identificación del usuario. 4.2.1.2. Datos de tráfico. 4.2.1.3. Datos de contenido. 4.2.2. Órdenes europeas de producción y conservación y certificados. 4.2.2.1. Orden europea de conservación de datos. 4.2.2.2. Orden europea de producción de datos. 4.2.2.2.1. Autoridades de emisión de las órdenes europeas de producción. 4.2.2.2.2. Procedimientos/investigaciones en que es posible emitir las ordenes europeas de producción. 4.2.2.2.3. Tramitación de las ordenes europeas de producción. 4.2.3. Procedimiento de ejecución y sanciones.

1. INTRODUCCIÓN

Una de las grandes dificultades que presenta la actuación penal frente a la ciberdelincuencia es, sin duda alguna, el carácter transnacional de muchas de estas conductas derivado indefectiblemente de la circunstancia de que su planificación y ejecución se desarrolla en el ciberespacio, más allá de los límites territoriales de los Estados. Ello complica extraordinariamente la investigación y persecución penal de estos comportamientos al hacer imprescindible la cooperación con las autoridades de otros Estados tanto para la averiguación de los hechos y la identificación de sus responsables como para la obtención de las pruebas o, en su caso, de las evidencias electrónicas necesarias para su investigación, enjuiciamiento y sanción

Efectivamente el entorno virtual hace posible que las distintas fases del *iter criminis* puedan desarrollarse simultanea o sucesivamente en diversos lugares y que sus efectos se dejen sentir en una pluralidad de territorios distintos y distantes. Esto favorece las pretensiones de los delincuentes que pueden operar y coordinar su actividad con independencia del lugar en que se encuentren y dirigir sus propósitos criminales contra aquellos objetivos que estimen de interés en cualquier territorio del mundo, al tiempo que se ponen a resguardo de las posibilidades de acción de los investigadores y órganos de la jurisdicción penal, seriamente condicionados en su capacidad de actuación por los límites fronterizos de los Estados.

Esta situación incide directamente en la conservación y obtención de las pruebas o evidencias electrónicas del delito. La dispersión territorial de la actividad ilícita y de sus efectos determina, en numerosas ocasiones, que dichas evidencias puedan haberse generado y, por ende, se encuentren almacenadas en lugares pertenecientes a diversas jurisdicciones. Esta circunstancia es aprovechada por los delincuentes que lo que pretenden, en definitiva, es alejar los efectos del delito del centro de la actuación criminal, para dificultar la respuesta del Estado de Derecho y por tanto la posibilidad de ser perseguidos, enjuiciados y sancionados por ello. Pero además, existen otros factores que afectan también de forma muy significativa a la recopilación de las evidencias necesarias para responder penalmente frente a los ciberdelitos. Al respecto, ha de recordarse que vivimos en una sociedad global profundamente digitalizada en la que los prestadores de servicio de la sociedad de la información ofrecen sus servicios a distancia, por vía electrónica, a cualquier lugar del mundo. Ello determina que las pruebas de la acción delictiva, cuyo *iter criminis* se desarrolla través de sus redes y aplicaciones, puedan quedar almacenadas en lugares distintos de aquel en el que se ha cometido el hecho ilícito. Así no es extraño que la investigación de ilícitos ejecutados íntegramente en un país requiera para su esclarecimiento la petición de información que se encuentra alojada fuera de sus fronteras.

Por ello en las últimas décadas se está realizando un notable esfuerzo en el ámbito nacional e internacional por articular herramientas e instrumentos legales que permitan garantizar la conservación, obtención y trasmisión de evidencias electrónicas entre los Estados de forma segura y ágil y, en definitiva, en condiciones tales de autenticidad e integridad que sea posible su utilización como pruebas en procesos penales seguidos en jurisdicciones distintas de aquellas en las que se han generado.

Sin perjuicio de otros proyectos en curso[1]con dicho propósito, que confiamos culminen con éxito, centraremos nuestro análisis en los dos que, por el momento, son los más relevantes: el Segundo Protocolo Adicional a la Convención de Budapest del Consejo de Europa y el denominado paquete *e-evidence*, integrado por el Reglamento (UE) 2023/1543 del Parlamento Europeo y del Consejo *sobre las ordenes europeas de producción y las órdenes europeas de conservación a efectos de prueba electrónica en los procesos penales y de ejecución de penas privativas de libertad a raíz de procesos penales* y la Directiva (UE) 2023/1544 del Parlamento Europeo y del Consejo *por la que se establecen normas armonizadas para la designación de establecimientos designados y de representantes legales a efectos de recabar pruebas electrónicas en procesos penales.*

No obstante y con carácter previo repasaremos brevemente algunos aspectos de la Convención de Budapest del Consejo de Europa, documento en el que se inspira la legislación penal sustantiva y procesal de muchos países en materia de ciberdelincuencia y sobre el que se asienta, en buena

---

[1] Desde el año 2021 se ha venido trabajando intensamente en el marco de las Naciones Unidas en la elaboración de una Convención *sobre la lucha contra la utilización de las tecnologías de la información y la comunicación con fines delictivos,* con la participación de representantes de 160 países. El pasado mes de agosto del presente año 2024 se logró llegar por consenso a un acuerdo por parte del Comité Especial encargado de la elaboración de dicho texto legal, que deberá presentarse ante la Asamblea General de NNUU para ser oficializado. Cumplido ese trámite, la entrada en vigor del documento requiere de la ratificación de al menos 40 países.

medida, la normativa sobre cooperación internacional objeto de estudio en este trabajo.

2. LA CONVENCIÓN DE BUDAPEST DEL CONSEJO DE EUROPA SOBRE CIBERDELINCUENCIA

2.1. Generalidades y Estructura de la Convención

Sin duda la Convención sobre Cibercriminalidad del Consejo de Europa, también conocida como Convención de Budapest, publicada y abierta a la firma en noviembre del año 2001, es actualmente el documento de referencia a nivel mundial en la lucha contra las actividades delictivas que se planifican y ejecutan a través de redes y sistemas informáticos. Su objetivo, como se reseña expresamente en su preámbulo es el de hacer posible *una política penal común encaminada a proteger a la sociedad contra la ciberdelincuencia, entre otras formas, mediante la adopción de una legislación adecuada y el fomento de la cooperación internacional.*

Este Instrumento jurídico se vio complementado, el 28 de enero del año 2003, con la publicación de un Protocolo Adicional *sobre la penalización de actos de índole racista o xenófoba cometidos por medio de sistemas informáticos,* en el que se hace extensivo el uso de las herramientas legales que se definen en la Convención a la persecución de los delitos de odio cometidos a través del ciberespacio. Y más recientemente con un Segundo Protocolo Adicional *relativo al refuerzo de la cooperación y de la divulgación de pruebas electrónicas* que quedó abierto a la firma en Estrasburgo (Francia) el 12 de mayo de 2022 y que constituye un excepcional instrumento para facilitar e impulsar la obtención transnacional de evidencias electrónicas con fines de investigación criminal y cuyo análisis será el objeto principal de este trabajo.

Aunque se trata de un instrumento adoptado por el Consejo de Europa y por tanto de ámbito de aplicación territorial limitado, la Convención nace desde su publicación con clara vocación de universalidad ya que, desde el inicio, se abrió a la firma de terceros Estados. De hecho, la gran aportación que ha supuesto este documento a efectos de la definición legal de conductas delictivas y la articulación de herramientas legales de investigación tecnológica, es lo que ha determinado su extraordinaria proyección territorial. Actualmente 75 países son miembros de pleno derecho de la

Convención de Budapest, de entre los cuales 45[2] pertenecen al Consejo de Europa y otros 30 a las restantes zonas geográficas del mundo, algunos de ellos tan importantes por su capacidad y desarrollo tecnológico como EEUU, Israel, Japón y Canadá[3]. Por razones obvias merecen especial mención los países latinoamericanos que integran la Convención: Argentina[4]; Brasil; Colombia; Costa Rica; Chile; Panamá; Paraguay; Perú y República Dominicana, a los que seguramente se unirán en breve periodo de tiempo aquellos otros que han sido invitados a la adhesión y participan en las reuniones del T-CY de la Convención en calidad de observadores, tales como Ecuador; Guatemala; México y Uruguay.

Como se reseña en su propio preámbulo los objetivos y líneas de actuación del Tratado se desdoblan en dos direcciones que no obstante se encuentran intensamente vinculadas entre sí y definen la estructura básica del Convenio que se concreta en los siguientes términos:

- ➢ Capítulo I.- Terminología
- ➢ Capítulo II.- Medidas que deben adoptarse a nivel nacional
  - Sección primera.- Derecho penal sustantivo
  - Sección segunda.- Derecho procesal
  - Sección tercera.- Jurisdicción
- ➢ Capítulo III.- Cooperación internacional
  - Sección primera.- Principios generales
  - Sección segunda.- Disposiciones especiales
- ➢ Capítulo IV.- Disposiciones finales

Así, el Convenio se ocupa, en primer término, de la previsión de herramientas legales adecuadas para responder de forma efectiva frente a una forma de delincuencia —todavía muy novedosa en el año 2001— que empezaba a surgir vinculada al uso irregular de datos y sistemas informá-

---

2 De los 46 miembros que componen actualmente el Consejo de Europa únicamente se encuentra pendiente de ratificar por Irlanda, que lo firmó en febrero de 2002.

3 Además de los países latinoamericanos que citamos a continuación, se integran igualmente en la Convención de Budapest los siguientes Estados: Australia; Benin; Cabo Verde; Camerún; Fiji; Ghana; Granada; Kiribati; Mauricio; Marruecos; Nigeria; Filipinas; Senegal; Sierra Leona; Sri Lanka; Tonga y Túnez

4 La ratificación de la Convención de Budapest por parte de Argentina se produjo el día 5 de junio de 2018 y su entrada en vigor el 1 de octubre del mismo año

ticos y con respecto a la cual la regulación en los ordenamientos jurídicos nacionales era casi inexistente. Esta cuestión es objeto de tratamiento en su capítulo II dividido, a su vez, en dos secciones: la primera dedicada a la definición como delitos de determinadas conductas y la segunda en la que se articulan herramientas legales para la detección y obtención de pruebas y/o evidencias electrónicas en condiciones idóneas para ser utilizadas como prueba en el proceso penal.

Parece innecesario destacar el valor de esta aportación del Consejo de Europa y su trascendencia a efectos impulsar la aproximación de las legislaciones internas en esta materia lo que, a su vez, constituye el sustrato esencial para dar cumplimiento al segundo de los objetivos que no es otro que fomentar y potenciar la cooperación internacional ante un fenómeno criminal que, como hemos indicado, tiene un carácter claramente transnacional. A esos efectos, es evidente que contar con un tratamiento similar en las legislaciones internas de los Estados tanto de las conductas delictivas como de los procedimientos y garantías exigibles en la detección y obtención de evidencias resulta un factor determinante a efectos de facilitar la cooperación entre las autoridades de distintos países en la investigación, persecución y sanción de los ilícitos penales, pues no en vano esa aproximación normativa genera un "lenguaje común" que hace más fácil trabajar juntos.

Por ello dedicaremos nuestras primeras líneas a reflexionar sobre algunos de los aspectos más interesantes de este Capítulo de la Convención, en particular, de aquellos que constituyen la base de la regulación que se aborda posteriormente en el Segundo Protocolo Adicional.

2.2. Definición de herramientas legales.- Armonización normativa

2.2.1. Aspectos de carácter penal sustantivo; definición de conductas delictivas

Sin profundizar demasiado en este aspecto, dado que no es objeto directo de este trabajo, resulta ineludible recordar la relación de conductas que se describen en el Capítulo II, sección primera —artículos 2 a 13 del Convenio[5]—, al tiempo que se exhorta a los Estados Parte a la adopción *de*

[5] Delitos contra la confidencialidad, la integridad y la disponibilidad de los datos y sistemas informáticos, apartado en el que se incluye: el acceso ilícito; la interceptación ilícita; los ataques a la integridad de los datos; los ataques a la integridad del sistema y el conocido como abuso de dispositivos.

las medidas legislativas y de otro tipo que sean necesarias para tipificar (las) *como delito en su derecho interno,* con el objetivo de disponer de una base penal sustantiva común que permita actuar de forma coordinada ante este fenómeno criminal. El Convenio, además, incorpora algunas previsiones de carácter general como la conveniencia de que las conductas recogidas en el mismo puedan sancionarse en grado de tentativa (art. 11.2) o la relativa a la necesaria respuesta penal frente a la complicidad como forma de participación en la acción delictiva (art. 11.1). Especialmente significativa es también la exhortación a los Estados para la previsión legal de responsabilidad penal de las personas jurídicas por hechos de esta naturaleza (art. 12) cuando concurran determinadas circunstancias, posibilidad que ha sido posteriormente recogida en diversas disposiciones normativas de la UE, como en la Directiva (UE) 40/2013, *relativa a los ataques contra los sistemas de información,* en la Directiva (UE) 2011/93, *relativa a la lucha contra los abusos sexuales, la explotación sexual de los menores y la pornografía infantil* o la Directiva (UE) 2019/713 *sobre la lucha contra el fraude y la falsificación de medios de pago distintos del efectivo* y también en los ordenamientos jurídicos internos de los Estados, entre ellos España (LO 5/2010; LO 1/2015 de reforma del CP)

Como ya se ha indicado, no examinaremos en este trabajo las disposiciones de carácter penal pues nos desviaría del objeto central del análisis que nos ocupa, pero resulta obligado dejar constancia de la extraordinaria influencia que han tenido y están teniendo estas disposiciones normativas a efectos de la tipificación penal de los comportamientos que nos ocupan en los distintos países del mundo. El efecto armonizador, en lo que se refiere a los aspectos de carácter penal sustantivo de la Convención de Budapest, está siendo especialmente intenso, no solo entre los países miembros de la misma sino también en otros Estados que, pese a no haberla suscrito, la han tomado como modelo para definir legalmente como delitos, en sus ordenamientos internos, una buena parte de las nuevas conductas que han ido surgiendo en los últimos años vinculadas al uso de las TIC, como es el caso de los ataques a los sistemas informáticos o del fraude informático. Ello esta determinado que un número significativo de los países que inte-

---

Delitos Informáticos, apartado en el que se incluyen los delitos de falsificación informática y los delitos de fraude informático

Delitos relacionados con el contenido, en el que se incluyen los delitos relacionados con el material de abuso sexual infantil

Delitos relacionados con infracciones de la propiedad intelectual y de los derechos afines.

gran la comunidad universal[6] sigan actualmente criterios muy similares en la tipificación de las diversas manifestaciones de este peligroso fenómeno criminal, de forma tal que en muchas legislaciones se encuentran definidas como delitos las mismas conductas y de la misma forma, lo que sin duda constituye un presupuesto esencial a efectos de favorecer y facilitar la cooperación internacional

2.2.2. Aspectos de carácter procesal: herramientas de investigación criminal

Pero todavía más importante que la aproximación normativa en la descripción de las conductas delictivas es, sin duda, la que se refiere a los aspectos procesales o relacionados con la investigación criminal. Ha de tenerse en cuenta que, en el momento de publicarse la Convención, la mayoría de los países del mundo carecía de regulación específica acerca de la detección, obtención y tratamiento de las evidencias electrónicas y, por ende, de su transmisión entre Estados, pese a la dimensión trasnacional de la ciberdelincuencia y de las dificultades que de ello se derivan a efectos de la recopilación de material probatorio con fines de investigación.

Por ello, la Convención dedica la sección segunda del Capítulo II —arts. 14 a 22— a establecer, también en esta materia, criterios y pautas de actuación comunes con la pretensión de que sean asumidos por todos los Estados firmantes. Con ello se persigue el objetivo, en primer término, de promover y facilitar la regulación en los ordenamientos jurídicos internos de las herramientas de investigación necesarias para la conservación y obtención de datos y evidencias electrónicas en condiciones adecuadas para ser utilizadas como prueba en los procesos penales y, al tiempo, —y este sería un segundo objetivo— hacer posible la transmisión y, por ende, la utilización transnacional de esas mismas evidencias por las autoridades competentes de los distintos países con ocasión de las investigaciones y procedimientos penales que se lleven a efecto por hechos encuadrables en el ámbito de la Criminalidad Informática.

La especial relevancia y dimensión de este proyecto se percibe nítidamente, al constatar el ámbito de aplicación del Convenio tal y como se de-

---

6 Según información del Consejo de Europa, actualmente 130 países —67% de los que integran NNUU— han definido en sus ordenamientos jurídicos internos las conductas delictivas que nos ocupan siguiendo parámetros muy semejantes a los de la Convención

fine en su artículo 14[7]. A tenor de este precepto la normativa procesal del Tratado puede ser utilizada con las siguientes finalidades: i) investigación de delitos previstos en los artículos 2 a 10 del Convenio; ii) investigación de cualquier otro delito cometido por medio de un sistema informático y iii) obtención de pruebas electrónicas de cualquier delito con independencia de que se hayan cometido en un entorno físico o virtual. Quiere decirse con ello que las disposiciones sobre investigación tecnológica que se describen en el Convenio tienen un marco de aplicación mucho más abierto que los ilícitos contemplados en el mismo, pues alcanzan, en términos generales, a la obtención de las pruebas electrónicas que resulten necesarias en la investigación criminal, cualquiera que sea la naturaleza y circunstancias de los delitos que se pretende esclarecer.

Al respecto, es de interés recordar que en la investigación de la ciberdelincuencia el material probatorio se integrará generalmente por evidencias electrónicas que, en no pocas ocasiones, se encontraran en servidores o a disposición de operadores de redes de comunicación radicados en otros Estados, por lo que será necesario recabar esas evidencias para utilizarlas con dicha finalidad. A dicho fin, en primer término, será imprescindible que esas evidencias se conserven en forma adecuada para que sea posible acceder posteriormente a ellas y trasladarlas o cederlas de un Estado a otro —de aquel en el que se encuentran a aquel que las necesita para las investigaciones en curso— pero también con ocasión del proceso de obtención, custodia y traslado de esa información se hayan observado las garantías que hagan posible su incorporación al proceso tramitado en el Estado requirente, en definitiva que sean homologables como medio de prueba.

En consecuencia, en la sección segunda del Capítulo segundo se articulan determinadas herramientas de investigación y los parámetros a que debe sujetarse su utilización y se exhorta a los Estados a contemplarlas específicamente en los respectivos ordenamientos jurídicos internos, como sustrato sobre el que asentar posteriormente los instrumentos de cooperación internacional para el traslado de datos y evidencias electrónicas entre las distintas jurisdicciones. Se trata, en definitiva, de establecer medidas de investigación que sean válidas y eficaces en el ámbito interno pero que

---

7 *Cada parte aplicara los poderes y procedimientos mencionados en el apartado 1 del presente articulo a*
i) Los delitos previstos de conformidad con los artículos 2 a 11 del Convenio
ii) Otros delitos cometidos por medio de un sistema informático
iii) La obtención de pruebas electrónicas de un delito.

también puedan ser utilizadas con proyección transnacional, es decir, para obtener material probatorio en otros países.

Estas concretas medidas de investigación desarrolladas en la Convención son las siguientes;

a) la conservación rápida de datos informáticos almacenados (art. 16);

b) la conservación y revelación parcial rápida de los datos de tráfico de las comunicaciones (art. 17)[8];

c) la solicitud por autoridad competente de datos informáticos almacenados de quien los tiene a su disposición, mediante la emisión de una orden de presentación (art. 18).

d) el registro y confiscación de datos informáticos almacenados (art. 19)

e) la obtención en tiempo real (es decir a modo de interceptación de comunicaciones) de datos de tráfico asociados a comunicaciones específicas trasmitidas por medio de un sistema informático (art. 20) y

f) la interceptación en tiempo real, con ocasión de investigaciones por delitos graves, de datos de contenido en comunicaciones específicas transmitidas por medio de un sistema informático (art. 21).

De entre ellas se van a examinar con algo mas de detalle aquellas que se utilizan con mayor frecuencia en la investigación de la ciberdelincuencia y que, por ello, han sido objeto central de atención en el Segundo Protocolo Adicional.

2.2.2.1. La preservación de datos en la Convención de Budapest

La base legal en la que se define esta medida se detalla en el art. 16[9]. de la Convención del que se colige que su pretensión es hacer factible, en el ámbito interno de cada Estado, la posibilidad de conservar con gran

---

8 En el artículo 1 del Convenio se definen los datos relativos al tráfico como aquellos que se refieren *a una comunicación realizada por medio de un sistema informático, generados por este último en tanto que elemento de la cadena de comunicación y que indiquen el origen, el destino, la ruta, la hora, la fecha, el tamaño y la duración de la comunicación o el tipo de servicio subyacente.*

9 Artículo 16. Conservación rápida de datos informáticos almacenados.
1. Cada Parte adoptará las medidas legislativas y de otro tipo que resulten necesarias para permitir a sus autoridades competentes ordenar o imponer de otra manera la conservación rápida de determinados datos electrónicos, incluidos los datos sobre el tráfico, almacenados

rapidez y de forma específica determinadas evidencias electrónicas con el objetivo de preservarlas y mantenerlas inalterables a la espera de poder realizar los trámites judiciales o administrativos oportunos para acceder/ obtener esa información y poderla utilizar como medio de investigación o como prueba valida en los procedimientos criminales. Aplicando esta medida al marco internacional —aspecto que se regula en el art. 29 de la Convención— implica la posibilidad de que las autoridades del Estado requirente puedan cursar una orden concreta de preservación de datos almacenados en otro territorio en tanto se da curso internacionalmente, con los requisitos formales exigibles, a la solicitud de revelación y entrega de esa información.

Mas que una medida de investigación, su naturaleza es la de una medida cautelar o de aseguramiento pues, no en vano, encuentra su razón de ser en la volatilidad y vulnerabilidad de las evidencias electrónicas que, dadas sus características, pueden desaparecer o perjudicarse con facilidad ya sea dolosamente, por negligencia o por el mero transcurso del tiempo. Por ello y teniendo en cuenta que, en ocasiones, será necesario el cumplimiento de determinados requisitos y formalidades para poder solicitar su entrega, resulta aconsejable hacer uso de esta herramienta para garantizar la conservación de los datos o evidencias de interés para la investigación, de forma tal que estén disponibles para ser recabados posteriormente en condiciones tales de autenticidad e integridad que permitan su utilización posterior[10].

---

por medio de un sistema informático, en particular cuando existan razones para creer que los datos informáticos resultan especialmente susceptibles de pérdida o de modificación.

2. Cuando una Parte aplique lo dispuesto en el anterior apartado 1 por medio de una orden impartida a una persona para conservar determinados datos almacenados que se encuentren en posesión o bajo el control de dicha persona, la Parte adoptará las medidas legislativas y de otro tipo que resulten necesarias para obligar a esa persona a conservar y a proteger la integridad de dichos datos durante el tiempo necesario, hasta un máximo de noventa días, de manera que las autoridades competentes puedan conseguir su revelación. Las Partes podrán prever que tales órdenes sean renovables.

3. Cada Parte adoptará las medidas legislativas y de otro tipo que resulten necesarias para obligar al encargado de la custodia de los datos o a otra persona encargada de su conservación a mantener en secreto la aplicación de dichos procedimientos durante el plazo previsto en su derecho interno.

4. Los poderes y procedimientos mencionados en el presente artículo estarán sujetos a lo dispuesto en los artículos 14 y 15.

10 Esta previsión fue incorporada a la Ley de Enjuiciamiento Criminal española por Ley Orgánica 13/2015 de 5 de octubre, con el carácter de medida de aseguramiento. Se regula en el 588 octies del citado texto legal que reconoce al Ministe-

Esta previsión legal alcanza a todo tipo de datos informáticos, tanto a los de abonado (*subscriber*) como a los de tráfico y de contenido, pero como claramente se deja constancia en el propio art. 16 de la Convención y en su informe explicativo —parágrafos 149 a 151— únicamente puede aplicarse respecto de datos que ya se han generado y se encuentran almacenados por medio de un sistema informático, por lo que en ningún caso puede hacerse extensiva la solicitud a la conservación de datos de futuro[11] que todavía no se han producido y, por tanto, no están a disposición del destinatario de la orden. Al respecto es importante distinguir esta medida de aquella otra —prevista en los ordenamientos jurídicos de muchos Estados— cuya finalidad es la retención obligatoria durante un determinado periodo de tiempo de todos los datos de tráfico que se generen con ocasión de los procesos de comunicación, para tenerlos disponibles por si son necesarios en el curso de posibles investigaciones criminales futuras. La distinción entre ambos conceptos se expone nítidamente en el parágrafo 152 del informe explicativo al señalar que conservar los datos significa *guardar los datos que ya están almacenados de algún modo, protegiéndolos contra cualquier cosa que pudiera causar una modificación o deterioro de su calidad o condición actual. Retener los datos significa guardar para el futuro los datos que están siendo generados en ese momento*[12].

---

rio Fiscal y a la Policía Judicial la capacidad de exigir a los operadores de comunicaciones, a los prestadores de servicios de internet o a cualquier persona física o jurídica la conservación rápida de datos informáticos, tanto de tráfico como de contenido, que estén bajo su control a fin de garantizar que dicha información se encuentre disponible para poder acceder a la misma una vez se obtenga orden judicial para ello. Como no podía ser de otra forma, el precepto establece expresamente la obligación de atender al requerimiento efectuado y de guardar secreto sobre ello, como corresponde a actuaciones desarrolladas en el marco de investigaciones criminales.

11 El parágrafo 149 del informe explicativo que acompaña a la Convención de Budapest indica rotundamente que esta medida *no se aplica a la obtención en tiempo real (ni) la conservación de datos sobre el tráfico en el futuro ni al acceso en tiempo real a los contenidos de las comunicaciones*. Razona al respecto que dicha posibilidad solo es posible en el marco de las medidas previstas en los artículos 20 y 21 de la Convención.

12 En lo que se refiere al contenido, alcance y limitaciones de la retención de datos informáticos se ha pronunciado el Tribunal de Justicia de la Unión Europea en múltiples resoluciones. Entre ellas han de reseñarse las Sentencias del TJUE *Digital Rights* C-293/12 y C-594/12 de 8 de abril de 2014; *Tele 2 C*— 203/15 y C-698/15 de 21 de diciembre de 2016; *Ministerio Fiscal* C-207/16 de 2 de octubre de 2018; las dos sentencias de 6 de octubre de 2020, dictadas en los asuntos C 623/17 *Privacy*

La medida en sí misma, tal y como la contempla la Convención, no implica invasión alguna en los derechos fundamentales a la intimidad, el secreto de las comunicaciones o la protección de datos de carácter personal, dado que su único efecto es la conservación *—expedited preservation—* de información relacionada con investigaciones concretas y determinadas, en poder de quien ya la tiene a su disposición, para evitar que sea destruida o alterada y en tanto se obtiene mandamiento judicial o cualquier otra autorización exigida legalmente, para acceder y conocer los datos conservados. Es decir, el solicitante no toma conocimiento en ningún caso de la información objeto de preservación hasta el momento en que se curse efectivamente la petición de entrega (orden de presentación) por lo que, en consecuencia, únicamente podría considerarse afectado en forma muy leve el derecho a la protección de datos personales en aquellos supuestos en los que, como consecuencia de la solicitud cursada, la información haya de conservarse por un periodo superior al estrictamente necesario para cumplir la finalidad para la que fue almacenada.

En relación con ello ha de dejarse constancia de que la orden de conservación prevista en el art. 16 de la Convención no puede plantearse con carácter generalizado sino que, de acuerdo con la normativa sobre protección de datos personales, solo puede referirse a información concreta y relacionada con investigaciones criminales como expresamente recuerda el art. 14 antes citado que al fijar los presupuestos para la articulación de esta y las restantes medidas de investigación, las vincula necesariamente *a los efectos de investigación o de procesos penales específicos*[13]

Precisamente por esta razón y porque la medida no implica, en principio, injerencias significativas en derechos fundamentales, la Convención de Budapest no establece limitaciones respecto de la autoridad o autoridades que pueden ordenar la preservación de datos, dejando dicha cuestión al arbitrio de cada uno de los Estados. Por ello se entiende —y así lo vienen entendiendo diversos países de nuestro entorno —que dicha orden de conservación puede emanar no sólo de un órgano jurisdiccional sino también de las fuerzas policiales en el ejercicio de funciones de investigación criminal o del Ministerio Fiscal.

Internacional y en los asuntos acumulados C 511/18; 512/18 y 520/18 *Quadrature du Net* o la dictada en el asunto *Prokuratuur* C— 746/18 de 2 de marzo de 2021 y más recientemente la STJUE de 30 de abril de 2024 asunto *Hadopi*-C470/21.

13 Art. 14.1.-*Cada Parte adoptara las medidas legislativas y de otro tipo que sean necesarios con miras a establecer los poderes y procedimientos previstos en la presente sección a los efectos de investigación o de procedimientos penales específicos.*

De acuerdo con este planteamiento y dada su naturaleza cautelar, la medida que nos ocupa se contempla para un periodo limitado de duración, 90 días prorrogables una sola vez por otro plazo similar, espacio temporal que se estima suficiente para dar cumplimiento a las exigencias legalmente previstas para cursar la solicitud de entrega de la información conservada. Aunque el precepto no lo diga expresamente, es obvio que si posteriormente la autoridad judicial o aquella que resulte competente para ello deniega el acceso y/o entrega de los datos preservados, o trascurre el plazo legal sin resolución favorable en dicho sentido, decae el deber de conservación impuesto al destinatario de la orden emitida con esa finalidad.

Complementaria de la previsión del art. 16 es la que se contempla en el art. 17 de la Convención[14], cuyo objetivo es el de garantizar la conservación y revelación rápida de determinados datos de tráfico —definidos en su art. 2 d)— a los efectos de hacer posible el conocimiento del origen o el destino de una comunicación.

En el entorno virtual no es infrecuente que en un proceso de comunicación hayan intervenido sucesivamente varios proveedores de servicios, lo que puede dificultar significativamente la posibilidad de averiguar cual es el proveedor concreto que tienen almacenada la información que debe conservarse por su relevancia a efectos de una específica investigación criminal. Lo que se pretende con la previsión del artículo 17 —que completa de esta forma la que se efectúa en el art. 16— es asegurar la conservación de los datos de tráfico por parte de los distintos proveedores que han intervenido en el proceso de comunicación —cada uno en referencia a los datos generados con ocasión de su concreta intervención en dicho proceso—. Con ese objetivo, la medida trata de asegurar que cuando un proveedor reciba una orden de conservación de datos respecto de una comuni-

---

[14] Art. 17.- Conservación y revelación rápida de datos sobre el tráfico.
1.-*Con el fin de garantizar la conservación de datos sobre el tráfico, en aplicación de lo dispuesto en el art. 6, cada Parte adoptara las medidas legislativas y de otro tipo que sean necesarias:*
a) para asegurar la posibilidad de conservar rápidamente dichos datos sobre el tráfico con independencia de que en la trasmisión de esa comunicación participaran uno o varios proveedores de servicio, y
b) para garantizar la revelación rápida a la autoridad competente de la Parte, o a una persona designada por dicha autoridad, de un volumen suficiente de datos sobre el tráfico para que dicha Parte pueda identificar a los proveedores de servicio y la vía por la que se transmitió la comunicación.
2.- *Los poderes y procedimientos mencionados en el presente artículo estarán sujetos a lo dispuesto en los artículos 14 y 15.*

cación ya finalizada en la que hayan intervenido otros operadores, revele/haga saber a la autoridad requirente la información necesaria para que esa autoridad pueda rastrear dicho proceso de comunicación y, en definitiva, darle la posibilidad de valorar si resulta necesario emitir orden de conservación de datos a algún otro proveedor de servicios que también haya participado en la transmisión a través de la cual se desarrolló la actividad delictiva investigada.

Como consecuencia de todo lo expuesto, es evidente que la preservación de datos resulta esencial en las investigaciones relativas a hechos ilícitos cometidos a través de las TIC, dadas las especiales características de las evidencias electrónicas y la posibilidad de que sean destruidas o modificadas bien sea de forma intencional, negligente, o por procesos automáticos predeterminados. Al respecto y en orden a valorar su trascendencia no ha de olvidarse que el alcance de las herramientas legales de conservación de información abarca —con carácter cautelar y a los solos efectos anteriormente indicados— a todo tipo de datos, relacionados con toda clase de delitos, cualquiera que sea su naturaleza y sea cual sea la entidad o persona física o jurídica que los tenga a su disposición.

Por ello la previsión legal de esta medida en los ordenamientos jurídicos de los Estados es fundamental para asegurar —tanto a nivel nacional como internacional— la efectividad de otras previsiones como la orden de presentación del artículo 18 de la Convención, que analizaremos a continuación. De hecho y como veremos más adelante esta previa conservación de información con las garantías adecuadas constituye el presupuesto sobre el que se articulan algunas de las herramientas de cooperación transnacional que se definen en el Segundo Protocolo Adicional.

2.2.2.2. La orden de presentación de datos en la Convención de Budapest

Esta medida de investigación se encuentra regulada en el art. 18 de la Convención y con ella se pretende garantizar que las autoridades competentes de los Estados tengan capacidad para ordenar a quienes tienen a su disposición datos informáticos almacenados, la entrega de esa información para que pueda ser utilizada como medio de investigación o como medio de prueba en los procesos penales. Es una medida que generalmente se utiliza de forma consecutiva a la preservación de datos que acabamos de analizar ya que, en la práctica habitual, inicialmente se cursa la solicitud de conservación de información y, una vez se han cumplido todas las exigencias legales, se solicita la entrega de la misma por parte de la persona u operador que la conserva a su disposición. De hecho, es muy frecuente que una vez solicitada la preserva de información a la que se refiere el art. 16 de la Convención, la entidad o proveedor de servicio al que se ha dirigido la petición comunique a la autoridad requirente el número de identificación de la misma con la finalidad de que su posterior solicitud de entrega —a través de esta orden de presentación— se tramite con mayor facilidad y rapidez. Ahora bien, es importante aclarar que la previa petición de preserva no es en absoluto imprescindible o necesaria, pues nada impide legalmente hacer uso de la medida del artículo 18 sin cumplir dicho trámite, aunque en ese caso habrá de asumirse el riesgo de que la información que se busca haya desaparecido o no se encuentre disponible.

Parece innecesario extendernos sobre la relevancia de esta herramienta de investigación —al igual que indicábamos respecto de las de aseguramiento de información— para hacer posible que las autoridades tengan a su disposición pruebas efectivas de las actividades ilícitas *online*. Ha de tenerse presente que los delitos que se planifican y ejecutan a través de procesos de comunicación —circunstancia inherente a los ciberdelitos— generan con ocasión de la transmisión una *huella electrónica* que puede resultar de gran utilidad en orden a su esclarecimiento y la determinación de los responsables del hecho ilícito. Las evidencias que integran dicha huella electrónica pueden ser localizadas básicamente por dos vías, ya sea mediante el análisis de los dispositivos a través de los cuales se ha llevado a efecto la comunicación —y a ello se refiere el art. 19 de la Convención— o ya sea solicitando la información oportuna de los terceros que hayan intervenido como intermediarios en el proceso de comunicación y que, como consecuencia de ello, almacenan determinados datos/evidencias generados con ocasión del mismo, posibilidad a que se refiere el precepto que nos ocupa. Como quiera que esta última medida es menos intrusiva en la intimidad y la privacidad de la persona investigada que el análisis de los dispositivos informáticos utilizados en la transmisión, la Convención de Budapest aconseja a los Estados miembros su utilización preferente, si ello fuera posible.

La orden de presentación presenta algunos aspectos comunes con la conservación de información, a los que se ha hecho referencia anteriormente. El primero de ellos es que el precepto se refiere en todo caso a datos almacenados y por ello, como expresamente se hace constar en el parágrafo 170 del informe explicativo, la medida no es aplicable a *aquellos* (datos) *que todavía no se han generado, tales como los datos sobre el tráfico o los datos sobre el contenido con respecto a comunicaciones futuras*. Por otra parte, al igual que a efectos de preservación, es evidente que la petición de entrega únicamente puede dirigirse a quien tiene a su disposición los datos que se pretenden obtener, si bien no es necesario su posesión física sino que sería suficiente con que el destinatario de la orden tenga el control sobre los mismos aunque se encuentren materialmente en poder de otras personas.

La Convención de Budapest se refiere a esta herramienta de investigación en dos situaciones claramente diferenciadas tanto en lo relativo al objeto de la petición, como en cuanto a la persona o entidad a la que se dirige la solicitud y a los efectos de una y otra. La primera de ellas se regula en el art. 18.1 a) para la obtención de información a disposición de cualquier persona o entidad radicada en el mismo territorio del país en el que actúa la autoridad que precisa de dicha información. Por su parte la segunda, con ámbito de aplicación mucho más limitado, es objeto de regulación en el art. 18.1 b) centrado exclusivamente en las solicitudes de datos de abonado a proveedores de servicios que, aun radicados en otros Estados, dirigen sus servicios al Estado desde el que se emite la orden.

Analizaremos separadamente el alcance de la orden de presentación en ambas situaciones, cuya interpretación y aplicación, particularmente la segunda de ellas —la prevista en el art. 18.1 b)— ha generado importantes discrepancias en el seno del T-CY de la Convención de Budapest, hasta el punto de dar lugar a la elaboración de una Nota Guía o Nota de Interpretación que fue adoptada en tramitación escrita en febrero de 2017, tras ser debatida en la 16ª reunión plenaria del citado Comité celebrada a finales de 2016

➢ Orden de presentación del art. 18.1 a)[15]

Este primer apartado del precepto se refiere a la posibilidad de que las autoridades de cada uno de los Estados puedan, en el ámbito interno, solicitar de cualquier persona o entidad ubicada en su propio territorio la entrega de los datos y/o informaciones que obren en su poder o que tengan a su disposición almacenados en un sistema informático y que sean necesarios para una investigación en curso. Es decir, la Convención aconseja que todos los Estados tengan contemplada legalmente una herramienta de investigación que faculte a las autoridades, que en cada caso se estimen com-

---

15 Art. 18. 1 *Cada Parte adoptara las medidas legislativas y de otro tipo que sean necesarias con objeto de facultar a sus autoridades competentes para que ordenen:*
a) A una persona que se encuentre en su territorio que comunique determinados datos que posea o que se encuentren bajo su control, almacenados en un sistema informático o en un dispositivo de almacenamiento de datos informáticos.

petentes, para reclamar legalmente esta información de cualquier persona o entidad, ubicada en su propio territorio, que la tenga a su disposición.

La medida alcanza a todo tipo de datos, ya sean de abonado, de tráfico o de contenido y por razones obvias, la Convención deja a la facultad de los Estados la determinación tanto de los requisitos y condiciones para el acceso u obtención de dicha información, como de las autoridades con competencia para cursar la solicitud, en atención a la categoría y, por ende, al régimen de protección jurídica de los datos que son en cada caso objeto de reclamación[16]

➢ Orden de presentación del art. 18.1 b)[17]

Este segundo apartado resulta mucho más específico y como ya hemos indicado, las discrepancias generadas en su interpretación fueron el factor determinante de la elaboración y publicación de la mencionada Nota-Guía con el objetivo de establecer criterios uniformes en relación con ello. La previsión relativa a este segundo supuesto se delimita por los siguientes parámetros.

a) La posibilidad de aplicación de este precepto se ciñe a la solicitud de datos de abonado, cuya definición se recoge, con carácter general, en el apartado 3º del mismo precepto

> *A los efectos del presente artículo, por "datos relativos a los abonados" se entenderá toda información, en forma de datos informáticos o de cualquier otra forma, que posea un proveedor de servicios y esté relacionada con los abonados a dichos servicios, excluidos los datos sobre el tráfico o sobre el contenido, y que permita determinar:*
>
> *a) El tipo de servicio de comunicaciones utilizado, las disposiciones técnicas adoptadas al respecto y el periodo de servicio;*
>
> *b) la identidad, la dirección postal o geográfica y el número de teléfono del abonado, así como cualquier otro número de acceso o información sobre facturación y*

---

[16] En Ley de Enjuiciamiento Criminal española esta medida se introdujo, siguiendo los parámetros de la Convención de Budapest, con ocasión de la reforma operada por LO 13/2015 de 5 de octubre, estableciéndose un régimen jurídico diferente para la reclamación e incorporación al proceso según se trate de datos de tráfico y asociados (arts. 588 ter j y ss) o de datos de abonados (art. 588 ter m).

[17] Art. 18. 1 *Cada Parte adoptara las medidas legislativas y de otro tipo que sean necesarias con objeto de facultar a sus autoridades competentes para que ordenen:*
b) a un proveedor de servicios que ofrezca prestaciones en el territorio de esa Parte que comunique los datos que posea o que se encuentren bajo su control relativos a los abonados en conexión con dichos servicios.

pago que se encuentre disponible sobre la base de un contrato o de un acuerdo de prestación de servicios

c) cualquier otra información relativa al lugar en que se encuentren los equipos de comunicaciones, disponible sobre la base de un contrato o de un acuerdo de servicios.

b) Solamente está prevista la posibilidad de dirigir la solicitud a proveedores que *ofrezca(n) prestaciones en el territorio de la Parte* cuyas autoridades reclaman la información.

En relación con esta segunda condición y respecto de lo que haya de entenderse por ofrecer prestaciones en un territorio determinado se pronunció la Nota-Guía en el sentido de que ha de tratarse de supuestos en los que el proveedor ofrezca la posibilidad de que los ciudadanos de ese territorio contraten sus servicios o cuando haya establecido un vínculo real y/o sustancial con el Estado en cuestión, a cuyos efectos puede valorarse la forma en que el proveedor orienta su publicidad a los ciudadanos de ese Estado o utiliza la información procedente de los abonados de ese Estado para su actividad etc. Por otra parte, nótese que a diferencia del apartado 1 a) en este caso no se exige en el precepto que el receptor de la petición se encuentre ubicado en el territorio de la autoridad requirente y, por tanto, no es necesario que esté presente ni físicamente ni jurídicamente en ese territorio, por lo que ha de entenderse que puede tratarse de servidores que tienen su sede en otros Estados. Es más, esa será la situación habitual, porque de encontrarse establecido en el territorio correspondiente a la autoridad requirente, sería de aplicación lo establecido en el art. 18.1 a) antes citado.

c) Los datos deben estar a disposición del proveedor requerido o bajo su control

Respecto de este extremo reiteramos lo indicado anteriormente a propósito de cómo ha de entenderse esta exigencia, planteamiento que queda corroborado por la Nota-Guía de referencia en la que se explica que el presupuesto esencial es que los datos estén *controlados* por el proveedor requerido y a su disposición, con independencia del lugar en que se encuentren almacenados y aunque se trate del territorio de un tercer Estado.

Como claramente se explica en la Nota-Guía, la orden de presentación del artículo 18 se configura, en sus dos apartados, como una herramienta de investigación de carácter interno y esa es la razón de su ubicación en el Capítulo II de la Convención, a diferencia de las medidas de cooperación internacional que se abordan en su Capítulo III. Este razonamiento que resulta incuestionable respecto de la previsión del apartado 1 a), pudiera considerarse contradictorio con lo establecido en el apartado 1 b) que se refiere a la reclamación sobre datos de abonado almacenados a disposición de proveedores ubicados fuera del territorio del Estado que demanda la información. La explicación que ofrece al respecto la Nota-Guía es que, en dichos supuestos, la orden se dirige a proveedores que, aun ubicados en otros Estados, dirigen sus servicios al país que reclama la información y se refiere a datos generados con ocasión de actividades realizadas en ese mismo territorio, lo que justificaría el tratamiento específico que se les da en el precepto

Sin embargo la Nota no se pronuncia, porque no se logró acuerdo al respecto, acerca de la comunicación de la orden de presentación a las autoridades del Estado donde radica el proveedor afectado, ni tampoco acerca de la fuerza ejecutoria extraterritorial de la propia orden, dadas las dificultades prácticas para obligar a un proveedor establecido en un país a dar cumplimiento a una orden emitida por autoridades de otro Estado, sin perjuicio de la colaboración que, al respecto, pudieran prestar las autoridades del territorio donde se ubica su sede social. Son cuestiones que, como luego veremos, han sido abordadas con mayor precisión en el Segundo Protocolo Adicional que solventa muchas de estas carencias.

2.2.2.3. Registro y confiscación de datos informáticos almacenados (art. 19)[18]

Esta herramienta es objeto de tratamiento en el artículo 19[19] de la Convención y su importancia a efectos de la investigación criminal resulta igualmente incuestionable ya que su objetivo es obtener las evidencias

---

[18] El uso trasnacional de esta herramienta de investigación no es objeto de tratamiento en el Segundo Protocolo Adicional, por lo que su régimen jurídico a esos efectos es el que se contempla genéricamente en el artículo 31 de la Convención, en el Capítulo III correspondiente a Cooperación Internacional. Por ello y teniendo en cuenta el objetivo de este trabajo, nos limitaremos a una breve referencia sobre la normativa que regula esta medida con la finalidad completar una visión general del planteamiento de la Convención de Budapest acerca de las previsiones legales para la investigación de los ciberdelitos.

[19] *Artículo 19. Registro y confiscación de datos informáticos almacenados.*
1. Cada Parte adoptará las medidas legislativas y de otro tipo que resulten necesarias para facultar a sus autoridades competentes a registrar o a tener acceso de una forma similar:
a) A un sistema informático o a una parte del mismo, así como a los datos informáticos almacenados en el mismo; y
b) a un medio de almacenamiento de datos informáticos en el que puedan almacenarse datos informáticos, en su territorio.

electrónicas del hecho ilícito y de sus responsables a partir del registro y confiscación de los datos almacenados en los dispositivos electrónicos y sistemas informáticos utilizados con ocasión del proceso comunicativo en el que se ha llevado a efecto la actividad criminal. En este caso, a diferencia de lo previsto en el art. 18, los datos generados con motivo o en el curso de la comunicación no se demandan del tercero que ha intervenido como intermediario en el mismo, sino que se buscan directamente por el investigador en los dispositivos informáticos incautados o puestos a disposición de la autoridad competente.

Lo que se pretende con esta regulación, tal y como se expone en el parágrafo 184 del informe explicativo de la Convención, *es modernizar y armonizar las legislaciones nacionales en esta materia* pues aunque muchas de ellas contaban con una regulación detallada y precisa del registro y confiscación de objetos tangibles —particularmente en relación con diligencias de allanamiento domiciliario o de una sede social— dichas normas no son fácilmente aplicables a la localización y obtención de pruebas electrónicas que, por las características que les son inherentes, requieren de un trata-

---

2. Cada Parte adoptará las medidas legislativas y de otro tipo que resulten necesarias para asegurar que, cuando sus autoridades procedan al registro o tengan acceso de una forma similar a un sistema informático específico o a una parte del mismo, de conformidad con lo dispuesto en el apartado 1.a, y tengan razones para creer que los datos buscados están almacenados en otro sistema informático o en una parte del mismo situado en su territorio, y dichos datos sean lícitamente accesibles a través del sistema inicial o estén disponibles para éste, dichas autoridades puedan ampliar rápidamente el registro o la forma de acceso similar al otro sistema.

3. Cada Parte adoptará las medidas legislativas y de otro tipo que resulten necesarias para facultar a sus autoridades competentes a confiscar o a obtener de una forma similar los datos informáticos a los que se haya tenido acceso en aplicación de lo dispuesto en los apartados 1 ó 2. Estas medidas incluirán las siguientes facultades:

a) Confiscar u obtener de una forma similar un sistema informático o una parte del mismo, o un medio de almacenamiento de datos informáticos;

b) realizar y conservar una copia de dichos datos informáticos;

c) preservar la integridad de los datos informáticos almacenados de que se trate;

d) hacer inaccesibles o suprimir dichos datos informáticos del sistema informático al que se ha tenido acceso.

4. Cada Parte adoptará las medidas legislativas y de otro tipo que resulten necesarias para facultar a sus autoridades competentes a ordenar a cualquier persona que conozca el funcionamiento del sistema informático o las medidas aplicadas para proteger los datos informáticos contenidos en el mismo que facilite toda la información necesaria, dentro de lo razonable, para permitir la aplicación de las medidas indicadas en los apartados 1 y 2.

5. Los poderes y procedimientos mencionados en el presente artículo estarán sujetos a lo dispuesto en los artículos 14 y 15.

miento específico. Efectivamente aun cuando pudiera existir coincidencia en lo relativo a la justificación de la procedencia de una y otra medida de investigación, es evidente que la detección, conservación y obtención de evidencias electrónicas precisa de determinadas cautelas para asegurar que la diligencia se ajusta a las necesidades de la investigación y, al tiempo, respeta plenamente las garantías y salvaguardas exigibles y garantiza la autenticidad e integridad de las pruebas que finalmente se obtengan. Ambos aspectos se contemplan de forma específica en el art. 19, en el que se fijan las pautas de carácter general a las que debieran sujetarse las legislaciones de los Estados en esta materia

Así, en primer término, es evidente que para tomar conocimiento de los datos o informaciones almacenados en los dispositivos informáticos o sistemas objeto de investigación será necesario previamente acceder —entrar— en el correspondiente dispositivo o sistema de almacenamiento, lo que, en el entendimiento de la Convención de Budapest exige de una previsión específica en la normativa interna por la que se faculte a las autoridades, que en cada caso se estimen competentes, para adoptar una decisión de esa naturaleza con la finalidad de *buscar, leer, inspeccionar o revisar datos* (parágrafo 191 del Informe explicativo). Y, además, teniendo en cuenta que la información buscada pudiera hallarse alojada en otro sistema informático conectado electrónicamente con el inicialmente investigado, la Convención también aconseja se prevea de forma expresa la posibilidad de hacer extensivo el registro de búsqueda a otros sistemas conectados con el primero, diligencia que se conoce habitualmente como *registro ampliado* o *extensión del registro* (art. 19.2)[20]

En segundo término y en el caso de que sea localizada la información buscada, la Convención exhorta a los Estados a contemplar legalmente el procedimiento y las autoridades facultadas para acordar que se lleve a efecto su incautación o *confiscación* (secuestro del dispositivo o medio de almacenamiento; elaboración y/o conservación de copia tangible o intangible de los datos...) y también para la adopción de las medidas cautelares precisas para custodiar dicha información y/o salvaguardar su integridad,

---

[20] En relación con ello es de interés recordar que esta posibilidad la contempla exclusivamente el artículo 19.2 de la Convención para aquellos supuestos en los que el sistema informático al que se va a hacer extensivo el registro se encuentre en todo o en parte en el territorio de la autoridad nacional que acuerda la medida, ya que el tratamiento de la misma se efectúa en referencia únicamente a las diligencias que se acuerdan a nivel nacional

bien sea cifrando los datos, haciéndolos inaccesibles, suprimiéndolos del sistema en que se encuentran o en cualquier otra forma.

Finalmente, el artículo 19, en su apartado cuarto, también se refiere a la conveniencia de que en las legislaciones internas se faculte a las propias autoridades del Estado para recabar *dentro de lo razonable* la colaboración de los administradores o responsables del sistema informático objeto de investigación, cuando resulte necesario, para facilitar la realización del registro o la confiscación de datos a los que anteriormente se ha hecho referencia. A esos efectos se indica en el informe explicativo de la Convención que pudiera considerarse no razonable demandar la entrega de información —tal como contraseñas o claves de acceso— cuyo conocimiento pudiera perjudicar a otros usuarios o poner en riesgo datos que no deban ser divulgados.

2.3. *Tratamiento de la cooperación internacional en la Convención de Budapest*

Al reforzamiento de la cooperación internacional dedica el Convenio su Capítulo III que recoge en el artículo inicial —art. 23[21]— una exhortación expresa y general a los Estados Parte a cooperar de forma fluida, ágil y efectiva *para los fines de las investigaciones o procedimientos relativos a los delitos relacionados con sistemas y datos informáticos o para la obtención de pruebas electrónicas de los delitos,* con sujeción a los parámetros y directrices que establece la propia Convención así como a los tratados de cooperación internacional o acuerdos mutuos entre Estados previamente existentes y a las normas de derecho interno de los países implicados.

La referencia expresa del art. 23 a las investigaciones de delitos relacionados con datos y sistemas informáticos y a la obtención de pruebas electrónicas lleva a considerar, como primera conclusión, que las disposiciones de este Capítulo tienen en términos generales un ámbito de aplicación que rebasa claramente el de los delitos que se definen en los artículos 2 a 10 de la propia Convención para abarcar, al igual que comentábamos a propósito

---

21 Artículo 23. Principios generales relativos a la cooperación internacional.
Las Partes cooperarán entre sí en la mayor medida posible, de conformidad con las disposiciones del presente capítulo, en aplicación de los instrumentos internacionales aplicables a la cooperación internacional en materia penal, de acuerdos basados en legislación uniforme o recíproca y de su derecho interno, para los fines de las investigaciones o los procedimientos relativos a los delitos relacionados con sistemas y datos informáticos o para la obtención de pruebas electrónicas de los delitos.

de las normas procesales o de investigación, los distintos supuestos relacionados en el art. 14[22] del citado Tratado.

Por otra parte, y esta es otra conclusión que se deriva claramente del texto del art. 23, la Convención no pretende introducir modificaciones sustanciales en la normativa sobre cooperación internacional, sino que toma como sustrato fundamental los acuerdos y tratados internacionales suscritos por los Estados hasta el momento de su publicación, tanto de carácter multilateral como bilateral, que quedan plenamente vigentes, así como la propia normativa interna de los Estados.

En realidad, las disposiciones del Capítulo que nos ocupa se podrían concretar de forma resumida en los siguientes aspectos:

i) Incorporar, en los artículos 24 a 26, algunas ligeras modificaciones en la normativa tradicional sobre extradición y asistencia mutua a fin de imprimir una mayor agilidad en determinados tramites, en atención a la especial volatilidad y fragilidad de las evidencias electrónicas[23].

ii) Contemplar en el artículo 27 de la Convención normas subsidiarias de asistencia mutua entre Estados para los supuestos en los que no haya en vigor otros acuerdos o tratados internacionales entre los países afectados

iii) Establecer en los artículos 29 a 34 disposiciones especiales relacionadas con el uso transnacional de las herramientas de investigación que se definen en la sección segunda del Capítulo II

iv) Regular en el artículo 35 la red de puntos de contacto 24/7 destinada a promover, facilitar e impulsar la cooperación internacional en esta materia

Sin dejar de reconocer la trascendencia de todas y cada una de estas modificaciones y la incidencia practica de alguna de ellas, como la red de puntos de contacto 24/7 que tanto está contribuyendo a mejorar la colaboración en la lucha contra la ciberdelincuencia entre investigadores y operadores jurídicos de los distintos Estados Miembros, las más interesantes a los efectos que nos ocupan son las disposiciones especiales de los artículos

---

22 Vid nota 7

23 Especialmente significativas son las previsiones relativas al uso de medios rápidos de comunicación en supuestos de urgencia (art. 25.3), al intercambio espontáneo de información (art. 26) o a la flexibilización del principio de doble incriminación en los supuestos en que el mismo sea exigible (art. 25.5).

29 a 34 y, particularmente, las de los artículos 29, 30 y 31 dada su relación con la temática objeto de tratamiento en el Segundo Protocolo Adicional.

Dichos preceptos, como ya se ha adelantado, se refieren al uso internacional de las herramientas de investigación tecnológica que se articulan en los artículos 16 a 21 del Capítulo II del Convenio y a las que nos hemos referido anteriormente, apreciándose una clara correspondencia entre dichas previsiones y las que examinamos en este apartado. Así el artículo 29 regula la solicitud de conservación de datos informáticos cuando los mismos se encuentren almacenados en el territorio de otro Estado; el artículo 30 se ocupa de la revelación rápida de los datos de tráfico necesarios para hacer posible la anterior; el artículo 31 de la solicitud de asistencia para el acceso a datos informáticos almacenados en otros Estados y los artículos 33 y 34 de la solicitud de asistencia a otros Estados para la obtención en tiempo real de datos de tráfico o de contenido.

2.3.1. Conservación rápida de datos almacenados en el territorio de otro Estado

Del análisis de los indicados preceptos se colige que únicamente el art. 29, complementado con el artículo 30, contiene una regulación detallada de la medida de que se trata y concretamente, en este caso, de la forma, requisitos y circunstancias en que ha de llevarse a efecto la preservación transnacional de evidencias electrónicas. La herramienta se plantea como un medio de hacer posible la conservación de información de forma ágil y escasamente intrusiva, ya que la información permanece a disposición de quien la tiene almacenada —ya sea un proveedor de servicios o un tercero— sin que tenga acceso o tome conocimiento de su contenido la autoridad del Estado requirente que cursa la solicitud ni tampoco las autoridades del Estado requerido. De lo que se trata exclusivamente es de que el custodio asegure la preservación de la información a la espera de la solicitud de entrega de las misma.

A los parámetros que se establecen en el art. 16 para la aplicación de esta medida en el ámbito interno se añaden en el art. 29[24] algunas prescripciones derivadas precisamente de su dimensión transnacional, tal es

---

[24] Artículo 29. Conservación rápida de datos informáticos almacenados.
1. Una Parte podrá solicitar a otra Parte que ordene o asegure de otra forma la conservación rápida de datos almacenados por medio de un sistema informático que se encuentre en el territorio de esa otra Parte, respecto de los cuales la Parte requirente tenga la intención de presentar una solicitud de asistencia mutua con

vistas al registro o al acceso de forma similar, la confiscación o la obtención de forma similar, o la revelación de los datos.
2. En las solicitudes de conservación que se formulen en virtud del apartado 1 se indicará:
a) La autoridad que solicita dicha conservación;
b) el delito objeto de investigación o de procedimiento penal y un breve resumen de los hechos relacionados con el mismo;
c) los datos informáticos almacenados que deben conservarse y su relación con el delito;
d) cualquier información disponible que permita identificar a la persona encargada de la custodia de los datos informáticos almacenados o la ubicación del sistema informático;
e) la necesidad de la conservación; y
f) que la Parte tiene la intención de presentar una solicitud de asistencia mutua para el registro o el acceso de forma similar, la confiscación o la obtención de forma similar o la revelación de los datos informáticos almacenados.
3. Tras recibir la solicitud de otra Parte, la Parte requerida tomará las medidas adecuadas para conservar rápidamente los datos especificados de conformidad con su derecho interno. A los efectos de responder a una solicitud, no se requerirá la doble tipificación penal como condición para proceder a la conservación.
4. Cuando una Parte exija la doble tipificación penal como condición para atender una solicitud de asistencia mutua para el registro o el acceso de forma similar, la confiscación o la obtención de forma similar o la revelación de datos almacenados, dicha Parte podrá reservarse, en relación con delitos distintos de los previstos con arreglo a los artículos 2 a 11 del presente Convenio, el derecho a denegar la solicitud de conservación en virtud del presente artículo en los casos en que tenga motivos para creer que la condición de la doble tipificación penal no podrá cumplirse en el momento de la revelación.
5. Asimismo, las solicitudes de conservación únicamente podrán denegarse si:
a) La solicitud hace referencia a un delito que la Parte requerida considera delito político o delito relacionado con un delito político;
b) la Parte requerida considera que la ejecución de la solicitud podría atentar contra su soberanía, seguridad, orden público u otros intereses esenciales.
6. Cuando la Parte requerida considere que la conservación por sí sola no bastará para garantizar la futura disponibilidad de los datos o pondrá en peligro la confidencialidad de la investigación de la Parte requirente o causará cualquier otro perjuicio a la misma, informará de ello sin demora a la Parte requirente, la cual decidirá entonces si debe pese a ello procederse a la ejecución de la solicitud.
7. Las medidas de conservación adoptadas en respuesta a la solicitud mencionada en el apartado 1 tendrán una duración mínima de sesenta días, con objeto de permitir a la Parte requirente presentar una solicitud de registro o de acceso de forma similar, confiscación u obtención de forma similar, o de revelación de los datos. Cuando se reciba dicha solicitud, seguirán conservándose los datos hasta que se adopte una decisión sobre la misma.

el caso de las indicaciones sobre contenido de la solicitud (apartado 2°); el compromiso de la autoridad requirente de solicitar posteriormente la entrega de los datos (apartado 2-f); los criterios de aplicación del principio de doble incriminación (apartado 4°); las causas de denegación (apartado 5°) o el periodo de conservación de los datos (apartado 7°)

Únicamente se contemplan como causas de denegación la circunstancia de que el hecho investigado sea un delito político u otro delito relacionado con un delito político o cuando se estime que la preservación de los datos solicitada puede perjudicar a la soberanía, seguridad, orden público u otros intereses fundamentales del Estado requerido. La propia naturaleza de la medida y la finalidad que se pretende con la misma determinaron que los redactores de la Convención excluyeran otras posibles causas de denegación

Esta medida de cooperación internacional para la conservación rápida de datos informáticos está siendo utilizada de forma muy positiva y eficaz y generando excelentes resultados. Su tramitación se realiza habitualmente a través de la red de puntos de contacto 24/7 lo que dota a la herramienta de una gran agilidad. De hecho, en la 19ª reunión del T-CY de la Convención, celebrada en el mes de julio de 2018, se aprobaron unos *templetes* para estandarizar en términos precisos y sencillos el contenido de estas solicitudes y la documentación que debe acompañarlas, facilitándose de esta forma el curso y resolución de las mismas.

En cuanto a las restantes disposiciones relativas a la obtención transnacional de datos informáticos almacenados o, también, de datos de tráfico y de contenido en tiempo real (arts. 31, 33 y 34), ha de reconocerse su carácter escasamente innovador por lo que su contribución a la agilización de la cooperación transnacional ha sido incuestionablemente modesta. Se trata de preceptos en los que la Convención se limita a reconducir la tramitación y resolución de dichas solicitudes a lo establecido previamente en los tratados o acuerdos vigentes en los países afectados por la necesidad de cooperación o a la legislación interna de los mismos.

Esta ausencia de regulación específica en esta materia, particularmente en lo que se refiere a la obtención de datos almacenados en otras jurisdicciones, puede encontrar su justificación en la todavía escasa incidencia de la ciberdelincuencia en el momento de publicarse la Convención, en los albores del presente siglo. Pero el tiempo transcurrido desde entonces ha traído consigo un incremento exponencial de este fenómeno criminal, como consecuencia de un rapidísimo desarrollo técnico y científico y una intensa y profunda penetración de las tecnologías en la vida cotidiana de los ciudadanos y en las relaciones interpersonales en todas sus manifestaciones. Por ello, ya desde hace años, en el seno de la Convención de Budapest se detectó claramente la necesidad de complementar dicha normativa con una regulación dirigida específicamente a abordar de forma efectiva la problemática que plantea la necesidad del acceso a evidencias electrónicas generadas y almacenadas en jurisdicciones distintas de aquellas en las que se han producido los efectos del delito y, por ende, donde han de tramitarse los correspondientes procesos penales. A esta necesidad responde precisamente la elaboración y apertura a la firma, en mayo de 2022, del Segundo Protocolo Adicional a la Convención de Budapest

3. SEGUNDO PROTOCOLO ADICIONAL A LA CONVENCIÓN DE BUDAPEST SOBRE REFUERZO DE LA COOPERACIÓN Y DIVULGACIÓN DE PRUEBAS ELECTRÓNICAS

La idea de la elaboración de este Segundo Protocolo Adicional (en adelante SPA) surge con ocasión de los trabajos que se vienen desarrollando de forma permanente en el T-CY[25] de la Convención de Budapest a medida que se constataba el incremento cuantitativo y cualitativo de la ciberdelincuencia y la grave y progresiva incidencia de dicho fenómeno criminal en los derechos y libertades de las personas, en los valores inherentes al Estado de Derecho y en el funcionamiento de las sociedades democráticas. En las últimas décadas estamos asistiendo a un crecimiento imparable de conductas delictivas en el entorno virtual: violencia sexual contra los menores y contra la libertad, dignidad e integridad de las personas; discurso de odio; fraudes informáticos; robo de datos e informaciones más o menos sensibles; ataques de sabotaje a sistemas, en ocasiones de infraestructuras criticas; utilización de las tecnologías con finalidades terroristas etc. Es evidente que actuar eficazmente contra estas peligrosas manifestaciones criminales —generalmente con connotaciones transnacionales— exige, además de la adecuación y armonización normativa a la que nos venimos refiriendo, la articulación de herramientas de cooperación transnacional ágiles, eficaces y seguras que faciliten a las autoridades competentes de los Estados la actividad de investigación y persecución penal de los responsables de estas agresiones.

---

[25] *Cybercrime Convention Committee* (Comité del Convenio sobre Ciberdelincuencia)

Precisamente por ello y por las dificultades que plantea el intercambio transnacional de evidencias, en el año 2012, se acordó constituir un Subgrupo de Trabajo sobre Jurisdicción y Acceso Transfronterizo de Datos en el marco de la Convención, en el que se realizaron unas primeras reflexiones sobre esta problemática. Poco más tarde, a finales de 2014, con ocasión de la evaluación por el propio T-CY de las disposiciones sobre asistencia mutua del Convenio, se percibieron con mayor claridad las necesidades existentes en este ámbito, lo que determinó la creación en 2015 de otro Grupo de Trabajo, en esta ocasión sobre "Pruebas en la Nube", que identificó los principales retos en la obtención de las evidencias necesarias para la investigación, enjuiciamiento y sanción de los ciberdelitos: la computación en la nube; la territorialidad y las limitaciones jurisdiccionales de los Estados. Como consecuencia de este proceso de reflexión, los Estados Parte llegaron a la conclusión de que para hacer frente a este fenómeno criminal claramente expansivo y de proyección mundial era necesario elaborar un Protocolo Adicional a la propia Convención en el que se adoptaran medidas adicionales para mejorar la cooperación y la capacidad de obtención transfronteriza de evidencias electrónicas por las autoridades de los distintos países miembros.

El objetivo de este SPA es, por tanto, reforzar la actuación de los Estados frente a la ciberdelincuencia mediante la articulación de herramientas específicas de cooperación transnacional que faciliten la obtención de evidencias electrónicas en jurisdicciones extranjeras, ya sea a través de solicitudes dirigidas directamente a los proveedores de servicio u otras entidades privadas radicadas en otros Estados o ya sea mejorando, agilizando y simplificando la comunicación y colaboración entre las autoridades competentes de los distintos países. Al tiempo se ha aprovechado la elaboración de este Protocolo Adicional para regular la asistencia mutua en caso de emergencia, al no encontrarse prevista en muchos tratados internacionales sobre la materia, y también para contemplar algunas otras medidas más generales de cooperación internacional —videoconferencia y equipos conjuntos de investigación— para aquellos casos en los que no exista entre las Partes requirente y requerida tratado o convenio de asistencia mutua en vigor. La elaboración de este Protocolo ha implicado un extraordinario esfuerzo de concertación entre las Partes del Convenio por la complejidad que entraña lograr posiciones comunes entre Estados que se rigen por ordenamientos jurídicos diversos, cuando además lo que se pretende es adoptar decisiones comunes acerca de herramientas de investigación y de cooperación que por su naturaleza y por la forma en que se articulan pueden implicar injerencias en derechos fundamentales de los ciudadanos o en el respeto debido a la soberanía de los Estados.

En la 17° reunión Plenaria del T-CY de la Convención se aprobó el mandato para comenzar los trabajos de elaboración que se prolongaron durante casi 4 años, desde septiembre de 2017 a mayo de 2021, lográndose un acuerdo sobre el texto definitivo del Protocolo el día 28 de dicho mes con ocasión de la 24ª sesión plenaria del Comité de Estados Parte del Convenio (T-CY) en la que se decidió igualmente su posterior traslado al Comité de Ministros para su adopción. En dicho periodo se organizaron 10 sesiones plenarias del T-CY, 16 reuniones del grupo de redacción y múltiples reuniones de los grupos de trabajo. La coincidencia temporal con la pandemia del Covid 19 determinó que muchas de dichas sesiones hubieran de ser virtuales, lo que implicó una mayor complejidad en los trabajos de redacción y elaboración. Finalmente, este Segundo Protocolo fue adoptado por el Comité de Ministros del Consejo de Europa el 17 de noviembre de 2021 (muy pocos días antes del vigésimo aniversario de la propia Convención) y quedo abierto a la firma de los Estados el 9 de mayo de 2022. En el momento presente el SPA lo han suscrito 46 Estados Miembros de la Convención y dos de ellos ya lo han ratificado: Japón y Serbia. Su entrada en vigor, según el art. 16.3 del propio documento, se producirá a los tres meses de la ratificación del mismo por, al menos, cinco de los Estados Parte.

En cuanto a su contenido, que analizaremos a continuación, ha de indicarse que el proyecto inicial era más ambicioso, pues se pretendía incluir también en el Protocolo algunas otras disposiciones relativas a *investigaciones encubiertas en sistemas informáticos* así como sobre *registros ampliados,* si bien finalmente no se logró un acuerdo efectivo sobre estas materias cuyo estudio, no obstante, ha quedado pospuesto para nuevo análisis y valoración en un momento posterior.

3.1. Estructura del Segundo Protocolo y reflexiones sobre el sistema establecido para la protección de datos de carácter personal

La estructura del Protocolo, que a continuación se reseña, responde plenamente a los objetivos que se pretenden con el mismo:

- ➢ Capítulo I.- Disposiciones comunes
- ➢ Capítulo II.- Medidas de cooperación reforzada
    - Sección 1ª.- Principios generales

- Sección 2ª.- Procedimientos para mejorar la cooperación directa con proveedores y entidades de otras Partes
- Sección 3ª.- Procedimientos para mejorar la cooperación internacional entre autoridades para la divulgación de datos.
- Sección 4ª.- Procedimientos sobre asistencia mutua en casos de emergencia
- Sección 5ª.- Procedimientos sobre cooperación internacional en ausencia de acuerdos aplicables.

➢ Capítulo III.- Condiciones y Salvaguardas

➢ Capítulo IV.- Disposiciones finales.

Sin duda, el aspecto de mayor interés del documento y el que vamos a analizar con mayor detalle es el Capítulo II en el que se regulan las medidas concretas que cooperación internacional con el objetivo de que sean incorporadas en las legislaciones internas de los distintos Estados. Se trata de herramientas diseñadas específicamente para agilizar la obtención y transmisión de evidencias electrónicas garantizando la seguridad de las mismas y, al tiempo, los derechos y libertades de los investigados y de los terceros afectados y la soberanía de los Estados implicados

No obstante y con carácter previo al análisis de estas novedosas herramientas de cooperación, resulta necesario mencionar algunos aspectos de interés recogidos en otros apartados del Protocolo. Tal es el caso, en el Capítulo I, de algunas definiciones que resultan esenciales en la interpretación del documento[26]; o de las precisiones acerca de la lengua que ha de utilizarse o del ámbito de aplicación del mismo —coincidente básicamente con el que se establece en el art. 14 de la Convención, antes comentado—. Por otra parte y en relación con las condiciones y salvaguardas, el precepto más relevante del Capítulo III es incuestionablemente el art. 14, en el que se recogen detalladamente las disposiciones sobre protección de datos de carácter personal con ocasión de la transmisión de información entre los distintos países.

---

26 Entre otros se define el concepto de *emergencia,* de especial importancia a efectos de la interpretación y aplicación de los artículos 9 y 10 del Protocolo y que será objeto de análisis posteriormente.

3.1.1. Breve análisis del régimen jurídico de protección de datos personales en el Segundo Protocolo Adicional

Esta cuestión es una de las que generó mayores dificultades en la elaboración del SPA ya que la normativa sobre protección de datos personales de los distintos países miembros de la Convención de Budapest es muy diferente y en muchos de ellos las garantías establecidas para proteger dicha información son especialmente estrictas de forma tal que su transmisión a otro u otros Estados exige que el país receptor de la misma disponga de un nivel de salvaguardas equivalente al del país origen, circunstancia que no siempre concurre. Esta disparidad en el régimen jurídico de protección de datos implicaba serias dificultades para poner en marcha medidas de cooperación cuyo objetivo es el de facilitar y agilizar el intercambio de evidencias con fines de investigación criminal dado que, en no pocas ocasiones, la información sobre la que se trabaja y que es objeto de cooperación internacional se integra precisamente por datos de carácter personal.

Por tanto, era absolutamente necesario articular un sistema que permitiera combinar el respeto debido a las respectivas legislaciones nacionales sobre protección de ese derecho fundamental con las necesidades de intercambio ágil de Información, actualmente indispensable para responder con eficacia al fenómeno de la ciberdelincuencia. En definitiva, hacer posible que el tratamiento que se diera a los datos personales con ocasión del uso y aplicación de las distintas medidas que se abordan en el SPA fuera respetuoso con los sistemas de protección de datos existentes en cada uno de los países miembros de la Convención. Con dicho objetivo, la solución por la que opta el Protocolo es la de establecer unas reglas generales sobre tratamiento de datos, que se recogen en los apartados 2 a 15 del artículo 14 del Convenio y que coinciden esencialmente con la normativa sobre esta materia consagrada en el Reglamento (UE) 2016/679 sobre *protección de las personas físicas en lo que respecta al tratamiento de los datos personales y a la libre circulación de estos datos* y, al tiempo, prever la posibilidad de aplicar otros sistemas jurídicos sobre esta misma materia en dos situaciones concretas y diferenciadas:

a) El contemplado en el apartado 1 b) del citado art. 14, a cuyo tenor si las partes que han de cooperar tienen entre si un Acuerdo *global*[27] relativo al tratamiento de datos personales que satisfaga plenamente

[27] Según el parágrafo 222 del Informe Explicativo, se entiende por acuerdo global aquel que abarque íntegramente los aspectos de protección de datos aplicables a las transferencias de datos

las exigencias previstas para la protección de ese derecho en cada uno de los Estados afectados por esta situación, se aplicará dicho Acuerdo en lugar de lo establecido en los apartados 2 a 15 del artículo 14 del Protocolo. Es el caso, por ejemplo, del Acuerdo sobre Protección de Datos Personales suscrito entre EEUU y la UE

b) El contemplado en el apartado 1 c) del citado art. 14, aplicable a los supuestos en los que aun no existiendo un Acuerdo previo sobre protección de datos entre los Estados Parte afectados, éstos deciden conjuntamente fijar las salvaguardas que estimen más adecuadas en atención a su respectivas legislaciones sobre esta materia, estableciendo dicho régimen de protección a modo de sustitución de las previsiones de los apartados 2 a 15 del art. 14 del Protocolo.

Sin pretensión alguna de exhaustividad resumimos a continuación los parámetros esenciales sobre protección de datos que se fijan en los apartados 2 a 15 del art. 14 del SPA y que, en principio y salvo las excepciones indicadas, constituyen el régimen general aplicable en esta materia. Dicha regulación se inspira en el Reglamento (UE) 2016/679 del Parlamento Europeo y del Consejo de 27 de abril de 2016 que establece las garantías a las que ha de sujetarse el tratamiento de datos personales en el ámbito comunitario. Al respecto ha de tenerse en cuenta que en la legislación europea la protección de esta información se considera un derecho fundamental que corresponde a todos los ciudadanos y que se concreta en facultad de ejercer un pleno control sobre los datos que nos identifican como personas, de forma tal que nadie pueda tener acceso a los mismos ni utilizarlos, modificarlos u operar con ellos sin previo consentimiento y autorización de su titular. Ello implica una importante limitación a cualquier operación de tratamiento de los datos y, por ende, su recogida, registro, conservación o habilitación para el acceso por terceros así como para su cotejo o conexión con otras informaciones[28].

---

[28] El Reglamento somete cualquier tratamiento de datos personales a principios muy estrictos que se concretan en su artículo 5 y que resumo de la siguiente forma:
– El tratamiento ha de ser licito, leal y transparente. Se cuidará especialmente la protección de los datos sensibles
– Los datos solo pueden ser recogidos con fines determinados, explícitos y legítimos y no pueden ser tratados ulteriormente de manera incompatible con dichos fines.
– Solo pueden ser objeto de tratamiento los datos que sean adecuados, pertinentes y limitados a lo estrictamente necesario en relación con los fines que se pretenden
– Los datos que se recopilen deben ser exactos e íntegros y si es necesario deben ser oportunamente actualizados

De acuerdo con este planteamiento, el artículo 14 va detallando las garantías que deben observarse por parte de los Estados cuando, con ocasión de la aplicación de alguna de las medidas de cooperación previstas en el Protocolo, transmitan o reciban datos de carácter personal. Concretamente los apartados 2 a 15 se refieren a las limitaciones en su tratamiento tanto en lo relativo a su utilización (solo los necesarios y pertinentes) como en la finalidad a la que se destinan; a la necesidad de garantizar el mantenimiento de la información en condiciones de autenticidad e integridad y de proteger especialmente aquella que tenga carácter sensible; a las limitaciones relacionadas con la adopción de decisiones automatizadas; al periodo de conservación de los datos y a las medidas técnicas, físicas o u organizativas para asegurarlos y evitar su perdida y/o el acceso no autorizado a los mismos; a la obligación de establecer mecanismos de registro de las actuaciones que se realicen respecto a dicha información; a las garantías que deben adoptarse en los supuestos de intercambio de los datos entre las autoridades de un mismo Estado o cuando se pretendan trasladarlos a un tercer Estado y finalmente a las obligaciones de transparencia y notificación a la persona titular de los datos y al reconocimiento de sus derechos de acceso y rectificación cuando resulte procedente por inexactitud o trato incorrecto de la información. Por su parte los apartados 13 y 14 se refieren a la previsión de los recursos judiciales y extrajudiciales procedentes en caso de incumplimiento de las garantías antes indicadas y a la supervisión de todas las actuaciones relativas a la información objeto de tratamiento por parte de las autoridades públicas competentes en cada uno de los Estados Parte.

En definitiva, sin perjuicio de este régimen de protección de datos que establece el SPA y que, en principio y como se ha expuesto, es el aplicable en todos los supuestos en que se recurra a alguna de las medidas de cooperación que se regulan en el mismo, los apartados 1b) y 1 c) del documento contemplan las excepciones a esa norma general en los dos supuestos mencionados en los que los Estados concernidos pueden acogerse a los propios mecanismos de protección de datos que tengan establecidos entre si. De esta forma se introduce un importante factor de flexibilidad en la adopción de las medidas para la protección de datos personales con la que

– Deben ser mantenidos de forma tal que solo permitan identificar a su titular el tiempo imprescindible para los fines del tratamiento
– Deben conservarse de forma tal que se garantice su seguridad y su protección frente a tratamientos no autorizados o frente a una posible destrucción, perdida o daño accidental.

se garantiza también el respeto a los sistemas vigentes en relación con ello en los distintos Estados Parte.

3.2. Análisis del Capítulo II Medidas de cooperación reforzada

3.2.1. Sección Primera: Principios generales aplicables

Esta sección, de carácter meramente introductorio, al capítulo que nos ocupa, se limita a explicar, en términos generales, su contenido si bien incorpora dos precisiones de especial interés a efectos de su aplicación. La primera de ellas, en su artículo 5.6[29], respecto al alcance que deba darse al principio de doble incriminación, en aquellos supuestos en que dicho principio pueda ser exigible por las Partes. En relación con ello y de conformidad con lo establecido en el art. 25.5 de la Convención de Budapest, en aras a facilitar la cooperación transnacional, se flexibiliza la interpretación del mismo exigiéndose únicamente que la conducta que motiva la solicitud de asistencia este tipificada como delito en las legislaciones nacionales de las Partes afectadas, con independencia de la terminología utilizada en su descripción o de la categoría delictiva en que se encuadre.

En cuanto a la segunda, siguiendo también el planteamiento del art. 23 de la Convención, se limita a recordar que el SPA no impide ni restringe en forma alguna el recurso a cualesquiera otras medidas de cooperación vigentes entre las Partes

3.2.2. Sección Segunda: Procedimientos para mejorar la cooperación directa con proveedores y entidades privadas radicados en otros Estados (arts. 6 y 7)

Esta segunda sección, integrada por los artículos 6 y 7 del SPA, tiene por objeto regular determinados procedimientos cuya finalidad es la establecer cauces legales para la cooperación transnacional directa con determinadas entidades de carácter privado. El primero de ellos se refiere a la *solicitud de*

---

29 *Cuando de conformidad con las disposiciones del Presente Protocolo, se permita a la Parte requerida condicionar la cooperación a la existencia de doble incriminación, se considerará cumplida esta condición, independientemente de que su legislación incluya el delito en la misma categoría de delitos o lo denomine con la misma terminología que la Parte requirente, si la conducta constitutiva del delito para el que se solicita la asistencia es un delito penal en virtud de su legislación*

información sobre registro de nombres de dominio y el segundo a la *divulgación de la información relativa a los abonados.*

La articulación de estas medidas de cooperación directa se asienta sobre tres ideas básicas:

- Las medidas que contemplan los arts. 6 y 7 del Protocolo son escasamente intrusivas en los derechos y libertades del investigado y/o de terceros ya que, en ambos casos, la información que se pretende obtener a través de estos procedimientos incide muy levemente en la intimidad o la privacidad de los afectados —únicamente datos de abonado o similares que se encuentran anotados en los registros de nombres de dominio—.
- Sin embargo se trata de medidas que, en muchas ocasiones, resultan absolutamente imprescindibles para el inicio mismo de la investigación. Averiguar la identidad o la ubicación del titular de un dominio o de un servicio de comunicación es, frecuentemente, la primera gestión necesaria para el inicio mismo de la investigación —y más concretamente para el esclarecimiento del hecho y la identificación de sus autores— siendo además una información que ha de recabarse con especial rapidez, dada su volatilidad y la facilidad con la que puede desaparecer o perjudicarse.
- El consenso generalizado acerca de la necesidad de impulsar y facilitar la colaboración entre el sector público y las entidades del sector privado estableciendo y consolidando mecanismos de apoyo y asistencia reciproca útiles para garantizar la ciberseguridad y la actuación mas eficaz y efectiva contra la ciberdelincuencia[30] constituye, sin duda, un marco adecuado para articular procedimientos ágiles y sencillos de acceso a aquellas evidencias electrónicas que, al no inci-

---

30 Son muchas las disposiciones normativas que se han ido publicando en los últimos años en el ámbito de la Unión Europea a partir de este mismo planteamiento. Sirva de ejemplo el paquete *e-evidence,* que analizaremos en la ultima parte de este trabajo - Reglamento (UE) 2023/1543 del Parlamento Europeo y del Consejo *sobre las ordenes europeas de producción y las ordenes europeas de conservación a efectos de prueba electrónica en los procesos penales y de ejecución de penas privativas de libertad a raíz de procesos penales* y la Directiva (UE) 2023/1544 del Parlamento Europeo y del Consejo *por la que se establecen normas armonizadas para la designación de establecimientos designados y de representantes legales a efectos de recabar pruebas electrónicas en procesos penales.* Y también el Reglamento (UE) 2022/2065 del Parlamento Europeo y del Consejo *relativo a un mercado único de servicios digitales.*

dir en aspectos esenciales de la intimidad, pueden ser obtenidas sin necesidad de especiales requisitos formales.

Pues bien, a partir de este planteamiento se definen las medidas contempladas en los artículos 6 y 7 SPA a la Convención de Budapest relativas respectivamente a la obtención de información sobre abonados y sobre nombres de dominio

Art. 6.- Solicitud de información sobre registro de nombres de dominio

Antes de adentrarnos en el análisis de esta herramienta y a efectos de justificar su previsión expresa en el SPA, es conveniente recordar que el especial modelo de funcionamiento en la red, a falta de un organismo central de gobernanza, se sustenta en acuerdos aceptados por una multiplicidad de partes o asociaciones interconectadas voluntariamente —en las que se incluyen tanto organismos del sector público como privado, de la academia, la industria... etc.— que garantizan la creación y mantenimiento de determinados estándares y con ello la interoperabilidad de Internet, pero sin que ninguna de ellas tenga un poder decisorio sobre el conjunto. En este marco es en el que se articula el Sistema de Nombres de Dominio (DNS), las funciones asignadas a ICANN —Corporación de Internet para la asignación de nombres y números— y el objetivo que se pretende con la medida prevista en el art. 6 del SPA.

Como es sabido, un dominio es un nombre único que identifica una subárea en Internet. El propósito principal de los nombres de dominio en internet y del sistema de nombres de dominio es traducir las direcciones IP de cada activo en la red a términos memorizables y fáciles de encontrar. En consecuencia, cada nombre de dominio se encuentra asociado a una dirección IP y sirve para identificar un sitio web determinado. Los dominios se clasifican en tres grandes grupos: *dominios de nivel superior genéricos* que son los más comunes y no se asocian a un país concreto —por ejemplo.com; .org; .net; .edu; o. int— *dominios de nivel superior especifico de carácter territorial,* vinculados a países concretos —por ejemplo.es (España)[31] o .pt (Portugal) .ar (Argentina) o .pe (Perú)— y *dominios de tercer nivel* que mezclan, entre otros supuestos, los dos anteriores: el genérico y el del país y sirven

[31] En España, la entidad publica empresarial Red.es es la encargada de gestionar el registro de nombres del dominio ".es", función que incluye la implantación, el mantenimiento y operación de los equipos, aplicaciones y bases de datos necesarias para el funcionamiento del sistema de nombres de dominio de internet, bajo el código del país correspondiente a España. https://sede.red.gob.es sites 27 julio 2024

para identificar el concepto del dominio, p ejemplo si pertenece al sector educativo, comercial etc. y ubicarlo en un lugar determinado.

Pues bien, la asignación de nombres de dominio de nivel superior corresponde a ICANN[32] que es una organización sin ánimo de lucro encargada de la administración y coordinación global del sistema de nombres de dominio (DNS) de primer nivel genéricos y de carácter territorial y de garantizar el funcionamiento del sistema y, por ende, la correspondencia entre los distintos dominios y las respectivas direcciones IP. Dado que hay cientos de millones de nombres de dominio en uso, la ICANN tiene un Departamento encargado específicamente de administrar los nombres de dominio y su registro denominado Autoridad de Asignación de Números de Internet (IANA) y opera territorialmente a través de determinadas entidades que se encargan de lo que se denomina *la prestación del servicio de registro de nombres de dominio.* Nos referimos a los llamados *registradores* que, siguiendo los protocolos fijados por ICANN, ponen a disposición del público y venden los nombres de dominio que se encuentran disponibles por no estar asignados a persona, empresa u organismo alguno, cuidando que no se produzcan duplicidades en la asignación de los mismos, y también a los operadores de los registradores que mantienen bases de datos actualizadas —*registros*— en las que se almacena la información relacionada con los nombres de dominio y subdominios y las terminaciones específicas correspondientes que ya hayan sido asignados.

La empresa o entidad que desea adquirir un dominio o subdominio determinado ha de solicitarlo del respectivo registrador, abonando la cuantía económica procedente, lo que da lugar a la tramitación del oportuno procedimiento administrativo previo a la concesión. Resuelto el expediente se otorga al solicitante el control de dicho nombre por un periodo de tiempo determinado, renovable indefinidamente, durante el cual será responsable de su buen uso en Internet. Como consecuencia del proceso de concesión, queda anotada en el registro correspondiente determinada información que puede resultar de utilidad para la identificación del adquirente

[32] Fundada en 1998 reúne a personas de todo el mundo cuyo objetivo es asegurar que internet sea segura, estable e interoperativa. Esta asociación promueve la competencia y desarrolla políticas de identificadores únicos en internet. ICANN no controla el contenido de internet, no puede detener el correo basura y no gestiona los accesos a internet, pero gracias a su función de coordinación del sistema de nombres de dominio, esta teniendo una gran importancia en la expansión y evolución de internet. https://www.icann.org 28 julio 2024.

Hasta hace unos años el acceso a esta información estaba abierto al público a través del directorio *WHOIS*, que es una gran base de datos, gestionada por ICANN e inicialmente accesible a cualquier persona, entidad o institución que tuviera interés en ello. Esta situación permitía, a nivel mundial, averiguar los datos registrados respecto de cualquier dominio en Internet, tales como la fecha de creación y extinción del dominio; el país en el que se aloja, la identidad facilitada por titular y, en su caso, su dirección física o de correo electrónico, numero de teléfono etc, lo que desde hace años viene suponiendo un valioso mecanismo para efectuar las primeras indagaciones en una investigación criminal. Sin embargo la publicación y entrada en vigor del Reglamento (UE) 2016/679 sobre tratamiento de datos personales en el territorio comunitario modificó profundamente esta situación ya que el mecanismo de consultas a *WHOIS*, tal y como se encontraba establecido, resultaba incompatible con las garantías y salvaguardas que establece dicho Reglamento, pues una buena parte de la información recopilada en los diferentes registros de nombres de dominio, y por tanto accesible a través de *WHOIS*, se integra por datos de carácter personal cuyo conocimiento y publicitación está sometida por el citado Reglamento a importantes restricciones[33].

Esta situación es la que ha determinado que el SPA contemple, en su artículo 6, un procedimiento específico para acceder a información obrante en el registro de nombres de dominio, cuando la entidad que presta dicho servicio se encuentra ubicada en otro país diferente del que efectúa la solicitud de información. Se trata de un procedimiento muy novedoso que carece de precedentes en el texto de la Convención de Budapest porque en el momento de su publicación dicha información era accesible a cualquiera y, por tanto, resultaba innecesaria cualquier regulación al respecto. En consecuencia, el precepto que examinamos establece un marco legal para obtener información sobre titulares y demás datos relacionados con los nombres de dominio y se refiere a la posibilidad de solicitar direc-

---

[33] En lo que aquí interesa es importante mencionar el artículo 6 del propio Reglamento según el cual el tratamiento de los datos personales solo se considera lícito si el interesado, es decir el titular de los datos, ha dado su consentimiento para el tratamiento de que se trate y para los fines específicamente autorizados salvo que concurra alguno de los otros supuestos a que se refiere dicho art. 6 entre los que se encuentran los de proteger intereses de propio afectado; cumplimiento de una misión realizada en interés publico; ejecución de un contrato en el que el interesado sea parte o también —y aquí vamos al tema que nos interesa— el cumplimiento de una obligación legal aplicable al responsable del tratamiento.

tamente esa información de las entidades que *prestan servicio de registro de nombres de dominio*[34] ubicadas en Estados distintos del requirente. Es decir, de lo que se trata es de averiguar, a través de la previa consulta en *WHOIS*, cual es la entidad que ha intervenido en el registro de un determinado nombre de dominio y a partir de esa información dirigirse directamente, con base en el art. 6, al correspondiente registro para recabar del mismo la información buscada.

Según el apartado primero del precepto que nos ocupa, cada uno de los Estados Parte ha de tener prevista esta posibilidad tanto en sentido activo como pasivo. Es decir, ha de preverse que autoridades en cada Estado son competentes para recabar esta información directamente de las entidades que prestan estos servicios de registro, sin necesidad de la intervención de las autoridades del Estado en el que se encuentra almacenada la información. Competentes a esos efectos, pueden ser tanto las autoridades judiciales o administrativas como cualquier otra autoridad encargada de hacer cumplir la ley (art. 3.2 SPA). Por su parte, en sentido pasivo, el art. 6.2 SPA hace referencia a la necesidad de que los Estados Parte prevean las condiciones adecuadas para que las entidades que prestan estos servicios y se encuentran en su territorio puedan facilitar la información requerida. A esos efectos ha de tenerse en cuenta que el precepto no exige que las legislaciones nacionales obliguen a estas entidades a atender dichas peticiones pero sí a que se establezcan legalmente, a nivel interno, las condiciones oportunas para que así se haga con las debidas garantías

La solicitud debe efectuarse (art. 6.3 SPA) con la debida concreción, indicando la autoridad requirente y precisando el nombre de dominio a que se refiere y los datos concretos que se demandan. Es importante recordar que la petición debe incluir una declaración expresa —(art. 6.3 c) SPA)— de su adecuación al planteamiento y sentido último del Protocolo. Quiere decirse con ello que dicha petición debe ajustarse a criterios estrictos de necesidad y proporcionalidad, en atención a la investigación concreta en la que se pretende utilizar la información reclamada, sin que ésta pueda ser empleada con finalidades distintas. Con ello se garantiza el cumplimiento de la normativa sobre protección de datos de carácter personal y se evita el riesgo de divulgación de un volumen mayor de datos que los que sean estrictamente necesarios para las investigaciones en curso[35]. En principio,

---

34 Registradores o registros

35 Lo que se pretende evitar es el uso indiscriminado de esta herramienta para cualquier tipo de consultas, ya que su utilización solo esta justificada en el marco de

está previsto que la solicitud pueda efectuarse también por vía electrónica e incluso mediante consulta a un portal puesto a disposición a ese fin por las propias entidades encargadas de la prestación del servicio. No obstante, esta posibilidad puede quedar condicionada a que se existan medidas adecuadas de seguridad y autenticación

Como ya se ha dicho, los Estados no están obligados a imponer a las entidades ubicadas en su territorio el cumplimiento de estos requerimientos, pero la regulación está planteada —dados los requisitos y garantías que se exigen en su emisión y tramitación— con el objetivo de que dichas solicitudes de información sean efectivamente atendidas. De hecho, en el apartado 5 del artículo que examinamos, se establece que si la entidad a la que se dirige la petición no coopera para ofrecer la respuesta solicitada, el Estado requirente puede pedir explicaciones e incluso evacuar consultas con la autoridad competente del país donde se encuentra ubicado el registrador acerca de las medidas disponibles para obtener la información demandada. Es decir, aunque se trata de una solicitud dirigida directamente a una entidad privada lo que se pretende en el articulado es implicar en la obtención de la información demandada a las autoridades competentes del país en el que se encuentra registrada. Para facilitar esta actuación el apartado 6° del art. 6 establece que los Estados Parte, en el momento oportuno tras la firma o ratificación del Protocolo, deben comunicar a la Secretaría General del Consejo de Europa la autoridad nacional que asume la competencia para evacuar dichas consultas

Art. 7.- Divulgación/obtención de información sobre datos de los abonados

Este precepto se refiere a la posibilidad de cursar un requerimiento para la obtención de datos de abonado, información cuyo conocimiento por terceros, al igual que en el supuesto del art. 6, afecta de forma muy leve a la intimidad personal o a la privacidad y que por ello puede obtenerse directamente de los proveedores de servicios de otros Estados sin que sea necesario observar especiales formalidades.

Como ya indicamos, es la propia Convención de Budapest la que define en su art. 18.3[36] lo que ha de entenderse por datos de abonado, al tiempo que contempla, en el apartado 1° b) del mismo artículo 18, la posibilidad de que dicha información sobre abonados pueda recabarse directamente de proveedores de servicios ubicados en el territorio de otro Estado Parte,

---

una investigación criminal concreta

36 Vid epígrafe correspondiente a la orden de presentación en el apartado dedicado al análisis de las herramientas de investigación de la Convención de Budapest

siempre que dichas entidades dirijan su actividad u ofrezcan prestaciones en el Estado desde el que se reclama la información. Es decir, el procedimiento a que se refiere este artículo del Protocolo no es novedoso sino que ya se venía aplicando habitualmente al amparo del citado precepto de la Convención cuando concurren las circunstancias que en el mismo se establecen, si bien ha de recordarse que, en dicha regulación previa, el cumplimiento efectivo de estas solicitudes de información queda condicionado a la voluntad del proveedor al que se dirige la petición.

En consecuencia, la previsión legal del artículo 7 del SPA tiene como finalidad configurar este procedimiento como una medida de cooperación internacional, dotándole de mayores garantías y mejorando su efectividad, ello sin perjuicio de la plena vigencia del citado art. 18 de la Convención en los supuestos en que su aplicación resulte efectiva. Se trata, no obstante, de medidas de naturaleza similar por lo que, al igual que señalábamos al comentar este último precepto, solo podrá dictarse la orden a que se refiere el art. 7 SPA respecto de datos ya almacenados y que se encuentren a disposición del proveedor de servicios a quien se dirija la petición, aunque no es necesario que los tenga físicamente en su poder sino que es suficiente con que ostente el control sobre los mismos. Por otra parte, y por las mismas razones vinculadas a la protección de datos de carácter personal que comentábamos al analizar el art. 6, el contenido de la petición realizada al amparo de este precepto ha de limitarse a la información necesaria y proporcionada para la prosecución de investigaciones o procesos penales en curso.

También la aplicación del artículo 7 implicará generalmente previsiones legislativas específicas en la normativa interna de las Partes. Así, desde el punto de vista activo, cada Estado habrá de establecer la autoridad o autoridades competentes[37] para emitir la orden o requerimiento de entrega de información a los proveedores de servicio que radiquen en otros territorios. Es decir, cada Estado tiene plenas facultades para determinar cuál ha de ser la autoridad competente para efectuar estas solicitudes, de conformidad con su propio ordenamiento jurídico interno. Ello sin perjuicio de la limitación que se establece en el apartado 2 b del mismo artículo 7, que permite a los Estados que así lo deseen efectuar una declaración en la que

---

37 Como ya se ha indicado, a esos efectos ha de tenerse en cuenta lo establecido en el art. 3.2 b) según el cual se entenderá por autoridad competente *una autoridad judicial, administrativa u otra autoridad encargada de hacer cumplir la ley que este facultada por el derecho interno para ordenar, autorizar o llevar a cabo la ejecución de medidas en virtud del presente Protocolo.*

se exija que dicha orden, cuando se dirija a proveedores radicados en su territorio, sea emitida por autoridad judicial o fiscal o bajo su supervisión o la de otra autoridad independiente[38]. Esta posibilidad que supone, en cierta medida, una limitación a la facultad que tiene cada Estado de identificar a la autoridad competente para emitir estas solicitudes, se justifica por la necesidad de preservar los derechos e intereses de otras Partes cuya normativa interna imponga que dichas ordenes de entrega de información procedan o estén supervisadas por autoridad judicial u otra autoridad[39].

Por su parte, cada país debe además adoptar las medidas necesarias para que los proveedores de servicio establecidos en su territorio den cumplimiento a estas solicitudes. Es decir, establecer las medidas legales que permitan a los proveedores dar curso efectivo a estas solicitudes, sin perjuicio de las garantías exigibles en materia de protección de datos, de forma tal que atender dichos requerimientos no les genere responsabilidad alguna.

Como ya se ha indicado, la información que se reclama ha de ajustarse a parámetros de necesidad y proporcionalidad en referencia a investigaciones o procesos penales específicos. Por ello el apartado 3º[40] del art. 7 detalla las precisiones que como mínimo debe contener la solicitud, en tanto que el apartado 4º se refiere a la información complementaria que debe o puede acompañarse a la misma[41] para hacer más fácil su tramitación. Tal

---

38 La fórmula exacta de la declaración es la siguiente "la orden en virtud del párrafo 1º del art. 7 debe ser emitida por un fiscal u otra autoridad judicial o bajo su supervisión o, en caso contrario, ser emitida bajo una supervisión independiente

39 El 14 de febrero de 2023, el Consejo ECOFIN adopto la Decisión 2023/436 por la que se autoriza a los Estados Miembros de la UE a ratificar en interés de la Unión este Segundo Protocolo Adicional y se fijan directrices comunes para todos los Estados en lo que se refiere a las declaraciones, notificaciones y/o comunicaciones que pueden efectuarse. Entre ellas y en el punto concreto que analizamos, se indica a todos los Estados que deberán realizar la declaración a que se refiere el articulo 7 apartado 2 letra b). En consecuencia todos los Estados Parte Miembros de la UE exigirán que la orden de entrega de datos de abonado sea emitida por autoridad judicial o fiscal o bajo su supervisión o supervisión independiente

40 Las precisiones son las siguientes: a) autoridad emisora y fecha de emisión; b) declaración de que la orden se emite de acuerdo con el Protocolo; c) nombre y dirección del o los proveedores de servicio a los que se dirige la solicitud; d) delito o delitos objeto de investigación; e) la autoridad que solicita la información si no coincide con la de emisión y una descripción detallada de la información que se solicita

41 Entre otras, la normativa que habilita a la autoridad de emisión; las disposiciones legales y sanciones aplicables al delito investigado; periodo de tiempo para la en-

es el caso, por ejemplo, de la relativa a la previa solicitud de conservación —al amparo del art. 29 de la Convención— y, por ende, la identificación de referencia de dicha preserva o también la relacionada con las condiciones específicas de confidencialidad o sobre la notificación simultánea a la autoridad del propio Estado, a la que se refiere el apartado 5 del mismo artículo, cuando dicha notificación resulte procedente.

Al igual que comentábamos en referencia al artículo 6, la tramitación de esta medida podrá efectuarse en forma electrónica si así lo aceptan las Partes interesadas (art. 7.6). Con ello y siguiendo el planteamiento de la propia Convención, lo que se pretende es fomentar la eficiencia y la rapidez en la tramitación de estas medidas. Obviamente ello implica la adopción de niveles adecuados de seguridad y autentificación de la información, por los medios que, en cada caso, se estimen oportunos, tales como el establecimiento de un canal específico para cursar la solicitud y recepcionar la información; la posterior confirmación de la autenticidad a través de la autoridad de emisión etc.

Como consecuencia, precisamente, del carácter de medida de cooperación internacional que otorga el Protocolo a esta herramienta —y solventando en esta forma alguna de las carencias señaladas al estudiar el art. 18 1° b) de la Convención—, el apartado 5 del precepto contempla dos posibilidades de carácter discrecional y por tanto facultativas, independientes una de la otra, cuya finalidad es ofrecer a las autoridades del Estado en el que se ubica el proveedor requerido la posibilidad de controlar y/o supervisar estas solicitudes de entrega de información. Es decir, sin que la medida pierda su naturaleza de instrumento de cooperación directa, se ofrece a las Partes, si así lo estiman necesario, una doble vía para intervenir en dicho proceso:

- Exigir, en todo caso o cuando concurran determinadas circunstancias, que la solicitud dirigida a un proveedor ubicado en su territorio y la información complementaria que acompañe a la misma sea notificada simultáneamente a las autoridades competentes del propio Estado. (apartado 5 a)

  Esta circunstancia habrá de hacerse constar al suscribir el SPA o en un momento posterior, comunicándolo al Secretario General del CoE con indicación de la autoridad —que ha de ser única— compe-

---

trega de la información o cualquier instrucción procesal especial.

tente para recibir la notificación y adoptar las decisiones procedentes en relación con ello[42].

- ➢ Exigir de los proveedores de servicio ubicados en su territorio la previa consulta a las autoridades nacionales antes de divulgar la información solicitada (apartado 5 b)

  Esta posibilidad se contempla con carácter excepcional en referencia a los supuestos en los que, en atención a las circunstancias concurrentes, pudiera plantearse un motivo de denegación. Expresamente se descarta en el informe explicativo su aplicación con carácter genérico, en todos los supuestos, a fin de evitar demoras innecesarias en la tramitación de la medida.

Ambas posibilidades, en todo caso de carácter discrecional, no son alternativas sino que puede optarse por una, por otra o por ambas conjuntamente. Además tampoco son inamovibles sino que cada Estado puede variar su decisión en relación con ello, cambiando de un sistema a otro, o suprimiendo el régimen establecido de consulta o notificación si posteriormente no lo estima necesario. En todo caso, cualquier modificación al respecto ha de notificarse al Secretario General del CoE que ha de mantener debidamente actualizado el registro correspondiente a ello.

En ambos supuestos (art. 7.5) la autoridad consultada o notificada del Estado afectado podría oponerse a la divulgación de la información solicitada cuando ello pueda incidir en un procedimiento penal en curso en dicho país o cuando concurra cualquiera de las causas que darían igualmente lugar a la denegación en un supuesto de asistencia legal mutua de carácter tradicional, en aplicación de los artículos 25.4[43]

---

42 Como ya se ha indicado, el 14 de febrero de 2023, el Consejo ECOFIN adopto la Decisión 2023/436 por la que se autoriza a los Estados Miembros de la UE a ratificar en interés de la Unión este Segundo Protocolo Adicional y se fijan directrices comunes para todos los integrantes de UE en lo que se refiere a las declaraciones, notificaciones y/o comunicaciones que pueden efectuarse. Entre ellas y en el punto concreto que analizamos se indica a todos los Estados Miembro que deberán efectuar la notificación a que se refiere el art. 7.5 a) SPA.
En consecuencia todos los Estados Parte Miembros de la UE exigirán la notificación simultanea a la autoridad del propio país en los términos indicados en el precepto y a dicho fin y para el desempeño de esta actividad harán la designación oportuna de una única autoridad competente para ello comunicándolo a la Secretaria General del Consejo con los datos necesarios para su localización.

43 Salvo que específicamente se establezca otra cosa, *la asistencia mutua estará sujeta a las condiciones previstas en el derecho interno de la Parte requerida o en los tratados de asis-*

y 27.4[44] de la Convención. No obstante, y como claramente se reseña en el informe explicativo, dicha oposición debería plantearse muy excepcionalmente y ajustándose estrictamente a los términos de los indicados preceptos ya que lo que, en definitiva, se pretende con el SPA es agilizar al máximo la entrega de información que, en este caso, y teniendo en cuenta el tipo de datos que se reclaman, difícilmente darán lugar a cualquiera de las situaciones que justifican la denegación. Obviamente y a efectos de poder valorar la procedencia de formular oposición, el mismo apartado 5 (d) contempla también la posibilidad de que la autoridad notificada o consultada solicite del Estado requirente la aportación de información complementaria a efectos de valorar la procedencia de oponerse a la divulgación y si finalmente adopta dicha decisión, deberá notificarlo a la parte requirente explicando las razones de ello.

Cursada en forma la solicitud, puede ocurrir que por parte del proveedor de servicios no se dé cumplimiento a la misma, ya sea por propia iniciativa o por decisión de la autoridad competente en los supuestos anteriormente indicados. Cuando no se produzca una denegación expresa, la autoridad emisora deberá esperar un plazo de 30 días, o en su caso, el que se haya estipulado a dichos efectos con arreglo al apartado 4 del mismo precepto o el que resulte necesario en los casos de notificación y consulta, trascurrido el cual sin contestación puede entenderse denegada la petición a efectos de cursar la misma por otra vía, ya sea la prevista en el art. 8 del SPA o cualquier otra de asistencia legal mutua tradicional.

En relación con este último aspecto, insiste el art. 7 del SPA y también el informe explicativo en la conveniencia de que el proveedor, o en su caso, la autoridad notificada o consultada a que se refiere el apartado 5, informen a la autoridad de emisión sobre las razones de la denegación de entrega de información. Con ello se pretende evitar actuaciones inútiles ya que determinadas causas de denegación —por ejemplo, si los datos reclamados han

---

tencia mutua aplicables, incluidos los motivos por los que la Parte requerida puede denegar la cooperación. La Parte requerida no ejercerá el derecho a denegar la asistencia mutua en relación con los delitos mencionados en los arts. 2 a 11 únicamente porque la solicitud se refiere a un delito que considera de naturaleza fiscal.

44 *Además de las condiciones o motivos de denegación contemplados en el párrafo 4 del art. 25, la Parte requerida podrá denegar la asistencia si:*
a) la solicitud se refiere a un delito que la parte requerida considera delito político o delito vinculado a un delito político y
b) considera que la ejecución de la solicitud podría atentar contra su soberanía, seguridad. Orden público u otros intereses esenciales.

desaparecido o no están a disposición del proveedor requerido o si concurre cualquiera de las circunstancias a que se refieren los artículos 25.4 y/o 27.4 de la Convención— son de tal naturaleza que impedirían la entrega de la información cualquiera que sea el instrumento que se utilice para la solicitud, circunstancia que es conveniente se comunique a la autoridad emisora a los efectos oportunos. Por el contrario, en otras situaciones, la denegación puede derivarse de defectos de carácter formal cuyo conocimiento por el emisor podrían dar lugar a su subsanación si así se estimara oportuno.

En lo que se refiere a las declaraciones y reservas, el apartado 8 del precepto que examinamos, deja a las Partes la posibilidad de DECLARAR que, en relación con los proveedores ubicados en su territorio, se ha de utilizar necesariamente este artículo con carácter preferente al trámite previsto en el art. 8[45], en el entendimiento de que la reclamación de datos de abonado en base al artículo que nos ocupa resulta más ágil y menos compleja. Es decir que pudiendo utilizarse tanto el artículo 7 como el art. 8 para solicitar datos de abonado, ese Estado Parte exige que se recurra primeramente al artículo 7, salvo que el estado emisor justifique la necesidad de cursar la petición por la vía del artículo 8 como sería el caso, por ejemplo, en el que se reclamen conjuntamente datos de abonado y datos de tráfico o contenido o aquel otro en el que el proveedor requerido no dé respuesta a las solicitudes cursadas por cooperación directa.

Finalmente el apartado 9 del mismo precepto ofrece a los Estados Parte la posibilidad de RESERVAR la aplicación de este precepto, ya sea totalmente o en referencia exclusiva a determinados datos o números de acceso, cuando la obtención de los mismos mediante requerimiento directo al proveedor de servicio ubicado en su territorio resulte incompatible con su propia normativa interna. En uno y otro caso —y en justa correspondencia con ello— la Parte que formule esta reserva, tampoco estará habilitada para cursar, en base a este artículo, solicitudes de esta naturaleza y contenido a proveedores de servicio ubicados en otros territorios[46]

---

45 El artículo 8 SPA, como luego veremos contempla también un tramite especifico para la obtención de datos de abonado alojados en otro Estado

46 También en este supuesto, la Decisión 2023/436 adoptada por ECOFIN a los efectos de fijar directrices comunes para todos los integrantes de UE en lo referente a las declaraciones, notificaciones y/o comunicaciones, precisa que los Estados Miembros solo podrán formular tal reserva con respecto a números de acceso distintos de aquellos que sirvan exclusivamente para identificar al usuario.

3.2.3. Sección Tercera: Procedimientos para mejorar la cooperación internacional entre autoridades competentes a efectos de la divulgación de datos informáticos almacenados en otros Estados (arts. 8 y 9)

En esta sección se articulan medidas de cooperación entre autoridades competentes de los distintos Estados, es decir, a diferencia de las reguladas en la sección segunda estas herramientas no implican la cooperación directa con entidades del sector privado sino entre autoridades competentes de los Estados requirente y requerido, aunque sujetas a una tramitación más ágil y efectiva que la de las medidas de cooperación internacional tradicional. La sección se integra por dos preceptos, los art. 8 y 9, el primero de ellos para la obtención rápida de datos de abonado y datos de tráfico y el segundo para la cooperación acelerada a efectos de obtención de información en situaciones de emergencia

Art. 8.- Dar cumplimiento a las ordenes emitidas por las autoridades de otro Estado para la obtención rápida de datos almacenados

El objetivo de este precepto es habilitar a las autoridades del Estado requirente para emitir una orden de obtención de datos tráfico y/o de abonado y trasladársela a las autoridades competentes del Estado requerido que ha de tener, a su vez, capacidad para obligar al proveedor de servicios ubicado en su territorio a dar cumplimiento a dicha solicitud y, por ende, presentar la información específica demandada.

Lo que se articula, en definitiva, es un procedimiento más ágil que el tradicional de asistencia mutua con el objetivo de poder reclamar con seguridad y celeridad una información que por su carácter limitado y por sus especiales connotaciones puede obtenerse con gran facilidad. De hecho, el propio informe explicativo del Protocolo aclara que si se pretende, al

---

A esos efectos, es de interés tener en cuenta que, en muchos de los países firmantes de la Convención de Budapest y también de la UE se considera que cuando la información asociada a una dirección IP se refiere exclusivamente al acceso a Internet, sin ningún otro dato complementario, merece la consideración jurídica de dato de abonado. Este es también el criterio que se recoge en el art. 3.10 del Reglamento (UE) 2023/1543 que luego se analizaremos. No obstante, y, por el momento, en España el criterio legal no es coincidente ya que según el art. 588 ter k LECrim, la solicitud de información sobre direcciones IP a proveedores u operadores de comunicaciones exige en todo caso de autorización judicial por lo que dicho información esta sujeta a un tratamiento jurídico similar al de los datos de tráfico.

mismo tiempo, obtener información sobre contenidos es preferible efectuar una solicitud conjunta y recurrir directamente a los mecanismos de asistencia mutua tradicional, ya que el precepto que examinamos no puede ser utilizado para la obtención de datos de contenido. En cualquier caso, se trata de una medida complementaria de otros instrumentos de cooperación internacional vigentes entre las partes y basados en acuerdos o convenios bilaterales o multilaterales

Esta medida de cooperación puede ser utilizada para la divulgación tanto de datos de abonado, como de tráfico[47] si bien ha de tratarse, en todo caso, de datos almacenados que se encuentren a disposición del proveedor de servicios de que se trate, el cual ha de hallarse ubicado físicamente en el territorio de la Parte requerida[48].

Sin duda llama la atención la circunstancia de que la divulgación de datos de abonado pueda llevarse a efecto por una doble vía: en base al artículo 7 SPA como medida de cooperación directa y/o en el marco del precepto que examinamos, con la intervención obligada de las autoridades del Estado requerido. El planteamiento de fondo que inspira la Convención de Budapest y sus Protocolos —y que se refleja en otros muchos aspectos de dichos documentos— es el de ofrecer a los Estados un abanico amplio de posibilidades para cohonestar las necesidades de una cooperación transnacional cada vez más ágil y efectiva con el pleno respeto a los principios inspiradores de la normativa interna de los Estados. En principio y como comentábamos anteriormente, el conocimiento de información sobre abonados suele incidir en forma muy leve en la privacidad e intimidad de las personas, por lo que generalmente podrá accederse a ella sin demasiadas formalidades, lo que no obsta a que en algunos ordenamientos jurídicos el nivel de protección de dicha información sea mas elevado. Por ello el Protocolo, como ya se ha analizado, contempla en su artículo 7 la posibilidad de reservarse el derecho a aplicar la cooperación directa para la divulgación de datos de esa naturaleza, lo que abocaría a la utilización del artículo 8 con dicha finalidad en los indicados supuestos.

---

47 Art. 1 d) del Convenio: "por datos sobre el tráfico" se entenderá cualesquiera datos informáticos relativos a una comunicación por medio de un sistema informático, generados por un sistema informático como elemento de la cadena de comunicación, que indiquen el origen, destino, ruta, hora, fecha, tamaño y duración de la comunicación o el tipo de servicio subyacente

48 En relación con la interpretación que ha de darse a los conceptos de datos almacenados y a disposición del proveedor de servicios nos remitimos a lo ya indicado al analizar la orden de presentación del art. 18 de la Convención

Cuestión diferente es la relativa a los datos de tráfico que, en la medida en que permiten conocer información más sensible sobre la vida y las relaciones de las personas, su régimen jurídico de obtención y/o acceso ha de ser necesariamente más severo y garantista. Ello explica que la información sobre tráfico no pueda obtenerse a través de cooperación directa con entidades privadas y que sea exigible, en todo caso, la intervención de las autoridades del Estado requerido, ya sea cursando la solicitud en base al precepto que examinamos o acudiendo a las medidas tradicionales de asistencia mutua (MLA). En cuanto a aquellos requerimientos que tengan por objeto la divulgación de datos de abonado junto con datos de tráfico, aunque el Protocolo contemple herramientas de cooperación diferentes para una y otra pretensión, razones de eficacia y agilidad harían aconsejable, a nuestro entender, tramitar la petición de forma conjunta aplicando el precepto que nos ocupa

El artículo 8, al igual que los anteriormente examinados, insta a los Estados a regular en el ordenamiento jurídico interno esta medida de cooperación tanto en sentido activo como pasivo. Así y en orden a la actuación como Estado requirente, cada una de las Partes deberá designar la autoridad competente para ello[49] y establecer los requisitos y condiciones para la emisión de la orden de conformidad con su normativa interna[50]. Por su parte, y en lo que se refiere a la actuación como Estado requerido, el SPA deja a la elección de cada país el procedimiento interno para dar efectividad a la orden recibida, es decir, el mecanismo por el que va a obligar al proveedor a facilitar la información solicitada. Cada Estado puede articularlo en la forma que estime más adecuada siempre que el sistema establecido le permita dar efectividad a la orden cursada. A esos efectos, es indiferente que traslade al proveedor la misma orden emitida por el Estado requirente o que elabore una nueva acorde con su propia normativa interna siempre que con ello se logre idéntica finalidad. Por tanto, cada Estado puede establecer los parámetros que estime necesarios para asegurar el cumplimiento, en el ámbito interno, de los requisitos y garantías exigibles legalmente.

---

49 A efectos de interpretar este concepto ha de estarse a lo establecido en el art. 3.2 b) SPA (vid Nota 37)

50 Por ejemplo, en España, si se solicitan exclusivamente datos de abonado, la petición podría realizarse por la Policía Judicial o el Ministerio Fiscal (artículo 588 ter m LECrim) pero, si se trata de datos de tráfico únicamente podría emanar la solicitud de una autoridad judicial, de conformidad con lo establecido en el artículo 588 ter j LECrim.

También en relación con esta medida, al igual que en las contempladas en los artículos 6 y 7, está prevista la tramitación de las solicitudes, así como el traslado de la información, datos y documentos oportunos por vía electrónica si las Partes interesadas así lo aceptan y existen de medidas de seguridad y garantías de autenticidad adecuadas

En lo que se refiere a la forma y contenido de la solicitud, el apartado 3 a)[51] del artículo 8 relaciona con todo detalle la información que debe necesariamente incluirse en la orden y en el 3 b)[52] la que ha de acompañarse como respaldo a la petición y cuya finalidad es facilitar la decisión que ha de adoptar la autoridad del Estado requerido para dar efectividad a la orden cursada. Al respecto, es de interés llamar la atención, en referencia al apartado 3 a), sobre la necesidad de identificar claramente al proveedor al que se dirige la solicitud así como especificar la información que se solicita, ya se trate de datos de abonado o de datos de tráfico, puesto que el objeto de la petición ha de limitarse a lo que resulte preciso para la investigación en curso, exigencia que se completa con el apartado 3 b)-v del mismo precepto en el que se hace referencia, con ese mismo objetivo, a la justificación de la pertinencia de la información demandada. También y con idéntica finalidad el apartado 3 b) exige se acompañe la orden de un breve resumen de los hechos investigados que facilite la valoración que debe realizar la autoridad del Estado requerido.

Igualmente ha de destacarse la inclusión, en el apartado 3 b, de la información relativa a la solicitud de conservación que, en su caso, se haya cursado con carácter cautelar al amparo del artículo 29 de la Convención. Como ya comentamos al analizar dicho precepto y también el 16 del mismo documento, la conservación de datos y, en particular los de tráfico, resulta esencial para garantizar la posibilidad de disponer de los mismos, en condiciones adecuadas de integridad y autenticidad, cuando se solicite

---

51 i) referencia a la autoridad emisora y fecha de emisión de la orden; ii) declaración de que la orden se emite con arreglo al Protocolo a efectos de garantizar el cumplimiento de la normativa sobre protección de datos; iii) el nombre y dirección del proveedor o proveedores; iv) el delito o delitos que son objeto de investigación penal; v) la autoridad que solicita la información si no es la emisora y vi) la precisión de las informaciones o datos que se pretende obtener

52 i).- Habilitación legal de la autoridad que emite la orden; ii) disposiciones legales sobre tipificación y sanción del delito; iii) razones por las que se cree que el proveedor concreto tiene a su disposición la información buscada; iv) un resumen de los hechos investigados; v) relevancia de la información reclamada para el éxito de la investigación y vi) indicaciones acerca de la previa petición de conservación.

su entrega al amparo, entre otros, de este precepto. Por ello el apartado 3 b) del artículo 8 incluye como documentación complementaria de la solicitud la información relativa a la preservación, la fecha de la misma y, en su caso el número de referencia asignado para facilitar su localización.

Obviamente, una buena parte de esta información complementaria no debe ser comunicada al proveedor de servicios ya que frecuentemente estará sometida al secreto de las actuaciones y su remisión a la autoridad del Estado requerido tendrá como único objetivo justificar la procedencia de la solicitud cursada y facilitar la decisión que dicha autoridad debe adoptar acerca del traslado de la orden correspondiente al proveedor de servicios. Esta información podrá ir también acompañada de instrucciones especiales que pueden resultar de interés en determinadas situaciones, tales como la petición de confidencialidad, la autenticación de las pruebas etc. (art. 8.3 c). Igualmente, en ocasiones, la Parte requerida podría necesitar información adicional, porque su propia legislación interna exige la acreditación de determinados requisitos o también porque se estime oportuno ampliar alguna de las informaciones facilitadas al amparo del apartado 3 b).

Cumplidos estos trámites y una vez que la autoridad competente de la Parte requerida tenga a su disposición toda la información necesaria, habrá de dar cumplimiento a la solicitud y, en consecuencia, requerirá del proveedor de servicios, en un plazo máximo de 45 días, la entrega de la información solicitada con la mayor agilidad posible y que, en todo caso, deberá llevarse a efecto en un periodo máximo de 20 días si la solicitud se refiere a datos de abonado o de 45 si se trata de datos de tráfico, tras lo cual dará traslado de ello sin demora alguna a la Parte requirente.

No obstante, el artículo 8, en sus apartados 8 y 9, contempla también los supuestos en los que por una u otra razón no se da efectivo cumplimiento a la petición de entrega de información. Así, puede ocurrir que la Parte requerida se niegue a dar cumplimiento a la solicitud por concurrir cualquiera de las causas previstas en el art. 25.4 y 27.4 del Convenio o que aplace la ejecución con base el art. 27.5 del mismo documento[53]. Otra posible eventualidad es que la autoridad requirente imponga condiciones para dar cumplimiento a la solicitud, como es el caso en el que al amparo del art. 28.2 b del Convenio se supedita la entrega de la información a su no utilización en investigaciones o procedimientos distintos de los que se

---

[53] Art. 27.5 *La Partes requerida podrá posponer su actuación en respuesta a una solicitud cuando dicha actuación pudiera causar perjuicios a investigaciones o procedimientos llevados a cabo por sus autoridades.*

expresan en la solicitud. Cualquiera de estas circunstancias debe notificarse inmediatamente a la Parte requirente y en el caso de que esta no pueda cumplir la condición establecida, será la Parte requerida la que tomara la decisión acerca del cumplimiento o no de la solicitud. En cualquier caso, el informe explicativo insta a las Partes a que hagan uso moderado de estas posibilidades de rechazo o condicionamiento facilitando al máximo la efectividad de estos procedimientos.

Las Partes al firmar el Protocolo o al depositar el instrumento de ratificación, aceptación o aprobación han de indicar al Secretario General del CoE cuales van a ser las autoridades competentes para llevar a efecto estos trámites, es decir las que se encargaran tanto de la emisión de las órdenes cursadas al amparo de este precepto, como las encargadas de su recepción como Estado requerido[54]. También pueden exigir que las solicitudes de este tipo que se les dirijan desde otros Estados Parte les sean presentadas a través de las autoridades centrales de la Parte requirente

Igualmente en este supuesto, cabe la posibilidad de que los Estados formulen RESERVA a la utilización de este articulo para la divulgación de datos de tráfico. De hacerlo así, tampoco podrán recurrir al mismo, para solicitar la entrega de información de esta naturaleza que se encuentre almacenada en otros territorios. En estos supuestos los datos de tráfico solo podrán reclamarse mediante la utilización de herramientas tradicionales de cooperación internacional.

---

54 Obviamente la designación de autoridades competentes deberá hacerse de conformidad con la normativa interna de cada uno de los Estados. En el caso de España, de conformidad con lo establecido en los artículos 588 ter j y ss. de la LECrim, resulta imprescindible que la orden sea emitida por autoridad judicial cuando el objeto de la solicitud sean datos de tráfico, pudiendo hacerlo también el Mº Fiscal si se trata únicamente de datos de abonado. Mas compleja puede resultar la decisión acerca de la autoridad de recepción, que a tenor del texto del SPA y por razones de eficiencia, ha de entenderse de carácter centralizado. La solución más oportuna pudiera ser conferir esta función de recepción a la Fiscalía sin perjuicio de que dicha institución deba recurrir a la autoridad judicial a efectos de recabar de los proveedores la información solicitada cuando la misma tenga por objeto datos de tráfico.
También en relación con este tema y en referencia a los Estados Miembros de la UE se ha pronunciado la Decisión 2023/436 del Consejo ECOFIN indicando que los distintos Estados deben además designar como autoridad competente a estos efectos a la Fiscalía Europea en el ejercicio de sus competencias (Reglamento (UE) 2017/1939 de 12 de octubre).

Art. 9.- Divulgación acelerada de datos informáticos almacenados en caso de situaciones de emergencia

En este artículo y en el art. 10 SPA se regulan dos procedimientos distintos para obtención de datos informáticos de forma muy ágil y efectiva en situaciones de emergencia, que se articulan como complemento de los canales ordinarios de cooperación cuando la especial urgencia de la situación hiciera necesario acudir a ellos

El concepto de emergencia se define con carácter general en al art. 3.2 c)[55] del SPA y es aplicable tanto a este precepto como a los artículos 10 y 12 del Protocolo. Es un concepto más restrictivo que el de circunstancias urgentes que se utiliza en el art. 25.3 del Convenio ya que hace referencia a las situaciones en las que existe un riesgo significativo e inminente para la vida o la seguridad de cualquier persona física, lo que justificaría una reacción muy rápida por parte de los Estados. A modo de ejemplo se señalan en el informe explicativo ataques terroristas; toma de rehenes; abuso sexual persistente de menores; sabotaje informático contra infraestructuras criticas como centros hospitalarios ...etc

El precepto que nos ocupa hace posible la obtención rápida, en dichas situaciones, de datos informáticos almacenados por proveedores de servicio ubicados en el territorio de otra Parte, sirviéndose para ello de la red 24/7 regulada en el art. 35 del Convenio[56], sin necesidad de dar curso a una solicitud de asistencia mutua. Los puntos de contacto 24/7 deben estar en condiciones de transmitir y recibir este tipo de solicitudes y asumir la tramitación de las mismas acudiendo para ello, si fuera necesario, a la autoridad o autoridades competentes para la obtención de la información de acuerdo con la normativa interna de cada Estado. Es decir, la aportación esencial del precepto es la de aprovechar la red de puntos de contacto como canal de transmisión, dejando a la discrecionalidad de cada Estado la articulación a nivel interno de las herramientas necesarias para dar respuesta a la petición cursada con la mayor rapidez posible de acuerdo con su propia normativa.

---

[55] Significa una situación en la que existe un riesgo significativo e inminente para la vida o seguridad de cualquier persona física

[56] Art. 35 Convención.- *Cada Parte designará un punto de contacto disponible, las 24 horas del día, siete días a la semana, con objeto de garantizar la prestación de ayuda inmediata para los fines de las investigaciones o procedimientos relacionados con delitos vinculados a sistemas y datos informáticos, o para la obtención de pruebas electrónicas de un delito...*

Este trámite puede ser más ágil y efectivo que el canal de asistencia mutua de emergencia regulado en el art. 10 del SPA cuando el objeto de la solicitud sea la obtención de datos informáticos, ya que la red 24/7 permite el intercambie en tiempo real y no precisa de la previa preparación de una solicitud de asistencia mutua, aunque ciertamente la medida prevista el artículo 10 ofrece otro tipo de ventajas y pudiera ser la más adecuada cuando se reclama información de naturaleza distinta a los datos informáticos. Por ello y dependiendo de las circunstancias las Partes podrán decidir en cada caso la herramienta que resulte más conveniente.

Al igual que en los preceptos anteriores, el articulo 9 utiliza el concepto, ya examinado, de datos informáticos almacenados[57] sin mayor concreción por lo que han de considerase incluidos no solo los datos de abonado y de tráfico sino también los de contenido, si es necesario acceder a ellos en una situación de emergencia. Es decir, las únicas limitaciones en cuanto a las informaciones que pueden ser objeto de este trámite es que se trate de datos almacenados y específicos relacionados con la investigación o procedimiento en curso.

Cada Estado puede determinar a quien corresponde poner en marcha este trámite ya sea la autoridad judicial que lleva la investigación o el punto de contacto nacional. Y también la parte requerida determinará con arreglo a su sistema jurídico interno quien resulta ser competente para atender la solicitud, su propio punto de contacto u otra autoridad del Estado. La red de contactos 24/7 es, en realidad, el canal por el que se traslada la comunicación, al margen de quien sea la autoridad competente en cada Estado para adoptar las decisiones oportunas para dar cumplimiento a la petición. En cualquier caso, el párrafo segundo del precepto insta a los Estados a que contemplen en sus ordenamientos internos las medidas necesarias para atender a estas solicitudes en situaciones de emergencia, es decir, a que sus autoridades estén facultadas para recabar la información solicitada de los proveedores situados en su territorio y remitirla a la Parte requirente. Al respecto se deja en el SPA un gran margen de flexibilidad para que los Estados arbitren internamente estas medidas como estimen más oportuno, alentándoles, en el informe explicativo para hacer posible la divulgación rápida de información en este tipo de situaciones.

---

57 Ha de recordarse que el precepto se refiere a información ya almacenada, por lo que, en ningún caso se puede hacer extensivo a datos que aun no existen como los datos de tráfico o de contenido relacionados con comunicaciones futuras.

En el apartado 3 del artículo 9 se reseña la información y contenido que debe incorporar la solicitud, añadiendo a los ordinarios —ya analizados detalladamente en los artículos precedentes (autoridad competente; delito investigado; proveedor de servicios que tiene a su disposición la información etc,)— la documentación o explicaciones justificativas de la emergencia y de la vinculación de la información buscada con dicha situación. En el caso de que la Parte requerida considere insuficiente dicha justificación puede, solicitar las aclaraciones que estimen pertinentes o la ampliación de información a través de la red 24/7.

Como hemos visto al analizar los supuestos anteriores y con mayor justificación en este caso dada la urgencia de la situación, el artículo 9 prevé la tramitación de esta solicitud en formato electrónico e incluso en forma verbal —sistema de trabajo bastante habitual entre los puntos de contacto de la red 24/7—. En cualquier caso, se habrán de adoptar las medidas adecuadas para garantizar la seguridad del proceso y la autenticidad de la información transmitida.

Las Partes pueden DECLARAR al suscribir el Protocolo o al depositar el instrumento de ratificación, aceptación o aprobación que la utilización de esta medida debe ser complementada posteriormente con la transmisión de la solicitud e información complementaria en el formato y por el canal que se indique específicamente, por ejemplo, a través del mecanismo de asistencia legal mutua, para que la tramitación de la solicitud quede documentada formalmente.

El precepto deja bastante libertad a la parte requerida para decidir si opta por entregar la información en esta forma, en atención al tipo de información que se reclama y a las restantes circunstancias concurrentes. En el caso de denegación, la Parte requerida habrá de informar al Estado requirente de dicha circunstancia con la mayor rapidez posible, indicándole, si procede, las condiciones en que podría atender la solicitud o, en su caso, el procedimiento que ha utilizarse para obtener la información demandada.

3.2.4. Sección cuarta.- Procedimientos relacionados con la asistencia mutua de emergencia (art. 10)

A diferencia de las secciones anteriores, la que nos ocupa no regula medidas de cooperación internacional novedosas sino que el artículo 10 tiene por objeto introducir determinadas especificidades en la asistencia legal mutua tradicional (MLA) para aquellos supuestos en los que por concurrir una situación de emergencia en los términos previstos en el artículo 3.2 c) SPA —ya comentados al analizar el art. 9— resulta necesario agilizar la tramitación y resolución de las solicitudes de auxilio internacional. Como ya indicamos, la filosofía del precepto es similar a la del artículo 9 y las Partes podrán optar por uno u otro en atención a las circunstancias concurrentes, si bien el que analizamos puede resultar el más idóneo cuando el objeto de la reclamación no se limite exclusivamente a datos informáticos almacenados.

Por tanto solo es posible recurrir a este precepto cuando exista un riesgo significativo e inminente para la vida y seguridad de personas físicas, circunstancia que el Estado requirente deberá justificar al formular la correspondiente solicitud. En el caso de que el Estado requerido lo estime necesario podrá de forma rápida y efectiva solicitar del requirente cuanta información estime necesaria a efectos de constatar la concurrencia de dicha circunstancia. En todo caso, se recuerda en el informe explicativo que también en los supuestos de emergencia rigen las limitaciones que establece con carácter general el art. 25 de la Convención[58]

A los efectos de garantizar la efectiva aplicación del artículo 10, su apartado 5 requiere de los Estados Parte el compromiso de mantener una autoridad disponible 24 horas al día, 7 días a la semana, para poder atender este tipo de solicitudes. No obstante, en el informe explicativo se aclara que no es necesario que la autoridad central tenga personal disponible en todo momento —dado que esta función ya la realiza la red de puntos de contacto 24/7— sino que, a esos efectos, sería suficiente con habilitar internamente los mecanismos para que se pueda responder a la solicitud en cualquier momento.

En cuanto a la forma y el canal para la transmisión, que también en este caso puede realizarse en forma electrónica, el precepto deja a los Estados Parte la posibilidad de llegar a un acuerdo en relación con ello. Así, respecto de los procedimientos aplicables, cuando no exista entre las Partes interesadas un tratado o convenio común sobre asistencia mutua, serán de aplicación los artículos 27 y 28 de la Convención de Budapest[59] que

---

58 Salvo que se establezca específicamente otra cosa... *la asistencia mutua estará sujeta a las condiciones previstas en el derecho interno de la Parte requerida o en los tratados de asistencia mutua aplicables, incluidos los motivos por los que la parte requerida puede denegar la cooperación*

59 En dichos preceptos se establecen los procedimientos que rigen, en el marco de Convención de Budapest, la asistencia mutua en ausencia de tratado

también podrán ser utilizados, por acuerdo mutuo, para sustituir total o parcialmente los convenios o acuerdos vigentes. Por su parte y en referencia al cauce de transmisión, el articulo 10 contempla también la posibilidad de que se acuerde el uso de un canal alternativo en vez de utilizar el procedimiento habitual a través de la autoridad central. En relación con este último aspecto, el apartado 9 del artículo 10 atribuye a las Partes la posibilidad de DECLARAR que aceptaran solicitudes directas a sus autoridades judiciales a través de INTERPOL o de los puntos de contacto de la red 24/7, sin perjuicio del envío de copia de todo ello a la correspondiente autoridad central.

3.2.5. Sección quinta: Procedimientos relacionados con la cooperación internacional en ausencia de acuerdos internacionales aplicables (arts. 11 y 12)

En esta sección se regulan dos instituciones, la videoconferencia y los equipos conjuntos de investigación e investigaciones conjuntas, previamente contempladas en diversos Convenios y Tratados Internacionales vigentes[60], si bien el Segundo Protocolo Adicional incorpora algunas especificidades que se justifican, en buena medida, por las especialidades que implica la investigación de los ciberdelitos como consecuencia de la volatilidad de las evidencias electrónicas y del carácter transnacional de muchos de estos ilícitos. Pero además la regulación de estas instituciones en el Protocolo tiene como objetivo ofrecer a las Partes un marco de aplicación más flexible que facilite las actuaciones de cooperación que se planteen entre Estados sujetos a regímenes jurídicos muy diversos, respetando plenamente las garantías y salvaguardas exigibles para la protección de los derechos humanos.

En principio, y tal y como se establece en el art. 5.5 SPA, cuando los Estados que precisen hacer uso de cualquiera de estas herramientas tengan en común algún Tratado o Convenio relativo a las mismas se regirán por dicha normativa, por lo que los preceptos que examinamos, en principio, solo serán de aplicación con carácter supletorio y en ausencia de otra regulación sobre la materia. No obstante, y aun cuando cuenten con normativa

---

60 Entre ellos, el Segundo Protocolo Adicional del Convenio Europeo de Asistencia Judicial en Materia Penal de 1959 o el Acuerdo de Asistencia Judicial entre la Unión Europea y los EEUU

común, las Partes podrán decidir de mutuo acuerdo someterse a las previsiones de los artículos 11 y 12, si el tratado o acuerdo común no lo impide.

Artículo 11.- Videoconferencia

El precepto se refiere esencialmente a la utilización de esta herramienta de cooperación para la práctica de diligencias de declaración de testigos y peritos, si bien en los apartados 7 y 8 se contempla la posibilidad de utilizar igualmente la videoconferencia, mediando acuerdo de las Partes, para otras finalidades tales como audioconferencias, identificación de personas u objetos e incluso a efectos de audiencia o declaración de un sospechoso o acusado, supuesto en el que la Parte requerida podría exigir condiciones y salvaguardas específicas.

El apartado 1° del precepto, de acuerdo con el planteamiento antes indicado, otorga una gran discrecionalidad a los Estados Parte a efectos de fijar las condiciones en las que se efectuara la diligencia en cuestión, de forma tal que deberán ponerse de acuerdo en una pluralidad de cuestiones tales como las autoridades y personas que han de intervenir en la diligencia; la forma en que se ha de interrogar al o los testigos y/o peritos; la forma de garantizar los derechos de los mismos; las advertencias y/o juramentos exigibles, la forma de gestionar las objeciones a las preguntas; la prestación de servicios de traducción o interpretación etc. A dicho fin las autoridades centrales de una u otra Parte se comunicarán entre si, incluso en forma electrónica, si así se estima oportuno.

Sin perjuicio de ello, el precepto recoge algunas pautas de carácter general que, no obstante, admiten también pacto en contrario. Así, en los apartados 3 y 4 se establece que la Parte requerida deberá llevar a efecto la diligencia de acuerdo con los procedimientos especificados por el Estado requirente salvo que ello resulte contrario a su propia legislación interna, en cuyo caso se aplicará esta última salvo que se hubiera pactado otra cosa. Igualmente se encomienda a la Parte requerida hacer posible que el citado a declarar comparezca para la práctica de la diligencia a cuyo fin, si fuera necesario, podría utilizar las medidas legales previstas para ello en la su propia normativa interna.

También se indica en el precepto que en aquellos supuestos en que la legislación del Estado requerido contemple la posibilidad de imponer al testigo y/o perito obligaciones de comparecer, declarar o decir verdad, si en el curso de la videoconferencia el testigo o perito incurre en alguna irregularidad en relación con ello, podrá ser sancionado por el Estado requerido del mismo modo que si dicha actuación se hubiera producido en un procedimiento interno.

Finalmente y, en referencia a los gastos que pudieran generarse con ocasión de la práctica de esta diligencia, el apartado 6 del artículo 11 establece que, salvo pacto en contrario, los gastos de la videoconferencia serán costeados por la parte requerida, con algunas excepciones tales como los honorarios de peritos, los gastos de traducción e interpretación u otros gastos de carácter extraordinario.

Artículo 12.- Equipos conjuntos de investigación e investigaciones conjuntas (ECI)

Con idéntico planteamiento que el precepto anterior, el artículo 12 se refiere a la posibilidad de que las Partes interesadas adopten la decisión de constituir un equipo conjunto en el que participen las respectivas autoridades nacionales para mejorar y favorecer la coordinación en investigaciones penales de interés común. Esta herramienta resulta de gran utilidad para el esclarecimiento de hechos ilícitos de naturaleza transnacional por lo que en el SPA se pretende promover y favorecer su uso en la lucha contra la ciberdelincuencia, a cuyo fin se establecen en el precepto unas directrices de carácter básico

También en este caso, y por las mismas razones antes indicadas, el artículo que nos ocupa deja gran libertad a los Estados para fijar las circunstancias de constitución y puesta en funcionamiento del ECI: las autoridades competentes para acordar su creación[61]; los fines que se pretenden; su composición, funciones y organización; cuestiones relacionadas con la recopilación, transmisión y utilización de pruebas; condiciones de confidencialidad etc. Dichas circunstancias deberán ser debidamente precisadas para facilitar la actuación del ECI, sin perjuicio de que puedan ser complementadas posteriormente. Se aconseja especialmente se determine con claridad el alcance geográfico y la duración del acuerdo

Una de las grandes ventajas de los ECI son las facilidades que ofrecen a efectos del traslado e utilización por las autoridades de los Estados intervinientes de las pruebas y/o evidencias obtenidas con ocasión de la actuación del equipo en el territorio de cualquiera de ellos, entre las que han de incluirse, como indica expresamente el informe explicativo, en su parágrafo 208, *datos personales, tales como la información relativa a los abonados,*

---

[61] En relación con ello, el apartado 3 del art. 12 deja a la discrecionalidad de los Estados Parte la posibilidad de DECLARAR, en el momento de firma del Protocolo o al depositar el correspondiente instrumento, la obligatoriedad de que la autoridad central correspondiente sea signataria del acuerdo, o tenga la oportunidad de manifestar de otra forma su acuerdo con el mismo.

datos sobre el tráfico o datos de contenido, ya que al igual que en otras medidas de cooperación, *el artículo 14 se aplica a la transferencia de datos personales con arreglo a los equipos conjuntos de investigación.*

En relación con ello y, sin perjuicio de los acuerdos que puedan adoptar las Partes, el Protocolo centra su atención en dos aspectos concretos. El primero de ellos, en el apartado 5 de su artículo 12, en la posibilidad de llevar a efecto diligencias de investigación en el territorio de una de las Partes, sin necesidad de recurrir a herramientas legales de asistencia mutua, mediante la solicitud efectuada directamente por integrantes del ECI de esa Parte ante los órganos que en ese país sean competentes para la actuación de que se trate.

El segundo aspecto, que fue uno de los más controvertidos en la redacción del precepto, es el relativo a las posibilidades de utilización de la información o las pruebas facilitadas por las autoridades de una de las Partes a las intervinientes en el ECI por otra u otras Partes integrantes del mismo. En principio esta cuestión es una de las que debiera quedar determinada en el acuerdo inicial al que nos referíamos anteriormente. No obstante y para el supuesto de que no se haya pactado nada al respecto, el apartado 6 a) a c) del mismo artículo, establece unas directrices de carácter general a cuyo tenor, de no haberse establecido disposición en contrario, la información y evidencias así obtenidas podrán ser utilizadas no solo para los fines que determinaron la formación del ECI sino también para prevenir una situación de emergencia[62] o para investigar o perseguir delitos diferentes de los que motivaron la creación del equipo si bien, en este caso, la Parte que lo pretenda debe obtener previamente el consentimiento del Estado que facilito la información. Se exceptúan de esta regla aquellos supuestos en que la utilización de esas pruebas o informaciones resulte imprescindible para justificar la inocencia de una persona, en los que bastaría con la notificación o comunicación posterior a la Parte que ha facilitado la información.

Finalmente, el apartado séptimo del art. 12 contempla la posibilidad de que cualquiera de los Estados-Parte, más allá de lo dispuesto en sus apartados 1° y 2°, puedan establecer, caso por caso, los acuerdos que estimen oportunos para llevar a efecto investigaciones conjuntas en asuntos de interés común, con las condiciones y requisitos que mutuamente convengan.

---

62 Tal y como se define en el art. 3-2 c) del SPA

4. NORMATIVA DE LA UNIÓN EUROPEA SOBRE OBTENCIÓN TRANSNACIONAL DE EVIDENCIAS ELECTRÓNICAS

Como indicábamos al inicio de este trabajo, en los últimos años se están empeñado múltiples esfuerzos en el desarrollo, a nivel nacional e internacional, de iniciativas de carácter normativo con el objetivo de solventar las dificultades que plantea la actuación penal frente a la ciberdelincuencia mediante la articulación de herramientas legales que impulsen y faciliten la cooperación transnacional y hagan posible la conservación, obtención y transmisión de evidencias electrónicas entre los distintos países de forma ágil y segura y en condiciones tales de autenticidad e integridad que permitan su utilización como medios de prueba válidos y efectivos en jurisdicciones diferentes de aquellas en que se generaron.

Ya hemos visto como el Consejo de Europa, a través de la Convención de Budapest y recientemente con la elaboración y apertura a la firma del Segundo Protocolo Adicional, ha definido los parámetros esenciales en torno a los cuales se sustenta en la actualidad una buena parte de la legislación penal sustantiva y procesal y también las bases para una cooperación más efectiva en esta materia en muchos de los países del mundo. En ello han contribuido de forma muy activa, en los últimos años, los organismos de la Unión Europea pues no en vano, por decisión del Consejo de la Unión de 6 de junio de 2019, se autorizó a la Comisión a participar, como tal institución, en la negociación del Segundo Protocolo Adicional a la Convención de Budapest, dada la pertenencia al Consejo de Europa de sus EEMM y la gran implicación de estos a título individual en la elaboración del citado documento.

Como es sabido, desde hace más de un cuarto de siglo en el marco de la Unión Europea se está trabajando intensamente por promover la armonización normativa a partir de la concepción del territorio comunitario como un espacio común de Libertad, Seguridad y Justicia. En ese sentido, el Consejo Europeo de Tampere celebrado en octubre de 1999 dejó constancia clara, a partir del planteamiento asumido por el Tratado de Ámsterdam de 1997, de que *el ejercicio de la libertad requiere un auténtico espacio de justicia en el que las personas puedan recurrir a los tribunales y a las autoridades de cualquier Estado miembro con la misma facilidad que a los del suyo propio.* A esos efectos, y según se indica en el documento, *debe evitarse que los delincuentes encuentren la forma de aprovecharse de las diferencias existentes entre los sistemas judiciales de los Estados miembros. Las sentencias y resoluciones deben respetarse y ejecutarse en toda la Unión, salvaguardando al mismo tiempo la seguridad jurídica básica de las personas y de los agentes económicos. Hay que lograr que aumenten la compatibilidad y la convergencia de los sistemas judiciales de los Estados miembros.*

Como consecuencia de ello el Consejo de Tampere apostó por *un enfoque eficaz y exhaustivo en la lucha contra todas las formas de delincuencia,* así como por el *desarrollo equilibrado de medidas a escala de la Unión contra la delincuencia, protegiendo al mismo tiempo la libertad y los derechos jurídicos de las personas.* Estos objetivos se concretan en el apartado relativo a la lucha contra la delincuencia —junto a otras medidas de notable interés como la consolidación del principio de reconocimiento mutuo[63] y la creación de Eurojust— en la decisión de impulsar *la labor para acordar definiciones, inculpaciones y sanciones comunes* respecto de determinadas manifestaciones criminales especialmente graves, entre las que se incluye la delincuencia de alta tecnología.

Este mismo planteamiento subyace en la Comunicación que la Comisión Europea dirigió al Consejo, al Parlamento Europeo, al Comité Económico y Social y al Comité de las Regiones el 26 de enero de 2001[64] con el objetivo de promover la creación de una sociedad de la información más segura. La citada Comunicación se pronuncia claramente en favor de promover una *iniciativa política amplia... con el fin de mejorar la seguridad de las infraestructuras de la información y luchar contra la delincuencia informática, de acuerdo con el compromiso de la Unión Europea de respetar los derechos fundamentales.* Con esa finalidad, en el documento se desgranan algunos proyectos en marcha como la elaboración de instrumentos normativos para facilitar la aproximación de los ordenamientos jurídicos internos en materia de explotación sexual de menores de edad y también respecto de la delincuencia de alta tecnología y se apuesta igualmente por la creación, a nivel nacional, de unidades policiales especializadas contra la delincuencia informática así como por reforzar la formación técnica necesaria para afrontar la actuación frente a este tipo de comportamientos.

---

63 Según la STJUE en el asunto C-404/15 *El principio de reconocimiento mutuo se basa en la confianza mutua entre los Estados miembros en que sus ordenamientos jurídicos nacionales pueden garantizar una protección equivalente y efectiva de los derechos fundamentales reconocidos a escala de la UE, en particular en la Carta...Como consecuencia de lo expuesto cabe afirmar que el principio de confianza mutua no permite que un órgano jurisdiccional receptor de la prueba obtenida en otro Estado pueda comprobar la validez de su obtención, salvo que aquel pueda disponer de pruebas que acrediten un riesgo real de violación de un derecho fundamental.*

64 eEurope 2002/*COM/2000/0890 final*/

Este plan de acción coordinada en la elaboración legislativa, se consolida tras la entrada en vigor el 1 de diciembre de 2009 del Tratado de Lisboa —que modifica el Tratado de Funcionamiento de la UE y da nueva redacción a su artículo 83[65]— y se ha ido concretando en sucesivas iniciativas desarrolladas desde entonces. Ya en la declaración conjunta efectuada en marzo de 2016 por los ministros de Justicia e Interior y por representantes de instituciones de la UE, con motivo de los atentados terroristas de Bruselas acaecidos poco antes, se puso el acento en la necesidad de establecer las herramientas adecuadas para obtener y asegurar de forma rápida y eficaz las pruebas digitales y en igual sentido se pronunció posteriormente el Consejo de la UE de 9 de junio del mismo año. También se refiere expresamente a ello la Comunicación que, en septiembre de 2017[66], dirigieron conjuntamente la Comisión y la Alta Representante de la Unión para Asuntos Exteriores y Política de Seguridad al Parlamento Europeo, en la que se plantea la necesidad de adecuar el marco procesal y de investigación criminal en el ámbito comunitario a las necesidades que plantea la lucha contra la ciberdelincuencia.

Con dichos antecedentes, la Resolución del Parlamento Europeo de 3 de octubre de 2017 dejo constancia clara de la necesidad de articular nuevos mecanismos para la obtención ágil y segura de evidencias electrónicas y para impulsar la cooperación entre las fuerzas de seguridad y también con los proveedores de servicios de sector privado y los terceros Estados, todo ello con pleno respeto a los acuerdos sobre asistencia mutua y a la normativa vigente en el territorio comunitario sobre protección de datos de carácter personal[67]. Con ello se impulsó definitivamente la elaboración y aprobación de lo que se conoce como *paquete e-evidence,* integrado

---

65 Según el vigente artículo 83.1º del Tratado de Funcionamiento de la Unión Europea (TFUE) *El Parlamento Europeo y el Consejo podrán establecer, mediante directivas adoptadas con arreglo al procedimiento legislativo ordinario, normas mínimas relativas a la definición de las infracciones penales y de las sanciones en ámbitos delictivos que sean de especial gravedad y tengan una dimensión transfronteriza derivada del carácter o de las repercusiones de dichas infracciones o de una necesidad particular de combatirlas según criterios comunes.* A su vez el apartado 2º de ese mismo precepto relaciona los ámbitos delictivos en los que se va a hacer efectiva esa armonización normativa, incluyendo entre ellos, la delincuencia informática junto al terrorismo, la explotación sexual de mujeres y niños y la falsificación de medios de pago.

66 La comunicación se titula *"Resiliencia, disuasión y defensa: fortalecer la ciberseguridad en la UE"*

67 Esta normativa se integra por el Reglamento (UE) 2016/679 *sobre protección de las personas físicas en lo que respecta al tratamiento de datos* personales y a la libre circu-

por dos documentos que examinaremos a continuación: la Directiva (UE) 2023/1544 del Parlamento Europeo y del Consejo *por la que se establecen normas armonizadas para la designación de establecimientos designados y de representantes legales a efectos de recabar pruebas electrónicas en procesos penales* y el Reglamento (UE) 2023/1543 del Parlamento Europeo y del Consejo *sobre las ordenes europeas de producción y las ordenes europeas de conservación a efectos de prueba electrónica en los procesos penales y de ejecución de penas privativas de libertad a raíz de procesos penales.*

No obstante y antes de analizar dichas disposicione, ha de indicarse que la obtención y traslado de pruebas electrónicas en el ámbito comunitario también puede llevarse a efecto al amparo de la Directiva 2014/41/UE sobre *la orden europea de investigación penal* de 3 de abril y el Convenio *relativo a asistencia judicial en materia penal entre los Estados Miembros de la Unión Europea,* de mayo del año 2000. Sin embargo, la complejidad y las dificultades inherentes a las actuaciones relacionadas con evidencias electrónicas demandaban de un instrumento legal especifico en el que se abordaran directamente dichas cuestiones. En consecuencia, la normativa *e-evidence* tiene por objeto complementar las mencionadas disposiciones normativas otorgando una mayor agilidad a los procedimientos relacionados con ello y definiendo un marco común de relación de las autoridades de los Estados Miembros (EEMM) con los prestadores de servicio.

4.1. *Directiva (UE) 2023/1544 del Parlamento Europeo y del Consejo de 12 de julio*

Esta Directiva, integrada en el *paquete e-evidence,* tiene por objeto establecer normas armonizadas en la Unión Europea para la designación de establecimientos y representantes legales de los prestadores de servicios que ofrecen su actividad en el territorio comunitario, con la finalidad de poder recabar de los mismos las pruebas electrónicas que demanden las autoridades competentes de los Estados Miembros para su utilización en investigaciones o procesos penales

La normativa *e-evidence* pretende evitar un tratamiento fragmentado en esta materia que pudiera generar obligaciones distintas y dispares para los prestadores de servicio en atención al territorio en el que se encuentren ubicados o en el que actúen. Se trata por tanto de establecer un marco de

---

lación de estos datos y la Directiva (UE) 2016/680 del Parlamento y del Consejo, ambos de 27 de abril de 2016

relación común entre las autoridades de los EEMM y los prestadores de servicio que operen en el espacio comunitario, a fin de canalizar de forma adecuada y efectiva mecanismos de cooperación directa en la transmisión, recepción, cumplimiento y ejecución de las ordenes emitidas por las autoridades competentes de cualquiera de los Estados para conservar y/o reclamar la entrega de pruebas electrónicas.

Con esa finalidad, la Directiva apuesta por la articulación de los denominados *establecimientos designados* y *representantes legales* de los correspondientes prestadores de servicios que, una vez designados, asumirán en el espacio territorial comunitario las funciones que les atribuye la normativa *e-evidence* como destinatarios de las resoluciones y órdenes dictadas por cualquiera de las autoridades competentes de los Estados Miembros con el indicado objetivo. En consecuencia, la disposición normativa que nos ocupa define el sustrato organizativo entre autoridades públicas y entidades del sector privado sobre el que se articula la tramitación de las ordenes europeas de producción y de conservación que se regulan en el Reglamento (UE) 2023/1543 de la misma fecha. Además, y como claramente se indica en el art. 1.2 del documento esta misma estructura también podrá ser aplicable a efectos de dar cumplimiento a las decisiones que se adopten en aplicación de la Directiva (UE) 2014/41/UE, sobre la OEI o del Convenio de Asistencia en Materia Penal del año 2000.

El documento es aplicable a los prestadores de servicios que, en razón a sus actividades, se encuentren incluidos en el marco definido por el art. 2.1 de la Directiva[68] y ofrezcan sus servicios en la Unión. A esos efectos, el art. 2.3 de la Directiva deja constancia de que la expresión *ofrecer servicios en la Unión* se refiere a los supuestos en los que el prestador permita que

---

[68] *A los efectos de la presente Directiva, se entenderá por:*
"prestador de servicios": toda persona física o jurídica que presta uno o más de los tipos de servicios siguientes, con excepción de los servicios financieros a que se refiere el artículo 2, apartado 2, letra b), de la Directiva 2006/123/CE del Parlamento Europeo y del Consejo (14):
a) servicios de comunicaciones electrónicas, tal como se definen en el artículo 2, punto 4, de la Directiva (UE) 2018/1972;
b) servicios de nombre de dominio de internet y de direcciones IP, tales como asignación de direcciones IP, registro de nombres de dominio, registrador de nombres de dominio y servicios de privacidad y representación relacionados con nombres de dominio;
c) otros servicios de la sociedad de la información a que se refiere el artículo 1, apartado 1, letra b), de la Directiva (UE) 2015/1535, que:
i) permitan a sus usuarios comunicarse entre sí, o

personas físicas o jurídicas en un Estado Miembro utilicen sus servicios y además tenga una conexión sustancial con la Unión, entendiéndose que existe tal conexión cuando el prestador disponga de un establecimiento en algún estado de la Unión o, a falta del mismo, tenga un número significativo de usuarios en uno o más EEMM u oriente su actividad hacia uno o más EEMM. Por su parte, el art. 1.5 de la Directiva contribuye a definir los límites a la indicada previsión legal aclarando expresamente que la norma no alcanza a aquellas situaciones en las que un prestador está establecido en el territorio de un Estado Miembro y únicamente ofrece sus servicios en el territorio de ese mismo Estado.

De acuerdo con este planteamiento y respetando, en todo caso, el derecho de los prestadores de servicio a elegir el país del territorio comunitario en el que estiman oportuno ubicar su respectivo establecimiento designado o representante legal, el artículo 3 de la Directiva encomienda a los Estados Miembros velar por que se dé cumplimiento a ello y, en consecuencia por que se haga efectiva dicha designación, ya sea de establecimiento —si se trata de prestadores ya establecidos en la Unión y con personalidad jurídica propia— o, en su caso, del representante legal y que unos y otros sean dotados de las competencias y recursos necesarios para dar cumplimiento a las órdenes o resoluciones que se les dirijan por las autoridades competentes de cualquier de los EEMM a efectos de recabar prueba electrónica.

4.2. Reglamento (UE) 2023/1543 del Parlamento Europeo y del Consejo de 12 de julio

Con el Reglamento *sobre las ordenes europeas de producción y las ordenes europeas de conservación a efectos de prueba electrónica en procesos penales y de ejecución de penas privativas de libertad a raíz de procesos penales,* la Unión Europea intenta solventar los problemas y dificultades a los que nos venimos refiriendo en materia de conservación, transmisión y obtención de pruebas electrónicas, estableciendo normas en virtud de las cuales, una autoridad competente de la Unión[69], con ocasión de investigaciones o procesos

---

ii) hagan posible el tratamiento o el almacenamiento de datos en nombre de los usuarios a los que se presta el servicio, cuando el almacenamiento de datos sea un componente esencial del servicio prestado al usuario;

[69] Las autoridades competentes, como luego veremos, son en términos generales autoridades judiciales, si bien el Reglamento (art. 4) contempla la posibilidad que, en determinados casos, puedan actuar como autoridades de emisión otras

penales o en ejecución de sanciones o medidas de seguridad impuestas penalmente, pueda ordenar a un prestador que ofrezca sus servicios en la Unión, en los términos indicados en el propio Reglamento y en la Directiva (UE) 2023/1544, la conservación y/o entrega de pruebas electrónicas. Dicho Reglamento será directamente aplicable a partir del 18 de agosto de 2026[70] por lo que en el momento de elaborar este trabajo se están analizando en los EEMM las modificaciones necesarias de los ordenamientos jurídicos internos para la plena efectividad del mismo en la fecha indicada

El objetivo del Reglamento —y de la normativa *e-evidence* en su conjunto— coincide en lo esencial con el que inspira las disposiciones procesales de la Convención de Budapest y muy particularmente las de cooperación transnacional de su Segundo Protocolo Adicional antes analizado y, como veremos, son muchas las coincidencias entre unas y otras disposiciones normativas tanto en el planteamiento de fondo de los mecanismos de cooperación que se articulan como en el sentido que ha de darse a una buena parte de los conceptos utilizados. No obstante, la evidente disparidad en el ámbito geográfico de aplicación de una y otra reglamentación y, por tanto, en el marco jurídico de relación preexistente entre los Estados Miembro en cada una de ellas trae consigo diferencias muy significativas, tanto en lo referente a las autoridades competentes para intervenir en la tramitación de estas medidas como en las posibilidades de utilización y el alcance efectivo de las mismas en uno y otro caso.

Al respecto hemos de recordar que el *paquete e-evidence* se articula en torno al principio de confianza mutua entre los Estados Miembros y en la presunción de que en todos ellos —y por ende, en la actividad de sus respectivas autoridades y órganos judiciales— se respetan plenamente el derecho de la Unión y los derechos y libertades fundamentales de las personas

---

autoridades que tenga competencia para ello según la legislación interna del propio Estado pero, en este caso, las ordenes que emitan deberán ser validadas por una autoridad judicial.

En cuanto a lo que ha de entenderse por autoridad judicial, según el Convenio Europeo de Asistencia Judicial en Materia Penal del CoE de 1959, han de considerarse como tales:

a) Los Jueces y Tribunales de la jurisdicción ordinaria;

b) Los miembros del Ministerio Fiscal;

c) Las autoridades judiciales militares.

70 Los reglamentos son actos jurídicos definidos en el art. 288 del Tratado de Funcionamiento de la UE. Revisten un alcance general, son obligatorios en todos sus elementos y directamente aplicables en los Estados Miembros

como sustrato de ese espacio común de Libertad, Seguridad y Justicia que constituye la Unión Europea, lo que facilita el establecimiento de criterios y reglas comunes de actuación en esta materia. Como contrapunto, la Convención de Budapest y su Segundo Protocolo tienen un ámbito de aplicación mucho más amplio —que como ya se ha indicado, alcanza en la actualidad a 75 países ubicados en zonas geográficas dispares— como corresponde a la evidente vocación de universalidad de dichos documentos. Por ello las herramientas que se contemplan en esa normativa se regulan de una forma más flexible y abierta para que puedan ser utilizadas por Estados sometidos a regímenes jurídicos muy diversos y se garantice, al tiempo, el pleno respeto a los derechos y libertades de las personas y los valores inherentes al Estado de Derecho

En las páginas siguientes de este trabajo analizaremos las similitudes y diferencias entre ambas normativas al tiempo que ofrecemos una visión de conjunto del sistema articulado para la Unión Europea. A dicho fin y con carácter previo resumimos a continuación la estructura del Reglamento (UE) 2023/1543:

- ➢ Capítulo I.- Objeto, ámbito de aplicación y definiciones
- ➢ Capítulo II.- Orden europea de producción, Orden europea de conservación y certificados
- ➢ Capítulo III.- Sanciones y ejecución
- ➢ Capítulo IV.- Conflictos de leyes y vías de recurso
- ➢ Capítulo V.- Sistema informático descentralizado
- ➢ Capítulo VI.- Disposiciones finales.

Por su interés y relación con el objeto de este trabajo, centraremos nuestro estudio en algunas de las definiciones del Capítulo I, en las ordenes de producción y conservación del Capítulo II y en el procedimiento de ejecución del Capítulo III

4.2.1. Definición de datos de abonado, tráfico y contenido

El Reglamento, al igual que la Convención y el SPA, a efectos de definir el régimen jurídico de conservación, obtención y traslado de información, estructura los datos informáticos en las mismas tres grandes categorías: los datos de abonado; los de trafico y los de contenido y somete el tratamiento de unos y otros a un régimen jurídico diferenciado, en atención a las razones que venimos exponiendo y que tienen su origen en la mayor o menor incidencia que el conocimiento de la correspondiente información puede tener en la privacidad de las personas. No obstante, y, como veremos, el Reglamento define además una cuarta categoría de datos que denomina *datos solicitados con el único fin de identificar al usuario,* si bien asimila su régimen jurídico al de los de abonado. El objetivo que se pretende con esta precisión es el de unificar criterios en este aspecto y superar las diferencias existentes al respecto en algunos Estados Miembros.

En cualquier caso es importante recordar que el Reglamento —al igual que comentábamos respecto de la normativa Budapest del CoE— únicamente se aplica a datos informáticos ya generados y almacenados en el momento de la recepción de la orden europea de conservación o de producción y no alcanza, por tanto, a los datos que se generen con posterioridad. Igualmente y a efectos de su aplicabilidad resulta intranscendente el lugar en que se ubique la instalación donde dicha información se almacena, siempre que la misma se encuentre a disposición del proveedor al que se dirige la correspondiente orden

4.2.1.1. Datos de abonado y datos solicitados con la finalidad exclusiva de identificación del usuario

Los datos de abonado, en sentido estricto, se definen en el artículo 3.9 del Reglamento de forma muy similar, aunque más detallada y actual, a la recogida a esos mismos efectos en el art. 18.3 de la Convención[71] y que se concreta en los siguientes términos:

Cualesquiera datos que obren en poder de un prestador de servicios relativo a la suscripción de sus servicios, en relación con:

a) La identidad del abonado o cliente, como nombre, fecha de nacimiento, dirección postal o geográfica, facturación y pagos, número de teléfono o dirección de correo electrónico.

b) El tipo de servicio y su duración, incluidos los datos técnicos que identifiquen las medidas técnicas o las interfaces utilizadas o facilitadas al abonado o cliente en el momento del registro o activación inicial y los datos relativos a la validación del uso del servicio, excluyendo las contraseñas u otros medios de autentificación utilizados en lugar de una contraseña que hayan sido facilitados por un usuario o creados a petición de un usuario.

Como ya se ha indicado, el Reglamento hace extensivo el régimen jurídico aplicable a los datos de abonado a aquellos otros que denomina *datos*

---

[71] Vid comentario correspondiente a dicho precepto en este mismo trabajo

solicitados con el único fin de identificar al usuario, concepto en el que, a tenor de lo dispuesto en el apartado 10 del citado artículo 3, han de considerarse incluidos:

las direcciones IP y, cuando sea necesario, los puertos de origen y el sello de tiempo pertinentes, a saber, la fecha y la hora o equivalentes técnicos de dichos identificadores e información conexa, cuando así lo soliciten las autoridades policiales o las autoridades judiciales con el único fin de identificar al usuario en una investigación penal especifica.

Como es sabido, la información relacionada con direcciones IP así como los números de acceso y la información conexa suele resultar de especial interés en el inicio mismo de la investigación criminal ya que permite determinar el comienzo y fin del acceso a un servicio y contribuye a la identificación del usuario que realizó dicho acceso, circunstancia que tradicionalmente ha venido justificando la conveniencia de agilizar y facilitar los mecanismos para la conservación y obtención de dicha información, cuando la misma aparezca relacionada con procesos penales específicos, a fin de mejorar la efectividad de la lucha contra la delincuencia online. Sin embargo esta posibilidad ha dado lugar a significativas discrepancias jurídicas en el entorno europeo[72] ya que, además del tratamiento que corresponde a la dirección IP como dato de carácter personal —y por ende amparado por la normativa comunitaria sobre la materia—, en determinadas circunstancias dicha información aparece íntimamente vinculada con procesos concretos de comunicación interpersonal, lo que ha dado lugar a que en algunos países, como es el caso de España[73], la obtención y acceso

---

72 Sobre ello se ha pronunciado incluso el Tribunal de Justicia de la Unión Europea en diversas resoluciones entre las cuales han de mencionarse las SSTJUE de 6 de octubre de 2020, dictadas en los asuntos C 623/17 *Privacy Internacional* y en los asuntos acumulados C 511/18; 512/18 y 520/18 *Quadrature du Net* o la dictada en el asunto *Prokuratuur* C— 746/18 de 2 de marzo de 2021. Recientemente se ha referido también a este mismo tema la STJUE de 30 de abril de 2024 C-470/21 *asunto Hadopi.*

73 El artículo 588 ter j LECrim, bajo el epígrafe *identificación mediante número IP* señala al respecto: *cuando en el ejercicio de las funciones de prevención y descubrimiento de los delitos cometidos en internet, los agentes de la Policía Judicial tuvieran acceso a una dirección IP que estuviera siendo utilizada para la comisión de algún delito y no constara la identificación y localización del equipo o del dispositivo de conectividad correspondiente ni los datos de identificación del usuario, solicitaran del juez de instrucción que requiera de los agentes sujetos al deber de colaboración, según el art. 588 ter e, la cesión de los datos que permitan la identificación y localización del terminal o del dispositivo de conectividad y la identificación del sospechoso-*

a la misma se encuentre sometida a un régimen jurídico similar al de los datos de tráfico.

Precisamente esta circunstancia es la que justifica la excepción —ya analizada en el apartado correspondiente de este trabajo— que se recoge en el art. 7-2 b) del Segundo Protocolo a la Convención de Budapest y también la posibilidad de formular la reserva prevista en el artículo 7. 9 b) del mismo documento— respecto al uso de mecanismos de cooperación directa con proveedores de servicio para obtener información relativa a determinados números de acceso— ya que en muchos países el acceso o divulgación de este tipo de información requiere necesariamente de la intervención de las autoridades competentes del país en el que se ubica el proveedor custodio de la misma, por considerar que su conocimiento puede afectar seriamente a los derechos de los afectados.

Es por todo ello que el Reglamento pretende solventar estas disfunciones deslindando del conjunto de contenidos o averiguaciones que pueden obtenerse a partir de las direcciones IP, números de acceso o informaciones conexas, aquellos que se solicitan y tratan con la finalidad exclusiva de identificar al usuario, asimilando su régimen al de los datos de abonado, que resulta mucho mas flexible. Por el contrario, el resto de los datos e informaciones susceptibles de conocerse en la misma forma pero que, no obstante, implican una mayor injerencia en la vida e intimidad de las personas quedan sometidos, como veremos, al tratamiento propio de los datos de tráfico.

4.2.1.2. Datos de tráfico

El Reglamento define como tales en su art. 3 apartado 10 aquellos *relacionados con la prestación de un servicio ofrecido por un prestador de servicios que sirvan para facilitar información contextual o adicional sobre dicho servicio y sean generados o tratados por un sistema de información del prestador de servicios, tales como el origen y destino de un mensaje u otro tipo de interacción, la ubicación del dispositivo, la fecha, la hora, la duración, el tamaño, la ruta, el formato, el protocolo utilizado y el tipo de compresión, y otros metadatos de las comunicaciones electrónicas*

Por su parte, el art. 588 ter e LECrim se refiere a *los prestadores de servicios de telecomunicaciones, de acceso a una red de telecomunicaciones o de servicios de la sociedad de la información, así como toda persona que de cualquier modo contribuya a facilitar las comunicaciones a través del teléfono o de cualquier otro medio o sistema de comunicación telemática. Lógica o virtual.*

y los datos, que no sean datos de abonados, relativos al inicio y final de una sesión de acceso del usuario a un servicio, tales como la fecha y hora de acceso, la conexión al servicio y la desconexión del servicio.

Como puede constatarse la definición que ofrece el Reglamento coincide en lo esencial con la que ofrece para el mismo concepto el artículo 1 d) de la Convención de Budapest[74] y se corresponde con aquellos datos que están vinculados y se producen con ocasión de un proceso de comunicación electrónica concreto, siempre que no tengan la consideración de datos de abonado por referirse, en forma exclusiva, al inicio y final de una sesión de acceso al servicio en el sentido antes indicado.

4.2.1.3. Datos de contenido

En relación con este extremo la normativa *e-evidence* resulta innovadora ya que ni la Convención de Budapest ni el Segundo Protocolo definen este concepto que en el apartado 12 del art. 3 del Reglamento se describe como *cualesquiera datos en formato digital, como texto, voz, videos, imágenes y sonidos que no sean datos de abonados o de tráfico.* Se consideran por tanto como tales, por exclusión, cualquier tipo de datos o informaciones digitales que no deban considerarse datos de abonado o de tráfico a tenor de los apartados precedentes.

En cualquier caso, lo importante a los efectos que nos ocupan es que el Reglamento establece una clara distinción en el tratamiento de unos y otros datos en atención a la intensidad del impacto que el acceso y conocimiento de los mismos puede producir en los derechos fundamentales del afectado. Por ello da un tratamiento más sencillo y flexible a la solicitud y entrega de los datos de abonado y de aquellos que se piden a los solos efectos de identificar al usuario, en tanto que refuerza las formalidades, garantías y medidas de protección cuando de lo que se trata es de hacer posible la entrega de datos de tráfico o de contenido.

4.2.2. Órdenes europeas de producción y conservación y certificados

El Reglamento europeo dedica su Capítulo II, artículos 4 a 14, a la regulación detallada de estos mecanismos de cooperación, ocupándose en primer término del tratamiento de la orden de producción (artículos 5

---

74 Vid Nota 47

y correlativos 4, 7, 8, 9, 10, 12, 13, 14) y en segundo lugar de la orden de conservación (artículos 6 y correlativos 4, 7, 9, 11, 13, 14). Tanto una como otra se plantean como herramientas de cooperación directa entre las autoridades de emisión de un Estado Miembro de la Unión Europea y los prestadores de servicio a que se refiere el art. 3.3 del Reglamento[75] que ofrezcan sus servicios en el territorio de la Unión en el sentido antes indicado y de ese carácter de herramientas de cooperación directa es del que se derivan algunas de las diferencias más significativas con las medidas que se recogen en la normativa del Consejo de Europa y que analizaremos a continuación

Por razones sistemáticas y por facilitar dicho estudio comparativo con la Convención de Budapest y su Protocolo Adicional, invertiremos el orden de la exposición, analizando previamente la orden de conservación de datos.

4.2.2.1. Orden europea de conservación de datos

Esta orden europea, según resulta del artículo 6 del Reglamento, tiene como objetivo impedir *la retirada, supresión o alteración de datos con vistas a emitir una solicitud posterior de entrega de estos datos* ya sea a través del mecanismo tradicional de asistencia legal mutua (MLA), de una orden europea de investigación (OEI) o de una orden de producción dictada al amparo del propio Reglamento. En consecuencia, su finalidad es la de garantizar la conservación de evidencias que van a ser objeto de reclamación posterior para su utilización en un proceso penal especifico, aspecto éste en el que la medida coincide plenamente con lo establecido en los artículos 16 y 29[76] de la Convención de Budapest y particularmente con el segundo de ellos que regula una herramienta similar cuando la solicitud de conservación tiene carácter transnacional

El Reglamento prevé la posibilidad de cursar este tipo de ordenes con ocasión de la investigación de toda clase de infracciones penales y respecto de cualquier tipo de datos (abonado, tráfico y contenido) siempre que la medida resulte necesaria, proporcionada y adecuada para garantizar la conservación de esa información relativa a una investigación en curso.

---

75 El alcance del concepto "prestador de servicios" que se contempla en el artículo 3.3 del Reglamento, es planamente coincidente con el que se recoge en el art. 2.1 de la Directiva e-evidencia (vid Nota 68)

76 Sobre el contenido de este precepto vid Nota 24

Igualmente se contempla su expedición a los fines de ejecución de una pena o de una medida de seguridad en determinadas circunstancias (apartados 2 y 3 del citado art. 6).

La orden podrá emitirse, según el artículo 4.3 del Reglamento por el juez, el tribunal, el juez de instrucción o el fiscal competentes en el asunto de que se trate o también por cualquier autoridad con facultades para ordenar la obtención de pruebas, de conformidad con la legislación del Estado emisor pero, en este último caso, resultará imprescindible la validación por parte de alguna de las autoridades judiciales antes indicadas. No obstante, en los supuestos de urgencia[77] la orden de conservación podrá ser emitida por estas últimas autoridades, sin necesidad de validación, cuando esta no pueda obtenerse a tiempo y ello sea posible de acuerdo con la legislación del propio Estado. En ese caso, la orden tendrá que ser convalidada con posterioridad por el órgano judicial o el fiscal competente en un plazo no superior a 48 horas y de no hacerse, quedara sin efecto y se suprimirán los datos conservados.

La orden de conservación se transmite directamente, mediante la emisión del correspondiente certificado[78] (EPOC-PR), al establecimiento designado o al representante legal del prestador de servicios afectado (art. 7) ya que se trata de una herramienta de cooperación directa que no precisa de la intervención de las autoridades del Estado en el que se ubica dicho establecimiento o representante y en la misma debe incluirse la información que se relaciona en el art. 6.4 del Reglamento[79]. Recibido el EPOC-PR, el proveedor requerido asume la obligación de conservar la información por un periodo de 60 días prorrogable por otros 30 más, a petición de la autoridad de emisión. No obstante, si durante ese periodo el prestador requerido tiene conocimiento de que se ha cursado efectivamente la soli-

---

77 Definida en el art. 3.18 como aquellos supuestos en los que existe una amenaza inminente para la vida, integridad física o seguridad de una persona o para una infraestructura esencial si ello puede dar lugar a una amenaza inminente de igual naturaleza para una persona o también cuando ello resulte de perjuicios graves al suministro de productos básicos para la población o para el ejercicio de las funciones esenciales del Estado

78 Se denominan certificados a los modelos de solicitud de las correspondientes órdenes que acompañan como anexos al Reglamento

79 Entre otras precisiones, ha de indicarse quien es la autoridad emisora y, en su caso la de validación; el destinatario de la orden; los datos que se solicitan; el periodo de tiempo por el que se solicita la conservación; las disposiciones legales aplicables etc.

citud de entrega (orden de producción) deberá prolongar el periodo de conservación hasta la recepción de ésta.

La regulación se completa con previsiones específicas acerca de las comunicaciones procedentes entre la autoridad de emisión y el prestador de servicios afectado en los supuestos en que surjan dificultades para atender la orden de conservación o ello resulte imposible por razones de carácter técnico o jurídico, e incluso con la posibilidad de evacuar consulta con la autoridad de ejecución[80] del Estado en el que radica el establecimiento designado o el representante legal del destinatario, previsiones éstas con las que se pretende favorecer el cumplimiento efectivo de la orden. En caso de no ser así y cuando dicho incumplimiento no este justificado por la concurrencia de alguna de las causas de denegación que se contemplan específicamente en el art. 16.5 del Reglamento[81], procederá la intervención de la autoridad de ejecución a efectos de dar cumplimiento a la orden en la forma establecida en dicho precepto que analizaremos con posterioridad.

Como ya se ha indicado, la medida guarda gran similitud en su planteamiento y finalidad con la que contemplan los artículos 16 y 29 de la Convención de Budapest si bien a diferencia de esta última en la que no se han previsto mecanismos específicos para garantizar la efectiva conservación de la información, en el marco de la normativa *e-evidence* la orden se configura como una herramienta de carácter ejecutivo que implica a las

---

80 Se define en el art. 3.17 como *la autoridad del Estado de ejecución que, de conformidad con el Derecho nacional de dicho Estado, es competente para recibir una orden europea de producción y un EPOC y una orden europea de conservación y un EPOC-PR transmitida por la autoridad emisora a efectos de su notificación o a efectos de su ejecución de conformidad con el presente Reglamento.*

81 Los motivos de denegación son los siguientes:
– Que no haya sido emitida o validada por la autoridad de emisión correspondiente
– Imposibilidad de hecho de ejecutar el EPOC-PR, por circunstancias ajenas o porque el EPOC-PR tiene errores manifiestos
– Los datos a que se refiere la petición no están almacenados por el proveedor requerido o a su disposición
– La petición no esta dentro del ámbito de aplicación del Reglamento
– Los datos solicitados están protegidos por inmunidades o privilegios en el Estado de ejecución o pueden incidir en la normativa sobre protección de libertad de prensa o de expresión.
– En situaciones excepcionales, la existencia de sospechas fundadas en pruebas objetivas y concretas de que la ejecución de la orden podría conllevar la vulneración de un derecho fundamental establecido en el art. 6 de TFU y de la Carta de Derechos Fundamentales de la UE

propias autoridades del Estado en el que radica el proveedor afectado, lo que la dota de una gran efectividad. Esta circunstancia podría justificar, a nuestro entender, el mayor rigor con el que se aborda la determinación de las autoridades competentes para la emisión —a efectos sin duda de garantizar la necesidad, adecuación y proporcionalidad de la solicitud— ya que las exigencias que establece el art. 4.3 del Reglamento a estos efectos contrastan con la flexibilidad con la que se utiliza esta herramienta en el marco de la Convención de Budapest que, en su artículo 35.1, encomienda la transmisión y/o recepción de estas solicitudes a los propios puntos de contacto de la red 24/7 —mayoritariamente integrada por miembros de la fuerzas policiales— sin exigencia alguna de previo o posterior control por parte las autoridades judiciales[82].

4.2.2.2. Orden europea de producción de datos

La medida a que se refiere el artículo 5 del Reglamento y preceptos concordantes tiene por objeto recabar la entrega de datos informáticos que se encuentran almacenados a disposición de un prestador de servicios, comprendido en el ámbito de aplicación de la norma en el sentido antes indicado. Puede referirse a todo tipo de datos informáticos siempre que su solicitud y entrega resulte necesaria y proporcionada a los efectos de una investigación o de un procedimiento penal en curso, si bien su tramitación presenta diferencias sustanciales, tanto en cuanto las autoridades competentes para la emisión como en las garantías y salvaguardas que han de adoptarse, dependiendo de que su objeto sea únicamente la obtención de datos de abonado o solicitados con la finalidad exclusiva de identificación del usuario, o se trate de recabar datos de tráfico o de contenido. Obviamente estas divergencias, que analizaremos detalladamente en los siguientes apartados, son la lógica consecuencia de la mayor o menor incidencia de la medida en la intimidad y privacidad de quien resulte afectado por la misma.

---

[82] A estos efectos es interesante traer a colación que, según el parágrafo 138 del Informe explicativo de la Convención de Budapest el concepto de "autoridad competente" es aplicable al cuerpo *encargado del cumplimiento de la ley ya sea judicial, administrativo o de otra índole que este facultado de conformidad con la legislación de cada país para ordenar, autorizar o llevar a cabo la ejecución de medidas procesales a los fines de obtener o presentar pruebas en relación con investigaciones o procedimientos penales específicos*

El análisis comparativo de esta herramienta con las medidas previstas en el marco normativo del Consejo de Europa nos remite a los artículos 7 y 8 del Segundo Protocolo Adicional —relativos el primero de ellos a la divulgación de datos de abonado y el segundo a la de datos de tráfico y de abonado— e incluso al art. 9 del mismo texto que alcanza también a los datos de contenido, si bien este último únicamente resulta de aplicación en situaciones de emergencia. En estos supuestos, como ya se ha adelantado, las diferencias entre una y otra normativa se acentúan de forma significativa, particularmente cuando la orden tiene por objeto datos de tráfico y/o de contenido.

4.2.2.2.1. Autoridades de emisión de las ordenes europeas de producción

Al analizar el contenido del Reglamento se constata claramente, en su artículo 4, un tratamiento diferenciado respecto de las autoridades competentes para la emisión de la orden en función de que su objeto sea la producción de datos de abonado o de datos solicitados a los efectos exclusivos de identificación o de que se trate de la obtención de datos de tráfico y/o de contenido. En el primer caso, el apartado primero del citado art. 4 atribuye esta función a las mismas autoridades que la orden de conservación, es decir, el juez, tribunal o fiscal competente, o cualquier autoridad que tenga atribuciones para ello en el Estado de emisión previa validación por parte de las autoridades anteriormente mencionadas. En situaciones de urgencia, al igual que en la orden de conservación, las autoridades últimamente citadas podrían emitir la orden sin esperar a la validación correspondiente, pero la misma deberá hacerse *a posteriori* con los mismos requisitos e idénticos efectos que se han indicado anteriormente en referencia a la conservación de datos. Parece incuestionable que la razón de equiparar, a estos efectos el régimen jurídico de la obtención de información sobre abonados o solicitada a los solos efectos de identificación, con la conservación de información es precisamente la escasa afectación a la privacidad de la persona a que se refiere la medida

Sin embargo, la orden de producción de datos de tráfico —de los que se exceptúan expresamente los solicitados con el único fin de identificar al usuario— y/o de los de contenido se somete por el Reglamento a un régimen más estricto, en atención a la grave injerencia que ello puede implicar en los derechos y libertades de afectado. En consecuencia, y de conformidad con el apartado 2 del mismo artículo 4, este tipo de ordenes solo puede emitirlas el órgano jurisdiccional —juez, juez de instrucción o tribunal— competente para conocer del proceso de que se trate o también cualquier otra autoridad del Estado con competencia para ello según la legislación interna, si bien en este caso es imprescindible la previa validación por parte del órgano jurisdiccional competente.

4.2.2.2.2. Procedimientos/investigaciones en que es posible emitir las órdenes europeas de producción

Igualmente, en referencia a este extremo el Reglamente establece diferencias de interés en atención al objeto de la orden de producción. Así, si se trata únicamente de solicitar datos de abonado o a los solos efectos de identificación del usuario, es factible cursar dicha orden en investigaciones o procedimientos relativos a cualquier clase de infracciones penales o también para la ejecución, en determinados casos, de penas o medidas de seguridad impuestas penalmente de una duración de, al menos, cuatro meses.

Por el contrario cuando se trata de datos de tráfico o de contenido, el artículo 5 únicamente contempla la posibilidad de emitir la orden de producción respecto de un catálogo cerrado de infracciones que se definen, en el artículo 5 en base a dos parámetros distintos y alternativos: de un lado en atención a la duración de la sanción prevista para las correspondientes conductas —pena máxima de privación de libertad de al menos tres años— o de la pena o medida de seguridad privativa de libertad impuesta —al menos cuatro meses— y de otro lado, en razón a la naturaleza de la infracción misma —con independencia de la pena que corresponda— tomando en consideración a estos efectos determinadas figuras delictivas definidas de forma armonizada al amparo del art. 83. 1 TFUE[83]:

a) Las definidas en los artículos 3 a 8 de la Directiva (UE) 2019/713 *sobre lucha contra el fraude y la falsificación de medios de pago distintos del efectivo*

b) Las definidas en los artículos 3 a 7 de la Directiva (UE) 2011/93 *relativa a la lucha contra los abusos sexuales, la explotación sexual de los menores y pornografía infantil*

c) Las definidas en los artículos 3 a 8 de la Directiva (UE) 2013/40 *relativa a los ataques a los sistemas de información*

d) Las definidas en los artículos 3 a 12 y 14 de la Directiva (UE) 2017/541 *relativa a la lucha contra el terrorismo*

---

[83] Vid Nota 65

Al respecto llama la atención que las posibilidades de utilización de la orden europea de producción de datos de tráfico y de contenido se encuentre limitada en el Reglamento a los supuestos anteriores en tanto que el Segundo Protocolo Adicional a la Convención de Budapest no establece limitación alguna en el tipo de delito investigado al regular, en su artículo 8, la medida prevista con idéntica finalidad de solicitar la divulgación de datos de tráfico.

Esta mayor concreción en el ámbito de aplicación de la normativa *e-evidence* obedece, a nuestro entender, a la concurrencia de diversas circunstancias. En primer término, porque la orden europea de producción está planteada como un mecanismo de cooperación directa con las entidades del sector privado —aunque en determinados casos, como luego veremos, se supervise el proceso por la autoridad de ejecución del Estado en el que se ubica el establecimiento designado o el representante legal del prestador requerido—, y diseñada para una utilización sencilla, ágil, efectiva y complementaria de otros mecanismos de cooperación reforzada, ya vigentes en el territorio comunitario y apoyados en el principio de reconocimiento mutuo y cooperación directa entre autoridades judiciales, como es el caso de la OEI. En consecuencia, lo que se pretende con esta nueva regulación es, en definitiva, articular en el marco comunitario un mecanismo rápido y eficaz, para supuestos de escasa complejidad, que solvente las dificultades derivadas de la especial volatilidad de los datos y evidencias electrónicas vinculados a una investigación criminal. Por el contrario, la medida contemplada en el art. 8 del Segundo Protocolo, prevista específicamente para la divulgación de datos de tráfico y facultativamente para los de abonado, no está configurada como un mecanismo de cooperación directa sino como una medida innovadora de cooperación acelerada entre autoridades de Estados con ordenamientos jurídicos diversos —que incluso pueden carecer de convenios o tratados comunes de asistencia legal mutua— por lo que en la misma concurrirá en todo caso la necesaria intervención[84] y, por ende, el control del proceso por parte de las autoridades del Estado de ejecución que son las que, en definitiva, adoptan la decisión acerca de

[84] Recordemos que el articulo 8 del SPA exige obligatoriamente la intervención de las autoridades de la Parte requerida y regula específicamente la reclamación de datos de tráfico y también los datos de abonado en aquellas situaciones en las que los Estados, en atención a sus propias previsiones en la normativa interna, hayan formulado reserva a la aplicación del art. 7 (planteado como herramienta de cooperación directa) para la reclamación de datos de dicha naturaleza.

la procedencia de la divulgación de los datos de acuerdo con la normativa vigente y las circunstancias concurrentes en cada supuesto.

Por otra parte, la especial efectividad de la orden europea de producción —y también de la de conservación— como consecuencia de la previsión, en el artículo 16 del Reglamento de un procedimiento común a todos los EEMM para hacer efectivo el cumplimiento de la orden por la autoridad de ejecución del Estado donde se ubica el establecimiento/representante legal del proveedor, aconseja limitar su aplicación a supuestos perfectamente definidos y carentes de complejidad, al igual que abunda en esa misma solución la circunstancia de que la orden de producción pueda ser utilizada para reclamar datos de contenido, cuya afectación al núcleo duro de la privacidad puede ser especialmente intensa, posibilidad ésta que no se encuentra prevista en el marco del Segundo Protocolo a la Convención de Budapest salvo en circunstancias muy excepcionales de emergencia (art. 9 SPA).

Por ello y en atención a estas razones, el legislador de la UE ha optado por restringir el uso de la orden de producción de datos de tráfico y de contenido a los supuestos en los que la sanción prevista para la infracción supere una gravedad determinada y a aquellos otros en los que el ilícito que se investiga se encuentre definido y sancionado de forma similar en todos los Estados Miembros por haber sido objeto de armonización normativa de acuerdo con las directrices fijadas al respecto por las propias instituciones de la Unión.

4.2.2.2.3. Tramitación de las ordenes europeas de producción

Las ordenes de producción, ya tengan por objeto datos de abonado o solicitados con fines exclusivamente de identificación o ya se refieran a datos de tráfico o de contenido, deberán dirigirse directamente[85] al establecimiento designado o al representante legal del prestador de servicios

---

[85] El artículo 5. apartados 8 y 9 establece normas especificas en algunos supuestos tales como cuando los datos se encuentran almacenados al servicio de una autoridad pública o están protegidos por el secreto profesional y contempla también la posibilidad de cursar consultas previas al Estado de ejecución cuando la autoridad emisora sospeche que los datos solicitados pueden verse afectados por el ejercicio de los derecho de libertad de prensa o de expresión o se encuentran protegidos por inmunidades y privilegios según el ordenamiento jurídico del Estado de ejecución.

afectado[86] a través del correspondiente certificado EPOC acompañando la información a que se refiere el art. 5.5 del Reglamento[87].

Sin perjuicio de ello, cuando la orden de producción tenga por objeto datos de tráfico —con exclusión expresa de aquellos que se solicitan a los fines exclusivos de identificación— o de contenido, el art. 8 del Reglamento establece un trámite para supervisión de la orden por la autoridad competente para ello en el Estado de ejecución es decir de aquel en que se ubica el establecimiento designado o el representante legal del prestador al que se dirige el EPOC, que se denomina autoridad de ejecución (*enforcing authority*)

A dicha autoridad le atribuye el art. 3.17 del Reglamento[88] una doble atribución que se desarrolla en dos situaciones claramente diferenciadas: i) analizar, en el momento mismo de la emisión la posible existencia de alguno de los motivos que podrían justificar la oposición a la tramitación de la orden, es decir, efectuar un control de legalidad de la misma y ii) posteriormente, y en caso de incumplimiento por parte del proveedor requerido, llevar a efecto si procediere su ejecución forzosa al amparo del art. 16 de Reglamento.

No obstante y a los efectos que nos ocupan, ha de indicarse que este primer trámite —cuya justificación no es otra que la naturaleza especialmente sensible de la información reclamada— no es exigible cuando la actividad ilícita objeto de investigación y que determina la emisión de la orden se haya desarrollado en el propio Estado de emisión y resida en ese mismo territorio la persona investigada (art. 8.2), ya que, en esos supuestos, solamente ese Estado y sus ciudadanos van a verse afectados y/o implicados en la investigación en curso, lo que hace innecesaria la intervención de autoridades de otros Estados.

---

86 Según el art. 5.6, las ordenes se dirigirán al prestador de servicios que actúa como responsable del tratamiento y solo excepcionalmente al de almacenamiento o al que trate los datos en nombre del responsable.

87 La información que debe acompañarse, entre otra, es la siguiente:
– La autoridad emisora y, en su caso, la de validación
– El destinatario
– El usuario respecto del que se pide información y los datos solicitados
– El periodo de tiempo al que afecta la petición
– Las razones que justifican la urgencia cuando se alega dicha circunstancia
– Los motivos que justifican las razones de necesidad y proporcionalidad exigibles
– Descripción sucinta de los hechos.

88 Definida en el art. 3. 17 del Reglamento. Vid Nota 80.

A fin de dar cumplimiento a dicho trámite de supervisión y a tenor de lo dispuesto en el artículo 8, la autoridad de emisión notificará la orden de producción a la autoridad de ejecución al mismo tiempo que al prestador destinatario, dándole traslado del EPOC y de la información adicional que, en su caso, estime necesaria para facilitar la valoración que corresponde efectuar a dicha autoridad de ejecución. Esta intervención por parte de la autoridad de ejecución debe realizarse en un plazo muy breve, un máximo de 10 días o de 8 horas en los supuestos de urgencia, periodo durante el cual, en uno y otro caso, el prestador destinatario deberá proceder a conservar los datos para evitar su desaparición o alteración en tanto se resuelve el incidente.

Es precisamente en este trámite cuando el Reglamento contempla la posibilidad de que las autoridades de ejecución se opongan a la entrega de la información que se reclama a través la orden de producción, cuando estimen concurre alguno o algunos de los motivos de denegación que concreta el artículo 12.1 en la forma siguiente:

a) Los datos solicitados están protegidos por inmunidades o privilegios en el Estado de ejecución o se ven afectados por limitaciones en la responsabilidad penal derivadas del ejercicio de la libertad de prensa o de expresión en medios de comunicación

b) En situaciones excepcionales y sobre la base de pruebas objetivas, se aprecian motivos fundados de la que ejecución de la orden pudiera determinar la vulneración de algún derecho fundamental

c) La ejecución de orden supondría una infracción del principio *non bis in idem*

d) La conducta que determina la emisión de la orden no constituye una infracción penal o no esta recogida en las categorías de delitos y requisitos que permiten la emisión de la orden.

El artículo 12 del Reglamento hace también referencia a la posibilidad de que las autoridades de emisión y ejecución efectúen entre si las necesarias consultas a fin de solventar la concurrencia de cualquiera de esos motivos e incluso a efectos de acordar un cumplimiento parcial de la orden o de levantar las inmunidades y privilegios correspondientes.

Como regla general, de no alegarse ningún motivo de oposición y, en todo caso, en ausencia de notificación a la autoridad de ejecución —ya sea por no darse las condiciones que establece el art. 8 del Reglamento, o por tratarse de una orden de producción de datos de abonado o solicitados a los solos efectos de identificación del usuario— el destinatario, de conformidad con el art. 10 del Reglamento, deberá remitir la información solicitada directamente a la autoridad de emisión a la mayor brevedad y, en todo caso, en un plazo máximo de 10 días desde la recepción del EPOC o de 8 horas si se trata de un supuesto de urgencia.

Sin perjuicio de ello, los apartados 5 a 7 del citado art. 10 contemplan las soluciones procedentes en los supuestos en los que existan impedimentos o circunstancias que impidan el cumplimiento de la orden, tales como la apreciación por parte del propio prestador destinatario de cualquiera de los supuestos que se contemplan como motivos de denegación en el art. 12 1 a) antes mencionado; la imposibilidad de entregar los datos porque el EPOC está incompleto o contiene errores manifiestos o la concurrencia de cualquier circunstancia de hecho no imputable al destinatario de la orden que determina la imposibilidad de cumplimiento. La apreciación de alguna de estas circunstancias puede determinar que la autoridad de emisión retire la orden, la adapte, aclare o modifique e, incluso conceda un nuevo plazo para su cumplimiento. En cualquier caso, y aun cuando se produzca alguna de las situaciones mencionadas, el apartado 9 del artículo 10 del Reglamento insta a los prestadores a conservar, en la medida de lo posible, los datos hasta su entrega efectiva con independencia de que esta finalmente se solicite a través de otros canales, como la MLA, salvo que la orden sea retirada por la autoridad de emisión.

4.2.3. Procedimiento de ejecución y sanciones

El capítulo III del Reglamento, integrado por los artículos 15 y 16, se refiere a la imposición de sanciones pecuniarias a los prestadores de servicios que incumplan las obligaciones que les corresponden para hacer efectivas las ordenes de conservación y de producción que les son remitidas, así como a la posibilidad de que la autoridad de emisión, en dichos supuestos, pueda instar de la autoridad de ejecución se dé cumplimiento a la orden europea de conservación y/o de producción indebidamente atendida.

El procedimiento de ejecución propiamente dicho se regula en el art. 16 del Reglamento y esta previsto para aquellos supuestos en los que, no habiéndose alegado motivo alguno de denegación por la autoridad de ejecución, el prestador de servicios incumple sin justificación la orden de producción o de conservación que le ha sido dirigida al amparo de la normativa analizada. En estos casos la autoridad de emisión puede solicitar de la autoridad de ejecución que se dé cumplimiento a la orden remitiéndole a dicho fin el EPOC o EPOC-PR correspondiente y la documentación necesaria a dicho fin. La autoridad de ejecución, por su parte, deberá tomar una decisión acerca del reconocimiento de la orden en un plazo máximo de cinco días hábiles después de su recepción y, en caso afirmativo, adoptar las medidas necesarias para su efectiva ejecución de conformidad con su propia normativa interna y, a resultas de ello, transmitir a la autoridad emisora a la mayor brevedad los datos solicitados que se hayan obtenido

La autoridad de ejecución solo puede denegar dicha petición cuando tras analizar la orden e información remitida y las objeciones que, en su caso, pudiera alegar el prestador destinatario de la misma, estime que concurre alguno o alguno de los motivos que se reseñan en los apartados 4 y 5[89]del mismo precepto en referencia respectivamente a las órdenes de producción y de conservación.

Una vez reconocida la orden y confirmada su ejecución, si el destinatario incumple las obligaciones derivadas de ello, además de las responsabilidades penales en las que haya podido incurrir, será sancionado por la autoridad de ejecución con una multa fijada de acuerdo con los parámetros que se establecen en el art. 15 del Reglamento, a cuyo tenor ha de tratarse de una sanción eficaz, proporcionada y disuasoria cuya cuantía puede ascender, como limite máximo, hasta un 2% del volumen anual mundial de negocio del prestador durante el ejercicio precedente.

Estas últimas previsiones legales, plenamente coherentes con la naturaleza de medidas de cooperación directa de las ordenes europeas de conservación y producción refuerzan, al mismo tiempo, su carácter obligatorio y su efectividad ya que las autoridades del Estado de ejecución tienen un margen muy limitado de valoración y decisión acerca de la oportunidad o

---

89 Estos motivos de denegación, que se resumen a continuación, son prácticamente iguales para los dos tipos de ordenes:
– La orden no ha sido emitida o validada por autoridad competente
– El destinatario no pudo ejecutar la orden por imposibilidad de hecho por circunstancias ajenas o por que la orden tenia errores manifiestos
– La orden no se refiere a datos almacenados por el prestador de servicio o por su cuenta
– El servicio prestado no se incluye en el ámbito de aplicación del Reglamento
– Los datos reclamados están protegidos por inmunidades o privilegios en el Estado de ejecución o están afectados por limitaciones en la responsabilidad penal relacionadas con el ejercicio de la libertad de prensa o de la libertad de expresión
– Existen motivos fundados en pruebas objetivas que llevan a suponer que la ejecución de la orden pudiera implicar la vulneración de un derecho fundamental
Cuando se trata de la orden de producción se añade a los anteriores, como motivo de denegación, la circunstancia de que el delito investigado y que da lugar a la orden, no se encuentra entre los previstos a dicho fin en el Reglamento (art. 5.4)

procedencia de las mismas que se circunscribe a los motivos de denegación de la orden o de su ejecución que se recogen en los arts. 12 y 16 del Reglamento. Este planteamiento es, por otra parte, acorde con el principio de reconocimiento mutuo de las resoluciones judiciales sobre el que se asienta todo el sistema de cooperación reforzada de la Unión Europea basado a su vez en la confianza en que en todos los EEMM y, por ende en la actuación de sus autoridades judiciales, se garantiza una protección equivalente y efectiva de los derechos fundamentales de las personas.

Esta situación presenta diferencias significativas con la normativa del Consejo de Europa en esta materia —Convención de Budapest y Segundo Protocolo Adicional— diseñada y orientada para inspirar la legislación de una pluralidad de países, pertenecientes a distintos marcos geográficos y regulados por ordenamientos jurídicos diversos. Ello determina que dicha normativa ofrezca a sus miembros y a los que pretendan incorporarse en el futuro, una regulación de las medidas de cooperación internacional mucho más abierta y flexible que haga posible que todos y cada uno de los Estados Parte pueda hacer uso de esas herramientas sin violentar los principios informadores de sus respectivos ordenamientos jurídicos internos, lo que sin duda condiciona el contenido y alcance de dichas previsiones.

En este trabajo hemos pretendido dejar constancia de los importantes avances que se están realizando para potenciar y facilitar la lucha contra la ciberdelincuencia, fenómeno criminal en constante evolución y extremadamente peligroso que amenaza a la sociedad en su conjunto. Queda, no obstante, mucho trabajo hasta culminar estos proyectos: el Segundo Protocolo Adicional a la Convención de Budapest, aunque firmado por 46 países, únicamente ha sido ratificado por dos, por lo que todavía no ha entrado en vigor y está pendiente de incorporación en las legislaciones internas de los Estados. Por su parte, y en cuanto a la normativa *e-evidence,* su efectiva aplicación no se producirá hasta el mes de agosto de 2026, encontrándonos actualmente en la fase de adecuación de la legislaciones nacionales a las prescripciones de la Directiva y del Reglamento

En cualquier caso, es imprescindible seguir avanzando en el impulso y fortalecimiento de la cooperación transnacional en esta materia en los distintos ámbitos geográficos y a nivel mundial. Por ello es una buena noticia la aprobación el pasado mes de agosto del proyecto del texto para una Convención de NNUU que será próximamente sometido a la aprobación de la Asamblea General de dicho organismo pues ello supone sin duda un gran paso adelante para mejorar la colaboración a nivel mundial frente a este grave y peligroso fenómeno criminal

Acceso transfronterizo en investigaciones relacionadas con ciberdelitos. El entorno actual de la investigación y procedimientos bajo los tratados internacionales vigentes y la práctica de algunos países

CRISTOS VELASCO SAN MARTÍN

SUMARIO: 1. INTRODUCCIÓN. 2. PRINCIPIO DE TERRITORIALIDAD Y ACCESO TRANSFRONTERIZO. 2.1. Alcance del Principio de Territorialidad. 2.2. Definiciones sobre Acceso Transfronterizo. 2.3. Posturas y Discusiones Relevantes en Organismos Internacionales. 2.3.1. El Conjunto de Herramientas para Legislación sobre Ciberdelito de la UIT. 2.3.2. Discusiones sobre acceso gubernamental a datos personales del sector privado en el marco de la OCDE. 3. REGULACIÓN INTERNACIONAL VIGENTE. 3.1. Tratados Internacionales. 3.2. El Convenio de Budapest y su Reporte Explicativo. 3.3. Alcance del Art. 32 del Convenio de Budapest. 3.4. Nota Guía # 3 sobre Acceso Transfronterizo (Art. 32) del Comité del Convenio de Budapest (T-CY). 3.5. Significado de Consentimiento Legal y Voluntario. 3.5.1. Convenio 108 + del Consejo de Europa. 3.5.2. Reglamento Europeo de Protección de Datos (GDPR). 3.6. Condiciones y Salvaguardias. 3.6.1. Art. 15 Convenio de Budapest. 3.7. Segundo Protocolo Adicional al Convenio de Budapest. 3.8. Grupo de Trabajo sobre Investigaciones Encubiertas y Extensión de Búsquedas del Consejo de Europa. 4. SITUACIÓN DEL ACCESO TRANSFRONTERIZO EN ORGANISMOS DE LA UNIÓN EUROPEA. 4.1. EUROJUST. 4.2. Reporte SIRIUS 2023. 4.3. Reporte Inicial sobre Encriptación de EUROPOL. 4.4. Situación del acceso transfronterizo en la legislación de países de la Unión Europea. 4.4.1. Bélgica. 4.4.2. España. 4.4.3. Suecia. 4.4.4. Portugal. 4.4.5. Alemania. 4.4.6. Singapur. 5. SITUACIÓN EN PAÍSES DE LATINOAMÉRICA Y EL CARIBE (LAC). 5.1. Legislación Nacional. 5.1.1. Argentina. 5.1.2. Belice. 5.1.3. Ecuador. 5.1.4. Paraguay. 6. LA CONVENCIÓN SOBRE CIBERDELINCUENCIA DE LAS NACIONES UNIDAS. 6.1. Disposiciones Aplicables al Acceso Transfronterizo. 7. EVALUACIÓN Y CONCLUSIÓN. Bibliografía.

Resumen: El propósito de este artículo es analizar la forma en que las autoridades de justicia penal llevan a cabo investigaciones relacionadas con el acceso transfronterizo cuando la evidencia que pueda ser útil y relevante en una investigación se encuentra ubicada fuera del territorio donde se encuentra la autoridad investigadora, sin la necesidad de una solicitud de asistencia jurídica mutua y tomando como base jurídica el Art. 32 del Convenio de Budapest, y los procedimientos en tratados e instrumentos internacionales vigentes relacionados con el acceso transfronterizo en investigaciones sobre ciberdelitos.

#BudapestConvention, #cibercrimen, #accesotransfronterizo, #evidenciaelectronica, #cooperacioninternacional

1. INTRODUCCIÓN

La labor de investigación y adjudicación del ciberdelito para las autoridades del sistema de justicia está llena de retos y dificultades debido a la complejidad y dimensión transnacional del ciberdelito. El trabajo de las autoridades investigadoras viene comúnmente acompañado de un amplio número de retos técnicos, jurídicos y sobre todo de aspectos relacionados con la debida coordinación de la investigación entre las autoridades judiciales que algunos países están tratando de resolver, a través de:

(i) La creación de marcos jurídicos procesales, la asistencia jurídica y cooperación internacional conforme a estándares y tratados sobre ciberdelito y delincuencia organizada transnacional tales como el Convenio de Budapest del Consejo de Europa y la Convención sobre Delincuencia Organizada Transnacional de la ONU y sus respectivos protocolos;

(ii) La cooperación directa entre los proveedores de servicios de Internet y las autoridades de justicia penal, y en particular, a través de la capacitación y el entrenamiento especializado en la materia a las autoridades nacionales encargadas de la investigación, procesamiento y adjudicación del ciberdelito como son los fiscales especializados, jueces y magistrados en materia penal quienes son los encargados de conducir la investigación y resolver y condenar a los delincuentes.

Más aún, la investigación del ciberdelito o conductas cometidas por medio o a través de sistemas informáticos o recientemente nominados delitos facilitados a través del entorno ciber puede resultar aún más difícil y engorrosa cuando un país no cuenta con el marco jurídico procedimental adecuado y necesario para que las autoridades nacionales puedan ordenar la preservación de pruebas o evidencias electrónicas directamente de los proveedores de servicios, ya sea 'datos de tráfico', 'datos de abonado' e incluso 'datos de contenido' o cuando se tienen que agotar los mecanismos o procedimientos de asistencia jurídica mutua entre los países, que comúnmente son procedimientos excesivamente largos, burocráticos y que no están adaptados a la necesidad y realidad actual de las autoridades investigadoras encargadas de resolver las investigaciones sobre la materia. Por otro lado, existen otros elementos de carácter transnacional y tecnológico que se suman y que complican aún más la labor de las autoridades investigadoras del ciberdelito, entre ellos podemos destacar:

– La modalidad conocida como *Delito como Servicio (*del inglés Crime as a Service (CasS)) donde comúnmente participan individuos y grupos del crimen organizado especializados en facilitar y promover su expertise, conocimientos técnicos y destrezas para ofrecer sus servicios a quien esté dispuesto a solicitar y pagar el precio y comúnmente localizados en países con legislacion y ejecución laxa.

– El uso de tecnologías de cifrado, tales como Redes Privadas Virtuales (VPN's) comúnmente utilizadas para cambiar y ofuscar la identificación de direcciones IP, y evitar la posible localización geográfica del proveedor de servicios de acceso a Internet.

– Utilización de plataformas tales como cryptomixers y servicios de intercambio de criptomonedas, que suelen ser utilizadas como vehículos para el lavado de las ganancias, activos y capitales generados y provenientes de actividades delictivas, y en particular para evitar que los fondos puedan ser identificados y rastreados por el sistema financiero y las autoridades investigadoras.

Todos estas complejidades tecnológicas y tendencias del crimen organizado actual, han llevado a replantear que algunas autoridades investigadoras en algunos países comiencen a utilizar herramientas y procedimientos previstos en legislaciones internacionales tales como el acceso transfronterizo de forma unilateral y discrecional, cuando como parte de una investigación se requiera una prueba o evidencia albergada por un proveedor de servicios en una jurisdicción distinta o diferente a donde se encuentra la autoridad investigadora, y sin necesidad de tener que pasar o agotar un procedimiento tradicional de asistencia jurídica mutua entre las autoridades investigadoras de los países, así como mediante el uso de herramientas forenses para acceso remoto a información y evidencias. Estas medidas que ya son utilizadas por las autoridades investigadoras en forma discrecional en algunos países continúan siendo sumamente controvertidas ya que algunos gobiernos las consideran violatorias de la soberanía nacional y del derecho internacional, y en algunos supuestos, hasta violatorias de las normas sobre protección de datos.

Por otro lado, cabe destacar que muchos de los ciberdelitos y vectores que actualmente utilizan los delincuentes tales como ransomware, fraude BEC[1], delitos de extorsión, estafas y fraudes utilizan y explotan las bon-

---

1 El Correo Comercial Comprometido (BEC) mejor conocido como el fraude del CEO es un ataque dirigido a empresas que aprovecha las complejas estructuras corporativas segregadas y los procesos de pago internos de las empresas. En este tipo de fraude, los delincuentes utilizan técnicas de ingeniería social, y generalmente inyectan un malware en la red empresarial para poder tener acceso a información, documentos y correos electrónicos que son utilizados para suplantar las cuentas de correo electrónico de ejecutivos generalmente con puestos jerárquicos

dades de las criptomonedas, precisamente para solicitar a las víctimas los pagos a través de dichos plataformas que en la gran mayoría de los países no cuentan todavía con una regulación y legitimación gubernamental, y que si bien, no son completamente anónimos, hacen mucho más compleja la labor de las autoridades del sistema de justicia para localizar y rastrear los fondos de las billeteras virtuales a través de la cadena de bloques, en donde se requiere de expertos investigadores debidamente formados y entrenados en la materia, y sobre todo de una cooperación muy estrecha con los proveedores y empresas de intercambio de criptomonedas y el sector financiero y bancario para identificar los fondos y transacciones que son blanqueados a través del sistema bancarios y financiero tradicional.

El objetivo de este artículo es analizar cómo ha sido la labor de las autoridades investigadoras del ciberdelito en algunos países en la utilización de las herramientas previstas en la legislación procesal y en tratados internacionales para llevar a cabo el acceso transfronterizo, cuando la evidencia que pueda ser útil y relevante en una investigación se encuentra ubicada fuera del territorio donde se encuentra la autoridad investigadora, sin tener que agotar una solicitud de asistencia jurídica mutua, así como analizar disposiciones jurídicas vigentes y relevantes relacionadas con el acceso remoto para la obtención de información y pruebas que puedan ser útiles por una autoridad investigadora en investigaciones relacionadas con ciberdelitos.

2. PRINCIPIO DE TERRITORIALIDAD Y ACCESO TRANSFRONTERIZO

2.1. Alcance del Principio de Territorialidad

El principio de territorialidad es un principio fundamental en derecho internacional cuyo propósito es limitar los poderes y facultades de las autoridades investigadoras nacionales de un determinado país a llevar a cabo investigaciones dentro de un determinado territorio sin transgredir

---

clave y de dirección dentro de la empresa para lograr transferir fondos a cuentas bancarias creadas por los delincuentes.
Ver: Un video del EC3 de EUROPOL y Trend Micro sobre como opera el fraude BEC se encuentra en: https://www.youtube.com/watch?v=sxybmE1rrZg

las normas, facultades y atribuciones propias de las autoridades nacionales competentes en la investigación de determinados delitos[2].

A su vez, este principio limita e impide que las autoridades de otros Estados ejerzan su jurisdicción más allá de su territorio y límites fronterizos, y por tanto se respete la soberanía que —en teoría— gozan los países bajo el marco del derecho internacional.

Sin embargo, el principio de territorialidad ha sido completamente rebasado por el avance tecnológico de las últimas tres décadas, en donde podemos constatar que muchas de las conductas y delitos tradicionales tales como el fraude, la extorsión, la falsificación y la suplantación de identidad, entre otros, se han movido completamente al entorno 'cyber', un entorno en donde comúnmente los perpetradores y los grupos encargados de crear plataformas para facilitar y perpetrar delitos e inclusive las herramientas tecnológicas para cometerlos, se encuentran ubicados en diferentes países, y en muchas ocasiones, en lugares donde no necesariamente se encuentran las víctimas y las autoridades competentes encargadas de la investigación, persecución y ejecución de los delitos.

El principio de territorialidad se encuentra codificado en el derecho internacional en diversos instrumentos y tratados internacionales, entre ellos destacan el Convenio sobre Ciberdelincuencia del Consejo de Europa (Art. 22 1 (a)); el. Convenio sobre la Protección de los Niños en contra de la Explotación y el Abuso Sexual del Consejo de Europa (Convenio de Lanzarote) (Art. 25 1 (a)); la Convención de las Naciones Unidas sobre Delincuencia Transnacional (Art. 15 1 (a)); la Convención de las Naciones Unidas contra la Corrupción (Art. 42 1 (a)), entre otros instrumentos[3].

Inclusive la versión final del Proyecto de Convención de las Naciones Unidas contra la Ciberdelincuencia que fue aprobada por unanimidad por los países miembros de la ONU el pasado 9 de agosto de 2024 durante la última reunión del Comité Ad Hoc encargado de elaborar este instrumento, contiene una disposición sobre protección de la soberanía (Art. 5) en donde se establece que "los Estados Parte deberán cumplir sus obligaciones con base en los principios de igualdad soberana e integridad territorial de los Estados así como de no intervención en los asuntos internos de otros Estados". Asimismo, ese artículo de dicho instrumento establece en su nu-

---

2 Velasco, Cristos y Andrés Velázquez, "Aspectos Prácticos de los Ciberdelitos y la Evidencia Digital", Colección Tirant 4.0, 2021, Capítulo 4, p. 192

3 Ver: "Aspectos Prácticos de los Ciberdelitos y la Evidencia Digital", Colección Tirant 4.0, 2021, Capítulo 4, *op. cit.* Nota 1, pp. 96-112.

meral segundo que *"Nada de lo dispuesto en la presente Convención facultará a un Estado parte para ejercer, en el territorio de otro Estado, jurisdicción o funciones que el derecho interno de ese Estado reserve exclusivamente a sus autoridades"*[4].

El Art. 5°. de la Convención de las Naciones Unidas contra la Ciberdelincuencia que aún no está vigente, viene a reforzar en cierta mediad la obligación que tienen los estados de respetar la soberanía territorial y las funciones internas de las autoridades y fuerzas del orden nacionales, incluidas las investigaciones sobre delitos cometidos a través de sistemas informáticos.

2.2. Definiciones sobre Acceso Transfronterizo

Con respecto al acceso transfronterizo, vale destacar que no existe una definición de trabajo que haya sido elaborada y consensuada por algún organismo internacional especializado en la materia. Inclusive el *Subgrupo de Trabajo Ad-hoc del Comité del Convenio de Budapest sobre Jurisdicción y Acceso transfronterizo a Datos y Flujos de Datos* que fue el grupo encargado de valorar la implementación practica de algunas de las disposiciones del Convenio de Budapest, incluido el Art. 32 y de la creación de los términos de referencia que llevaron a la creación del *Segundo Protocolo Adicional del Convenio de Budapest* no estableció una definición concreta al respecto[5].

Ese grupo de trabajo logro definir 'Acceso' en forma muy amplia y conforme a las disposiciones del Convenio de Budapest de la siguiente forma:

---

4 Comité Especial de la ONU encargado de Elaborar una Convención Internacional Integral sobre la Lucha contra la Utilización de las Tecnologías de la Información y las Comunicaciones con Fines Delictivos. "Proyecto de Convención de las Naciones Unidas contra la Ciberdelincuencia. Fortalecimiento de la cooperación internacional para la lucha contra determinados delitos cometidos mediante sistemas de tecnología de la información y las comunicaciones y para la transmisión de pruebas en forma electrónica de delitos graves", A/AC.291/L.15, 9 de agosto 2024, en: https://documents.un.org/doc/undoc/gen/v24/055/09/pdf/v2405509.pdf

5 Ver: Cybercrime Convention Committee (T-CY). Ad-hoc Sub-group on Jurisdiction and Transborder Access to Data. *"Transborder Access and Jurisdiction. What are the options?"*. Report of the Transborder Group adopted by the T-CY on 6 December 2012. El párrafo 293 del Reporte Explicativo de la Convención de Budapest indica que "acceso transfronterizo" significa "accesar a datos informáticos en forma unilateral albergados en otro Estado sin la necesidad de asistencia mutua".

> *"Acceso puede incluir la preservación y divulgación parcial de datos relativos al tráfico (Art. 17), registro y secuestro (Art. 19), divulgación y producción de ordenes (Art. 18) y también preservación en tiempo real de datos de tráfico (Art. 20) o la interceptación de datos de contenido (Art. 21). La preservación acelerada de datos (Art. 16) es una medida provisional que facilita la búsqueda, registro y divulgación de forma licita"*[6].

Cuando se hace referencia al termino 'acceso transfronterizo', normalmente nos referimos a la posibilidad que tiene una autoridad nacional investigadora de accesar en forma unilateral y transfronteriza a datos e información almacenada en sistemas informáticos ubicados en un territorio extranjero en el marco de una investigación, sin la necesidad de solicitar o agotar un procedimiento de asistencia jurídica mutua.

Ahora bien, en el contexto de información relacionada con el rastreo, captura e incautación del blanqueo de fondos ilícitos vinculados con el uso de criptomonedas y criptoactivos, a través del blockchain, la interpretación sobre la aplicación del Art. 32 b. todavía no encuentra una respuesta clara y concreta en el derecho internacional. De acuerdo con un experto, el alcance de Art. 32 del Convenio de Budapest se refiere, y podría incluir, el acceso a datos de inventario, de tráfico o periféricos, así como a datos de contenido almacenados o en fase de transmisión en el momento del acceso. Por su calificación jurídica como evidencia electrónica, los criptoactivos también pueden ser incautados tomando como base jurídica el Art. 32 b. del Convenio de Budapest, siempre que las personas autorizadas concedan su autorización[7].

2.3. Posturas y Discusiones Relevantes en Organismos Internacionales

El acceso transfronterizo a evidencias ubicadas en una jurisdicción y país extranjero por parte de las autoridades del sistema de justicia tiene ciertas implicaciones entre la comunidad de autoridades del sistema de justicia, en particular con respecto a:

(i) la protección de los derechos y las libertades fundamentales del individuo;

---

6 *"Transborder Access and Jurisdiction. What are the options?"*, *op. cit.* nota 5, párrafo 29, p. 9.

7 Damian, K. Graf. "Commentary on Art. 32 CCC (Convention on Cybecrime)", párrafo 19, 26 de octubre de 2023, disponible en: https://onlinekommentar.ch/en/kommentare/ccc32

(ii) los intereses legítimos de terceros implicados tales como los proveedores globales de servicios, quienes albergan la información y los datos que las autoridades requieren para llevar con éxito una investigación;

(iii) los riesgos a la protección de datos personales;

(iv) los riesgos a la propiedad intelectual del individuo; y

(v) riesgos a las ejecuciones y operativos por parte de autoridades ejecutoras domésticas e internacionales[8].

2.3.1. El Conjunto de Herramientas para Legislación sobre Ciberdelito de la UIT

El Conjunto de Herramientas para Legislación sobre Ciberdelito de la Unión Internacional de Telecomunicaciones (*ITU Toolkit for Cybercrime Legislation por sus siglas en inglés*)[9] fue un documento elaborado por un grupo multidisciplinario de expertos de la industria, academia, gobierno, abogados y especialistas de la American Bar Association (ABA) en 2010. El principal propósito de ese toolkit fue proporcionar a los países miembros de las Naciones Unidas un conjunto de herramientas legislativas y materiales de referencia que pudieran ayudar a establecer y armonizar leyes y normas procedimentales en ciberdelito y a servir como una guía para los países miembros de la Nacionaes Unidas.

El *ITU Toolkit for Cybercrime Legislation incluye* una sección sobre acceso transfronterizo a datos almacenados en sistemas de cómputo muy similar al Artículo 32 del Convenio de Budapest que permite a las autoridades competentes de un país a tener acceso a datos de contenido y datos de tráfico cuando:

(a) se encuentren disponibles públicamente (fuente abierta) sin importar el lugar de ubicación geográfica;

---

8 Estas implicaciones fueron consideradas por el *Subgrupo de Trabajo Ad-hoc del Comité del Convenio de Budapest sobre Jurisdicción y Acceso transfronterizo a Datos y Flujos de Datos* encargado del elaborar el reporte sobre acceso transfronterizo y jurisdicción que adopto el TC-Y en diciembre de 2012. *"Transborder Access and Jurisdiction. What are the options?", op. cit.* nota 5. Ver párrafos 46-74, pp. 11-16

9 El Conjunto de Herramientas para Legislación sobre Ciberdelito de la UIT está disponible en: https://cyberdialogue.ca/wp-content/uploads/2011/03/ITU-Toolkit-for-Cybercrime-Legislation.pdf

(b) la autoridad competente de otro país pueda sin autorización de las autoridades de ese país, tener acceso y recibir, por medio de un sistema informático o de cómputo ubicado en su territorio determinados datos informáticos, datos de contenido o datos de tráfico almacenados en este país, si la autoridad competente del otro país obtiene el consentimiento legal y voluntario de la persona que tiene la autoridad legal de revelar los datos a dicha autoridad competente a través de ese sistema informático o a través de un sistema de cómputo.

Este Toolkit fue un documento secundario no vinculante que los países podrían utilizar y tomar en cuenta para la creación de marcos jurídicos sustantivos y procesales sobre ciberdelito, sin embargo, no tuvo la relevancia y fuerza vinculante de instrumentos y tratados internacionales tales como el Convenio de Budapest del Consejo de Europa y la Convención sobre Delincuencia Transnacional Organizada de la ONU.

2.3.2. Discusiones sobre acceso gubernamental a datos personales del sector privado en el marco de la OCDE

Durante 2020, el Comité sobre Política Digital Económica de la Organización para la Cooperación y el Desarrollo Económico (OCDE) como parte de la revisión e implementación de los *Lineamientos de Privacidad y Flujos Transfronterizos de 1980,* identificó que "el acceso gubernamental irrestricto y desproporcionado a los datos personales en poder del sector privado como un problema crucial para la gobernanza de datos y la protección de los derechos individuales y como una posible barrera para permitir el libre flujo de datos con base en la confianza".

Como parte de este hallazgo, la OCDE trabajo muy de cerca este tema con representantes de la industria, academia y sociedad civil, y en diciembre de 2022 durante su Reunión Ministerial llevada cabo en Gran Canaria, España del 14 al 15 de diciembre de 2022, adoptó una *Declaración sobre el acceso del gobierno a los datos personales en poder de entidades del sector privado*[10].

El principal objetivo de esta Declaración es establecer una serie de recomendaciones y principios de gobernanza para el acceso a datos por parte de las instituciones y agencias gubernamentales en donde se establecen

---

10 Organization for Economic Cooperation and Development (OECD), "Declaration on Government Access to Personal Data Held by Private Sector Entities", OECD/LEGAL/0487, adoptada el 14.12.2022, disponible en: https://legalinstruments.oecd.org/en/instruments/OECD-LEGAL-0487

condiciones, límites y salvaguardias con respecto a la forma en la que los gobiernos de los países pueden tener acceso a datos en posesión del sector privado con fines y propósitos de seguridad nacional y ejecución de la ley, y tomando en consideración principios tales como el interés legítimo, transparencia, vigilancia, mecanismos de compensación y con base en un marco de protección de los derechos y las libertades fundamentales del ciudadano.

Si bien la declaración de la OCDE sobre el acceso gubernamental a los datos personales en poder de entidades del sector privado no es un instrumento vinculativo entre los Estados miembros de esa organización, constituye un marco secundario generalmente aceptado para que las autoridades judiciales nacionales encargadas de investigaciones de delitos tomen en cuenta los principios y recomendaciones que en dicho documento se establecen.

3. REGULACIÓN INTERNACIONAL VIGENTE

El acceso transfronterizo, no es un tema reciente. Este tema se ha venido discutiendo desde mediados de la década de los años 80. Sin embargo, no fue sino hasta el año 1995 cuando el Comité de Ministros del Consejo de Europa identificó la urgente necesidad de negociar un acuerdo internacional y establecer una base jurídica que pudiera ofrecer la facultad de una autoridad nacional de ampliar una búsqueda e incautación a otros sistemas informáticos cuando el sistema se encuentra ubicado en una jurisdicción o territorio extranjero[11]. En 2000, el Preámbulo de las versiones preliminares del Convenio de Budapest hicieron referencia por primera vez a la Recomendación de 1995 del Comité de Ministros del Consejo de Europa y a la necesidad de regular el acceso transfronterizo y el registro e incautación[12].

Simultáneamente y paralelo a las negociaciones del Convenio de Budapest, el anterior G-8 (ahora G-7) discutió opciones sobre acceso transfronterizo en forma más amplia y detallada. En 1999, los Ministros de Justicia e Interior adoptaron un documento conocido como *"Principios sobre Acceso*

---

[11] *Transborder Access and Jurisdiction. What are the options?", op. cit.* nota 5, párrafos 13-15, p. 6.

[12] *Ibid,* párrafos 15-16, p. 6.

Transfronterizo y Datos Informáticos Almacenados"[13] elaborado a través del Subgrupo de Alta Tecnología y Crimen Organizado Transnacional durante la Reunión Ministerial de la Federación Rusa en Moscú en octubre de 1999.

Dichos principios establecen la posibilidad de acceder en forma transfronteriza a datos almacenados en otro país, sin la necesidad de asistencia jurídica de otro Estado cuando los datos se encuentren en una fuente abierta independientemente de su ubicación geográfica, o inclusive acceder, buscar, copiar e incautar datos cuando se ha otorgado el consentimiento voluntario de una persona que cuenta con la autoridad legal y suficiente para divulgarlos. Asimismo, la última sección de esos principios establece la consideración de un Estado que pretende tener acceso a los datos, de notificar al otro Estado donde se va a llevar a cabo el acceso[14].

3.1. Tratados Internacionales

El acceso transfronterizo a datos e información albergados en servidores ubicados en países diferentes a donde se encuentra ubicada la autoridad que investiga un caso relacionado con ciberdelitos, hasta ahora únicamente se encuentra expresamente regulado en el Convenio sobre Ciberdelincuencia del Consejo de Europa (en lo sucesivo 'Convenio de Budapest') y su Reporte Explicativo y en los *Principios sobre Acceso Transfronterizo y Datos Informáticos Almacenados del G-8* ahora G-7 que es una regulación de carácter secundario que no tiene fuerza vinculante entre los países firmantes.

3.2. El Convenio de Budapest y su Reporte Explicativo

El Convenio de Budapest, en sus artículos 23 a 35, establece un conjunto de disposiciones generales y específicas sobre cooperación internacional para la investigación de ciberdelitos y para que las autoridades nacionales investigadoras puedan obtener, ordenar y asegurar la preservación de pruebas electrónicas de los proveedores de servicios de Internet.

---

13 G8 Principles on Transborder Access to Stored Computer Data, disponible en: https://www.coe.int/t/dg1/legalcooperation/economiccrime/cybercrime/Documents/Points%20of%20Contact/24%208%20Principles%20on%20Transborder%20Access%20to%20Stored%20Computer%20Data_en.pdf

14 Ver: "Aspectos Prácticos de los Ciberdelitos y la Evidencia Digital", Colección Tirant 4.0, 2021, Capítulo 5, *op. cit.* nota 2, pp. 261-262.

El enfoque previsto en ese instrumento consiste en una combinación de medidas provisionales para que las autoridades investigadoras puedan ordenar la conservación y el aseguramiento de pruebas electrónicas de forma expedita y mediante los mecanismos y canales tradicionales sobre asistencia jurídica mutua.

El Art. 32 del Convenio de Budapest aborda situaciones complejas que no están completamente resueltas a la luz del derecho internacional. Como bien se ha comentado en líneas anteriores, la cuestión del acceso transfronterizo unilateral por parte de las autoridades investigadoras de un Estado a datos almacenados en sistemas informáticos ubicados en un territorio extranjero, sin necesidad de asistencia jurídica mutua plantea algunas implicaciones a los principios generales de derecho internacional, tales como el principio de territorialidad y, por tanto, la cuestión de invasión de la soberanía nacional. Asimismo, el acceso transfronterizo de forma unilateral puede suponer afectaciones a las garantías del derecho procesal que tutelan los derechos y garantías jurídicas de los individuos dentro del proceso penal[15].

Sin embargo, el Art. 32 se trata de una medida investigadora transfronteriza que puede ser utilizada por las autoridades investigadoras de un determinado país, sin tener que pasar o agotar un canal de asistencia jurídica mutua y en particular, sin la necesidad de notificar a la autoridad del Estado en donde se pretender extender, ampliar y solicitar información y la incautación de datos que puedan ser útiles para la autoridad que investiga en una determinada causa en un procedimiento penal.

Los redactores originales del Convenio de Budapest no consideraron excluir posibilidades adicionales de acceso transfronterizo. El párrafo 293 del Informe Explicativo del Convenio de Budapest señala que: "Las Partes acordaron mantener un debate más amplio y posiblemente regular situaciones distintas de las del artículo 32 en una etapa posterior, cuando se hubiera acumulado mayor experiencia". Los redactores de dicho instrumento concluyeron que "Situaciones de acceso transfronterizo distintas de las del art. 32 no están autorizadas ni excluidas"[16].

Posteriormente, el T-CY abordó este tema durante 2009 y 2010, para analizar la experiencia junto con los Estados Parte con respecto al acceso transfronterizo a evidencias a través de un cuestionario previamente circu-

---

15 *Transborder Access and Jurisdiction. What are the options?", op. cit.* nota 5, párrafo 13, p. 6.

16 *Ibid*, párrafo 20, p. 7.

lado por dicho grupo en donde algunos Estados pudieron dar respuestas. Luego, el T-CY en noviembre de 2011, constituyo el *Grupo de Trabajo sobre Jurisdicción y Acceso Transfronterizo* que fue el grupo de expertos encargado de identificar alternativas para regular el acceso transfronterizo a los datos[17].

3.3. Alcance del Art. 32 del Convenio de Budapest

El Art. 32 del Convenio de Budapest establece dos supuestos para que las autoridades investigadoras puedan llevar a cabo el acceso transfronterizo a datos e información como parte de una investigación.

El primer supuesto previsto en el párrafo a. del Art. 32, aborda la situación cuando los datos solicitados en forma transfronteriza se encuentran disponibles en una fuente de acceso público (datos de código abierto):

> *"Artículo 32— Acceso transfronterizo a datos informáticos almacenados con consentimiento o cuando estén disponibles públicamente*
> *Una Parte podrá, sin la autorización de otra Parte:*
> *a. acceder a datos informáticos almacenados que estén disponibles públicamente (código abierto), independientemente de dónde se encuentren geográficamente los datos."*

De acuerdo con el *Grupo de Trabajo sobre Jurisdicción y Acceso Transfronterizo* del Comité del Covenio de Budapest (TC-Y), bajo este inciso, se permite a las autoridades investigadoras acceder directamente a la información almacenada cuando, por ejemplo, se encuentre publicado en un portal de Internet. En opinión del TC-Y, bajo este primer inciso, se podrían descargar datos, tomar capturas de pantalla o protegerlos de manera similar y utilizarlos como prueba en procedimientos penales sin necesidad de asistencia jurídica mutua o del permiso del Estado en el que se encuentre el sistema informático que aloja el sitio web.

Así bien, el TC-Y indica que "el Art. 32a permite el acceso a datos que técnicamente pudieran estar almacenados en un territorio extranjero. Se puede suponer que dicho acceso a datos de acceso público para fines de justicia penal se ha convertido en una práctica internacional aceptada y, por lo tanto, forma parte del derecho consuetudinario internacional 'debi-

---

17 *Ibid*, párrafos 21-22, p. 7. Para mayor información sobre las actividades de ese grupo de trabajo, ver: "Aspectos Prácticos de los Ciberdelitos y la Evidencia Digital", Colección Tirant 4.0, 2021, Capítulo 5, *op. cit.* nota 2, pp. 266-269.

do al uso generalizado y mundial de Internet, al conocimiento a menudo desatendido por los usuarios de la ubicación física donde se almacenan los datos, así como a la baja intensidad de la intrusión cuando se accede a datos públicos en el ciberespacio'"[18].

El segundo supuesto previsto en el párrafo b. del Art. 32 aborda la situación en la que las autoridades competentes de un Estado puedan accesar a datos almacenados en otro Estado con el consentimiento voluntario de la persona legalmente autorizada a divulgar los datos, pero sin necesidad de involucrar a las autoridades del Estado donde se encuentran ubicados o almacenados los datos. Este inciso, es quizás el más amplio y complejo en términos jurídicos, debido a que los países tienen que cumplir con una serie de requisitos y criterios para poder tener acceso a la información de forma transfronteriza.

> *"Artículo 32. Acceso transfronterizo a datos informáticos almacenados con consentimiento o cuando estén disponibles al público*
> *Una Parte puede, sin la autorización de otra Parte:*
> *b. acceder o recibir, a través de un sistema informático en su territorio, datos informáticos almacenados ubicados en otra Parte, si la Parte obtiene el consentimiento legal y voluntario de la persona que tiene la autoridad legal para divulgar los datos a la otra Parte a través de ese sistema informático."*

De acuerdo con el *Grupo de Trabajo sobre Jurisdicción y Acceso Transfronterizo* del T-CY, el artículo 32b, es el resultado de largos debates. Los Estados que negociaron el Convenio de Budapest no regularon esta disposición en gran detalle, sino que dejaron una "ambigüedad constructiva" para que pudieran abordar diferentes situaciones a través del tiempo[19].

En opinión del *Grupo de Trabajo sobre Jurisdicción y Acceso Transfronterizo* del T-CY se han generado diversas dudas y preguntas respecto al alcance de los elementos del Art. 32 b, entre ellos la definición de 'transfronterizo' y la 'pérdida de la ubicación'[20]; el significado de 'acceso sin la autorización de otro Estado'[21]; lo que constituye 'consentimiento'[22]; la legislación aplicable para determinar 'consentimiento licito' y si una persona esta le-

---

18 *Transborder Access and Jurisdiction. What are the options?", op. cit.* nota 5, párrafos 91-93, p. 20.

19 *Ibid.*, ver párrafo 95.

20 *Transborder Access and Jurisdiction. What are the options?", op. cit.* nota 5, ver párrafos 97 a 101.

21 *Ibid.*, ver párrafos 102 a 103.

22 *Ibid.*, ver párrafos 104 a 106.

gítimamente autorizada para 'divulgar datos'[23]; quien es la persona que puede facilitar acceso y para divulgar datos[24] y para determinar el lugar de la persona que otorga el consentimiento para divulgar datos o cuando facilita el acceso[25].

Algunos de estos elementos se analizarán con mayor detalle en la siguiente sección correspondiente a la Nota Guía # 3 sobre Acceso Transfronterizo (Art. 32) elaborada por el T-CY.

3.4. Nota Guía # 3 sobre Acceso Transfronterizo (Art. 32) del Comité del Convenio de Budapest (T-CY)

El Comité del Covenio de Budapest (T-CY) durante su Octava sesión plenaria en diciembre de 2012 emitió una Nota Orientativa[26] cuyo propósito es facilitar un mejor uso y la aplicación efectiva del Art. 32 del Convenio de Budapest tomando en cuenta los avances jurídicos, normativos y tecnológicos y corregir los malentendidos respecto al alcance de este articulo entre los Estados Parte del Convenio de Budapest.

Uno de los aspectos que se tratan en esta Nota Guía es el alcance del Art. 32b, que en opinión del T-CY es una medida que aplica en investigaciones y procedimientos penales específicos en el ámbito de aplicación del Art. 14.6 del Convenio de Budapest y que se respeten los principios del estado de derecho y los derechos humanos de conformidad con lo dispuesto en el Art. 15 del Convenio de Budapest. Los derechos de las personas y los intereses de terceras partes deben ser tomados en cuenta cuando se apliquen estas medidas e inclusive un Estado que realiza una investigación podrá considerar la posibilidad de notificar a las autoridades pertinentes del Estado donde se lleva a cabo la investigación[27].

De igual forma esta Nota Guía facilita información y ejemplos con respecto al significado de 'transfronterizo' y 'ubicación'; sobre el significado de acceso sin la autorización de otro Estado; sobre el significado del 'consentimiento'; acerca de la legislación aplicable; acerca de la persona que

---

23 *Ibid.*, ver párrafos 107 a 111.

24 *Ibid.*, ver párrafos 112 a 113.

25 *Ibid.*, ver párrafos 114 a 118

26 T-CY Guidance Note #3 Transborder Access to Data (Article 32), Estrasburgo 3 de diciembre de 2014. https://rm.coe.int/CoERMPublicCommonSearchServices/DisplayDCTMContent?documentId=09000016802e726a

27 T-CY Guidance Note #3 Transborder Access to Data (Article 32), pp. 5-6.

puede facilitar acceso y divulgar datos; y respecto a la ubicación de la persona que otorga su consentimiento para facilitar el acceso y divulgar datos.

Si bien la Nota Guía del Art. 32 ofrece algunos elementos útiles que ayudan a tener una mejor comprensión sobre al alcance de la terminología utilizada en dicho artículo, dicho documento no hace referencia sobre como las autoridades investigadoras de los Estados Parte del Convenio de Budapest han utilizado e implementado esta disposición en la práctica, ni tampoco se hace referencia a las principales problemáticas que han surgido con respecto a la legalidad de este artículo en el ámbito de las investigaciones que llevan las fiscalías especializadas en ciberdelito cuando requieren obtener información más allá de las fronteras sin tener que agotar los mecanismos de asistencia mutua y sin la necesidad de notificar a las autoridades del Estado donde se lleva a cabo la investigación.

3.5. Significado de Consentimiento Legal y Voluntario

De acuerdo con Nota Guía del Art. 32, conforme a la legislación un menor podría no ser capaz de otorgar su consentimiento, o las personas que padecen afecciones mentales o de otro tipo también podrían no ser capaces de darlo. En opinión del T-CY, en la mayoría de los Estados, la cooperación en una investigación penal requeriría un consentimiento explícito citando como ejemplo, que *"el acuerdo general de una persona con respecto a los términos y condiciones de un servicio en línea utilizado puede no constituir un consentimiento explícito incluso si estos términos y condiciones indican que los datos pueden compartirse con las autoridades de justicia penal en casos de abuso"*[28].

3.5.1. Convenio 108 + del Consejo de Europa

El *Convenio del Consejo de Europa para la protección de las personas con respecto al tratamiento automatizado de datos de carácter personal,* mejor conocido como el Convenio 108+ no establece disposiciones o reglas sobre como un individuo puede expresar u otorgar su consentimiento en el contexto del procesamiento de datos personales y ficheros en formato electrónico o digital por parte de las autoridades del sistema de justicia.

No obstante, dicho convenio contiene un artículo con relación al flujo transfronterizo de datos y el derecho interno, por medio del cual se es-

---

[28] T-CY Guidance Note #3 Transborder Access to Data (Article 32), pp. 5-6.

tablecen limitantes y excepciones respecto a la posibilidad de establecer prohibiciones a los flujos transfronterizos de carácter personal con destino al territorio de otro Estado. Dicho artículo es el siguiente:

> *Artículo 12. Flujos transfronterizos de datos de carácter personal y el derecho interno*
>
> *1. Las disposiciones que siguen se aplicarán a las transmisiones a través de las fronteras nacionales, por cualquier medio que fuere, de datos de carácter personal que sean objeto de un tratamiento automatizado o reunidos con el fin de someterlos a ese tratamiento.*
>
> *2. Una Parte no podrá, con el fin de proteger la vida privada, prohibir o someter a una autorización especial los flujos transfronterizos de datos de carácter personal con destino al territorio de otra Parte.*
>
> *3. Sin embargo, cualquier Parte tendrá la facultad de establecer una excepción a las disposiciones del párrafo 2:*
>
> *a En la medida en que su legislación prevea una reglamentación específica para determinadas categorías de datos de carácter personal o de ficheros automatizados de datos de carácter personal, por razón de la naturaleza de dichos datos o ficheros, a menos que la reglamentación de la otra Parte establezca una protección equivalente;*
>
> *b cuando la transmisión se lleve a cabo a partir de su territorio hacia el territorio de un Estado no contratante por intermedio del territorio de otra Parte, con el fin de evitar que dichas transmisiones tengan como resultado burlar la legislación de la Parte a que se refiere el comienzo del presente párrafo.*

3.5.2. Reglamento Europeo de Protección de Datos (GDPR)

El *Reglamento Europeo de Protección de Datos (GDPR)* regula el procesamiento de datos de individuos por parte de entidades del sector público y privado y ofrece a las personas un catálogo de derechos para tener un mayor control sobre sus datos personales. El GDPR fue publicado el 27 de abril de 2016 y está en vigor desde el 25 de mayo de 2018.

De conformidad con el GDPR, el consentimiento deber ser obtenido de forma libre, inequívoca e informada y se deber ofrecer la posibilidad a los individuos de revocarlo en cualquier momento.

El párrafo 32 de los recitales del GDPR establece que *"el consentimiento debe darse mediante un acto afirmativo claro que refleje una manifestación de voluntad libre, específica, informada, e inequívoca del interesado de aceptar el tratamiento de datos de carácter personal que le conciernen, como una declaración por escrito, inclusive por medios electrónicos, o una declaración verbal"*. Asimismo, ese párrafo establece que *"el consentimiento debe darse para todas las actividades de tratamiento realizadas con el mismo o los mismos fines. Cuando el tratamiento tenga varios fines, debe darse el consentimiento para todos ellos. Si el consentimiento del interesado se ha de dar a raíz de una solicitud por medios electrónicos, la solicitud ha de ser clara, concisa y no perturbar innecesariamente el uso del servicio para el que se presta".*

Dicho Reglamento contiene dos artículos relacionados con las condiciones para otorgar el consentimiento. El Art. 7° establece en cuatro numerales las condiciones para otorgarlo;

El primero, indica que *"cuando el tratamiento se base en el consentimiento del interesado, el responsable deberá ser capaz de demostrar que aquel consintió el tratamiento de sus datos personales".*

El segundo establece que *"Si el consentimiento del interesado se da en el contexto de una declaración escrita que también se refiera a otros asuntos, la solicitud de consentimiento se presentará de tal forma que se distinga claramente de los demás asuntos, de forma inteligible y de fácil acceso y utilizando un lenguaje claro y sencillo".*

El numeral tercero estipula que *"el interesado tendrá derecho a retirar su consentimiento en cualquier momento. La retirada del consentimiento no afectará a la licitud del tratamiento basada en el consentimiento previo a su retirada. Antes de dar su consentimiento, el interesado será informado de ello".*

El numeral cuarto establece que *"al evaluar si el consentimiento se ha dado libremente, se tendrá en cuenta en la mayor medida posible el hecho de si, entre otras cosas, la ejecución de un contrato, incluida la prestación de un servicio, se supedita al consentimiento al tratamiento de datos personales que no son necesarios para la ejecución de dicho contrato".*

El Art. 8 del GDPR establece las condiciones aplicables para obtener el consentimiento de menores de edad con relación a servicios de sociedad de la información. El primer párrafo de dicho artículo establece que el tratamiento de datos personales de niños se considerará lícito cuanto tengan mínimo 16 años y cuando el niño sea un menor de edad, el consentimiento podrá ser otorgado por el titular que ejerce la patria potestad o tutela sobre el niño. El segundo párrafo estable que el responsable del tratamiento hará esfuerzos razonables para verificar que el consentimiento fue otorgado o autorizado por el titular de la patria potestad o tutela sobre el niño, con base en la tecnología disponible en ese momento.

Ahora bien, las reglas sobre el consentimiento en muchos países varia significativamente, y por lo general, se encuentran previstas en las obligaciones contractuales del Código Civil tratándose de países con sistema de derecho civil e inclusive las legislaciones sobre protección de datos contienen disposiciones relacionadas sobre como un individuo puede otorgar su consentimiento para el tratamiento de sus datos personales[29].

3.6. Condiciones y Salvaguardias

Las condiciones y salvaguardias tienen como finalidad establecer un equilibrio con respecto a las investigaciones llevadas a cabo por las autoridades del sistema de justicia y la protección de los derechos y las libertades humanas conforme a las obligaciones contraídas por los Estados en virtud de los instrumentos internacionales aplicables en materia de derechos humanos, su legislación interna y la jurisprudencia nacional emitida por sus tribunales supremos y constitucionales.

Entre los derechos y garantías fundamentales que prevé el Art. 15 del Convenio de Budapest podemos enumerar los siguientes:

(i) El principio de proporcionalidad que establece que los poderes o procedimientos deberán ser proporcionales a la naturaleza y las circunstancias del delito.

(ii) La naturaleza del poder o procedimiento de que se trate, el cual deberá incluir una supervisión judicial, u otra forma de supervisión independiente; los motivos que justifiquen su aplicación, y una limitación respecto del ámbito de aplicación y de la duración de dicho poder o procedimiento.

(iii) El interés público, en particular los intereses de la correcta y adecuada administración de justicia tales como la seguridad pública;

(iv) Otros factores, tales como el impacto que el poder o procedimiento pudiera tener sobre "los derechos, responsabilidades e intereses legítimos de terceros", incluidos los proveedores de servicios, como por ejemplo, los intereses de las víctimas y el respeto a la vida privada[30].

Este tipo de condiciones y salvaguardas deben ser tomadas en cuenta cuando la autoridad investigadora pretende utilizar una medida de investigación mayormente intrusiva como pudiera ser la interceptación de comunicaciones en tiempo real.

---

29 Ver por ejemplo el caso de México en: Velasco, Cristos and Maria Soledad Maqueo, *Privacy and Data Protection in Mexico Monograph,* Privacy and Technology Law, Wolters Kluwer, May 2022, Part III, Chapter 1, §2, pp. 86-90.

30 Reporte Explicativo del Convenio de Budapest, Parrafos 145-148, pp. 77-80.

3.6.1. Art. 15 Convenio de Budapest

El Art. 15 del Convenio de Budapest establece que las facultades procedimentales que los Estados que forman parte de dicho tratado deberán estar sujetas a las condiciones y salvaguardias previstas en los convenios internacionales sobre derechos humanos, legislación doméstica y contar con una protección adecuada a las garantías individuales y derecho humanos[31].

> **"Artículo 15 - Condiciones y salvaguardias**
>
> 1. Cada Parte se asegurará de que la instauración, ejecución y aplicación de los poderes y procedimientos previstos en la presente sección se sometan las condiciones y salvaguardias previstas en su derecho interno, que deberá garantizar una protección adecuada de los derechos humanos y de las libertades, y en particular de los derechos derivados de las obligaciones que haya asumido cada Parte en virtud del Convenio del Consejo de Europa para la protección de los derechos humanos y de las libertades fundamentales (1950), el Pacto Internacional de Derechos Civiles y Políticos de las Naciones Unidas (1966), u otros instrumentos internacionales aplicables en materia de derechos humanos, y que deberá integrar el principio de proporcionalidad.
>
> 2. Cuando proceda, teniendo en cuenta la naturaleza del procedimiento o del poder de que se trate, dichas condiciones y salvaguardias incluirán una supervisión judicial u otra forma de supervisión independiente, los motivos que justifiquen su aplicación, así como la limitación del ámbito de aplicación y de la duración de dicho poder o procedimiento.
>
> 3. Siempre que sea conforme con el interés público, y en particular con la buena administración de la justicia, cada Parte examinará los efectos de los poderes y procedimientos mencionados en la presente sección sobre los derechos, responsabilidades e intereses legítimos de terceros."

Este artículo es de gran importancia para las autoridades investigadoras de ciberdelitos, ya que deben tomarse en cuenta todas y cada una de las condiciones y salvaguardias previamente mencionadas para que las investigaciones puedan considerarse legítimamente conducidas y estas, por lo general son revisadas por una autoridad independiente, como por ejemplo un juez de garantías encargado de revisar la legitimidad y proporcionalidad de las medidas previstas y utilizadas durante la investigación.

Durante las negociaciones del Segundo Protocolo del Convenio de Budapest estuvieron presentes las autoridades europeas de protección de datos y grupos de la sociedad civil preocupados ampliamente por la protección de datos como un derecho fundamental, y casi un tercio de las negociaciones estuvieron enfocadas en discutir aspectos de protección de

---

31 Aspectos Prácticos de los Ciberdelitos y la Evidencia Digital", Capítulo 5, *op. cit.* nota 2, pp. 281-283

datos, situación que llevo a los redactores a la creación de un artículo sobre protección de datos en el texto de dicho protocolo.

Sin duda, el acceso a datos de determinadas personas en un determinado territorio por parte de las autoridades investigadoras, debe ser llevado en forma legítima y proporcional, y debe cumplir con la legislación y jurisprudencia sobre protección de datos del sector policial y del ámbito judicial para no incurrir en violaciones a este derecho fundamental, sin embargo hay que tomar en cuenta que la protección de datos no es un derecho absoluto, tratándose de investigaciones que puedan poner en riesgo o en peligro la vida de un menor o de una persona o inclusive en situaciones de emergencia y de seguridad nacional en donde debe justificarse la necesidad de tener acceso a una prueba que puede estar albergada o ubicada en un territorio distinto al de la autoridad investigadora para ser incorporada al proceso penal.

3.7. Segundo Protocolo Adicional al Convenio de Budapest

El *Segundo Protocolo Adicional relativo al refuerzo de la cooperación y de la divulgación de pruebas electrónicas*[32]del Convenio de Budapest tardó casi más de 3 años en ser redactado, negociado y aprobado por el Consejo de Europa. Este instrumento se abrió para firma de los Estados Parte del Convenio de Budapest durante una conferencia hibrida en la ciudad de Estrasburgo, Francia el 12 de mayo de 2022.

Este instrumento busca dar una respuesta a los obstáculos que supone obtener las pruebas directamente de los proveedores de servicios de nube cuyos servidores están ubicados en distintos países del mundo, y evitar situaciones relacionadas con la pérdida de la ubicación de los datos.

El Segundo Protocolo regula la obtención y divulgación de pruebas electrónicas directamente de los proveedores de servicios y los registradores de nombres de dominio relacionados con cualquier delito en materia penal y refuerza los instrumentos de asistencia jurídica y otras formas de cooperación entre las autoridades investigadoras competentes, incluida la cooperación en situaciones de emergencia y la cooperación directa entre las autoridades investigadoras competentes y los proveedores de servicios y

---

[32] El *Segundo Protocolo Adicional relativo al refuerzo de la cooperación y de la divulgación de pruebas electrónicas del Consejo de Europa* ha sido firmado por 44 países y ratificado únicamente por 2 países Serbia y Japón. Requiere la ratificación de por lo menos 5 países para entrar en vigor.

entidades que poseen información pertinente relativa para investigaciones y procedimientos en materia penal bajo una marco de la protección de los derechos humanos y las libertades fundamentales en virtud de los instrumentos internacionales aplicables sobre derechos humanos[33].

El *Segundo Protocolo Adicional* consta de 25 artículos divididos a lo largo de cuatro capítulos. Sin embargo, este instrumento no regula ni hace referencia al acceso transfronterizo unilateral en jurisdicciones extranjeras sin la necesidad de notificar a la autoridad donde se realiza el acceso.

El *Segundo Protocolo Adicional* únicamente establece los procedimientos, plazos y las condiciones para que las autoridades puedan ordenar la preservación de datos de suscriptor y datos de tráfico directamente de los proveedores de servicios y los registradores de nombres de dominio. También incluye reglas para la preservación y divulgación de datos almacenados en casos y situaciones de emergencia; reglas y procedimientos para la asistencia mutua en caso de emergencia y para la cooperación internacional en ausencia de acuerdos o tratados internacionales entre los países. Este instrumento también regula el uso de la videoconferencia para el desahogo de audiencias previstas en procedimientos penales, las investigaciones y los equipos conjuntos de investigación, y establece un capítulo sobre condiciones y salvaguardas para garantizar la protección adecuada de los derechos humanos y las libertades que incluye un artículo muy extenso sobre protección de datos que establece principios aplicables para su protección, periodos para su conservación, aspectos sobre decisiones automatizadas, notificación de incidentes de seguridad, intercambio de información entre Estados Parte, condiciones para la transferencia de datos de un Estado a un organismo internacional, acceso y rectificación, recursos judiciales y extrajudiciales, facultades de supervisión y consultas y suspensión relativas a la transferencias de datos.

El *Segundo Protocolo Adicional* cuando entre en vigor regulará la forma y los plazos para que las autoridades puedan ordenar la preservación de datos de abonado y datos de tráfico por parte de los proveedores de servicios ubicados en terceros países cuando la información pueda ser necesaria para incorporarla como evidencia en un procedimiento penal. Sin embargo, existe la limitante de que muy pocos países han ratificado este instru-

---

33 *Segundo Protocolo Adicional relativo al refuerzo de la cooperación y de la divulgación de pruebas electrónicas (STCE No. 24), 12 de mayo de 2022.* Ver Preámbulo, pp. 169-171, disponible en: https://rm.coe.int/prems-105123-esp-2023-convention-cybercri-mininalite-2023-txt-web-a5-2-/1680ae7117

mento y más aún todavía no existe suficiente evidencia de que los países que ya forman parte del Convenio de Budapest estén encaminando reformas legislativas para implementar las disposiciones de dicho instrumento en el contexto de su legislación procesal nacional.

3.8. Grupo de Trabajo sobre Investigaciones Encubiertas y Extensión de Búsquedas del Consejo de Europa

En noviembre de 2021, el TC-Y conformó un *Grupo de Trabajo sobre Investigaciones Encubiertas y Extensión de Búsquedas* cuyo principal mandato fue preparar en el periodo de un año, un informe con opciones y recomendaciones para la acción futura del T-CY en dos principales temas:

(i) Investigaciones encubiertas mediante un sistema informático; y

(ii) Ampliación de búsquedas.

Estos dos temas fueron dos de las áreas que no se incluyeron en el *Segundo Protocolo Adicional* del Convenio de Budapest ya que los redactores consideraron que se requería de una investigación y trabajo más profundo y que fueran parte de un instrumento jurídico separado.

Dentro de las conclusiones y recomendaciones a la que llego ese grupo en el tema de ampliación de búsquedas fueron:

(i) la inclusión de una disposición de ese tipo en el Segundo Protocolo entrañaría el riesgo de que algunas Estados Parte no pudieran adherirse al mismo una vez que se abriera para firma;

(ii) sería necesario considerar la regulación de la extensión de búsquedas en un instrumento internacional, ya que esas reglas podrían limitar las medidas actualmente disponibles en muchos Estados, mientras que las leyes de otros Estados prohíben esas medidas en sus territorios;

(iii) sería necesario considerar otras formas de continuar trabajando en este tema, incluido un instrumento separado[34].

El TC-Y dejo inconcluso el tema de ampliación de búsquedas en otras jurisdicciones, precisamente por la gran diferencia que existe en la aplicación de regulaciones nacionales en cada país y, por que considero que sería sumamente difícil encontrar un consenso a nivel internacional sobre

---

[34] Cybercrime Convention Committee (TC-Y), "Terms of Reference Working group on undercover investigations and extension of searches", Estrasburgo, 15 de noviembre de 2021, en: https://rm.coe.int/0900001680a49eb0

la temática principalmente por los temas de soberanía nacional y temas de gobernanza de datos en donde las autoridades de protección de datos y la sociedad civil perciben que las autoridades de justicia penal pudieran infringir los principios y las normas de protección de datos al ampliar sus investigaciones en jurisdicciones más allá de sus fronteras.

4. SITUACIÓN DEL ACCESO TRANSFRONTERIZO EN ORGANISMOS DE LA UNIÓN EUROPEA

4.1. EUROJUST

La Agencia de la Unión Europea para la Cooperación Judicial Penal (Eurojust) es el órgano encargado de intensificar la lucha contra las formas graves de delincuencia organizada y transnacional que afecta más de un país de la Unión Europea. Eurojust está conformado por 27 miembros nacionales nombrados por cada Estado miembro de la UE, con la condición de fiscal o juez y con una experiencia y una trayectoria acreditadas; algunos miembros nacionales cuentan con el apoyo de asistentes y suplentes. Cada Estado miembro puede designar a uno o más corresponsales nacionales, que pueden también constituir un punto de contacto dentro de la Red Judicial Europea (EJN).

Eurojust emplea instrumentos jurídicos que permiten el traslado de pruebas de un país a otro, así como la entrega de sospechosos a efectos de continuar un proceso penal o ejecutar una pena privativa de libertad en su país de origen. Entre algunos de los instrumentos que utiliza Eurojust se encuentran los siguientes:

Orden Europea de Arresto (EAW): Es un proceso judicial simplificado de entrega judicial de sospechosos acordado entre los países europeos.

Orden de Investigación Europea (EIO): proceso de emisión o validación de una autorización judicial de un Estado miembro para recoger o utilizar pruebas de la investigación penal en cualquier otro Estado Miembro.

Equipos Conjuntos de Investigación (JITs): equipos de cooperación legal entre Estados para llevar a cabo investigaciones penales de forma conjunta, conformados por jueces, fiscales y autoridades policiales. Sus integrantes pueden hacer uso de las herramientas creadas conjuntamente por Eurojust, Europol y la red de JITs.

4.2. Reporte SIRIUS 2023

El Reporte sobre la Situación de la Evidencia Electrónica en Europa (SIRIUS 2023)[35] es un reporte anual donde colaboran en su elaboración conjuntamente Europol, Eurojust y la Red Judicial Europea (EJN) y a través de cual se publican los principales hallazgos del Proyecto SIRIUS[36], que es un proyecto de investigación y plataforma utilizada específicamente para intercambiar información en las áreas de acceso transfronterizo y evidencia electrónica entre las autoridades policiales y judiciales de los países de la Unión Europea.

El Reporte SIRIUS 2023 ofrece un panorama general acerca de la preservación de pruebas electrónicas en la UE desde la perspectiva de las fuerzas de seguridad, el poder judicial y los proveedores de servicios. Este reporte es de particular relevancia por que destaca algunos casos y las principales problemáticas y retos que enfrentan las autoridades investigadoras nacionales con los proveedores de servicios en ordenar la preservación de evidencia para investigaciones y procedimientos en materia penal. El Reporte SIRIUS 2023 contiene una serie de recomendaciones dirigidas a las agencias investigadoras de países de la UE, a las autoridades judiciales de la UE y a los proveedores de servicios.

En el área de acceso transfronterizo, el Reporte SIRIUS 2023 indica que con respecto a las medidas previstas Art. 32 b del Convenio de Budapest, en las leyes procesales nacionales de los Estados miembros de la UE encuestados, los resultados revelaron que el 71% (17 de los 24 encuestados) han incorporado esta medida a su legislación nacional. Entre esos países se encuentran Chequia, Grecia, Hungría, Irlanda, Eslovaquia y Suecia[37].

4.3. Reporte Inicial sobre Encriptación de EUROPOL

El informe sobre encriptación elaborado por el Centro de Innovación de Europol presenta un análisis detallado sobre aspectos relacionados con el cifrado o la encriptación que son herramientas cada vez mayormente uti-

35 EUROPOL, "SIRIUS EU Electronic Evidence Situation Report 2023", 11 de abril de 2024, disponible en: https://www.europol.europa.eu/publications-events/publications/sirius-eu-electronic-evidence-situation-report-2023

36 EUROJUST, SIRIUS https://www.eurojust.europa.eu/sirius

37 EUROJUST, "SIRIUS EU Electronic Evidence Situation Report 2023", *op. cit.* nota 5, pp. 34-35.

lizados por grupos criminales para cometer actividades delictivas en contra de víctimas ubicados en países de la Unión Europea para evitar ser localizados y arrestados por las fuerzas del orden europeas[38].

El informe hace referencia a los distintos retos y oportunidades que se presentan a las fuerzas del orden como parte del nuevo paquete de reformas sobre evidencia digital aprobado por la Unión Europea, así como al problema sobre la legalidad de la admisibilidad de evidencia en diferentes países derivado del caso Encrochat[39]. También incluye un análisis sobre los aspectos más relevantes de la sentencia del Tribunal de Justicia de la Unión Europea de 30 de abril de 2024 por medio de la cual se aclaran las condiciones de transmisión y utilización de pruebas en causas penales con dimensión transfronteriza derivadas del caso Encrochat[40].

El informe presenta algunas implicaciones técnicas relevantes sobre temas relacionados con Quantum Computing, criptomonedas, sistemas biométricos, cifrados de nombres de dominio, machine learning e inteligencia artificial y ofrece una serie de recomendaciones para mejorar la labor y actividad de las autoridades investigadoras en la unión europea desde el ámbito técnico y legislativo.

---

38 EU Innovation Hub, "First Report on Encryption. By the EU Innovation Hub for Internal Security" (2024) en: https://www.europol.europa.eu/cms/sites/default/files/documents/EU_Innovation_Hub_First%20Report%20on%20Encryption.pdf

39 Encrochat fue una red encriptada de comunicaciones ampliamente utilizada por grupos del crimen organizado para intercambiar información relacionada con actividades delictivas. Encrochat fue desmantelada por un equipo conjunto de investigación entre Europol y Eurojust en julio de 2020. Como parte de equipo conjunto de investigación, las autoridades europeas pudieron interceptar en tiempo real y compartir millones de mensajes que fueron utilizados por las organizaciones criminales para planear sus actividades delictivas. Ver: Eurojust, "Dismantling of an encrypted network sends shockwaves through organised crime groups across Europe". Press Release, 2 de julio de 2020, disponible en: https://www.eurojust.europa.eu/news/dismantling-encrypted-network-sends-shockwaves-through-organised-crime-groups-across-europe

40 Court of Justice of the European Union, "Judgement of the Court in Case C-670/22 M.N. (EncroChat). Press Release No. 77/24, Luxembourg, 30 April 2024, disponible en:
https://curia.europa.eu/jcms/upload/docs/application/pdf/2024-04/cp240077en.pdf

4.4. Situación del acceso transfronterizo en la legislación de países de la Unión Europea

Algunos países de la Unión Europea ya tienen regulado el acceso transfronterizo en su legislación procesal penal. Otros al ser Estados Parte del Convenio de Budapest, las disposiciones sobre acceso transfronterizo en particular el Art. 32 y Art. 19 del Convenio de Budapest son de aplicación directa. Cabe destacar que, por ser una medida ampliamente controvertida, en la práctica muy pocos países hablan abiertamente sobre la forma en la que la utilizan y aplican en al ámbito de sus investigaciones a nivel nacional. A continuación, analizaremos algunos países de la UE que ya cuentan con legislación sobre acceso transfronterizo y disposiciones sobre acceso remoto para investigaciones penales.

4.4.1. Bélgica

Las autoridades investigadoras en Bélgica están dotadas de amplios poderes en virtud del Código de Procedimiento Penal (*Code d'instruction criminilelle*) para obtener y copiar pruebas e inclusive hacer inaccesibles los datos después de realizar una copia cuando las pruebas se encuentran en un territorio extranjero como parte de una investigación penal.

De acuerdo con el artículo 88 ter del Código de Procedimiento Penal de Bélgica, el juez de instrucción puede ampliar la búsqueda de un sistema informático o parte del mismo, iniciada sobre la base del artículo 39 bis, a un sistema informático o parte del mismo ubicado en un lugar distinto de aquel en el que se está realizando la búsqueda:

– Si la ampliación es necesaria para esclarecer la verdad sobre el delito objeto de la búsqueda; y

– Si las medidas fuesen desproporcionadas o si existe el riesgo de que, sin esta ampliación, se pierdan las pruebas.

La ampliación de la búsqueda de un sistema informático no puede ir más allá de los sistemas informáticos o partes de dichos sistemas a los que las personas están inicialmente autorizadas.

En lo que respecta a los datos recogidos mediante la ampliación de la búsqueda de un sistema informático, que sean útiles para los mismos fines que los previstos para la incautación, se aplicarán las normas previstas en el Art. 39 bis, § 6.

Cuando resulte que los datos no se encuentran ubicados en el territorio belga, sólo podrán copiarse. En este caso, el juez de instrucción comunicará inmediatamente esta información al Servicio Público Federal de Justicia, que informará a las autoridades competentes del estado en cuestión, si esto puede determinarse razonablemente. En casos de extrema urgencia, el juez de instrucción puede ordenar verbalmente la ampliación de la búsqueda a que se refiere el apartado 1 del Art. 88 ter. Esta orden se confirmará por escrito lo antes posible, indicando los motivos de la extrema urgencia.

La legislación procesal en Bélgica ofrece ventajas comparativas principalmente tratándose de proveedores de cloud en donde comúnmente no se conoce con certeza el lugar de ubicación donde se encuentran almacenados los datos y/o la ubicación del proveedor de servicios, el enfoque en Bélgica le da mayor importancia al lugar donde pueden ser accesibles los datos por parte de las autoridades investigadoras en vez del lugar donde se encuentren ubicados los datos y servidores.

4.4.2. España

España tiene regulado las búsquedas remotas a equipos informáticos como parte de una investigación penal dentro del Capítulo IX del Título VIII del Libro II de la *Ley de Enjuiciamiento Criminal*[41].

El Art. 588 septies a. de la *Ley de Enjuiciamiento Criminal* establece los supuestos que permiten al juez competente instalar códigos de identificación y software (conocidos como troyanos) para permitir de forma remota y telemática sin conocimiento del titular o usuario el contenido de un ordenador, dispositivo electrónico, sistema informático, instrumento de almacenamiento masivo de datos informáticos o base de datos, siempre que persiga la investigación de:

(a) delitos cometidos en el seno de organizaciones criminales;

(b) delitos de terrorismo;

(c) delitos cometidos contra menores o personas con capacidad modificada judicialmente;

(d) delitos contra la Constitución, de traición y relativos a la defensa nacional; y

---

41 Ley de Enjuiciamiento Criminal (Última modificación 20 de diciembre de 2023). Agencia Estatal Boletín Oficial del Estado, disponible en: https://www.boe.es/biblioteca_juridica/abrir_pdf.php?id=PUB-DP-2023-145

(e) *delitos cometidos a través de instrumentos informáticos o de cualquier otra tecnología de la información o la telecomunicación o servicio de comunicación.*

El numeral segundo del Art. 588 septies a, establece los requisitos que debe contener la resolución judicial que autorice el registro en la que se debe especificar:

(a) Los ordenadores, dispositivos electrónicos, sistemas informáticos o parte de los mismos, medios informáticos de almacenamiento de datos o bases de datos, datos u otros contenidos digitales objeto de la medida.

(b) El alcance de la medida, la forma en la que se procederá al acceso y aprehensión de los datos o archivos informáticos relevantes para la causa y el software mediante el que se ejecutará el control de la información.

(c) Los agentes autorizados para la ejecución de la medida.

(d) La autorización, en su caso, para la realización y conservación de copias de los datos informáticos.

(e) Las medidas precisas para la preservación de la integridad de los datos almacenados, así como para la inaccesibilidad o supresión de dichos datos del sistema informático al que se ha tenido acceso.

El numeral tercero del Art. 588 septies a. estipula que cuando los agentes que lleven a cabo el registro remoto tengan razones para creer que los datos buscados están almacenados en otro sistema informático o en una parte del mismo, pondrán este hecho en conocimiento del juez, quien podrá autorizar una ampliación de los términos del registro.

El Art. 588 septies c. establece que la duración de la medida podrá ser de máximo un mes prorrogable por iguales periodos hasta un máximo de tres meses.

Por otro lado, España al ser parte del Convenio de Budapest, el Art. 32 es de aplicación directa, sin embargo, no existe información reciente sobre como las autoridades investigadoras de ese país hayan interpretado o hecho un uso practico de ese artículo. Las autoridades investigadoras en España tienen la obligación y el compromiso de cumplir con los tratados internacionales vigentes sobre derechos humanos y la legislación nacional sobre protección de datos y las investigaciones transfronterizas generalmente tienen que llevarse a cabo conforme al marco jurídico aplicable a la cooperación y asistencia jurídica internacional cuando la prueba se pretenda utilizar en un procedimiento penal en España para evitar cuestiones de incurrir en la ilegalidad de la obtención de pruebas y evidencias que pudieran comprometer una investigación.

4.4.3. Suecia

En marzo de 2023, la Corte Suprema de Justicia Sueca resolvió acerca de la legalidad de si una búsqueda remota podría llevarse a cabo cuando la información que se busca se encuentra albergada en un servidor de un país extranjero. Se trato de un caso de blanqueo de dinero, en donde el fiscal solicitó al tribunal de primera instancia que ordenara la búsqueda remota de documentos que pudieran ser relevantes para la investigación conforme al Capítulo 28, Arts. 10a-10 i del Código de Procedimiento Judicial.

El fiscal indicó que no era lo suficientemente claro en qué servicio en la nube y dónde se almacenaba la información solicitada. El tribunal de primera instancia, al concluir que se cumplían las condiciones para ordenar la búsqueda remota, accedió y aprobó a la solicitud del Fiscal. Luego, el Tribunal de apelación confirmó la decisión del tribunal de primera instancia y posteriormente, el Tribunal Supremo de Justicia evaluó la cuestión de si era posible ordenar una búsqueda remota, a pesar de que la búsqueda se refería a información que podía estar almacenada en servidores en el extranjero.

Ese Tribunal resolvió que las disposiciones sobre búsquedas a distancia, por su redacción, no se limitan a las búsquedas de información almacenada únicamente en Suecia y además concluyó que no existe legislación o algún acuerdo internacional vinculante para Suecia que impida tal aplicación. El Tribunal Supremo considero que era posible ordenar una búsqueda a distancia, incluso si la búsqueda solicitada se refería a información que pudiera estar almacenada en el extranjero.

Vale destacar que las consideraciones del Tribunal Supremo se aplican siempre que la medida se adopte en el marco de una investigación penal sueca y, por tanto, esté motivada por una sospecha de delito que sea de competencia judicial en Suecia[42].

4.4.4. Portugal

En Portugal existe la *Lei No. 109/2009 del 15 de septiembre de 2009 que aprueba la Ley de Ciberdelincuencia, transponiendo al ordenamiento jurídico interno la Decisión Marco del Consejo No 2005/222/JAI de 24 de febrero relativa a los*

---

[42] EUROJUST, "Cybercrime Judicial Monitor', Issue 9-July 2024. p. 18 disponible en: https://www.eurojust.europa.eu/sites/default/files/assets/cybercrim-judicial-monitor-issue-9.pdf

ataques contra sistemas informáticos y que adapta al derecho interno la Convención sobre Ciberdelincuencia del Consejo de Europa[43].

Esta Ley contiene el Art. 24 sobre acceso a datos informáticos y cooperación internacional y el Art. 25 sobre acceso transfronterizo a datos informáticos almacenados públicamente y disponibles con el consentimiento.

El Art. 25 de la *Lei No. 109/2009* es muy similar al Articulo 32 del Convenio de Budapest, y prevé que las autoridades extranjeras competentes, sin necesidad de solicitud previa a las autoridades portuguesas, y de acuerdo con las normas sobre transferencia de datos personales previstas en la Ley No. 67/98, de 26 de octubre, puedan:

a) Acceder a datos informáticos almacenados en un sistema informático ubicado en Portugal, cuando estén disponibles públicamente; y

b) Recibir o acceder, a través de un sistema informático ubicado en su territorio, a datos informáticos almacenados en Portugal, con el consentimiento legal y voluntario de una persona legalmente autorizada para revelarlos.

Por otro, lado el Art. 15.5 de la *Lei No. 109/2009* establece que cuando, durante una búsqueda, existan motivos suficientes para creer que la información buscada está almacenada en otro sistema informático o en una parte diferente del sistema anterior, pero que estos datos son lícitamente accesibles desde el sistema inicial, la búsqueda podrá ser ampliada mediante autorización de la autoridad competente.

En opinión del T-CY, el texto del Art. 15 de la *Lei No. 109/2009* no establece ningún límite geográfico o jurisdiccional para el uso de esta herramienta procesal, por lo tanto, esta ampliación aplicaría tanto a sistemas remotos ubicados dentro de las fronteras portuguesas como fuera de ellas[44].

4.4.5. Alemania

Alemania no tiene regulado el acceso transfronterizo a datos o información albergada en servidores extranjeros para propósito de investigaciones penales.

---

43 El texto oficial de la *Lei No. 109/2009 del 15 de septiembre de 2009* se encuentra en idioma Portugués en: https://diariodarepublica.pt/dr/detalhe/lei/109-2009-489693

44 *Transborder Access and Jurisdiction. What are the options?", op. cit.* nota 5, ver párrafos 199-200.

No obstante, la Sección 100b del *Código de Procedimiento Penal* Alemán (*Strafprozeßordnung StPO*) permite la búsqueda remota encubierta de sistemas de tecnología de información para extraer los datos contenidos en un sistema cuando:

(i) Existe la sospecha de que un delincuente o copartícipe haya cometido un delito grave o en casos de responsabilidad penal por tentativa;

(ii) El delito sea considerado de especial gravedad; y

(iii) Sea difícil determinar el paradero del acusado.

El inciso 2 de la Sección 100b establece una lista de los delitos que son considerados como particularmente graves bajo el Código Penal Alemán en los que podría utilizarse la medida, entre ellos se enlistan:

(i) Poner en peligro el Estado democrático de derecho, traición y poner en peligro la seguridad exterior

(ii) Operar plataformas comerciales delictivas en Internet

(iii) Formar organizaciones delictivas

(iv) Falsificación de moneda y sellos oficiales

(v) Delitos contra la autodeterminación sexual

(vi) Difusión, adquisición y posesión de contenido pornográfico infantil

(vii) Asesinato con circunstancias agravantes específicas

(viii) Robo en grupo

(ix) Robo agravado

(x) Extorsión con uso de la fuerza y amenazas

(xi) Trata de bienes robados

(xii) Trata como miembro de una banda

(xiii) Fraude informático

(xiv) Caso especialmente grave de aceptación y concesión de sobornos

La Sección 100e (2) establece que la medida podrá ser ordenada a solicitud de la Fiscalía por la división del tribunal regional en el distrito en el que se encuentre ubicado el Fiscal. En circunstancias apremiantes, el juez presidente también puede dictar y aprobar la orden.

La Sección 100e (2) establece que el límite de duración de la medida será de un mes y podrá ser prorrogada igualmente por otro mes si las condiciones de la orden continúan existiendo y teniendo en cuenta la información obtenida durante la investigación. Si la duración de la orden se ha prorrogado por un período total de seis meses, el tribunal regional superior decidirá sobre la prórroga adicional de la orden.

La Sección 100e (6) establece que los datos podrán utilizarse en otros procedimientos penales sin el consentimiento de las personas vigiladas únicamente a los efectos de investigar un delito respecto del cual se podrían ordenar medidas en virtud del Art. 100b o 100c o para establecer el paradero de una persona acusada de tal delito.

4.4.6. Singapur

El *Código de Procedimiento Penal* de 2010 de Singapur contiene los Arts. 39 y 40 que son de gran relevancia.[45]

El Art. 39 establece poderes y facultades amplios para que la policía pueda acceder a información y evidencias contenidas en sistemas informáticos, aun y cuando la información o el sistema no se encuentre ubicado físicamente en Singapore.

La sección 39 2B establece que cuando el sistema informático se encuentra localizado fuera de Singapur o no se conozca su ubicación exacta, la policía podrá tener acceso mediante la obtención del consentimiento del titular y bajo cualquier estatuto escrito: (i) con el apoyo de una persona vinculada al funcionamiento del sistema o a través de una conexión activa o (ii) a través de un nombre de usuario, contraseña u otra forma de autenticación almacenada dentro de otro sistema informático. Inclusive la policía puede ejercer los poderes en relación con cualquier dato contenido en o disponible en una computadora, si el propietario de esos datos consiente el ejercicio de esos poderes.

Se prevén multas que van de $5,000 a $10,000 dólares de Singapur y penas de prisión no mayores a seis meses o ambas a cualquier persona física o moral que obstruya el ejercicio de alguna de las medidas por parte de oficial de policía o persona autorizada para ejercer los poderes.

El Art. 40 establece facultades y poderes para que la policía pueda tener acceso a datos cifrados o encriptados para propósitos de una investigación e inclusive la posibilidad de solicitar a personas sospechosas de tener información cifrada de conceder el acceso a la policía o a personas autorizadas

45 *Código de Procedimiento Penal* 2010 de Singapur disponible en: https://sso.agc.gov.sg/Act/CPC2010?ProvIds=P14-#pr39—

para que decripten cualquier tipo de datos para propósitos de una investigación.

Bajo ese artículo, la policía puede; (i) tener acceso a información, código o tecnologías que tengan la capacidad de transformar y descifrar datos cifrados en un formato o texto legible y comprensible a los efectos de investigar el delito que da lugar a un arresto; (ii) requerir la cooperación a cualquier persona cuando exista la sospecha razonable de haberse utilizado un sistema de cómputo relacionado con el delito que se investiga, (iii) requerir a cualquier persona que proporcione asistencia técnica al policía o cualquier persona autorizada para acceder a información encriptada y descifrar cualquier tipo de datos para propósitos de una investigación.

Al igual que la sección 39, se prevén multas que van de los $10,000 hasta $50,000 dólares de Singapur y penas de prisión 3 a 10 años o ambas a cualquier persona que obstruya el ejercicio de alguna de las medidas por parte del oficial de policía o persona autorizada para ejercer los poderes.

5. SITUACIÓN EN PAÍSES DE LATINOAMÉRICA Y EL CARIBE (LAC)

La legislación procedimental para ordenar la preservación de evidencias de proveedores de servicios ubicados en países extranjeros en países de Latinoamérica y el Caribe es todavía muy incipiente, y muy pocos países de la región cuentan con reglas específicas dentro su legislación procesal penal para ordenar la preservación de datos de abonado y datos de tráfico de los proveedores de servicios como una medida provisional. Más aún, de los diez países de la región que ya forman parte del Convenio de Budapest, no se tiene conocimiento preciso sobre cómo han implementado los Arts. 19 y 32 de dicho tratado en el curso de sus investigaciones.

5.1. Legislación Nacional

5.1.1. Argentina

La provincia de Salta publicó la *Ley No. 8386* en agosto de 2023[46] que modifica el Código Procedimental de la Provincia de Salta y que permi-

---

46 La *Ley No. 8386* fue publicada en la Gaceta Oficial el 9 de agosto de 2023 disponible en: https://boletinoficialsalta.gob.ar/instrumento.php?cXdlcnR5dGFibGE

te a un Fiscal el acceso remoto a dispositivos o sistemas informáticos en el marco de una investigación de delitos considerados como de especial gravedad. La medida tiene que ser autorizada por el Juez de Garantías y tiene que estar debidamente justificada para su utilización por parte del Fiscal. Inclusive prevé la ampliación del registro cuando se tengan razones suficientes para creer que la información almacenada se encuentra en otro sistema informático.

Art. 6º.*- Incorpórase como artículo 309 sexies a la Ley 7.690 - Código Procesal Penal el siguiente texto:*

"Art. 309 sexies.- Obtención remota de datos de dispositivos informáticos.

1. Presupuestos. El Juez de Garantías podrá ordenar a pedido del fiscal, que la obtención de datos prevista en el artículo 309 quater se realice de forma remota y sin el conocimiento del titular o usuario del dispositivo o sistema que es objeto de investigación, mediante la utilización de programas informáticos u otros mecanismos tecnológicos, siempre que la orden se emita en el marco de la investigación de un delito concreto de especial gravedad y existan motivos suficientes que acrediten que los datos necesarios para la investigación no pueden ser obtenidos de una forma menos gravosa para los derechos del imputado, o que el éxito de la investigación esté seriamente dificultado sin recurrir a este medio de investigación excepcional.

El Juez de Garantías podrá autorizar también esta medida, siempre justificando la proporcionalidad de la autorización, en aquellos casos en los que el delito se cometa a través de medios informáticos que tornen imposible otra forma de investigación.

Cuando resulte necesario para la ejecución de la medida, a pedido del Fiscal, el Juez de Garantías podrá ordenar la colaboración de las empresas proveedoras de servicios de Internet o de comunicaciones o de terceras personas que tengan conocimientos especiales sobre las medidas de seguridad o el funcionamiento del sistema informático que es objeto de la medida. La orden no será aplicable a personas que puedan resultar imputadas o que estén alcanzadas por la dispensa de declarar como testigos por motivos de parentesco, amistad o estado.

Rigen en cuanto son aplicables todos, los límites y garantías referidos al secuestro de cosas, documentos privados y correspondencia epistolar.

2. Orden judicial. La orden judicial deberá precisar:

a) La individualización de los dispositivos o sistemas informáticos que serán objeto de la medida.

b) Una descripción del objetivo concreto de la medida y los datos informáticos que se procura obtener.

c) Fundamentación sobre la gravedad del delito y las razones tecnológicas que justifican la necesidad y proporcionalidad de la utilización.

d) En la medida en que sea posible al momento de emitir la orden, los programas u otros mecanismos técnicos que se utilizaran para la ejecución. Si este dato se conociera con posterioridad deberá ser comunicado al Juez de Garantías de manera inmediata.

e) La autoridad encargada de la ejecución.

f) El plazo máximo autorizado para su ejecución procurando que la medida se realice en el menor tiempo posible, estimado en el caso concreto.

3. Límites. La utilización de estos mecanismos deberá limitarse estrictamente al objetivo y tiempo autorizado judicialmente. El Juez de Garantías deberá controlar periódicamente su ejecución y ordenar su cese apenas se cumplan con los objetivos de la orden, asegurando que se retiren del dispositivo o sistema cualquier programa o mecanismo tecnológico que se hubiera utilizado para su realización.

No podrán ser incorporados al proceso datos obtenidos en exceso de la orden judicial que autorizó la medida.

4. Extensión. Cuando los agentes que lleven a cabo el registro remoto tengan razones para creer que los datos buscados están almacenados en otro sistema informático o en una parte de éste, pondrán este hecho en conocimiento del Fiscal quien solicitará al Juez de Garantías que autorice una ampliación de los términos del registro, conforme a lo previsto en el apartado 5 del presente artículo.

5. Comunicación. El Fiscal deberá poner en conocimiento la realización de la medida y sus resultados a la persona física o jurídica titular del dispositivo o sistema informático que haya sido objeto del acceso remoto y al imputado y su defensor, lo antes que resulte posible sin entorpecer los resultados de la investigación y siempre dentro de un plazo máximo de seis (6) meses desde su realización."

5.1.2. Belice

Belice promulgó la *Ley Núm. 32 sobre Ciberdelitos en 2020*[47]. Esta legislación contiene un Título IV sobre cooperación internacional que incluye la Sección 40 sobre "acceso transfronterizo a datos informáticos con consentimiento o cuando no estén protegidos y estén disponibles públicamente" que señala que:

No será considerado un delito bajo esta legislación para cualquier gobierno extranjero o cualquier persona para que sin la autorización del Gobierno de Belice:

(i) accese a datos informáticos almacenados en código abierto, independientemente de la ubicación de los datos, si los datos informáticos no están sujetos a medidas de seguridad; o

(ii) accese o reciba datos informáticos almacenados ubicados en Belice, si el gobierno extranjero o la persona obtiene el consentimiento de la per-

---

47 Law no. 32 of 2020 (*Cybercrime Act of 2020*) disponible en: https://www.nationalassembly.gov.bz/wp-content/uploads/2020/10/Act-No.-32-of-2020-Cybercrime.pdf#:~:text=AN%20ACT%20to%20combat%20cybercrime%20by%20creating%20offences,connected%20therewith%20orincidental%20thereto.%20%28Gazetted%207th%20October%2C%202020%29;%20see%20also%20https://rm.coe.int/octocom-legal-profile-belize/1680a5b127

sona que tiene la autoridad para divulgar los datos a través de ese sistema informático.

Asimismo, en el área de acceso remoto, la Sección 29 de la *Ley Núm. 32 sobre Ciberdelitos de 2020*, permite el uso de herramientas forenses remotas por parte de los fiscales y agentes de policía, previa obtención de una orden escrita emitida por un tribunal, exclusivamente para las investigaciones de delitos que sean de interés para:

(i) la seguridad nacional,

(ii) la seguridad pública,

(iii) la salud pública,

(iv) el orden público,

(v) la captación de menores o la pornografía,

(vi) la trata de personas,

(vii) la esclavitud; y

(viii) para dar efecto a los requisitos de una solicitud de asistencia jurídica mutua cuando el presunto delito sea un delito conforme a las leyes de Belice.

La orden deberá cumplir con una lista de criterios y condiciones enumerados en siete secciones de dicho artículo para ser considerada como vinculante y el oficial que ejecute una orden para el uso remoto de herramientas forenses deberá asegurarse que cualquier tipo de información para la utilización de dichas herramientas se encuentre protegida en contra de la modificación, el borrado y el acceso no autorizado y deberá concluir su utilización una vez que los datos informáticos hayan sido obtenidos, que no existen justificaciones adicionales para creer que existan otros datos y que las condiciones de la autorización ya no se encuentren vigentes.

5.1.3. Ecuador

La Asamblea Nacional del Ecuador publicó el 20 de marzo de 2023, *Ley Orgánica Reformatoria a varios cuerpos legales para el fortalecimiento de las capacidades institucionales y la seguridad integral*[48]. Dicha ley modifica e inclu-

---

48 Asamblea Nacional República del Ecuador, "Ley Orgánica Reformatoria a varios cuerpos legales para el fortalecimiento de las capacidades institucionales y la seguridad integral", Ano II-No. 279, Quito, miércoles 29 de marzo de 2023, disponible en:

ye un nuevo artículo (Art. 477.8) al *Código Orgánico Integral Penal* relativo al acceso transfronterizo a contenidos digitales de acceso público o con consentimiento muy similar al Art. 32 del Convenio de Budapest. Esta disposición es la siguiente:

> *"**Art. 477.8. Acceso transfronterizo a contenido digital de acceso público o con consentimiento***
>
> *Las autoridades extranjeras competentes, sin previa petición a las autoridades del Ecuador, podrán:*
>
> *1. Acceder a contenido digital almacenado en un sistema informático ubicado en el Ecuador, cuando este esté a disposición del público; y,*
>
> *2. Recibir o acceder, por medio de un sistema informático ubicado en su territorio, a contenido digital almacenado en el Ecuador, con el consentimiento legal y voluntario de la persona legalmente autorizada a revelarlos."*

Ecuador, es el primer país en regular el acceso transfronterizo dentro de su legislación procesal, sin embargo, debido al poco tiempo que tiene esta legislación de haber entrado en vigor, no existe información sobre como las autoridades investigadoras lo han utilizado en la práctica.

5.1.4. Paraguay

El Poder de Ejecutivo de Paraguay promulgó la *Ley 5994/17* el 15 de diciembre de 2017 que aprueba el Convenio de Budapest y su Primer Protocolo Adicional sobre Actos de Xenofobia y Racismo cometidos a través de sistemas informáticos[49]. Esta ley, replica las disposiciones de ambos instrumentos del Consejo de Europa y la eleva a categoría de ley suprema en todo el país.

Las autoridades investigadoras en Paraguay han sido capacitadas en el marco de diferentes proyectos del Consejo de Europa y de UNODC, sin embargo, no existe información fehaciente sobre como las autoridades del sistema de justicia interpretan e implementan el Art. 32 en el ámbito de sus investigaciones nacionales.

---

http://www.edicioneslegales-informacionadicional.com/webmaster/directorio/SU279_2023.pdf

49 La Ley 5994/17 el 15 de diciembre de 2017 que aprueba el Convenio de Budapest y su Primer Protocolo Adicional sobre Actos de Xenofobia y Racismo cometidos a través de sistemas informáticos disponible en: https://www.bacn.gov.py/archivos/9900/Ley+5994.pdf

De los 10 países de América Latina y el Caribe que ya ratificaron el Convenio de Budapest, entre los que se encuentran (Argentina, Brasil, Colombia, Costa Rica, Chile, Ecuador, Panamá, Paraguay, Perú y República Dominicana) el Art. 19 y Art. 32 en teoría debería ser aplicable de manera directa, sin embargo, en la práctica, no se tiene conocimiento de que las autoridades investigadoras de alguno de esos países lo estén utilizando en sus investigaciones.

La puesta en operación de las disposiciones del Convenio de Budapest, entre ellas el Art. 32 es una tarea que muchos países tienen todavía pendiente. Para ello se requiere de una formación diseñada específicamente sobre este tema para que las autoridades puedan utilizarla bajo un marco de respeto a la soberanía territorial, el derecho internacional y con base en los tratados e instrumentos internacionales sobre protección de derechos fundamentales.

6. LA CONVENCIÓN SOBRE CIBERDELINCUENCIA DE LAS NACIONES UNIDAS

El *Comité Especial encargado de Elaborar una Convención Internacional Integral sobre la Lucha contra la Utilización de las Tecnologías de la Información y las Comunicaciones con Fines Delictivos* de las Naciones Unidas que fue el Comité encargado de redactar y negociar el Proyecto de Convención contra la Ciberdelincuencia, el pasado 8 de agosto de 2024 acordó con los Estados Miembros de las Naciones Unidas el texto final que fue sometido y enviado para aprobación de la Asamblea de las Naciones Unidas y que se espera sea aprobado a finales de 2024[50].

---

[50] UNODC, "United Nations: Member States finalize a new cybercrime convention", New York, 9 de agosto de 2024, en: https://www.unodc.org/unodc/frontpage/2024/August/united-nations_-member-states-finalize-a-new-cybercrime-convention.html
El texto final aprobado por el *Comité Especial encargado de Elaborar una Convención Internacional Integral sobre la Lucha contra la Utilización de las Tecnologías de la Información y las Comunicaciones con Fines Delictivos* de las Naciones Unidas se encuentra en:
https://www.undocs.org/Home/Mobile?FinalSymbol=A%2FAC.291%2FL.15&Language=E&DeviceType=Desktop&LangRequested=False

6.1. Disposiciones Aplicables al Acceso Transfronterizo

El texto final de la Convención contra la Ciberdelincuencia contiene un capítulo sobre medidas procesales que permite a los Estados la obtención de pruebas en forma electrónica dentro de su territorio sobre cualquier delito que incluye lo siguiente:

– Conservación acelerada de datos electrónicos almacenados (Art. 25)

– Conservación acelerada y revelación parcial acelerada de datos relativos al tráfico (Art. 26)

– Obtención en tiempo real de datos relativos al tráfico (Art. 29)

– Interceptación de datos relativos al contenido (Art. 30)

Sin embargo, el texto final de la Convención contra la Ciberdelincuencia que fue aprobada no contiene disposiciones sobre acceso transfronterizo similares al Art. 32 de Convenio de Budapest ni tampoco para la utilización de herramientas forenses para llevar a cabo accesos remotos.

7. EVALUACIÓN Y CONCLUSIÓN

Conforme al análisis llevado a cabo en este artículo, podemos concluir que las disposiciones sobre acceso transfronterizo previstas en el Convenio de Budapest no han tenido una aplicación general practica entre los países que ya forman parte de ese tratado; inclusive no se cuenta con una evidencia contundente sobre si los diez países de América Latina y el Caribe que ya ratificaron dicho tratado hayan utilizado el acceso transfronterizo a evidencias en sus investigaciones aún y cuando por ejemplo Ecuador ya tiene regulada esta medida dentro de su Código Orgánico Integral Penal.

Por lo general, cuando se trata de obtener información o datos de los proveedores de servicios, las autoridades investigadoras recurren a los mecanismos de cooperación directa previstos con los proveedores de servicios y a los procedimientos contenidos en los tratados de asistencia jurídica mutua cuando la información que se pretende obtener de los proveedores de servicios sea considerada más sensible como datos de tráfico y datos de contenido.

Consideramos que el acceso transfronterizo y en particular las búsquedas de evidencia en forma extraterritorial para ser incorporadas en investigaciones sobre ciberdelitos deberían ser reguladas expresamente a nivel nacional para que puedan ser utilizadas en el contexto de delitos considerados como especialmente graves, y bajo un marco de condiciones y salvaguardias que proporcione un equilibrio entre la protección de los derechos fundamentales de los investigados y la necesidad y proporcionalidad de la medida utilizada para obtener la evidencia en forma extraterritorial por parte de las autoridades.

De los países analizados, quizás Bélgica y Suecia son los países que lo tienen mejor regulado, ya que les permite a las autoridades investigadoras acceder a datos ubicados en servidores extranjeros con base en el criterio del 'lugar de accesibilidad de los datos" en vez del 'lugar o la ubicación de los servidores' donde se encuentran albergados los datos, siempre cuando este justificado en el marco de una investigación penal nacional.

Por otro lado, con respecto al acceso remoto y a la utilización de herramientas forenses para llevar a cabo investigaciones, la provincia de Salta en Argentina, España y Belice cuentan con un marco jurídico específico para hacerlo en el contexto de delitos graves o delitos que sean de interés para la seguridad nacional y el orden público. Consideramos que este tipo de medidas son sumamente útiles en la investigación de delitos y conductas graves y requieren ser específicamente regulados en la legislación procedimental penal respectiva de los países para su utilización.

Bibliografía

Damian, K. Graf. "Commentary on Art. 32 CCC (Convention on Cybecrime)", 26 de octubre de 2023. https://onlinekommentar.ch/en/kommentare/ccc32

Velasco, Cristos y Andrés Velázquez, "Aspectos Prácticos de los Ciberdelitos y la Evidencia Digital", Colección Tirant 4.0, 2021.

Velasco, Cristos and Maria Soledad Maqueo, *Privacy and Data Protection in Mexico Monograph,* Privacy and Technology Law, Wolters Kluwer, mayo de 2022.

Reportes e Instrumentos de Organismos Internacionales

Cybercrime Convention Committee (T-CY). Ad-hoc Sub-group on Jurisdiction and Transborder Access to Data. *"Transborder Access and Jurisdiction. What are the options?".* Report of the Transborder Group adopted by the T-CY in Strasbourg on 6 December 2012.

Cybercrime Convention Committee (TC-Y), "*Terms of Reference Working group on undercover investigations and extension of searches*", Estrasburgo, 15 de noviembre de 2021. https://rm.coe.int/0900001680a49eb0

Conjunto de Herramientas para Legislación sobre Ciberdelito de la Unión Internacional de

Telecomunicaciones

https://cyberdialogue.ca/wp-content/uploads/2011/03/ITU-Toolkit-for-CybercrimeLegislation.pdf

EUROJUST, SIRIUS Project. https://www.eurojust.europa.eu/sirius

EC3 EUROPOL y Trend Micro. Fraude Business E-mail Compromise (BEC).

https://www.youtube.com/watch?v=sxybmE1rrZg

EUROPOL, *"SIRIUS EU Electronic Evidence Situation Report 2023"*, 11 de abril de 2024. https://www.europol.europa.eu/publications-events/publications/sirius-eu-electronic-evidence-situation-report-2023

EUROJUST, "Cybercrime Judicial Monitor', Issue 9-July 2024.

https://www.eurojust.europa.eu/sites/default/files/assets/cybercrim-judicial-monitor-issue-9.pdf

Eurojust, *"Dismantling of an encrypted network sends shockwaves through organised crime groups across Europe"* Press Release, 2 de julio de 2020. https://www.eurojust.europa.eu/news/dismantling-encrypted-network-sends-shockwaves-through-organised-crime-groups-across-europe

G8 Principles on Transborder Access to Stored Computer Data.

https://www.coe.int/t/dg1/legalcooperation/economiccrime/cybercrime/Documents/Points%20of%20Contact/24%208%20Principles%20on%20Transborder%20Access%20to%20Stored%20Computer%20Data_en.pdf

Organization for Economic Cooperation and Development (OECD), "Declaration on Government Access to Personal Data Held by Private Sector Entities", OECD/LEGAL/0487, adopted on 14.12.2022. https://legalinstruments.oecd.org/en/instruments/OECD-LEGAL-0487

T-CY Guidance Note #3 Transborder Access to Data (Article 32), Estrasburgo 3 de diciembre de 2014. https://rm.coe.int/CoERMPublicCommonSearchServices/DisplayDCTMContent?documentId=09000016802e726a

UNODC, "United Nations: Member States finalize a new cybercrime convention", New York, 9 de agosto de 2024.

https://www.unodc.org/unodc/frontpage/2024/August/united-nations_-member-states-finalize-a-new-cybercrime-convention.html

Tratados y Convenciones Internacionales

Convenio sobre Ciberdelincuencia del Consejo de Europa adoptado el 23 de noviembre de 2011 (ETS No. 185).

Reporte Explicativo del Convenio sobre Ciberdelincuencia del Consejo de Europa adoptado el 23 de noviembre de 2011.

Protocolo del Consejo de Europa que reforma el Convenio para la protección de las personas con respecto al tratamiento automatizado de datos de carácter personal adoptado el 10 de octubre de 2018. (CETS No. 223).

Segundo Protocolo Adicional relativo al refuerzo de la cooperación y de la divulgación de pruebas electrónica del Convenio de Budapest de 12 de mayo de 2022 (STCE No. 24).

Comité Especial de la ONU encargado de Elaborar una Convención Internacional Integral sobre la Lucha contra la Utilización de las Tecnologías de la Información y las Comunicaciones con Fines Delictivos. "Proyecto de Convención de las Naciones Unidas contra la Ciberdelincuencia. Fortalecimiento de la cooperación internacional para la lucha contra determinados delitos cometidos mediante sistemas de tecnología de la información y las comunicaciones y para la transmisión de pruebas en forma electrónica de delitos graves", A/AC.291/L.15, 9 de agosto 2024.

https://documents.un.org/doc/undoc/gen/v24/055/09/pdf/v2405509.pdf

Legislación Internacional Consultada

Código de Procedimiento Penal Alemán (Strafprozeßordnung StPO).

Código de Procedimiento Penal de Bélgica (*Code d'instruction criminilelle*).

Código de Procedimiento Judicial de Suecia.

Código de Procedimiento Penal de 2010 de Singapur.

Ley de Enjuiciamiento Criminal Española. (Última modificación 20 de diciembre de 2023). Agencia Estatal Boletín Oficial del Estado.

Lei No. 109/2009 del 15 de septiembre de 2009 de Portugal que aprueba la Ley de Ciberdelincuencia, transponiendo al ordenamiento jurídico interno la Decisión Marco del Consejo No 2005/222/JAI de 24 de febrero relativa a los ataques contra sistemas informáticos y que adapta al derecho interno la Convención sobre Ciberdelincuencia del Consejo de Europa.

Reglamento UE 2016/679 del Parlamento y del Consejo de 27 de abril de 2016 relativo a la protección de las personas físicas en lo que respecta al tratamiento de datos personales y a la libre circulación de estos datos y por el que se deroga la Directiva 95/46/CE (Reglamento general de protección de datos).

Legislación de Países Latinoamericanos y del Caribe

Law No. 32 of 2020 (*Cybercrime Act of 2020*) de Belice.

Ley Orgánica Reformatoria a varios cuerpos legales para el fortalecimiento de las capacidades institucionales y la seguridad integral de Ecuador.

Ley 5994/17 del 15 de diciembre de 2017 que aprueba el Convenio de Budapest y su Primer Protocolo Adicional sobre Actos de Xenofobia y Racismo cometidos a través de sistemas informáticos en Paraguay.

Ley No. 8386 publicada en la Gaceta Oficial el 9 de agosto de 2023 que modifica el Código Procedimental de la Provincia de Salta, Argentina.

Código Orgánico Integral Penal de Ecuador.

Desafíos de la cooperación internacional en materia de Ciberdelincuencia Un estudio sobre los Equipos Conjuntos de Investigación

JOAQUÍN CULLEN PAUNERO

SUMARIO: 1. INTRODUCCIÓN. 2. EL SISTEMA DE MLA. 2.1. Origen histórico y desarrollo. 2.2. La demora de las AC. 3. EQUIPOS CONJUNTOS DE INVESTIGACIÓN. 3.1. Creación y puesta en operación del ECI. 3.2. Ciberdelincuencia como fenómeno trasnacional. 3.3. El rol de las agencias de cooperación. 3.4. Legislación. 3.4.1. La Convención de las Naciones Unidas contra el tráfico ilícito de Estupefacientes y Sustancias Sicotrópicas. 3.4.2. Convención de las Naciones Unidas contra la Delincuencia Organizada Trasnacional. 3.4.3. La UNTOC, la ciberdelincuencia organizada y el CaaS. 3.4.4. Convenio de Budapest. 3.4.5. Instrumentos regionales y legislación local. 4. CASOS EXITOSOS DE ECIS. 5. DESAFÍOS EN LA IMPLEMENTACIÓN DE LOS ECI. 5.1. Soberanía vs integración. 6. CONCLUSIÓN. Bibliografía.

Resumen: El presente trabajo busca demostrar la existencia de una grave ineficiencia en el sistema actual de cooperación internacional en materia penal, que dificulta enormemente la capacidad de investigación de las autoridades en materia de ciberdelitos, en virtud del carácter eminentemente trasnacional de estos. A fin de evitar la impunidad de dichos delitos, es necesario poner en práctica de manera inmediata el uso de nuevas herramientas que permitan a la comunidad internacional dar una rápida respuesta en estas investigaciones. Una de esas herramientas de vanguardia son los equipos conjuntos de investigación, instrumento previsto en múltiples instrumentos internacionales de los que la Argentina es parte.

Palabras clave: Cooperación internacional, trasnacionalidad, asistencia legal mutua, ciberdelitos, equipos conjuntos de investigación.

Abstract: This paper aims to demonstrate the existence of a serious inefficiency in the current system of international cooperation in criminal matters, which greatly hinders the investigative capacity of authorities in cybercrime cases due to their inherently transnational nature. To prevent these crimes from going unpunished, it is necessary to immediately implement new tools that enable the international community to provide a rapid response in these investigations. One of these cutting-edge tools is joint investigation teams, an instrument provided for in multiple international agreements of which Argentina is a part.

Keywords: International cooperation, transnationality, mutual legal assistance, cybercrimes, joint investigation teams.

1. INTRODUCCIÓN

Sin lugar a duda el fenómeno de la ciberdelincuencia ha forzado en el último tiempo a la comunidad jurídica a debatir acerca de las falencias que aquejan al sistema legal, especialmente vinculadas a la demora en la investigación y resolución de casos, y a la utilización de herramientas arcaicas en el proceso criminal. Los grupos de ciberdelincuentes se manejan en el ciberespacio como pez en el agua, en contraposición con una maquinaria judicial oxidada que cruje al intentar avanzar.

Mientras la digitalización y las nuevas tecnologías de la información avanzan a pasos agigantados, la falta de capacidad de adaptación de la justicia la encapsula en un extremo rigorismo formal arraigado a sistemas procesales arcaicos, históricamente asociados a procesos inquisitivos y herramientas jurídicas propias de épocas pasadas.

Afortunadamente, partir de la virtualidad que la pandemia de Covid-19 obligó a imponer, se han observado múltiples avances en la incorporación de tecnología y uso de medios digitales en la justicia. Aun así, todavía existen múltiples institutos que requieren de una adaptación a los tiempos que corren de manera urgente.

El sistema de cooperación penal internacional es quizás el mayor exponente de la falta de capacidad de los estados de adaptar los institutos del ayer a los problemas del hoy. Como se verá, el sistema de colaboración internacional actual halla su raíz en épocas medievales, y su mecanismo no ha variado sustancialmente del utilizado por los monarcas en ese entonces. Este es, sin duda, uno de los mayores desafíos a los que se enfrenta la comunidad internacional hoy en día para hacer frente a la cibercriminalidad y al crimen organizado en general.

La necesidad de hallar nuevas formas de colaboración de manera inmediata yace en el carácter eminentemente trasnacional de los ciberdelitos, que suelen involucrar una multiplicidad de jurisdicciones a partir de estructuras que trascienden todo límite fronterizo. En particular, las nuevas tecnologías permiten a los integrantes de grupos criminales ubicarse en distintos países, valerse de servidores ubicados en un tercer país, y atacar a víctimas que se hallan en otra jurisdicción. Para combatir a estos grupos la comunidad internacional no solo debe actuar con extrema celeridad sino también de manera coordinada, uniendo esfuerzas en miras al objetivo común de lucha contra el crimen.

Sin embargo, ello resulta sumamente complejo cuando necesariamente la colaboración utiliza herramientas anticuadas diseñadas antes de la invención de la computadora. La cooperación internacional en materia penal continúa realizándose mayormente a través del sistema de asistencia legal mutua (en adelante MLA, por sus siglas en inglés), cuyos tiempos de tramitación son manifiestamente incompatibles con la rápida respuesta que exigen los ciberdelitos.

Asimismo, como se explicará más adelante, las medidas que se pueden adoptar a través de la MLA no permiten de manera alguna lograr un actuar coordinado entre las autoridades de los diversos países. Restringiéndose mayormente su actuación a la remisión de prueba documental.

Mientras que las organizaciones de ciberdelicuentes utilizan las últimas tecnologías disponibles para coordinar su actuar transfronterizo garantizando su anonimato, los estados se valen de herramientas propias del medioevo para intentar hacer frente a la ciberdelicuencia.

Sin perjuicio de ello, lentamente nuevas herramientas de cooperación que vienen a reemplazar este sistema se abren paso en el ámbito de la colaboración internacional. La comunicación directa entre los ministerios públicos de distintos países y la red 24/7 establecida por el Convenio de Budapest que garantiza asistencia inmediata en todo momento son un claro ejemplo de ello, sin embargo, en el presente nos enfocaremos en el estudio de los Equipos Conjuntos de Investigación (en adelante ECI).

Estos se caracterizan por permitir a las autoridades a cargo de la investigación llevar a cabo todo tipo de medidas derribando los límites fronterizos que obstaculizan la investigación. Gracias a esta herramienta las autoridades del país A pueden participar e incluso intervenir en allanamientos o detenciones en un país B con el cual hayan celebrado un ECI.

En el presente artículo se postula la necesidad de dejar atrás el sistema de MLA, y buscar herramientas de cooperación que permitan a los estados realizar investigaciones internacionales complejas caracterizadas por un actuar veloz. En particular, se desarrollará acerca de los ECI como una de las herramientas garante de dicha celeridad y coordinación.

2. EL SISTEMA DE MLA

2.1. Origen histórico y desarrollo

El instituto de la extradición fue el que dio origen a la cooperación internacional entre estados como hoy la conocemos. Dicho instituto surgió gracias a que, desde épocas inmemoriales, los jefes de estado reconocían el beneficio de entregarse mutuamente a los criminales que se encontraban en su territorio para ser juzgados en el lugar dónde cometieron el delito. A pesar de que, antiguamente, estas entregas tenían pocos elementos jurídicos basándose más bien en elementos políticos, la esencia de dicha cooperación no ha cambiado en gran medida.

Es posible hallar cláusulas de extradición en tratados tan antiguos como los firmados entre el faraón egipcio Ramses II y Khetasar rey de los Hitties en el año 1272 AC[1]. En aquel momento esas decisiones eran adoptadas discrecionalmente por las más altas autoridades políticas de las naciones. Con el paso del tiempo, el proceso de extradición fue incorporando cada vez más elementos normativos, relegando el ámbito discrecional a un segundo plano.

Sin embargo, ese análisis político sigue vigente hoy tanto en los institutos de la extradición como de las MLAs, lo que explica por qué actualmente el poder ejecutivo juega un rol preponderante en una tarea que, en definitiva, es intrínsicamente judicial. Esa injerencia es, en gran medida, la responsable de la enorme demora que caracteriza a estos sistemas de cooperación, introduciendo actores ajenos al proceso penal en el trámite de investigación.

En tal sentido, en el medioevo se estableció un sistema de cooperación en materia de extradiciones que básicamente consistía en la comunicación entre los jefes de estado, a través de sus respectivos embajadores. Así se ideó el sistema de cooperación a través de la llamada "vía diplomática."

Un caso emblemático que muestra el funcionamiento de dicho sistema fue el del Lord Brian O'Rourke, quien fue detenido en 1591 en Escocia estando prófugo de la corona británica. A través de un mensaje al embajador británico, el rey escocés James VI consultó si esta persona era de interés para el gobierno inglés. El embajador británico asentado en Escocia transmitió este mensaje a la Reina Isabel I de Inglaterra, quien luego de ello solicitó formalmente la extradición de Brian O'Rourke. En consecuencia, James VI procedió a ordenar el arresto del Lord y su entrega a las autoridades inglesas para ser juzgado en Inglaterra[2].

---

1 Parry, J. (2010). *International Extradition, the Rule of Non-Inquiry, and the Problem of Sovereignty*. Recuperado de https://doi.org/10.2139/SSRN.1508019.

2 Morgan, H. (1987). "Extradition and treason-trial of a Gaelic lord: The case of Brian O'Rourke". *Irish Jurist*, 22(2). Recuperado de https://www.jstor.org/stable/44027860.

Aunque han pasado casi quinientos años desde la extradición de Brian O'Rourke, al día de la fecha se sigue utilizando, esencialmente, este mismo sistema de colaboración internacional. Si bien, actualmente, los pedidos de extradición y las MLA son analizados por un juez para asegurarse de que los mismos cumplan con los requisitos legales, estos aún se envían a través de la denominada "vía diplomática". Más aún, en el caso de argentina, son analizados en dos ocasiones por el poder ejecutivo, quien al igual que las majestades medievales ostenta la palabra final acerca la concesión de estos pedidos de colaboración, según las previsiones de la ley 24.767 (véase especialmente el art. 10.)

El sistema de MLAs toma esa estructura de cooperación a través de la vía diplomática, y en particular, nuestro sistema jurídico recepta también el análisis político de las solicitudes que envían los estados extranjeros.

El esquema actual, consiste en que toda comunicación entre las autoridades judiciales de los países involucrados en una investigación con elementos extranjeros, debe realizarse a través de las autoridades diplomáticas respectivas o las Autoridades Centrales (en adelante las llamaremos AC.)

Las AC son órganos que suelen funcionar en el ámbito del poder ejecutivo, que se ocupan de analizar las MLAs y remitirlas a su par extranjero, o las autoridades judiciales de su país según se trate de una solicitud activa o pasiva. En el caso de nuestro país la AC en materia de cooperación penal designada en la mayoría de los tratados es la Cancillería (a excepción del tratado bilateral de asistencia penal firmado con Estados Unidos que tiene al Ministerio de Justicia por AC.)[3]

Las AC tienen un doble rol en la cooperación internacional, por un lado, les corresponde el análisis de las MLAs tanto en su faz política como jurídica. Según lo previsto en la ley 24.767 deben examinar que se cumplan los requisitos formales del pedido de asistencia, así como el aspecto político relacionado a razones de soberanía o posibles intereses esenciales para la argentina que tornaren inconveniente el acogimiento del pedido.

En consecuencia, la AC tiene la potestad de requerir al estado peticionante información adicional en caso de ser necesaria, devolver la MLA cuando esta no cumple con algún requisito o, en su caso, dar intervención al poder judicial para su ejecución.

---

3 *La Autoridad Central en nuestro país.* http://www.cooperacion-penal.gov.ar/la-autoridad-central-en-nuestro-pa%C3%ADs. Recuperado el 1 de septiembre de 2024.

Por otro lado, en los casos activos (es decir, cuando la Argentina es quien requiere el auxilio judicial) la AC se encarga de transmitir las MLAs a su par extranjero para que eventualmente las autoridades del país requirente cumplan con la medida solicitada. Idealmente, este rol no debería restringirse al mero reenvío de un exhorto, sino que debería implicar también una articulación y coordinación con sus pares de otros países, para garantizar una eficiente y rápida cooperación entre las autoridades involucradas.

Lamentablemente, en los últimos tiempos, las ACs a lo largo y ancho del mundo han devenido más bien en un obstáculo a la eficiencia de la cooperación penal, caracterizándose por un actuar torpe y somnoliento.

2.2. La demora de las AC

En este sentido, un informe realizado por el grupo de revisión del presidente de Estados Unidos señaló que el proceso de tramitación desde que la Oficina del Ministerio de Justicia (AC de ese país) recibe una MLA, hasta que la envía a un juez local, para su ejecución y devolución al país requirente puede demorar **unos diez meses**[4].

De la misma manera, en un documento dónde se estudia la MLA con relación al cibercrimen el Consejo de Europa concluyó, en línea con lo aquí sostenido, que la MLA es un proceso considerado ineficiente en general, y en particular con relación a la evidencia electrónica. Señalando que las respuestas suelen tardar **entre seis y veinticuatro meses**[5].

Acerca de la demora por parte de la AC argentina, este autor presentó un pedido de acceso a la información pública en la Cancillería solicitando se indique el promedio de tardanza del trámite de MLAs, y en particular de aquellas relacionadas con la ciberdelincuencia. Curiosamente, ese Ministerio sostuvo que dicha información es confidencial, y no brindó precisión alguna[6]. Esta ausencia de datos públicos permite inferir que se trata de una demora muy considerable.

---

4 Reporte y recomendaciones del grupo de revisión del presidente en inteligencia y tecnologías de la comunicación. (2013). https://obamawhitehouse.archives.gov/sites/default/files/docs/2013-12-12_rg_final_report.pdf. Recuperado el 16 de agosto de 2024, p. 227.

5 Consejo de Europa. *Informe del Consejo de Europa*. https://rm.coe.int/16802e726c. Recuperado el 4 de julio de 2024.

6 Dicha solicitud tramitó a través del expediente electrónico Nº EX-2023-105571236— —APN-DNPAIP#AAIP y puede ser consultado públicamente ingre-

En base a lo informado por autoridades del Ministerio Público Fiscal, es posible estimar la demora del trámite en el orden de los diez meses[7].

Todo ello da cuenta de que el problema del sistema de MLA no es exclusivo de nuestro país, sino que por el contrario, este sistema de cooperación se caracteriza a nivel global por su considerable demora.

Además, dicha tardanza ni siquiera garantiza que se obtendrá una respuesta positiva, por el contrario, según un informe de la OEA, alrededor de dos tercios de las MLAs realizadas por juzgados argentinos, son rechazadas por el país requerido o no obtienen respuesta, en virtud de defectos formales[8]. Lo que nos indica que la AC tampoco cumple correctamente su rol de examinar las MLA.

Como propuesta para superar esta encrucijada la Comisión de Seguimiento de Cumplimiento de la Convención Interamericana contra la Corrupción sugiere el traspaso de la Autoridad Central al Ministerio Público Fiscal junto con la adopción de un sistema de corte acusatorio. O, en su caso, la creación de una oficina especializada dentro del Poder Judicial[9]. En definitiva, lo sustancial es que la cooperación internacional este a cargo de quienes llevan adelante la investigación penal.

Por otro lado, el hecho de que la AC continue funcionando en la órbita del ejecutivo también implica aferrarse a la rudimentaria "vía diplomática" de comunicación que se utilizaba hace quinientos años. Mientras que en aquellas épocas la comunicación a través de embajadores era necesaria por una cuestión de tecnología disponible, hoy no se explica porque debería requerirse a un tercero ajeno al proceso penal que remita un exhorto por correo electrónico, cuando simplemente puede hacerlo la autoridad a cargo de la investigación.

Asimismo, involucrar a actores que son ajenos a la investigación penal, y que no se encuentran en nada familiarizados con la misma dificulta en gran medida la efectiva coordinación de la cooperación penal trasnacio-

---

sando el número en el buscador oficial disponible en https://www.argentina.gob.ar/formularios/consulta-de-expedientes

7 Dupuy, D., & Kiefer, M. (2018). "Cloud Act: La nueva ley y su impacto en investigaciones en entornos digitales". En *Cibercrimen II*, p. 419.

8 Comisión de Seguimiento de Cumplimiento de la Convención Interamericana contra la Corrupción. *Informe elaborado por la Comisión de Seguimiento de Cumplimiento de la Convención Interamericana contra la Corrupción.* http://www.oas.org/juridico/PDFs/mesicic4_arg_sc_inf_fia.pdf. Recuperado el 5 de julio de 2024, p. 108.

9 Ibídem.

nal. Puesto que toda comunicación entre la autoridad que requiere la medida y aquella que la ejecuta deberá realizarse a través de terceros, cuando la lógica indica que la comunicación directa sería la vía más adecuada.

¿Quién se encuentra en mejor posición para explicar al juez extranjero la medida que se está solicitando, los motivos por la que se la requiere o como ayudará a la investigación? Claramente la autoridad que está a cargo de la investigación, que conoce el caso en detalle y, obviamente, ha requerido dicha medida por un motivo. La inmediación entre esta autoridad ya sea el fiscal o el juez, y la investigación lo colocan en la mejor posición para explicar porque debe llevarse a cabo la medida en cuestión.

Lamentablemente, el sistema actual se asemeja más al juego infantil del teléfono descompuesto, dónde cada actor involucrado modifica levemente el mensaje a transmitir, que a un moderno sistema de colaboración internacional que garantiza la lucha efectiva contra la ciberdelincuencia a nivel global. Lo que explica porque 2/3 de las MLAs argentinas son rechazadas.

Por si ello no fuera suficientemente engorroso, en nuestro país el art. 71 de la ley 24.767 establece un paso adicional en los casos de MLAs pasivos, puesto que si la Cancillería dictamina dar curso a la misma deberá dar intervención al Ministerio de Justicia. Sería esta última cartera ministerial la encargada de remitir el pedido a las autoridades judiciales.

Afortunadamente, la cartera de Justicia ha informado que la Cancillería no cumple con este requisito legal, al entender que "*su condición* (de Autoridad Central) *los habilita para omitir la etapa establecida en el citado Artículo 71*"[10]

Aunque resulta cuestionable que la Cancillería deje de aplicar una norma simplemente porque la considera inconveniente, al menos es de celebrar que reconozca lo engorroso que resulta el sistema de cooperación de MLAs, y busque minimizar la prescindible intervención de los órganos del poder ejecutivo.

Queda claro que el extremo rigorismo formal que caracteriza al sistema bajo estudio, junto con la utilización de métodos de comunicación del medioevo, se traducen en un método de colaboración al que le resulta simplemente imposible hacer frente al fenómeno de la ciberdelincuencia. Que justamente se caracteriza por su actuar extremadamente rápido, tanto en la comunicación trasnacional como en la destrucción de evidencia.

---

[10] Véase la nota N° NO-2024-25539910-APN-DNAI#MJ

El análisis histórico del surgimiento de la MLA explica porque este es ineficaz para hacer frente al fenómeno de la ciberdelincuencia. Debe tenerse en cuenta que dicho sistema fue pensado "*para investigaciones o procesos judiciales puntuales y excepcionales en los que aparecía involucrado un aspecto transnacional*"[11], a la inversa, la ciberdelincuencia se caracteriza principalmente por su trasnacionalidad y especialmente por la multiplicidad de jurisdicciones involucradas. Es por ello que este sistema, que surgió en un paradigma de delincuencia completamente distinto al actual, jamás podrá hacer frente al fenómeno de la ciberdelincuencia trasnacional.

3. EQUIPOS CONJUNTOS DE INVESTIGACIÓN

Frente al panorama descripto, una herramienta novedosa comienza a abrir su camino en las investigaciones internacionales. Se trata de los ECI, un instrumento que permite, a partir de la firma de un acuerdo entre dos o más países, establecer el marco de actuación del grupo (puede integrarse por jueces, fiscales y/o fuerzas de seguridad) que podrá llevar a cabo investigaciones en el territorio de alguno o todos los firmantes[12].

Su principal ventaja es que toda la evidencia obtenida puede ser utilizada por los integrantes del equipo en las investigaciones que dieron origen a la formación del ECI en sus respectivas jurisdicciones, sin la necesidad de enviar múltiples pedidos de MLA. De esta manera, se facilita en gran medida la cooperación, puesto que a partir de la firma de un único instrumento se crea un equipo estable en el tiempo que puede actuar en múltiples jurisdicciones sin necesidad de apegarse a excesivos ritualismos.

Cada acuerdo es único y permite regular como deberán actuar sus integrantes según las necesidades del caso específico y el marco legal de los países involucrados. Permitiendo de esta manera que el equipo se adapte a las necesidades de la investigación puntual y al tipo de delito.

Esta amplia libertad de negociación permite que los estados acuerden que autoridades participarán, en que jurisdicciones podrán actuar, así como establecer cuáles serán las medidas que podrán llevar adelante, como

---

11 Del Carril, E. (2018). "Desafíos del cibercrimen para el Derecho Internacional". En D. Dupuy (Ed.), *Cibercrimen II* (p. 174). B de F.

12 Ministerio Público Fiscal. (2019). *Documento elaborado por el Ministerio Público Fiscal.* https://www.fiscales.gob.ar/wp-content/uploads/2019/12/DGCRI_Equipos-Conjuntos_2019.pdf. Recuperado el 28 de mayo de 2024.

se distribuirá el financiamiento y todo aspecto relevante. Esto es clave para permitir una adaptación concreta a cada caso, garantizando a través de la versatilidad que caracteriza a los ECIs, que estos pueden llevar adelante todo tipo de medidas, desde allanamientos hasta detenciones transfronterizas simultaneas. Por esto, dicha herramienta se presenta como una evolución de su antecesor, la MLA, ya que no se restringe al mero requerimiento de documentación que caracteriza al sistema de antaño.

Estos equipos se utilizan generalmente en la investigación de delitos que se caracterizan por tener puntos de conexión en múltiples jurisdicciones, y son especialmente relevantes en las investigaciones sobre ciberdelincuencia, así como también para investigar los delitos de trata de personas y narcotráfico.

3.1. Creación y puesta en operación del ECI

Lógicamente, el primer paso para conformar un ECI es identificar la necesidad de utilizar esta herramienta de cooperación, lo que suele darse al reconocer un elemento trasnacional preponderante en el marco de la investigación que se está llevando a cabo. Es decir, que no se trata de un elemento aislado o de una evidencia particular que se halla en el extranjero, sino de un caso en el cual el elemento transfronterizo es transversal a la investigación.

Como lo señala Temperini, los grupos de ciberdelicuentes son conscientes de las dificultades que existen para las autoridades a la hora de iniciar una investigación, y en base a ello eligen el país desde dónde es conveniente realizar sus operaciones pues las barreras en materia de cooperación les garantizan su impunidad[13].

El siguiente paso consiste en la comunicación directa entre las autoridades competentes para investigar de los países involucrados. Esta etapa implica el primer contacto entre quienes conformarán el ECI, dónde la parte requirente pondrá al tanto a la otra sobre los pormenores de la investigación y la utilidad de usar esa herramienta.

En esta etapa es crucial que la comunicación se entable entre las autoridades que se hallan a cargo de la investigación, usualmente los ministerios

---

13 Temperini, M. (2018). "Delitos Informáticos y Cibercrimen: Alcances, conceptos y características". *Erreius. Suplemento Especial Cibercrimen y Delitos Informáticos*, 2018, p. 62.

públicos o en su caso las autoridades judiciales, para conocer si en el país requerido también se está llevando a cabo una investigación sobre los mismos hechos o sujetos. Para el caso de que ello no sea así, la comunicación servirá como *notitia criminis* permitiendo el inicio inmediato de la investigación.

En el caso de la Unión Europea la mayoría de las veces en las que se solicita un ECI ya existen investigaciones paralelas[14], y la lógica indica que en el caso de Latinoamérica ocurre lo mismo, aunque ese dato no se halla disponible.

Para el caso de que en dos o más países se estén llevando a cabo investigaciones, deberá realizarse un análisis sobre la conveniencia de establecer un ECI en base a la etapa del proceso en el que se encuentren. Puesto que si una investigación se encuentra en una etapa preliminar mientras que en otro país la pesquisa se halla avanzada, eso podría implicar que no sea conveniente utilizar este instrumento.

Sin embargo, el estudio debe darse caso por caso, puesto que incluso en casos de diferencias sustanciales en las etapas del proceso en cada país, el ECI puede ser recomendable para crear el marco jurídico que permita la comunicación directa entre autoridades mientras se llevan a cabo investigaciones paralelas.

Esto implica que cada estado continuará llevando a cabo su propia investigación dentro de su territorio, pero compartirá información sobre los avances con las demás autoridades. La conformación de un ECI en casos dónde se mantienen investigaciones paralelas sirven no solo para garantizar la incorporación directa de evidencia, sino también para evitar problemas de *ne bis in idem* o consecuencias negativas que pueden surgir de la falta de coordinación al investigar a los mismos grupos. Estos son algunos de los problemas más comunes a la hora de realizar investigaciones paralelas, y pueden ser fácilmente evitados a través de una coordinación adecuada[15].

Prueba de su eficacia es el caso Blackcat, donde el FBI y autoridades de diversos países de Europa llevaron a cabo investigaciones paralelas para desbaratar al grupo de ciberdelincuencia trasnacional, que operaba bajo la

---

14 Eurojust. (2021). *Joint Investigation Teams: Practical Guide.* Publications Office of the European Union. https://data.europa.eu/doi/10.2812/112076

15 Eurojust. (2020, noviembre). *Cybercrime: Eurojust's casework - challenges and best practices.* Eurojust.

mecánica de *ransomware as a service* (referido usualmente como RAAS por sus siglas en inglés) a escala global[16].

Una vez que se ha decidido que resulta conveniente conformar un ECI, las autoridades deberán evaluar la complejidad de la red investigada, así como el posible número de personas involucrados. En particular, esto será de importancia para determinar la estrategia conjunta del equipo y las medidas que podrán llevar a cabo, el tiempo de duración, y demás datos operativos que deberán ser detalladas en el posterior acuerdo. Esta etapa sirve para formar una suerte de preacuerdo que diagrama las condiciones básicas que tendrá el ECI en particular.

Mención aparte merece el análisis del marco jurídico aplicable, puesto que esta herramienta fue receptada en múltiples tratados internacionales de los cuales la Argentina es parte y que serán tratados más adelante.

En esta etapa de comunicación, las áreas de cooperación internacional de los ministerios públicos juegan un rol clave tanto como nexo entre los fiscales investigadores de los diversos estados, como áreas especializadas para asesor y acelerar el proceso de conformación de ECI.

En el caso del Ministerio Público Fiscal argentino la Dirección General de Cooperación Regional e Internacional no solo funciona como área experta que colabora con las autoridades locales, sino que también se vale de una vasta red de contactos para comunicarse con sus pares de otros países[17]. Ello facilita en gran medida el actuar de los fiscales a cargo de la investigación, puesto que cuentan con el auxilio de un área especializada dentro de la misma institución.

El segundo paso, luego de la comunicación y acuerdo informal, consiste en transmitir por la vía diplomática o a través de la AC competente la solicitud formal de conformación del ECI[18]. Una vez que la misma es analizada

---

16 U.S. Department of Justice. (2023, diciembre). *Justice Department disrupts prolific ALPHV/BlackCat ransomware variant.* U.S. Department of Justice. https://www.justice.gov/opa/pr/justice-department-disrupts-prolific-alphvblackcat-ransomware-variant Recuperado el 5 de junio 2024.

17 Ministerio Público Fiscal de la Nación. *Cooperación Jurídica Internacional.* https://www.mpf.gob.ar/cooperacionjuridica/ Recuperado el 8 de julio de 2024.

18 Dirección General de Cooperación Regional e Internacional. (2023). *Equipos Conjuntos de Investigación: Herramientas de cooperación internacional frente a la delincuencia organizada transnacional.* Ministerio Público Fiscal de la Nación. https://www.mpf.gob.ar/cooperacionjuridica/files/2023/10/Guia_Equipos-Conjuntos-Invest_2023.pdf Recuperado el 8 de julio de 2024.

y se determina que cumple los requisitos legales, la parte requerida deberá comunicar ello por el mismo canal al requirente para proceder a la firma del acuerdo de constitución[19].

La firma del acuerdo puede estar a cargo de la AC o de la autoridad a cargo de la investigación, dependiendo del marco jurídico del acuerdo en particular. En el caso de nuestro país, el Acuerdo Marco para la conformación de ECIs del Mercosur permite su suscripción directamente por quienes integrarán el ECI. Mientras que los demás instrumentos deben ser firmados por la Cancillería.

Cabe destacar que múltiples organizaciones han realizado acuerdos modelo para facilitar el trabajo de aquellas autoridades que no se encuentran familiarizadas con estos instrumentos. Así, la Asociación Iberoamericana de Ministerios Públicos (en adelante AIAMP) ha desarrollado un acuerdo modelo, junto con una guía práctica que explica cada etapa de la conformación del ECI[20]. Más adelante se desarrollará específicamente acerca de la importancia de estas organizaciones a la hora de facilitar dicha conformación, a través de múltiples herramientas.

Una vez firmado el acuerdo el ECI estará oficialmente conformado y operativo. Se estila en estos casos seleccionar a un jefe de equipo que estará a cargo de la dirección de la investigación. Aunque cada convenio establecerá la forma de gobierno particular del equipo.

El ECI se rige por las normas del país en el que se llevan a cabo las medidas, por tanto, usualmente la dirección del mismo será adoptada por un miembro designado por las autoridades de ese país.

Todas las pruebas que sean obtenidas por el ECI se encontrarán regidas por el principio de especialidad, es decir, solamente pueden ser utilizadas en el marco de la investigación que dio origen al equipo. Aunque, esta norma puede ser exceptuada por acuerdo de las partes involucradas.

El ECI existirá durante el tiempo que se haya establecido en el acuerdo de constitución, y cesará de existir una vez que se concluya la investigación. Lógicamente, en el caso de que los tiempos previstos originalmente sean

---

19 Ibídem.

20 Ministerio Público Fiscal de la Nación. (2023). *Difunden un documento que reúne las herramientas para fortalecer la cooperación internacional entre los Ministerios Públicos de Iberoamérica.* https://www.fiscales.gob.ar/cooperacion-internacional/difunden-un-documento-que-reune-las-herramientas-para-fortalecer-la-cooperacion-internacional-entre-los-ministerios-publicos-de-iberoamerica/. Recuperado el 8 de julio de 2024.

insuficientes para alcanzar los objetivos de la investigación, las partes podrán acordar su prorroga por un periodo determinado.

Asimismo, nada impide que el ECI nazca como un acuerdo entre dos países, y una vez conformado se unan al mismo terceros países. Esto no resulta extraño, dado que muchas veces las investigaciones de los ECI descubren que el grupo organizado trasnacional actúa en múltiples jurisdicciones o que existen elementos probatorios en terceros países.

3.2. Ciberdelincuencia como fenómeno trasnacional

Lo expuesto hasta aquí demuestra que en el ámbito de la cooperación internacional la ciberdelincuencia ha sido tradicionalmente abordada con herramientas ineficientes caracterizadas por una demora considerable en su tramitación. En particular, la evidencia digital presenta serios desafíos en materia procesal para las autoridades a cargo de la investigación. La volatilidad de dicha evidencia[21] exige conjugar la **rapidez en el actuar con la extrema meticulosidad**, ya que un error mínimo puede llevar a que los datos requeridos se vuelvan inaccesibles. Por ejemplo, en el caso de la evidencia de procesamiento la misma puede perderse con el mero apagado del dispositivo físico que la contiene.

Frente a ese difícil panorama, los ECI han demostrado en la práctica que son herramientas sumamente eficaces para combatir a los grupos de ciberdelicuencia organizada trasnacional, puesto que garantizan ese actuar rápido y coordinado en el ámbito internacional.

A las mencionadas dificultades debe agregarse que la ciberdelincuencia se caracteriza por ser un fenómeno eminentemente trasnacional, por lo que no será extraño que las autoridades a cargo de una investigación necesiten obtener evidencia ubicada en una jurisdicción extranjera.

Así, gracias a la comunicación a distancia el delincuente suele encontrarse alejado físicamente de la víctima[22]. Por ejemplo, en uno de los casos más reconocidos y masivos de ciberataque utilizando un ransomware conocido como *Wannacry* se infectaron diferentes computadoras **ubicadas en**

---

21 Presman, G. D. (2018). "La cadena de custodia en la evidencia digital". En D. Dupuy (Ed.), *Cibercrimen II* (p. 174). B de F.

22 Temperini, M. (2018). "Delitos Informáticos y Cibercrimen: Alcances, conceptos y características". *Erreius. Suplemento Especial Cibercrimen y Delitos Informáticos*, p. 62.

150 países distintos, interrumpiendo el normal funcionamiento de deiversas empresas multinacionales y organismos gubernamentales[23].

La comunicación inmediata permite a los diversos integrantes de un grupo criminal ubicarse en distintas locaciones del mundo y a la vez coordinar su actuación delictiva. Entre los casos más resonantes cabe destacar, la caída de la red criminal conocida como GozNyme que prestaba un "servicio integral de ciberdelincuencia" que incluía programación, servicio técnico, y encargados de lavar el dinero entre otros.

Las personas que integraban este grupo criminal se encontraban en diferentes países, impidiendo que una sola autoridad nacional pueda hacerle frente. Cuando finalmente se logro desbaratar al grupo, gracias a la cooperación internacional, se realizaron arrestos en Moldavia, Bulgaria, Rusia y Ucrania[24].

Temperini señala que ciertos países como Moldavia y Rumania son elegidos por los delincuentes para realizar los delitos desde allí, pues las barreras idiomáticas y la falta de cooperación internacional hacen que las investigaciones sean complejas con eficacia prácticamente nula[25].

Por otro lado, los ciberdelincuentes suelen enmascarar su identidad y ocultar su ubicación[26], complicando aún más la labor de investigación. Por ello, resulta crucial que los operadores judiciales de todo el mundo puedan aunar esfuerzos a fin de combatir estos delitos que no reconocen límite fronterizo alguno.

Queda claro que la investigación de la ciberdelincuencia es un fenómeno sumamente complejo que exige métodos de investigación y coope-

---

23 Infobae. (2018). *Cómo surgió y se propagó WannaCry, uno de los ciberataques más grandes de la historia.* https://www.infobae.com/america/tecno/2018/05/12/como-surgio-y-se-propago-wannacry-uno-de-los-ciberataques-mas-grandes-de-la-historia/. Recuperado el 17 de junio de 2024.

24 EUROPOL. (2019). *GozNym malware cybercriminal network dismantled in international operation.* https://www.europol.europa.eu/media-press/newsroom/news/goznym-malware-cybercriminal-network-dismantled-in-international-operation. Recuperado el 17 de junio de 2024.

25 Temperini, M. (2018). "Delitos Informáticos y Cibercrimen: Alcances, conceptos y características". *Erreius. Suplemento Especial Cibercrimen y Delitos Informáticos,* p. 62.

26 Temperini, M. (2018). "Delitos informáticos y cibercrimen. Técnicas y tendencias de investigación penal y su afectación a los derechos constitucionales". En *Cibercrimen II,* p. 284.

ración internacional novedosos, que se valgan de las ultimas tecnologías disponibles para poder hacer frente a este fenómeno.

Ello demuestra que no es posible llevar a cabo una investigación internacional coordinada sin comunicación directa entre las autoridades a cargo de la investigación, y menos aún a través de trámites que requieren varios meses para obtener prueba.

3.3. El rol de las agencias de cooperación

En ese sentido, el rol de los diversos organismos trasnacionales encargados de velar por una mejor cooperación internacional es cada vez más relevante, y resulta de especial importancia en el marco de la ciberdelincuencia. Ello puesto que son estos organismos los que permiten que las autoridades a cargo de las investigaciones tengan disponible las herramientas de avanzada necesarias para hacer frente al crimen organizado trasnacional.

Asimismo, sirven como nexo entre las autoridades de los diversos países, solidificando un vínculo de confianza entre ellas que es vital, entre otras cosas, para poder conformar ECIs efectivos.

Estas agencias se encargan, entre otras tareas, de difundir y promover el uso de los ECIs. Así, a fin de agilizar el proceso de conformación la AIAMP ha elaborado un documento modelo para la creación de los ECI, que se puede descargar de internet y adaptar al caso concreto, facilitando y acelerando la constitución de dichos equipos[27].

La Agencia de la Unión Europea para la Cooperación Judicial Penal (en adelante Eurojust), es quizás el mejor ejemplo de cómo deben funcionar dichos organismos para asegurar la lucha contra la ciberdelincuencia a nivel global.

Con relación a los ECIs dicha agencia ha señalado que son la herramienta más avanzada en cooperación internacional, y la más efectiva a la hora de investigar a la ciberdelincuencia[28].

---

27 AIAMP. *Acuerdo de creación de equipos conjuntos de investigación.* https://www.aiamp.info/index.php/grupos-de-trabajo-aiamp/cooperacion-juridica-internacional/documentos/acuerdo-creacion-equipos-conjuntos-investigacion. Recuperado el 5 de julio de 2024.

28 EUROJUST. (2023). *Tackling cybercrime through joint investigation teams.* https://www.eurojust.europa.eu/news/tackling-cybercrime-through-joint-investigation-

En el mismo sentido la doctrina destaca el rol de Eurojust para utilizar eficazmente esta herramienta, así Rebecchi señala que "*Eurojust se ha vuelto un jugador clave y centro de expertos con relación a los ECIs, lo cual se alinea de manera sumamente fuerte con su misión de tener un rol colaborativo en investigaciones y persecuciones trasnacionales*"[29].

No es de extrañar que se reconozca a esta agencia como un jugador crucial tanto en la puesta en marcha, como en el aspecto operativo y en la difusión de los ECIs. Puesto que la misma fue estructurada de manera tal que pueda maximizar la eficiencia en la coordinación de investigaciones penales complejas con elementos trasnacionales gracias a una estructura extensa y robusta. Esa estructura permite que Eurojust colabore de múltiples maneras y en todas las etapas.

En el caso particular de los ECIs, Eurojust brinda asistencia operativa, técnica y financiera[30]. Esto incluye, entre otras cosas, facilitar el uso de los centros de coordinación de la agencia, desde los que se dirige, en tiempo real, operaciones de actuación conjunta contra redes criminales[31]. También abonar los pasajes y hospedaje de las diversas autoridades que integran el equipo para que se reúnan en los centros de coordinación.

Asimismo, a través de un vasto equipo de expertos, en múltiples temáticas que van desde técnica forense a abogados, esta agencia se encarga de resolver los problemas más habituales que surgen cuando se utilizan ECIs en investigaciones internacionales. Como, por ejemplo, elegir la jurisdicción que se encuentra en mejor posición para realizar el juzgamiento de los investigados. Lo que conlleva tener en cuenta los distintos sistemas procesales vigentes en cada país, la manera en que se obtendrá la prueba y su compatibilidad con cada legislación, así como las herramientas tecnológicas con las que cuenta cada nación para realizar la investigación, entre otras cuestiones. Ello demuestra que el análisis que le incumbe a

---

teams. Recuperado el 28 de agosto de 2024.

29 Rebecchi, M. C. (2016). "Joint investigation teams: reachable solution to catch unreachable criminals". *Queen Mary Law Journal*, 7 (Special Conference Issue), 95-108.

30 EUROJUST. *Joint Investigation Teams.* https://www.eurojust.europa.eu/judicial-cooperation/instruments/joint-investigation-teams. Recuperado el 7 de junio de 2024.

31 EUROJUST. *Instituciones y organismos de la Unión Europea: Eurojust.* https://european-union.europa.eu/institutions-law-budget/institutions-and-bodies/search-all-eu-institutions-and-bodies/eurojust_es. Recuperado el 15 de julio de 2024.

esta agencia es sumamente complejo, y puede ser clave para el éxito de la investigación.

Además, cuentan con traductores para impedir que exista cualquier tipo de barrera lingüística que impida el actuar eficiente de las autoridades, y que es especialmente relevante en el continente europeo dónde existe una gran diversidad de lenguas.

Por si ello fuera poco, también gozan de herramientas tecnológicas de avanzada que son puestas a disposición de las autoridades que conforman el ECI, y que resultan clave para hacer frente de manera eficiente a la ciberdelincuencia. Ya que las organizaciones de ciberdelincuentes se aprovechan de herramientas sumamente eficaces para evadir el actuar de las autoridades, es de toda lógica que las autoridades a cargo de la investigación de estos delitos utilicen también las últimas tecnologías a su favor.

En particular, gracias a un memorándum firmado entre Eurojust y Europol[32], los ECIs conformados por la mencionada agencia puede utilizar la plataforma SIENA diseñada por Europol para transmitir información relativa a crímenes[33]. De esta manera la cooperación entre la agencia policial y Eurojust, permite el intercambio internacional de información obtenida por ECIs en distintos territorios a través de canales de comunicación confidenciales que garantizan la protección de los datos intercambiados.

El rol de EUROJUST no se circunscribe a su participación en la conformación y ejecución de los ECIs. Sino que también se encargan de la difusión de esta herramienta, el equipo técnico de este organismo elabora guías prácticas[34], y modelos de acuerdo de conformación en diversos idiomas y de acceso libre[35].

---

32 Europol & Eurojust. *Europol and Eurojust sign memorandum of understanding on JIT funding.* https://www.europol.europa.eu/media-press/newsroom/news/europol-and-eurojust-sign-memorandum-of-understanding-jit-funding. Recuperado el 12 de agosto de 2024

33 Consejo de la Unión Europea. *Guía Práctica de ECIS.* https://db.eurocrim.org/db/en/doc/2672.pdf. Recuperado el 7 de junio de 2024, p. 16.

34 Europol. (2017). Guía de Equipos Conjuntos de Investigación (JIT). https://www.europol.europa.eu/cms/sites/default/files/documents/jit-guide-2017-es.pdf. Recuperado el 14 de julio de 2024

35 Europol. Modelos de Acuerdo para la creación de Equipos Conjuntos de Investigación en diversos formatos e idiomas. https://www.europol.europa.eu/publications-events/publications/model-agreement-for-setting-joint-investigation-team. Recuperado el 14 de julio de 2024.

Queda claro que el rol de estas agencias es de vital importancia para garantizar el éxito de los ECIs en investigaciones trasnacionales. Si bien en la región no contamos con una agencia de semejante tamaño y con el basto nivel de recursos que caracteriza a Eurojust, si existen redes como la AIAMP, que persiguen el mismo objetivo. Por lo que es sumamente importante seguir fortaleciendo este tipo de agencias, reconociendo la importancia que tienen en la cooperación internacional, y velando por su crecimiento.

Asimismo, más adelante se abordará el rol clave que juegan en la dirección del ECI, ya que mientras dichas agencias velan por la lucha contra el crimen organizado como fenómeno, los encargados de la investigación tienen en mira, principalmente, el éxito de la pesquisa en su territorio nacional. Así, estas agencias supranacionales permiten evitar rispideces y garantizar una adecuada coordinación puertas adentro del ECI.

3.4. Legislación

En cuanto a su previsión normativa, esta herramienta de cooperación está prevista en diversos instrumentos internacionales, entre los que cabe destacar la Convención de las Naciones Unidas contra la Delincuencia Organizada Trasnacional (art. 19), Convención de las Naciones Unidas contra el Tráfico Ilícito de Estupefacientes y Sustancias Sicotrópicas (art. 9), y el segundo protocolo facultativo de la Convención de Budapest (art. 12) entre otros. A continuación, examinaremos en detalle su regulación, destacando que los ECIs aparecieron como una herramienta a la que se miraba con desconfianza para lentamente abrirse camino hasta llegar a ser considerada la herramienta más eficaz de cooperación internacional.

3.4.1. La Convención de las Naciones Unidas contra el tráfico ilícito de Estupefacientes y Sustancias Sicotrópicas

La Convención de las Naciones Unidas contra el tráfico ilícito de Estupefacientes y Sustancias Sicotrópicas (UNODC por sus siglas en inglés) fue adoptada en 1988, cuando los ECIs todavía no eran un instrumento relevante en la cooperación internacional. Ello explica que en este instrumento se lo haya regulado como una figura cuasi subsidiaria, sin brindar mayores detalles sobre su actuar o forma de conformación.

En particular, en el artículo 9 de la mencionada Convención se prevén otras formas de cooperación y capacitación, y en el inciso c se establece que "*c) Cuando sea oportuno, y siempre que no contravenga lo dispuesto en su derecho interno, crear equipos conjuntos, teniendo en cuenta la necesidad de proteger la seguridad de las personas y de las operaciones, para dar efecto a lo dispuesto en el presente párrafo. Los funcionarios de cualquiera de las Partes que integren esos equipos actuarán conforme a la autorización de las autoridades competentes de la Parte en cuyo territorio se ha de llevar a cabo la operación. En todos esos casos las Partes de que se trate velarán porque se respete plenamente la soberanía de la Parte en cuyo territorio se ha de realizar la operación;*"

La redacción del artículo denota la desconfianza que aún existía hacia este instrumento, dejando al libre arbitrio de las partes celebrar estos acuerdos y aclarando que ellos no deben ser contrarios a la legislación interna.

Asimismo, en el comentario a ese artículo, se destaca que se "*considero conveniente incluir en ese artículo una disposición sobre la cooperación, destacando que las operaciones del personal de represión de una parte no debían realizarse en el territorio de otra Parte sin el consentimiento explicito de esta última y que siempre debían conducirse en forma que no infringiera el derecho interno de esa parte*"[36].

Esta regulación se refiere al territorio dónde se llevará a cabo la operación, dando cuenta que el equipo conjunto estaba planteado para ser utilizado en un momento especifico sin pretensión de estabilidad ni de proyección a un actuar duradero en la investigación. Por el contrario, los ECIs hoy se proyectan, generalmente, desde su inicio como un marco de colaboración estable en el tiempo y en las diversas etapas de la investigación.

Además, la regulación bajo comentario hace énfasis en la importancia de que las autoridades de un país no lleven a cabo una medida jurisdiccional en el territorio de otro estado, sin el consentimiento de este último. El foco no estaba centrado en la constitución de un nuevo equipo integrado por autoridades de diversos países, sino más bien en un pedir permiso para actuar de manera extraterritorial.

Ello tiene sentido ya que en aquellos años la herramienta de los ECIs se hallaba muy poco desarrollada, y no contaba con las variantes de conformación y actuación que existen hoy.

---

36 Naciones Unidas. *Commentary on the United Nations Convention Against Illicit Traffic in Narcotic Drugs and Psychotropic Substances of 1988*. https://www.incb.org/documents/PRECURSORS/COMMENTARY_1988CONVENTION/Commentary_to_the_1988_UN_Convention_S.pdf. Recuperado el 20 de agosto de 2024.

Si bien el artículo no es muy abarcativo en cuanto a su regulación, lo cierto es que sirve a modo de cláusula legal sobre la que se podrán conformar los acuerdos entre estados que regulen sus circunstancias específicas. Ello siempre que el objeto de investigación esté relacionado con las especificaciones de la Convención, es decir, tráfico ilícito de estupefacientes y sustancia psicotrópicas.

Aunque podemos caracterizar esta regulación como tímida, pues ni siquiera se atrevió a promover la celebración de acuerdos bilaterales/multilaterales de esta clase entre los firmantes. De alguna manera sentó la base para que los ECIs se abrieran pasó como un método efectivo de cooperación internacional en el marco de la lucha contra el crimen organizado trasnacional.

3.4.2. Convención de las Naciones Unidas contra la Delincuencia Organizada Trasnacional

Posteriormente, en el año 2000 se adoptó la Convención de las Naciones Unidas contra la Delincuencia Organizada Trasnacional (UNTOC por sus siglas en inglés), cuya principal ventaja recae en el amplio espectro de delitos que pueden ser investigados al amparo de este instrumento.

Dicha Convención reconoce la necesidad de los estados de unir fuerzas para luchar contra las formas más peligrosas de crimen organizado, que incluyen ciberdelicuencia, terrorismo, y lavado de dinero entre otras. Según cifras de la UNODC el crimen organizado trasnacional generaba a principios del siglo XXI cerca de 870 billones de dólares anualmente, lo que equivale a 1.5% del PIB global[37].

Para hacer frente a ello, lo más destacable de la Convención es la previsión de una serie de formas de cooperación internacional especiales necesarias para hacer frente a este fenómeno entre las que cabe destacar la entrega vigilada, operaciones secretas y, claro, los ECIs.

La mencionada convención prevé en su art. 19 el siguiente texto "*Investigaciones conjuntas. Los Estados Parte considerarán la posibilidad de celebrar acuerdos o arreglos bilaterales o multilaterales en virtud de los cuales, en relación con cuestiones que son objeto de investigaciones, procesos o actuaciones judiciales en*

---

[37] Bakker, E., & Powderly, J. (2011). "Dealing with transnational terrorism, the concept and practice of Joint Investigation Teams". *Security and Human Rights*, 22(1), 19-28.

uno o más Estados, las autoridades competentes puedan establecer órganos mixtos de investigación. A falta de acuerdos o arreglos de esa índole, las investigaciones conjuntas podrán llevarse a cabo mediante acuerdos concertados caso por caso. Los Estados Parte participantes velarán por que la soberanía del Estado Parte en cuyo territorio haya de efectuarse la investigación sea plenamente respetada."

Nuevamente la inquietud por la soberanía aparece como una preocupación sustancial para las partes, de hecho, la última oración del párrafo fue incluida a partir de un requerimiento de Italia que representó la preocupación de las delegaciones sobre el respeto de la soberanía territorial de los estados[38].

Esta histórica tensión entre la cooperación internacional y el principio de soberanía se manifiesta con especial fuerza en los ECIs, en virtud de la naturaleza de los actos que se puede llevar a cabo. En particular, la desconfianza entre las autoridades a cargo de las investigaciones en los diferentes países sigue jugando un rol preponderante. Ello explica por qué el artículo bajo análisis se limitó a establecer una "semi" obligación para los estados que solamente deberán "considerar la posibilidad" de celebrar acuerdos bilaterales o multilaterales[39].

Aún así, sin duda constituye un gran avance en comparación con la legislación de la UNODC, pues en el caso de la UNTOC se exhorta a los estados parte a celebrar acuerdos marco, o en ausencia de ellos, acuerdos caso por caso.

Asimismo, el alcance de este instrumento es sumamente amplio, puesto que crea el marco normativo para llevar adelante acuerdos en todo tipo de delitos (de gravedad suficiente) que contenga un elemento de organización trasnacional. Por lo que, esta herramienta podrá utilizarse incluso en etapas de investigación preliminares, dónde exista una sospecha razonable de que hay un elemento de organización trasnacional. Ello sumado a la enorme adhesión que tuvo dicho Convenio, alcanzando 190 países[40].

---

38 Schloenhardt, A., Calderoni, F., Lelliott, J., & Weißer, B. (Eds.). (2023). *UN Convention against Transnational Organized Crime: A Commentary* (p. 222). Oxford University Press.

39 Schloenhardt, A., Calderoni, F., Lelliott, J., & Weißer, B. (Eds.). (2023). *UN Convention against Transnational Organized Crime: A Commentary* (p. 222). Oxford University Press.

40 United Nations. *United Nations Convention against Transnational Organized Crime (UNTOC) - Status of Ratifications.* United Nations Treaty Collection. Recupe-

3.4.3. La UNTOC, la ciberdelincuencia organizada y el CaaS

Esta Convención es clave para luchar, entre otras cosas, contra el delito organizado cibernético, es decir, aquel que se vale de alta tecnología y solo puede ser cometido utilizando computadoras, redes informáticas u otras formas de tecnología de la información y la comunicación.

Estos son nuevos crímenes que han surgido con la sociedad digital y que solo son posibles gracias a ella: son los verdaderos y "puros" crímenes cibernéticos que nacen con Internet y que solo pueden ser cometidos en el ciberespacio[41].

Mientras que este tipo de delitos supo ser una red de individuos discreta, hoy a escalado a grupos de organización a gran escala que suele estar conectada con los grupos más "tradicionales" del crimen, como grupos terroristas, carteles de droga y células terroristas.

En tal sentido, la noción del crimen como un servicio (usualmente referido como "CaaS" por sus siglas en inglés) cobra especial relevancia en el ámbito de la lucha contra el crimen organizado trasnacional. La doctrina describe este fenómeno como un modelo de negocios de venta y envío de herramientas para el cibercrimen[42].

Según informa Europol, estos servicios de ciberdelincuencia son sumamente amplios y demuestran que existe un alto nivel de codependencia entre las organizaciones criminales[43]. Así, los grupos de ciberdelincuentes utilizan, especialmente, la darkweb no solo para ofertar servicios con un alto grado de especialización sino también para educar y capacitar a otros delincuentes.

Esta economía informal de la delincuencia se especializa en la venta de malware como instrumento para que el comprador pueda utilizar en sus emprendimientos delictivos. Sin embargo, el *commodity* más preciado de esta red es la información robada, buscada por los ciberdelicuentes para poder acceder a las computadoras de sus víctimas.

---

rado el 12 de agosto de 2024 de https://treaties.un.org/pages/ViewDetails.aspx?src=TREATY&mtdsg_no=XVIII-12&chapter=18&clang=_en

41 Di Nicola, A. (2022). *Towards digital organized crime and digital sociology of organized crime. Trends in Organized Crime.* https://doi.org/10.1007/s12117-022-09457-y

42 Ibídem.

43 Ibídem.

En definitiva, y en lo aquí interesa, el cibercrimen como un servicio nos permite entender el alto nivel de organización trasnacional del que gozan tanto las organizaciones "tradicionales" de delincuencia como las de ciberdelicuentes. La UNTOC crea el marco jurídico para combatir de manera efectiva este fenómeno, y acertadamente prevé a los ECIs como una herramienta para dar esa lucha.

3.4.4. Convenio de Budapest

Los instrumentos mencionados precedentemente son relevantes a la hora de investigar a la ciberdelicuencia por qué, como fuere mencionado, usualmente esta se encuentra vinculada estrechamente tanto con el narcotráfico como con el crimen organizado trasnacional. Sin embargo, el instrumento que analizaremos a continuación es, efectivamente, el más relevante por dedicarse exclusivamente a la cibercriminalidad.

Se trata del Segundo Protocolo facultativo del Convenio de Budapest. En este instrumento se reconoce la tendencia creciente de la ciberdelicuencia globalmente, así como el incremento de prueba almacenada en sistemas informáticos.

En el preámbulo de este instrumento, se destaca la necesidad de una cooperación más eficaz tanto entre estados, como entre los sectores público y privado. En particular, cabe resaltar que en dicho Protocolo se hace hincapié en la necesidad de reforzar los sistemas de cooperación.

Sin embargo, lo más relevante es que en este instrumento, y en los informes de los distintos organismos que participaron de la negociación y redacción, se reconoce expresamente que el sistema de MLA es particularmente ineficiente para hacer frente a la ciberdelincuencia.

Esto implica un punto de inflexión respecto a las Convenciones analizadas precedentemente, dónde todavía se miraba a las formas alternativas de cooperación con desconfianza enfocándose aún en la MLA como método eficaz.

Al analizar el texto de la UNTOC y la UNODC se hizo mención de la preocupación de los estados por el respeto de su soberanía, haciéndose más hincapié en este aspecto que en el fortalecimiento de la cooperación internacional.

Con este segundo protocolo facultativo esta cuestión cambia sustancialmente. En tal sentido, el Comité de Cibercrimen de la Convención (en adelante, T-CY) fue extremadamente categórico al afirmar que "*(...) en la práctica, los procedimientos actuales de asistencia legal mutua se consideran demasiado complejos, largos y requieren muchos recursos, y por lo tanto son demasiado ineficientes*"[44].

El T-CY concluye que esta ineficacia se traduce en "*tiempos de respuesta a las solicitudes de asistencia de seis a 24 meses*" lo que lógicamente implica que "*Muchas solicitudes y, por lo tanto, investigaciones se abandonan.*"

Estas alarmantes declaraciones por parte del organismo que justamente se encarga de velar por una eficaz cooperación internacional, en parte, explican la exaltación de nuevas formas de cooperación en el Protocolo bajo análisis.

Luego de realizar ese diagnóstico el organismo incluye entre sus recomendaciones incorporar en un protocolo adicional al Convenio de Budapest la **cooperación directa entre autoridades judiciales, y especialmente los ECIs.**

Así, el art. 14 regula de una manera sumamente amplia y detallada los ECI, estableciendo que "*Por acuerdo mutuo, las autoridades competentes de dos o más Partes pueden establecer y operar un equipo conjunto de investigación en sus territorios para facilitar investigaciones o procesos penales, cuando se considere de particular utilidad una mayor coordinación. Las autoridades competentes serán determinadas por las respectivas Partes involucradas.*"

Luego de ello, el Protocolo establece que las condiciones y procedimientos aplicables a cada operación de los ECIs serán determinadas por las autoridades competentes, haciendo mención de los objetivos específicos, composiciones, funciones, duración y demás pormenores.

En el tercer apartado la convención prevé que los signatarios del Protocolo podrán declarar que su Autoridad Central debe ser signataria de estos acuerdos. Afortunadamente, la norma fue redactada de manera tal que la participación de las ACs será potencial y sujeta a la declaración de cada estado. Permitiendo de esta manera que dónde la legislación no lo requiera, las autoridades que conformarán el ECI negocien y celebren el acuerdo directamente, sin necesidad de que participe ningún agente externo.

---

44 Cybercrime Convention Committee (T-CY). (2016). *Criminal justice access to electronic evidence in the cloud: Recommendations for consideration by the T-CY* (Final report of the T-CY Cloud Evidence Group). Council of Europe. Recuperado el 12 de agosto de 2024 de https://rm.coe.int/CoERMPublicCommonSearchServices/DisplayDCTMContent?documentId=09000016802e726c

Posteriormente, dicho instrumento establece que las autoridades competentes se comunicarán directamente, excepto en el caso excepcional de que las circunstancias requieran una coordinación central.

Con gran técnica legislativa, el protocolo establece que la regla debe ser la comunicación directa entre las autoridades, puesto que esta es la que garantiza la mejor coordinación del actuar de las autoridades. Sin embargo, prevé una cláusula de escape para el caso de que sea realmente necesario que exista una coordinación central.

Respecto a ello, vale recordar que muchas veces las autoridades que conforman los ECIs no hablan el mismo idioma, lo que podría dificultar la comunicación directa sin intermediarios. En esos casos, en el ámbito de la Unión Europea los signatarios pueden requerir la colaboración de Eurojust, que no solo cuenta con traductores sino también con interpretes para traducir en tiempo real escuchas telefónicas, o reuniones operativas de los integrantes del ECI que se celebran en sus instalaciones e incluso traducir documentos y pruebas relacionados al caso[45].

En ese sentido, cuando las autoridades deben manejar información sumamente sensible, como puede ser en casos de terrorismo o ciberataques de gran escala, la comunicación centralizada garantiza un actuar confidencial y rápido. En esos casos, los sistemas de comunicación como SIENA cobran especial relevancia para hacer frente a situaciones excepcionales.

De hecho, según datos de Eurojust, el SIENA ha sido utilizado en casos de ECIs no solo para garantizar la comunicación segura entre las partes, sino también para transmitir evidencia[46].

Lamentablemente, en el ámbito de Latinoamérica no existen herramientas similares de comunicación segura para los ECIs. Aunque si contamos con la ventaja de una mayor homogeneidad lingüística en la región, que hace realmente excepcional la necesidad de ayudas externas para la comunicación entre los integrantes del equipo.

Quizás la previsión más relevante se encuentra en el apartado quinto, dónde el Protocolo establece que de necesitar llevar a cabo medidas en uno de los estados signatarios, las autoridades podrán requerir que las mismas se lleven a cabo sin la necesidad de enviar una MLA.

---

45 Eurojust. (2021). *Joint Investigation Teams: Practical Guide.* Publications Office of the European Union. https://data.europa.eu/doi/10.2812/112076

46 Eurojust. (2021). *Joint Investigation Teams: Practical Guide.* Publications Office of the European Union. https://data.europa.eu/doi/10.2812/112076

Una de las principales ventajas de los ECIs es lograr una comunicación rápida y directa evitando tener que remitir múltiples MLAs en el marco de una investigación, por ello, esta previsión es clave para el éxito de estos instrumentos. Nuevamente, demuestra el cambio de paradigma que se ha dado, dónde las MLAs pasan a ser una figura residual y de uso excepcional.

En el párrafo sexto se aborda la cuestión de la incorporación de evidencia por parte de un estado signatario al resto de los miembros del ECI. Acertadamente, en primer lugar se establece que las partes podrán acordar la restricción o prohibición de uso de la información o evidencia aportada.

Sin embargo, en el caso de que el acuerdo no establezca nada al respecto, se entenderá que la información/evidencia puede ser utilizada para:

a.- el fin por el cual se celebró el acuerdo.

b.- detectar, investigar o proseguir delitos distintos a aquellos para los que se firmó el acuerdo con el previo consentimiento de las autoridades.

c.- en casos de urgencias.

Por último, en el apartado séptimo se establece que en caso de no existir un acuerdo marco entre los países signatarios, el ECI podrá conformarse caso por caso con acuerdo de las partes, incluso cuando no exista un tratado de asistencia mutua vigente. De esta manera el Protocolo aparece como paraguas jurídico para la conformación de ECIs relacionados a la ciberdelincuencia, atacando una de las mayores dificultades a la hora de utilizar estos instrumentos.

Los ECIs son una herramienta novedosa, y por tanto no suelen encontrarse previstos en los tratados bilaterales de asistencia mutua, lo que puede dificultar en gran medida su conformación.

En definitiva, la manera en que se ha previsto a esta herramienta en el Segundo Protocolo facultativo del Convenio de Budapest da cuenta del nuevo paradigma de cooperación en el que los ECIs se inscriben, esto es **la comunicación directa y la informalidad de los requerimientos**. La exclusión expresa de la necesidad de enviar MLAs, permite reducir al mínimo indispensable la cantidad de actores intervinientes y lograr una fluida investigación internacional.

La Argentina firmó dicho protocolo, pero aún no lo ha ratificado[47], al igual que la mayoría de los países signatarios. Si bien dicho instrumento

---

47 Consejo de Europa. *Signatures and ratifications by treaty: No. 224.* https://www.coe.int/en/web/conventions/full-list?module=signatures-by-treaty&treatynum=224.

solo ha sido ratificado por Japón y Serbia, su relevancia e impacto a nivel internacional es indudable, ya que este ha incorporado una legislación sumamente ambiciosa en materia de cooperación internacional, que busca ser un punto de inflexión en esta materia.

3.4.5. Instrumentos regionales y legislación local

En el ámbito regional, debe destacarse que la Argentina ha firmado y ratificado el Acuerdo Marco de Cooperación entre los Estados Parte del Mercosur y Estados Asociados para la creación de Equipos Conjuntos de Investigación aprobado por ley 26.952, que como su nombre lo indica regula específicamente esta herramienta.

Este goza de un ámbito de aplicación sumamente amplio, referido a "conductas delictivas que por sus características requieren la actuación coordinada de más de una parte".

Su mayor acierto consiste en contar con un formulario preestablecido que el estado requirente debe llenar para solicitar la conformación del ECI a la otra parte, buscando adoptar un criterio uniforme y que facilite la rápida formación del equipo.

En cuanto a la legislación procesal local, lamentablemente está herramienta no se halla prevista en la mayoría de los códigos de rito. Sin embargo, cabe destacar que, el Código Procesal Penal de Salta aprobado por la ley provincial 7690 prevé expresamente en su art. 72 bis la posibilidad de crear ECIs cuando un delito se hubiere cometido o tuviere consecuencias en otras jurisdicciones.

Además, prevé que las pruebas obtenidas por cualquier integrante del equipo tendrán valor para todos en la causa que motivó su conformación, garantizando la rápida incorporación de evidencia. Acertadamente la norma se refiere a "otras jurisdicciones" permitiendo la creación de ECI interprovinciales e internacionales.

Asimismo, el Código Procesal Penal Federal también prevé la conformación de "equipos de investigación", tanto interjurisdiccionales como entre fiscales locales y federales dentro de la misma jurisdicción. Ello demuestra que, lentamente, esta herramienta comienza a abrirse paso en la investigación local y regional.

Recuperado el 18 de agosto de 2024.

Según la información difundida por el área de cooperación internacional del Ministerio Público Fiscal, los ECIs han sido utilizados en la Argentina en diversas oportunidades, particularmente en casos de trata de personas[48] y narcocriminalidad, en este último caso, permitiendo la coordinación de allanamientos simultáneos en varias provincias de nuestro país y en la República de Chile[49]. Sin embargo, ese organismo no ha informado la creación de ECIs relativos a casos de ciberdelincuencia.

4. CASOS EXITOSOS DE ECIS

A pesar de que en nuestra región los ECIs aún se utilizan a cuentagotas, en el ámbito internacional ya existe un mecanismo aceitado que permite su rápida conformación y utilización a gran escala. En este sentido, Eurojust reportó que en 2022 asistió en la formación de 265 ECIs, e informó que en el año 2021 se crearon **67 ECIs en casos exclusivamente de ciberdelincuencia**[50]. Estas cifras no solo demuestran la relevancia que se le otorga en el ámbito de la Unión Europea, sino también su rol preponderante en la lucha contra la ciberdelincuencia.

Ello se refiere únicamente a aquellos que fueron conformados con el apoyo de Eurojust, sin embargo, muchas veces los países eligen formar los ECI sin la colaboración de esa agencia. Lo que nos indica que la cifra de equipos conformados es incluso mayor a la reportada por Eurojust.

---

48 Ministerio Público Fiscal. (2019). *Argentina y Chile suscribieron un acuerdo para la conformación del primer equipo conjunto de investigación en el marco de un caso trasnacional de trata de personas.* https://www.fiscales.gob.ar/trata/argentina-y-chile-suscribieron-un-acuerdo-para-la-conformacion-del-primer-equipo-conjunto-de-investigacion-en-el-marco-de-un-caso-trasnacional-de-trata-de-personas/. Recuperado el 7 de agosto de 2024.

49 Ministerio Público Fiscal. (2019). *Realizan allanamientos simultáneos en Argentina y Chile en la investigación de una organización dedicada al contrabando de bienes y de estupefacientes.* https://www.fiscales.gob.ar/criminalidad-economica/realizan-allanamientos-simultaneos-en-argentina-y-chile-en-la-investigacion-de-una-organizacion-dedicada-al-contrabando-de-bienes-y-de-estupefacientes/. Recuperado el 7 de octubre de 2023.

50 EUROJUST. (2022). *Reporte anual de EUROJUST correspondiente al 2022.* https://euneighbourseast.eu/wp-content/uploads/2023/05/eurojust-annual-report-2022-en.pdf. Recuperado el 1 de septiembre de 2024, pp. 65, 67.

Como se expondrá a continuación, el rol decisivo de los ECIs en la lucha contra la ciberdelincuencia se da, en gran medida, gracias a que han mostrado un alto nivel de eficacia para llevar adelante investigaciones a una escala jamás antes vista. Casos en los que se coordinan múltiples allanamientos en diversas jurisdicciones, se monitorean páginas web intervenidas por agentes gubernamentales, y realizan arrestos simultáneos en diversas naciones.

Veremos que no se trata solamente de la diversidad de medidas que pueden adoptar los integrantes del ECI, sino de la abrumadora cantidad de evidencia recolectada cuya masividad no encuentra precedentes comparables. A continuación haremos mención de alguno de los casos más relevantes en materia de cibercrímenes.

Una de las investigaciones más resonantes en los que los ECIs fueron utilizados exitosamente, fue en el caso de *Encrochat.* Desbaratar a esta reconocida empresa criminal implicó también la caída de múltiples grupos criminales asociados, que se encontraban repartidos a lo largo y ancho del mundo. Desde organizaciones narcocriminales, pasando por vendedores de armas, hasta bandas dedicadas al *phishing* y estafas informáticas.

Encrochat se dedicaba a proveer un servicio integral de ciberdelincuencia, con una organización burocrática similar a la de una empresa, incluyendo áreas dedicadas a la venta de equipo, el soporte técnico y la atención al cliente.

Para desbaratar a este grupo de cibercriminales se conformó un ECI integrado por autoridades francesas y neerlandesas, y además, se contó con el apoyo de Eurojust y Eurpol.

El principal servicio ofrecido por *Encrochat* constaba de proveer una sofisticada plataforma con alcance global que brindaba dispositivos móviles especialmente modificados para garantizar el anonimato de sus usuarios. A estos celulares se les había sustraído la cámara, el micrófono y el GPS, blindándolos contra todo tipo de espionaje que las autoridades pudieran intentar.

Además, los dispositivos contaban con doble sistema operativo, uno ordinario que servía de pantalla para usar diariamente sin llamar la atención y uno secreto que permitía el acceso al sistema de comunicación seguro diseñado por *Encrochat.* Este se hallaba cifrado de extremo a extremo, supuestamente garantizando el anonimato absoluto de los mensajes intercambiados. El grupo de delincuentes contaba con un servidor propio ubicado en Francia, desde el cual se almacenaban, procesaban y distribuían los mensajes de su aplicación[51].

Las medidas de seguridad no se restringían al hardware, sino que contaban con un diseño especial de software también. Los mensajes intercambiados a través de su plataforma se borraban automáticamente a los siete días y, además, existía un botón de pánico que eliminaba inmediatamente toda la información contenida.

Como ultima barrera de seguridad, los integrantes de este grupo diseñaron los dispositivos para que sea sumamente difícil obtener información de los mismos en caso de que cayesen en manos de la justicia. Para ello dichos dispositivos fueron modificados para evitar que los investigadores forenses pudieran acceder a través de un modo de recuperación a la información que fue allí albergada[52]. El "modo de recuperación" es de uso común en las pericias forenses para poder acceder a información borrada de los dispositivos.

Encrochat, es un claro ejemplo del modelo delictivo Caas mencionado precedentemente, puesto que la empresa delictiva desarrollaba y ofrecía servicios especializados para la comisión de delitos cibernéticos. *Encrochat* cobraba 250 euros por mes a sus usuarios a cambio de proveer el servicio antes descripto con cobertura a nivel global, y su servicio técnico estaba disponible las 24 horas todos los días del año[53].

El combate del CaaS es una prioridad para la comunidad internacional en virtud de las facilidades que brinda para cometer ilícitos tanto a los grupos de ciberdelincuentes como a los novatos que recién incursionan en el mundo de la delincuencia[54]. Puesto que se facilita el acceso a herramientas para el delito incluso para quienes no tiene habilidades técnicas avanzadas para desarrollar esas herramientas.

El actuar del ECI en este caso permitió que las autoridades compartieran y combinaran el uso de herramientas tecnológicas de avanzada y se infiltraran en el sistema de *Encrochat,* sin que los usuarios ni los dueños de la

---

51 Stoykova, R. (2023). "Encrochat: The hacker with a warrant and fair trials?". *Forensic Science International: Digital Investigation,* 46, 301602. https://doi.org/10.1016/j.fsidi.2023.301602.

52 Ibídem.

53 Ibídem.

54 Akyazi, U., van Eeten, M. J. G., & Hernandez Gañán, C. (2021). "Measuring Cybercrime as a Service (CaaS) Offerings in a Cybercrime Forum". En *Workshop on the Economics of Information Security (WEIS 2021).* Delft University of Technology.

plataforma estuviesen al tanto de ello. Algo que ciertamente hubiese sido extremadamente difícil de lograr si las autoridades involucradas llevaban a cabo investigaciones por separado. Más aún teniendo en cuenta el alto nivel de tecnificación que fue necesario para llevar adelante este operativo, y su elevado costo económico.

En las instalaciones de Europol se reunió a un equipo de expertos que accedieron en tiempo real a más de 115 millones de mensajes intercambiados entre los integrantes de múltiples organizaciones criminales, que incluían conversaciones sobre envíos de droga y detalles sobre homicidios que estaban prontos a ser llevados a cabo. El actuar conjunto de las autoridades francesas y neerlandesas, junto con el imprescindible apoyo de expertos de Europol y Eurojust permitió frustrar esos planes evitando la comisión de delitos que estaban en curso[55].

El actuar del ECI no solo logró el desmantelamiento de *Encrochat*, sino que luego de compartir la información obtenida con sus pares de otras naciones, se confiscaron **900 millones de euros, más de 100 toneladas de cocaína, y 160 toneladas de marihuana entre otras drogas.** Además, se realizaron más de 6500 arrestos en diversos países[56].

El caso Encrochat es significativo por muchos motivos. En primer lugar, demuestra la importancia que tiene el actuar conjunto de las autoridades que investigan a un mismo grupo criminal desde distintos países, porque facilita el trabajo de todas ellas y acelera significativamente la obtención de evidencia.

Además, pone en evidencia las dificultades que trae investigar a un grupo trasnacional que cuenta con un altísimo nivel de tecnificación que le permite evadir a las autoridades de diversas formas y con múltiples sistemas de seguridad. Demostrando que para hacer frente a ello es necesario contar con la colaboración de expertos tanto de los países involucrados como de las agencias de cooperación internacional.

---

55 Europol. (2023, 10 de julio). *Dismantling of encrypted criminal EncroChat communications leads to over 6,500 arrests and close to EUR 900 million seized.* Europol. https://www.europol.europa.eu/media-press/newsroom/news/dismantling-encrypted-criminal-encrochat-communications-leads-to-over-6-500-arrests-and-close-to-eur-900-million-seized.

56 Eurojust. *Dismantling of encrypted criminal EncroChat communications: 6,500 arrests, EUR 900 million seized.* https://www.eurojust.europa.eu/news/dismantling-encrypted-criminal-encrochat-communications-6-500-arrests-900-eur-seized. Recuperado el 24 de septiembre de 2023.

Por otro lado, la abismal cantidad de evidencia recogida demuestra que los ECI permiten coordinar un enorme universo de medidas en investigaciones complejas y a gran escala, que pueden incluir desde infiltraciones, hasta arrestos simultáneos y confiscaciones sin que las fronteras se conviertan en una barrera.

Otro aspecto de especial importancia para la investigación de la ciberdelicuencia es la multilateralidad que pueden adoptar los ECIs. Fenómenos como el *CaaS* y el *phishing* demuestran que la cibercriminalidad se caracteriza por tener múltiples puntos de conexión en diversos países, por lo que muchas veces no bastará para desbaratar a un grupo criminal la intervención de dos países. Una de las mayores ventajas de los ECIs es que permiten incorporar múltiples actores, ya sea desde su comienzo o una vez que se ha conformado el equipo, sin que eso implique un menoscabo a la efectiva coordinación multilateral.

Así en el año 2013, un ECI integrado por Austria, Bélgica, Finlandia, Noruega, Países Bajos, y Reino Unido en colaboración con Europol y Eurojust logró desmantelar a un importante grupo cibercriminal. Dicho grupo creo y utilizó dos troyanos bancarios denominados *Zeus* y *Spy Eye*, de reconocida fama en el ámbito de la ciberdelincuencia por su efectividad para robar datos bancarios. Cada ciberdelincuente tenía su especialidad y el grupo se dedicaba a crear programas maliciosos, infectar máquinas, obtener credenciales bancarias y blanquear el dinero a través de las llamadas redes de mulas de dinero. Una vez obtenida la información, la misma era vendida en el mercado negro[57].

Las autoridades austriacas y belgas participaron en el arresto de los sospechosos que se realizó en Ucrania, con la colaboración de las autoridades locales. Además, se allanaron inmuebles en cuatro ciudades distintas y se secuestró evidencia de los delitos cometidos.

Nuevamente, el rol de Europol fue clave en este ECI puesto que proveyó financiamiento, expertos que realizaron el análisis forense de los dispositivos incautados, procesamiento de *terabaytes* de datos relacionados a la investigación y la utilización de un sistema propio de análisis de *malware*[58].

---

57 Europol. (2015, junio 25). *Major cybercrime ring dismantled by joint investigation team.* Europol. Recuperado el 1 de septiembre de 2024 en https://www.europol.europa.eu/media-press/newsroom/news/major-cybercrime-ring-dismantled-joint-investigation-team

58 Ibídem.

De la misma manera esta herramienta es de suma utilidad en casos de *phishing* dónde los delincuentes suelen atacar a víctimas que se encuentran en otras jurisdicciones. Por ejemplo, en 2020 un ECI conformado por autoridades de Rumania (dónde se encontraba físicamente el grupo criminal, y desde dónde se enviaban los mensajes de *phishing*), Estonia y Lituania desbarató y arrestó a un grupo criminal cuyas víctimas se encontraban en los últimos dos países[59].

En un caso similar también de phishing, un ECI formado por Rumania e Italia coordinó 24 allanamientos simultáneos que involucró a 120 policías rumanos y 100 italianos[60]. Aquí el actuar coordinado y simultaneo resulta fundamental, puesto que una vez que parte del grupo es arrestada los miembros restantes pueden huir rápidamente.

Los casos aqui reseñados demuestran que los ECIs se han consolidado como una herramienta clave en la lucha contra la ciberdelincuencia transnacional, especialmente en los casos más complejos dónde el esfuerzo conjunto entre las autoridades es el único garante del éxito de la investigación. Asimismo, la versatilidad de los ECIs ha demostrado su capacidad de adaptación a nuevas amenazas como el *CaaS*, donde los grupos organizados de ciberdelincuentes democratizan el acceso a herramientas ilícitas que luego serán utilizadas para la comisión de delitos.

Esta breve reseña busca mostrar a partir del comentario de los casos más anecdóticos, que los ECI se posicionan como una de las herramientas más eficaces para combatir a las estructuras delictivas trasnacionales, destacando la urgente necesidad de promover la cooperación internacional efectiva entre naciones en un mundo cada vez más interconectado.

5. DESAFÍOS EN LA IMPLEMENTACIÓN DE LOS ECI

Los ECI han demostrado un altísimo nivel de efectividad, sin embargo, su utilización también trae grandes desafíos para las autoridades a cargo

---

59 EUROJUST. (2020). *Infografía de casos de cibercrimen y fraude bancario en RO, LT, EE.* https://www.eurojust.europa.eu/sites/default/files/assets/ar2020-case-infographic-cybercrime-bank-fraud-ro-lt-ee-validated.pdf. Recuperado el 12 de julio de 2024.

60 EUROJUST. (2020). Cybercrime Report. https://www.eurojust.europa.eu/sites/default/files/assets/2020_11_cybercrime_report.pdf. Recuperado el 27 de agosto de 2024.

de la investigación. El espectro de cuestiones a considerar en este apartado abarca desde problemas jurídicos, especialmente relativos a cuestiones procesales y diferencias entre sistemas jurídicos; hasta económicos relacionados al financiamiento de la investigación internacional que no se caracteriza por ser particularmente asequible. Asimismo, la falta de conocimiento de esta herramienta y la burocracia implicada en su constitución también puede implicar importantes obstáculos a sortear para su implementación.

El primer aspecto por considerar surge de la existencia de diferentes ordenamientos procesales en los países involucrados en el ECI, y consecuentemente, los diversos modos de obtención de prueba. Ello exige que las autoridades involucradas acuerden de manera previa que medidas podrá adoptar el equipo, y de que manera deben llevarse a cabo a fin de evitar la obtención de evidencia que luego no pueda ser válidamente incorporada como prueba en el respectivo juicio.

La libertad de la que gozan los miembros del ECI para determinar qué tipo de medidas podrán llevar a cabo es un arma de doble filo, puesto que si bien garantiza su adaptabilidad a cada investigación, también puede implicar el uso de figuras incompatibles con el sistema procesal de alguno de sus miembros. O incluso, utilizar herramientas previstas en ambos sistemas jurídicos pero que tienen requisitos de procedencia distintos.

Pensemos en un caso hipotético de un ECI conformado por autoridades del Reino Unido y Alemania, dónde se está investigando un grupo organizado trasnacional de ciberdelincuentes que posee una aplicación de mensajería encriptada con cientos de usuarios. En el pacto de constitución las partes acuerdan que, entre otras medidas, podrán realizar interceptación de mensajes intercambiados entre sospechosos a través de dicha aplicación.

De por sí los sistemas jurídicos de ambos países son muy distintos, puesto que el sistema de *common law* vigente en Gran Bretaña otorga un amplio grado de discrecionalidad a las autoridades a cargo de la investigación, y se rige en gran medida por precedentes. Mientras que el alemán, siguiendo la tradición continental posee un sistema más reglado.

Imaginemos que las autoridades británicas ordenan la implantación de un *spyware* que permita espiar los mensajes **de todos los usuarios de la aplicación**. La autorización para ello puede ser dictada por un secretario de Estado (es decir, un miembro del poder ejecutivo), según lo normado en el Acta de Poderes de Investigación (*Investigatory Powers Act*), que prevé expresamente la interceptación masiva de mensajes (*bulk interception.*)[61]

Sin embargo, incorporar prueba obtenida de esa manera en un juicio en Alemania será, como mínimo, desafiante. De mínima, el sistema alemán requiere para este tipo de medidas la intervención de un juez, salvo casos excepcionales, dónde el fiscal puede ordenar la medida y requerir la confirmación del juez dentro de los tres días. Además, el artículo 100 del código procesal penal alemán, al regular la interceptación de comunicaciones, establece que esta es una medida excepcional que se da cuando las medidas alternativas serían muy dificultosas, existen hechos que han dado lugar a sospecha y "la ofensa es particularmente grave"[62]. Dicha norma se refiere a una interceptación individual, puesto que el Código procesal germánico no prevé la posibilidad de interceptaciones masivas.

Ello demuestra que incluso en los casos en que existe consenso acerca de las medidas que las autoridades podrán llevar a cabo, el ECI requiere un dialogo constante a fin de determinar un plan de acción que garantice la posterior incorporación de prueba válidamente, limitando al máximo el posible planteo de nulidades.

La elección de la medida de interceptación masiva para el caso hipotético no es casual, por el contrario, busca demostrar las problemáticas a las que se enfrentan los ECIs en investigaciones complejas referidos a casos de ciberdelincuencia. No se trata solamente de la dificultad de compatibilizar dos o más sistemas procesales distintos en el marco de la actuación de un ECI, sino también de la necesaria utilización de nuevas formas de investigar los ciberdelitos.

Es que las investigaciones en casos de ciberdelincuencia traen especiales dificultades en virtud de las enormes dimensiones cuantitativas que alcanza la evidencia digital, exigiendo la utilización de herramientas de investigación que no están exentas de tensión con los derechos fundamentales de las personas.

En particular respecto de esta problemática Temperini señala que "(...) *las nuevas tecnologías permiten avanzar sobre una esfera íntima de la persona de una forma mucho más "transparente" y rápida, haciendo que esta falta de tangi-*

---

61 Investigatory Powers Act 2016, c. 25. (2016). https://www.legislation.gov.uk/ukpga/2016/25/contents

62 Código Procesal Penal Alemán (Strafprozessordnung, StPO). (1987). https://www.wipo.int/wipolex/es/legislation/details/17665

bilidad de las barreras que delimitan estos bienes jurídicos tutelados constitucionalmente, puedan superarse con extrema facilidad en cuestión de segundos y, en muchos casos, sin dejar mayores rastros"[63].

Asimismo, el anonimato y la trasnacionalidad de los grupos de ciberdelincuentes, habitualmente implica que al llevar a cabo medidas de investigación las autoridades de un país tengan evidencia (obtenida de acuerdo a su sistema procesal) de que se han cometido delitos en terceros países. Cuando no ha existido una coordinación previa entre las autoridades de las diversas naciones involucradas, es posible que la prueba no pueda ser utilizada en el país receptor.

Las investigaciones de "big data" son un claro ejemplo de esta problemática. Básicamente, dicha técnica consiste en recopilar grandes cantidades de datos, almacenarla y luego procesarla para identificar la comisión de delitos específicos (de manera similar al caso hipotético planteado anteriormente.) Usualmente, involucran hackeos masivos de "infraestructuras grises", es decir, plataformas que si bien son usadas mayormente con fines delictivos, no son por sí mismas ilegales.

Esta técnica fue utilizada en investigaciones como los de *Encrochat* y *SKY ECC*, dónde justamente existía un ECI conformado para llevar adelante la investigación internacional[64]. Sin embargo, los países que no formaron parte del ECI han enfrentado diversos problemas para incorporar la prueba en los procesos domésticos.

Recientemente, el Tribunal de Justicia de la Unión Europea se pronunció respecto de un caso elevado por una corte alemana, vinculada al caso *Encrochat*. La policía germánica obtuvo evidencia que se encontraba en los servidores de Europol, y que fue obtenida en el marco del ECI conformado por autoridades francesas y neerlandesas.

Al comentar este caso Wahl explica que el pronunciamiento deja margen de maniobra tanto a defensores como acusadores, puesto que el Tribunal destaca la importancia de que el acusado pueda examinar la manera

---

63 Dupuy, D. (Dir.), & Kiefer, M. (Coord.). (2018). *Cibercrimen II: Nuevas conductas penales y contravencionales. Inteligencia artificial aplicada al derecho penal y procesal penal. Novedosos medios probatorios para recolectar evidencia digital. Cooperación internacional y victimología.* Editorial B de F.

64 Oerlemans, J. J., & Royer, S. (2023). The future of data-driven investigations in light of the Sky ECC operation. *New Journal of European Criminal Law, 14*(4), 434-458. https://doi.org/10.1177/20322844231212661

en que se obtuvo la evidencia.[65] Los términos utilizados por el Tribunal son ambiguos y no queda claro hasta dónde llega el derecho del acusado a conocer la forma en que se obtuvo la prueba, y a poder examinar su integridad.

Las autoridades francesas no revelaron cómo funciona el virus que utilizaron para infiltrarse en los dispositivos de *Encrochat*, arguyendo que ello estaba protegido por el secreto militar. Esto implica que la batalla legal por la validez de la prueba en el país germánico continuará, sin que el acusado en Alemania tenga manera de requerir a Francia que explique cómo se obtuvo la evidencia que ahora se utiliza en su contra. Lo que entre en tensión con lo sostenido por el Tribunal europeo en el mencionado pronunciamiento, acerca de la evaluación de la prueba.

Otro desafío significativo que surge con relación a los medios de investigación utilizado por los ECI, se refiere a la capacidad técnica de los países involucrados. En el caso de *Sky ECC*, las autoridades francesas interceptaron dos servidores que se encontraban en su territorio, pero no contaban con las herramientas para desencriptar los mensajes intercambiados a través de esa plataforma[66].

Las autoridades neerlandesas desarrollaron un sistema sumamente sofisticado que permitió acceder al RAM del sistema sin la necesidad de que los servidores sean puestos *offline*. También diseñaron un sistema de hombre del medio (*Man-in-the-Middle*) que permitía interceptar mensajes intercambiados en esta plataforma y superar el sistema de encriptamiento.

Estas disparidades respecto del avance técnico de cada país pueden traer aparejados problemas operativos relacionados a la dirección del ECI y su financiamiento. En cuanto al primero de ellos, el hecho de contar con herramientas de avanzada puede dotar de mayor protagonismo a las autoridades de cierto país dentro del equipo, creando conflictos de liderazgo.

Aquí el rol de las autoridades supranacionales que integran el ECI vuelve a cobrar protagonismo, puesto que al representar los intereses de la comunidad entera revisten una imparcialidad que los coloca en un lugar ideal de liderazgo.

---

65 Wahl, T. (2024, agosto 7). *ECJ ruled in EncroChat case*. EUCRIM. https://eucrim.eu/news/ecj-ruled-in-encrochat-case/2

66 Oerlemans, J.-J., & Royer, S. (2023). The future of data-driven investigations in light of the Sky ECC operation. *New Journal of European Criminal Law, 14*(4), 434-458. https://doi.org/10.1177/20322844231212661

En tal sentido, estas autoridades funcionan como el nexo natural entre los distintos integrantes del ECI. Que no solo cuentan con el *expertise* necesario para liderar el funcionamiento, sino con la estructura física y financiera para cumplir con el rol de "anfitrión" de todos los miembros.

Mientras que, lógicamente, las autoridades de las diversas naciones que integran el ECI velarán primordialmente por el éxito de la investigación en su país, las autoridades supranacionales tendrán por finalidad principal atacar al fenómeno delictual trasnacional en su conjunto. El hecho de que autoridades como Eurojust cuenten con un centro de coordinación especialmente designado para realizar reuniones de ECIs[67], también contribuye a dotar a esta autoridad de una cierta neutralidad frente a los intereses contrapuestos que puedan surgir puertas adentro del ECI.

En cuanto al financiamiento, la utilización de herramientas desarrolladas exclusivamente por una de las partes puede generar diferencias sobre quien debe costear los gastos de su utilización. El financiamiento ha sido específicamente señalado por la doctrina como una de las ventajas de Eurojust, al reducir el impacto en los presupuestos nacionales en la constitución y puesta en marcha del ECI[68]. Lo que claramente ayuda a mantener el equilibro entre los integrantes del equipo.

Lamentablemente, en la región latinoamericana no existe un organismo similar que provea financiamiento para este tipo de herramientas. Ello también implica un reto de sustancial importancia ya que fuerza a las autoridades intervinientes a negociar un aporte común o mantener por separado los recursos de cada nación.

Además, la falta de acceso al financiamiento de alguna de las partes puede perjudicar la posibilidad de constituir los ECI. En particular, en nuestra región, el factor económico puede surgir como una dificultad de especial relevancia, ya que no se caracteriza por la abundancia de recursos económicos destinados a la investigación (basta con comparar las herramientas utilizadas por Eurojust y Europol mencionadas a lo largo de este trabajo, con las disponibles en Latinoamérica).

Es cierto que el alto nivel de integración alcanzado en la Unión Europea facilita en gran medida la creación de agencias como las mencionadas,

---

[67] Vasiuta, Y. (2023). Current state and prospects of interaction of joint investigation teams with international police organizations. *Law Journal of the National Academy of Internal Affairs, 13*(4), 62-72. https://doi.org/10.56215/naia-chasopis/4.2023.62

[68] Ibídem.

y que tienden a coordinar una política de cooperación internacional integral en todo su ámbito. Mientras que la falta de un tratado de integración de esas características que nuclee a una cantidad significativa de países en nuestra región lleva a pensar que en el corto plazo no podremos contar con agencias similares.

Sin perjuicio de ello, también es cierto que las redes de cooperación entre las autoridades investigativas de la región se encuentran en auge. En la última reunión de la Red de Cooperación penal internacional de la AIAMP, se realizó un panel especialmente dedicado a los ECI[69]. Dicha asociación nuclea a las autoridades de 22 países, y tiene como fin primordial estrechar los vínculos de cooperación entre los Ministerios Públicos.

No sería descabellado pensar que en un mediano plazo ese organismo reciba aportes de todos los países integrantes con el objetivo de financiar ECIs que se conformen en el seno de la asociación. En definitiva, la misma cumple un rol similar al de Eurojust, siendo una entidad distinta de sus integrantes que vela por la cooperación internacional y podrá tener el rol de intermediar en el seno de los ECIs.

5.1. Soberanía vs integración

En definitiva, los desafíos mencionados, ya sean jurídicos, fácticos o financieros son atravesados por una misma problemática, la tensión existente entre la soberanía nacional (especialmente vista en el principio de aplicación territorial de la ley) y la integración de las naciones basada en la confianza mutua.

En el aspecto procesal, explica Hernán Blanco que "*(...) el "principio de territorialidad" actúa como límite para impedir la intervención de cualquier poder jurisdiccional de un Estado en otro, el cual —pese a haber admitido ciertas restricciones o excepciones derivados de las necesidades modernas, en especial por los desafíos que representa la criminalidad organizada trasnacional— se mantiene prácticamente incólume en lo que tiene que ver con los poderes procesales. Así pues, la regla gene-*

69 Ministerio Público Fiscal de la Nación Argentina. *Finalizó la IX reunión de la red de cooperación penal internacional de la Asociación Iberoamericana de Ministerios Públicos.* Recuperado el 21 de junio de 2024 https://www.fiscales.gob.ar/procuracion-general/finalizo-la-ix-reunion-de-la-red-de-cooperacion-penal-internacional-de-la-asociacion-iberoamericana-de-ministerios-publicos/

ral sigue siendo que un órgano de persecución penal no puede ejercer actos coercitivos fuera del territorio del Estado que le otorgó su poder jurisdiccional"[70].

Así, cuando los miembros del ECI se concentran en las investigaciones que se están llevando a cabo en sus naciones, dando prioridad a ello por sobre el objetivo común del combate al delito trasnacional, la articulación de la investigación trasnacional pasa a un segundo plano.

A medida que esa tensión cede a favor de una mayor integración entre las naciones, la cooperación internacional se potencia garantizando una coordinación de las investigaciones más efectiva. La regla señalada por Blanco respecto de la prohibición de ejercer actos coercitivos en estados extranjeros puede ser flexibilizada gracias a acuerdos como los de conformación del ECI.

No se trata de defender una concesión ilimitada a las naciones extranjeras para actuar dentro del territorio de otras, sino de crear los instrumentos jurídicos para garantizar la fácil integración de investigaciones trasnacionales conjuntas, basadas en la confianza mutua. En la Unión Europea, los jueces de los países miembro pueden dictar ciertas medidas con aplicación en todo el territorio de la Unión, como ordenes de detención, investigación, embargos y congelación de activos entre otros. Ello demuestra que la regla antes mencionada de aplicación territorial de medidas de coerción ya ha sido flexibilizada. Los ECIs permiten llevar dicha flexibilización a otro nivel, sin resignar el control por parte de las autoridades locales, gracias a la colaboración estrecha de todos los involucrados. Allí es dónde la prevalencia de la confianza mutua y priorización del objetivo común de combate del crimen organizado trasnacional cobra mayor importancia.

6. CONCLUSIÓN

El crecimiento exponencial y desenfrenado de la cibercriminalidad es un hecho innegable que afecta a la comunidad internacional entera sin discriminación alguna, desde la nación mas pobre hasta la más acaudalada. Resulta imposible que las naciones hagan frente a este fenómeno global de manera aislada, el combate efectivo de los grupos organizados de cibercri-

---

[70] Blanco, H. (2023). El hackeo masivo como herramienta contra el crimen organizado: Análisis constitucional y legal de los casos EncroChat, Sky ECC y An0m. *Revista Electrónica de Estudios Penales y de la Seguridad*, 13, 1-16.

men exige una cooperación internacional veloz y efectiva adaptada a los desafíos de la era digital.

El desarrollo tecnológico históricamente ha traído aparejado el reemplazo de sistemas obsoletos por otros innovadores y efectivos. Pretender luchar contra el cibercrimen utilizando sistemas de cooperación antiguos como la MLA, es comparable a enfrentarse con escudo y lanza contra un adversario armado con escopeta.

La prioridad debe ser la elección de herramientas que privilegien la confianza mutua y el actuar conjunto de las autoridades investigativas, priorizando el objetivo común de lucha efectiva contra el cibercrimen.

Los ECIs son un instrumento novedoso que permite lograr un actuar coordinado y veloz a gran escala, abriéndose paso como una de las herramientas más relevantes de cooperación internacional. Los casos reseñados a lo largo de este trabajo demuestran que este instrumento permite que las autoridades de diversos países lleven a cabo investigaciones trasnacionales sumamente complejas, adoptando una amplia gama de medidas de investigación.

Sin embargo, como es de esperar ante la irrupción de cualquier nueva herramienta jurídica, su utilización no está exenta de dificultades y tensiones que deben ser afrontadas de manera conjunta por los estados que las utilicen. Sin duda la práctica y utilización frecuente de los ECI llevará a afinar y agilizar su funcionamiento.

Bibliografía

Akyazi, U., van Eeten, M. J. G., & Hernandez Gañán, C. (2021). "Measuring Cybercrime as a Service (CaaS) Offerings in a Cybercrime Forum". En Workshop on the Economics of Information Security (WEIS 2021). Delft University of Technology.

Bakker, E., & Powderly, J. (2011). "Dealing with transnational terrorism, the concept and practice of Joint Investigation Teams". Security and Human Rights, 22(1).

Blanco, H. (2023). "El hackeo masivo como herramienta contra el crimen organizado: Análisis constitucional y legal de los casos EncroChat, Sky ECC y An0m". Revista Electrónica de Estudios Penales y de la Seguridad, 13.

Comisión de Seguimiento de Cumplimiento de la Convención Interamericana contra la Corrupción. (s.f.). Informe elaborado por la Comisión de Seguimiento de Cumplimiento de la Convención Interamericana contra la Corrupción. http://www.oas.org/juridico/PDFs/mesicic4_arg_sc_inf_fia.pdf.

Del Carril, E. (2018). "Desafíos del cibercrimen para el Derecho Internacional". En D. Dupuy (Ed.), Cibercrimen II. B de F.

Di Nicola, A. (2022). "Towards digital organized crime and digital sociology of organized crime". Trends in Organized Crime. https://doi.org/10.1007/s12117-022-09457-y.

Dupuy, D. (Dir.), & Kiefer, M. (Coord.). (2018). Cibercrimen II: Nuevas conductas penales y contravencionales. Inteligencia artificial aplicada al derecho penal y procesal penal. Novedosos medios probatorios para recolectar evidencia digital. Cooperación internacional y victimología. Editorial B de F.

Morgan, H. (1987). "Extradition and treason-trial of a Gaelic lord: The case of Brian O'Rourke". Irish Jurist, 22(2). Recuperado de https://www.jstor.org/stable/44027860.

Naciones Unidas. Commentary on the United Nations Convention Against Illicit Traffic in Narcotic Drugs and Psychotropic Substances of 1988. https://www.incb.org/documents/PRECURSORS/COMMENTARY_1988CONVENTION/Commentary_to_the_1988_UN_Convention_S.pdf.

Parry, J. (2010). International Extradition, the Rule of Non-Inquiry, and the Problem of Sovereignty. Recuperado de https://doi.org/10.2139/SSRN.1508019.

Presman, G. D. (2018). "La cadena de custodia en la evidencia digital". En D. Dupuy (Ed.), Cibercrimen II (p. 174). B de F.

Schloenhardt, A., Calderoni, F., Lelliott, J., & Weißer, B. (Eds.). (2023). UN Convention against Transnational Organized Crime: A Commentary. Oxford University Press.

Stoykova, R. (2023). "Encrochat: The hacker with a warrant and fair trials?". Forensic Science International: Digital Investigations.

Temperini, M. (2018). "Delitos Informáticos y Cibercrimen: Alcances, conceptos y características". Erreius. Suplemento Especial Cibercrimen y Delitos Informáticos.

Temperini, M. (2018). "Delitos informáticos y cibercrimen. Técnicas y tendencias de investigación penal y su afectación a los derechos constitucionales". En D. Dupuy (Ed.), Cibercrimen II.

Vasiuta, Y. (2023). "Current state and prospects of interaction of joint investigation teams with international police organizations". Law Journal of the National Academy of Internal Affairs, 13(4). https://doi.org/10.56215/naia-chasopis/4.2023.62.

Wahl, T. (2024, August 7). "ECJ ruled in EncroChat case". EUCRIM. https://eucrim.eu/news/ecj-ruled-in-encrochat-case/2.

La innovación digital como hoja de ruta en República Dominicana

IVÁN FÉLIZ / CLAUDIO PEGUERO

SUMARIO: 1. INTRODUCCIÓN. 2. CONTEXTO Y JUSTIFICACIÓN DEL ESTUDIO. 2.1. Importancia de la incorporación de herramientas tecnológicas en la investigación judicial. 2.2. Evolución de la legislación procesal en la República Dominicana. 2.2.1. Contexto Histórico Previo a la Reforma. 2.2.2. Reformas y Modernización. 2.2.3. Avances en la Administración de Justicia. 2.2.4. Implementación de Nuevas Tecnologías. 2.2.5. Desafíos y Perspectivas Actuales. 3. HERRAMIENTAS TECNOLÓGICAS PARA LA INVESTIGACIÓN JUDICIAL. 3.1. Registro y Secuestro de Datos Informáticos. 3.1.1. Herramientas de Análisis Forense Digital. 3.1.2. Procedimientos de Secuestro de Datos. 3.1.3. Seguridad y Cadena de Custodia. 3.2. Captación de Imágenes de Lugares y Personas. 3.2.1. Fotografía y Videografía Forense. 3.2.2. Sistemas de Reconocimiento Facial. 3.3. Grabación de Comunicaciones Orales Mediante Dispositivos Electrónicos. 3.3.1. Dispositivos de Grabación. 3.3.2. Sistemas de Interceptación de Comunicaciones. 3.4. Desencriptación Compulsiva de Datos. 3.4.1. Herramientas de Desencriptación. 3.4.2. Consideraciones Legales. 4. HERRAMIENTAS PROCESALES PARA LA INVESTIGACIÓN JUDICIAL. 4.1. Regulaciones actuales y desafíos legales. 5. NORMATIVAS EN PROCESO DE LEGISLACIÓN. 5.1. Proyectos de Ley en curso. 5.1.1. Gestión de la Ciberseguridad. 5.1.1.1. Objetivos y estado del proyecto. 5.1.2. Protección de Datos Personales. 5.1.2.1. Principios fundamentales y protección de derechos. 5.1.3. Actualización de la Ley contra Ciberdelitos. 5.1.3.1. Necesidades identificadas y propuestas de modificación. 6. PROTOCOLOS, MANUALES DE BUENAS PRÁCTICAS Y CAPACITACIÓN. 6.1. Necesidad de protocolos, manuales de buenas prácticas y capacitación. 6.2. Programas de capacitación para operadores judiciales. 7. CONCLUSIONES Y RECOMENDACIONES. 7.1. Síntesis del análisis realizado. 7.2. Impacto esperado de las nuevas legislaciones.

1. INTRODUCCIÓN

La República Dominicana inicia su andar en materia legislativa, tanto sustantiva como procesal, contra el ciberdelito, a principios del año 2004, utilizando como marco de desarrollo legislativo el Convenio de Budapest. También haciendo un ejercicio de derecho comparado con algunas legislaciones de América Latina, España y los Estados Unidos que, si bien no eran comprensivas, incorporaban ya algunos elementos de este tema.

Esta legislación, fruto además de un ejercicio multidisciplinario y multisectorial, fue promulgada finalmente el 23 de abril de 2007 como *Ley 53-07 contra Crímenes y Delitos de Alta Tecnología*, que, aunque en su momento se constituyó en una de las más completas y modernas y un referente regional, el transcurrir de su aplicación, la evolución tecnológica y la aparición de herramientas como el 2do. Protocolo adicional de la Convención de Budapest permitieron identificar oportunidades de mejora. Estas oportunidades de mejora, a través de otro ejercicio multisectorial y multidisciplinario fueron incorporadas en un proyecto de modificación de la referida ley, que reposa actualmente en el Congreso de la República.

A los fines de este ejercicio académico nos enfocaremos únicamente en el aspecto procesal de la legislación.

2. CONTEXTO Y JUSTIFICACIÓN DEL ESTUDIO

2.1. Importancia de la incorporación de herramientas tecnológicas en la investigación judicial

En la actualidad, el sistema judicial dominicano se encuentra bajo una presión creciente para adaptarse a los avances tecnológicos, las expectativas de los ciudadanos y las demandas de una sociedad cada vez más dinámica. Tradicionalmente, los procedimientos judiciales han seguido métodos y prácticas que, aunque efectivos en su momento, enfrentan desafíos significativos en un entorno globalizado y digitalizado.

El sistema judicial dominicano está lidiando con problemas como la sobrecarga de trabajo, los largos tiempos de espera y la dificultad en el acceso a la justicia. Estas dificultades no solo afectan la eficiencia del sistema, sino que también impactan la percepción pública sobre la equidad y la eficacia de la justicia.

La innovación procesal surge como una respuesta a estos desafíos, proponiendo una revisión y modernización de los procesos judiciales tradicionales. El contexto actual, caracterizado por la rápida evolución tecnológica y un enfoque creciente en la transparencia y la accesibilidad, crea un entorno propicio para la implementación de cambios innovadores.

La evolución tanto de la ciencia como de la tecnología han permitido avances considerables en muchos campos como la ingeniería y la medicina. También han permitido la vertiginosa evolución de las ciencias forenses, surgiendo herramientas que incrementan exponencialmente la velocidad y la precisión de análisis forenses como la grafología, la dactiloscopia o la balística.

Estos incrementos en la velocidad y en la precisión benefician enormemente la investigación judicial, especialmente en los siguientes aspectos:

- Eficiencia y reducción de costos
- Acceso a la justicia
- Transparencia y confiabilidad
- Mejor adecuación a los plazos procesales

2.2. Evolución de la legislación procesal en la República Dominicana

La evolución de la legislación procesal en la República Dominicana refleja un proceso dinámico y adaptativo, diseñado para mejorar la administración de justicia y adecuarse a las necesidades cambiantes de la sociedad. A continuación, se presenta un resumen de los principales hitos en la evolución de la legislación procesal dominicana:

2.2.1. Contexto Histórico Previo a la Reforma

- **Código de Procedimiento Civil de 1844:** La legislación procesal en la República Dominicana tiene sus orígenes en el siglo XIX, cuando se adoptaron los primeros códigos de procedimiento, inspirados en modelos europeos, principalmente franceses y españoles. Estos códigos establecieron las bases para el proceso civil, con un enfoque que reflejaba las prácticas jurídicas de la época.
- **Código de Procedimiento Civil de 1934:** Este código representó un avance significativo en la organización y regulación de los procedimientos civiles. Introdujo reformas destinadas a modernizar y simplificar el proceso, aunque aún seguía estando influenciado por las prácticas tradicionales.

2.2.2. Reformas y Modernización

- **Código de Procedimiento Civil de 1988:** Este código marcó un cambio importante, incorporando muchas reformas para modernizar el proceso civil. Se implementaron mejoras en los procedimientos de prueba y se introdujeron mecanismos para agilizar los trámites judiciales. Además, se promovió una mayor accesibilidad para las partes involucradas en los casos civiles.
- **Ley No. 76-02 sobre Modificación del Código de Procedimiento Civil (2002):** Esta ley introdujo cambios significativos en el sistema procesal, con un enfoque en la eficiencia y la transparencia. Se realizaron

ajustes para mejorar la celeridad de los procedimientos y se reforzaron las garantías procesales.

2.2.3. Avances en la Administración de Justicia

- **Ley No. 25-00 sobre la Reforma Judicial (2000):** Esta ley se centró en la reestructuración del sistema judicial, estableciendo nuevas normas para mejorar la organización y funcionamiento de los tribunales. Incluyó la creación de tribunales especializados y la implementación de mecanismos para la resolución de conflictos alternativos, como la mediación.
- **Código Procesal Penal de 2004:** La introducción de este código representó un cambio fundamental en el sistema penal, al adoptar un modelo acusatorio y adversarial. Se buscó garantizar mayores derechos para los acusados y mejorar la transparencia en el proceso penal. Este código promovió la oralidad en los procedimientos y estableció plazos más estrictos para la resolución de casos.

2.2.4. Implementación de Nuevas Tecnologías

- **Ley No. 372-08 sobre el Sistema de Gestión Judicial Electrónico:** En 2008, se introdujo esta ley para promover la digitalización de los procesos judiciales. Se implementaron sistemas electrónicos para la gestión de casos y la presentación de documentos, buscando mejorar la eficiencia y la transparencia en la administración de justicia.
- **Reformas en la Ley de Protección de Datos Personales:** A medida que la tecnología avanzó, también se realizaron ajustes en la legislación para proteger la privacidad y la seguridad de los datos personales en el contexto judicial. Esto incluyó medidas para regular el uso de la información en los procedimientos judiciales y garantizar su protección.

2.2.5. Desafíos y Perspectivas Actuales

- **Continuación de la Modernización:** La legislación procesal en la República Dominicana continúa evolucionando para enfrentar los desafíos actuales, incluyendo la necesidad de adaptarse a nuevas tecnologías y a un entorno jurídico en constante cambio.

- **Reformas en curso:** Existen esfuerzos continuos para revisar y actualizar la legislación procesal con el objetivo de mejorar la eficacia del sistema judicial, garantizar la equidad en los procesos y fortalecer las garantías procesales.

3. HERRAMIENTAS TECNOLÓGICAS PARA LA INVESTIGACIÓN JUDICIAL

La incorporación de herramientas tecnológicas en la investigación judicial ha avanzado significativamente, facilitando diversas etapas del proceso investigativo.

A continuación enumeramos algunas de las principales herramientas y técnicas tecnológicas utilizadas en la investigación judicial dominicana:

3.1. Registro y Secuestro de Datos Informáticos

3.1.1. Herramientas de Análisis Forense Digital

- **Software de Análisis Forense:** Herramientas como EnCase y FTK (Forensic Toolkit), por mencionar solo algunos fabricantes, se utilizan para examinar y recuperar datos de dispositivos electrónicos. Estos programas permiten la extracción de datos sin alterar la información original, preservando la integridad de las pruebas.
- **Imágenes Forenses:** La creación de imágenes forenses de discos duros y otros dispositivos de almacenamiento permite a los investigadores analizar datos sin manipular el dispositivo original, asegurando que las evidencias se mantengan intactas.

3.1.2. Procedimientos de Secuestro de Datos

- **Protocolos de Adquisición de Datos:** Se siguen procedimientos específicos para el secuestro y la preservación de datos informáticos, asegurando que se realice de manera legal y con cadena de custodia adecuada. Esto incluye la documentación detallada del proceso de adquisición.

3.1.3. Seguridad y Cadena de Custodia

- **Cifrado y Almacenamiento Seguro:** Los datos secuestrados se cifran para proteger su integridad y confidencialidad. Se utilizan sistemas seguros para almacenar y manejar la evidencia digital.

3.2. Captación de Imágenes de Lugares y Personas

3.2.1. Fotografía y Videografía Forense

- **Cámaras Digitales de Alta Resolución:** Se emplean cámaras digitales para capturar imágenes de escenas del crimen, evidencias y personas involucradas en la investigación. Estas imágenes son fundamentales para la documentación y análisis de la evidencia.
- **Drones:** En algunos casos, se utilizan drones para obtener imágenes aéreas de lugares de interés, especialmente en investigaciones que involucran grandes áreas, así como también escenarios complejos de difícil acceso.

3.2.2. Sistemas de Reconocimiento Facial

- **Software de Reconocimiento Facial:** Se emplean herramientas avanzadas para identificar y verificar la identidad de personas mediante el análisis de imágenes faciales. Este software puede comparar imágenes de cámaras de seguridad con bases de datos de personas conocidas.

3.3. Grabación de Comunicaciones Orales Mediante Dispositivos Electrónicos

3.3.1. Dispositivos de Grabación

- **Grabadoras Digitales:** Se utilizan grabadoras digitales de alta calidad para registrar conversaciones en investigaciones donde se requiere capturar comunicaciones orales. Estos dispositivos permiten una grabación clara y precisa de las interacciones.

3.3.2. Sistemas de Interceptación de Comunicaciones

- **Interceptación Legal:** En casos específicos y con la debida autorización judicial, se utilizan sistemas de interceptación para registrar comunicaciones telefónicas y digitales. Esto se realiza bajo estrictas normas legales para garantizar la legalidad y la privacidad.

3.4. Desencriptación Compulsiva de Datos

3.4.1. Herramientas de Desencriptación

- **Software de Desencriptación:** Existen herramientas especializadas para desencriptar datos que han sido cifrados para ocultar su contenido. Estas herramientas pueden ser cruciales en la recuperación de información relevante para una investigación.
- **Técnicas Forenses:** Los expertos en informática forense emplean técnicas avanzadas para superar protecciones de cifrado y recuperar datos. Esto puede incluir el uso de algoritmos específicos y técnicas de análisis de vulnerabilidades.

3.4.2. Consideraciones Legales

- **Autorización Judicial:** La desencriptación de datos, especialmente en casos de cifrado fuerte, requiere autorización judicial. Se deben cumplir los requisitos legales para garantizar que el proceso sea legítimo y respetuoso de los derechos individuales.

4. HERRAMIENTAS PROCESALES PARA LA INVESTIGACIÓN JUDICIAL

Aunque las herramientas tecnológicas como tal son indispensables en la investigación del ciberdelito, la alta volatilidad de la evidencia digital, entre muchos otros motivos, hace igualmente indispensable contar con herramientas procesales que permitan acceder rápidamente a la misma, toda vez que la velocidad de los procesos judiciales nacional y la cooperación jurídica internacional tradicionales no se adaptan a esta realidad, resultando estas herramientas procesales muchas veces más importantes que los equipos tecnológicos o software.

En la legislación vigente (Ley 53-07), las herramientas procesales están recogidas por los siguientes artículos:

CAPÍTULO II
MEDIDAS CAUTELARES Y PROCESALES

Artículo 52.- Aplicación del Código Procesal Penal. *Las reglas de la comprobación inmediata y medios auxiliares del Código Procesal Penal, Ley No. 76-02, se aplicarán para la obtención y preservación de los datos contenidos en un sistema de información o sus componentes, datos de tráfico, conexión, acceso o cualquier otra información de utilidad, en la investigación de los delitos penalizados en la presente ley y para todos los procedimientos establecidos en este Capítulo.*

Artículo 53.- Conservación de los Datos. *Las autoridades competentes actuarán con la celeridad requerida para conservar los datos contenidos en un sistema de información o sus componentes, o los datos de tráfico del sistema, principalmente cuando éstos sean vulnerables a su pérdida o modificación.*

Artículo 54.- Facultades del Ministerio Público. *Previo cumplimiento de las formalidades dispuestas en el Código Procesal Penal, el Ministerio Público, quien podrá auxiliarse de una o más de las siguientes personas: organismos de investigación del Estado, tales como el Departamento de Investigación de Crímenes y Delitos de Alta Tecnología (DICAT) de la Policía Nacional; la División de Investigación de Delitos Informáticos (DIDI) del Departamento Nacional de Investigaciones; peritos; instituciones públicas o privadas, u otra autoridad competente, tendrá la facultad de:*

a) Ordenar a una persona física o moral la entrega de la información que se encuentre en un sistema de información o en cualquiera de sus componentes;

b) Ordenar a una persona física o moral preservar y mantener la integridad de un sistema de información o de cualquiera de sus componentes, por un período de hasta noventa (90) días, pudiendo esta orden ser renovada por períodos sucesivos;

c) Acceder u ordenar el acceso a dicho sistema de información o a cualquiera de sus componentes;

d) Ordenar a un proveedor de servicios, incluyendo los proveedores de servicios de Internet, a suministrar información de los datos relativos a un usuario que pueda tener en su posesión o control;

e) Tomar en secuestro o asegurar un sistema de información o cualquiera de sus componentes, en todo o en parte;

f) Realizar y retener copia del contenido del sistema de información o de cualquiera de sus componentes;

g) Ordenar el mantenimiento de la integridad del contenido de un sistema de información o de cualquiera de sus componentes;

h) Hacer inaccesible o remover el contenido de un sistema de información o de cualquiera de sus componentes, que haya sido accesado para la investigación;

i) Ordenar a la persona que tenga conocimiento acerca del funcionamiento de un sistema de información o de cualquiera de sus componentes o de las medidas de protección de los datos en dicho sistema a proveer la información necesaria para realizar las investigaciones de lugar;

j) Recolectar o grabar los datos de un sistema de información o de cualquiera de sus componentes, a través de la aplicación de medidas tecnológicas;

k) Solicitar al proveedor de servicios recolectar, extraer o grabar los datos relativos a un usuario, así como el tráfico de datos en tiempo real, a través de la aplicación de medidas tecnológicas;

l) Realizar la intervención o interceptación de las telecomunicaciones en tiempo real, según el procedimiento establecido en el Artículo 192 del Código Procesal Penal para la investigación de todos los hechos punibles en la presente ley; y,

m) Ordenar cualquier otra medida aplicable a un sistema de información o sus componentes para obtener los datos necesarios y asegurar la preservación de los mismos.

4.1. Regulaciones actuales y desafíos legales

En el proyecto de actualización de la ley que reposa actualmente en el Congreso Nacional, en adición a las facultades del Ministerio Público de la legislación vigente, se incorporan las siguientes herramientas:

CAPÍTULO II
MEDIDAS PROCESALES Y DE INVESTIGACIÓN

Artículo 48. Aplicación del Código Procesal Penal. *Las reglas de la comprobación inmediata y medios auxiliares previstas en el Código Procesal Penal sus modificaciones y leyes especiales, se aplicarán para la obtención y preservación de los datos contenidos en un sistema de información o cualquiera de sus componentes, datos de tráfico, conexión, acceso o cualquier otra información de utilidad, en la investigación de los delitos tipificados en la presente ley y para todos los procedimientos establecidos en este Capítulo.*

Artículo 49. Sobre medidas cautelares. *Excepcionalmente, en aquellos casos en que exista peligro en la demora, el Ministerio Público podrá adoptar mediante reso-*

lución motivada las medidas cautelares contempladas en el presente artículo, con la obligación de informar a la jurisdicción competente dentro del plazo de veinticuatro horas.

Párrafo. *Al investigarse una infracción prevista en esta ley, el juez de la instrucción competente, a solicitud del Ministerio Público, emitirá por cualquier medio regulado por el Poder Judicial, las autorizaciones pertinentes.*

Artículo 50. Equipos conjuntos de investigación. *El Ministerio Público y los organismos de investigación del Estado podrán crear de común acuerdo con las autoridades competentes de dos o más Estados equipos conjuntos de investigación, con un fin determinado y por un período limitado que podrá ampliarse con el consentimiento de todas las partes, para llevar a cabo investigaciones penales en uno o más de los Estados que hayan creado el equipo. La composición del equipo se determinará en el acuerdo de constitución del mismo.*

Párrafo I. *Podrán crearse equipos conjuntos de investigación, en particular, en los siguientes casos:*

a) Cuando la investigación de infracciones sancionadas por esta ley en un Estado requiera investigaciones que impliquen la movilización de medios considerables y afecten también a otros Estados; y

b) Cuando varios Estados realicen investigaciones sobre infracciones sancionadas por esta ley que, debido a las circunstancias del caso, requieran una actuación coordinada y concertada de los Estados afectados.

Párrafo II. *Cuando el equipo conjunto de investigación necesite que se tomen medidas de investigación en uno de los Estados que hayan creado el equipo, los miembros destinados al mismo por ese Estado podrán pedir a sus propias autoridades competentes que tomen tales medidas. Estas medidas se examinarán en el Estado de que se trate en las mismas condiciones que si fueran solicitadas en el marco de una investigación nacional.*

Párrafo III. *Cuando el equipo conjunto de investigación necesite ayuda de un Estado afectado que no haya participado en la creación del equipo o de un tercer Estado, las autoridades competentes del Estado en el que actúe el equipo podrán formular la petición de ayuda a las autoridades competentes del otro Estado afectado, de conformidad con los instrumentos o disposiciones aplicables.*

Párrafo IV. *Para los fines de la investigación que esté realizando el equipo conjunto de investigación, cualquier miembro de éste podrá, de conformidad con su derecho interno de su país y dentro de los límites de las competencias que tenga atribuidas, compartir con el equipo información de la que disponga el Estado que le haya destinado al mismo.*

Párrafo V. *La información que obtenga legalmente un miembro de un equipo conjunto de investigación o un miembro destinado al mismo mientras forme parte de un equipo conjunto de investigación y a la que no tengan acceso de otro modo las autoridades competentes de los Estados miembros afectados podrán utilizarse para los siguientes fines:*

a) Para los fines para los que se haya creado el equipo;

b) Condicionada a la autorización previa del Estado en que se haya obtenido la información, para descubrir, investigar y enjuiciar otras infracciones penales. Dicha autorización podrá denegarse únicamente en los casos en que esta utilización ponga en peligro las investigaciones penales en el Estado de que se trate o en que dicho Estado pueda denegar la asistencia judicial;

c) Para evitar una amenaza inmediata y grave para la seguridad pública, y sin perjuicio de lo dispuesto en la letra b) si ulteriormente se iniciara una investigación penal; y

d) Para otros fines, siempre y cuando hayan convenido en ello los Estados que crearon el equipo.

Artículo 51. Investigadores bajo reserva de identidad. *Durante el curso de una investigación, el Ministerio Público puede solicitar a la autoridad judicial competente que autorice la reserva de identidad de uno o varios investigadores que puedan crear y hacer uso de uno o varios perfiles en uno o varios sistemas de información, que operen en redes públicas o privadas, cuando ello sea manifiestamente útil para el desarrollo de la investigación. A tales fines, la autoridad judicial competente fijará un plazo para la reserva de identidad y el desarrollo de tales operaciones, pudiendo ser prorrogado, sin que en ningún caso este plazo supere los dieciocho meses, y una vez vencido este plazo, el Ministerio Público deberá presentar a dicha autoridad un informe con el resultado de la investigación, revelando la identidad de los investigadores actuantes.*

Párrafo I. *Al término de esta actuación, los investigadores deberán emitir un informe con los resultados de la investigación, el cual puede ser incorporado al juicio por su lectura y exhibición, independientemente de que los investigadores puedan ser citados como testigos al juicio.*

Párrafo II. *Los investigadores autorizados podrán, bajo la dirección funcional del Ministerio Público y previa autorización judicial, participar en entregas vigiladas. A tal efecto, podrá recibir y/o entregar documentos, mensajes, archivos, softwares, imágenes, bienes, valores y cualquier elemento, físico o digital, que guarde relación con la investigación.*

Artículo 52. Registros remotos. *El Ministerio Público, previa autorización de la autoridad judicial competente, podrá acceder registrar y ocupar documentos, mensajes, archivos, imágenes y cualesquiera datos que sean manifiestamente útil y necesarios para la investigación y que se encuentren almacenados en cualquier sistema de información al cual se pueda acceder de manera remota haciendo conexión a través del internet o de redes públicas o privadas de comunicación, así como con la instalación de programas que permitan de forma remota el examen a distancia y sin conocimiento de su titular o usuario del contenido de un sistema de información que persiga la investigación de alguno de los siguientes delitos:*

a) Delitos cometidos por parte de grupos criminales organizados;

b) Delitos de terrorismo;

c) Delitos cometidos contra niños, niñas y adolescentes o personas en condiciones de vulnerabilidad; y

d) Delitos de traición y relativos a la defensa nacional;

Párrafo I. *La orden judicial que autorice el registro remoto deberá especificar:*

a) El alcance de la orden, la forma en que se procederá al acceso y registro y la ocupación o secuestro de los datos o archivos que sean útiles, relevantes y pertinentes para la investigación, así como el programa que se utilizará para lograr el acceso, registro, ocupación y secuestro de la información.

b) Los agentes autorizados para la ejecución de la medida.

c) El motivo preciso del registro, con indicación de los documentos, mensajes, archivos, imágenes y datos que se esperan encontrar.

d) La fecha y hora de expedición de la orden, con indicación del juez que la emite.

e) El plazo para la ejecución de la diligencia, que no puede superar de treinta (30) días, renovables por una única vez por treinta (30) días adicionales.

Párrafo II. *Los investigadores autorizados para la ejecución de esta diligencia investigativa no pueden suprimir, alterar o modificar los datos almacenados en el sistema de información al cual se ha tenido acceso.*

Artículo 53. Uso de información de fuentes abiertas o accesibles al público. *Se permite el uso de datos e información obtenidos de fuentes abiertas sin la necesidad de una autorización judicial. En tal virtud, los investigadores podrán realizar búsquedas, captación y recolección de documentos, mensajes, archivos, imágenes, videos, programas y cualquier otro dato que se encuentre disponible en fuentes abiertas.*

Artículo 54. Videoconferencia. *Ante la imposibilidad de la presencia física de un testigo o perito en el tribunal, el juez podrá permitir que se tomen sus testimonios o declaraciones a través del mecanismo de videoconferencia*

Párrafo. *Cuando en el transcurso de la videoconferencia el testigo o perito cometa perjurio, se niegue a testificar o cometa otra falta tipificada en el Código Procesal Penal, las mismas serán sancionables de igual manera que si se hubiesen cometido físicamente en el tribunal.*

5. NORMATIVAS EN PROCESO DE LEGISLACIÓN

5.1. Proyectos de Ley en curso

5.1.1. Gestión de la Ciberseguridad

5.1.1.1. Objetivos y estado del proyecto

El proyecto de ley está alineado a las mejores prácticas internacionales sobre la materia y vendría a poner a la República Dominicana a la par de normas como el marco de ciberseguridad de EE. UU. y de la UE, además de que tendría la posibilidad de continuar con la labor que se ha venido realizando de que la RD sea un referente en el área de la ciberseguridad, así como un país que contribuye con la mejoría de la ciberseguridad a nivel mundial.

El proyecto dentro de sus principios adopta aquellas mejores prácticas internacionales o normas voluntarias de cumplimiento para tener un ciberespacio libre, abierto, seguro y resiliente, como son las Normas del GGE y de la Comisión Global para la Seguridad y Estabilidad del Ciberespacio. Esto nos alinea con el eje de países libres y democráticos que creen en que los derechos humanos aplican tanto en el mundo físico como el virtual, pero además da una clara señal de que la República Dominicana ve el internet como un medio para el desarrollo y transformación digital y no como un medio armamentístico.

Toma los aspectos administrativos contenidos en el Decreto 230-18 y 313-22 y les da formalidad de ley, otorgándole así la necesidad de facultades legales al CNCS para operar de manera adecuada.

Adopta las mejores prácticas en relación con la designación de infraestructuras críticas, así como estableciendo ese régimen de obligaciones que deben seguir estos operadores: entrega de información, notificación de incidentes, auditorías y evaluaciones de riesgo y ejercicios de ciberseguridad. Esto lo hace a través del uso de protocolos que están diseñados específicamente para esto fines como aquellos establecidos por órganos como NIST en EE. UU. o ENISA en la UE (en la Directiva NIS1) y que tienen como meta resguardar la confidencialidad de la información que se derive de un incidente.

Asimismo, propone incluir las medidas legislativas y facultades necesarias para que el CNCS pueda dar una respuesta contundente a los incidentes de ciberseguridad, incluyendo aquellos de gran escala, dándole las funciones necesarias para prevenir y gestionar incidentes, ordenar medidas de ciberseguridad, crea un régimen para la divulgación responsable de vulnerabilidades.

Por último, crea un régimen sancionador adecuado a las medidas establecidas por el referido proyecto de ley.

En resumen, el Proyecto de Ley de Gestión Ciberseguridad es una iniciativa útil para consolidar el ecosistema nacional de ciberseguridad.

5.1.2. Protección de Datos Personales

5.1.2.1. Principios fundamentales y protección de derechos

En Anteproyecto de Protección de Datos Personales procura la protección integral de las personas físicas con relación al tratamiento de sus datos personales procurando el respeto de los derechos fundamentales y la habilitación de la libre circulación de estos, bajo consentimiento expreso de su titular para su uso y aprovechamiento en la ejecución de servicios que requieran el procesamiento de datos. Este proyecto busca adecuar la normativa general de protección de datos del país, con buenas prácticas internacionales como el Convenio 108+ del Consejo de Europa y el Reglamento General de Protección de Datos de la UE.

Dentro de su estructura el anteproyecto actualiza los principios incluidos en la Ley 172-13 y además amplía el espectro incluyendo nuevos principios. Así encontramos los siguientes:

a) Licitud

b) Calidad

c) Seguridad

d) Confidencialidad

e) Lealtad

f) Finalidad

g) Responsabilidad Proactiva

h) Limitación de conservación

i) Minimización de datos

j) Transparencia

k) Proporcionalidad

En sentido similar, el anteproyecto amplía los derechos de los titulares de datos adoptando aquellos que se encuentran en el referido Convenio 108+ y RGPD de la UE. A saber: (1) Derecho de acceso; (2) Derecho de rectificación y supresión;(3) Derecho a no ser objeto de decisiones individuales automatizadas; (4) Derecho a conocer el motivo del tratamiento; (5) Derecho a Información; (6) Derecho a la portabilidad de los datos; y (7) Derecho de oposición.

Además el anteproyecto se enfoca en regular la aplicación del derecho a la protección de datos personales en áreas como Datos de contacto de empresarios individuales y de profesionales liberales; Sistemas de información crediticia; Videovigilancia; Uso de dispositivos de videovigilancia en el lugar de trabajo; Sistemas de exclusión publicitaria; Sistemas de información de denuncias internas; La función estadística pública; Archivo en interés público; Relativos a infracciones penales y sanciones administrativas; y Relativos a la salud.

Por último, el anteproyecto plantea la creación de la Autoridad Nacional de Protección de Datos. El órgano de control y vigilancia de la ley que se ocupará del control, cumplimiento y supervisión de las normas y disposiciones contenidas en la ley y sus reglamentos relativas a la protección de datos personales.

Actualmente el anteproyecto se encuentra en la Consultoría Jurídica del Poder Ejecutivo, esperando a que sea sometido por el Presidente al Congreso de la República para su aprobación.

Se espera que una vez dicho proyecto sea aprobado, la República Dominicana contará con un marco nacional en materia de protección de datos personales moderno y adecuado a la realidad actual y futura que mejore considerablemente la tutela de este derecho a nivel nacional.

5.1.3. Actualización de la Ley contra Ciberdelitos

5.1.3.1. Necesidades identificadas y propuestas de modificación

El equipo interinstitucional y multidisciplinario que produjo el proyecto de ley fue convocado para revisar la legislación vigente con fines de adecuarla a los tiempos actuales, primordialmente por haber identificado algunas oportunidades de mejora en varios aspectos:

– Tipos penales

Se identificó la necesidad de penalizar algunas conductas que no estaban previamente tipificadas, como por ejemplo actos preparatorios de abuso sexual infantil como el *grooming*.

– Acción penal

En la redacción de la legislación vigente se cometió el error de establecer la acción penal de todos los tipos penales como de acción pública a instancia privada, lo que en la aplicación de la ley ha generado mucha impunidad, toda vez que, por un lado los procesos judiciales pueden volverse sumamente lentos, usualmente por incidentes por parte de la defensa que generan un sinnúmero de reenvíos de audiencias, haciendo que las partes se cansen y desistan del proceso, y otras veces por amenazas de los imputados a las víctimas o a sus familias. En los casos de acción pública a instancia privada, si la víctima se retira del proceso se extingue la persecución penal.

– Herramientas procesales

Las características particulares de muchos de los tipos penales, impulsados exponencialmente por el desarrollo de las tecnologías requieren de nuevas herramientas procesales en la investigación como, por ejemplo:

– Registro remoto

– Agente bajo reserva de identidad o agente encubierto

– Adecuación al 2do. Protocolo Adicional de la Convención de Budapest

La República Dominicana participó activamente en la redacción del 2do. Protocolo adicional del Convenio de Budapest, el cual se firmó en 2022. Este protocolo, además de agregar algunas de las herramientas procesales mencionadas anteriormente, permite acceder con menos dificultades a la evidencia que se encuentra bajo la posesión y/o control de proveedores de servicios que, encontrándose en el extranjero, ofrecen sus servicios en el territorio de un Estado-parte.

> Por citar 2 ejemplos, el Artículo 7 del referido protocolo permite solicitar de manera directa a estos proveedores de servicios la información de suscriptor o abonado, mediante una orden judicial (o el procedimiento que sea válido a estos fines) del Estado solicitante, mientras que el Artículo 8 del mismo, permite que, a través de la autoridad central del Estado solicitado, las órdenes judiciales del Estado solicitante sean "endosadas" o validadas por una autoridad judicial del primero, esto a los fines de obtener información de tráfico.
>
> También incorpora algunas herramientas para las solicitudes de información en casos de emergencia (cuando la vida o integridad física de una o más personas se encuentra en un riesgo inminente).

6. PROTOCOLOS, MANUALES DE BUENAS PRÁCTICAS Y CAPACITACIÓN

6.1. Necesidad de protocolos, manuales de buenas prácticas y capacitación

A los fines de tener consistencia, transparencia y sobre todo para facilitar la admisibilidad de la evidencia obtenida a través de cooperación internacional, el uso de todas estas herramientas tecnológicas y procesales debe ser guiado a través de protocolos de actuación, formularios y manuales de cadenas de custodia, modelos de informes periciales y manuales de buenas prácticas en el uso de las herramientas forenses y los procesos de investigación.

Todo esto debe venir acompañado de programas de capacitación que nivelen las capacidades de cada uno de los actores del sistema.

6.2. Programas de capacitación para operadores judiciales

Uno de los grandes beneficios de los programas de cooperación a nivel multilateral, como GLACY+ y GLACY-e del Consejo de Europa, EU Cybernet, LAC4 y El PAcCTO de la Unión Europea y otras iniciativas de la OEA e INTERPOL, por citar los principales de los que la República Dominicana ha sido beneficiaria. Entre los cuales podemos mencionar la capacitación directa que hemos obtenido para más de 800 jueces, fiscales, policías y defensores públicos, pero sobre todo la sostenibilidad de estas capacitaciones, instruyendo formadores nacionales e insertando las capacitaciones básicas en la currícula de nuestra Escuela Nacional de la Judicatura, Escuela Nacional del Ministerio Público y la Escuela de Entrenamiento Policial, lo que permite abordar parcialmente los retos de la rotación del personal que es parte de la naturaleza propia de las instituciones y de la retención de la fuerza laboral, que de manera inevitablemente perdemos ante la imposibilidad de competir salarialmente con el sector privado.

7. CONCLUSIONES Y RECOMENDACIONES

7.1. Síntesis del análisis realizado

El presente análisis aborda la importancia de la incorporación de tecnologías y reformas legislativas en el ámbito judicial dominicano. Analiza el contexto histórico previo a las reformas y los avances logrados en la administración de justicia mediante la modernización y la implementación de nuevas tecnologías.

Destaca la necesidad de adaptar las normativas legales actuales y en proceso tanto para mejorar la persecución del ciberdelito como para enfrentar los desafíos de la ciberseguridad y la protección de datos personales. Además, resalta la importancia de la capacitación continua de los operadores judiciales y la creación de protocolos manuales de buenas prácticas. En conjunto, estas reformas y avances tecnológicos buscan mejorar la eficiencia del sistema judicial y garantizar una administración de justicia más efectiva y segura

7.2. Impacto esperado de las nuevas legislaciones

Esta tríada, compuesta por la adecuación de la ley contra los ciberdelitos y las nuevas leyes de gestión de la ciberseguridad y de protección de datos personales, procura crear las condiciones que permitan, de manera efectiva, proteger el ciberespacio dominicano, a sus instituciones y usuarios, y perseguir de manera eficaz aquellos incidentes que no se lograron prevenir, y que tipifican delitos, dentro de un marco transparente, respetuoso de los derechos humanos y con un balance adecuado entre la privacidad de los usuarios y la efectividad del sistema de administración de justicia y el acceso al mismo por parte de todos los ciudadanos, reduciendo así la impunidad.

Análisis de la Incorporación de la Evidencia Digital como medio de prueba en el proceso penal Paraguayo

IRMA LLANO PEREIRA

Abogada, Especialista en Ciencias Penales
Especialista en Ciberseguridad
Agente Fiscal de Delitos Informáticos
Ministerio Público de la República del Paraguay

SUMARIO: 1. INTRODUCCIÓN. 2. DENOMINACIÓN DE LA EVIDENCIA DIGITAL EN PARAGUAY. 3. CONCEPTO, CONTEXTUALIZACIÓN E IMPORTANCIA DE LA EVIDENCIA DIGITAL. 4. LA EVIDENCIA DIGITAL RESULTANTE DE LOS DELITOS INFORMÁTICOS Y DELITOS COMUNES. 5. JURISDICCIÓN PENAL APLICABLE. 6. INSTITUCIONES ENCARGADAS DE LA INVESTIGACIÓN DE DELITOS INFORMÁTICOS. 7. INSTRUMENTOS INTERNACIONALES DE COOPERACIÓN. 8. INSTITUTOS PROCESALES DE LOS MEDIOS DE PRUEBA APLICADOS A LA EVIDENCIA DIGITAL. 9. CONSIDERACIONES IMPORTANTES DE RECOLECCIÓN DE EVIDENCIAS DIGITALES. 10. TÉCNICAS DE RECOLECCIÓN APLICADAS. 11. LA EVIDENCIA DIGITAL COMO MEDIO DE PRUEBA EN EL PROCESO. 12. EL VALOR PROBATORIO DE LA EVIDENCIA DIGITAL. 13. EXPERIENCIAS DE LA EVIDENCIA DIGITAL EN EL PROCESO PARAGUAYO. 14. DESAFÍOS PARA EL PROCESO PENAL PARAGUAYO. 15. CONCLUSIÓN. Bibliografía.

Resumen: Este trabajo tiene como objetivo exponer brevemente el análisis del ejercicio de la acción penal pública del Ministerio Público y de la incorporación de la evidencia digital como medio de prueba en el proceso penal en el sistema acusatorio adversarial paraguayo en la vigencia del Código Procesal Penal Paraguayo del año 1998, El análisis parte desde la contextualización de la denominación y de lo que se concibe como evidencia digital, vista como una prueba distinta a la prueba tradicional, y como las instituciones fueron llevando a la praxis como un medio probatorio legítimo, desde recolección, admisión y valoración de las pruebas, desde la vigencia del Convenio de Ciberdelincuencia en Paraguay y otras leyes paraguayas.

Palabras clave: Ciberdelitos, Evidencia Digital, Acción Penal Pública, Ministerio Público de la República del Paraguay, Sistema Acusatorio Paraguayo, Código Procesal Penal Paraguayo.

Summary: This paper aims to briefly present an analysis of the exercise of public criminal action by the Public Prosecutor's Office and the incorporation of digital evidence as a means of proof in the criminal process within the Paraguayan adversarial accusatory system, under the Paraguayan Code of Criminal Procedure in force since 1998. The analysis begins with the contextualization of the term and the concept of digital evidence, viewed as a distinct type of proof from traditional evidence, and how institutions have brought it into practice as a legitimate means of proof, encompassing its collection, admission, and assessment, since the entry into force of the Cybercrime Convention in Paraguay and other Paraguayan laws.

Keywords: Cybercrimes, Digital Evidence, Public Criminal Action, Public Prosecutor's Office of the Republic of Paraguay, Paraguayan Accusatory System, Paraguayan Criminal Procedure Code.

Abreviaturas

AI	Auto Interlocutorio
CP	Código Penal Paraguayo
CPP	Código Procesal Penal Paraguayo
CSJ	Corte Suprema de Justicia
IA	Inteligencia Artificial
JOP	Juicio Oral y Público
JPG	Juzgado Penal de Garantías
MP	Ministerio Público
PJ	Poder Judicial
MP	Ministerio Público
SD	Sentencia Definitiva
TIC	Tecnología de la Información y Comunicación
TApel	Tribunal de Apelaciones en lo Penal
TSP	Tribunal Sentencias Penales

1. INTRODUCCIÓN

Es innegable que la tecnología de la información y comunicación ha tomado un papel importante en la vida de las personas, y esto ha ido en evolución y mayor incremento con el uso de internet y avances en todas las esferas de la vida del ser humano a nivel mundial. Tal evolución tecnológica también ha repercutido en Paraguay, y se ha pronunciado particularmente en las últimas décadas según las estadísticas, en lo que respecta a la digitalización y uso masivo de las TIC (Tecnologías de la Información y la Comunicación), el avance del Internet en Paraguay ha posibilitado a la proliferación de la utilización dispositivos móviles, especialmente los *smartphones* conectados a internet.

Se puede decir que vivimos una constante transformación digital, tenemos constantemente una creciente utilidad de dispositivos de TIC, prueba de ello es el avance constante de la inteligencia artificial, por tanto, la integración de dispositivos electrónicos como computadoras, *notebooks*, teléfonos inteligentes, tabletas, y otras cosas, en la vida cotidiana de las personas es algo normal y global.

Tanto particulares como empresas dependen de estos dispositivos para actividades diarias que van desde la producción y transmisión de texto, imágenes, audio y video, hasta transacciones comerciales, como la compra de productos y servicios, transferencias de dinero, y pagos electrónicos. En este contexto, la mayoría de las actividades, ya sean legales o no, se gestionan mediante las TIC, lo que las ha convertido en una parte indispensable de la vida moderna.

Paraguay ha apostado por la modernización digital, no solo en el sector privado, sino también en el público, con iniciativas clave que buscan facilitar el acceso a servicios estatales a través de plataformas digitales. Ejemplos relevantes incluyen la digitalización de registros históricos, como el Registro Civil y otros sistemas patrimoniales, y la implementación de servicios en línea en los tres Poderes del Estado. Este esfuerzo por transparentar la gestión pública se ha visto complementado por un marco legal que abarca aspectos esenciales como la firma digital, los pagos electrónicos y la regulación de servicios electrónicos, luego abre el camino hacia las *fintech finanzas tecnológicas.*

Hubo y siguen habiendo muchos desafíos con los planes de migración digital de los servicios, procesos, trámite de documentos, que conllevan a la creación de ecosistemas de sistemas informáticos y sus respectivas bases de datos, para la automatización de servicios, tanto el sector público como el privado, sin embargo, el desafío principal que emerge en estas situaciones es acomodar los sistemas tradicionales mundo digital, o el mejoramiento de los sistemas informatizados, como lo es el caso de la tramitación de los procesos judiciales, y la visión de los elementos de la tecnología como medios de prueba en el procesos judiciales.

La era tecnológica ha traído consigo la evolución de los delitos que son cometidos gracias a las bondades tecnológicas, como asimismo, a los delitos en contra de ellas, como son los casos de los delitos informáticos. El primer obstáculo con el cual todo el mundo se encontraba, era que no estaba regulado en concreto como delito, y la primera necesidad era la de regular en esta materia, para posteriormente adaptar los sistemas judiciales, y hacer justicia y confrontar los delitos informáticos y asumir responsablemente los desafíos que impliquen.

En capítulo "Paraguay y los delitos informáticos", tenemos que reseñar brevemente, que el comienzo formal de nuestra historia de legislación nace con en la época colonial, puesto que en la independencia y consolidación republicana a comienzos y mediados del S. XIX, estuvieron vigente legislaciones extranjeras, las cuales tomamos como propias, consecuentemente, el inicio y los procesos de codificación hacia la regulación de nuestras propias legislaciones fueron lentos.

En el caso del proceso penal, Paraguay se regía por reglas procesales del sistema inquisitivo, por Código de Procedimientos en Materia Penal de Paraguay, que se promulgó en el año 1890, en el cual la tarea investigativa tenía el Juez Criminal. Posteriormente, a fines del S. XX mediante esfuerzos, se reformó el proceso penal con el Código Procesal Penal en el año 1998, esta nueva ley procesal establece una nuevo sistema judicial, el sistema penal acusatorio adversarial, el cual está vigente hasta hoy. Modelo de sistema judicial que posee la mayoría de los países.

Antes de reformarse la ley procesal penal, primeramente se inició con la reforma de la ley penal mediante el Código Penal del año 1997, el cual derogó al Código Penal del año 1914. Hay que mencionar que el Código Penal Paraguayo, hizo el esfuerzo para codificar delitos en contra de conductas que afecten a la *alteración de datos*, al *sabotaje de la las computadoras,* y a las *operaciones fraudulentas por computadoras,* pero más allá de esos esfuerzos, no existía una conceptualización, definición y categorización clara de delitos informáticos como lo vemos hoy. Si bien, era bien sabido, que eran los *hackers*[1], y en qué consistía el resultado de la actividad maliciosa de los mismos en contra de las computadoras y sus datos, por medio de los virus informáticos, que posteriormente se englobaron con la denominación de *malware*[2] (siendo hoy día, la nominación de *virus* a un tipo de *malware*), la legislación penal de fondo y de forma eran nuevas, y tenían que pasar por procesos de la eficiencia y eficacia en la justicia, teniendo en cuenta que la migración legal y procesal eran un renacimiento del mismo derecho, hacía

1 El ejemplo clásico de un hacker es un delincuente cibernético que aprovecha vulnerabilidades de seguridad o supera medidas de seguridad para irrumpir en una computadora o red informática para robar datos. **International Business Machines Corporation (IBM)** *¿Qué es el hacking?, https://www.ibm.com/mx-es/topics/cyber-hacking#:~:text=El%20ejemplo%20cl%C3%A1sico%20de%20un,red%20inform%C3%A1tica%20para%20robar%20datos.*

2 *Malware*: El software malicioso, o malware, es cualquier código de software o programa informático, incluidos ransomware, troyanos y spyware, escrito intencionalmente para dañar los sistemas informáticos o sus usuarios. **International Business Machines Corporation (IBM)** ¿Qué es el malware?, *https://www.ibm.com/topics/malware?mhsrc=ibmsearch_a&mhq=malware*

falta una mejor exploración criminológica, criminalística y forense de los delitos informáticos y la evidencia y prueba que pudiese resultar de estas.

El código procesal penal, trajo muchas innovaciones, entre ellas, la búsqueda de la verdad y la libertad probatoria en materia probatoria, justificados en el debido proceso y en la presunción de inocencia que son pilares fundamentales del proceso penal paraguayo, acorde a la Constitución Nacional del Paraguay. Es decir, estaban sentadas todas las bases legales de procedimiento para que el Ministerio Público en su rol de responsable de la carga de la prueba en el proceso penal y del ejercicio de la acción penal pública, no existía una visión clara de cómo podría obtenerse de manera adecuada las evidencias del entorno electrónico y digital de los hechos que afecten a las computadoras. Ese obstáculo nacía de la misma codificación de las conductas penalmente relevantes, puesto que los tipos legales vigentes del **Código Penal del año 1997**, no creaban una definición y clasificación de delitos informáticos de manera específica, puesto que eran profundizadas, y las conductas eran penalmente relevantes de Alteración de datos era una cuestión aislada a las operaciones fraudulentas por computadora, por ejemplo, haciendo la salvedad que el artículo 174 de Alteración de datos, "Como datos, en el sentido del inciso 1°, se entenderán sólo aquellos que sean almacenados o se transmitan electrónica o magnéticamente, o en otra forma no inmediatamente visible" (Código Penal, 1997, art. 174 inc. 3) buscó definir qué se entiende por datos, y ese era el principal sostén de qué podía versar una evidencia o prueba digital, pero no se penalizaba el acceso ilegal en sí de los datos o del propio sistema informático en el cual estaba almacenado esos datos, sino que solamente, la alteración de la dispositivo de datos de las personas.

Por más que haya existido de esa fecha, el principio rector de la libertad probatoria en el proceso penal, existía la limitación que las conductas que eran sancionadas con relación a los delitos informáticos que se contaban, y eso no permitía la evolución de la prueba digital en todos sus aspectos de procedimiento en el proceso penal paraguayo.

Las actividades delictivas en contra de la tecnología siempre estuvieron en constante aumento y evolución, pero hoy nos encontramos afectados a nivel global sin muchas diferencias, pero tuvo sus procesos evolutivos también, todos los países tenían finalmente, los mismos problemas que Paraguay relacionadas con el uso indebido de tecnología no estaban adecuadamente definidas, lo que generaba vacíos legales significativos.

La visión de los delitos informáticos o ciberdelitos, estaba en pleno análisis y profundización, esa cuestión no era solo una cuestión de Paraguay, sino que era una cuestión índole global, frente al creciente número de hechos maliciosos de esta naturaleza, no había otra cosa que establecer una política criminal que aborde una codificación que pueda afectar positivamente a los países, fue por ello que el Consejo de Europa de la Unión Europea, ha visto la urgencia de proteger a los bienes jurídicos relativos a los datos y sistemas informáticos, por lo que era necesario abordar desde la conceptualización y definición de los mismos, para poder legislar sobre las conductas lesivas hacia los mismos. El Consejo de Europa no ha escatimado recursos para tratar el tema de los ciberdelincuencia a nivel regional y mundial, y de ello ha resultado el Convenio de Budapest o Convenio de la Ciberdelincuencia[3], el cual es vinculante para los países para los Estados-parte que celebraron dicho convenio, como asimismo, para los países que se encuentran en calidad de Estados-Adherentes, el cual es el caso de Paraguay desde el año 2017[4].

La República del Paraguay, se adhirió al Convenio de Budapest del Consejo de Europa en el año 2017, pero cabe resaltar, que el Congreso Nacional del Paraguay, en su proceso de legislación, utilizó como fuente lo establecido por dicho convenio, para modificar y ampliar al Código Penal Paraguayo, por ley N° 4439/2011[5].

Con la modificación del Código Penal y su ampliación de leyes penales, con la incorporación de los tipos legales como: el *acceso indebido a datos*, la *interceptación de datos, la preparación de acceso indebido a datos*, el *acceso indebido a sistemas informáticos*, y otros tipos legales afines, sentaron las bases de los bienes jurídicos protegidos con relación a los *datos, sistemas informáticos y sus componentes, procesamiento de datos, redes de datos,* y la sanción penal de las

---

3 Consejo de Europa. (2001). *Convenio sobre la ciberdelincuencia (ETS N° 185)*. Budapest, Hungría: Consejo de Europa. https://www.coe.int/en/web/conventions/full-list?module=treaty-detail&treatynum=185

4 Congreso Nacional del Paraguay, (2017) por Ley N° 5994/2017, *"Que aprueba la convención sobre la ciberdelincuencia, y el protocolo adicional al convenio sobre ciberdelincuencia relativo a la penalización de actos de índole racista y xenófoba cometidos por medio de sistemas informáticos"*, https://www.bacn.gov.py/leyes-paraguayas/9900/ley-n-5994-aprueba-la-convencion-sobre-la-ciberdelincuencia-y-el-protocolo-adicional-al-convenio-sobre-ciberdelincuencia-relativo-a-la-penalizacion-de-actos-de-indole-racista-y-xenofoba-cometidos-por-medio-de-sistemas-informaticos

5 Congreso Nacional del Paraguay, (2011), Ley N° 4439 Que modifica y amplia varios articulos de la ley n° 1160/97 "codigo penal, https://www.bacn.gov.py/leyes-paraguayas/3777/modifica-y-amplia-varios-articulos-de-la-ley-n-116097-codigo-penal

conductas que ponen en peligro o dañan dichos elementos de la tecnología de la información y comunicación.

Por lo tanto, la vigencia de dicho catálogo de conductas sancionables, trabajo a aparejado la innovación de las tareas del Ministerio Público en cuanto a su deber recolectar evidencias y conformar su carga probatoria en el proceso penal, asimismo, correcta obtención para su inclusión legal, y posterior ofrecimiento, admisión, producción y valoración judicial.

De esa manera se fue incorporando la evidencia y prueba digital o electrónica al proceso penal. La evidencia electrónica o evidencia digital, no tienen una expresa mención como medio de prueba, como tampoco a la prueba digital en sí como objeto de valoración judicial, pero sí se hace referencia a las operaciones técnicas y científicas, a la consultoría técnica, y a labor pericial dictaminante en base a la experticia de la ciencia, arte o técnica de los peritos.

De todo ello, Paraguay ha armonizado la evidencia digital como medio de prueba en el proceso penal, todo ello, en base en el marco del respeto debido proceso en el marco de Código Procesal Penal y en los derechos fundamentales previstos en la Constitución Nacional[6] en el Derecho Internacional vigente en la República del Paraguay[7].[89]

2. DENOMINACIÓN DE LA EVIDENCIA DIGITAL EN PARAGUAY

No existe una denominación unívoca de la evidencia digital, pues primeramente, lo llamaron evidencia electrónica, evidencia informática, evidencia en formato digital, como asimismo, prueba informática, prueba digital, prueba en formato digital, prueba informática, y otros estudiosos de la materia, refieren que la conceptualización más acertada para aplicar a nuestros tiempos, es llamar a la evidencia digital como evidencia tecno-

6 Constitución Nacional de la República del Paraguay (1992)

7 Convención Americana sobre Derechos Humanos. (1969). *Pacto de San José*. Organización de los Estados Americanos. Aprobado y ratificado por el Congreso Nacional del Paraguay por Ley N° 1/1989

8 Naciones Unidas. (1966). *Pacto Internacional de Derechos Civiles y Políticos*. Aprobado y ratificado por el Congreso Nacional del Paraguay por Ley N° 1/1992

9 Naciones Unidas.(1948). *Declaración Universal de Derechos Humanos*. Aprobado y ratificado por el Congreso Nacional del Paraguay por Ley N° 1/1992

lógica o prueba tecnológica, finalmente, todas las denominaciones, están aceptadas en la doctrina.

En el caso de Paraguay, el **Código Procesal Penal** hace referencia a los "Medios de Prueba" que son admisibles en el proceso penal, según lo que establece en su **Libro III**, y la evidencia está considerada como un elemento probatorio, parte de la carga probatoria del proceso. En ese término, conviene entender que la evidencia entendida como objeto físico, no es lo mismo que la evidencia digital. Ciertamente, hay que dejar en claro que existe una diferencia terminológica si hablamos entre evidencia y prueba; si hablamos de la evidencia, nos referimos a un elemento probatorio como objeto físico, y la "evidencia o prueba digital" como un elemento probatorio distinto, pero que adquiere la categoría de "prueba" una vez esta se encuentra valorada en la etapa de Juicio Oral y Público ante el Tribunal de Sentencias, conforme al Código Procesal Penal[10].

Dice el Perito Javier Rubio Alamillo "Diferencias entre evidencia informática y prueba informática: una evidencia informática es el estadio previo de una prueba informática y, no siempre, la evidencia se convertirá en prueba. Una evidencia informática es un elemento en bruto, que aún no ha pasado por los procesos de identificación, adquisición, preservación y análisis a que debe ser sometida antes de que se convierta en prueba. Una evidencia informática puede ser un disco duro, una memoria USB, un DVD, un CD-ROM, una página de Internet, una conversación mantenida a través de una red social o un teléfono móvil, un comentario en el muro de *Facebook*, etc. Todos estos elementos, en caso de que pudieran ser utilizados en un juicio, serían evidencias informáticas y no pruebas. Una vez estas evidencias han pasado por un proceso de identificación, adquisición, preservación y análisis, se podrán convertir en pruebas"

Llámese evidencia digital o prueba digital, doctrinariamente hablando, en la mecánica del Código Procesal Penal, el ofrecimiento será como elemento probatorio, y este elemento probatorio necesariamente tendrá que ser ofrecido como un medio idóneo para su producción probatoria en Juicio Oral y Público, como lo es, en su existencia, como un informe de una *Operación técnica* o por el dictamen de una *Pericia.* Para fines prácticos, por ejemplo, una evidencia física será lo que físicamente es, un disco duro, y el contenido resultante del hecho investigado, será obtenido por una operación técnica de extracción de datos, dicha extracción de datos, será la evidencia o prueba digital, y el ofrecimiento será el soporte digital

---

10 Código Procesal Penal Paraguayo, (1998), artículo 388.

o magnético, la reproducción de ese soporte será el medio de prueba o la impresión de la información en papel, el cual será como documento. El Código Procesal Penal distingue la valoración pericial de la valoración de objetos[11], por lo que también, se puede deducir las diferencias entre evidencia y evidencia digital.

Por tanto, en Paraguay, se puede llamar indistintamente, evidencia o prueba digital, con la salvedad, que el Código Procesal Penal no hace mención explícita del concepto "Evidencia digital o electrónica, ni prueba digital o electrónica".

3. CONCEPTO, CONTEXTUALIZACIÓN E IMPORTANCIA DE LA EVIDENCIA DIGITAL

Por tanto, sin importar la terminología, se tiene a la evidencia digital, es una evidencia resultante de un hecho punible, que en Paraguay puede ser por dos razones: una, por la razón de ser una evidencia resultante de un hecho cibercriminal contra un bien jurídico relativo a la TIC, es decir, de un delito informático; dos, que se trate de una evidencia emergente de la comisión de un hecho punible de otra categoría, en razón de haber sido el instrumento o herramienta por el cual el autor del hecho punible consumó su acto.

En cualquiera de los dos casos, la evidencia digital, se refiere a cualquier tipo de información o dato susceptible de tener un valor probatorio en juicio, y que se encuentra almacenado en formato digital, electrónico o magnético.

Por ello, es importante mencionar que la legislación Paraguaya hace ciertas definiciones a través de sus tipos legales, como asimismo, a través del Convenio de Budapest.

A todo ello, el **Código Penal Paraguayo** define a los datos como: "se entenderán solo aquellos, que se almacenan o transmiten electrónicamente, magnéticamente o de otra manera no inmediatamente visible " (Código Penal Paraguayo, 1997, art. 146b, ampliado por Ley N° 4439/2011), definición taxativa que se encuentra en el tipo legal del hecho punible de *Acceso indebido a datos*, contemplado en el artículo 146b en el Capítulo VII de "Hechos punibles contra el ámbito de vida y la intimidad de la persona".

---

11 Código Procesal Penal Paraguayo, (1998), artículo 393.

Se puede observar que la idea de la definición de datos contemplada en artículo 146b, se repite en el tipo legal del hecho punible del hecho punible de *Alteración de datos* establecido en el artículo 174 del Capítulo II de "Hechos punibles contra otros derechos patrimoniales", rezando: "Como datos, en el sentido del inciso 1°, se entenderán sólo aquellos que sean almacenados o se transmitan electrónica o magnéticamente, o en otra forma no inmediatamente visible" (Código Penal Paraguayo, 1997, art. 174)

Estas definiciones sobre el concepto de *datos,* prácticamente equivalentes, son coherentes con lo que establece el **Convenio de Budapest**[12]: ""datos informáticos" significa toda representación de hechos, informaciones o conceptos en una forma adecuada para hacer que un sistema informático pueda ejecutar o realizar una función" (Convenio sobre la Ciberdelincuencia, 2001, art. 1b), aprobado y ratificado por el Congreso Nacional del Paraguay por Ley N° 5994/2017)

Con lo que respecta a la definición de los sistemas informáticos, el **Código Penal Paraguayo** define: "Se entenderá como sistema informático a todo dispositivo aislado o al conjunto de dispositivos interconectados o relacionados entre sí, cuya función, o la de alguno de sus componentes, sea el tratamiento de datos por medio de un programa informático." (Código Penal Paraguayo, 1997, art. 174b, ampliado por Ley N° 4439/2011), descripción taxativa inserta en el tipo legal del hecho punible de *Acceso indebido a sistemas informáticos,* contemplado en el artículo 174b en el Capítulo II de "Hechos punibles contra otros derechos patrimoniales"

De la misma manera, la definición sobre el concepto *sistemas informáticos,* son coherentes con lo que establece el **Convenio de Budapest**: ""sistema informático" todo dispositivo o grupo de dispositivos interconectados o relacionados, uno o más de los cuales, de acuerdo a un programa, realiza el procesamiento automático de datos" (Convenio sobre la Ciberdelincuencia, 2001, art. 1a) aprobado y ratificado por el Congreso Nacional del Paraguay por Ley N° 5994/2017)

Además, el **Convenio de Budapest**, establece: ""datos de tráfico", todo dato informático relativo a una comunicación por medio de un sistema de computación u ordenador, generado por un sistema informático que forma parte de la cadena de la comunicación, indicando el origen de las comunicaciones, destino, ruta, hora, fecha, tamaño, duración o el tipo de

---

12 Consejo de Europa. (2001). Convenio sobre la ciberdelincuencia (ETS N° 185). Budapest, Hungría: Consejo de Europa. Recuperado de https://www.coe.int/en/web/conventions/full-list?module=treaty-detail&treatynum=185

servicio subyacente" (Convenio sobre la Ciberdelincuencia, 2001, art. 1d) aprobado y ratificado por el Congreso Nacional del Paraguay por Ley N° 5994/2017)

Así también, Paraguay ha puesto en vigencia la Ley **De Los Servicios De Confianza Para Las Transacciones Electrónicas, Del Documento Electrónico Y Los Documentos Transmisibles Electrónicos,** que establece:

"Establecer un marco jurídico para la identificación electrónica, firma electrónica, el sello electrónico, el sello de tiempo electrónico, el documento electrónico, el expediente electrónico, el servicio de entrega electrónica certificada, el servicio de certificado para la autenticación de sitios web, el documento transmisible electrónico y en particular para las transacciones electrónicas." (Congreso Nacional del Paraguay, Ley N° 6822/2021, art. 1)

"La presente ley aplica a toda clase de transacciones y actos jurídicos, públicos o privados, así como en los procesos privados, administrativos y judiciales tramitados electrónicamente salvo disposición legal en contrario, o que por su naturaleza o los requisitos particulares del acto o negocio concretos resulten incompatibles." (Congreso Nacional del Paraguay, Ley N° 6822/2021, art. 2)

La evidencia electrónica y digital, siempre tendrá que ver con datos y sistemas informáticos fundamentalmente, que se pueden tratar de: datos de texto, metadatos, archivos de imágenes, vídeos, que hagan referencia información o datos (incluso los datos de la identificación electrónica, firma electrónica, el sello electrónico, el sello de tiempo electrónico, el documento electrónico, el documento transmisible electrónico) o metadatos generados, alterados, borrados, destruidos o almacenados en dispositivos electrónicos como computadoras, teléfonos móviles, servidores, y dispositivos de almacenamiento masivos, por ejemplo, mensajes instantáneos de redes comunicación que generan texto, archivos de audio, vídeos, mensajes de correos electrónicos, registros de llamadas entrante y salientes, documentos de ofimática, documentos portables de lectura y otros, que aquí en Paraguay son plenamente aceptados.

Consecuentemente, la evidencia digital pude ofrecer la información probatoria de varios datos: de creación, alteración, eliminación y almacenamiento de datos; datos de acciones concretas, como: importación, exportación y transmisión de datos, etc. Dicha información probatoria contenida en el almacenamiento de la evidencia, que posibilita el conocimiento de la tentativa o consumación de un delito informático en contra de los datos, sistemas informáticos, procesamiento de datos (por ejemplo: el expediente electrónico, el servicio de entrega electrónica certificada, el servicio de certificado para la autenticación de sitios web,), transmisión de datos, o a sus componentes; o conocimiento información de la utilización de datos, sistemas informáticos, como medios o herramientas de consumación de hechos punibles.

Por lo tanto, la evidencia digital, será aquel artefacto, dispositivo que está en soporte electrónico o digital, y contiene la información probatoria.

La importancia radica fundamentalmente, que la evidencia digital debe ofrecer la fuente probatoria de los hechos, los cuales deben ser recolectados correctamente, según las reglas de procedimiento establecidas en el Código Procesal Penal, para ser ofrecida posteriormente como un medio de prueba.

Según la Guía de Prueba Electrónica del **Consejo de Europa**, la evidencia digital es "aquella incorporación de datos o información que han sido creados, almacenados o transmitidos a través de dispositivos electrónicos y tienen relevancia en un proceso judicial"[13].

4. LA EVIDENCIA DIGITAL RESULTANTE DE LOS DELITOS INFORMÁTICOS Y DELITOS COMUNES

Se hizo mención que, tanto de los delitos informáticos como de los delitos que no son categorizados como tales o delitos comunes, emergen evidencias digitales, puesto que los dispositivos relativos a la TIC, no solo se limitan a los delitos puramente informáticos, sino que también juegan un papel clave en la comisión de delitos comunes, donde se utilizan tecnologías de la información como medios o herramientas para su consumación.

No se pueden mencionar a todo el Código Penal Paraguayo, pero conviene citar y describir el catálogo de los delitos informáticos, como formas de vulneración de datos, sistemas informáticos, procesamiento datos; como también, al delito que se categoriza como de contenido, que es el caso de la pornografía relativa a niños y adolescentes, y la variante del abuso sexual en niños, el abuso por medios tecnológicos.

En Paraguay, los delitos informáticos tomaron categoría con la adhesión del catálogo de tipos legales de la Ley N° 4.440/11, "De Delitos Informáticos", ley que tipifica conductas ilícitas relacionadas con el acceso y uso indebido *datos, sistemas informáticos y sus componentes, procesamiento de datos,*

---

13 Guía de prueba electrónica del Consejo de Europa, 2013, p. 23.

redes de datos, y el daño físico de sus componentes, etc., a los tipos legales que ya estaban regulados, como la *Alteración de datos* y *Alteración de datos relevantes para la prueba.*

Esta ley estableció un marco normativo específico para enfrentar delitos como el acceso no autorizado a sistemas informáticos, a sus datos, a la manipulación de datos con el fin de lesionar la intimidad, la propiedad o el patrimonio de las personas.

Siendo el catálogo de artículos introducidos al **Código Penal Paraguayo**[14] sobre Delitos Informáticos[15]:

Acceso indebido a datos (Artículo 146 b): Este artículo tipifica como delito el acceso no autorizado a datos especialmente protegidos contra el acceso no autorizado, mediante la violación de sistemas de seguridad. La pena prevista es de hasta tres años de privativa de libertad o multa. Los datos protegidos incluyen aquellos almacenados o transmitidos electrónicamente, magnéticamente o de cualquier otra forma no inmediatamente visible.

Interceptación de datos (Artículo 146 c): Define como delito la interceptación no autorizada de datos mediante medios técnicos, que incluye la obtención de datos no destinados para el interceptor, la transferencia no pública de datos a terceros, o la transferencia de la radiación electromagnética de un equipo de procesamiento de datos. La pena es de hasta dos años de privativa de libertad o multa, salvo que el hecho sea sancionado por otra disposición con una pena mayor.

Preparación de acceso indebido e interceptación de datos (Artículo 146 d): Penaliza la preparación para cometer los delitos descritos en los artículos 146 b y 146 c mediante la producción, difusión o facilitación de acceso a terceros de claves de acceso, códigos de seguridad o programas informáticos destinados a estos fines. La pena es de hasta un año de privativa de libertad o multa.

Acceso indebido a sistemas informáticos (Artículo 174 b): Establece como delito a las conductas que provocan la intrusión por medio del acceso no autorizado a un sistema informático o sus componentes, utilizando una identidad propia o ajena, o excediendo los permisos otorgados. Se considera "sistema informático" a cualquier dispositivo aislado o conjunto

---

14 Congreso Nacional del Paraguay. (1997). Código Penal Paraguayo.

15 Congreso Nacional del Paraguay. (2011). Ley N° 4.440/11, (De Delitos Informáticos)

de dispositivos interconectados utilizados para el tratamiento de datos mediante un programa informático. La pena es de hasta tres años de privativa de libertad o multa.

Sabotaje de sistemas informáticos (Artículo 175): Penaliza las conductas que tiene que ver con obstaculización del procesamiento de datos de particulares, empresas, asociaciones o entidades públicas, mediante el acceso indebido o la destrucción, inutilización, sustracción o alteración de componentes esenciales del sistema de procesamiento de datos. La pena puede ser de hasta cinco años de privativa de libertad o multa. También se castiga la tentativa.

Estafa mediante sistemas informáticos (Artículo 188): Considera delito influir en el resultado del procesamiento de datos para obtener un beneficio patrimonial indebido, utilizando programación incorrecta, datos falsos o incompletos, o cualquier otra maniobra no autorizada que cause perjuicio al patrimonio de otra persona. La pena puede ser de hasta cinco años de privativa de libertad o multa. Se aplican disposiciones adicionales para la preparación del delito mediante la producción, obtención, venta, almacenamiento u otorgamiento a terceros de programas de computación destinados a la realización de los hechos establecidos en el inciso 1. En los casos especialmente graves, la pena privativa de libertad podrá ser aumentada hasta ocho años.

Falsificación de tarjetas de débito o crédito y otros medios electrónicos de pago (Artículo 248 b): Tipifica como delito la falsificación o alteración de tarjetas de débito, crédito u otros medios electrónicos de pago con la intención de inducir al error en relaciones jurídicas o facilitar tal inducción. La pena es de hasta cinco años de privativa de libertad o multa, y se castiga también la tentativa. La pena puede aumentar hasta diez años si el autor actúa comercialmente o como miembro de una organización criminal dedicada a estos delitos.

Asimismo, la ley Nº 4439/2011 tipificó el delito de pornografía relativa a niños y adolescentes:

Pornografía relativa a niños y adolescentes (Artículo 140): Penaliza la producción, distribución, promoción, financiación, exhibición y posesión de materiales pornográficos que involucren a niños, niñas y adolescentes menores de 18 años. Las penas pueden ser establecidas por sanciones de pena privativa de libertad de hasta cinco años o multa para quienes produzcan, distribuyan o promuevan dicho material; y hasta tres años o multa para quienes reproduzcan o posean dichas publicaciones. La pena puede aumentar hasta diez años en casos donde las víctimas sean menores de 14 años, haya abuso de autoridad o relaciones de confianza, o el autor actúe con violencia, engaño, o como miembro de una organización criminal. También se aplican disposiciones adicionales en relación a lo establecido con relación a la pena patrimonial y al comiso especial extensivo del mismo CP. El cual es tomado como un delito de contenido conforme al Convenio de Budapest, cuando las producciones digitales, publicaciones, las distribuciones sean a través de datos de archivos de imágenes y vídeos, como asimismo, la posesión de archivos a través de unidades de almacenamiento.

Se tienen también los delitos que ya estaban establecidos en el Código Penal Paraguayo:

Alteración de datos (Artículo 174): Este artículo establece que cualquier persona que, sin autorización y lesionando el derecho de disposición de otro sobre datos, los borre, suprima, inutilice o modifique, será castigada con pena privativa de libertad de hasta dos años o con multa. También se penaliza la tentativa de cometer estos actos. El artículo aclara que, para efectos de esta disposición, se entenderá por "datos" aquellos que sean almacenados o transmitidos electrónicamente, magnéticamente, o de otra forma no inmediatamente visible.

Alteración de datos relevantes para la prueba (Artículo 248): Penaliza a quien, con la intención de inducir al error en relaciones jurídicas, almacene o adultere datos relevantes para la prueba, de tal manera que estos datos, al ser percibidos, se presenten como un documento no auténtico. La conducta se castiga con pena privativa de libertad de hasta cinco años o con multa. También se castiga la tentativa de este delito. Además, se aplican disposiciones adicionales En los casos especialmente graves, la pena privativa de libertad podrá ser aumentada hasta diez años.

De todos los hechos mencionados, con excepción del hecho de pornografía relativa a niños y adolescentes, todos estos hechos afectan directamente a *confidencialidad, integridad y disponibilidad* de los datos, sistemas informáticos, procesamiento datos, etc.

Si bien el Convenio de Budapest en su momento, no incluyó a los hechos de *grooming*[16], pero el cual no se aleja de la pornografía infantil, como

---

16 La UNICEF define el *grooming* como el proceso mediante el cual una persona adulta se gana la confianza de un niño o niña, generalmente a través de la utilización de internet, con el propósito de abusar sexualmente del niño o niña, ya sea en línea o fuera de línea. Este proceso puede involucrar la manipulación psicológica del menor para que se sienta cómodo con el abusador y facilite el acceso a contenidos sexuales o encuentros físicos. UNICEF. (2020). *How to protect oneself*

tampoco de dista de ser un delito informático de contenido. El Código Penal Paraguayo se amplía por el tipo legal de *Abuso por medios tecnológicos,* que tipifica: "El que por medio de comunicaciones electrónicas, telecomunicaciones o cualquier otra tecnología de transmisión de datos, solicite o exija de cualquier modo a un niño o niña que realice actos sexuales o que le envíe imágenes de sí misma con contenido sexual, será castigado con pena privativa de libertad de hasta tres años." (Código Penal Paraguayo, 1997, art. 174b, ampliado por Ley N° 6002/2017[17]). Este tipo de hechos, son exclusivamente perpetrados a través del uso de la tecnología informática, en principio, no se vulneran los datos ni sistemas informáticos, sino que los dispositivos de sistemas informáticos son empleados como instrumentos de comunicación para obtener datos en texto, imagen, audio y vídeo de contenidos sexuales.

Se puede abstraer de los delitos de pornografía relativa a niños y adolescentes y el de abuso por medios tecnológicos, la idea de la utilización de la TIC como medios y no como fin, en el caso de los delitos informáticos puros. Esa última cuestión es equiparable para decir que las evidencias digitales pueden emerger en la comisión de hechos punibles como al de la estafa común, en dos no se accede ilegalmente a ningún sistema informáticos para disponer del patrimonio ajeno de terceros, sino que se utiliza como medio de comunicación para canalizar modalidades de engaño, para que la víctima disponga erróneamente de su patrimonio.

5. JURISDICCIÓN PENAL APLICABLE

En Paraguay, la jurisdicción penal sobre delitos informáticos o delitos resultantes de la utilización de TIC, siempre será de materia penal y la ejercen los jueces o tribunales penales de forma general[18], hasta la fecha, tales hechos resultantes que sean objeto de proceso penal, no aplican a un fuero especializado de "Delitos Informáticos", aunque en el caso del Ministerio

---

from online grooming. UNICEF. https://www.unicef.org/ukraine/en/documents/how-protect-oneself-online-grooming

17 Biblioteca y Archivo Central del Congreso Nacional, (2017) Ley N° 6002/2017 Modifica el artículo 135 de la Ley n° 1160/97 "Código Penal", modificado por el artículo 1° de la Ley n° 3440/08 "Que modifica varias disposiciones de la Ley n° 1160/97 "Código penal"

18 Código Procesal Penal Paraguayo, (1998), artículos 31, 32 y 33.

Público, existen Unidades Especializadas de Delitos Informáticos[19], quienes ejercen la investigación de delitos informáticos a nivel nacional hasta la fecha, sin perjuicio de las prerrogativas del Fiscal General del Estado de asignar casos de este tipo a otros fiscales de otras competencias[20].

En el caso de la territorialidad, tenemos que los delitos informáticos son de gran controversia en muchos de los casos, en primer lugar, porque puede ser transnacional, y otra cuestión particular en Paraguay, y muy seguramente en otros países, que el delito originado en lugar, posee repercusión en otro lugar distinto, esto obedece en muchas de las veces, porque la característica de estos delitos no posee la visión tradicional de que el autor del hecho se encuentra precisamente *in situ* de la víctima, sino que lo comete a través del ciberespacio.

Al respecto, en los casos de transnacionalidad, Paraguay tiene la suerte de contar con varios instrumentos internacionales en materia de cooperación en materia penal, a parte del Convenio de Ciberdelincuencia, por lo que utiliza dichos instrumentos para obtener información. Asimismo, Paraguay cuenta con la afiliación en Interpol, lo cual hace posible instar a la investigación de hechos ocurridos en el extranjero con afectación en el país.

Con respecto a hechos ocurridos en un lugar de la República con afectación en otro lugar, se utiliza la interpretación del lugar de preparación y el lugar de consumación del hecho, con lo cual se busca fundamentar la pertinencia de la competencia territorial, en lo que enmarca del **Código Procesal Penal**, "cuando el hecho punible haya sido preparado o iniciado en un lugar y consumado en otro, el conocimiento corresponderá al tribunal de este último lugar" (Código Procesal Penal, 1998, art. 37 inc. 5).

6. INSTITUCIONES ENCARGADAS DE LA INVESTIGACIÓN DE DELITOS INFORMÁTICOS

Se priorizó la mención de la acción penal pública como materia de estudio de este documento, lo que lleva mencionar al Ministerio Público como principal actor en el sistema acusatorio adversarial que posee Paraguay.

---

19 Ministerio Público, Fiscalía General del Estado, Resoluciones N° 3459/10 y 4408/11, https://ministeriopublico.gov.py/unidad-especializada-de-delitos-informaticos-

20 Congreso Nacional del Paraguay (2000), Ley N° 1562 Orgánica del Ministerio Público

En materia de investigación de delitos informáticos, la capacidad de recibir denuncias corresponde a varias instituciones públicas, principalmente a la Policía Nacional, para luego remitirse al Ministerio Público, aunque primariamente, la tarea de recibir una *notitia crimis* corresponde al Ministerio Público, en lo que regula el Código Penal[21].

La política criminal demandó la creación del *Departamento Especializado en la Investigación del Cybercrimen y los Hechos Punibles Informáticos* de la Policía Nacional[22] y las *Unidades Especializadas de Delitos Informáticos*[23] del Ministerio Público, instituciones que trabajan de manera conjunta en la investigación de delitos informáticos, haciendo referencia que la policía tiene sus prerrogativas que le atribuye el Código Procesal Penal, y en el marco de un proceso penal, con la dirección del Ministerio Público, y estos a su vez, con el control judicial, según las reglas procesales previstas en el mismo código.

En el caso del Ministerio Público, se han creado varios unidades especializadas sobre delitos informáticos, siendo la principal la sede capital en Asunción, que según las Resoluciones N° 3459/10 y 4408/11 de la Fiscalía General del Estado, dichas unidades penales especializadas, tienen a su cargo la investigación y promoción de la acción penal en referencia a los tipos penales de competencia exclusiva de la Unidad Especializada en Delitos Informáticos son los siguientes: Acceso indebido a datos, interceptación, preparación al acceso indebido a datos, alteración de datos, acceso indebido a sistemas informáticos, sabotaje a sistemas informáticos, alteración de datos relevantes, falsificación de tarjetas de crédito y débito y estafa mediante sistemas informáticos.

7. INSTRUMENTOS INTERNACIONALES DE COOPERACIÓN

Paraguay cuenta con varios instrumentos cooperación internacional, siendo el más importante el Convenio sobre Asistencia Judicial Mutua en

---

21 Código Procesal Penal Paraguayo, (1998), artículos 284, 286, 289 y 290

22 Policia Nacional, Dirección de Delitos Económicos y Financieros, Departamento de Cybercrimen https://policianacional.gov.py/page/2/?s=cybercrimen

23 Ministerio Público, Fiscalía General del Estado, Resoluciones N° 3459/10 y 4408/11, https://ministeriopublico.gov.py/unidad-especializada-de-delitos-informaticos-

Materia Penal (Convenio de Nassau)[24][25], y el el Convenio contra la Delincuencia Organizada Transnacional (Convenio de Palermo)[26] y su Protocolo contra Trata de Personas[27], y otros, a parte del Convenio de Budapest, que es el instrumento internacional especial que nos ocupa.

Todos los instrumentos internacionales mencionados, sirven y sirvieron a Paraguay en varias especialidades investigativas, Paraguay, tiene una tarea cooperativa internacional de trayectoria en diversos casos y no solo de los delitos informáticos.

En el caso específico de los delitos informáticos Paraguay tiene la herramienta de la cooperación derivada de los Estado-miembros del Consejo de Budapest, por medio de la Red 24/7[28], que fue establecida conforme al artículo 35 del Convenio sobre Ciberdelincuencia, para lo cual se mantiene un directorio de puntos de contacto para la cooperación de respuesta rápida de eventos relacionados a los ciberdelitos, como también la de intercambio de información para luego instrumentalizar la cooperación internacional por asistencia legal mutua, dependiendo del país, por el Convenio de Nassau o el mismo Convenio de Budapest, para solicitar formalmente información o para la recolección de evidencia electrónica de un delito penal.

Una de las principales herramientas con que cuenta Paraguay para la cooperación mutua por medio de la Red de 24/7 es la conversación de datos, que si bien, Paraguay no es país referente de ser un país proveedor de servicios electrónicos internacional, tiene las atribuciones de solicitar la conservación a donde corresponda. Pero, hay que mencionar que todos los países que gozan de empresas proveedoras de servicios electrónicos de comunicación, como correos electrónicos, redes sociales, etc., colaboran con Paraguay en materia de conservación de datos. Como es

---

24 Congreso Nacional del Paraguay (2003), Ley Nº 2192/2003: Paraguay ratificó la Convención Interamericana sobre Asistencia Mutua en Materia Penal,

25 Congreso Nacional del Paraguay (2012), Ley Nº 2192 Aprueba Protocolo facultativo relativo a la Convención Interamericana sobre Asistencia Mutua en Materia Penal.

26 Congreso Nacional del Paraguay (2003), Ley Nº 2161 Por la cual Paraguay ratifica la Convención de las Naciones Unidas contra la Delincuencia Organizada Transnacional (Convención de Palermo)

27 Congreso Nacional del Paraguay (2004), Ley Nº 2.478/2004: Esta es la ley que ratifica el Protocolo para Prevenir, Reprimir y Sancionar la Trata de Personas,

28 Consejo de Europa, Convenio de Ciberdelincuencia, Red 24/7 https://www.coe.int/en/web/cybercrime/24/7-network-new-

sabido, grandes empresas de los Estados Unidos, como el caso de *Microsoft Corp, Meta Platfoms Inc, Google LLC*, son empresas que colaboran ampliamente cuando se trata de conservación de datos derivados de delitos informáticos, los cuales pueden ser consistentes en futuras evidencias digitales, para la posterior otorgación por medio de la instrumentalización de una cooperación.

La cooperación internacional por **Asistencia Legal Mutua** para delitos informáticos, el **Convenio de Budapest** establece reglas de la forma de ejercitarse por medio de: **Principios generales relativos a la asistencia mutua,** y de cómo se mecanizan los **Procedimientos relativos a las solicitudes de asistencia mutua en ausencia de acuerdos internacionales aplicables** otros instrumentos internacionales, y la utilización del Convenio de Budapest como última ratio, por ejemplo, si Paraguay tiene tratados, acuerdos y convenios internacionales de cooperación en materia penal con otros países, que en el caso de Paraguay, cuenta con el Convenio de Nassau con otros países (Convenio de Ciberdelincuencia, 2001, art. 27, 28).

Asimismo la **Asistencia mutua en materia de medidas provisionales** en el caso de Paraguay solicite a otra a otro de los Estado-parte, para que se ordene u obtenga de otra forma la conservación rápida de datos almacenados por medio de un sistema informático que se encuentre en el territorio de esa otra Parte, respecto de los cuales la Parte requirente tenga la intención de presentar una solicitud de asistencia mutua con vistas al registro o al acceso de forma similar, la confiscación o la obtención de forma similar, o la divulgación de los datos, o en los casos en que Paraguay sea un país requerido. (Convenio de Ciberdelincuencia, 2001, art. 29).

También las reglas para la **Asistencia mutua en relación con el acceso a datos informáticos almacenados, Asistencia mutua para la obtención en tiempo real de datos sobre el tráfico** como la **Asistencia mutua relativa a la interceptación de datos sobre el contenido,** esos tipos de solicitudes son viables, pero con los ajustes de las condiciones y procedimientos establecidos en la Ley interna de los país. Al respecto de Paraguay, hay informaciones de fuentes abiertas, semicerradas y cerradas. Con respecto a las semicerradas, el Ministerio Público, puede acceder a la información de ciertas instituciones públicas y privadas con el pedido de informe vía oficio, pero hay otros que solamente son accesibles mediante actos coercitivos, para los cuales se necesitaría un pedido formal de cooperación internacional, en el caso de que Paraguay sea un país requerido.

8. INSTITUTOS PROCESALES DE LOS MEDIOS DE PRUEBA APLICADOS A LA EVIDENCIA DIGITAL

Se mencionó previamente, que el proceso penal y las reglas de procedimiento se rigen por el Código Procesal Penal del año 1998, el cual no hace mención explícita de la evidencia digital, pero si hace mención de la *libertad probatoria* como principio rector del fin máximo de la justicia, que es la *búsqueda de la verdad, y los hechos y circunstancias relacionadas al caso investigado pueden ser admitidos por cualquier medio de prueba,* con la condición de que se cumplan las formalidades para su recolección, ofrecimiento, y posterior admisión.

En ese contexto, el **Código Procesal Penal**, regula las actividades de procedimiento que busquen obtener elementos probatorios por diversos medios, y otorga facultades investigativas al Ministerio Público principalmente, y también a la Policía Nacional bajo la dirección del Ministerio Público y en el control Judicial, asimismo, otorga otras facultades regladas, tanto al Ministerio Público, como la Policía, como las facultades registros de personas, registros de lugares o recintos privados o público, reconstrucciones, etc.

En esa línea, el CPP crea tres perfiles importantes en materia de obtención de probatoria: al consultor técnico, al *perito,* y al *testigo experto,* y a dos actividades de procedimiento, claves en el proceso, l*as operaciones técnicas* y las *pericias siendo*:

Consultores técnicos: Cuando alguna de las partes considere necesario ser asistida por un consultor en una ciencia, arte o técnica, lo propondrá al juez, quien lo designará según las reglas aplicables a los peritos, en lo pertinente, sin que por ello asuman tal carácter. El consultor técnico podrá presenciar las operaciones periciales, hacer observaciones durante su transcurso, sin emitir dictamen y se dejará constancia de sus observaciones" (Código Procesal Penal, 1998, art. 297).

Operaciones técnicas: Para mayor eficacia y calidad de los registros e inspecciones, se podrán ordenar operaciones técnicas o científicas, reconocimientos y reconstrucciones" (Código Procesal Penal, 1998, art. 112).

Pericia: "Se podrá ordenar una pericia cuando para descubrir o valorar un elemento de prueba sea necesario poseer conocimientos especiales en alguna ciencia, arte o técnica. La prueba pericial deberá ser practicada por expertos imparciales, objetivos e independientes" (Código Procesal Penal, 1998, art. 214).

Calidad habilitante: Los peritos deberán ser expertos y tener título habilitante en la materia relativa al punto sobre el que dictaminarán, siempre que la ciencia, arte o técnica estén reglamentadas. En caso contrario deberá designarse a persona de idoneidad manifiesta. No regirán las reglas de la prueba pericial para quien declare sobre hechos o circunstancias que conoció directamente aunque utilice para informar las aptitudes especiales que posee en una ciencia arte o técnica. En este caso regirán las reglas de la prueba testimonial (Código Procesal Penal, 1998, art. 215). En este artículo también se hace referencia al **testigo experto**, en las condiciones que están establecidas en el presente artículo.

En la realidad práctica, vemos que Ministerio Público utiliza varios recursos para obtener evidencias electrónicas, como la realización de allanamientos de recintos públicos y privados, así también, en el registro de personas por parte de la Policía en flagrancia, y el despojo de las evidencias al sospechoso del caso investigado, como el caso de dispositivos móviles como *smartphones, tablets, pendrives, etc.*

También ocurren muchas situaciones, que las víctimas resultantes de hechos punibles de delitos informáticos o de delitos comunes, ellas mismas hacen entrega de sus dispositivos, en donde se aprecian rastros de la comisión de hechos punibles, con el previo análisis, si hubo o respecto de la cadena de custodia.

Estas herramientas procesales son pertinentes para la recolección de evidencia digital en la escena del delito o la circunstancia en que se la encuentre.

Así también, el Ministerio Público utiliza otros recursos como investigativos importantes, que con orden judicial, puede facultar a la Policía Especializada para realizar dichas tareas, el **Código Procesal Penal** faculta a la Policía Nacional para estas actividades, y se expresamente a actividades de procedimiento como: "La Policía Nacional tendrá las facultades siguientes, sin perjuicio de otras establecidas en la Constitución y en las leyes especiales: ...levantar planos, tomar fotografías, realizar grabaciones en vídeo y demás operaciones técnicas o científicas" (Código Procesal Penal, 1998, art. 297 inc. 8).

Siendo estas herramientas con las cuales el Ministerio Público, promueve el ejercicio de la acción penal pública o la realización de sus actos de investigación

Sin embargo, hay una figura procesal importante, que es el **Anticipo jurisdiccional de prueba**[29], permite solicitar la producción anticipada de pruebas cuando se trate de diligencias irreproducibles, como puede ser el caso de evidencias digitales, debido a su naturaleza volátil y fácilmente alterable. Dado que las evidencias digitales, como datos en dispositivos electrónicos o registros en línea, pueden desaparecer o modificarse rápidamente, el Ministerio Público o cualquier parte interesada puede requerir al Juez Penal de Garantías que se realice de manera anticipada su obtención y preservación. Si el Juez Penal de Garantías, considera la solicitud admisible, ordenará la práctica de la prueba citando a todas las partes involucradas, quienes podrán participar en el proceso según las facultades previstas en el Código Procesal Penal. En caso de rechazo, la parte solicitante puede apelar ante el tribunal de apelación para obtener una resolución inmediata que ordene la producción de la evidencia digital antes de que esta se pierda o altere.

9. CONSIDERACIONES IMPORTANTES DE RECOLECCIÓN DE EVIDENCIAS DIGITALES

Los actos de investigación, secuestro de evidencias físicas y operaciones técnicas para la recolección de evidencias digitales, deben serlo con autorización judicial, en primer lugar si la evidencia física portadora de la evidencia digital se encuentra en un recinto privado y requiera una orden de allanamiento previa, como asimismo, de una orden de secuestro de objetos, y de operaciones para la obtención de evidencia digital.

Es fundamental, aplicar principios procesales a la custodia forense de evidencias, como lo es la cadena de custodia, que en **Código Procesal Penal:** "Regirá el procedimiento prescripto para el registro. Los efectos secuestrados serán inventariados y puestos bajo segura custodia... ...Si los objetos secuestrados corren riesgo de alterarse, desaparecer, sean de difícil custodia o perecederos, se ordenarán reproducciones, copias o certificaciones sobre su existencia y estado." (Código Procesal Penal, 1998, art. 196).

Asimismo, el **Código Procesal Penal** faculta a la Policía Nacional para estas actividades, y se expresamente a actividades de procedimiento como: "La Policía Nacional tendrá las facultades siguientes, sin perjuicio de otras establecidas en la Constitución y en las leyes especiales: ...levantar planos,

[29] Código Procesal Penal, 1998, art. 320

tomar fotografías, realizar grabaciones en vídeo y demás operaciones técnicas o científicas; incautar los documentos, libros contables, fotografías y todo elemento material que pueda servir a la investigación, previa autorización judicial. Los funcionarios de la Policía Nacional no podrán abrir la correspondencia que secuestre, la que remitirá intacta al Ministerio Público" (Código Procesal Penal, 1998, art. 297 inc. 8 y 10).

En el caso que se practique actos de recolección de evidencias digitales por medio de operaciones técnicas, estas operaciones deben ser solicitadas por autorización judicial, las cuales deben ser realizados por personal experto o autorizados, que pueden ser en las cuales se deberán consignar la proposición del personal interviniente y las posibles herramientas forenses o técnicas a utilizar en el proceso, que demuestren la aplicación científica al proceso, y garantice el proceso de obtención de evidencias digitales.

10. TÉCNICAS DE RECOLECCIÓN APLICADAS

Las técnicas aplicables a la recolección de evidencias aplicables a las evidencias electrónicas, poseen procedimientos especializados que en el caso del Ministerio Público, cuenta con un Laboratorio Forense, que posee un personal capacitado para el análisis de la escena del crimen, quienes tienen herramientas para identificar, recolectar, preservar, evidencia, asimismo, cuenta con peritos que analizan y peritan los datos y archivos digitales de sistemas informáticos, para la extracción de la evidencia digital.

Asimismo, la Resolución de creación de la Unidad Penal Especializada de Delitos Informáticos, creó una Coordinación Técnica, que posee asignados, funcionarios fiscales, que coadyuvan con las tareas de recolección de evidencia consistentes en dispositivos que son objeto de secuestro como dispositivos móviles, computadoras, unidades de almacenamiento, como también, operaciones técnicas de recolección de evidencia por medio de autorizaciones judiciales en el caso de extracción de y almacenamiento de datos de la memoria volátil como es el caso del contenido de la memoria RAM del sistema informático, que puede contener datos temporales valiosos para la investigación, como contraseñas, información de sesiones abiertas, como es así a los datos del historia del navegación de los navegadores de internet. También en los casos de los hallazgos de evidencias digitales consistentes en dispositivos que presenten pantallas abiertas o desbloqueadas, que requieran captura de pantalla, y registro de actividad en tiempo real, para este caso, son practicadas estas operaciones siempre que haya una autorización judicial de por medio, y esta operación técnica y la confección de un acta de procedimiento, con el rigor que establece el Código Procesal Penal, todo ello, a fin de que la evidencia incautada, mantenga su integridad y autenticidad en el proceso.

11. LA EVIDENCIA DIGITAL COMO MEDIO DE PRUEBA EN EL PROCESO

La inclusión legal de una evidencia digital, deber necesariamente por la conformación de una serie de actos de procedimientos, principalmente por una operación técnica y/o por medio de un dictamen pericial.

La operación técnica puede informar un proceso e informar el contenido de la prueba digital, y el dictamen pericial resultante de un proceso técnico o científico de cómo se logró obtener o no la evidencia digital, ambos tienen la similitud de aportar información probatoria que debe ser probada en juicio oral y público, la cual debe ser ofrecida en la etapa preparatoria del proceso penal.

En este caso, el Ministerio Público, utiliza a los Peritos del Laboratorio Forense, quienes no tienen sujeción con ninguna Unidad Penal, puesto que tienen la matrícula y habilitación de la Corte Suprema de Justicia Paraguay, para ejercer sus labores periciales con objetividad, independencia e imparcialidad.

El Laboratorio Forense del Ministerio Público posee un manual de funciones, y un regulación protocolar para la asignación de peritos según los casos, en los cuales deben ser solicitados por la Unidad Penal Especializada en la forma en que se deberían elaborar la pericias, en incluso con la confección de puntos periciales.

Tanto operación técnica como la pericia, practicada para obtener la evidencia o prueba digital, el ofrecimiento será el soporte digital o magnético, la reproducción de ese soporte será el medio de prueba o la impresión de la información en papel, el cual será como documento.

12. EL VALOR PROBATORIO DE LA EVIDENCIA DIGITAL

La evidencia digital es de vital importancia para la demostración de la verdad en el proceso de causas de ciberdelitos, como asimismo, de delitos que fueron cometidos por medio de la tecnología, los cuales deben ser ofrecidos como elementos probatorios que sustenten la acusación fiscal del

Ministerio Público, esto implica que la evidencia electrónica debe congeniar con los demás elementos de prueba como ser pericias, testimoniales, documentales, evidencias consistentes en objetos, etc., todo ello para conformar la carga de la prueba a ser ofrecida, admitida, producida y valorada, con el afán de buscar la verdad en Juicio, tal como lo expresa el maestro Cafferata Nores "La verdad que se persigue en el proceso penal es, a diferencia de lo que sucede en sede civil, la históricamente ocurrida, denominada *verdad material, verdad correspondencia o verdad real*" (Cafferata Nores, José, 1998, La prueba en el proceso penal, p. 6)

"Las pruebas obtenidas serán valoradas con arreglo a la sana crítica. El tribunal formará su convicción de la valoración conjunta y armónica de todas las pruebas producidas" (Código Procesal Penal, 1998, art. 175), por lo tanto las evidencias digitales, deben ofrecer autenticidad, integridad y confiabilidad, para ser pasibles de ser objeto de la valoración y de la sana crítica en el estadio del JOP, con la inmediación de los Jueces y partes.

13. EXPERIENCIAS DE LA EVIDENCIA DIGITAL EN EL PROCESO PARAGUAYO

Paraguay ha sido escenario de varios hechos punibles de delitos informáticos por muchas razones, una de ellas, porque Paraguay en el proceso de la migración digital de los años noventa y dos mil, no era un país que se haya caracterizado por ser sobresaliente en la informatización tecnológica, como asimismo, de aplicar todos los estándares de ciberseguridad, y por otras razones de desconocimiento de la tecnología de las personas, se podría decir que Paraguay era un país virgen para la ciberdelincuencia.

Los primeros casos de delitos informáticos, eran por desconocimiento y vulnerabilidades de las personas físicas, de las empresas privadas y públicas.

En el caso: **Hacker búlgaro**, año 2011: "La policía requisó de su poder decenas de tarjetas clonadas y casi 90.000 dólares extraídos de cajeros automáticos. Los antecedentes policiales lo sindican como la cabeza de una "mega red" de falsificadores de tarjetas desarticulada en Estados Unidos y Europa en 2004, revelaron hoy portavoces del Departamento de Delitos Económicos de la policía"[30]. En este caso, fueron requisadas por la Policía

---

30 Telemetro.com, (2011), Paraguay: hacker búlgaro capturado estafó hasta a Bill Gates https://www.telemetro.com/tecnologia/2011/06/16/paraguay-bulgaro-capturado-bill-gates/2026260.html

Nacional las evidencias consistentes en tarjetas de banda magnéticas que eran "clonadas" de otras tarjetas de crédito y débito de otras personas. Este hecho obedeció a un hecho punible de **Falsificación de tarjetas de débito o de crédito y otros medios electrónicos de pago** (Código Penal, 1997, amp. y mod. 2011, art. 248b)

El caso **Hotel Paraná,** año 2016: "En la habitación 311 donde se hospedaban los imputados fueron incautadas herramientas para preparar el dispositivo *skimmer*, 30 tarjetas de memoria, 2 dispositivos *skimmer*, 2 mini cámaras preparadas para instalarse, todos elementos que utilizaban para clonar las tarjetas. Además de 28 unidades de baterías artesanales, mini soldador autogena, taladro, pegamento, pintura gris, sierrita, silicona, soldador de estaño, pirograbador, una caja de mini destornilladores, un teléfono celular y una *notebook* Sony Vaio. También se encontraron una cinta métrica y 10 cargadores artesanales, dos tarjetas Visa, una memoria externa de 1 terabyte y cinco minicámaras preparadas"[31]. En este caso, se puede apreciar varias evidencias consistentes en objetos, principalmente, los dispositivos *skimmer* para comer el hecho de captar datos de tarjetas de crédito y débito por medio de los hechos de acceso indebido a datos y acceso indebido a sistemas informáticos, asimismo, las minicámaras para captar la información de los pines (contraseñas *o passwords*) de las tarjetas involucradas. En este caso, tenemos que la evidencia electrónica, es toda información contenida en la memoria de los *skimmers*, en las memorias de las minicámaras, y en las memorias del teléfono celular y la *notebook*. Asimismo, mencionar, que las tarjetas clonadas, de este caso, habrían poseído la información de cuentas ajenas almacenadas en sus respectivas bandas magnéticas, así también, la información contenida en el la *notebook* Sony, también es una evidencia objeto de investigación. Este hecho fue referente a un hecho punible de **Falsificación de tarjetas de débito o de crédito y otros medios electrónicos de pago** (Código Penal, 1997, amp. y mod. 2011, art. 248b)

Caso **Pornografía infantil NCMEC**, año 2017: "Condenan a un alemán por pornografía infantil El ciudadano alemán Fred Werner Hammann fue condenado a 3 años y 6 meses de prisión por pornografía infantil, que fue denunciada por un convenio de Cooperación Internacional con el Centro Nacional para Niños Desaparecidos y Explotados de EE.UU." En el este caso, Paraguay, tenía un convenio entre el Ministerio Público y el Centro

---

31 Diario Ultima hora,(2015), Hallan evidencias relacionadas a la clonación de tarjetas, https://www.ultimahora.com/hallan-evidencias-relacionadas-la-clonacion-tarjetas-n949963

Nacional para Niños Desaparecidos y Explotados (NCMEC) de EE.UU. donde ser enviaba por una conexión VPN se envía el reporte *Cybertipline* que contiene la evidencia digital vinculado al hecho de pornografía relativa a niños adolescentes"[32] Este caso particular fue la primera condena por la comisión del hecho punible de Pornografía relativa a niños y adolescentes, en el cual la evidencia digital de archivo de imágenes/video, constó en el reporte de Cybertipline de NCMEC. Este hecho se trató de un hecho punible de **Pornografía relativa a niños y adolescentes** (Código Penal, 1997, amp. y mod. 2011, art. 140)

Caso de **Pornografía infantil a través de grupos de *Whatsapp***, "En la jornada de ayer se produjo el desbaratamiento de una red de pornografía infantil internacional que operaba a través de la red mensajería instantánea *Whatsapp*. Personas de distintas nacionalidades, incluyendo paraguayos, compartían a través del servicio de mensajería material pornográfico. La agente fiscal Irma Llano, de la Unidad Especializada en Delitos Informáticos del Ministerio Público, explicó a la 650 AM que la red funcionaba de la siguiente manera: la persona que ingresaba al grupal tenía un plazo de tres días para poder "interactuar" y compartir contenido (ya sean fotografías, videos, audios, etc.), caso contrario era nuevamente eliminado"[33]. En este hecho se investigó un hecho punible de **Pornografía relativa a niños y adolescentes** (Código Penal, 1997, amp. y mod. 2011, art. 140)

Caso **Envaco**: "La Sala Penal de la Corte confirmó la condena de 9 años de prisión para un contador, por el desvío de unos US$ 1.500.000 de una firma privada, perpetrada a través de maniobras informáticas. Es la pena más elevada obtenida hasta ahora por la Unidad Especializada en Delitos Informáticos de la Fiscalía, según indicaron"[34].

Este es un caso de estafa mediante sistemas informáticos, en el cual el contador de la empresa Envaco, por medio de la utilización de su usuario,

---

32 Diario Abc Color, (2017), Condenan a un Alemán por pornografía infantil https://www.abc.com.py/nacionales/condenan-a-un-aleman-por-pornografia-infantil-1572954.html

33 Diario Hoy, 2018, Pornografía infantil, estafas y usurpación de identidad, los delitos informáticos más comunes https://www.hoy.com.py/nacionales/pornografia-infantil-estafas-y-usurpacion-de-identidad-los-delitos-informaticos-mas-comunes-en-paraguay/amp

34 Diario Abc Color, 2023 Quedó firme la condena más elevada que hasta ahora obtuvo Delitos Informáticos de la Fiscalía https://www.abc.com.py/nacionales/2023/09/21/quedo-firme-la-condena-mas-elevada-que-hasta-ahora-obtuvo-delitos-informaticos-de-la-fiscalia/

estaba teniendo un beneficio patrimonial indebido a través la alteración continuada de datos de la empresa por medio del sistema informático de gestión contable denominado "*Waldbott*". Con su usuario del sistema informático, también lograba alterar la información consistente en importes de los cheques que le fueron debitados de las cuentas de la empresa Envaco. Finalmente, la causa fue a JOP, lográndose una condena de 9 años, la condena más alta que se ha logrado por delitos informáticos en Paraguay, el cual se podría decir que un caso emblemático[35]. Este hecho tuvo la condena por el hecho punible de **Estafa mediante sistemas informáticos** (Código Penal, 1997, amp. y mod. 2011, art. 188).

Caso **Free Fire,** "Condenan a prisión a hombre que captaba niños ofreciendo diamantes" en *Free Fire.* Un hombre fue condenado a 6 años de prisión tras ser hallado culpable de captar a menores de edad a través del ofrecimiento de "diamantes" en el popular juego *Free Fire,* a cambio de actos de índole sexual. Un hombre fue condenado a 6 años de prisión tras ser hallado culpable de captar a menores de edad a través del ofrecimiento de "diamantes" en el popular juego *Free Fire,* a cambio de actos de índole sexual. Durante el juicio se demostró el almacenamiento, reproducción y difusión de imágenes y vídeos de pornografía infantil en diversas modalidades sexuales, incluyendo interacciones de niños con otros niños, además de adolescentes y adultos. Una de las víctimas del ahora condenado, es un niño de 10 años, quien fue captado a través del chat interno del popular videojuego. Primeramente, Santos le solicitó su número de teléfono para así poder contactarlo a través de *WhatsApp.* Una vez empezaba el intercambio de mensajes, el mismo planteaba a su víctima "juegos" de tinte sexual con muestras de desnudez que el niño debía de imitar y transmitir durante una videollamada. A cambio de ello, ofrecía como regalo la recarga de "diamantes", los cuales son utilizados en el juego para desbloquear y adquirir diversos artículos.

Este es un caso que la evidencia digital versó en la obtención de conversaciones de *Whatsapp*, imágenes, videos, y la demostración de conversaciones del chat interno del videojuego, como asimismo, se demostró que captaba a sus víctimas mediante el ofrecimiento de diamantes del juego a cambio de material de pornográfico infantil producido por los mismos

---

[35] Diario Abc Color, 2022, Detienen a un contador que estaba prófugo por millonario perjuiciohttps://www.abc.com.py/policiales/2024/03/22/detienen-a-un-contador-que-estaba-profugo-por-millonario-perjuicio/

niños, a cambio de la otorgación de dichos diamantes en el videojuego"[36]. En este hecho se investigó un hecho punible de **Abuso por medios tecnológicos** (Código Penal, 1997, amp. y mod. 2017, art. 135b) y **Pornografía relativa a niños y adolescentes** (Código Penal, 1997, amp. y mod. 2011, art. 140)

14. DESAFÍOS PARA EL PROCESO PENAL PARAGUAYO

Se puede decir que Paraguay, ha contrarrestado la lucha contra muchas de las manifestaciones cibercriminales que aparecido en el país, incluso como tendendencia, como el caso de hackeo de la red social *whatsapp* por ingeniería social, como asimismo, los casos mayor logística técnica, como el caso de las falsificaciones de tarjeta de débito y crédito, y estafas derivadas de los accesos ilegales a cuentas bancarias, asimismo, los innumerables casos de pornografía infantil por redes sociales a consecuencia de la viralización inescrupulosa, tenemos que de todos ellos emergen evidencias digitales y muchos otros comportamientos lesivos con referencias a delitos informáticos, y delitos con ayuda de la tecnología.

El fenómeno ciberdelictivo ha demostrado que no existen clases sociales definidas para clasificar ciberdelincuentes o víctimas.

Principalmente, los desafíos que Paraguay enfrenta son los típicos problemas de la evidencia digital, los cuales tienen las características de ser volátiles, duplicables, alterables, eliminables, y de complejo almacenamiento.

Jurídicamente hablando, el Código Procesal Penal, debería incluir ciertos actos de procedimiento con relación a la colecta de evidencia digital, como el caso de la interceptación de comunicación y se establezca específicamente, la intercepción de comunicación por texto, audio y video, o cualquiera que pudiere consistir en la transmisión de datos.

Otra cuestión importante, sería la incorporación de denominación de evidencia digital o electrónica, para tipificar como un medio de prueba por su propia naturaleza, y pueda ser ofrecida como tal y no precisamente, como el resultado de un informe derivado de una operación técnica o por medio del dictamen de una pericia judicial.

---

36 Diario Hoy, 2024, Condenan a prisión a hombre que captaba niños ofreciendo "diamantes" en Free Fire https://www.hoy.com.py/nacionales/2024/02/20/condenan-a-prision-a-hombre-que-captaba-ninos-ofreciendo-diamantes-en-free-fire

Asimismo, Paraguay necesita incorporar legislación sobre la obligatoriedad de la conservación de datos, para que instituciones del sector público y privado se ajusten a las necesidades nacionales e internacionales sobre materia de conservación de datos.

Los delitos informáticos siempre están en constante evolución, y los eventos que se pueden suscitar, con los avances que promete la tecnología necesitan mayor contención y protección del estado, por medio de una política criminal que pueda contrarrestar al ciberdelito, y eso solo sería posible con la facilitación de la obtención de la evidencia digital.

15. CONCLUSIÓN

La vigencia de los fenómenos ciberdelictivos, obliga a los operadores de justicia a utilizar todos los mecanismos que ofrece el Código Procesal Penal y las leyes vigentes, como asimismo, las herramientas internacionales en materia de cooperación. El cimiento probatorio de todos estos casos, en la mayoría de las veces, es la evidencia digital, como tal debe ser específicamente tutelada para la facilidad de la búsqueda de la verdad, pero eso no resta la aplicación que tiene hoy a través de los institutos procesales que el Código Procesal Penal Paraguayo ya cuenta, como también, las construcciones que se realizar a través de las definiciones que abordar el Código Penal Paraguayo y la aprobación y ratificación del Convenio de Budapest, y otras herramientas legales establecidas en las leyes.

El Código Procesal Penal fue codificada con la perspectiva tradicional de los medios de prueba en el proceso penal, pero, como se pudo notar en este análisis explicativo de este trabajo, el código procesal penal dejó abierta la posibilidad de inclusión de elementos probatorios por Operaciones Técnicas y Pericias que obedecen a la labor técnica y científica de expertos, los cuales son las herramientas principales que utiliza el Ministerio Público para el descubrimiento de la verdad.

Bibliografía

Cafferata Nores, J. (1998). *La prueba en el proceso penal* (3er. Ed.) Depalma

Casey, E. (2011). *Digital Evidence and Computer Crime Forensic Science, Computers and the Internet* (3er. Ed.) Elsevier

Código Penal Paraguayo, (1997)

Código Procesal Penal, (1998)

Congreso Nacional del Paraguay (2000), Ley N° 1562 Orgánica del Ministerio Público

Congreso Nacional del Paraguay (2003), Ley N° 2161 *Por la cual Paraguay ratifica la Convención de las Naciones Unidas contra la Delincuencia Organizada Transnacional* (Convención de Palermo)

Congreso Nacional del Paraguay (2004), *Ley N° 2.478: Esta es la ley que ratifica el Protocolo para Prevenir, Reprimir y Sancionar la Trata de Personas,*

Congreso Nacional del Paraguay, (2011), Ley N° 4439 *Que modifica y amplia varios artículos de la ley n° 1160/97 "Código penal*

Congreso Nacional del Paraguay, (2012), Ley N° 2192 *Aprueba Protocolo facultativo relativo a la Convención Interamericana sobre Asistencia Mutua en Materia Penal.*

Congreso Nacional del Paraguay, (2017), Ley N° 5994/2017, *"Que aprueba la convención sobre la ciberdelincuencia, y el protocolo adicional al convenio sobre ciberdelincuencia relativo a la penalización de actos de índole racista y xenófoba cometidos por medio de sistemas informáticos"*

Congreso Nacional del Paraguay (2017) Ley N° 6002 *Que modifica el artículo 135 de la Ley n° 1160/97 "Código Penal", modificado por el artículo 1° de la Ley n° 3440/08 "Que modifica varias disposiciones de la Ley n° 1160/97 "Código penal"*

Consejo de Europa. (2001). *Convenio sobre la ciberdelincuencia (ETS N° 185).* Budapest, Hungría: Consejo de Europa

Consejo de Europa, Convenio de Ciberdelincuencia, (2013) *Guía de prueba electrónica del consejo de Europa*

Consejo de Europa, Convenio de Ciberdelincuencia, Red 24/7 https://www.coe.int/en/web/cybercrime/24/7-network-new-

Constitución Nacional de la República del Paraguay (1992)

Convención Americana sobre Derechos Humanos. (1969). *Pacto de San José.* Organización de los Estados Americanos. Aprobado y ratificado por el Congreso Nacional del Paraguay por Ley N° 1/1989

Convención de las Naciones Unidas contra la Delincuencia Organizada Transnacional (Convención de Palermo)

Delgado Martín, J. (2018). *Investigación tecnológica y prueba digital en todas las jurisdicciones.* Ed. Tirant lo Blanch.

Diario Abc Color, (2017), Condenan *a un Alemán por pornografía infantil* https://www.abc.com.py/nacionales/condenan-a-un-aleman-por-pornografia-infantil-1572954.html

Diario Hoy, (2018*). Pornografía infantil, estafas y usurpación de identidad, los delitos informáticos más comunes* https://www.hoy.com.py/nacionales/pornografia-infantil-estafas-y-usurpacion-de-identidad-los-delitos-informaticos-mas-comunes-en-paraguay/amp

Diario Abc Color, (2022). Detienen *a un contador que estaba prófugo por millonario perjuicio* https://www.abc.com.py/policiales/2024/03/22/detienen-a-un-contador-que-estaba-profugo-por-millonario-perjuicio/

Diario Abc Color, (2023). *Quedó firme la condena más elevada que hasta ahora obtuvo Delitos Informáticos de la Fiscalía* https://www.abc.com.py/nacionales/2023/09/21/

quedo-firme-la-condena-mas-elevada-que-hasta-ahora-obtuvo-delitos-informaticos-de-la-fiscalia/

Diario Hoy, (2024) *Condenan a prisión a hombre que captaba niños ofreciendo "diamantes" en Free Fire* https://www.hoy.com.py/nacionales/2024/02/20/condenan-a-prision-a-hombre-que-captaba-ninos-ofreciendo-diamantes-en-free-fire

Diario Telemetro.com, (2011), *Paraguay: hacker búlgaro capturado estafó hasta a Bill Gates* https://www.telemetro.com/tecnologia/2011/06/16/paraguay-bulgaro-capturado-bill-gates/2026260.html

Diario Última hora, (2015). Hallan evidencias relacionadas a la clonación de tarjetas, https://www.ultimahora.com/hallan-evidencias-relacionadas-la-clonacion-tarjetas-n949963

Euromed (2018) "Evidence Manual Practical Guide for Requesting Electronic Evidence from Service Providers"

International Business Machines Corporation (IBM) *¿Qué es el hacking?*, https://www.ibm.com/mx-es/topics/cyber-hacking#:~:text=El%20ejemplo%20cl%C3%A1sico%20de%20un,red%20inform%C3%A1tica%20para%20robar%20datos.

International Business Machines Corporation (IBM) ¿Qué es el malware?, https://www.ibm.com/topics/malware?mhsrc=ibmsearch_a&mhq=malware

International Business Machines Corporation (IBM), https://www.ibm.com/

Ministerio Público, Fiscalía General del Estado. (2010) Resolución N° 3459

Ministerio Público, Fiscalía General del Estado. (2011) Resolución N° 4408

Ministerio Público, Fiscalía General del Estado. (2012) Instructivo FGE N° 4 *"Procedimiento para Solicitar pericias al Laboratorio Forense"*

Naciones Unidas. (1966). *Pacto Internacional de Derechos Civiles y Políticos.* Aprobado y ratificado por el Congreso Nacional del Paraguay por Ley N° 1/1992

Naciones Unidas. (1948). *Declaración Universal de Derechos Humanos.* Aprobado y ratificado por el Congreso Nacional del Paraguay por Ley N° 1/1992

Nieva F., J. (2010*): La valoración de la prueba, Barcelona* Ed. Marcial Pons

Policia Nacional, Dirección de Delitos Económicos y Financieros, Departamento de Cybercrimen https://policianacional.gov.py/page/2/?s=cybercrimen

Riquert, M. y Suerio C. (2019). *Sistema penal e informática* (1ª Ed.) Hammurabi

Rubio A., J. (2018). *Diferencias entre evidencia informática y prueba informática* https://peritoinformaticocolegiado.es/blog/diferencias-entre-evidencia-informatica-y-prueba-informatica/

Salt, M. (2017). *Nuevos desafíos de la evidencia digital: Acceso transfronterizo y técnicas de acceso remoto a datos informáticos.* (1ª Ed.) Ac-Hoc

Suprema Corte de Justicia de la Nación de México (2022) *Manual de prueba pericial,* Ed. Suprema Corte de Justicia de la Nación

Telemetro.com, (2011), *Paraguay: hacker búlgaro capturado estafó hasta a Bill Gates https://www.telemetro.com/tecnologia/2011/06/16/paraguay-bulgaro-capturado-bill-gates/2026260.html*

UNICEF (Fondo de las Naciones Unidas para la Infancia por sus siglas en inglés) (2020). *How to protect oneself from online grooming.* UNICEF. https://www.unicef.org/ukraine/en/documents/how-protect-oneself-online-grooming

Vázquez R., C. (2015) De *la prueba científica a la prueba pericial,* Ed. Marcial Pons

Impacto de las herramientas procesales disruptivas en la investigación penal. Su tratamiento en el ordenamiento jurídico latinoamericano

PAOLA S. BREITENBRUCH / MARÍA LOURDES PETRECOLA / NATALIA S. PEREYRA

SUMARIO: 1. INTRODUCCIÓN. 2. LA TECNOLOGÍA FORENSE Y SU APLICACIÓN EN INVESTIGACIONES PENALES. 2.1. Protocolos internacionales de tratamiento de la evidencia digital. 2.2. Buenas prácticas y el futuro del tratamiento de la evidencia digital. 3. NORMATIVA IRAM-ISO/IEC 27037:2022. 3.1. Análisis del protocolo y su aplicación en el ámbito judicial. 3.1.1. Identificación y recolección de la evidencia digital. 3.1.2. La adquisición y la preservación. 3.1.3. Implicancia en los juicios penales. 4. EL USO DE HERRAMIENTAS DE INTELIGENCIA ARTIFICIAL (IA) EN INVESTIGACIONES PENALES. 4.1. Software Clearview. 4.2. Desafíos legales y éticos. 4.2.1. Derecho a la privacidad. 4.2.2. Regulación inadecuada. 4.2.3. Sesgo algorítmico. 4.2.4. Admisibilidad de la evidencia. 4.2.5. Vigilancia masiva. 4.3. Reportes del Centro Nacional para Niños Desaparecidos y Explotados (NCMEC). 4.3.1. Protección de datos y confidencialidad en Europa. 4.3.2. Propuesta de un Reglamento Europeo. 4.3.3. Inteligencia Artificial y la búsqueda de material ilícito. 4.3.4. Diferencias regulatorias entre Europa y América Latina en el uso de información brindada por entidades privadas en investigaciones penales de MASI. 4.3.4.1. Europa: protección de datos y restricciones judiciales. 4.3.4.2. América Latina: desafíos regulatorios. 4.3.5. Diferencias regulatorias entre Europa y América Latina en el uso de IA. 5. CASUÍSTICA DE LA INVESTIGACIÓN PENAL EN ENTORNOS DIGITALES: REPÚBLICA DE PANAMÁ. 5.1. Introducción. 5.2. La prueba en el ordenamiento de la República de Panamá. Análisis integral de la cadena de custodia y la valoración de la prueba digital. 5.3. Diligencia de allanamiento. 5.3.1. Primer hallazgo: testigos actuarios inhabilitados. 5.3.2. Segundo hallazgo: no se atendieron a los principios que conforman la cadena de custodia. 5.3.3. Tercer hallazgo: Irregularidades en la extracción y colocación temporal de datos electrónicos en un servidor. 5.3.4. Cuarto hallazgo: evidencias electrónicas aportadas en soporte papel. 5.3.5. Responsabilidades del perito actuante según el Directorio de Servicios Periciales. 5.3.6. Implicaciones Legales del Incumplimiento de la Cadena de Custodia. 5.4. Conclusiones del caso. 6. PANÓPTICO COMPARATIVO DE HERRAMIENTAS TECNOLÓGICAS PROCESALES PARA LA INVESTIGACIÓN EN LATAM. 6.1. Estructura y características del panóptico. 6.1. Argentina. 6.2. México. 6.3. República Dominicana. 6.4. Costa Rica. 6.5. Ecuador. 6.6. Panamá. 6.7. Brasil. 6.8. Colombia. 6.9. Perú. 6.10. Paraguay. 6.11. Chile.

1. INTRODUCCIÓN

El auge del ciberdelito ha impulsado el desarrollo y la implementación de *herramientas tecnológicas avanzadas y procesales* en investigaciones penales, marcando un antes y un después en la forma de abordar la criminalidad digital. Así, se hace necesaria la incorporación de regulaciones a la normativa procesal que definan las formas de investigación, entendiendo que el principio de libertad probatoria no permite la inclusión indiscriminada de cualquier medio de prueba en el proceso penal. Este principio tiene límites, especialmente en lo que respecta a los medios probatorios electrónicos, dado el riesgo intrusivo que conllevan, lo cual podría vulnerar garantías fundamentales debido a la magnitud de la medida.

Este artículo tiene como objetivo analizar cómo el uso de estas herramientas procesales tecnológicas impacta en el tratamiento de la evidencia digital, subrayando la importancia de emplear *protocolos estandarizados*[1] para su recolección, preservación y presentación, aspectos esenciales para garantizar la legitimidad, integridad y admisibilidad de las pruebas ante los tribunales. La proliferación del ciberdelito y la complejidad inherente a las investigaciones que involucran datos digitales plantean retos únicos para los sistemas de justicia penal en todo el mundo, ello así, debido a su naturaleza volátil y a la dificultad inherente para garantizar su integridad. En este sentido, las tecnologías forenses y los sistemas de inteligencia artificial (IA), como *Clearview*[2] y los reportes del *NCMEC (National Center for Missing & Exploited Children)*[3], a partir de los cuales surgen de alarmas generadas por un filtro informático en el tráfico de la información[4], han demostrado ser recursos valiosos para mejorar la eficiencia de las investigaciones, aunque también traen consigo implicancias legales, técnicas y éticas que deben ser abordadas.

---

1 Guías nacionales o internacionales para la identificación, la recolección, la adquisición y la preservación de la evidencia digital.

2 https://www.clearview.ai/criminal-investigations. Recuperado el 27 de septiembre de 2024.

3 Corporación privada, sin ánimo de lucro cuya misión es ayudar a encontrar a los niños perdidos, reducir la explotación sexual infantil y evitar que los niños sean víctimas.https://www.missingkids.org/es/footer/about. Recuperado el 27 de septiembre de 2024.

4 Ihttps://www.missingkids.org/es/ourwork/ncmecdata. Recuperado el 27 de septiembre de 2024.

Con un enfoque comparativo entre los marcos normativos de Europa y América Latina, destacaremos los desafíos a los que se enfrentan los sistemas judiciales al integrar tecnologías avanzadas, las tensiones entre la privacidad y la seguridad, y las barreras legales que surgen al intentar utilizar datos obtenidos por entidades privadas en procedimientos judiciales. Asimismo, abordaremos el impacto de los protocolos internacionales como el *IRAM-ISO/IEC 27037:2022*[5], para luego profundizar en el análisis del tratamiento de la cadena de custodia en el ordenamiento de la República de Panamá, oportunidad en la que nos enfocaremos en la normativa relacionada a la admisibilidad y validez de la evidencia digital y sus implicancias en la investigación penal, en el marco de la Sentencia Absolutoria N 3, dictada con fecha 28 de junio de 2024 en las causas *Panamá Papers (Caso Nº 87256-19)* y *Lava Jato (Caso Nª 48931-19)*[6]. Para finalizar, presentaremos el ***"Panóptico Comparativo de Herramientas Tecnológicas para la Investigación en LATAM"***, mediante el cual se podrá obtener una visión completa y minuciosa de las herramientas tecnológicas que se han integrado en las normativas procesales de Latinoamérica.

2. LA TECNOLOGÍA FORENSE Y SU APLICACIÓN EN INVESTIGACIONES PENALES

En la actualidad, las investigaciones penales requieren de un manejo eficaz de datos provenientes de diversas fuentes digitales, tales como correos electrónicos, dispositivos móviles, redes sociales y bases de datos en la nube. Las herramientas forenses digitales, como los programas de recuperación de datos, el análisis de tráfico de red y los sistemas de rastreo de criptomonedas, juegan un papel crucial en este proceso. Sin embargo, su correcta implementación no solo involucra el uso de software y hardware especializado, sino también la necesidad de capacitar a los investigadores para evitar la pérdida o alteración de la evidencia durante su obtención, preservación y análisis.

5 Normativa argentina de informática forense: Guías para la identificación, la recolección, la adquisición y la preservación de la evidencia digital

6 https://ocedic.com/wp-content/uploads/2024/11/Sentencia-Absolutoria-No.03-del-28-de-junio-de-2024.pdf. Recuperado el 27 de septiembre de 2024

La trazabilidad de la evidencia digital, conocida como *cadena de custodia*[7], es vital para asegurar que su integridad no se vea comprometida en ningún momento. De este modo, la tecnología forense no se limita a extraer información, sino que también debe garantizar que la misma sea manejada bajo estrictos estándares legales y técnicos que aseguren su autenticidad.

2.1. Protocolos internacionales de tratamiento de la evidencia digital

Los protocolos internacionales, como los establecidos en el Convenio de Budapest[8], proporcionan un marco de trabajo unificado que debe ser aplicado por los distintos Estados parte para asegurar una correcta recolección, análisis y presentación de pruebas digitales. Estos protocolos aseguran que la evidencia digital sea obtenida de manera lícita, preservada sin alteraciones y procesada con herramientas confiables.

Uno de los desafíos principales es la diferencia en la capacidad técnica y legal de las diversas jurisdicciones a nivel global. En ciertos países, los cuerpos de investigación judicial carecen de los recursos tecnológicos y la capacitación especializada necesarios para cumplir con los protocolos establecidos, lo que conduce a investigaciones incompletas y propensas a impugnaciones durante los procedimientos judiciales. Por ello, la cooperación internacional y la homologación de prácticas son fundamentales para superar estas limitaciones.

En relación a los desafíos legales en el uso de la tecnología forense, uno de los aspectos más controvertidos es el respeto al debido proceso y los derechos fundamentales, como el derecho a la privacidad. La creciente capacidad de las herramientas forenses para recuperar grandes volúmenes de información plantea interrogantes sobre la legalidad del acceso a ciertos datos, sin poner en riesgo las garantías fundamentales de la víctima, el investigado y los testigos, lo que podría afectar la eficacia de la investigación.

---

7 Documentación que registra cronológicamente la trazabilidad del elemento desde su secuestro y durante todo el proceso judicial. En el proceso se identifican todas las personas que hayan tomado contacto con esos elementos y las observaciones sobre modificaciones en su estado, siendo responsables los funcionarios públicos y particulares intervinientes. https://www.fiscales.gob.ar/wp-content/uploads/2023/04/MINSEG-MPFN-Protocolo-evidencia-digital-2.pdf. Recuperado el 27 de septiembre de 2024.

8 https://www.coe.int/en/web/conventions/full-list?module=treaty-detail&treatynum=189 y https://www.coe.int/en/web/conventions/full-list?module=treaty-detail&treatynum=224

Adicionalmente, la presentación de pruebas digitales en el juicio exige una traducción clara y comprensible de datos técnicos complejos, lo cual a menudo requiere el testimonio de expertos en tecnología forense. La validez y comprensión de estos testimonios por parte de los jueces y jurados es otro obstáculo a superar, y demuestra la necesidad de una mayor capacitación en todos los niveles del sistema judicial.

2.2. Buenas prácticas y el futuro del tratamiento de la evidencia digital

El avance de las tecnologías implica que los sistemas de justicia penal deben adaptarse continuamente a las nuevas herramientas y métodos de ciberdelincuencia. En este sentido, las buenas prácticas en el manejo de la evidencia digital no solo dependen de la aplicación rigurosa de los protocolos actuales, sino también de la capacidad de los Estados para anticiparse a futuros retos. Y ello es así, por cuanto el adecuado tratamiento de la evidencia digital es un componente central en la lucha contra los ciberdelitos. La integración de herramientas tecnológicas y procesales, junto con la implementación de protocolos estandarizados, es fundamental para asegurar la correcta administración de justicia. Las jurisdicciones que logren adaptarse a estos desafíos tecnológicos, respetando al mismo tiempo las garantías fundamentales, estarán mejor posicionadas para hacer frente a los desafíos que traen aparejados los complejos delitos del siglo XXI.

3. NORMATIVA IRAM-ISO/IEC 27037:2022

En primer lugar, es importante destacar que el Instituto Argentino de Normalización y Certificación (IRAM) es el organismo responsable de desarrollar normas técnicas en Argentina, operando como una entidad sin fines de lucro. Su objetivo principal es promover la normalización para mejorar la calidad y estimular la certificación de productos y sistemas, asegurando así la protección del consumidor. La norma argentina de informática forense es una adaptación fiel de la norma internacional forense ISO/IEC 27037:2012 y refleja el consenso técnico alcanzado por los diversos sectores participantes en los organismos normativos pertinentes.

El documento establece pautas fundamentales para la *identificación, recolección, adquisición y preservación de evidencia digital* en el contexto de investigaciones penales, con el fin de garantizar la integridad y admisibilidad de dicha evidencia ante un tribunal.

3.1. Análisis del protocolo y su aplicación en el ámbito judicial

El protocolo *IRAM-ISO/IEC 27037:2022* subraya la necesidad de seguir procedimientos bien definidos en todas las fases de manejo de la evidencia digital para asegurar su autenticidad y protegerla de cualquier tipo de adulteración o manipulación. Esto es crucial en investigaciones penales, ya que la integridad de la evidencia puede ser determinante en el resultado del juicio.

3.1.1. Identificación y recolección de la evidencia digital

Uno de los primeros aspectos que aborda el protocolo es la identificación de la evidencia digital, que requiere una evaluación exhaustiva de los dispositivos que puedan contener información relevante (p. ej., computadoras, dispositivos móviles, redes). Es esencial minimizar el manejo de estos dispositivos para evitar la alteración de los datos. Este proceso de identificación debe ser documentado rigurosamente, ya que cualquier cambio no justificado en la evidencia podría comprometer su admisibilidad en juicio[9].

La recolección, por otro lado, implica mover físicamente los dispositivos que contienen la evidencia a un entorno controlado. En este punto, es importante que el *personal forense* encargado esté altamente capacitado para evitar errores que puedan comprometer la información recolectada. Aquí entra en juego el principio de *cadena de custodia,* que establece un registro exhaustivo de quién accede y manipula la evidencia en cada etapa del proceso[10].

3.1.2. La adquisición y la preservación

En el contexto judicial, la adquisición de una *copia forense* de la evidencia es crítica para garantizar que los datos originales permanezcan intactos. La metodología recomendada por el protocolo destaca la importancia de realizar una copia bit a bit (completa), utilizando herramientas validadas y reproducibles que puedan ser auditadas por expertos independientes. Además, la verificación de la exactitud de las copias realizadas mediante el

---

9 IRAM-ISO/IEC 27037:2022, 5.4.2 Identificación, p. 17.

10 IRAM-ISO/IEC 27037:2022, 5.4.3 Recolección, p. 18.

uso de algoritmos de hash robustos (como SHA-1 o SHA-256) asegura que las pruebas sean confiables.

La preservación de la evidencia también es fundamental para garantizar que, durante el juicio, la información presentada no haya sido alterada. Este proceso implica resguardar los dispositivos digitales en condiciones controladas, evitando la exposición a factores que puedan dañarlos, como campos magnéticos o variaciones de temperatura.

3.1.3. Implicancia en los juicios penales

El uso adecuado de las guías establecidas por el protocolo IRAM-ISO/IEC 27037 tiene profundas implicancias en los juicios penales, especialmente en la admisibilidad de la evidencia digital. La evidencia que no ha sido obtenida, manipulada y preservada de acuerdo con estos estándares puede ser excluida por los tribunales, ya que podría considerarse alterada o no confiable. La cadena de custodia y la documentación detallada son elementos esenciales para defender la legitimidad de la prueba presentada.

De esta manera podemos asegurar que el uso de protocolos se convierte en una herramienta invaluable para garantizar la justicia en los casos donde la evidencia digital es central. Al seguir estas guías, los profesionales de la ley pueden asegurar que la evidencia se presente de manera robusta y confiable en juicio, maximizando la posibilidad de una resolución justa basada en pruebas irrefutables. La implementación de estas pautas no solo refuerza la calidad de la investigación, sino que también protege los derechos de los acusados y víctimas, al garantizar que el proceso se ajuste a los más altos estándares internacionales de legalidad y transparencia.

4. EL USO DE HERRAMIENTAS DE INTELIGENCIA ARTIFICIAL (IA) EN INVESTIGACIONES PENALES

4.1. Software Clearview

El uso de herramientas de inteligencia artificial (IA) en investigaciones penales, como *Clearview*, ha revolucionado el enfoque de la investigación criminal, permitiendo a las autoridades identificar y rastrear personas de manera más eficiente. Sin embargo, también plantea una serie de dilemas legales, éticos y técnicos que deben ser cuidadosamente considerados.

Se trata de una herramienta de reconocimiento facial que utiliza inteligencia artificial para comparar imágenes de personas con una vasta base de datos de imágenes públicas extraídas de redes sociales y otras fuentes en línea. Esta tecnología permite a las fuerzas del orden identificar a personas en cuestión de segundos, utilizando sólo una imagen como punto de partida.

La principal ventaja de Clearview es su **capacidad de identificar rápidamente a sospechosos, víctimas o testigos**, incluso cuando existen pocos datos o información visual limitada. Estos sistemas permiten a las autoridades:

1. Identificar sospechosos en tiempo real, utilizando cámaras de seguridad o videos de incidentes.
2. Rastrear movimientos y asociaciones de personas a través de la correlación de imágenes en diferentes lugares.
3. Facilitar la búsqueda de personas desaparecidas o víctimas de delitos, particularmente en casos de trata de personas, secuestros, material de abuso sexual infantil.

Esta eficiencia mejora la respuesta en investigaciones que requieren resultados rápidos. Un ejemplo destacado de investigación internacional en la lucha contra la explotación infantil fue la “Operación Guardianes Digitales por la Niñez”, realizada del 4 al 8 de marzo en Quito, Ecuador, por el Centro Internacional para Niños Desaparecidos y Explotados (ICMEC). Este operativo reunió a autoridades policiales y fiscales de diez países de la región, incluyendo Argentina, Chile, Colombia, Costa Rica, El Salvador, Guatemala, Honduras, Perú y República Dominicana. Bajo la coordinación de la fiscal Daniela Dupuy, el operativo utilizó herramientas de inteligencia artificial para identificar un total de 115 víctimas y 37 agresores sexuales en todo el mundo. Hasta la fecha, se han llevado a cabo 18 allanamientos, resultando en el rescate de 45 víctimas y la detención de 7 agresores. Este esfuerzo conjunto resalta el compromiso regional en la protección de los derechos de los niños y en la prevención de la explotación sexual[11].

---

[11] https://www.linkedin.com/pulse/icmec-carried-out-first-operation-identify-victims-abuse-material-mg5gf/. Recuperado el 27 de septiembre de 2024

4.2. Desafíos legales y éticos

A pesar de los beneficios, el uso de Clearview presenta importantes desafíos éticos y legales:

4.2.1. Derecho a la privacidad

El reconocimiento facial ha generado preocupación en torno a la privacidad de los individuos. Al recolectar y analizar imágenes de forma masiva sin consentimiento explícito, se plantea la cuestión de si estas tecnologías violan derechos fundamentales, como el derecho a la privacidad consagrado en muchas constituciones, incluidos tratados internacionales de derechos humanos. En particular, el uso de IA para identificar personas en situaciones no relacionadas con investigaciones penales específicas puede ser considerado una violación a la privacidad.

4.2.2. Regulación inadecuada

A nivel global, la regulación sobre el uso de tecnologías de IA, como Clearview, en investigaciones es dispersa y no uniforme. En algunas jurisdicciones, su uso ha sido limitado o prohibido, mientras que en otras se encuentra en una “zona gris”. En Argentina, por ejemplo, aunque existen leyes de protección de datos personales (Ley 25.326), aún no se han desarrollado regulaciones específicas sobre el uso de tecnologías de reconocimiento facial en investigaciones criminales. Esta falta de claridad regulatoria expone a las autoridades judiciales a litigios por violación de derechos fundamentales.

4.2.3. Sesgo algorítmico

Uno de los mayores riesgos del uso de IA es el *sesgo algorítmico.* En el caso del reconocimiento facial, estudios han demostrado que los sistemas son más propensos a cometer errores con ciertos grupos raciales o de género. Estos errores pueden llevar a identificaciones incorrectas, es decir, *falsos positivos,* lo que compromete la integridad de la investigación y puede resultar en la acusación injusta de personas inocentes.

4.2.4. Admisibilidad de la evidencia

Otro aspecto relevante es la *admisibilidad de la evidencia obtenida mediante IA* en los tribunales. Las evidencias digitales deben cumplir con estándares de confiabilidad y autenticidad para ser aceptadas. Ello así, a los efectos de evitar argumentos por parte de la defensa técnica en cuanto a la falta de rigurosidad sobre la misma en relación al uso de protocolos adecuados, lo que pondría en riesgo su admisibilidad.

4.2.5. Vigilancia masiva

El uso generalizado de herramientas como Clearview genera preocupaciones sobre un estado de vigilancia masiva, donde cualquier ciudadano podría ser rastreado sin justificación. Esto plantea preguntas sobre la proporcionalidad y la necesidad en una sociedad democrática, y si este tipo de medidas se justifican en el marco de la lucha contra el crimen.

Realizada la puesta en análisis, no caben dudas que el uso de inteligencia artificial, como Clearview, representa un poderoso recurso en las investigaciones penales. Sin embargo, es fundamental encontrar un equilibrio entre el uso eficaz de estas herramientas y la protección de los derechos fundamentales. Para lograrlo, se deben desarrollar marcos regulatorios claros que no solo definan cómo y cuándo puede utilizarse esta tecnología, sino también que establezcan mecanismos de control y supervisión que garanticen su uso ético y legal.

4.3. Reportes del Centro Nacional para Niños Desaparecidos y Explotados (NCMEC)

El análisis de los desafíos legales y técnicos relacionados con el uso de la información provista por el *Centro Nacional para Niños Desaparecidos y Explotados (NCMEC)* en investigaciones penales sobre material de abuso sexual infantil en Europa enfrenta un escenario complejo, influenciado por el fortalecimiento de la *protección de datos personales* y la *confidencialidad de las comunicaciones.* La legislación europea ha intensificado la defensa de estos derechos, lo que ha generado obstáculos para el uso de información obtenida por entidades privadas, como los *proveedores de servicios de internet*[12], en procesos penales. Y aunque, claro está, que la discusión no se centra directamente en la inteligencia artificial (IA), este tema emerge como un factor relevante en el contexto de la detección y localización de contenido ilícito en la red.

---

12 Los proveedores de servicios de Internet (PSI) son empresas comerciales que proporcionan a los usuarios finales acceso a Internet.

4.3.1. Protección de datos y confidencialidad en Europa

En los últimos años, la legislación europea ha fortalecido de manera significativa la protección de los datos personales y la confidencialidad de las comunicaciones, elevando los estándares y requisitos que deben cumplirse para acceder a comunicaciones privadas. Uno de los principales desafíos que enfrentan los investigadores penales en casos de abuso infantil en línea es el acceso a información obtenida por proveedores de servicios de internet. Estas entidades, a menudo privadas, pueden detectar material ilícito en sus plataformas, pero su colaboración con las autoridades judiciales está limitada por los marcos regulatorios vigentes que priorizan la protección de los derechos fundamentales, especialmente el derecho a la privacidad y la confidencialidad de las comunicaciones.

El problema se intensifica cuando la información proviene de comunicaciones interpersonales, como correos electrónicos o mensajes privados, ya que acceder a estos datos exige cumplir con estrictos requisitos legales que protejan las garantías fundamentales. Esta situación ha generado inquietudes sobre la validez de la información obtenida de manera privada, sin la debida *autorización judicial previa,* como evidencia en un proceso penal.

4.3.2. Propuesta de un Reglamento Europeo

Como fuese señalado por la Dra. María Elvira Tejada de la Fuente, en el marco de la *"III Jornadas Internacionales sobre estrategias y retos frente al Cibercrimen"*[13], en la Universidad Abat Oliba CEU, Barcelona (España), oportunidad en la que expuso que la Unión Europea, frente a la situación descripta precedentemente, ha comenzado a trabajar en un Reglamento que busca proporcionar un marco legal que permita a los proveedores de servicios de internet colaborar de manera más efectiva con las autoridades en investigaciones penales, respetando al mismo tiempo los derechos fundamentales de los usuarios. Este reglamento, en proceso de desarrollo, tiene como objetivo garantizar el acceso legal y el uso de la información detectada por estas entidades privadas, pero bajo un conjunto de garantías procesales y requisitos que se alineen con la normativa europea.

---

[13] Organizado en el marco de la Diplomatura y LL.M en Ciberdelitos y Tecnologías aplicadas a la investigación de la Universidad Austral, enero del año 2024, Barcelona, España.

De momento, la UE opera bajo un *Reglamento temporal ad hoc,* que ofrece una solución provisional mientras se alcanzan consensos en torno al reglamento definitivo.

4.3.3. Inteligencia Artificial y la búsqueda de material ilícito

En el borrador del Reglamento se ha planteado la posibilidad de utilizar sistemas de inteligencia artificial para localizar contenido de abuso infantil en internet. La idea es que estos sistemas, debidamente autorizados y evaluados —sin estas garantías, la IA corre el riesgo de generar falsos positivos o violaciones a la privacidad—, puedan llevar a cabo búsquedas de material ilícito, previa autorización judicial. Esta herramienta sería un apoyo valioso en la identificación de contenido que de otra manera podría pasar desapercibido, especialmente dada la cantidad masiva de datos que circulan en la red.

En otras palabras, el reglamento tiene como objetivo establecer con claridad cuándo y cómo un juez debe intervenir para autorizar el acceso a datos obtenidos de comunicaciones privadas, lo cual es fundamental para garantizar que la búsqueda de material ilícito no comprometa derechos fundamentales.

Iterando, el uso de la inteligencia artificial en la búsqueda de material de abuso sexual infantil es una herramienta prometedora, pero la discusión principal en Europa se centra en cómo armonizar la protección de los datos personales con la necesidad de acceso a información crítica para las investigaciones penales. El Reglamento Europeo en desarrollo busca precisamente lograr este equilibrio, garantizando que las investigaciones respeten los principios de confidencialidad y privacidad consagrados en la normativa europea, mientras se habilita el acceso a información esencial para combatir delitos tan graves como el abuso infantil en línea.

4.3.4. Diferencias regulatorias entre Europa y América Latina en el uso de información brindada por entidades privadas en investigaciones penales de MASI

El análisis comparativo entre Europa y América Latina (LATAM) sobre el uso de información de entidades privadas en investigaciones penales, particularmente en relación con el material de abuso sexual infantil, revela diferencias en la regulación de datos personales, el acceso a esa información y la implementación de inteligencia artificial *(IA)* en ambos sistemas jurídicos. Mientras Europa ha consolidado un marco robusto de protección de datos a través del Reglamento General de Protección de Datos *(RGPD)*[14] *América* Latina se encuentra en un proceso más fragmentado y en evolución, con distintos niveles de desarrollo y aplicación de normativas en materia de protección de datos y cibercrimen.

4.3.4.1. Europa: protección de datos y restricciones judiciales

En Europa, como se ha mencionado, la protección de los datos personales es un principio fundamental que rige tanto las investigaciones penales como el uso de tecnologías avanzadas. El RGPD ha establecido un marco muy estricto para la recolección, el tratamiento y el acceso a información personal. Este régimen legal, impone limitaciones significativas para el uso de datos obtenidos por entidades privadas, como los *proveedores de servicios de internet,* en investigaciones penales, particularmente cuando estos datos involucran comunicaciones interpersonales sin el consentimiento explícito de las partes.

El debate sobre la inteligencia artificial y su uso para detectar material de abuso sexual infantil está condicionado por esta estructura legal. Aunque la IA es vista como una herramienta potencialmente valiosa, la discusión se centra en la autorización judicial previa para su uso, y en garantizar que se respeten los derechos fundamentales durante su aplicación. En Europa, como ya se ha expuesto precedentemente, el proceso se encuentra en una fase crítica de desarrollo normativo, donde se está trabajando en un reglamento para regular el acceso a la información obtenida por entidades privadas, bajo un marco que respete las garantías legales.

4.3.4.2. América Latina: desafíos regulatorios

En América Latina, la situación es más heterogénea. Aunque algunos países de la región han avanzado en la creación de *marcos de protección de datos* similares al RGPD, como Brasil con su Ley General de Protección de

---

14 https://europa.eu/youreurope/business/dealing-with-customers/data-protection/data-protection-gdpr/index_es.htm. Recuperado el 27 de septiembre de 2024.

Datos Personales —Ley N° 13.709/2018— (LGPD)[15], la mayoría de los países todavía no han establecido un marco legal robusto. Países como México, Colombia o recientemente Chile, han dado pasos importantes hacia la regulación de la protección de datos personales, pero el nivel de aplicación y cumplimiento varía considerablemente y en algunos casos, como en Argentina, ni siquiera se avanza con la discusión legislativa, aún habiéndose articulado un integral proyecto de ley sobre protección de datos personales que busca actualizar la Ley 25.326[16].

En el contexto de las investigaciones penales sobre material de abuso infantil, América Latina enfrenta varios desafíos, los que a continuación se exponen:

a. **Acceso a información privada**: en muchos países de la región, las entidades privadas, como los proveedores de servicios de internet, colaboran con las autoridades judiciales en la detección y reporte de material ilícito. Sin embargo, la falta de marcos normativos claros y la falta de regulación uniforme sobre cómo puede utilizarse esta información en procedimientos judiciales genera un vacío legal.

b. **Protección de datos**: en países como Brasil, donde la ley de protección de datos personales es más avanzada, existe un enfoque más restrictivo respecto al uso de datos personales en investigaciones penales. Sin embargo, en muchos otros países de la región, la falta de regulaciones específicas ha permitido un mayor margen de maniobra para que las entidades privadas colaboren con las autoridades sin las mismas limitaciones que se encuentran en Europa.

c. **Desarrollo tecnológico y capacitación**: el uso de tecnologías como la *inteligencia artificial* en la búsqueda de material ilícito en línea es un aspecto emergente en América Latina. Sin embargo, los recursos tecnológicos y la capacidad de implementación de estas herramientas son desiguales en la región. Algunos países, como Brasil y México, han comenzado a explorar el uso de IA en la investigación de ciberdelitos, pero en general, la falta de inversión en tecnología forense y la insuficiente capacitación de las autoridades son obstáculos importantes.

---

15 https://www.gov.br/esporte/pt-br/acesso-a-informacao/lgpd

16 https://www.argentina.gob.ar/sites/default/files/mensajeyproyecto_leypdp2023.pdf

4.3.5. Diferencias regulatorias entre Europa y América Latina en el uso de IA

Mientras que Europa se enfoca en *regular el uso de la inteligencia artificial*[17] bajo un marco legal estricto que respeta los derechos fundamentales, América Latina enfrenta una *adopción más flexible* de estas herramientas, en gran parte debido a la falta de regulaciones precisas en muchos países. Esto puede ser una ventaja a corto plazo, ya que permite un acceso más rápido a la información necesaria para investigar y perseguir crímenes relacionados con material de abuso sexual infantil. Sin embargo, la falta de regulación también plantea riesgos de abusos de poder y violaciones a los derechos fundamentales, especialmente en términos de privacidad y protección de datos.

Tal es así, que podemos señalar que en Europa la inteligencia artificial está sujeta a un fuerte escrutinio judicial. Las autorizaciones previas y las garantías procesales son necesarias para el uso de IA en la detección de material ilícito, lo que asegura una mayor protección de los derechos individuales; sin embargo, esto también puede ralentizar el proceso de investigación. Mientras que en LATAM, el uso de IA es más reciente y menos regulado. En algunos casos, las autoridades tienen mayor libertad para emplear herramientas tecnológicas en la investigación criminal, pero la *ausencia de control legal estricto* podría generar riesgos en cuanto a la validez de la evidencia y la protección de los derechos.

En términos comparativos, Europa se enfrenta a un contexto de estricta regulación que garantiza una protección robusta de los derechos fundamentales, pero que puede limitar la rapidez y eficacia en la lucha contra el material de abuso infantil. En América Latina, la fragmentación normativa y la falta de una regulación uniforme crean un entorno donde las investigaciones pueden avanzar más rápidamente, pero a costa de una menor protección de los derechos de privacidad y con el riesgo de que la evidencia obtenida sea cuestionada en términos de su validez legal.

La evolución futura en ambas regiones debería centrarse en encontrar un equilibrio adecuado entre el uso eficaz de herramientas tecnológicas como la inteligencia artificial y la protección de los derechos fundamentales. Esto incluye la necesidad de armonizar marcos regulatorios que permitan el uso de datos obtenidos por entidades privadas en investigaciones

---

17 https://artificialintelligenceact.eu/es/. Recuperado el 27 de septiembre de 2024.

penales, asegurando al mismo tiempo las garantías procesales necesarias para proteger la privacidad y los derechos individuales.

5. CASUÍSTICA DE LA INVESTIGACIÓN PENAL EN ENTORNOS DIGITALES: REPÚBLICA DE PANAMÁ

Admisibilidad y validez de la evidencia digital y sus implicancias en la investigación penal, en el marco de la Sentencia Absolutoria N° 3, dictada por el Juzgado Segundo Liquidador de Causas Penales del Primer Circuito Judicial de Panamá con fecha 28 de junio de 2024 en las causas Panamá Papers (Caso N° 87256-19) y Lava Jato (Caso Nª 48931-19)[18].

5.1. Introducción

La correcta cadena de custodia es esencial para la validez de cualquier elemento de prueba en un proceso penal, especialmente en el caso de la evidencia digital que, por su naturaleza, es más susceptible a la alteración. En el presente análisis, se examinan las disposiciones legales que rigen en el ordenamiento de la República de Panamá pertinentes a la cadena de custodia, la debida recolección de la evidencia digital y su impacto en el proceso.

Ahora bien, antes de ahondar en el tema, creemos oportuno mencionar que presente el caso traído a estudio solo se centrará en conocer el tratamiento de la prueba digital en la justicia panameña. Es preciso aclarar entonces que los hechos juzgados, de público conocimiento, no serán materia de análisis sino solamente en lo que hace a la cuestión de la valoración de prueba.

Al respecto, pondremos la mirada en un allanamiento efectuado en la casa matriz de la firma de abogados Grupo Mossack Fonseca, diligencia ordenada por la Fiscalía Segunda Especializada contra la Delincuencia Organizada de la Procuración General de la Nación, República de Panamá, con fecha 12 de abril de 2016.

---

18 https://ocedic.com/wp-content/uploads/2024/11/Sentencia-Absolutoria-No.03-del-28-de-junio-de-2024.pdf. Recuperado el 22 de septiembre de 2024

5.2. La prueba en el ordenamiento de la República de Panamá. Análisis integral de la cadena de custodia y la valoración de la prueba digital

El Código Procesal Penal panameño[19] (CPP) en su artículo 376 regula el principio de libertad probatoria otorgando amplitud a las medidas de prueba que pueden ser utilizadas dentro del proceso penal, siempre que hayan sido obtenidos por un medio lícito y siguiendo a las disposiciones de ese ordenamiento procesal (conforme artículos 17 y 378 del mismo Código).

En ese contexto, es dable advertir que la prueba obtenida con inobservancia de las formas y condiciones establecidas en el ordenamiento o que implique violación de derechos y garantías del imputado previstos en la Constitución Política[20] y los tratados internacionales ratificados por la República de Panamá no tendrá valor ni servirá como presupuesto para fundamentar una decisión judicial (conforme artículo 381 CPP).

En otras palabras, se deben utilizar herramientas de litigación adecuadas de acuerdo con el Sistema Penal Acusatorio que rige en ese país. Las formas en que se introducen las pruebas deben cumplir también con ciertos requisitos que están reglados en leyes complementarias y manuales de buenas prácticas.

Tal es el caso de la cadena de custodia, que está regulada por el Manual de Procedimiento del Sistema de Cadena de Custodia, elaborado por el Instituto de Medicina Legal y Ciencias Forenses adscrito al Ministerio Público de la República de Panamá[21] (IMELCF) en el año 2015 (Resolución N° JD-008-15).

La misión fundamental del Instituto es la de brindar asesoría científica y técnica a la administración de justicia en lo concerniente al análisis, evaluación, investigación y descripción científica o médico científica de los hallazgos y las evidencias médico legales.

Asimismo, la Dirección de Investigación Judicial de la Policía Nacional adscribe los servicios de Criminalística al Instituto agregando las funciones

---

19 https://www.organojudicial.gob.pa/uploads/blogs.dir/2/2020/11/462/codigo-procesal-penal-actualizado-al-mes-de-marzo-de-2020.pdf. Recuperado el 22 de septiembre de 2024

20 https://ministeriopublico.gob.pa/wp-content/uploads/2016/09/constitucion-politica-con-indice-analitico.pdf

21 https://www.imelcf.gob.pa/wp-content/uploads/2020/01/manual-de-cadena-de-custodia.pdf. Recuperado el 22 de septiembre de 2024

de recolectar evidencias y buscar información técnica y/o científica vinculada con el hecho investigado; iniciar y mantener la cadena de custodia de todos instrumentos, objetos y demás elementos relacionados con el hecho punible, así como lo necesario para identificar los autores, cómplices y demás partícipes.

Según los lineamientos del propio Manual, en su punto 1.1., tomando en cuenta la garantía del debido proceso establecida en el artículo 32 de la Constitución Política de la República de Panamá, normas concordantes y Tratados Internacionales en materia de Derechos Humanos, se establece como un instrumento de trabajo que unifica los procedimientos del sistema de cadena de custodia y deja a salvo su obligatoriedad de cumplimiento por todos los servidores públicos y los particulares que por razón de sus funciones, entren en contacto con el manejo de indicios y/o evidencias, los cuales van a formar parte fundamental del proceso penal como elemento de prueba.

Conforme ello, el objetivo general del Manual de Procedimiento se centra en establecer criterios técnico-científicos que sirvan de fundamento al sistema de cadena de custodia de la República de Panamá, mediante estándares y controles de los procedimientos que llevan a cabo los servidores públicos y los particulares en las diferentes etapas de la investigación de un hecho.

En términos específicos, se definen los principios para un fiel cumplimiento de cadena de custodia; se unifican y establecen procedimientos sencillos, obligatorios y de fácil aplicación para el manejo de los indicios y/o evidencias relacionadas con las investigaciones penales y se detallan los procedimientos para que los funcionarios y particulares realicen sus diligencias en forma ordenada, confiable y organizada, todo ello con el propósito de garantizar una adecuada administración de justicia.

Así, la cadena de custodia se erige como es el sistema que garantiza la identidad, integridad y preservación de los elementos probatorios desde su recolección, traslado y almacenamiento, hasta su presentación en juicio. En esta línea, cada pieza de evidencia debe ser identificada, preservada y manipulada de acuerdo con protocolos estrictos que aseguren que no se ha alterado de ninguna forma.

Los principios básicos que rigen el sistema, definidos en el punto 7 del Manual son: identidad, integridad y autenticidad, preservación, seguridad, almacenamiento, continuidad, mismidad.

Identidad: *Entendida como la individualización del indicio y/o evidencia, mediante la descripción completa de sus características específicas y condiciones físicas.*

Integridad y autenticidad: *Determina que el indicio y/o evidencia que se encontró y recolectó, o se incorporó conforme al debido proceso, está completo y es el mismo que se está utilizando para tomar una decisión judicial y que sus características no han cambiado, salvo en aquellos casos en que por la misma naturaleza del indicio y/o evidencia se produzcan transformaciones inevitables o se hayan realizado modificaciones durante la práctica de alguna prueba, de lo cual se deberá dejar constancia escrita.*

Preservación: *Es el mantenimiento y resguardo del indicio y/o evidencia en condiciones adecuadas que aseguren su conservación e inalterabilidad de acuerdo con su clase y naturaleza.*

Seguridad: *Son todas aquellas actividades encaminadas a mantener los indicios y/o evidencias en un lugar seguro, libres y exentos de todo riesgo, asegurando la certeza de su origen y destino. Esta misma protección y vigilancia se ejercerán sobre los documentos que formen parte del sistema de cadena de custodia.*

Almacenamiento: *Es la acción de guardar el indicio y/o evidencia bajo las condiciones adecuadas, de acuerdo con los procedimientos técnicos y científicos de cada especialidad, manteniendo su preservación y seguridad.*

Continuidad: *Se refiere al traslado y traspaso del indicio y/o evidencia en secuencia ininterrumpida, desde su ubicación en el lugar de los hechos investigados o donde se descubran y recolecten, hasta su disposición final.*

Mismidad: *Hace referencia a la capacidad de probar que se trata del "mismo indicio y/o evidencia", en el "mismo estado" y con la "misma relación" y en el "mismo momento" del hecho, salvo en aquellos casos en que por la misma naturaleza del indicio y/o evidencia se produzcan transformaciones inevitables o se hayan realizado modificaciones durante la práctica de alguna prueba, de lo cual se deberá dejar constancia escrita.*

5.3. Diligencia de allanamiento

Según puede observarse de la *Sentencia Absolutoria N° 03*, el allanamiento se ordenó mediante resolución sumarial de 12 de abril de 2016, emitida por la Fiscalía Segunda Especializada contra la Delincuencia Organizada. A través del análisis efectuado por la jueza a cargo de la resolución bajo estudio, la medida probatoria fue llevada a cabo cumpliendo los parámetros legales exigidos por el ritual.

Sin embargo, luego de constatado que la orden del allanamiento haya sido efectuada de acuerdo a los lineamientos establecidos en el código de procedimientos, surge un derrotero de irregularidades en cuanto a cómo se realizó la recolección de la prueba y posterior almacenamiento.

5.3.1. Primer hallazgo: testigos actuarios inhabilitados

Se detalla que la diligencia se ejecutó a través de un perito informático del Instituto de Medicina Legal y Ciencias Forenses, Informática Forense, junto con otros tres funcionarios pertenecientes a la Dirección de informática del Ministerio Público, quienes, según el acta, se encontraban como testigos actuarios.

Sobre este aspecto, la resolución absolutoria destacó que los testigos actuarios citados, no podían participar de la referida medida probatoria, en atención a la prohibición establecida en el art. 57, punto 30, de la Ley N° 6 del 1 de enero de 2009[22], que instituye la carrera del Ministerio Público, y preceptúa la prohibición de *Desempeñar cargos de peritos, testigos, actuarios, depositarios o secuestres, defensores de ausente y curadores en las actuaciones judiciales, con excepción de los servidores del Instituto de Medicina Legal y Ciencias Forenses, quienes podrán ejercer el cargo de perito de acuerdo con lo dispuesto en la ley.*

5.3.2. Segundo hallazgo: no se atendieron a los principios que conforman la cadena de custodia

Según el acta confeccionada por el perito actuante, se detalló la *existencia de siete (7) racks de servidores, en los cuales identificaba que se encontraban los servidores instalados en cada rack; destacándose, que esta estructura mantenía una conexión directa punto a punto de 50 megas por lo que se estableció una conexión remota con los servidores de almacenamiento back up ubicados en el Data Center de Cable & Wireless en Panamá Pacífico, por ser la ubicación de la base de datos de la mayoría de las aplicaciones que manejaba la firma, se procedió a extraer de forma completa, toda la base de datos de clientes y otros registros directamente.*

Ahora bien, de acuerdo a las obligaciones que se detallan en el Manual de Procedimiento del Sistema de Cadena de Custodia, *los servidores y los particulares que por razón de sus funciones, entren en contacto con el manejo de indicios o evidencias, los cuales van a formar parte del proceso penal como elemento de prueba* deben regirse bajo los principios de preservación y seguridad, con la

---

22 https://www.gacetaoficial.gob.pa/pdfTemp/26200/15513.pdf Recuperado el 22 de septiembre de 2024

finalidad de garantizar su identidad, integridad, autenticidad, continuidad y mismidad, de acuerdo a su clase y naturaleza.

Bajo esos parámetros, se advirtieron una serie de irregularidades en la trascripción del acta correspondiente a la *Diligencia de Allanamiento y Registro,* confeccionada como resguardo de la diligencia de allanamiento, inspección ocular, registro y recolección de evidencias a saber:

Identidad: No se documentó adecuadamente la identificación precisa y detallada de cada pieza de evidencia recolectada, lo cual impidió reconocer y diferenciar las evidencias de manera inequívoca. Tampoco fueron detallados los datos electrónicos recabados, correos, contratos, estados de cuenta, entre otros, almacenados en los diferentes discos duros.

Integridad: No se utilizaron las técnicas de hashing requeridas para asegurar la integridad de los datos extraídos, fundamental para verificar que la evidencia no ha sido manipulada

Autenticidad: no se confeccionó un registro detallado y continuo sobre la procedencia y manejo de la evidencia desde su recolección. De esa manera, se habría comprometido su autenticidad en razón de no saber a qué servidor correspondía la información recolectada.

Preservación: tampoco se precisaron las medidas tomadas para proteger la evidencia contra daños, pérdida o alteraciones accidentales durante el proceso de recolección y transporte. Sumado a ello, *el perito indicó que durante la diligencia le fue suministrado por personal de la dirección de Informática del Ministerio Público un dispositivo de almacenamiento (arreglo de disco duro) marca DROBO, perteneciente a la Procuraduría de la Nación), sin que se haya dejado consignado que el mismo estaba sin usarse, ni que se haya realizado un proceso de sanitización del mismo, con lo cual pudo verse afectada la preservación de la información.*

Seguridad: ausencia de precisión de los controles de acceso físicos y digitales implementados para asegurar la evidencia al momento de su recolección. Asimismo, no se dejó consignado si se desconectó la fibra óptica con el objeto de evitar interrupciones remotas o intervenir el tráfico de datos en tiempo real.

Almacenamiento: la medida no incluyó detalles sobre los dispositivos y ubicaciones de almacenamiento utilizados, tampoco sobre las protecciones contra factores ambientales y amenazas externas.

Mismidad: No se implementaron valores hash a los efectos de resguardar el estado original de la evidencia durante la recolección. De esa manera, no se pudo asegurar que la información que llegó a juicio fue la misma que se extrajo de los servidores originales. De esa manera, se comprometió la posibilidad del tribunal de determinar la autenticidad y mismidad de la evidencia digital.

Recapitulando, en el caso se evidenció una falta de identificación precisa de los dispositivos y datos recolectados afectando todos los principios establecidos en el Manual de Procedimientos del Sistema de Cadena de Custodia, toda vez que no se puede verificar de manera inequívoca qué información fue recolectada y de dónde provino.

Por otro lado, el perito a cargo del allanamiento no empleó herramientas de hashing para asegurar la integridad de los datos extraídos. Es sabido que la integridad de la evidencia digital es fundamental, debido a que cualquier modificación, incluso no intencional, puede desvirtuar su valor probatorio. Al no haber valores hash que certifiquen que la información obtenida es la misma que se presenta en juicio, se abre la posibilidad de que los datos hayan sido alterados.

5.3.3. Tercer hallazgo: Irregularidades en la extracción y colocación temporal de datos electrónicos en un servidor

La diligencia de *Extracción y Colocación Temporal de Datos Electrónicos en un Servidor*, llevada a cabo en el despacho de la Fiscalía Segunda Especializada Contra la Delincuencia Organizada, los días 29 y 30 de abril de 2016, efectuadas por el perito del IMELCF, no consignó en el informe que se hubiese recreado las condiciones necesarias recomendadas para la práctica de dicha diligencia.

Lo expuesto, se vio reforzado por el propio testimonio del perito actuante durante el debate que manifestó que, en la diligencia del 20 de abril de 2016, no se utilizó un software específico, ya que no era requerido. Así, agregó que se emplearon los aplicativos de los servidores para generar los respaldos de la información. También, mencionó que no se contaba con licencias para herramientas o equipos de uso comercial necesarios para el manejo de datos a ese nivel e indicó en su informe que *no detalló si los dispositivos utilizados para la extracción de la información eran nuevos.*

5.3.4. Cuarto hallazgo: evidencias electrónicas aportadas en soporte papel

Según lo expuesto en la resolución, durante el juicio oral el Ministerio Público intentó demostrar su teoría del caso a través de evidencias electrónicas, llevadas al proceso en soporte papel impreso. Según la valoración de la magistrada, no puede otorgarse fuerza probatoria a dichos elementos en virtud de no contar con una constancia de su autenticidad e integridad, que permita al despacho otorgarle fuerza probatoria.

No se evidenció que la prueba objetada haya contado con un *dossier* penal o, en su defecto, que hayan sido remitidos al despacho judicial los dispositivos de almacenamiento informático que contengan la evidencia digital que fuera aportada en papel y que fueran analizados en sus datos por agentes de la Dirección de Investigación judicial (DIJ). Ello fue entendido como una violación a la cadena de custodia, principalmente al tratarse de documentos electrónicos acopiados de manera impresa al expediente. En ese sentido, también se agregó que lo expuesto se contrapone al derecho constitucional de la intimidad y el derecho a la propiedad. En consecuencia, con el objeto de resguardar la privacidad y/o intimidad de la persona, hubiera sido necesario la existencia de un orden y que se cumplan las formalidades legales previstas.

5.3.5. Responsabilidades del perito actuante según el Directorio de Servicios Periciales

El Directorio de Servicios Periciales del Instituto de Medicina Legal y Ciencias Forenses[23] establece las obligaciones de los peritos forenses al manejar indicios o evidencias. Entre sus responsabilidades se encuentra el uso de herramientas y métodos especializados para la recolección, análisis y preservación de la evidencia digital. Sin embargo, se hallaron las siguientes omisiones en su gestión:

No utilizó software forense especializado para la extracción de datos, tal como lo exige el directorio; tampoco se realizaron las verificaciones necesarias para asegurar que los dispositivos utilizados estuvieran sanitizados antes del procedimiento, lo que podría comprometer la integridad de la evidencia; y se sumó la falta de documentación adecuada el proceso de ma-

---

23 https://www.imelcf.gob.pa/wp-content/uploads/2020/01/directorio-de-servicios-periciales.pdf. Recuperado el 22 de septiembre de 2024
El Directorio de Servicios Periciales es un documento que es utilizado de guía a los Operadores de Justicia, en la solicitud de análisis de indicios y/o evidencias físicas, evaluaciones a personas, mediante procedimientos médicos —legales y técnicos— científicos; que posteriormente serán aportados como informes periciales dentro del proceso, conforme punto 1.1. del Directorio.

nejo de la prueba, lo cual es una obligación fundamental del perito para garantizar la cadena de custodia.

Estas fallas reflejaron, según la magistrada, un incumplimiento directo con las normativas del Directorio de Servicios Periciales, impactando significativamente en la admisibilidad de la prueba.

5.3.6. Implicaciones Legales del Incumplimiento de la Cadena de Custodia

El artículo 7 de la Ley N° 51 del año 2008[24], regula los documentos electrónicos y firmas electrónicas en Panamá. Allí se señala que para que un documento electrónico sea admisible en juicio, se debe garantizar la fiabilidad de su generación, archivo y conservación (conforme los artículos 6 y 7). En el caso en cuestión, estas condiciones no se cumplieron debido a las irregularidades en el manejo de la prueba digital, lo que afecta su fuerza probatoria.

Además, en la resolución también se agrega que, la Convención de Budapest, ratificada por la República de Panamá mediante la Ley N° 79 del año 2013[25], que establece pautas internacionales para el tratamiento de la evidencia digital en el artículo 19, destaca la necesidad de garantizar la autenticidad e integridad de las pruebas electrónicas. En el caso bajo estudio, la falta de una adecuada cadena de custodia comprometió estos principios.

5.4. Conclusiones del caso

El confronte del análisis integral de la normativa panameña, partiendo del Código Procesal Penal, el Manual de Cadena de Custodia, el Directorio de Servicios Periciales y normas complementarias, que como dijimos conforman el ordenamiento que regula la evidencia digital, su recopilación y almacenamiento, y las constancias que detalló la resolución del caso analizado, revelan numerosas irregularidades en la recolección, manejo y presentación de la prueba digital. Las fallas en el cumplimiento de los

---

24 https://www.firmaelectronica.gob.pa/documentos/Ley_51-Firma_electronicas_almacenamiento_tecnologico_y_comercio_electronico.pdf. Recuperado el 22 de septiembre de 2024

25 https://ministeriopublico.gob.pa/wp-content/uploads/2021/02/Ley-79-de-22-de-octubre-de-2013.pdf. Recuperado el 22 de septiembre de 2024

principios de identidad, integridad, autenticidad, preservación, seguridad, almacenamiento y mismidad, comprometieron la validez de la evidencia, poniendo en riesgo su admisibilidad en el juicio oral.

Todas las probanzas y hallazgos relatados sirvieron de base a la Sentencia Absolutoria Nº 3 para resolver que la diligencia de allanamiento, inspección ocular, registro y recolección de evidencias, llevada a cabo en la casa matriz del Grupo Mossack Fonseca, careció de fuerza probatoria para el Tribunal, por violentar las normas mencionadas.

Conforme lo expuesto, la prueba objetada, como así también todas las medidas probatorias derivadas de aquellas, fueron desechadas a la hora de evaluar la responsabilidad de muchos de los imputados en la causa, ello, sin perjuicio del análisis del resto del plexo probatorio obrante en el expediente.

Frente a este contexto, el caso traído a estudio demuestra la necesidad de utilizar y regir la actividad de producción de prueba de acuerdo a los lineamientos regulados por los manuales de buenas prácticas y protocolos creados a los efectos de resguardar las garantías del proceso penal y del correcto tratamiento de la evidencia digital. De igual modo, la necesidad de concientizar a los operadores judiciales sobre su importancia y utilidad a la hora de emplearlas.

6. PANÓPTICO COMPARATIVO DE HERRAMIENTAS TECNOLÓGICAS PROCESALES PARA LA INVESTIGACIÓN EN LATAM

Este panóptico comparativo ofrece una visión integral y detallada de las herramientas tecnológicas más avanzadas e innovadoras que han sido incorporadas en las normativas procesales de **Latinoamérica**, con un enfoque en **México, República Dominicana, Costa Rica, Ecuador, Panamá, Brasil, Colombia, Perú, Paraguay, Chile y Argentina**, incluyendo en este último caso, a la **Ciudad Autónoma de Buenos Aires (CABA)** y a las provincias argentinas de **Salta, Jujuy, Mendoza, Corrientes, Chubut, San Juan, Tucumán, Neuquén y Buenos Aires**. A través de un cuadro comparativo, se explorará cómo cada uno de estos países y provincias seleccionados, ha implementado herramientas procesales disruptivas en sus respectivos marcos legales, proporcionando una evaluación clara de las leyes y artículos específicos donde dichas herramientas están contempladas.

6.1. Estructura y características del panóptico

Herramientas procesales disruptivas: el cuadro comparativo detalla las herramientas tecnológicas procesales más innovadoras utilizadas en la investigación penal, como ser el agente encubierto digital, el registro remoto sobre equipos informáticos, la incautación de datos, la conservación (preservación) de datos informáticos, la interceptación de la correspondencia, la intervención de comunicaciones e interceptación de datos de tráfico y contenido, la captación y grabación de comunicaciones orales mediante la utilización de dispositivos electrónicos, el registro y/o captación de imágenes, la informática forense y cadena de custodia, el triage en la gestión de evidencia digital, la trazabilidad de los criptoactivos, la cooperación internacional, los equipos conjuntos de investigación y los manuales y/o protocolos buenas prácticas.

Leyes y artículos: en cada columna del cuadro se indicará la legislación procesal nacional y/o provincial pertinente, especificando la ley y el artículo que incluye cada herramienta, lo que facilita la consulta rápida y eficaz de la normativa aplicable en cada país y/o provincia argentina que se encuentra bajo análisis.

Adhesión a Convenios Internacionales: un aspecto crucial de este estudio es la evaluación de la adhesión de los países a convenios internacionales, con el objeto de destacar si estos países están alineados con los estándares internacionales en el manejo de evidencia digital y el uso de tecnologías procesales.

Formato interactivo con QR: además del formato impreso, el cuadro comparativo estará disponible de manera interactiva mediante un código QR. Al escanearlo, los lectores podrán acceder a una versión digital de **LATAM** y **Argentina,** con **links directos** a las leyes, convenciones y tratados mencionados, facilitando una navegación rápida y detallada. Esta versión interactiva se encuentra alojada en la página web del ***Observatorio en Cibercrimen y Evidencia Digital en Investigaciones Criminales - OCEDIC***, ofreciendo una experiencia de usuario enriquecida y acceso inmediato a la información complementaria.

Este análisis tiene como fin proporcionar una herramienta valiosa y práctica para académicos, operadores judiciales, legisladores y profesionales del derecho interesados en comprender cómo Latinoamérica está integrando las tecnologías procesales en la investigación penal. Además, busca ofrecer una perspectiva comparativa que permita identificar las tendencias regionales y las oportunidades de mejora para el uso de herramientas tecnológicas avanzadas en la investigación de ciberdelitos.

***Panópticos Comparativos de Herramientas Tecnológicas Procesales para la Investigación en* LATAM - ARGENTINA *y* PROVINCIAS**

https://ocedic.com/proyecto-internacional-investigacion-panopticos/

6.1. Argentina

TEMA	ARGENTINA
1) CONVENIOS	
Convenio sobre la Ciberdelincuencia, Budapest, 23.XI.2001 (EST No. 185)[26]	• Aprobación: Ley Nº 27.411[27], sancionada el 22/11/2017. • Ratificación: 05/06/2018 • Entrada en vigor: 01/10/2018. • Reservas: arts. 6.1.b.; 9.1.d., 9.2.b. y 9.2.c.; 9.1.e.; 22.1.d.; 29.4
Segundo Protocolo adicional al Convenio sobre Ciberdelincuencia, relativo a la cooperación reforzada y la divulgación de pruebas electrónicas, Estrasburgo, 12.V. 2022 (CETS No. 224)[28]	• Firma adhesión: 16/02/2023[29]
Convenio para la Protección de las Personas con respecto al Tratamiento Automatizado de Datos de Carácter Personal, Estrasburgo, 28.I.1981, (ETS No. 108)[30]	• Ratificación: 25/02/2019 • Entrada en vigor: 01/06/2019[31]
Primer Convenio Marco sobre Inteligencia Artificial y Derechos Humanos, Democracia y Estado de Derecho, Consejo de Europa, 17.V.2024 (CM(2024)52-addfinal)[32]	• Participó en la redacción como país observador (cfr. I. Introducción, 3)

---

26 https://www.coe.int/en/web/conventions/full-list?module=treaty-detail&treatynum=185. Recuperado el 24 de septiembre de 2024

27 Link recuperado 15 de noviembre de 2024: https://www.argentina.gob.ar/normativa/nacional/ley-27411-304798/texto

28 https://www.coe.int/en/web/conventions/full-list?module=treaty-detail&treatynum=224. Recuperado el 24 de septiembre de 2024

29 https://www.coe.int/en/web/conventions/full-list?module=treaties-full-list-signature&CodePays=ARG. Recuperado el 24 de septiembre de 2024

30 https://www.coe.int/en/web/conventions/full-list?module=treaty-detail&treatynum=108. Recuperado el 24 de septiembre de 2024

31 https://www.coe.int/en/web/conventions/full-list?module=treaties-full-list-signature&CodePays=AR Recuperado el 24 de septiembre de 2024

32 https://rm.coe.int/0900001680afb122. Recuperado el 24 de septiembre de 2024

TEMA	ARGENTINA
2) LIBERTAD PROBATORIA	• Art. 134, Código Procesal Penal Federal[33] • Art. 193, inciso 1, y 206, Código Procesal Penal de la Nación[34]
3) DECÁLOGO DE HERRAMIENTAS PROCESALES	
Agente encubierto digital	
Registro remoto sobre equipos informáticos	• Capítulo IV, apartado 4.1; Capítulo V, punto 5.10; 5.15.e, Protocolo para la identificación, recolección, preservación, procesamiento y presentación de evidencia digital[35].
Incautación de datos	• Art. 151, Código Procesal Penal Federal
Conservación (preservación) de datos informáticos	
Interceptación de la correspondencia, intervención de comunicaciones e interceptación de datos de tráfico y contenido (mensajes de correo electrónico que pertenezcan al sujeto activo y/o sus comunicaciones en línea, sean vía internet y/o intranet)	• Arts. 234 y 236, Código Procesal Penal de la Nación • Art. 150, (refiere a correspondencia postal, telegráfica, electrónica o cualquier otra forma de comunicación) Código Procesal Penal Federal
Captación y grabación de comunicaciones orales mediante la utilización de dispositivos electrónicos	• Art. 153, Código Procesal Penal Federal (Las intervenciones serán registradas mediante su grabación magnetofónica u otros medios técnicos similares)
Registro/captación de imágenes	
Informática forense y cadena de custodia	• Art. 233, 235 y 238, Código Procesal Penal de la Nación • Arts. 136, 151, 152, 153, 156 y 157, Código Procesal Penal Federal • Capítulo VI, Protocolo para la identificación, recolección, preservación, procesamiento, y presentación de evidencia digital.
Triage en la gestión de evidencia digital	• Capítulo IV, apartado 4.1, 4.4, 4.5, 5.11 y 5.19 • Capítulo IV, apartado 5.5 (dispositivos móvil) • Protocolo para la identificación, recolección, preservación, procesamiento y presentación de evidencia digital.

33 Link Código Procesal Penal Federal, recuperado 15 de noviembre de 2024: https://servicios.infoleg.gob.ar/infolegInternet/anexos/235000-239999/239340/texact.htm

34 Link Código Procesal Penal de la Nación, recuperado 15 de noviembre de 2024: https://servicios.infoleg.gob.ar/infolegInternet/anexos/0-4999/383/texact.htm#6

35 Link recuperado 15 de noviembre de 2024: https://www.fiscales.gob.ar/wp-content/uploads/2023/04/MINSEG-MPFN-Protocolo-evidencia-digital-2.pdf

TEMA	ARGENTINA
Criptoactivos y rastreo de transacciones	• 9.2 Pasos para realizar la incautación, Guía práctica para la identificación, trazabilidad e incautación de criptoactivos[36]
Cooperación Internacional	• Arts. 128, Código Procesal Penal Federal
Equipos conjuntos de investigación e investigaciones conjuntas	• Guía Equipos Conjuntos de Investigación[37]
Manuales de buenas prácticas y Protocolos	• Guía práctica para la identificación, trazabilidad e incautación de criptoactivos • Protocolo para la identificación, recolección, preservación, procesamiento y presentación de evidencia digital. • Guía de Buenas Prácticas para obtener evidencia electrónica en el extranjero[38] • Guía para la obtención, preservación y tratamiento de la evidencia digital[39]. • Res. 710-2024 Unidad de Inteligencia Artificial aplicada a la Seguridad (UIAAS)[40]
	• Programa Software "Espejo Chubut", disponibles mediante el "Convenio Interjurisdiccional de Colaboración y Asistencia" celebrado entre la Procuración General de la Provincia de Chubut y el Consejo de Procuradores, Fiscales, Defensores y Asesores Generales de la República Argentina"[41]

6.2. México

TEMA	MÉXICO
1) CONVENIOS	

36 https://www.mpf.gob.ar/ufeci/files/2023/05/Informe_Criptoactivos.pdf Recuperado el 24 de septiembre de 2024.

37 https://www.mpf.gob.ar/cooperacionjuridica/files/2023/10/Guia_Equipos-Conjuntos-Invest_2023.pdf Recuperado el 24 de septiembre de 2024.

38 https://www.mpf.gob.ar/ufeci/files/2021/07/UFECI-2020-Gui%CC%81a-de-Evidencia-Digital.pdf. Recuperado el 24 de septiembre de 2024.

39 Link recuperado 15 de noviembre de 2024: https://www.fiscales.gob.ar/wp-content/uploads/2016/04/PGN-0756-2016-001.pdf

40 Link recuperado 15 de noviembre de 2024: https://www.boletinoficial.gob.ar/detalleAviso/primera/311381/20240729

41 https://www.mpfchubut.gov.ar/centro-de-noticias/procuracion-general/espejo-chubut-ya-se-aplica-en-casi-todo-el-pais-el-dispositivo-informatico-creado-en-chubut-para-optimizar-las-investigaciones-penales Recuperado el 24 de septiembre de 2024.

TEMA	MÉXICO
Convenio sobre la Ciberdelincuencia, Budapest, 23.XI.2001 (EST No. 185)[42]	• Observador[43]
Segundo Protocolo adicional al Convenio sobre Ciberdelincuencia, relativo a la cooperación reforzada y la divulgación de pruebas electrónicas, Estrasburgo, 12.V. 2022 (CETS No. 224)[44]	
Convenio para la Protección de las Personas con respecto al Tratamiento Automatizado de Datos de Carácter Personal, Estrasburgo, 28.I.1981, (ETS No. 108)[45]	• Ratificación: 28/06/2028[46] • Entrada en vigor: 01/10/2018[47]
Primer Convenio Marco sobre Inteligencia Artificial y Derechos Humanos, Democracia y Estado de Derecho, Consejo de Europa, 17.V.2024 (CM(2024)52-addfinal)[48]	• Participó en la redacción como país observador (cfr. I. Introducción, 3)
2) LIBERTAD PROBATORIA	• Arts. 356 y 388, Código Nacional de Procedimientos Penales[49]
3) DECÁLOGO DE HERRAMIENTAS PROCESALES	
Agente encubierto digital	• Art. 251 (IX), Código Nacional de Procedimientos Penales
Registro remoto sobre equipos informáticos	
Incautación de datos	
Conservación (preservación) de datos informáticos	
Interceptación de la correspondencia, intervención de comunicaciones e interceptación de datos de tráfico y contenido (mensajes de correo electrónico que pertenezcan al sujeto activo y/o sus comunicaciones on line, sean vía internet y/o intranet)	• Arts. 291-303, Código Nacional de Procedimientos Penales

42 https://www.coe.int/en/web/conventions/full-list?module=treaty-detail&treatynum=185. Recuperado el 22 de septiembre de 2024.

43 https://www.coe.int/en/web/cybercrime/the-budapest-convention. Recuperado el 22 de septiembre de 2024.

44 https://www.coe.int/en/web/conventions/full-list?module=treaty-detail&treatynum=224. Recuperado el 22 de septiembre de 2024.

45 https://www.coe.int/en/web/conventions/full-list?module=treaty-detail&treatynum=108. Recuperado el 22 de septiembre de 2024

46 https://www.coe.int/en/web/conventions/full-list?module=treaties-full-list-signature&CodePays=MEX. Recuperado el 22 de septiembre de 2024.

47 Ídem.

48 https://rm.coe.int/0900001680afb122. Recuperado el 22 de septiembre de 2024.

49 https://www.diputados.gob.mx/LeyesBiblio/ref/cnpp.htm. Recuperado el 22 de septiembre de 2024.

TEMA	MÉXICO
Captación y grabación de comunicaciones orales mediante la utilización de dispositivos electrónicos	• Art. 294, Código Nacional de Procedimientos Penales
Registro/captación de imágenes	
Informática forense y cadena de custodia	• Arts. 227 y 228 y siguientes /297-300 Código Nacional de Procedimientos Penales
Triage en la gestión de evidencia digital	
Evidencia digital en la nube	• Art. 37 y siguientes, art. 52 y siguientes, art. 74 y siguientes. Reglamento de la Ley Federal de Protección de Datos Personales en Posesión de Particulares[50]
Criptoactivos y rastreo de transacciones	• Art. 17, inciso 16, y siguientes, Ley Federal para la prevención e identificación de operaciones con recursos de procedencia ilícita. Activos virtuales y obligaciones de trazabilidad[51]. • Ley para regular las Instituciones de Tecnología Financiera[52]
Cooperación Internacional	• Arts. 433 y siguientes, Código Nacional de Procedimientos Penales
Equipos conjuntos de investigación e investigaciones conjuntas	
Manuales de Buenas Prácticas y Protocolos	• Anexo 11 - Protocolo de actuación para la obtención y tratamiento de los recursos informáticos y/o evidencia digital (DOF 17/06/2016)[53] • Guía Nacional De Cadena De Custodia, Conferencias Nacionales Conjuntas de Procuración de Justicia y de Secretarios de Seguridad Pública[54].

---

50 https://www.diputados.gob.mx/LeyesBiblio/regley/Reg_LFPDPPP.pdf. Recuperado el 22 de septiembre de 2024.

51 https://www.diputados.gob.mx/LeyesBiblio/pdf/LFPIORPI_200521.pdf. Recuperado el 22 de septiembre de 2024.

52 https://www.diputados.gob.mx/LeyesBiblio/pdf/LRITF.pdf. Recuperado el 22 de septiembre de 2024

53 Link recuperado 15 de noviembre de 2024: https://www.gob.mx/cms/uploads/attachment/file/836067/Anexo_11_Evidencia_Digital.pdf

54 Link recuperado 15 de noviembre de 2024: https://www.criminalistasforenses.org.mx/docs/cadena-de-custodia_guia-nacional.pdf

6.3. República Dominicana

TEMA	REP. DOMINICANA
1) CONVENIOS	
Convenio sobre la Ciberdelincuencia, Budapest, 23.XI.2001 (EST No. 185)55	• Aprobación: Resolución Nº 158/12[56], 11/06/2012 • Ratificación: 07/02/2013. • Entrada en vigor: 01/06/2013
Segundo Protocolo adicional al Convenio sobre Ciberdelincuencia, relativo a la cooperación reforzada y la divulgación de pruebas electrónicas, Estrasburgo, 12.V. 2022 (CETS No. 224)57	• Firma adhesión 30/01/2023[58]
Convenio para la Protección de las Personas con respecto al Tratamiento Automatizado de Datos de Carácter Personal, Estrasburgo, 28.I.1981, (ETS No. 108)59	
Primer Convenio Marco sobre Inteligencia Artificial y Derechos Humanos, Democracia y Estado de Derecho, Consejo de Europa, 17.V.2024 (CM(2024)52-addfinal)60	
2) LIBERTAD PROBATORIA	• Arts. 166-170, Código Procesal Penal de la República Dominicana (Ley Nº 76-02)[61]
3) DECÁLOGO DE HERRAMIENTAS PROCESALES	
Agente encubierto digital	
Registro remoto sobre equipos informáticos	
Incautación de datos	• Art. 52, Ley Nº 53-07 sobre Crímenes y Delitos de Alta Tecnología[62]
Conservación (preservación) de datos informáticos	• Art. 53 (Incluye datos de tráfico), 56, Ley Nº 53-07 sobre Crímenes y Delitos de Alta Tecnología

55 https://www.coe.int/en/web/conventions/full-list?module=treaty-detail&treatynum=185. Recuperado el 23 de septiembre de 2024.

56 Link recuperado el 15 de noviembre de 2024: https://www.consultoria.gov.do/Consulta/Home/FileManagement?documentId=3368579&managementType=1

57 https://www.coe.int/en/web/conventions/full-list?module=treaty-detail&treatynum=224. Recuperado el 23 de septiembre de 2024.

58 https://www.coe.int/en/web/conventions/full-list?module=treaties-full-list-signature&CodePays=DOM. Recuperado el 23 de septiembre de 2024.

59 https://www.coe.int/en/web/conventions/full-list?module=treaty-detail&treatynum=108. Recuperado el 23 de septiembre de 2024.

60 https://rm.coe.int/0900001680afb122. Recuperado el 23 de septiembre de 2024.

61 Link recuperado 15 de noviembre de 2024: https://docs.republica-dominicana.justia.com/nacionales/codigos/codigo-procesal-penal.pdf

62 https://www.oas.org/juridico/PDFs/repdom_ley5307.pdf. Recuperado el 23 de septiembre de 2024

TEMA	REP. DOMINICANA
Interceptación de la correspondencia, intervención de comunicaciones e interceptación de datos de tráfico y contenido (mensajes de correo electrónico que pertenezcan al sujeto activo y/o sus comunicaciones on line, sean vía internet y/o intranet)	• Arts. 191 y 192, Código Procesal Penal de la República Dominicana (Ley Nº 76-02) • Art. 54 L), Ley Nº 53-07 sobre Crímenes y Delitos de Alta Tecnología • Ley Nº 153-98, Ley General de Telecomunicaciones[63]
Captación y grabación de comunicaciones orales mediante la utilización de dispositivos electrónicos	• Art. 192, Código Procesal Penal de la República Dominicana (Ley Nº 76-02) • Art. 54 k), Ley Nº 53-07 sobre Crímenes y Delitos de Alta Tecnología
Registro/captación de imágenes	• Art. 192 párrafo primero, Código Procesal Penal de la República Dominicana (Ley Nº 76-02)
Informática forense y cadena de custodia	• Arts. 192 y 289, Código Procesal Penal de la República Dominicana (Ley Nº 76-02) • Arts. 52-55, Ley Nº 53-07 sobre Crímenes y Delitos de Alta Tecnología
Triage en la gestión de evidencia digital	
Evidencia digital en la nube	
Criptoactivos y rastreo de transacciones	
Cooperación Internacional	• Arts. 155-158, Código Procesal Penal de la República Dominicana (Ley Nº 76-02)
Equipos conjuntos de investigación e investigaciones conjuntas	• Art. 159, Código Procesal Penal de la República Dominicana (Ley Nº 76-02)
Manuales de Buenas Prácticas y Protocolos	• Guía Identificación y Reporte de Incidentes Cibernéticos (Centro Nacional de Ciberseguridad)[64] • Resolución Nº 14383, Procuraduría General de la República[65]

63 Link recuperado 15 de noviembre de 2024: https://biblioteca.enj.org/handle/123456789/123904

64 https://cncs.gob.do/wp-content/uploads/2020/06/Gui%CC%81a-de-Identificacio%CC%81n-y-Reporte-de-Incidentes-Ciberne%CC%81ticos.pdf. Recuperado el 23 de septiembre de 2024.

65 https://transparencia.pgr.gob.do/Inicio/Pdf?documentoId=4274. Recuperado el 23 de septiembre de 2024.

6.4. Costa Rica

TEMA	COSTA RICA
1) CONVENIOS	
Convenio sobre la Ciberdelincuencia, Budapest, 23.XI.2001 (EST No. 185)[66]	• Aprobación: Ley Nº 9452[67],-A, 26/05/2017 • Ratificación: 22/09/2017 • Entrada en vigor: 01/01/2018 • Declaraciones: arts. 10, 24.
Segundo Protocolo adicional al Convenio sobre Ciberdelincuencia, relativo a la cooperación reforzada y la divulgación de pruebas electrónicas, Estrasburgo, 12.V. 2022 (CETS No. 224)[68]	• Firma adhesión: 13/06/2026[69]
Convenio para la Protección de las Personas con respecto al Tratamiento Automatizado de Datos de Carácter Personal, Estrasburgo, 28.I.1981, (ETS No. 108)[70]	
Primer Convenio Marco sobre Inteligencia Artificial y Derechos Humanos, Democracia y Estado de Derecho, Consejo de Europa, 17.V.2024 (CM(2024)52-addfinal)[71]	• Participó en la redacción como país observador (cfr. I. Introducción, 3)
2) LIBERTAD PROBATORIA	• Arts. 182, 183, 234, Código Procesal Penal (Ley Nº 7594)[72]
3) DECÁLOGO DE HERRAMIENTAS PROCESALES	
Agente encubierto digital	
Registro remoto sobre equipos informáticos	
Incautación de datos	
Conservación (preservación) de datos informáticos	

66 https://www.coe.int/en/web/conventions/full-list?module=treaty-detail&treatynum=185. Recuperado el 23 de septiembre de 2024.

67 http://www.pgrweb.go.cr/scij/Busqueda/Normativa/Normas/nrm_texto_completo.aspx?param1=NRTC&nValor1=1&nValor2=84360&nValor3=108815&strTipM=TC. Recuperado el 23 de septiembre de 2024.

68 https://www.coe.int/en/web/conventions/full-list?module=treaty-detail&treatynum=224. Recuperado el 23 de septiembre de 2024.

69 https://www.coe.int/en/web/conventions/full-list?module=treaties-full-list-signature&CodePays=COS. Recuperado el 23 de septiembre de 2024.

70 https://www.coe.int/en/web/conventions/full-list?module=treaty-detail&treatynum=108. Recuperado el 23 de septiembre de 2024.

71 https://rm.coe.int/0900001680afb122. Recuperado el 23 de septiembre de 2024.

72 Link recuperado 15 de noviembre de 2024: http://www.pgrweb.go.cr/scij/Busqueda/Normativa/Normas/nrm_texto_completo.aspx?nValor1=1&nValor2=41297

TEMA	COSTA RICA
Interceptación de la correspondencia, intervención de comunicaciones e interceptación de datos de tráfico y contenido (mensajes de correo electrónico que pertenezcan al sujeto activo y/o sus comunicaciones on line, sean vía internet y/o intranet)	• Art. 201, Código Procesal Penal • Arts. 15, 16 Ley Nº 8754 (Ley contra la Delincuencia Organizada)[73] • Arts. 9-20, Ley Nº 7425 (Ley sobre Registro, Secuestro y Examen de Documentos Privados e Intervención de las Comunicaciones)[74]
Captación y grabación de comunicaciones orales mediante la utilización de dispositivos electrónicos	
Registro/captación de imágenes	
Informática forense y cadena de custodia	• Art. 199, Código Procesal Penal • Art. 5, Ley Nº 7425 (Ley sobre Registro, Secuestro y Examen de Documentos Privados e Intervención de las Comunicaciones) • Punto VIII.9, Protocolo de Cadena de Custodia del Ministerio Público[75]
Triage en la gestión de evidencia digital	
Evidencia digital en la nube	
Criptoactivos y rastreo de transacciones	
Cooperación Internacional	• Art. 65, Código Procesal Penal • Art. 154 (vía diplomática), Código Procesal Penal.
Equipos conjuntos de investigación e investigaciones conjuntas	• Art. 65 última parte, Código Procesal Penal • Art. 154 bis. k) La coordinación internacional de investigaciones. Código Procesal Penal
Manuales de Buenas Prácticas y Protocolos	• Protocolo Cadena de Custodia (Ministerio Público - Organismo de Investigación Judicial)

73 Link recuperado 15 de noviembre de 2024: https://www.oas.org/en/sla/dlc/mesicic/docs/mesicic6_cr_anex45.pdf

74 Link recuperado 15 de noviembre de 2024: http://www.pgrweb.go.cr/scij/Busqueda/Normativa/Normas/nrm_texto_completo.aspx?param1=NRM&nValor1=1&nValor2=16466&strTipM=FN

75 Link recuperado 15 de noviembre de 2024: https://ministeriopublico.poder-judicial.go.cr/images/phocadownload/CircularesAdministrativas/2020/Anexos2020/protocoloCadenaCustodia.pdf

6.5. Ecuador

TEMA	ECUADOR
1) CONVENIOS	
Convenio sobre la Ciberdelincuencia, Budapest, 23.XI.2001 (EST No. 185)[76]	• Aprobación: RL-2023-205-057, 04/07/2024 (Decreto Ejecutivo 332)[77] • Ratificación: 30/03/2022 (CM/Del/Dec(2022)1430/10.9)
Segundo Protocolo adicional al Convenio sobre Ciberdelincuencia, relativo a la cooperación reforzada y la divulgación de pruebas electrónicas, Estrasburgo, 12.V. 2022 (CETS No. 224)[78]	
Convenio para la Protección de las Personas con respecto al Tratamiento Automatizado de Datos de Carácter Personal, Estrasburgo, 28.I.1981, (ETS No. 108)[79]	
Primer Convenio Marco sobre Inteligencia Artificial y Derechos Humanos, Democracia y Estado de Derecho, Consejo de Europa, 17.V.2024 (CM(2024)52-addfinal)[80]	
2) LIBERTAD PROBATORIA	• Art. 454.4, Código Orgánico Integral Penal (COIP.)[81] • Art. 159, Código Orgánico General de Procesos (COGEP)[82]
3) DECÁLOGO DE HERRAMIENTAS PROCESALES	
Agente encubierto digital	• Arts. 483.1, 484, Código Orgánico Integral Penal (COIP)

76 https://www.coe.int/en/web/conventions/full-list?module=treaty-detail&treatynum=185. Recuperado el 23 de septiembre de 2024.

77 Link recuperado 15 de noviembre de 2024: https://strapi.lexis.com.ec/uploads/DE_332_20240612145331_1_6683002cc1.pdf

78 https://www.coe.int/en/web/conventions/full-list?module=treaty-detail&treatynum=224. Recuperado el 23 de septiembre de 2024.

79 https://www.coe.int/en/web/conventions/full-list?module=treaty-detail&treatynum=108. Recuperado el 23 de septiembre de 2024.

80 https://rm.coe.int/0900001680afb122. Recuperado el 23 de septiembre de 2024.

81 Link recuperado 15 de noviembre de 2024: https://www.oas.org/juridico/PDFs/mesicic5_ecu_ane_con_judi_c%C3%B3d_org_int_pen.pdf

82 Link recuperado 15 de noviembre de 2024: https://www.telecomunicaciones.gob.ec/wp-content/uploads/2018/09/Codigo-Org%C3%A1nico-General-de-Procesos.pdf

TEMA	ECUADOR
Registro remoto sobre equipos informáticos	• Art. 477.3 (se amplía a otros sistemas informáticos), 477.8 (Acceso transfronterizo a contenido digital de acceso público o con consentimiento —coop. internacional), Código Orgánico Integral Penal (COIP)
Incautación de datos	• Arts. 477,2, 477,3 Código Orgánico Integral Penal (COIP)
Conservación (preservación) de datos informáticos	• 477.1 (Incluye datos de tráfico), Código Orgánico Integral Penal (COIP)
Interceptación de la correspondencia, intervención de comunicaciones e interceptación de datos de tráfico y contenido (mensajes de correo electrónico que pertenezcan al sujeto activo y/o sus comunicaciones on line, sean vía internet y/o intranet)	• Art. 475 (Retención de correspondencia), 476 (Interceptación de comunicaciones o datos informáticos), Código Orgánico Integral Penal (COIP.) • Art. 45, Ley Orgánica de Protección de Datos Personales.
Captación y grabación de comunicaciones orales mediante la utilización de dispositivos electrónicos	• Arts. 178 y 471, Código Orgánico Integral Penal (COIP.) • Art. 45, Ley Orgánica de Protección de Datos Personales.
Registro/captación de imágenes	• Arts. 178 y 471, Código Orgánico Integral Penal (COIP.)
Informática forense y cadena de custodia	• Arts. 444 numeral 17, 475, 476, 477, 477.1, 477,3, 500, Código Orgánico Integral Penal (COIP.)
Triage en la gestión de evidencia digital	• Art. 444, numeral 17, Código Orgánico Integral Penal (COIP.)
Evidencia digital en la nube	
Criptoactivos y rastreo de transacciones	
Cooperación Internacional	• Arts. 477.4, 477.5, 477.6, 477.7, 477.8, 477.9 y 477.10, 488, 496, 497 Código Orgánico Integral Penal (COIP.) • Art. 70 (vía diplomática), Código Orgánico General de Procesos
Equipos conjuntos de investigación e investigaciones conjuntas	• Arts. 477,4 (para la obtención o tratamiento de evidencia digital; o informes a la autoridad ext.), 488, 496 (Investigaciones conjuntas) y 497 (Asistencia judicial recíproca) Código Orgánico Integral Penal (COIP.)
Manuales de Buenas Prácticas y Protocolos	• Guía Práctica para la Asistencia Penal Internacional[83] • Manual de Manejo de Evidencias Digitales y Entornos Informáticos[84]

83 https://www.fiscalia.gob.ec/transparencia/2021/abril/a3/RESOLUCION-019-FGE-2021-Guia-practica-para-la-API.pdf. Recuperado el 23 de septiembre de 2024.

84 https://www.oas.org/juridico/english/cyb_pan_manual.pdf. Recuperado el 23 de septiembre de 2024.

6.6. Panamá

TEMA	PANAMÁ
1) CONVENIOS	
Convenio sobre la Ciberdelincuencia, Budapest, 23.XI.2001 (EST No. 185)[85]	• Aprobación: Ley N° 79-22/10/2013 (Gaceta Oficial N° 27403-A 25/10/2013)[86] • Ratificación: 05/03/2014 • Entrada en vigor: 01/07/2014
Segundo Protocolo adicional al Convenio sobre Ciberdelincuencia, relativo a la cooperación reforzada y la divulgación de pruebas electrónicas, Estrasburgo, 12.V. 2022 (CETS No. 224)[87]	
Convenio para la Protección de las Personas con respecto al Tratamiento Automatizado de Datos de Carácter Personal, Estrasburgo, 28.I.1981, (ETS No. 108)[88]	
Primer Convenio Marco sobre Inteligencia Artificial y Derechos Humanos, Democracia y Estado de Derecho, Consejo de Europa, 17.V.2024 (CM(2024)52-addfinal)[89]	
2) LIBERTAD PROBATORIA	• Arts. 17, 376, 377, 381, 422, Código Procesal Penal (Ley N° 63, 2008)[90]
3) DECÁLOGO DE HERRAMIENTAS PROCESALES	
Agente encubierto digital	
Registro remoto sobre equipos informáticos	• Art. 314 (datos almacenados en cualquier otro soporte), Código Procesal Penal (Ley N° 63, 2008)
Incautación de datos	• Art. 314, Código Procesal Penal (Ley N° 63, 2008).
Conservación (preservación) de datos informáticos	• Arts. 75, 270 y 277, Código Procesal Penal (Ley N° 63, 2008)

85 https://www.coe.int/en/web/conventions/full-list?module=treaty-detail&treatynum=185. Recuperado el 23 de septiembre de 2024.

86 https://ministeriopublico.gob.pa/wp-content/uploads/2021/02/Ley-79-de-22-de-octubre-de-2013.pdf. Recuperado el 23 de septiembre de 2024.

87 https://www.coe.int/en/web/conventions/full-list?module=treaty-detail&treatynum=224. Recuperado el 23 de septiembre de 2024.

88 https://www.coe.int/en/web/conventions/full-list?module=treaty-detail&treatynum=108. Recuperado el 23 de septiembre de 2024.

89 https://rm.coe.int/0900001680afb122. Recuperado el 23 de septiembre 2024.

90 https://www.organojudicial.gob.pa/uploads/blogs.dir/2/2020/11/462/codigo-procesal-penal-actualizado-al-mes-de-marzo-de-2020.pdf. Recuperado el 25 de septiembre de 2024

TEMA	PANAMÁ
Interceptación de la correspondencia, intervención de comunicaciones e interceptación de datos de tráfico y contenido (mensajes de correo electrónico que pertenezcan al sujeto activo y/o sus comunicaciones on line, sean vía internet y/o intranet)	• Arts. 310 (Incautación de correspondencia), 311 (Interceptación de comunicaciones: grabación por cualquier medio técnico de otras formas de comunicación), Código Procesal Penal (Ley N° 63, 2008) • Art. 16 (Incluye datos de tráfico y contenido), Ley N° 16, 2004[91].
Captación y grabación de comunicaciones orales mediante la utilización de dispositivos electrónicos	• Art. 311 (refiere a interceptación de comunicaciones cibernéticas, seguimientos satelitales, vigilancia electrónica), Código Procesal Penal (Ley N° 63, 2008)
Registro/captación de imágenes	• Art. 130 (registro de imágenes y sonidos para documentar actos de prueba), Código Procesal Penal (Ley N° 63, 2008)
Informática forense y cadena de custodia	• Arts. 130, 276, 277, 279, 308, 311, 314, 318 Código Procesal Penal (Ley N° 63, 2008); • Ley N° 51, 2008[92]
Triage en la gestión de evidencia digital	
Evidencia digital en la nube	
Criptoactivos y rastreo de transacciones	
Cooperación Internacional	• Ley N° 11, 31/03/2015[93] • Oficina para la Ejecución de los Tratados de Asistencia Legal Mutua y Cooperación Internacional - TALM[94]
Equipos conjuntos de investigación e investigaciones conjuntas	
Manuales de Buenas Prácticas y Protocolos	• Manual de Procedimiento del Sistema de Cadena de Custodia (Resolución No.JD-008-15)[95] • Directorio de Servicios Periciales (IMELCF)[96]

---

91 https://www.organojudicial.gob.pa/uploads/wp_repo/uploads/2016/11/Ley-16-de-2004.pdf. Recuperado el 23 de septiembre de 2024.

92 Link recuperado 15 de noviembre de 2024: https://www.organojudicial.gob.pa/uploads/wp_repo/uploads/2016/11/Ley-51-de-2008.pdf

93 https://ministeriopublico.gob.pa/wp-content/uploads/2021/04/Ley-11-de-31-de-marzo-2015.pdf. Recuperado el 23 de septiembre de 2024.

94 Link recuperado 15 de noviembre de 2024: https://www.mingob.gob.pa/oficina-la-ejecucion-los-tratados-asistencia-legal-mutua-cooperacion-internacional-talm/

95 https://vlex.com.pa/vid/resolucion-n-jd-008-905430756. Recuperado el 23 de septiembre de 2024.

96 Link recuperado 15 de noviembre de 2024: https://www.imelcf.gob.pa/wp-content/uploads/2020/01/directorio-de-servicios-periciales.pdf

6.7. Brasil

TEMA	BRASIL
1) CONVENIOS	
Convenio sobre la Ciberdelincuencia, Budapest, 23.XI.2001 (EST No. 185)[97]	• Aprobación: Decreto Legislativo Nº 37[98], 16/12/2021 • Ratificación: 30/11/2022 • Entrada en vigor: 01/03/2023
Segundo Protocolo adicional al Convenio sobre Ciberdelincuencia, relativo a la cooperación reforzada y la divulgación de pruebas electrónicas, Estrasburgo, 12.V. 2022 (CETS No. 224)[99]	
Convenio para la Protección de las Personas con respecto al Tratamiento Automatizado de Datos de Carácter Personal, Estrasburgo, 28.I.1981, (ETS No. 108)[100]	
Primer Convenio Marco sobre Inteligencia Artificial y Derechos Humanos, Democracia y Estado de Derecho, Consejo de Europa, 17.V.2024 (CM(2024)52-addfinal)[101]	
2) LIBERTAD PROBATORIA	• Arts. 155-156, Código de Processo Penal ((DECRETO-LEI Nº 3.689, 3 Oct 1941)[102]
3) DECÁLOGO DE HERRAMIENTAS PROCESALES	
Agente encubierto digital	• Art. 10-A, Ley Nº 12.850[103]
Registro remoto sobre equipos informáticos	
Incautación de datos	

97 https://www.coe.int/en/web/conventions/full-list?module=treaty-detail&treatynum=185. Recuperado el 23 de septiembre de 2024.

98 https://www2.camara.leg.br/legin/fed/decleg/2021/decretolegislativo-37-16-dezembro-2021-792105-publicacaooriginal-164114-pl.html. Recuperado el 23 de septiembre de 2024.

99 https://www.coe.int/en/web/conventions/full-list?module=treaty-detail&treatynum=224. Recuperado el 23 de septiembre de 2024.

100 https://www.coe.int/en/web/conventions/full-list?module=treaty-detail&treatynum=108. Recuperado el 23 de septiembre de 2024.

101 https://rm.coe.int/0900001680afb122. Recuperado el 23 de septiembre de 2024.

102 https://www.planalto.gov.br/ccivil_03/decreto-lei/Del3689Compilado.htm. Recuperado el 23 de septiembre de 2024.

103 https://www.planalto.gov.br/ccivil_03/_ato2011-2014/2013/lei/l12850.htm. Recuperado el 23 de septiembre de 2024.

TEMA	BRASIL
Conservación (preservación) de datos informáticos	• Arts. 13 § 2, 15§ 2, (Incluye datos de tráfico) LEY N° 12.965/14, Marco Civil da Internet[104]
Interceptación de la correspondencia, intervención de comunicaciones e interceptación de datos de tráfico y contenido (mensajes de correo electrónico que pertenezcan al sujeto activo y/o sus comunicaciones on line, sean vía internet y/o intranet)	• Art. 3-b XI a), 13-B, Código de Processo Penal. • Ley N° 9.296/1996[105]
Captación y grabación de comunicaciones orales mediante la utilización de dispositivos electrónicos	
Registro/captación de imágenes	
Informática forense y cadena de custodia	• Art. 158-A / 158-F, Código de Processo Penal
Triage en la gestión de evidencia digital	
Evidencia digital en la nube	
Criptoactivos y rastreo de transacciones	
Cooperación Internacional	• Arts. 780/782, Código de Processo Penal. • Art. 3. VI, Ley N° 13.344/2016[106] • Convención de las Naciones Unidas contra la delincuencia organizada[107]. • Convención de las Naciones Unidas contra la Corrupción[108]. • Manual de cooperación jurídica internacional (en Materia Penal y Recupero de Activos)[109].
Equipos conjuntos de investigación e investigaciones conjuntas	

104 https://www.jusbrasil.com.br/legislacao/117197216/lei-12965-14. Recuperado el 23 de septiembre de 2024.

105 https://www.planalto.gov.br/ccivil_03/leis/l9296.htm. Recuperado el 23 de septiembre de 2024.

106 https://www.planalto.gov.br/ccivil_03/_ato2015-2018/2016/lei/l13344.htm. Recuperado el 23 de septiembre de 2024.

107 Link recuperado 15 de noviembre de 2024: https://www.acnur.org/fileadmin/Documentos/BDL/2014/9505.pdf

108 https://www.unodc.org/pdf/corruption/publications_unodc_convention-s.pdf. Recuperado el 26 de septiembre de 2024

109 https://www.gov.br/mj/pt-br/assuntos/sua-protecao/lavagem-de-dinheiro/drci/publicacoes/manuais/cooperacao-juridica-internacional-em-materia-penal/manual-penal-online-final-2.pdf. Recuperado el 23 de septiembre de 2024.

TEMA	BRASIL
Manuales de Buenas Prácticas y Protocolos	• Protocolo de Investigación de Ciberdelitos en el ámbito del Poder Judicial (Orden 291, 17/12/2020) • Directrices para la recolección y conservación de evidencia digital - NC nº 21[110] • Norma ABNT NBR ISO/IEC 27037:2013 (análisis)[111]

6.8. Colombia

TEMA	COLOMBIA
1) CONVENIOS	
Convenio sobre la Ciberdelincuencia, Budapest, 23.XI.2001 (EST No. 185)[112]	• Aprobación: Ley Nº 1928, 2018[113] • Ratificación: 16/03/2020 • Entrada en vigor: 01/07/2020 • Reservas: arts. 20; 21.
Segundo Protocolo adicional al Convenio sobre Ciberdelincuencia, relativo a la cooperación reforzada y la divulgación de pruebas electrónicas, Estrasburgo, 12.V. 2022 (CETS No. 224)[114]	• Firma adhesión: 12/05/2022[115]
Convenio para la Protección de las Personas con respecto al Tratamiento Automatizado de Datos de Carácter Personal, Estrasburgo, 28.I.1981, (ETS No. 108)[116]	
Primer Convenio Marco sobre Inteligencia Artificial y Derechos Humanos, Democracia y Estado de Derecho, Consejo de Europa, 17.V.2024 (CM(2024)52-addfinal)[117]	

110 https://www.gov.br/ctir/pt-br/centrais-de-conteudo/palestras-em-pdf/coloquios/9o-coloquio-ctir-gov-2013-2015/1coloquio2015_palestra03_dpf_flavio-silveira.pdf. Recuperado el 23 de septiembre de 2024.

111 https://www.jusbrasil.com.br/artigos/norma-iso-27037-2013/2233729951. Recuperado el 23 de septiembre de 2024.

112 https://www.coe.int/en/web/conventions/full-list?module=treaty-detail&treatynum=185. Recuperado al 23 de septiembre de 2024.

113 Link recuperado 15 de noviembre de 2024: https://www1.funcionpublica.gov.co/documents/34645357/34703567/Ley_1928_de_2018.pdf/f6402a0c-bf61-d150-0544-3f44753b5555?t=1560461998293

114 https://www.coe.int/en/web/conventions/full-list?module=treaty-detail&treatynum=224. Recuperado el 23 de septiembre de 2024.

115 https://www.coe.int/en/web/conventions/full-list?module=treaties-full-list-signature&CodePays=COL Recuperado el 23 de septiembre de 2024.

116 https://www.coe.int/en/web/conventions/full-list?module=treaty-detail&treatynum=108. Recuperado el 23 de septiembre de 2024.

117 https://rm.coe.int/0900001680afb122. Recuperado el 23 de septiembre de 2024.

TEMA	COLOMBIA
2) LIBERTAD PROBATORIA	• Art. 373, Ley N° 906/2004 Código de Procedimiento Penal[118]
3) DECÁLOGO DE HERRAMIENTAS PROCESALES	
Agente encubierto digital	• Art. 242 B (arts. 241, 242), Ley N° 906/2004 Código de Procedimiento Penal. • Capítulo 6. Manual Único de Policía Judicial[119]
Registro remoto sobre equipos informáticos	
Incautación de datos	
Conservación (preservación) de datos informáticos	
Interceptación de la correspondencia, intervención de comunicaciones e interceptación de datos de tráfico y contenido (mensajes de correo electrónico que pertenezcan al sujeto activo y/o sus comunicaciones on line, sean vía internet y/o intranet)	• Art. 235, Ley N° 906/2004 Código de Procedimiento Penal • Capítulo 3, apartado 3.9. Manual Único de Policía Judicial • Directiva N° 0004 02/11/2021[120] • Art. 244,(Búsqueda selectiva en bases de datos: refiere a datos de tráfico y contenido), Ley N° 906/2004 Código de Procedimiento Penal • Capítulo 3, apartado 3.8.2., Manual de Policía Judicial | Fiscalía General de la Nación
Captación y grabación de comunicaciones orales mediante la utilización de dispositivos electrónicos	• Art. 236, Ley N° 906/2004 Código de Procedimiento Penal
Registro/captación de imágenes	• Art. 239, 240, Ley N° 906/2004 Código de Procedimiento Penal • Capítulo 6, apartado. Manual Único de Policía Judicial
Informática forense y cadena de custodia	• Capítulo V, arts. 254-266, 275 (Elementos materiales probatorios, evidencia física e información), 276, 277, 278, 279, 284, 424, Ley N° 906/2004 Código de Procedimiento Penal • Capítulo 14, Manual Único de Policía Judicial
Triage en la gestión de evidencia digital	• Capítulo 3, apartado 3.10. Manual Único de Policía Judicial
Evidencia digital en la nube	
Criptoactivos y rastreo de transacciones	

118 https://www.suin-juriscol.gov.co/viewDocument.asp?ruta=Leyes/1670249. Recuperado el 23 de septiembre de 2024.

119 https://www.fiscalia.gov.co/colombia/wp-content/uploads/Manual-de-Policia-Judicial-Actualizado.pdf Recuperado el 23 de septiembre de 2024.

120 Link recuperado 15 de noviembre de 2024: https://www.fiscalia.gov.co/colombia/wp-content/uploads/2021-DIRECTIVA-0004-CRITERIOS-INTERCEP-COMUNIC-Y-PRESERVAR-DERECHO-A-INTIMIDAD.pdf

TEMA	COLOMBIA
Cooperación Internacional	• Arts. 281, Ley Nº 906/2004 Código de Procedimiento Penal • Art. 484-489, Ley Nº 906/2004 Código de Procedimiento Penal
Equipos conjuntos de investigación e investigaciones conjuntas	
Manuales de Buenas Prácticas y Protocolos	• Guía Nº 3 - Procedimientos De Seguridad De La Información. Ministerio de Tecnologías de la Información y las Comunicaciones[121] • Guía Nº 12 - Seguridad en la nube. Ministerio de Tecnologías de la Información y las Comunicaciones[122] • Guía Nº 13 - Evidencia Digital. Ministerio de Tecnologías de la Información y las Comunicaciones[123] • Guía Nº 21 - Guía para la Gestión y Clasificación de Incidentes de Seguridad de la Información. Ministerio de Tecnologías de la Información y las Comunicaciones[124]
	• Guía de referencia de Blockchain. Ministerio de Tecnologías de la Información y las Comunicaciones[125] • Protocolo de interacción en redes sociales. Ministerio de Tecnologías de la Información y las Comunicaciones[126]

121 Link recuperado 15 de noviembre de 2024: https://gobiernodigital.mintic.gov.co/692/articles-150514_G3_Procedimiento_de_Seguridad.pdf

122 Link recuperado 15 de noviembre de 2024: https://gobiernodigital.mintic.gov.co/692/articles-5482_G12_Seguridad_Nube.pdf

123 Link recuperado 15 de noviembre de 2024: https://gobiernodigital.mintic.gov.co/692/articles-150505_G13_Evidencia_Digital.pdf

124 Link recuperado 15 de noviembre de 2024: https://gobiernodigital.mintic.gov.co/692/articles-5482_G21_Gestion_Incidentes.pdf

125 https://gobiernodigital.mintic.gov.co/692/articles-161810_pdf.pdf Recuperado el 23 de septiembre de 2024

126 Link recuperado el 15 de noviembre de 2024: https://www.mineducacion.gov.co/1759/articles-322548_Manual_de_Gestion_de_la_Comunicacion_en_redes_Sociales_Gobierno_de_Colombia_.pdf

6.9. Perú

TEMA	PERÚ
1) CONVENIOS	
Convenio sobre la Ciberdelincuencia, Budapest, 23.XI.2001 (EST No. 185)[127]	• Aprobación: Decreto Supremo Nº 010-2019-RE[128], 10/03/2019, Publicado en el Diario Oficial El Peruano de fecha 22/09/2019 • Ratificación: 26/08/2019 • Entrada en vigor: 01/12/2019
Segundo Protocolo adicional al Convenio sobre Ciberdelincuencia, relativo a la cooperación reforzada y la divulgación de pruebas electrónicas, Estrasburgo, 12.V. 2022 (CETS No. 224)[129]	
Convenio para la Protección de las Personas con respecto al Tratamiento Automatizado de Datos de Carácter Personal, Estrasburgo, 28.I.1981, (ETS No. 108)[130]	
Primer Convenio Marco sobre Inteligencia Artificial y Derechos Humanos, Democracia y Estado de Derecho, Consejo de Europa, 17.V.2024 (CM(2024)52-addfinal)[131]	• Participó en la redacción como país observador (cfr. I. Introducción, 3)
2) LIBERTAD PROBATORIA	• Arts. 157-159 Código Procesal Penal ((Decreto Legislativo Nº 957)[132].
3) DECÁLOGO DE HERRAMIENTAS PROCESALES	
Agente encubierto digital	• Ley Nº 30096 - Disposiciones complementarias finales. Segunda. Agente encubierto en delitos informáticos[133]. • Conf. Art. 341, Código Procesal Penal (Decreto Legislativo Nº 957).
Registro remoto sobre equipos informáticos	
Incautación de datos	

---

127 https://www.coe.int/en/web/conventions/full-list?module=treaty-detail&treatynum=185. Recuperado el 23 de septiembre de 2024.

128 Link recuperado el 15 de noviembre de 2024: https://lpderecho.pe/protocolo-actuacion-conjunta-referidos-allanamiento-ra-387-2014-ce-pj/

129 https://www.coe.int/en/web/conventions/full-list?module=treaty-detail&treatynum=224. Recuperado el 23 de septiembre de 2024.

130 https://www.coe.int/en/web/conventions/full-list?module=treaty-detail&treatynum=108 Recuperado el 23 de septiembre de 2024

131 https://rm.coe.int/0900001680afb122. Recuperado el 23 de septiembre de 2024.

132 https://lpderecho.pe/nuevo-codigo-procesal-penal-peruano-actualizado/ Recuperado el 23 de septiembre de 2024.

133 https://lpderecho.pe/ley-delitos-informaticos-ley-30096/ Recuperado el 23 de septiembre de 2024.

TEMA	PERÚ
Conservación (preservación) de datos informáticos	
Interceptación de la correspondencia, intervención de comunicaciones e interceptación de datos de tráfico y contenido (mensajes de correo electrónico que pertenezcan al sujeto activo y/o sus comunicaciones on line, sean vía internet y/o intranet)	• Arts. 230-231, Código Procesal Penal (Decreto Legislativo N° 957) • Ley N° 27697 que habilita al Fiscal (Ministerio Público) para la intervención y control de comunicaciones y documentos privados en casos excepcionales[134].
Captación y grabación de comunicaciones orales mediante la utilización de dispositivos electrónicos	• Arts. 207, 230-231, Código Procesal Penal (Decreto Legislativo N° 957)
Registro/captación de imágenes	• Art. 207, Código Procesal Penal (Decreto Legislativo N° 957) • Ley N° 30740[135] (RPAS) • Decreto Legislativo N° 1182[136] (geolocalización)
Informática forense y cadena de custodia	• Art. 220, Código Procesal Penal (Decreto Legislativo N° 957)
Triage en la gestión de evidencia digital	
Evidencia digital en la nube	
Criptoactivos y rastreo de transacciones	
Cooperación Internacional	• Arts. 340, 508-512, Código Procesal Penal (Decreto Legislativo N° 957) • Ley N° 30096 - Disposiciones complementarias finales. Octava. Convenios multilaterales.
Equipos conjuntos de investigación e investigaciones conjuntas	

134 https://lpderecho.pe/ley-otorga-facultad-fiscal-intervencion-control-comunicaciones-documentos-privados-caso-excepcional-ley-27697/ Recuperado el 23 de septiembre de 2024.

135 https://www.gob.pe/institucion/mtc/normas-legales/355491-30740-ley-que-regula-el-uso-y-las-operaciones-de-los-sistemas-de-aeronaves-pilotadas-a-distancia-rpas. Recuperado el 23 de septiembre de 2024.

136 https://www.gob.pe/institucion/mpfn/informes-publicaciones/1678038-decreto-legislativo-n-1182 Recuperado el 23 de septiembre de 2024.

TEMA	PERÚ
Manuales de Buenas Prácticas y Protocolos	• Ley N° 30096 - Disposiciones complementarias finales. Sétima. Buenas Prácticas. • Manual para el recojo de Evidencia Digital[137] • Res. 387-2014 Protocolo de Actuación Conjunta[138] • Reglamento de la cadena de custodia de elementos materiales, evidencias y administración de bienes incautados (RFN 729-2006-MP-FN)[139] • Acuerdo Plenario 6-2012/CJ-116 - Corte Suprema de Justicia de la República[140] • Manual para el recojo de la evidencia digital (Resolución Ministerial N° 848-2019-IN)[141] • Guía de Análisis Digital Forense (Resolución de Gerencia General N° 000365-2020 MP-FN-GG, 11/08/2020)[142]. • Guía práctica para solicitar la Prueba Electrónica a través de las fronteras[143].

137 https://www.gob.pe/institucion/mininter/informes-publicaciones/1199631-manual-para-el-recojo-de-la-evidencia-digital. Recuperado el 23 de septiembre de 2024.

138 https://www.pj.gob.pe/wps/wcm/connect/45c6770046d9af2d8f28cf4c973a96be/RA_387_2014_CE_PJ+-+19_11_2014.pdf?MOD=AJPERES&CACHEID=45c6770046d9af2d8f28cf4c973a96be. Recuperado el 23 de septiembre de 2024

139 https://www.gob.pe/institucion/mpfn/informes-publicaciones/1678088-reglamento-de-la-cadena-de-custodia-de-elementos-materiales-evidencias-y-administracion-de-bienes-incautados. Recuperado el 23 de septiembre de 2024.

140 https://img.lpderecho.pe/wp-content/uploads/2021/02/Acuerdo-Plenario-6-2012-CJ-116-LP.pdf?fbclid=IwAR0OHUbiVRRFI33llSNUiw8pJgIj5uWq0jojORHYJ7bBDYxlSoUmCfb3dRY. Recuperado el 23 de septiembre de 2024

141 https://www.gob.pe/institucion/mpfn/informes-publicaciones/1678077-manual-para-el-recojo-de-evidencia-digital. Recuperado el 23 de septiembre de 2024

142 https://www.gob.pe/institucion/mpfn/informes-publicaciones/1678084-guia-de-analisis-digital-forense. Recuperado el 26 de septiembre de 2024

143 https://www.gob.pe/institucion/mpfn/informes-publicaciones/1678086-guia-practica-para-solicitar-la-prueba-electronica-a-traves-de-las-fronteras. Recuperado el 26 de septiembre de 2024.

6.10. Paraguay

TEMA	PARAGUAY
1) CONVENIOS	
Convenio sobre la Ciberdelincuencia, Budapest, 23.XI.2001 (EST No. 185)[144]	• Aprobación: Ley Nº 5994/17[145] • Ratificación: 30/07/2018 • Entrada en vigor: 01/11/2018
Segundo Protocolo adicional al Convenio sobre Ciberdelincuencia, relativo a la cooperación reforzada y la divulgación de pruebas electrónicas, Estrasburgo, 12.V. 2022 (CETS No. 224)[146]	
Convenio para la Protección de las Personas con respecto al Tratamiento Automatizado de Datos de Carácter Personal, Estrasburgo, 28.I.1981, (ETS No. 108)[147]	
Primer Convenio Marco sobre Inteligencia Artificial y Derechos Humanos, Democracia y Estado de Derecho, Consejo de Europa, 17.V.2024 (CM(2024)52-addfinal)[148]	
2) LIBERTAD PROBATORIA	• Art. 173, Código Procesal Penal de la República del Paraguay. Ley Nº 1286/1998[149]
3) DECÁLOGO DE HERRAMIENTAS PROCESALES	
Agente encubierto digital	
Registro remoto sobre equipos informáticos	
Incautación de datos	
Conservación (preservación) de datos informáticos	

---

144 https://www.coe.int/en/web/conventions/full-list?module=treaty-detail&treatynum=185 Recuperado el 23 de septiembre de 2024

145 https://www.bacn.gov.py/leyes-paraguayas/9900/ley-n-5994-aprueba-la-convencion-sobre-la-ciberdelincuencia-y-el-protocolo-adicional-al-convenio-sobre-ciberdelincuencia-relativo-a-la-penalizacion-de-actos-de-indole-racista-y-xenofoba-cometidos-por-medio-de-sistemas-informaticos. Recuperado el 23 de septiembre de 2024.

146 https://www.coe.int/en/web/conventions/full-list?module=treaty-detail&treatynum=224. Recuperado el 23 de septiembre de 2024.

147 https://www.coe.int/en/web/conventions/full-list?module=treaty-detail&treatynum=108. Recuperado el 24 de septiembre de 2024.

148 https://rm.coe.int/0900001680afb122. Recuperado el 24 de septiembre de 2024.

149 https://www.pj.gov.py/ebook/libros_files/codigo-procesal-penal.pdf. Recuperado el 24 de septiembre de 2024.

TEMA	PARAGUAY
Interceptación de la correspondencia, intervención de comunicaciones e interceptación de datos de tráfico y contenido (mensajes de correo electrónico que pertenezcan al sujeto activo y/o sus comunicaciones on line, sean vía internet y/o intranet)	• Arts. 198, 199, 200 y 297 inc. 8 y 10, Código Procesal Penal de la República del Paraguay. Ley N° 1286/1998
Captación y grabación de comunicaciones orales mediante la utilización de dispositivos electrónicos	
Registro/captación de imágenes	
Informática forense y cadena de custodia	• Arts. 196, 198, 199, 200 y 297 inc. 8 y 10, Código Procesal Penal de la República del Paraguay. Ley N° 1286/1998
Triage en la gestión de evidencia digital	
Evidencia digital en la nube	
Criptoactivos y rastreo de transacciones	
Cooperación Internacional	• Art. 146 (vía diplomática) Código Procesal Penal de la República del Paraguay. Ley N° 1286/1998. • Protocolo Iberoamericano sobre la Cooperación Judicial Internacional[150]
Equipos conjuntos de investigación e investigaciones conjuntas	
Manuales de Buenas Prácticas y Protocolos	

6.11. Chile

TEMA	CHILE
1) CONVENIOS	
Convenio sobre la Ciberdelincuencia, Budapest, 23.XI.2001 (EST No. 185)[151]	• Aprobación: Decreto Supremo N° 83[152], 24/04/2017, publicado 28/08/2017 • Ratificación: 20/04/2017 • Entrada en vigor: 01/08/2017 • Declaraciones: artículos 2, 3, 7 • Reservas: arts. 4, 6, 9, 22, 29

150 Link recuperado e l 15 de noviembre de 2024: https://www.pj.gov.py/images/contenido/cumbre/protocolo-iberoamericano-coop-internac.pdf

151 https://www.coe.int/en/web/conventions/full-list?module=treaty-detail&treatynum=185 Recuperado el 24 de septiembre de 2024

152 https://www.bcn.cl/leychile/navegar?i=1106936&t=0. Recuperado el 24 de septiembre de 2024.

TEMA	CHILE
Segundo Protocolo adicional al Convenio sobre Ciberdelincuencia, relativo a la cooperación reforzada y la divulgación de pruebas electrónicas, Estrasburgo, 12.V. 2022 (CETS No. 224)[153]	• Firma adhesión: 12/05/2022[154]
Convenio para la Protección de las Personas con respecto al Tratamiento Automatizado de Datos de Carácter Personal, Estrasburgo, 28.I.1981, (ETS No. 108)[155]	
Primer Convenio Marco sobre Inteligencia Artificial y Derechos Humanos, Democracia y Estado de Derecho, Consejo de Europa, 17.V.2024 (CM(2024)52-addfinal)[156]	
2) LIBERTAD PROBATORIA	• Arts. 295, 323, Código Procesal Penal, Ley Nº 19696[157]
3) DECÁLOGO DE HERRAMIENTAS PROCESALES	
Agente encubierto digital	• Art. 12, (Agente Encubierto en Línea) Ley Nº 21459 - Delitos Informáticos[158]
Registro remoto sobre equipos informáticos	• Art. 225 bis (Registro remoto de equipos informáticos), 225 ter, 225 quáter (Ampliación del registro), 225 quinquies (Deber de colaboración) • Art. 226 A, (Párrafo 3º bis "Diligencias especiales de investigación aplicables para casos de criminalidad organizada": Medidas intrusivas referidas a las comunicaciones, imágenes y sonidos, y al registro de equipos informáticos) Código Procesal Penal (Ley Nº 19696)
Incautación de datos	• Arts. 218, 218 bis, 225 bis, 225 quarter • Art. 226 A (Párrafo 3º bis "Diligencias especiales de investigación aplicables para casos de criminalidad organizada": Medidas intrusivas referidas a las comunicaciones, imágenes y sonidos, y al registro de equipos informáticos) Código Procesal Penal (Ley Nº 19696)

153 https://www.coe.int/en/web/conventions/full-list?module=treaty-detail&treatynum=224. Recuperado el 24 de septiembre de 2024.

154 https://www.coe.int/en/web/conventions/full-list?module=treaties-full-list-signature&CodePays=CHI Recuperado el 24 de septiembre de 2024.

155 https://www.coe.int/en/web/conventions/full-list?module=treaty-detail&treatynum=108. Recuperado el 24 de septiembre de 2024.

156 https://rm.coe.int/0900001680afb122. Recuperado el 24 de septiembre de 2024.

157 https://www.bcn.cl/leychile/navegar?idNorma=176595. Recuperado el 24 de septiembre de 2024.

158 https://www.bcn.cl/leychile/navegar?idNorma=1177743. Recuperado el 24 de septiembre de 2024.

TEMA	CHILE
Conservación (preservación) de datos informáticos	• Art. 218 bis (Preservación provisoria de datos informáticos), 218 ter, párrafos tercero y cuarto, Código Procesal Penal (Ley N° 19696)
Interceptación de la correspondencia, intervención de comunicaciones e interceptación de datos de tráfico y contenido (mensajes de correo electrónico que pertenezcan al sujeto activo y/o sus comunicaciones on line, sean vía internet y/o intranet)	• Art. 218 (Retención e incautación de correspondencia: incluye la correspondencia electrónica), 218 ter, párrafo primero y segundo (Registros de llamadas y otros antecedentes de tráfico comunicacional), 219 (Copias de comunicaciones o transmisiones), 222 (Interceptación de comunicaciones: interceptación y grabación de las comunicaciones telefónicas o de otras formas de comunicación), 223, 224 y 225. • Art. 226 A (Párrafo 3° bis Diligencias especiales de investigación aplicables para casos de criminalidad organizada: Medidas intrusivas referidas a las comunicaciones, imágenes y sonidos, y al registro de equipos informáticos) Código Procesal Penal (Ley N° 19696)
Captación y grabación de comunicaciones orales mediante la utilización de dispositivos electrónicos	• Arts. 181, párrafo segundo (se podrá disponer la práctica de operaciones científicas, la toma de fotografías, filmación o grabación), 226, 223 (Registro de las comunicaciones: registrada mediante su grabación magnetofónica u otros medios técnicos análogos), 226 (Otros medios técnicos de investigación: empleo de medios tecnológicos para captar, grabar y registrar subrepticiamente imágenes o sonidos en lugares cerrados o que no sean de libre acceso al público, cuando existan fundadas sospechas basadas en hechos determinados y graves). • Art. 226 A (Párrafo 3° bis Diligencias especiales de investigación aplicables para casos de criminalidad organizada: Medidas intrusivas referidas a las comunicaciones, imágenes y sonidos, y al registro de equipos informáticos) • Art. 228 bis: Registros de investigación: Sistema de registro y almacenamiento audiovisual (incorporado por Ley 21638 —entrará en vigencia el 7-3-2025) Código Procesal Penal (Ley N° 19696),
Registro/captación de imágenes	• Arts. 181, párrafo segundo (se podrá disponer (...), en general, la reproducción de imágenes, voces o sonidos por los medios técnicos que resultaren más adecuados), 226 (Otros medios técnicos de investigación: empleo de medios tecnológicos para captar, grabar y registrar subrepticiamente imágenes o sonidos en lugares cerrados o que no sean de libre acceso al público, cuando existan fundadas sospechas basadas en hechos determinados y graves). • Art. 226 A (Párrafo 3° bis Diligencias especiales de investigación aplicables para casos de criminalidad organizada: Medidas intrusivas referidas a las comunicaciones, imágenes y sonidos, y al registro de equipos informáticos)

TEMA	CHILE
	• Art. 228 bis: Registros de investigación: Sistema de registro y almacenamiento audiovisual (incorporado por Ley 21638 —entrará en vigencia el 7-3-2025) Código Procesal Penal (Ley N° 19696)
Informática forense y cadena de custodia	• Arts. 180, 181, 218 (Retención e incautación de correspondencia), 218 bis, 218 ter, 219, 222, 223, 224, 225. • Art. 226 A (Párrafo 3° bis Diligencias especiales de investigación aplicables para casos de criminalidad organizada) • Art. 228 bis: Registros de investigación: Sistema de registro y almacenamiento audiovisual (incorporado por Ley 21638 —entrará en vigencia el 7-3-2025) Código Procesal Penal (Ley N° 19696) • Art. 14, Ley N° 21459 de Delitos Informáticos
Triage en la gestión de evidencia digital	
Evidencia digital en la nube	
Criptoactivos y rastreo de transacciones	
Cooperación Internacional	• Art. 20 bis, Código Procesal Penal (Ley N° 19696)
Equipos conjuntos de investigación e investigaciones conjuntas	
Manuales de Buenas Prácticas y Protocolos	• Reglamento sobre Procedimiento de Custodia, Almacenamiento y Eliminación de Registros, Documentos y Similares[159]. • Reglamento sobre Uso de Sistemas de Registro y Almacenamiento Audiovisual por parte de las Fuerzas de Orden y Seguridad Pública[160].

159 Link recuperado el 15 de noviembre de 2024: http://www.fiscaliadechile.cl/transparencia/documentos/reglamentos/reglamento_sobre_procedimiento_custodia_almac_elim_similares_.pdf

160 https://www.bcn.cl/leychile/navegar/imprimir?idNorma=1206456&idVersion=2024-09-06. Recuperado el 24 de septiembre de 2024.

MINI BIO de los investigadores

Daniela Dupuy

La autora es Fiscal Coordinadora de la Unidad Especializada en Delitos y Contravenciones Informáticas del Ministerio Público Fiscal de la Ciudad Autónoma de Buenos Aires (UFEDyCI).

Doctora en Derecho Penal y Procesal de la Facultad de Derecho de la Universidad de Sevilla, España.

Master in Law otorgado por la Universidad de Palermo dictado en forma conjunta con YALE LAW SCHOOL (USA).

Posgraduada en Ciberdelincuencia en la Universidad Internacional de Cataluña, España.

Profesora Adjunta de Derecho Penal y Procesal penal Universidad Austral.

Directora del Observatorio de Cibercrimen y Evidencia Digital en Investigaciones Criminales (OCEDIC), Universidad Austral.

Directora Académica del LLM (Máster) en Derecho con orientación internacional en Ciberdelincuencia de la Universidad Austral y de la Diplomatura Internacional en Ciberdelincuencia y tecnologías aplicadas a la investigación de la Universidad Austral —Argentina— y Abat Oliba —España—.

Directora de la Diplomatura de Ciberdelincuencia e investigaciones en entornos digitales del Instituto Superior de Seguridad Pública de la Ciudad Autónoma de Buenos Aires.

Directora y autora de los libros CIBERCRIMEN I, II y III, Editorial BdeF. Argentina Madrid. 2016-20.

Directora y autora del libro "ACOSOS EN LA RED A NIÑOS, NIÑAS Y ADOLESCENTES", Colección CIBERCRIMEN vol. 1, Ed. HAMMURABI 2020-21. Directora y autora del libro "ACOSOS EN LA RED A MUJERES", Colección CIBERCRIMEN vol. 2, Ed. HAMMURABI 2020-21, "Ciberfraues Criptoactivos y Blockchain", Colección Cibercrimen, vol 3, 2024.

Capacitadora & Instructora invitada del American Bar Association (ABA ROLI Peru y Colombia)

Capacitadora en Litigación Oral, título que le fue otorgado por el CEJA en el marco del Programa de Interamericano de Formación de Capacitadores para la Reforma Procesal Penal en Chile.

Integrante del equipo en el Proyecto de Excelencia del Plan Andaluz de Investigación I+D+I, orientado a los Retos de la Sociedad, dirigido por la Junta de Andalucía, España. Participó como expositora y asistente en numerosas Jornadas y

Talleres nacionales e internacionales, relacionadas con la Cibercriminalidad y la litigación oral, y como autora de muchos artículos en la materia.

Alejandra M. Alliaud

La autora es Abogada (UBA), Especialista en Derecho Penal (UBA), Magister en Derecho en litigación oral (CWSL), Magister en Política Criminal (Salamanca) y doctoranda en ciencias jurídicas (UCA). Es Capacitadora en Litigación Oral, título que le fue otorgado por el CEJA en el marco del Programa de Interamericano de Formación de Capacitadores para la Reforma Procesal Penal en Chile. Es responsable del área de investigación del Observatorio de Cibercrimen y Evidencia Digital en Investigaciones Criminales (OCEDIC) de la Universidad Austral.Se desempeña laboralmente como Jueza Nacional en lo Criminal y Correccional. Fue Agente Fiscal en la Provincia de Buenos Aires. Es Profesora Adjunta interina en la carrera de grado de Derecho en la UBA y Profesora titular de posgrado en la UBA, la Universidad Austral y la UCA. Es capacitadora de jueces, fiscales y defensores en diversos ámbitos de actuación (UNODC, CEJA, INECIP, UNIJUS, DGN, entre otros). Es autora de libro "Audiencias preliminares" de Ed. Didot, coautora del libro "Lecciones de Parte Especial" junto con Edmundo S. Hendler, y autora de diversos artículos relacionados a su especialidad.

José R. Agustina

José R. Agustina es catedrático de Derecho penal y Criminología en la Universitat Abat Oliba CEU, con sede en Barcelona. Obtuvo el grado de doctor en la Universitat Pompeu Fabra en 2008 con una tesis sobre las estrategias de prevención del delito en la empresa y la protección penal de la intimidad de los trabajadores en sus comunicaciones electrónicas.

Desde sus inicios, ha venido compatibilizando su labor docente e investigadora con el ejercicio profesional, primero como Magistrado en la Audiencia Provincial de Barcelona (2010-2013) y posteriormente como Abogado-Consultor en la firma Molins & Silva (2013-2019).

Ha sido Visiting Scholar en distintas universidades extranjeras, como Cambridge University (Cambridge, UK, 2007 y 2019), Pace University (New York, US, 2008), Rutgers University (Newark, US, 2009) y Texas State University (San Marcos, US, 2012). Ha publicado más de 50 artículos en revistas indexadas y cuatro monografías. Sus publicaciones pueden consultarse en Research Gate, en el siguiente enlace: https://www.researchgate.net/profile/Jose_Agustina/research

Entre sus áreas de especialización, destaca su interés por los ciberdelitos contra las personas (sexting, stalking y grooming) y cibervictimización en menores; delitos en la empresa, estrategias de prevención del delito y compliance; delitos sexuales y contra la intimidad; teoría del delito y teorías criminológicas. Actualmente dirige la Colección Actualidad Criminológica y Penal en la editorial BdeF-Edisofer y es miembro del comité editorial y revisor de diversas revistas de su ámbito de especialidad. Ha impartido conferencias y cursos como profesor invitado en numerosas universidades españolas y europeas, así como en EE.UU., Reino Unido, Chile, Argentina, Perú, Colombia, Costa Rica, El Salvador, Paraguay o Rep. Dominicana, entre otros países.

Ha dirigido diversos programas de postgrado en materia de compliance y cibercriminalidad. En 2017 puso en marcha y fue director del primer máster en ciberdelincuencia en España y Latinoamérica. Actualmente dirige el Máster de acceso a la Abogacía en la Universitat Abat Oliba CEU.

Javier Zaragoza Tejada

Javier Zaragoza Tejada. Licenciado en derecho por la universidad complutense de Madrid en 2006 y fiscal desde 2012. Actualmente letrado coordinador del grupo de penal del Tribunal Constitucional. Experto en cibercrimen y derechos fundamentales afectados por medidas de investigación tecnológica. Tengo una alta capacitación en materias relacionadas con derecho procesal, investigación de grupos criminales y delitos de odio, habiendo participado en la investigación y enjuiciamiento de delitos relacionados con estas materias.

Como letrado del Tribunal Constitucional he trabajado intensamente con materiales relacionadas con derechos fundamentales y, especialmente, en relación con el derecho a la libertad de expresión y sus límites en el discurso de odio (enaltecimiento terrorista, humillación a las víctimas, incitación a la discriminación y al odio). Me consideró un pleno conocedor no solo de la doctrina del Tribunal Constitucional, sino también del TEDH y de la Corte Suprema Norteamericana sobre la materia. También tengo un alto conocimiento del funcionamiento de las redes sociales y nuevos medios de comunicación. He participado en el estudio, análisis y resolución de numerosos casos con incidencia transnacional como procesos extradicionales, Ordenes Europeas de Detención y entrega, reconocimiento de resoluciones dictadas en el extranjero o adaptación de condenas en virtud del convenio sobre traslado de personas condenadas efectuado en Estrasburgo en 1983.

Respecto a mi experiencia académica, he participado como ponente en conferencias tanto nacionales como internacionales (Consejo de Europa, Francia, Argentina, Perú, México, Andorra) habiendo colaborado activamente con diferentes universidades (Universidad Abat Oliba Barcelona, Universidad Complutense de Madrid, Universidad de Buenos Aires, Universidad del País Vasco, Universidad de Deusto, Universidad de Cantabria, Universidad San Pablo CEU, Universidad de Castilla La Mancha, Universidad Hartmann, La Sorbonne), Instituciones Oficiales (Consejo General del Poder Judicial, Centro de Estudios Jurídicos, Formación Inicial del Cuerpo Ejecutivo de Vigilancia Aduanera, academia de formación de la ertzaintza —Arkaute—, Ministerio Público Argentino, Instituto Nacional de Ciberseguridad, European Judicial Training Network —EJTN—), Colegios de Abogados

(Bizkaia, Gipuzkoa, Madrid, Islas Baleares) y otras instituciones (ISDE, Instituto Vasco de Criminología). Asimismo soy autor de 27 publicaciones en diferentes revistas jurídicas, diversas participaciones en obras colectivas y autor, y coordinador, de un libro sobre investigación tecnológica.

Carlos Seisdedos - CEO de Magneto INTelligence

Carlos Seisdedos es un investigador y analista de inteligencia especializado en seguridad internacional y ciberseguridad. Con una trayectoria consolidada en las Fuerzas y Cuerpos de Seguridad, su experiencia se centra en el análisis criminal y la ciberinvestigación, especialmente en el uso del ciberespacio por parte del cibercrimen y grupos yihadistas.

Es el creador de "Magneto", una herramienta diseñada para analistas de inteligencia que facilita el análisis de información. Seisdedos colabora y asesora a organismos de los Ministerios de Interior y Defensa en diversas naciones de América Latina, así como UNITAR, INTERPOL o UNODC.

Además, ha desempeñado funciones como formador para instituciones destacadas, así como para organismos internacionales. También es docente en diversas universidades y programas de máster relacionados con Ciberinteligencia, Ciberseguridad e investigación mediante técnicas OSINT.

Su participación en el ámbito académico incluye ponencias en eventos y congresos de Ciberseguridad y Ciberinteligencia. Asimismo, ha escrito múltiples artículos sobre ciberseguridad y ciberterrorismo, y es coautor del libro "Open Source INTelligence (OSINT): Investigar personas e identidades en Internet".

Es el creador de "Magneto", una herramienta diseñada para analistas de inteligencia que facilita el análisis de información. Seisdedos colabora y asesora a organismos de los Ministerios de Interior y Defensa en diversas naciones de América Latina, así como UNITAR, INTERPOL o UNODC.

Además, ha desempeñado funciones como formador para instituciones destacadas, así como para organismos internacionales. También es docente en diversas universidades y programas de máster relacionados con Ciberinteligencia, Ciberseguridad e investigación mediante técnicas OSINT.

Su participación en el ámbito académico incluye ponencias en eventos y congresos de Ciberseguridad y Ciberinteligencia. Asimismo, ha escrito múltiples artículos sobre ciberseguridad y ciberterrorismo, y es coautor del libro "Open Source INTelligence (OSINT): Investigar personas e identidades en Internet".

Eloy Velasco Núñez

Grado (Licenciado) en Derecho por la Universidad de Deusto (Bilbao)

Diplomado en la especialidad jurídico-económica en la misma Universidad,

Juez de carrera desde 1988,

Destinado en el Juzgado de Distrito de Portugalete (Vizcaya), los de Instrucción en las valencianas localidades de Sagunto, Torrente y Valencia, en los Juzgados de Plaza de Castilla en Madrid y en la Audiencia Nacional

Ha prestado 10 años de servicios en el Juzgado Central de Instrucción n ° 6, y en la actualidad es Magistrado adscrito de la Sala de Apelación también de la Audiencia Nacional.

Punto de contacto de la Red Judicial penal Europea, ha sido Corresponsal Nacional de Eurojust para asuntos de corrupción y en la actualidad, es corresponsal nacional de Eurojust para asuntos de trata de seres humanos.

Miembro de la Red judicial Española ha participado en diversos proyectos internacionales sobre cooperación judicial internacional, foros formativos, consultorías, cursos...

Tesis doctoral: "*Delincuencia a través de Internet y nuevas tecnologías: aspectos procesales*", que obtuvo la máxima calificación de SOBRESALIENTE CUM LAUDE por unanimidad por la Universidad de A Coruña, llegando a ser Premio Extraordinario de Doctorado en el curso 2010-2011.

Premio al "mejor jurista para el Derecho Digital" en 2014 por ENATIC (Agrupación de Abogados dedicados a las nuevas tecnologías)

Medalla de oro en ciberseguridad al mejor Juez por la cátedra UDIMA y la Asociación Nacional de Tasadores y peritos informáticos judiciales de 2014

Premio Accors 2018 "contra la Corrupción y por la regeneración Social" otorgado por Madrid Foro Empresarial.

Autor de numerosas publicaciones científicas en el campo del Derecho Penal, Procesal penal y de las nuevas tecnologías.

Matías Ocariz

– Abogado recibido en el año 1997, en la Facultad de Derecho, de la Universidad Nacional de Rosario.

– Magíster en Asesoramiento Jurídico de Empresas, Facultad de Ciencias Empresariales de la Universidad Austral de Rosario.

– Fiscal Jefe de la Unidad Fiscal Especial de Delitos contra la Integridad Sexual, del Ministerio Público de la Acusación de la Provincia de Santa Fe, Sede Rosario.

– Fiscal Jefe de la Oficina de Violencia contra la Mujer, del Ministerio Público de la Acusación de la Provincia de Santa Fe, Sede Rosario.

– Fiscal Jefe (en Suplencia) de la Unidad Fiscal Especial de Delitos Económicos, del Ministerio Público de la Acusación de la Provincia de Santa Fe, Sede Rosario.

– Fiscal Jefe de la Unidad Fiscal de Investigación y Juicio N.º 204, del Ministerio Público de la Acusación de Santa Fe, Sede Rosario, con especial incumbencia en Delitos Informáticos y Ambientales.

– Profesor en la Facultad de Derecho y Ciencias Sociales del Rosario, de la Pontificia Universidad Católica Argentina, de la materia Derecho Penal (Parte General).

– Docente del Curso de Litigación Penal, del Curso de Posgrado de Derecho Procesal Profundizado y Litigación, organizado por la Escuela de Graduados de la Faculta de Derecho, de la Universidad Nacional de Rosario.

– Profesor Asociado de Litigación Oral, en la Universidad del Centro Educativo Latinoamericano.

– Integrante del Cuerpo Docente del Posgrado en Litigación Oral, en la Universidad Católica de Santiago del Estero.

– Becario en el "III Curso Regional sobre Democracia y Gerencia Política para Jóvenes Líderes del MERCOSUR", organizado por la Organización de los Estados Americanos (OEA), a través de la Unidad para la Promoción de la Democracia (UPD), el Honorable Senado de la Nación, el Ministerio del Interior de la Presidencia de la Nación, y el Ministerio de Desarrollo Social, y auspiciado por la Fundación Konrad Adenauer.

– Becario para el "IV Congreso Latinoamericano Jurídico sobre Derechos Reproductivos. Violencia contra la mujer y Justicia Reproductiva", organizado por la Comisión Andina de Juristas y la Asociación de Jueces para la Justicia y Democracia, realizado en la ciudad de Lima, Perú.

– Representante Oficial de la Facultad de Derecho, de la Universidad Nacional de Rosario, en la competencia nacional "*1999 Phillip C. Jessup International Law Moot Court Competition*", consistente en la presentación de memorias escritas y debate oral en idioma inglés, de un caso simulado por ante la Corte Internacional de Justicia (Tribunal de la Haya).

– Miembro del Centro de Investigación Científica en Derecho Procesal Penal Comparado, de la Facultad de Derecho de la Universidad Nacional de Rosario.

– Disertante, Panelista, Expositor y Conferencista en diversos Congresos, Cursos, Jornadas y Seminarios, sobre cuestiones relacionadas con el ejercicio de la Función de Fiscal.

– Profesor del LL.M. en Ciberdelincuencia y Tecnologías aplicadas a la Investigación, de la Universidad Austral de Buenos Aires.

– Profesor de la Especialización en Derecho Penal de la Universidad Católica Argentina, Sede Rosario, en Evidencia Digital.

– Cursante del Cybersecurity Summer Bootcamp de la Universidad de León, España.

– Diplomado en Cibercrimen, por la Universitat Abat Oliba CEU, y la Universidad Austral de Buenos Aires.

– Capacitador de Fiscales de Latinoamérica en materia de evidencia digital para el National Center for Missing and Exploited Children, el International Center for Missing and Exploited Children, y para Operation Underground Railroad.

Maximiliano Hairabedian

Doctor en Derecho y Ciencias Sociales - Universidad Nacional de Córdoba (Argentina)
Fiscal General Federal

Profesor Adjunto de Derecho Procesal Penal - Universidad Nacional de Córdoba

Profesor de post grado de Derecho Procesal Penal - Universidad Católica de Córdoba (Argentina)

Docente de la Maestría en Derecho LL.M. con orientación internacional en ciberdelincuencia y tecnologías aplicadas a la investigación - Universidad Austral (Argentina)

P.I.L. Harvard Law School

Diego Stratiotis

Abogado, Universidad Catolica Argentina.

Especialista en Derecho Penal, Universidad de Buenos Aires.

Especialista en Derecho Administrativo, Universidad de Belgrano.

Maestrando en Derecho Probatorio, Universidad de Girona.

Abogado litigante en derecho penal.

Socio del estudio jurídico: Alonso, Huber & Stratiotis

Co-autor de diversos libros. Autor de diversos artículos en derecho penal y cibercrimen. Profesor de la Universidad de Buenos Aires en derecho penal. Profesor invitado por distintas universidades en materias vinculadas a derecho penal y cibercrimen. Investigador de OCEDIC.

Rubén Alberto Chaia

Abogado (Universidad de Buenos Aires —U.B.A.—)

Magíster en Derecho y Magistratura Judicial (Universidad Austral).

Especialista en Derecho Penal (Universidad Austral).

Cargos en la justicia como Secretario, Fiscal, Juez de Cámara de Casación Penal, actualmente Juez de Cámara Penal en Concepción del Uruguay, Entre Ríos.

Además: Profesor Titular en las cátedras de Derecho Procesal Penal y Práctica Forense. Profesor posgrado invitado, entre otras: Universidad Católica Argentina (UCA sedes: Bernal, Rosario, La Plata, Paraná, Santiago del Estero-Rafaela), Universidad del Litoral (UNL), Universidad Católica de Salta (Ucasal), Universidad de Bologna (Italia), Universidad de Bari (Italia), Universidad de San Isidro (USI), Universidad del Aconcagua, Universidad de Salamanca (España), Universidad Alberto Hurtado (Chile), Universidad Nacional de Jujuy (UNJU), Universidad Abierta Interamericana (UAI), Universidad de Ciencias Empresariales y Sociales (UCES), Universidad de la Cuenca del Plata (UCP), Universidad Católica de Cuyo (sedes San Luis y San Juan), Universidad Unaula, (Colombia).

Libros publicados: La Investigación Penal, Responsabilidad Penal Médica, La Prueba en el Proceso Penal, Técnicas de Litigación Penal (7 tomos), Juicio por Jurados (2 tomos), Delitos de Género, Prueba Digital (2 tomos), entre otros.

Luis Lafont Nicuesa

Fiscal adscrito a la fiscalía Superior de la Comunidad autónoma de Madrid. Destacado actualmente en la fiscalía provincial de Madrid.

Nacido en Pamplona el 25 de junio de 1968. Licenciado en Derecho Por la Universidad de Navarra. Destinado en la fiscalía provincial de Vizcaya en el año 1998. Fiscal de la fiscalía general del Estado como adscrito al Fiscal de Sala Coordinador de Extranjería desde el año 2010 hasta 2022. Desde septiembre de este año está adscrito a la Fiscalía Superior de Madrid y destacado temporalmente en la provincial.

Doctor en Derecho por la UNED en el año 2022 con la tesis "La investigación del detective privado y su valor como prueba penal" que mereció al tribunal por unanimidad la calificación de sobresaliente cum Laude con posibilidad de solicitar el premio extraordinario.

Experto en materia de menores extranjeros no acompañados, delito de acoso moral en el trabajo, trata de personas, inmigración ilegal, crimen organizado, investigación financiera de redes criminales, blanqueo, decomiso, delitos contra la Hacienda y técnicas especiales de investigación, en particular las del agente encubierto, el confidente, la investigación financiera, el informe policial de inteligencia y el registro de equipos informáticos. Ha sido ponente en España en cursos de formación de fiscales, jueces, policía judicial, Centro de Inteligencia contra el Crimen Organizado, colegios de abogados y universidades y es autor de diversas monografías y numerosos trabajos en revistas jurídicas sobre dichas materias.

Destaca la monografía "el agente policial infiltrado" publicado por la editorial Tirant lo Blanch en el 2022. En el ámbito internacional ha participado como experto de UNODOC, Mieux (Migration EU Expertise), OIT, Europol y la Fundación Internacional y para Iberoamérica de Administración y Políticas Públicas.

Condecorado con la medalla al mérito policial con distintivo blanco en el año 2013, con la medalla al mérito de la Guardia Civil con distintivo blanco en el año 2018 y con la cruz de San Raimundo de Peñafort de primera clase en el año 2021.

Nombrado dcetective honorífico del Colegio de detectives de Valencia en el año 2024.

Hernán Blanco

Abogado, Facultad de Derecho y Ciencias Políticas de la Universidad Católica Argentina (1996).

Secretario Letrado en la Vocalía I de la Corte Suprema de Justicia de la Nación.

Autor de los libros *"Lavado de Activos por Sujetos Obligados. Análisis desde la Teoría de los Delitos de Infracción de Deber"* (2011); *"Técnicas de investigación del lavado de activos. Persecución del lavado de activos desde el Poder Judicial y el Ministerio Público Fiscal"* (2013); y *"Tecnología informática e investigación criminal"* (2020) y de numerosos artículos de doctrina.

Redactor de la "*Guía sobre aspectos relevantes y pasos apropiados para la investigación, identificación, incautación y decomiso de activos virtuales*" del GAFILAT (diciembre 2021).

Profesor invitado en la facultades de derecho de la Universidad de Buenos Aires, la Universidad Austral, la Universidad de San Andrés, la Universidad Torcuato Di Tella, la Universidad Nacional de Mar del Plata, la Universidad Católica Argentina y la Universidad John F. Kennedy en materias vinculadas al Lavado de Activos, investigación de delitos patrimoniales, nuevas tecnologías aplicadas al proceso penal, responsabilidad penal de la persona jurídica y delitos empresariales.

Capacitador sobre aplicación de nuevas tecnologías en investigaciones patrimoniales vinculadas al crimen organizado y seguimiento, incautación y decomiso de activos virtuales para la Oficina contra la Droga y el Delito de las Naciones Unidas (UNODC) y el Departamento contra la Delincuencia Organizada Transnacional de la Organización de Estados Americanos (DDOT/OEA) (2022-2023).

Integrante del panel de expertos en el "Diálogo sobre Crimen Organizado Transnacional" organizado por la Oficina de Naciones Unidas contra la Droga y el Delito en la sede de la ONU en Viena (2024).

Mauricio Colucci Camusso

Es abogado recibido en la Universidad Nacional de Córdoba y cuenta con una Maestría en Derecho Penal de la Universidad Austral.

También se encuentra capacitado en Combate al Crimen Organizado Transnacional (George C. Marshall European Center for Security Studies), Cibercrimen y Evidencia Digital (Universidad de Buenos Aires), y Prevención Global de Lavado de Activos y Financiación del Terrorismo (Universidad de Buenos Aires).

En el ámbito académico integra el Observatorio de Cibercrimen y Evidencia Digital en Investigaciones Criminales (OCEDIC) y es docente de Derecho Penal en la Universidad Siglo 21.

Pablo Adrián Cistoldi

Abogado y procurador por la Universidad de Buenos Aires. Especialista en Derecho Penal por la Universidad Nacional de Mar del Plata. Diplomado en Innovación y Gestión Judicial Tecnológica por la Universidad Champagnat.

Investigador del InFo-Lab (Laboratorio de Investigación y Desarrollo de Tecnología en Informática Forense) y del Instituto de Ciencias Forenses de la Universidad FASTA.

Docente de grado en la asignatura Métodos de prueba y nuevas tecnologías de la carrera de Abogacía de la Universidad FASTA.

Ex docente de Criminología y de Derecho penal parte especial en la carrera de Abogacía de la Universidad Atlántida Argentina.

Docente de posgrado en la Especialización en Informática Forense de la Universidad FASTA.

Ha escrito variados artículos y colaboraciones, especialmente en relación con el Ministerio Público y la Informática Forense.

Se desempeña como Agente Fiscal en el Departamento Judicial Mar del Plata.

María Fernanda Rosales

Ingeniera en Informática por la Universidad FASTA. Especialista en Informática Forense por la Universidad FASTA. Maestrando en Derecho y Estado Digital por la Universidad de Champagnat.

Perito del Poder Judicial de la Provincia de Mendoza. Perito de parte. Consultora técnica.

En la Universidad FASTA es docente de la cátedra Derecho de las Nuevas Tecnologías en la Facultad de Ciencias Jurídicas y Sociales. Docente de la cátedra de E-Business de la Facultad de Economía. Docente de la cátedra Sistemas Informáticos de la Universidad Católica de Salta. Docente de la cátedra de Seguridad de la Universidad de Champagnat.

En postgrado es docente de la Especialización en Informática Forense de la Universidad FASTA, en la Maestría en Magistratura y Gestión Judicial de la Universidad de Cuyo, y docente en la Maestría de Derecho y Estado Digital de la Universidad de Champagnat.

Docente Investigadora del Laboratorio de Investigación y Desarrollo de Tecnología en Informática Forense (Infolab) - Universidad FASTA.

Docente Investigadora de la Facultad de Informática y Diseño de la Universidad de Champagnat.

Docente Investigadora de la Facultad de Ciencias Económicas - Universidad FASTA

Docente Investigadora y extensionista de la facultad de Ingeniería de la Universidad FASTA en el proyecto Internet Sana.

Coordinadora de Internet Sana Nodo Mendoza.

Coautora del libro Sistema penal e Informática (tomo 6) "Guía de recomendaciones para la preservación de la prueba sobre el uso y acceso a los Sistemas de un Información en un entorno corporativo" (2023), "Guía de actuación para la adquisición, preservación y presentación de la prueba digital" (2024)

Participó como disertante y conferencista en congresos nacionales e internacionales.

Ana Haydée Di Iorio

Ingeniera en Informática por la Universidad FASTA y Especialista en Gestión de la Tecnología y la Innovación por la Universidad Nacional de Mar del Plata.

Directora del Instituto de Ciencias Forenses de la Universidad FASTA.

Directora de la Revista de Ciberseguridad e Informática Forense de la Universidad FASTA

Instructora informática en el Ministerio Público de la Provincia de Buenos Aires, desempeñándose como Perito Informático y miembro del Cuerpo de Ayuda Técnica a la Instrucción del Departamento Judicial Mar del Plata.

Directora Académica de la Especialización en Informática Forense de la Facultad de Ingeniería de la Universidad FASTA.

En la Universidad FASTA es docente de las cátedras Sistemas Operativos en la Facultad de Ingeniería y docente de la cátedra Derecho de las Nuevas Tecnologías en la Facultad de Ciencias Jurídicas y Sociales.

En la Universidad Nacional de Mar del Plata es docente en las cátedras Sistemas Operativos y Diseño de Sistemas Operativos de la Facultad de Ingeniería.

En postgrado es docente de la Especialización en Medicina legal y en la Especialización en Informática Forense de la Universidad FASTA, en la Especialización en Cibercrimen y en la Maestría en Derecho Informático de la Facultad de Derecho de la Universidad de Buenos Aires, en la Diplomatura en Cibercrimen de la Universidad de Quilmes, en el Curso de Postgrado de Derecho Informático de la Universidad de Buenos Aires, en la Maestría en Magistratura y Gestión Judicial de la Universidad de Cuyo, docente en la Maestría de Derecho y Estado Digital de la Universidad de Champagnat y ha sido docente invitada en la Maestría de Criminalística y Ciencias Forenses y en la Maestría de Derecho Penal de la Universidad

Libre de Cali, y en la Especialización en Gestión de la Ciberseguridad de la Universidad EAN de Bogotá.

Secretaria general permanente desde su constitución de la Red CIIDDI - Red Iberoamericana de Universidades e Institutos con Investigación en Informática y Derecho.

Fue presidente de la Red UNIF - Red de Universidades de Informática Forense, en su primer período desde su formación.

Fue directora durante los primeros 10 años del InFo-Lab, Laboratorio de Investigación y Desarrollo de Tecnología en Informática Forense, integrado por la Universidad FASTA, el Ministerio Público de la Provincia de Buenos Aires y la Municipalidad de General Pueyrredon.

Coautora de los libros "Defensa del Consumidor de Bienes y Servicios Informáticos" (2013), "El rastro digital del delito. Aspectos técnicos, legales y estratégicos de la Informática Forense" (2017), "Guía Integral de empleo de la Informática Forense en el Proceso Penal de la Provincia de Buenos Aires"(2016), "Guía Técnica para el Diseño, Implementación y Gestión de Laboratorios de Informática Forense"(2019) y "Guía Técnica para la implementación de un Sistema de Gestión de Calidad en un Laboratorio de Informática Forense" (2023), "Guía de actuación para la adquisición, preservación y presentación de la prueba digital" (2024) y de varios capítulos de libros, entre los que se destacan: "Protocolos de Preservación de Evidencia Digital y Cuestiones Forenses" en el libro Cibercimen II (2018).

Es autora de numerosas publicaciones, disertante y conferencista en congresos nacionales e internacionales.

María Elvira Tejada de la Fuente

Fiscal de Sala contra la Criminalidad Informática, España. Coordina a nivel nacional toda la actuación del Ministerio Público de España con respecto a dicho fenómeno criminal, y dirige la red de fiscales especializados de todo el territorio nacional, integrado por 150 fiscales.

Es miembro de la Comisión General de Codificación del Mº Justicia, vocal permanente en la Comisión de Seguimiento del Plan Nacional contra la Ciberdelincuencia del Mº del Interior y representante de España en la Convención de Budapest del Consejo de Europa a cuyas reuniones semestrales asiste habitualmente. Participa en actividades docentes en el marco nacional e internacional.

Cristos Velasco San Martín

Es abogado formado en México, EE.UU., España y Alemania y actualmente es profesor asociado, consultor y formador internacional con residencia actual en la ciudad de Mannheim, Alemania. Sus principales áreas de práctica son ciberdelito, ciberseguridad, inteligencia artificial y protección de datos.

– Docente en el programa International Management Business and Information Technology (IMBIT) de la Universidad Estatal Duale-Hochschule Baden-Württemberg (DHBW) en Mannheim (IMBIT) y Stuttgart (IMBIT) con los cursos "Derecho y Regulación de las Tecnologías de Información" y "Organismos Internacionales y Derecho Comercial Internacional".

– Ex miembro de la Junta de Gobierno e Investigador Senior en el Centre for AI and Digital Policy (CAIDP.Org) en Washington, D.C. en donde participó desde su fundación a lo largo de 4 años.

Cuenta con seis certificaciones internacionales en ciberdelito y evidencia electrónica, ciberseguridad, inteligencia artificial y protección de datos. Es autor y coautor de seis libros y diversos artículos académicos.

Obtuvo su Doctorado en Derecho (PhD) con distinción Summa Cum Laude de la Universidad Carlos III de Madrid (UC3M) en febrero de 2011. Cuenta con una Maestría en Derecho Comercial Internacional (LLM) de la Universidad de Arizona, posgrados del ITAM y Universidad Panamericana y Licenciatura en Derecho de la Universidad Del Valle de México.

Ha sido consultor externo de diversos organismos internacionales entre ellos el Banco Interamericano de Desarrollo (BID), el Consejo de Europa (GLACY+, CyberSouth), INTERPOL, UNODC, IDLO, OCDE. A través de dichos organismos ha colaborado y asesorado a autoridades del sistema de justicia de más de 15 países en la elaboración de legislación sustantiva y procesal sobre ciberdelito y preservación de evidencia digital. Ha formado a más de 400 jueces, fiscales y autoridades del sistema de justicia en materia de ciberdelincuencia, preservación de evidencia electrónica y mecanismos de cooperación internacional en países que forman parte del Convenio sobre Ciberdelincuencia del Consejo de Europa (Convenio de Budapest) y de la Convención contra la Delincuencia Organizada Transnacional de las Naciones Unidas (Convención de Palermo).

Joaquín Cullen Paunero

Es abogado por la Universidad Austral, y maestrando en derecho penal por la Universidad de Buenos Aires. Actualmente se desempeña en la Procuración General de la Nación del Ministerio Público Fiscal. Además, es profesor ayudante en la materia medidas de coerción en el proceso penal en la UBA y miembro de la Asociación Argentina de Profesores de Derecho Penal. Obtuvo el 1er premio en la competencia "Young Lawyers" organizado por el Observatorio de Cibercrimen y Evidencia Digital en Investigaciones Criminales de la Universidad Austral.

María Lourdes Petrecola

Especialista en Derecho Penal por la Universidad de Buenos Aires (UBA) y Magíster en Derecho Penal por la Universidad Austral.

Consejera Técnica Jurídica en la Sede de la Subdirección General de Operaciones Aduaneras Metropolitanas (Dirección General de Aduanas)

Team leader del Newsletter del Observatorio de Cibercrimen y Evidencia Digital en Investigaciones Criminales —OCEDIC—, Universidad Austral.

Natalia Soledad Pereyra

Natalia Soledad Pereyra es abogada, egresada de la Universidad de Buenos Aires (UBA), Argentina. Realizó la Carrera de Especialización en Derecho Penal del Departamento de Posgrado de la Universidad de Buenos Aires (UBA), Argentina, obteniendo en el año 2014 el título de Especialista en Derecho Penal. En el año 2022 finalizó la Diplomatura Internacional en Ciberdelincuencia y Tecnologías aplicadas a la Investigación dictada por la Universidad Austral (Argentina) - Universidad Abat Oliba CEU (España), obteniendo el título de Experto. Se desempeña actualmente en la Dirección Nacional de Apoyo, Análisis Técnico y Litigio de la Oficina Anticorrupción, representando al organismo en querellas y juicios penales por delitos de corrupción desde el año 2010. En el ámbito académico, integra el Observatorio de Cibercrimen y Evidencia Digital en Investigaciones Criminales (OCEDIC).

Paola Soledad Breitenbruch

Abogada, egresada de la Universidad Católica de Salta, actualmente Maestrando en Derecho (LL.M-C.I) con orientación internacional en Ciberdelincuencia y Tecnologías aplicadas a la investigación en la Universidad Austral, Argentina. Es especialista en Justicia Constitucional y Derechos Humanos con orientación en Justicia Penal y Delitos Complejos, título obtenido en la Università di Bologna, Italia. Posee varias diplomaturas, entre ellas en Ciberdelincuencia y Tecnologías aplicadas a la investigación por la Universidad Austral y la Universitat Abat Oliba CEU de España, en Derecho 4.0 por la Universidad Austral, y en Investigaciones de Mercados Criminales y Lavado de Activos por la Universidad Católica de Salta. Además, ha realizado estudios de posgrado en Blockchain, Derecho y Empresa en la Universidad Austral. Es miembro del Observatorio de Cibercrimen y Evidencia Digital en Investigaciones Criminales (OCEDIC) de la Universidad Austral. Ha publicado el artículo "Criptomonedas en la Argentina: La historia inicial - caso Mercury Cash" en el Suplemento N° 2 de LawCedic, Edición Especial: "Ciberfraudes y Criptoactivos" (abril, 2024). Asimismo, colaboró como asistente general en el libro "Esclavitud Moderna - Trata de Personas" del Dr. Alejandro Cilleruelo (Primera Edición: octubre, 2008).

Irma Llano Pereira

Es abogada, egresada de la Facultad de Derecho y Ciencias Sociales de la Universidad Nacional de Asunción (U.N.A.). Egresada de la Escuela Judicial Paraguaya, Institución dependiente del Consejo de la Magistratura. Diplomada en Ciencias Penales por la Universidad Católica, INECIP. Realizó Curso de Maestría, Módulo I y II de Derecho Penal - Parte Especial, dictado por el Centro de Ciencias Penales y Política Criminal. Efectuó especialización "Cybersecurity Summer Boot Camp - Policy Makers", organizado por la Universidad de León INCIBE en la Ciudad de León - España y especialización virtual "Cybersecurity Summer Boot Camp - Policy Makers" organizado por la Universidad de León e INCIBE en la Ciudad de León y la OEA. Maestrando en Ciencias Jurídicas de la Universidad Católica de la República de Paraguay.

Actualmente ocupa el cargo de Agente Fiscal asignada a la Unidad Especializada de Delitos Informáticos, del Ministerio Público Fiscal, desde septiembre de 2013. Punto de contacto 24/4 (Convención de Budapest)La Unidad Especializada de Delitos Informáticos del Ministerio Público recibió reconocimientos internacionales por su actividad.

Claudio Peguero

Embajador para Asuntos Cibernéticos de la República Dominicana.

General de la Policía Nacional con 36 años de servicios, dedicando gran parte de los últimos 21 a la investigación de ciberdelitos, el desarrollo legislativo y normativo en materia de persecución de ciberdelitos y la ciberseguridad. Participó en la comisión interinstitucional y multidisciplinaria que redactó la Ley Nº 53-07 contra crímenes y delitos de alta tecnología, los proyectos de ley de adecuación de la Ley Nº 53-07, de gestión de la ciberseguridad y de protección de datos personales, la Estrategia Nacional de Ciberseguridad 2018-2022 y 2023-2030 y el proceso de adhesión de la República Dominicana a la Convención de Budapest.A nivel internacional, fue vicepresidente del Comité Ad-Hoc de la Organización de las Naciones Unidas encargado de elaborar una nueva convención contra los ciberdelitos, presidente del grupo de trabajo de medidas de fomento de la confianza en el ciberespacio de la Organización de los Estados Americanos (OEA) y del grupo de trabajo Ciber-Américas de INTERPOL, entre otros roles.

En el ámbito académico, es Ingeniero de Sistemas del Instituto Tecnológico de Santo Domingo (INTEC) con una Maestría en Comercio Electrónico de la Universidad APEC y una Maestría en Investigación de Ciberdelitos y Análisis Forense Digital de la Universidad de Dublin, Irlanda, y docente de la Maestría de Ciberseguridad del Instituto Tecnológico de Santo Domingo (INTEC).

Iván Féliz Vargas

Es licenciado en Derecho por la Universidad del Caribe, República Dominicana. Magister en Criminalística y Ciencias Penales por la Universidad APEC. Actualmente se desempeña como Procurador Electoral y como Titular Adhoc de la Procuraduría Especializada contra Crímenes y Delitos de Alta Tecnología (PRDATE). También fue Procurador Fiscal del Distrito Nacional de República Dominicana.